中国法学学术史丛书

中国刑事诉讼法学术史

刘计划　高　通　孔祥承　著
王晓维　郭丰璐　王　汀

Academic History of Chinese
Criminal Procedure Law

中国人民大学出版社
·北京·

中国法学学术史丛书编委会

主　编　朱景文　马小红　尤陈俊
编委会成员（以姓氏音序排列）
丁相顺　韩大元　李　琛　刘计划　刘俊海
马小红　邵　明　时延安　王贵松　王　轶
叶传星　尤陈俊　朱景文

总　序

"中国法学发达史"是中国人民大学2015年立项的重大课题。此项目的初衷是梳理并总结百余年来中国法学知识体系的学术脉络演变，揭示中国法学发展过程中所呈现出的普遍规律与中国特色。这是一项通过深入梳理中国法学"家底"以推进中国特色社会主义法学学科体系、学术体系、话语体系完善和发展的基础性学术工程。课题组认为，高质量地完成这一研究项目，不仅将会为我们思考中国法学未来的发展方向提供充分可靠的智识支撑，而且可以促成法学"中国主体意识"的进一步发展与完善，推动中国法学在国际学界取得应有的话语权与地位。

"中国法学学术史丛书"是"中国法学发达史"课题的成果，它的研究起点，是20世纪初在西学东渐过程中所形成的现代意义上的中国法学。1911年，沈家本在《法学会杂志》的序中写道：

> 近今十年来，始有参用西法之议。余从事斯役，访集明达诸君，分司编辑，并延东方博士，相与讲求。复创设法律学堂，造就司法人才，为他日审判之预备。规模略具，中国法学，于焉萌芽。①

从沈家本所言的中国法学之"萌芽"算起，中国法学迄今已经走过了百有余年的历程。这是历经坎坷的百有余年，也是中国法学逐渐摆脱"全盘西化"并形成自己特色的百有余年。

清末变法时，西方（主要是欧陆传统的）法学借助新式法政教育开始传播于华夏大地。在"欧风西雨"的涤荡下，"言必称希腊罗马"成为那一时期法学的时代特征。民国时期，不乏重建"中华法系"或者建设"中国本位新法系"的学术呼吁。例如在20世纪30年代中期，有学者主张在"新理念、新技术之下"建设"中国本位新法系"，亦即"当系依现代中国国家理念，用科学的方法，对中国固有及现有法律，施新的选择，产生新的生命，俾在世界法律文化领域，重占

---

① ［清］沈家本：《历代刑法考》（四），邓经元、骈宇骞点校，2244页，北京，中华书局，1985。

一种新的位置之意";并指出此虽然不是易事,但也并非至难而不可祈求之事,进而呼吁中国法学研究者"并力一心以赴之"①。但是,对西方法学的高度倚赖,依然是那一时期法学知识生产的典型特征,以至于当时甚至有学者感慨称:

> 今日中国法学之总体,直为一幅次殖民地风景图:在法哲学方面,留美学成回国者,例有一套 Pound 学说之转播;出身法国者,必对 Duguit 之学说服膺拳拳;德国回来者,则于新康德派之 Stammler 法哲学五体投地……②

中华人民共和国成立迄今已七十多年,中国法学的发展经历了曲折的过程:20 世纪五六十年代学习与仿效苏联法学;1978 年改革开放后,尤其是 90 年代以来,在对西方法学兼收并蓄的同时,日益注重对中国自身法律实践的经验提炼和理论概括;21 世纪以来法学研究中"中国主体意识"明确崛起。这个"崛起"表现在多个方面。

首先,"中国特色"在法学的发展过程中受到越来越多的关注,基础理论法学与各部门法学从各自领域对法学的"中国特色"进行了注释和阐发。自改革开放以来,在中国特色社会主义法律体系的形成过程中,中国法学逐渐摆脱了沈家本、梁启超时代"言必称希腊罗马"的"幼稚",成为名副其实的"中国法学"——既是中国法律实践的指导,又是中国法律实践经验的总结和升华。古今中外的法律智慧,由此皆成为滋养中国法学的营养和基础。"中国特色"在当下已然成为中国法学的最强话语,涉及法学的方方面面③,基础理论、民主政治、市场经济、文化与社会治理、生态文明、程序、立法等方面的法学与法律研究,无不打上了"中国特色"的烙印。而"中国特色"正是近代以来我们所忽视的法学"中国主体意识"的一个重要方面。这个"中国主体意识",极大地体现了"历史与现实相结合、理论与实际相结合、基本理论与部门法制相结合、中国特色与世界规律相结合的特点"④。

其次,法学"中国主体意识"的崛起,还表现在学者对国际学界"中国话语权"的重视。随着中国特色社会主义法律体系的形成,中国法学界在对西方法学

---

① 刘陆民:《建立中国本位新法系的两个根本问题》,载《中华法学杂志》新编第 1 卷第 1 号(1936 年),第 48 页。
② 蔡枢衡:《中国法理自觉的发展》,122 页,1947 年作者自印。
③ 参见朱景文、韩大元主编:《中国特色社会主义法律体系研究报告》,北京,中国人民大学出版社,2010。
④ 孙国华:《深化法律体系研究,全面推进依法治国》,载冯玉军主编:《完善以宪法为核心的中国特色社会主义法律体系研究》(上册),序 2 页,北京,中国人民大学出版社,2018。

的态度上有了新的转变,这就是从了解、介绍西方法学并以其指导中国法律近代化转型,到当下将具有中国特色的法律理论与实践介绍到国际学界,让世界了解中国。具有"中国主体意识"的法学,是中国法学在国际法学界具有话语权的基础,法学界的同人已然感受到了这一时期的新使命。改革开放以来,随着党和国家工作中心的转移,中国法学界出现了对法的阶级性、继承性,以及人治、法治等问题的争论。一方面,这是对"文化大革命"、对"以阶级斗争为纲"等在法学界之影响的反思;另一方面,在一部分人中也确实出现了对马克思主义法学基本原理的信心动摇甚至怀疑。西方法学的引进,一方面促进了以自由主义为特征的西方法律思想的传播和对封建特权思想的批判,另一方面也带来了对中国传统法律思想的自信的严重冲击。在一部分学者的观念中,似乎只有按照西方的法学模式改造马克思主义法学,改造中国传统法律文化,才是中国法学未来发展的愿景。和国际学界的交流是改革开放以来中国学界的一大特点,但也正是这种交流唤起了一代学者对学术的自觉。当中国法学界面对世界舞台时,我们应当讲什么呢?难道还是哈特、哈耶克、哈贝马斯?国际学界希望听到中国的理论、中国的声音。[①]

党的十八大以来,习近平总书记高度重视包括法学在内的中国学术的发展。他提出"不忘本来、吸收外来、面向未来"的学术研究指导方针。中国共产党成立一百多年来,积累了丰富的法治经验,形成了中国化的马克思主义法治理论,包括毛泽东思想中的人民民主专政理论、邓小平理论中的民主法制思想、"三个代表"重要思想中的依法治国理论、科学发展观中的社会主义法治理念和习近平法治思想。它们一脉相承,是中国共产党人在革命、建设和改革时期坚持马克思主义法治理论与中国治国理政的实践相结合、与中华优秀传统法律文化相结合所取得的理论成果。中国化的马克思主义法治理论包括方方面面,就其核心内容而言,包括法治建设举什么旗、走什么路,谁领导、依靠谁的问题,经过几代人的探索,作出了坚持中国特色社会主义法治理论、坚持中国特色社会主义法治道路、坚持中国共产党对法治建设的领导和坚持以人民为中心的回答;制定了依法治国的方略,开辟了党的领导、人民当家作主、依法治国有机统一的政治发展道路,把全面依法治国纳入关系全局的"四个全面"战略布局。总结从革命根据地时期的法制建设到全面依法治国实践的历史经验,是摆在中国法学界面前的重要任务。

党的十八届四中全会通过的《中共中央关于全面推进依法治国若干重大问题

---

① 参见朱景文:《中国法理学的探索》,序3页,北京,法律出版社,2018。

的决定》强调,要"加强法学基础理论研究,形成完善的中国特色社会主义法学理论体系、学科体系、课程体系"。习近平总书记在 2022 年 4 月 25 日到中国人民大学考察时指出,"加快构建中国特色哲学社会科学,归根结底是建构中国自主的知识体系"①。2023 年 2 月,中共中央办公厅、国务院办公厅印发了《关于加强新时代法学教育和法学理论研究的意见》,提出要"加强中国特色社会主义法治理论研究,提升法学研究能力和水平,加快构建中国特色法学学科体系、学术体系、话语体系"。

  我们的这个课题,正是在法学"中国主体意识"崛起的背景下立项的:致敬兼采西法而又不忘坚守传统的先哲,深入进行学术史的梳理,细致分析中国法学学术脉络演变所基于发生的不同历史背景和社会背景,考察从晚清变法时期的西方法学知识引入直到当代法学中"中国主体意识"的崛起,最终形成一套名为"中国法学学术史丛书"的大型学术丛书。这一课题不仅旨在为国内学界提供一套回顾、梳理百余年来中国法学之发展历程的新成果,致敬前辈与同行在法学领域所作出的学术贡献,而且致力于将中国法学的研究成果介绍给国际学界,使国际学界的同行更多地了解中国法学。确立中国法学在国际法学界应有的话语权,是我们立项时的目标,也是我们在本项目研究开展的过程中所努力践行的宗旨之一。

  唯愿本套学术丛书的出版,能为建构中国自主法学知识体系尽到一份绵薄之力。

朱景文 马小红 尤陈俊
2023 年 7 月

---

① 《习近平在中国人民大学考察时强调 坚持党的领导传承红色基因扎根中国大地 走出一条建设中国特色世界一流大学新路》,载《人民日报》2022-04-26 (1)。

前　言

刑事诉讼法关涉公民的人身自由、财产、隐私等宪法基本权利的保障，其制定、实施及修改、完善备受社会各界关注。清末修律大臣沈家本曾言，查诸律中，以刑事诉讼律尤为切要。西人有言曰：刑律不善，不足以害良民；刑事诉讼律不备，即良民亦罹其害。而作为一门研究如何平衡公权力运行与公民权利保障的"艺术"，刑事诉讼法学领域产生了诸多传世之作，刑事诉讼中的很多价值理念已然成为法学领域以及社会生活中的基本价值。

我国刑事诉讼法治的现代化肇始于清末变法修律，当时引入诸多现代化的刑事诉讼原则、制度与规则，如无罪推定原则、辩护制度、禁止刑讯逼供等。新中国成立之后，废除了国民党时期的"六法全书"，建立起新中国的人民司法制度，由此开启了新中国的刑事诉讼程序法治建设。1954 年《宪法》第 76 条规定："人民法院审理案件，除法律规定的特别情况外，一律公开进行。被告人有权获得辩护。"第 89 条规定："中华人民共和国公民的人身自由不受侵犯。任何公民，非经人民法院决定或者人民检察院批准，不受逮捕。"1979 年我国第一部《刑事诉讼法》颁布，确立了我国刑事诉讼制度的基本框架。之后，《刑事诉讼法》历经 1996 年、2012 年、2018 年三次修改，刑事诉讼程序规范不断发展完善，以不断适应经济、社会和法治理念的发展。

进入新时代以来，党和国家大力推进刑事诉讼程序的法治化与现代化，为我国刑事程序法治的进一步发展指明了方向。党的二十大报告指出，"公正司法是维护社会公平正义的最后一道防线。深化司法体制综合配套改革，全面准确落实司法责任制，加快建设公正高效权威的社会主义司法制度，努力让人民群众在每一个司法案件中感受到公平正义。规范司法权力运行，健全公安机关、检察机关、审判机关、司法行政机关各司其职、相互配合、相互制约的体制机制。强化对司法活动的制约监督，促进司法公正。加强检察机关法律监督工作"[①]。回首

[①] 习近平：《高举中国特色社会主义伟大旗帜 为全面建设社会主义现代化国家而团结奋斗（2022 年 10 月 16 日）》，载《习近平著作选读》（第一卷），人民出版社 2023 年版，第 34～35 页。

我国刑事诉讼程序法治百余年的发展，刑事诉讼法学研究对于推动刑事诉讼程序法治的发展发挥了至关重要的作用。而且，刑事诉讼法学研究在这一过程中也实现了自身的升华，逐渐形成中国刑事诉讼法学自主知识体系。因此，回顾并梳理过往研究，对于完善刑事诉讼法学科体系以及推动刑事诉讼程序法治现代化都大有裨益。

本书是一部学术史研究著作，呈现的是清末变法修律至今百余年来中国刑事诉讼学术研究的理论脉络，我们希望本书能给读者带来一场有意义的"学术之旅"。本书的定位主要有如下三个：（1）寻根之旅。法律不是凭空产生的，程序和制度的产生与发展都有赖于其存在的现实与制度土壤。[1] 但随着研究的推进与精细化，部分研究越来越不关注建立程序与制度的本源，失去了对塑造制度的因素的"记忆"，这也使很多讨论忘记了"初心"。故而，本书致力于寻找学术研究与讨论的理论源头，带领读者完成一场学术研究的"寻根之旅"。（2）致敬之旅。现代意义上的中国刑事诉讼程序法治发展不过百余年，但我们需要经历很多法治发达国家几百年才能经历之事，这对于立法者、司法者以及学术研究人员来说都是极为艰难的。幸运的是，我们成功跨越了很多制度、理论上的障碍，当前的刑事诉讼程序法治也焕发勃勃生机。我们在搜集相关资料时，深刻感受到代代学人的拳拳报国之心和赤子之情。故而，本书也是一部致敬的著作。（3）未来之旅。部门法学的学术史研究与单纯的法制史研究还存在一些不同，部门法学研究面对的是当下的社会生活，这使部门法学的学术史研究大概率要面向当下和未来，否则会使其学术意义大打折扣。本书在写作伊始就定下"学术研究梳理—研究分析—未来展望"的研究思路，希冀通过梳理过往研究，为学术研究的进一步发展提供镜鉴。故而，本书也是一部关于刑事诉讼程序法治未来发展的著作，希冀能和读者一起开启一场"未来之旅"。

清末至今的学人们对刑事诉讼程序的研究纷繁复杂，涉及的主题多种多样，讨论的制度语境也存在很大差异，将其融入一本著作中并不容易。考虑到本书的定位，我们将研究重点放于改革开放以来我国刑事诉讼法学的研究上。故而，在篇章体例上，本书将清末至新中国成立初期的刑事诉讼法学研究统一归入第一编中，依据研究内容，将改革开放以来的刑事诉讼法学研究分为三编。具体来说：第一编为"清末至新中国成立初期刑事诉讼法学史"，以时间为节点分别介绍了清末、民国和新中国成立初期刑事诉讼程序法制和理论的发展情况。第二编至第四编分析了1979年《刑事诉讼法》颁布之后我国的刑事诉讼法学研究情况，依

---

[1] 参见苏力：《变法，法治建设及其本土资源》，载《中外法学》1995年第5期，第1页。

次对基础理论、诉讼制度、诉讼程序展开论述。其中，第二编为"刑事诉讼基础理论的争鸣与发展"，主要分析了新中国关于刑事诉讼基础理论的研究，包括刑事诉讼公正理论、刑事诉讼目的理论、检察机关在刑事诉讼结构中法律性质理论以及刑事诉讼基本原则理论、无罪推定原则等内容。第三编为"刑事诉讼制度理论的争鸣与发展"，主要分析了我国关于刑事诉讼制度的研究，包括辩护制度研究、刑事证据制度研究和刑事强制措施制度研究三方面内容。第四编为"刑事诉讼程序理论的争鸣与发展"，并按照程序进行分类介绍，包括侦查程序及其理论发展、审查起诉程序及其理论发展、刑事审判程序及其理论发展、刑事执行程序及其理论发展四个部分。

本书由以下作者撰写完成：

刘计划（中国人民大学法学院教授），撰写第一章、第二章；

孔祥承（国际关系学院法学院副教授），撰写第一章、第二章、第三章、第八章；

高通（南开大学法学院教授），撰写第四章、第七章、第十一章；

郭丰璐（国家法官学院教师），撰写第五章、第九章、第十二章；

王汀（北京警察学院法律系教师），撰写第六章、第十三章；

王晓维（青海民族大学法学院教师），撰写第十章、第十四章、第十五章。

当然，刑事诉讼法学术史的梳理并非易事，特别是本书的研究对象跨越百余年之久。虽然本书作者竭尽全力搜集相关领域的研究文献，但受研究能力和资料等限制，在分析问题时难以做到全面、系统，很多优秀的文献并未被纳入其中。而且，虽然本书作者努力从多角度分析问题，尽可能客观地论证，但相关观点和看法不可避免地会深深打上作者的烙印，甚至出现遗漏或错误解读有关观点的情形。对于疏漏和偏误，我们深表歉意，并诚请读者提出宝贵批评意见。

刘计划

2024 年 12 月

目 录

第一编 清末至新中国成立初期刑事诉讼法学史

第一章 清末刑事诉讼法学史 ……………………………………… 3
- 第一节 清末修法的历史背景 …………………………………… 3
- 第二节 1906 年《刑事民事诉讼法（草案）》 ………………… 6
- 第三节 1910 年《民事刑事诉讼暂行章程（草案）》 ………… 13
- 第四节 1911 年《刑事诉讼律（草案）》 ……………………… 15
- 第五节 结 语 …………………………………………………… 18

第二章 民国刑事诉讼法学史 …………………………………… 20
- 第一节 历史回眸 ………………………………………………… 20
- 第二节 检察制度 ………………………………………………… 24
- 第三节 律师制度 ………………………………………………… 34
- 第四节 陪审制度 ………………………………………………… 43
- 第五节 诉讼制度 ………………………………………………… 51

第三章 新中国成立初期刑事诉讼法学史 ……………………… 61
- 第一节 新中国成立初期刑事诉讼法学发展概述 ……………… 61
- 第二节 司法改革运动 …………………………………………… 64
- 第三节 全面取法苏联 …………………………………………… 67
- 第四节 积极开展刑事诉讼法学研究 …………………………… 72

第二编 刑事诉讼基础理论的争鸣与发展

第四章 刑事诉讼公正理论的争鸣与发展 ……………………… 81
- 第一节 实体公正至上 程序专律登台 ………………………… 81
- 第二节 实体公正为先 诉讼有法可依 ………………………… 83

- 第三节　程序公正的展开和深化 ………………………………… 84
- 第四节　程序公正深入人心 ……………………………………… 90
- 第五节　相关理论的开拓和探索 ………………………………… 93
- 第六节　结　语 …………………………………………………… 103

第五章　刑事诉讼目的理论的争鸣与发展 ……………………… 104
- 第一节　刑事诉讼目的理论研究的梳理 ………………………… 105
- 第二节　对刑事诉讼目的理论研究的评价 ……………………… 111
- 第三节　对刑事诉讼目的理论发展的展望 ……………………… 115

第六章　检察机关在刑事诉讼结构中法律性质理论的争鸣与发展 … 118
- 第一节　伴随 1979 年《人民检察院组织法》起草工作的争论 … 119
- 第二节　世纪之交的检察权性质之争：1999—2007 年 ………… 120
- 第三节　检察权性质之争的发展及延续：2007 年前后—2016 年 … 150
- 第四节　监察体制改革的转折：2016 年之后 …………………… 162
- 第五节　结　语 …………………………………………………… 171

第七章　刑事诉讼基本原则理论的争鸣与发展 …………………… 173
- 第一节　刑事诉讼基本原则的基础理论研究 …………………… 174
- 第二节　程序法定原则 …………………………………………… 185
- 第三节　控辩平等原则 …………………………………………… 197
- 第四节　不得强迫自证其罪原则 ………………………………… 207

第八章　无罪推定原则 ……………………………………………… 218
- 第一节　学术问题还是政治问题 ………………………………… 219
- 第二节　是否需要确立无罪推定原则 …………………………… 224
- 第三节　建立怎样的无罪推定原则 ……………………………… 234
- 第四节　将无罪推定原则贯彻到底 ……………………………… 245

第三编　刑事诉讼制度理论的争鸣与发展

第九章　辩护制度及其理论发展 …………………………………… 261
- 第一节　辩护制度的历史沿革 …………………………………… 262
- 第二节　辩护制度基本理论 ……………………………………… 269
- 第三节　辩护权能的基本内容的发展 …………………………… 282
- 第四节　结　语 …………………………………………………… 290

第十章　刑事证据制度及其理论发展 ····· 292
第一节　刑事证据制度概述 ····· 292
第二节　刑事诉讼真实理论的争鸣与发展 ····· 304
第三节　证据论 ····· 324
第四节　证明论 ····· 356

第十一章　刑事强制措施制度及其理论发展 ····· 382
第一节　刑事强制措施体系及其理论发展 ····· 383
第二节　取保候审制度及其理论发展 ····· 394
第三节　逮捕制度及其理论发展 ····· 407

第四编　刑事诉讼程序理论的争鸣与发展

第十二章　侦查程序及其理论发展 ····· 433
第一节　侦查立法与实践的历史回顾 ····· 433
第二节　侦查的基础理论 ····· 439
第三节　侦查程序的构造 ····· 444
第四节　侦查行为 ····· 450
第五节　职务犯罪案件的侦查 ····· 465
第六节　结　语 ····· 475

第十三章　审查起诉程序及其理论发展 ····· 476
第一节　免予起诉制度的存与废 ····· 476
第二节　公诉案卷移送方式的变革 ····· 489
第三节　公诉变更制度的完善 ····· 497
第四节　不起诉制度的发展 ····· 519

第十四章　刑事审判程序及其理论发展 ····· 552
第一节　刑事审判制度的历史沿革 ····· 552
第二节　刑事审判制度的理论基础 ····· 555
第三节　刑事审判基本制度的发展 ····· 560
第四节　刑事审判程序的发展 ····· 571

第十五章　刑事执行程序及其理论发展 ····· 635
第一节　刑事执行理论概述 ····· 635
第二节　刑事执行程序理论及其发展 ····· 640

第一编

清末至新中国成立初期刑事诉讼法学史

第一章

清末刑事诉讼法学史

第一节 清末修法的历史背景

我国古代向无成熟的诉讼法和诉讼法学，也未对刑事诉讼法与民事诉讼法作出明确界分。虽然我国古代曾有过"汝作士""汝作司徒"等不经意的刑事诉讼与民事诉讼有分的制度安排，以及"争罪曰狱""争财曰讼"等有意识的规则设置，但是总体而言，整个传统社会并没有单行诉讼法典，也未明确区分刑事诉讼法与民事诉讼法，诸法合体的传统思维长期影响着各个时期的立法决策。尽管在明清时期，中央政府对于刑狱之事制定了严格的司法责任制、审转制等制度，但这些都只是作为中央控制地方司法权的手段，在性质上更近似于一种司法事务的分配方式。就其实质而言，整个刑事诉讼法仍然处于粗疏、蒙昧的状态。① 直至清末修法之时，社会情势开始发生急剧变化，伴随着西方列强军事、经济的侵略和政治、文化的渗透，西方法律理念中公私并重、实体法程序法并重的理念逐步传入我国，这使得中华法系和传统司法制度受到了西方法律文化的猛烈冲击和严峻挑战。② 至此，我国立法及法学研究逐步摆脱传统痼疾，独立的刑事诉讼法及刑事诉讼法学开始初露端倪。回溯清末修法历程，其中充斥着各种偶发与必

---

① 参见［日］冈田朝太郎口述：《刑事诉讼法》，熊元襄编，李凤鸣点校，上海人民出版社2013年版，第2～4页。
② 参见何勤华、李秀清、陈颐主编：《清末民国法律史料丛刊辑要》，上海人民出版社2015年版，第172页。

然因素。回顾与检视这段历史将对刑事诉讼法学发展史的研究起到极为重要的作用。

在1900年之前，以慈禧太后为首的晚清统治集团颟顸无能，他们为了维持自身极端专制主义的统治，以"祖宗之法不可变"为借口，宁可对外割地赔款，也拒绝进行任何革新与改良。1900年，义和团运动爆发。后八国联军发动侵华战争。在战场上，晚清政府的昏聩腐朽暴露无遗，其在战场上接连惨败，最终以八国联军占领北京，慈禧太后携光绪皇帝逃亡至西安而告终。①

义和团运动虽然以失败收场，但是它有力打击了列强的嚣张气焰，动摇了清廷的统治根基，为清末变法提供了契机。一方面，列强逐步改变策略，决意由推翻清廷转变为扶植清廷作为其殖民中国的利益代言人，为此开始对清廷强行"输氧"以维持其统治。同时，为了保证自身在华利益，西方列强要求清廷必须作出一定改革。另一方面，义和团运动与八国联军侵华使得清廷陷入了严峻的社会危机和政治危机，晚清统治集团为了延续统治，决意进行变法改制。② 在此期间，逃亡至西安的慈禧太后改弦更张，一反过去"祖宗之法不可变"的保守立场，尝试宣布革新政治。③ 在光绪二十六年十二月（1901年），清廷以光绪皇帝的名义发布上谕指出④：

> 世有万古不易之常经，无一成不变之治法。穷变通久见于大易，损益可知著于论语。盖不易者三纲五常，昭然如日星之照世。而可变者令甲令乙，不妨如琴瑟之改弦。伊古以来，代有兴革。即我朝列祖列宗，因时立制，屡有异同。入关以后，已殊沈阳之时。嘉庆、道光以来，岂尽雍正、乾隆之旧。大抵法积则敝，法敝则更，要归于强国利民而已。自播迁以来，皇太后宵旰焦劳，朕尤痛自刻责。深念近数十年积习相仍，因循粉饰，以致成此大衅。现正议和，一切政事尤须切实整顿，以期渐图富强。懿训以为取外国之长，乃可补中国之短，惩前事之失，乃可作后事之师……今者，恭承慈命，壹意振兴，严禁新旧之名，浑融中外之迹。我中国之弱，在于习气太深，文法太密，庸俗之吏多，豪杰之士少。文法者，庸人藉为藏身之固，而胥吏倚为牟利之符。公事以文牍相往来，而毫无实际。人才以资格相限制，而日见消磨。误国家者在一私字。困天下者在一例字。至近之学西法者，语言文

---

① 参见张晋藩：《中国法律的传统与近代转型》（第2版），法律出版社2005年版，第377页。
② 参见李贵连：《近代中国法制与法学》，北京大学出版社2002年版，第249~250页。
③ 参见张晋藩：《中国法律的传统与近代转型》（第2版），法律出版社2005年版，第377页。
④ 参见《清实录》第五八册，中华书局1987年版，第273~274页。

字、制造机械而已,此西艺之皮毛,而非西政之本源也。居上宽,临下简,言必信,行必果,我往圣之遗训,即西人富强之始基。中国不此之务,徒学其一言一话、一技一能,而佐以瞻徇情面、自利身家之积习。舍其本源而不学,学其皮毛而又不精,天下安得富强耶!总之,法令不更,锢习不破;欲求振作,当议更张。

这道上谕正式掀开了清末十年变法的序幕,也奠定了其后的改革基调。自此以后,尽管清廷内部对于具体改革细节仍存在不同意见,但是通过修法改良司法已经成为清廷高级官员们的共识。与之相呼应,在1901—1903年的数年间,列强为配合清廷修法改革,也逐步与之改定条约,且在其中大都表示待清廷修法完善后可以放弃治外法权。如清廷与英国缔结的《中英续议通商行船条约》第12条便规定:"中国深欲整顿律例,期与各国改同一律。英国允愿尽力协助,以成此举。一俟查悉中国律例情形及其案断办法,及一切相关事实,皆臻妥善,英国允弃其领事裁判权。"① 因此,不少学术界与实务界人士认为,如果按照西方模式在我国建立现代司法制度,那么西方国家保持治外法权的理由将不复存在。②

1902年,清廷正式下达法律改革诏书,并责成袁世凯、刘坤一、张之洞等人"慎选熟悉中西律例者,保送数员来京,听候简派,开馆纂修,请旨审定颁行"。根据清廷上谕,袁世凯、刘坤一等人保举沈家本和伍廷芳二人负责修法事宜。③ 后清廷发布上谕正式确认,"现在通商交涉事益烦多,著派沈家本、伍廷芳将一切现行律例,按照交涉情形,参酌各国法律悉心考订,妥为拟议。务期中外通行,有裨治理"④作为修订法律大臣,沈家本、伍廷芳二人虽都赞成修法,但是在修法指导思想上存在分歧:沈家本意在改造旧例,而伍廷芳则希望创造新法。⑤ 沈家本认为:自元代废除律博士后,造成"国无专科,人多蔑视",至晚清末造,几成绝学。而西方各国以法治促国家发展,中国欲效仿西方,不能不重视法学。而西方法学与中学有颇多相似之处,亦可会通中西,发展法治。⑥ 伍廷

---

① 杨鸿烈:《中国法律发达史》,中国政法大学出版社2009年版,第492页。
② 参见[美]徐小群:《现代性的磨难:20世纪初期中国司法改革(1901—1937)》,杨明、冯申译,中国大百科全书出版社2018年版,第28页。
③ 参见李贵连:《近代中国法制与法学》,北京大学出版社2002年版,第522页。
④ 上海商务印书馆编译所编纂:《大清新法令(1901—1911)》(点校本)(第一卷),商务印书馆2010年版,第16页。
⑤ 参见陈煜:《清末新政中的修订法律馆——中国法律近代化的一段往事》,中国政法大学出版社2009年版,第41页。
⑥ 参见李贵连:《沈家本传》,法律出版社2000年版,第362~372页。

芳则认为，修法应当采各国通行之律，折中定议。① 因此，二人在修法过程中时有矛盾，这也导致部分法典呈现出中西混杂的特征。之后，伍廷芳转任商部左侍郎，所留修订法律大臣之职改由英瑞（实际未到任）、俞廉三等人充任，沈家本则继续作为舵手主持修法工作。②

1903 年，清廷设立修订法律馆专司修律工作。③ 通过修订法律馆这一机构，清廷开始大量储备法学专业人才。具体而言，一方面，修订法律馆着力招收本土法学精英，其中既包括研习旧法的官僚，如吉同钧、陈毅、董康等人，也包括留学海外的法学新进，如江庸、汪有龄、曹汝霖、章宗祥等人。另一方面，修订法律馆也在积极延请外籍法学专家"以备顾问"，如聘请日本法学家冈田朝太郎、小河滋次郎、松冈义正等人担任修法顾问。④ 同时，修订法律馆作为修订法律机构还大量翻译各国法典与著作，仅法典类译著就多达五十余部。其中涉及刑事诉讼方面的法典主要有《德意志治罪法》、《日本现行刑事诉讼法》、《日本刑事诉讼法》、《日本改正刑事诉讼法》、《日本监狱法》、《日本裁判所构成法》、《比利时刑事诉讼法》、《比利时监狱法》、《美国刑事诉讼法》（未完成）等。⑤ 总体而言，这些措施为清末修法提供了人才、机构与智识的支持。

第二节　1906 年《刑事民事诉讼法（草案）》

诉讼法作为程序法，在我国实体程序不分、重视实体法的传统下，它的出现有其特殊意义。按照学术界通说观点，诉讼法修法之议源于清末刑讯制度的废除之争。

沈家本在修法过程中提出应当改革刑讯制度。"西法无刑讯，而中法以考问为常。""但即中西言之，裁判所凭者曰供、曰证。中法供、证兼重，有证无供，即难论决。唐律狱囚取服辩，今律承之。可见中法之重供，相沿已久。虽律有众证明白即同狱成，及老幼不拷讯，据众证定罪之文。特所犯在军流以下者，向来照此办理，至死罪人犯；出入甚巨，虽有此律，不常行用，盖慎之也。西法重证不重供，有证无供，虽死罪亦可论决。此又中西之同而不同者也。"⑥ 因此，在

---

① 参见丁贤俊、喻作凤编：《伍廷芳集》（上册），中华书局 1993 年版，第 50 页。
② 参见陈新宇：《〈大清新刑律〉编纂过程中的立法权之争》，《法学研究》2017 年第 2 期，第 198 页。
③ 参见张晋藩：《中国法律的传统与近代转型》（第 2 版），法律出版社 2005 年版，第 379 页。
④ 参见陈煜：《清末新政中的修订法律馆——中国法律近代化的一段往事》，中国政法大学出版社 2009 年版，第 210～243 页。
⑤ 参见李秀清、陈颐主编：《日本六法全书》，上海人民出版社 2013 年版，第 6 页。
⑥ 沈家本：《裁判访问录序》，《北洋法政学报》1910 年 145 期，第 2 页。

光绪三十一年（1905年），为使中西法制相融合，沈家本和伍廷芳在回复两江总督刘坤一、湖广总督张之洞《恤刑狱折》的奏折中，正式提出应当有条件地废止刑讯："嗣后除罪犯应死，证据已确而不肯供认者，准其刑讯外。凡初次讯供时及徒流以下罪名，概不准刑讯以免冤滥。""居今日而欲救其弊，若仅宣言禁用刑讯，而笞、杖之名，因循不去，必至日久仍复弊生，断无实效。""其笞杖等罪，仿照外国罚金之法。"①

其后，御史刘彭年向清廷上奏《禁止刑讯有无窒碍请再加详慎折》，其中提出，"刑讯为东西各国所窃笑，即中国政治法律家，久已心知其非，而不敢议改者。诚以中国人心不古，一切治具，又复疏节阔目，不能察及隐微，徒慕外国之不用刑讯。而不深求其所以不用刑讯"。实际上，"按外国不用刑讯者，以其有裁判诉讼各法也。凡犯人未获之前，有警察包探以侦之，犯人到案以后，有辩护人、陪审员以听之，自豫审至公判，旁征于众证，不取供于犯人，供证确凿，罪名立定"。而对于我国这种法制不备的情形来说，"若骤然禁止刑讯"，"必致积压案件"，"转于矜恤庶狱之法，有所窒碍"②。从这封奏折可以看出，刘彭年认为在诉讼各法尚不齐备的情形下，径行废除刑讯，于刑事案件处理有碍。

其后，光绪皇帝将刘彭年的奏折转交沈家本、伍廷芳等人进行核议。沈、伍二人明确反对刘彭年的意见。伍廷芳作为一名学贯中西、对欧美法律有着深入了解的法学家，在给光绪皇帝的回奏中明确指出，中外人士血气、心理都相同，不应待法制齐备再行废除刑讯，而且"查各国编纂法律，大率于新律未颁之前，设单行法"。对于刘彭年所称编纂诉讼法的意见，沈家本、伍廷芳均表示赞同，但是并不认同他先刑法及刑事诉讼法、后民法及民事诉讼法的做法。沈家本、伍廷芳认为，"再现在改章伊始，一切未能详备，必得诉讼法相辅而行，方能推行无阻"③。

以刘彭年上书为契机，清廷正式开始了诉讼法的修订工作。经过数年汇总整理，修订法律馆于1906年完成《刑事民事诉讼法（草案）》。④ 该部草案将刑事诉讼法与民事诉讼法合二为一，分5章共260条。第一章为"总纲"，其中明确了诉讼法的基本制度与理念。第二章为"刑事规则"，其中规定了逮捕，拘票、

---

① 朱寿朋编：《光绪朝东华录》，中华书局1958年版，第5329页。
② 朱寿朋编：《光绪朝东华录》，中华书局1958年版，第5357页。
③ 朱寿朋编：《光绪朝东华录》，中华书局1958年版，第5358~5359页。
④ 虽然学术界多数人士认为清末诉讼法立法始于1906年《刑事民事诉讼法（草案）》，但是也有学者指出通过对《刑法部全宗》的分析可以看出，在该草案之前，还存在《刑事民事诉讼裁判等项法律》，它与《刑事民事诉讼法（草案）》存在某种继承关系。参见吴泽勇：《清末修订〈刑事民事诉讼法〉论考——兼论法典编纂的时机、策略和技术》，《现代法学》2006年第2期，第140~141页。

搜查票及传票，关提，拘留及取保，审讯，裁判，执行各刑及开释等内容。第三章为"民事规则"部分，着重规范民事案件的处理程序。第四章为"刑事、民事通用规则"，其中主要规定了律师、陪审员、证人以及上控等刑事、民事诉讼共通的内容。第五章为"中外交涉案件"，其中详尽介绍了涉外案件的处理程序。最末，附颁行例3条，着重对草案施行后的若干具体问题进行说明。①

从沈家本向清廷上奏的《修律大臣奏呈刑事民事诉讼法折》中可以看出这部《刑事民事诉讼法（草案）》有以下特点②：

第一，该部草案厘清了实体法与程序法的关系，点明了程序立法的重要性。如沈家本在奏折中指出："窃维法律一道，因时制宜。大致以刑法为体，以诉讼法为用。体不全无以标立法之宗旨，用不备无以收行法之实功。二者相因，不容偏废。"

第二，该部草案虽然将刑事诉讼法与民事诉讼法合二为一，但是其中对于刑事诉讼与民事诉讼有分的思想仍然有所体现。如沈家本在奏折中强调："查中国诉讼断狱附见刑律，沿用唐明旧制，用意重在简括，揆诸今日情形，亟应扩充，以期详备。泰西各国诉讼之法，均系另辑专书，复析为民事刑事二项。凡关于钱债房屋地亩契约及索取赔偿者，隶诸民事裁判；关于叛逆伪造货币官印谋杀强劫窃盗诈欺恐吓取财及他项，应遵刑律定拟者，隶诸刑事裁判。"然民事刑事性质各异，虽同一法庭，而办法宜有所区别。

第三，该部草案力图仿效日本，以期在与列强的交往中收回治外法权。如沈家本在奏折中指出："外人以我审判与彼不同，时存歧视。商民又不谙外国法制，往往疑为偏袒，积不能平，每因寻常争讼细故，酿成交涉问题。比年以来更仆难数，若不变通诉讼之法，纵令事事规仿，极力追步，真体虽充大用，未妙于法政，仍无济也。"而"日本旧行中律，维新而后踵武泰西，于明治二十三年间先后颁行民事刑事诉讼等法，卒使各国侨民归其钤束，藉以挽回法权，推原其故，未始不由于裁判诉讼咸得其宜"。

第四，该部草案为实现司法现代化，倡导引进西方先进刑事司法制度，尤其提出应当设置陪审制度与律师制度。沈家本在奏折中指出："惟其中有为各国通例，而我国亟应取法者颇有二端。"第一，"宜设陪审员也"。"考《周礼·秋官》：

---

① 参见吴宏耀、种松志主编：《中国刑事诉讼法典百年》（上册），中国政法大学出版社2012年版，第11～37页。
② 参见《修律大臣奏呈刑事民事诉讼法折》，《东方杂志》1906年第9期，第198～201页。其他参见何勤华：《西法东渐与中国司法的近代化》，载中国人民大学法学院《人大法律评论》编辑委员会：《人大法律评论》（2001年卷第2辑），中国人民大学出版社2002年版，第250～251页。

司刺，掌三刺之法。三刺曰：讯万民，必万民必皆以为可杀，然后施上服下服之刑，此法与孟子国人杀之之旨隐相吻合。实为陪审员之权舆。秦、汉以来不闻斯制，今东西各国行之，实与中国古法相近，诚以国家设立刑法，原欲保良善而警凶顽，而人情诪张为幻，司法者一人，知识有限，未易周知，宜赖众人为之听察，斯真伪易明。若不肖刑官或有贿纵曲庇、任情判断及舞文诬陷等弊，尤宜纠察其是非。拟请嗣后各省会并通商钜埠及会审公堂，延访绅富商民人等，造具陪审员清册，遇有应行陪审案件，依本法临时分别试办。如地方僻小，尚无合格之人，准其暂缓，俟教育普被，一体举行。"第二，"宜用律师也"。"按律师一名代言人，日本谓之辩护士。盖人因讼对簿公庭，惶悚之下，言词每多失措，故用律师代理一切质问、对诘、覆问各事宜。各国俱以法律学堂毕业者，给予文凭，充补是职。若遇重大案件，则由国家发予律师，贫民或由救助会派律师代伸权利，不取报酬补助。"此外，"拟请嗣后，凡各省法律学堂，俱培养律师人才，择其节操端严、法学渊深，额定律师若干员，卒业后考验合格，给予文凭，然后分拨各省，以备辩案之用。如各学堂骤难造就，即遴选各该省刑幕之合格者，拨入学堂，专精斯业，俟考取后，酌量录用，并给予官阶，以资鼓励"。

修订法律大臣沈家本、伍廷芳将该草案上呈后，清廷为慎重起见，特别发布谕令，提出"法律关系重要，该大臣所纂各条，究竟于现在民情风俗能否通行。著该将军督抚都统等体察情形，研究其中有无扞格之处，即行缕析条分，据实具奏"①。以此为开端，掀开了清末修法中礼教派与法理派的第一次论争。在诸多反对声中，湖广总督张之洞的意见最具代表性。②

张之洞在《遵旨覈议新编刑事民事诉讼法折》中针对《刑事民事诉讼法（草案）》明确提出了反对意见。他在奏折中指出③：

> 臣将原发折单督同司道，屡次悉心研究，反复讨论，似有碍难通行之处。综核所纂二百六十条，大率采用西法，于中法本原似有乖违，中国情形亦未尽合。诚恐难挽法权，转滋狱讼。谨为我皇太后、皇上剀切陈之。
>
> ……盖法律之设，所以纳民于轨物之中。而法律本原，实与经术相表里，其最著者为亲亲之义、男女之别，天经地义，万古不刊。乃阅本法所纂，父子必异财，兄弟必析产，夫妇必分资；甚至妇人、女子，责令到堂作

---

① 朱寿朋编：《光绪朝东华录》，中华书局1958年版，第5506页。
② 参见李贵连：《清末修订法律中的礼法之争》，《法学研究资料》1982年第Z1期，第31~32页。
③ 参见张之洞：《张文襄公全集》卷六十九；陈刚：《民事诉讼法制的现代化》，中国检察出版社2003年版，第107~131页。

证。袭西俗财产之制，坏中国名教之防；启男女平等之风，悖圣贤修齐之教。纲沦法斁，隐患实深。至于家室婚姻，为人伦之始；子孙嗣续，为宗法所关。古经今律，皆甚重之。中国旧日律例中，如果审讯之案为条例所未及，往往援三礼以证之，本法皆阙焉不及。无论勉强骤行，人情惶惑，且非圣朝明刑弼教之至意。此臣所谓于中法本原似有乖违者也。

恭绎谕旨，殷殷以现在民情风俗为念；仰见圣虑周详，曷胜钦服！夫立法，固贵因时，而经国必先正本。值此环球交通之世，从前旧法，自不能不量加变易。东西各国政法，可采者亦多。取其所长，补我所短，揆时度势，诚不可缓。然必须将中国民情风俗、法令源流通筹熟计，然后量为变通，庶免官民惶惑、无所适从。外国法学家讲法律关系，亦必就政治、宗教、风俗、习惯、历史、地理，一一考证，正为此也。

在法律大臣之意，变通诉讼制度，以冀撤去治外法权，其意固亦甚善。惟是各国侨民，所以不守中国法律者，半由于中国裁判之不足以服其心，半由于中国制度之不能保其身家财产。外国商民冒险远至，其本国欲尽保护之职分，不得不计其身家性命之安危。乃因各省伏莽充斥、盗贼横行，官吏虽多而不能保民，警察虽设而不能遍及，致为外人窃笑。而谓变通诉讼之法，即可就我范围。彼族能听命乎？纵使所定诉讼法条理完密，体例精详，亦必指瑕索瘢，借端责难，又安能尽餍其欲耶？矧所纂各条，按之西律，不无疏漏混淆之处。

近年与英、美、日本订立商约，彼国虽允他日弃其治外法权，然皆声明"俟查悉中国律例情形、审断办法及一切相关事宜皆臻妥善"等语。是已失之法权，不能仅恃本法为挽救，其理甚明。所谓"一切相关事宜皆臻妥善"十字，包括甚广。其外貌则似指警察完备，盗风敛戢，税捐平允，民教相安等事；其实则专视国家兵力之强弱、战守之成效以为从违。观于日本，实行"管束外国商民"实在光绪二十年以后，可以晓然。若果不察情势，贸然举行，而自承审官、陪审员，以至律师、证人等，无专门学问，无公共道德，骤欲行此规，模外人貌合神离之法，势必良懦冤抑，强暴纵恣，盗已起而莫惩，案久悬而不结。此臣所谓难挽法权而转滋狱讼者也。

从奏折中不难看出，张之洞的主要批驳理由如下：第一，违背伦理传统。"乃阅本法所纂，父子必异财，兄弟必析产，夫妇必分资。"他指出，这些规定严重违背了中国传统家族观念，尤其是其中蕴含的男女平等以及个人财产权等理念与传统纲常名教相抵牾。第二，忽视社会民情。"若果不察情势，贸然举行，而自承审官、陪审员，以至律师、证人等，无专门学问，无公共道德，骤欲行此规，模外人貌合神离之法，势必良懦冤抑，强暴纵恣，盗已起而莫惩，案久悬而不结。此臣所谓难挽法权而转滋狱讼者也。"他指出，在引进这些舶来制度时过于忽视国情、社情和民情，这可能会使良好制度在运行中产生不良作用。① 第三，法制变革路径不当。"……然后量为变通，庶免官民惶惑、无所适从。外国法学家讲法律关系，亦必就政治、宗教、风俗、习惯、历史、地理，一一考证，正为此也。"他指出，对于法律变革而言，应当坚持法律本土化，在法律移植中必须遵循"中体西用"的理念，至于引进的制度是否先进则在所不问。②

除整体批评《刑事民事诉讼法（草案）》的修订思路外，张之洞还就个别条文进行了驳斥。如针对第 199 条中"凡律师，俱准在各公堂为人辩案"的规定，他在奏折中指出：

> 泰西律师，成于学校，选自国家，以学问资望定选格，必求聪明公正之人。其刑官多用此途，优者得入上议院，寄以专责，考以事功。而律师与承审各员同受学堂教益，自不敢显背公理。中国各官治事，所治非所学，任官又不出专门。无论今日，骤难造就，如许公正无私之律师，即选拔各省刑幕，入堂肄业而欲求节操端严，法学渊深者，实不易得。遽准律师为人辩案，恐律师品格尚未养成，讼师奸谋适得尝试。且两造若一贫一富，富者延律师，贫者凭口舌，则贫者虽直而必负，富者虽曲而必胜矣。③

再如，针对第 208 条中"凡陪审员，有助公堂秉公行法于刑事，使无屈抑于民事，使审判公直之责任"的规定，他在奏折中反驳道：

> 外国陪审员之制，仿自英吉利。英人重公德，能自治，故陪审员有益而无损。法、德诸国仿之，已多流弊。盖为陪审员者，非尽法律专家，逞其臆见，反复辩论，既掣问官之肘，又延判决之期，欧洲学说已有抉其弊者。日本裁判制度多仿西洋，然区裁判所只设判事一人，地方裁判所以上有陪席判事而无陪审员。所以然者，亦日本人民无陪审员程度故也。中国束身自爱之绅士，必不肯至公堂，即问官以陪审重要之故，责以义务，科以罚金，必有甘受惩罚而不愿涉足公门者。其肯到堂陪审者，非干预词讼之劣绅，即横行

---

① 参见胡康：《〈大清刑事民事诉讼法草案〉搁置时间考析》，《重庆理工大学学报（社会科学版）》2010 年第 2 期，第 68 页。
② 参见胡瀚：《〈大清刑事民事诉讼法〉草案之论争》，《陕西理工学院学报（社会科学版）》2010 年第 4 期，第 61 页。
③ 张之洞：《张文襄公全集》卷六十九。

乡曲之讼棍,以此辈参列陪审,岂能助公堂秉公行法耶?①

除湖广总督张之洞外,闽浙总督松寿、陕甘总督升允、浙江巡抚张曾敭、新疆巡抚联魁等人也都分别就该草案提出了批评意见。立法者未曾料想该草案甫一提出便遭到各地督抚将军的一致批驳。② 由于反对意见颇多,时人赵彬甚至曾汇总编成《诉讼法驳议部居》,对各地督抚的反对意见进行梳理总结。③《刑事民事诉讼法(草案)》在制定过程中虽多次强调收回治外法权的需要,但是草案中所蕴藏的平等、民主、自由等理念却与纲常名教相抵触,挑战了封建专制的意识形态。④清廷表示,"法律馆撰上刑民诉讼律,酌取英、美陪审制度。各督抚多议其窒碍,遂寝"⑤。最终,由于各地督抚"均拟展缓施行",该草案并未颁布即告废止。

单就内容而言,该部草案体现了立法者试图在诉讼法上冲破固有藩篱的设想,对未来刑事诉讼立法有着特殊意义。⑥ 在《刑事民事诉讼法(草案)》废弃之后,为了填补诉讼法方面的空缺,配合新建立的司法制度,清廷又陆续制定了《天津府属试办审判厅章程》《京师高等以下各级审判厅试办章程》《补订高等以下各级审判厅试办章程》《各省城商埠各级审判检察厅编制大纲》等法规。这些规定明确对民事案件和刑事案件应作区别化处理,并为二者设置了不同的诉讼程序。如在刑事案件处理方面,这些规定对强制措施、预审、公诉、公判、上诉、证据制度以及检察制度等内容进行了规范。⑦ 从这一点来看,清末司法制度与诉讼程序和现代西方司法制度与诉讼程序的差距实际上比新旧概念结构之间的差距要容易弥合得多。因而,实践上的变化先于理论上的变化,激进的制度改革先于成文法律的变化。直至民国时期,理论变化才追赶上实践变化。⑧

总体而言,1906 年《刑事民事诉讼法(草案)》有着效仿西方诉讼制度的修

---

① 张之洞:《张文襄公全集》卷六十九。
② 当然,这些督抚并非对全文皆有异议,不少督抚对其中部分规定持肯定态度。如杭州将军瑞兴针对第五章"中外交涉案件"指出,"此章为中外交涉案件,按照约章,立法简易,乃为无懈可击。"参见谢文哲主编:《中国民事诉讼法制百年进程》(第三卷·清末时期),中国法制出版社 2009 年版,第 195 页。
③ 参见洪佳期:《清末诉讼法改革争议之探讨——以〈诉讼法驳议部居〉为考察中心》,《杭州师范大学学报(社会科学版)》2016 年第 1 期,第 20 页;谢文哲主编:《中国民事诉讼法制百年进程》(第三卷·清末时期),中国法制出版社 2009 年版,第 139~198 页。
④ 参见胡瀚:《〈大清刑事民事诉讼法〉草案之论争》,《陕西理工学院学报(社会科学版)》2010 年第 4 期,第 60 页。
⑤ 《清史稿》卷一四二。
⑥ 参见范明辛、雷晟生编著:《中国近代法制史》,陕西人民出版社 1988 年版,第 37 页。
⑦ 参见尤志安:《清末刑事司法改革研究——以中国刑事诉讼制度近代化为视角》,中国人民公安大学出版社 2004 年版,第 91~99 页。
⑧ 参见[美]黄宗智:《法典、习俗与司法实践:清代与民国的比较》,上海书店出版社 2007 年版,第 29 页。

法理念，但是囿于司法传统影响，该草案最终成了包含超前性理念与滞后性体例的杂糅体，呈现出鲜明的时代特点。① 虽然该草案未及颁布便告作废，但是它作为近代中国第一部单行诉讼法草案，为之后刑事诉讼制度发展指明了方向，也为未来刑事诉讼法的修订提供了经验与教训。

第三节 1910年《民事刑事诉讼暂行章程（草案）》

宪政编查馆大臣奕劻等人在宣统元年十二月二十八日（1910年）向清廷上奏《宪政编查馆奏核订法院编制法并另拟各项暂行章程折（并清单）》，其中指出"法部、大理院奏定各项章程有与《法院编制法》所载不符者，应请饬下一律改正，以归划一。再《法院编制法》之制定固为改良审判之用，而诉讼律不同时颁布，则良法美制恐亦牵掣难行。现距诉讼律告成施行之期尚远，而《法院编制法》立待施行。臣等公同商酌，拟请饬下修订法律馆将诉讼律内万不容缓各条先行提出作为《诉讼暂行章程》，并会同法部查明中国诉讼积弊，奏明请旨严禁，则新旧交替各得其时，自可收相得益彰之效。"② 按照清末预备立宪的立法安排，清廷应当在第一年即光绪三十四年（1908年）开始编订"刑事民事诉讼律"，在第四年核订"刑事民事诉讼律"，在第六年颁布"刑事民事诉讼律"，在第八年正式实行"刑事民事诉讼律"③。从中不难看出，此时宪政编查馆所称的"诉讼律"应当是当时修订法律馆正在修订的《刑事诉讼律》与《民事诉讼律》。④

其后，宪政编查馆大臣奕劻等人又在《宪政编查馆奏核议法部奏酌拟死罪施行详细办法折》中再次提道："查法部原奏，系为慎重刑狱区分权限起见，所拟各节并非法院编制之疑义，实为刑事诉讼之要端。现在诉讼律尚待编订，而死罪以下施行办法，自非于新旧接续之交早为厘定不可。臣馆上年奏进《法院编制法》时曾请饬下法律馆将诉讼律内万不容缓各条先行提出作为《诉讼暂行章程》，并声明应按照奏定各节另订详细办法者，由法律馆于拟定《诉讼暂行章程》时分别厘定等语。"⑤

---

① 参见陈煜：《清末新政中的修订法律馆——中国法律近代化的一段往事》，中国政法大学出版社2009年版，第330页。
② 《大清法规大全》（4册），考正出版社1972年版，第1816页。
③ 参见故宫博物院明清档案部编：《清末筹备立宪档案史料》（上），中华书局1979年版，第61~66页。
④ 参见吴泽勇：《〈民事刑事诉讼暂行章程〉考略》，《昆明理工大学学报（社会科学版）》2008年第1期，第32页。
⑤ 《宪政编查馆奏核议法部奏酌拟死罪施行详细办法折》，《四川官报》1910年第10期，第3页。

由此可见，宪政编查馆为配合《法院编制法》的颁布，极力要求修订法律馆等部门先行出台一部《诉讼暂行章程》进行辅助适用。此即1910年《民事刑事诉讼暂行章程（草案）》的出台背景。

1910年《民事刑事诉讼暂行章程（草案）》仍然采用了刑事诉讼法与民事诉讼法合一的编订体例。该部草案包括6编，共390条。第一编是"总则"部分，其中既规定了法院、当事人等诉讼主体的权利义务，又规范了有关证据、诉讼行为等具体行为。第二编是"民事案件"部分，主要针对民事案件处理程序进行规范。第三编是"刑事案件"部分，其中规定了管辖、司法警察官吏、被告人处置、证人、强制处分措施、第一审程序以及大理院特别案件之诉讼程序等内容。第四编是"上诉及再审"部分，主要规范了上诉通则、控告、上告、抗告以及再审等内容。第五编"私诉"则主要规范刑事附带民事诉讼的有关事宜。第六编"裁判之执行"则主要涉及判决及各种法律决定的执行事宜。[①]

从该草案的内容来看，《民事刑事诉讼暂行章程（草案）》开篇便开宗明义，在其第1、2条分别规定："各级审判衙门已按《法院编制法》既经编制者，民事、刑事案件均由该审判衙门审判；其未经编制者，暂照现行例办理，但诉讼程序应准用《法院编制法》及本章程之规定。""地方以上各级审判衙门事务管辖，除本章程及其他项法令有特别规定外，应以《法院编制法》规定为断。"[②] 这两个条文实际上也从另一个侧面揭示出《民事刑事诉讼暂行章程（草案）》与《法院编制法》之间的关系，再次表明《民事刑事诉讼暂行章程（草案）》是一部仓促的"应景"之作。

至于这部草案的最终命运，有学者通过对史料的分析，认为该草案经历了6个阶段而最终"消失"[③]。

第一阶段，法部催要"诉讼暂行章程"。宣统二年十二月（1911年），法部咨文要求修订法律馆及时提供诉讼法草案，用以协助编订审检各厅办事章程以及处理实践中出现的民、刑事诉讼费问题。

第二阶段，修订法律馆的回复。经法部催要后，修订法律馆作出回复，称正在修订《民事刑事诉讼暂行章程（草案）》，即日送交法部复核。

第三阶段，修订法律馆将有关草案送交法部，同时希望法部能将该草案加以

[①] 参见吴宏耀、种松志主编：《中国刑事诉讼法典百年》（上册），中国政法大学出版社2012年版，第43～102页。
[②] 吴宏耀、种松志主编：《中国刑事诉讼法典百年》（上册），中国政法大学出版社2012年版，第43页。
[③] 参见吴泽勇：《〈民事刑事诉讼暂行章程〉考略》，《昆明理工大学学报（社会科学版）》2008年第1期，第32～33页。

审核并会同奏进。

第四阶段，法部拒绝会奏。对于修订法律馆会奏的请求，法部回复"似可毋庸会通本部具奏"。

第五阶段，修订法律馆索要草案原档。收到法部回复后，修订法律馆提出既然法部无意会奏，便应当送回草案原档。

第六阶段，法部交还草案原档。收到索要请求后，法部随即向修订法律馆交回原档。但是，在草案原档回到修订法律馆后，该草案便销声匿迹，再未出现在相关史料当中。

第四节　1911年《刑事诉讼律（草案）》

1906年《刑事民事诉讼法（草案）》因督抚大臣议其窒碍难行而废。自光绪三十四年（1908年）起，为仿行立宪的需要，诉讼法开始分为刑事诉讼法、民事诉讼法重新单独修订。虽然在修法中间又经历了1910年《刑事民事诉讼暂行章程（草案）》的修订，但是刑事诉讼法的立法工作仍在持续进行。在修订过程中，沈家本等人在参酌各国法律的基础上选取了原来同属中华法系后来通过变法自强的日本作为学习样本，在冈田朝太郎等外籍学者的协助下修订《刑事诉讼律（草案）》。[①]

尤其需要注意的是，在修法期间大量日本刑事诉讼法理论开始被整体引入国内学术界。特别是在中日甲午战争之后，从日本翻译法政书籍已经成为潮流。究其原因主要有：其一，中日同文。从日语翻译较之从西方语言翻译事半功倍，且日本在明治维新后翻译大量西洋书籍，已形成相当规模。其二，中日国体相同。"较量国体，惟日、德与我国相同，亦惟日、德之法与我适宜而可用……广译德书……力有未能。"其三，赴日留学研习政法者众多。以1905年清廷派遣官绅赴日学习为例，其中所学科目几乎全部属于法政科。如当年留日学生总数约为1921人，确定研习法政科者便有406人。[②] 当时，国内学术界也翻译出版了一系列日本刑事诉讼法学的著作与论文。曾有学者统计，这些作品包括：法学编译会组织翻译的日本法学士谷野格所著的《刑事诉讼法》（1907年印行），陈时夏翻译的日本学者松室致所著的《刑事诉讼法论》（商务印书馆1910年版），1906年创刊的《北洋法政学报》在其第50~66册连续刊载了日本学者石光三郎著的

[①] 参见李贵连：《沈家本传》，法律出版社2000年版，第289页。

[②] 参见李秀清、陈颐主编：《日本六法全书》，上海人民出版社2013年版，序第9~10页。

《日本刑事诉讼法法理》（吴兴让、邓汝辑译）一文，等等。① 而从这一期间的刑事诉讼法教材的内容中，如邹麟书等编《刑事诉讼法》［湖北法政编辑社光绪三十一年（1905年）版］、张一鹏《刑事诉讼法》［丙午社光绪三十二年（1906年）版］、熊元瀚《刑事诉讼法》［安徽法学社宣统三年（1911年）版］等，我们不难发现它们与日本刑事诉讼法学理论并无二致。这从另一个侧面显示出，在整体引入日本刑事诉讼法学理论的同时，我国刑事诉讼法体系也开始展露端倪。②

宣统二年十二月二十四日（1911年），沈家本向清廷上奏《修订法律大臣沈家本等奏进呈大清刑事诉讼律草案折》，其中对《刑事诉讼律（草案）》的修订大旨进行了详尽阐述：

> 一曰诉讼用告劾程式。查诉讼程式有纠问、告劾之别。纠问式者，以审判官为诉讼主体，凡案不必待人告诉，即由审判官亲自诉追，亲自审判，所谓不告亦理是也。告劾式者，以当事人为诉讼主体，凡诉追由当事人行之，所谓不告不理是也。在昔各国多用纠问式，今则概用告劾式，使审判官超然屹立于原告、被告之外，权衡两至，以听其成，最为情法之平。

> 二曰检察提起公诉。犯罪行为与私法上之不法行为有别。不法行为不过害及私人之私益，而犯罪行为无不害国家之公安，公诉即实行刑罚权以维持国家之公安者也，非如私诉之仅为私人而设，故提起之权，应专属于代表国家之检察官。

> 三曰摘发真实。其主义有三：一为自由心证。证据之法，中国旧用口供，各国通例，则用众证，众证之优于口供，无待缕述。然证据而以法律预定，则事实皆凭推测，真实反为所蔽，宜悉凭审判官自由取舍。一为直接审理。凡该案关系之人与物必行直接讯问、调查，不凭他人申报之言辞及文书，辄与断定。一为言辞辩论。于原、被两造之言辞辩论而折衷听断，自经辩论之后，于被告之一造，亦可察言观色，以验其情之真伪。

> 四曰原、被待遇同等。同等云者非地位相同，指诉讼中关于攻击防御俾以同等便利而言。盖原告之起诉，既为谙习法律之检察官，若被告系无学识经验之人，何能与之对待，故特许被告人用辩护人及辅佐人，并为搜集有利证据，与以最终辩论之权，庶两造势力不至有所盈朒。

> 五曰审判公开。此本为宪政国之第一要件。盖公开法庭，许无关系之人

---

① 参见陈瑞华：《二十世纪中国之刑事诉讼法学》，《中外法学》1997年第6期，第2页。
② 参见郭成伟等：《清末民初刑诉法典化研究》，中国人民公安大学出版社2006年版，第194～195页。

傍听，具瞻所在，直道自彰，并可杜吏员营私舛法诸弊。

六曰当事人无处分权。查民事诉讼乃依私法上请求权，请求私权之保护者，当事人于诉讼中均得随时舍弃。惟刑事诉讼法乃依公法上请求权，请求国家科刑权之适用者，其权固属国家，虽检察官不得随意处分，被告更不待言。是以近日各国立法例，除亲告罪外，不准检察官任便舍弃起诉权，不许犯人与被告人擅行私和，并在诉讼中撤回公诉。

七曰用干涉主义。民事诉讼当事人有处分权，审判官不得干涉。至刑事诉讼当事人无处分权，审判官因断定其罪之有无应干涉调查一切必要事宜，而不为当事人之辩论所拘束。

八曰三审制度。三审制度者即《法院编制法》所定，不服第一审可以提起控告而请求第二审之审判，不服第二审可以提起上控而请求第三审是也①。

从《刑事诉讼律（草案）》的内容来看，它主要分为 6 编，共 515 条。第一编"总则"，主要规范审判衙门、当事人以及各种刑事诉讼共同之行为。第二编"第一审"，主要对公诉以及第一审程序进行了规定。第三编"上诉"，对上诉的有关程序进行了规范，如针对审级问题采取了三审制度。第四编"再理"，主要对再诉、再理以及非常上诉这三种普通程序外的特别救济程序进行规范。第五编"特别诉讼程序"，主要规范大理院特别权限之诉讼程序和感化教育及监置处分程序这两大类特别程序。第六编"裁判之执行"，主要对刑事法律决定的执行进行规范，如其中规定了刑事裁判执行指挥主体为检察官。②

按照宣统二年十二月（1911 年）宪政编查馆修订的逐年筹备事宜清单，《刑事诉讼律》应当在宣统三年（1911 年）颁布。随着 1911 年辛亥革命爆发，尽管《刑事诉讼律（草案）》已经修订完成，但是最后仍未及核议颁布。③ 从其历史效果来看，《刑事诉讼律》虽然未获正式颁行，但它对后世的影响却极为深远。在诉讼模式方面，该草案抛弃了传统的纠问式诉讼模式而采用了弹劾式诉讼模式，控审分离等现代刑事司法构造初步形成；在诉讼原则方面，引入了自由心证、直接原则、言词原则等资产阶级诉讼原则，冲击了封建专制主义，极大地改变了我国传统法律儒家化的面貌；在编纂体例方面，改变了我国古代传统法典编纂形式

---

① 《修订法律大臣沈家本等奏进呈大清刑事诉讼律草案折》，《吉林司法官报》1911 年第 9 期，第 1~3 页。

② 参见吴宏耀、种松志主编：《中国刑事诉讼法典百年》（上册），中国政法大学出版社 2012 年版，第 103~222 页。

③ 参见李贵连：《沈家本传》，法律出版社 2000 年版，第 291 页。

中"诸法合体，民刑不分"的旧格局，刑事诉讼法开始作为独立法律部门步入法律舞台。① 整体来说，这些新律虽然在出台之初便遭到猛烈抨击，但是这种引进西方刑事司法理念的趋势已经无法逆转。"新法新律的出现结束了中华法系时代。它在旧律与社会脱节的时代里落地，然而它又与当时的社会不能完全衔接。中国法律就是在这样的矛盾中极为沉重地迈出了近代化的关键一步。"②

第五节 结　语

从清末刑事诉讼法修订的曲折历程来看，这次修法取得了一些成就，如：首次将程序法与实体法进行分离，肯定了刑事诉讼法的独立地位；确认了一些带有资产阶级民主、自由和平等观念的原则和制度；初步确立了大陆法系职权主义的诉讼结构；等等。这些都为嗣后刑事诉讼法的改革与发展奠定了基础。③ 虽然其中有不少经验值得称赞，但是更有不少历史教训值得检讨，尤其是需要检视对待法律移植的态度问题。

清末修法中移植了大量西方资产阶级的司法制度、原则和观念，但是这些制度的最后命运各不相同。

一方面，有的制度中途夭折，并且逐渐从历史中消失。例如，陪审制度除了在《刑事民事诉讼法（草案）》中短暂出现，之后基本上再未出现在我国刑事司法的舞台。从这一点来看，我们必须要正视司法传统的历史惯性，意识到陪审制度本身与我国传统存在不兼容性。④ 从清末修法的直接动机不难发现，它主要是因应收回治外法权这一外源性因素，而并非满足社会实践需求。统治者意在借助修法作为工具缓和阶级矛盾，平息人民的各种不满、反抗和起义。在这一背景下，虽然法学界的有识之士希望借助西方政治法律制度来实现富国强兵的目标，但是由于这些制度与本国传统相距甚远，无法取得社会共识，因而时常出现水土不服的情形。这也再次告诫我们，在法律移植过程中不应盲目引进，应当详加察悉其与我国传统是否契合。

---

① 参见李春雷：《清末民初刑事诉讼制度变革研究》，中国政法大学 2003 年博士学位论文，第 53～54 页。
② 李贵连：《沈家本与晚清变法修律——兼论中国法律的近代化》，载张晋藩主编：《二十世纪中国法治回眸》，法律出版社 1998 年版，第 63 页。
③ 参见陈卫东主编：《刑事诉讼法》（第 3 版），高等教育出版社 2019 年版，第 17 页。
④ 在民国时期，对于陪审制度仍然有所讨论。具体详见下文民国部分。

另一方面，有的制度却延续至民国，甚至到现在仍有所适用，如回避、辩护等制度。① 实际上，法律移植在法律现代化以及追求理性方面有着十分重要的推动意义。近代以来，我国社会在被动接受域外文化影响下不自觉地形成了一种含有西方因素的、稳定的文化结构，其中引进了不少舶来品，但是这些制度有时可与社会中的某些现实需求形成耦合，甚至随着时间的推进，逐步内化为我国的现实司法传统，成为法律体系的有机组成部分。以检察制度为例：它在我国几千年的封建社会中从未出现过，在引入之初也极为简单直接，在实践运行中更是备受指摘。但在确立之后，它逐步消弭了传统社会中存在的贱讼、息讼的风气，起到了树立法律权威的作用。至此，检察制度逐渐在本土文化中扎根，并完成了自我演进，最终成为与我国社会结构相契合且为大众所熟知的现实司法机关。②

总体而言，我们应当认识到法律移植虽然并非一帆风顺，但只要其具有普遍的价值与意义，它还是可以获得社会认可，并得以成功本土化。对于刑事诉讼法来说，强调人权保障与权力制衡，反对控审一体，反对视当事人为诉讼客体，反对刑讯逼供等理念，是现代社会对旧时腐朽、落后传统不断进行批判反思的成果。同时，虽然这种批判对于促进传统的演进与更新有着极为重要的意义，但是亦应注意，传统并不意味着就是腐朽的、没落的，它有时只是民族特定品质遗留下的历史痕迹，并没有高低优劣之分。因此，对传统的反思并非等同于对传统文化的全面否定。尤其是在法律制度的移植研究中，没有必要片面地为了所谓的和国际"接轨"而抹杀本民族的个性。③

此外，清末的修法历程大致反映了沈家本的法律思想。需要注意的是，他的出发点更多是基于爱国、忠君的考虑，因而他制定的法律不可能彻底摒弃封建专制主义，完全体现公平、正义、人道主义等理念，这使得引进的西方刑事司法制度无法落到实处。虽然这种引入有其历史局限性，但是，从发展的角度来看，这未尝不是我国法制现代化的先声。自此以后，我国刑事诉讼法开始变得与以往大不相同，从司法理念、制度等方面都展现出一种与众不同的风貌。这可谓是清末刑事诉讼修法的一大贡献。④

---

① 参见何勤华：《西法东渐与中国司法的现代化》，载中国人民大学法学院《人大法律评论》编辑委员会编：《人大法律评论》（2001年卷第2辑），中国人民大学出版社2002年版，第269~270页。

② 参见汪海燕：《除魅与重构：刑事诉讼法律移植与本土化》，《政法论坛》2007年第2期，第133页。

③ 参见汪海燕：《除魅与重构：刑事诉讼法律移植与本土化》，《政法论坛》2007年第2期，第136页。

④ 参见段凡：《论沈家本司法人道主义思想及其历史意义》，《法学评论》2017年第2期，第182页。

第二章

民国刑事诉讼法学史

第一节 历史回眸

如前所述,自清末以来我国刑事诉讼立法进程颇为曲折,而民国时期学术理论又与当时的立法演进过程紧密联系。因此,唯有厘清民国时期刑事诉讼立法的制定背景与生成过程,才能准确把握民国刑事诉讼法学发展的内在脉络。

一、1911 年《刑事诉讼律(草案)》

如前文所述,清末修订法律大臣沈家本等人主持修订法律馆,介绍引进了不少域外司法制度。1906 年《刑事民事诉讼法(草案)》将民事诉讼法与刑事诉讼法合二为一,其在刑事诉讼部分尝试采用欧陆各国盛行的陪审制度以及公开审判制度,同时着力引入保障当事人权益的律师辩护制度。不过,从相关条文来看,依然难掩其封建纠问式诉讼的本质。1909 年,由修订法律馆起草、宪政编查馆核定的《法院编制法》(即 1910 年《法院编制法》)颁布施行。次年,修订法律馆为配合《法院编制法》的施行又对诉讼法进行了修订,制定了应景之作——1910 年《民事刑事诉讼暂行章程(草案)》。该法案作为一部过渡性草案经历了颇多曲折,很快便在历史舞台上销声匿迹。[①] 之后,修订法律馆在冈田朝太郎、松冈义正等日本法学家的帮助下,以日本 1890 年《刑事诉讼法》为蓝本制定了

[①] 参见吴宏耀、种松志主编:《中国刑事诉讼法典百年》(上册),中国政法大学出版社 2012 年版,第 38~40 页。

1911年《刑事诉讼律（草案）》。虽然这部《刑事诉讼律（草案）》未及实施，清王朝就湮灭在了历史长河之中，但是这些法典与草案仍然在民国时期发挥了重要作用。①

1912年民国肇始，法制不备，各种刑事诉讼制度未及建立。在南京临时政府时期以及北洋政府统治早期，基本上沿用了清末沈家本等人所编纂的法律法规。如在法院组织方面，"1913年，司法部将《各级审判厅试办章程》分别删修，呈准政府通饬施行"②。1915年，司法部呈准政府将清末1910年《法院编制法》分别修正刊行。至1916年，其中部分内容被修正，如其中有关初级审判厅、初级检察厅的规定被删除。③ 在刑事诉讼方面，北洋政府一方面通过司法部呈请政府的方式继续援用前清1911年《刑事诉讼律（草案）》的部分规定，另一方面则通过单行规则的方式设置新的规范。例如：其一，1912年4月7日司法部为明确划分各审判机关的审判权限范围，呈准政府暂行援用1911年《刑事诉讼律（草案）》中关于"管辖"的部分，并于5月12日刊发遵照办理。其二，为使刑事诉讼从速进行，考虑到既有规定已不敷使用，司法部再次于1914年以部令颁布《地方审判厅刑事简易庭暂行规则》《审检厅处理简易案件暂行细则》，对刑事简易程序进行规范。其三，为使法院处理附带民事诉讼有所依据，司法部于1914年颁布了《私诉暂行规则》，以使法院处理附带民事诉讼于法有据。④ 其四，有关立法对于再审以及非常上告等案件的处理没有明确规范，为此司法部在1915年8月19日呈请政府核准暂行援用1911年《刑事诉讼律（草案）》第四编的有关规定。其五，司法部于1918年5月25日，又呈请政府核准暂行援用前清1911年《刑事诉讼律（草案）》第六编"裁判之执行"的规定。其六，1919年4月18日，司法部为求审判公平，保持司法威信，特呈准暂行援用1911年《刑事诉讼律（草案）》第一编第一章第四节"审判衙门职员之回避、拒却及引避"等的规定。⑤

二、1921年《刑事诉讼律》与1921年《刑事诉讼条例》

1921年，与北洋政府对峙的广州军政府考虑到现有刑事诉讼法规庞杂繁复、

---

① 参见吴宏耀、种松志主编：《中国刑事诉讼法典百年》（上册），中国政法大学出版社2012年版，第103~104页。
② 谢振民编著：《中华民国立法史》（下册），中国政法大学出版社2000年版，第984页。
③ 参见谢振民编著：《中华民国立法史》（下册），中国政法大学出版社2000年版，第989页。
④ 为行文方便，非为必要，本文一般将审判衙门等称呼均改为法院，附带私诉改为附带民事诉讼，推事等称呼改为法官。
⑤ 参见谢振民编著：《中华民国立法史》（下册），中国政法大学出版社2000年版，第1013~1014页。

不成系统，法院处理有碍，于是决定以1911年《刑事诉讼律（草案）》为基础，剔除其中违反《中华民国临时约法》的内容，重新制定了1921年《刑事诉讼律》（该部法律作为我国第一部正式刑事诉讼法典于1921年3月2日明令公布），随后于4月13日又公布了《刑事诉讼律施行细则》。只不过，由于广州军政府居于一隅，这部法典的效力仅及于西南数省。[1]

在同一时期，北洋政府也在着手开展修法工作。修订法律馆副总裁陆鸿仪等人在斟酌1911年《刑事诉讼律（草案）》利弊的基础上编成《刑事诉讼法（草案）》。[2] 后司法部将之更名为《刑事诉讼条例》，同时拟就《刑事诉讼条例施行条例》，于1921年11月公布，定于1922年1月1日起先在东三省特别法院区域施行。1922年1月6日，北洋政府又明令自当年7月1日起，在全国施行《刑事诉讼条例》。[3] 除该条例外，北洋政府又先后出台了1920年《处刑命令暂行条例》和1922年《刑事简易程序暂行条例》等补充法令。至此北洋政府的刑事诉讼法体系初步形成。[4] 自1921年以来，在我国形成了两部刑事诉讼法并立的状态，并且一直延续到1928年。

三、1928年《刑事诉讼法》

1927年南京国民政府成立，大理院更名为最高法院，国民政府随即开始着手制定刑事诉讼法。1928年2月，国民政府第29次委员会决议，由司法部从速提出刑事诉讼适用法规。司法部考虑到各省自为风气，在同一系统下之法院适用关于刑事诉讼程序之两种法规，实非正轨，且事实上亦窒碍难行，"博采成规，旁稽外制"，决意拟定统一的刑事诉讼法规。[5] 此次修法内容颇多，涉及刑事诉讼的诸多方面，如：规定了四级三审制，但初级法院审理的判处1年以下有期徒刑、拘役或专科罚金的案件，经二审判决后不得上诉到三审；规定了国家追诉主义，检察官代表国家行使原告职权，但也明确了被害人自诉案件的范围。又如，由于此前的指定辩护人制度存在弊端，出现指定辩护人因无报酬而敷衍塞责的情

---

[1] 参见吴宏耀、种松志主编：《中国刑事诉讼法典百年》（上册），中国政法大学出版社2012年版，第269页。

[2] 该法典内容大多仿自日本1920年《刑事诉讼法（草案）》，其中也兼采德国《刑事诉讼法》设置了自诉制度。参见黄源盛：《近代刑事诉讼的生成与展开——大理院关于刑事诉讼程序判决笺释（1912—1914）》，《清华法学》2006年第2期，第97页。

[3] 参见谢振民编著：《中华民国立法史》（下册），中国政法大学出版社2000年版，第1014～1015页。

[4] 参见黄源盛：《近代刑事诉讼的生成与展开——大理院关于刑事诉讼程序判决笺释（1912—1914）》，《清华法学》2006年第2期，第97页。

[5] 参见谢振民编著：《中华民国立法史》（下册），中国政法大学出版社2000年版，第1016页。

况，因此设立公设辩护人制度。① 该法典及其施行条例于 1928 年 7 月 28 日公布，并于同年 9 月 1 日正式施行。②

四、1935 年《刑事诉讼法》

1931 年 12 月 9 日，南京国民政府立法院认为现行刑法亟待修正，刑事诉讼法亦应同时改订，特指派立法委员刘克俊、史尚宽、郗朝俊、蔡瑄、罗鼎组织委员会，起草修正刑法。该委员会先行修正刑法，然而并未同时进行刑事诉讼法的修订。直至 1933 年 6 月，司法行政部才拟具《修正刑事诉讼法草案》，并总揭修正要旨于编首，呈请行政院转送立法院审议。③

行政院第 112 次会议决议咨立法院查照审议，该草案修正要点大致均被立法院分别采纳。立法院于第三届第 25 次会议将该修正草案提出一读，并议决付刑法起草委员会审查。该会于 1933 年开始审查，对此草案详加研究，并同时征询各方意见，至 1934 年 9 月 20 日完成修正案初稿。《刑事诉讼法修正案》共 9 编，计 560 条。除依《法院组织法》将四级三审制改为三级三审制及扩张自诉范围外，整部修正案力求程序简便，结案迅速，减少讼累，防止流弊。此外，由司法行政部先后送院的《刑事简易程序暂行条例草案》及《刑罚执行法草案》，亦被酌量采纳。1934 年，立法院于 11 月 27 日、28 日召开第三届第 83 次会议，将《刑事诉讼法修正案》提交讨论，除少量修改外，完全照修正案通过。其后，立法院再次召开第 84 次会议，将保留各条照审查案通过，以全案付表决，出席委员均无异议通过。立法院在通过《刑事诉讼法》的同时宣布"本法与《中华民国刑法》均定于 1935 年 1 月 1 日公布，至施行日期，俟将来施行法通过后，再行决定"。最终，《刑事诉讼法》于 1935 年 1 月 1 日由南京国民政府公布，同年 3 月，刑法起草委员会拟就《刑事诉讼法施行法》并于 4 月 1 日公布。④

五、民国刑事诉讼法学发展评价

前文述及，民国短短 30 余年，先后出现了数部刑事诉讼法典，立法过程可谓颇多曲折。民国时期虽然政局动荡，法制建设缓慢，其间更是经历了军阀混

---

① 参见谢振民编著：《中华民国立法史》（下册），中国政法大学出版社 2000 年版，第 1019～1020 页。
② 参见谢振民编著：《中华民国立法史》（下册），中国政法大学出版社 2000 年版，第 1015～1019 页。
③ 参见谢振民编著：《中华民国立法史》（下册），中国政法大学出版社 2000 年版，第 1021～1022 页。
④ 参见谢振民编著：《中华民国立法史》（下册），中国政法大学出版社 2000 年版，第 1022～1030 页。其他参见张丽卿：《验证刑诉改革脉动》，五南图书出版股份有限公司 2004 年版，第 3～6 页。

战、抗日战争等诸多混乱阶段，但可喜的是，相关法学研究并未就此停滞。在这一时期，各种刑事诉讼法教材有数十部之多，相关诉讼法论文更是有数百篇之巨，这些材料无不体现了民国诉讼法学研究的繁荣，同时也为我们考察民国刑事诉讼法学发展提供了重要参考。就笔者观察而言，民国时期刑事诉讼法研究整体呈现出以下特点[①]：

第一，研究注重域外经验。民国时期，我国各项法律制度多取材于西方，因而学者们大多以比较法为视角，通过考察他国相关法律制度的优点与流弊，为本国法律制度发展提供借鉴方略。值得注意的是，这一阶段的比较法考察并不受限于意识形态，部分研究甚至跨越了政治制度的藩篱，如有不少学者通过引介苏俄刑事诉讼法理论来对本国法律制度进行评价。

第二，研究注重历史传统。除了从域外汲取经验，民国时期不少学者希望通过挖掘本国传统法律制度，赋予其现代意义，使其能够与引入的西方法律制度进行某种融合。或者，通过西方法律视角对本国传统法律制度进行审视，使旧有制度在新的时期能够发挥一定作用。如在论及检察制度时，便有学者将检察制度与我国封建时代存在的御史制度结合起来进行研究。

第三，研究富有鲜明时代特色。民国时期的刑事诉讼法学研究多注重于解决当时的重大法律议题，因而有较强的时代特色。例如，面对列强在华的领事裁判权问题，许多学者献计献策，据不完全统计，有数十篇文章关注于此。

从民国时期的研究来看，它们主要围绕司法制度与诉讼制度两大主题进行。下面笔者将以此为讨论脉络，着重介绍司法制度中控（检察制度）、辩（律师制度）、审（陪审制度）三方制度的变迁以及诉讼制度中若干基础理论与具体制度的演进，从而勾勒出一幅民国时期刑事诉讼法学的发展图景。

第二节　检察制度

一、检察制度之回顾

伴随着清末修法，清廷逐步尝试对司法制度进行重构。1906 年，清廷首先在北京设立大理院作为国家最高审判机关，同时在东三省和天津等地试办地方审判厅。与之同时，作为与审判机关配套的检察机关（检察厅）也逐步成立。此

[①] 本部分材料整理感谢中国人民大学法学院曾维佳同学的帮助。

后，这类新型司法制度在全国各地迅速铺开，现代检察制度得以在我国初步建立。[1] 1911年，辛亥革命爆发，清王朝随之灭亡，但是这套舶来的检察制度并未消失，反而继续在民国司法实践中发挥着重要作用。

1912年1月，南京临时政府成立，孙中山先生就任临时大总统。迫于时间的要求，南京临时政府未及制定一套系统的司法制度，因此在成立之初便颁布《临时大总统宣告暂行援用前清法律及暂行新刑律令》，要求暂时援用前清的各项法令，只是与民国政体相抵触的一律无效，据此，其在司法制度方面基本延续了前清的检察制度。当然，南京临时政府针对司法制度也并非无所作为，在其执政期间就其中某些问题修订和颁布了一系列法律、发文、批复和地方法规。如1912年2月，南京临时政府发布《司法部咨各都督调查裁判检察厅及监狱文》，发文协请各省都督调查各府州县现有的审判、检察各厅及监狱状况，并要求凡未成立审判、检察厅及监狱者亦应规仿新制，赶速设置。[2]《大总统据法制局局长宋教仁转呈江西南昌地方检察长郭翰所拟各省审检厅暂行大纲令交司法部藉备参考文》也就检察制度提道："司法官制与中央地方官制相辅而行，现在中央地方官制尚未颁布，关于名称细节，不必遽拟更张，且所改审厅检厅各名目，亦欠妥协。"[3]

1912年3月，袁世凯在北京就任临时大总统。在上台之初，他便以民国法律未经议定颁布为由，下令"暂时援用"清廷所制定的相关法律。1912年4月，参议院根据临时大总统的咨文，提出"所有前清时规定之《法院编制法》、《商律》……除与民主国体抵触之处，应行废止外，其余均准暂时适用"[4]。因此，清廷制定的《法院编制法》得以继续保留适用。1915年6月20日，北洋政府司法部呈准政府将《法院编制法》修正刊行，在1916年2月2日又对其进行了一定修改，其中：删除了初级审判厅、初级检察厅的规定；删除了各省提法使监督本省各级审判厅及检察厅的规定；把总检察厅厅丞改称为检察长，各检察厅的典簿、主簿、录事等改为书记官长和书记官。[5] 在组织机构方面，北洋政府时期基本上延续了自清末修法以来审检分立的体制。在检警关系方面，自1910年清廷颁布《检察厅调度司法警察章程》以来，我国初步确立了"检警一体"的侦查模

---

[1] 参见侯欣一：《中国检察制度史研究现状及相关文献》，《国家检察官学院学报》2016年第4期，第154页。

[2] 参见《司法部咨各都督调查裁判检察厅及监狱文》，《临时政府公报》1912年第23期，第4~5页。

[3] 《大总统据法制局局长宋教仁转呈江西南昌地方检察长郭翰所拟各省审检厅暂行大纲令交司法部藉备参考文》，《临时政府公报》1912年第34期，第8页。

[4] 范明辛、雷晟生编著：《中国近代法制史》，陕西人民出版社1988年版，第156~157页。

[5] 参见谢振民编著：《中华民国立法史》（下册），中国政法大学出版社2000年版，第989~991页。

式。1914年，北洋政府出台了《增定检察厅调度司法警察章程》，扩大了拥有实施侦查犯罪之权的司法警察的范围，将司法警察人员区分为司法警察官、作为检察官辅助的司法警察官以及司法警察，其中又赋予了司法警察官实施侦查的职权，使得司法警察官与检察官共享侦查权。但是，这种侦查权共享机制事实上降低了检察官指挥司法警察的效能，造成检警互相推诿的情形频繁发生。①

1927年8月16日，南京国民政府以训令148号宣布："司法事务，经纬万端。近值刷新时期，亟应实行改进，即如检察制度，体察现在国情，参酌各国法制，实无专设机关之必要，应自本年十月一日起，将各级检察厅一律裁撤。所有原来之检察官，暂行配置于各该级法院之内，暂时仍旧行使检察职权。其原设之检察长及监督检察官，一并改为各级法院之首席检察官。"② 1927年10月，南京国民政府颁布《最高法院组织暂行条例》，其中规定最高法院置首席检察官一员、检察官五员，依照法令处理关于检察的一切事务。③ 1927年12月26日，国民政府最高法院颁布《最高法院办事章程》，其中对检察事务的范围作出了界定，明确了审判与检察应当分别独立行使职权。④ 1928年11月17日，通过了《最高法院组织法》，对各级检察机关的设置进行了规范。⑤ 至此，北洋政府时期的审检分立制逐步被审检合署制所替代。⑥

1930年，国民党中央政治会议第231次会议通过《法院组织法立法原则》，其中再次对各级法院及检察机关的组成等问题进行了规范。如在第10条说明中便提出"凡法院均配置检察署以表示其独立执行职务之精神"⑦。1932年，南京国民政府颁布《法院组织法》，其中对检察机关的组成及职权作出了更为详细的规定，如其中规定：在最高法院设检察署，设置检察官若干人，以一人为检察长；在其他法院及分院，各置检察官若干人，以一人为首席检察官。检察官的职权包括：一是实施侦查⑧；二是提起和实行公诉，协助或担当自诉；三是指挥刑事裁判之执行。在检察官执行职务时，可以指挥司法警察官，调动司法警察协助侦查，或命令在场和附近的人为相当的辅助侦查，遇有紧急情况时，还有权指挥

---

① 参见胡卫列、徐鹤喃主编：《民国检察那些事儿》，中国检察出版社2018年版，第270~271页。
② 侯欣一：《中国检察制度史研究现状及相关文献》，《国家检察官学院学报》2016年第4期，第155页；参见闵钐等编著：《中国检察制度法令规范解读》，中国检察出版社2011年版，第263页。
③ 参见《最高法院组织暂行条例》，《司法公报》1927年第1期，第49页。
④ 参见《最高法院办事章程》，《司法公报》1928年第8期，第59~68页。
⑤ 参见《最高法院组织法》，《司法杂志》1929年第1期，第3~4页。
⑥ 参见何勤华主编：《检察制度史》，中国检察出版社2009年版，第353页。
⑦ 《法院组织法立法原则》，《法学季刊》1931年第2期，第158~161页。
⑧ 原文为"侦察"，为符合当前使用方法，特改为"侦查"。

军警协助侦查，特殊案件并可请求派遣军队辅助侦查，进行弹压。① 具体到检警关系方面，为解决北洋政府时期检警互相推诿的问题，南京国民政府在1929年出台了《检察官指挥司法警察暂行细则》，在1945年又颁布了《调度司法警察条例》，通过这些文件对侦查权的分配、调度司法警察的方式以及奖惩权力进行了明确规范，巩固并进一步强化了检警一体的色彩。②

与此同时，中国共产党也在逐步探索建立自己的检察制度。在1925年省港大罢工时期，省港罢工委员会便设置了军法处、会审处等司法机构处理相关刑事案件，这奠定了中国共产党建立司法机关的基础。③ 在第二次国内革命战争时期，1931年《豫鄂皖区苏维埃政府临时组织大纲》规定在革命法庭内应当设立国家公诉员，而这也成为中国共产党早期检察机关的雏形。④ 1932年6月，中华苏维埃共和国通过了《裁判部的暂行组织及裁判条例》，在建立裁判部的同时第一次将检察制度正式确立下来。其中规定省裁判部设正、副检察员各1人，县裁判部设检察员1人，区裁判部不设检察员。⑤ 至1934年，中华苏维埃共和国政府颁布《中华苏维埃共和国中央苏维埃组织法》，其中规定最高法院设检察长1人、副检察长1人、检察员若干人。地方各级裁判部的检察员并不直接隶属于最高法院检察长，而是隶属于最高法院。总体而言，在第二次国内革命战争时期，中央苏区主要实行裁判部审判权和检察权合一的做法，不存在独立的检察机关，有关检察人员一律附设于裁判部。⑥

抗日战争时期，中国共产党考虑到当时正处于战时环境，法制建设必须因地制宜，司法机关的设置以实际状况和需要为依据，以便民简政为原则，实行政府领导司法机关的体制。⑦ 就检察机关的设置而言，虽然各个根据地检察制度有所不同，但基本上采取了两种组织形式：一是在各级司法机关内部设立检察处；二是不设专门的检察机关，而由各级行政长官或公安局代行检察职权。⑧ 就前者而言，陕甘宁边区高等法院内设检察处，由检察长一人和检察员若干人组成。各县设置司法处，在裁判员之下设置书记员和检察员若干人，主要负责案件侦查、提

---

① 参见范明辛、雷晟生编著：《中国近代法制史》，陕西人民出版社1988年版，第237页。
② 参见胡卫列、徐鹤喃主编：《民国检察那些事儿》，中国检察出版社2018年版，第272～274页。
③ 参见张希坡、韩延龙主编：《中国革命法制史》，中国社会科学出版社2007年版，第329页。
④ 参见何勤华主编：《检察制度史》，中国检察出版社2009年版，第372页。
⑤ 参见何勤华主编：《检察制度史》，中国检察出版社2009年版，第370页。
⑥ 参见张希坡、韩延龙主编：《中国革命法制史》，中国社会科学出版社2007年版，第345～347页。
⑦ 参见张希坡、韩延龙主编：《中国革命法制史》，中国社会科学出版社2007年版，第368页。
⑧ 参见何勤华主编：《检察制度史》，中国检察出版社2009年版，第374页。

起公诉、担当自诉、充当诉讼当事人或代表人等职责。就后者而言，晋察冀边区各级法院虽然设有首席检察官一人、检察官若干人，但是，各级检察官仅对普通刑事案件行使职权，而特种刑事案件则由该属公安科长充当检察官负责侦查和起诉。①

在解放战争时期，陕甘宁边区基于精兵简政的政策考量，在1942年便裁撤了边区检察处和各县的检察员。然而，1946年陕甘宁边区的第三届司法会议又决定恢复检察机关，因此各级检察处、检察员建制均逐步恢复。1946年7月，陕甘宁边区召开了第一届检察业务研究会，对检察机关作用、检察职权等内容进行了深入探讨。1946年10月，《陕甘宁边区暂行检察条例》颁布。这是在新中国成立之前第一部规范检察机关职权、组织、办案程序等内容的单行法规。此后，陕甘宁边区高等法院检察处被改为陕甘宁边区高等检察处，检察机关得以从审判机关中分离出来。至此，审检分立的检察体制得以初步确立。②

二、检察制度之论争

在民国时期，各种司法制度草创，不少学者尝试从比较法的视角对我国检察制度进行检讨。如有学者介绍意大利检察制度时便提出，世界在发展变化，并非非此即彼的关系，需要扩展视野，从大处着眼，根据民情的需要，采各国之精华，做到"从根着眼，迎头赶上"，因为天下之事，无绝对之利弊，重在因地制宜，取其精华，取长补短。③ 除此以外，另有不少学者对法、德、英、比利时、日本等国的检察制度进行引介。④ 更有学者将目光扩大至苏俄，对其检察制度进行了全方位介绍，提出苏俄检察官党化的问题，认为苏俄检察官若无了解政治法律的能力，实难发挥应有效力。⑤ 在这些域外研究的基础上，民国学术界与实务界以具体国情为出发点，形成了检察制度的两大研究主题：一是检察制度存废论，二是检察制度改革论。

（一）检察制度存废论

前文述及，清廷引入作为舶来品的检察制度后，还未真正施行便已倾覆。民

---

① 参见张希坡、韩延龙主编：《中国革命法制史》，中国社会科学出版社2007年版，第368～382页。
② 参见何勤华主编：《检察制度史》，中国检察出版社2009年版，第375～378页。
③ 参见薛光前：《意大利之检察制度》，《法学杂志》1937年第5期，第95～101页。
④ 参见孙葆华译：《法德英三国实施刑法之组织》，《法学杂志》1937年第5期，第127～150页；洪钧培：《比利时检察制度》，《现代司法》1936年第11期，第65～72页；洪钧培：《法国检察制度》，《现代司法》1936年第11期，第45～64页；施明：《日本检察制度之检讨》，《现代司法》1936年第11期，第73～86页。
⑤ 参见刘陆民：《苏俄现行检察制度之特点及其指导原理》，《法学杂志》1937年第5期，第85～94页。

国建立后，继续沿用了清朝的检察制度。在建立检察制度之初，不少人认为设置检察制度确有诸多益处。如乡间豪绅横行，民众多因恐惧而不起诉，检察制度可以免除民众忧惧而径行起诉；加害者以贿赂而息事宁人，至于被害人亦受贿而甘心不起诉，检察制度可以避免因贪念不起诉；有些犯行不直接影响个人，无法自行检举，检察制度可以避免无从起诉；良民畏讼，而好事之徒却借此栽赃嫁祸获取利益，检察制度可以避免滥行起诉。① 然而，在检察制度实际运行过程中，各界人士却对其非议不断。自1914年起，就开始有人不断主张应当废除检察制度，如北洋政府前顾问陈则民便发起了废检察制度运动。② 其中有学者明确指出，我国检察官独操刑事权，已成众矢之的。由检察检举，法院审判，同为怨府，故不如裁去为愈。哈尔滨改设中国法院，并无检察官，两年来成绩甚佳。③

在这场检察制度存废的论争中，主要形成了主废派与主存派两派观点。④

1. 主废派

多数主废派学者认为检察制度弊大于利，因而应当废除检察制度，改采私人追诉主义，设置陪审团，并赋予其处理刑事案件的权限。⑤ 杨兆龙先生在《由检察制度在各国之发展史论及我国检察制度之存废问题》一文中对有关反对意见进行了较为系统的梳理，从中提炼出了12条主要反对理由。⑥

第一，检察制度乃大陆法系产物，为英美法系国家所无。英美法系国家在诉讼上没有因缺乏这种制度而感到不便。因此，我国保留这种制度未免无谓。

第二，检察制度使刑事案件先由检察官侦查而后移送法官审理，其间程序复杂，曲折繁多，足以拖延诉讼而增加被告人及告诉人等之负累；且往往因检察官事务之繁重，工作之不力，或处理之欠当，致证据消灭，真相难明。

第三，在检察制度之下有些证据确凿或被告人供认不讳的刑事案件，也须由检察官先行侦查而后移送法官审理，徒费时间而无实益。

---

① 参见胡以鲁：《论检察制度之不可废》，《法学会杂志》1914年第3/4期，第3页。
② 参见陈则民等：《废检察制度之运动》，1922年编印。
③ 参见张一鹏、严榕：《中国司法制度改进之沿革》，《法学季刊》1922年第1期，第24页。
④ 有学者认为还包括态度折中的济急派。具体内容参见张乐山：《检察制度存废问题》，《法律评论》1925年第79～81期、第92～93期。
⑤ 参见朱鸿达：《检察制度论》，《法学季刊》1925年第3期，第152页；黎藩：《检察制度存废论》，《月刊》1929年第5期，第74～75页。
⑥ 参见杨兆龙：《由检察制度在各国之发展史论及我国检察制度之存废问题》，《法学杂志》1937年第5期，第36～38页。具体观点参见雷彬章：《论检察制度之应废》，《法律评论》1924年第53期，第45～46页；朱鸿达：《检察制度论》，《法学季刊》1925年第3期，第137～152页；王树荣：《改良司法意见书》，《法律评论》1925年第90期，第18～22页；涂身洁：《对于法院编制法草案之意见》，《法律评论》1924年第65期，第19～22页；等等。

第四，刑事案件，因被害人或其家属之告诉，第三者或公安机关之告发，或侦缉而发动者，常居多数，其由检察官直接发动者并不多见。检察官实际上不能尽其检举犯罪之责，可谓虚设。

第五，检察官之侦查程序不公开，告诉人对于不起诉之处分无充分之救济，易使检察官流于专横而减损人民对于法院之信仰。

第六，检察官受司法行政长官及其他上级长官之指挥监督，不如法官独立，其处置措施常欠公平。

第七，我国向无检察官制度，犯罪案件由被害人或其家属亲朋检举。今之检察制度不合我国情形。

第八，检察官决定起诉或不起诉，每凭自己武断之见解，并无严格法定之限制。以此为公益之保障，危险实大。

第九，现在检察与审判对峙，首席检察官往往与院长意见分歧，致司法行政权不能统一，废除检察制度可免此弊。

第十，我国检察官因环境压迫，或性情怠惰，对于所任职务一味敷衍，殊失国家设立检察制度之本意。

第十一，近来欧美各国刑法学者对于检察制度不如往昔之重视。日本各级裁判所虽设有检察官，然均附设于裁判所内，且该国近日多有主张废除检察制度者。检察制度可谓与世界各国立法之趋势相背。

第十二，我国司法经费支绌，与其留此有害无益，或害多利少之制度，毋宁将其撤废，以所省之款项增添法官，而利诉讼之进行。

总体而言，主废派观点庞杂，且多集中于学术界。① 在1935年举行的全国司法会议上，许多学者明确主张废除检察制度。其中最具代表性的是国立北京大学的燕树棠教授和厦门大学法商学院的张庆桢教授。如张庆桢教授就指出，现在检察官起诉的案件，多数是由被告人告发，依职权检举的情形较少。既然犯罪的发现多是人民自卫的结果，那么检察官夺其诉讼权利绝非妥当。在上诉程序中，检察官或者迫于立场怠于上诉，或者作出无益的上诉，这些都有损司法威信。而且，每一件案件历经侦查起诉，公文往来于各个机关的各类程序，人民多受讼

---

① 其他反对观点参见赵聿旦：《检察制度的检讨》，《浙江省地方自治专修学校校刊》1934年第19期，第7~9页；阮毅成：《检察制度是应当废止的》，《政治评论》1934年第132期，第17~19页；李朋：《检察制度存废论战》，《法律知识》1948年第1/2期，第10~11页；翟晋夫：《检察制度评议》，《政治评论》1934年第127期，第897~902页；翟晋夫：《再论检察制度之当废并答孙增厚先生》，《政治评论》1934年第133期，第78~83页；等等。

累，而被告人却可趁此翻案。①

2. 主存派

与学术界的普遍质疑之声不同，一些实务界人士还是希望保留检察制度。主存派中较有代表性的是杨兆龙、王用宾两位先生。

杨兆龙先生认为，检察制度存在的依据在于：第一，检察官能防止法官的专横武断；第二，社会上每有犯罪事件发生，而私人因怠惰怕事，或其他关系，不愿或不敢过问者，犯罪者往往逍遥法外，检察制度可以补救这种情形；第三，检察制度能减少私人诬告滥诉之机会；第四，检察官对于情节轻微，或不值得诉讼的案件，得便宜行事，不予起诉，这样可减健讼之风；第五，检察制度可以使得法官与检察官相互分工，各行其是。②

时任司法行政部部长的王用宾先生则基于实践需求指出检察制度有其存在必要性，具体而言：第一，二十余年来刑事案件向检察官告诉告发已经成为习惯，一旦改变，人民不免感到不便。如司法实务中有关自诉案件范围扩大，而实际自诉案件率依然较低便是明证。第二，或因恐惧、或因私欲、或因事不关己而无人提起之诉，无人可以负责，检察制度可以避免这一弊端。第三，法律知识生疏的自诉人，无人从旁协助，检察制度可以弥补这一缺陷。第四，英美法庭的刑事案件，除个人宣誓告诉者外，尚有国家律师与大陪审团的宣誓告诉予以补充。若我国废除检察制度，就要设置国家律师与大陪审团。第五，无检察官侦查的案件，需要经过预审程序，预审结果仍需连同案卷转送刑庭，而这与检察官侦查并无显著区别，废除检察官而增设预审法官并无实益。第六，英美以私人追诉为主，如果私人怠于行使告诉，则有废弛法律的忧虑。因此，当被害人对重罪不进行告发时，需处以轻微罪以示惩戒，若如此，尚不如设置专门检察官主动检举侵害国家法益的行为。③

虽然学术界对于检察制度多有非议，但是它在民国司法实践中并未消失，反而得到立法的进一步确认，如南京国民政府1946年修正公布的《法院组织法》继续保留了检察制度，甚至还进一步扩大了检察官的职权。④ 虽然立法已经确认

---

① 参见吴祥麟：《中国检察制度的改革》，《现代司法》1936年3期，第5～7页。
② 参见杨兆龙：《由检察制度在各国之发展史论及我国检察制度之存废问题》，《法学杂志》1937年第5期，第47～48页。其他持肯定观点，参见黄绶：《改良司法意见书》，《法律评论》1925年第88期，第18～23页；朱广文：《论国家追诉主义及职权主义》，《法律评论》1924年第69期，第1～4页；孙增厚：《读翟晋夫先生"检察制度评议"后》，《政治评论》1934年第130期，第1037～1041页。
③ 参见王用宾：《二十五年来之司法行政》，《现代司法》1936年第1期，第13～14页。
④ 参见何勤华主编：《检察制度史》，中国检察出版社2009年版，第369页。

检察制度，但是仍然有不少学者对检察制度持有疑虑。①

与此同时，1940年代的陕甘宁边区也爆发了检察制度存废之争。在此次论争中，以雷经天为代表的主废派反对检察独立，主张废除检察制度。他们认为检察机关应当受到法院管辖：一则，从职权来看，两者都是行使司法职权的机关，因此两者合一并无不当。二则，从目的上看，检察制度的存在是为了对不法者给予惩罚，因此两者之间应当互相辅助，而非互相牵制。三则，从司法实践来看，检察人员与审判人员应当互相帮助而非互相吵架。四则，鉴于边区特殊情势，不宜确立检察制度。而主存派人士主张建立检察制度，并明确指出应当确保检察独立。其中的代表人物有李木庵、朱婴及鲁佛民等人，以朱婴为例：一方面，他指出建立检察机关是必须的。具体来说：一来，这是历史经验的必然选择；二来，在具体职能行使方面它有其必要性；三来，检察机关的设立可以使法官专司审判；四来，可以提高法律的权威。另一方面，他着重强调了检察机关独立的重要性。具体来说：一来，检察机关独立于法院，并未破坏司法系统的统一，两者实际上实现了真的统一，内容上的统一；二来，将检察机关附设于法院，将无法解决上诉公正、检察一体与审判独立、工作内容不相符等问题。在延安整风运动的影响下，主废派取得了较大优势，有关检察制度的论争暂时告一段落。但是，其后不久这一情况便发生了变化。1945年高等法院院长王子宜在边区司法工作总结中指出，应当复建检察制度，并为之建立一套保障检察独立的制度。这些意见随即在1946年第三届边区参议会上获得通过。最终，边区政府在1946年发布《陕甘宁边区政府命令》（民字第六二号），正式提出建立、健全检察制度。②

（二）检察制度改革论

在检察制度存废之争外，民国时期检察制度研究的另一条主线是检察制度的改革方向问题。如杨兆龙先生就曾指出，根据各国历史的考察和我国情形的比较，我们深信检察制度在我国有保存的必要。我们虽不能否认现行的检察制度有不少缺点，但是这些都是人选配置不宜和制度运用失当造成的，并非制度本身必然的结果。我们今后所应该努力的，乃是积极改革这个制度，使之得以完善，不应采取那种"因噎废食"的办法将它根本推翻。③

在具体改革方向上，有关人士曾经先后提出过以下改革措施：第一，缩小自

---

① 参见李朋：《论检察制度利弊》，《法律知识》1947年第12期，第2~3页；杨廷福：《废检察制度议》，《震旦法律经济杂志》1947年第9期，第114~116页；等等。

② 参见巩富文主编：《陕甘宁边区的人民检察制度》，中国检察出版社2014年版，第136~164页。

③ 参见杨兆龙：《由检察制度在各国之发展史论及我国检察制度之存废问题》，《法学杂志》1937年第5期，第54页。

诉案件的范围以防滥诉。第二，提升高等法院首席检察官的地位。第三，高地两院检察部分之经费宜酌予划分。第四，监狱看守所宜划归高等法院首席检察官监督。① 第五，取消检察官的预审权。第六，限制检察官的起诉处分权。第七，增加检察官的司法警察权。第八，增设国立或公立辩护官。② 第九，根据检察一体原则，将各级检察处均改为检察署，去除冠之法院字样，以明权属，厘清权限，对于各级检察长的官等官俸，应当与相应法院的院长相同。第十，检察官的职务性格，均与法官不同，既需要胆识兼备，又需要举动机敏，且关于侦查搜索勘验的各种知识，并非科班教育所能补足。为此，应当重视检察官本身的技能训练、性格养成，限制法官、检察官互相调职，奖励侦查成绩。确保久任检察官者心理满足，兴趣日深。第十一，我国行政官，均以兼摄刑诉为荣，即使有法院驻在的行政机关，也不免有擅理讼狱之事，对于法院的请求协助，也往往置之不理，倘若它的属员被控犯罪，则以送交司法机关为耻辱。倘若赋予检察机关弹劾权，规定协助方法，则既可以促使其责任观念，兼足以整饬吏治。第十二，我国"五权分立"，监察院职司弹劾。贪污枉法乃是官场的积弊，而监察院驻在首都，以少数监察委员监督全国官吏，未免力有不逮，为此可以将部分监察之责赋予各地检察官，以补充监察资源不足的劣势。或将监察与检察制度进行一元化处理，即认为检察制度脱胎于古代御史制，应当合并于民国的监察权，同时作出顺应于弹劾式诉讼构造的转向。③

除此以外，还有学者提出国家应当增设针对渎职检察官的处理机制。④ 另有学者则认为，考虑到检察官的选任需要具备特殊品格，如不畏强暴的风骨、疾恶如仇的个性、敏捷灵活的手段、胆识俱优的才干，一方面，应当培养检察官的专才，为此可以开设检察官训练班进行专门教育，另一方面应当减少其内部无意义的职务活动。⑤

总的来说，虽然民国时期的检察制度与中华人民共和国成立后所建立的检察制度在理论基础与建构理念上都颇为不同，但是这并不妨碍我们从中汲取经验。即它可以帮助我们从另一个侧面理解检察制度的地位和功用，比较检察制度的利弊得

---

① 参见郑烈：《全国司法会议提案摘要：关于检察改进意见案》，《法学杂志》1935年第5期，第160～161页。
② 参见吴祥麟：《中国检察制度的改革》，《现代司法》1936年3期，第13～21页。
③ 参见守新：《论检察制度之必不可废及其改善方案》，《法律评论》1930年第20期，第6～8页。其他参见陈锡瑚：《御史制度与检察制度：论检察与监察制度的一元化》，《法律评论》1947年第4期，第1～4页。
④ 参见刘世芳：《对于检察制度之检讨》，《法学杂志》1937年第5期，第82～84页。
⑤ 参见理箎：《对于改进检察制度的管见》，《法令周刊》1936年第311期，第2～3页。

失，为当今检察制度的完善提供一定借鉴意义①，例如，我们可以从中体察出国情对检察制度发展的影响、法律移植对检察制度的影响等等。此外，对于当时处于转型初期的中国来说，检察制度作为从国外引进的舶来品，在落地生根的过程中，不断遭遇到质疑与波折在所难免。这反映了法律现代化进程中的曲折和艰难。②

第三节　律师制度

一、律师制度之回顾

中国是有着五千年文明史的泱泱大国，谈及律师，更是可以追溯到春秋末期。但是，在漫长的封建时期，我国并未建立近现代意义上的律师制度，只存在含有一定律师因素的讼师。从目前所见的资料中可以发现，各方面对讼师的历史评价褒贬不一，官方的记载多采贬低的口吻，但史料中也不乏讼师"路见不平，拔笔相助"的案例。对此，陈光中先生进行了较为客观的评析，他指出，"对当事人来说，讼师知晓更多的律令规则，可以为其免于处罚或减轻处罚提供更多的技术支持，因此容易被诉讼当事人所用和认可；对司法官而言，讼师为其断决案件增加了难度并可能使案件的审判拖延或者出现其预料之外的情形，加上古代以'息讼'思想为主导，因此才百般遏止和阻挠讼师介入诉讼活动，讼师也更难被官方认可和接受"③。

实际上，我国近现代意义的律师制度是与领事裁判权紧密联系在一起的。鸦片战争之后，英国率先在租界设立司法机关，并且依据英国法律，允许当事人聘请律师出庭辩护，其后各国领事法庭也相继引入本国律师制度，允许律师参与庭审。1866年，洋泾浜北首理事衙门便有外籍律师参与庭审的记录。1869年，《上海洋泾浜设官会审章程》公布生效正式确立了"会审公廨"制度，其中明确规定审理案件可以聘请律师出庭辩护。④ 自1905年开始，清廷先后派员出使各国。出使各国的大臣经过考察多主张引入西方法律制度。1906年，沈家本拟定的《刑事民事诉讼法（草案）》第一次对律师制度作了明确规定，要求律师"尽分内之责务，代受托人辩护；然仍应恪守法律"。该草案虽因各省督抚的反对而未能

---

① 参见巩富文主编：《陕甘宁边区的人民检察制度》，中国检察出版社2014年版，第164页。
② 参见胡卫列、徐鹤喃主编：《民国检察那些事儿》，中国检察出版社2018年版，第201页。
③ 陈光中：《中国古代司法制度》，北京大学出版社2017年版，第293~294页。
④ 参见费成康：《中国租界史》，上海社会科学院出版社1991年，第136、146~147页。

公布实施,但却成为我国正式创建律师制度的先声。①

　　1911年辛亥革命爆发,新成立的湖北军政府司法部在1911年11月、12月先后发布了第一号布告、第二号布告。第一号布告严厉声讨清廷司法制度的野蛮专横,历数清廷的四大罪状,同时宣布成立临时上诉审判所及临时江夏审判所,受理民刑案件。第二号布告则提出改革旧司法制度,求贤以提升司法人员素质。时任湖北军政府司法部部长的张知本主张采用"三权分立"和"司法独立"的原则,在司法审判中引入律师辩护制度。当时,在湖北发生的"唐牺支案"则成为近代律师制度的开端②:湖北军政府荆宜总司令唐牺支的部下因敲诈未果枪杀一名水手,水手的母亲到军政府司法部为儿子申冤,司法部部长张知本深感案情重大,要求组织特别法庭审讯唐牺支。唐牺支接到传票后,未予理睬。张知本认为唐牺支"违抗命令,藐视法律"。在时任湖北军政府都督黎元洪的干预下,唐牺支被传讯至武昌特别法庭,其聘请了陈英律师作为辩护律师。经过审理,对唐牺支记大过两次,对负有直接责任的胡姓参谋长判处5年徒刑。中国律师陈英在"唐牺支案"中以辩护人的身份出现,这在近代中国律师制度发展中无疑具有重要意义,对此后民国的律师法制建设也产生了深远的影响。③

　　南京临时政府时期,孙中山先生认为应当采行西方法律制度。早在1900年,孙中山先生便在《致港督卜力书》的"平其政刑"部分指出:"大小讼务,仿欧美之法,立陪审人员,许律师代理,务为平允。不以残刑致死,不以拷打取供。"④ 1912年1月8日,南京临时政府司法部提法司任命陈则民等32名政法学堂毕业生为公家律师,并指出如有原告或被告聘请他们,他们便可上法庭为其辩护。这是最早由政府公布的中国本土律师名单,他们可谓是近代中国律师业的拓荒者。1912年1月11日,中华民国律师总会在上海成立,它规定其会员律师可以在全国各级审判机构执业,这表明近代意义的律师组织正式在我国出现。⑤ 1912年3月,内务部警务局长孙润宇曾向临时政府建议施行律师制度,他在呈文中指出,"为建议施行律师制度以祛诉讼之障碍而辅司法之完成事,窃维司法

---

① 参见徐家力:《中华民国律师制度史》,中国政法大学出版社1998年版,第16~17页。
② 参见王申:《中国近代律师制度与律师》,上海社会科学院出版社1994年版,第34~36页。
③ 参见肖秀娟:《辛亥革命与近代中国律师业》,《新民晚报》2011年10月9日,第B07版。
④ 广东省社会科学院历史研究所等编:《孙中山全集》(第一卷),中华书局1981年版,第194页。
⑤ 参见李严成、王宏刚:《近代上海律师公会的治理经验与启示》,《光明日报》2016年6月18日,第11版。

独立为法治国分权精神所系而尤不可无律师以辅助之"①。针对孙润宇的呈文，临时政府回复表示，"律师制度与司法独立相辅为用，夙为文明各国所通行，现各处既纷纷设立律师公会，尤应亟定法律，俾资依据"②。虽然南京临时政府存在时间较短，律师制度尚未完全建立，但是在此期间发生了近代有里程碑意义的"姚荣泽案"③。在该案审理期间，先后适用了陪审制度、律师辩护制度等现代法律制度。这无不宣示出新型司法制度正式植根于我国。

南京临时政府存在时间较短，不久便被北洋政府所取代。1912年9月16日，北洋政府颁布中国历史上第一部律师单行法规——《律师暂行章程》。其后，北洋政府在1913年3月、12月，分别对律师执业区域以及律师惩戒等规定作出了修正：一方面，将律师执业范围限缩到登录律师名录所在的高等审判厅管辖区内；另一方面，将律师惩戒程序由诉讼程序改为由律师惩戒委员会审理。在此期间，北洋政府又先后公布了1912年《律师登录暂行章程》、1913年《律师惩戒会暂行规则》等规定。之后为整顿律师制度，北洋政府又先后出台了1914年《律师惩戒会决议书式令》、1917年《复审查律师惩戒会审查细则》以及1917年《律师考试令》。至此，北洋政府建立起了较为完整的近代意义的律师制度。但是，之后北洋政府又陆续通过《陆军刑事条例》《海军审判条例》等法令，将军法适用范围扩大至违反上述条例的平民，从而剥夺了他们的辩护权。此时，正值军阀混战期间，法制荡然无存，在多种因素影响下，北洋政府时期的律师制度名实难副，难以发挥应有作用。④

1927年7月23日，南京国民政府在《律师暂行章程》的基础上先后颁布了《律师章程》和《律师登录章程》。1929年，司法部继续在《律师惩戒会暂行章程》的基础上，公布了《律师惩戒委员会规则》。⑤ 但是，从律师制度的实施效果来看，最受诟病者便是律师资格认定标准过松。当时便有人指出我国律师资格宽泛，名实不副，弊害滋多，往昔诉棍之风，复盛行于今日，如不谋有以限制之，是罔法病民也，为此应当严格限定律师资格。⑥ 基于上述情势考虑，《律师

---

① 《内务部警务局长孙润宇建议施行律师制度呈孙大总统文》，《临时政府公报》1912年第54期，第13页。
② 《大总统令法制局审核呈复律师法草案文》，《临时政府公报》1912年第45期，第4页。
③ 具体案情详见下文陪审制度部分。
④ 参见王申：《中国近代律师制度与律师》，上海社会科学院出版社1994年版，第40～49页。
⑤ 参见王申：《中国近代律师制度与律师》，上海社会科学院出版社1994年版，第50～52页。
⑥ 参见《覃振发表改革司法意见》，《法律评论》1934年第5期，第25页。其他参见宝道：《对于中国律师公会组织与律师惩戒意见书》，《现代司法》1936年第12期，第144页；刘陆民：《司法究应如何整理？》，《法学丛刊》1935年第1期，第8～9页；等等。

章程》已经不敷使用，为此国民政府在1935年拟就《律师法草案》，其后几经修改，最终于1941年1月11日正式颁布实施，之前《律师章程》等规范均告废止。随后在1941年3月24日，国民政府司法院又公布了《律师法施行细则》。①其后国民政府又陆续对上述法律作出修订。1941年9月司法部公布了《律师登录章程》，同月司法院公布了《律师惩戒规则》至1949年为止，国民政府已经建立了一套较为完备的律师制度体系。② 在这一时期，中国律师制度经历了量的积累与质的飞跃，在形式上建立了较为健全的律师制度体系。但是，在那个战火纷飞的年代，全国局势动荡不安，律师制度难以真正发挥效用。

二、律师制度之论争

（一）律师资格

1912年《律师暂行章程》第2~4条对律师资格作出了相应规范。具体而言，获得律师资格需要满足两方面条件：其一是中华民国人民满20岁以上之男子；其二是依律师考试章程考试合格，或依本章程有免考试之资格者。至于何为考试合格，具体是指：第一，在本国或外国专门学校修习法政一年半以上，得有毕业文凭者。第二，在大学或专门学校教授律师主要课程之一满一年半者。第三，曾充事检察官。至于何为免试资格，主要是指在外国专门学校修习法政一年半以上，且有毕业文凭者，或在本国学校修习法政三年以上且有文凭者；曾充法官、检察官、巡警官；在大学或专门学校教授律师主要课程之一满三年者。③ 从这些规定不难发现，律师资格认定标准过于宽松，这不免有滥发之虞。时任北洋政府司法总长的梁启超就曾对此表示忧虑，提出宜严限律师资格。他指出司法受人诟病者律师居六七，废除律师制度有因噎废食之感。本质上，律师制度备受指摘的实际原因在于律师资格太滥，其中品学优异者有之，但是更有诸多讼棍土豪贿买文凭或新学，而这引发诸多作奸犯科之事。④ 为此，1917年北洋政府出台《律师考试令》，提出应当将律师考试与司法官考试合并行之。⑤

1927年南京国民政府出台《律师章程》，其中将律师资格年龄上调至21岁，其他规定大致与1912年《律师暂行章程》的相同。⑥ 同样，这一规范并未消除

---

① 参见徐家力：《中华民国律师制度史》，中国政法大学出版社1998年版，第97页。
② 参见王申：《中国近代律师制度与律师》，上海社会科学院出版社1994年版，第52页。
③ 参见徐家力：《中华民国律师制度史》，中国政法大学出版社1998年版，第164~165页。
④ 参见梁启超：《司法总长梁启超呈大总统改良司法文》，《法政杂志》1914年第10期，第117页。
⑤ 参见王申：《中国近代律师制度与律师》，上海社会科学院出版社1994年版，第44页。
⑥ 参见徐家力：《中华民国律师制度史》，中国政法大学出版社1998年版，第171页。

律师资格认定泛滥的弊端。因此，学术界与实务界对此多有非议。如有学者便提出，应当借鉴奥地利、捷克斯洛伐克、意大利、法国等国做法，严格限制律师资格取得标准。① 另有学者指出，应当充分发挥律师公会的作用，通过律师公会组织裁汰不肖律师，从而慎重律师人选。②

在此期间，南京国民政府也在积极展开律师法的制定工作。时任司法行政部部长的王用宾指出，各国法律对于律师资格规定极严，除修习法学外尚应具有其他资格，如需有法官资格，需取得法学博士，需经过国家考试，等等，因此，应当参酌各国成规从严制定相关法律。③

1941年国民政府公布《律师法》，对律师资格作出了严格规定。对于检复选拔的律师，该法规定需要满足两个条件：其一，曾任法官或检察官者；其二，曾在公立或经立案之大学独立学院专门学校教授主要法律科目二年以上者。④ 从这些规定来看，它的选拔资格较法官、检察官更为严格。至于为何设置如此之严的规定，当时的立法者提出了如下理由：第一，律师兼办事实审、法律审之诉讼事件，非有比较高深之法律知识，焉能胜任；第二，律师经办案件，报酬远较法官为厚，职业也较自由，因此其资格之取得，不应流于宽滥；第三，律师散处民间，日与社会接近，其行为是否失检，势不能如法官之可随时加以监督，故特严定其资格，提高其地位，使知厚自爱重，以转移社会之观感。⑤

尽管民国时期对于律师资格认定标准多有反复，并掺杂着团体利益的考量，但总体看来，基本上呈现出渐趋严格的态势。在立法过程中，有识之士普遍意识到律师资格认定标准的宽泛易造成律师队伍良莠不齐。从这一点来看，严格律师选拔制度对于建立良好律师制度，重塑司法权威有着极为重要的作用。⑥

（二）辩护律师介入刑事诉讼的时间

在刑事诉讼中，律师何时参与刑事辩护一直是一个较有争议的问题。世界各国对此不外乎两种规定模式：一种是发生介入说，即在案件甫一发生之时便聘请律师进行辩护；另一种则是起诉介入说，即在检察官提起公诉后方可聘请律师进

---

① 参见［日］小齐甚治郎：《各国律师制度大观（未完）》，吴欣奇译，《法学丛刊》1935年第2期，第75~86页；［日］小齐甚治郎：《各国律师制度大观（绪）》，吴欣奇译，《法学丛刊》1935年第4期，第89~103页。
② 参见宝道：《对于中国律师公会组织与律师惩戒意见书》，《现代司法》1936年第12期，第144页。
③ 参见王用宾：《律师法草案》，《现代司法》1935年第2期，第73页。
④ 参见徐家力：《中华民国律师制度史》，中国政法大学出版社1998年版，第177页。
⑤ 参见赵琛：《律师法之立法精神》，《新法学》1949年第1期，第2页。
⑥ 参见徐家力：《民国律师制度得失论》，《政法论坛》1997年第2期，第60页。

行辩护。①

1921年北洋政府修订法律馆在1911年《刑事诉讼律（草案）》基础上编成《刑事诉讼法（草案）》，后以《刑事诉讼条例》为名颁行全国。该法第172条规定，"被告于开始预审或起诉后，得随时选任辩护人"②。作为当时立法参与者之一的罗文干曾在《狱中人语》中提及，世界各国案件，一发生即得延请律师辩护。前年予起草《刑事诉讼法》初稿时便主张此制。后予赴欧闻法院中人佥以为不便，遂仍旧制，非至公判时不得享律师辩护之利益，于是被押者乃得任检查官或预审推事宰割矣。其拖延也无如之何，其如何采证也无如之何，是又怪乎其谓不便利也。③ 由此可见，在该法修订之初仍希望采纳发生介入说，而之后立法者为诉讼便利考虑最终采取了起诉介入说。但是，囿于现实司法实践状况不佳，总体来看律师参与辩护效果不彰。

其后，1928年《刑事诉讼法》第165条以及1935年《刑事诉讼法》第27条都规定，"被告于起诉后，得随时选任辩护人"④。但是，需要注意的是各部刑事诉讼法典都允许侦查阶段律师会见被告人，就此便产生了另一个问题：实践中，一些律师违背道德风纪，利用侦查阶段会见在押被告人的机会，向被告人毛遂自荐，以求选任为辩护人或者以身受告诉人、被害人商告赞助之人，而私下与在押被告人会见。⑤ 为此，1930年代上海地方法院曾采取措施，以1928年《刑事诉讼法》第176条为依据，向该管看守所发布训令，拒绝律师会见侦查中在押的被告人。而这也引起了上海律师界的反弹，他们提出：上海地方法院检察处"禁止律师与侦查中在押被告接见之唯一理由，仅以刑诉法第176条之规定，必在公诉提起后方能适用，为其藉口。然刑诉法所谓辩护人，初不以具有律师资格者为限，律师为司法上三职之一，非尽人所能充任，律师之权利，亦非国民所固有。国家对于特具资格之人，给以证书，使得享有特殊之权益，固不可与非律师而为辩护人者同等待遇。刑诉法第176条乃兼为律师，及非律师而担任辩护者所设之积极规定，不能藉以否认律师于公诉提起前有接见在押被告之权"。又《看守所暂行规则》第31条规定，"请求接见者，应声明其姓名、住所、职业、及所请接见人之姓名，并事由。所长或所官，许可接见时，应派所官，或主任看守，在场

---

① 参见王申：《中国近代律师制度与律师》，上海社会科学院出版社1994年版，第58~61页。
② 吴宏耀、种松志主编：《中国刑事诉讼法典百年》（上册），中国政法大学出版社2012年版，第299页。
③ 参见杨鸿烈：《中国法律发达史》，中国政法大学出版社2009年版，第565页。
④ 吴宏耀、种松志主编：《中国刑事诉讼法典百年》（上册），中国政法大学出版社2012年版，第354、396页。
⑤ 参见《上海律师公会呈司法行政部请令上海地方法院检察处对于不许律师接见未起诉在押人犯禁令迅予解除文稿》，《法学丛刊》1934年第7/8期，第6页。

监视。并录其谈话之大要。前二项之规定，于律师接见时适用之"。就此规定来看，并未因起诉前后而有所区别。而且，虽然上海地方法院检察处认为律师接见易招揽讼教供之嫌，但是其中又有允许监视记录的规定，这足以事前防止各种不利情形。① 另有学者指出："查1928年《刑事诉讼法》第165条揭示被告人于起诉后得随时选任辩护人，第176条揭示辩护人得接见羁押之被告，虽似限定其选任及接见须在起诉之后，但被告在起诉前，为辩诉或准备辩护而与律师接谈讨论，法无禁止之条。羁押被告于不妨害羁押目的及押所秩序之范围内，本得接见他人，而《看守所暂行规则》第四条第一项亦均定有明文，是被告在起诉前应许与律师接谈讨论辩诉理由或准备辩护，并不以是否被羁押而异其待遇。"②

针对辩护律师何时介入刑事诉讼的问题，以及如何弥合法条中会见与聘任律师规定之间可能存在的矛盾，上海律师公会推选代表晋见上海地方法院首席检察官提出有关建议及请示理由和补救方法，但是就有关议题一直未有定论。③ 当前，2018年《刑事诉讼法》基本上采用了发生介入说的立场，如第34条第1款明确规定，"犯罪嫌疑人自被侦查机关第一次讯问或者采取强制措施之日起，有权委托辩护人；在侦查期间，只能委托律师作为辩护人。被告人有权随时委托辩护人"。从这一点来看，这种发生介入说可以及时保障当事人的合法权益，但是该权利配置仍有不少改进余地。

（三）公设辩护人

有财产者，遇有法律问题，若自己不明白，他可以聘请律师。而一般贫民，既无法律知识，又无经济能力来聘请律师，所以遇有诉讼问题，就和盲人骑瞎马一般，无从找寻正当途径，有时冤不能伸，甚至冤上加冤。④ 为此，各地掀起了体制外的平民法律扶助运动。如上海律师宋士骧、王言伦、吴宾地等人便发起组织上海律师援助会，为贫民提供法律服务。⑤

除平民法律扶助运动外，北洋政府在体制内也设有官方的法律援助制度——指定辩护制度。1912年，湖南省都督府公布《湖南辩护士暂行规则》。同年北洋政府公布《律师暂行章程》。两部法规都规定，律师无正当理由"不得辞法院所命之职务"。所谓"所命之职务"系指刑事诉讼中的指定辩护。然而，这时北洋

---

① 参见华：《拒绝律师接见侦查中之被告》，《法学丛刊》1934年第5期，第3~5页。
② 《上海律师公会呈司法行政部请令上海地方法院检察处对于不许律师接见未起诉在押人犯禁令迅予解除文稿》，《法学丛刊》1934年第7/8期，第6~7页。
③ 参见《上海律师公会呈司法行政部请令上海地方法院检察处对于不许律师接见未起诉在押人犯禁令迅予解除文稿》，《法学丛刊》1934年第7/8期，第6页。
④ 参见牟绍周：《青岛市贫民法律扶助会成立会主席牟绍周演词》，《法学丛刊》1935年第1期，第3~5页。
⑤ 参见《上海律师组织律师援助会》，《法律评论》1924年第46期，第9页。

政府虽然提出了律师应当担任指定辩护的任务，但是没有规定实施指定辩护的具体办法。其后，北洋政府在1914年又发布了《核准指定辩护人办法令》，正式创设指定辩护制度。之后的1921年《刑事诉讼条例》继续维持了指定辩护的做法。①

选任辩护，当事人给有公费，则防御甚为热心，而指定辩护则纯为职务性质，保护方面玩忽如故。② 详言之，实际上无论是平民法律扶助还是指定辩护，都存在酬金微薄，无法激发律师参与辩护的积极性的问题，这引发了公众对辩护案件质量的忧虑。③

为弥补平民扶助与指定辩护的不足，有学者提出应当设立公设辩护人制度。如他们提出："刑诉上所谓当事人之辩论，若参与其间者，仅仅以当事人为限，终难望有公平之审判。审判既难公平，即不足以完成辩论主义之初意。于此而欲确立当事人对等之原则。""辩论主义必与律师制度相辅而行，始不致徒托空言也。"虽然，"被告既因辩护而享受直接利益，则其感激图报，亦固其宜；但在资力充裕者，固可任意选聘优秀之律师，诉讼法上赋予被告之权能，自不难充分利用，而寒素之家，则无此力量，亦不敢妄想"。这显然有违正义。为此，"国家本应尽力于正义，对于国民，总应充分加以保护，决不可以其为被告，为犯人，而坐视其人格与利益之受损"。"无论为发扬辩论主义之精神计，或为正义公平计，当然应以国家之力与以救济者也。"这些赞成设立公设辩护人的学者提出应当注意美国所采用的公设辩护人制。从其内涵来看，其所设公设辩护人，由政府派委，纯系一种公职。④

从指定辩护人与公设辩护人的优劣来看，有学者以美国司法实践为比较范本，指出公设辩护人有如下优点：第一，公设辩护人受一定之薪俸，且以一个有组织的团体而营同种之事业，事务集中，举办容易，比一私人之指定辩护人更能专心从事职务，且能收获分工合作之许多便宜。就此而言，公设辩护人较指定辩护人更周密妥当。第二，公设辩护人或为官吏而行动，或为很有声誉的团体之所属员而行动，故附有公设辩护人的刑事裁判，办理异常顺调。且公设辩护人为一种国家之官吏或有声誉的团体之所属员而行动，所以不像一般律师为胜诉而不择手段。第三，公设辩护人常就事件进行实体辩护，而对于诉讼程序上的瑕疵则多付诸不问。因之，它不会带来诉讼迟延的问题。第四，因公设辩护人的活动，则

---

① 参见周正云：《论民国时期的法律援助制度》，《湖南省政法管理干部学院学报》2002年第5期，第23~24页。
② 参见庄永芳：《论指定律师对于辩护之重要》，《法律评论》1924年第60期，第16页。
③ 参见王申：《中国近代律师制度与律师》，上海社会科学院出版社1994年版，第118页。
④ 参见谢光第：《论公立辩护人制度》，《法律评论》1925年第99~100期。

利用可怜被告人的不肖律师当渐次绝迹。公设辩护人于每日访问未决监狱时，可以随时向被告人申明可以无报酬地为之辩护并给予法律之一切补助，则在拘留所的被告人，自然不会去依赖那些不肖律师。第五，公设辩护人制度愈发达，其积累的实践经验越多，由此可以极大丰富刑法研究。①

就辩护效果而言，不少学者认为体制内的指定辩护与体制外的平民法律扶助皆不如公设辩护人的效果。甚至有学者指出，公设辩护人制度，不应仅限于刑事案件，而更应扩充至民事案件，毕竟民事案件关系于个人也有极大的利害关系。② 当然，也有学者指出，采行公设辩护人制度亦应慎重，需要充分协调发挥各方力量。亦即"今日吾国司法，方亟谋整顿，以期媲美泰西，美国此制，足为他山之助。惜政局未宁，国库空虚，虽有擘划，恐难实现，吾国法曹贤达，若能视为社会事业，群策群力，共谋进行，必有成效可睹也"③

1935年南京国民政府公布《刑事诉讼法》，该法第31条规定，"最轻本刑为五年以上有期徒刑，或高等法院管辖第一审之案件，未经选任辩护人者，审判长应指定公设辩护人为其辩护。其他案件认为有必要者，亦同。"最终，1935年《刑事诉讼法》将应当作为指定辩护的案件从北洋政府的"三年以上"有期徒刑改为"五年以上"有期徒刑，并且把指定辩护发展为公设辩护人制。④ 实际上，南京国民政府虽然在立法上肯定了公设辩护人制度，但是其后一直未有相关动作制定具体细则。为此，北平律师公会就曾提出，公设辩护人之制为1935年《刑事诉讼法》所采，尚未见施行，只以指定辩护代之，为此多有对被告人毫无利益虚应故事的情形，必需施行公设辩护人专司职责，建议从速制定法规迅予实现。⑤ 直到1939年，国民政府才公布《公设辩护人条例》。至1945年，司法部《公设辩护人服务规则》对其予以细化。⑥

公设辩护人制度作为国家设定的法律援助制度，可以从质量保障与成本控制方面发挥重要作用。现今，该制度或可为值班律师、公职律师等制度的完善提供借鉴。⑦

---

① 参见朱显祯：《刑事裁判上之公共辩护人制度》，《社会科学论丛》1929年第8期，第40～42页。
② 参见朱显祯：《刑事裁判上之公共辩护人制度》，《社会科学论丛》1929年第8期，第45页。
③ 谢光第：《论公立辩护人制度（续）》，《法律评论》1925年第100期，第4页。
④ 参见周正云：《论民国时期的法律援助制度》，《湖南省政法管理干部学院学报》2002年第5期，第24页。
⑤ 参见北平律师公会：《请政府从速制定公设辩护人法规并迅予实施公设辩护人制度案》，《法学丛刊》1936年第2/3期，第87页。
⑥ 参见任继圣主编：《律师制度与律师实务》（修订本），法律出版社1998年版，第10～11页。
⑦ 参见谢佑平、吴羽：《公设辩护人制度的基本功能——基于理论阐释与实证根据的比较分析》，《法学评论》2013年第1期，第126～127页。

第四节　陪审制度

一、陪审制度之回顾

前文述及，1906年沈家本在修订《刑事民事诉讼法（草案）》的过程中引入了不少域外司法制度，其在刑事、民事通用规则部分正式提出应当确立陪审制度。[①] 该意见一经提出，便招致地方督抚的反对与攻讦。如张之洞便明确提出"盖为陪审员者，非尽法律专家，逞其臆见，反复辩论，既掣问官之肘，又延判决之期，欧洲学说已有抉其弊者"[②]。在这些反对意见的影响下，这次精心仿效欧美司法进行的陪审制度移植之举，伴随着草案的搁置而在后续的刑事诉讼法典草案中鲜有提及。[③] 辛亥革命之后，民国初立，不少司法制度仍沿袭晚清旧制，而陪审制度之争也延续到民国时期，其对北洋政府乃至南京国民政府的立法都产生了重要影响。

鉴于资料匮乏，学术界鲜少谈及南京临时政府时期的司法运行情况。但是，这并不妨碍我们从1912年年初发生的"姚荣泽案"来一窥陪审制度的运行状况。[④] 被告人姚荣泽系山阳县令，被害人周实、阮式则为南社社员、同盟会会员。在武昌起义爆发后，周、阮二人受同盟会派遣回乡发动起义，其间被姚荣泽杀害。在山阳光复后，革命党人不断在《申报》《时报》上发表文章披露该案，一时舆论哗然。1912年2月，南京临时政府司法部准许沪督陈其美的要求，将姚荣泽提解到上海审讯。2月下旬，沪督陈其美向社会发布公告，委派沪军都督府军法总长蔡寅为临时审判庭长，决定在市政厅开庭审判。此时，时任司法总长的伍廷芳希望以此案为契机引入现代刑事司法制度，重塑民国司法体制，他提出应当采行现代司法制度以陪审团等方式对该案进行独立审判。一时之间，陈其美、伍廷芳二人就司法独立及陪审制度问题展开激烈争论。最后在孙中山支持下，该案按照伍廷芳的方案进行了审理。此可谓陪审制度审判的先声。从这一过程不难看出，长期的专制统治使中国社会缺少法治传统，伍廷芳的设想一开始就

[①] 参见吴宏耀、种松志主编：《中国刑事诉讼法典百年》（上册），中国政法大学出版社2012年版，第32～34页。

[②] 谢文哲主编：《中国民事诉讼法制百年进程》（第三卷·清末时期），中国法制出版社2009年版，第187页。

[③] 参见刘晴辉：《中国陪审制度研究》，四川大学出版社2009年版，第90页。

[④] 参见刘晴辉：《中国陪审制度研究》，四川大学出版社2009年版，第92～95页；郭磊：《姚荣泽案：中国近代司法独立的开端》，《兰台世界》2014年第13期，第82～83页。

遭遇到重重障碍，其新的司法理念与构想，更是受到了直接挑战。从民国初年并不成功的对西方民主政治与司法的"复制"实践来看，当时的中国，无论是政治、经济、文化状况，还是国民素质与历史传统，均不具备实行西式民主与法治的条件。①

在该案处理期间，南京临时政府司法部于1912年3月拟就《临时中央裁判所官职令草案》，其中希望建立保障当事人诉讼权利的陪审制度。但是，南京临时政府解散在即，这部法律未及正式施行便胎死腹中。②随后，1912年3月北洋政府唐绍仪内阁成立。唐绍仪内阁在司法方面提出了厉行辩护制度、采取陪审制度等改革方针。③但是这一主张也随着当年6月份唐绍仪内阁解散而夭折。其后，在1921年《刑事诉讼律》、1921年《刑事诉讼条例》等刑事诉讼法典中均无陪审制度的踪迹。

1927年，武汉国民政府制定《参审陪审条例》，希望在司法制度中建立参审制和陪审制，但是该部法律并没有得到真正的实行。④ 1929年，时任南京国民政府司法院院长的王宠惠先生提出未来司法改良宜采用陪审制度。⑤ 1934年，司法院副院长覃振从欧美国家考察归来后，提出了9条司法改革计划，其中就包括试办陪审制度，以辅助法院及防止法官越权。⑥但是，这些建立陪审制度的建议并未得到真正采纳，1935年修订的《刑事诉讼法》依然没有确立陪审制度。当然，有关陪审制度在刑事诉讼中也并非全无踪影。在此期间，还存在着一种特殊的陪审制度。例如，出于政治斗争的需要，1929年南京国民政府颁布了《反革命案件陪审暂行法》以及《反革命案件陪审暂行法施行细则》，规定25岁以上的国民党党员可以在特定反革命案件中担任陪审员。从立法目的来看，颁布此法的目的在于镇压共产党人等革命人士，这种陪审制度实际上发挥着镇压工具的作用，因而并非真正意义上的陪审制度。⑦从上述发展来看，在国民党统治时期，陪审制度只是某些法律条文开出的"空头支票"，根本不可能在当时的司法实践中得到兑现。⑧

---

① 参见刘晴辉：《中国陪审制度研究》，四川大学出版社2009年版，第95页。
② 参见唐上意：《南京临时政府的立法建制》，《近代史研究》1981年第3期，第123~124页。
③ 参见姚琦：《唐绍仪内阁述评》，《贵州大学学报（社会科学版）》1995第1期，第88页。
④ 参见何家弘：《陪审制度纵横论》，《法学家》1999年第3期，第47页。
⑤ 参见王宠惠：《今后司法改良之方针（二）》，《法律评论》1929年第22期，第42页。
⑥ 参见张仁善：《国民政府时期司法独立的理论创意、制度构建与实践障碍》，载林乾主编：《法律史学研究》（第一辑），中国法制出版社2004年版，第236页；《覃振考察归来之改革司法意见》，《时事旬报》1934年第16期，第2~3页。
⑦ 参见《反革命案件陪审暂行法》，《立法院公报》1929年第9期，第134~140页；《反革命案件陪审暂行法施行细则》，《河北高等法院公报》1929年第3期，第67~69页。
⑧ 参见何家弘：《陪审制度纵横论》，《法学家》1999年第3期，第47页。

与之相应,中国共产党很早便关注到了陪审制度。在1925年10月省港大罢工期间,省港罢工委员会就提出了采行陪审制。如决定由各工会派出干员一员,以九员为一组,每日轮值班次赴会审处担任陪审员。① 在第一次国内革命战争时期,1927年上海工人三次武装起义中制定了《上海特别市临时市政府政纲草案》,其中规定法院实行陪审制度,由各界选派代表参加陪审。② 不过这些规定大都停留在了纸面上,并未真正得到有效推广与实施。③ 1932年6月9日中华苏维埃中央执行委员会公布《裁判部的暂行组织及裁判条例》,其中同样提及了陪审制度。如规定:陪审员是各级法庭的法定组成人员,由职工会、雇农工会、贫农团及其他群众团体选举产生。未满16周岁的人以及其他无选举权的人不得当选为陪审员,与被告人有家属关系、亲戚关系或私人关系的陪审员不得参加对被告人案件的审理。陪审员在执行职务期间,暂时解除其原先的工作,但保留原有的中等工资,陪审任务完成后,仍回原单位工作。陪审员参加陪审采取轮换制,每审判一个案件得轮换一次。④ 到抗日战争时期,陪审员制度有了进一步发展,各根据地民主政权陆续颁布了实行陪审制度的专门文件。⑤

二、陪审制度之论争

在民国时期,虽然立法一直拒绝陪审制度的引入,但是学术界对此关注颇多。鉴于年代久远,笔者不揣冒昧,希望以有关论文为线索勾勒出民国学者对陪审制度的研究轮廓。

(一)域外视角下的陪审制度

学术界在论及司法改革时会经常提及陪审制度,不少学者关注域外经验:一方面,希望引入欧美各国陪审制度;另一方面,希望为本国引入陪审制度时提供借鉴经验。如有学者以历史最为久远、较有代表性的英国陪审制度为样本,对它的实体与程序规范进行综合介绍。他们提出:从陪审制度的发源来看,虽然其具体源起已不可考,但是从相关史料来看,多数人认为它滥觞于诺曼征服时代,是中央政府意图与领主或教会争夺司法管辖权的重要措施。⑥ 陪审制度大致产生于12世纪,至14世纪时在法学家的努力下才基本成形。除叙述历史渊源外,这些

---

① 参见张希坡编著:《革命根据地法律文献选辑》(第一辑),中国人民大学出版社2017年版,第86页。
② 参见张希坡编著:《革命根据地法律文献选辑》(第一辑),中国人民大学出版社2017年版,第206页。
③ 参见欧超荣、蔡肖文:《功能定位与制度创新:再议人民陪审员制度》,《海峡法学》2017年第2期,第67页。
④ 参见张希坡、韩延龙主编:《中国革命法制史》,中国社会科学出版社2007年版,第406~407页。
⑤ 参见张希坡、韩延龙主编:《中国革命法制史》,中国社会科学出版社2007年版,第416~417页。
⑥ 参见胡长清:《英国陪审制度述要》,《法律评论》1925年第1期,第8~9页。

学者也着重介绍了英国陪审制度的意义和种类、陪审员的资格及缺格、陪审义务的免除及犹豫、陪审员的决定及陪审员名簿的制作、陪审员的召集、陪审员的报酬、陪审员的渎职、诉讼案件的陪审、刑事诉讼的陪审程序以及民事诉讼的陪审程序等多方面内容。① 除介绍英国陪审制度外，还有一些学者着重对日本、法国、美国等国的陪审制度进行系统介绍。② 当然，另有一些学者则希望回归传统，他们指出我国长久以来便存在陪审制度的传统，如自周代便有陪审制度，其后春秋时期仍有沿袭。③ 总体而言，学者们在介绍各国陪审制度具体内容的同时，也介绍了域外学者对于陪审制度的多种看法，而这些域外研究为陪审制度理论发展积累了丰富素材。

1. 反对陪审制度

不少学者指出，凡是一种制度有其利必有其弊，陪审制度亦不例外。从域外陪审制度发展情况来看，反对陪审制度的理由主要有以下几个方面④：

第一，陪审员能力素质不足。英美各国对于陪审员一般仅有国籍、年龄、财产的限制，而没有智力限制，且每次选任陪审员均采取抽签做法，因此经常难以选定完全合格的陪审员。更为重要的是，一方面，由于陪审员无专业素养，因此他们容易受到利诱、威吓或者情感操控，尤其是容易被一时的政治或社会潮流所影响。另一方面，陪审员大多能力有限，不易平心静气地听审，处理复杂疑难案件时经常力有不逮。

---

① 参见胡长清：《英国陪审制度述要》，《法律评论》1925 年第 1~5 期；[日] 中岛玉吉：《英国陪审制度》，姚成瀚译，《法政杂志》1914 年第 3 期，第 17~30 页；谢光第：《英国刑诉审理审陪审制（未完）》，《法律评论》1926 年第 21 期，第 1~7 页；谢光第：《英国刑诉审理审陪审制（续）》，《法律评论》1926 年第 22 期，第 1~6 页；燕树棠：《英美之陪审制度》，《国立北京大学社会科学季刊》1924 年第 1 期，第 91~104 页；涂怀楷：《欧美各国现行陪审制度述要》，《法学杂志》1935 年第 2 期，第 22~28 页；等等。

② 具体参见胡长清：《日本陪审制度述要》，《法律评论》1926 年第 46 期，第 4~13 页；涂怀楷：《日本陪审制度论》，《法治周刊》1937 年第 35、36、37、39、46~50 期；谢光第：《日本之陪审制度》，《法律评论》1924 年第 53 期，第 30~34 页；张育海：《日本陪审制度》，《法律评论》1929 年第 9 期，第 1~7 页；[德] 爱力克华尔西华：《法国陪审裁判所之沿革》，姚成瀚译，《法政杂志》1913 年第 3 期，第 45~62 页；梁仁杰：《英法陪审制度之比较》，《法律周刊》1923 年第 5 期，第 1~3 页；梁仁杰：《英法陪审制度之比较（续）》，《法律周刊》1923 年第 6 期，第 3~6 页；梁仁杰：《英法陪审制度之比较（续前）》，《法律周刊》1923 年第 7 期，第 8~10 页；燕树棠：《英美之陪审制度》，《国立北京大学社会科学季刊》1924 年第 1 期，第 91~104 页；等等。

③ 参见曹树钧：《中国周代陪审制度之研究》，《法律评论》1927 年第 24 期，第 5~10 页；贵华：《中国古代陪审制度》，《法律评论》1932 年第 15 期，第 20 页。

④ 参见梅汝璈：《论陪审（一）》，《国立武汉大学社会科学季刊》1932 年第 4 期，第 754 页；赵凤喈、童介凡：《英美陪审制度的研究》，《社会科学》1948 年第 2 期，第 15~16 页；张志让：《反对陪审制之一说》，《法律周刊》1924 年第 54 期，第 2~4 页；张志让：《反对陪审制之一说（续）》，《法律周刊》1924 年第 55 期，第 7 页；王凤瀛：《陪审制度之商榷》，《法学会杂志》1922 年第 9 期，第 19~24 页；田树勋：《陪审制度之检讨》，《云南大学特刊》1937 年特刊，第 108 页。

第二，陪审制度运行成本较高。陪审制度的适用手续烦琐，时间成本、经济成本较高，而由具备专业能力的法官进行事实裁判，比临时召集陪审团审判有事半功倍的效果。

第三，陪审制度已经跟不上历史潮流。陪审制度因应一时之需要，在当今已不存在适用理由。在中世纪的英国，人民权利保障薄弱，且争议事件多为农事，易形成全体一致。但是现今处理的事项复杂多变，且人民权利保障措施日益充足，因此陪审制实无必要。

第四，陪审制度适用程序设置不当。陪审团表决需要一致通过，且通常在开庭前数日将名单送交当事人，而这种情形促使当事人想尽一切方法影响陪审员，因此时常阻碍陪审团作出公平认定。而且，在庭审中，法律问题与事实问题划分不易，两者经常混杂，有时强行分割两者会影响案件评判。此外，考虑到陪审团裁判无法上诉，因而还有剥夺被告人审级利益的疑虑。

第五，陪审制度运行效果不佳。陪审是团体行动，因而陪审员普遍缺乏责任心。尤其是，陪审团裁判的判决书可以不附加理由，所以他们不负责任的态度更加容易隐藏。斯蒂芬斯便指出，陪审团是"一个恰恰可使责任的影子都能埋没其中的团体"。此外，大陪审团决定起诉与否，全视犯罪证据确实与否，至于犯罪动机、犯人的情状以及地位处遇在所不问，而公诉人多为专业法律人才，其公诉准备较为充实，此时大陪审团决定起诉可能徒具形式。

当然，也有一些学者指出，上述不少缺陷在实行陪审制度的国家已获改进，其具体表现有：其一，对于全体一致条件难以达成的问题。美国部分州已经开始在一些案件中剔除了全体一致的规定。其二，对于陪审员训练不足、易受影响的问题。实际上专业法官或者学者都有教育训练的限度，不可能对于日常所发生的各种问题都有准备，因而这种训练不足的问题并非陪审员所独有，这类问题完全可以依靠鉴定人协助的方式予以解决。其三，对于偏见可能导致裁判不公的问题。有人认为：一方面，法官多为委任或者选举，易受政府控制，而陪审员则为临时挑选，且当事双方皆可任意选任数人，由此可见陪审团大多是由无成见且无利害关系的人士组成，他们所作出的裁判在一定程度上反而更为中立、公正。另一方面，受过专业训练的法官在处理事务时经常瞻前顾后，无法及时作出判决，且自身也存在处理案件的一定之规，因此裁判有时可能会违反常识，而陪审员全部来自民间并无此类缺陷，所以他们的裁判可能更加公平准确。[①] 事实上，所谓偏见是一个"伪命题"，凡是人类皆有偏见，无论法官还是陪审员皆不能幸免。

---

① 参见张志让：《拥护陪审制之一说》，《法律周刊》1924年第56期，第4~5页。

相对而言，陪审员则代表普通民众心目中的公平正义观念，依此足以保证案件处理公平公正。①

2. 赞成陪审制度

不少学者明确指出从各国司法实务状况来看，陪审制度的优势是显而易见的。赞成陪审制度的主要理由如下：第一，对于当事人而言，陪审团的事实认定较法官来说，更为精确且公平，因而对他们比较有利。第二，对于法官而言，陪审团专司事实认定，减轻了法官的责任，使之可以专心致力于法律适用。第三，对于陪审员而言，他们因参加司法工作而使自身获得了训练上或教育上的利益。此外，还可以提升他们以及一般公民对于国家政府的责任感和对法律秩序的敬仰感。第四，对于法律而言，一方面，它可以使法律接近民众，且随时代潮流而进化，不至于与社会民情产生脱节；另一方面，它又可增加一般人对于法律及司法的兴趣。② 第五，对于被告人而言，陪审团使得被告人更加信服判决。由于法官知识有限而社会变化无穷，因此他们大多固执守旧不知变通，所作判决不免受人诟病。而陪审员则代表普罗大众观点，不至于使人心生不满。③ 第六，对于法制建设而言，陪审员作为非职业法官可以集思广益，并使困难问题轻松解决，使案件得到公平裁判，且无恶法成为判例之忧。此外，也可免去法官事实认定的责任，以此维系法官尊严。④ 第七，对于司法体制而言，它有利于司法独立的贯彻。陪审团审判作为一种国民审判，其理由之曲直、有罪无罪，一概由超然的陪审员决定，其他人无从干预，因而可以更好地践行司法独立原则。第八，对于刑事审判规则而言，它有助于贯彻直接审理主义与自由心证主义。法官审判有时会受限于书面材料，从而忽视自由心证与直接审理主义，但是陪审制度对这两个主义的实践大有裨益。⑤

当然，也有不少学者指出虽然陪审制度的效果显著，但是并非无须改进。如有学者便认为可以从以下几个方面进行改良：第一，大陪审团除审查证据外，也应考虑犯罪动机、犯人年龄身份等因素再行决定是否起诉，如此大陪审团才可发挥国民参与司法的作用。第二，废除审判期日前以候选陪审员名单通知当事人的规定，但是为了及时去除不适格陪审员，对于刑事案件可预先通知检察官，秘密调查候选人员的才能学识。若有异议，到审判期日直接申请回避即可。第三，提

---

① 参见张志让：《拥护陪审制之一说（续）》，《法律周刊》1924年第57期，第7页。
② 参见梅汝璈：《论陪审（一）》，《国立武汉大学社会科学季刊》1932年第4期，第756～757页。
③ 参见计六奇：《陪审制是否适用于吾国》，《持志》1929年第5期，第52～53页。
④ 参见谢光第：《英国刑诉审理审陪审制（续）》，《法律评论》1926年第22期，第6页。
⑤ 参见王凤瀛：《陪审制度之商榷》，《法学会杂志》1922年第9期，第16～19页。

升选任陪审员标准的科学性，如增设智力测试、教育标准等条件。第四，废除陪审员认定事实的全体一致决定，而改用多数决的方式。①

除了介绍域外陪审制度的内容以及发展运行状况，有学者还从陪审制度的可移植性方面进行研究，以期为我国应否确立陪审制度提供借鉴。如有学者指出，就欧美各国而言，陪审制度并非为全部国家所接受。其中，荷兰便未采用陪审制度。荷兰不实行陪审制度的主要原因在于该制度与荷兰传统不相符合。他们认为英国民族向来是一个好事民族，热心公共事业，而荷兰民族则不然，他们对公共活动普遍缺乏兴趣。此外，中央集权制在荷兰实行时间较短，所以荷兰人并未遭遇中央支配法官等情形。而荷兰人对于陪审制度不信任的次要原因则在于：第一，陪审员不经考试，所以其选任未以智力作为标准；第二，陪审员不习惯法庭氛围，极易受到表情等因素的欺骗；第三，陪审员难以摆脱社会舆论的影响；第四，陪审员易受政府或者政党的控制。②

(二) 陪审制度应否引入我国

在全面研究各国陪审制度内容与学说的基础上，民国时期的学者们对于我国应否引入陪审制度也展开争论，由此形成了反对说与赞成说两种观点。

1. 反对说

反对引入陪审制度的理由如下：第一，社会方面。世风日下，人心不古，各地土豪劣绅横行，若选择陪审员，则这些人必在选任之列，而这会加深人民的痛苦，导致法律威严尽失。此外，我国民众普遍素质较低，若贸然引进该制度，只会徒伤司法权威。③ 第二，法律方面。英美刑事诉讼法采取法定证据主义，证明力的强弱悉由法律规定，因此无从自由取舍，这使得多数陪审员的判断不至于分歧过大。而我国刑事诉讼法采取的是自由心证主义为主，法定证据主义为辅，证明力的强弱皆由裁判者认定。因此，陪审员之间的判断可能大相径庭。此外，法律规定法官独立审判，不受他人干涉。若法官判决有误则只需上诉即可。如果采用陪审制度，那么法官必须遵从陪审团的指示，这无疑违背了审判独立的要求。④ 第三，司法体制方面。目前我国司法尚未得到完全解放，肆意添加陪审团进行束缚，会摧残司法独立，导致司法的政潮化、激情化。第四，法律体系方面。我国是大陆法系国家，法官进行审判时必须依据成文法，因此判决可能有所出入，但是并不会逾越法律规范。反观英美法系国家，大多注重判例，此时必须

---

① 参见赵凤喈、童介凡：《英美陪审制度的研究》，《社会科学》1948年第2期，第16~17页。
② 参见温庆龠：《荷兰未行陪审制之原因》，《法律知识》1947年第8/9期，第36页。
③ 参见田树勋：《陪审制度之检讨》，《云南大学特刊》1937年特刊，第109页。
④ 参见计六奇：《陪审制是否适用于吾国》，《持志》1929年第5期，第53页。

依靠陪审团作出事实裁判，如若准许法官依据习惯进行判决，则结果可能会大相径庭。第五，诉讼模式方面。我国是职权主义诉讼模式，而陪审团的制度基础在于当事人主义诉讼模式。因此，若改行陪审制度，则诉讼模式整体需要进行较大变动，这显然并不适宜。① 第六，诉讼成本方面。我国法院目前办案迟缓，司法经费紧张。而陪审团审判手续更为烦琐，运用成本较高，若径行采用只会加剧这种情形。②

除此以外，有学者指出，是否采用陪审制，应当以陪审员认定事实是否较法官更为精确为标准，而显然这并无科学依据佐证。③ 另有学者指出，实际上参审制度较陪审制度更优，待时机成熟，可确立参审制度。④

2. 赞成说

持赞成观点的学者主要有以下理由：第一，我国作为一个民主共和国家，国家权力的发动皆应以国民的意思为依归。司法权作为国家权力之一，由国民参与行使应无异议。第二，我国现在司法制度缺点颇多，其中较为显著的一点便是法官久守一职，思想僵化，与社会脱节，有时难免顾此失彼。为消弭这一弊端，必须采用陪审制度，利用非职业法官代表社会道德，把握时代精神。第三，虽然我国国民整体知识水平较低，但是这并非反对引入陪审团的恰当理由，反而是引进陪审团的重要依据。具体而言，一来，采用陪审制度可以使民众直接参与司法，以此对民众进行法律教育，使他们具备守法精神；二来，可免除枉法欺民之虞，且更使人民可以浸润于法律生活之中，增进人民对司法的信仰；三来，可培养民众的民主精神。⑤ 第四，检察制度弊端尽显，有关法律已经逐步放宽自诉案件范围。遽然扩大自诉案件种类，有可能产生不良后果，为此必须采用陪审制度加以辅弼。⑥ 第五，目前我国各省多数法官均非本地人士，虽然精于法律但是不通本地风俗，因而判决多有违民意，若此类情形过多则易导致法院失去威信，而采用陪审制可避免此类情形，亦可从另一方面起到降低司法成本的作用。⑦

---

① 参见周文玑：《中国应否采陪审制之商榷（专论）》，《礼拜六》1932年第471期，第374~375页。
② 参见田树勋：《陪审制度之检讨》，《云南大学特刊》1937年特刊，第109页。
③ 参见王凤瀛：《陪审制度之商榷》，《法学会杂志》1922年第9期，第42页。
④ 参见罗汉真：《陪审制度》，《法学周刊》1929年第17期，第1~3页。
⑤ 参见高天人：《陪审制度与民主政治：我对于五五宪草司法规定的意见》，《宪政月刊》1944年第8期，第65页；胡长清：《陪审制度之文化的意义》，《法律评论》1928年第6期，第7页。
⑥ 参见阮毅成：《中国所可采行的陪审制度》，《法学杂志》1935年4期，第135~136页；翟晋夫：《各级法院亟宜采用陪审制度》，《政治评论》1935年第149期，第677~678页。
⑦ 参见张一鹏、严榕：《中国司法制度改进之沿革》，《法学季刊》1922年第1期，第24页；陈树滋：《陪审制度采用之问题》，《国立中央大学法律系季刊》1928年第1期，第22~23页。

当然，不少持赞成说的学者认为即使采用陪审制度，也并不需要直接照搬他国法律，可以择善采用，使之扬长避短。① 如有学者指出对于陪审制度可以作出以下改进：第一，许多国家对于民事、刑事、行政案件皆采用陪审制度，我国初建陪审制度不妨暂以刑事公诉陪审为限。第二，多数国家均设有法定陪审案件与请求陪审案件，我国不妨采用三分法，限缩法定陪审案件范围和请求陪审案件范围，并且明定某些案件无须陪审。第三，在陪审员资格方面，我国不妨提高条件，建立候选考试制度，以起到过滤作用。同时，也可免除地方另行建立陪审员名簿的负担。第四，各国陪审团人数较多，而我国对于陪审团人数不宜设定过多，可以明定每次以六人为限。第五，多数国家对于陪审团更新次数不设限制，而我国可以以一次为限，避免出现诉讼延迟情形。第六，各国陪审制度均为全国性司法制度，我国不妨在各省实施不同的陪审制度。②

除此以外，亦有学者将研究重点聚焦于陪审制度引入障碍问题。如有学者指出陪审制度的前提在于司法既应当保持独立，也需要考虑人情。而我国行政干涉司法的情形频繁发生，从这一点来看，显然司法组织与法官皆不独立，就此谈论建立陪审制度只是奢谈。③ 从陪审制的作用来看，它是调解法律的冷酷性以及人情性冲突的妙法，但是司法不独立、陪审员不适当以及待遇问题都制约着陪审制度的引入。④ 此外，民众知识有限，对司法制度认识不深，也间接增加了陪审制度的引进难度。⑤

第五节　诉讼制度

从民国时期学者论文发表的内容来看，大多集中于司法制度方面，尤其是关注于控辩审三方设置与完善的问题。除此以外，还有颇多研究聚焦于诉讼制度问题，如：有不少学者着眼于刑事诉讼制度的基础理论研究，尤其是对刑事诉讼原则问题兴趣浓厚；还有一些学者则关注具体诉讼制度中的管辖制度与审级制度。

---

① 参见吴振源：《陪审制度》，《司法杂志》1929年第1期，第12页。
② 参见阮毅成：《中国所可采行的陪审制度》，《法学杂志》1935年4期，第136～137页。
③ 参见周文玑：《中国应否采陪审制之商榷（上）（专论）》，《礼拜六》1932年第470期，第356～357页。
④ 参见周文玑：《中国应否采陪审制之商榷（专论）》，《礼拜六》1932年第471期，第373～374页。
⑤ 参见张自芳：《论我国应否采用陪审制度》，《希望》1931年第5期，第68～69页。

一、刑事诉讼制度的基础理论

在民国初年，已有不少学者对刑事诉讼法的基础理论问题进行研究，其中较有代表性的便是刑事诉讼原则问题的研究。当时的一些教科书在法律条文的教授方面主要依据1911年《刑事诉讼律（草案）》，而理论则多以冈田朝太郎先生讲授的日本刑事诉讼法理论为主。这些教科书大致认为刑事诉讼法主要存在八大原则：第一，弹劾主义。当前诉讼方式主要有纠问式和弹劾式两大类。前者以裁判官不待有告而亲身追诉、亲身裁判。后者则以不告不理为原则，裁判官超然屹立于两造之间。刑事诉讼应当以弹劾式及官吏起诉主义为宜。第二，刑事诉讼当事人无处分权。与民事诉讼当事人享有处分权不同，刑事诉讼以请求国家刑罚权的具体适用为目的，因此刑事案件在原则上不准检察官，不准犯人与被害人私下和解撤回诉讼。第三，干涉主义（职权主义）。民事诉讼采用非干涉主义，而刑事诉讼当事人无处分权，裁判官有断定有罪无罪的职责，因此裁判官在有罪无罪的断定上需要采取必要的事宜进行干涉，不应被当事人的主张辩论所拘束。第四，真实发现主义。[①] 形式主义要求裁判官以诉讼法上一定之形式为裁判的根据，而真实发现主义则不然，裁判官以事实真相发现为目标，不问形式如何。在真实发现主义项下，它还包括自由心证主义与直接言词主义两个子原则。[②] 前者要求证据的取舍悉委之裁判官予以认定。后者则要求裁判官直接审理调查案件材料，且这种审理调查需要以各方口头辩论而非书面讨论为基础。第五，诉讼当事人对等。诉讼法中原被告双方攻防地位应当同一。如刑事诉讼法允许刑事被告人可以聘请辩护人、禁止法庭内束缚被告人身体、听取搜集有利证据的请求以及保障最终辩论权，都是这一原则的具体体现。第六，公开主义。为避免出现私曲的情形，诉讼上无利害关系之人得旁听一切辩论。第七，诉讼以当事人本人为之。在日本法中除了罚金刑以下可以由人代为行为，其他均强制本人参与。第八，上诉及三审制度。刑事诉讼法允许当事人上诉，且保证其拥有两次上诉机会。[③]

在北洋政府统治的中后期，各个大学的教科书中基本延续了这一思路，认为刑事诉讼可以包括以下原则：第一，国家追诉主义。不同于私人追诉主义，我国刑事诉讼的发生出于国家意志。第二，实质上之发现真实主义。第三，口头辩论主义。第四，职权主义。系指不问私人要求与否，一经检察官起诉，国家便以职

[①] 原文为真实发见主义，为便于理解统一改为真实发现主义。
[②] 原文为直接审理主义与口头辩论主义，为便于理解统一改为直接言词主义。
[③] 参见熊元翰：《刑事诉讼法》，安徽法学社1914年版，第4~24页。

权开始诉讼。第五，职权进行诉讼主义。第六，两造审理主义。审判官根据原告及被告人之主张或其所提出之证据来进行审理判断。第七，直接审理主义为主。直接审理原则包括主观与客观方面内容。在主观方面，法院不假他人之手亲自调查证据、讯问当事人，不受检察官所调查证据以及所录口供拘束。在客观方面，法院必须以自己的意思认定事实。若需他人参与，必须选择最可信之人，且必须命其亲赴法院报告始末。但是在特殊情况下无法直接审理时，亦可采用间接审理主义。第八，励行主义为主。① 当犯罪的事实明了，且已具备追诉的条件，追诉机关必须起诉。但是需要注意，特殊情况也有便宜主义存在的可能，如若遇有轻微案件可以作出免于起诉规定。第九，当事人同等主义。在刑事诉讼中，关于攻击防御及其他当事人的权利义务不设差等。第十，自由心证主义。第十一，审判公开主义。除存在妨害安宁、妨害秩序、妨害风俗等情形外，刑事案件的审理均需公开进行。第十二，当事人诉讼主义。与强制代理主义要求非经法定代理诉讼人之手不得为诉讼行为不同，当事人诉讼主义允许当事人自为诉讼行为。我国刑事诉讼原则上采用当事人诉讼主义。第十三，自由序列主义为主。自由序列主义系指当事人辩论与提出证据，任当事人自由意思为之，法律不作顺序规定。与之相对的法定序列主义则要求当事人的上述行为由法律预先作出规定。从1921年《刑事诉讼条例》第325条来看，我国采取的是以自由序列主义为主，法定序列主义为辅的折中主义。② 除此以外，另有学者认为，我国刑事诉讼还包括裁判无偿主义与阶级审判主义。裁判无偿主义是指，不向当事人征收诉讼费用。与之相对的则是裁判有偿主义，它是指向当事人征收诉讼费用。民事诉讼为杜绝滥诉以及充实国库，采用裁判有偿主义。而刑事诉讼由检察官发起，无滥诉之虞，且向国库缴纳诉讼费用并无实益，因而采取裁判无偿主义。③ 阶级审判主义系指事件之审判不限于一审法院。与之相对应的是事件之审判限于一审法院的单级审判主义。审判官并非圣贤，不可能绝无误判，因此应当采用阶级审判主义，建立上诉制度。④

自1935年《刑事诉讼法》施行以后，从相关教材来看，刑事诉讼的各种原则未有较大变化，基本上认为刑事诉讼诉讼中采用国家追诉主义、励行主义（又

---

① 即起诉法定主义。
② 参见朝阳大学：《朝阳大学法律科讲义：刑事诉讼法》，朝阳大学1920年版，第22~31页。其他参见李秀清、陈颐主编：《朝阳法科讲义》（第七卷），上海人民出版社2014年版，第608~615页。
③ 同理，附带民事诉讼无滥诉危险，因而无须缴纳诉讼费用。
④ 参见左德敏：《诉讼法上诸主义》，《北京大学月刊》1919年第3期，第81~100页。

称合法主义）、直接审理主义①、实体的真实发现主义、言词审理主义、自由心证主义、干涉主义（职权进行诉讼主义）、职权主义、两造审理主义、非陪审主义、当事人平等主义等原则。②

刑事诉讼原则作为刑事诉讼法的基础性理论，为其他规则提供基础性或本源的综合性规则或原理。从民国时期各种刑事诉讼法原则的发展历程来看，虽然中间政权多有更迭，但是不难发现其中多数原则仍然具有较强的生命力，可谓刑事诉讼法的通行原则，甚至可以认为是国际通行原则，这也为我们当前刑事诉讼法基础理论研究带来省思。

二、管辖问题

在民国时期，诉讼制度中受到颇多关注的是以领事裁判权为核心的管辖问题。所谓领事裁判权，是指一国通过驻外领事等机构对处于另一国领土之内的本国国民，根据其本国法律，行使司法管辖权的制度。③ 从这一点来看，领事裁判权突破了属地管辖的一般原则，严重侵犯了驻在国的司法主权。

1821 年，一艘美国商船的意大利籍船员德兰诺瓦杀害了一名中国妇女。在案件审理过程中，美方以种种不端行径，干扰中方正常的司法活动。后来，在与清廷订立不平等条约时，美方更是借口中国法律"野蛮、落后"，提出设置领事裁判权的无理要求。"德兰诺瓦事件"也成为触发领事裁判权问题的标志性事件。④ 西方列强在我国的领事裁判权真正确立于 1842 年。鸦片战争结束后，清廷与英国缔结《虎门条约》，其中第 13 条规定，"凡英商禀告华民者，必赴领事处投禀，候领事先行查察，勉力劝息，使不成讼……英人如何科罪，由英国议定章程、法律，当令领事照办。华民犯罪应治以中国之法"。以此条约为开端，其他各国也先后从清廷攫取领事裁判权，恣意破坏我国司法主权。⑤

在民国时期，学术界与实务界都对领事裁判权问题进行了系统研究。有的探

---

① 存在特例，如被告人用代理人的案件可以由代理人到庭。
② 参见蒋思道编：《刑事诉讼法讲义》，国立武汉大学 1938 年版，第 23～28 页；江海颿编：《新刑事诉讼法精义》，中华书局 1936 年版，第 10～14 页；康焕栋：《刑事诉讼法论》，会文堂新记书局 1937 年版，第 4～8 页；魏冀征：《我国诉讼主义之研究》，《法学论丛》1936 年第 2 期，第 79～98 页；等等。
③ 参见武树臣主编：《中国传统法律文化辞典》，北京大学出版社 1999 年版，第 228 页。
④ 参见邱涛：《领事裁判权的历史渊源和历史作用——关于〈"治外法权"起缘〉一文相关论点的驳议》，《北京师范大学学报（社会科学版）》2014 年第 3 期，第 93 页。
⑤ 参见潘瀛江：《撤废领事裁判权运动的回顾与今后应取的途径》，《东方杂志》1937 年第 12 期，第 9～10 页。

讨领事裁判权的含义、主要内容以及与治外法权的区别①；有的重点考察领事裁判权的历史与发展状况②；还有的是从法理角度对领事裁判权进行批判。③ 其中最为重要的讨论主线就是领事裁判权的撤废问题。

我国撤废领事裁判权运动大致可以分为以下五个阶段。④

第一阶段：1859年1月，清廷开始意识到领事裁判权的弊端，为此，总理各国事务衙门对英国公使发出照会，指出"各国领事，皆系商人，本属无权管束，自己走私作弊，事所恒有，岂惟不能服众，反使众商效尤，误事非浅"。1864年，《中国西班牙和好通商条约》⑤第4条指出，"所派之员，必须西班牙国真正职官"，"领事不得干预贸易"。此时，清廷并无国家主权观念。这种对领事裁判权的警惕与之后的废除领事裁判权运动在性质上并不相同，不过仍可将它视为废除领事裁判权的先声。

第二阶段：辛丑条约期满后，根据该条约第11条规定，应与各国重新厘定商约。此时，我国希望将废除领事裁判权的条款列入其中。之后在1902年《中英改定通商航海条约》、1904年《中美通商航海条约》、1903年《中葡通商条约》以及1908年《中瑞续约》等条约中都明确规定，待中国法律日臻完善，各国即允放弃治外法权。虽然这些规定略显空洞，但是仍不失为废除领事裁判权运动的初步成果。

第三阶段：一战结束，我国派员参加巴黎和会，中国代表团在会议中提出废除领事裁判权，正式开启了废除领事裁判权运动。但是，由于巴黎和会会期较短，且关注重点在于战败国的惩罚问题，因此这次会议未及讨论领事裁判权问题。

第四阶段：1921年在美国召开太平洋会议，会上我国再次提出废除领事裁判权问题。随后该提案交付远东委员会，由其组织设立领事裁判权分科委员会进行讨论，决议由美、英、法等八国政府派代表考察中国司法现状，作为各国放弃

---

① 参见周鲠生：《领事裁判权问题》，《东方杂志》1922年第8期，第3~24页；诏麟：《治外法权与领事裁判权之区别》，《前锋》1929年第12期，第58页；汉夫：《领事裁判权与治外法权》，《自修大学》1937年第5期，第347~349页；陈启天：《治外法权与领事裁判权辨》，《东方杂志》1915年第7期，第5~7页；耿习道：《治外法权与领事裁判权》，载何勤华、李秀清主编：《民国法学论文精粹》（第六卷），法律出版社2004年版，第176~182页；等等。
② 参见Shih Shun Liu：《领判权盛衰史》，都乃毅译，《法学季刊》1930年第4~6期；曹杰：《领事裁判制度之滥觞及吾国撤销此制之方法》，《北京大学月刊》1921年第8期，第41~45页；等等。
③ 参见《列国在华领事裁判权志要》，《法律评论》1926年第36、44~45期；郭卫：《领事裁判权存于我国之现状》，《现代法学》1931年第2期，第1~9页。
④ 参见李治民：《我国领事裁判权之过去及其将来》，《学术界》1931年第2期，第127~137页。
⑤ 西班牙原译作"日斯巴尼亚国。"

领事裁判权的准备。

第五阶段：依据太平洋会议所做决议，由各国代表组成法权调查委员会，自1925年12月至1926年9月，该委员会历经10个月的调查，写就报告书并由13国代表正式签字。生效后，该委员会议决将之连同中国委员关于在华治外法权现在实行情况的意见书和补充意见书一起送达各关系国政府。报告书中提出如下建议：第一，关于普通人民之司法事项须归法院掌管，法院须有确实之保障，不受行政机关或其他民政或军政机关不正当之干涉；第二，中国政府应采纳报告书之计划以期改良现有法律司法及监狱之制度；第三，上项所述各建议实行至相当程度以前，如主要部分业经实行，关系各国应中国政府之请求，可商议撤废领事裁判权之渐进的办法，或再商议其他方法；第四，在领事裁判权未撤废以前，关系各国政府以适应本报告书记载之意见为目的，参酌本报告书第一编所述各节如有必要，得协力于中国政府。① 从这些建议中不难看出，报告书的结果实际对我国当时收回领事裁判权产生了不利影响，至此废除领事裁判权运动以不利于中国的结果而告一段落。②

在撤废领事裁判权运动中，尤其是在撤废领事裁判权运动失败之后，学者们并未放弃希望，继续坚持废除领事裁判权的立场。不少学者提出应当仿效土耳其、埃及、日本、暹罗等国的做法，有步骤地撤废领事裁判权。③ 直到1940年代初期，曾担任司法院院长的居正还就领事裁判权问题连续发表多篇文章，痛陈其中弊害，极力主张废除。④

会审公廨作为领事裁判权行使的重要载体，是一种设在租界内审理华洋混合案件的审判机关。它最早设立于上海，1868年签订、1869年公布生效的《上海

---

① 参见李启成：《治外法权与中国司法近代化之关系——调查法权委员会个案研究》，《现代法学》2006年第4期，第26～37页。
② 参见李治民：《我国领事裁判权之过去及其将来》，《学术界》1931年第2期，第126～137页。
③ 参见潘瀛江：《撤废领事裁判权运动的回顾与今后应取的途径》，《东方杂志》1937年第12期，第13～14页。其他参见沙勒氏：《暹罗废止领事裁判权之经过》，唐际清译，《南洋研究》1928年第1期，第139～150页；洪钧培：《暹罗撤消领事裁判权之经过》，《前途》1935年第9期，第85～88页；宝道：《暹罗收回领事裁判权之步骤》，梁仁杰译，《法律评论》1923年第13期，第1～5页；王世杰：《暹罗收回领事裁判权之经过与暹美新约》，《国立北京大学社会科学季刊》1922年第1期，第159～166页；龚湘：《我国收回领事裁判权问题与暹罗管理外人诉讼的现状》，《北京大学月刊》1919年第4期，第89～98页；刘达人：《日本撤废领事裁判权之经过》，《外交月报》1937年第1期，第85～94页；洪钧培：《土耳其撤消领事裁判权之经过》，《前途》1935年第11期，第84～89页；于能模：《土耳其撤销领事裁判权之经过与我国今日情势之比较》，《东方杂志》1929年第16期，第37～42页；孤舟：《埃及废除领事裁判权》，《青年》1937年第4期，第4～5页；等等。
④ 参见范忠信等选编：《为什么要重建中国法系——居正法政文选》，中国政法大学出版社2009年版，第47页。

洋泾浜设官会审公廨章程》规定会审公廨由上海道遴委同知一员,管理租界内钱债、斗殴、窃盗等案件;并确立了洋员会审制度,即民事案件若原、被告双方均为居住租界之华人则归中国委员审判,若华人为被告洋人为原告,则须由领事官会同中国委员审判,其中中国委员由中国当局任命。但是经过帝国主义国家不断扩展其特权,会审公廨最后已经成为洋人所设之一种可以审判华人的机关。①1926 年,中外双方再次展开交涉,上海地方当局与领事团签订《收回上海会审公廨暂行章程》,双方达成临时解决办法,将上海会审公廨改为临时法庭,取消了中国人之间民事案件由外国领事会审。② 直至 1943 年国民政府与英美等国签订"新约",领事裁判权以及会审公廨制度才最终消失。③

毋庸置疑,领事裁判权严重侵犯了我国司法主权,是列强欺压中国人民的重要工具。但是,在某种程度上,领事裁判权以及其后的撤废领事裁判权运动,使我国学术界与实务界人士逐步觉醒,意识到法治的重要性,迫使我国开始正视并学习西方法律和司法制度,进而对我国法律和司法近现代化产生了深远影响。④

三、审级制度

1906 年,在西风东渐的影响下,为配合修法,清廷改革官制,"改刑部为法部,统一司法行政。改大理寺为大理院,配置总检察厅,专司审判"⑤。1910 年《法院编制法》仿照日本《裁判所构成法》拟定,确立了四级三审制的审级模式。具体而言,法院分为初级审判厅、地方审判厅、高等审判厅和大理院。凡民事、刑事案件,向初级审判厅起诉者,经该厅判决后,如有不服,准向地方审判厅控诉。经二审判决后,如仍不服,准向高等审判厅上告。高等审判厅进行第三审判决,即为终审。凡民刑案件,向地方审判厅起诉者,经该厅判决后,如有不服,准向高等审判厅控诉。判决后,如仍不服,准向大理院上告,大理院判决即为终

---

① 参见《国闻周报》记者:《上海会审公廨史略》,《国闻周报》1925 年第 25~26 期。其他参见甘豫立:《上海会审公廨之研究》,载何勤华、李秀清编:《民国法学论文精粹》(第五卷),法律出版社 2004 年版,第 180~191 页;等等。
② 参见张丽:《上海公共租界会审公廨收回始末》,《史林》2013 年第 5 期,第 23~24 页。有关上海临时法院的内容,参见陆鼎揆:《上海临时法院》,《法律评论》1927 年第 36 期,第 1~7 页;钱端升:《上海临时法院的存废问题》,《现代评论》1927 年第 153 期,第 5~7 页;梁敬錞:《所谓上海临时法院者》,《法律评论》1929 年第 7~8 期;等等。
③ 参见谈晓颖:《试论中国近代史上的领事裁判权》,中国人民大学 2010 年博士学位论文。
④ 参见李启成:《治外法权与中国司法近代化之关系——调查法权委员会个案研究》,《现代法学》2006 年第 4 期,第 26 页。
⑤ 《清史稿》卷一百四十四《志一百十九·刑法三》。

审。至此，初步奠定了我国近代审级体系的基础。①

南京临时政府以及北洋政府基本上沿用了四级三审制，只不过基于政治、社会以及经济成本等因素的考虑，北洋政府对四级三审制作出了一定修正。如裁撤初级审判厅，改由县知事兼理司法，在省高等审判厅之下设立了各种变通的审判机构。②

对于四级三审制度，有学者提出异议，认为四级三审制并不妥当，应当实行三级三审制度。具体理由如下：其一，轻微刑事案件归初级管辖，重大者由地方管辖。但是诉讼案件应无轻重之分，审判亦不能区分轻重，由此三级三审制优于四级三审制。其二，我国幅员辽阔，各县置初级法院，若再设以地方法院，人才经费皆不敷使用。若采取三级三审制，将第一审归于地方法院管辖，可以避免上述困境。其三，实践中我国各地各初级法院多已废止，地方法院也多设置于都会繁盛之处，且各级法院并未普遍设立，各县政府仍不分初级与地方，过多强调四级三审制与民不便。其四，关于审理第三审案件的法院，除最高法院外，各省高等法院皆有与最高法院相同的终审权，这必然会导致法律解释不一。因此，为法秩序统一，应当改设三级三审制，使法律解释权统归于最高法院。③

此外，为弥合四级三审制的缺陷，亦有学者提出，考虑到人才经费匮乏等问题，可以尝试建立巡回审判制度，即初级审判厅处理轻微案件，高等审判厅分遣法官巡视各县，审理重大案件。④

1927 年武汉国民政府对于四级三审制作出了一定修正，着手建立了二级二审制，规定一般案件均以两审终审，死刑案件可以三审终审。但是，随着"宁汉合流"，这一改革措施随之遭到废弃。在 1927 年南京国民政府成立之初，对于原有的四级三审制并未立即作出变动，只是改称大理院为最高法院，改称各级审判厅为法院。1932 年之后，南京国民政府先后颁布《法院组织法》以及《刑事诉讼法》，在这两部法律中改行三级三审制，即设置最高法院、高等法院、地方法院三级法院，并在诉讼程序中确立了三审制。⑤ 这一三级三审制模式一直延续到

---

① 参见张生、李麒：《中国近代司法改革：从四级三审制到三级三审》，《政法论坛》2004 年第 5 期，第 121 页。
② 参见聂鑫：《近代中国审级制度的变迁：理念与现实》，《中外法学》2010 年第 2 期，第 248～249 页。
③ 参见张秉钺：《改良审级制度意见书》，《法律评论》1931 年第 35 期，第 33～34 页。其他参见张秉钺：《我国今后应采用之审级制度》，《政法月刊》1929 年第 6 期，第 1～4 页。
④ 参见方善征：《巡回裁判制议（续）》，《法律评论》1926 年第 2 期，第 7～9 页。
⑤ 参见聂鑫：《近代中国审级制度的变迁：理念与现实》，《中外法学》2010 年第 2 期，第 252～253 页。

1949年新中国成立之日。①

在实行三级三审制的过程中,三审制的一些弊端也逐渐开始显现,为此形成了废除派与肯定派两种观点。

废除派人士指出,三审制度虽然给予当事人更多救济机会,但是它的弊端也显而易见。他们认为:第一,如果因第一审法官审理有错误,就寄希望于第二审乃至第三审法官没有错误,这难免给人缘木求鱼之感。第二,诉讼案件以直接言词审理较为妥当,这意味着第一审最接近案件事实,而备受信任的第二审、第三审则多为书面审判,因此求助第二审、第三审查明事实、纠正错误并不适宜。第三,多次的上诉机会对于败诉当事人固然有益,但是给胜诉方带来极大的不便利。尤其是当胜诉当事人经济状况不佳时,这种不利影响就更为显著。② 第四,三审制为德美等联邦国家所采用,而英法等非联邦国家则多采用二审制,因此我国作为非联邦国家不宜采用三审制。③

持赞同三审制观点的肯定派人士则认为:第一,三审制与联邦制并无紧密联系,而且英法两国也并非完全采取二审制。第二,下级法院的裁判经第三审多一次纠正机会,其错误的概率较未经第三审纠正者要低。第三,第三审法院根据已确定的事实,通过书面审理纠正法律适用错误,并无不妥。而且,当对事实的认定有误时,仍可发回第二审法院就事实问题进行重新审理。④

对于如何改进既有的三审制这一问题,学者们又形成了重建说与改造说两种观点。

持重建说的学者认为,最高法院作为一切诉讼的终审机关,无形中导致讼事拖延、讼案积压和讼费增加。为此亟须对三审制度进行改造,确立二审制。具体改革措施可以包括:第一,整顿原审法院,慎重选拔法官,提高待遇;第二,废除三审制,取消最高法院,信任第一审、第二审法院的判决,以整顿充实后的各省的高等法院作为最终审判机关。⑤ 持改造说的学者则认为,应当对三审制进行改造或优化。具体措施包括:第一,刑事诉讼原则上应当二审终结,例外情形下,如死刑或无期徒刑案件,可以准许上诉至最高法院⑥;第二,对于借由第三审拖延诉讼者予以一定制裁;第三,灌输民间法律常识,厉行公正制度;第四,

---

① 在抗日战争时期,在战区曾短暂实行过巡回审判制度。参见罗金寿:《国民政府战区巡回审判制度述略》,载徐昕主编:《司法》(第4辑),厦门大学出版社2009年版,第85~94页。
② 参见吴绂征:《中国司法制度的改造》,《东方杂志》1936年第8期,第8~21页。
③ 参见张才尧:《论司法的审级制度》,《法声新闻》1948年第503期。
④ 参见张才尧:《论司法的审级制度》,《法声新闻》1948年第503期。
⑤ 参见吴绂征:《中国司法制度的改造》,《东方杂志》1936年第8期,第8~21页。
⑥ 参见汪珏:《审级制度之我见》,《法声新闻》1948年第461期。

及时淘汰不肖法官，充实下级法院，树立司法权威。①

　　在认清近代中国审级制度建设困窘的现实后，我们也要看到前人不懈的努力与其中的挣扎和艰辛。通过对照过去，我们可以体会到新中国在司法体制建设方面的成绩，也能更深刻地理解历次司法改革中遇到的难题。同时，我们要审慎对待"各国通行之例"，清醒认识到这些域外经验只是参考而并非一定之规。在审级问题上，不是单纯讨论采用二审制还是三审制的问题，而应当从统一法律适用、保障当事人上诉权、实现司法正义等多重维度思考，同时亦要考虑司法资源的有效性等问题，最终达到司法资源有效配置的目标。②

---

　　① 参见张才尧：《论司法的审级制度》，《法声新闻》1948年第503期。
　　② 参见聂鑫：《近代中国审级制度的变迁：理念与现实》，《中外法学》2010年第2期，第259～260页。

第三章

新中国成立初期刑事诉讼法学史

第一节 新中国成立初期刑事诉讼法学发展概述

1949年2月,中共中央发布《关于废除国民党的六法全书与确定解放区司法原则的指示》,全面废除国民政府时期的各项法律法令。同年9月,中国人民政治协商会议通过《中国人民政治协商会议共同纲领》(以下简称《共同纲领》),在其第17条明确规定,"废除国民党反动政府一切压迫人民的法律、法令和司法制度,制定保护人民的法律、法令,建立人民司法制度"。自此,在党中央的统一领导下,我国改变了原有全面继受西方法律的知识导向,正式着手建立社会主义法制体系。[①] 伴随着政治、经济、社会等各个方面的巨大变革,我国刑事诉讼法学的发展也进入了一个新的历史阶段——社会主义刑事诉讼法学的创立、发展阶段。[②]

在新中国成立初期,1949年颁布的《共同纲领》,1951年制定的《人民法院暂行组织条例》、《中央人民政府最高人民检察署暂行组织条例》以及《各级地方人民检察署组织通则》等法规,都在继承新民主主义革命时期司法实践经验的基础上,对社会主义新型司法制度作出了规范,尤其是明确了人民法院和人民检察

[①] 参见张生:《新中国法律史学研究70年:传统法律的传承与发展》,《四川大学学报(哲学社会科学版)》2019年第5期,第23页。

[②] 参见樊崇义、吴宏耀:《刑事诉讼法学五十年回顾与前瞻》,《人民检察》1999年第12期,第7页。

机关的性质、任务、职权、组织、领导关系以及某些诉讼原则、制度和基本程序等内容。之后，我国在1954年又陆续出台了《人民法院组织法》《人民检察院组织法》等法律、法规。这些法律、法规中涉及刑事案件处理的规定在很长时间内成为刑事诉讼程序的基本规范。在此期间，我国曾有过刑事诉讼条例的草拟活动，而且最高人民法院也对14个大中城市高中级法院的刑事案件审理程序进行了收集整理并作了初步总结。但就整体而言，立法者对于刑事诉讼法的立法工作并不热衷，因此刑事诉讼法典化进程较为缓慢。

至1954年，全国人大正式着手开展刑事诉讼法的起草工作。此后，全国人大常委会委托最高人民法院主持，组成了起草刑事诉讼法的专门机构，并于1957年5月拟就《中华人民共和国刑事诉讼法草案（草稿）》。与此同时，学术界也开始对刑事诉讼法诸问题进行广泛的学术讨论，在此期间刑事诉讼法学研究呈现出繁荣状态。但是，随着1957年"反右"斗争的扩大化，不少学术观点受到严厉批判，甚至一些《宪法》明文规定的刑事诉讼法基本原则或制度，如审判独立原则、辩护制度也遭到摒弃。在"左"的思想猛烈冲击下，刑事诉讼法的立法及研究工作逐步陷入停顿状态。其后，虽然我国在1962年又重启了刑事诉讼法制定工作，并形成了多部刑事诉讼法草案，但是，随之而来的"四清"等政治运动，再次使刑事诉讼法制定工作陷入停顿。而到了"文化大革命"时期，我国法制更是举步维艰，立法以及法学研究工作彻底停滞。1978年，在党的十一届三中全会以后，随着社会主义民主法制建设步伐的加快，制定刑事诉讼法的任务再次被提上了议事日程。1979年2月召开的第五届全国人大常委会第六次会议决定设立全国人大常委会法制委员会，并将其作为全国人大常委会专门负责立法的机构。全国人大常委会法制委员会在1963年《刑事诉讼法草案（初稿）》的基础上先后拟出《刑事诉讼法修正一稿》和《刑事诉讼法修正二稿》，呈交党中央和全国人大常委会进行审议。草案于1979年7月1日正式通过。[1]

由前述刑事诉讼法的历史脉络梳理可知，在"文化大革命"之前我国刑事诉讼法学的主要成就大多集中于1950年代，具体而言，包括以下几个方面：

第一，在批判旧法观点、旧刑事诉讼制度的基础上，开展了建立新型司法制度的司法改革运动。1952年至1953年，党中央在废除"六法全书"之后，随即在全国范围内开展了以反对旧法观点、旧司法作风和改造各级司法机关为主要内

---

[1] 本部分内容参见陈光中、曾新华：《中国刑事诉讼法立法四十年》，《法学》2018年第7期，第24页；张友渔主编：《中国法学四十年》，上海人民出版社1989年版，第251～254页。其他参见吴宏耀、种松志主编：《中国刑事诉讼法典百年》（中册），中国政法大学出版社2012年版，第457～721页；本报记者：《1979年刑诉法从无到有》，《北京青年报》2012年3月7日，第A5版。

容的司法改革运动。在这场运动中，党中央决定以马克思主义法制理论为武器，对国民党政权下旧的司法体制、思想与人员进行彻底改造，初步奠定了我国刑事诉讼法制的社会主义基调，尤其是在司法原则、司法制度乃至司法机构的设置方面取得了一定成就，同时也为创立社会主义刑事诉讼法学扫除了思想障碍。①

第二，在刑事诉讼法学发展方面全面取法苏联，使得刑事诉讼法学体系充满了苏联因素。考虑到当时的国际形势以及政权的更迭和意识形态阶级属性的对立，我国在法学发展路径选择方面，改变了民国时期以移植西方法律为主的知识导向，开始尝试另辟蹊径，从其他国家吸收法制经验。而苏联作为无产阶级专政的社会主义国家，自然也就成了新中国法制建设的学习样板，汲取苏联立法经验、法学理论也逐步成为法学界的共识。之后，随着国家领导人的大力倡导，这种认识更是转化为了具体行动，并逐渐步入高潮，在人、物、知识等方面开始全面取法苏联。② 其具体表现是：在人的方面，我国派遣了大批留学生赴苏联学习法律，为苏联法学的引入储备人才。在物的方面，开始引进苏联教育体制，尤其是移植苏联的法学教育模式。在知识方面，学术界翻译、出版了一大批苏联刑事诉讼法教科书和著作，为苏联刑事诉讼法学理论的导入提供了土壤。③ 总体而言，这些人、物、知识储备都为我国刑事诉讼法的发展奠定了智识基础。

第三，积极开展刑事诉讼法理论研究，尝试建立中国刑事诉讼法学。1956年党的八大召开，会上决议"我们必须进一步加强人民民主的法制，巩固社会主义建设的秩序"。"国家必须根据需要，逐步地系统地制定完备的法律。"在此背景下，1956年12月中国人民大学刑法教研室和北京政法学院刑事诉讼法教研室在司法部的指导下合作制订了《中华人民共和国刑事诉讼教学大纲》。这表明我国实务界与学术界开始意识到刑事诉讼法学科体系建立的重要性，并逐步将之付诸实践。与此同时，在1956年至1957年间，学术界也积极响应，掀起了刑事诉讼法的研究高潮。学者们以《人民日报》《光明日报》《政法研究》《法学》等报纸、期刊为阵地，发表了大量刑事诉讼法学理论文章，研究内容涉及基础理论与具体刑事诉讼制度，其中包括审判独立、公检法三机关关系以及无罪推定等多个重要命题。但是，无论是教材编写还是学术研究工作，都被随之而来的政治运动中断，相关学术研究在20世纪50年代后期逐步陷入政治的泥淖，呈现出停滞状态。之后，随着"文化大革命"的开始，刑事诉讼法学研究彻底中断。④

---

① 参见张友渔主编：《中国法学四十年》，上海人民出版社1989年版，第252~253页。
② 参见汤能松等编著：《探索的轨迹——中国法学教育发展史略》，法律出版社1995年版，第387页。
③ 参见张友渔主编：《中国法学四十年》，上海人民出版社1989年版，第253页。
④ 参见张友渔主编：《中国法学四十年》，上海人民出版社1989年版，第253页。

第二节　司法改革运动

"司法改革运动是新中国政权建设、法制建设理论和实践的必然产物和结果。"在中华人民共和国成立初期的法制理论中，法律和司法机关都是实行阶级统治的工具。① 在"三反"运动中，全国各级人民法院暴露出了严重的组织不纯和思想不纯问题。据当时的媒体报道，全国各级人民法院中旧司法人员约占总人数的22％，而且他们大部分在各级司法机关从事审判工作。其中不少人在后来被查出是反动党、团、特务分子。还有部分人员被查明属于贪赃枉法分子。这些都在人民群众中对党的形象造成了极坏的影响。②

司法机关、司法工作中的严重问题成为司法改革运动的导火线。③ 但是，引发这场运动更深层次的原因是两种法律意识形态的碰撞。从法律意识形态属性来看，新中国的各项建设都是以马列主义、毛泽东思想为指导，法律作为统治阶级的工具，具有鲜明的阶级性，而建立社会主义法律体系就必然要清算旧有的资产阶级法律体系。为此，党中央一方面要重塑司法观念，另一方面则需建立新型法律制度。在此意义下，甄别司法人员，创立新型司法制度，就成为党中央在此阶段势在必行的重要任务。④

1952年8月，中共中央发布《关于进行司法改革工作应注意的几个问题的指示》（以下简称《司法改革指示》），决定正式开展司法改革运动。从指示中不难发现，此次司法改革主要集中在三个方面：第一，肃清资产阶级的旧法观点。第二，对各级司法机关进行改造。第三，整顿政法教育，对大学政法院系的教师以及相关课程进行改革，同时推进政法院系的整顿和改造工作。在这三个基本要求的指引下，一场声势浩大的司法改革运动在全国范围内展开。

一、肃清旧法观点

关于旧法观点，彭真同志进行了概括，他指出，"旧法观点就是从北洋军阀

---

① 参见陈光中：《新中国建立初期司法改革运动评说》，载何勤华主编：《曲折·磨难·追求——首届中国法学名家论坛论文集》（下），北京大学出版社2011年版，第866页。
② 参见史良：《关于彻底改造和整顿各级人民法院的报告》，《人民日报》1952年8月23日，第1版。
③ 参见史良：《关于彻底改造和整顿各级人民法院的报告》，《人民日报》1952年8月23日，第1版。
④ 参见唐华彭：《新法律观念在乡村的强力塑造——以1952年司法改革运动为例》，《当代世界社会主义问题》2017年第2期，第35页。

到国民党基本上一脉相承的、统治人民的反动的法律观点"①。也有观点认为：所谓旧法思想，系为一切反人民的法律观点的总称，主要是指国民党的六法观点。② 当时的媒体提出，必须立即整顿司法机关，肃清那些反动腐朽的旧法观点和旧司法作风，树立人民的法律观点和为人民服务的革命工作作风。③

具体而言，在这一阶段受到批判的旧法观点如下：第一，"法律的超阶级性、超政治性论"。批评观点认为：国家是阶级矛盾不可调和的产物，而法律则是反映统治阶级意志的产物，"全民意志"并不存在，不同阶级之间的意志也定然不同。第二，"法不溯及既往论"。批评观点认为：我们的法律并不都是遵循这个"原则"的。如果在革命时期死抱着"不究既往"不放，就只会放纵那些危害社会、残害人民的罪犯、反革命分子，使他们得以逍遥法外。④ 第三，"不告不理论"。批评观点认为：不告不理原则是旧社会反动阶级用来对付人民群众的，坚持不告不理，只会为地主、资本家逃避罪责大开方便之门。⑤ 第四，"司法独立论"。批评观点认为：有人热衷于脱离政治提倡所谓"司法独立"，似乎司法是可以脱离政治斗争而独立存在的，因此，他们提出不要政治领导。实际上，这些人错误理解了政治和法律的关系，将之人为切割，忽视了政治决定法律和法律为政治服务的道理。⑥ 第五，"旧法可用论"。批评观点认为：所谓旧法中的进步条文都是反动阶级企图缓和阶级斗争的产物，旧法在本质上仍然是不合乎人民利益的法律。第六，"法律技术论"。批评观点认为：受旧法观点影响的人，是把法律当作与政治对立的"专门知识""独行技术"来看待的，因而会片面夸大法律的技术性，宣称"不学旧法就不能立新法"，"不懂旧法就不能懂新法"，甚至认为"人民政府没有几个懂法律的"⑦。

除了批判旧法观点，党中央提出还应当整顿与旧法观念相关的旧司法作风问题，尤其是需要整顿在各级法院中弥漫的文牍主义作风。⑧ 当时各地报告指出：

---

① 彭真：《论新中国的政法工作》，中央文献出版社1992年版，第70页。
② 参见李光灿、王水：《批判人民法律工作中的旧法观点》，《新华月报》1952年12月号，第14页。
③ 参见曹杰：《旧法观点危害国家经济建设，必须彻底改革司法工作》，《人民日报》1952年9月13日，第3版。
④ 参见彭真：《论新中国的政法工作》，中央文献出版社1992年版，第70～72页。
⑤ 参见张汝东：《批判在审判实践中的旧法观点与有利被告论——从两个案件谈起》，《政法研究》1958年第4期，第53页。
⑥ 参见叶澜：《必须彻底改革司法工作，清算反人民的旧法观点》，《人民日报》1952年10月17日，第3版。
⑦ 参见李光灿、王水：《批判人民法律工作中的旧法观点》，《新华月报》1952年12月号，第16页。
⑧ 参见李龙、朱兵强：《历史与启示：论我国建国初期的司法改革运动》，《法学杂志》2012年第12期，第12～13页。

这些旧司法人员在作风上严重脱离群众，只会"坐堂问案"，写些冗长陈腐的"判决"，而对人民群众的利益和党与人民政府的政策根本不关心，相反，还到处散布反动的旧法观点，产生很不好的影响。① 为此，这场司法改革运动要求司法人员应当以人为本，贴近群众，服务群众。②

二、改造旧司法人员

在新中国成立初期，出于开展工作和维护社会稳定的需要，党和国家对旧司法人员采取了"包下来"的政策。因此，各级司法机关中有相当比例的旧司法人员，他们在社会运动中暴露了严重的问题。③ 在司法改革运动过程中，董必武同志认识到，由于旧司法人员受到反动司法和法学教育，长期从事反动的司法实务工作，因此对旧司法人员的改造将是一个艰巨而不得不彻底进行的工作。为此，他关于对旧司法人员的改造作了原则性指示④：第一，旧推事、检察人员不得担任人民法院的审判员，旧司法人员未经彻底改造和严格考验者，不得从事审判工作。第二，对于司法机关中的坏分子，应当坚决地予以清除。具体而言，对于"镇反""三反"运动中发现有罪恶者，应立即法办；对于那些恶习甚深不堪改造者，虽然应当坚决清除，但是仍应当给予生活出路，待教育后甄别录用。第三，对于历次运动中没有发现问题，思想和工作尚可改造者，则应当加以训练和改造，改为从事法院中的技术性工作或调到其他部门进行工作，决不能使其掌握审判大权。第四，对于在新中国成立后思想、工作都表现较好的进步分子应继续留用，若为旧推事、检察人员被继续留用的，原则上以调离原工作地点为宜。

至于如何填补由此而带来的司法人员缺额问题，董必武指出，可以从以下几个方面予以补充⑤：第一，骨干干部。应选派一部分较老的同志到法院担任领导骨干。第二，青年知识分子。第三，"五反"运动中的工人党员、积极分子。第四，"土改"工作队和农民中的积极分子。第五，转业建设的革命军人（包括一

---

① 参见董必武：《关于改革司法机关及政法干部补充、训练诸问题》，载《董必武法学文集》编辑组编：《董必武法学文集》，法律出版社 2001 年版，第 121 页。
② 参见李龙、朱兵强：《历史与启示：论我国建国初期的司法改革运动》，《法学杂志》2012 年第 12 期，第 13 页。
③ 参见陈光中：《新中国建立初期司法改革运动评说》，载何勤华主编：《曲折·磨难·追求——首届中国法学名家论坛论文集》（下），北京大学出版社 2011 年版，第 868 页。
④ 参见董必武：《关于改革司法机关及政法干部补充、训练诸问题》，载《董必武法学文集》编辑组编：《董必武法学文集》，法律出版社 2001 年版，第 122 页。
⑤ 参见董必武：《关于改革司法机关及政法干部补充、训练诸问题》，载《董必武法学文集》编辑组编：《董必武法学文集》，法律出版社 2001 年版，第 123 页。

部分适于做司法工作的轻残废军人)。第六,各种人民法庭的干部,工会、农会、妇联、青年团等人民团体还可帮助选拔一批适宜于做司法工作的干部,群众运动中涌现出并经过一些锻炼的群众积极分子。

三、整顿政法院校

为配合司法改革运动,党中央开始对大学政法院系进行改造。在1952年至1953年,我国参照苏联教育模式对全国高等院校进行了大规模的院系调整。从1952年到1953年年初,整合原有的各个大学政法院系,组建了新的北京政法学院、华东政法学院、中南政法学院和西南政法学院等四所政法专门学院。至1953年,全国共设有政法专门学院4所,即北京政法学院、华东政法学院、中南政法学院和西南政法学院。设有政法类专业的综合类院校四所,即中国人民大学、东北人民大学(吉林大学前身)、武汉大学、西北大学司法专修科。之后,除北京大学法律系于1954年复办外,其他学校的法律院系均是在"文化大革命"结束后改革开放之初才先后复办的。[①]

总体而言,这场司法改革运动,在废除"六法全书"、建立社会主义司法制度方面,有着极为重要的催化作用。但是,其中仍有一些过犹不及的做法值得后来者深思,例如:从对旧司法人员的处理方式来看,这场司法改革运动使司法工作出现青黄不接的情形,不利于法治理念的塑造。再如,在对旧法观点的批判方面,过于强调旧法批判中的革命性问题,而忽视了理论继承的重要性。

第三节　全面取法苏联

刘少奇同志在1949年10月5日中苏友好协会成立大会上指出:我们要建国必须"以俄为师",学习苏联人民的建国经验。苏联有许多世界上其他国家所没有的完全新的科学知识,我们只能从苏联学到这些科学知识。[②] 1949年12月举行了第一次全国教育会议,会上提出建设新教育要以老解放区新教育经验为基

[①] 参见陈光中、曾新华:《建国初期司法改革运动述评》,《法学家》2009年第6期,第3页;汤能松等编著:《探索的轨迹——中国法学教育发展史略》,法律出版社1995年版,第385~387页。
[②] 参见中央教育科学研究所编:《中华人民共和国教育大事记(1949—1982)》,教育科学出版社1984年版,第4页。

础，吸收旧教育某些有用的经验，特别是借助苏联教育建设的先进经验。[1] 1953年2月7日，毛泽东同志在中国人民政治协商会议第一届全国委员会第四次会议的讲话中指出：我们要进行伟大的国家建设，我们面前的工作是很艰苦的，我们的经验是不够的，因此要认真学习苏联的先进经验。无论共产党内、共产党外、老干部、新干部、技术人员、知识分子以及工人群众和农民群众，都必须诚心诚意地向苏联学习。我们不仅要学习马克思、恩格斯、列宁、斯大林的理论，而且要学习苏联的先进科学技术。我们要在全国掀起学习苏联的高潮，来建设我们的国家。[2] 在领导人的大力提倡下，取法苏联开始转化为各行各业的实践行动，在法学领域，全面取法苏联的特征更为明显。

一、人才储备

毫不夸张地说，20世纪50年代中国的法制建设，特别是法学理论，是完全"苏联化"的。1951年7月6日，教育部门发布《急速选拔留学生的指示》，要求各单位6天之内确定赴苏留学学生人选。由此开启了共和国选派学生赴苏联学习的先声。国家对这批留学生极为关注，要求被选派者除具备必要的学习能力外，还需政治上可靠，甚至要求"保送部门首长亲自签字负责"。第一批留苏法科生共计12人，他们是中央人民政府法制委员会选派的陈汉章、人民检察署的吴建璠、内务部的魏敏、公安部的谢让柏、云南的陆思明、天津人民法院的穆谟和李延茂、北京团市委的江平、湖北省人民检察院的刘鉴、四川大学的王叔文、北京大学的司马念媛和佟明晖。此后，教育部门又陆续选派了不少人赴苏联研习法律。[3]

这些留苏法科学生在归国之后大多转入中国社会科学院法学所从事学术研究，为新中国的法制建设作出了重大贡献，尤其是改革开放以后，很多留苏学者成了法学各学科的带头人。仅以中国社会科学院法学所的留苏学者来说，就包括了以下人员[4]：

韩延龙，1955年至1960年在苏联列宁格勒大学法律系学习，获得学士学位。后任中国社会科学院法学研究所研究员。

刘楠来，1955年至1961年在苏联莫斯科大学法律系学习，获得副博士学

---

[1] 参见中央教育科学研究所编：《中华人民共和国教育大事记（1949—1982）》，教育科学出版社1984年版，第8页。

[2] 参见《毛泽东主席作了三点重要指示：加强抗美援朝斗争、学习苏联、反对官僚主义》，《人民日报》1953年2月8日，第1版。

[3] 参见侯欣一：《第一批留苏法科学生的命运》，《深圳特区报》2017年6月13日，第C03版。

[4] 参见中国社会科学院法学所：《法学所、国际法所留苏东学者座谈会在外宾室举行》，http://www.iolaw.org.cn/showNews.aspx?id=23609，最后访问日期：2019年12月14日。

位。后任中国社会科学院法学研究所研究员。

马骧聪，1955年至1960年在列宁格勒大学法律系学习，获得学士学位。后任中国社会科学院法学研究所研究员。

任允正，1954年至1959年在苏联莫斯科大学法律系学习，获得学士学位。后任中国社会科学院法学研究所研究员。

吴建璠，1951年赴苏联喀山大学、莫斯科大学法律系学习。后任中国社会科学院法学所研究室副主任、副所长。

吴大英，1955年至1959年就读于苏联列宁格勒大学法律系研究生部，获法学博士学位。后任中国社会科学院法学研究所研究员。

王家福，1955年至1959年在苏联列宁格勒大学法律系学习，获得副博士学位。后任中国社会科学院法学研究所研究员。

王叔文，1957年毕业于苏联莫斯科大学法律系，获法学学士学位。后任中国社会科学院法学研究所所长。

曾庆敏，1952年至1957年在苏联列宁格勒大学法律系学习，获得学士学位。后任中国社会科学院法学研究所研究员。

张仲麟，1955年至1959年在苏联列宁格勒大学法律系学习，获得学士学位。后任中国社会科学院法学研究所副所长、研究员。

与此同时，中央人民政府及各个大学开始聘请苏联专家担任教职。1953—1957年，全国各主要高等学校先后聘请了500多人任教，在教育部所属院校任教的苏联专家有80人。仅在1957年上半年，苏联专家共为我国培养研究生、进修教师8 285人，其中有相当数量的法律专业教师。[1]

二、物质基础

1949年12月，政务院第十一次会议通过决议，提出以苏联模式设立中国人民大学，接受苏联先进建设经验，并聘请苏联教授，有计划、有步骤地培养国家的各种建设干部。在实施计划中确定中国人民大学的本科暂设经济、财政、信贷、贸易、合作社、工厂管理、法律、外交8个系，学习期限为2~4年；并设专修科，有经济计划、财政信贷、贸易、合作社、工厂管理、统计、外交、教育、法律等9个专科班，学习期限暂定6个月，并规定教材主要采用苏联各大学及各专科学校的最新课本。中国人民大学于1950年10月3日正式开学。之后，

---

[1] 参见汤能松等编著：《探索的轨迹——中国法学教育发展史略》，法律出版社1995年版，第390页。

原中国政法大学三部并入中国人民大学法律系。从此，中国人民大学成为新中国普通高等法学教育的基地。在此期间，中国人民大学普通高等法学教育基本按苏联高等法学教育模式确定培养目标、设置课程、编写教学大纲和教科书，走上了教育规范化的道路。在中国人民大学法律系内部，继续学习苏联模式，改变旧法时期法学教师们各自为政的情形，将相同课程或几门相近课程任课老师组成教研室，统一开展教学以及科研活动，同时注重加强教师思想政治工作。①

从相关史料来看，刘少奇在1949年6月率团秘密访问苏联，聘请苏联专家来华参与新中国建设。至8月，刘少奇离开莫斯科回国时带回了大量的苏联专家，其中包括不少法学专家。1950年2月，毛泽东和斯大林一起出席了《中苏友好同盟互助条约》签字仪式，从而开启了中苏关系的新局面。此后苏联各方面专家源源不断地被聘请到中国。中国人民大学作为依照苏联教育模式建立的学校，自然也就成为苏联法学专家最为集中的地方。这些来华法学家共计十余人，他们被安排在法律系以及外交系的国家法教研室任教。②

1954年4月26日至5月8日由高等教育部主持召开的全国政法教育会议认为，今后在政法教育工作中必须进一步贯彻理论与实际相结合，学习苏联经验和中国实际情况相结合的教学方针，积极进行教学改革，提高质量。同时要求中国人民大学和中央政法干校应继续发挥工作母机的作用，要增加研究生名额，并接受其他政法院系教师进修。自此，中国人民大学作为新中国法学教育的母机，为国家培养了大量法学人才，也为新中国的法制建设奠定了物质基础，并使得在此后的三十多年间，苏联法学因素在我国法学界长盛不衰。③

三、苏联法学理论的输入

在学术研究方面，各种苏联专著以及教材大量涌入，苏联法学理论成为新中国法学理论发展的主要知识来源。

在1950年代，我国对苏联的各类法学著作进行了翻译与介绍，以刑事诉讼法研究为例，这种引介几乎囊括了刑事诉讼法学的各个领域。

法典主要包括《苏俄刑事诉讼法》，张君悌译，东北书店1949年版；全俄中

---

① 参见汤能松等编著：《探索的轨迹——中国法学教育发展史略》，法律出版社1995年版，第388～390页。
② 参见唐仕春：《建国初期来华苏联法学专家的群体考察》，《环球法律评论》2010年第5期，第134页。
③ 参见汤能松等编著：《探索的轨迹——中国法学教育发展史略》，法律出版社1995年版，第390～391页。

央执行委员会：《苏俄刑事诉讼法典》，郑华译，法律出版社 1955 版；《苏俄刑事诉讼法典》，王之相译，法律出版社 1962 版；等等。

研究司法制度的专著主要包括加里夫、噶尔金：《苏维埃法院的组织与活动底民主原则》，陈汉章、杨旭译，新华书店 1950 年版；苏联高等教育部高等法律学校总管理局：《苏维埃法院组织提纲》，中国人民大学刑法教研室译，中国人民大学出版社 1954 版；卡列夫：《苏维埃法院和检察机关》，徐立根译，法律出版社 1955 版；别尔洛夫：《苏维埃法院的工作组织》，邬志雄、李前伟、许俊基译，法律出版社 1955 年版；卡列夫：《苏维埃法院组织》，中国人民大学刑法教研室译，法律出版社 1955 版；卡列夫：《苏维埃司法制度》，赵涵舆等译，法律出版社 1955 年版；列别吉斯基：《苏维埃检察署的工作组织》，陈莱棣、魏家驹译，法律出版社 1955 年版；戈尔舍宁：《苏维埃法院》，王费安译，法律出版社 1956 年版；列别金斯基等：《苏维埃检察院及其在一般监督方面的活动》，陈华星、张学进译，法律出版社 1957 年版；等等。

研究刑事诉讼法学理论的专著主要包括维辛斯基：《苏维埃法律上的诉讼证据理论》，王之相译，人民出版社 1954 年版；卡列夫编著：《苏维埃刑事诉讼提纲》，中国人民大学刑法教研室译，中国人民大学出版社 1954 年版；切里佐夫：《苏维埃刑事诉讼》，中国人民大学刑法教研室译，法律出版社 1955 年版；拉洪诺夫：《苏维埃刑事诉讼中证人的证言》，董镜苹、俞康勤译，法律出版社 1956 年版；库佐娃：《刑事诉讼中的附带民事诉讼》，王兆生、阎仁斌译，法律出版社 1956 年版；巴札诺夫：《苏维埃刑事诉讼中控诉的变更》，杨文良译，法律出版社 1956 版；格罗津斯基：《苏维埃刑事诉讼中的上诉审和监督审程序》，王更生、卢佑先译，中国人民大学出版社 1957 年版；高里雅柯夫等：《苏维埃刑事诉讼中的律师》，方蔼如译，法律出版社 1957 年版；拉胡诺夫：《苏维埃刑事诉讼中的提起刑事案件》，王更生译，法律出版社 1957 年版；别尔洛夫：《苏维埃刑事诉讼中法庭审理的准备工作》，王更生、卢佑先、林向荣译，法律出版社 1957 年版；等等。

苏联教材以及教辅材料主要包括卡列夫、列维娜编：《苏维埃刑事诉讼实物教材表册》，周亨元译，中国人民大学出版社 1955 年版；苏联高等教育部大学、高等经济和高等法律学校总管理局：《苏维埃刑事诉讼教学大纲》，周亨元译，中国人民大学出版社 1956 年版；施夫曼编著：《苏维埃刑事诉讼实习教材》，薛秉忠等译，中国人民大学出版社 1957 年版；列文主编：《苏维埃刑事诉讼实习题汇编》，陈莱棣、魏家驹译，法律出版社 1957 年版；等等。

刑事诉讼法方面的学术文章主要包括杰尼索夫：《苏维埃国家的法院和检察机

关》，常伟译，《法学研究》1954年第4期；陈光中：《苏联的辩护制度》，《法学研究》1955年第2期；刘庆林：《苏维埃刑事诉讼中的预审制度》，《法学研究》1955年第5期；刘惠之：《苏联检察机关工作的组织和领导》，《法学研究》1955年第6期；王汝琪：《苏联律师的工作与组织》，《法学研究》1955年第6期；王铁夫：《苏维埃诉讼制度中的审判监督程序》，《法学研究》1956年第3期；刘木林、欧阳涛：《苏维埃刑事诉讼中被告人的陈述》，《法学研究》1957年第4期；等等。

苏联法学理论的引入促进了我国刑事诉讼法学的发展，但在学习苏联法学的问题上也存在着教条主义的缺陷，而这也给之后我国刑事诉讼法学研究带来了不良影响。[①]

总体而言，在法制建设初期，全面取法苏联对于快速立法以及建立法学学科体系有着极为重要的意义。但是，我们对于其中暴露出的一些问题也应当予以重视。例如，这种对苏联法学理论"一边倒"的做法，限缩了法学理论知识的导入路径，使法学研究无法形成"百家争鸣""百花齐放"的良好、宽松的学术环境，无助于法学学科体系的健康发展。在近几十年间，随着外国刑事诉讼理论的广泛引入，我国刑事诉讼法学研究不管在深度还是广度上都得到了极大发展，这既拓展了我国刑事诉讼法学的理论视野，又在原有基础上巩固和提高了我国刑事诉讼法学的整体水平，也表明我们必须正视研究视野与法学发展之间的关系。此外，这种片面移植苏联制度的做法，使某些制度在移植时出现水土不服的情形，为嗣后制度的继续完善增添了新的问题。如在建立检察制度时，我国吸收借鉴了苏联检察制度的做法，赋予我国检察机关法律监督权。但是，由于我国一直没有检察制度的传统，因而法律监督权的内涵、外延问题成为一道长期困扰检察权持续发展的难题。此外，在引介苏联刑事诉讼法时，我国学术界与实务界没有在借鉴苏联刑事诉讼法与中国具体实际之间寻找到理论生长点，使有关理论无法有效契合实践，相关制度未能真正落地。可以说，这种不兼容性也是20世纪50年代刑事诉讼法学理论贫乏，刑事诉讼法学无法有效建立的重要原因。

第四节 积极开展刑事诉讼法学研究

一、20世纪50年代学术观点梳理

前文述及，在党的八大影响下，我国展开了立法修订工作，刑事诉讼法学研

[①] 参见张友渔主编：《中国法学四十年》，上海人民出版社1989年版，第253页。

究也迎来了一次高潮,学术界围绕以下几个主题进行了深入讨论。

(一)审判独立论

1954年《宪法》第78条规定,"人民法院独立进行审判,只服从法律"。之后的《人民法院组织法》几乎原文照搬了该条文。当时人们普遍认为,应从阶级论立场出发,旗帜鲜明地提出,这些规定是民主原则的体现,本质上是要求人民法院以法律为准绳,不受任何人的干涉,同一切违法行为进行坚决的斗争。就其实质而言,该条规定与资产阶级国家的司法独立原则在内涵上截然不同。这种审判独立不是要向人民闹独立,人民法院行使刑事审判权仍要受到人民监督并向人民报告。它实际上仅仅指的是人民授予审判权给法院,而法院依法大公无私地为国家和人民办事。①

在20世纪50年代初期,以贾潜、鲁明健、林亨元、韩述之、朱耀堂、邬家箴等为代表的实务界人士,陆续对审判独立问题发表了一些有益见解。他们提出《宪法》《人民法院组织法》中的审判独立规定是要求法院在严格遵守宪法、法律以及相关司法原则的基础上,捍卫国家法律的尊严与权威,本质上体现为一种社会主义审判独立的思想。② 详言之,这些人的主要观点如下③:第一,"人民法院独立进行审判,只服从法律"是宪法规定,应当严格遵守;第二,审判独立与党的领导具有一致性,"服从法律就等于服从党的领导";第三,在宪法已有明确规定的前提下,由于审判是实施法律的专门工作,因此党具体过问人民法院审判工作就是违法;第四,党委"干涉审判独立",是"党法不分";第五,各级人民法院受各级人民委员会的领导和监督,与宪法规定审判独立的精神相违背,行政不应当领导司法;第六,法院的院长和庭长对具体办案的合议庭不是领导关系,不能审批合议庭办的案件。④

(二)有利被告论

"人类社会从蒙昧、专制走向文明、民主的历史,在一定意义上也可以说是

---

① 参见《贯彻人民法院组织法,加强与健全人民的司法工作》,《光明日报》1954年11月28日,第1版。

② 参见张培田:《新中国审判制度曲折演变的史实考论(1957—1976)》,《甘肃政法学院学报》2005年第3期,第27页;何兵:《最高法院曾经的"右派"》,《21世纪》2013年第5期,第62页;新华社:《邬家箴为什么要"审判独立"?为的是替反革命分子开脱罪责》,《人民日报》1957年12月30日,第4版;等等。

③ 参见张培田:《新中国审判制度曲折演变的史实考论(1957—1976)》,《甘肃政法学院学报》2005年第3期,第27页。

④ 参见新华社:《邬家箴为什么要"审判独立"?为的是替反革命分子开脱罪责》,《人民日报》1957年12月30日,第4版。

犯罪嫌疑人、被告人由诉讼客体向诉讼主体逐渐转化的过程。"① 因此，不少学者论证了保护被告人权益的观点。有学者指出：被告人对自己所作的虚伪陈述是不负责任的。被告人为了说明自己无罪，或者减轻自己的责任，是可以对控诉事实提出各种有利于自己的辩解和伪造证据来进行虚伪陈述的，法官不能据此对他作出有罪的认定。尤其是，法官在对被告人有罪与无罪、罪重与罪轻发生犹豫时，也应当作出有利于被告人的解释。② 还有学者指出，被告人在刑事诉讼中既可以陈述，也可以保持沉默，这是他的权利而非义务。③ 另有学者认为，对于有利被告问题的讨论不应局限于被告人本身，还应当关注与之密切相关的辩护人问题。他们强调辩护人应从"有利被告"的角度为其进行辩护。而且，从辩护人的基本任务来看，他们对法院查明案件真实是有帮助的，只不过这种帮助是建立在与控诉相对立的基础上。为此他们应当积极地提出一切有利于被告人、能够证明被告人无罪或减轻其罪过的情节。辩护人在任何场合都不能是控诉的助手，不能作出不利于被告人的事情。④ 此外，亦有不少学者提出应当通过贯彻无罪推定等原则来保障被告人的合法权益。⑤

（三）三机关关系

有学者对当时公安、检察、法院三机关联合办公的做法进行了批评，认为三机关之间应当是一种相互制约的关系。⑥ 他们指出：目前虽然在形式上确立了侦查权、起诉权、审判权由公安、检察、法院三个机关分别行使的制度，但是，实践中依然发生了一些案件经过侦查、起诉、审判仍然一错再错的问题。究其原因，主要是实务部门忽视了侦查、起诉、审判之间的矛盾、制约关系。从三者关系的应然面来看，法院的法庭审理是刑事诉讼的基本程序，而法庭审理前，公安、检察机关的侦查起诉工作都不外乎是使法院能够行使审判权的预备阶段或预备程序。审判与控诉在总的任务和目的上是完全一致的，都是发现客观真实并对被证实有犯罪行为的人适用恰当的刑罚。因此，一方面，在法庭审理活动中，检察机关作为国家公诉人，是法庭的有力助手；另一方面，就具体任务而言，公诉人作为一方当事人，又与辩护人一样，和法庭存在一定矛盾关系。⑦ 对于三机关的关系，董必武同志曾作过一段精辟论述，他提出："公、检、法三机关的团结

---

① 《刑事诉讼法学》编写组：《刑事诉讼法学》，高等教育出版社2017年版，第66页。
② 参见罗荣：《试论刑事诉讼中的被告人》，《法学》1957年第2期，第56~59页。
③ 参见曲夫：《略谈刑事诉讼中被告人的诉讼地位》，《政法研究》1957年第3期，第24页。
④ 参见黄怡祥：《应当批判辩护人的"有利被告论"》，《法学》1958年第3期，第19页。
⑤ 有关无罪推定的论述详见下文，本部分不作赘述。
⑥ 参见冯若泉：《鲁明健在替谁说话》，《政法研究》1958年第2期，第60页。
⑦ 参见庄惠辰：《刑事诉讼中审判与侦查起诉的关系问题》，《政法研究》1957年第3期，第28页。

不是建筑在满意的基础上,而是建筑在分工负责、互相制约的基础上,完全满意就统一了,也不成其为各个环节了。""公、检、法是整个司法系统统一体的各个环节,好比生产、分配、交换、消费一样,互相有影响。法院在司法系统中是一个环节,因此许多工作都要配合着搞。"①

(四)刑事证据理论

除了对各种宏观制度进行讨论,学术界也开始对各种证据的认定展开研究。有学者提出被告人自白的审查判断方法,即鉴别被告人自白的真伪应当从自白的明确性、自白的任意性、自白的合法性、自白的直接性、自白的逻辑性、自白的客观性等方面展开,自白必须得到证实,才能作为认定犯罪事实的根据。② 还有学者分析了证言的一般意义,他们提出在社会主义刑事诉讼程序中,应当把握证言的以下特点:一是证言必须是证人在明了作证义务和享有证人各种权利的场合下所作的陈述;二是证言必须是证人的直接感觉或转述他人的直接感觉;三是证言的内容必须是与案情有关或与被告人有关的具体情况;四是证言必须是证人直接向侦查、审判人员所作的陈述;五是证言必须建立在个别陈述的基础之上。至于证言的可靠性问题,则需要着重从证人是否愿意陈述真实情况以及证人能否陈述真实情况这两方面进行考察。③

此外,还有一些学者关注了自由心证的问题。《苏俄刑事诉讼法》第319条规定了自由心证原则,即"对于案内一切证据所作的判断,是由审判员根据建立在综合考虑案件一切情况的基础上的内心确信来进行"。苏联法学家维辛斯基在《苏维埃法律上的诉讼证据理论》一书中也明确指出,苏维埃的刑事诉讼法律把证据评定作为专属于法官的权限,为此把依靠一切案情综合审查的法官内心确信认定为唯一的根据。④ 基于此,有学者提出应当以法官的自由心证判断证据来作为确定案件事实的重要保证。具体而言,所谓判断证据,就是审查评判证据有无证明力、其证明力的强弱大小如何,也就是审查评判证据的真实性和可靠性的程度,从而据以确定案件的事实。而法官的自由心证就是法官对于证据事实和案件事实所下结论的正确性和可靠性的信念。⑤

---

① 董必武:《当前司法工作的几个问题》,载《董必武法学文集》编辑组编:《董必武法学文集》,法律出版社2001年版,第416、419页。
② 参见刘庆林:《试论被告人自白证据价值》,《法学》1957年第5期,第41~44页。
③ 参见戈风:《证言的证据意义与运用》,《法学》1957年第4期,第59~62页。
④ 参见[苏]维辛斯基:《苏维埃法律上的诉讼证据理论》,王之相译,人民出版社1954年版,第189页。
⑤ 参见黄道:《怎样判断刑事诉讼中的证据》,《华东政法学报》1956年第1期,第43~44页。

二、对相关学术观点的批判

　　1957年，"反右"运动延伸至政法领域，首先受到批判的就是审判独立论。在之前的学术讨论中，不少学术界和实务界人士将审判独立与司法独立进行区分，提出坚持服从法律就等于服从党的领导，坚持审判独立就得避免党委具体过问审判工作。如贾潜等人强调"法院工作特殊"，党对人民法院只能在制定法律时进行领导，不能具体过问人民法院的审判工作，否则就是"干涉"法院独立进行审判。林亨元认为党对人民法院工作的具体领导是"有条件的、暂时的、不正常的"。鲁明健则提出党的领导"对三机关（公安机关、检察机关、法院）相互制约和法院独立进行审判的积极性，起了某些抑制作用"[1]。当"反右"运动开始时，有人认为这些人虽然表面上将审判独立与司法独立当作两回事，但是他们这种审判独立论在本质上就是资产阶级司法独立的翻版，"党具体过问审判工作就是违法"的观点更是在否定、对抗党的领导。[2] 有媒体指出，"党是阶级的最高组织，它必须努力在国家生活的各个方面发挥它的正确的领导作用和核心作用，反对任何降低党的作用和削弱党的统一的分散主义倾向"[3]；并认为这些赞成审判独立论的人百般强调所谓"独立思考"和"独立活动"，追求的是摆脱党的领导。[4] 还有观点认为，《宪法》与《人民法院组织法》的规定本身只是要求按照法律不偏不倚地进行工作，不受其他机关、个人的非法干涉，这些"右派分子"却偷天换日地用资产阶级司法独立的内核来篡改我国人民法院独立进行审判原则。[5] 也有批评者指出：这种资产阶级的"三权分立"学说，不适用于社会主义国家，而由"三权分立"所产生的司法独立，以及由司法独立所产生的审判独立等旧法观点，与社会主义的法学体系是南辕北辙的。绝不能把服从党的领导与服从法律对立起来，只有服从党的领导才能更好地贯彻执行法律。[6]

　　关于三机关存在制约关系的观点，有学者指出，这类三机关相互制约的论述是攻击党对肃反运动的领导，是对中央为保证肃反运动正确进行所采取的重大措施的恶毒攻击。[7] 有学者更进一步指出：这种强调公、检、法三机关分工负责、

---

[1] 新华社：《打碎右派篡改法院性质的迷梦，高院反右派斗争取得大胜，彻底揭露刑事审判庭庭长、副庭长、研究室主任的反动言行》，《人民日报》1957年12月12日，第4版。
[2] 参见冯若泉：《驳贾潜的"审判独立"的反党谬论》，《政法研究》1958年第1期，第19~20页。
[3] 《克服政法工作中的两种倾向》，《人民日报》1957年10月14日，第1版。
[4] 参见《政法部门需要彻底的整顿》，《人民日报》1957年12月20日，第1版。
[5] 参见康树华：《"司法独立"的反动本质》，《政法研究》1958年第2期，第49页。
[6] 参见李木菴：《批判从旧法观点出发的审判独立》，《政法研究》1958年第1期，第25~26页。
[7] 参见冯若泉：《鲁明健在替谁说话》，《政法研究》1958年第2期，第60页。

互相制约，是一种超阶级和追求司法独立的反映。实践中，只有加强党对公安、检察机关和人民法院的领导，才能够保证这些机关充分发挥阶级专政的作用，有效地和准确地打击敌人，否认三机关通力合作，统一向敌对阶级实行专政，就是反对党的领导。强调三者之间的矛盾，以及法院审判的独立作用，一方面会出现导致脱离政治的孤立办案，另一方面，也增加了各个诉讼阶段间的分歧和争论，拖延了诉讼时间，使之无法有效服务于阶级斗争。①

有利被告论的保障被告人利益的观点在"反右"运动中也受到了广泛批判。一些原来赞成有利被告论的学者，开始作出检讨，转变立场，提出有利被告论是属于资产阶级的东西。有学者反思道，"'有利被告论'是资产阶级由欺骗劳动人民而变成镇压劳动人民的一个政治手段"②。有学者则直接点明，这种有利被告论本身在实质上就是旧法观点的延续，应当受到彻底批判。③ 也有学者更进一步提出，这种以诉讼主体论为核心的有利被告论，是没有站在无产阶级的立场从有利于对敌斗争出发，而是站在被告人的立场用资产阶级的民主、自由、平等等旧法观点研究被告人的诉讼地位。④ 与此同时，辩护人为被告人作有利辩护的观点也受到了质疑。有学者指出：律师组织是无产阶级专政武器的一个组成部分，它是根据党和人民的意旨建立起来的。作为这个组织成员的律师来说，毫无疑问地，在任何活动中都应该表现出鲜明的无产阶级立场。只有绝对地、无条件地服从党的领导，并根据党和国家的政策法律，从有利于巩固无产阶级专政、有利于社会主义来进行工作，才能保证律师组织发挥其应有的作用。所谓的律师自治理论，无疑混淆了社会主义律师的特点，使之自觉地或不自觉地陷入资产阶级律师的泥坑。⑤ 有学者更是明确提出：辩护人还应当揭露被告人隐瞒的犯罪事实，而这也是维护国家法律的严肃性和保护被告人合法权利的体现。⑥ 还有观点认为：这类从被告人利益出发，为被告人想办法开脱罪责的做法，给司法实践带来了极大危害，使刑事司法人员在工作中束手束脚，不敢大胆地与犯罪进行斗争。从本

---

① 参见陈鹤峰：《驳右派分子庄惠辰对公安、检察、审判三机关的法律关系的反动谬论》，《政法研究》1958年第2期，第66页。

② 罗荣：《彻底批判"有利被告"的谬论——对"试论刑事诉讼中的被告人"一文的检查》，《法学》1958年第3期，第22页。

③ 参见李月波：《"有利被告论"不是旧法观点吗？》，《政法研究》1958年第5期，第80~81页。

④ 参见张辉、李长春、张子培：《这不是我国刑事诉讼的基本原则——评曲夫"略谈刑事诉讼中被告人的诉讼地位"》，《政法研究》1958年第4期，第76页。

⑤ 参见黄怡祥：《应当批判辩护人的"有利被告论"》，《法学》1958年第3期，第20~21页；吴磊：《对"关于我国刑事诉讼中辩护人诉讼地位的研究"一文的检查》，《政法研究》1958年第2期，第78~81页。

⑥ 参见李星桥：《辩护人发现被告人隐瞒的犯罪事实必须揭露》，《法学》1958年第3期，第17~19页。

质上来看，它们都是站在被告人立场想尽办法为罪犯寻找开脱罪责的借口，而未照顾到广大人民的根本利益。①

刑事证据制度方面主要受到批判的便是自由心证理论。有学者具体指出：资产阶级的自由心证原则是为资产阶级专政服务的。我们社会主义国家分析判断证据认定事实的原则是"事实是依据，法律是准绳"，"从实际出发，依靠群众，调查研究"，而且是在中国共产党的领导下为打击敌人、保护人民、巩固无产阶级专政而服务。因而，坚持或反对"法官自由心证"反映着我国司法战线上两条路线的敌我斗争。主张自由心证，实质上就是在企图混淆资产阶级专政和无产阶级专政的根本界限。② 自此以后的很长一段时间，自由心证都被认为是"以主观唯心主义和不可知论为基础"。

总的来说，这场在 20 世纪 50 年代中后期发生的一系列学术讨论，为刑事诉讼法学的本土化发展起到了一定的积极作用，使不少现代刑事司法理念进入刑事诉讼法学的研究视野。当然，其中的教训也是显而易见的，最为明显的便是在学术讨论中过多注入政治因素，而这显然无助于法学学术的可持续发展。事实上，无论是资产阶级还是无产阶级治理国家，法律都是不可或缺的社会管理手段，其作为社会治理的重要组成部分必然会存在某种共性。因此，当我们面对这些外来制度时，应当辩证地对待，不应戴有色眼镜，采取非此即彼、一刀切的态度。③

---

① 参见张汝东：《批判在审判实践中的旧法观点与有利被告论——从两个案件谈起》，《政法研究》1958 年第 4 期，第 54～55 页；吴磊：《驳"审判有利被告论"》，《政法研究》1958 年第 4 期，第 59～62 页。
② 参见张子培：《批判资产阶级"法官自由心证"原则》，《政法研究》1958 年第 2 期，第 42～44 页。
③ 参见张培田：《新中国审判制度曲折演变的史实考论（1957—1976）》，《甘肃政法学院学报》2005 年第 3 期，第 36～37 页。

第二编

刑事诉讼基础理论的争鸣与发展

第四章

刑事诉讼公正理论的争鸣与发展

第一节 实体公正至上 程序专律登台

早在虞舜时代，成文的刑事实体规则便已诞生，但诉讼规则一直处于非"成文化"的状态，直到公元前5世纪末李悝制定《法经》时才得以见诸文献。[①] 后历朝历代虽制定了刑事程序规则，但非专律，而是散见于刑律中，例如《唐律疏议》中的"断狱律"与"捕亡律"，《大清律例》中的"诉讼""断狱""捕亡"等，所占篇幅小且不成体系，这样的体例安排恰恰体现了程序附庸实体的传统观念。

清末的"改制修法"变革运动使这一情况发生了细微变化。首先，中国历史上第一部专门的诉讼法典——《刑事民事诉讼法》在这场运动中诞生，突破了以往实体与程序合一编纂的法典格局。其次，作为清末修法运动的主持者，沈家本先后在两份奏折中论述了其对刑事诉讼法与刑事实体法关系的看法："法律一道，因地制宜，大致以刑法为体，以刑事诉讼法为用；体不全无以标立法之宗旨，用不备无以收刑法之实功，二者相因，不容偏废。""查诸律中，以刑事诉讼律尤为切要。西人有言曰：刑律不善不足以害良民，刑事诉讼律不备，即良民亦罹其害。盖刑律为体，而刑诉为用，二者相为维系，固不容偏废也。"[②] 可以看出，沈家本对于刑事程序法促进实体法实现以及保障无辜者不受

[①] 参见何勤华：《中国近代刑事诉讼法学的诞生与成长》，《政法论坛》2004年第1期，第18页。
[②] 陈瑞华：《二十世纪中国之刑事诉讼法学》，《中外法学》1997年第6期，第3页。

追诉的重要作用给予了充分肯定,具有进步意义。最后,刑事诉讼法在清末成为高等学堂法科的专门课程,中国近代的刑事诉讼法教育也在这一时期萌芽。例如,在 1906 年京师法律学堂所开设的课程中,《刑事诉讼法》被列为第二和第三学年的课程。①

由此观之,刑事诉讼法的重要价值在清末引起了改革者乃至统治阶层的重视,但这并不代表当时形成了以程序为本或以程序为先的理念。一方面,清廷对《刑事民事诉讼法》持谨慎态度,并未立即施行该法;各地的督抚也对该法提出了大量的批评意见。这实际上表明当时并不具备制定一部专门的诉讼法典的环境,程序法附属实体法的观念仍为主流。② 另一方面,作为新潮法学思想家、理论家的代表人物,沈家本主张刑律与刑讼的关系乃"体"与"用"的关系,这种关于实体法与程序法关系的论述本质上反映了当时实体公正优先的价值观。概言之,专门程序法的制定可溯源至清末,但当时的社会上下均未充分认识到刑事程序的重要意义。

一般认为,中国刑事诉讼法学理论体系的真正产生始于 20 世纪初期夏勤先生的《刑事诉讼法要论》一书的出版。③ 在该书中,夏勤先生提出,刑事诉讼法与刑法的关系表现为"相辅而行",这种关系虽和民法与民事诉讼法的关系相似,但较之更为密切。④ 前述类比的论证方式,显然更能体现刑事诉讼法的重要价值。另外,这一时期出版了大量与刑事诉讼相关的著作,例如陈瑾昆先生的《刑事诉讼法通义》(北平朝阳学院出版社 1930 年出版)、夏勤先生的《刑事诉讼法释疑》(北平朝阳学院出版社 1944 年出版)、蔡枢衡先生的《刑事诉讼法教程》(河北第一监狱 1947 年出版)等等。⑤ 这些著作充分体现了民国学者对刑事诉讼法学的研究热情之高、研究成果之丰硕,也从侧面论证了这一时期对于刑事程序的重视程度之高。但是,民国时期的相关学术研究仍未摆脱程序附属实体的窠臼,对于程序的独立价值几无论述,也未出现关于程序公正与实体公正何者为先的直接讨论。

---

① 参见《大清光绪新法令·修订法律大臣订定法律学堂章程》。
② 参见吴泽勇:《清末修订〈刑事民事诉讼法〉论考——兼论法典编纂的时机、策略和技术》,《现代法学》2006 年第 2 期,第 148 页。
③ 参见陈瑞华:《二十世纪中国之刑事诉讼法学》,《中外法学》1997 年第 6 期,第 4 页。
④ 参见夏勤编:《刑事诉讼法要论》,法律评论社 1931 年版,第 1 页。
⑤ 参见何勤华:《中国近代刑事诉讼法学的诞生与成长》,《政法论坛》2004 年第 1 期,第 14 页。

第二节　实体公正为先　诉讼有法可依

对于新中国的刑事诉讼法制建设而言，1954年可谓极为重要的一年。其一，第一届全国人民代表大会通过了《宪法》《人民法院组织法》《人民检察院组织法》，这些法律确立了刑事诉讼的一些基本原则和制度，初步搭建了程序法治的制度框架。其二，该年12月，全国人大常委会通过了《逮捕拘留条例》，该条例涉及被追诉人人身自由这一基本权利，在保障刑事诉讼顺利进行以及保障人权方面发挥了积极的作用。其三，全国人大常委会有关工作机构于这一年着手进行刑事诉讼法的起草工作。

遗憾的是，随着"反右"斗争的扩大化与"文化大革命"的开始，刑事诉讼法典的起草工作被迫中止，"两法一例"被废止，公、检、法也被"砸烂"，刑事诉讼法制建设由此陷入瘫痪状态，程序法制、程序法治均无从谈起。

毫无疑问，当代中国刑事诉讼制度发展与相关研究发轫于改革开放，1978年12月党的十一届三中全会提出改革开放的号召，1979年第一部《刑事诉讼法》旋即出台即是证明。[①] 由此，中国刑事诉讼制度的发展正式进入法制化的轨道，同时也推动了刑事诉讼法学研究的发展。

需要明确的是，追求结果方面的实体真实即实体公正是1979年《刑事诉讼法》所体现的最高精神，所以，这部法典在使有罪的人不能成为无罪的人方面是卓有成效的。[②] 但是，这部法典忽视了程序公正的问题，对公、检、法人员的授权性规定远多于限权性规定，对于被追诉人等诉讼参与人的权利保障可以说"乏善可陈"。另外，这部法典或多或少带有阶级斗争的烙印，刑事司法更多的时候被当作对阶级敌人进行专政的工具和手段，公、检、法机关往往将涉嫌犯罪的人视为"阶级敌人"。是故，三机关在刑事诉讼中的关系呈现出配合压倒分工负责、配合胜过互相制约的特点，人权保障无从谈起，程序公正也往往被淹没在追求实体惩罚的办案惯性中。[③]

相应地，理论界在这一时期也普遍认为实体是内容与目的，程序是与之相对

[①] 参见左卫民：《中国刑事诉讼法学40年：观察与思考》，《四川师范大学学报（社会科学版）》2018年第6期，第5页。

[②] 参见袁红冰、徐友军：《对我国刑事诉讼若干问题的认识》，《中外法学》1989年第6期，第43页。

[③] 参见孙记：《论我国40年来刑事司法的价值追求》，《西北民族大学学报（哲学社会科学版）》2020年第2期，第2页。

应的形式与手段。① 例如，当时较为权威的《法学辞典》将程序法称为"助法"，将实体法称为"主法"②。这种称谓暗含了实体为主、程序为辅，程序法仅仅是实体法实施的辅助的观点。

事实上，这种认识的主要依据和来源是马克思的一段论述："审判程序和法二者之间的联系如此密切……审判程序只是法律的生命形式，因而也是法律的内部生命的表现"③。根据这一论断，程序只是实体法的一种表现形式，那么，程序依附实体、程序服务实体即为"理所当然"的推论。研究显示，从20世纪70年代末到20世纪80年代的教科书几乎毫无二致地重复这一观点，导致这种实体为主、程序为从的观念长期在我国理论界居于主导乃至支配地位。④ 例如，从20世纪80年代早期关于人治与法治的讨论到20世纪90年代关于权利和人权问题的研究都反映了一种倾向，"即在考虑法制建设的时候，中国的法律家更侧重于强调令行禁止、正名定分的实体合法性方面，而对在现代政治和法律系统中理应占据枢纽位置的程序问题则语焉不详。偶有论及者，也并未把程序看作一个具有独立价值的要素"⑤。

总之，随着1979年《刑事诉讼法》的正式出台，中国的刑事诉讼实现了从于法无据到有法可依的重大转变。这本身即意味着我国在程序法治的道路上迈出了关键一步。然而，在这一时期的中国，程序工具主义的观念较为盛行，立法界、司法界及学术界更加强调刑事程序（法）对于刑事实体（法）的工具价值。

第三节 程序公正的展开和深化

程序公正理念在中国的展开与深化同社会主义市场经济的确立及法治建设的快速发展密不可分。20世纪90年代，随着依法治国成为重要的治国方略，我国步入了法治化建设快速发展的时期。而法治的核心要求是权利保障和权力制约，完全契合了程序公正的理论内核。因此，伴随中国法治建设的不断推进，程序的重要性不断凸显，程序公正成为依法治国的重要实现路径。刑事诉讼领域对实体公正的研究出现了更为理性的认识和判断，对诉讼程序的独立价值与对个体权利

---

① 参见陈岚：《近半个世纪我国刑事诉讼法学的回顾与前瞻》，《法学评论》1998年第2期。
② 《法学辞典》编辑委员会编：《法学辞典》，上海辞书出版社1984年版，第58、914页。
③ 中央编译室译：《马克思恩格斯全集》（第1卷），人民出版社1956年版，第178页。
④ 参见江伟、刘荣军：《实体法与诉讼法的关系要论——民事实体法与诉讼法分离的历史小考》，载陈光中、江伟主编：《诉讼法论丛》（第3卷），法律出版社1999年版，第332页。
⑤ 季卫东：《法律程序的意义——对中国法制建设的另一种思考》，《中国社会科学》1993年第1期，第84页。

的保护也有了更多的关注与渴求。① 在这一时期,理论界对于实体公正与程序公正的探索和研究呈现出下述趋势和特征:

(1) 改革开放促进了刑事诉讼法学界对于域外制度与理念的比较研究。在域外程序价值理论的持续译介和引入下,一些学者开始反思程序工具理论的局限性,并对程序自身的独立价值展开研究,从而取得了重大的理论突破。有学者指出:"我们的法学在过去总是回避程序公正问题,认为程序公正的形式性决定了它没有实际意义和内容。这种观点应当予以否定。如果承认法律程序是必要的,那就得承认程序公正也有其独立的意义和内容。"② 值得注意的是,在1992年全国诉讼法学年会上,多数代表都认为,"转变诉讼观念,必须首先重新认识刑法与刑诉法的关系,承认刑诉法具有相对独立于刑法的价值,而不仅仅是保证刑法实施的工具"③。这些论断既是诉讼理论的一个重大突破,也象征着刑事程序(法)具有独立价值的认识逐渐成为学界共识。

(2) 关于程序公正的理论研究实现了从无到有的建构与从有到精的深化。具体而言,理论界在这一时期对程序公正展开了系统全面的研究,研究成果涉及程序公正的概念界定④、理论基础⑤、独特价值⑥等基本理论问题,为之后的学者研究程序性制裁机制、程序性裁判制度等一系列课题奠定了深厚的理论基础。此外,还有研究者从其他视角对程序公正进行了审视和探索。例如,有学者从刑事审判的角度对程序公正展开了讨论,并认为刑事审判所要实现的最低限度的程序公正至少要满足程序的参与性、裁判的中立性、程序的对等性、程序的合理性、程序的自治性、程序的及时终结性等六项要求。⑦ 也有多位学者对程序公正与刑罚效果的关系进行了研究,他们一致认为,若要实现刑罚目的、发挥刑罚功能,就必须运用公正的刑事诉讼程序。换言之,程序的公正与否与刑罚效果的好坏之

---

① 参见杨波、闵春雷:《中国特色社会主义刑事诉讼法学理论研究》,《当代法学》2013年第2期,第15页。
② 孙笑侠:《两种程序法类型的纵向比较——兼论程序公正的要义》,《法学》1992年第8期,第5页。
③ 孙第永等:《1992年全国诉讼法学术讨论会内容综述》,《政法论坛》1993年第1期,第80页。
④ 参见赵旭东:《程序正义概念与标准的再认识》,《法律科学(西北政法学院学报)》2003年第6期,第89~94页。
⑤ 参见陈瑞华:《程序正义的理论基础——评马修的"尊严价值理论"》,《中国法学》2000年第3期,第144~152页;陈小文:《程序正义的哲学基础》,《比较法研究》2003年第1期,第26~31页。
⑥ 参见胡玉鸿:《程序公正的价值——经典作家的分析视角》,《政治与法律》2003年第6期,第72~78页;姜素红:《程序正义及其价值分析》,《湘潭大学学报(哲学社会科学版)》2005年第1期,第104~106页。
⑦ 参见陈瑞华:《程序正义论——从刑事审判角度的分析》,《中外法学》1997年第2期,第72~74页。

间存在着密切的关系。①

（3）程序公正理念在我国的"发芽生根"引发了理论界关于实体公正与程序公正何者为先的论争，并在这一时期达致高潮。在刑事司法中，实体公正与程序公正表现为对立统一的矛盾关系。就"统一"面而言，在个案中坚持程序公正有助于实体公正的实现，从而实现整体意义上的司法公正；就"对立"面而言，在某些特殊个案中，程序公正与实体公正不可兼得，两者存在价值位阶与次序何者为先的问题。就如何处理两者的对立关系，理论界主要存在下述三种观点：

第一种观点在承认刑事程序具有独立价值的同时，仍然坚持传统的实体公正优先说。例如，有学者提出，实体法与诉讼法属于相互依存、相辅相成的关系，并没有主次或轻重之分。但提及诉讼法的价值时，该学者认为，程序法的第一价值是保证实体法的正确实施。② 另有学者在承认刑事程序兼具工具价值和独立价值的同时，提出实现实体目标相对于作为手段和工具的程序而言，是一种外在的更高目标和追求。③ 这些论断类似于域外的"相对工具主义程序理论"，这一理论虽然坚持程序工具论的立场，但允许人们在追求程序工具性价值的同时兼顾一些独立的价值目标。申言之，当工具价值与独立价值在司法运作中发生矛盾时，独立价值势必要让步于作为"首要"或"更高"的工具价值，亦即实体公正优先于程序公正。

第二种观点则主张，当面临程序公正与实体公正的两难选择时，应当坚持程序本位价值观，优先实现程序公正。主要的理论依据包括：其一，在实体公正无法实现的情况下，程序公正成为司法公正的唯一象征。在刑事诉讼中，实现程序公正，只需要程序法本身具备正义的品质，以及程序法得到严格遵守和正确适用。而实现实体公正，除实体法本身必须具备正义的素质，以及实体法被正确适用之外，还要求作为适用实体法基础的诉讼事实首先应当被查清。④ 其二，坚持程序优先，可以为不确定的实体公正提供正当性基础。首先，在实体公正具有不确定性的情况下，经过公正的程序所致成的法律真实，也会被认为是公正合理的，从而有利于纠纷的一次性解决。其次，国家设立诉讼程序为社会成员公开表达和发泄他们的不满情绪提供了一种合法的渠道，而且诉讼具有某种"仪式"或

---

① 参见王振河、谢安平：《程序公正和刑罚效果》，《政治与法律》1995年第4期，第39页；汪建成、谢安平：《论程序公正与刑罚效果》，《政法论坛》2002年第1期，第50页。
② 参见陈光中、王万华：《论诉讼法与实体法的关系——兼论诉讼法的价值》，《刑事司法论坛》1998年第1卷，第16页。
③ 参见卞建林、李菁菁：《依法治国与刑事诉讼》，《刑事司法论坛》1998年第2卷，第16页。
④ 参见袁红冰：《论程序法的意义》，《贵州师范大学学报（社会科学版）》2001年第1期，第6页。

"表演"的性质，通过这种形式，社会公众的紧张、不满情绪得到疏导与舒缓，从而被排除在社会主流生活之外。① 其三，从利益权衡的角度出发，程序是普遍的，而个案的真实或正义则是个别的。刑事程序经立法者设定并上升为法律，必须得到遵守。违反程序或许可以实现某一个案的真实或正义，但损及的是程序的整体价值与法律的尊严，可谓得不偿失。② 其四，根据人类现有的理性和刑事诉讼本身的限制，"客观真实"是无法完全获得的，再加上刑事实体法本身的局限性，这直接决定了实体公正的实现必然是有限度的。③ 其五，立法上，1996年《刑事诉讼法》第1条开宗明义地将"为了保证刑法的正确实施"作为立法宗旨，未提及刑事诉讼程序的独立价值。执法上，刑讯逼供、非法搜查、先定后审、非法限制律师履行辩护职责、任意侵犯犯罪嫌疑人和被告人诉讼权利等轻视程序的做法屡禁不止，严重损害了刑事司法的公正性。守法上，公民的程序意识极为淡薄，认为遵守法律就是遵守实体法，违反程序法不算违法。④ 因此，立足于我国重实体、轻程序的状况，应将程序公正作为刑事诉讼法制建设的首要目标。

第三种观点认为，应当在立法与司法中坚持程序价值与实体价值并重。理由在于：其一，应该全方位、多角度衡量程序公正和实体公正的价值，不能有先后轻重之分，更不能以程序为本位。若以程序为本位，必然否定或基本否定程序为实体服务的作用，这是不符合诉讼规律的。其二，从一些重要的司法文件来看，实体与程序并重的思想在其中得到了鲜明体现。例如，最高人民法院、最高人民检察院与公安部于2003年11月12日联合下发的《关于严格执行刑事诉讼法切实纠防超期羁押的通知》即明确指出，要"牢固树立实体法和程序法并重、打击犯罪和保障人权并重的刑事诉讼观念"⑤。最高人民法院、最高人民检察院、公安部、国家安全部和司法部于2010年6月13日联合印发的《〈关于办理死刑案件审查判断证据若干问题的规定〉和〈关于办理刑事案件排除非法证据若干问题的规定〉的通知》中明确指出，要"牢固树立惩罚犯罪与保障人权并重的观

---

① 参见万毅：《程序法与实体法关系考辨——兼论程序优先理论》，《政法论坛》2003年第6期，第109页。
② 参见陈卫东、刘计划：《论刑事程序正当化》，载陈光中、江伟主编：《诉讼法论丛》（第3卷），法律出版社1999年版，第57页。
③ 参见冀祥德：《程序优先：实体公正与程序公正的冲突选择》，载陈光中、江伟主编：《诉讼法论丛》（第8卷），法律出版社2003年版，第177~179页。
④ 参见卞建林、李菁菁：《依法治国与刑事诉讼》，载陈光中、江伟主编：《诉讼法论丛》（第2卷），法律出版社1998年版，第21~22页。
⑤ 陈光中：《坚持程序公正与实体公正并重之我见——以刑事司法为视角》，《国家检察官学院学报》2007年第2期，第5~6页。

念、实体法与程序法并重的观念"①。其三，从当事人的角度出发，当事人参与诉讼的主要目的多是得到一个有利于己方的公正裁决，而非追求过程的公正。在司法实践中，当事人提起上诉或者提出再审申诉的，其理由绝大多数属于实体不公。因此，坚持两者并重，更有利于保障当事人的合法权益，也更符合我国的国情。② 其四，单纯追求实体公正不仅会导致漠视甚至践踏诉讼参与者的正当权利，而且会导致司法公正观念的扭曲。而片面追求程序公正也是一种误区，实体公正的牺牲必然会使司法公正"伤筋动骨"③。

（4）从立法来看，在法治逐渐兴起与权利时代到来的中国，运用程序保护权利，成为现代法治的客观要求。因此，较 1979 年《刑事诉讼法》而言，1996 年《刑事诉讼法》对于被追诉人基本权利的程序性保障着墨更多。④ 在侦查阶段，该法规定犯罪嫌疑人在被侦查机关第一次讯问后或者采取强制措施之日起，即可聘请辩护律师提供法律帮助，同时废除了收容审查这一行政性强制手段；在审查起诉阶段，辩护律师自案件移送审查起诉之日起，即可查阅、摘抄、复制本案的诉讼文书和技术性鉴定材料；在审判阶段，为了解决"先定后审""先入为主"的问题，该法改革了庭前实体审查的方式，确立了主要证据复印件主义，同时建构了对抗式的庭审结构。

值得一提的是，1996 年《刑事诉讼法》第 191 条规定，第二审法院对于第一审法院"违反法律规定的诉讼程序"的审判行为，应当以撤销原判、发回重审的方式加以制裁。在过去没有任何程序性制裁制度的背景下，这种以一审法院违反法律程序、影响公正审判为根据确立撤销原判后果的规定，具有里程碑意义。⑤ 由此观之，相较于 1979 年《刑事诉讼法》超职权式的规则设计和制度安排，1996 年《刑事诉讼法》确实向人权保障、程序正义迈出了一大步，推动了我国刑事诉讼法治现代化的进程。

但是，1996 年《刑事诉讼法》仍然存在对刑讯逼供、非法取证等违反法律程序的行为的放任现象，这表明当时的"立法决策者至少在观念上对法律程序的价值并没有给予足够的重视"⑥。此外，有学者以联合国《公民权利和政治权利

---

① 陈光中、龙宗智：《关于深化司法改革若干问题的思考》，《中国法学》2013 年第 4 期，第 6 页。
② 参见陈光中主编：《刑事诉讼法》（第 4 版），北京大学出版社、高等教育出版社 2012 年版，第 14 页。
③ 何家弘：《司法公正论》，《中国法学》1999 年第 2 期，第 13 页；何家弘：《刑事司法的十大发展趋势》，《人民检察》2005 年第 3 期，第 10 页。
④ 参见孙洪坤：《程序正义的中国语境》，《政法论坛》2006 年第 5 期，第 142 页。
⑤ 参见陈瑞华：《程序性制裁制度研究》，《中外法学》2003 年第 4 期，第 413 页。
⑥ 陈瑞华：《程序正义的理论基础——评马修的"尊严价值理论"》，《中国法学》2000 年第 3 期，第 151 页。

国际公约》第 14 条为被告人确立的多项权利保障为参照体系，指出我国 1996 年《刑事诉讼法》虽然在加强对被告人、被害人的诉讼权利保障方面取得了重大进展，但由于受到多种因素的制约和影响，该法典与刑事程序公正的国际最低标准依然存在一定差距。①

遗憾的是，理论界对程序公正观念的高度重视以及立法决策者为保障人权、实现公正作出的努力并未完全传导至实践层面，司法运作中出现了程序失灵的问题，审查逮捕构罪即捕、刑事审判流于形式、刑事合议合而不议、人民陪审员陪而不审等现象为多数学者所诟病。也有学者通过考察司法实践发现，《刑事诉讼法》、相关司法解释以及各地各级法院推出的地方性改革措施，都出现了在审判实践中被人为规避的现象。② 换言之，运作中的程序与文本中的法律相差甚远。

有学者将上述程序失灵的问题视作我国刑事诉讼制度在实施中面临的根本问题。③ 关于程序失灵现象泛滥的原因，学界主要存在三种观点：

第一种观点认为，程序性制裁机制不健全是造成前述司法困境的重要原因，未来应该从制裁范围、制裁方式、配套制度等方面完善我国的程序性制裁机制。④

第二种观点认为，造成程序失灵更深层次的原因在于，我国的诉讼立法和管理规则与法官作为"人"的本性相冲突，一方面对法官的合理利益诉求关照不够，另一方面对法官滥用权力的冲动预防不足，从而迫使法官对规则进行抵制或者诱使法官滥用职权，最终引发广泛的程序失灵现象。⑤

第三种观点认为，造成刑事程序失灵的原因，主要是法律没有确立有效的程序性制裁和程序性裁判机制；某些法律程序设计所带来的诉讼成本的投入超出了司法制度的最高承受力，办案人员为避免不利的考核结果，不得不主动规避某些法律程序；一些程序设计因为受到相互冲突的法律传统的影响而出现了自相矛盾的情形。除此之外，现行的刑事司法体制也对很多带有西方色彩的诉讼程序构成了一种"瓶颈效应"⑥。可以看出，第三种观点包含了前两种观点的核心思想，

---

① 参见岳礼玲、陈瑞华：《刑事程序公正的国际标准与修正后的刑事诉讼法（上）》，《政法论坛》1997 年第 3 期，第 44、48 页。
② 参见李奋飞：《失灵：刑事程序的当代命运》，上海三联出版社 2009 年版，第 190~193 页。
③ 参见陈瑞华：《刑事程序失灵问题的初步研究》，《中国法学》2007 年第 6 期，第 141~142 页。
④ 参见陈永生：《刑事诉讼的程序性制裁》，《现代法学》2004 年第 1 期，第 93~96 页。
⑤ 参见兰荣杰：《把法官当"人"看——兼论程序失灵现象及其补救》，《法制与社会发展》2011 年第 5 期，第 3 页。
⑥ 陈瑞华：《刑事程序失灵问题的初步研究》，《中国法学》2007 年第 6 期，第 141 页。

相较之下更为综合全面。

另外，随着社会经济的快速发展，我国的社会流动性不断加强，人口数量持续增长，犯罪率快速上升，案件事实也较以往更为复杂。在这样的形势下，特别是在重大、疑难、复杂、敏感案件中，一旦公、检、法三机关因迎合案外因素"舍法逐利"，或在命案必破等压力下跨越程序公正直奔实体公正，都可能导致包括实体公正在内的司法公正的整体落空，铸成冤假错案。因此，在程序失灵日益严重、诉讼权利难以落实的态势下，人权保障与程序性制裁机制的立法表达成为《刑事诉讼法》修改的努力方向。[①]

第四节　程序公正深入人心

一般认为，人权保障乃现代刑事诉讼之灵魂。质言之，人权保障水平是一国刑事诉讼程序正当与否的重要指标和评判标准，刑事诉讼法对人权保障理念的遵守和细化是一国贯彻程序公正理念的重要制度安排。以 2012 年《刑事诉讼法》的施行为标志，程序公正在我国走上了进一步规则化、制度化、普及化的路径，这主要表现在：一方面，该法将"尊重和保障人权"作为基本任务写入总则，同时确立了"不被强迫自证其罪"原则，彰显了人权保障在刑事诉讼中的独立价值，是我国《刑事诉讼法》步入成熟的标志。[②] 另一方面，分则中的各项诉讼制度与具体程序均致力于落实这一基本任务。从辩护制度来看，该法允许犯罪嫌疑人在侦查阶段委托辩护人，健全并细化了会见权、阅卷权的相关规定，明确了对律师涉嫌犯罪案件的立案管辖问题，缓解了实践中存在的辩护权利行使难和执业保障不足的问题。同时，该法还扩大了法律援助的适用对象，向前延伸了法律援助的适用阶段，这对于提高人权保障水平、落实程序公正理念具有重大意义。从证据制度来看，该法完善了证人、鉴定人出庭作证的相关规定，强化了辩方的质证权，同时规定了非法证据排除规则，确立了针对刑讯逼供等非法取证行为的程序性制裁制度。从强制措施来看，该法确立了准诉讼化的审查逮捕模式，创设了羁押必要性审查制度，具有重要的程序意义。从侦查程序来看，该法明确了拘留后送看守所、讯问时同步录音录像等制度，同时将技术侦查措施纳入法律体系，

[①] 参见孙记：《论我国 40 年来刑事司法的价值追求》，《西北民族大学学报（哲学社会科学版）》2020 年第 2 期，第 4 页。

[②] 参见陈卫东：《刑事诉讼法治四十年：回顾与展望》，《政法论坛》2019 年第 6 期，第 25 页。

有利于规范侦查权力的运行，符合程序公正的要求。从审判程序来看，该法新增了庭前会议制度，同时明确了二审应当开庭审理的案件范围，并对死刑复核程序进行了一定程度的诉讼化改造。① 这些改动无不体现了立法者对犯罪嫌疑人、被告人权利程序性保障的高度重视。

2013年，党的十八届三中全会颁布了中共中央《关于全面深化改革若干重大问题的决定》（以下简称"三中全会《决定》"）。文件指明："建设法治中国，必须坚持依法治国、依法执政、依法行政共同推进，坚持法治国家、法治政府、法治社会一体建设。深化司法体制改革，加快建设公正高效权威的社会主义司法制度，维护人民权益，让人民群众在每一个司法案件中都感受到公平正义。"就刑事司法领域而言，建设法治中国，更需要让程序公正的观念深入每一位办案人员心中，落实《刑事诉讼法》及相关司法解释的规定，秉持办案理性，杜绝刑讯逼供等非法取证行为，从而实现刑事司法领域的公平正义。

2014年，党的十八届四中全会首次以"依法治国"为主题，审议通过了中共中央《关于全面推进依法治国若干重大问题的决定》（以下简称"四中全会《决定》"），提出建设中国特色社会主义法治体系，建设社会主义法治国家的总体目标。据此，我国的司法改革步入了体制性改革的关键时期。② 需要指出的是，作为依法治国的一个纲领性文件，四中全会《决定》要求加强对刑讯逼供和非法取证的源头预防，健全冤假错案有效防范、及时纠正机制等，契合了社会各界对程序公正的期待。③

前文已述，2012年修法确立了"不被强迫自证其罪"原则，构建了非法证据排除规则，并规定了一系列人权保障措施，有助于预防冤假错案的产生。与此同时，党中央、中央政法机关相继发布了冤假错案的防治意见，我国对冤错案件的治理开始进入由单纯依靠法条到依靠法条和司法政策相结合、由单方参与到多方参与、由个案治理到系统性治理、由被动治理到积极预防的新阶段④，并掀起了纠正冤错案件的"高潮"，引发了社会各界对程序公正的关注与评论。

---

① 参见刘计划、段君尚：《中国刑事诉讼法40年的回顾与展望》，《贵州民族大学学报（哲学社会科学版）》2020年第1期，第162～182页。

② 参见陈卫东：《改革开放四十年中国司法改革的回顾与展望》，《中外法学》2018年第6期，第1407～1411页。

③ 参见左卫民：《背景与方略：中国〈刑事诉讼法〉第三次修改前瞻——基于全面推进依法治国战略的思考》，《现代法学》2015年第4期，第5页。

④ 参见叶燕杰、郭松：《刑诉法制发展与冤假错案纠正40年》，《四川师范大学学报（社会科学版）》2018年第6期，第11页。

有统计显示,从 2013 年到 2018 年,人民法院通过审判监督程序依法纠正聂树斌案、呼格吉勒图案、张氏叔侄案等重大刑事冤错案件 46 起,涉及 94 人,提振了全社会对司法公正的信心。① 这些重大案件时隔多年被再度审理并改判,一定程度上表明程序公正已经深入人心,也体现了司法机关正在逐步适用法定程序、正当程序回应大众及学者对于这些案件的质疑。

另外,在党的十八届三中全会、四中全会决定的引领下,以审判为中心的诉讼制度改革、速裁程序改革、认罪认罚从宽制度改革、监察体制改革等相继在试点城市乃至全国范围内有序铺开,反腐败工作也在法治化的道路上渐次展开,形成了诸多丰富的、可资推广的试点经验和成果。

2018 年《刑事诉讼法》的修改即在此背景下有序展开,并主要涉及以下三方面:第一,从管辖、移交手续、强制措施等方面回应了如何衔接监察程序与刑事诉讼程序的问题。第二,针对依然复杂严峻的反腐败斗争形势,也为了更好地推进反腐败追讨赃款工作,该法新增缺席审判这一特别程序。第三,与司法改革相适应,该法确立了认罪认罚从宽制度和速裁程序,使试点成果、经验实现了法典化。②

从表面来看,新法确立的制度与司法公正特别是程序公正的关联性不大,实则蕴含了程序公正的内在要求。就认罪认罚从宽制度而言,"从宽"处理既包括实体结果上的从轻处理,也包括程序方面的从快、从简处理。例如,新法第 81 条第 2 款将犯罪嫌疑人、被告人认罪认罚的情况作为审查批捕时社会危险性的考虑因素,明确了认罪认罚的程序性"激励"。应当说,这种实体与程序"并宽"的规定本身就表明立法者逐渐摆脱了程序工具主义的束缚,克服了长期以来"重实体,轻程序"的落后观念。而且,新法增设值班律师制度,并将值班律师的职责定位为为犯罪嫌疑人提供法律咨询服务、程序性法律帮助(程序选择建议、申请变更强制措施)和实体性法律帮助(对案件处理提出意见)等。可以说,值班律师制度的设立是认罪认罚从宽制度良性运行的有力保障,不仅解决了认罪认罚从宽制度推进过程中被追诉人没有律师帮助的问题,符合正当程序的要求,而且能够有效保障被追诉人认罪认罚的自愿性、合法性,从而防范认罪认罚程序中冤错案件的发生。③

---

① 参见最高人民法院编:《中国法院的司法改革(2013—2018)》,人民法院出版社 2019 年版,第 21 页。
② 参见陈卫东:《〈刑事诉讼法〉最新修改的相关问题》,《上海政法学院学报》2019 年第 4 期,第 20~27 页。
③ 参见汪海燕:《三重悖离:认罪认罚从宽程序中值班律师制度的困境》,《法学杂志》2019 年第 12 期,第 12 页。

第五节　相关理论的开拓和探索

作为一对对立统一的概念，实体公正与程序公正的上位概念都是"司法公正"。换言之，无论是对实体公正的追求，还是对程序公正的希冀，其最终目标都是实现司法公正。①

然而，作为法治的生命线与刑事司法追求的终极目标，司法公正是一个经常被使用而又始终未见清晰界定的概念，各种意义上使用的司法公正概念大体上可以归属于"结果本位的司法公正理论"和"程序本位的司法公正理论"两大类。前者以"工具论"为基础，认为司法裁判的结果公正是司法公正的核心价值所在，意在强调实体公正；后者则认为无论结果如何，只要严格遵守正当程序，结果就应当被认为是公正的，其意在强调程序公正。② 目前，刑事诉讼理论界对于实体公正与程序公正的内涵基本达成了较为一致的观点，但是，对于实现实体公正或者程序公正的具体要求有哪些，论者百家争鸣，见仁见智。

一、实体公正（实体正义）的构成要素

一般认为，刑事诉讼中的实体公正是以法院的审判结果为指向，即这种公正主要体现在实体法之中，贯彻于司法裁判的结论上，构成一种对法官的实体性道德限制。从静态的角度来看，实体公正具有一系列明确的价值标准。刑法学者所提出的罪刑法定、罪刑相适应、对相似案件给予相同处理等法律原则，大体上可以视为实体正义的主要内容。③

但是，从动态的角度观察，对于一项公正的刑事裁判应当满足哪些构成要素，观点不一而足。有学者认为，一项公正的裁决至少应同时符合以下四项要求：一是裁决结果具有客观的案件事实基础，并且将刑事实体法的原则和规则合理地适用到这一事实上（客观性标准）；二是裁决结果不得违背形式正义原则的要求（形式正义标准）；三是裁决结果必须在严格适用法律规则与适当行使自由裁量权之间保持平衡；四是裁判结果必须在个人正义与社会目标之间保持平衡。④ 也有学者将结果公正的要求简明地概括为"认定事实准确"与"适用法律

---

① 参见陈卫东：《中国刑事诉讼权能的变革与发展》，中国人民大学出版社2018年版，第303页。
② 参见姚莉：《司法公正要素分析》，《法学研究》2003年第5期，第12页。
③ 参见陈瑞华：《看得见的正义》，法律出版社2013年版，第1页。
④ 参见陈瑞华：《刑事诉讼的前沿问题》（上册），中国人民大学出版社2016年版，第183~186页。

无误"①。部分论者在前述观点的基础上对实体公正提出了另外两项要求,即实体公正的要求不仅包括事实认定正确、法律适用无误,而且包括错案能及时纠正、赔偿和法院的生效裁判能得到公正地执行。② 此外,还有研究从定案证据、双方当事人、司法人员三个方面提出了达成实体公正的具体要求:定案证据的"量"和"质"均符合法律规范的要求;双方当事人享有平等的进攻、防御手段,基本权利受到保障;司法人员采纳证据准确,认定事实无误,适用法律精准。③ 由此观之,认定事实与适用法律的正确性是达致实体公正的必要条件。这一点是受理论界普遍认可的。

二、程序公正(程序正义)的构成要素

与实体公正相对,程序公正是一种面向诉讼过程的正义。作为一种观念,程序公正早在13世纪就出现在英国普通法之中,并被表述为"自然正义",随后在美国"正当程序革命"中得到了前所未有的发展。④ 1971年,美国学者约翰·罗尔斯在其《正义论》一书中创造性地提出了程序正义的三种形态——完善的程序正义、不完善的程序正义与纯粹的程序正义。这一著作面世后,有关论断逐渐被我国诉讼法学者引介至国内,引发了理论界对程序独立价值与程序公正理念的讨论和关注。

有学者基于中国的刑事司法语境,总结出程序公正的四大维度,即程序的内在价值是程序正义的应然维度,秩序的安定性是程序正义的现实维度,尊重人的尊严是程序正义的实质维度,诉讼效率是程序正义的效益维度。⑤ 但是,在刑事诉讼领域,学术界对程序公正理论的功能期待主要通过归纳程序公正的要素,并将其作为评价诉讼规则自身公正性以及实践运作公正性的标准来实现。⑥

这一方面的代表人物是陈瑞华教授,他在分析程序公正观念起源的基础上,提出程序公正的六大基本要求:一是程序的参与性,其核心思想是让那些权益可

---

① 万毅:《程序法与实体法关系考辨——兼论程序优先理论》,《政法论坛》2003年第6期,第102页;陈光中、肖沛权:《关于司法权威问题之探讨》,《政法论坛》2011年第1期,第4页。
② 参见陈光中等:《中国司法制度的基础理论问题研究》,经济科学出版社2010年版,第377页。
③ 参见谢佑平、万毅:《论司法改革与司法公正》,《中国法学》2002年第5期,第130~131页。
④ 参见陈瑞华:《程序正义论纲》,载陈光中、江伟主编:《诉讼法论丛》(第1卷),法律出版社1998年版,第25页。
⑤ 参见程荣斌、侯东亮:《程序正义之维度——基于中国刑事司法语境的分析》,《政法论丛》2009年第5期,第22页。
⑥ 参见马明亮:《程序正义理论在刑事诉讼中的展开》,《中国人民公安大学学报(社会科学版)》2006年第1期,第1页。

能会受到刑事裁判直接影响的主体有充分的机会并富有意义地参与法庭裁判的制作过程，从而对法庭裁判结果的形成发挥有效的影响和作用。二是裁判者的中立性，即裁判者与控辩双方以及裁判结果之间不存在直接或间接的利害关系，而且裁判者对于控辩双方的意见和请求应保持不偏不倚、平等对待的态度，维持审诉关系和审辩关系的平衡。三是程序的对等性，即要求诉讼双方有平等的诉讼地位和对等的对抗手段，裁判者在审判过程中能够平衡控辩双方地位的综合要求，确保参与能力较弱的辩方拥有必要的诉讼权利，以纠正控辩力量不均衡、不平等的状况。四是程序的合理性，刑事诉讼程序乃刑事案件在司法系统中运行所需遵守的规则和步骤，科学合理的诉讼程序是实现程序公正的技术性保障。五是程序的自治性，即裁判者就被告人的刑事责任问题所做的裁判结论来源于法庭审判，而非庭前阅卷或庭外预断。六是程序的及时终结性，审判活动应保持在过于急速和过于迟缓这两个极端之间的一种中间状态，同时要确保法院对同一刑事案件的审判有一个最终确定的状态，避免在此之后随意或者无限制地启动审判程序。[①]

可以说，陈瑞华教授是较早也是较为系统地论述程序公正构成要素的代表性学者。在此之后，理论界关于程序公正构成要素的研究成果颇多，但这些论断与陈瑞华教授的观点有很大的交叉性和重合性，实质性区别不大。不可否认的是，理论界对于这一问题进行了较为深入的探讨，促进了程序公正观念在我国的传播和深化。

三、诉讼程序的独特价值

前文述及，清末已出现关于刑事程序（法）价值的研究。但是，我国学者对程序独立价值的研究起步较晚，大致可追溯至20世纪90年代。我国于1998年10月签署加入的《公民权利和政治权利国际公约》确立了一系列实体权利和程序权利，这些程序权利中涉及刑事诉讼内容的在整个《公民权利和政治权利国际公约》中占有很大比重，构成了有关刑事诉讼的基本国际准则，这无疑对我国刑事诉讼保障人权的水平提出了更高的标准和要求。[②] 不仅如此，我国于2005年10月27日批准加入了《联合国反腐败公约》。作为联合国反腐败领域的第一个重要公约，《联合国反腐败公约》强调应当在保证正当程序底线的前提下，加大打击腐败犯罪的力度。因此，加入和实施该公约必将对我国的刑事诉讼制度改革和反腐败斗争产生深远影响，从而推动我国刑事诉讼制度的法治化、民主化和科

[①] 参见陈瑞华：《程序正义论——从刑事审判的角度分析》，《中外法学》1997年第2期，第73~74页。
[②] 参见陈光中、张建伟：《联合国〈公民权利和政治权利国际公约〉与我国刑事诉讼》，《中国法学》1998年第6期，第98页。

学化进程，促进司法公正之实现。①

因此，为了顺应刑事诉讼的国际发展趋势，程序的价值特别是程序的独立价值逐渐成为理论界的研究热点，并形成了丰硕的理论成果。时至今日，学界普遍认为刑事诉讼程序的价值至少包括两大维度："一是作为达成良好结果的手段，二是程序自身的德性"②。前者一般被称为程序的工具价值或者功利价值，后者则被称为程序的独立价值或者内在价值。③

在刑事司法领域中，程序的工具价值即指刑事诉讼程序在实现刑法所承载的价值目标方面的有用性和有效性。法律程序是否具有功利性价值，关键要看它能否形成符合正义、秩序、安全等价值的决定或者结果。由于这种决定或结果的正当性要依照另外独立的标准加以判断，要取决于包括程序本身以及程序以外的其他因素在内的保障，而且在法律程序终结或者形成最终的决定以前，结果能否具有正当性很难作出明确的预测，因此法律程序（即便是公认的较为科学的法律程序）不可能在任何情况下都具有这种功利性。④

程序的独立价值或内在价值是指据以判断一项程序本身是否具有善的品质的标准。一项刑事诉讼程序无论是否具有产生好结果的能力，只要它本身具备一些独立的价值标准，即可以认为它具有一种内在的善——作为目的的价值。⑤ 进而言之，程序公正具有独立价值。程序公正要求国家专门机关在追求惩罚犯罪、实现实体公正的同时，必须遵守相应的程序规则，否则将可能导致诉讼程序的停止、诉讼结论的排除（如非法证据排除规则）等等。因此，程序公正实际上为程序结果的达成设置了若干障碍，这使其截然不同于程序的工具价值，具有明显的独立性。⑥

可以说，自20世纪90年代以来，学术界对于程序的价值，特别是程序的独立价值给予了充分肯定，并得出了下述结论：其一，程序（法）具有实体形成的母体作用。无论是依据历史的事实，还是基于逻辑推论，或者是从现实的意义考

---

① 参见陈光中、胡铭：《〈联合国反腐败公约〉与刑事诉讼法再修改》，《政法论坛》2006年第1期，第84~85页。
② 陈端洪：《法律程序价值观》，《中外法学》1997年第6期，第47页。
③ 也有观点认为，刑事诉讼程序的价值并不限于实体公正和程序公正，还包括诉讼效益。参见陈卫东、刘计划：《公诉的价值冲突与衡平论略》，《国家检察官学院学报》2001年第3期，第47页；姜伟：《公诉的价值》，《法学研究》2002年第2期，第21页。
④ 参见陈瑞华：《论程序正义价值的独立性》，《法商研究》1998年第2期，第23~24页。
⑤ 参见陈瑞华：《刑事诉讼的前沿问题》（上册），中国人民大学出版社2016年版，第167页。
⑥ 参见卞建林、李菁菁：《依法治国与刑事诉讼》，载陈光中、江伟主编：《诉讼法论丛》（第2卷），法律出版社1998年版，第17页。

证，都可以说程序（法）具有作为实体法形成的母体的重要意义。[①] 其二，程序具有促进民意理性的价值。公正的诉讼程序有助于提升实体结果的可接受程度，帮助遭受不利的当事人排除、消化其不满情绪，同时提升民众对刑事司法的信任度。申言之，程序有助于维护民意与司法的博弈平衡。[②] 其三，正当的诉讼程序可以保证那些权益可能受裁判结论有利或不利影响的人受到公正地对待，这种公正对待的核心其实是使他们作为人的人格尊严和内在价值得到尊重。[③] 其四，诉讼程序是一个国家司法制度公正与否的指向标。正当程序将法治和人治区分开来，而公正的诉讼程序在一定程度上是法治社会的根基。其五，正当程序对限制公权力的滥用具有重要意义。而且，按程序办事，不仅能保护诉讼参与人，同时能尽量避免执法者承担错案责任，从而保护执法者本身。[④]

还有论者对程序价值理论的四种模式，即绝对工具主义程序理论、相对工具主义程序理论、程序本位主义理论与经济效益主义程序理论作出了概要性分析和评价，推动了学界对于程序价值理论的深入思考。[⑤]

事实上，理论界对于程序独立价值的探索和研究具有深远的意义，其具体表现是：

首先，程序具有独立价值是程序公正的重要理论依据。在此基础上，许多学者对程序公正的理论基础展开了进一步讨论。例如，有学者从比较法的角度出发，对西方盛行的程序正义理论，即美国学者杰里·马修提出的"尊严价值理论"进行了系统而深入的介绍。基于中国长期存在的"重实体、轻程序"甚至程序工具主义的现实，这一理论对我国法学研究及法制建设方面具有重要的参考价值和借鉴作用。[⑥] 也有研究者论述了普通法系与大陆法系国家对程序公正的哲学基础的不同态度。[⑦] 概言之，对于程序独立价值研究的展开和深入有助于我国走出"重实体、轻程序"的阴影，发挥程序公正的理念对刑事立法和司法实践的积极作用。

其次，这些研究引发了学术界关于程序（法）与实体（法）关系以及程序公

[①] 参见田平安、杜睿哲：《程序正义初论》，《现代法学》1998年第2期，第6~7页。
[②] 参见孙洪坤、张毅：《民意与司法博弈中的程序正义之价值》，《时代法学》2014年第3期，第21~22页。
[③] 参见陈瑞华：《论程序正义价值的独立性》，《法商研究》1998年第2期，第28页。
[④] 参见汪建成：《〈刑事诉讼法〉的核心观念及认同》，《中国社会科学》2014年第2期，第142~143页。
[⑤] 参见陈瑞华：《程序价值理论的四种模式》，《中外法学》1996年第2期，第1~5页。
[⑥] 参见陈瑞华：《程序正义的理论基础——评马修的"尊严价值理论"》，《中国法学》2000年第3期，第144页。
[⑦] 参见陈小文：《程序正义的哲学基础》，《比较法研究》2003年第1期，第26~31页。

正与实体公正何者为先的讨论。在程序具有独立价值成为理论界乃至社会共识的背景下，实体公正优先的理论逐渐成为"过去时"，程序与实体并重以及程序优先的主张成为主流观点。

最后，刑事诉讼价值研究与刑事诉讼目的研究密切相关。也是从20世纪90年代开始，中国刑事诉讼学界开展了对刑事诉讼目的的广泛而富有意义的讨论，也取得了丰硕成果，为以后的刑事诉讼法修改完善奠定了基础。宋英辉教授较早提出，我国刑事诉讼的目的是追求惩罚犯罪与保障人权的高度辩证统一。[①] 在已发表的法学著述文献中，上述观点已经成为中国法学界对刑事诉讼目的论的经典阐释，并作为刑事诉讼法学的重大理论成果被写入了教科书。[②]

当然，也有学者对前述双重目的论提出批判，指出这一主张包括六大理论误区及危害性：其一，打击犯罪并不是一个严格意义上的法概念，双重目的论严重脱离了现代法的价值目标体系，不符合法的一般原理。其二，作为制度的理论基础，以双重目的论构建起来的刑事诉讼法律制度及其实践与民主法治社会的核心理念完全相悖，不利于建设社会主义法治国家。其三，双重目的论与宪法的基本理念相冲突，容易导致程序法丧失自身独立存在的价值，沦为实体法的工具或附庸，助长司法实践中法律虚无主义和程序虚无主义的泛滥，进而威胁国家宪法秩序。其四，双重目的论明显违背刑事诉讼基本原理，必将引导整个国家的刑事诉讼立法和司法实践深陷误区。其五，双重目的论是有罪推定思想的延续和翻版，也是导致国家公共权力滥用及冤假错案不断滋生的罪魁祸首。其六，法律实践已经充分证明双重目的论命题的非理性和有害性，这必将对建设社会主义和谐社会事业带来巨大冲击。[③]

由此观之，程序公正理念的传播和推广，不仅引发了学术界对于人权保障的高度关注，而且可能催生以正当程序和保障人权为核心的新刑事诉讼法学理论体系的最终确立。当然，对于程序公正和保障人权的推崇也对刑事诉讼立法和司法产生了重大影响。立法中犯罪嫌疑人、被告人及其辩护人辩护权的逐步扩张与实践中刑讯逼供行为的大幅度减少即是有力证明。

四、程序性制裁

理论界普遍认为，程序性制裁机制不严密、不健全是造成我国刑事诉讼程序

[①] 参见宋英辉：《刑事诉讼目的论》，《政法论坛》1992年第2期，第28页。
[②] 参见陈光中：《坚持惩治犯罪与保障人权相结合 立足国情与借鉴外国相结合——参与刑事诉讼法修改的几点体会》，《政法论坛》1996年第6期，第25～27页。
[③] 参见郝银钟：《刑事诉讼双重目的论之批判与重构》，《法商研究》2005年第5期，第54～58页。

失灵的重要原因。有鉴于此,程序性制裁成为学术界"经久不衰"的研究热点。

就程序性制裁的概念而言,有学者提出,"程序性制裁所针对的是侦查人员、检察人员和审判人员违反法律程序的行为,并以宣告诉讼行为无效为其基本制裁方式。这种'程序违法直接导致实体结论无效'的制裁方式,可以维护刑事诉讼程序的有效实施,使得程序正义价值得到现实的保障"①。就程序性制裁的模式而言,有学者将其总结为非法证据排除规则、诉讼终止制度、撤销原判制度、诉讼行为无效制度及解除羁押制度②等五种。就建立程序性制裁机制的必要性而言,有学者将其概括为下述几点:首先,刑事制裁、民事制裁、国家赔偿等实体性制裁措施都只能对违反刑事诉讼程序的部分行为进行制裁,而程序性制裁几乎可对违反刑事诉讼程序的所有行为进行制裁。其次,实体性制裁措施的实施机制在对侦查人员、检察人员进行制裁方面存在较大缺陷,而程序性制裁则不存在类似问题。再次,程序性制裁既能剥夺违法行为获得的利益,也能对受害人受到的损害进行补偿,有利于实现制裁作为一种责任机制所应具有的双重功能。最后,建构程序性制裁机制是完善刑事诉讼法律体系的需要。③

与此同时,针对我国实体性制裁机制面临的困境,程序性制裁逐渐走入了立法者的视野。1996年《刑事诉讼法》首次确立了针对非法审判行为的程序性制裁措施。根据该法第191条的规定,第二审法院对于第一审法院违反法律规定的诉讼程序的审判行为,应当以撤销原判、发回重审的方式加以制裁。

该法施行后,最高人民法院于1998年正式颁布了《关于执行〈中华人民共和国刑事诉讼法〉若干问题的解释》。该解释第61条规定:"严禁以非法的方法收集证据。凡经查证确实属于采用刑讯逼供或者威胁、引诱、欺骗等非法的方法取得的证人证言、被害人陈述、被告人供述,不能作为定案的根据。"这是我国关于非法证据排除规则的第一条官方规定,这对于规范侦查行为、维护程序公正无疑具有里程碑意义。

2010年出台的《关于办理刑事案件排除非法证据若干问题的规定》与《关于办理死刑案件审查判断证据若干问题的规定》(以下简称"两个证据规定")标志着非法证据排除规则在我国的初步确立,也被普遍认为是我国刑事诉讼程序性制裁有效实施的开始。随后,2012年修正的《刑事诉讼法》第54条正式确立了非法证据排除规则,初步搭建了排除非法言词证据与非法实物证据的制度框架。

---

① 陈瑞华:《程序性制裁制度的法理学分析》,《中国法学》2005年第6期,第150页。
② 参见陈瑞华:《程序性制裁理论》,中国法制出版社2005年版,第210~228页。
③ 参见陈永生:《刑事诉讼的程序性制裁》,《现代法学》2004年第1期,第89~92页。

2017年，最高人民法院、最高人民检察院、公安部、国家安全部、司法部联合发布了《关于办理刑事案件严格排除非法证据若干问题的规定》，对侦查、审查逮捕、审查起诉和审判阶段的非法证据排除问题作出了进一步规定。在此基础上，最高人民法院印发《人民法院办理刑事案件排除非法证据规程（试行）》，强调要进一步落实和运用非法证据排除规则，通过法庭审判的程序公正实现案件裁判的实体公正，提升司法公信力。可以说，这近十年时间基本可以看作是我国刑事诉讼理论以非法证据排除为核心展开的程序性制裁理论探索和拓展时期。[1]

当然，有学者理性地指出，程序性制裁机制固然有着重大价值，但是也应当接受效益分析与伦理评价。在我国刑事诉讼存在"历史共业"的背景下，程序性制裁机制显然无法有效制止司法人员的违法行为，其收益低于所付出的社会成本，从而陷入"效益困局"。另外，程序性制裁机制有着反实质正义的天然倾向，具有很强的功利性，会产生相当程度的道德风险。因此，我们应正视程序性制裁机制的缺陷，重视实质正义，在该机制中引入无害错误的分析环节，同时遵循利益权衡原则，对违法行为区别对待，以校正其机械适用与抽象适用的倾向。[2]

也有学者以非法证据排除规则为例，对我国实在法意义上的程序性制裁的局限性进行了分析，主要包括：第一，在责任主体上，我国非法证据排除规则采取集体责任和国家责任的归责原则，并不对实施违法行为的个体施加惩罚，因而无法根本性地防止程序性违法现象的发生。第二，在威慑功能上，我国非法证据排除规则存在着理论上"过度威慑"和实践中"威慑不足"的背反现象。第三，在利益流向上，我国非法证据排除规则几乎不具备任何权利救济的功能，相反却使罪犯从中获益。[3]

还有学者强调，建立专门的程序性裁判程序是实施程序性制裁制度的必由之路。这是因为：其一，只有建立程序性裁判程序，有关程序性违法行为是否存在、程序性制裁是否需要实施的问题才可以得到公正的解决。其二，程序性裁判程序的建立是确保当事人通过行使诉权来维护自身权利的桥梁和纽带。其三，程序性裁判程序是维护程序正义、防止裁决者滥用自由裁量权的制度保证。其四，建立专门的程序性裁判程序，还有助于有关程序性争议的及时解决，从而防止出现不必要的诉讼拖延现象。需要说明的是，程序性裁判的构成要素大体有以下八

---

[1] 参见拜荣静：《刑事诉讼法学研究的变迁与展望》，《政法论坛》2019年第5期，第40页。
[2] 参见蒋鹏飞：《刑事诉讼程序性制裁机制之弊端及其应对》，《中国刑事法杂志》2010年第12期，第57页。
[3] 参见陈虎：《程序性制裁之局限性——以非法证据排除规则为例的分析》，《当代法学》2010年第2期，第93～96页。

个：(1) 程序性申请和程序性辩护；(2) 程序性申请的裁判者；(3) 程序性答辩；(4) 程序性听证方式；(5) 证明责任和证明标准；(6) 有关的证据规则；(7) 程序性裁决；(8) 程序性裁决的再救济。①

五、司法公正与其他概念

应当说，研究者对司法公正的讨论并不局限于实体公正与程序公正这两大内涵，诸多学者对与司法公正密切相关的其他概念展开了深入分析和研究。

（一）司法公正与司法权威

就两者的关系而言，有观点指出，司法公正是司法权威产生的重要缘由。一方面，司法权威源于实体正义。如果案件的处理结果不公正，即使是个别案件的错误，如佘祥林案、赵作海案等，也会造成严重的负面社会影响，破坏司法权威赖以生成的基础。另一方面，司法权威源于程序正义。在程序正义的情况下，即使实体处理略有瑕疵，当事人也可能理解并接受对案件处理的实体结果，形成对司法的普遍信任和尊重。可见，司法公正是司法权威赖以建立的基础与源泉。如果司法权威不以公正为基础，那么这种权威只是一种专制主义下的"淫威"镇压而已。只有建立在民主、公正基础上的司法权威，才是现代法治意义上的权威。②

（二）司法公正与司法民主

有观点认为，在中国的刑事司法语境下，离开了司法民主，司法公正的目标就根本不可能实现。首先，司法民主是司法公正的制度保证。这是因为政治民主是司法公正的前提和基础，而司法民主恰恰是确保司法公正的政治民主。其次，司法民主是司法公正的观念保证。这是因为只有司法民主才可能遏制反民主倾向，才可能消除法学理论中反科学、反人民、反法治、反人性的因素。③

还有学者提出，从世界各国司法制度的发展轨迹中可以发现，吸收公民直接参与国家司法活动，发挥公民在司法活动中的积极作用，是一个国家司法民主的重要标志；而加强公民对司法活动的参与，也是保障司法活动公正进行的一个重要方面。④ 综合来看，公民参与司法主要有以下途径和形式：一是协助司法，例如充当控告人，检举犯罪；二是见证司法，例如在侦查机关采取强制侦查措施时作为见证人在场；三是决策司法，例如担任人民陪审员，参与案件的裁判过程；

---

① 参见陈瑞华：《程序性制裁制度研究》，《中外法学》2003年第4期，第445~447页。
② 参见陈光中、肖沛权：《关于司法权威问题之探讨》，《政法论坛》2011年第1期，第4~5页。
③ 参见陈忠林：《司法民主是司法公正的根本保证》，《法学杂志》2010年第5期，第23~27页。
④ 参见熊秋红：《司法公正与公民的参与》，《法学研究》1999年第4期，第49页。

四是监督司法。① 就我国而言，公民参与司法的渠道主要是人民陪审员制度和人民监督员制度，而这两种渠道都面临着规范性不足、有效性不够的问题。未来应该在解决原有渠道问题的基础上，进一步从侦查程序、审查起诉程序、执行程序等阶段拓宽公民参与司法的渠道，充分发挥公民参与对司法公正的促进作用。②

（三）司法公正与人权保障

在刑事司法中，人权保障与司法公正是一对相互支持的价值目标。有学者认为，与司法公正相比，人权保障有着更为基础的地位。司法公正最终要通过"恢复在现实中遭到破坏的社会公平和正义"来实现对人的权利的最大尊重和保护。在这种意义上，我们甚至可以说司法公正相对于人权保障这一终极价值来说也仅仅具有为人权保障服务的工具性价值。③

前文已述，2018年《刑事诉讼法》初步搭建了我国刑事缺席审判的制度框架，在此基础上，该学者就确立这一制度的正当性展开研究。其指出，被告人出席庭审具有程序公正与人权保障的双重价值，应作为刑事审判的一项原则予以贯彻。但是，在某些特定情形下，特别是犯罪嫌疑人、被告人潜逃境外的情况下，一味追求被告人在案与出庭显然将损害更大的价值。因此，构建中国特色的刑事缺席审判制度，能够有效化解此类矛盾，在程序公正、人权保障的基础上实现更大的诉讼效益。④

（四）司法公正与司法公信力

司法公信力是一个具有双重维度的概念。从权力运行角度分析，司法公信力是司法权在其运行的过程中以其主体、制度、组织、结构、功能、程序、公正结果承载的获得公众信任的资格和能力。从受众心理角度分析，司法公信力是社会组织、民众对司法行为的一种主观评价或价值判断，它是司法行为所产生的信誉和形象在社会组织和民众中所形成的一种心理反应，体现为民众自愿配合司法行为，减少司法的运行成本，以提高司法效率。⑤ 应当说，司法公正和司法公信力，集中反映了人民群众对司法的期望，集中反映了司法建设的目的和规律，也

---

① 参见谢佑平、万毅：《司法公正与群众参与：陪审制度的理论分析》，《甘肃政法学院学报》2003年第2期，第7～8页。
② 参见陈卫东：《公民参与司法：理论、实践及改革——以刑事司法为中心的考察》，《法学研究》2015年第2期，第15～25页。
③ 参见陈卫东：《人权理念映照下的刑事司法改革》，《法学家》2005年第4期，第9～10页。
④ 参见陈卫东：《论中国特色刑事缺席审判制度》，《中国刑事法杂志》2018年第3期，第21页。
⑤ 参见关玫：《司法公信力初论——概念、类型与特征》，《法制与社会发展》2005年第4期，第134页。

是衡量一个国家或地区法治化水平的基本标志。① 有学者认为，程序公正要求司法程序的每一个环节运作都应具有合理性，只有做到程序公正，司法的公信力才能得到提升。因此，程序公正是司法公信力产生的基础。②

第六节 结 语

总之，实体为本、程序为用的观念在我国长久地被奉为立法与司法的指导思想。专门的刑事程序法虽在清末年间即已出现，但并未正式施行。新中国成立后，随着1979年《刑事诉讼法》的出台，我国的刑事诉讼程序正式走上了有法可依的法制化轨道。遗憾的是，刑事程序的价值，特别是其内在价值长久未得到立法者、实务者、理论界以及社会公众的应有关注与足够重视。20世纪90年代初，有学者指出，"程序不是刑事实体的影子，而是可以使刑事实体美化或丑化的独立的力量"③。自此，传统的程序工具理论开始受到挑战，刑事程序的内在价值以及程序公正的观念逐渐成为学术界探索和研究的重点论题。以1996年《刑事诉讼法》的施行为标志，程序公正的观念不再局限于抽象的理论探索，开始成为法定的制度安排。以2012年《刑事诉讼法》的实施为起点，程序公正的观念进一步实现了规则化与制度化，成为根植于我国法律变动、司法运作的重要价值理念。另外，随着司法改革的稳步推进和冤错案件的有力平反，程序公正的观念逐渐从官方、书本传导至民间，成为普通民众所坚持和奉行的价值观念。

公正是一个古老而永恒的话题，相关的理论研究也体现了我国学术界对于司法公正的殷殷期盼。通过人们的不断解读，程序公正的内在价值已经广为人知。然而，人们对公正的理解随着历史、地域的变化而有所不同，在公正已成为中国特色社会主义核心价值观重要内容的背景下，在我国司法体制改革的关键时期，对程序公正、实体公正的解读依旧是具有决定刑事诉讼模式走向意义的基础命题，仍然值得从理念、立法、司法实践等各个层面继续进行深入探讨。

---

① 参见龙宗智：《影响司法公正及司法公信力的现实因素及其对策》，《当代法学》2015年第3期，第3页。
② 参见于慎鸿：《程序公正与司法公信力》，《南阳师范学院学报（社会科学版）》2005年第8期，第37页。
③ 袁红冰：《刑事程序的魅力》，《中外法学》1990年第6期，第52页。

第五章

刑事诉讼目的理论的争鸣与发展

刑事诉讼是实现国家刑罚权的活动，所以惩罚犯罪是其应有之义。但随着正当程序以及保障人权等理念的发展，保障人权也逐渐成为刑事诉讼的重要目的。保障人权要求限制国家权力、保障公民权利，这与刑事诉讼惩罚犯罪的目的产生冲突。所以，如何平衡惩罚犯罪与保障人权的关系就成为刑事诉讼法学研究的重要课题。国外对二者关系的研究肇始于20世纪60年代美国学者赫伯特·帕克对刑事诉讼模式的研究。帕克认为刑事诉讼存在犯罪控制和正当程序两种模式，犯罪控制模式下刑事诉讼程序最重要的机能是抑制犯罪，而正当程序模式下的刑事诉讼程序更注重公平和正义。[1] 这一理论经中国台湾地区学者李玉娜的介绍传到大陆，引发当时大陆一些中青年学者的系统思考。[2] 之后，随着日本的刑事诉讼目的理论被引入中国，部分国内学者对惩罚犯罪与保障人权的关系进行研究，并逐渐形成惩罚犯罪与保障人权并重的学界通说。之后虽有部分学者试图挑战这一理论，但并未对其产生实质影响。时至今日，惩罚犯罪与保障人权并重理论仍然是国内的主流理论，也是指导中国刑事司法改革的重要依据。但不可否认，惩罚犯罪与保障人权并重理论也存在不周延的情况，司法实践的发展在某些方面也超越了该理论，该理论也需作出适度修正。故而，本章将全面梳理惩罚犯罪与保障人权关系的不同理论，并在客观评价这些理论的基础上对惩罚犯罪与保障人权关系的未来发展作出展望。

---

[1] 参见李心鉴：《刑事诉讼构造论》，中国政法大学出版社1997年版，第25～26页。
[2] 参见陈瑞华：《刑事诉讼的前沿问题》（第2版），中国人民大学出版社2005年版，第69页。

第一节 刑事诉讼目的理论研究的梳理

一般认为国内学者对惩罚犯罪与保障人权关系的研究，始自20世纪80年代末对国外刑事诉讼目的理论的关注。如果以是否使用"保障人权"这一表述来看的话，上述论断没有问题，因为"保障人权"这一专有名词的确是从20世纪80年代末才进入中国刑事诉讼研究领域的。但如果从保障人权的内涵来看，早在1979年《刑事诉讼法》颁布之初学界即已开始探讨惩罚犯罪与保障无辜以及严格执法间的关系问题。这些讨论已经涉及惩罚犯罪与保障人权的关系，有学者进而认为，1979年《刑事诉讼法》第2条的规定"从实质上体现了打击犯罪与保障人权并重的指导思想"[①]。故而，学界对惩罚犯罪与保障人权关系的研究可追溯至1979年《刑事诉讼法》颁布之际。总体上看，学界对惩罚犯罪与保障人权关系的研究可划分为三个阶段：第一个阶段是将惩罚犯罪作为刑事诉讼的目的，保障人权尚未被作为一个独立概念提出来。第二个阶段是认为惩罚犯罪与保障人权，二者不可偏废。这也是当前学界通说。第三个阶段虽然仍认为惩罚犯罪与保障人权并重，但认为当前应当更加重视保障人权的意义，保障人权应当适当优先于惩罚犯罪。

一、惩罚犯罪优先论

惩罚犯罪优先论是认为惩罚犯罪是刑事诉讼法的首要目的，保障人权要服务于惩罚犯罪目的的实现。该理论主要来自学界对1979年《刑事诉讼法》第2条"刑事诉讼法任务"的解释，一直到20世纪90年代初期，该理论才被惩罚犯罪与保障人权并重论所替代。

1979年《刑事诉讼法》第2条规定："中华人民共和国刑事诉讼法的任务，是保证准确、及时地查明犯罪事实，正确应用法律，惩罚犯罪分子，保障无罪的人不受刑事追究，教育公民自觉遵守法律，积极同犯罪行为作斗争，以维护社会主义法制，保护公民的人身权利、民主权利和其它权利，保障社会主义革命和社会主义建设事业的顺利进行。"以该条为基础，学界对刑事诉讼法的任务进行解释，并提出"三任务论"、"两任务和一根本目的论"以及"三任务与一根本目的论"。虽然学界对刑事诉讼法任务的解释有所不同，但都认为，刑事诉讼法各项

[①] 吉达珠：《用科学的方法打击犯罪 以民主的精神保障人权》，《中外法学》1990年第6期，第55页。

任务之间相互联系，只有全面完成惩罚犯罪、保证无罪的人不受刑事追究的具体任务，才能实现刑事诉讼法的根本目的。[①] 学界进一步将其总结为惩罚犯罪与保障无辜。在二者关系上，学界大都认同二者是互相联系不可分割的，且二者不可偏废。如学界普遍认为，如果只强调保障无罪的人不受刑事追究，而不惩罚犯罪分子，或者只强调惩罚犯罪分子，而忽视保障无罪的人不受刑事追究，都是错误的。[②] 虽然学界在理论上试图将惩罚犯罪与保障无辜并列为刑事诉讼的任务，但无论是当时的学界还是实务界大都认同惩罚犯罪是刑事诉讼的首要任务，保障无辜要服务于惩罚犯罪任务的实现。如有观点认为，惩罚犯罪与保障无辜不是"半斤八两"、没有主次，打击敌人、惩罚犯罪仍是刑事诉讼的主要任务，否则，刑事诉讼活动的本身就是没有意义的。[③] 在立法和司法实践中，部分立法者和司法者未能正确处理社会安全与公民自由和权利的关系、惩罚犯罪与保护人民的关系，只注重国家对个人行为的强制，忽视对个人合法权益的保障，以致在刑事司法中片面追求实质真实、惩罚犯罪的强度与效率，而法律程序和人权保障观念相对淡薄。[④]

惩罚犯罪优先论不仅反映在惩罚犯罪与保障无辜的关系上，更深刻反映在对刑事诉讼程序的态度以及对被告人诉讼权利的保障等方面。首先，程序工具主义理论盛行带来程序虚无主义盛行，这强化了惩罚犯罪目的的优先性。党和国家在制定1979年《刑事诉讼法》时特别强调了程序本身的意义。如彭真在制定1979年《刑事诉讼法》过程中曾指出，过去我们强调实质问题，不大讲程序，被林彪、"四人帮"利用了。所以，要重视程序，刑事诉讼法可以从程序方面保证刑法的实施。[⑤] 学者们虽然关注到强调程序自身的重要性，但并未摆脱注释法学和程序工具主义的立场，主要强调程序对惩罚犯罪的保障功能。[⑥] 程序工具主义理论带来的最大弊端就是程序虚无主义，认为可因惩罚犯罪目的而牺牲程序。司法实践中也出现"诉讼法可依可不依，只要案件办对了就行了"，依法定程序办事

[①] 参见宋英辉：《刑事诉讼目的论》，中国人民公安大学出版社1995年版，第62页。
[②] 参见张子培等主编：《刑事诉讼法教程》，群众出版社1982年版，第64页；徐益初：《刑事诉讼法学研究概述》，天津教育出版社1989年版，第59页；廖俊常、曾德华主编：《刑事诉讼法指要》（新编本），成都科技大学出版社1991年版，第8页。
[③] 参见张子培等主编：《刑事诉讼法教程》，群众出版社1982年版，第64页。
[④] 参见李学宽：《关于我国律师辩护功能的法律思考》，《中国法学》1995年第6期，第92页。
[⑤] 参见顾昂然：《回望：我经历的立法工作》，法律出版社2009年版，第60页。
[⑥] 参见张子培：《刑事诉讼法的指导思想和性质、任务》，《北京政法学院学报》1979年第1期，第26页；陈光中：《刑事诉讼中的民主与专政》，《中国法学》1985年第1期，第122页；樊凤林等：《刑事诉讼法学》，中国人民公安大学出版社1988年版，第19页。

是"形式主义","诉讼程序束缚手脚"等观点。① 其次,保障被告人诉讼权利尚未成为一项独立的刑事诉讼目的,依附于惩罚犯罪或保障无辜这一实体目的而存在。如果以当前保障人权理念为视角,可以将1979年《刑事诉讼法》第2条中的"保护公民的人身权利、民主权利和其它权利"的表述解释为,保障人权也是刑事诉讼一项独立的目的。但当时学者们并未将权利保障视为与惩罚犯罪、保障无辜相并列的一项刑事诉讼法任务,有些教材将其视为只是"力求达到"的一项刑事诉讼根本目的②,还有些教材甚至不将其作为刑事诉讼法的一项任务。③ 所以,惩罚犯罪优先论在当时学界和实务界中均占据核心地位。

二、惩罚犯罪与保障人权并重(平衡)论

惩罚犯罪与保障人权并重(平衡)论是惩罚犯罪优先论的替代理论,时至今日仍然是学界通说。该理论以刑事诉讼目的为出发点,认为惩罚犯罪与保障人权均为刑事诉讼目的,二者对立统一且不可偏废。

惩罚犯罪优先论虽然契合了当时的立法,但随着刑事诉讼法学研究的深入以及"严打"斗争中出现的诸多侵犯公民权利现象,刑事诉讼法学学者们开始审慎反思惩罚犯罪优先论的正当性,并逐渐关注到刑事诉讼程序的独立价值及其人权保障目的。④ 如陈光中教授认为,刑事诉讼中民主与专政的关系在如何对待被告人问题上表现得特别鲜明和尖锐。刑事诉讼的直接任务就是要正确解决被告人的刑事责任问题。这就必须一方面对被告人采取种种强制性措施……另一方面必须给被告人以足够的诉讼权利,以保证他能为自己所受的犯罪控诉进行辩护,能保护自己的正当权利不受非法侵犯……⑤吴磊教授也指出,"司法机关行使和实现国家的侦查权、检察权和审判权,一方面不受其他机关和个人的干扰,另一方面又必须遵守法律,尊重诉讼参与人的权利主体资格,只有把行使国家权力同保障诉讼参与人的合法权利很好地结合起来,才能实现刑事诉讼法的任务"⑥。这些研究深化了学者们对保障人权的认识,学者们也逐渐接受保障人权作为刑事诉讼目的之一的观点。如徐益初教授指出,"惩罚犯罪又必须保护人权。这也是刑事诉讼的目的之一。保护人权在刑事诉讼中有两个含义:一是指通过惩罚犯罪,保

---

① 参见陈光中、吴磊、杨荣新、刘金友:《适应改革需要 大胆探索创新——诉讼法学研究工作的回顾与展望》,《政法论坛》1986年第4期,第40页。
② 参见裴苍龄主编:《刑事诉讼法学概论》,兰州大学出版社1988年版,第31页。
③ 参见严端主编:《刑事诉讼法教程》,中国政法大学出版社1986年版,第32页。
④ 参见李建明:《刑事司法改革研究》,中国检察出版社2003年版,第271页。
⑤ 参见陈光中:《刑事诉讼中的民主与专政》,《中国法学》1985年第1期,第122页。
⑥ 吴磊、李建明:《试论刑事诉讼法律关系的几个问题》,《中国法学》1990年第4期,第106页。

护人民，保护人民的权利不受侵犯；二是指在诉讼中，保护被告人的合法权利以及保护无罪的人不受刑事追究"[1]。但总体来看，当时学者们在论述惩罚犯罪与保障人权关系的时候仍未摆脱程序工具主义的束缚，仍将保障人权视为惩罚犯罪的附属。[2]

随着国外刑事诉讼目的理论的引入以及国内研究的深入，一批中青年学者对传统刑事诉讼理论发起挑战，并最终摆脱了上述程序工具主义的束缚，保障人权成为与惩罚犯罪并列的一项刑事诉讼目的。如李心鉴博士认为，"刑诉法规定的'无罪的人'与'无辜'是有区别的，不应当混同"，"除了应当着眼于惩罚犯罪与保障无罪的人不受追究外，还应当明确地提出保护有罪被告人合法权益的任务"[3]。徐友军博士将被告人享有的人权分为实体人权与程序人权，"程序人权既保障实体人权，其自身又需要被保障"[4]。宋英辉博士指出，《刑事诉讼法》第 2 条"从实体上完成惩罚犯罪和保障无辜的任务，以实现刑诉法的根本目标。这对维护国家、公民的利益，实现社会秩序稳定是十分必要的。不过，仅此是不够的……该条文应增加在程序上保障公民人身自由和权利不受司法权非法侵犯的内容，而不是只强调通过惩罚犯罪来达到保障公民权利的目的"[5]。宋英辉博士进而指出，"研究刑事诉讼中的人权保障，旨在谋求诉讼参与人的程序性权利与实体性权利相互适应、相互佐证、相互协调，并使人权保障实践与人权保障立法之间的错位减缩至尽可能小的程度，从而使刑事诉讼设计的人权得到充分保障"[6]。在此基础上，宋英辉博士提出刑事诉讼目的的层次论，认为刑事诉讼的直接目的应概括为"控制犯罪与保障人权"或者"实现国家刑罚权与保障人权"，而刑事诉讼的根本目的则为"维护我国宪法制度或利于我国宪法制度的巩固与发展的秩序"[7]。在这些年轻学者的推动下，刑事诉讼双重目的论逐渐被学界所接受。

当惩罚犯罪与保障人权作为刑事诉讼双重目的被提出来后，二者关系亦被作为刑事诉讼的一项基本理论问题而引发学界广泛关注。[8] 徐友军博士总结道，

---

[1] 徐益初：《论我国刑事诉讼中的几个辩证关系——兼论完善我国刑事诉讼原则的问题》，《中国法学》1990 年第 1 期，第 94 页。
[2] 参见陈瑞华：《刑事诉讼的前沿问题》（第 2 版），中国人民大学出版社 2005 年版，第 39 页。
[3] 李心鉴：《刑事诉讼构造论》，中国政法大学出版社 1992 年版，第 132、133 页。
[4] 徐友军：《中国刑事诉讼与人权》，《中外法学》1992 年第 2 期，第 38 页。
[5] 宋英辉：《关于刑诉法总则修改的几个问题》，《政法论坛》1994 年第 4 期，第 67 页。
[6] 宋英辉：《刑事诉讼目的论》，中国人民公安大学出版社 1995 年版，第 103 页。
[7] 宋英辉：《刑事诉讼目的论》，中国人民公安大学出版社 1995 年版，第 83 页。
[8] 参见陈光中、陈瑞华、汤维健：《市场经济与刑事诉讼法学的展望》，《中国法学》1993 年第 5 期，第 6 页。

"如何在追究犯罪的刑事诉讼中保障被告人的程序人权，使二者达到相对的平衡，目前已成为刑事诉讼法学研究的国际性课题"①。受程序独立价值的启发，学者逐渐抛弃过去那种惩罚犯罪与保障人权统一于惩罚犯罪活动的观点，而从实体与程序角度来分析惩罚犯罪与保障人权的对立统一关系。陈光中教授认为，"诉讼程序上的人权保障，即西方所说的'正当程序'，其意义不仅仅在于保证实体处理的正确性，而且具有独立的内在价值"②。宋英辉博士进而认为，"所谓统一，是指作为刑事诉讼目的的两个矛盾方面，控制犯罪与保障人权共处于刑事诉讼的统一体中，贯穿刑事诉讼程序的始终，相互依赖……所谓对立，是指追求控制犯罪和追求保障人权体现出不同的价值观，甚至有时还会发生冲突"③。

基于惩罚犯罪与保障人权对立统一的关系，学者们对二者孰轻孰重以及冲突后如何协调等问题进行了研究。概括来说，当时学界主要形成了两种观点：一种是二者并重论，即认为惩罚犯罪与保障人权具有同等重要的地位，二者不可偏废。时任全国人大常委会法工委副主任的王尚新博士认为，"惩罚犯罪和保护公民合法权利这两个方面既要相辅相成，互为依存，又有各自的不同内容，不同的侧重，我们在实现刑事诉讼法的任务的时候，必须双重并举，不可忽视任何一方"④。陈光中教授和王万华博士指出，"在现代法治国家，实体法和诉讼法相互依存，相辅相成，构成统一的法制体系，不能有主次、轻重之分"⑤。另一种是二者平衡论，即惩罚犯罪与保障人权之间存在动态平衡，刑事诉讼应该寻找到该平衡点。如樊崇义教授和吴宏耀博士认为，"在立法方面，诉讼制度的立法必须科学地协调打击犯罪与保障人权的矛盾，在公民权利和国家追诉权之间划定一个合理的界限，对二者的冲突根据不同的需要予以动态的平衡"⑥。左卫民教授则从诉讼价值观的角度提出，"理想的诉讼价值观应对安全与自由采兼容并蓄之态度"，且"应具备适当弹性（可变化）范围"⑦。虽然上述两种观点在惩罚犯罪与保障人权具体关系设定上有不同认识，但其观点核心是相同的，即强化刑事诉讼中的人权保障。如陈光中教授指出，1996年修改《刑事诉讼法》"着力加强人权

---

① 徐友军：《中国刑事诉讼与人权》，《中外法学》1992年第2期，第39页。
② 陈光中：《坚持惩治犯罪与保障人权相结合 立足国情与借鉴外国相结合——参与刑事诉讼法修改的几点体会》，《政法论坛》1996年第6期，第26页。
③ 宋英辉：《刑事诉讼目的论》，中国人民公安大学出版社1995年版，第85~86页。
④ 郝赤勇主编：《人民警察学习刑事诉讼法讲话》，群众出版社1996年版，第25页。
⑤ 陈光中、王万华：《论诉讼法与实体法的关系——兼论诉讼法的价值》，载陈光中、江伟主编：《诉讼法论丛》（第1卷），法律出版社1998年版，第16页。
⑥ 樊崇义、吴宏耀：《刑事诉讼法学五十年回顾与前瞻》，《人民检察》1999年第12期，第10页。
⑦ 左卫民：《价值与结构——刑事程序的双重分析》，法律出版社2003年版，第69、71页。

保障，绝非个别立法决策人的心血来潮，而是适应了进一步改革开放、社会主义市场经济逐步形成的客观需要，体现了党中央提出的'依法治国'，建设社会主义法制国家的方针，也是国际上人权斗争的需要"①。正是在此共识下，中国刑事诉讼法学研究逐渐走向深入。

三、对惩罚犯罪与保障人权并重（平衡）论的挑战与发展

惩罚犯罪与保障人权并重（平衡）论虽是学界通说，但也受到不同观点的挑战。这些挑战的核心观点是实现惩罚犯罪与保障人权的再平衡，进一步强化刑事诉讼中的人权保障。如"发现真实、保障人权"诉讼目的论认为，"发现真实"中的"真实"属于"法律真实"，而刑事诉讼活动应当在保障人权的、公正的诉讼机制下尽力追求客观真实。② "人权保障"诉讼目的论则认为，双重论的根本性缺陷在于把保障人权目的放置在打击犯罪这一首要目的的附属性地位，这从根本上颠覆了现代刑事诉讼的价值目标体系和理论基础。③ "纠纷解决"诉讼目的论认为，惩罚犯罪与保障人权目的并重论更关注的是正确惩罚犯罪，并在此前提下尽量保障人权，而纠纷解决目的理论则对实体真实与人权保障的理念提出更高的要求。④ 此外，还有学者认为刑事诉讼目的与刑事诉讼法目的存在不同，惩罚犯罪与保障人权并非同一层面的话题，惩罚犯罪是刑事诉讼的首要任务，而保障人权是刑事诉讼法的首要任务。⑤ 对此，汪建成教授认为，"将人权保障作为唯一或主要目的的观点，究其本意其实也仅仅是主张在当前现实情况之下，应当将人权保障作为这一矛盾的主要方面来对待"⑥。

总体来看，学界对惩罚犯罪与保障人权关系的研究思路是强化刑事诉讼中的人权保障，但这并未突破前述惩罚犯罪与保障人权并重（平衡）论的框架，而是根据时代发展对惩罚犯罪与保障人权关系做的适度调整。随着刑事司法实践和刑事立法的发展，惩罚犯罪与保障人权并重理论下的保障人权适度优先论正逐渐被学界以及实务界所接受。2012年《刑事诉讼法》修改后，许多学者认为《刑事

---

① 陈光中：《加强司法人权保障的新篇章》，《政法论坛》1996年第4期，第11页。
② 参见李长城：《刑事诉讼目的新论》，《中国刑事法杂志》2006年第1期，第74页。
③ 参见郝银钟：《刑事诉讼双重目的论之反思与重构》，《法学》2005年第8期，第82页。
④ 参见杨正万、杨影：《刑事诉讼目的理论反思》，《贵州民族学院学报（哲学社会科学版）》2008年第1期，第67页。
⑤ 参见樊崇义：《刑事诉讼法再修改的理性思考（上）》，《法学杂志》2008年第1期，第30页；闵春雷：《〈刑事诉讼法修正案（草案）〉完善的基本方向——以人权保障为重心》，《政法论坛》2012年第1期，第25页；邓子滨：《刑事诉讼原理》，北京大学出版社2019年版，第11页。
⑥ 汪建成：《刑事诉讼法再修订过程中面临的几个选择》，《中国法学》2006年第6期，第11页。

诉讼法》正在调适先前的惩罚犯罪与保障人权的平衡关系,人权保障逐渐成为《刑事诉讼法》的价值取向。① 在此基础上,"不枉不纵"的观点亦被"宁纵不枉"和疑罪从无原则所取代。樊崇义教授认为,"现代刑事诉讼要求协调发现真实和人权保障两个方面的目的指向……实体真实的实现要以人权保障为前提。以人权保障为前提,就能够克服积极实体真实主义中过度必罚主义倾向,在促进对实体真实追求的同时,不损逆法治的精髓"②。可见,新形势下的惩罚犯罪与保障人权并重(协调)逐渐强化了人权保障地位,并形成了惩罚犯罪与保障人权并重论下的人权保障适度优先理论。

第二节 对刑事诉讼目的理论研究的评价

惩罚犯罪与保障人权的关系是刑事诉讼以及刑事诉讼法中一组核心关系,不仅是学界理论的建构基础,亦是刑事诉讼结构的建构基础之一。经过四十年来持续不懈的研究,学界对惩罚犯罪与保障人权关系的研究日趋深入,这为刑事诉讼法学研究的发展以及刑事诉讼法制的完善奠定了坚实的基础。

首先,惩罚犯罪与保障人权关系的研究促进了刑事诉讼法学研究的深入。惩罚犯罪与保障人权的关系作为刑事诉讼目的理论的核心问题首先引起学界的高度关注,如人权保障能否成为刑事诉讼目的、人权保障的理论基础是什么、人权能否划分为程序性人权与实体性人权以及人权保障与程序公正的关系等。③ 通过不同学说的争鸣,人权保障逐渐成为刑事诉讼法学研究的基本理念,进而形成惩罚犯罪与保障人权并重理论。在该理论支撑下,学界进一步对无罪推定、沉默权、禁止强迫自证其罪和有效辩护等基本原则以及非法证据排除规则、逮捕条件与程序、侦查的司法审查机制、庭审规则等问题进行研究,并在许多问题上达成共识。④ 可见,惩罚犯罪与保障人权关系的研究极大地促进了刑事诉讼法学研究的发展。

其次,惩罚犯罪与保障人权关系的研究也影响到立法机关,惩罚犯罪与保障

---

① 参见殷泓、王逸吟:《刑诉法是人权保障的试金石》,《光明日报》2012年3月1日,第15版;冀祥德:《论新〈刑事诉讼法〉人权保障的价值取向》,《中国司法》2012年第7期;郝银钟:《迈向人权保障的大宪章》,《中国审判》2012年第4期。
② 樊崇义、夏红:《实体真实与人权保障》,《检察日报》2013年7月9日,第3版。
③ 参见陈光中、陈瑞华、汤维建:《市场经济与刑事诉讼法学的展望》,《中国法学》1993年第5期,第6页。
④ 参见叶青、张栋:《中国刑事诉讼法学研究四十年》,《法学》2018年第9期,第6~7页。

人权并重已成为刑事立法的重要依据。1979年《刑事诉讼法》中具有强烈的惩罚犯罪优先特征，但1996年修改《刑事诉讼法》时，惩罚犯罪与保障人权并重已成为其修法指导思想。① 2012年、2018年修改《刑事诉讼法》时，惩罚犯罪与保障人权并重仍然贯彻修法的整个过程。② 所以，惩罚犯罪与保障人权并重已成为当前刑事立法的重要指导思想。

最后，惩罚犯罪与保障人权并重论也为司法实务界所基本接受，并促使刑事司法人权保障水平的不断提升。经过这些年对惩罚犯罪与保障人权关系的研究，惩罚犯罪与保障人权并重理论已深入人心，并成为刑事司法和刑事执法的重要指导思想。③ 特别是多起冤假错案的曝光，使司法实务界开始认真反思刑事司法程序中的"重实体、轻程序""重打击、轻保护"等理念，越来越强调人权保障以及程序公正的作用。在此背景下，惩罚犯罪与保障人权的动态平衡关系出现向人权保障方向移动的趋势。所以，惩罚犯罪与保障人权关系理论对中国刑事诉讼立法、司法和执法以及学术研究都发挥了非常重要的推动作用。

但客观来说，这些年来学界和实务界对惩罚犯罪与保障人权关系的研究与关注，也存在一些值得进一步商榷和反思的地方。

第一，不同学说对保障人权内涵的界定并不完全相同，研究惩罚犯罪与保障人权应明确是在何种人权保障语境下研究该问题。早期学者们通常将"保障人权"概念理解得非常宽泛，如至少包括保障无罪的人不受追究和保障有罪的人受到公正惩罚、保障诉讼参与人的诉讼权利以及保障一般公民的合法权利等三个方面的内容。④ 可见，"人权保障"概念的内涵是非常杂糅的，不仅包括程序性权利还包括实体性权利，不仅包括被告人和被害人等个人的权利还包括集体公众的权利等。但随着研究的深入，刑事诉讼中"人权保障"的概念逐渐限缩成为以犯罪嫌疑人、被告人享有的程序性权利为核心的一个概念。学者们首先将集体人权、公众人权等概念剔除出"人权保障"的概念，使刑事诉讼中的"人权保障"

---

① 参见郝赤勇主编：《人民警察学习刑事诉讼法讲话》，群众出版社1996年版，第25页。
② 2012年《关于〈中华人民共和国刑事诉讼法修正案草案〉的说明》在"修改刑事诉讼法的必要性"中指出，"修改刑事诉讼法是进一步加强惩罚犯罪和保护人民的需要……迫切需要通过完善刑事诉讼程序，进一步保障司法机关准确及时惩罚犯罪，保护公民诉讼权利和其他合法权利。"2018年《关于〈中华人民共和国刑事诉讼法（修正草案）〉的说明》中指出，"起草工作遵循以下原则：一是，坚持法治思维，维护司法公正，遵循诉讼规律……"
③ 参见陈卫东：《公安机关适用新刑事诉讼法若干问题探析》，《公安学刊（浙江警察学院学报）》2014年第3期。
④ 参见李心鉴：《刑事诉讼构造论》，中国政法大学出版社1992年版，第138页；徐益初：《论我国刑事诉讼中的几个辩证关系——兼论完善我国刑事诉讼原则的问题》，《中国法学》1990年第1期，第84页；陈光中：《论刑事诉讼法修改的指导思想》，《法制与社会发展》1995年第4期，第44页。

限缩为一种个人人权。① 学者们继而通过论述保障犯罪嫌疑人、被告人的人权的意义，使犯罪嫌疑人、被告人的人权保障成为刑事诉讼中"人权保障"的核心。② 所以，此时研究惩罚犯罪与保障人权的关系，实际上是研究惩罚犯罪与保障犯罪嫌疑人、被告人人权的关系。③ 故在此基础上，有些学者进一步将惩罚犯罪与保障人权的关系转换为国家社会利益与个人利益的关系，认为应从单方面强调社会利益、公共安全转向社会与个人并重的立场。④ 当然，这些研究仍然是将刑事诉讼中的人权看作包含程序性权利与实体性权利在内的混合性权利，但近些年来关于惩罚犯罪与保障人权关系的研究则出现进一步将"人权保障"限缩为程序性权利的趋势。如刑事诉讼目的与刑事诉讼法目的的区分论认为，刑事诉讼法的目的在于权力制约和权利保障，而权力制约和权利保障的方式则是通过程序法定或正当程序来实现。⑤ 有学者更加明确地提出，刑事诉讼人权只是一般意义上的人权的一部分，刑事诉讼人权保障仅指正当程序的保障，且主体限于犯罪嫌疑人、被告人。⑥ 如果采用此种人权保障定义的话，那么惩罚犯罪与保障人权的关系就很难出现并重了。因为此时惩罚犯罪与保障人权的关系可转化为实体公正与程序公正的关系，而程序公正优先理论近些年来已经获得社会各界的基本认可，此时人权保障自然就具有优先于惩罚犯罪的地位。所以，我们在研究惩罚犯罪与保障人权关系的时候，首先要界定惩罚犯罪与保障人权的内涵，这样才能保障我们研究的基础或问题是一致的。

第二，惩罚犯罪与保障人权关系的研究过度受制于刑事诉讼目的的研究，无法对刑事诉讼程序以及制度提供具体指导。惩罚犯罪与保障人权的关系是刑事诉讼目的理论的核心，也正因为如此，刑事诉讼目的理论也成为最纷繁复杂的刑事诉讼理论之一。刑事诉讼目的理论的研究极大促进了惩罚犯罪与保障人权关系研究的深入，但刑事诉讼目的理论在一定程度上也阻碍着惩罚犯罪与保障人权关系研究的发展。因为刑事诉讼目的是国家实施刑事诉讼所要达到的目标，这一目的

---

① 参见樊崇义：《刑事诉讼与人权保障》，载陈光中、江伟主编：《诉讼法论丛》（第2卷），法律出版社1998年版，第73页。
② 参见徐益初：《刑事诉讼与人权保障》，《法学研究》1996年第2期，第89页。
③ 如有观点指出，国家作为刑事诉讼的主体，追求的是维护社会秩序、惩罚犯罪和保障社会安全，将安全目的放在第一位；而刑事诉讼的当事人主要追求的是保障人权、自由、平等和公正，而将安全目的放在第二位。参见陈建军：《刑事诉讼的目的、价值及其关系》，《法学研究》2003年第4期，第101页。
④ 参见樊崇义、吴宏耀：《刑事诉讼法学五十年回顾与前瞻》，《人民检察》1999年第12期，第10页。
⑤ 参见樊崇义等：《刑事诉讼法再修改理性思考》，中国人民公安大学出版社2007年版，第22～23页。
⑥ 参见易延友：《刑事诉讼人权保障的基本立场》，《政法论坛》2015年第4期，第15页。

是整个刑事诉讼活动的指导。① 但基于目的理论的基础性以及人权保障的"政治正确性"等考虑，现代国家大都认可刑事诉讼双重目的论，只不过是在惩罚犯罪与保障人权的具体关系上有所偏重。这也使得惩罚犯罪与保障人权关系的研究始终在并重（协调）论的基调下进行。但惩罚犯罪与保障人权并重在实践中实现起来是非常困难的，且极易让权力游走于两个目的之间，而行偷梁换柱、解脱约束之实。② 所以，惩罚犯罪与保障人权并重（协调）论虽然契合国家需求以及学者美好的期望，但在实践中面临实现困境。刑事诉讼法学者们已经注意到这个矛盾，近些年来包括刑事诉讼目的与刑事诉讼法目的区分论在内的许多理论也想解决这个矛盾，其具体做法就是将惩罚犯罪与保障人权从刑事诉讼双重目的论中解放出来。如依据刑事诉讼目的与刑事诉讼法目的的区分论的观点，惩罚犯罪是刑事诉讼目的，而保障人权则属于刑事诉讼法目的，刑事诉讼法就是要为发现犯罪真相的手段设置程序障碍。③ 既然惩罚犯罪与保障人权不属于一个层面的目的，那么在每一个层面就无须非得同时实现这两个目的，惩罚犯罪与保障人权就可以在不同层面上获得同时实现。笔者认同将刑事诉讼目的与刑事诉讼法目的进行区分的观点，但同时认为将刑事诉讼法目的完全界定为保障人权的观点是值得商榷的。因为依据区分论的观点，"刑事诉讼法既是刑事诉讼目的实现的形式，同时又是对刑事诉讼目的实现的限定"④。从其表述来看，刑事诉讼法既要实现刑事诉讼目的（惩罚犯罪），又要对刑事诉讼目的作出限定（保障人权或正当程序）。这也意味着惩罚犯罪与保障人权在刑事诉讼法中仍然同时存在着，所以仍然要面临如何平衡惩罚犯罪与保障人权关系的问题。这与并重（协调）论以及并重论下的人权保障优先论并无本质差别。但笔者同时认为，区分论试图将惩罚犯罪与保障人权的关系同刑事诉讼目的的理论区分的努力是值得借鉴的。将惩罚犯罪与保障人权同刑事诉讼目的论区分，使对二者关系的研究专注于刑事诉讼法条文本身，而不必受到政治等因素的干扰，这也为二者研究的进一步发展提供更充足的动力。故而，对惩罚犯罪与保障人权关系的研究可适当脱离刑事诉讼目的理论的研究，并专注于刑事诉讼具体条款以及程序中如何实现惩罚犯罪与保障人权的平衡问题。

第三，惩罚犯罪与保障人权关系的研究尚未完全突破程序工具主义的束缚。

---

① 参见熊秋红：《刑事诉讼法学的新发展》，中国社会科学出版社2013年版，第43页。
② 参见邓子滨：《刑事诉讼原理》，北京大学出版社2019年版，第26页。
③ 参见邓子滨：《刑事诉讼原理》，北京大学出版社2019年版，第26页。
④ 宋振武：《重返刑事诉讼目的的单一论》，《烟台师范学院学报（哲学社会科学版）》2004年第2期，第112页。

受功利主义以及国内"重实体、轻程序"传统的影响,刑事诉讼法学学者在引入人权保障理念时存在很强烈的程序工具主义思维。如有观点将人权保障、维护正当程序的意义归结为为了获得普遍的而非个案的实体真实。[1] 随着学术研究的深入,这种否定人权保障、正当程序独立价值的观点受到批判,学者们逐渐接受人权保障以及正当程序具有独立价值的观点,这也深刻影响着惩罚犯罪与保障人权关系的研究。如前所述,惩罚犯罪与保障人权关系研究中"人权保障"的内涵,逐渐从集体、公众人权转变为以保障犯罪嫌疑人、被告人程序性权利为核心,"程序公正优先理论"也逐渐获得实务界的认可。但客观来说,程序工具主义、"重实体、轻程序"的思维方式并未被完全抛弃。如有学者试图运用权利克减理论来解释监察体制改革中的惩罚犯罪与保障人权关系问题,认为监察法没有规定留置阶段律师介入,体现的是公职人员权利克减理念。[2] 我们姑且不论获得律师辩护权是否属于权利克减的范畴,该论点本身即带有很强烈的程序工具主义色彩。因为该种理论将限制被监察对象获得律师帮助权的原因,归结于有力打击腐败,这与先前的"为实体牺牲程序"并无区别。实际上,早在1979年《刑事诉讼法》颁布之际,学界就曾有此种观点,认为"除了反革命分子外,对于重大的刑事犯罪分子也必须实行专政……必须把他们当作专政对象,严厉惩办"[3]。但随着学界对程序工具主义的批判,这种区分不同对象而给予不同程度人权保护的观点已经被抛弃了,人权保障不应因人而异。而且,获得律师帮助权应是一项基本权利,《公民权利和政治权利国际公约》中将其作为一项"最低限度保证"而不可被剥夺或限制。所以,惩罚犯罪与人权保障关系的研究应进一步破除程序工具主义的影响。

第三节 对刑事诉讼目的理论发展的展望

惩罚犯罪与保障人权的关系是刑事诉讼法学研究的一项基本课题,近些年来学界予以高度关注,并基本形成惩罚犯罪与保障人权并重的共识。这与当前刑事诉讼模式相融合的趋势是一致的。但任何研究都必须以实践为基础,惩罚犯罪与保障人权关系的研究也需以中国刑事诉讼法治的发展为基础。惩罚犯罪与保障人

---

[1] 参见陈瑞华:《刑事诉讼的前沿问题》(第2版),中国人民大学出版社2005年版,第81页。
[2] 参见吴建雄:《国家监察体制改革若干问题探析》,《新疆师范大学学报(哲学社会科学版)》2019年第5期,第107页。
[3] 张子培:《刑事诉讼法的指导思想和性质、任务》,《北京政法学院学报》1979年第1期,第26页。

权关系并重论基本契合了当前中国刑事法治的发展情况,所以其成为通说并为各界所接受。但随着我国刑事诉讼法治事业以及人权保障水平的不断发展,惩罚犯罪与保障人权关系的研究还将不断走向深入。未来惩罚犯罪与保障人权关系的研究,可从如下两个方面作出突破。

　　第一,如何因应中国人权保障水平的发展而实现惩罚犯罪与保障人权关系再平衡。惩罚犯罪与保障人权是现代刑事诉讼的两个核心课题,各国和地区在设计二者关系时也需结合本国(地区)的情况、诉讼文化以及刑事司法实践等多方面因素来确定。所以,虽然帕克将刑事诉讼区分为犯罪控制模式与正当程序模式,但他同时认为,没有哪个模式是对应现实或代表理想状态,从而完全排斥另一个模式的。① 故而,无论是在大陆法系还是在英美法系,如何使刑事诉讼"既保障人权又发现真实"是一项普遍课题。② 我国惩罚犯罪与保障人权关系理论的变迁也反映了这一要求。惩罚优先论契合当时改革开放初期社会发展的需要,但随着社会民主法制建设的发展,国家亟须规范刑事司法领域中的权力滥用问题,由此产生了惩罚犯罪与保障人权并重(协调)论。惩罚犯罪与保障人权并重(协调)论提出几十年后,中国的人权保障观念以及刑事司法实践发生了巨大变化,人们对刑讯逼供、错案以及司法腐败等问题的容忍度也大幅降低。此时,并重论已经无法满足人们对刑事司法公平正义的需要,人们呼唤更高标准的刑事司法人权保障水平。惩罚犯罪与保障人权并重论下的保障人权适度优先论在一定程度上契合了当前刑事司法实践的发展,但这一理论仍存在进一步完善的空间。如当前的保障人权适度优先理论是以强调程序公正的优先地位为着力点的,但程序公正能否完全替代人权保障的内涵,人权保障在哪些程序中具有优先性,如何解释职务犯罪案件中的惩罚犯罪与保障人权关系等问题,都需要进一步解释。所以,未来的惩罚犯罪与保障人权关系研究仍然大有可为。当然,我们在研究惩罚犯罪与保障人权关系的时候,必须要注意到人权保障是存在底线的,而这些底线保障不可突破。因为刑事司法领域中的人权本身已是国家利益、社会利益与个人利益平衡的结果,如果再因为惩罚犯罪而突破人权保障的底线要求,这将会重新回到惩罚犯罪优先理论的时代。故《公民权利和政治权利国际公约》第 14 条第 3 款的表述是,"在判定对他提出的任何刑事指控时,人人完全平等地有资格享受以下的最低限度的保障……"既然是"最低限度的保障",那就意味着这些权利是不容克

---

① 参见[美]哈伯特·L.帕克:《刑事制裁的界限》,梁根林等译,法律出版社 2008 年版,第 155 页。
② 参见[日]田口守一:《刑事诉讼的目的》,张凌、于秀峰译,中国政法大学出版社 2011 年版,第 45 页。

减的。所以，无论是惩罚犯罪与人权保障并重论还是保障人权适度优先论，都应当坚持人权保障的底线要求，这是不可突破的"红线"。

第二，关注认罪认罚从宽制度对惩罚犯罪与保障人权关系的影响。无论是惩罚犯罪优先论还是惩罚犯罪与保障人权并重（协调）论抑或是保障人权优先论，它们的前提都是将实体真实主义作为刑事诉讼的目的。但认罪认罚从宽制度对刑事诉讼的实体真实主义目的产生巨大冲击，虽然立法上并未降低认罪认罚从宽案件的证明标准，认罪认罚案件的定罪也需达到"案件事实清楚、证据确实充分"的标准，但这一目的实现起来是非常困难的。因为从辩诉交易以及控辩协商等制度的发展历程来看，解决部分证据缺失案件的定罪问题是它们产生的重要根源。这也使发现实质真实的刑事诉讼目的在控辩协商、辩诉交易等制度中受到很大冲击。在奉行职权主义和发现实质真实刑事诉讼目的观的德国，控辩协商制度也被要求以发现实质真实为目的。但司法实践中的数据却显示，职权调查义务在协商实践中并未被严格遵循，法官在大量案件中都未履行职权调查义务，直接将被告接受检察官指控后所作供述作为定罪的唯一根据。[①] 所以，认罪认罚从宽制度改变了刑事诉讼对实体真实主义的追求，纠纷解决甚至是当事人认可的"真实"成为刑事诉讼的重要内容。此外，认罪认罚从宽制度对正当程序的冲击也是巨大的。在认罪认罚从宽案件中，刑事诉讼中用以维护犯罪嫌疑人、被告人权利的各种程序都出现一定程度的简化，无罪推定原则、证据裁判原则以及禁止强迫自证其罪原则等都出现一定程度的松动。所以，在犯罪嫌疑人、被告人认罪认罚的情况下，人权保障到底应在多大程度上发挥作用值得进一步关注。随着认罪认罚从宽制度的发展，惩罚犯罪和保障人权不再是刑事诉讼的唯二目的，如何在惩罚犯罪与保障人权关系的研究中加入当事人主义以及纠纷解决的因素，是未来惩罚犯罪与保障人权关系研究的新课题。

[①] 参见高通：《德国刑事协商制度的新发展及其启示》，《环球法律评论》2017年第3期，第161页。

第六章

检察机关在刑事诉讼结构中法律性质理论的争鸣与发展

检察机关的性质、定位问题在古今中外均充满争议。① 正如我国台湾地区学者林钰雄教授指出的那样："自欧陆创设此制以来，检察官处于法官与警察两大山谷的'谷间带'，在两大旗帜鲜明集团的夹杀之下，摸索自我的定位。"② 关于检察官的定位问题，德国历史上分别于 19 世纪中叶前后及 1960 年前后发生两次大论辩；法国在创设检察制度近 200 年后，各界仍为此问题针锋相对。③

同样，检察机关的性质问题也在我国引起了大规模、长时间的争论。总体而言，改革开放以后我国关于检察机关性质的讨论可分为四个阶段：第一阶段的争论伴随着 1979 年第二部《人民检察院组织法》的修订而展开，又随着该法的颁布施行而平息。第二阶段的争论出现在 20 世纪末 21 世纪初的世纪之交时期。此时，刑事诉讼理论的研究逐渐成熟④，党的十五大提出"推进司法改革"，关于

---

① 研究者们对"人民检察院是法律监督机关"有不同的理解。有人认为这是检察机关的性质，也有人将其表述为检察机关的定位、定性、属性。可见，研究者们对"定位""性质""定性"等概念有不同用法，有学者认为这些概念是不同的，但绝大多数研究者仍然将"定位"和"性质""属性"作同义使用。2018 年《关于〈中华人民共和国人民检察院组织法（修订草案）〉的说明》也表明，"人民检察院是法律监督机关"是立法者对人民检察院性质的确认。为了更全面地梳理相关研究，本书将"定位""性质""属性"作同义使用。
② 林钰雄：《检察官论》，法律出版社 2008 年版，第 50 页。
③ 林钰雄教授对欧陆创设检察体制后的争论史进行了梳理，其观点对我国大陆的相关学术研究产生了深远影响。参见林钰雄：《检察官论》，法律出版社 2008 年版，第 61 页。
④ 刑事诉讼构造、刑事诉讼职能、刑事诉讼目的、刑事诉讼价值、程序正义等基本理论问题在这个时期得到深入探讨。参见樊崇义、吴宏耀：《刑事诉讼法学五十年回顾与前瞻》，《人民检察》1999 年第 12 期，第 9 页。

检察权性质的问题被认为关系到检察机关的改革方向和职权配置,这场争论持续时间长、影响范围大,虽然吸引了众多诉讼法学、法理学、宪法学界人士参与其中,但各方未能达成共识。第三阶段的研究是第二阶段的延续,时间上可划为2007年前后至2016年。随着时间的推移和司法改革的深入,检察机关的司法性在这个时期逐渐凸显,关于检察机关性质的研究出现诸多新观点。第四阶段的讨论始于2016年监察体制的改革,职务犯罪侦查权的转隶使检察机关的自身定位问题受到广泛关注。

可见,世界范围内关于检察机关性质的争议往往伴随着司法体制的重大改革或权力的重构,当今各国关于检察制度的设置实为各种政治势力和法学理论冲突妥协的结果。由于各国检察制度各有不同,关于检察机关性质的争论呈现鲜明的地方特色、时代特征,难以一言以蔽之。

第一节 伴随1979年《人民检察院组织法》起草工作的争论

出于对"文化大革命"的深刻反思,1978年第五届全国人大通过的《宪法》恢复了检察机关的设置,结束了长期以来关于要不要检察机关的争论。[1] 此后,中华人民共和国成立后第二部《人民检察院组织法》的制定工作便紧锣密鼓地展开。由于时间紧迫,一些思想认识问题在起草新法之前来不及加以澄清,只能在起草工作的过程中结合有关问题进行必要的厘清。[2]

根据王桂五先生的回忆,当时需要澄清思想、统一认识的主要问题就包括检察机关的性质问题。对此,当时有两种意见:一种意见认为,检察院是国家的检察机关。主要理由是:监督是事先的监视,而检察是事后的监督,实行法律监督容易引起他人反感,而使自己陷于孤立。另一种意见认为,检察院是国家的法律监督机关。主要理由是:法律监督是列宁提出的原则,结合我国的实际情况,如果没有一个坚强的专门法律监督机关,法律的实施就没有可靠的保证,而且把检察院确定为检察机关是同义反复,没有实际意义。这两种意见,曾同时提交第七次全国检察工作会议讨论,仍未取得一致意见。[3] 最终,五届全国人大二次会议修正通过的《人民检察院组织法》第1条规定:"中华人民共和国人民检察院是

---

[1] 新中国检察制度建立后,"左"倾思想认为检察机关进行法律监督是"矛头对内",与无产阶级专政"唱对台戏",因此引发1957年对检察制度的批判,"文化大革命"中检察制度也被废止。
[2] 参见王桂五:《王桂五论检察》,中国检察出版社2008年版,第183页。
[3] 参见王桂五:《王桂五论检察》,中国检察出版社2008年版,第183页。

国家的法律监督机关。"彭真同志在第五届全国人民代表大会第二次会议上发表的《关于七个法律草案的说明》也提到"确定检察院的性质是国家的法律监督机关",并且说明检察院组织法运用了列宁的指导思想,"列宁在十月革命后,曾坚持检察机关的职权是维护国家法制的统一"①。1982 年《宪法》也对此进行了确认。

在检察机关的性质为何这个问题上,1979 年《人民检察院组织法》的颁布施行起到了一锤定音的作用。有学者指出:当时对于检察权的定位、职权以及《关于七个法律草案的说明》"不排除对历史上我党肃反以及历次政治运动教训的考虑,以及……国家百废待兴状况下检察权应着重解决的现实突出问题的考虑。至于这一法律定位的理论根据以及对解决这些问题的深层理论研究则在当时缺乏深入细致的推敲"②。可见,改革开放之初的理论研究主要起到正本清源的作用,多为对相关法律的正面阐释,难以引起理论上的争鸣。在此后的 20 世纪 80 年代和 90 年代初期,检察机关的性质是法律监督机关的观点受到普遍认同。③

然而,正如有学者指出的那样,1979 年《人民检察院组织法》的设计令人感到困惑:检察机关的职权与其性质明显不相匹配,独立性不足;在如何实现法律监督这一问题上也并未提供一个令人满意的设计方案。④ 这为此后关于检察机关性质的理解留下了历史性的难题,为持续不休的质疑和争论埋下了伏笔。

第二节　世纪之交的检察权性质之争:1999—2007 年

20 世纪 90 年代,我国检察体制中的一些问题开始显现,刑事诉讼理论的研究逐渐深入。"受到西方检察制度和刑事诉讼制度的影响,传统的检察权的理论基石——法律监督理论受到前所未有的挑战。"⑤ 在 20 世纪末 21 世纪初,很多研究者从检察机关权力属性角度来讨论检察机关的性质,各界在关于检察权的性质和配置问题上爆发了一场激烈的论辩。

---

① 彭真:《关于七个法律草案的说明(一九七九年六月二十六日)》,载彭真:《彭真文选》,人民出版社 1991 年版,第 377 页。
② 姜小川:《检察权定位:检察职权配置的关键》,《法学杂志》2011 年第 9 期,第 95 页。
③ 参见徐益初:《论全面充分发挥检察机关法律监督职能的作用》,《中国法学》1987 年第 4 期,第 41~42 页;孙静贞:《检察机关的性质和基本任务》,《北京政法学院学报》1979 年第 1 期,第 38~43 页。
④ 参见魏晓娜:《依法治国语境下检察机关的性质与职权》,《中国法学》2018 年第 1 期,第 285~288 页。
⑤ 闵钐:《检察权配置的历史变迁与反思》,《国家检察官学院学报》2010 年第 5 期,第 55 页。

第六章　检察机关在刑事诉讼结构中法律性质理论的争鸣与发展

一、酝酿：检察权性质之争的实践背景和理论准备

（一）实践背景：法检冲突与司法改革

随着时间的推移，重建后的检察体制在实践中显露出种种弊端。到了 20 世纪 90 年代，社会更加开放，原有的司法制度已经愈来愈无法在公平与效率两个方面发挥其应有的功能。因此，法院和检察院开始自发地从内部进行自我革新，庭审方式的改革也从民事审判领域延伸到刑事审判领域。这种带有自发性质的改革不可避免地带来一些部门冲突，如最高人民法院和最高人民检察院发布的一些司法解释相互矛盾，基层检察院拒绝向法院移送赃款赃物等。[①] 此时，已经有观点认为应当取消或限制检察院的某些权力，一些学术主张也得到了立法的确认。

1996 年修正的《刑事诉讼法》确立了控辩式的庭审方式，取消了检察机关的免予起诉权，刑事审判中法院的中心地位更加突出，而庭审改革中关于法官入庭时全场人员是否应当起立的问题引发争议。[②] 有学者提出，检察机关集公诉权与法律监督权于一身是庭审礼仪冲突的症结所在[③]，检察机关作为诉讼一方在法庭上对法官和辩护方进行监督的做法也受到越来越多的质疑。[④] 这些关于审检冲突、检察权配置的讨论为检察权的性质之争埋下了伏笔。

1997 年 9 月，党的十五大确立了依法治国的基本方略，提出了建设社会主义法治国家的目标。社会对法律规则的需求日益增强，人民的法律意识也逐渐提高，司法行政化、地方化，司法人员吃拿卡要、枉法裁判的腐败现象引发社会各界的不满。[⑤] 因此，司法公正和司法改革成为刑事诉讼法学界关注的热点问题。中国法学会诉讼法学研究会 1998 年、1999 年年会分别以"司法公正和司法改革""依法治国与司法公正"为题，把该问题的研究推向了高潮。[⑥]

改革对基础理论的需求鼓励了更深入的学术研究。一些学者从审检冲突、司法不公等社会现象出发，剖析检察权的配置问题，提出关于检察改革方向的主张，成为检察权性质之争的导火线。

[①] 参见尹伊君：《检法冲突与司法制度改革》，《中外法学》1997 年第 4 期，第 37~46 页。
[②] 参见陈国庆：《刑事庭审改革试点中若干问题之我见》，《政法论坛》1996 年第 5 期；龙宗智：《检察官该不该起立——对庭审仪式的一种思考》，《法学》1997 年第 3 期。
[③] 参见陈吉生：《论公诉权与法律监督权的独立行使》，《政法论丛》1998 年第 1 期，第 14 页。
[④] 参见董皞：《我国司法机关多重职能改革之思考》，《中国法学》1997 年第 4 期，第 28 页。
[⑤] 参见陈卫东：《司法改革十年检讨》，《人民检察》2002 年第 3 期，第 26 页。
[⑥] 参见陈光中、宋英辉：《刑事诉讼法学回顾与展望——"九五"成果总结与"十五"发展趋势》，载陈光中、江伟主编：《诉讼法论丛》（第 6 卷），法律出版社 2001 年版。

（二）理论准备：司法权的性质

新中国成立以后，检察机关和公安机关、审判机关、监狱等都是无产阶级专政的"刀把子"，常被统称为"司法机关"或"政法机关"，具有明显的工具性质。虽然 20 世纪六七十年代"司法"曾被妖魔化，但改革开放以后，"司法"仍然成为重要的政治法律用语，"司法机关"也被广泛用于日常生活中。20 世纪 80 年代的"刀把子"风波[①]引发人们对司法机关职能、司法机关的范围等问题的思考。

20 世纪 90 年代以后，人们已经意识到政法机关除了肩负打击刑事犯罪的任务、具有"刀把子"的作用，还具有处理大量人民内部矛盾、保护人民民主权利、处理各种经济纠纷的职能。关于司法机关是专政工具的说法越来越少，关于司法权性质的讨论出现，"司法权即裁判权"的观点产生了巨大影响。[②] 法律界更多人已经对公安机关不属于司法机关达成共识，但对检察权是否属于司法权远未达成一致意见。[③]

在改革的推动之下，有学者提出，检察权的本质是行政权而不是司法权，法律监督机关也并非检察机关的应然定位，一些学术主张在事实上给检察机关带来了"生存危机"。为了在改革中掌握主动权，检察系统随即将大量资源投入到这场法学话语权的博弈中。[④] 20 世纪 90 年代末期，一场"惊心动魄"的大讨论全面展开。[⑤] 这个时期形成了"行政权说""司法权说""双重属性说""法律监督权说""多元属性说"五种观点。

[①] 1983 年，老一辈法学家徐盼秋同志在一次座谈会上提出，不应当把政法部门只是当作"刀把子"，后被某领导干部批为"是资产阶级自由化最典型的表现"，由此引发"刀把子"风波。参见张传桢、李然：《"刀把子"风波记》，载郭道晖、李步云、郝铁川主编：《中国当代法学争鸣实录》，湖南人民出版社 1998 年版，第 293～299 页。

[②] 参见孙笑侠：《司法权的本质是判断权——司法权与行政权的十大区别》，《法学》1998 年第 8 期；孙笑侠：《再论司法权是判断权》，载信春鹰、李林主编：《依法治国与司法改革》，中国法制出版社 1999 年版，第 416～418 页。

[③] 参见滕彪：《"司法"的变迁》，《中外法学》2002 年第 6 期，第 725～741 页。

[④] 2006 年 7 月，三名法学家挂职于最高人民检察院并担任重要职位。《民主与法制时报》对此进行报道时就曾指出：最高检的这次特殊任命有着深刻的政治背景。其中之一就是，面对各种质疑检察机关宪法地位、取消和削弱检察权的声音，面对检察制度和检察理论的挑战，最高检要培养自己的中青年法学家，坚决捍卫中国特色的检察制度。昭示了最高司法机关在立法的博弈过程中，越来越多地关注于话语权的博弈。参见韦洪乾：《三位法学家挂职最高检》，《民主与法制时报》2006 年 8 月 7 日，第 A01 版；杨涛、傅达林、李克杰：《话语本身就是一种权力》，《民主与法制时报》2006 年 8 月 14 日，第 A03 版。

[⑤] 这场争论中，一些学者主张取消和削弱检察权，使检察制度和检察理论面临挑战，因而被最高人民检察院的领导形容为惊心动魄。参见韦洪乾：《三位法学家挂职最高检》，《民主与法制时报》2006 年 8 月 7 日，第 A01 版。

二、行政权说

（一）学说基础

"行政权说"的提出可谓率先挑动社会的神经，直接引发了这场论辩的开始。该学说认为：检察权在本质上是行政权，检察机关实质上是行政机关。

如前文所述，在20世纪90年代末期，"司法权即裁判权"的观点受到广泛认同，因此，关于司法权特征的总结是"行政权说"的一个重要论据。

有学者认为，与行政权相比，司法权具有终结性、独立性、中立性、消极被动性、个别性、专属性和不可转授性[①]；也有学者认为，司法权具有被动性、程序性、中立性、判断性、审查性、终极性[②]；还有学者认为，司法权具有终局性、中立性、独立性、消极被动性。[③] 虽然学者们对"司法权"特征的总结不一，但都是以"司法权即裁判权"为出发点的。他们认为，检察机关不具有司法权的特征，从反面来说，检察权是主动的、站在国家立场上的、非判断性的、非终局性的权力，因此，检察权在本质属性上、在终极意义上应该属于行政权。

"行政权说"的第二个理由在于，检察机关的基本职能是公诉，检察权在本质上表现为公诉权，而公诉权的行政性决定了检察权的行政性：首先，从历史发展的角度来说，检察机关从诞生之日起便是代表国家追诉犯罪的专门机关，设立检察机关的目的就是行使公诉权，检察机关是应国家公诉的需要而产生发展起来的。[④] 其次，从比较法的角度来说，西方发达国家的检察机关都以公诉为首要任务，都根据公诉需要赋予检察机关各种特定的职能，他们行使的权力都属于刑事追诉权，其权力的行政属性的确是存在的。德、法两国检察官虽具有准司法官地位，但也只是说明他们在追诉时要注意尊重事实真相和法律尊严，这构成了对检察机构刑事追诉权的外在限制，但并未否定这种刑事追诉权的行政权性质。[⑤] 最后，从我国社会发展趋势来看，公诉职能也应作为检察机关的基本角色定位。20

[①] 参见郝银钟：《检察权质疑》，《中国人民大学学报》1999年第3期，第74～75页；陈卫东、郝银钟：《实然与应然：关于侦检权是否属于司法权的随想——兼答王天国先生》，《法学》1999年第6期，第27页。

[②] 参见徐显明：《司法改革二十题》，《法学》1999年第9期，第6页。

[③] 参见陈卫东：《我国检察权的反思与重构——以公诉权为核心的分析》，《法学研究》2002年第2期，第4～6页。

[④] 参见陈卫东：《我国检察权的反思与重构——以公诉权为核心的分析》，《法学研究》2002年第2期，第8页。

[⑤] 参见陈卫东：《我国检察权的反思与重构——以公诉权为核心的分析》，《法学研究》2002年第2期，第8～9页；陈瑞华：《司法权的性质——以刑事司法为范例的分析》，《法学研究》2000年第5期，第53页；夏邦：《中国检察院体制应予取消》，《法学》1999年第7期，第48页。

世纪90年代以来,我国的司法改革越发注重控辩双方的平等,强调检察机关的庭审举证责任,改革趋势就是要使检察机关成为真正的控诉方,而且发展的方向也必然是要继续强化检察机关的公诉职能。[①]

"行政权说"的第三个论据在于,检察机关享有的法律监督地位存在缺陷,因此,从应然层面来说,使检察机关回归行政机关的角色更加有利于司法公正。[②]

一方面,法律监督与刑事追诉之间有着不可调和的矛盾和冲突。从理论上来说,法律监督者的角色要求检察机关保持中立、超然,刑事侦控者的角色则要求检察机关积极、主动地使犯罪嫌疑人获得有罪判决。这种"既是运动员,又是裁判员"的制度设置不符合司法公正的要求,也损害司法权的依法独立行使。从实践效果来看,我国的检察机关基本将自身定位于与犯罪作斗争的刑事追诉机构,追求着"胜诉"的结局,十分重视不利于被告人的证据和事实,忽视甚至故意隐匿有利于被告人的证据。"那种旨在追求使被告人受到无罪或者罪轻结局的抗诉,目前还存在于书本上,而不是现实之中。"[③]

另一方面,检察机关的法律监督地位还对司法裁判的终结性和控辩双方的对等性造成消极影响。检察机关对生效裁判的"监督"可能损害司法裁判的终结性,使案件的诉讼程序永无终结之日。而且拥有"法律监督者"身份的检察机关永远有高人一等的身份和心态,其拥有的监督权也导致其不可能满足于与辩护方平等的地位,不利于司法公正。

然而,主张"行政权说"的学者也承认,检察权不同于一般的行政权:例如,检察权具有一定的独立性,上级的指挥监督必须与检察官的独立性相协调;又如,检察权是积极程度最低的行政权。但他们认为,这种检察权的个性特征不能抹杀其作为行政权的性质,检察权在本质上仍然属于行政权。[④]

[①] 参见陈卫东:《我国检察权的反思与重构——以公诉权为核心的分析》,《法学研究》2002年第2期,第10页。

[②] 不少"行政权说"的学者都质疑了检察机关法律监督地位的科学性。参见夏邦:《中国检察院体制应予取消》,《法学》1999年第7期,第48页;郝银钟:《检察权质疑》,《中国人民大学学报》1999年第3期,第71~74页;陈瑞华:《司法权的性质——以刑事司法为范例的分析》,《法学研究》2000年第5期,第55页;陈卫东:《我国检察权的反思与重构——以公诉权为核心的分析》,《法学研究》2002年第2期,第12页。

[③] 陈瑞华:《司法权的性质——以刑事司法为范例的分析》,《法学研究》2000年第5期,第55页。

[④] 参见陈卫东:《我国检察权的反思与重构——以公诉权为核心的分析》,《法学研究》2002年第2期,第7页;刘远、赵玮:《行政执法与刑事执法衔接机制改革初探——以检察权的性质为理论基点》,《法学论坛》2006年第1期,第45页。

(二)具体主张

正如林钰雄教授所言,"不管何种学说,最令人注意者,乃其具体的主张为何,实益何在"①。总体而言,"行政权说"是学者们在改革的大背景下,在反思制度缺陷的基础上提出的。他们的主张也与检察机关的权力配置密切联系。

"行政权说"论者认为,司法制度"要从根本上与行政制度区分开来,最低限度防止司法权的行政化"②。中国检察官只能定位为在刑事诉讼中代表国家承担控诉职能的具有国家公务员性质的公诉人。③ 有学者建议进行较为彻底的改革,主张"恢复检察权为行政权的本来面目,将检察院体制从司法体制中取消"④。还有学者提出了更为具体的职权配置建议:

第一,在警检关系方面,主张实行检察官领导下的侦检一体化模式。检察机关与公安机关的关系不应是各司其职、相互独立、相互制约的关系,而应使检察机关成为整个审前程序的主导核心,公安机关在刑事诉讼中的侦查职能应该依附于公诉职能,公安机关也应该接受检察机关的领导、指挥和监督。⑤

第二,在检察机关自身的职权配置方面,应"建立以公诉为龙头的检察职权体系"。应朝着检察机关就是公诉机关的思路去构建整体的司法制度,检察机关职权体系的核心只能是公诉权。虽然也可以根据形势的需要使检察机关承担一部分其他职能,如监督监狱、劳教、看守所等劳改劳教和临时羁押场所,在民事、行政案件中也承担一些必要的职能等,但这些都不是主要的,也不是必须由检察机关承担的。⑥

第三,法律监督应当逐渐淡化并在条件成熟时最终退出检察机关的职能范围。诉讼领域中法律的实施应当通过控、辩、裁三方相互制约和平衡的机制加以解决,而不要轻易从诉讼机制之外,引进所谓的"法律监督",否则,"谁来监督监督者"的永恒难题就不可避免地出现在制度设计和法律实践之中。⑦

---

① 林钰雄:《检察官论》,法律出版社 2008 年版,第 65 页。
② 陈卫东、郝银钟:《实然与应然:关于侦检权是否属于司法权的随想——兼答王天国先生》,《法学》1999 年第 6 期,第 27 页。
③ 参见郝银钟:《检察权质疑》,《中国人民大学学报》1999 年第 3 期,第 76 页。
④ 夏邦:《中国检察院体制应予取消》,《法学》1999 年第 7 期,第 47~48 页。
⑤ 参见郝银钟:《检察权质疑》,《中国人民大学学报》1999 年第 3 期,第 76 页;陈卫东、郝银钟:《实然与应然:关于侦检权是否属于司法权的随想——兼答王天国先生》,《法学》1999 年第 6 期,第 25 页。
⑥ 参见陈卫东:《我国检察权的反思与重构——以公诉权为核心的分析》,《法学研究》2002 年第 2 期,第 15~16 页。
⑦ 参见陈瑞华:《司法权的性质——以刑事司法为范例的分析》,《法学研究》2000 年第 5 期,第 55 页。

第四，将审查批捕等司法性质的权力纳入法院的司法裁判中。检察机关所享有的审查批捕等涉及限制个人基本权益和自由的强制处分权，实际是需要一个中立主体进行裁决的司法权，应当逐步被纳入法院的司法裁判权之中。① 但作为过渡性的措施，可先在现行制度的基础上作出变化，首先实行逮捕和羁押分离的制度，再将检察机关的内部结构进行调整，将批准是否羁押的权力赋予公诉检察官以外的人员。②

（三）相关质疑

"行政权说"的提出可谓"一石激起千层浪"，直接导致了这场检察权性质之争的爆发。其中，关于"把检察体制从司法体制中取消""淡化检察机关法律监督色彩"的主张更是在检察系统内部引起强烈反弹，不少理论和实务界人士纷纷发文表示质疑，《法学》杂志也在1999年第9期开设了"关于检察体制存废的讨论"。反对观点从各个角度对"行政权说"进行了反驳：

第一，"行政权说"关于"司法权即裁判权"的立论基础与我国的宪制相悖。

反对观点认为，与中国约定俗成的司法和司法权概念相比，"司法权即裁判权"是以偏概全的，其内涵和外延显得过于狭窄，据此得出司法权的属性难以令人信服。③ "行政权说"提出的"司法权"的特征实际上只是审判权的特征，是西方"三权分立"语境下的司法权特征。然而，中国特色的社会主义法治理论与西方的法治理论和法治模式有着极大差异，研究中国检察权的性质必须立论于人民代表大会制而不是"三权分立"制。④ 在探讨社会主义中国的司法权概念时，只要"三权分立"没有成为我国的宪法制度，只要承认党的十六大报告中有关司法体制改革的论述是我国司法体制改革必须遵循的指导思想，我们就必须坚持司法涵盖审判和检察、司法权包括审判权和检察权的"二元架构"，摈弃建构在"三权分立"基础上的狭义的司法或司法权概念。⑤

第二，反对观点也对"行政权说"关于"检察权不具备司法权的特征，具有行政权特征"的论据进行了质疑。

---

① 参见陈卫东：《我国检察权的反思与重构——以公诉权为核心的分析》，《法学研究》2002年第2期，第17页；陈瑞华：《司法权的性质——以刑事司法为范例的分析》，《法学研究》2000年第5期，第55页。
② 参见陈卫东：《我国检察权的反思与重构——以公诉权为核心的分析》，《法学研究》2002年第2期，第17~18页。
③ 参见倪培兴：《论司法权的概念与检察机关的定位——兼评侦检一体化模式（上）》，《人民检察》2000年第3期，第46页。
④ 参见孙谦：《中国的检察改革》，《法学研究》2003年第6期，第5~6页。
⑤ 参见石少侠：《论我国检察权的性质——定位于法律监督权的检察权》，《法制与社会发展》2005年第3期，第85页。

第六章　检察机关在刑事诉讼结构中法律性质理论的争鸣与发展

有论者认为，即使根据司法活动具有终结性、中立性、消极性和被动性的特征来衡量，检察活动也具有一定的司法性。从具体的权力类型分析：不起诉决定具有一定的终结性；检察权依法独立行使，具有一定的独立性；检察院在审查起诉时既要收集有利于被告人的证据，也要收集不利于被告人的证据，具有一定的中立性；批捕权的行使依赖于公安机关的启动，因此也不是纯粹的主动性的权力。[①] 从域外来看，法国近期司法改革的一项重要目标就是强化检察官的独立地位而不是加强其行政性。[②] 从司法改革的方向来看，检察权的行使过程越来越呈现出"去传统行政化"的趋势。例如，律师提前介入、听证制度的引入等，使公诉的决定过程远不像传统的行政活动，而更近似于通常讲的司法活动。[③]

有观点从反面入手，对行政权的特征进行总结，得出检察权的本质属性不是行政权的结论。其一，行政权是一种实体性权力，但检察权只能引起一定的程序。例如，免予起诉制度的废除就是为了将检察权中的实体处分权转化为程序性权力。其二，行政权具有可转授性，可以委托、授权给非政府人员处理，但检察权具有专属性。其三，行政权的价值取向具有效率优先性，注重投入和产出的关系，注重实体正义，而检察权的价值取向具有公平优先性，注重程序正义。[④] 其四，行政权具有可诉性，行政侵权的行政赔偿须经诉讼程序裁决，但检察权的不可诉性显而易见。[⑤]

还有反对观点批评道：以我国检察机关具有某些行政性特征为由认定检察权属于行政权的观点是不能成立的。其一，司法活动行政化是司法改革必须解决的问题，这种行政色彩必将逐渐减少并最终退出检察权。其二，作为内部管理手段的行政措施是任何机关都不可缺少的，并非为行政机关所专设。对检察权性质的界定是对检察机关在宪制上的定位，确定的是检察权与行政权、审判权的关系，是外部关系，不能用检察机关内部运作来界定其在整个国家权力结构中的地位和性质。其三，"检察一体""垂直领导"是学者们的学理概括或在司法改革中的目标追求，并非我国检察制度的现实。以现实中尚不存在或尚无法律依据的虚构事实来界定我国检察权的性质，是没有根据的无的放矢。[⑥]

[①] 参见陈永生：《论检察机关的性质》，《国家检察官学院学报》2001年第2期，第45页；肖金明：《论检察权能及其转型》，《法学论坛》2009年第6期，第110页。
[②] 参见龙宗智：《论检察权的性质与检察机关的改革》，《法学》1999年第10期，第6页。
[③] 参见肖金明：《论检察权能及其转型》，《法学论坛》2009年第6期，第110页。
[④] 参见叶建丰：《法律监督：检察权的合理定位》，《河北法学》2004年第3期，第88～89页。
[⑤] 参见童兆洪：《司法权概念解读及功能探析》，《中共中央党校学报》2004年第2期，第87页。
[⑥] 参见石少侠：《论我国检察权的性质——定位于法律监督权的检察权》，《法制与社会发展》，2005年第3期，第84～85页。

第三，对于"行政权说"提出的"检察机关的基本职能是公诉，检察权在本质上表现为公诉权"，有论者反驳道：

从历史的角度来看，要在法院和警察机关之间新成立检察机关职司刑事公诉，就是为了控制警察机关的追诉倾向，因此，"从其产生之日起，检察机关就不是一个单纯的追诉机关，而是一个通过全面调查事实来实现司法正义的法律守护者"[①]。

从国家权力体系的角度来说，检察权不仅仅是一项诉讼权力，检察权的设置和诉讼不是一个层面的东西。国家权力体系的第一个层面是权力机关统一行使国家权力，第二个层面是权力机关之下的行政权、审判权、检察权和军事权，诉讼是第三个层面权力运行的表现。而且，检察权的行使不完全在诉讼领域，检察机关对监狱、劳改劳教场所的执法监督，完全是诉讼领域之外的活动，最多可以说是诉讼的延伸或者准备活动，其目的仍然是实现国家的法律监督权，而不是什么诉讼权。此外，国家设置检察权的目的在于最低限度地保障国家权力的健康运行，保障国家法律得到遵循和实施，而不是去进行诉讼。[②]

即使认为检察权的核心内容确是公诉权，也不能据此认定检察权是行政权。公诉权本身的裁量性与审判权非常接近，因此，主张检察权是公诉权，与检察权的司法权定位并不矛盾，相反，正是因为它是公诉权，它才成为司法权。[③] 而检察权的公诉权本质，与其法律监督功能也不矛盾，法律监督权是从功能角度对检察权的描述，而公诉权是从检察权构成的角度对检察权的界定，两者并不直接相关，并不能以检察权是公诉权为由就否定检察权的法律监督功能。[④]

第四，对于"行政权说"削弱或取消检察机关监督职能的主张，反对观点进行了更加猛烈地批评。

有观点认为，仅根据检察机关现有的审判监督权不合理就提出应剥夺检察机关全部监督职能，是以偏概全的。这种"仅仅从诉讼程序特别是从刑事诉讼程序的某一环节出发，从诉讼领域检察权某个有争议的问题或者某一局部的不合理性出发，就得出否定检察权之正当性的结论，是失之狭隘和偏颇的。"[⑤] 从比较法

---

① 陈永生：《论检察机关的性质》，《国家检察官学院学报》2001年第2期，第44页。
② 参见韩大元、刘松山：《论我国检察机关的宪法地位》，《中国人民大学学报》2002年第5期，第74页。
③ 参见万毅：《检察权若干基本理论问题研究——返回检察理论研究的始点》，《政法论坛》2008年第3期，第102页。
④ 参见万毅：《检察权若干基本理论问题研究——返回检察理论研究的始点》，《政法论坛》2008年第3期，第94页。
⑤ 韩大元、刘松山：《论我国检察机关的宪法地位》，《中国人民大学学报》2002年第5期，第73页。

的视角来看，西方许多国家检察机关在历史上都曾承担过审判监督职能，虽然近几十年来它们的审判监督权被剥夺或弱化，但在社会事务其他方面监督权限有扩大趋势。① 因此，我国立法将检察机关定位为法律监督机关是具有内在法理依据的。

针对一些学者提出的检察机关的法律监督权不符合诉讼规律，形成"法官之上的法官"的问题，反对观点认为：检察机关的法律监督具有程序性，不是终局意义的监督，因此法律监督"仅仅是平行机构之间的一种提醒和防错机制"②。也有宪法学者认为，在人民代表大会的体制下，只有国家最高权力机关实施的监督才具有绝对性、超然性、单向性、上下性和服从性的特点。检察机关的监督只是国家法律监督体系中的重要一环，从根本上说是一种程序性监督和制约性监督，丝毫没有凌驾于其他诉讼主体之上的单向的和绝对的权力。而且，法律规定了三机关之间分工负责、互相配合、互相制约的关系，认为检察权凌驾于公安机关、审判机关之上的看法是不符合实际情况的。③

而从解决方案合理性的角度来说，检、法在刑事审判中的角色冲突可以通过重新配置检、法两家的诉讼权力和诉讼参与人的诉讼权利来解决，如明确规定法官在审判中的绝对权威，改变检察机关审判监督的方式，实现控审职能的彻底分离，强化控方的举证责任，赋予被告方以更大的防御权等来解决，没必要从根本上改变检察机关的性质定位。④

第五，反对观点提出了"行政权说"可能导致的一些弊端。

有实务工作者提出，"将我国检察权定性为行政权的观点实际上并无新意可言，此种观点只不过是对西方国家在'三权分立'政体下检察权定位观之简单移植，'行政权说'不仅无助于解决中国司法体制中所存在的种种流弊，且更易使我国的司法体制改革人为地复杂化"⑤。具体来说，反对观点认为西方检察行政权理论不适合中国的国情，生搬硬套将面临以下弊端：

一是动摇和否定我国的宪制。"行政权说"服从和服务于"三权分立"的政治体制，与中国的人民代表大会监督下的"一府二院制"不相适应，"检察行政

---

① 参见陈永生：《论检察机关的性质》，《国家检察官学院学报》2001年第2期，第45页。
② 孙谦：《中国的检察改革》，《法学研究》2003年第6期，第6页。
③ 参见韩大元、刘松山：《论我国检察机关的宪法地位》，《中国人民大学学报》2002年第5期，第75~76页。
④ 参见陈永生：《论检察机关的性质》，《国家检察官学院学报》2001年第2期，第46页。
⑤ 石少侠：《论我国检察权的性质——定位于法律监督权的检察权》，《法制与社会发展》2005年第3期，第86页。

权理论的提出是三权分立思潮的前奏,它的最终道路和归宿必然是三权分立政体"①。二是降低检察机关格级、弱化反腐力度。用检察行政权理论去建构中国的司法制度,是将原本处于第二格级的权力降到国务院下的第三格级,必然导致检察机关的降格、降级,损害反腐大业。②取消诉讼监督职能,难以从制度上有效控制司法腐败和司法不公。③三是加剧司法擅断。我国司法实践中大量存在的刑讯逼供、超期羁押、久拖不审、久审不决、裁判不公、执法不力等诸多违法现象,都要求进一步加强诉讼监督权。"任何削弱和取消检察监督权的理论和实践都是与惩办司法腐败、防止司法擅断的客观要求相违背的。"④最后,从西方国家关于检察权性质的争论来看,虽然"行政权说"也曾几次成为特定时期检察制度运作的主导学说,但这要么是由于君权或帝制强大(如法国大革命以后的几次帝制时期和德国的君主立宪时期),要么是由于纳粹掌权,即当权者为了通过控制检察官来控制司法而逆向操作的结果。将检察机关降格为行政机关的主张是与其意图突出法官权威目标背道而驰的,也与我国宪制及刑事诉讼程序的民主精神不相符合。⑤

三、司法权说

(一)学说基础

持"司法权说"观点者指出,检察权是司法权,检察机关是司法机关。"司法"这一概念在我国具有模糊性,因此,在很长的一段时间内,"检察机关是司法机关"的说法只是停留在日常社会生活用语层面。随着对"司法"这一概念的深入认识,学者们才开始对检察权的司法权性质进行系统论证。

无疑,"检察机关是司法机关"的观念不仅在日常社会生活中被广泛认同,也获得了重要政策文件的确认,这成了"司法权说"论者援引的一个重要论据。"司法权说"论者认为,我国宪法在结构上将人民法院和人民检察院规定在同一节,党的很多重要文件也确认了检察机关是司法机关,例如,党的十五大报告就指出:"保证司法机关依法独立公正地行使审判权和检察权",因此,我国的司法包括审判活动和检察活动。⑥

---

① 刘树选、王雄飞:《法律监督理论与检察监督权》,《人民检察》1999年第9期,第53~54页。
② 参见刘树选、王雄飞:《法律监督理论与检察监督权》,《人民检察》1999年第9期,第54页。
③ 参见孙谦:《中国的检察改革》,《法学研究》2003年第6期,第7~8页。
④ 刘树选、王雄飞:《法律监督理论与检察监督权》,《人民检察》1999年第9期,第54页。
⑤ 参见陈永生:《论检察机关的性质》,《国家检察官学院学报》2001年第2期,第45页。
⑥ 参见童兆洪:《司法权概念解读及功能探析》,《中共中央党校学报》2004年第2期,第87页;谭世贵:《论司法独立与媒体监督》,《中国法学》1999年第4期,第2页。

检察权具有的司法权特征是"司法权说"援引的第二个论据。很多"司法权说"论者都认为，司法权具有独立性、中立性、终局性等特征，而检察机关在机构、人员和职权等方面完全独立于司法行政机关和司法审判机关，其核心权力——公诉权具有裁量性质，检察行为具有不可诉性，在诉讼中是代表公益的国家机关……诸多事实表明，检察权本质上就是一种司法权。①

也有学者从检察制度的历史和发展的角度论证了检察权的司法性。从检察制度的历史来看，在法国大革命中产生的检察制度是通过建立诉、审应答机制分割法官的权力，新生的检察官行使的实际上是原本属于法官的部分职权；从检察制度发展的趋势来看，只有不断强化检察权的司法属性，进而从宪法和法律上保障其人身及职务独立性，才能排除行政权对检察权的不当干预。②

（二）具体主张

"司法权说"出现的时间较早，因而，新观点的提出免不了以否定"司法权说"为论据来证明自己的观点。例如，"行政权说"的论据之一就是"检察权不具有司法权的性质"。因此，很多持"司法权说"观点的文章更多地关注如何"反击"和"辩论"，并未提出太多主张。例如，很多论者进行学说阐释的目的就是对削弱、取消检察机关法律监督的观点进行反驳，主张检察监督"是诉讼活动中不可分割的部分"，检察监督不会妨碍审判权的行使，也不会影响控辩、诉审关系正常发展。③

当然，也有"司法权说"论者受到其他国家检察权性质之争的影响，主张研究检察权定位的目的应当是解决检察官的独立性即身份保障问题。具体来说，其一，当检察一体与检察独立发生冲突时，原则上检察独立优先于检察一体，司法属性优先于行政属性；其二，司法权本质上是法律适用权，即法解释权，应保障司法官法律解释权的独立行使。④

（三）相关质疑

由于"司法"这一概念在我国尚不明确，因而同样主张"司法权说"的论者

---

① 参见万毅：《检察权若干基本理论问题研究——返回检察理论研究的始点》，《政法论坛》2008年第3期，第95~96页；谭世贵：《论司法独立与媒体监督》，《中国法学》1999年第4期，第2页；童兆洪：《司法权概念解读及功能探析》，《中共中央党校学报》2004年第2期，第87页。

② 参见万毅：《检察权若干基本理论问题研究——返回检察理论研究的始点》，《政法论坛》2008年第3期，第95~96页。

③ 参见徐益初：《析检察权性质及其运用》，《人民检察》1999年第4期，第57页；倪培兴：《论司法权的概念与检察机关的定位——兼评侦检一体化模式（上）》，《人民检察》2000年第3期，第46页。

④ 参见万毅：《检察权若干基本理论问题研究——返回检察理论研究的始点》，《政法论坛》2008年第3期，第96~100页。

关于"司法"的理解也有不同。有的学者认为司法权是狭义的，司法权即判断权，司法具有独立性、中立性、终局性、消极被动性。也有论者对这种观点进行了反驳，认为司法不仅仅是判断。他们认为，在我国，司法和执法的概念并没有根本区别，"司法是以诉讼形式进行的执法"，而"司法权是人民及其国家机关依宪法和诉讼法取得的依照法定的程序进行诉讼以维护个人、集体和国家合法权益的权利和权力的总和"[①]。还有学者提出，"司法是司法机关依司法程序就具体事实适用法律的活动"[②]。

概念使用的混乱使不同的研究者无法在同一个层面进行对话和沟通，甚至同样主张"司法权说"的论者之间也在相互否定。因此，"司法权说"所使用的概念首先遭受了不少质疑。有学者认为司法权的概念应是狭义的，因为世界各国普通法院存在的共性较多，应当认可司法权就是指法院的审判权这一国际上通行的惯例，把司法权划分为广义和狭义是不尽合理的，甚至在一定程度上造成了检察制度发展过程中的障碍和混乱。[③] 也有学者提出应当慎用"司法权"的概念。其认为，司法权性质的释义和说明很难在理论上形成统一，在"三权分立"的权力架构下，各个权力的边界清楚且互相制约，但是如果在"一元分立"的权力架构下借用"三权分立"话语下的司法权，则会在权力运行层面存在诸多灰色地带，产生内涵与外延上的多重差异。[④]

"司法权说"提出的"宪法和政策文件确认检察机关是司法机关"的论据也受到质疑。有反对观点认为，不能以合法性来说明理论上的应然性：一方面，我国没有任何一部法律规定哪些机关为国家的司法机关；另一方面，即使宪法及其他法律明确规定了现阶段检察院为国家的司法机关，那也只是说明法律将其规定为司法权，而不能就此说明检察权在理论上就是司法权。现行法的规定是实然法的层次，而对检察权的性质进行理论上的定位属于应然法的层次，这是两个问题。[⑤] 还有学者提出，在我国宪法文本上，审判权与检察权应当是泾渭分明的两种国家权力。"司法权说"以"三权分立"的权力架构为基础，有必要打破西方传统意义上对"三权"划分的固有认识，回归到我国的宪法文本中，确立检察权

[①] 倪培兴：《论司法权的概念与检察机关的定位——兼评侦检一体化模式（上）》，《人民检察》2000年第3期，第46页。
[②] 徐益初：《析检察权性质及其运用》，《人民检察》1999年第4期，第55～57页。
[③] 参见韩大元：《检察机关性质的宪法文本分析》，《国家检察官学院学报》2005年第3期，第10页。
[④] 参见樊崇义：《一元分立权力结构模式下的中国检察权》，《人民检察》2009年第3期，第7页。
[⑤] 参见陈卫东：《我国检察权的反思与重构——以公诉权为核心的分析》，《法学研究》2002年第2期，第4页。

不同于立法权、行政权、审判权的具有自身独立特性的法律监督权的基本理念。①

还有反对观点质疑了"司法权说"的实效性,认为"司法权说"未揭示出检察权的本质属性,无助于检察制度的科学设计。将检察机关称为司法机关具有现实适用性,在现实约定俗成意义上未尝不可,但这种习惯化的认识往往会因强调共性而忽略事物本质上的差异,故在制度设计和学术研究意义上必须把检察院与法院乃至司法行政机关职权的称谓严格区分开来。检察权不能简单混同于司法权,检察权独立原则既不同于西方的司法权独立原则,又不同于审判权独立原则。②

四、双重属性说

(一)学说基础

"双重属性说"认为,检察权兼具司法性和行政性。我国台湾地区学者林钰雄教授曾对"双重属性说"表示赞同,认为检察官"非上命下从之行政官,亦非独立自主之法官。""乃处于两者之间、实现客观法意旨并追求真实与正义的司法官署!"③。该观点对大陆学术界产生了较大影响,受到大陆大多数学者的认同。然而,大陆支持"双重属性说"的人们在"行政权属性与司法权属性何者为重"的问题上未达成共识,在检察机关定位为何的问题上出现分歧。我们将这些观点分为三类,分别是"偏行政权的双重属性说"、"偏司法权的双重属性说"以及"法律监督机关定位的双重属性说",三者既相互联系又相互区别。

上述三类"双重属性说"的共性在于均认同检察权兼具行政性和司法性。

首先,检察权的行政性表现在:在内部管理体制方面,采用"检察一体化"的内部关系;在活动方式方面,具有目的性以及组织协调性。④

其次,检察权的司法性表现在:检察机关在国家体制上是独立的,法律也规定其独立行使检察权;检察活动在法律形式上具有突出的"法律性",公诉活动以正确适用法律为目的;检察机关的某些行为具有司法性质,例如,不起诉决定

---

① 参见韩大元:《检察机关性质的宪法文本分析》,《国家检察官学院学报》2005年第3期,第10页。
② 参见叶建于:《法律监督权:检察权的合理定位》,《河北法学》2004年第3期,第89页;韩大元:《检察机关性质的宪法文本分析》,《国家检察官学院学报》2005年第3期,第10页;王戬:《不同权力结构模式中的"司法权"——以另一视角分析检察权》,《政治与法律》2010年第3期,第104页。
③ 林钰雄:《检察官论》,法律出版社2008年版,第89页。
④ 参见龙宗智:《论检察权的性质与检察机关的改革》,《法学》1999年第10期,第6页;彭勃:《检察权的性质与"检警一体化"理论试析》,《当代法学》2002年第8期,第143页;周永年:《关于当前检察改革的若干理性思考》,《政治与法律》2003年第5期,第113页。

就与法院的免刑和无罪判决具有相似的效力；检察官负有客观义务，检察官与法官享有同等或近似的选拔制度的职业保障。①

最后，我国检察机关与外国检察机关在性质上具有相通之处。西方国家检察机关在机构设置、职能活动、上下级关系等方面体现出明显的双重属性。从历史的角度看，我国现行检察制度是借鉴苏联而来，而苏联的检察监督理论批判继承或借鉴了沙俄时代以及德国、法国检察制度。从制度功能来看，我国检察机关和外国检察机关都承担着诸如（监督）侦查、审查起诉、出庭公诉、（监督）刑事判决的执行、参与民事与行政诉讼等基本职责。②

然而，在认同检察权具有双重属性的基础上，三类"双重属性说"又表现出不同的倾向，在关于检察机关的定位问题上存在分歧。

"偏司法权的双重属性说"承认检察机关的双重属性，主张将检察机关作司法机关定位。理由在于：其一，将检察机关定位于司法机关有利于保障检察权行使的独立性，也有利于检察机关严格执法和有效监督。其二，我国宪法规定检察机关承担法律监督职能，检察机关在体制上也脱离行政系统，因此，将检察机关定位为司法机关具有职能和体制上的依据。其三，从世界范围看，强调检察权的司法性并由此而强化检察机关的独立性具有普遍的趋势。③

"偏行政权的双重属性说"认为，应在肯定双重属性的前提下，将检察机关界定为行政机关。理由在于：其一，将检察权定位为行政权符合当事人主义的诉讼原则，只有将检察官置于控方当事人的地位，才能实现控辩平等、法官中立。其二，我国侦查资源和侦查力量被人为分散到两个相互隔离的机构中，公检之间职能重复、协作不畅，强调检察权的行政特性可以整合司法资源、提高诉讼效率。其三，实践中，我国检察机关无法对警察实现真正制约，将检察机关界定为行政机关有助于保障犯罪嫌疑人、被告人的合法权益，符合刑事司法国际准则的要求。④

"法律监督机关定位的双重属性说"承认检察权的双重属性，但认为应该坚持现行法律对检察机关的定位，将检察机关定位为法律监督机关。理由在于：其一，法律监督是许多国家检察机关的共有职能，我国立法将检察机关定位为法律

---

① 参见龙宗智：《论检察权的性质与检察机关的改革》，《法学》1999年第10期，第6页；彭勃：《检察权的性质与"检警一体化"理论试析》，《当代法学》2002年第8期，第143页；周永年：《关于当前检察改革的若干理性思考》，《政治与法律》2003年第5期，第113页。
② 参见陈永生：《论检察机关的性质》，《国家检察官学院学报》2001年第2期，第44页。
③ 参见龙宗智：《论检察权的性质与检察机关的改革》，《法学》1999年第10期，第6页。
④ 参见彭勃：《检察权的性质与"检警一体化"理论试析》，《当代法学》2002年第8期，第143～144页。

监督机关具有内在的法理依据,这样的机构设置也有利于实现依法独立行使检察权和审判权。① 其二,审检冲突完全可以通过程序权力(利)的重新配置来解决,没必要从根本上改变检察机关的性质定位。② 其三,应当将检察机关的性质与检察机关具体行使职权的方式区别开来。虽然检察机关的履职方式具有双重属性,但是检察机关的行政性与行政机关的不同,检察机关的司法属性与审判机关的不同,不能把带有行政属性的"检察一体化"与完全属于行政性质的"行政一体化"相等同,也不能把检察机关的部分司法属性与审判机关的司法性质相等同。只有正确认识这种差异,才能掌握改革的方向。③

(二)具体主张

从上述学说基础中即可看出,虽然三类"双重属性说"都认同检察机关具有双重属性,但它们的差异还是非常明显的,这种差异在研究者们的主张中表现得更加彻底。

"偏司法权的双重属性说"认为应当将检察机关定位为司法机关,其目的是主张"强化检察机关的司法性",希望按照司法规律建设检察机关和行使检察权。具体来说:其一,应采取措施保证检察院"依法独立行使检察权",在法律与其他社会要求相冲突时,应严格依法办事。其二,保障检察官的独立性,改革单纯的行政性管理方式,在检察院内部重新配置检察权。可采取两步走的改革方式,一是在现行体制内重新配置检察权,将检察长和部门负责人的一部分权力划归检察官,二是赋予检察官在诉讼法上的独立思维,在一定条件下可合法对抗检察长的命令。其三,推进以"主诉检察官"为重点的检察官制度以及办案制度改革,保证主诉检察官一定程度上的独立性,赋予其实际的控诉和监督权力,限制检察院首长的"指令权",实现检察官的司法官化。其四,根据检察权的双重属性,对检察官和检察业务实行分类管理。可考虑将检察机关人员分为几个系列,只有司法性突出,具有一定独立权限的检察人员才有检察官资格;一般的批捕、侦查以及公诉辅助官员可划分为检察事务官系列;再划出一个从事辅助性业务的检察书记官系列。④

"偏行政权的双重属性说"主张实现检警一体化的审前程序格局,并认为只有通过实现机构一体化,才能整合混乱的检警关系,消除各机关之间互相推诿、扯皮的消极现象。为此,应当进行以下方面的改革:其一,确立检察官在侦查阶

---

① 参见陈永生:《论检察机关的性质》,《国家检察官学院学报》2001年第2期,第45~46页。
② 参见陈永生:《论检察机关的性质》,《国家检察官学院学报》2001年第2期,第46页。
③ 参见周永年:《关于当前检察改革的若干理性思考》,《政治与法律》2003年第5期,第113页。
④ 参见龙宗智:《论检察权的性质与检察机关的改革》,《法学》1999年第10期,第6~22页。

段的核心地位,并强调检察机关对侦查程序的监督作用。其二,对检察机关的领导指挥权进行明确的界定,可借鉴日本的做法,规定检察官对司法警察职员的一般指挥权和具体指挥权。其三,不再赋予检察机关法律监督权,建立新的司法监督机制,应设立预审法官或司法审查庭,并建立相应的令状制度和司法救济制度。①

"法律监督机关定位的双重属性说"承认检察机关的双重属性,但基本是为了反对"行政权说"而提出的,因此其主张比较单一,即主张坚持现行法律关于检察机关是法律监督机关的定位,如此才能"准确把握检察改革方向"②。

(三) 相关质疑

显然,这个时期学者们主张的"双重属性说"是有倾向性的,虽然都认同检察权具有双重属性的特征,但他们在如何看待检察权的独特特征和双重属性的问题上存在分歧。对此,有学者总结道:学者们即使已经承认检察权的双重属性,但基于某种利益的考量,还是进行了"痛苦的抉择"③。

"双重属性说"是在反思"行政权说"和"司法权说"的基础上提出的,因此,有观点认为其采取了回避的态度,过于注重"相对合理性",并没有揭示检察权的性质。④ 还有人批评道:检察权内部的行政特征与司法特征不可能是平分秋色、并行不悖的,两者之间总有个谁占主导、谁是根本特征的问题,因此,"从发展的角度讲,所谓'双重定位'也不过是一种权宜之计、治标不治本,它可以暂时遮蔽关于检察官角色以及检察权性质的诸多争议,但并未能从根本上解决检察官的角色定位以及检察权的性质问题"⑤。而且,这种不确定性在理论和实践操作层面都会引发很多难题。⑥

五、法律监督权说

(一) 学说基础

与前述三种学说不同,"法律监督权说"具有较强的部门色彩和本土特征。

---

① 参见彭勃:《检察权的性质与"检警一体化"理论试析》,《当代法学》2002年第8期,第146~147页;周永年:《关于当前检察改革的若干理性思考》,《政治与法律》2003年第5期,第113页。
② 陈永生:《论检察机关的性质》,《国家检察官学院学报》2001年第2期,第46页。
③ 程雪阳:《本质主义法学、法律监督理论与检察权本质》,《江苏警官学院学报》2008年第5期,第84页。
④ 参见叶建丰:《法律监督权:检察权的合理定位》,《河北法学》2004年第3期,第89页。
⑤ 万毅:《检察权若干基本理论问题研究——返回检察理论研究的始点》,《政法论坛》2008年第3期,第94页。
⑥ 参见韩大元:《检察机关性质的宪法文本分析》,《国家检察官学院学报》2005年第3期,第10页。

第六章 检察机关在刑事诉讼结构中法律性质理论的争鸣与发展

一方面,多数法律监督权论者来自检察系统内部。如前文所述,世纪之交的检察权性质之争始于学者们对检察机关法律监督权的质疑。20世纪末,有学者指出,检察机关的法律监督权应逐渐淡化并最终退出检察机关的范围,还有学者主张取消中国的检察院体制,引发了检察机关的"生存危机"①。这些观点的提出首先引发了检察系统的反驳,检察系统内的理论和实务工作者纷纷发文反对,因此,源自检察系统内的文章可谓卷帙浩繁。

另一方面,"法律监督权说"具有本土特色。根据一些学者的考察,西方国家关于检察权定位的争论主要有"行政权说""司法权说""双重属性说"三种观点。② 我国实施"一元分立"的权力配置模式,宪法规定检察机关为"法律监督机关","检察权是法律监督权"的观点在20世纪末的大论辩之前受到广泛认同。因此,世纪之交的"法律监督权说"是研究者们在检察机关面临"生存危机"的情况下,结合我国的本土资源而重申的,具有本土特色。

相较于其他学说,主张"法律监督权说"的研究成果较多,在这场争论中,该学说也逐渐占据上风并基本被司法改革所认同。多数论者是在对"行政权说""司法权说"等学说进行了反思的基础上提出论据,从多种角度论证了"检察权的性质是法律监督权"的观点。

1. 从宪法和政体的角度

宪法对检察机关的定位是法律监督权论者首先援引的论据。我国《宪法》第134条规定:"中华人民共和国人民检察院是国家的法律监督机关。"由此,法律监督权论者认为,宪法确认了检察机关法律监督机关的地位,赋予了检察机关法律监督权,检察机关是法律监督机关,故检察权是法律监督权。③ 这种援引宪法规定做论据的方式得到了宪法学界的认同。有宪法界人士提出:"对检察体制进行的任何一项改革,不仅是诉讼法学领域的问题,涉及诉讼规律,更是一个重大的宪法问题……研究检察体制的改革,必须首先从研究检察机关的宪法地位入手。"④

---

① 陈吉生:《论公诉权与法律监督权的独立行使》,《政法论丛》1998年第1期;夏邦:《中国检察院体制应予取消》,《法学》1999年第7期;谢佑平、万毅:《检察监督原则另论》,《政治与法律》2002年第5期;陈卫东、郝银钟:《实然与应然:关于侦检权是否属于司法权的随想——兼答王天国先生》,《法学》1999年第6期;陈瑞华:《司法权的性质——以刑事司法为范例的分析》,《法学研究》2000年第5期。

② 参见林钰雄:《检察官论》,法律出版社2008年版,第61页;陈永生:《论检察机关的性质》,《国家检察官学院学报》2001年第2期,第39~41页。

③ 部分持该观点的论述,参见刘树选、王雄飞:《法律监督理论与检察监督权》,《人民检察》1999年第9期,第27页;孙谦:《检察:理念、制度与改革》,法律出版社2004年版,第499页。

④ 韩大元、刘松山:《论我国检察机关的宪法地位》,《中国人民大学学报》2002年第5期,第69页。

"法律监督权说"还对"行政权说"等学说的立论基础进行了反驳，他们认为：这些学说以"三权分立"为预设前提。然而，"三权分立"学说存在局限性，并没有穷尽国家权力的基本权能，以至于西方的检察权始终不能在"三权"中找归宿，沦为尴尬的"两不像"。"三权分立"的合理性正在面临挑战，"只有直面其局限性，将其修正为四权分立乃至五权分立，进一步丰富和发展分权制衡理论，才能真正解决检察权的定位难题"[①]。

　　在对"三权分立"进行反思之后，法律监督权论者认为：我国的法治理论和法治模式与西方具有极大差距，在研究检察权性质的过程中不能忽视本土的法治资源。[②] 我国的根本政治制度是人民代表大会制度，国家权力统一由人民代表大会行使，应当从人民代表大会制度的实际出发，而不是从"三权分立"的模式来分析和设计检察权。[③] 在国家权力机关人民代表大会下，"检察权都是作为一种独立的国家权力即法律监督权存在的"[④]。西方国家实行"三权分立"，"三权"的内部运作完全可以实现相互监督，而中国"议行合一"权力结构并没有在行政、军事、审判之间设计制约措施，客观上需要专门的监督机构代表最高权力实施监督，承担常规、具体的监督职责，约束公权力的行使，保证中央集权的顺利实现。[⑤] 因此，人民代表大会制度决定了检察权的法律监督权属性，"只要实行人民代表大会制度，就必然要设立独立的检察机关作为专门的法律监督机关"[⑥]。

　　2. 从具体职权性质的角度

　　"法律监督权说"的另一个重要论证方式是论证检察机关的每一项职权都具有法律监督属性。使用这种论证方式的研究者多持"法律监督一元论"，认为检察权就是法律监督权，二者是含义同一的概念。[⑦] 在检察机关的各项职权中，公

[①] 叶建丰：《法律监督权：检察权的合理定位》，《河北法学》2004年第3期，第92页。
[②] 参见刘树选、王雄飞：《法律监督理论与检察监督权》，《人民检察》1999年第9期，第28页；叶建丰：《法律监督权：检察权的合理定位》，《河北法学》2004年第3期，第92页；孙谦：《中国的检察改革》，《法学研究》2003年第6期，第5页。
[③] 参见韩大元、刘松山：《论我国检察机关的宪法地位》，《中国人民大学学报》2002年第5期，第77页。
[④] 孙谦：《中国的检察改革》，《法学研究》2003年第6期，第6页。
[⑤] 参见谢鹏程：《论检察权的性质》，《法学》2000年第2期，第17页；张智辉：《法律监督机关设置的价值合理性》，《法学家》2002年第5期，第7页；刘树选、王雄飞：《关于中西检察权本源和属性的探讨》，《国家检察官学院学报》2002年第4期，第44页；陈正云：《试论我国法律监督架构及其属性》，《人民检察》2006年第5期，第19页。
[⑥] 石少侠：《论我国检察权的性质——定位于法律监督权的检察权》，《法制与社会发展》2005年第3期，第91页。
[⑦] 关于"检察权和法律监督权含义同一"的论述，参见孙谦：《中国的检察改革》，《法学研究》2003年第6期，第6页；石少侠：《论我国检察权的性质——定位于法律监督权的检察权》，《法制与社会发展》2005年第3期，第87页。

第六章 检察机关在刑事诉讼结构中法律性质理论的争鸣与发展

诉权和侦查权通常被认为是行政权,因此,法律监督权论者集中论证了它们的法律监督性质。

公诉权具有法律监督性质。① 理由在于:其一,运用国家权力对严重违法行为主动追诉的活动本身就是一种法律监督。公诉权自诞生之日起就含有监督公民和社会组织遵守法律的作用,刑事公诉主要是通过指控和证明犯罪来进行法律监督,而检察机关提起行政诉讼是对行政行为的监督,提起民事诉讼是对社会强势集团滥用权力的监督。其二,公诉与自诉的区别在于,公诉不是为保护自己利益、发泄愤怒而提起的,其关注的是法律秩序是否得到维护,目标是促使人们遵守法律,而不是讨公道或报复。其三,公诉权具有监督审判权和侦查权的作用,不仅对侦查权起到检验和确认的作用,而且可以防止审判权的任意扩张。此外,检察机关可以提出有利于被告人的上诉和再审,其目的不再是追诉犯罪,而是维护法律的统一和尊严,因此其本质也是法律监督的一种方式。

此外,检察机关的自行侦查权也有鲜明的法律监督特色。② 具体来说:其一,检察机关侦查对象具有特殊性。国家机关工作人员进行的公务活动对维护法律的统一和尊严具有特殊的重要意义,将国家工作人员与一般犯罪主体分离,置于检察机关的监督之下,实际上就是使侦查权承担起法律监督的使命。其二,检察机关自行侦查权的范围具有特殊性。处理贪污贿赂等犯罪的目的就是维护国家的法制统一,维护国家机关及其工作人员公正廉洁的社会形象。其三,部分的性质取决于整体的性质,检察机关具有法律监督属性,这部分权力由检察机关行使,因此这部分权力也具有法律监督的属性。

值得注意的是,这种论证方法也被其他法律监督权论者反对,他们认为:不能将检察机关的法律监督性质与其具体的检察职能等同起来。因为法律监督性质是抽象的,体现矛盾的普遍性,而各项具体的检察职能是具体的概念,体现矛盾的特殊性。"再将两者放在一起比较、权衡,就等于将'马'的概念和一匹具体的马放在一起,会产生'白马非马'的说法了。"③

---

① 关于公诉权具有法律监督性质的论述,参见石少侠:《我国检察机关的法律监督一元论——对检察权权能的法律监督权解析》,《法制与社会发展》2006 年第 5 期,第 24 页;张智辉:《法律监督机关设置的价值合理性》,《法学家》2002 年第 5 期,第 11 页;田凯、单民:《论公诉权与法律监督权的一致》,《法学评论》2006 年第 4 期,第 26 页;叶建丰:《法律监督:检察权的合理定位》,《河北法学》2004 年第 3 期,第 91 页;谢鹏程:《论检察权的性质》,《法学》2000 年第 2 期,第 16 页。

② 关于检察机关的侦查权具有法律监督属性的论述,参见石少侠:《论我国检察权的性质——定位于法律监督权的检察权》,《法制与社会发展》2005 年第 3 期,第 87 页;石少侠:《我国检察机关的法律监督一元论——对检察权权能的法律监督权解析》,《法制与社会发展》2006 年第 5 期,第 26~27 页。

③ 韩大元、刘松山:《论我国检察机关的宪法地位》,《中国人民大学学报》2002 年第 5 期,第 72 页。

3. 从历史的角度

持"法律监督权说"的研究者也从国内外检察制度发展历史的角度,论证了检察权的法律监督性质。

"法律监督权说"认为,御史制度是检察制度在中国古代的雏形,中国检察权的历史本源是职务犯罪侦查权和诉讼监督权,"弹劾百官、监督司法"是中国检察权的"主旋律"[①],我国当代的检察制度也不可避免地受到源远流长的御史制度的影响。明代把御史台改革为都察院,简称"察院",而御史台和都察院实际上是专门行使监督职能的国家机关,相当于现代意义上的法律监督机关。[②] 清末移植大陆法系国家检察制度时,检察官也有不小的审判监督权。社会主义中国成立后,借鉴列宁的法律监督理论,移植苏联的检察制度,将检察机关定位为法律监督机关,是充分继承和顺应了中国的政治文化传统,与历史上御史制度(独立监督权)暗合,与晚清的司法改革(监督审判)呼应。[③] 因此,我国现行检察权理论,实际上包含着中国古代御史监察制度的合理因子,这是文化传承的必然结果。[④]

中华人民共和国成立后的正反两方面经验也表明,在我国,如果没有专门的法律监督机关,社会主义民主就会失去法制保障,因此,加强社会主义法制,实现依法治国,离不开法律监督机关的发展和法律监督权的强化。[⑤] "我国什么时候重视法律监督,什么时候社会主义民主法制就发展,什么时候削弱以至取消法律监督,什么时候社会主义民主法制就受到损害以至破坏;反之亦然。"[⑥]

从资本主义国家检察权起源来看,检察权也具有明显的分权制衡和法律监督的色彩。[⑦] 第一,检察官的前身是国王代理人(律师、法律顾问),而国王代理人在代理国王处理私人事务的同时,还负有监督国王法律的统一实施、监督地方行政权的使命。第二,检察制度的产生促成了追诉权和审判权的分离,限制了司法专横,形成对审判权的监督和制约。第三,检察官的出现形成对警察的有效

[①] 刘树选、王雄飞:《关于中西检察权本源和属性的探讨》,《国家检察官学院学报》2002年第4期,第41页。

[②] 参见张智辉:《法律监督机关设置的价值合理性》,《法学家》2002年第5期,第11页。

[③] 参见叶建丰:《法律监督:检察权的合理定位》,《河北法学》2004年第3期,第92页。

[④] 参见高庆年:《也论检察权的属性——基于宪政体制和历史文化视角的分析》,《河北法学》2007年第11期,第174页。

[⑤] 参见张智辉:《法律监督机关设置的价值合理性》,《法学家》2002年第5期,第8页。

[⑥] 朱孝清:《中国检察制度的几个问题》,《中国法学》2007年第2期,第112页。

[⑦] 从西方国家检察制度历史的角度来论证检察权具有法律监督属性的研究,参见石少侠:《论我国检察权的性质——定位于法律监督权的检察权》,《法制与社会发展》2005年第3期,第89页;叶建丰:《法律监督权:检察权的合理定位》,《河北法学》2004年第3期,第90页。

制约。

4. 从比较法的角度

前文述及,"行政权说"认为西方很多发达国家的检察机关都具有行政性质,而不少持"法律监督权说"的研究者也从比较法的角度论证了检察权的法律监督属性。

有论者提出,法律监督性质是许多国家的检察制度共有的。[1] 大陆法系国家检察机关可参加法院的司法管理活动,对法院有一定直接监督权,如参加法官会议、向初级法院查核案件、对法官进行考核和监督等;日本检察官在审判中享有"声明异议权";英国检察机关对警察的侦查行为有一定的监督和建议权;美国联邦检察总长有权侦查政府官员的犯罪行为,有权监督司法行政管理、监狱和其他惩办机关。除了对刑事诉讼领域实行监督,多数国家的检察机关还广泛地干预涉及国家利益和公共利益的民事、行政诉讼。"对资本主义国家检察机关无论作何界定,它们都具有对有关诉讼机关执行法律的行为实施监督的属性则是无可争议的事实;其中说大陆法系国家的检察机关是'法律监督机关'似也不为过。"[2] 西方国家对监督法律适用的需求只是不像中国这样明显、迫切,检察机关的工作重心主要集中在公诉职能方面,所以通常将其称为公诉机关,但承认检察机关是公诉机关,并非必然否定检察机关是法律监督机关。[3] 而且检察权相对于其他国家权力的独立是世界发展的趋势,世界各国都注意到了检察权是一种不同于传统立法权、行政权、司法权的独特权力形式。[4]

也有论者对各国检察制度的发展模式进行了系统总结,认为各国检察制度的建构呈现为三类发展模式,即英美法系以权利为主线的检察制度模式、大陆法系以权力为主线的检察制度模式、苏联社会主义法系以监督为主线的检察制度模式。在法律观念方面,苏联和俄罗斯检察制度、大陆法系国家检察制度的发展,与我们的法制发展存在内在的契合点,因此,研究中国的检察制度改革应更多地关注这些国家检察制度的理论与实践发展。一方面,俄罗斯检察制度的回溯性发展说明苏联检察制度仍具有生命力。另一方面,欧洲大陆法国家的法律理念和检察制度与中国检察制度更具有可沟通性,中国检察机关的法律监督立场和职责与

---

[1] 相关论述,参见田凯、单民:《论公诉权与法律监督权的一致》,《法学评论》2006年第4期,第25～26页;叶建丰:《法律监督:检察权的合理定位》,《河北法学》2004年第3期,第90～91页;朱孝清:《中国检察制度的几个问题》,《中国法学》2007年第2期,第116页。
[2] 朱孝清:《中国检察制度的几个问题》,《中国法学》2007年第2期,第116页。
[3] 参见张智辉:《法律监督机关设置的价值合理性》,《法学家》2002年第5期,第11页。
[4] 参见叶建丰:《法律监督权:检察权的合理定位》,《河北法学》2004年第3期,第91页。

大陆法国家检察官的客观义务,以及联合国《检察官作用的基本准则》明确的检察官的监督职责之间具有更多相似性。①

5. 从价值合理性的角度

法律监督权论者也从"应然"的角度论证了将检察权定位为法律监督权的合理性,认为将检察权定位为法律监督权具备法理基础、符合实际需要。

第一,将检察权定位为法律监督权具备法理基础。② 其一,法律效力的普适性要求全社会一体遵循,但个人意志天然地具有不愿意服从他人意志的本性,这种矛盾和冲突决定了国家必须通过强制性手段促使人们服从和遵循法律。其二,法制的统一性要求有一种监督制约机制,保证法律的统一实施,保证每一个执法者能按统一标准适用法律。其三,依法治国的初衷是用法律来限制政府及其官员的权力,保证一切国家权力的行使都必须严格依法进行,因此,必须设置专门的监督机关来督促国家机关及其工作人员切实遵守和严格执行法律。其四,司法公正要求国家在制定法律之时设置一定的监督制约机制和司法救济手段。司法人员法律修养较差、业务素质不高,案外压力干扰等都可能导致司法不公,因此除了审判程序或法院内部的救济措施,更需要法院外部的权力制约机制。

第二,将检察权定位为法律监督权符合中国的法治现状。③ 在法律传统方面,我国长期存在重人治、轻法治的思想,权力本位和人治的传统扎根于国民意识之中,这使法律的遵守和执行不能不依赖强有力的法律监督机制。在立法方面,我国法律规定本身存在缺陷,法律条文伸缩性太大,为随意解释和适用法律留下太多余地,需要专门的机关进行法律监督以促进法律的统一实施。在制度设计方面,我国没有陪审团制度,对案件事实的认定完全取决于司法人员的认识,司法过程中人为的因素对法律的适用影响太大。在依法独立行使职权方面,我国司法地方化和司法行政化严重,地方和部门利益影响法律的统一正确实施,因此需要专门的法律监督机关监督地方各级司法机关正确执行法律。在执法方面,执法人员的素质和水平不高,司法不公和司法腐败的现象仍然存在,影响法律的统一、正确实施。

---

① 参见孙谦:《中国的检察改革》,《法学研究》2003年第6期,第8~10页。
② 关于法理基础的论述,参见张智辉:《法律监督机关设置的价值合理性》,《法学家》2002年第5期,第4页;石少侠:《论我国检察权的性质——定位于法律监督权的检察权》,《法制与社会发展》2005年第3期,第90~91页。
③ 关于中国法治状况的论述,参见朱孝清:《中国检察制度的几个问题》,《中国法学》2007年第2期,第110~112页;张智辉:《法律监督机关设置的价值合理性》,《法学家》2002年第5期,第9~10页;叶建丰:《法律监督权:检察权的合理定位》,《河北法学》2004年第3期,第92页。

第六章 检察机关在刑事诉讼结构中法律性质理论的争鸣与发展

（二）具体主张

如前文所述，世纪之交法律监督权论的提出具有一定的被动性，多数论者是在反驳"行政权说"的基础上论述自己的观点。因此，"法律监督权说"的首要主张即反对弱化法律监督权，要求强化检察机关的法律监督职能。

对于弱化法律监督的观点，有论者认为："法律监督权的行使是检察机关在建设法治国家的过程中所肩负的第一要务，不仅在推进依法治国的进程中要强化检察机关的法律监督权，就是在建成法治国家后，检察机关的法律监督权也不能被丝毫弱化。"[①] 还有人批评道："历史必将证明，任何从狭隘、片面的理论逻辑中推导出来的削弱、否定法律监督权的说法，不仅是与中国当前的国情完全脱节的，而且是在窒息当今世界各国检察制度发生、发展的生机和活力。"[②]

在对弱化法律监督的观点进行批评之后，不少法律监督权论者提出强化法律监督的主张。有论者主张强化检察机关的侦查权，认为检察机关对职务犯罪的侦查权不仅不能取消，相反还要进一步予以强化和完善。[③] 此外，还应当围绕侦检一体化进行司法改革，在《刑事诉讼法》中明确规定检察机关的侦查指挥权，侦查机关不能再独立享有立案、撤案等重大诉讼权利，只有检察机关才享有最终的审查决定权。[④] 有论者主张强化审判监督权，加大司法监督力度，提高立案监督、纠正违法等监督方式的效力和权威，对每一具体司法监督权的行使都应规定违反此情形的不利后果。[⑤] 有人认为应当恢复检察机关的一般监督权。[⑥] 有人认为应增加具有法律监督性质的权能，赋予检察机关程序启动权和违宪案件调查取证权，赋予检察机关行政案件和民事案件起诉权。[⑦] 甚至还有人主张"赋予检察机关向人大的弹劾建议权，将检察机关向权力机关的弹劾建议权作为对被监督机关最终和最高的司法监督方式"[⑧]。

[①] 石少侠：《论我国检察权的性质——定位于法律监督权的检察权》，《法制与社会发展》2005年第3期，第90页。

[②] 刘树选、王雄飞：《关于中西检察权本源和属性的探讨》，《国家检察官学院学报》2002年第4期，第45页。

[③] 参见石少侠：《我国检察机关的法律监督一元论——对检察权权能的法律监督权解析》，《法制与社会发展》2006年第5期，第27页。

[④] 参见刘树选、王雄飞：《法律监督理论与检察监督权》，《人民检察》1999年第9期，第56页。

[⑤] 参见石少侠：《我国检察机关的法律监督一元论——对检察权权能的法律监督权解析》，《法制与社会发展》2006年第5期，第33页；刘树选、王雄飞：《法律监督理论与检察监督权》，《人民检察》1999年第9期，第56页。

[⑥] 参见高庆年：《也论检察权的属性——基于宪政体制和历史文化视角的分析》，《河北法学》2007年第11期，第174页。

[⑦] 参见孙谦：《中国的检察改革》，《法学研究》2003年第6期，第19页。

[⑧] 刘树选、王雄飞：《法律监督理论与检察监督权》，《人民检察》1999年第9期，第56页。

在"强化法律监督"的呼声中,也有检察系统的人员清楚地认识到,虽然现实生活中还存在法律监督盲区,应结合实际需要拓展法律监督的范围,但也不应片面强调扩充权力,特别是追求实体处分权,相反,应缩减与法律监督性质不协调的职能。例如,应当合理界定生效裁判抗诉权的条件和范围,避免围绕判决的正确性设定和行使抗诉权,避免"运用抗诉权包打天下"的错误执法倾向。[1]

也有主张"法律监督权说"的宪法学者提道:不能将"检察机关是法律监督机关"解释为检察机关是一个全面监督法律实施的机关,检察机关不"统揽法律监督权",人民代表大会才有这个权力,检察机关的法律监督权是由权力机关授予并受权力机关领导和监督的。从三机关的关系来看,"分工负责"表明检察机关的法律监督是有限度的,以尊重法院的宪法地位和法院的独立性为前提,检察机关也不应直接介入公安机关的侦查活动中。"互相配合"表明检察院的法律监督必须强调程序性,即检察院有权监督审判活动是否合法,但不能对法院的实体性行为进行实体监督,不能就法院审判中的问题作实体决定。"互相制约"本身不是目的,目的是通过制约来保障法律适用的公正,最终体现保障公民权利的宪法价值,这也是宪法设置人民检察院法律监督权的目的所在。[2]

除关于检察机关权力配置的主张之外,"法律监督权说"论者也提出了司法改革方面的主张。

有论者认为,中国的司法改革应当是技术层面的小改,应当是在原有制度的基础上,根据形势的需要作必要的修正和完善。一方面,改革需结合中国国情。改革应借鉴西方国家的一些制度和规定,但不能不顾国情地照搬其他国家的制度,人民代表大会制度是中国最根本的国情,任何改革都只能在这一框架下研究和进行。[3] 另一方面,对于作为法律监督实施手段的各项具体权能,权能自身运作有问题的要及时进行修改,权能之间存在冲突的要注意总体协调。只有不断在技术层面有限"小改"各种现实和隐藏中的权能冲突,检察机关的各种权能才会逐渐协调,从而使检察监督趋于良性运转,最终服务于监督的根本目的。[4]

此外,改革中应加强对个人权利的保障。检察机关既当裁判员又当运动员的冲突的根本就在于对国家利益的过分强调,忽略对个人权利的保障。在审判监督中不能过于聚焦案件真实,"以权利保障为指标来改革审判监督程序,就应该对

---

[1] 参见孙谦:《中国的检察改革》,《法学研究》2003年第6期,第14~19页。
[2] 参见韩大元:《检察机关性质的宪法文本分析》,《国家检察官学院学报》2005年第3期,第12页。
[3] 参见缪树权:《检察机关法律监督权的论争》,《国家检察官学院学报》2006年第3期,第88页。
[4] 参见王戬:《论加强我国检察机关法律监督职能——基于传统与进路的分析》,《政治与法律》2007年第2期,第89页。

不利于被告人的抗诉案件严格限制适用情形、适用次数、适用机关等等，这样可以在一定程度上缓和监督与审判的矛盾，使检察真正监督审判"①。

（三）相关质疑

对检察机关法律监督权的质疑早已有之，"传统"的质疑聚焦检察机关享有法律监督权的合理性的问题，包括"谁来监督监督者"，检察机关在诉讼中"既当裁判权，又当运动员"，审判监督影响人民法院依法独立行使职权、妨害司法公正等。在世纪之交的这场争论中，反对观点对"法律监督权说"又提出了诸多新的质疑。

一是对"法律监督权说"的论据进行质疑。例如，有观点认为，"法律监督权说"以宪法规定作为论据，但利用实定法所确立的实然性来证明其可能存在的应然性，不免有颠倒前提与结论的嫌疑。此外，以中华人民共和国成立后，特别是20世纪六七十年代整个国家和民族对法制的淡漠导致了检察机关被撤销，以及巨大社会动荡为立论依据，论证由检察机关实行法律监督的必要性，尽管符合历史事实，但并非一个真正意义上的因果链条。②

二是认为"法律监督权说"的论证方式不够严谨，主要表现在一些文章把强调法律监督的重要性和必要性与检察机关必须享有法律监督权这两个不同范畴的问题混为一谈。③

三是从研究目的的角度对法律监督的研究范式提出质疑。有学者认为，检察权的性质问题只关涉行政权与司法权的性质和功能区分，至于行政权、司法权是否归属于一个总的上位性权力，以及在行政权、司法权之外是否还有别的权力形式存在等，则与该问题无关。因此，只要我国国家权力结构中存在行政权与司法权的划分，这一命题就是成立的。此外，研究检察权及检察机关的性质，主要是为了解决检察权依法独立行使的问题，而法律监督权的理论定位无法解决这一问题。④

也有学者关注到了"法律监督权说"论者提出的主张，认为法律监督权"论证的背后事实上摆脱不了检察机关出于部门利益的考虑而刻意维护甚至扩张自身

---

① 王戬：《论加强我国检察机关法律监督职能——基于传统与进路的分析》，《政治与法律》2007年第2期，第93页。

② 参见程雪阳：《本质主义法学、法律监督理论与检察权本质》，《江苏警官学院学报》2008年第5期，第88页。

③ 参见吴峤滨：《论检察权的性质及其优化设置》，《福州大学学报（哲学社会科学版）》2002年第4期，第41页。

④ 参见万毅：《检察权若干基本理论问题研究——返回检察理论研究的始点》，《政法论坛》2008年第3期，第94页。

既得利益的嫌疑"①。

六、多元属性说

在上述四种学说之外，也有少数研究者认为检察权具有多元属性，认为将检察权定位为某一种性质的权力具有片面性和局限性，应承认检察权具有行政权、司法权、法律监督权等多元化的属性。"可以将检察权定性为以公诉权和法律监督权为其权力内核，以自侦权、逮捕权、司法解释权等权能为其权力外延的自体性权力。"②"多元属性说"论者主张对检察权中的子权力进行优化配置。具体来说，要推进主诉检察官制度建设，分离公诉权与诉讼监督权，加强侦查监督，完善民事、行政诉讼监督，提高法律监督效力，由全国人大统一司法解释等。③

七、小结

在各种观点据理力争之时，伴随着检察权性质之争的检察改革也在稳步推进：

2003年，第十一次全国检察工作会议提出，新世纪初期检察工作应突出"强化监督、公正执法"的主题，全面强化法律监督职能，更好地服务党和国家工作大局。

2004年12月，中共中央转发了中央司法体制改革领导小组《关于司法体制和工作机制改革的初步意见》，要求检察机关在司法体制改革中，充分发挥法律监督的职能作用，保证司法部门的权力受到有效的监督和制约。

2005年8月，最高人民检察院下发了《关于进一步深化检察改革的三年实施意见》，明确应着力推进改革和完善对诉讼活动的法律监督制度。④

2006年6月，第十二次全国检察工作会议概括了"八个必须"的检察工作经验，提出必须坚持检察机关的宪法地位，深入实践"强化法律监督，维护公平正义"的工作主题，同时提出，今后也要以强化法律监督为主线，推动检察业务

---

① 程雪阳：《本质主义法学、法律监督理论与检察权本质》，《江苏警官学院学报》2008年第5期，第87页。
② 吴峤滨：《论检察权的性质及其优化设置》，《福州大学学报（哲学社会科学版）》2002年第4期，第41页。
③ 参见吴峤滨：《论检察权的性质及其优化设置》，《福州大学学报（哲学社会科学版）》2002年第4期，第41~42页。
④ 参见万春：《党的十五大以来检察改革的回顾与展望》，《国家检察官学院学报》2008年第4期，第27页。

工作全面发展。这次会议上,时任最高人民检察院检察长的贾春旺同志回应了长时间以来削弱或取消法律监督的观点,提出要深刻认识中国特色社会主义检察制度的历史必然性和内在合理性,要深刻认识我国检察制度的特色和优越性,要坚定不移地推进中国特色社会主义检察制度的完善和发展。[①]

2006年,中共中央作出了《关于进一步加强人民法院、人民检察院工作的决定》。这是党中央在历史上第一次专门就加强人民法院、人民检察院的工作作出决定,具有十分深远的社会影响和历史意义。[②] 该文件不仅明确指出检察机关是国家的法律监督机关,是司法机关,还进一步就加大检察机关法律监督力度,促进依法行政和司法公正,推进司法体制改革提出要求。因此,有观点认为,世纪之交以来的检察权性质之争"随着这份文件的下发而告一段落"[③],这一文件也在事实上对检察机关强化法律监督的改革方向进行了确认。

从中共中央的相关文件和最高人民检察院的改革方案即可看出,进入21世纪之后,我国的检察改革一直朝着加强法律监督的方向进行,这证明了"法律监督权说"在世纪之交的检察权性质之争中占据了上风。

总体而言,世纪之交关于检察权性质的争论可谓"火药味"十足,毕竟各观点的主张主要是围绕司法改革展开,而"观点的分歧导致不同的改革方案和权力配置,这又会带来利益之争"[④]。这种"火药味"在2007年达至顶峰[⑤],在各方交锋的过程中,一些问题也启发了人们对世纪之交检察权性质之争的理性反思:

第一,争论中的部门化倾向较强。

正如有学者批评的那样,在检察权的性质之争中,"只要看一看言者的身份

[①] 参见张建升:《在新的起点上迈出新的步伐——第十二次全国检察工作会议综述》,《人民检察》2006年第14期,第20~23页。

[②] 参见《人民检察》评论员:《全面推进中国特色社会主义检察事业》,《人民检察》2006年第14期,第5页。

[③] 韦洪乾:《三位法学家挂职最高检》,《民主与法制时报》2006年8月7日,第A01版。

[④] 滕彪:《"司法"的变迁》,《中外法学》2002年第6期,第736页。

[⑤] 该年,一场更为激烈的交锋使学术讨论中的部门利益、政治批判等诸多问题浮上水面。这场交锋始于最高人民检察院朱孝清先生在《中国法学》2007年第2期发表的一篇长文,文章对长期以来有关检察权的争议问题进行了较为全面的论述,然而,其中的一些说法引起了许多学者的议论。中国人民公安大学崔敏先生在《法学》2007年第7期发文对前文中的说法予以批评,可谓"吹皱一池春水"。随后,最高人民检察院研究室的王守安先生在《法学》2007年第9期对崔敏先生的文章进行批评。苏州大学法学院的周永坤先生又在《法学》2007年第10期发文,呼吁进行理性的学术论辩。参见朱孝清:《中国检察制度的几个问题》,《中国法学》2007年第2期,第108~131页;崔敏:《为什么检察制度屡受质疑——对一篇重要文章中某些观点的商榷》,《法学》2007年第7期,第17~22页;王守安:《学术批评应当客观理性——评〈为什么检察制度屡受质疑〉一文》,《法学》2007年第9期,第14~18页;周永坤:《追求理性的学术论辩》,《法学》2007年第10期,第7~15页。

就可以大致推知他讲些什么"①。权力部门在学术争论中争部门利益的现象在我国长期存在，有关部门投入大量资源在理论研究之中无疑能够推动理论的发展，但这种部门化倾向也使学术争辩不够"真诚"。

"话语本身就是一种权力"，在司法权分配领域，想要获得话语权，就需要首先论证自身权力存在的价值正当与合理。② 为了在检察改革中掌握主动权，检察系统在检察权的性质之争中投入了大量的资源。例如，面对学界对检察权的质疑和责难，"各级检察院都将检察理论研究作为关系检察制度前途、关系检察工作全局和检察事业根本的大事来抓"③。又如，最高人民检察院专门聘请了法学家挂职，推选最高人民检察院检察官到高校兼职。④ 时任最高人民检察院检察长贾春旺在《求是》杂志发表署名文章，明确提出要"高度重视检察理论研究，进一步健全工作机制，加大经费投入，抓好人才建设，增进检察机关与学术界的交流与合作。"⑤ 检察系统对于基础理论研究领域的投入促进了检察理论的繁荣发展，也使"法律监督权说"成为检察系统内部的主流观点并在检察权性质之争中占据上风，而关于检察机关性质的争论也"具有明显的论辩色彩和守土特征"⑥。

检察权性质之争中的部门利益问题也与这个时期司法改革的特征有关。如前所述，世纪之交的检察权性质之争是围绕司法改革展开的，各学说的学术主张也主要关注检察权的配置问题。司法改革涉及重大利益的调整，权力的重新分配必然涉及权力的增加和减少，因此需要一种宏观的、战略性的规划，需要一个超越被改革者利益的部门来主导和推动。但在 21 世纪初期，我国的司法改革措施"大多停留在工作机制层面上，深层次的体制改革尚未展开，以往的改革方案大多是由公、检、法等职能部门自身设计和实施，不可避免地带有部门利益的特征，具有本部门的扩权倾向，而由此产生的矛盾和争议也多是各部门之间权力和利益的冲突"⑦。检、法改革最大的冲突莫过于检察机关的改革旨在强化法律监督，而审判机关的改革力举依法独立行使审判权、司法权威。⑧ 为了保持各自在

---

① 周永坤：《追求理性的学术论辩》，《法学》2007 年第 10 期，第 15 页。
② 参见杨涛、傅达林、李克杰：《话语本身就是一种权力》，《民主与法制时报》2006 年 8 月 14 日，第 A03 版。
③ 陈国庆：《检察理论研究三十年》，《国家检察官学院学报》2008 年第 4 期，第 15 页。
④ 参见韦洪乾：《三位法学家挂职最高检》，《民主与法制时报》2006 年 8 月 7 日，第 A01 版。
⑤ 参见贾春旺：《加强理论研究 构建中国特色社会主义检察理论体系》，《求是》2005 年第 13 期，第 11 页。
⑥ 龙宗智：《我国检察学研究的现状与前瞻》，《国家检察官学院学报》2011 年第 1 期，第 43 页。
⑦ 陈卫东：《改革 30 年中国司法之回顾与前瞻》，《人民司法》2009 年第 1 期，第 46 页。
⑧ 参见王祺国："两高"的司法改革不和谐浅析》，《民主与法制时报》2008 年 2 月 25 日，第 A16 版。

政治体制框架中的特殊优势,权力部门争抢学术阵地也就不难理解了。

检察研究中的部门利益问题是可以理解的,检察理论工作者也作了大量的理论创新和阐释,付出了艰苦的学术努力。但是,检察系统在这场"守土"的论辩中似乎没有十分注意分寸的把握,争辩过程中涉及的一些话语策略超越了公允的界限,难逃政治批判之嫌。

我国《宪法》规定,检察机关是法律监督机关,因此,在世纪之交的大论辩中,有检察系统内部人士将"对我国检察机关的性质、职能等问题提出质疑"上升到了政治层面,提出这种质疑背离了广大人民群众的呼声和党中央的精神[①],是对"人民检察院的宪法地位"的质疑[②];认为"检察行政权理论的提出是三权分立思潮的前奏,它的最终道路和归宿必然是三权分立政体"[③],甚至认为对检察权性质或检察制度的质疑就是"影射人民代表大会制度""诋毁我国的政治制度""诋毁共产党的领导""削弱以致取消党对司法领域监督权"。显然,此前被党的十一届三中全会否定、被众多学者批评的"扣帽子"现象在这场争论中"死灰复燃"了。实际上,检察权性质之争中的绝大多数学术讨论并非在质疑人民检察院的宪法地位,而是在质疑检察权、审判权、行政权的配置是否合理。而且,这种"质疑检察机关在权力架构中的地位,实质上就是质疑宪法确立的我国的根本政治制度"的逻辑,也在事实上犯了"以部分代替整体"的逻辑错误。[④]

客观而言,检察理论研究的部门化不仅使检察理论缺乏说服力和公允性,还会损害理论的开放性,以政治批判的方式剥夺他人的话语权更无益于自身的发展进步。"超越狭隘利益而追求真理,是学科精神最重要的内容,也是学科建立最基本的要求。"[⑤] 因此,检察理论研究要发展成为一个学科,对检察机关性质问题的研究就必须超越狭隘的部门利益,克服部门主义。

第二,争论中的本位主义明显。

这场检察权性质之争可谓论战迭起、观点纷呈,但从前文对几种主要学说的梳理中可以看出,这场争论似乎陷入了"自说自话"的僵局。有的文章"为批评而批评""为反对而反对",并未提出相应学术主张,也未朝着寻求共识、解决问题的方向进行论证。各学说使用不同的话语体系,缺乏基本的学术共识,同一学

[①] 参见朱孝清:《中国检察制度的几个问题》,《中国法学》2007年第2期,第108页。
[②] 参见王守安:《学术批评应当客观理性——评〈为什么检察制度屡受质疑〉一文》,《法学》2007年第9期,第15页。
[③] 刘树选、王雄飞:《法律监督理论与检察监督权》,《人民检察》1999年第9期,第53~54页。
[④] 参见周永坤:《追求理性的学术论辩》,《法学》2007年第10期,第13页。
[⑤] 龙宗智:《我国检察学研究的现状与前瞻》,《国家检察官学院学报》2011年第1期,第44页。

说内部也因对某一概念的理解不同而出现分歧,各方相互误解的状况时有发生。结果在这场争论中,真理不是越辩越明,而是陷入了"谁也无法说服谁"的局面。无疑,站在不同立场上的论者基于某种理论偏好和利益考量,对检察权的性质进行了"裁剪"。

然而,正如有的学者提出的那样,"检察官"尚为一个正在发展进化之中、并未最终定型的角色,检察机关和检察制度也处于发展的过程中。因此,我们认为,对于论证的各方的观点,都不宜轻易地赞成或者否定。① 一方面,检察权的性质之争并非我国独有,不能将所有问题都不加区分地归咎于检察机关的法律监督定位上;另一方面,切忌以一种定式思维,以一种僵化的、寻求标准答案的态度来对待检察机关与检察制度改革,而是应当坚持发展的眼光,允许对检察制度进行创新研究,否则就会抹杀我们发展、完善检察制度的历史契机。②

第三,研究方法中的实证研究缺失。

在这场争论中,论者们对世界上主要国家的检察制度进行了比较法的考察,也对检察制度的起源和发展进行了历史的梳理,还有宪法学者对相关条文进行了法解释学的分析……这些研究极大地丰富了我国的检察理论,为检察制度的改革提供了宝贵的学术资源。不无遗憾的是,尽管理论界和实务界均在这场争论中投入了大量人力、财力、物力,但在相关学术成果中仍然很少见到科学、深入的实证研究,这使相关研究仅停留在理论推演上,不少结论缺乏实证依据。

正如有学者提出的那样,仅仅"从概念出发,用枯燥、深奥而又显得有学问的概念去剪裁活生生的社会现实"是远远不够的,"我们的法学精英们应该真正地走出书斋,走向田野去弥补与群众之间已经存在的较大鸿沟"③。

第三节　检察权性质之争的发展及延续:
2007 年前后—2016 年

经过长时间的讨论,检察权的确切内涵与外延似乎成了"斯芬克斯之谜",无人能够破解。但这场争论为检察制度的改革注入了动力:学术界关于控制检察权的主张收到了反馈,加强检察机关的司法性成为理论界和实务界的共识;检察

---

① 参见万毅:《检察学研究要在争鸣中寻求共识》,《法学》2007 年第 9 期,第 116~120 页。
② 参见万毅:《检察学研究要在争鸣中寻求共识》,《法学》2007 年第 9 期,第 116~120 页。
③ 王新清、赵旭光:《精英话语与民众诉求——对中国司法改革理论和实践的反思》,《法学家》2006 年第 5 期,第 135 页。

机关提起公益诉讼制度得到实践,检察改革也始终朝着加强检察监督的方向进行。

党的十七大以后,司法改革逐步走向深化阶段。中央政法委员会《关于深化司法体制和工作机制改革若干问题的意见》提出加强诉讼监督、改革执行体系、防止司法行政化等60项改革任务,"司法改革进入重点深化、系统推进的新阶段"①。随后,最高人民检察院、最高人民法院等部门分别对司法改革的任务做了具体细化,一些改革的成果也被吸收转化到立法中。2012年修正的《刑事诉讼法》重新塑造检察职能,全面加强了检察机关法律监督,尤其在纠正诉讼违法、保障程序公正方面就检察机关的诉讼监督作了一系列新的规定。这些制度性变革,强化了检察机关作为诉讼监督机关的角色定位,同时也强化了检察机关诉讼职能中的司法性要素。②

2012年,党的十八大报告提出进一步深化司法体制改革,力克司法体制层面的地方化、行政化痼疾,进入到司法改革的"深水区、攻坚区"③。2014年,党的十八届四中全会对全面推进依法治国作出重大部署,提出推进"以审判为中心"的诉讼制度改革。2016年6月,中央全面深化改革领导小组第25次会议审议通过了《关于推进以审判为中心的刑事诉讼制度改革的意见》。与以往司法改革由中央政法委主导不同,这一轮的司法改革由中央顶层设计并统一部署,走的是"自上而下"的顶层设计改革道路,确保了改革的整体性。④ 此外,这一轮司法体制改革在去行政化方面采取了很多有力措施,包括提出以司法责任制为"牛鼻子",推进人、财、物的省级统管改革,推进司法人员的分类管理和单独职务序列的规划建设,推动跨行政区划的司法机关的设置等。

不仅如此,2015年7月,全国人大常委会通过了《关于授权最高人民检察院在部分地区开展公益诉讼试点工作的决定》。试点成果最终通过《民事诉讼法》和《行政诉讼法》的修改而确定下来。这标志着我国检察机关可以"公益诉讼人"的身份,作为国家利益和社会公共利益的代表,提起公益诉讼。这显然是对传统民事审判和行政审判监督方式的重大发展。⑤

随着司法改革的深入推进,检察机关的职权本身发生了重大变化,"去行

---

① 陈卫东:《司法改革之中国叙事》,《中国法律评论》2014年第1期,第62页。
② 参见龙宗智:《检察机关办案方式的适度司法化改革》,《法学研究》2013年第1期,第174页。
③ 徐昕、黄艳好、汪小棠:《中国司法改革年度报告(2015)》,《政法论坛》2016年第3期,第104~119页。
④ 参见陈卫东:《改革开放四十年中国司法改革的回顾与展望》,《中外法学》2018年第6期,第1411页。
⑤ 参见陈瑞华:《论检察机关的法律职能》,《政法论坛》2018年第1期,第5页。

政化"的改革取得了初步成效,检察权的司法性、公益性逐渐增强。因此,世纪之交时期的传统学说开始意识到自己的局限性并逐渐接受批评,人们对检察机关性质的认识也发生了一些新的变化。第一,那些看似对立的观点开始"握手言和"并相互吸收对方的合理因素,越来越多的人开始承认检察权具有双重属性甚至多重属性,还有人尝试着对检察权的性质进行复合式的理解。第二,《刑事诉讼法》的修正使检察机关司法属性的增强成为大趋势,"强化检察权司法属性"的呼声日益高涨,"司法权说"获得更大范围的认同。第三,有研究者在思考检察机关的性质为何这个问题时已经不急于给出答案,而是对争议本身进行了反思。

一、对检察权性质的"复合式理解"

经过长时间的争论,各界关于检察机关性质的问题仍未达成共识,人们意识到坚持对本质的线性、单一、绝对理解可能物极必反。① 因此,一些研究者开始尝试跳出传统的思维方式,对检察权的性质进行了多角度、多层次地理解。这种解读方式为越来越多的人所接受,不少"法律监督权说"论者也逐渐承认了检察权的多种性质。

(一) 研究视角的创新

在长期无法取得共识的情况下,复合式的理解方式无疑为理论研究提供了新的视角。有学者认为,检察权、司法权、法律监督权都是对检察机关权力的一种界定和描述,但它们是从不同侧面、不同角度对检察机关权力属性和特征的揭示。"检察权"是对检察机关权力的总体性描述,指检察机关作为国家机关,代表国家行使权力的这一事实;"司法权"是对检察机关权力性质的定位,解决检察机关的独立性及其身份保障问题;"法律监督权"反映检察机关在国家权力结构中的地位和功能,着眼于解决检察机关与行政机关、审判机关的关系问题。② 因此,在阐释权力来源时,可以概括地称之为"检察权";在讨论检察机关的独立性时,应称之为"司法权";在研究检察机关的功能及其与行政机关、审判机关的关系时,应称之为"法律监督机关"③。

---

① 参见谢佑平、燕星宇:《我国检察权性质的复合式解读》,《人民检察》2012年第9期,第49~53页。
② 参见万毅:《检察权若干基本理论问题研究——返回检察理论研究的始点》,《政法论坛》2008年第3期,第101页。
③ 万毅:《检察权若干基本理论问题研究——返回检察理论研究的始点》,《政法论坛》2008年第3期,第102页。

还有学者认为,检察权的性质,可以从国家制度结构即宪制结构上分析,也可以从其权力特点和行使方式作出定位。[1] 中国的检察权虽然具有一定的行政属性,但法律定位是法律监督权和司法权。[2] 现行的检察制度确实具有不同于一般检察制度的某些特征和制度内容,具有社会主义性质、法律监督性质、司法性质三个方面,这些特性都会加强检察官的客观义务要求。[3]

虽然这种复合式理解的方法可能招致"回避问题"的质疑,但检察权的发展变化是客观存在的,这种思考方法在一定程度上体现出中国研究者务实的学术态度,也体现出学者们对检察权认识的进一步深入。

(二)法律监督权说的新发展

在这个时期,曾占据上风的"法律监督权说"仍然表现出勃勃生机,虽然有的研究成果仅仅是对前人观点的同义反复,但从一些研究中也可以看出,这个时期的"法律监督权说"更加强调检察制度的中国特色[4],检察权性质的复合性也得到广泛承认。

例如,有论者从权力配置和运行的角度来分析检察权的特征:从检察权内部权力的配置看,检察权既具有司法性,又具有行政性;从检察权运行的角度来看,检察权具有诉讼性和程序性的特征。[5] 有实务工作者认为,我国检察权是宪制下一项独立的国家权力,不仅具有法律监督属性,还具有司法性、行政性、社会公益性和谦抑性。[6] 还有检察理论研究者认为,法律监督属性、司法属性、行政属性、公益属性综合于一体,共同构成检察权独立的权力属性。[7] 有的"法律监督权说"论者承认检察权具有双重属性,认为"检察权具有行政和司法双重属性,但它既不属于行政权,也不属于司法权,是一种新型的国家权力,可以界定为法律监督权"[8]。

虽然这些法律监督权论者已经认识到检察权的复合性,但他们还是坚持认为法律监督是检察权各种属性中的本质属性,而从研究者的研究背景来看,"法律监督权说"仍然难逃"利益法学"的质疑。

---

[1] 参见龙宗智:《检察制度教程》,法律出版社2002年版,第98页。
[2] 参见龙宗智:《检察制度教程》,法律出版社2002年版,第99~101页。
[3] 参见龙宗智:《中国法语境中的检察官客观义务》,《法学研究》2009年第4期,第145~146页。
[4] 参见樊崇义:《一元分立权力结构模式下的中国检察权》,《人民检察》2009年第3期,第7页。
[5] 参见韩索华、吴锋:《法律监督——检察权性质的应然性探讨》,《法学杂志》2010年第12期,第105~106页。
[6] 参见贺恒扬:《我国检察权的基本特征》,《国家检察官学院学报》2008年第3期,第35页。
[7] 参见王守安、田凯:《论我国检察权的属性》,《国家检察官学院学报》2016年第5期,第82页。
[8] 梁木生、苟红兵:《论我国检察权的定位》,《政治学研究》2008年第3期,第26~27页。

总体而言，这个时期"法律监督权说"论者的主张仍然具有较强的"保权"甚至"扩权"倾向，不少论者对取消检察机关的职务犯罪侦查权或者诉讼监督权的观点进行反对，而且认为检察机关的法律监督职能并没有得到有效发挥，因此应当予以强化。[1] 也有论者认为我国检察机关的司法处分权具有谦抑性，其处分权是非常有限和不足的，应当得到进一步加强。[2] 还有论者提出，"法律监督的外延同法律的外延是一致的，有多少部门的法律，就有多少种类的法律监督，从法律监督的概念逻辑地引申出检察机关的法律监督应当是全面的法律监督，而不是局限于对某一部门法的监督"[3]。

可喜的是，更多持"法律监督权说"的研究者意识到检察机关的监督应当保持在合理范围内，不能过于萎缩或过于膨胀，影响其他国家权力的正常运行。有检察理论工作者提出法律监督具有两个价值目标：一是通过公诉对违法行为及时纠正，恢复法律秩序、法律正义；二是保证守法的社会主体的合法权益免受国家权力的侵害。法律监督必须把这两个价值目标统一起来，不应偏废。[4] 也有主张"法律监督权说"的学者提道："检察机关的法律监督只是也只能是我国权力监督体系中至为重要的一支，监督者本身也受到其他权力机构与权利个体的监督。我们不能不切实际地要求专门的法律监督机关完成全面的监督任务。"[5]

二、检察机关司法属性凸显

随着司法改革的深入，检察机关"去行政化"的成果逐渐显现出来，2012年《刑事诉讼法》的修正在推动检察权司法化方面更迈出了重要步伐，检察权司法化的特征更加明显，检察机关的司法属性明显增强。此外，"人权保障"条款入法，检察机关从高高在上的"监督官"转变为负有保障被告人权利的责任和使命的"保民官"[6]。检察机关的司法属性获得更广泛的认同，"司法权说"得到更多的认可，"加强检察机关的司法属性""对检察机关的办案方式进行司法化改革"的主张也成为理论界和实务界的共识。

（一）司法权说获得更多认可

这个时期，"司法权说"获得司法改革和立法的支持，不少人逐渐承认，

---

[1] 参见谢鹏程：《检察权配置的原理》，《国家检察官学院学报》2012年4期，第69~75页；余辉胜：《我国检察权属性应然定位之探讨》，《河北法学》2008年第4期，第173~176页。
[2] 参见贺恒扬：《我国检察权的基本特征》，《国家检察官学院学报》2008年第3期，第40~42页。
[3] 梁木生、苟红兵：《论我国检察权的定位》，《政治学研究》2008年第3期，第32页。
[4] 参见陈正云：《法律监督与检察职能改革》，《法学研究》2008年第2期，第74页。
[5] 樊崇义：《一元分立权力结构模式下的中国检察权》，《人民检察》2009年第3期，第11页。
[6] 万毅：《刑诉法修改对检察制度若干理念的重塑》，《检察日报》2012年10月22日，第3版。

第六章　检察机关在刑事诉讼结构中法律性质理论的争鸣与发展

在我国现行体制下，司法机关应当包括法院和检察院，司法权由检察权和审判权构成，检察机关的性质是司法机关。相较于传统的"司法权说"而言，这种观点可称为"二元司法权说"，其援引的论据既有对前人的重复，也有一定的创新。

第一，宪法精神和党中央的重要文件的确认仍然是这个时期"司法权说"援引的首要论据。"二元司法权说"认为，宪法虽未将检察机关明确定性为司法机关，但关于审判机关和检察机关独立行使职权原则的条款在结构和内容上完全一致，这意味着宪法将法院和检察院等同视为行政机关之外的司法机关。党的重要文件根据宪法精神也一再明确了这一观点，如中共中央《关于进一步加强人民法院、人民检察院工作的决定》就明确指出："人民法院和人民检察院是国家司法机关……"[①] 因此，我国的检察权具有司法权属性已是一个不争的事实，并且为我国司法改革政策和执政党的文件所确认。[②]

第二，检察权与审判权的共性仍然得到强调。例如，检察机关的公诉权和审查批捕权具有判断性质，检察权和审判权具有共同的独立性要求，检察官和法官的目标都是实现司法公正，检察官的资格、地位和职务保障与法官的基本相同，检察官在诉讼中也担负着司法官应当承担的公正性和客观性义务等。因此，检察权和审判权之间的相同性远大于其差异性，将检察权归属于司法权比将其排除出司法权更具有正当性与合理性。[③]

第三，也有学者提出新的论据，认为从职能上看，我国检察机关的基本职能就是进行诉讼活动和对诉讼活动进行法律监督，而诉讼活动本身又是司法活动而非行政活动，所以检察机关是进行司法活动的国家机关。[④]

第四，还有学者对列宁的司法思想进行研究，认为在列宁的视野中，司法权是由审判权和检察权两部分构成的，人民检察院行使审判权，检察机关行使检察权。不论是列宁对检察机关性质的理论阐发，还是当时在列宁领导下制定的《检察监督条例》和苏联宪法对检察机关的属性定位，均将检察机关的法律地位界定

[①] 陈光中、崔洁：《司法、司法机关的中国式解读》，《中国法学》2008年第2期，第83页；谢鹏程：《论我国的二元司法体制》，《光华法学》2009年第2辑，第134页。

[②] 参见王建国：《列宁检察权属性定位理论及其当代价值》，《湖北社会科学》2012年第2期，第166页。

[③] 参见陈光中、崔洁：《司法、司法机关的中国式解读》，《中国法学》2008年第2期，第83页；石茂生：《检察权的司法属性——兼论检察权与法院权之共性》，《公民与法》2013年第4期，第2~5页。

[④] 参见陈光中、崔洁：《司法、司法机关的中国式解读》，《中国法学》2008年第2期，第83页。

为司法机关。①

有戏剧性的是，虽然很多人都认为检察权是司法权，都认为检察机关是司法机关，但他们在对一些基本问题的认识上并未达成共识。例如，在对"法律监督"这一概念的理解上，有论者将检察权等同于法律监督权，认为"检察机关以法律监督包括侦查、起诉和诉讼监督等方式纠举违法犯罪，保证法律的统一正确实施"②。相反，有论者则明确指出：检察权的外延广于法律监督的外延，法律监督只是检察机关的一种职权而不是一种权力类型。因而，那种从理论上将检察权单纯地等同于法律监督权，或者说检察机关就是享有"第四权力"的法律监督机关之观点，实际上是限缩了检察权的范围，与我国当下主流意识以及执政党的司法政策相悖，因而理论上不能获得正当性，实践上是很难行得通的。③ 除此之外，论者们在"检察权与审判权的关系""审判监督是否影响审判权威和司法公正"等问题上都有不同的理解，而这些分歧与研究者的研究背景、供职机构关系密切。

"司法权说"也面临着诸多质疑。例如，有学者就认为，我国的权力结构与西方国家的不同，"司法权"这一概念的内涵和外延也很模糊，因此，"借用不同的权力分析术语解释检察权会给检察理论研究和检察实践造成很大的混乱"④。

此外，二元司法权论者的论证着眼于检察权与审判权的共性，然而，性质是一个事物区别于其他事物的内在规定，应当揭示一个事物的独特属性，因此有人认为这种着眼于共性的理论价值不大。针对这种质疑，有持"司法权说"的学者明确指出了将检察权的性质定位为司法权的意义："首先，它要求检察机关必须以'司法机关'自居，主动运用司法原理，按照司法权运行的规律，履行自己的各项职责。其次，从政治学和社会学角度看，司法的本质是对行政权的制约或者监督，虽然检察权的行使客观上要对审判活动产生制约监督之效果，但是检察权力主要是对行政权力的监督，防止行政权力侵犯人民权利；对审判即法院的监督则应该是通过正确地行使公诉权力保证法院审判公正，即严格审查侦查活动，提高公诉质量，真正成为'法官之前的法官'或'站着的法官'，从而使坐着的法官能够作出公正的司法判决，而不是去法官那里千方百计到处找错，以'纠错'

---

① 参见王建国：《列宁检察权属性定位理论及其当代价值》，《湖北社会科学》2012年第2期，第164页。
② 谢鹏程：《论我国的二元司法体制》，《光华法学》2009年第2辑，第135页。
③ 参见王建国：《列宁检察权属性定位理论及其当代价值》，《湖北社会科学》2012年第2期，第166页。
④ 王戬：《不同权力结构模式中的"司法权"——以另一视角分析检察权》，《政治与法律》2010年第3期，第104页。

为己任。"①

尽管存在上述分歧和质疑，但在检察权的司法属性日益凸显的大趋势之下，不同背景的研究人员纷纷顺应时代潮流，呼吁加强检察机关的司法属性，对检察权进行司法化改革。

(二) 加强检察机关的司法属性成为共识

在司法改革和刑事诉讼法修改的背景下，参与检察机关性质争论的各方终于在改革方向的问题上基本达成了一个共识，即主张进一步加强检察机关的司法属性。

例如，有"双重属性说"论者认为，检察机关的办案方式应进行适度司法化的改革。具体内容包括：确认一线检察官的相对独立性，使之成为相对独立的司法官；适当弱化行政性纵向关系，实行"扁平化"管理；建立主任检察官制度，促进分类管理和检察官职务体系的合理构成；区别不同业务的性质和需要，引进对审兼听程序要素，建构审前程序的弹劾制构造。②

曾主张"行政权说"的学者在考察检察机关的司法救济职能时也提道："继续推进检察改革，特别是实现检察机关职能的优化配置，需以司法化的程序设计拓宽检察职能发挥作用的途径，以司法权的特性弥补现行检察职能的局限性，逐渐实现检察权行使的司法化。"③ 而就检察机关的司法救济职能而言，也应当在现有规定的基础上，以司法化属性为指向，从审查程序、通知纠正程序、反馈程序等方面来对其进行完善。④

也有检察系统内的理论工作者在论述检察改革方向时提道："检察权的司法属性要求建构能够体现司法特点的检察体制和工作机制，检察权的一体化运作又要求与之相匹配的保障纵向运行的机制。"⑤ 司法属性是"检察工作的本质特点"，因此，新时期的检察改革应当在健全检察权依法独立行使的体制机制、确保检察权的实践运行体现司法属性、使检察人员的管理更加适应司法官的要求等问题上下功夫。⑥

---

① 石茂生：《检察权的司法属性——兼论检察权与法院权之共性》，《公民与法》2013年第4期，第5页。
② 参见龙宗智：《检察机关办案方式的适度司法化改革》，《法学研究》2013年第1期，第186页。
③ 陈卫东、林艺芳：《论检察机关的司法救济职能》，《中国高校社会科学》2014年第5期，第149～160页。
④ 参见陈卫东、林艺芳：《论检察机关的司法救济职能》，《中国高校社会科学》2014年第5期，第149～160页。
⑤ 向泽选：《新时期检察改革的进路》，《中国法学》2013年第5期，第125页。
⑥ 参见向泽选：《新时期检察改革的进路》，《中国法学》2013年第5期，第124页。

这个共识的达成是来之不易的，虽然受到立法和司法改革方向等实然层面的影响，但也体现出我国研究者对自主创新的理论研究的探索，体现出人们对司法规律认识的逐渐深入。

三、对检察机关性质争论的理性反思

关于检察权性质的争议持续了近十年之后，有人认为，根本不需要过多纠缠于检察权的属性，检察权的属性就是"检察"本身。也有的研究者在思考这个问题之时已经不急于给出答案，而是对这种争议本身进行了反思，对争论中的研究进路、争论的必要性等进行了质疑。

（一）检察权的属性就是"检察"本身

在意识到检察权性质之争牵制了大量研究资源后，很多人提出，检察权的本质属性就是检察权，是一种独立的权力。我们将其归纳为"独立权力说"。这种观点受到部分宪法学界、法理学界人士和部分检察理论工作者、检察实务工作者的认可。

有宪法学者认为，"在检察理论研究中，检察权或许可以被认为兼具行政和司法的双重特征，但在检察改革、司法改革和政治体制改革中，不宜过于纠缠检察权的性质，它应当作为宪法确立的相对独立的国家权力，由具有宪制性质的检察机关独立行使"[1]。有法理学者表达了相同的观点，其认为："如果找不到一种更加周延的关于检察权性质的概括性理论，就不需要大费周章用陈旧的概念与过时的理论生搬硬套地分析当下我国司法运作过程中检察权的属性。既然司法权、行政权、司法行政双重属性以及法律监督权都不能很好地概括检察权的属性，那么何不干脆认为检察权本质属性就是检察权。"[2]

在检察系统内，也有检察理论工作者提出，检察权在我国的政治体制中，是一项与行政权、审判权平行的独立的公权力，它的属性就是"检察"本身。这并不是要否认检察机关具有重要的监督职能，而是通过从"国家的法律监督机关"向"国家的检察机关"转变，回归到行使作为一项独立的公权力的检察权的国家机关本身。在中国特色的检察权理论中，公诉、检察侦查、诉讼监督等职能就是检察权的体现，具有"检察"属性，没有必要再叠床架屋地去论证一切职能都是"监督"[3]。

---

[1] 肖金明：《论检察权能及其转型》，《法学论坛》2009 年第 6 期，第 111 页。
[2] 石茂生：《检察权与审判权关系再检视——基于检察权审判权运行的实证研究》，《法学杂志》2015 年第 2 期，第 97 页。
[3] 闵钐：《检察权配置的历史变迁与反思》，《国家检察官学院学报》2010 年第 5 期，第 61~63 页。

还有检察机关的实务工作者认为，将检察权作为一种独立完整的权力并不违背我国国家权力设置的原则与价值追求，而且检察权的内容兼具法律监督、行政和司法的成分，这种独特的法律属性，不能以除检察权以外的其他任何一种权能属性来进行完整的概括。此外，检察权的独立是检察权独立运行的基础，只有将检察权独立于行政权和司法权，才能确保国家权力之间的制衡，使目前的检察改革走出误区，提升与维护检察机关的法律地位。[1]

总体而言，"独立权力说"论者的主张涉及理论和实践两个层面：

在检察理论层面，"独立权力说"主张修正法律监督理论，完善中国特色的检察权理论，"基于检察权在我国是一项独立的公权力的逻辑起点，建构中国特色的检察权理论体系"。这是因为：以"检察"的属性来统领检察职权，将消解那些长期以来关于具体职权与法律监督的关系问题的争论，也将避免"以监督者自居"的心态，为坚持、发展、完善中国特色社会主义检察制度开辟更为宽广的理论空间。[2]

在检察实践层面，"独立权力说"主张立足于我国宪制配置检察权力。第一，明确检察权的独立属性和地位。有观点认为应确立检察职能体系，促使检察机关由一个刑事机关转变为一个担负监督职责的宪制机关。[3] 也有观点认为应取消检察机关的法律监督机关定位，将检察权确定为同属立法权下的国家权力分权，与行政权、司法权平行。[4] 第二，将公益诉讼列为检察执法的重要形式，包括为维护公共利益代表国家通过民事和行政诉讼的方式实施法律。[5] 第三，适度扩展检察监督的范围，将行政过程和行政执法活动纳入检察监督，进一步增强民事、行政抗诉的合理性，限定民事、行政抗诉的范围和意义。[6]

"独立权力说"的提出具有一定的创新性，与"双重属性说"和"法律监督权说"有所区别。它承认检察权的双重属性，但它与世纪之交出现的"双重属性说"的不同之处在于，它并未回答"行政性和司法性何者为重"的问题[7]，并认

---

[1] 参见张铁英：《论检察权的配置》，《法学杂志》2012年第1期，第133页。
[2] 参见闵钐：《检察权配置的历史变迁与反思》，《国家检察官学院学报》2010年第5期，第62页。
[3] 参见肖金明：《论检察权能及其转型》，《法学论坛》2009年第6期，第114页。
[4] 参见张铁英：《论检察权的配置》，《法学杂志》2012年第1期，第135页。
[5] 参见肖金明：《论检察权能及其转型》，《法学论坛》2009年第6期，第114页；张铁英：《论检察权的配置》，《法学杂志》2012年第1期，第136页。
[6] 参见肖金明：《论检察权能及其转型》，《法学论坛》2009年第6期，第115页。
[7] 此前一部分学者已经认识到了检察权具有双重属性，却依然会进行"二选一的痛苦抉择"，不同学者也将检察机关定位为司法机关、行政机关、法律监督机关，形成了"偏司法权的双重属性说""偏行政权的双重属性说""法律监督机关定位的双重属性说"。

为"很难说清楚哪种属性更为根本,因此其本身应当屹立于三权之外,从而构成三权之外独特且独立的一种权力"①。"独立权力说"也没有将检察权的独立性理解为法律监督。虽然一些"法律监督权说"论者在这个时期也注意到检察权性质的复合性和独立性,但他们仍将检察权定位为法律监督权。对此,有学者就批评道,这是害怕"对其自身权力的行使造成某种危害,故而牵强附会地将检察权所具有的诸多内容都涂上'法律监督'的色彩"②。

(二) 对检察机关性质争论的质疑

与世纪之交关于检察权性质的争论不同,这个时期的很多研究者并没有着急"下场",而是站在旁观者的角度看待这场旷日持久的争论,有的对人们的研究进路进行反思,有的对争论中涉及的基本概念进行澄清,有的对研究方向进行质疑……但都没有回答"检察机关性质是什么"的问题。

有论者对多数学者采取的从检察机关权力属性角度理解检察机关性质的研究进路进行质疑。其认为,多数学者的研究逻辑在于:检察权是行政权,因而检察机关是行政机关;检察权是司法权,故检察机关是司法机关……然而,从权力属性角度解读检察机关性质的研究进路,其真实的理论和经验背景其实是西方的"三权分立"与制衡的宪政制度,通过这种研究进路是得不出科学结论的。应当从检察机关的政治使命、法律监督职能、职能的实现三个层面来理解检察机关的法律监督性质。③

有学者对相关概念进行了澄清。其认为,检察权的定位和性质本是两个不同的概念,但实践中往往将二者相提并论。定位是法律就检察权"是什么"而言,检察权的定位是法律监督。性质即检察权究竟是司法权还是行政权,抑或是司法、行政兼而有之权力的问题,它是就检察权区别于其他国家权力的属性而言的。如我国人民法院、公安机关的法律定位分别是国家的审判机关和国家的治安保卫机关,但二者的法律性质分别为国家的司法机关和国家武装性质的行政执法机关。检察权的性质应该与其法律监督的定位相呼应,不能因为检察权的性质而影响法律监督职权在法律上的缺位和运作上的失衡。④

有实务工作者试图从各国检察权的共性表征的层面深入理解我国检察权的

---

① 程雪阳:《本质主义法学、法律监督理论与检察权本质》,《江苏警官学院学报》2008年第5期,第85页。
② 程雪阳:《本质主义法学、法律监督理论与检察权本质》,《江苏警官学院学报》2008年第5期,第88页。
③ 参见龚佳禾:《"检察机关的性质":理论观点与初步反思》,《中国刑事法杂志》2010年第4期,第66~73页。
④ 参见姜小川:《检察权定位:检察职权配置的关键》,《法学杂志》2011年第9期,第93页。

"特有"属性和"特色"内容。通过比较研究发现，各国检察权的共性表征包括：检察权具有谷间带链接特质，这使检察权有其他权力没有的模糊性和不确定性；检察权是一种程序性权力，这决定了检察权的有限性和它在诉讼权力体系中的非终局性；检察权以实现司法公正为终极运行目标，这是一个超越权力结构限定的规律性命题。① 我国检察原理的体系化论证和检察制度的完善发展，必须充分尊重检察权的共性表征，只有这样，有中国特色的检察改革才不会迷失方向、遭遇瓶颈尴尬。②

还有人对这种检察权的研究方向进行质疑，认为检察权研究的首要任务不是简单地界定检察权的宪法定位和本质属性，而是认真研究如何在人民代表大会制度下实现权力之间的制衡及权力与权利之间的良性互动。他们认为："应当深入研究我国检察权配置的现状，重点考察人民代表大会制度下整个权力的配置是否周延，权力之间是否存在必要的制衡与监督；考察人民代表大会制度下权力与权利之间的相互关系是否均衡，私权是否能够实质性地影响公权力，公民权利救济机制是否能够启动并有效促进整个公权力系统的有序运转，等等。在此基础上，再反思我国的检察权配置及检察权的本质属性等相关问题，也许这才是更为科学的分析和界定我国检察权属性的方式。"③

四、小结

可以看出，这个时期中国特色社会主义法治理论受到重视，关于检察机关性质的讨论更多地结合了中国的司法实践。人们开始总结有益的实践经验，吸收本土资源，很多研究者都抛弃了陈旧的理论，努力探索中国特色的理论创新之路。有学者曾批评道：此前中国的"各种法律改革都是在批判和借鉴的基础上进行的，批判的更多的是中国的传统和现状，而借鉴的更多的是国外的思想和制度"④。然而，"脱离了中国国情，违背了人类社会的渐进式发展的规律，再精巧的设计、再完美的规划都不会为人民所接受，最终只能归于失败"⑤。正是出于对此前司法改革路径的反思，很多人开始重视中国自己的法律土壤。

---

① 参见王戬：《不同权力结构因子中检察权的共性表征》，《中国刑事法杂志》2009年第11期，第87～92页。
② 参见王戬：《不同权力结构因子中检察权的共性表征》，《中国刑事法杂志》2009年第11期，第92页。
③ 韩成军：《检察机关的宪法定位与检察权的配置》，《江西社会科学》2012年第5期，第158页。
④ 樊崇义：《一元分立权力结构模式下的中国检察权》，《人民检察》2009年第3期，第8页。
⑤ 王新清、赵旭光：《精英话语与民众诉求——对中国司法改革理论和实践的反思》，《法学家》2006年第5期，第137页。

此外，虽然理论研究中的部门化倾向仍然存在，但已经有所收敛，至少那种"扣政治帽子"的现象已经非常少见，不少检察理论工作者也认识到检察权需要得到制约的事实，对一味扩权的主张明确表示了反对。促成这种变化的主要因素可能在于：其一，经过多年的努力，我国的民主法治建设迈出重大步伐，全社会法治观念明显增强。其二，2008年末启动的司法改革确立了以"加强监督"为改革重心，这表明在世纪之交的大论辩中，"法律监督权说"取得了初步胜利，检察机关面临的"生存危机"得到缓解。其三，党的十八大以后，我国的司法改革更加注重顶层设计，各部门"以改革之名，行扩权之实"的难度增大。

然而，这个时期的检察理论研究中的部门化倾向仍然应当得到进一步克服。如前文所述，对检察机关性质问题的探讨显然并不纯粹是一个学术问题，而是存在着一定的政治因素和部门利益考虑。[①] 但部门化的倾向对检察理论研究是有害的，不仅可能引致理论研究本身的歧误，还可能形成不良学风，损害学术生态，使检察理论研究成为"检察圈"内的"自说自话"，使一些有见识的学者"敬而远之"[②]。除此之外，这个时期关于检察机关性质的研究也存在很多不足。例如，同义反复的理论解说很多，相关研究的深度不足，一些研究一味地为司法改革方案做合理化论证，等等。

第四节　监察体制改革的转折：2016年之后

2016年12月，第十二届全国人大常委会第二十五次会议表决通过了《关于在北京市、山西省、浙江省开展国家监察体制改革试点工作的决定》，正式拉开监察体制改革的大幕，"中国检察制度又一次走到了历史的十字路口"[③]。监察权的设立无疑会引发国家权力结构以及刑事诉讼程序的整体性回应，使检察职能内涵的重新构造、检察机关的自身定位等成为不容回避的命题。因此，各界人士对国家监察体制改革后检察机关的法律性质、定位问题表达了高度的关注。有学者认为，"最具中国特色和法律监督内涵的诉讼监督职能的进一步软化和弱化，必然会导致'国家的法律监督机关'这一中国特色面临严峻挑战"[④]。有学者认为，

[①] 参见韩成军：《检察权基本理论研究综述》，《河南社会科学》2010年第2期，第91页。
[②] 关于部门化倾向对检察理论研究的不良影响，参见龙宗智：《我国检察学研究的现状与前瞻》，《国家检察官学院学报》2011年第1期，第38～39页。
[③] 魏晓娜：《依法治国语境下检察机关的性质与职权》，《中国法学》2018年第1期，第284页。
[④] 朱孝清：《国家监察体制改革后检察制度的巩固与发展》，《法学研究》2018年第4期，第4页。

"这带来了检察机关法律监督定位和法律监督方式的全面危机"①。在2017年的全国检察长会议中，时任最高人民检察院检察长曹建明也在讲话中将"法律监督"置换为"检察监督"，表明检察系统已经认识到国家监察体制改革给检察机关带来的不确定性。②

这个时期，关于检察机关性质问题的讨论主要集中在两个问题上：一是国家监察体制改革是否改变了检察机关的"法律监督机关"定位，二是是否应当明文规定检察机关是司法机关。当然，也有研究者站在相对宏观和超然的角度，试图解释长期以来关于检察机关的性质存在争议的原因。

一、国家监察体制改革是否改变检察机关的定位

(一) 改变说：应当对检察机关重新定位

在检察机关的职权发生重大变化之际，有学者主张对检察机关进行重新定位。我们在此将这种观点称为"改变说"。这种观点认为，职务犯罪侦查权的剥离使检察机关的"刑事法律监督"职能走向终结，"监察权"在实际上具有了法律监督的性质，将检察机关定位为"法律监督机关"已经名不符实，因此，需要新的理论来对检察机关进行定位。尽管有共同的理由，学者们也从不同的角度出发，提出了不同的定位方法：

有的学者主张将检察机关重新定位为公诉机关与诉讼监督机关。理由在于：公诉权是检察机关的主体权能，职务犯罪侦查权的剥离使检察权事实上形成了"公诉权+诉讼监督权"的权力格局，而公诉权与诉讼监督权相互区别、相互联系，不能简单地用公诉机关或诉讼监督机关来定位检察机关。③

有学者认为，在剥离了职务犯罪侦查权后，检察机关所保留的职权在性质上更容易与公诉权兼容，且都与公共利益相关，因此应将检察机关重新定位为公共利益的守护者。④

还有学者认为，应将检察机关定位为"国家利益和社会公共利益的维护者"以及"国家法律统一实施的监督者"。这是因为：从司法改革的发展方向看，检察机关应当站在国家利益和社会公共利益的立场上，通过行使诉讼职能、监督职

---

① 陈瑞华：《论检察机关的法律职能》，《政法论坛》2018年第1期，第16页。
② 参见周斌：《曹建明在全国检察长会议上强调：加强检察监督 服务保障大局》，《法制日报》2017年1月16日，第1版。
③ 参见胡勇：《监察体制改革背景下检察机关的再定位与职能调整》，《法治研究》2017年第3期，第89~91页。
④ 参见陈冬：《监察委员会的设置与检察权的重构》，《首都师范大学学报（社会科学版）》2017年第2期，第58~66页。

能和司法审查职能的方式,来维护国家法律的统一实施。也就是说,"检察机关处于'检察监督'的地位,这与各级政府的行政管理、监察委员会的全方位监察以及法院的司法裁判处于同一法律层面上"①。

立足于不同的定位,"改变说"也存在不同的主张。有的学者提出检察机关新定位的目的是对检察机关的法律职能进行切实有据的解释,有的学者则主张立足于新定位对检察机关的职能进行调整。例如,将检察机关定位为公诉机关与诉讼监督机关的学者就认为,在公诉职能方面,检察机关应当充分行使起诉裁量权,积极探索建立公益诉讼制度,将刑事审判监督权还原为公诉权;在诉讼监督职能方面,应加强对强制性侦查措施的刚性监督,推进逮捕程序的诉讼化改造,实现民事诉讼监督的重心由对生效裁判的再审抗诉向对审判人员违法行为监督的转变。②

"改变说"的提出表明研究者们对改革实际效果的关注,也表明理论界敢于创新的学术努力。这对于理论研究来说是极为可贵的。正如有学者提出的那样:面对改革实践,"我们与其固守原来的一些理论观点,在'法律监督的正当性'以及'法律监督的途径'等问题上钻入理论的'牛角尖',展开一些可能永远找不到答案的理论争论,倒不如认真地关注当前正在得到全面推行的改革,从中发现我国检察制度发展创新的新契机"③。

(二)坚持说:应当坚持法律监督机关定位

对于伴随国家监察体制改革而出现的"改变说",也有不少人表示了反对。他们认为,国家监察体制改革并不改变检察机关作为国家的法律监督机关的属性,检察机关仍然是国家的法律监督机关。我们在此将这种观点称为"坚持说"。学者们反对改变法律监督机关定位的理由主要在于:

第一,职务犯罪侦查等部门转隶后,检察机关的监督职权全部保留。国家监察体制改革后,"国家监察委员会行使的是职务类刑事案件的侦查权,不涉及检察院现有的法律监督(狭义)职能"④。检察院对审判行为、刑事判决执行机关及监所机关的执行行为以及一般行政行为的监督权也一个不少。⑤

第二,职务犯罪侦查权并非我国《宪法》将检察机关定位为"国家的法律监督机

---

① 陈瑞华:《论检察机关的法律职能》,《政法论坛》2018年第1期,第1~16页。
② 参见胡勇:《监察体制改革背景下检察机关的再定位与职能调整》,《法治研究》2017年第3期,第91~94页。
③ 陈瑞华:《论检察机关的法律职能》,《政法论坛》2018年第1期,第5页。
④ 秦前红:《全面深化改革背景下检察机关的宪法定位》,《中国法律评论》2017年第5期,第66页。
⑤ 参见夏金莱:《论监察体制改革背景下的监察权与检察权》,《政治与法律》2017年第8期,第55~64页;王玄玮:《国家监察体制改革和检察机关的发展》,《人民法治》2017年第2期,第52页。

关"的主要根据,其仅仅是检察院作为法律监督机关的"专门"性的表现之一。①

第三,国家监察体制改革改变的仅仅是检察机关法律监督的对象范围和方式,监察机关并不代替检察机关在维护法治统一方面的作用。监察机关与检察机关虽然都是监督机关,但在监督对象、内容、目的等方面存在明显差异。监察机关的职权是对公职人员的职务廉洁性实施监察,而检察机关则继续行使诉讼监督、侦查活动监督和执行监督等法律监督权,二者在各自的职权范围内各司其职,并行不悖。② 因此,国家监察体制改革反而实现了对国家机关适用法律行为的监督与对公职人员廉洁性监察的分工,进一步明确了检察机关法律监督的职能属性,形成了平衡制约的国家法律监督体系。③

第四,检察机关的法律监督机关的定位符合我国一元宪制结构和法治发展的需要。我国《宪法》将检察机关定位为国家的法律监督机关,主要是基于我国的政治制度和基本国情,如今,当初作出这一宪法定位的依据并未发生根本变化,国家仍采用"一元分立"的政体,处于社会主义初级阶段,需要一个专司法律监督的机关来维护法治的统一和法律的正确实施。④

第五,检察机关重建四十年来,监督职能、任务不断增多,监督对象不断扩大,将检察机关定位为法律监督机关是对人民美好生活需要的满足,也符合法治发展的规律,而且2018年修正后的《宪法》再次确认检察机关是国家的法律监督机关。⑤ 有学者对2018年《宪法》进行教义学分析,认为支撑检察机关性质不改变的教义学理由可以概括为:"第一,检察院的侦查监督权、审判监督权、监所监督权、执行监督权、民事调解监督权未受影响,依然支撑着检察院的性质;第二,检察院的行政公益诉讼起诉权成为支撑检察院性质的新理由。"⑥

可以说,"坚持说"提出了非常充分的论据来坚持检察机关的法律监督定位不改变,但是,国家监察体制改革对检察机关的实际影响是确实存在的,因此很

---

① 参见夏金莱:《论监察体制改革背景下的监察权与检察权》,《政治与法律》2017年第8期,第55~64页。
② 参见姚建龙:《监察委员会的设置与检察制度改革》,《求索》2018年第4期,第126页;朱孝清:《国家监察体制改革后检察制度的巩固与发展》,《法学研究》2018年第4期,第8~9页。
③ 参见袁博:《监察制度改革背景下检察机关的未来面向》,《法学》2017年第8期,第75页;姚建龙:《监察委员会的设置与检察制度改革》,《求索》2018年第4期,第121页。
④ 参见秦前红:《全面深化改革背景下检察机关的宪法定位》,《中国法律评论》2017年第5期,第66页;朱孝清:《国家监察体制改革后检察制度的巩固与发展》,《法学研究》2018年第4期,第5~6页;袁博:《监察制度改革背景下检察机关的未来面向》,《法学》2017年第8期,第72~73页。
⑤ 参见朱孝清:《国家监察体制改革后检察制度的巩固与发展》,《法学研究》2018年第4期,第6~9页。
⑥ 田夫:《检察院性质新解》,《法制与社会发展》2018年第6期,第90页。

多人也认识到,"失去侦查职能后,如果监督职能再不充分发挥,我国检察机关的独立宪法地位可能将会动摇,失去稳固的支撑"[1]。为此,不少研究者提出检察机关必须狠抓监督类业务,应增强检察监督的刚性,拓展检察监督的范围。

关于增强检察监督的刚性方面的主张有三:第一,保留检察机关在履行职责中发现的职务犯罪的侦查权。如果没有必要的职务犯罪侦查权作为支撑,诉讼监督就会软弱无力,而且检察机关在发现职务犯罪线索上也具有职能便利。[2] 第二,增加原有检察措施的约束力。对有关机关的违法行为和错误决定,既要求其纠正,又要对责任人进行追责,还要明确规定有关机关落实检察监督的义务、反馈的期限、提出异议的程序、拒不履行的法律后果。[3] 第三,考虑增添新的检察措施,赋予检察机关履行法律监督职责所必要的手段性职权,如对发现的违法行为、公益诉讼线索的调查核实权等。[4]

关于拓展检察监督范围方面的主张包括:第一,赋予检察院合宪性审查提请权。检察机关认为行政法规、地方性法规、自治条例和单行条例同宪法或者法律相抵触的,应当有权提请全国人大常委会进行合宪性、合法性审查。[5] 第二,授予检察机关对侦查中的强制措施和强制性侦查行为的司法审查权。[6] 第三,完善行政监督,扩展公益诉讼范围。适当拓展行政检察,不仅要对履行职责中发现的行政机关不作为、乱作为进行监督,还要监督行政机关有案不移、以罚代刑;以法律的形式确认公益诉讼的构建,进一步拓宽行政、民事公益诉讼的范围,实现检察机关提起公益诉讼的诉前调查与核实、支持起诉、赔偿费用等机制的制度化。[7] 第四,将监察委员会职务犯罪侦查行为纳入检察机关法律监督的范畴。例

---

[1] 王玄玮:《国家监察体制改革和检察机关的发展》,《人民法治》2017年第2期,第52~53页。
[2] 参见朱孝清:《国家监察体制改革后检察制度的巩固与发展》,《法学研究》2018年第4期,第9~11页。
[3] 参见秦前红:《全面深化改革背景下检察机关的宪法定位》,《中国法律评论》2017年第5期,第67页;朱孝清:《国家监察体制改革后检察制度的巩固与发展》,《法学研究》2018年第4期,第12~14页。
[4] 参见魏晓娜:《依法治国语境下检察机关的性质与职权》,《中国法学》2018年第1期,第301页;朱孝清:《国家监察体制改革后检察制度的巩固与发展》,《法学研究》2018年第4期,第14页;秦前红:《全面深化改革背景下检察机关的宪法定位》,《中国法律评论》2017年第5期,第67页。
[5] 参见秦前红:《全面深化改革背景下检察机关的宪法定位》,《中国法律评论》2017年第5期,第67页;朱孝清:《国家监察体制改革后检察制度的巩固与发展》,《法学研究》2018年第4期,第15页;魏晓娜:《依法治国语境下检察机关的性质与职权》,《中国法学》2018年第1期,第296~298页。
[6] 参见朱孝清:《国家监察体制改革后检察制度的巩固与发展》,《法学研究》2018年第4期,第15~16页。
[7] 参见王玄玮:《国家监察体制改革和检察机关的发展》,《人民法治》2017年第2期,第52~53页;朱孝清:《国家监察体制改革后检察制度的巩固与发展》,《法学研究》2018年第4期,第16~18页;姚建龙:《监察委员会的设置与检察制度改革》,《求索》2018年第4期,第123~124页;袁博:《监察制度改革背景下检察机关的未来面向》,《法学》2017年第8期,第77~78页。

第六章 检察机关在刑事诉讼结构中法律性质理论的争鸣与发展

如,对于留置措施,可以纳入备案审查的方式。① 虽然《监察法》颁布之后并没有规定检察院可以对职务犯罪调查实行法律监督,但是有学者认为,"从立法本意来看,这只是说检察院只能对职务犯罪调查实行事后制约而非事前、事中制约,并不是说检察院完全不能对职务犯罪调查实行制约"②。

除此之外,有赞成"坚持说"的学者提出了不同的主张。有学者认为,检察机关应将刑事诉讼中财产权和隐私权干预措施、非刑精神病强制医疗等涉及公民人身自由、财产权利的领域作为法律监督的重点。③ 还有学者认为,公诉权在检察制度产生之初就是其最核心的职能,职务犯罪侦查职能的分离帮助了检察机关厘清自身的职能和职责范围,因此,国家监察体制改革后应完善以公诉权为核心的检察制度。④

司法改革的大势呼吁新的理论,在检察机关的职权确实发生变化的大变革时期,也有赞同"坚持说"的研究者认为,应当对法律监督进行重新理解。有实务工作者认为,国家监察体制改革的深入开展意味着法律监督的内涵和外延发生了重大调整,"在我国国家权力结构中,法律监督权的含义就是司法权和监督权的交互融合,使人民检察院既与人民法院共同组成司法权体系,又与监察委员会共同组成监督权体系"⑤。司法权是监督权的基础,监督权是司法权的保障,不能片面强调其中一个而忽视另一个,应呈现"在监督中办案,在办案中监督"的状态。⑥ 有学者主张从宪制和技术两个层面来理解检察机关的法律监督性质:"一是从宪制层面,检察机关行使的是人民代表大会制度下的法律监督权,这里的法律监督是广义的,即检察机关的所有职权在宪制意义上均是为实现其法律监督职能而配置;二是在技术层面,检察机关的法律监督职能又可以通过更为具体化的'诉讼职权'和狭义上的'监督职权'来实现。"⑦

2018年修正后的《宪法》仍然确认"中华人民共和国人民检察院是国家的法律监督机关"。此后,关于国家监察体制改革是否改变检察机关定位的争论逐

---

① 参见袁博:《监察制度改革背景下检察机关的未来面向》,《法学》2017年第8期,第72~73页;姚建龙:《监察委员会的设置与检察制度改革》,《求索》2018年第4期,第125页。
② 田夫:《检察院性质新解》,《法制与社会发展》2018年第6期,第93页。
③ 参见魏晓娜:《依法治国语境下检察机关的性质与职权》,《中国法学》2018年第1期,第288~289页。
④ 参见姚建龙:《监察委员会的设置与检察制度改革》,《求索》2018年第4期,第122~123页。
⑤ 苗生明:《新时代检察权的定位、特征与发展趋向》,《中国法学》2019年第6期,第227页。
⑥ 参见苗生明:《新时代检察权的定位、特征与发展趋向》,《中国法学》2019年第6期,第227~228页。
⑦ 魏晓娜:《依法治国语境下检察机关的性质与职权》,《中国法学》2018年第1期,第288~289页。

渐平息。从研究者们的主张中可以看出，虽然各方对检察机关的定位有不同的看法，但他们在检察机关改革方向的问题上达成了很多共识，例如，不仅均认同应当探索建立公益诉讼制度，而且都认为应增强法律监督的效果，加强对强制性侦查措施的刚性监督，推进逮捕程序的诉讼化改造。也就是说，在是否应当对检察机关进行重新定位的争论中，共识多于分歧，关于加强法律监督、加强检察权司法性的司法改革方向得到了更加广泛的认可。

二、是否应在立法中明确检察机关为司法机关

随着经济社会的发展和司法改革的推进，1979年颁布的《人民检察院组织法》已经显得陈旧僵化，既不能体现检察工作的时代精神，又不能体现党中央的一些重大决策部署。党的十八大以后的司法改革更涉及诸多体制层面的问题，必须通过修改《人民检察院组织法》来解决。2018年，修订后的《人民检察院组织法》由第十三届全国人大常委会第六次会议通过。在修法过程中，关于检察机关的性质问题再次受到关注。

有观点提出，在坚持"人民检察院是国家的法律监督机关"这一基本定位的同时，应当在《人民检察院组织法》中明确规定检察机关是国家的司法机关。持这种观点的主要理由在于：检察机关被赋予了包括审查批准逮捕权等司法性质的职能，其开展法律监督也主要是依照诉讼程序通过相关司法活动来实现；党中央下发的很多关于推进司法体制改革的文件将检察机关和人民法院并列表述为司法机关，法、检在确保实现依法独立行使职权的改革目标，以及司法人员分类管理、法官检察官选任、司法责任制、履职保障等方面，具有相同的改革要求。[①]

对于这一观点，有学者从宪法的角度对"司法"这一概念进行解释后认为："从宪法的角度看不出我国《宪法》有把检察院认为是'司法机关'，把'检察'看作是'司法'内容的任何迹象。一是宪法中没有'司法'和'司法机关'这样的概念；二是宪法已经明确地对检察院的地位、性质及其所行使的权力作出了规定，所以，不能再把'司法''司法机关'这些概念用于检察院。"[②] 而且我国检察院性质是如此特殊，以至于人们所求取的"审判"和"检察"之最大公约数必

[①] 参见万春：《〈人民检察院组织法〉修改重点问题》，《国家检察官学院学报》2017年第1期，第57～58页。

[②] 薛军昌：《当代中国的"司法"概念——基于宪法文本和政策文本的实证分析》，《政治与法律》2018年第7期，第93页。

第六章　检察机关在刑事诉讼结构中法律性质理论的争鸣与发展

定是形式化的，没有多大实际意义。①

最终颁布施行的《人民检察院组织法》并没有加入关于"人民检察院是司法机关"的规定。有参与立法过程的研究者解释道：这是因为"各方面形成共识，认为对检察机关是司法机关的性质，在中央各轮推进司法改革中始终是明确的，宪法和法律中也从来没有否认过检察机关是司法机关，因此没有必要在《检察院组织法》中专门强调。修改后的两院组织法总则中关于司法公开、司法公正、司法责任制等基本原则条款均采用'司法'一词进行表述，也足以表明两院都是国家的司法机关"②。更重要的原因在于，《人民检察院组织法》关于检察机关性质的规定应当与宪法条文保持一致，否则可能造成对检察机关性质的双重定位。而且2018年《人民检察院组织法》是由全国人大常委会审议通过，如果修法改变了我国人民检察院的性质、地位、职权、基本组织体系、基本活动准则等，就需要考虑由全国人民代表大会通过，否则将构成违宪。③ 根据全国人大内务司法委员会副主任委员何晔晖所作的《关于〈中华人民共和国人民检察院组织法（修订草案）〉的说明》也可知，草案将检察院规定为法律监督机关的原因也在于"这一规定，与宪法以及现行人民检察院组织法的规定是一致的"④。

而在《人民检察院组织法》施行之后，仍然有学者主张在立法中明确检察机关是司法机关。理由在于，这一定位有助于提升检察机关的独立性，防止行政权力干预，落实检察官责任制，职务保障体系也会向审判机关靠拢，而且，也可以消除检察机关是否应当具备审查逮捕权、司法解释权等司法性权力的争论。⑤

---

① 参见薛爱昌：《当代中国的"司法"概念——基于宪法文本和政策文本的实证分析》，《政治与法律》2018年第7期，第96~97页。

② 万春：《检察法制建设新的里程碑——参与〈人民检察院组织法〉修订研究工作的体会》，《国家检察官学院学报》2019年第1期，第67页。

③ 按照《宪法》第67条第3项的规定，全国人大常委会对全国人民代表大会制定的法律，可以进行部分补充和修改，但是不得同该法律的基本原则相抵触。由于这次提出的《人民检察院组织法修订草案》对现行《人民检察院组织法》补充修改的内容比较多、幅度比较大，在审议中有的意见就提出应妥善处理草案通过机关的问题。后全国人大宪法和法律委员会解释道："从人民检察院组织法修订草案的内容看，这次修法没有改变我国人民检察院的性质、地位、职权、基本组织体系、基本活动准则等，修改的内容都是属于补充、完善、调整、优化性质的，与人民检察院组织法的基本原则不存在相抵触的情形。因此，人民检察院组织法修订草案由全国人大常委会审议通过是可行的，符合宪法的有关规定。"参见《全国人民代表大会宪法和法律委员会关于〈中华人民共和国人民检察院组织法（修订草案）〉审议结果的报告》，载郑淑娜主编：《中华人民共和国人民检察院组织法释义》，中国民主法制出版社2019年版，第182页。

④ 何晔晖：《关于〈中华人民共和国人民检察院组织法（修订草案）〉的说明》，载郑淑娜主编：《中华人民共和国人民检察院组织法释义》，中国民主法制出版社2019年版，第173页。

⑤ 参见路旸：《司法目标与国家权力结构：〈人民检察院组织法〉立法变迁的经纬线》，《国家检察官学院学报》2019年第4期，第88页。

可以说，立法是否应将检察机关规定为司法机关的问题是"司法权说"的延续。而在这个时期，检察机关司法属性的日益凸显是大势所趋，我国检察机关具有司法属性也已经是不争的事实，受到各方面的认可。这场争论的主要分歧是"司法"这一概念的使用问题，是立法过程中维护宪法权威的问题。因此，只要"司法"在我国具有广狭两义之分，只要《宪法》未确认检察机关的司法机关定位，这一争论也许就会持续下去。

三、关于检察机关性质争论的原因

在检察机关再次经历大变革之后，人们也尝试着跳出争论的漩涡中心，用历史解释的方法来探寻长期以来检察机关性质争议的原因。

有学者对检察制度和检察权属性的生成和历史流变进行梳理，认为现今检察权属的纷争，"根源为检察制度正当性基础转向同因循制度历史经验相对冲的必然结果"[1]。保障国王权力和意志得以统一实施是检察制度创立之初时的正当性基础，"随着正当性基础的转变，已有的制度创建、权能运行等显然已无法满足以维护人权、实现公平正义的价值目标，制度历史经验的因循在面对此种正当性转变的状况，自然带来了寻求一定改变的同时而随之而来的检察权属性上的'阵痛'"[2]。

有学者对《人民检察院组织法》的立法史进行研究，归纳出一个新的解释工具，即认为《人民检察院组织法》的立法变迁和几乎所有重大争议都是司法目标和国家权力结构之间张力的结果。检察机关性质定位问题的争议也主要源于两种不同诉求下的观念分歧：将检察机关定位为法律监督机关的核心目的是"寻求法制统一"的司法目标，而将检察机关定位为司法机关或行政机关本质上出于"寻求权力属性统一"的焦虑。该学者认为，将注意力从重点不明的论证中抽离出来，通过这个简单的二元结构获得宏观上的理解，可以为进一步解决问题做好准备。[3]

四、小结

在国家监察体制改革的背景下，有人为职务犯罪侦查权的剥离而担忧、失落、伤感甚至抵触，认为职务犯罪侦查职能的转隶是"手足之失"，体会到了

---

[1] 邵晖：《检察权属性的历史性解说——基于制度的生成和流变》，《学术交流》2017年第2期，第97页。

[2] 邵晖：《检察权属性的历史性解说——基于制度的生成和流变》，《学术交流》2017年第2期，第102页。

[3] 参见路旸：《司法目标与国家权力结构：〈人民检察院组织法〉立法变迁的经纬线》，《国家检察官学院学报》2019年第4期，第74~92页。

"锥心之痛"，但仍有不少人视这次改革为检察制度发展的契机。我们认为，在经济社会快速发展的过程中，检察机关职权的变化、调整和发展是历史的必然，"阵痛"难以避免，厘清发展方向才是当务之急。然而正如有学者说的那样："采取相应的举措未见得有什么阻碍，可知晓未来的方向却不甚容易。"[①]

在检察机关内部，寻求权力"增长点"的倾向仍然比较明显，尤其是在检察机关推行"捕诉合一"改革之后，学术界就对权力的集中表示了普遍的担忧。可喜的是，国家监察体制改革后关于检察机关性质的讨论不再自说自话，也不再拘泥于寻求理论上的周延，增强检察机关的司法性、释放其现有的监督能量成为共识，很多改革措施也得到广泛认可。更多的人似乎认识到，与其花费大量人力、财力、物力去纠结一个难以得出结论的命题，不如努力寻求共识，同心协力推动制度的发展。

第五节　结　语

自改革开放以来，我国关于检察机关法律性质的讨论大致经历了四个阶段，而且几乎每一场高潮都伴随着立法和司法改革带来的权力重置。可以说，检察机关的"保权""扩权"倾向和学术界对权力扩张的警惕成为争论的根本动力。然而，我国正处于社会转型期，人民对司法公正的要求不断变化，检察机关本身的权力配置也不可能早早"定型"。因此，我们认为，关于检察机关性质的讨论是历史的必然，也将持续下去。

关于检察机关法律性质的讨论不是毫无意义的。一方面，相关讨论极大地丰富了法学理论。很多研究者直面矛盾，坚守法治底线，倒逼有关部门增加理论储备。虽然争论各方在很长一段时间内无法取得共识，但检察机关的司法性和监督性最终获得广泛认同，中国特色社会主义的法治理论得到进一步完善。另一方面，理论研究和司法实践的相互关系体现出来：改革的实践经验被吸收到立法中，检察权在实然层面的变化使传统学说失去了正当性基础，促进了新的理论研究的出现，而新研究又为司法改革提供了合理性解释和可行性依据。

争论中存在的一些问题也值得反思。首先，学术研究应当允许不同理论的争论、批驳、相互补充，法学研究应当冲破本位主义和部门利益的桎梏，否则所谓学术争论就会变成简单的辩论，一些所谓周延的理论就会变成"自说自话""孤

[①] 李奋飞：《检察再造论——以职务犯罪侦查权的转隶为基点》，《政法论坛》2018年第1期，第42页。

芳自赏"。第二，要处理好公理和特色之间的关系，"公理是基础，特色也重要，二者应当统一而不应相互矛盾"①。法学研究也应"坚持古为今用、洋为中用，融通各种资源，不断推进知识创新、理论创新、方法创新"②，结合中国国情和本土资源探索中国特色的理论创新之路。

  理论是灰色的，而实践之树长青。法学归根结底是一门社会科学，法学家无法像自然科学家预测出日食的日期一样，准确预测出下一次变革何时发生，因此，当前达成的一些共识也只适用于一定的历史时期和一定的社会条件。面对检察机关的性质为何这个问题，也许更重要的不是急于给出答案，而是在深入我国司法实践的基础上，关注各项改革的实际效果，并对其进行理论上的反思，发现一些具有规律性的制约因素，从而对我国检察机关作出新的理论定位。③

---

 ① 龙宗智：《我国检察学研究的现状与前瞻》，《国家检察官学院学报》2011年第1期，第47页。
 ② 习近平：《加快构建中国特色哲学社会科学（二〇一六年五月十七日）》，载习近平：《习近平著作选读》（第一卷），人民出版社2023年版，第479页。
 ③ 参见陈瑞华：《论检察机关的法律职能》，《政法论坛》2018年第1期，第5页。

第七章

刑事诉讼基本原则理论的争鸣与发展

　　刑事诉讼基本原则是贯彻于整个刑事诉讼的基本原则，在刑事诉讼法以及刑事诉讼法学研究中具有重要的地位。虽然中华人民共和国成立初期即有学者对刑事诉讼基本原则进行研究[①]，但这些研究比较零散且不成体系。我国学界对刑事诉讼基本原则系统性的关注始于1979年。1979年《刑事诉讼法》吸收借鉴苏联《刑事诉讼法》的立法例，在法律中设立"指导思想、任务和基本原则"一章。当时公开出版的刑事诉讼法教材普遍将"基本原则"设为单独的一章。1981年中国人民大学法学院吴磊教授出版《我国刑事诉讼的基本原则》一书（浙江人民出版社1981年版），是笔者查阅到的改革开放以后最早研究刑事诉讼基本原则的专著。1984年10月，中国法学会诉讼法学研究会成立大会暨首届学术研讨会召开，刑事诉讼原则体系问题被大会确定为讨论的中心议题之一，有六位刑事诉讼法专家向大会提交了这方面的论文。[②] 这一时期代表性的学术论文有《我国刑事诉讼法基本原则的探讨》（陈卫东、邹涛，《社会科学》1986年第1期）、《对我国刑事诉讼法第一编第一章的再思考》（裴苍龄，《法学与实践》1987年第1期）、《试论我国刑事诉讼基本原则的要件》（吴磊、李可夫，《政法论坛》1992年第3期）、《刑事诉讼原则论》（李文健，《法学研究》1996年第1期）。

　　1996年《刑事诉讼法》颁布之后，学界进一步围绕刑事诉讼基本原则展开研究。而且随着域外刑事诉讼理论和规则的引入，学界进一步对世界通行的刑事

[①] 参见黄道：《略论刑事诉讼中的无罪推定原则》，《法学》1957年第2期；张辉等：《评曲夫"略谈刑事诉讼中被告人的诉讼地位"》，《政法研究》1958年第4期；陈启武：《"事实为根据，法律为准绳"是我国刑事诉讼的基本指导原则》，《法学》1958年第6期。

[②] 参见巩富文：《关于刑事诉讼原则问题的新思考》，《西北大学学报（哲学社会科学版）》1998年第4期，第99页。

诉讼基本原则进行研究。这一时期也出现了许多重要的研究成果，代表性的专著如《刑事诉讼法原则：程序正义的基石》（谢佑平、万毅，法律出版社 2002 年版）、《刑事诉讼中的禁止双重危险规则论》（张毅，中国人民公安大学出版社 2004 年版）、《程序法定原则研究》（谢佑平主编，中国检察出版社 2006 年版）、《控辩平等论》（冀祥德，法律出版社 2008 年版）、《刑事诉讼基本原则研究》（李少林，中国地质大学出版社 2012 年版）、《刑事诉讼原则——外国宪法刑事诉讼法有关规定》（卞建林，中国检察出版社 2017 年版）等。代表性的学术论文如《关于刑事诉讼原则问题的新思考》（巩富文，《西北大学学报（哲学社会科学版）》1998 年第 4 期）、《现代刑事诉讼的基本原则》（龙宗智，《社会科学研究》1998 年第 4 期）、《刑事诉讼基本原则的学理分类》（王永明，《国家检察官学院学报》2001 年第 2 期）、《论我国刑事诉讼原则体系的构建》（樊崇义、张中，《中国司法》2004 年第 11 期）等。代表性的博士、硕士论文如《论控辩平等原则》（管宇，中国政法大学 2006 年博士学位论文）、《不得强迫自证其罪原则研究》（彭伶，中国政法大学 2007 年博士学位论文）、《反对强迫自证其罪研究——修法后的相关问题》（郑博，中国人民大学 2014 年博士学位论文）、《刑事诉讼基本原则论》（王永明，湘潭大学 1999 年硕士学位论文）、《论刑事诉讼法原则》（万毅，西南政法大学 2002 年硕士学位论文）等。此外还有大量学术著作、论文中涉及刑事诉讼基本原则或某些具体原则的内容。

通过梳理可发现，刑事诉讼基本原则的内容非常繁杂，如除我国《刑事诉讼法》中确立的职权原则、依法独立行使职权原则、辩论原则等原则外，许多教科书中还介绍了程序法定、无罪推定、禁止强迫自证其罪等多项国际通行的刑事诉讼基本原则。受篇幅限制以及无罪推定等原则在本书其他部分中已进行过专题介绍，本章仅选取其中部分内容进行研究。首先，本章将对刑事诉讼基本原则基础理论研究进行梳理，这也是刑事诉讼基本原则研究的基础；其次，本章将选取程序法定、控辩平等和不得强迫自证其罪三个原则进行研究，希望能部分呈现学界研究基本原则的水平和思路，并为未来刑事诉讼基本原则的研究提供有益借鉴。

第一节　刑事诉讼基本原则的基础理论研究

一、刑事诉讼基本原则基础理论研究的梳理

刑事诉讼基本原则是刑事诉讼法的基础，反映了刑事诉讼的一般规律，而刑

事诉讼基本原则的基础理论则是刑事诉讼基本原则的基础，决定了刑事诉讼基本原则的内容。依据研究内容的不同，刑事诉讼基本原则的基础理论大致可分为概念论、功能论和体系论等理论，学界对刑事诉讼基本原则基础理论的研究也大致围绕这几个问题展开。如前所述，学界对刑事诉讼基本原则基础理论的关注主要是随着1979年《刑事诉讼法》的颁布而开始，但当时的研究主要是一种注释性的研究，主要是解释刑事诉讼基本原则的内容。① 由于学者们对刑事诉讼基本原则的认识存在很大差别，因而各教材对基本原则的表述、概念、体系等问题的论述都存在很大不同。② 在此基础上，学者们围绕刑事诉讼基本原则的概念与特征、功能、体系等问题展开研究，这为之后引进域外刑事诉讼基本原则奠定了坚实基础。

（一）关于刑事诉讼基本原则概念与特征的研究

关于刑事诉讼基本原则概念的界定，我国学界长期存在着"概念之争"和"内容之争"，在此基础上还出现了"特征之争"。

在刑事诉讼基本原则的表述上，存在着刑事诉讼法基本原则、刑事诉讼基本原则、刑事诉讼原则、刑事诉讼法原则等不同表述。

早期的教材通常使用"刑事诉讼法的基本原则"这一表述。③ 该观点认为刑事诉讼法基本原则的确定必须以刑事诉讼法为基础，离开了刑事诉讼法就谈不上基本原则的问题；刑事诉讼法基本原则仅适用于公、检、法三机关而不适用于诉讼参与人。④

也有些教材使用"刑事诉讼基本原则"的表述，如王国枢、陈光中编写的《刑事诉讼法讲义（试用本）》（法律出版社1983年版）等，当前主流教科书中也大都使用这一表述。⑤ 该观点认为，刑事诉讼基本原则并非以刑事诉讼法规定为前提，贯穿于刑事诉讼全过程特别是审判阶段并对其起指导作用的都属于基本原

---

① 参见王秉新：《我国刑事诉讼中辩论原则试探》，《现代法学》1980年第2期；马振明：《以事实为根据、以法律为准绳是刑事诉讼的基本原则》，《北京大学学报（哲学社会科学版）》1980年第3期。

② 参见张积成：《对刑事诉讼的基本原则应有统一见解》，《现代法学》1985年第4期，第51页。

③ 参见北京政法学院诉讼法教研室：《中华人民共和国刑事诉讼法讲话》，群众出版社1979年版；吴磊：《我国刑事诉讼法的基本原则》，浙江人民出版社1981年版；中华人民共和国刑事诉讼法普及宣传讲话编写组：《中华人民共和国刑事诉讼法普及宣传讲话》，法律出版社1985年版。

④ 参见谢佑平、万毅：《刑事诉讼法原则：概念演进和辨析》，《江苏公安专科学校学报》2002年第2期，第65～66页。

⑤ 参见陈光中主编：《刑事诉讼法》，北京大学出版社、高等教育出版社2002年版；樊崇义主编：《刑事诉讼法学》（第4版），法律出版社2016年版；程荣斌、王新清主编：《刑事诉讼法》（第7版），中国人民大学出版社2019年版；陈卫东主编：《刑事诉讼法》（第4版），中国人民大学出版社2015年版。

则;刑事诉讼基本原则适用于公、检、法三机关和诉讼参与人。[①]

还有些论著使用刑事诉讼原则的表述,如樊崇义教授的《论我国刑事诉讼原则体系的构建》、李文健先生的《刑事诉讼原则论》等。该观点认为,应以"刑事诉讼"替代"刑事诉讼法"的表述,因为这些原则并不是刑事诉讼法立法过程中需遵循的原则;而且应去除"基本"的表述,因为原则中没有基本与非基本之说。[②] 谢佑平教授和万毅博士在考察刑事诉讼基本原则表述的基础上提出了"刑事诉讼法原则"的表述,认为这些原则应适用于刑事诉讼立法、司法与执法领域,故应使用刑事诉讼法的表述。[③]

通过上文对"刑事诉讼基本原则"概念的分析,我们也可发现,不同观点对基本原则内容的理解是不同的。这种差异主要体现在如下四个方面:其一,是否适用于刑事诉讼全过程;其二,是否适用于诉讼参与人;其三,原则是否有基本与非基本的区分;其四,原则是否以刑事诉讼法规定为限。

与"概念和内容之争"相联系的则是"特征之争",学者们对刑事诉讼基本原则特征的理解存在诸多不同,如"三特征说""四特征说""五特征说"等。其一,"三特征说"。如有观点认为,刑事诉讼基本原则的特征包括内容上的根本性、法律效力的高位阶性、适用上的广泛性;还有观点认为,刑事诉讼基本原则的特征包括法律性、指导性和可操作性。其二,"四特征说"。如有观点认为,刑事诉讼基本原则的特征包括抽象性、指导性、保障性和相对性;也有观点认为,刑事诉讼基本原则的特征包括体现刑事诉讼活动的基本规律、由刑事诉讼法明确规定、对刑事诉讼具有普遍指导意义和具有法律约束力等。其三,"五特征说"。如有观点认为,刑事诉讼基本原则的特征包括法定性、全局性、普遍适用性、高度概括性和指导科学性等;还有观点认为,刑事诉讼基本原则的特征包括规范性、根本性、模糊性、特有性和普适性等。[④] 总体来看,学界对刑事诉讼基本原则的特征尚未达成共识,不同教材中对刑事诉讼基本原则的特征仍存在诸多不同的表述。对刑事诉讼基本原则特征的不同界定,也影响着对刑事诉讼基本原则功能和体系的认识。

[①] 参见谢佑平、万毅:《刑事诉讼法原则:概念演进和辨析》,《江苏公安专科学校学报》2002年第2期,第66页。

[②] 参见谢佑平、万毅:《刑事诉讼法原则:概念演进和辨析》,《江苏公安专科学校学报》2002年第2期,第66页。

[③] 参见谢佑平、万毅:《刑事诉讼法原则:概念演进和辨析》,《江苏公安专科学校学报》2002年第2期,第67页。

[④] 参见宋英辉主编:《刑事诉讼法学研究述评(1978—2008)》,北京师范大学出版社2009年版,第81~82页。

（二）刑事诉讼基本原则的功能论

刑事诉讼基本原则作为刑事诉讼法的重要组成部分，其在刑事诉讼立法、司法中必然也具有一定的功能。特别是在过去我国《刑事诉讼法》条文比较粗疏的背景之下，刑事诉讼基本原则对立法以及司法应具有何种功能尤为学界所关注。概括来说，学界主要认为刑事诉讼基本原则具有如下几种功能：

第一，指导刑事诉讼立法的功能。刑事诉讼基本原则在刑事诉讼法中具有纲领性的作用，刑事诉讼立法应当以刑事诉讼基本原则及其所体现的立法精神为依据。有学者认为，刑事诉讼法原则作为一种根本性规范，构成了其他法律规范的原理或基础，其他法律规范的制定必须依据刑事诉讼法原则而进行，必须在逻辑上以刑事诉讼法原则为起点和出发点。[1] 由此推之，如果刑事诉讼具体程序或制度违反刑事诉讼基本原则，应当对相关程序或原则予以废止或调整。[2]

第二，指导刑事诉讼司法的功能。刑事诉讼基本原则作为贯穿刑事诉讼全过程的准则，其适用对象不仅包括公、检、法，还包括相关诉讼参与人，这就意味着刑事诉讼基本原则对刑事诉讼司法也具有指导作用。有观点认为，对于国家机关来说，一方面应当作为执法者贯彻、执行刑事诉讼法，包括刑事诉讼法原则；另一方面它们也应当作为守法主体遵守刑事诉讼法原则，如果国家专门机关在刑事诉讼过程中违背刑事诉讼法的原则，同样应当视为违法，将因此承担不利的法律后果。[3]

第三，弥补法律不足和填补法律漏洞的功能。由于成文法的限制，成文法的立法总是滞后于司法实践的需求。解决这种矛盾，除需要立法者不断完善相关法律规则外，亦需要司法者在实践中不断解释相关法律规则。司法者在解释法律规则时就涉及解释的标准问题，在这一过程中，刑事诉讼基本原则无疑将发挥重要的作用。[4]

（三）刑事诉讼基本原则的体系论

由于刑事诉讼基本原则对刑事诉讼法律体系的重要性，历次《刑事诉讼法》修改对刑事诉讼基本原则的修改都极为慎重，这也意味着《刑事诉讼法》中对刑事诉讼基本原则的规定变动并不大。1979年《刑事诉讼法》中与刑事诉讼基本原则有关的条文有10个；1996年《刑事诉讼法》增加了5个条文，并根据相关法律修改对3个条文作出部分修改；2012年《刑事诉讼法》仅对第14条做了部

---

[1] 参见谢佑平、万毅：《刑事诉讼法原则的功能探究》，《河北法学》2002年第1期，第49页。
[2] 参见陈卫东主编：《刑事诉讼法》（第4版），中国人民大学出版社2015年版，第61页。
[3] 参见谢佑平、万毅：《刑事诉讼法原则的功能探究》，《河北法学》2002年第1期，第50页。
[4] 参见宋英辉：《刑事诉讼原理》（第2版），法律出版社2007年版，第57～60页。

分修改；2018年《刑事诉讼法》增设认罪认罚从宽原则。虽然立法比较谨慎，但学者们仍对刑事诉讼基本原则体系有不同的理解。

第一，刑事诉讼基本原则的认定标准。早期学界对刑事诉讼基本原则的认定主要是依据1979年《刑事诉讼法》的规定，主要存在三种观点：第一种观点认为，《刑事诉讼法》第3～12条的规定全部属于刑事诉讼基本原则；第二种观点认为，《刑事诉讼法》第3～12条可区分为基本原则与基本制度，两审终审、公开审判以及人民陪审等属于基本制度范畴；第三种观点认为，基本原则应具有概括性，不宜指某些具体规则制度。① 如吴磊教授认为刑事诉讼基本原则的认定标准包括如下四个：一是刑事诉讼法的理论与实践所特有，二是贯穿刑事诉讼整个过程而非部分诉讼阶段，三是公、检、法共同遵守，四是与刑事诉讼基本制度不同。② 但随着"刑事诉讼基本原则"以及"刑事诉讼原则"等概念的引入，学者们对刑事诉讼基本原则的认定逐渐摆脱《刑事诉讼法》的约束，开始探讨应然的刑事诉讼基本原则认定标准。如有学者将刑事诉讼基本原则分为实然性原则与应然性原则，实然性原则是被刑事诉讼法典所确立的原则，而应然性原则是应被载入但实际未被载入刑事诉讼法典的原则，如西方国家刑事诉讼中的一些刑事诉讼原则。③ 这一观点也被大多数学者所接受，主流的刑事诉讼法教材在"刑事诉讼基本原则"部分普遍设立"我国刑事诉讼基本原则"与"国际通行的刑事诉讼原则"两部分。与教科书观点相对保守不同，一些学术论文放弃了实然性原则与应然性原则的区分，主张从刑事诉讼一般规律出发来探讨刑事诉讼基本原则的认定标准。如有学者认为，应当从该行为准则的自身属性和法律价值去考察，而不必在乎它是否为刑事诉讼法所明确规定，也无须关注它是否为刑事诉讼领域所特有，不管它是否贯穿于刑事诉讼活动的全过程，或者是否在全世界范围内都具有普遍适用性，凡能够用以指导刑事诉讼主体进行刑事诉讼活动的行为准则，都应当被视为刑事诉讼原则。④ 还有学者认为我国刑事诉讼基本原则应以法治的精神实质和程序价值目标为依据，着重吸收和借鉴国际法律文件中及世界各国普遍遵循的保障人权与最低限度程序公正的基本准则。⑤

---

① 参见陈光中：《中国刑事诉讼法学四十年》，载陈光中：《陈光中法学文集》，中国法制出版社2000年版，第323页。
② 参见吴磊、李可夫：《试论我国刑事诉讼基本原则的要件》，《政法论坛》1992年第3期，第87页。
③ 参见李文健：《刑事诉讼原则论》，《法学研究》1996年第1期，第123～124页。
④ 参见樊崇义、张中：《论我国刑事诉讼原则体系的构建》，《中国司法》2004年第11期，第7页。
⑤ 参见王志雄、王永明：《我国刑事诉讼基本原则体系的构建》，《山东公安专科学校学报》2002年第1期，第64页。

第二，刑事诉讼基本原则的具体内容。其一，我国刑事诉讼基本原则的内容。学者们根据《刑事诉讼法》的规定，将刑事诉讼基本原则总结为若干项，如侦查权、检察权和审判权由专门机关行使原则，严格遵守法律程序原则，人民法院、人民检察院依法独立行使职权原则，依靠群众原则，以事实为依据、以法律为准绳原则，三机关分工负责、互相配合、互相制约原则，人民检察院依法对刑事诉讼实行法律监督原则，使用本民族语言文字原则，审判公开原则，犯罪嫌疑人、被告人有权获得辩护原则，未经人民法院依法判决不得确定有罪原则，保障诉讼参与人的诉讼权利原则，具有法定情形不予追究刑事责任原则，追究外国人犯罪适用我国刑事诉讼法原则。① 在此基础上，有些学者对这些原则做了进一步区分，如：有学者将其区分为三大诉讼法共有的一般性（普遍性）原则与刑事诉讼法所专有的专有性（特殊性）原则②；还有学者将其区分为宪法与其他法律中已经作出规定的共有性原则和刑事诉讼法规定的只适用于刑事诉讼活动的特有原则。③ 其二，国际通行的刑事诉讼原则。西方国家以及国际社会中也确立了一系列刑事诉讼基本原则或规则，这些原则在很大程度上体现了刑事诉讼的一般规律和发展方向，我国学者对这些原则予以高度关注。如有学者认为，国际通行的刑事诉讼原则包括法院依法独立行使职权原则、无罪推定原则、程序法定原则、控审分离原则、控辩平等原则、诉讼迅速及时原则、有效辩护原则、禁止重复追究原则④；还有学者认为刑事诉讼程序基础性原则包括正当法律程序原则、准确发现案件事实与保障人权并重原则、职权原则、控审分离原则、无罪推定原则。⑤ 总体来看，学界对国际通行刑事诉讼原则的理解差异并不大，就其种类已基本达成共识。

第三，关于我国刑事诉讼基本原则体系如何完善的研究。在介绍分析国外刑事诉讼基本原则基础上，我国学者也开始反思我国刑事诉讼基本原则的体系。对刑事诉讼基本原则的体系，学者们总体存在"集中规定模式"、"分散规定模式"和"集中规定与分散规定相结合模式"三种观点。⑥ 从立法来看，《刑事诉讼法》仍然坚持集中规定的模式，1996年和2018年《刑事诉讼法》保留并不断增加刑事诉讼基本原则的内容。这种立法思路在2012年《刑事诉讼法》引入"不得强

---

① 参见陈光中、徐静村主编：《刑事诉讼法学》，中国政法大学出版社2001年版，第86页。
② 参见王永明：《刑事诉讼基本原则的学理分类》，《国家检察官学院学报》2001年第2期，第14页。
③ 参见巩富文：《关于刑事诉讼原则问题的新思考》，《西北大学学报（哲学社会科学版）》1998年第4版，第100页。
④ 参见陈卫东主编：《刑事诉讼法》（第4版），中国人民大学出版社2015年版，第75~80页。
⑤ 参见王新清、甄贞、李蓉：《刑事诉讼程序研究》，中国人民大学出版社2009年版，第55页。
⑥ 参见樊崇义、张中：《论我国刑事诉讼原则体系的构建》，《中国司法》2004年第11期，第7页。

迫任何人证实自己有罪"时尤为明显。"不得强迫任何人证实自己有罪"在国际社会中是刑事诉讼的一项基本原则，但2012年《刑事诉讼法》并未将其规定在"基本原则"一章而是规定在"证据"一章中。虽然学者们试图将这种立法例解释为我国确立了不得强迫自证其罪原则，但该规定似乎只能表明立法者对非法取证行为的否定态度，立法者担忧取证行为尤其是刑讯逼供会影响探明案件真实，意在防止出现冤假错案。① 此外，还有学者对《刑事诉讼法》规定的既有刑事诉讼基本原则体系提出完善建议。如有观点认为，应将《刑事诉讼法》第3条第2款规定的遵守法定程序原则改造为程序法定原则，将法院统一定罪原则改造为无罪推定原则，并增加比例原则、不得强迫自证其罪原则、刑事和解原则、一事不再理原则和国际法优先原则等。② 有观点认为，人民检察院依法监督刑事诉讼、被告有权获得辩护和司法协助不应属于刑事诉讼基本原则，应将其从"基本原则"中剔除。③ 还有观点认为，应当用"以审判为中心"的理念来重构刑事诉讼基本原则体系，如将涉及公、检、法三机关关系等方面的规定从"基本原则"中剔除。④

二、刑事诉讼基本原则基础理论研究的评价

总体而言，学界对刑事诉讼基本原则的研究无论是在研究内容上还是在研究深度上都有了长足发展。概括来说，学界对刑事诉讼基本原则的研究主要呈现出如下三种转变。

第一，对刑事诉讼基本原则的研究从重视概念、特征以及内容等基础研究到重视基本原则认定标准、功能等学理性研究。学界对刑事诉讼基本原则的研究可划分为非常明显的两个阶段：第一个阶段是1996年《刑事诉讼法》颁布之前，此时的研究主要集中在刑事诉讼基本原则的概念、特征、内容等问题上，而且研究方法主要采用注释法学方法；第二个阶段则是从1996年《刑事诉讼法》颁布前后开始，学界越来越关注刑事诉讼基本原则的学理性问题，如刑事诉讼基本原则的功能问题、认定标准问题等。这种转变与学界研究能力的增强有莫大关系。

---

① 参见梁欣：《不得自证其罪原则适用的几个问题——兼评刑事诉讼法修正案（草案）第49条》，《法律适用》2012年第3期，第33页。
② 参见陈光中：《〈刑事诉讼法修改专家建议稿〉重点问题概述》，《人民检察》2006年第21期，第24~25页。
③ 参见巩富文：《关于刑事诉讼原则问题的新思考》，《西北大学学报（哲学社会科学版）》1998年第4版，第99页。
④ 参见刘计划：《刑事诉讼法总则检讨——基于以审判为中心的分析》，《政法论坛》2016年第6期，第33页。

自 20 世纪 80 年代末 90 年代初开始，我国学界对刑事诉讼目的、结构、价值等问题进行了大量讨论，这极大增强了学界对刑事诉讼基本理论问题的研究能力。当然，这并不意味着刑事诉讼基本原则的概念、特征、内容等问题就不重要，而是说 1996 年之后学界更多地从功能论、价值论等角度来探讨基本原则的概念、特征等，而不再单纯地以刑事诉讼法规定为依据。当然在这一过程中，西方刑事诉讼基本原则的引入无疑发挥了重大作用。例如，谢佑平和万毅教授的《刑事诉讼法原则：程序正义的基石》以及陈少林教授的《刑事诉讼基本原则研究》这两本专门研究刑事诉讼基本原则的专著，均成书于 2000 年后，且均在文中详尽介绍了国际通行的刑事诉讼原则。学界对刑事诉讼基本原则认定标准、功能等基础理论问题研究的深入，也促进了刑事诉讼法学研究的进一步深入。

  第二，学界对西方刑事诉讼基本原则的研究从简单介绍到结合本土资源进行移植。自清末变法修律以来，我国学界就不断研究西方刑事诉讼的基本原则，如无罪推定、程序法定等。但后来在改革开放之前由于国内政治形势变化，学界总体上对西方刑事诉讼基本原则持批判态度，对西方刑事诉讼基本原则的研究也就戛然而止。随着改革开放以后学术研究风气的转变，学界不断开拓域外刑事诉讼基本原则的研究领域，如从研究社会主义国家的刑事诉讼基本原则[①]，扩展至研究国际社会以及西方国家通行的刑事诉讼原则。[②] 但客观来说，对西方刑事诉讼基本原则的早期研究主要是介绍性的研究，主要介绍基本原则的概念、内容以及条文表述等，但对这些原则的来源、发展以及理论争议等则缺乏深入的挖掘。对国际社会公认的刑事诉讼原则研究的不足，严重影响了刑事诉讼理论对我国刑事诉讼立法和司法实践的指导作用。[③] 这一情况在 2000 年后，特别是近些年来有了实质性变化。学界对国际社会刑事诉讼原则背后的理念、发展脉络、制度支撑等问题都有了更深入的研究，也有博士论文以具体刑事诉讼原则为题，如彭伶博士的《不得强迫自证其罪原则研究》、管宇博士的《论控辩平等原则》等。在此基础上，相关研究重点也逐渐转到如何指导中国刑事诉讼基本原则完善的问题上来，如无罪推定原则、程序法定原则、禁止双重危险原则等这些源自西方的基本原则，已经成为我国学者研究刑事诉讼问题的"基本话语"，许多刑事诉讼制度

  [①] 参见任正：《欧洲各社会主义国家的刑事诉讼原则》，《环球法律评论》1980 年第 2 期；约翰·H. 兰平：《德意志联邦共和国刑事诉讼中的强制起诉原则》，王以真译，《国外法学》1983 年第 6 期。

  [②] 参见左卫民、周光权：《论刑事诉讼的迅速原则》，《政治与法律》1992 年第 3 期；卜思天·儒潘基奇：《国家与刑事被告：反对自证其罪——走向刑事诉讼的基本原则》，张采凤译，《中国刑事法杂志》1998 年第 2 期。

  [③] 参见宋英辉：《刑事诉讼原理》（第 2 版），法律出版社 2007 年版，第 60~61 页。

和程序研究均将这些原则作为完善的依据。

第三，研究的基本思路实现从保障权力行使到规范权力运行的转变。1979年《刑事诉讼法》规定了10项刑事诉讼基本原则。但从目的来看，这些原则主要是用来保障公权力运行的，较少关注犯罪嫌疑人、被告人以及其他诉讼参与人的权利保障问题。故有观点认为，1979年《刑事诉讼法》对多个至关重要的基本原则没有作出规定，这不仅在司法实践中不便于操作，也与国际通则相悖。[①] 1996年《刑事诉讼法》吸收借鉴国际社会中通行的一些刑事诉讼原则，在立法理念上也实现了从保障权力运行到规范权力运行的转变。[②] 立法思路的转变也给学者们提供了更大的研究空间，学者们越来越关注刑事诉讼基本原则在规范公权力运行与保障公民基本权利方面的作用。无罪推定、程序法定、控辩平等等体现保障公民基本权利的原则获得学界的重视，这些理念也成为刑事诉讼基本原则研究的指导。如有学者认为，我国《刑事诉讼法》规定的基本原则主要是围绕三机关职权的自主性与分工负责关系展开的，未能体现以审判为中心的诉讼理念。为体现以审判为中心的诉讼理念，应对基本原则体系作出如下调整：删除《刑事诉讼法》第3条第1款、第5条、第7条和第8条关于三机关职权和关系的规定，并将第14条改造为权利保障的程序条款。[③]

虽然学界对刑事诉讼基本原则基础理论的研究已经有了较大发展，但总体来看，相关研究仍然不足，有关学术论文匮乏即是例证。以"刑事诉讼原则"、"刑事诉讼基本原则"、"刑事诉讼法原则"以及"刑事诉讼法基本原则"为关键词在"中国知网"上检索发现，最新的研究文章为2004年樊崇义教授和张中博士发表在《中国司法》上的《论我国刑事诉讼原则体系的构建》一文，而且检索到的文章总量也未超过20篇[④]；而最近的研究刑事诉讼基本原则的专著是2012年陈少林教授的《刑事诉讼基本原则研究》一书，至今已有十二年之久。宋英辉教授在2003年曾指出学界对刑事诉讼基本原则研究的两方面问题、四大问题，两方面问题指研究内容与研究范围过小和研究方法单一，四大问题则是指研究局限于对法条的解释、宪法基本原则未得到刑事诉讼法学研究的重视、国际刑事诉讼原则研究的理论性不足和先进指导思想未在刑事诉讼基本原则研究中得到体现。[⑤] 还

[①] 参见杨连峰：《新刑事诉讼法基本原则增补条文刍议》，《法学评论》1996年第6期，第28页。
[②] 参见宋英辉等：《刑事诉讼法修改的历史梳理与阐释》，北京大学出版社2014年版，第31页。
[③] 参见刘计划：《刑事诉讼法总则检讨——基于以审判为中心的分析》，《政法论坛》2016年第6期，第33页以下。
[④] 检索时间为2020年1月25日。
[⑤] 参见宋英辉：《刑事诉讼原理》（第2版），法律出版社2007年版，第60~61页。

有学者指出，尚少见有从法理学的角度对这一问题进行过深入细致的比较研究和深刻精妙的学理分析，而是囿于刑事诉讼法典的具体条款和某些单个原则内容的分别阐释，缺乏理论上的建树。[1] 理论研究上的匮乏也使刑事诉讼基本原则研究中观点林立，有观点甚至认为刑事诉讼法原则是刑事诉讼理论研究中分歧最为严重的领域之一。[2] 总体来说，2000年之后学界对刑事诉讼基本原则基础理论的研究是在不断加强的，上述学者指出的一些问题已经得到解决，但还有很多问题值得关注，如宪法基本原则在刑事诉讼基本原则中的体现问题、立法上的先进思想和理念对我国刑事诉讼基本原则的影响以及刑事诉讼基本原则基础理论的提炼等问题都需进一步研究。

三、刑事诉讼基本原则基础理论研究的展望

当前学界对刑事诉讼基本原则基础理论的关注明显不足，这不仅导致刑事诉讼法学理论研究的发展不平衡，也引发了有关刑事诉讼原则的立法和司法上的问题。[3] 未来我们可从如下几个方面强化对刑事诉讼基本原则基础理论的关注。

第一，进一步厘清《刑事诉讼法》与刑事诉讼基本原则的关系。学界对刑事诉讼基本原则的早期研究依赖于《刑事诉讼法》的规定，其后才逐渐摆脱了立法的束缚，更多地从学理上去探寻更具普遍意义的问题。但客观来说，这种分离实现得并不彻底，甚至有些形式化。如一些教材在讲述"刑事诉讼基本原则"时，通常会将基本原则分为国际通行的刑事诉讼原则与我国刑事诉讼基本原则两部分，即对国际通行的刑事诉讼原则的判断标准与我国刑事诉讼基本原则的判断标准是不同的。国际通行的刑事诉讼原则的判断标准是公正、程序正义等，而我国刑事诉讼基本原则的判断标准则是《刑事诉讼法》是否明确规定。但事实上，1996年修改《刑事诉讼法》时，我国刑事诉讼基本原则在很大程度上吸收借鉴了国际通行的刑事诉讼原则，我国《刑事诉讼法》"基本原则"与国际通行的刑事诉讼原则应当是存在重合的。所以，将刑事诉讼基本原则区分为国际通行的刑事诉讼原则与我国刑事诉讼基本原则的做法，不仅容易造成我国与国际刑事诉讼研究的对立，也对刑事诉讼法学研究的进一步深入产生阻碍。所以，如何进一步厘清《刑事诉讼法》与刑事诉讼基本原则的关系，是未来学术研究需要解决的一个问题。

---

[1] 参见王永明：《论刑事诉讼基本原则体系的理论依据》，《政法论丛》1999年第1期，第14页。
[2] 参见万毅：《论刑事诉讼法原则》，西南政法大学2002年硕士学位论文，"内容摘要"部分。
[3] 参见宋英辉主编：《刑事诉讼法学研究述评（1978—2008）》，北京师范大学出版社2009年版，第87页。

第二，进一步优化《刑事诉讼法》"基本原则"的体系。如前所述，我国立法者对《刑事诉讼法》"基本原则"的修改持非常谨慎的态度，而且在条文修改时奉行"只增不减"的思路。但客观来说，经过四十多年的发展，当前的社会形势和法治理念与1979年的都不可同日而语，《刑事诉讼法》"基本原则"中规定的部分内容，可能已经不再适应当前社会对刑事诉讼基本原则的理解。例如，《刑事诉讼法》"基本原则"部分规定了大量的公、检、法三机关关系条款，本质上属于我国政治体制中的问题①，这些原则不应由也不能由《刑事诉讼法》所规范。再如，审级制度与一国的司法体制、法治传统以及现实情况等息息相关，两审终审制还是三审终审制抑或是一审终审制，更多的是一种制度安排，很难说是一个刑事诉讼基本原则。所以，我国《刑事诉讼法》"基本原则"部分的规定是缺乏体系性的，未来的研究可继续关注如何实现"基本原则"体系的优化问题。

第三，强化刑事诉讼基本原则功能论的研究。通常认为，刑事诉讼基本原则承担着指导立法、引领司法以及弥补法律漏洞等功能。虽然刑事诉讼基本原则在学理上被赋予如此之高的地位，但在司法实践中刑事诉讼基本原则的功能是被虚化的，刑事诉讼基本原则只承担着象征性或宣示性的意义。1996年《刑事诉讼法》颁布之后，最高人民法院、最高人民检察院和公安部分别颁布了各自的司法解释或规范性法律文件来规范各自的工作。虽然相关司法解释或规范性法律文件均明确其法律渊源是《刑事诉讼法》，但实践中出现了一些严重的法律冲突，一些规范甚至违背了《刑事诉讼法》的规定。这也意味着《刑事诉讼法》以及刑事诉讼基本原则并未发挥其应有的指导作用。有学者对此总结到，在法律的统治工具性价值意识影响下，法律的宣示意义被无限放大，这使得不属于技术规范的基本原则正好承担起宣传、宣示的重任。② 随着法律工具主义以及程序工具主义理念被逐渐破除，刑事诉讼基本原则的功能可能会被激发。如《刑事诉讼法》第3条第2款关于遵守法定程序原则、第14条第1款关于保障诉讼参与人诉讼权利等规定，在未来立法和司法过程中可能会承担起一定的指导功能。对于刑事诉讼基本原则功能可能的这种变化，我们应当予以关注并及时作出相关研究，为司法实践提供理论指导。

---

① 参见韩大元、于文豪：《法院、检察院和公安机关的宪法关系》，《法学研究》2011年第3期，第26页。

② 参见宋英辉等：《刑事诉讼法修改的历史梳理与阐释》，北京大学出版社2014年版，第30页。

第二节 程序法定原则

程序法定原则通常被认为是现代刑事诉讼的一项基本原则，其基本含义是指刑事诉讼程序只能由法律明确规定。当前教科书中普遍将程序法定原则作为一项"世界通行的刑事诉讼原则"，意味着程序法定原则在世界范围内是被普遍确立的。但从这些教科书的论述来看，"程序法定原则"这个词并未明确出现在各国以及国际人权公约的规定中，教科书普遍援引正当程序原则以及逮捕的司法审查原则来论证程序法定原则的存在。虽然国际公约和其他国家的法律中未明确规定程序法定原则，但该理念在国际公约中是存在的。我国学者在论证这一问题时大多会引用法国学者卡斯东·斯特法尼的论述："法定原则并非仅仅约束有关规定犯罪以及犯罪人之责任与重罪、轻罪及违警罪之刑罚的法律……还确定着有关刑事诉讼程序的规则并创设新的法院制度。"[1] 针对我国司法实践中出现的问题，学者们在总结国外相关表述的基础上提炼出了相关原则，如龙宗智教授提出的"法制原则"[2]，谢佑平和万毅教授提炼出"程序法定原则"[3]。"程序法定原则"这个表述得到学界的迅速认同。时至今日，"程序法定原则"已然成为各教科书中刑事诉讼基本原则部分必不可少的内容。当然，"程序法定原则"作为一个概念被提出来也并非毫无争议，有学者对其科学性表示怀疑，还有学者认为该原则的内容存在诸多争议。故本节将系统梳理学界对程序法定原则的研究，以期对程序法定原则的未来发展与演变提出合理预测。

一、程序法定原则的存废之争

程序法定原则并非国际人权公约以及法治发达国家立法中直接确立的一项原则，而是由谢佑平和万毅教授在借鉴法国刑事诉讼理论中"法定原则"的基础上创造出的一个概念。根据谢佑平和万毅教授《论程序法定原则——兼评公、检、法机关的司法解释权》一文可知，其提出程序法定原则的主要原因在于对公、

---

[1] [法] 卡斯东·斯特法尼等：《法国刑事诉讼法精义》，罗结珍译，中国政法大学出版社1999年版，第10页。
[2] 龙宗智：《现代刑事诉讼的基本原则》，《社会科学研究》1998年第4期，第40页。
[3] 谢佑平、万毅：《刑事诉讼法原则：程序正义的基石》，法律出版社2002年版，第45页。

检、法三机关有权制定带有立法性质司法解释的反思。[①] 此后，程序法定原则的内涵不断被扩张，正当程序原则、法定法官原则、强制追诉原则等均被纳入程序法定原则之中。万毅和林喜芬教授在《现代刑事诉讼法的"帝王"原则：程序法定原则重述》一文中认为，程序法定原则可分为形式意义上的程序法定原则和实质意义上的程序法定原则，形式意义上的程序法定原则以程序合法性为中心，而实质意义上的程序法定原则则用以确保程序的正当性。[②] 这也意味着正当程序原则被涵盖在了程序法定原则之下。之后，宋英辉教授、李邦军教授等亦发文来阐释程序法定原则的原理与内容，程序法定原则的概念也为学界所普遍接受。但黄士元教授对此进行了反思性评论，他在《程序是否需要"法定"：对"程序法定原则"的反思性评论》一文中提出："程序法定原则"本身并不存在，更不能作为刑事诉讼的基本原则。[③] 黄士元教授的观点引起复旦大学江涌博士的发文批判，其在《"程序法定原则"不能成立吗——兼与黄士元博士商榷》一文中提出："非原则说"存在着僵化理解程序法定原则，混淆"基本原则之一"与"唯一基本原则"的区别，以及其他内容和逻辑上的错误；对程序法定原则应当恰当定位，既不能将其当作"帝王"原则，更不能否定其基本原则的地位。[④] 李明教授在《论刑事强制措施法定原则——兼评程序法定原则》（《中国刑事法杂志》2008年第3期）一文中肯定了程序法定原则的意义，但认为程序法定原则应作为刑事强制措施而非刑事诉讼法的一项基本原则。之后也有多篇论文阐释程序法定作为刑事诉讼基本原则的必要性，如徐阳教授的《程序法定原则对刑事司法的规范意义》（《法学》2014年第10期）、闵丰锦博士的《法治的呼唤：程序法定原则再审视》（《岭南学刊》2017年第3期）等。

可惜的是，这并未引发学界展开程序法定原则存在与否的论战，似乎除黄士元教授和李明教授的论文外，再无学者对程序法定原则的存在提出质疑，程序法定原则已然成为学界共识。这意味着程序法定原则自提出到形成学界共识只用了五年左右，而且其确立过程是如此的顺畅，并无大规模的学界论战。这一方面说明学界对程序法定原则背后所反映的问题可能隐忍已久，另一方面也反映了学界

[①] 参见谢佑平、万毅《论程序法定原则——兼评公、检、法机关的司法解释权》，载樊崇义主编：《诉讼法学研究》（第1卷），中国检察出版社2002年版，第190页。

[②] 参见万毅、林喜芬：《现代刑事诉讼法的"帝王"原则：程序法定原则重述》，《当代法学》2006年第1期，第27页。

[③] 参见黄士元：《程序是否需要"法定"：对"程序法定原则"的反思性评论》，《中外法学》2006年第4期，第485页。

[④] 参见江涌：《"程序法定原则"不能成立吗——兼与黄士元博士商榷》，《政治与法律》2007年第4期，第143页。

对这一问题的关注非常不够。为此，本部分将系统梳理正反两方对程序法定原则的相关论述。概括来说，支持程序法定原则一方（下文简称为"支持方"）和反对程序法定原则一方（下文简称为"反对方"）主要在如下几个方面存在争议。

第一，程序法定原则是否与罪刑法定原则相对应？支持方认为，程序法定原则与罪刑法定原则共同构成法定原则，是罪刑法定原则的程序保障。[①] 在此基础上，影响公民基本权利和诉讼权利的规范只能由法律规定，不损害公民基本权利和诉讼权利而仅属于技术性的规则，可以由司法机关制定；对刑事诉讼法的解释以存在法律规范的规定为前提，且应当符合法律精神，不得通过司法解释创制法律，或者违背法律精神解释法律；而且程序法定原则并不排斥扩张解释等有利于保障犯罪嫌疑人、被告人权利的解释方法，但排斥行政机关制定刑事诉讼法律规范。[②] 反对方则认为，将程序法定原则与罪刑法定原则相对应的观点是不成立的，因为：一方面不涉及公民权利的刑事诉讼程序根本无须"法定"，另一方面刑事程序法并不反对判例法、溯及既往、类推解释和扩张解释。[③] 还有观点认为，程序法定原则与实体法中的罪刑法定原则具有不同的历史渊源与宪法基础，程序法定原则的来源在两大法系宪法理论中分别为宪法法律保留原则与正当程序原则，将程序法定原则与罪刑法定原则混同是不科学的。[④] 对于反对方的这一观点，支持方提出：法律原则不同于科学定律，原则和例外经常是并存的，不能因为有例外，就否定原则，关键是看谁占据主流。[⑤]

第二，涉及公民权利的刑事诉讼程序是否必须法定？由于程序法定原则最初是针对司法解释越权提出的，所以主张程序法定原则的学者排斥司法机关的立法权，认为刑事程序规则只有由代表民意的国会制定，司法机关只能在法律所明文授权的范围内行使权力。[⑥] 但反对方则认为立法机关并不当然具备足够高的道德水准、智识和能力，在一定范围内赋予司法机关判例制作权、规则制定权、司法审查权、司法解释权等，不仅可实现对立法权的制约、弥补立法机关智识和能力

[①] 参见谢佑平、万毅：《罪刑法定的程序要求》，载游伟主编：《华东刑事司法评论》（第 4 卷），法律出版社 2003 年版，第 35 页。

[②] 参见宋英辉、罗海敏：《程序法定原则与我国刑事诉讼法的修改》，《燕山大学学报（哲学社会科学版）》2005 年第 1 期，第 22~23 页。

[③] 参见黄士元：《程序是否需要"法定"：对"程序法定原则"的反思性评论》，《中外法学》2006 年第 4 期，第 485 页。

[④] 参见陈卫东、程雷：《刑事程序合法性原则论纲》，《法律科学（西北政法学院学报）》2004 年第 1 期，第 89 页。

[⑤] 参见江涌：《"程序法定原则"不能成立吗——兼与黄士元博士商榷》，《政治与法律》2007 年第 4 期，第 147 页。

[⑥] 参见谢佑平、万毅：《刑事诉讼法原则：程序正义的基石》，法律出版社 2002 年版，第 111~115 页。

的不足,还可弥补成文法的不足,拓宽保障公民权利和限制国家权力的途径。①对于反对方的这一观点,支持方也作出一定回应。如江涌博士认为,反对方的观点体现出强烈的实质正义主义倾向,但在我国程序正义的基础还没有夯实的时候,贸然追求更高层次的实质性正义会带来诸多问题。②

第三,正当程序原则能否为程序法定原则所涵盖?对于正当程序原则与程序法定原则的关系,谢佑平和万毅教授对其认识有一个发展的过程。谢佑平和万毅教授在最初论证程序法定原则时,仅认为程序法定思想的产生与正当程序观念密切相关,正当程序观念是以程序法定思想为逻辑前提的。③万毅教授和林喜芬博士在重述程序法定原则时则对二者关系有了进一步阐述,认为正当程序原则是程序法定原则的一个下位概念。④还有研究认为正当程序原则与程序法定原则的内涵基本一致,正当程序原则是程序法定原则在英美法系国家的一种表现形式。⑤但反对方认为,正当程序原则与程序法定原则二者并非上下位的关系,二者相互独立,至少是存在交叉的。如黄士元教授认为正当程序原则与程序法定原则不可同日而语:"正当法律程序条款"强调对立法权的限制,要求国会法令本身必须是正当的,追求的是实质法治;而我国学者所主张的"程序法定原则"是对司法机关的限制,要求司法机关依照立法机关所立之法进行刑事诉讼活动,追求的是一种形式法治。⑥而江涌博士认为,虽然可将程序是否合法作为程序是否正当的外观标准,但正当程序原则与程序法定原则二者是交叉而非包容性的种属关系。⑦还有观点认为,程序法定原则是正当程序原则的一个下位概念,正当程序原则包括程序法定原则、公平程序原则、禁止强迫自证其罪原则等内容。⑧

---

① 参见黄士元:《程序是否需要"法定":对"程序法定原则"的反思性评论》,《中外法学》2006年第4期,第486~487页。
② 参见江涌:《"程序法定原则"不能成立吗——兼与黄士元博士商榷》,《政治与法律》2007年第4期,第147页。
③ 参见谢佑平、万毅:《罪刑法定的程序要求》,载游伟主编:《华东刑事司法评论(第四卷)》,法律出版社2003年版,第33~34页。
④ 参见万毅、林喜芬:《现代刑事诉讼法的"帝王"原则:程序法定原则重述》,《当代法学》2006年第1期,第27页。
⑤ 参见李邦军:《我国刑事诉讼法应当确立程序法定原则》,《西南民族大学学报(人文社科版)》2005年第11期,第60页。
⑥ 参见黄士元:《程序是否需要"法定":对"程序法定原则"的反思性评论》,《中外法学》2006年第4期,第490页。
⑦ 参见江涌:《"程序法定原则"不能成立吗——兼与黄士元博士商榷》,《政治与法律》2007年第4期,第146页。
⑧ 参见王新清、甄贞、李蓉:《刑事诉讼程序研究》,中国人民大学出版社2009年版,第57页。

第四,程序法定原则应否是刑事诉讼基本原则中的"帝王"原则?万毅教授和林喜芬博士在《现代刑事诉讼法的"帝王"原则:程序法定原则重述》一文中指出程序法定原则是现代刑事诉讼的首要原则,没有程序法定原则就没有现代刑事诉讼法。① 但与程序法定原则作为刑事诉讼基本原则获得学界普遍认可不同,万毅教授对程序法定原则的这一定位并未得到学界的普遍认可,学界更多的是将其作为与无罪推定、控辩平等、禁止强迫自证其罪等原则位阶相同的一项刑事诉讼原则。如江涌博士认为,从实践看,没有哪个国家和哪部国际公约将程序法定原则当作首位原则、"帝王"原则,使之成为刑事诉讼的逻辑起点;程序法定原则和其他原则一起,共同组成一个原则体系,通过这个原则体系,保证程序的合理和正当,使程序真正成为"恣意的对立物"②。闵丰锦博士则认为有必要以与时俱进的眼光在不同法治发展时期考察程序法定原则的地位,在不同法治发展时期各种原则的位阶排序是不同的,当前应当拔高但不应过高看待程序法定原则。③

第五,程序法定原则是不是国际通行的一项刑事诉讼原则?支持方认为程序法定原则是国际通行的一项刑事诉讼原则,这一观点亦为主流教科书所接受。但也有观点认为程序法定原则并非国际通行的一项基本原则。如黄士元教授认为,我国学者将程序法定原则等同于德国学者赫尔曼教授提出的"法制国家程序原则"的观点是错误的,二者不仅不能等同,而且没有多少相似之处,德国罗可信教授罗列的刑事诉讼基本原则中也没有提出"程序法定原则"④。李明教授认为,各国的相关规定无论是"正当程序"还是"法定原则",主要都是针对可能侵犯公民基本权利的强制措施规定的,如对搜查、扣押、逮捕和拘留等强制措施要求遵循严格的法定程序,即法定原则主要是要求强制措施法定而不是笼统的程序法定。⑤

---

① 参见万毅、林喜芬:《现代刑事诉讼法的"帝王"原则:程序法定原则重述》,《当代法学》2006年第1期,第27页。
② 江涌:《"程序法定原则"不能成立吗——兼与黄士元博士商榷》,《政治与法律》2007年第4期,第147页。
③ 参见闵丰锦:《法治的呼唤:程序法定原则再审视》,《岭南学刊》2017年第3期,第105页。
④ 黄士元:《程序是否需要"法定":对"程序法定原则"的反思性评论》,《中外法学》2006年第4期,第493页。
⑤ 参见李明:《论刑事强制措施法定原则——兼评程序法定原则》,《中国刑事法杂志》2008年第3期,第57~58页。

二、程序法定原则研究的学术梳理

虽然学界对程序法定原则是否存在有一定争议,但程序法定原则作为刑事诉讼的一项基本原则已基本成为学界共识。在此基础上,学者们围绕程序法定原则的理论基础、我国是否已确立程序法定原则、我国司法实践中对程序法定原则的背离现象以及我国如何完善程序法定原则等问题展开研究。

第一,关于程序法定原则理论基础的研究。由于我国学者将程序法定原则与正当程序原则视为不同法域下的同一概念或将正当程序原则作为程序法定原则的下位概念,故我国学者通常将程序法定原则的历史起源追溯到 1215 年英国的《自由大宪章》,并将 1789 年法国的《人权宣言》作为最早的立法渊源。[①] 在此基础上,我国学界对程序法定原则基础理论的研究通常借鉴或参考正当程序原则的理论基础。例如,樊崇义教授认为程序法定原则的提出是近代以来国家主权原理从"君主主权"向"人民主权"转换的结果,程序法定原则是人民主权原则的具体化、制度化。[②] 宋英辉教授认为程序法定原则是法治国家的必然要求和国民主权原理的体现,是刑事诉讼的公正、秩序等价值得以实现的保障,是维护法律良性发展并确立立法与司法相互制衡关系的需要,也是在刑事法领域实现人权保障的基础。[③] 李邦军教授认为该原则的理论基础包括分权制衡理论、法治国家理论、程序正义理论和人权保障理论等。[④] 谢佑平和万毅教授认为,程序法定原则不仅具有通过立法权来制约司法权的分权制衡意义,也有利于形成"以权利制约权力"的权力制衡机制。[⑤]

第二,关于我国是否已确立程序法定原则的争论。对我国是否已经确立了程序法定原则这个问题,学界存在着"肯定说"与"否定说"两种观点。(1)"肯定说"认为我国已确立了程序法定原则。理由在于:《宪法》和《刑事诉讼法》规定刑事诉讼必须"以法律为准绳";《刑事诉讼法》第 3 条第 2 款规定,人民法院、人民检察院、公安机关进行刑事诉讼,必须严格遵守刑事诉讼法和其他法律的有关规定。(2)"否定说"认为我国尚未确立程序法定原则。有学者认为,《宪

[①] 参见李邦军:《我国刑事诉讼法应当确立程序法定原则》,《西南民族大学学报(人文社科版)》2005 年第 11 期,第 60 页。

[②] 参见樊崇义主编:《刑事诉讼法》(第 3 版),中国政法大学出版社 2013 年版,第 78 页。

[③] 参见宋英辉、罗海敏:《程序法定原则与我国刑事诉讼法的修改》,《燕山大学学报(哲学社会科学版)》2005 年第 1 期,第 23~24 页。

[④] 参见李邦军:《论程序法定原则在我国刑事诉讼中的确立》,《成都行政学院学报(哲学社会科学)》2004 年第 5 期,第 45 页。

[⑤] 参见谢佑平、万毅:《刑事诉讼法原则:程序正义的基石》,法律出版社 2002 年版,第 112~114 页。

法》和《刑事诉讼法》的相关规定仅强调依照既定程序进行刑事诉讼，虽与程序法定原则的基本精神相符，但立法上并未明确规定程序法定原则。① 也有学者认为，《刑事诉讼法》仅规定司法层面的程序法定原则，并未规定立法领域的程序法定原则，而且司法实践中的"司法立法""法外立法"等现象违背程序法定原则的要求，说明我国尚未确定程序法定原则。② 但"肯定说"和"否定说"均认为，程序法定原则在我国立法和司法中尚未得到很好的贯彻与执行，程序法定化不足是我国刑事诉讼制度的一个形式和结构缺陷。③

第三，关于我国刑事司法实践中违背程序法定原则现象的研究。与刑事诉讼其他基本原则相比，程序法定原则是我国学者专门针对我国刑事司法实践中的问题而提出的一项原则。概括来说，学者们主要发现我国刑事司法实践中存在如下违背程序法定原则的现象：其一，司法解释中存在"越权立法""法外立法"等现象。有学者提出，长期以来国家一方面通过立法机关制定了刑事诉讼法典；另一方面又允许国家司法机关通过制定司法解释的形式，对一些涉及司法机关自身职权配置以及犯罪嫌疑人、被告人诉讼权利保障的事项直接作出规定，造成"法外立法""法外执法"现象的出现。④ 这种现象具体表现为：弱化义务性规范的刚性效力，超越法律扩张权力边界，突破限制性授权规范的限制性条件并在法律解释中自我授权，未能为概括性规范、选择性操作规范和空白规范设置具有规范引导意义的合理解释边界等。⑤ 其二，司法实践中存在违背程序法定原则的现象。一方面，个案中存在裁量不当，从而导致对被追诉者权利保护不利的现象，如羁押的过度适用、审查起诉中滥用退回补充侦查、二审中滥用发回重审等；另一方面，实践中还存在因无视程序法定原则或缺乏对程序法定原则的坚持而形成的"明知故犯"，这表现为程序违法的纠错机制运行不畅，以隐形程序代替法定程序，与限制性授权规范相抵触的违法行为存在等。⑥ 其三，行政机关立法现象存在，程序与政策缺乏良性互动。有学者认为，许多涉及公民基本权利的程序规范本应由立法机关制定，却出自行政机关。⑦ 还有学者关注到程序与政策的关

---

① 参见徐静村主编：《刑事诉讼法学》（上），法律出版社2004年版，第123页。
② 参见谢佑平主编：《程序法定原则研究》，中国检察出版社2006年版，第255页。
③ 参见宋英辉主编：《刑事诉讼法学研究述评（1978—2008）》，北京师范大学出版社2009年版，第90页。
④ 参见谢佑平、万毅：《论程序法定原则——兼评公、检、法机关的司法解释权》，载樊崇义主编：《诉讼法学研究》（第1卷），中国检察出版社2002年版，第190页。
⑤ 参见徐阳：《程序法定原则对刑事司法的规范意义》，《法学》2014年第10期，第129～130页。
⑥ 参见徐阳：《程序法定原则对刑事司法的规范意义》，《法学》2014年第10期，第130～131页。
⑦ 参见宋英辉：《刑事诉讼原理》（第2版），法律出版社2007年版，第73～74页。

系，认为政策在刑事司法实践中广泛存在，但政策的灵活性导致其本身极不稳定且极易被恣意滥用，从而出现程序与政策的冲突现象。①

第四，关于我国完善程序法定原则的研究。有学者认为规定和贯彻程序法定原则是修订刑事诉讼法的首要之举、当务之急。②对于我国如何贯彻程序法定原则，学者们分别从转变观念、完善立法、程序性制裁等方面提出不同主张。有学者认为，应规范对刑事司法权力的监督制约机制，完善对公民刑事司法权利的保障机制，建立刑事诉讼的程序性制裁机制。③也有学者认为，一方面应当完善刑事诉讼立法，对于刑事诉讼法没有规定或者规定不完善的地方予以规定或完善，将本应由刑事诉讼法规定却由行政机关规定的程序纳入刑事诉讼法律规范中；另一方面，应当建立与完善程序违法的制裁机制，使法定程序得到切实的遵守。④还有学者认为：第一，践行程序法定原则不得违反程序操作规范进行选择性适用、原则上不得僭越权力边界对程序规范进行扩张解释、对于禁止性规范不得曲意释法加以规避或变通；第二，应合理界定授权性规范适用中的边界，如有限度地将有利于被追诉者作为优先适用原则、遵循比例原则的要求、允许程序法领域的类推解释等；第三，建构完整的诉讼行为无效机制，如为违法诉讼行为和不当诉讼行为等合理配置相应的无效程序后果、建立法定无效和裁量无效相结合的诉讼行为评价机制以及强化法院对权利主体的司法救济等。⑤

三、程序法定原则被我国学界迅速认可的原因

程序法定原则作为一项刑事诉讼基本原则当前已被学界和实务界基本认可，学者们也围绕程序法定原则的概念、内容、地位以及具体适用等问题展开系列研究。但总体来看，学界对这一原则的研究仍然是非常不足的。如前所述，这一原则从提出到得到我国学界认可只用了五年左右，而且绝大多数研究是论述确立程序法定原则的必要性的。故而黄士元教授提出质疑，"这一原则在没有经过任何反思性评论的基础上就得到了我国很多学者的赞同，甚至被提升到与'罪刑法定

---

① 参见万毅、林喜芬：《现代刑事诉讼法的"帝王"原则：程序法定原则重述》，《当代法学》2006年第1期，第33页。
② 参见万毅、林喜芬：《现代刑事诉讼法的"帝王"原则：程序法定原则重述》，《当代法学》2006年第1期，第34页。
③ 参见谢佑平主编：《程序法定原则研究》，中国检察出版社2006年版，第271～289页。
④ 参见宋英辉：《刑事诉讼原理》（第2版），法律出版社2007年版，第74页。
⑤ 参见徐阳：《程序法定原则对刑事司法的规范意义》，《法学》2014年第10期，第131页。

原则''正当法律程序'同等的高度。"① 当然，笔者并非完全赞同黄士元教授关于程序法定原则的论述，但黄士元教授对程序法定原则的质疑的确引起了笔者的关注。须知，绝大多数刑事诉讼基本原则的确立都经历了长时间的辩论，如无罪推定原则在我国从清末变法修律引进开始至今应否确立仍存在部分争论，控辩平等原则时至今日仍然难以被实务界所完全认可，等等。那么，程序法定原则缘何在如此短的时间内就获得学界的普遍认可？笔者认为可能存在如下几方面的原因：

第一，我国学界对"严格遵守法定程序原则"的关注，为程序法定原则被迅速认可奠定了一定的理论基础。1979年《刑事诉讼法》第3条第2款规定："人民法院、人民检察院和公安机关进行刑事诉讼，必须严格遵守本法和其他法律的有关规定。"第4条规定："人民法院、人民检察院和公安机关进行刑事诉讼，必须依靠群众，必须以事实为根据，以法律为准绳……"有些学者认为这两条规定了"严格遵守法定程序"和"以事实为依据，以法律为准绳"两项刑事诉讼基本原则②，也有学者认为这两条实际上是一条原则即"以事实为依据，以法律为准绳原则"③，还有学者认为，严格遵守法定程序条款是"依法独立行使职权原则"的内容。④ 虽然这些论述没有明确提出程序法定原则的概念，但已经表达出程序法定的理念。如有学者认为，公、检、法进行刑事诉讼必须严格遵守刑事诉讼法和其他法律的有关规定，"其他法律的有关规定"是指其他法律中涉及刑事诉讼程序的规定⑤；还有学者进一步将"其他法律的有关规定"限定为其他法律中关于刑事司法制度和刑事司法程序的规定，认为其内容是指《宪法》《人民法院组织法》《人民检察院组织法》中有关刑事诉讼的条文以及全国人大常委会关于刑事诉讼程序的有关规定。⑥ 所以，这些表述已经明确提出了程序法定原则中的第一个含义，即"刑事诉讼程序只能由立法机关制定的法律规定"。在此基础上，有学者进一步指出"以法律为准绳"需处理好的三组关系：一是党的政策与法律的关系，二是以法律为准绳与外来权力干预的关系，三是判例与以法律为准

---

① 黄士元：《程序是否需要"法定"：对"程序法定原则"的反思性评论》，《中外法学》2006年第4期，第484页。
② 参见张子培等主编：《刑事诉讼法教程》，群众出版社1982年版，第70页。
③ 常怡主编：《刑事诉讼法教程》，重庆出版社1981年版，第21页。
④ 参见崔敏主编：《新编刑事诉讼法教程》，中国人民公安大学出版社1996年版，第78页。
⑤ 参见卢建平主编：《新刑事诉讼法释义》，浙江大学出版社1996年版，第15页。
⑥ 参见宋世杰主编：《刑事诉讼法》，湖南大学出版社2001年版，第93页。

绳的关系。① 所以，程序法定原则并非凭空提出的，而是建立在学界前些年对"严格遵守法定程序原则"研究的基础之上的。

第二，学界对司法实践中"法外立法""越权立法"等不遵循《刑事诉讼法》的规定的现象的担忧，为程序法定原则获得普遍认可提供了现实基础。1979 年《刑事诉讼法》只有 164 个条文，这大大限制了《刑事诉讼法》对刑事司法实践的指导作用。因此，立法机关在 1996 年修改《刑事诉讼法》时试图解决这一问题，并形成"刑事诉讼法作为办理刑事案件的操作规程，修改立法应当力求具体、明确，避免因出现歧义造成互相扯皮，并尽量增强可操作性"的基本立法思路。② 但受制于 1996 年《刑事诉讼法》"不是'推倒重来'，也不能只是在维持现状的基础上仅仅对个别条文稍作修改"③ 立法思路的限制，1996 年《刑事诉讼法》并未完全解决刑事诉讼法条文供给不足的问题。故而有学者认为，我国刑事诉讼法许多内容过分简陋，整部法律实际上只构成"立法纲要"④。所以，1996 年《刑事诉讼法》颁布之后，最高人民法院、最高人民检察院和公安部分别颁布各自适用《刑事诉讼法》的司法解释或部门规章。而且这些规范性文件事实上承担起刑事诉讼法的功能，《刑事诉讼法》被司法解释和部门规章所架空，存在司法解释突破甚至违背《刑事诉讼法》规定的现象。更令人担忧的是，司法解释或部门规章对《刑事诉讼法》的"突破"或"架空"并不都朝着保障犯罪嫌疑人、被告人合法权益的方向进行，有的限制了公民的权利，如对取保候审、监视居住期限进行扩张解释，对律师会见权进行限缩解释等。这引发了学界的极大担忧，如何确保《刑事诉讼法》的有效实施成为当时学界的基本共识。程序法定原则的提出无疑高度契合学界对这一问题的担忧。如万毅教授指出其将程序法定原则总结为"帝王"原则的初衷和目的在于"中国刑事诉讼制度在立法和司法实践中存在的种种问题最后几乎都可以归结为'程序法定'原则的不彰、程序法定价值的不限"，故"规定和贯彻程序法定原则是首要之举、当务之急"⑤。出于对司法实践中"法外立法""越权立法"等问题的普遍担忧，学界快速接纳程序法定这一

---

① 参见李文健主编：《〈中华人民共和国刑事诉讼法〉释义与适用指南》，红旗出版社 1996 年版，第 12～13 页。
② 参见崔敏：《中国刑事诉讼法的新发展——刑事诉讼法修改研讨的全面回顾》，中国人民公安大学出版社 1996 年版，第 26 页。
③ 崔敏：《中国刑事诉讼法的新发展——刑事诉讼法修改研讨的全面回顾》，中国人民公安大学出版社 1996 年版，第 25 页。
④ 张建伟主编：《刑事诉讼法》，浙江大学出版社 2009 年版，第 80 页。
⑤ 万毅、林喜芬：《现代刑事诉讼法的"帝王"原则：程序法定原则重述》，《当代法学》2006 年第 1 期，第 34 页。

原则，这也构成程序法定原则被迅速认可的现实基础。

第三，将程序法定原则与正当程序原则高度关联的做法，大大强化了学者们对程序法定原则正当性的认可。程序法定原则并非凭空诞生的一个原则，其在很大程度上融合了正当程序的概念，学者们在追溯程序法定原则的历史起源以及援引国外立法例时，发现其与正当程序原则并无任何差异。支持程序法定原则的学者认为，《公民权利和政治权利国际公约》第9条第1款"任何人不得被任意逮捕或羁押，除非依据法律所规定的理由并遵守法定的程序，任何人不得被剥夺自由"的规定是程序法定原则在国际公约中的体现。[1] 但这一规定先前则被认为规定的是正当程序原则。如杨宇冠教授认为，在刑事司法中，正当程序原则主要体现在国家没有法定程序的情况下不能侵犯个人的生命、自由和财产权利，这个理念可追溯到英国1215年《自由大宪章》。[2] 所以，程序法定原则实际上是承继了学界对正当程序原则的认可。那么，学界为何不愿使用国际通行的正当程序原则表述而要使用新创设的程序法定原则这个表述呢？笔者认为，这可能与对正当程序原则的误读以及程序法定原则表述的中性等因素有关。首先，依据支持程序法定原则学者的观点，程序法定原则分为形式意义上的程序法定原则和实质意义上的程序法定原则，实质意义上的程序法定原则是指正当程序原则，形式意义上的程序法定原则是指刑事诉讼程序只能由立法机关制定的法律来确立。这实际上是对正当程序原则的误读，正当程序原则并非仅指程序的正当与否，其当然包括刑事诉讼程序必然由立法机关制定的法律来确定这层含义。《公民权利和政治权利国际公约》第9条第1款规定剥夺或限制人身自由必须"依据法律"来实施，而且国际人权文件中之所以使用了"任意"而不是"非法"的措辞，并非出于偶然，而是意味着逮捕或拘禁不仅应当按照法律规定的程序进行，而且必须有理由。[3] 欧洲人权法院对该条款中"依据法律"作出进一步解释，即是指依据有关国家的国内法，且该国内法的规定不能违反《欧洲人权公约》的原则。[4] 所以，依据立法机关制定的法律来剥夺或限制公民人身自由是正当程序原则中最基本的一项含义。其次，程序法定原则在表述上比正当程序原则更为中性，且在表述上更契合我国当时刑事司法实践中的突出问题。通过上文分析，程序法定原则与正

---

[1] 参见宋英辉主编：《刑事诉讼法学研究述评（1978—2008）》，北京师范大学出版社2009年版，第90页。
[2] 参见杨宇冠：《国际人权法对我国刑事司法改革的影响》，中国法制出版社2008年版，第192页。
[3] 参见魏晓娜：《刑事正当程序研究》，中国政法大学2003年博士学位论文，第161页。
[4] 参见程味秋、杨诚、杨宇冠：《联合国人权公约和刑事司法文献汇编》，中国法制出版社2000年版，第41页。

当程序原则在内涵上并没有太大区别，学界实际上也认为程序法定原则与正当程序原则是大陆法系国家与英美法系国家中对同一原则的不同表述而已。正当程序原则体现出强烈的实质正义色彩，虽然正当程序原则中也包含"依法"的要求，但更强调对法律是否符合公平正义的审查。在当时我国尚不存在合宪性审查机制的背景下，实现对法律正当性的审查是非常困难的，也很难为社会各界所接受。而且，我国当时重点需要解决的是"有法不依"的问题，而《刑事诉讼法》的条款正当与否并非当时亟须解决的问题。所以，程序法定原则在表述上更中性且更契合当时的司法实践背景。在上述诸因素的影响下，程序法定原则这个具有正当程序原则内涵且更中性的表述便迅速得到学界和实务界的认可。

四、程序法定原则研究的展望

虽然程序法定原则通过移植正当程序原则的相关内容而使自己获得强大的生命力，但其真正的生命力在于形式意义上的程序法定原则，强调司法解释要依据《刑事诉讼法》来确立。而随着司法解释"越权立法""违法立法"等问题的逐步解决，形式意义上的程序法定原则已不再是程序法定原则的主要内容，这也带来程序法定原则的严重危机。一方面，如果仍然坚持程序意义上的程序法定原则与实质意义上的程序法定原则并重，则强大的学术惯性和刻板印象会将程序法定原则与"越权立法"紧密相连，这将会使程序法定原则的意义大为削弱、地位大幅下降，甚至会威胁到程序法定作为刑事诉讼基本原则的地位。2006年万毅教授提出程序法定原则是刑事诉讼的"帝王"原则时获得学界不少的认可，但当前这一观点遭到不少批判，程序法定原则逐渐成为刑事诉讼的一项普通基本原则。另一方面，如果程序法定原则转而关注程序正当性的判断，那么其也将会彻底滑向正当程序原则。而正当程序原则有一套完整的理论体系，且正当程序原则的表述也为世界所共同认可，此时实无必要再沿用程序法定原则这个表述，直接使用正当程序原则的表述即可。所以，程序法定原则的发展在当前出现两难困境，而该原则若想在未来获得进一步发展就必须寻找到新的理论增长空间。但笔者很难发现这种理论增长的可能性，故而笔者大胆揣测，程序法定原则的提出有其特殊的时代背景，该原则对我国刑事诉讼理论和立法的完善发挥了巨大作用，但随着我国法治水平的提升，程序法定原则的使命已经完成，其应当再回归到正当程序原则之下，依托正当程序原则实现自身的升华。当然，这并不意味着我国应全面引入美国或国际人权公约中的正当程序原则，而是应依托该原则实现我国刑事诉讼程序的现代化。

第三节　控辩平等原则

控辩平等原则是指控辩双方在刑事诉讼中的诉讼权利和义务应当基本对等，以保证辩方有相应的防御能力来对抗控方的指控。[①] 控辩平等是现代诉讼法治的重要标志之一，也是刑事诉讼诸多制度的基础，我国学者围绕控辩平等原则以及如何在我国确立该原则进行了诸多研究。[②] 学界第一部专门以控辩平等为研究主题的学术著作为冀祥德教授的《控辩平等论》（法律出版社2008年版）一书，该书对如何认识控辩平等、控辩应否平等、中国的控辩双方如何平等这些重大问题进行研究，具有重大的理论与现实意义。冀祥德教授还围绕控辩平等原则发表了多篇有重要学术影响力的论文。[③] 此外，中国政法大学2006届刑事诉讼法学博士管宇也以《论控辩平等原则》为题进行博士论文写作。本节将以当前我国学界对控辩平等原则的研究为基础，系统梳理控辩平等原则的发展脉络，并展望控辩平等原则的未来研究方向。

一、控辩平等原则在我国的引入

控辩平等理念自清末变法修律时即被引入我国。清末修律大臣沈家本认为"控方往往系'谙习法律'之国家检察官，而辩方是弱小的公民个人，因此为了保证诉讼在实质上做到控辩平等，被告人可以聘请辩护人及辅佐人，并为搜集有利证据，与以最终辩论之权"[④]。中华人民共和国成立初期我国学者在借鉴苏联刑事诉讼理论的基础上也曾提出控辩平等原则，但之后这一理论被废弃，直至20世纪80年代中后期，随着我国学界对西方刑事诉讼模式的研究以及对中华人民共和国成立初期"诉讼主体理论"的重述才逐步为学界所认可。在控辩平等被

[①] 参见冀祥德：《关于控辩平等原则演进的思考》，《河北法学》2008年第7期，第90页。
[②] 参见陈瑞华：《刑事审判原理论》，北京大学出版社1997年版；谢佑平、万毅：《刑事诉讼法原则：程序正义的基石》，法律出版社2002年版；刘计划：《中国控辩式庭审方式研究》，中国方正出版社2005年版。
[③] 如《控辩平等之现代内涵解读》（《政法论坛》2007年第6期）、《对我国控辩平等的检视与思考》（《法学论坛》2007年第6期）、《和谐社会语境下的控辩平等——以构建平等合作诉讼模式为中心的研究》（《法学家》2008年第3期）、《论控辩平等的功能》（《法学论坛》2008年第3期）、《关于控辩平等原则演进的思考》（《河北法学》2008年第7期）以及《构建审判程序中的控辩平等》（《人民司法》2008年第21期）等。
[④] 康黎：《思想与法典：沈家本所期许的大清刑事诉讼图景》，中国政法大学出版社2013年版，第19页。

确立为刑事诉讼基本原则的过程中,刑事诉讼结构理论以及刑事诉讼目的理论无疑发挥了重要的理论指引作用,而刑事审判方式改革也为该原则的最终确立提供了绝佳的实践契机。

第一,学界对"诉讼主体理论"的研究为控辩平等原则的引入提供了最初的理论储备。"诉讼主体理论"在中华人民共和国成立初期曾为我国学界所普遍接受,该理论认为刑事诉讼分为控诉、辩护和审判三项职能,且行使控诉职能的公诉人与行使辩护职能的辩护人具有平等的诉讼地位。[1] 1979年之后有些学者重新提出"诉讼主体理论",虽然新的"诉讼主体理论"并不承认控辩平等,认为诉讼主体说中的控辩平等"是以'超阶级'的国家观为理论基础的,它歪曲了检察机关作为国家机关参加刑事诉讼的实质。实际上检察机关和法院的活动都是专政活动,只是分工不同而已"[2],但该理论肯定了控审分离以及辩护职能的独立性,认为"控诉、辩护、审判三种诉讼职能,是刑事诉讼中不可缺少的三个方面……刑事诉讼就是控诉、辩护和审判三种诉讼职能正反合的辩证统一的过程。"[3] 在此基础上,学者们提出辩护方权利的保障问题。如陈卫东教授认为,"对诉讼当事人来说,尤其是刑事被告人,他不再是诉讼客体,而是享有法定诉讼权利的诉讼主体,司法机关应当保障当事人的各项诉讼权利,并为这些权利的实现创造必要的条件,当事人对司法人员侵犯公民诉讼权利和人身侮辱的行为有权提出控告"[4]。而随着学界对诉讼主体理论的进一步研究,控辩平等原则也正式进入诉讼主体理论中。有学者在诉讼主体理论中明确提出,"控诉与辩护是一种对等关系,二者矛盾运动贯穿于刑事诉讼活动的始终,是刑事诉讼得以进行的内在动力……强调控辩对等、有控诉就要有辩护,在于使控辩双方处于平等地发挥影响审判主体的认识的地位,使控诉职能与辩护职能的实现都能够获得充分的法律保障"[5]。所以,诉讼主体理论为控辩平等原则的引入提供了一定的理论储备。

第二,刑事诉讼结构理论以及诉讼目的理论的发展与转变为控辩平等原则在我国的确立奠定了坚实的理论基础。即便是对我国20世纪80年代的学者来说,控辩平等也并不是一个全新的概念。通过对域外刑事诉讼制度的研究以及对20世纪50年代"诉讼主体理论"的回溯性研究,学者们了解到控辩平等的概念,

---

[1] 参见陈光中:《中国刑事诉讼法学四十年(上)》,《政法论坛》1989年第4期,第9页。
[2] 陈光中:《刑事诉讼中的民主与专政》,《中国法学》1985年第1期,第117页。
[3] 李学宽:《我国刑事诉讼主体刍议》,《政法论坛》1989年第2期,第35页。
[4] 陈卫东:《刑事诉讼主体探微》,《现代法学》1990年第2期,第10页。
[5] 吴杰、宋英辉、洪道德:《刑事诉讼主体论》,《中外法学》1991年第4期,第30页。

并认为这是英美法系国家刑事诉讼结构的一般特征。① 对刑事诉讼结构和刑事诉讼目的理论的研究促使控辩平等原则为我国学界所广泛接受。我国学者自 20 世纪 80 年代中后期开始关注刑事诉讼结构（或诉讼形式）问题，认为世界刑事诉讼结构分为英美法系国家的当事人主义刑事诉讼结构和大陆法系国家的职权主义刑事诉讼结构，而我国刑事诉讼结构是混合式、分权式、结合式、民主集中式或线性的诉讼结构。② 线性的刑事诉讼结构虽然有利于打击犯罪，但不利于对犯罪嫌疑人、被告人合法权益的保护。而随着我国刑事诉讼目的从单纯的打击犯罪转变为惩罚犯罪与人权保障并重，线性的刑事诉讼结构与刑事诉讼目的的冲突逐渐凸显。陈光中教授指出，如果控、辩其中一方在形式上明显优于另一方，处于劣势地位一方的权利就无法保障，案件的处理就难以在充分听取双方意见的基础上进行，程序公正就无从谈起，查明真相就难以保障，也不利于刑事诉讼目的的实现。③ 基于对控辩不平等问题的反思，学者们接受域外的刑事诉讼结构理论，并提出应建构"三角形"的刑事诉讼结构。如李心鉴博士认为，在诉讼构造上贯彻民主与专政的思想，主要应在控诉与辩护的关系上，力求实现惩罚与保护的统一。④ 龙宗智教授认为，依据"三角形"诉讼结构理论，控辩双方具有平等的法律地位以及相对应的诉讼权利。⑤ 自此之后，"三角形"诉讼结构理论以及控辩平等原则逐渐成为学界通说。⑥ 所以，刑事诉讼结构理论为控辩平等原则的确认提供了坚实的学理根基。

第三，庭审方式改革为控辩平等原则在我国的确立提供了现实契机。控辩平等不仅涉及刑事诉讼制度变革，而且涉及刑事诉讼理念以及刑事诉讼模式的转变。因此，控辩平等原则在我国的确立尚需一场全方位的诉讼理念革新，而自 20 世纪 80 年代中期开始的庭审方式改革无疑提供了这样一个绝好的契机。我国 1979 年《刑事诉讼法》确立的审判方式是一种"超职权主义诉讼结构"，控方与审判职能在一定程度上出现混同，控方与辩方的诉讼地位悬殊。⑦ 学者们在研究

---

① 参见陈光中：《外国刑事诉讼程序的近期发展趋势》，《比较法研究》1987 年第 4 期，第 73 页。
② 参见李心鉴：《我国刑事诉讼法学的两大现代课题——诉讼目的与诉讼构造》，《中外法学》1991 年第 1 期，第 19 页；左卫民：《刑事诉讼基本结构论纲》，《上海社会科学院学术季刊》1993 年第 1 期，第 140 页。
③ 参见陈光中：《刑事审判结构之研究》，《法学家》1993 年第 4 期，第 84 页。
④ 参见李心鉴：《我国刑事诉讼法学的两大现代课题——诉讼目的与诉讼构造》，《中外法学》1991 年第 1 期，第 19 页。
⑤ 参见龙宗智：《刑事诉讼的两重结构辨析》，《现代法学》1991 年第 3 期，第 15 页。
⑥ 参见李心鉴：《刑事诉讼构造论》，中国政法大学出版社 1992 年版，第 257 页。
⑦ 参见陈卫东：《以审判为中心：解读、实现与展望》，《当代法学》2016 年第 4 期，第 18 页。

我国刑事审判方式后发现，公诉职能与审判职能互相混淆，既没有充分发挥公诉人的职能作用，又忽视了辩护人的职能作用，庭审中"先判后审"现象突出，致使庭审流于形式。① 基于对这些问题的反思，学界曾提出职权主义和当事人主义两条不同的改革思路，但最终主流观点认可了我国刑事审判方式改革向英美当事人主义方向发展的基本思路，如强化法官的中立地位、弱化控方的诉讼地位以及强化辩方的权利保障等。② 在此认识基础上，控辩平等原则逐渐成为学界共识。这一学界共识也随着庭审方式改革迅速扩展至实务界。1992年12月，时任最高人民法院院长任建新在第十六次全国法院工作会议工作报告中提出，"进行审判方式等方面的改革，已成为法院自身改革的一个重要课题"③。最高人民法院组织专家就庭审方式改革展开研讨，各级人民法院也就审判方式改革进行诸多试点，刑事审判方式改革已然成为各级人民法院的共识。虽然刑事审判方式的改革并未改变检察机关的法律监督者角色，但也通过强化庭审过程中控辩双方诉讼地位的平等使控辩平等理念深入司法人员的内心。随着控辩平等理念的不断深入人心以及1996年《刑事诉讼法》的颁布，检察机关也开始正视控辩平等原则的存在，并试图从理论上来阐释法律监督与控辩平等并行不悖的关系。至此，控辩平等原则真正获得了学界和实务界的普遍认可，其作为刑事诉讼基本原则的地位也正式被确立下来。

二、控辩平等原则研究的学术梳理

自20世纪80年代控辩平等原则进入学界视野以来，我国学者围绕控辩平等的内涵、控辩平等原则的适用阶段、控辩平等原则与检察监督的关系、控辩平等原则的确立等问题展开研究，具体而言：

第一，关于控辩平等内涵的研究。控辩平等原则并不否认控辩双方力量对比的悬殊性，但控辩平等原则希望通过赋予控辩双方同等的诉讼地位，防止出现因控辩力量悬殊而带来的诉讼地位差别。所以，控辩双方诉讼地位的平等是实现控辩平等原则的前提。④ 为实现控辩双方诉讼地位的平等，学者们不断丰富控辩平等原则的内涵。有学者认为控辩平等原则在内容上可分为"平等武装"与"平等保护"两方面，"平等武装"是指刑事诉讼法应当为控辩双方提供对等的攻防手

---

① 参见江伟、程荣斌、张建华、刘春玲：《诉讼法学研究的回顾与展望》，《法学家》1994年第1期，第51页。
② 参见王敏远、刘东华：《刑事诉讼法学研究述评》，《法学研究》1996年第1期，第57～58页。
③ 郭春雨：《刑事案件审判方式改革工作方略》，《法律适用》1994年第10期，第26页。
④ 参见管宇：《论控辩平等原则》，中国政法大学2006年博士学位论文，第12页。

段，其所追求的是一种实质的平等；"平等保护"是指在司法层面上法官对控辩双方要对等保护，其所追求的是一种形式的平等。[1] 还有学者在"平等武装"和"平等保护"的基础上，将平等参与和平等对抗也加入控辩平等原则的内容之中。如汪建成教授认为，控辩平等原则包括平等的程序参与、平等的诉讼手段武装、平等的对抗和平等的保护四方面内容。[2] 刘计划教授认为，控辩平等原则应当包括权利对等、平等武装与同等参与三项内容。[3] 随着学界对辩诉交易等制度研究的深入，有些学者也将平等合作纳入控辩平等原则的内容。如汪建成教授认为，控辩平等为辩诉交易的进行提供了基本的前提。[4] 冀祥德教授认为，控辩平等从内在的权力（利）配置原则上要求，应当具备平等武装和平等保护；而控辩平等从外在的权力（利）行使目的上规范要求，应当包含平等对抗和平等合作，其中平等对抗是手段和现象，平等合作是目标和本质。[5]

第二，关于控辩平等原则的理论基础与功能的研究。控辩平等原则产生于国家本位法律观向个人本位法律观的转变过程中，只有实现国家和个人之间的平等、实现国家本位和个人本位的协调，控辩平衡才有可能实现。[6] 对于控辩平等原则的理论基础，有学者提出，权力制衡理论是控辩平等理论的哲学基础，程序主体性理论是控辩平等理论的法律文化基础，个体本位是控辩平等的核心价值基础，实体公正是控辩平等内在的结构价值追求，程序正义是控辩平等外化的过程价值追求。[7] 还有学者认为，控辩平等原则的理论基础有诉讼主体理论、无罪推定原则、诉讼合意理论、法律平等适用原则。[8] 基于对我国超职权主义诉讼结构的反思，我国学者普遍承认控辩平等原则在各诉讼阶段均具有不可替代的功能。如有学者指出，控辩平等原则在侦查程序中发挥着权力抑制、为审判提供基础以及解决纠纷等功能，在起诉程序中发挥强化控辩职能、保障权力（利）平衡以及提高诉讼效率等功能，在审判程序中承担优化诉讼结构、保障实体正义和程序正义实现、实现权力制衡、人权保障等功能，在救济程序中也承担着诉讼救济

---

[1] 参见谢佑平、万毅：《理想与现实：控辩平等的宏观考察》，《西南师范大学学报（人文社会科学版）》2004年第3期，第61页。
[2] 参见陈卫东主编：《刑事诉讼法》（第4版），中国人民大学出版社2015年版，第78页。
[3] 参见刘计划：《中国控辩式庭审方式研究》，中国方正出版社2005年版，第84页。
[4] 参见汪建成：《辩诉交易的理论基础》，《政法论坛》2002年第6期，第17页。
[5] 参见冀祥德：《控辩平等之现代内涵解读》，《政法论坛》2007年第6期，第89页。
[6] 参见叶肖华：《论控辩平衡的建构》，《苏州大学学报（哲学社会科学版）》2008年第1期，第62页。
[7] 参见冀祥德：《论控辩平等之理论基础》，《求是学刊》2009年第5期，第64页。
[8] 参见管宇：《论控辩平等原则》，中国政法大学2006年博士学位论文，第64页。

功能。①

第三，关于控辩平等原则适用诉讼阶段的研究。在研究控辩平等原则的初期，有学者旗帜鲜明地否定控辩平等原则贯穿于刑事诉讼全过程。如裴苍龄教授认为，将"正三角结构"看作是贯穿刑事诉讼全过程，甚至用特别设定的"正三角结构"理论去解释侦查、起诉、审判和执行程序是没有根据的。② 龙宗智教授提出我国刑事诉讼存在"线性"和"正三角形"两重诉讼结构，控辩平等是"正三角形"审判结构的要素，而侦查、起诉等过程中则奉行相互制约的"线性结构"③。但随着学界研究的深入，控辩平等原则贯穿于刑事诉讼全过程的观点逐渐为学者们所普遍接受。如冀祥德教授提出，"平等武装"不仅适用于审判程序，而且必须适用于审前程序，因为审前程序是审判程序的基础，且审前程序中被追诉人的诉讼地位更容易受到漠视，控辩双方的力量对比差异更大。④ 叶肖华教授也提出，法庭审判虽然将控辩双方集中对抗的焦点展示在人们面前，但实际上庭审是建立在审前程序大量工作的基础之上的，审前阶段被追诉人的权益更容易被侵犯和忽略，需要特别加强审前阶段控辩双方的平等对抗。⑤ 当然，由于审前阶段与审判阶段功能的不同，审前阶段中控辩平等的表现形式与审判阶段存在较大不同。马贵翔教授就认为，庭审外控辩程序均等的机制在于赋予辩护方以庭外收集证据权，赋予犯罪嫌疑人、被告人以获得律师帮助权，以及实行起诉状一本主义。⑥

第四，关于控辩平等原则与检察机关法律监督权关系的研究。20世纪80年代初期我国学者排斥控辩平等原则的一个很重要原因就是，控辩平等原则有违我国法律对检察机关法律监督者的定位。⑦ 之后的学术研究虽然承认控辩平等原则，但仍然非常小心翼翼地处理着控辩平等与检察机关法律监督者定位的关系。如陈光中教授和熊秋红教授在分析刑事审判方式改革时指出，"审判方式的改革并未削弱检察机关的法律监督职能，也未降低检察机关在刑事诉讼中的地位……直接询问制和交叉询问制的采用，有助于控、辩双方在诉讼地位上形成平等、抗争的格局，但这并不意味着检察机关从公诉人变成了普通当事人，检察机关仍然

---

① 参见冀祥德：《论控辩平等的功能》，《法学论坛》2008年第3期，第57页。
② 参见裴苍龄：《关于刑事诉讼结构的研究》，《政治与法律》1996年第5期，第37页。
③ 龙宗智：《刑事诉讼的两重结构辨析》，《现代法学》1991年第3期，第16页。
④ 参见冀祥德：《控辩平等之现代内涵解读》，《政法论坛》2007年第6期，第92页。
⑤ 参见叶肖华：《论控辩平衡的建构》，《苏州大学学报（哲学社会科学版）》2008年第1期，第61页。
⑥ 参见马贵翔：《刑事诉讼对控辩平等的追求》，《中国法学》1998年第2期，第101页。
⑦ 参见李学宽：《我国刑事诉讼主体刍议》，《政法论坛》1989年第2期，第34页。

代表国家行使公诉权"①。但从20世纪90年代末期有关检察机关法律地位的讨论开始,不少学者开始直面检察机关法律监督权与控辩平等原则的冲突问题。如李玉华教授认为,检察机关的法律监督权足以与审判权抗衡,甚至在某种程度上超越于审判权,以至于可以使这种监督权不受司法终局性的限制,这使控辩双方不可能平等。②刘计划教授提出,控辩式庭审方式改革将会导致法院中立地位以及随之带来的检察官当事人化的结果。③最高人民检察院理论研究所张智辉研究员对这些质疑作出回应:其一,控辩平等不排斥法律监督,因为法律监督与控辩平等的目的均为保障裁判结果的公平性和正确性,控辩平等与法律监督的指向不同,对审判进行监督是控辩双方的权力或权利;其二,法律监督并不必然导致控辩失衡,法院不会因为惧怕检察机关的法律监督而屈从检察机关的意志;其三,不应当把取消检察机关的法律监督作为保持控辩平等的前提,而应当更多地思考如何保障辩护权的有效行使,如何保障更多的被告人在刑事诉讼中能够获得律师的帮助。④但这一回应并未得到学者们的认同,如张保生教授2016年撰文指出,为了实现控辩平等,应当限制检察权的扩张。就近期改革来说,自侦案件的抗诉权应当上调由上一级检察院行使,以扭转"运动员可以打裁判"的局面;从长远的改革看,要考虑检察官在诉讼程序中与证人、法官、律师的平等地位,逐步恢复其政府方律师的本色。⑤而我国自2016年启动的"以审判为中心"的诉讼制度改革,在一定程度上也说明立法者对控方权力过大的担忧。如《关于推进以审判为中心的刑事诉讼制度改革的意见》第2条第1款规定:"严格按照法律规定的证据裁判要求,没有证据不得认定犯罪事实。侦查机关侦查终结,人民检察院提起公诉,人民法院作出有罪判决,都应当做到犯罪事实清楚,证据确实、充分。"

第五,关于控辩平等原则与我国立法和司法实践冲突的研究。1996年《刑事诉讼法》吸收借鉴当事人主义诉讼结构的部分内容,强化辩方的权利并增强控辩双方的对抗程度,建构起以职权主义为主、以当事人主义为辅的控辩式诉讼结构。但有学者在研究国际公约有关规定后发现,我国法律规定在保障控辩平等方面与国际公约规定仍存在较大差距⑥;还有学者认为,由于观念上、立法上、实

---

① 陈光中、熊秋红:《刑事诉讼法修改刍议(下)》,《中国法学》1995年第5期,第86~87页。
② 参见李玉华:《论控辩平等对抗》,《政法论坛》2004年第2期,第87~88页。
③ 参见刘计划:《中国控辩式庭审方式研究》,中国方正出版社2005年版,第97页。
④ 参见张智辉、黄维智:《控辩平等与法律监督》,《法学》2006年第8期,第142页。
⑤ 参见张保生:《审判中心与控辩平等》,《法制与社会发展》2016年第3期,第55页。
⑥ 参见周国均:《控、辩平衡与保障律师的诉讼权利》,《法学研究》1998年第1期,第58页。

践上等的诸多原因，我国的刑事诉讼并未实现真正意义上的控辩平衡，控辩失衡是我国刑事诉讼构造的基本特征。① 2012年《刑事诉讼法》进一步强化了控辩双方的平等关系，一方面强化辩方的权利保障，另一方面确立了控方的举证责任。2016年启动的"以审判为中心"的诉讼制度改革，也推动控辩平等原则在我国的进一步实现。然而，司法实践中控辩不平衡的问题仍然存在，有学者认为控辩不平等在司法实践中的表现形态可能有：警察拥有一些不受检察院和法院制约的特权，立法为控辩双方设置不同诉讼请求权的做法违反控辩平等原则，检察权凌驾于审判权之上造成"一方运动员可以打裁判"的局面，将"无罪判决率"作为检察业务考评指标导致滥用抗诉权等。② 也有学者提出，审前程序由于缺乏中立法官的参与而难以具备典型的诉讼形态，现有的审判程序虽具备了表面的诉讼形态，但在许多方面欠缺诉讼化的实质，一些裁决以行政化的决定方式作出，难以实现诉权对裁判权的有效制约。③ 还有学者提出，我国刑事诉讼中律师辩护权的行使受到诸多限制，"笔录中心主义"难以被撼动，过于强调"侦控审一体化"流水作业模式。④

第六，关于我国如何确立控辩平等原则的研究。学界对于我国应确立控辩平等原则没有争议，但对于确立何种控辩平等原则是存在争议的。有些学者认为，控辩平等原则是一项源自当事人主义诉讼模式的制度，我国理应借鉴当事人主义诉讼模式的经验来确立控辩平等原则，并实现控方诉讼地位的当事人化。⑤ 但也有些学者提出我国应通过强调控方的客观中立义务以及辩方的权利保障等方式来实现控辩平等。⑥

虽然学者们对控辩平等原则的路径选择问题有不同理解，但他们提出的具体改革建议基本上大同小异，包括限制控方法律监督权、强化辩方权利、强化裁判者中立地位以及完善司法审查机制等。其一，限制控方的法律监督权力。在我国刑事诉讼结构中职权主义色彩还占据一定分量的现实条件下，强调检察机关的客观性义务确有必要，关键是要合理地进行制度设计并切实加以落实，使失衡的

---

① 参见叶肖华：《论控辩平衡的建构》，《苏州大学学报（哲学社会科学版）》2008年第1期，第61页。
② 参见张保生：《审判中心与控辩平等》，《法制与社会发展》2016年第3期，第50~51页。
③ 参见闵春雷：《〈刑事诉讼法修正案（草案）〉完善的基本方向——以人权保障为重心》，《政法论坛》2012年第1期，第27页。
④ 参见田圣庭：《以审判为中心视野下的控辩对抗》，《学习与实践》2018年第2期，第77~78页。
⑤ 参见刘计划：《中国控辩式庭审方式研究》，中国方正出版社2005年版，第91页；李玉华：《论控辩平等对抗》，《政法论坛》2004年第2期，第91页。
⑥ 参见张智辉、黄维智：《控辩平等与法律监督》，《法学》2006年第8期，第144页；陈卫东、杜磊：《检察官客观义务的立法评析》，《国家检察官学院学报》2015年第3期，第44页。

控、辩关系趋于平等。还有学者提出，要在区分控诉职能和审判职能的基础上，对检察机关的审判监督职能进行改造，将检察机关的批准和决定强制侦查措施的职能与审前救济职能交由法院行使。① 其二，强化辩方权利。由于控辩双方力量的悬殊，如何强化辩方权利就成为能否实现控辩平等的关键。如有学者指出，控辩平等是一种矫正平等，矫正的天平是倾向于处于弱势地位的辩方而不是处于强势地位的控方的。② 在此认识基础上，学者们提出强化辩方权利的诸多举措，如确立无罪推定原则、提升犯罪嫌疑人的诉讼主体地位、完善律师阅卷制度与证据展示制度、完善法律援助制度等。③ 其三，强化裁判者的中立地位。裁判者居中裁判是实现控辩平等的重要保障，也是我国近些年司法体制改革的一项核心措施。对于如何确保裁判者的中立，学者们见仁见智。如有学者提出应当正确处理党委、纪委和司法机关的关系，"以审判为中心"并理顺法院、检察院、公安机关的关系，推进司法体制去地方化的改革，探索法官、检察官依法独立办案等。④ 还有学者提出，我国应改革刑事司法中的"线性结构"，强调审判的权威性、中立性与独立性，实现庭审实质化，发挥辩护功能，以及推动法律适用与程序监控的"以审判为中心"等。⑤ 其四，完善司法审查机制。控辩平等原则贯穿刑事诉讼全过程，如何实现审前阶段的控辩平等对于控辩平等原则的确立有至关重要的作用。除保障辩护权的实现外，学者们还对司法审查机制寄予厚望。如有学者提出，要在指控与辩护之间确立广义审判的中立裁判地位，全面建构诉讼形态与司法裁判体制，以保障诉讼双方当事人的平等诉权，实现诉讼公平。⑥

三、控辩平等原则研究的评价与展望

虽然学界以及实务界关于在何种程度上实现控辩平等有不同看法，但如何进一步推进控辩平等原则在我国的实现已成为各方面的共识。客观来说，当前司法实践、学术研究中存在的一些问题可能会影响控辩平等原则在我国的实现。

---

① 参见陈卫东：《以审判为中心：当代中国刑事司法改革的基点》，《法学家》2016年第4期，第9页。
② 参见顾永忠、苑宁宁：《关于控辩平等若干问题的思考》，《河南社会科学》2012年第2期，第37页。
③ 参见宋英辉：《建构我国刑事诉讼合理构造的理念与原则》，《政法论坛》2004年第3期，第24页；周国均：《控、辩平衡与保障律师的诉讼权利》，《法学研究》1998年第1期，第58页；马贵翔：《刑事诉讼对控辩平等的追求》，《中国法学》1998年第2期，第102~103页。
④ 参见陈光中、魏晓娜：《论我国司法体制的现代化改革》，《中国法学》2015年第1期，第101页。
⑤ 参见龙宗智："以审判为中心"的改革及其限度》，《中外法学》2015年第4期，第860页。
⑥ 参见刘计划：《以审判为中心刑事诉讼制度改革中的几个认识问题》，《苏州大学学报（哲学社会科学版）》2017年第1期，第44页。

第一，认罪认罚从宽制度可能会对控辩平等原则产生冲击。虽然控辩合作被部分学者视为控辩平等原则的组成内容，但不以控辩平等为基础而开展的控辩合作会架空控辩平等原则。控辩合作以控辩平等为前提，否则控辩双方之间就不存在真正意义上的合作，控辩合作甚至会异化成为强迫犯罪嫌疑人、被告人证实自己有罪的"帮凶"。所以，当事人主义诉讼结构特别强调侦查中的司法控制：一方面，通过司法令状主义、严格的羁押制度、警察讯问时的律师在场权以及各种证据规则等制度设计有效地控制警察滥用职权的行为；另一方面，借助发达的律师制度，要求辩诉交易在律师的参与下进行。[①] 我国认罪认罚从宽制度虽然与辩诉交易制度不完全相同，但其对控辩平等原则的要求是相同的。认罪认罚从宽制度坚持以被追诉人自愿选择为基础，强调控辩双方协商并经由法院最终司法审查确认，而且控辩双方协商法制化、法院审查实质化、律师参与正当化等无不呈现牵一发而动全身之特点。[②] 所以，控辩平等原则是认罪认罚从宽制度得以有效运行的制度基础。然而，我国刑事司法实践中控辩不平等的问题尚未完全解决，引入认罪认罚从宽制度在一定程度上会动摇刑事诉讼程序的正当性根基。如在实践中，认罪认罚从宽制度存在着适用范围有限、值班律师虚置、量刑建议单方决定等问题，而且实务部门将认罪认罚当作司法机关的权力看待，使认罪认罚成为办案机关对被追诉人的"恩赐"[③]。实践中还存在对被追诉人的上诉权进行一定限制的问题，如检察机关通过启动抗诉程序的方式来应对被追诉人的上诉等。[④] 这也意味着认罪认罚从宽制度对控辩平等原则的实现是存在一定程度的减损的。所以，如何完善认罪认罚从宽制度中的控辩平等保障机制也是我们未来需要进一步关注的话题。

第二，如何建构契合中国刑事司法实践的控辩平等原则。控辩平等原则虽然是国际通行的一项刑事诉讼原则，但其内涵从来不是统一的和确定不变的，不同国家或地区以及同一国家或地区在不同时期对控辩平等原则的理解都是不同的。我国学者在研究控辩平等原则时大多是直接借鉴法治发达国家或国际公约中的相关规定，体现出明显的"拿来主义"。我国法治建设起步较晚，学术研究中使用"拿来主义"的研究方法并没有问题，但我们也不应迷信域外的先进经验或做法，因为任何立法以及司法改革都必须考虑本国的具体国情、司法传统，否则就会陷

[①] 参见汪建成：《辩诉交易的理论基础》，《政法论坛》2002年第6期，第17页。
[②] 参见陈卫东：《认罪认罚从宽制度研究》，《中国法学》2016年第2期，第48页。
[③] 闵春雷：《回归权利：认罪认罚从宽制度的适用困境及理论反思》，《法学杂志》2019年第12期，第1页。
[④] 参见周新：《认罪认罚被追诉人权利保障问题实证研究》，《法商研究》2020年第1期，第37页。

入"南橘北枳"的困境。当然,这并不意味着我们排斥刑事诉讼的一般规律,只是认为刑事诉讼的一般规律只有根植于中国司法大地才会有旺盛的生命力。控辩平等作为一项刑事诉讼基本原则以及刑事诉讼理念应当为我国所接受,但在具体规则的设计上我们应当考虑到中国的刑事司法实践以及相应制度设计的成本等问题。如检察官诉讼地位的当事人化虽然有利于实现控辩平等原则,而且也是未来刑事诉讼发展的方向,但我国当前很难实现这一改革。所以,更加理性务实的方案应当是推进检察官客观义务的建设以及强化辩方的权利。此外,我们在建构控辩平等原则时也应当考虑到诸多法外的因素,如司法机关特别是基层司法机关对立法的落实情况,警检机关的利益考量,社会大众的复杂心态(在某些案件中过度地要求保障人权或追求极端的抑制犯罪效果),以及立法与司法决策者对变革的矛盾态度(在打击犯罪与保障人权之间的游离和艰难平衡甚至偏向)等。[①] 所以,如何确立契合我国刑事司法理念和实践的控辩平等原则也应当是未来我们学术研究的一个突破点。

第四节 不得强迫自证其罪原则

不被强迫自证其罪是指任何人对可能使自己受到刑事追诉的事项有不被强迫作不利于他自己的陈述或强迫承认犯罪的权利。不被强迫自证其罪是被追诉人所享有的一项特殊权利,又称禁止自我归罪特权、不得强迫自证其罪、反对强迫自证其罪特权等。[②] 不得强迫自证其罪原则是现代法治国家刑事诉讼制度的一项重要内容,也是犯罪嫌疑人、被告人真正享有辩护权的基础之所在。是否确立该原则不仅体现出一国、一地区在特定时期对实体真实与正当程序、控制犯罪与人权保障等相冲突的诉讼价值的选择态度,也反映出一国刑事诉讼程序中犯罪嫌疑人、被告人的人权状况和刑事诉讼文明与进步的程度。[③] 我国学者围绕这一原则展开大量研究,本节将对学界的研究进行系统梳理,并对未来该原则的研究进行展望。

[①] 参见左卫民:《冲突与竞合:刑事诉讼的模式分析——读帕克教授的〈刑事制裁的界限〉》,《政法论坛》2017年第5期,第190页。

[②] 参见李建东:《论不被强迫自证其罪原则与如实回答义务的冲突与平衡》,《河南财经政法大学学报》2012年第6期,第139页。

[③] 参见宋英辉主编:《刑事诉讼法学研究述评(1978—2008)》,北京师范大学出版社2009年版,第100页。

一、不得强迫自证其罪原则的学术史梳理

改革开放以后,我国学者在介绍域外刑事司法制度时将"禁止强迫自证其罪""沉默权"等概念引入。① 但是,不得强迫任何人证实自己有罪原则以及沉默权等在当时并未引起学者们的高度关注。② 事实上,在1996年《刑事诉讼法》修改过程中,学者们对这两个问题的研究也非常少。如崔敏教授在回顾1996年《刑事诉讼法》修改重点问题时仅提到了无罪推定原则,并未提到沉默权、不得强迫自证其罪原则③;陈光中和严端教授主编的《中华人民共和国刑事诉讼法修改建议稿与论证》中也未提到这两个问题。④

学者们真正关注这两个问题大体上是从1998年之后开始的,当时学界首先关注到的是沉默权。⑤ 1998年,我国政府签署了《公民权利和政治权利国际公约》。什么是沉默权?我国法律规定沉默权了吗?我国要不要引入沉默权?这些问题引发了学界、实务界以及社会各界的广泛关注,学术界也围绕沉默权问题召开了多场学术会议。例如,1998年10月,"英国法律周"在北京举行,中英学者就包括沉默权在内的诸多法律问题进行探讨⑥;1999年10月,《人民检察》杂志社在北京召开"刑事诉讼与沉默权研讨会",就沉默权问题进行专题研讨⑦;1999年11月,中国法学会诉讼法学研究会年会在上海召开,沉默权成为会议的

---

① 如《欧洲各社会主义国家的刑事诉讼原则》(任正,《环球法律评论》1980年第2期)、《日本刑事审判概述》(陈建国,《环球法律评论》1981年第4期)、《英国和澳大利亚在供述方面的最新发展》([斯里兰卡]卡玛·阿迈拉斯拉卡,朱文英译,《环球法律评论》1982年第1期)、《外国刑事诉讼程序的近期发展趋势》(陈光中,《比较法研究》1987年第4期)、《中美两国刑事司法价值观和手段体系比较研究》(龙宗智、张曦,《比较法研究》1988年第1期)等。

② 如笔者通过中国知网查阅到的专门以沉默权和不得强迫任何人证实自己有罪原则的文章为宋英辉教授于1992年发表的《被告人沉默权与如实回答义务之探析》(《法律科学(西北政法学院学报)》1992年第2期)一文,之后仅有数篇文章针对这一问题进行关注,如周国均教授的《被告人如实回答与拒绝回答探讨》(《法学家》1994年第2期)、杨正万教授的《论犯罪嫌疑人沉默权》(《贵州民族学院学报(社会科学版)》1996年第3期)等文章。

③ 参见崔敏:《中国刑事诉讼法的新发展——刑事诉讼法修改研讨的全面回顾》,中国人民公安大学出版社1996年版,第30页及以下。

④ 参见陈光中、严端:《中华人民共和国刑事诉讼法修改建议稿与论证》,中国方正出版社1995年版,第1页。

⑤ 如方仲炳教授《刑诉法与沉默权》(《人民检察》1998年第1期)、龙宗智教授的《英国限制刑事沉默权的措施》(《人民检察》1998年第9期)、卞建林教授和郭志媛博士的《英国对沉默权的限制》(《比较法研究》1999年第2期)等。

⑥ 参见杨文革、管晓静、张惠芳:《英国法律周刑事诉讼研讨会综述》,《河北法学》1999年第3期,第73页。

⑦ 参见马滔:《沉默权:在理想与现实的边缘——"刑事诉讼与沉默权研讨会"综述》,《人民检察》1999年第12期,第16页以下。

一项重要议题①；2001 年 10 月，中国法学会诉讼法学研究会刑事诉讼法专业委员会与汕头大学法学院联合主办主题为"犯罪嫌疑人、被告人口供与沉默权"的专题研讨会，讨论如何对待沉默权和如何遏止刑讯逼供的问题②；2001 年 11 月，中国法学会"沉默权课题组"在西安召开"沉默权问题研讨会"，就我国应否引入沉默权制度进行研讨。③ 多场学术会议的召开也引发学者们对沉默权问题的高度关注，学界也出版了大量的以沉默权为题的学术专著和期刊论文。代表性的学术专著如孙长永教授的《沉默权制度研究》（法律出版社 2001 年版）、易延友教授的《沉默的自由》（中国政法大学出版社 2001 年版）、陈光中教授的《沉默权问题研究——兼论如何遏制刑讯逼供》（中国人民公安大学出版社 2002 年版）、白冬教授的《从如实回答到沉默权》（法律出版社 2015 年版）等；代表性的论文如《英国对沉默权制度的改革以及给我们的启示》（龙宗智，《法学》2000 年第 2 期）、《在我国确定沉默权原则几个问题之研讨（上）（下）》（刘根菊，《中国法学》2000 年第 2、3 期）、《沉默权制度及刑事司法的价值取向》（何家弘，《国家检察官学院学报》2000 年第 4 期）、《中国式沉默权制度之我见——以"美国式"为参照》（何家弘，《政法论坛》2013 年第 1 期）、《沉默权与中国刑事诉讼》（孙长永，《现代法学》2000 年第 2 期）等；以沉默权为主题的博士学位论文有孙长永博士的《沉默权制度研究》（西南政法大学 2001 年博士学位论文）和刘忠博士的《当代中国沉默权的实践》（北京大学 2006 年博士学位论文）等。

  学界对不得强迫自证其罪原则的研究与对沉默权的研究基本上同时起步于 1998 年我国签署《公民权利和政治权利国际公约》前后。④ 客观来说，这一原则在 2006 年之前并未得到广泛关注，学界在这一时期的主要精力仍然是放在对沉默权的研究上。但从 2006 年开始，不得强迫任何人证实自己有罪原则得到更多关注。代表性的学术论文如《论不强迫自证其罪原则》（杨宇冠，《中国法学》2003 年第 1 期）、《从"应当如实回答"到"不得强迫自证其罪"》（樊崇义，《法学研究》2008 年第 2 期）、《反对强迫自证其罪特权原则的引入与制度构建》（吴

---

① 参见程荣斌、张泽涛、李洪江：《1999 年刑事诉讼法学研究的回顾与展望》，《法学家》2000 年第 1 期，第 90 页。
② 参见周伟、巫玉芳：《关于沉默权问题研讨会综述》，《政治与法律》2002 年第 1 期，第 106 页。
③ 参见楚天鸿：《沉默权问题研讨会综述》，《中国法学》2002 年第 1 期，第 188 页。
④ 如笔者查阅到的较早研究这一原则的文章主要有熊秋红教授的《反对自我归罪的特权与如实陈述义务之辨析》（《外国法译评》1997 年第 3 期）、宋英辉教授的《不必自我归罪原则与如实陈述义务》（《法学研究》1998 年第 5 期）、宋英辉教授和吴宏耀教授的《任何人不受强迫自证其罪原则及其程序保障》（《中国法学》1999 年第 2 期）、易延友教授的《论反对自我归罪的特权》（《比较法研究》1999 年第 2 期）以及郑金火教授的《论"反对强迫自证其罪"原则》（《厦门大学法律评论》2001 年第 1 期）等。

宏耀,《法学》2008年第6期)等。2012年之后的代表性论文如《不得强迫自证其罪原则在我国的确立与完善》(董坤,《国家检察官学院学报》2012年第2期)、《论"不强迫自证其罪"条款的解释与适用——〈刑事诉讼法〉解释的策略与技术》(万毅,《法学论坛》2012年第3期)、《不得自证其罪原则适用的几个问题——兼评刑事诉讼法修正案(草案)第49条》(梁欣,《法律适用》2012年第3期)、《比较法视野下我国不被强迫自证其罪之解释》(陈学权,《比较法研究》2013年第5期)、《不强迫自证其罪条款之实质解释论纲》(孙远,《政法论坛》2016年第2期)、《刑事诉讼法律解释方法的顺序规则初探——以反对强迫自证其罪原则与应当如实回答之关系为范例的分析》(程雷,《中国刑事法杂志》2018年第1期)等。以不得强迫自证其罪原则为题的博士论文有彭伶博士的《不得强迫自证其罪原则研究》(中国政法大学2007年博士学位论文)、郑博博士的《反对强迫自证其罪研究——修法后的相关问题》(中国人民大学2014年博士学位论文)等。

由上述可见,虽然学界对这两个问题的研究基本上同时起步,但存在着一个明显的学术接力,2006年之前学界以沉默权为主要研究对象,而之后则以不得强迫自证其罪原则为主要研究对象。此种学术接力可能与两个因素有关。第一,学界对沉默权与不得强迫任何人证实自己有罪原则关系的认识发生了转变。沉默权与不得强迫自证其罪原则这两个概念之间存在着密切联系,国外学术研究中对二者关系实际上也存在着多种说法。我国学者在最初引入这两个概念时对二者关系并未完全搞清楚,当时存在着"同一说"和"不同说"两种观点。基于二者"同一说",学者们并未对不得强迫自证其罪原则给予充分关注。但随着学术研究的深入,"不同说"逐渐为学界所接受。例如,2001年召开的"犯罪嫌疑人、被告人口供与沉默权专题研讨会"上,学者们对沉默权与不得强迫证实自己有罪原则的关系进行研讨,除少数学者认为二者的实质一样外,多数学者认为沉默权与不被强迫自证其罪不相同。[1] 在此基础上,学者们逐渐开始研究不得强迫自证其罪原则。第二,沉默权制度在实践推行中陷入僵局。随着沉默权制度研究的不断深入,学界为我国如何引入沉默权制度设计了诸多制度方案。但与学界对沉默权高度关注形成鲜明对比的是,立法以及司法人员并不太认同沉默权,认为沉默权与我国既有的法律规定存在较大冲突,故学界与实务界对沉默权的研究陷入僵局。这一时期司法实践中又曝出一批冤假错案,如杜培武案、佘祥林案等。一些学者认为,刑讯逼供是造成冤假错案的主要原因,故如何遏制刑讯逼供并防范冤

---

[1] 参见周伟、巫玉芳:《关于沉默权问题研讨会综述》,《政治与法律》2002年第3期,第107页。

假错案成为学界的关注点。在此背景之下,不得强迫自证其罪原则逐渐引起学者们的关注,这也打破了先前学界对沉默权研究的僵局。2012年《刑事诉讼法》的规定为该原则的研究提供了新的学术动力,学界围绕如何理解与适用不得强迫自证其罪原则进行了深入研究。

二、学界对不得强迫自证其罪原则研究的内容梳理

学界对不得强迫自证其罪原则的研究以2012年《刑事诉讼法》颁布为界,分为两个阶段:2012年之前的研究更多关注该原则的概念、特征以及我国应否引入该原则;2012年之后的研究主要关注该原则的适用问题。由于两个阶段的研究中存在诸多共通的议题,如不得强迫自证其罪与如实供述条款的关系等,故本部分将不按照时间段而是按照主题进行学术梳理,且重点梳理2012年之后学界对不得强迫自证其罪原则的研究。

第一,关于不得强迫自证其罪原则基础理论的研究。其一,不得强迫自证其罪原则的内涵。主流观点认为,不得强迫自证其罪原则实际上赋予了犯罪嫌疑人、被告人两项权利,一项是犯罪嫌疑人、被告人对是否陈述享有不受强迫的权利,另一项是犯罪嫌疑人、被告人对是否陈述及是否提供于己不利的陈述享有选择权。其中,前一项属于消极性权利,它使犯罪嫌疑人、被告人有权免于遭受各种强制,后一项属于积极性权利,它赋予犯罪嫌疑人、被告人由其运用自己的"自然理性"作出选择并承担相应的法律后果或责任。[1] 其二,关于不得强迫自证其罪原则的理论基础。有学者认为不得强迫自证其罪原则的理论基础可从制度层面和个人层面来寻找。制度层面的理论基础包括防止国家权力滥用并抑制司法暴力、保证证据质量并防止建立在虚假自白基础上对被告人的定罪、明确刑事控诉中控方举证责任并平衡诉讼力量;个人层面的理论基础则是维护人的尊严。[2] 其三,关于不得强迫自证其罪原则的构成。对于不得强迫自证其罪原则的适用对象,有学者认为除适用于犯罪嫌疑人、被告人外,还应适用于证人。[3] 对于强迫的含义以及违反该原则的法律责任,有学者认为"强迫自证其罪"是指使用各种直接的或间接的身体或心理压力的形式,包括刑讯逼供、敲诈、威胁以及以强加司法制裁等方式迫使人招供。违反不得强迫自证其罪原则的法律后果,包括国家

---

[1] 参见宋英辉、吴宏耀:《任何人不受强迫自证其罪原则及其程序保障》,《中国法学》1999年第2期,第118页。
[2] 参见彭伶:《不得强迫自证其罪原则研究》,中国政法大学2007年博士学位论文,第69页。
[3] 参见陈学权、郭恒:《证人的不被强迫自证其罪权》,《国家检察官学院学报》2016年第4期,第133页。

责任、实施强迫自证其罪的官员的责任以及以强迫自证其罪方式取得的证据的排除三种。①

第二,关于不得强迫自证其罪原则与沉默权关系的研究。关于二者关系的学说主要有"同一说"与"不同说"两种:(1)"同一说"认为沉默权与不得强迫自证其罪原则没有区别,该说又可分为两种观点。第一种观点认为,不得强迫自证其罪与沉默权只是名称不同而已,如有的学者认为在英国证据法上,保持沉默的权利又被称为不被强迫自证其罪的特权。第二种观点认为,不受强迫自证其罪与沉默权的差异仅是人们观察角度的不同,如有的学者认为,从犯罪嫌疑人、被告人应当受到权利保障的角度看,这一原则体现为犯罪嫌疑人、被告人反对强迫自我归罪的特权,而从其权利内容来看,又可称为沉默权。(2)"不同说"认为沉默权与不受强迫自证其罪原则是两个不同的概念,不可将二者混为一谈。该说又可分为两种观点:第一种观点认为不受强迫自证其罪和沉默权具有包含关系,不受强迫自证其罪原则包括两层含义,一是不得以暴力、威胁等方式迫使犯罪嫌疑人、被告人认罪,二是犯罪嫌疑人、被告人享有沉默权。第二种观点认为不受强迫自证其罪和沉默权有着根本性区别,如二者产生的先后顺序不同、词语表述不同、内容不完全相同、适用对象范围不同等。② 不得强迫自证其罪原则与沉默权关系的争论不仅存在于我国,其他国家亦存在相关争论。如在英美法系国家,这两项权利常常被视为同一个概念,许多以不得强迫自证其罪特权为题目的文章谈的是关于沉默权的内容。国际公约中仅确立了不得强迫自证其罪原则,很少提到沉默权问题。总体来看,国际社会中将不得强迫自证其罪与沉默权连在一起讨论的情况已非常常见,许多国家也将沉默权作为不得强迫自证其罪原则不可或缺的部分而在法律中规定下来。③ 所以,不得强迫自证其罪与沉默权的关系变得越来越紧密,沉默权是不得强迫自证其罪原则的核心内容,缺失了沉默权的不得强迫自证其罪原则,其目的也将难以实现。

第三,关于不得强迫自证其罪与如实陈述关系的研究。早在学界研究不得强迫自证其罪原则之初,学者们就注意到不得强迫自证其罪原则与如实供述义务条款的可能冲突问题。主流意见认为,我国刑诉法中规定的如实陈述义务与反对强迫自证其罪之间存在绝无可能调和之矛盾。如有学者认为,课予犯罪嫌疑人、被告人如实回答的义务,不仅在正常的程序中不能帮助破案率及定罪率的提高,还

---

① 参见杨宇冠:《论不强迫自证其罪原则》,《中国法学》2003年第1期,第132页。
② 参见宋英辉主编:《刑事诉讼法学研究述评(1978—2008)》,北京师范大学出版社2009年版,第102~103页。
③ 参见彭伶:《不得强迫自证其罪原则研究》,中国政法大学2007年博士学位论文,第111~112页。

会产生诸多弊端，容易使侦查人员形成依赖口供的倾向，违背了犯罪嫌疑人、被告人的诉讼主体地位，所以，如实供述义务不应成为我国刑事诉讼的一项基本要求。① 也有学者提出，犯罪嫌疑人享有沉默权或者要求犯罪嫌疑人如实陈述的规定均存在利弊，立法对反对自我归罪的特权与如实陈述义务的权衡、取舍，应当根据不同国家、不同历史时期的刑事司法状况而确定。② 2012年《刑事诉讼法》确立了不得强迫自证其罪原则，但同时也保留了"如实供述"的条款，这使二者的冲突明面化了。对于如何理解二者的关系，学界存在不同观点：第一种观点是认为二者并不冲突。其中又可分为两种观点：一种认为不得强迫自证其罪条款仅仅是禁止侦查机关以刑讯逼供等强迫手段取证，而非赋予犯罪嫌疑人沉默权，换言之，只要侦查机关不动用强迫手段取供，而是依法讯问，则犯罪嫌疑人仍须如实回答，无权保持沉默。③ 另一种认为犯罪嫌疑人对侦查人员的提问有选择是否回答的权利，但如果他选择了回答就负有"如实"回答的义务，这种解释为全国人大常委会法工委所确认。④ 第二种观点认为二者是存在冲突的。如孙远教授认为，以全国人大常委会法工委为代表的一系列官方解释存在明显矛盾，即一方面在不得强迫自证其罪条款之内涵问题上持最狭义的观点，认为其等同于非法讯问方法之禁止，而另一方面又在如实陈述问题上持新的限缩解释之观点，殊不知二者之间足足差了一个间接强制的距离。⑤

第四，关于不得强迫自证其罪条款是否确立沉默权的研究。不得强迫自证其罪原则与沉默权的关系密切，因此，学者们对2012年《刑事诉讼法》是否引入沉默权的问题展开讨论，并形成赞成与反对两种观点。赞成者认为，反对强迫自证其罪原则必然要求确立沉默权制度，我国"不得强迫证实自己有罪"的规定可以而且应当被解释为包含被追诉人享有沉默权之意。有观点认为，沉默权是不被强迫自证其罪的应有之义，是否确立告知义务不是判断沉默权是否已经确立的必要条件，我国侦查实践中已经存在的犯罪嫌疑人权利义务告知制度为进一步加强

---

① 参见宋英辉：《不必自我归罪原则与如实陈述义务》，《法学研究》1998年第5期，第149页。
② 参见熊秋红：《反对自我归罪的特权与如实陈述义务之辨析》，《外国法译评》1997年第3期，第61页。
③ 转引自万毅：《论"不强迫自证其罪"条款的解释与适用——〈刑事诉讼法〉解释的策略与技术》，《法学论坛》2012年第3期，第33页。
④ 参见黄太云主编：《刑事立法的理解与适用：刑事立法背景、立法原意深度解读》，中国人民公安大学出版社2014年版，第313~314页。
⑤ 参见孙远：《刑事诉讼法解释问题研究》，法律出版社2016年版，第159~160页。

犯罪嫌疑人沉默权的保障提供了可能。① 还有观点认为,《公民权利和政治权利国际公约》仅规定了反对强迫自证其罪原则,并未直接规定沉默权,在法律中只需明确规定不得强迫任何人自证其罪,将这一规定作为证据法中的一项基本原则,并且建立一些相应的制度,以保障取得口供的自愿性和合法性,而不必直接规定沉默权。② 反对者认为,我国《刑事诉讼法》对不得强迫自证其罪的规定并不包括沉默权的内容。如有观点认为,所谓"默认"只是一种理解,法律的标准是要给出"明示",既然没有明确规定,就不能说"默认"了沉默权。③ 还有观点认为,作为一项原则规定,关于"应当如实回答"的规定除诱发刑讯逼供之外,并无实质的法律意义,但这并非说犯罪嫌疑人任何时候不应当负有如实回答义务,事实上,在一些特殊的案件和特殊的举证情形下,如果犯罪嫌疑人拒绝如实回答侦查人员的提问,则须承担不利的法律后果。④

第五,关于不得强迫自证其罪地位的研究。2012年《刑事诉讼法》将不得强迫自证其罪规定在证据制度部分,而不得强迫自证其罪在国际公约中都是作为一项刑事诉讼原则而存在的,这引发学界对我国是否确立不得强迫自证其罪原则的争论。一种观点认为我国不得强迫自证其罪条款只是一项证据法规则而非刑事诉讼原则。如全国人大常委会法工委刑法室编写的"条文说明与立法理由"中将本条解释为,"不得强迫任何人证实自己有罪"是对司法机关收集口供的原则性要求,是指不得以任何强迫手段迫使任何人认罪和提供证明自己有罪的证据。⑤ 也有论者从体系解释的角度分析,认为如果将不得强迫自证其罪原则确立为刑事诉讼的基本原则,从体例安排上应该将该规定置于第一章"总则"中,并贯穿整个刑事诉讼程序,而刑事诉讼法未在总则中提及该原则,只是将其规定在第五章"证据"部分,该规定只是表明对非法取证行为的否定态度,并不意味着我国确立了不得强迫自证其罪原则。⑥ 还有一种观点是将不得强迫自证其罪的条款解释为我国刑事诉讼法的基本原则。如有学者认为,不得强迫自证其罪应当作为原则

---

① 参见陈学权:《比较法视野下我国不被强迫自证其罪之解释》,《比较法研究》2013年第5期,第33~34页。
② 参见黄太云主编:《刑事立法的理解与适用:刑事立法背景、立法原意深度解读》,中国人民公安大学出版社2014年版,第313~314页。
③ 参见杜萌:《权威专家详解刑诉法修正案草案争议话题》,《法制日报》2011年9月19日,第4版。
④ 参见李建东:《论不被强迫自证其罪原则与如实回答义务的冲突与平衡》,《河南财经政法大学学报》2012年第6期,第143页。
⑤ 参见全国人大常委会法制工作委员会刑法室:《关于修改中华人民共和国刑事诉讼法的决定条文说明、立法理由及相关规定》,北京大学出版社2012年版,第46页。
⑥ 参见梁欣:《不得自证其罪原则适用的几个问题——兼评刑事诉讼法修正案(草案)第49条》,《法律适用》2012年第3期,第33页。

性条款，抽离出证据章节，迁放至刑事诉讼法开篇，作为刑事诉讼法的一项基本原则单独加以确立；《刑事诉讼法》对于不得强迫自证其罪的位置设计并不完全妥当，影响了其在诉讼法中的定位以及作用的发挥。[1]

第六，关于不得强迫自证其罪条款具体适用的研究。我国学者对2012年《刑事诉讼法》中不得强迫自证其罪条款的应用问题，也做了诸多研究。其一，不得强迫自证其罪条款的主体问题。有学者认为，不得强迫自证其罪条款的主体必须是自然人的犯罪嫌疑人或被告人而不能是单位，且该条款可适用于证人。[2]其二，不得强迫自证其罪条款能否适用于行政执法等刑事司法程序之外的程序。万毅教授认为，不得强迫自证其罪条款的保障内涵仅限于供述，而不包括其他类型的证据，而行政执法程序中取得的供述等言词证据则无法在刑事诉讼中使用，故不存在将不得强迫自证其罪条款适用于行政程序的可能性。[3] 但也有观点认为这一条款应适用于刑事司法程序之外的程序。如孙远教授认为，不得强迫自证其罪条款对于行政执法证据在刑事诉讼中的准入问题亦有其适用空间。其适用范围不仅包括言词证据，亦包含实物证据；其适用方式，在目前行政法律法规明定大量当事人主动协助义务的前提之下，至少应以间接方式展开。[4] 其三，不得强迫自证其罪条款的适用对象。关于不得强迫自证其罪条款的适用对象的问题，存在供述基准与主动基准两种观点。供述基准是指，该条款保障范围仅限于供述，非供述则不在不得强迫自证其罪条款的保障之列；主动基准则是指，被告根据该原则没有义务在自己的犯罪认定上主动提供协助，此种主动协助既包括作出供述，也包括提供其他证据。[5] 有学者认为，依据不得强迫自证其罪条款的规定，在刑事诉讼中被追诉人虽有消极忍受国家追诉之义务，但有权不被强迫作出自我归罪的陈述、交出实物证据以及利用自己的身体积极配合国家追诉。有学者认为犯罪嫌疑人、被告人的供述不仅包括口头上的认罪，还包括其不被强迫提出有罪证据的行为，包括有罪的表示，如点头、手势或书写与犯罪有关的经历等。[6]

---

[1] 参见董坤：《不得强迫自证其罪原则在我国的确立与完善》，《国家检察官学院学报》2012年第2期，第119～120页。
[2] 参见陈学权：《比较法视野下我国不被强迫自证其罪之解释》，《比较法研究》2013年第5期，第31页。
[3] 参见万毅：《论"不强迫自证其罪"条款的解释与适用——〈刑事诉讼法〉解释的策略与技术》，《法学论坛》2012年第3期，第35页。
[4] 参见孙远：《不强迫自证其罪条款之实质解释论纲》，《政法论坛》2016年第2期，第64页。
[5] 参见孙远：《不强迫自证其罪条款之实质解释论纲》，《政法论坛》2016年第2期，第63页。
[6] 参加杨宇冠：《〈刑事诉讼法〉修改凸显人权保障——论不得强迫自证有罪和非法证据排除条款》，《法学杂志》2012年第5期，第23页。

三、不得强迫自证其罪原则研究的展望

经过多年研究,学界和实务界对我国应确立不得强迫自证其罪原则已达成共识,2012年《刑事诉讼法》对不得强迫自证其罪条款的规定也是对这种共识的一种确认。但2012年《刑事诉讼法》的规定与国际公约以及不得强迫自证其罪的本来内涵之间还存在一定差异,这也为我国学者进一步研究不得强迫自证其罪原则提供了空间。未来的研究还可从如下两个方面来进行:

第一,不得强迫自证其罪条款的解释。学界早期对不得强迫自证其罪原则的研究多是建立在比较研究基础上的,法解释学在刑事诉讼法学研究中并未得到足够重视,这也使我国许多关于不得强迫自证其罪原则的研究不能完全满足中国刑事司法实践的需求。既有研究多关注两方面的内容:一是由于刑事诉讼法规范中司法解释的强势地位,研究者们多关注司法解释体制、制定程序、解释原则等问题;二是针对司法实践中的需要具体加以解释的问题来进行阐释。[①] 2012年《刑事诉讼法》颁布后,不少学者试图通过解释论的方式来对不得强迫自证其罪条款进行研究,并使用了立法解释、体系解释、历史解释、目的解释等多种方法。虽然法解释学研究方法在中国处于刚起步状态,但也表现出旺盛的生命力,一些立法者、实务人员也不断通过对不得强迫自证其罪条款的研究,来促进这一条款在中国的实践。所以,随着2012年《刑事诉讼法》对不得强迫自证其罪条款的确立,当前对该条款的研究可适当转移到条款本身,通过法解释学不断挖掘这一条款的内涵,并使其承担更多的诉讼价值。

第二,不得强迫自证其罪原则的落实问题。不得强迫自证其罪原则并非孤立存在的,其有着一套完整的制度支撑体系。如有观点提出我国确立不得强迫自证其罪原则可分三步走:第一步是禁止刑讯逼供,第二步是赋予被告人沉默权,第三步是实行任意自白规则。[②] 还有学者提出不得强迫自证其罪原则的诸多程序保障,如建立讯问前的告知规则、自白任意性规则、律师自由会见制度、非法证据排除规则以及羁押场所管理制度等。[③] 随着刑事司法改革的不断推进,我国在上述诸多方面都取得了实质性进展,如2010年"两个证据规定"确立非法证

[①] 参见程雷:《刑事诉讼法律解释方法的顺序规则初探——以反对强迫自证其罪原则与应当如实回答之关系为范例的分析》,《中国刑事法杂志》2018年第1期,第28页。

[②] 参见杨宇冠:《论不强迫自证其罪原则》,《中国法学》2003年第1期,第137页。

[③] 参见宋英辉、吴宏耀:《任何人不受强迫自证其罪原则及其程序保障》,《中国法学》1999年第2期,第125页。

据排除规则，2012年之后完善对律师辩护权实现的保障机制，防范刑讯逼供机制不断完善等。然而，不得强迫自证其罪原则最核心的沉默权制度仍未完全确立，讯问时律师在场权制度也未确立。所以，如何防范不得强迫自证其罪条款"沦落"为一个宣示性条款并赋予其强制力，便是我们未来需要解决的关键问题之一。

第八章

无罪推定原则

无罪推定发展至今,已成为现代法治国家和国际社会公认的刑事诉讼基本原则。然而,它在我国的确立之路相当曲折,其间各种学术观点时有交锋,其中掺杂了政治、社会、文化等多种因素,相关理论发展也起起伏伏,经历近半个世纪的探索方得以最终建立。这一过程折射出了我国刑事诉讼法制发展的崎岖坎坷。当然,也正是这种恒久的理论争鸣使法学研究生生不息。虽然在不同时代对无罪推定的讨论方向各有不同,内容也庞杂繁复,但是不同阶段的争论主题十分鲜明。对这70多年无罪推定学说史进行理论回溯,一方面可以帮助后来研习者深化对无罪推定原则的认知,另一方面也在总结我国刑事司法发展理论脉络的基础上,为今后学术探索提供经验教训。[1] 归纳起来,中华人民共和国成立以来我国对于无罪推定的讨论大致可以分为四个阶段:第一阶段,20世纪50年代中后期。在这一时期由于政治因素的介入,讨论主要围绕无罪推定是学术问题还是政治问题而展开。第二阶段,20世纪70年代后期至20世纪90年代初期。以1979年《刑事诉讼法》的制定与颁布为契机,学术界重拾20世纪50年代无罪推定原则的话题,希望有关学术研究可以摆脱政治阴霾。在这一时期讨论主要围绕我国是否应当确立无罪推定原则而展开。第三阶段,20世纪90年代中后期至21世纪初期。伴随着1996年《刑事诉讼法》的修订与出台,这一时期的讨论开始由应否确立无罪推定原则转向我国应当确立怎样的无罪推定原则。第四阶段,21世纪初期(2003年左右)一直延续至今[2]。随着无罪推定原则逐步获得官方与民间

---

[1] 参见卞建林主编:《共和国六十年法学论争实录》(诉讼法卷),厦门大学出版社2009年版,第98~99页。

[2] 指笔者写作时为止,约为2019年。——编者注

的认可，以及 2012 年、2018 年两次刑事诉讼法的修改，这一时期学术界的关注焦点转变为在新时期如何将无罪推定原则贯彻到底。①

第一节 学术问题还是政治问题

一、无罪推定原则研究的初兴

从相关文献来看，无罪推定原则最早由资产阶级提出和确认，社会主义苏俄亦将它确立为刑事诉讼中的一项原则，如苏俄刑事诉讼法认为，只有对已经无可争辩地证实的犯罪，才能作出有罪判决；对未曾确切证实的犯罪，必须作出无罪的判决，同时恢复被告人的全部名誉。其中有罪的证明责任应由侦查和检察机关负担。② 在 20 世纪 50 年代社会主义法制建设初期，我国法学教育全面引入苏联刑事诉讼法学理论，在课程讲授中一些教师都曾介绍过这项原则，不少刑事诉讼法学教材更是直接照搬了苏联刑事诉讼法的有关内容。因此，我国多数学者和政法院校的学生也自觉不自觉地将其视为我国刑事诉讼的一项原则。③ 如陈光中先生在论及苏联辩护制度时便附带地对无罪推定原则进行了论述。他在文章中提出：在法院判决被告人有罪之前应当假定他为无罪的人，而不得将其视为犯罪人。如果坚持有罪推定，径行认定被告人是真正的犯罪人，那么就会导致侦查、审判案件由查清事实而异化为收集判定犯罪的证据与理由。这种先入为主、偏听偏信的思想只会架空被告人的辩护权，违背我国宪法中有关辩护权的规则以及民主精神。④

与此同时，基于维护新民主主义和社会主义制度优越性的考虑，学术界和实务界的部分有识之士提出应当引入一些有利于被追诉人利益的审判原则用以构建我国的刑事司法体系。⑤ 其中，较为典型的代表便是无罪推定原则。1956 年党的

---

① 各阶段划分并不绝对，其中部分讨论内容会有所交叉。具体区分标准参见谢进杰：《如何对待嫌疑人与被告人——建国以来围绕"无罪推定"的讨论》，《中山大学学报（社会科学版）》2012 年第 4 期，第 171 页；卞建林主编：《共和国六十年法学论争实录》（诉讼法卷），厦门大学出版社 2009 年版，第 98~104 页。
② 参见〔苏〕希夫曼：《无罪推定和证明责任》，张保成译，《法学》1957 年第 2 期，第 54 页。
③ 参见陈岚：《近半个世纪我国刑事诉讼法学的回顾与前瞻》，《法学评论》1998 年第 2 期，第 10 页。
④ 参见陈光中：《苏联的辩护制度》，《政法研究》1955 年第 2 期，第 30 页。
⑤ 参见张培田：《新中国审判制度曲折演变的史实考论（1957—1976）》，《甘肃政法学院学报》2005 年第 3 期，第 29 页。

八大决议提出，国家的主要任务已经由解放生产力变为保护和发展生产力，因此应当进一步加强人民民主的法制，巩固社会主义建设的秩序，循序渐进地制定完备的法律，确保一切国家机关和国家工作人员必须严格遵守国家的法律，使人民的权利充分地受到国家的保护。1957年上半年，在党的八大会议精神的引领下，学术界开始对无罪推定原则的有关问题展开讨论。在此期间，不少学者对无罪推定原则持肯定态度，认为它可以为被追诉人的合法权益提供有效保障。① 其中，最主要的代表人物是黄道、杨兆龙两位先生，他们在各自的文章中对无罪推定原则的诸多理论问题进行了系统论述。

黄道先生侧重于对无罪推定原则的意义以及其衍生规则进行阐释，他提出：一方面，无罪推定原则可以推动、刺激侦查人员和审判人员积极主动地去收集证据，以这些充分可靠的证据来证明被追诉人有罪或者无罪、罪重或者罪轻。另一方面，无罪推定原则对于正确处理刑事案件和实现刑事诉讼目的起到了保证作用，有利于更好地保障被追诉人的合法权利。同时，黄道先生还对一些质疑进行了回应，如他指出：无罪推定原则并非客观真实原则的重复，片面保障被告人有权获得辩护的辩护原则无法替代无罪推定原则，并且该原则也不会误导侦查人员，使之放纵真正的犯罪人。而且，这种产生于资产阶级革命时期的诉讼原则在我国这样一个社会主义国家依然有可取之处。最后，黄道先生指出无罪推定原则可以包含三项子原则：第一，不能以被告人对侦查人员和审判人员的消极态度而对其作出有罪的结论；第二，不能以被告人的沉默作为他有罪的根据，同时也无权强迫被告人进行陈述；第三，不能以被告人的虚伪陈述，作为他有罪的根据，亦即被告人对虚伪陈述不承担刑事责任。②

杨兆龙先生则以苏联法学理论为借鉴，辅之以其他国家的刑事司法经验，对无罪推定原则进行了更为深入的理论探讨，对许多理论问题进行了回应。③ 首先，他厘清了无罪推定原则的特征，如他认为无罪推定原则承认"人"的主体性地位，豁免了被告人的证明责任，有赖于其他法律原则和制度的配合和支持，是一项实践原则等。其次，明确了无罪推定的基本含义。他认为无罪推定应当包含六项内容：一是控方承担证明责任，反对强迫自证己罪；二是国家机关应当践行事实发现义务；三是贯彻正当程序原则；四是适用排除合理怀疑证明标准与疑罪

---

① 参见曲夫：《略谈刑事诉讼中被告人的诉讼地位》，《政法研究》1957年第3期，第23页。
② 参见黄道：《略论刑事诉讼中的无罪推定原则》，《法学》1957年第2期，第49~52页。
③ 本部分参见杨兆龙：《杨兆龙法学文选》，中国政法大学出版社2000年版，第93~131页；张成敏：《20世纪50年代的无罪推定学术观点——关于杨兆龙无罪推定思想的研究》，《政法论丛》2010年第1期，第84~85页。

从无;五是坚持客观真实原则;六是秉承内心确信原则。再次,杨兆龙先生丰富了无罪推定的理论依据,富有创见性地提出可以从主要依据和次要依据两个层面来对无罪推定的正当性进行检视。此外,他还对主观无罪推定与有罪推定之间存在第三种中间道路的"中间论"进行了批判。最后,杨兆龙先生还对某些反对观点,如无罪推定是否专属于资产阶级国家,被追诉人是否需要证明他有罪,无罪推定是否过于偏袒被追诉人,无罪推定是否会阻碍侦查活动,在社会主义国家是否不存在无罪推定的产生土壤等等,予以了回应。

在此阶段,尽管许多学者都是以苏联刑事诉讼法为事例展开论述,但是其中不少理论思想实质上已经超越了同时期苏联法学理论。① 从研究成果来看,各方学者对于无罪推定确定与否存有争议。在这一时期,虽然对有些问题的讨论涉及政治因素,但大多数问题的讨论还是在学术范畴内进行的。

二、无罪推定原则研究的失落

1957年下半年"反右"运动开始,源自资本主义国家意在保护被告人合法权利的无罪推定原则首当其冲地被当作旧法观点而受到全面批判。华东政法学院于1957年12月举行科学讨论会重点批判无罪推定,认为这一原则实际上是资产阶级的谎言与伪装,其险恶用心在于企图从思想上解除侦查、审判人员的武装,使他们在对敌斗争中软弱无力,从而为"土改""镇反"等运动进行反攻倒算。② 其后,《政法研究》《法学》《解放日报》等纷纷发表系列文章对无罪推定原则进行批判。③

学术界针对持无罪推定肯定观点的学者进行了批判。如有学者针对黄道先生的观点指出,首先,要是依靠这种无罪推定原则来"推动、刺激侦查人员和审判人员积极主动地收集证据,以充分可靠的证据来证明被告人有罪或无罪、罪重或者罪轻"的话,那就等于公开否定我国的侦查、审判人员经过马列主义武装起来的全心全意为人民服务的、勤劳的一切,将我国人民民主专政的刑事诉讼原则和侦查人员、审判人员与封建时代的那种专横残酷、是非不明、黑白不分的反动统治等同化。其次,要是依靠或者宣扬无罪推定原则对我国司法实践起到"推动、刺激"作用,就相当于直接否定了党的领导作用。错案的根由在于他们未能很好地贯彻党的良好政策与工作作风,而非无罪推定的作用。最后,要是依靠无罪推

---

① 参见张成敏:《20世纪50年代的无罪推定学术观点——关于杨兆龙无罪推定思想的研究》,《政法论丛》2010年第1期,第83页。
② 参见《华东政法学院举行科学讨论会批驳无罪推定论》,《法学》1958年第1期,第48页。
③ 参见陈岚:《近半个世纪我国刑事诉讼法学的回顾与前瞻》,《法学评论》1998年第2期,第9页。

定原则，那势必要抛弃"事实是根据，法律是准绳"的审判原则，势必又要重新考虑依法被捕的、犯有罪行的罪犯是否符合法制的精神。实际上，依靠党的法制教育、群众路线以及法律规定的诉讼程序完全可以实现有效地与犯罪作斗争以及保障被追诉人合法权益的目的。①

在政治因素介入之下，不少原来持肯定观点的学者也转变了立场，开始批判无罪推定原则。如黄道先生在此期间便写下了《应彻底批判"无罪推定"的谬论》一文，对之前的论点作出了检查。他在文章中指出：无罪推定始终是资产阶级用来进行阶级斗争的手段。在资产阶级统治下的共产党人和劳动人民可以将其作为一种策略方法，把它用来与资产阶级的反动统治进行合法斗争。但是，该原则本身始终属于资产阶级的范畴，属于资产阶级的意志表现，它对于我们无产阶级专政的国家来说，是完全绝缘的。无罪推定原则既代表资产阶级的意志，又是唯心主义的重要体现。它虽然披有"有利于被告"这一华丽的外衣，但是其反动本质不容忽视。归根结底，自己之前对于无罪推定的观点是错误的，是似是而非、歪曲事实、不符合实际情况和马克思主义论断的。应当认识到在我们的刑事诉讼中，既不容存在有罪推定，也决不容存在无罪推定。②

在这场论争中，针对杨兆龙先生的批判则最为猛烈。有学者指出，杨兆龙的文章炫耀资产阶级法学的无罪推定原则，污蔑社会主义国家对被追诉人的权利没有保证，污蔑在我国实际上流行着有罪推定。倡导无罪推定原则，对于已经创立了"事实是根据，法律是准绳"的真正民主的法制原则与被追诉人享有广泛而实际保证的各项诉讼权利的社会主义国家来说，就是反动的。他对于无罪推定有助于提升被追诉人诉讼地位的论述，是对我国法律侵害被追诉人利益的造谣污蔑。而对于无罪推定与证明责任的论述，则是将我国刑事司法人员丑化为不学无术、没有正确思想观点和法律意识、缺乏责任感、推卸责任的人。他对中间道路的论述更是信口雌黄、恶意中伤，将人民司法工作一笔抹杀、全盘否定。③

在诸多反对无罪推定原则的声音中，最为坚决且最具代表性的是张子培与巫宇甦两位先生。

张子培先生认为：作为限制司法专横、保障人权的重要措施，无罪推定原则

---

① 参见李保民：《"无罪推定"不应作为我国刑事诉讼的原则》，《法学》1958年第1期，第45～48页。
② 参见黄道：《应彻底批判"无罪推定"的谬论——对"略谈刑事诉讼中的无罪推定原则"一文的初步检查》，《法学》1958年第1期，第50～54页。
③ 参见吴耀辉：《揭穿杨兆龙的"刑事法律学中的无罪推定与有罪推定问题"一文的反动本质》，《学术月刊》1958年第3期，第29～34页。

曾经有着相当的进步性。但是，在现阶段应当对无罪推定持否定态度。第一，从阶级斗争和社会制度变革的历史条件和无产阶级的政治立场来考察，不能用无罪推定的口号为人民民主专政的敌人开脱罪责。第二，无罪推定和有罪推定一样，都违背了马克思列宁主义的认识论观点，是主观唯心主义的产物，因而它不符合我国刑事司法人员揭露和证实犯罪人的认识规律。第三，无罪推定是不符合大多数人民的最大利益这一最根本立场的，它的实施无助于肃清坏分子、犯罪分子以保障最大多数人民的最大利益。第四，从法律层面来看，无罪推定原则亦不正确。各机关活动均有法律效力，只不过各个阶段的效力表现不同，过分强调被追诉人无罪并不适当。第五，从无罪推定产生和可能产生的后果来看，对人民民主专政"有百害而无一利"。第六，无罪推定的结果可能放纵犯罪，无助于实现人民民主专政所要求的惩罚犯罪目的。第七，无罪推定关于证明责任的规则，不利于贯彻"坦白从宽、抗拒从严"等刑事政策。①

巫宇甦先生也持类似观点，他认为：当无产阶级还处于资产阶级统治之下时，应当利用其虚伪标榜的无罪推定原则来逃避迫害。但是，在无产阶级夺得政权后，就应当抛弃无罪推定原则，避免使之成为危害社会主义分子的庇护所。在刑事诉讼中，应当坚持拒绝无罪推定原则的态度。一来，根据马克思主义认识论，无罪推定是主观唯心的，是反科学的。二来，通过阶级分析的立场来看，无罪推定由始至终都是被统治者用来逃避统治者惩罚的。三来，从无罪推定延伸而来的各项衍生原则片面强调被追诉人的利益，与党所提出的"坦白从宽，抗拒从严"政策和"严肃与谨慎相结合"的方针相对立。因此，只有坚决贯彻"事实是根据，法律是准绳"原则，才是符合客观发展规律的一种必然变革。②

1957年夏天掀起的"反右"运动出人意料地将本来只是一种诉讼原理的无罪推定原则当作了批判对象，使许多学术观点被贴上反党反社会主义的标签而备受指摘。③

中华人民共和国成立后围绕无罪推定的第一次大讨论聚焦于它究竟是学术问题还是政治问题，这场讨论不但压制了对被追诉人权利的理论探讨，而且将无罪推定牢牢地束缚于政治乃至阶级专政的框架内。④该阶段针对无罪推定的主流观

---

① 参见张子培：《驳资产阶级的"无罪推定"原则》，载王立民主编：《法学的历史》（第2卷），法律出版社2012年版，第56~72页。
② 参见巫宇甦：《批判资产阶级"无罪推定"原则》，《政法研究》1958年第4期，第37~41页。
③ 参见郝铁川：《受杨兆龙牵连被划成右派的三个子女——民国政府末任最高检察长杨兆龙（八）》，《世纪》2015年第5期，第61~64页。
④ 参见谢进杰：《如何对待嫌疑人与被告人——建国以来围绕"无罪推定"的讨论》，《中山大学学报（社会科学版）》2012年第4期，第173页。

点是将无罪推定和有罪推定视为主观唯心主义的资产阶级法律思想,认为无罪推定原则无助于侦查、审判机关查清案情,无助于正确地适用法律,达到"不枉不纵"的目的。因此,应当像对待其他资产阶级的旧法观点一样,彻底地抛弃它。① 在这一背景下,有关无罪推定的立法也遭受相同厄运。1957年《中华人民共和国刑事诉讼法草案(草稿)》第5条曾规定"被告人在有罪判决发生法律效力以前,应当假定为无罪的人"。但是,在随后的草稿修订中,该条文却"不翼而飞"了②。

第二节 是否需要确立无罪推定原则

在党的十一届三中全会以后,党中央开始对"法律虚无主义"倾向进行纠偏,各部法典的制定工作也被陆续排上了立法日程。伴随着解放思想、维护权利、重建法制的改革春风,有关法学理论研究也逐步开始复苏。在20世纪80年代初期以及80年代末期先后针对是否需要确定无罪推定原则形成了两次大讨论。

一、无罪推定原则研究的再兴与低潮

在20世纪50年代,有关无罪推定的理论研究受到禁锢,而且这种影响在改革开放初期犹存。因此,20世纪80年代围绕无罪推定的第一次论争注定要从解决"学术问题还是政治问题"开始,或者说,讨论的使命首先是要回归学术,要从凝冻已久的阶级专政语境"破冰",从浸泡已久的政治话语中"解放"③。1979年2月17日《人民日报》发表的《一个值得研究的问题》一文为这场论争吹响了号角。该文率先提出,考虑到"文化大革命"时期有罪推定导致冤假错案频发,应当在刑事诉讼法中确立无罪推定原则,至少应当吸收一些它的精神内容,以此确保在打击犯罪的同时切实保障人民权利。④ 此时,已经"消失"二十多年的无罪推定原则重新出现在人们面前。

在此阶段,实务界普遍认为按照1979年《刑事诉讼法》的规定,我国的刑

---

① 参见陈岚:《近半个世纪我国刑事诉讼法学的回顾与前瞻》,《法学评论》1998年第2期,第9页。
② 参见罗淑仪、赵晓耕:《论"无罪推定"原则的历史发展》,《中国法律》2013年第1期,第49～50页。
③ 谢进杰:《如何对待嫌疑人与被告人——建国以来围绕"无罪推定"的讨论》,《中山大学学报(社会科学版)》2012年第4期,第173页。
④ 参见田采:《一个值得研究的问题》,《人民日报》1979年2月17日,第3版。

事诉讼程序既不是无罪推定,也不是有罪推定,而是"以事实为依据,以法律为准绳";不是假定推理,而是根据事实,重证据,重调查研究,不轻信口供。①作为一项法学理论,无罪推定原则在20世纪50年代甫一提出就招致了学术问题政治化的厄运。为此,有学者提出,学术上的是是非非,只能通过学术界的自由讨论去解决,通过艺术和科学的实践去解决。②这成了理性讨论无罪推定原则的先声,也使学术界深刻认识到,要重新厘定无罪推定,首先需要解除思想桎梏,将讨论的基点回归学术。与20世纪50年代一边倒式的"政治讨论"不同,这次讨论更多是从学术角度进行展开。当然,在这一时期,由于政治的阴霾仍未散去,学术界对无罪推定仍然充满了疑虑,赞成确立者与反对确立者皆有之,先后出现了几种代表性观点。③第一种观点是"肯定说",该说认为我国刑事诉讼中应当确立无罪推定原则。第二种观点是"否定说",该说认为我国刑事诉讼中不应采用无罪推定原则。第三种观点是"批判继承说",该说认为对待无罪推定应当坚持马克思主义的历史观,既不应全盘否定,也不应全盘照抄,而应当在具体分析的基础上批判地继承。④

(一) 肯定说

一些学者认为我国刑事诉讼应当确立无罪推定原则,其理由如下:

第一,建设社会主义法制的现实需要。有学者认为,"文化大革命"时期大搞有罪推定给全国人民带来了一场大灾难。为避免重蹈"文化大革命"的覆辙,我国亟须建构社会主义民主和社会主义法制。⑤尤其是在刑事诉讼中,确立无罪推定原则对于进一步发展社会主义民主和加强社会主义法制,贯彻稳、准、狠地打击反革命罪犯,实现1979年《刑事诉讼法》第2条所确立的刑事诉讼法任务具有重要意义。⑥

第二,实行无罪推定原则并非唯心主义的体现,它是一定客观条件的必然产物。一来,从认知过程来看,由于在法院判决确定前犯罪事实尚处于不确定状态,如果过早地确定被告人就是犯罪人,极易犯主观臆断冤枉好人的错误,为此只能对其实行无罪推定原则。二来,从法律效果来看,实践中无罪推定是与侦

---

① 参见《王汉斌就有关审判林、江反革命集团案的几个法律问题答新华社记者问》,《新华月报(文摘版)》1980年第12期,第95页。
② 参见王秉新:《关于"无罪推定"原则的探讨》,《西南政法学院学报》1979年第1期,第10期。
③ 参见奚丹霓:《论无罪推定》,人民法院出版社2015年版,第3页。
④ 参见陈卫东:《我国刑事证据理论研究中若干争议问题综述》,《学员之家(法律版)》1986年第3期,第46~47页。
⑤ 参见王秉新:《关于"无罪推定"原则的探讨》,《西南政法学院学报》1979年第1期,第12页。
⑥ 参见宁汉林:《论无罪推定》,《中国社会科学》1982年第4期,第83~84页。

查、审判人员"被告人有罪"的主观认识相对立而存在的,起到了对"实事求是"和"事实是根据,法律是准绳"原则的补充作用。① 三来,从辩护权行使的角度来看,若在刑事诉讼中贯彻两造辩论,则双方必须处于平等地位,而无罪推定就成了辩护权行使的理论前提。四来,无罪推定与被告人的特殊属性相适应。如果对被告人实行有罪推定,那么就应该基于专政原则剥夺其一切诉讼权利,而这必将违背社会主义民主原则。②

第三,可以将无罪推定作为社会主义刑事诉讼的原则。虽然恩格斯对于资产阶级刑事诉讼法进行了批判,但是法律技术规则的可用性与阶级性分属两个范畴,法的阶级性并不能否定某些法律规范的可用性。如果径行将可用性与阶级性进行联结,那么对"公民在适用法律上一律平等""辩护""公开审判"等原则也应当予以摒弃。③ 实际上,不少社会主义国家的刑事诉讼法都明确采用了无罪推定原则。如 1946 年苏联最高法院全体会议决议指出:"被告人在他的罪过未经根据法定的程序加以证明以前,不得认为是犯罪人。"④ 苏联《宪法》第 160 条也明确提出非经法院刑事判决,任何人不得被认定犯有罪行和受刑事处罚。苏联最高法院实际上也将之视为一个宪法原则。除此以外,匈牙利、波兰、民主德国、罗马尼亚、保加利亚、南斯拉夫以及捷克斯洛伐克等社会主义国家也都对无罪推定原则作出了规定。⑤ 因此,我们不能因为它首先由资产阶级提出而一概不加分析地予以摒弃。此时,需要做的应当是为之赋予社会主义的内容,并将它高高举起。⑥

第四,无罪推定与强制措施的适用并不矛盾。强制措施主要是为了避免被告人作出具有社会危险性的行动,妨碍诉讼正常进行。而无罪推定原则,则重在强调证明责任的划分,彼此各属不同范畴的概念,因此两者并行不悖。⑦

第五,确定无罪推定原则是汲取刑事司法经验教训的体现。回顾我国 1957 年特别是"文化大革命"以来的刑事司法实践,社会中出现了大批冤假错案以及悬而未决的案件,甚至有不少被告人已经被羁押了数年乃至数十年,这些现象完

---

① 参见黎培缪、蒋恩慈:《无罪推定原则的积极意义》,《社会科学》1980 年第 3 期,第 101~102 页。
② 参见王秉新:《关于"无罪推定"原则的探讨》,《西南政法学院学报》1979 年第 1 期,第 12~15 页。
③ 参见苏万觉:《"无罪推定"原则不能否定——与张子培同志商榷》,《西南政法学院学报》1981 年第 2 期,第 27~28 页。
④ 宁汉林:《论无罪推定》,《中国社会科学》1982 年第 4 期,第 77 页。
⑤ 参见[苏]蒂里切夫等编著:《苏维埃刑事诉讼》,张仲麟等译,法律出版社 1984 年版,第 77 页;任正:《欧洲各社会主义国家的刑事诉讼原则》,《法学译丛》1980 年第 2 期,第 29 页。
⑥ 参见蓝全普:《无罪推定原则有利于正确执行刑事诉讼法》,《民主与法制》1979 年第 4 期,第 17 页。
⑦ 参见赵光裕:《关于"无罪推定"原则的理解与适用》,《法学研究》1981 年第 1 期,第 24 页。

全是有罪推定的贻害。因此，亟须无罪推定这样一项原则来对公权力加以约束，以此保障公民的人身权利。①

(二) 否定说

有些学者对无罪推定持否定态度，认为我国刑事诉讼程序既不遵循无罪推定，也不遵循有罪推定，而是遵循"实事求是"和"事实是根据，法律是准绳"原则。否定说的主要理由如下：

第一，从现行法角度来看，1979年《刑事诉讼法》没有规定无罪推定原则，也不可对其进行任意推断或解释。从我国《刑事诉讼法》的立法过程来看，1957年《中华人民共和国刑事诉讼法草案（草稿）》虽然在第5条对无罪推定原则有所规定，但在1963年的立法讨论中不少学术界与实务界人士提出它在实践中会产生"有利于被告"的不良后果，导致实践中办案人员无所适从，因而将其予以剔除。至1979年上半年，对《刑事诉讼法草案》的再次讨论依然没有将无罪推定原则列入立法，在其后的五届全国人大二次会议中与会人士也未将之纳入讨论。② 此外，无罪推定原则本身也与1979年《刑事诉讼法》的部分规定相矛盾。如逮捕的条件是"主要犯罪事实已经查清，证据确实、充分，依法应当追究刑事责任的"，开庭审理的条件是"犯罪事实清楚，证据确实、充分"。若按照无罪推定原则，岂不是都要将这些被逮捕、公诉的被追诉人视为无罪的人？这显然并不适宜。③

第二，从阶级性来看，无罪推定原则具有明显的资产阶级属性，与我国社会主义法制不相兼容。恩格斯在论及资产阶级法律和法官阶级倾向性时，虽然没有直接论述无罪推定，但尖锐地指出资产阶级法律和法官对穷人是实行有罪推定，只有资产阶级才能享受到无罪推定的好处。④ 因此，在无产阶级夺取政权后，对维护反动统治的旧法也必须废除。我国在新中国成立之初便废除了国民党"伪法统"。虽然有些法律观点，如"公民在适用法律上一律平等"等原则仍可被借鉴，但这种借鉴并非取其"精华"和"合理内核"，而仅仅是采用它的形式。至于无罪推定原则从本质上就是一种不科学的思想原则，而并非一个简单的形式。⑤

---

① 参见蓝全普：《无罪推定原则有利于正确执行刑事诉讼法》，《民主与法制》1979年第4期，第16页。
② 参见张子培：《评"无罪推定"》，《中国政法大学学报》1983年第4期，第19页。
③ 参见陈一云主编：《证据学》，中国人民大学出版社1991年版，第175页。
④ 参见王桂五：《评"无罪推定"的诉讼原则》，《法学》1984年第4期，第2页。
⑤ 参见张子培：《"无罪推定"原则剖析》，《法学研究》1980年第3期，第30页。

第三，从政治立场来看，无罪推定无助于实现揭露查实犯罪、依法惩罚罪犯、保障无辜者免受刑事追究的任务。封建专制的有罪推定会使我们的侦查、检察、审判人员发生"左"的错误。而无罪推定则又会走向另一极端，它将会使我们的侦查、检察、审判人员发生"右"的错误。从实证数据来看，在1956年复查的刑事案件中，无罪案件只占极少数。如果根据无罪推定原则，则应推定判决前绝大多数罪犯是无罪的，而这便与基本事实相违背，容易放纵犯罪。① 尤其是这种放纵可能会助长犯罪分子的侥幸心理，妨碍他们及早醒悟，悔罪自新。②

第四，从认识论来看，无罪推定是主观唯心主义的，是从一个极端走向另一个极端。按照认识规律，对于一个案件的认识要经过反复，甚至多次反复，才能最后作出正确的判断。在具体实践过程中，办案人员的头脑中往往交织着有罪的认识和无罪的认识的矛盾。如果把有罪推定和无罪推定这两种对立的诉讼原则，同办案人员关于有罪的认识和无罪的认识混淆起来，那就等于说办案人员一会儿采用了有罪推定原则，一会儿又采用了无罪推定原则，这显然不合逻辑。③ 而且，将无罪推定与证明责任、疑罪处理进行挂钩也并不适宜，被告人是否负证明责任，疑罪是否先按无罪处理，与无罪推定不能混为一谈。④

第五，从法律意义来看，无罪推定原则与被告人的一系列诉讼权利保障并无实质联系。被告人享有诉讼保障在先，这些权利的存在是为了避免无辜者受刑事追究，而这与无罪推定没有必然联系。⑤ 实际上，我国尽管没有确立无罪推定原则，但是已经给予了被告人切实的诉讼权利保障。对于证明责任而言，它与诉讼模式紧密相连，因而在我国刑事诉讼中被告人仍应当负有一定证明责任。至于疑案的问题，1979年《刑事诉讼法》虽然没有明确规定，但按照"以事实为根据，以法律为准绳"的要求，对于疑案本来就应当作为无罪处理。⑥

第六，从域外经验来看，许多国家的立法并未设置无罪推定原则。从宪法来看，美国、英国、联邦德国、日本、奥地利、印度等国宪法均未规定无罪推定原则。从刑事诉讼法来看，法国、联邦德国、日本、奥地利等国也都未规定无罪推定原则。在英美法系国家，英联邦国家刑事诉讼法中大多也没有关于无罪推定的立法，而在美国也只有纽约州在刑事诉讼法中规定了无罪推定，美国联邦刑事诉

---

① 参见张子培：《"无罪推定"原则剖析》，《法学研究》1980年第3期，第31页。其他参见邓崇范：《无罪推定不能作为我国刑事诉讼的基本原则》，《法学评论》1984年第2期，第9页。
② 参见陈一云主编：《证据学》，中国人民大学出版社1991年版，第176页。
③ 参见王桂五：《评"无罪推定"的诉讼原则》，《法学》1984年第4期，第3页。
④ 参见张子培等主编：《刑事诉讼法教程》，群众出版社1982年版，第175页。
⑤ 参见张子培：《评"无罪推定"》，《中国政法大学学报》1983年第4期，第21页。
⑥ 参见王桂五：《评"无罪推定"的诉讼原则》，《法学》1984年第4期，第3～5页。

讼条例并无此项规定。①

此外，还有学者提出无罪推定原则要求法官应当基于自己的良心"自由"地认定事实和判断证据，即无罪推定可能会联动引入自由心证，这显然是无法被接受的。②

(三) 批判继承说

除"肯定说"与"否定说"外，尚有部分学者持折中观点，认为虽然封建地主阶级的有罪推定原则和资产阶级的无罪推定原则，都是为了维护剥削阶级的统治，都是唯心论和形而上学的反动世界观和方法论的体现，但是，对于任何事物，都应当用唯物的辩证方法去分析，不能搞一刀切。因此，对于无罪推定应当具体分析，对于其中有利于无产阶级的一面加以继承，而对于其中糟粕的一面则应当予以批判。③ 在具体分析路径方面，有学者认为无罪推定原则的表述可以包含三种表述方式。第一种表述是"被告人在被法院确定有罪以前，应推定为无罪的人"。该表述方式在实践中或法律逻辑层面都存在矛盾。实际上，这种把判决有罪前的被告人推定或视为无罪的说法，只是一种不真实的虚夸说法，是资产阶级法律虚伪性的表现。第二种表述是"任何人未经法院审判，不得被认为是犯罪的人"。在现代文明国家里，审判权都是由法院来行使的，没有法院的判决，任何人当然不能被认为是犯罪的人，因而该说法合乎实践与法律逻辑。第三种表述是"任何人在证明有罪以前，应当推定为无罪"。我国作为实行社会主义民主的无产阶级专政国家，在刑事诉讼中应当力求做到不枉不纵，但有时该要求难以实现，经过权衡利弊，采取有利于被告人的处理较为适宜。为此，应当在第二种与第三种表述的层面对无罪推定原则进行批判吸收，以此有效祛除司法实践中残留的有罪推定因素，使冤假错案的数量减少到最低程度。④

学术不同于信仰，它的特点是可辩驳性。无罪推定作为一种学术观点，当然是可辩驳的。通过对上述三种学说的梳理可以发现，改革开放后，学者们开始在"解放思想、实事求是"方针的指导下冲破禁区、大胆尝试，对无罪推定原则重新进行了讨论。然而，这个时期的相关讨论仍然强调阶级性，在很多学者的认知中，资产阶级的理论和无产阶级的理论之间具有不可逾越性。因此，这场争论未

---

① 参见张子培：《评"无罪推定"》，《中国政法大学学报》1983年第4期，第16～17页。
② 参见于江：《试析无罪推定原则与我国刑事诉讼法》，《内蒙古社会科学》1981年第6期，第95页。
③ 参见唐关达：《对"无罪推定"要作具体分析》，《法学研究》1980年第1期，第64、28页；廖增昀：《对无罪推定原则的几点看法》，《法学研究》1980年第5期，第32～34页。
④ 参见陈光中：《应当批判地继承无罪推定原则》，《法学研究》1980年第4期，第34～36页。

能就无罪推定原则达成一致意见。

改革开放初期的社会治安环境也阻碍了无罪推定的进一步发展。彼时，我国社会风气和秩序虽有所好转，但治安问题较为突出，有些地方刑事犯罪活动猖獗，重大恶性案件时有发生，严重影响了社会主义物质文明和精神文明的建设。其中重要原因在于，少数坚决与人民为敌、与社会主义为敌的犯罪分子，总是企图利用各种机会，进行破坏和捣乱。[①] 在此阶段，无罪推定的论争仍未摆脱政治阴霾，因而它作为一种有利于被告人的刑事诉讼原则在其后开展的反对资产阶级自由化斗争中再次成为众矢之的。[②] 1984年，时任公安部部长的刘复之同志指出：不少人在这一期间受到资产阶级自由化倾向的精神污染，对于社会主义的法制原则不加以宣传，反而宣扬杀人有理、犯罪有理、无罪推定、有利被告等谬论，造成某些思想混乱。这是目前公安部门贯彻依法执行从重从快惩处严重危害社会治安的犯罪分子不得力的原因之一。[③] 同时，时任最高人民检察院副检察长的江文同志也表达了相同观点，认为目前犯罪活动之所以猖獗，除了由于打击不力，还由于某些同志受到资产阶级法学思想的污染，在办案过程中受到"有利被告论""犯罪有理论""无罪推定论"的影响，以致一些犯罪人被放纵。[④] 在此背景下，学术界对之前的无罪推定讨论进行了检讨，认为在现阶段应当清除法学界的精神污染，摆脱资产阶级法学理论的影响，这种无罪推定原则与我国《刑事诉讼法》的规定和精神是背道而驰的。[⑤] 最终，在这种清除思想污染的影响下，20世纪80年代初有关无罪推定原则的讨论再次陷入低谷。

二、确立无罪推定原则成为理论共识

学术界从1950年代就开展了对无罪推定的讨论，20世纪80年代初论争重起。然而这两场讨论似乎都无疾而终。到20世纪80年代中后期，改革开放如火如荼，社会现实和社会观念正在发生重大变革。重视社会利益，同时也充分尊重个体权利的社会价值观促使学术界开始从传统政治思维和法学思维的窠臼中解脱

[①] 参见陈剑森、罗时润：《正确认识坚决打击刑事犯罪活动的必要性》，《福建论坛》1983年第5期，第67页。

[②] 参见卞建林主编：《共和国六十年法学论争实录》（诉讼法卷），厦门大学出版社2009年版，第107页。

[③] 参见刘复之：《加强社会主义法制的有力措施——刘复之同志答本刊记者问》，《法律与生活》1984年第1期，第6页。

[④] 参见江文：《必须严厉打击经济犯罪活动》，《法制建设》1984年第1期，第3页。

[⑤] 参见严端：《法学教育工作者应自觉抵制和清除精神污染》，《中国政法大学学报》1983年第4期，第11页；陈光中：《清除法学领域精神污染的重大意义》，《中国政法大学学报》1983年第4期，第6页。

出来。这种转变为一场新的论争提供了动能,使关于无罪推定的讨论真正能够在自由平等的环境下理性展开。① 在这一阶段,针对无罪推定的讨论日益理性。如有学者希望从域外,尤其是从苏联刑事诉讼法中汲取理论经验,为我国无罪推定原则的研究提供更多理论素材。② 另有学者指出,应当从历史必然性、社会需要以及诉讼程序等方面确立无罪推定原则。③ 也有部分学者关注到确立无罪推定的主要障碍。如有学者认为,目前的主要障碍在于传统"刑是吏治"的法律观念、有罪推定的功利性以及对人民当家作主庸俗化理解等。④ 亦有学者指出,主要障碍是封建刑事司法意识的影响,"左"的思想的影响,以及民主、法制、人权意识落后的影响。⑤

在此期间,仍有一些学者坚持"否定说"的立场。如有学者沿用阶级分析法,认为:被告人是否有罪,事先用推定或假定的方法,简单划一地看待复杂的客观事物,是主观主义和形而上学的世界观与方法论在刑事诉讼上的反映,既不符合客观实际情况,也与我国以"事实为根据,以法律为准绳"的方针相违背。只要严格按照党的方针、政策和国家法律办事,就一定能很好地保证办案质量,更好地完成党和国家赋予我们保卫社会主义革命和社会主义建设的光荣任务。而且,将域外理论作为无罪推定的立论基础也多有不当,应当充分尊重我国国情和民族特点。⑥ 另有学者从法的继承性角度提出,虽然无罪推定有一定的先进意义,但是全盘接受与我国立法基础、基本原则体系相违背,会妨碍司法工作,且不符合建设中国特色的社会主义的总体要求,为此应当采用恰当方式吸收无罪推定的积极因素。⑦ 还有学者另辟蹊径,提出为了完善我国《刑事诉讼法》,应当在批判继承资产阶级无罪推定原则的基础上,确立符合我国国情的"罪从证定"原则,从而保障被告人和公民的合法权益。⑧

---

① 参见龙宗智:《对"无罪推定"的新思维》,《现代法学》1989年第2期,第17页。
② 参见[苏]古里亚耶夫:《无罪推定的社会政治含义》,严容译,《法学译丛》1988年第5期,第33~38页;[苏]斯特洛果维奇:《无罪推定和根据不恢复(诉讼)理由终止刑事诉讼》,肖舟译,薛元校,《政法论坛》1989年第3期,第76~80页。
③ 参见邹成勇:《无罪推定应明确成为我国刑诉法的基本原则》,《理论界》1988年第9期,第39页。
④ 参见庄蓝:《无罪推定原则应予确定》,《法学》1987年第1期,第51页。
⑤ 参见胡廷松:《我国应明确规定无罪推定原则》,《开放时代》1996年第1期,第62~63页。
⑥ 参见樊凤林:《论无罪推定》,《犯罪与改造研究》1988年第6期,第44~46页;樊凤林:《对实行无罪推定问题的几点思考》,《中国法学》1994年第5期,第36~37页。
⑦ 参见王新清:《我国刑事诉讼法不宜采用"无罪推定"原则》,《法律学习与研究》1987年第3期,第58~59页。
⑧ 参见周国均:《试论确立"罪从证定"原则——兼论批判地继承无罪推定原则》,《政法论坛》1991年第3期,第14页。

在这一期间,"肯定说"渐成主流,具体论述在深度和广度上较之20世纪50年代以及20世纪80年代初的讨论也更进了一步。持"肯定说"的学者认为:

第一,从认知逻辑的角度,无罪推定原则符合法律判断逻辑。整个审判过程可分为查明真相的审查阶段和作出法律结论的判决阶段。当审查结束时,审判机关对案件事实的认识会产生确定的无罪、确定的有罪和不确定的结果三种可能结果。而判决阶段只能产生有罪判决与无罪判决两种确定性的法律结论。当出现不确定结果时,就会在逻辑上陷入一个两难困境:针对不确定结论,审判机关如果作出无罪判决,则与"实事求是"原则相矛盾;反之,如果在法律上实事求是地承认案件真相的不确定性,就只能作出一种存疑判决,而这显然违反了现代刑事司法的要求。由此观之,单纯"实事求是"原则已捉襟见肘,只有确立无罪推定原则才能破解这一困境。① 此外,有学者指出,"以事实为根据,以法律为准绳"的社会主义司法原则和无罪推定在内涵上颇有一致之处,两者并非相互替代关系,而是一种普遍与特殊的关系。②

第二,从诉讼构造的角度,无罪推定有助于校正不当的诉讼构造。目前,我国刑事诉讼结构存在一些先天缺陷,这导致整个刑事司法活动极易形成一种对被告人"以强凌弱"的局面,这不仅违背了控辩双方均衡对抗的刑事诉讼逻辑,更为严重的是极大地影响了控辩双方积极性的发挥。无罪推定通过将被追诉人视为无罪的人来改善他们的不利处境,恰好可以纠正这种偏差,真正实现刑事诉讼结构的均衡。③

第三,从诉讼主体角度,无罪推定是被追诉人由诉讼客体向诉讼主体转变的体现。早在20世纪50年代杨兆龙先生便对无罪推定与诉讼主体之间的关系进行过论述。沿着这一思路,一些学者开展了更深层次的研究。他们认为在中国传统政治文化中有一种根深蒂固的"非个体化"倾向,认为群体是能动的主体,个体是被动的客体,只能消极地适应群体的要求,因而一切权利应归于整体,一切义务则归于个体。该观念反映到刑事诉讼法领域,便体现为刑事司法利益保障机制的不均衡,即对被追诉人的合法权利与利益未予以充分尊重。而无罪推定正是针对刑事司法领域保障公民地位和权利应运而生。甚至在某种程度上,一个社会对无罪推定的认可与否,已经成为判断该社会文明程度的一项重要指数。④

---

① 参见郑成良:《无罪推定论》,《吉林大学社会科学学报》1988年第4期,第58~59页。
② 参见胡廷松:《我国应明确规定无罪推定原则》,《开放时代》1996年第1期,第63页。
③ 参见马贵翔、郑家奎:《从刑事诉讼结构看无罪推定》,《法学》1995年第7期,第26页。
④ 参见龙宗智:《对"无罪推定"的新思维》,《现代法学》1989年第2期,第18~19页。

第四，从现行法角度，我国刑事诉讼法中已经出现了无罪推定的身影。虽然1979年《刑事诉讼法》在文本层面尚未正式载明无罪推定原则，但是其理念在刑事诉讼实践中多有体现。如从1982年《宪法》第125条规定"被告人有权获得辩护"以及1979年《刑事诉讼法》的"辩护"专章等规定，不难发现，尽管法律没有明文规定，但从被告人享有辩护权亦可看出其中蕴含的无罪推定因素。而且，对在押的被告人在判决生效前一律只称"人犯"而非"犯人"，也体现出对被告人作出有罪生效判决之前在法律上不能视为有罪的理念。此外，人民法院的判决也并非全部判定被告人有罪，还有部分判决是判定被告人无罪或虽有罪但免予刑事处分。既然判决为无罪，那么在判决之前当然也是无罪的。进一步来看，在判决之前与其视为有罪，倒不如视为无罪。①

第五，从法律体系的角度，无罪推定的确立有其必然性。无罪推定并非一项孤立原则，它的各项要求与其他刑诉制度环环相扣、互为作用，只有整体运行才能得以实现。被告人作为诉讼主体所拥有的一系列诉讼权利，若无其他程序法律规定予以保障，则只会沦为"空中楼阁"。而且，也只有将那些刑事诉讼制度中体现无罪推定原则要求的规定置于与无罪推定原则的相互联系中进行考察，才会激发它更深层次的作用。②

第六，从历史的角度，无罪推定原则与我国司法传统一脉相承。无罪推定思想渊源可以追溯到奴隶社会中期。如《尚书》中便载有"罪疑惟轻""与其杀无辜，宁失不经"；《吕刑》中则有"阅实其罪"等论述。在我国封建社会中，部分刑律都对以证据定罪有明确规定，这些规定同《尚书》《礼记》有关记载中以证据定罪的基本精神如出一辙。从这些古籍中，可以一窥我国司法传统中的无罪推定意涵。③

第七，从域外经验的角度，无罪推定已经成为世界通行价值原则。无罪推定在历史上既不是为资产阶级所独创，也非其所独有，它本身所蕴含的科学的、体现人类社会法制思想的内核是其被世界上不同社会制度的国家所普遍采用的原因。事实上，该原则现在已渐成世界通行规则，并为不同社会制度的国家所接受。如苏联于1958年制定的《苏联和各加盟共和国刑事诉讼纲要》第7条规定，非经法院判决，任何人不能被定为犯罪人并受到刑事惩罚。除此以外，《联合国少年司法最低限度标准规则》第7.1条、《联合国保护被剥夺自由少年规则》第

---

① 参见萧克俭：《应该确立无罪推定原则》，《宁夏社会科学》1990年第4期，第84～85页。
② 参见张令杰、张弢、王敏远：《论无罪推定原则》，《法学研究》1991年第4期，第34～44页。
③ 参见谢佑平：《无罪推定原则评论》，《法学评论》1993年第5期，第36页。其他参见李友忠：《论无罪推定与有罪推定》，《云南法学》1995年第3期，第39页。

17 条、《世界人权宣言》第 11 条、《公民权利和政治权利国际公约》第 14 条也都对其有所规定。而我国《香港特别行政区基本法》在第 87 条也认可了无罪推定原则。①

第八，从功能主义的角度，无罪推定对于转变司法观念，建设社会主义法制有着极为重要的作用。具体而言，其一，可以从根本上树立起法制观念，清除封建司法意识，彻底消除刑讯逼供等弊病。其二，可以维护人民法院的权威，提高公民的法律意识。② 其三，可以有效推进诉讼民主化，保障人权，实现刑事诉讼的基本任务。③ 其四，可以促进审判权独立行使以及提升诉讼程序合法性。④ 其五，可以扭转司法人员观念，提升司法效率。⑤

到了 20 世纪 90 年代初，随着思想的进一步开放，关于无罪推定的讨论才真正摆脱政治的桎梏，得以在学术框架下展开。以这些研究成果为基础，在 1995 年厦门召开的全国诉讼法学年会探讨修改刑事诉讼法时，确立无罪推定原则，吸收其合理成分已经成为学术界的主流观点。⑥

第三节　建立怎样的无罪推定原则

自 20 世纪 90 年代中期以来，学术界对于确立无罪推定原则已取得较大共识，其后的相关讨论逐渐聚焦于我国应当确立怎样的无罪推定原则。大致以 1996 年《刑事诉讼法》的制定为界限，自 20 世纪 90 年代初期至 1996 年为止，学术界的视角多集中于无罪推定应当如何表述，以及希望为我国无罪推定原则的确立提供初步方案。而从 1996 年《刑事诉讼法》颁布到 21 世纪初期，学术界则更关注于我国是否确立了无罪推定原则以及无罪推定原则应当如何具体建构。⑦

---

① 参见陈建国：《应把无罪假定原则写入刑事诉讼法》，《中国法学》1994 年第 5 期，第 35 页；陈林林：《无罪推定原则思考》，《法律科学（西北政法学院学报）》1995 年第 5 期，第 57～60 页；李友忠：《论无罪推定与有罪推定》，《云南法学》1995 年第 3 期，第 41 页。
② 参见萧克俭：《应该确立无罪推定原则》，《宁夏社会科学》1990 年第 4 期，第 85～86 页。
③ 参见甄贞：《刑诉立法应肯定无罪推定原则》，《群言》1996 年第 2 期，第 30～31 页。
④ 参见陈林林：《无罪推定原则思考》，《法律科学（西北政法学院学报）》1995 年第 5 期，第 57～60 页。
⑤ 参见陈浩铨：《论无罪推定的诉讼价值》，《政法论坛》1995 年第 3 期，第 19～20 页。
⑥ 参见陈岚：《近半个世纪我国刑事诉讼法学的回顾与前瞻》，《法学评论》1998 年第 2 期，第 11 页。
⑦ 参见谢进杰：《如何对待嫌疑人与被告人——建国以来围绕"无罪推定"的讨论》，《中山大学学报（社会科学版）》2012 年第 4 期，第 177 页。

一、无罪推定原则应当如何表述

(一) 无罪推定还是无罪假定

对于采用无罪推定还是采用无罪假定的表述,学者们持有不同意见。在 20 世纪 80 年代初,便有学者对无罪推定这一表述提出了异议。如有学者指出无罪推定的说法直接转译自日文,而从无罪推定的英文表述 presumption of innocence 以及法文表述 présomption innocente 来看,虽然 presume 有"推定、假定"的意思,但是这种直接转译并不确切。对被告人而言,案件尚处于审理过程之中,最后的判决还存在有罪或者无罪两种可能性,而不是只存在无罪一种可能性。推定是根据已知事实断定与这些事实有关的其他问题。因此,如果法院作出判决以前就推定被告人是无罪的,并不合理。根据该原则的原意和实际内容,应当称之为无罪假定较为适宜,即被告人在被宣判有罪以前,被假定为无罪。只有这样,法院审理的结果不论证明被告人有罪还是无罪,才都合乎逻辑。①

在其后的研究中,不少学者延续了这一思路,提出无罪假定是较为恰当的称谓。有学者指出,推定在证据法意义上,是以一个基础事实为逻辑出发点的盖然性推理,是根据已知事实断定相关事实,所以"无基础事实的推定"本身是借用推定之名而行假定之实,它实际上更接近假定的概念,即它表示事件发生的条件或前提,将其称为无罪假定更显妥当。② 另有学者从假定和推定的关系入手,认为它们既相互联系又相互区别。假定作为一种简单思维,是证明过程的起点而非一个完整的证明过程,因而不含结论。至于推定则是一种复杂思维,它包含了一个完整的证明过程,其中包含结论。因此,为避免无辜者遭受讼累,在法院判决被追诉人有罪前先假定其无罪,以便其充分行使抗辩权,是适当的做法。③ 此外,后续还有学者认为推定是认定事实的特殊方法,一经作出就能引起证明责任转移,经确认后还能产生法律效力。而假定只是认识过程中所作的一种试探,对于证明责任没有影响,也不发生法律效力。并且,推定无须证明为真,因为推定无反证推翻即为真。相反,假定无须证明其假,因为假定不能证实就是假。因而,有学者直接提出,从原初意义来看,法国《人权宣言》第 9 条的规定就应当是

---

① 参见林欣:《"无罪推定"还是"无罪假定"?》,《中国社会科学》1983 年第 3 期,第 173~175 页。
② 参见雷小政:《先验与经验之间的往返流盼——从有罪推定到无罪假定历史演变》,《研究生法学》2004 年第 2 期,第 4~5 页。
③ 参见杨柳青:《对"无罪推定原则"的辨析》,《西华师范大学学报(哲学社会科学版)》2007 年第 1 期,第 70~71 页。

无罪假定。[1]

在这些研究的影响下，一些由我国翻译出版的联合国文件和国际公约，如《联合国预防犯罪和刑事司法标准和规范简编》，已经开始将推定无罪译成假定无罪。除此以外，《香港特别行政区基本法》和《澳门特别行政区基本法》也普遍采用了无罪假定的表述。从这一趋势来看，似乎无罪假定的说法正在逐步取代无罪推定。然而，笔者认为虽然推定与假定在逻辑上的不同导致无罪推定与无罪假定在内涵层面存在一定差异，但是考虑到无罪推定这一用法行之有年，已经为学术界与实务界所认同，尤其是它作为一种专业术语其内涵已被人所共知，因而不会产生较大歧义或误解，所以，继续采用无罪推定这一约定俗成的说法并无明显不当。[2]

（二）应当毫无保留还是有限度地确立无罪推定原则

在20世纪90年代初期，虽然部分学者仍然对无罪推定的确立问题持不同意见，如有学者认为当今非刑罚化的趋势已经对无罪推定产生了冲击，将之确立为我国刑事诉讼法原则并不适当。[3] 而且，无罪推定本身也存在着理论的不科学性、立法的矛盾性以及与实践的不兼容性等缺陷。[4] 此外，有学者还指出实行无罪推定可能会影响刑事政策的实施，使之无法有效贯彻党和国家的意志。[5] 但是，很快这一论断就被"肯定说"的主张所"淹没"。确立无罪推定已渐成通说，只不过学术界内部对于无罪推定的接受程度尚有不同意见，就此形成了"完全确立说"与"部分确立说"两种主要学说。

持"完全确立说"的学者认为：首先，完全确立无罪推定原则是司法观念更迭的要求。虽然中华人民共和国已经成立，但专制观念、纠问主义、有罪推定、口供主义等落后思想仍然存在于部分司法人员和法学家头脑中。引入以无罪推定为代表的现代刑事诉讼原则，有助于剔除部分司法人员和法学家头脑中的落后观念，有助于全面落实公开审判、直接言词、证据裁判等制度，最终使现代刑事司法制度得以在我国真正确立。[6] 其次，完全确立无罪推定原则是顺应时代发展的必然趋势。无罪推定并非某个阶级所独享，加强对被告人的权利保障俨然成为域外刑事诉讼法发展的新潮流，无罪推定原则已经被视为一个国家民主制度的窗

---

[1] 参见裴苍龄：《论无罪推定》，《河北法学》2015年第1期，第9页。
[2] 参见卞建林：《刑事诉讼的现代化》，中国法制出版社2003年版，第156页。
[3] 参见宋军、王洪宇：《无罪推定不宜作为刑事诉讼原则》，《检察理论研究》1995年第3期，第61~62页。
[4] 参见许康定：《论无罪推定原则》，《现代法学》1994年第2期，第59~60页。
[5] 参见樊凤林：《对实行无罪推定问题的几点思考》，《中国法学》1994年第5期，第36~37页。
[6] 参见谢佑平：《无罪推定原则评论》，《法学评论》1993年第5期，第38页。

口。因此，我国刑事司法亦应有所作为，由偏重集体主义向强调个体利益保护进行转换，顺应社会发展的趋势，使我国刑事诉讼制度更优越、更进步、更完善。① 最后，完全确立无罪推定原则是发展社会主义法治的必然要求。我国法律的社会主义性质决定了它必须关注到被告人合法权益的保障问题，完全确立无罪推定对于进一步完善立法、规范司法，填补被告人权利保障条款缺陷以及纠正"左"的错误影响有着十分重要的作用。② 更何况，从立法到司法的制度层面来看，这些已经存在的与无罪推定息息相关的规范也为无罪推定的确立扫清了障碍。③

持"部分确立说"观点的学者认为，对待无罪推定的正确观点应当是坚持一分为二的态度，既要看到它进步的一面，又要看到它不足的一面。无罪推定的进步性无须赘言，其不足之处则主要表现在它片面地强调保障被告人的权利，这种片面容易走向极端化，即过分强调保障被告人权利，而忽略其他诉讼参与人权利，尤其是忽视保障被害人权利。此外，无罪推定原则还存在放纵犯罪之虞。因此，虽然对于无罪推定原则应当总体持借鉴和吸收的态度，但是考虑到任何原则都不是尽善尽美的，都有特定的适用范围和条件，应当有选择地确立其中合理内容，而非全面确立。④

(三) 如何具体表述无罪推定原则

许多国家都在法律中对无罪推定原则进行了规定，但是对于有关条款如何表述则各有不同，归纳起来可以区分为肯定式表述方式与否定式表述方式两大类。⑤

肯定式表述方式，即"被告人在法院确定或证明有罪之前，应推定、假定或视为无罪的人"。法国《人权宣言》第9条规定，"任何人在被宣判有罪之前都推定为无罪，即使断定必须逮捕时，不是为了确保其人身所必需的一切严酷行为，都应当受到法律严厉禁止"⑥。其他国际文件和不少国家或地区的法律文件中也多有采用此类表述。例如，《世界人权宣言》第11条第1款规定，"凡受刑事控告者，在未经获得辩护上所需的一切保证的公开审判而依法证实有罪以前，有权

---

① 参见陈林林：《无罪推定原则思考》，《法律科学（西北政法学院学报）》1995年第5期，第60~61页。
② 参见马克昌、张绍谦：《也谈"无罪推定"》，《群言》1996年第4期，第30页。
③ 参见陈建国：《应把无罪假定原则写入刑事诉讼法》，《中国法学》1994年第5期，第35页。
④ 参见李佑标：《如何看待有利被告原则》，《法学》1994年第3期，第19~20页。
⑤ 本部分的分类标准和内容参见夏锦文：《无罪推定原则的意义解读——一种诉讼法哲学分析》，《南京师大学报（社会科学版）》2002年第4期，第28~29页。
⑥ 潘汉典译：《［法国］人和公民的权利宣言》，《法学译丛》1981年第2期，第64页。

被视为无罪"①。1982年《加拿大宪法》第11条第（d）项规定，"在独立的不偏袒的法庭举行公平的公开审判中，根据法律证明有罪之前，应推定为无罪"②。此外，我国《香港特别行政区基本法》第87条、《澳门特别行政区基本法》第29条也都采取了这种表述方式。

否定式表述方式，即"被告人未经法院判决，不认为是有罪的人"。此种表述最早见于《论犯罪与刑罚》，贝卡利亚在书中将无罪推定表述为，"在法官判决之前，一个人是不能被称为罪犯的。只要还不能断定他已经侵犯了给予他公共保护的契约，社会就不能取消对他的公共保护"③。其后，《意大利共和国宪法》第27条第2款、1961年《苏俄刑事诉讼法》第13条、1977年《苏联宪法》第160条、《南斯拉夫联邦共和国宪法》第181条及《南斯拉夫联邦共和国刑事诉讼法》第3条等等，都采用了这种否定式表述方式。我国1996年《刑事诉讼法》第12条的规定，也可归入此类表述方式。

对于如何表述无罪推定原则，学术界的不同学者各抒己见。如陈光中先生提出"任何人在人民法院依法确定有罪之前，都应当推定为无罪"④。徐静村教授主持的《中华人民共和国刑事诉讼法第二修正案》（学者拟制稿）第4条提出，"任何人在未经人民法院依法判决有罪之前，应被视为无罪"⑤。陈卫东教授主持的《模范刑事诉讼法典》第4条提出，"任何人在人民法院依法最终判决有罪之前，都应当被视为无罪"⑥。对于两种表述方式的优劣，有学者认为考虑否定式表述方式可能会诱发"疑罪从挂"问题，因此应当采取肯定式的表述方式。⑦

总体而言，虽然有学者以逻辑学的视角提出不同表述可能带来迥异的后果，为此应当借鉴俄罗斯立法经验对之加以改进⑧，但是，笔者认为实际上不论无罪推定是如何表述的，其基本含义在当今已经趋于一致。

二、1996年《刑事诉讼法》第12条是否确立了无罪推定原则

1996年修法以后，应否确立无罪推定的讨论告一段落。学术界的研究重心

---

① 联合国：《世界人权宣言》，https://www.un.org/zh/universal-declaration-human-rights/，最后访问日期：2019年9月20日。
② 潘汉典译：《1982年加拿大宪法文件》，《法学译丛》1982年第5期，第54页。
③ ［意］贝卡利亚：《论犯罪与刑罚》，黄风译，中国方正出版社2004年版，第35页。
④ 陈光中主编：《中华人民共和国刑事证据法专家拟制稿》，中国法制出版社2004年版，第128页。
⑤ 徐静村主编：《21世纪中国刑事程序改革研究——〈中华人民共和国刑事诉讼法〉第二修正案（学者建议稿）》，法律出版社2003年版，第26页。
⑥ 陈卫东主编：《模范刑事诉讼法典》，中国人民大学出版社2005年版，第133页。
⑦ 参见毛淑玲、刘金鹏：《刑事法中的推定与无罪推定》，《法学杂志》2009年第12期，第70页。
⑧ 参见张成敏：《关于无罪推定的文本表述》，《北方法学》2010年第6期，第5～11页。

转移到我国是否已确立了无罪推定原则,就此形成了"完全确立说"、"部分确立说"和"未确立说"三种主要观点。

(一) 完全确立说

持该说的学者认为:第一,第 12 条规定了"未经人民法院依法判决,对任何人都不得确定有罪"。从其表述来看,它与域外通行的无罪推定原则虽有形式差别但内涵基本一致。而且,若单纯将之视为对免予起诉制度的修正,未免降低了该项规定的应有意义。甚至,为了进一步促进刑事诉讼法的人权保障机能,未来还应在恰当时机将无罪推定明确为宪法原则。[①] 第二,第 162 条规定,"证据不足,不能认定被告人有罪的,应当作出证据不足、指控的犯罪不能成立的无罪判决"。该规定既要求控方指控某人犯罪必须提出确实充分的证据,否则法院就不能判决被告人有罪,又要求法院判决"任何人"有罪时,必须符合无罪推定的实质要件,否则在法律上就不得认定任何人为罪犯,这表明我国在规范层面确立了疑罪从无规则。第三,第 129 条关于"侦查终结"的规定、第 140 条关于"补充侦查"的规定以及第 141 条关于"人民检察院依法提起公诉"的规定都明确了控方应当承担证明责任。第四,1996 年《刑事诉讼法》修正了之前"人犯"等说法,按照被追诉人所处阶段不同,以审查起诉为界,将其区分为犯罪嫌疑人和被告人。[②] 第五,废除了免予起诉制度,只授予了公诉人在有罪性质的起诉和无罪性质的不起诉之间的斟酌权。[③] 第六,1996 年《刑事诉讼法》进一步规范了强制措施和侦查行为,尤其是对强制措施的适用条件和程序作了较大修正,取消了公安机关长期采用的收容审查制度,反映了改革开放以来加强人权保障的总体趋势。[④]

总之,持"完全确立说"的学者认为,虽然 1996 年《刑事诉讼法》在一些由无罪推定派生的原则及各制度与无罪推定原则的关系上存在有待商榷之处,但是,不可否认我国《刑事诉讼法》无论在法律规定中还是具体制度上都确立了无

[①] 参见金瑞锋:《试论无罪推定原则的立法完善》,《山东法学》1999 年第 4 期,第 24 页。

[②] 参见周士敏:《论中国无罪推定原则的确立》,载樊崇义主编:《诉讼法学新探》,中国法制出版社 2000 年版,第 85~86 页。其他参见王勇:《论"无罪推定"原则》,《理论与改革》1998 年第 5 期,第 95~96 页;王旭霞:《论我国刑法无罪推定原则》,《甘肃政法学院学报》1997 年第 3 期,第 24~27 页。

[③] 参见岳礼玲、陈瑞华:《刑事程序公正的国际标准与修正后的刑事诉讼法(下)》,《政法论坛》1997 年第 4 期,第 38 页。

[④] 参见张华:《无罪推定原则的历史演进》,中国人民大学 2008 年博士学位论文,第 158 页。

罪推定原则。①

(二) 部分确立说

有些学者认为我国在 1996 年《刑事诉讼法》中只是吸收了无罪推定的合理内容，而非真正确立了无罪推定原则，或者说只是确立了一种中国式的无罪推定原则。例如，有学者提出，1996 年《刑事诉讼法》第 12 条规定确认了人民法院的统一定罪权，其中又体现了立法对无罪推定原则的吸收，充分展现了社会主义法制原则的精神。② 又如，有学者认为 1996 年《刑事诉讼法》只是吸收了无罪推定原则的合理内容。第 12 条的规定重在强调在人民法院依照法定程序判决有罪以前，不得把犯罪嫌疑人或被告人当作有罪的人，它实际上淡化了是否一概推定或假定被告人无罪的问题。③ 再如，另有学者认为 1996 年《刑事诉讼法》没有赋予被追诉人沉默权，且人民法院的定罪权依然受到侵犯。虽然其中部分规定已经向无罪推定原则靠近了一步，但仍然没有完全贯彻该原则。④ 甚至有学者指出，缺乏沉默权规定的无罪推定原则，只相当于确立了一半的无罪推定。⑤ 此外，有学者则提出立法机关与司法实务部门并未正式认同这一原则，片面认为 1996 年《刑事诉讼法》确立了无罪推定原则的说法有待商榷。⑥ 当然，也有部分实务界人士认为，1996 年《刑事诉讼法》借鉴了西方国家刑事诉讼合理性的内容，克服了 1979 年《刑事诉讼法》在实际操作中暴露出来的弊端，具有鲜明的中国特色和时代特点，宣告符合中国国情的"无罪推定"已经确立。⑦

总体而言，持"部分确立说"的学者大多认为第 12 条只是明确了法院的统

---

① 参见岳礼玲、陈瑞华：《刑事程序公正的国际标准与修正后的刑事诉讼法（下）》，《政法论坛》1997 年第 4 期，第 38 页。

② 参见田冰川：《世纪末超越，扬民主、法制与科学之帆——访我国刑诉法专家陈光中教授》，《中国律师》1996 第 5 期，第 17 页；陈光中、曾新华：《中国刑事诉讼法立法四十年》，《法学》2018 年第 7 期，第 30 页；陈光中、徐静村主编：《刑事诉讼法学》（修订 2 版），中国政法大学出版社 2001 年版，第 88 页。

③ 参见黄太云：《刑事诉讼制度的重大改革——刑事诉讼法修改的几个重大问题述要》，《中国法学》1996 年第 2 期，第 32 页。

④ 参见杨明：《论我国刑事诉讼法对无罪推定原则的贯彻与背离》，《法学》1998 年第 1 期，第 21～22 页。

⑤ 参见杜波：《论有保留的无罪推定原则》，《北京行政学院学报》2003 年第 6 期，第 62 页。其他参见李卫国、殷耀德：《无罪推定原则三题》，《当代法学》2001 年第 3 期，第 80 页。

⑥ 参见于绍元：《论无罪推定》，载于绍元：《于绍元法学文集》，吉林人民出版社 2011 年版，第 169～170 页。

⑦ 参见吕中亚：《新刑诉法建构起适合国情的"无罪推定"原则》，《法学》1996 年第 6 期，第 17 页。

一定罪权，体现了无罪推定的基本精神，但还不是完整意义上的无罪推定原则。[①]

（三）未确立说

在1996年1月15日举行的刑事诉讼法座谈会上，全国人大常委会法制工作委员会顾昂然主任提出，我国坚决反对有罪推定，但也不是西方国家那种无罪推定，而是以客观事实为依据。[②] 在其后全国人大常委会法制工作委员会刑法室出版的相关释义中也提道，我们反对有罪推定，但也不是西方国家的那种无罪推定，而是实事求是地进行侦查，客观地收集有罪或无罪、罪轻或罪重的各种证据。在人民法院作出有罪判决以前，我们不称被告人是罪犯，但也不说他没有罪或者假定他无罪。如果假定他无罪，那么侦查机关对他进行侦查、采取强制措施就没有根据了。因此，我们的原则是实事求是地进行侦查。[③] 与这些实务界认识观点相类似，部分学者也认为1996年《刑事诉讼法》并未真正确立无罪推定原则。

有学者明确提出：1996年《刑事诉讼法》第12条的规定较为模糊。虽然它的表述与苏联、东欧国家的表述基本相同，但是同《人权宣言》《公民权利和政治权利国际公约》中的表述相比，属于一种"弱势"表述。而且，在修法过程中，我国也同时废除了免予起诉制度，因此，不免使人将第12条与法院定罪权的问题进行联想，使人难以将它与无罪推定原则画等号。[④]

"未确立说"的主要理由如下：第一，从语法角度来分析，第12条的句型为偏正复句中的假设复句。"未经人民法院依法判决"是偏句，意思是"如果未经人民法院依法判决"。"对任何人都不得确定有罪"是正句，意思是"那么对任何人都不得确定有罪"。因此，从句法组成来看，其正句的重点在于确定定罪权主体。第二，从逻辑学的角度来分析，第12条所表达的判断是对定罪权与人民法院之间关系的一种假言断定。也就是说，只有经过人民法院依法判决，才能确定被追诉人有罪。第三，从审判权属性分析，第12条的规定是人民法院行使审判权的必然要求。刑事审判就是通过审理判定被告人是否有罪以及如何量刑。其中，定罪权最具有排他性。只有确定有罪，才能对被告人量刑，第12条重在突

[①] 参见宋英辉：《〈公民权利和政治权利国际公约〉与我国刑事诉讼法的修改》，"2007年第二届当代刑法国际论坛"会议论文，第145页。

[②] 参见田幸：《无罪推定和"严打"》，《华东刑事司法评论》2003年第3期，第26页。

[③] 参见胡康生、李福成主编：《〈中华人民共和国刑事诉讼法〉释义》，法律出版社1996年版，第15页。

[④] 参见熊秋红：《刑事辩护论》，法律出版社1998年版，第90～91页。

出定罪权是审判权中的核心权力。① 第四,从司法实践角度分析,无罪推定理念并未获得广泛认同。虽然随着刑事诉讼制度改革的推进和民众权利意识的增强,有罪推定受到一定程度的批判,但是这并不意味着无罪推定受到实务界肯定,不少司法人员所持的观念仍然是被追诉人涉嫌犯罪,必须对其采取相应措施。②

三、无罪推定原则的具体内容

对于无罪推定的具体内容,学术界形成了"二要素说""三要素说"等诸多观点。

(一)二要素说

有学者认为,无罪推定由两方面构成:其一,是由控方提供确实、充分的证据来证明被告人被控犯罪的事实。其二,是由审判机关依照法律程序对被告人是否犯有被控罪行做最后认定。③ 有学者则认为,可以从两个层面来理解无罪推定原则的内涵:一方面,它规定了对被告人或任何人加以定罪的程序条件,即司法机关需经过法定程序,以生效判决方式确定其有罪,且被告人罪行有充分的证据加以证实。另一方面,它规定了受到追诉或审判的被追诉人在刑事诉讼过程中的待遇,即他们不应被作为犯罪人来对待,应拥有无罪公民的一切权利,并可以为维护自己的利益而与追诉者展开程序上的对抗和论辩。④ 另有学者认为,无罪推定原则的核心内容在于:其一,刑事诉讼中只有经过法院审判,才能最终确定并宣告被告人有罪,其他机关不享有此项权力;其二,在法律上明确和提高刑事诉讼中被告人的诉讼地位,作为一方诉讼当事人的被告人在判决生效之前在法律上不能被确定为有罪之人,或者在法律上应被看作是无罪的。⑤ 此外,还有学者认为,无罪推定的内涵包括在法院确定有罪之前视为无罪以及所谓被视为无罪应理解为假定无罪这两方面内容。⑥

(二)三要素说

早在20世纪70年代,便有学者提出无罪推定应当包括三方面内容。⑦ 有学

---

① 参见李佑标:《论确定有罪权由人民法院依法行使原则》,《政法论坛》1997年第2期,第26~27页。
② 参见龙宗智、秦宗文:《我国要不要确立彻底的"无罪推定"原则》,https://www.chinacourt.org/article/detail/2005/02/id/150252.shtml,最后访问日期:2019年10月1日。
③ 参见陈卫东主编:《刑事诉讼法学研究》,中国人民大学出版社2008年版,第81页。
④ 参见陈瑞华:《刑事审判原理论》(第2版),北京大学出版社2003年版,第131页。其他持相同意见的观点参见谭世贵主编:《刑事诉讼原理与改革》,法律出版社2002年版,第270~271页。
⑤ 参见最高人民检察院研究室编著:《新刑事诉讼法通论》,警官教育出版社1996年版,第68页。
⑥ 参见程燕姬:《无罪推定的本质与立法对策思考》,《上海社会科学院学术季刊》1999年第4期,第104页。
⑦ 参见王秉新:《关于"无罪推定"原则的探讨》,《西南政法学院学报》1979年第1期,第15页;杨兆龙:《杨兆龙法学文选》,中国政法大学出版社2000年版,第120页。

者认为无罪推定应当包括：第一，提供证据证明被告人有罪的责任由控诉一方承担，不得采用酷刑和其他非法方法收集证据；第二，控诉一方履行证明责任必须达到案件事实清楚、证据确实充分或者不存在合理怀疑的程度，若不能证明被告人有罪或者证明达不到法律的要求，则应判定被告人无罪，疑案应当作有利于被告人的处理；第三，被告人有辩护的权利，没有证明自己无罪的义务，不能因为被告人不能或没有证明自己无罪而认定被告人有罪。[1] 另有学者认为，无罪推定的三方面内容包括：第一，将判决之前的被追诉人设定为无罪之人；第二，对未证实有罪的被追诉人判定无罪；第三，只有法院经过依法审判才能判定犯罪。[2] 此外，也有学者提出无罪推定的三项内容应按照《国际刑事法院罗马规约》的规定，包括：第一，任何人在本法院被依照适用的法律证明有罪以前，应推定无罪；第二，证明被告人有罪是检察官的责任；第三，判定被告人有罪，本法院必须确信被告人有罪已无合理疑问。[3]

(三) 其他学说

除"二要素说""三要素说"外，还存在"四要素说""五要素说""六要素说"等学说。

"四要素说"认为，无罪推定至少应当包含四个方面内容：第一，被追诉人不承担证明自己无罪或有罪的责任；第二，证明有罪的责任由控方承担；第三，证明应当达到法律规定的程度，如果不能达到该程度，不能确定任何人有罪；第四，任何公众部门不得在审判机构宣判被告人有罪之前，预断其有罪。[4] 另有学者认为，无罪推定的四项内容应当是：第一，只有法院依照法定的诉讼程序，才能判定某人有罪；第二，证明犯罪的责任由控方承担；第三，疑罪从无；第四，被告人有沉默权。[5] 亦有学者认为，这四项内容可以表述为：第一，只有人民法院才享有定罪权，这是人民法院依法行使审判权的必然结论；第二，人民法院认定犯罪必须依法进行；第三，只有人民法院依法作出的判决才能确定有罪，未经人民法院依法判决对任何人都不应确定有罪；第四，未经人民法院依法判决有

---

[1] 参见卞建林主编：《刑事证明理论》，中国人民公安大学出版社2004年版，第187页。

[2] 参见宋振武：《无罪推定原则之辨正》，《烟台大学学报（哲学社会科学版）》2004年第1期，第49~50页。

[3] 参见《国际刑事法院罗马规约（四）》，http://sil.cupl.edu.cn/info/1057/1261.htm，最后访问日期：2019年10月20日。

[4] 参见陈光中主编：《〈公民权利和政治权利国际公约〉与我国刑事诉讼》，商务印书馆2005年版，第25~26页。

[5] 参见江伟主编：《证据法学》，法律出版社1999年版，第147页。

罪，对任何人都不能以罪犯对待，都不能适用刑罚。①

"五要素说"认为，根据联合国人权事务委员会的阐释，关于无罪推定原则应当包含五项内容：第一，对控诉的证明责任由控方承担；第二，定罪的证明标准应达到确实证明；第三，疑罪从无；第四，被告人应享有一系列体现无罪推定原则的权利；第五，所有公共当局，不应预断审判的结果，至于新闻媒体，也不应预断审判结果。② 另有学者则认为，无罪推定的五个方面内容是：第一，被追诉人在人民法院作出有罪判决之前是犯罪嫌疑人或被告人；第二，证明责任由控方承担；第三，赋予被追诉人对抗国家追诉权必备的防御性权利；第四，对被告人的定罪权由人民法院按照法定程序统一行使；第五，疑案应作出无罪处理。③

"六要素说"认为，无罪推定应当包括六方面内容：第一，证明案情的证据必须是确凿无疑的，形成严密的证据体系，不能自相矛盾；第二，证据的来源要可靠，证据的提供者必须是知情人；第三，证据的收集方式必须合法，违法取得的证据无法律效力；第四，对于有充分证据证明的案件，法官要作出有利于被告人的判决；第五，被告人没有作无罪证明的义务，享有沉默的权利；第六，被追诉人享有充分的辩护权。④

无罪推定原则的本初意义在于，在任何刑事诉讼中犯罪行为必须被毫无疑义地证明，而证明任何人犯有罪行或不法行为的责任在于提出这种罪行或不法行为的人。⑤ 如前文所述，我国学术界对无罪推定原则含义的理解众说纷纭，笔者认为基本上可以分为三个层面来进行理解。第一个层面是作为权力运行的无罪推定原则。从各方学者的表述来看，考虑到既往存在的免予起诉制度，我国无罪推定本身便蕴含着规制定罪权的意味。在此意义上，学术界与实务界的认知并不存在矛盾，各方对于定罪权完全归属于人民法院并无异议。第二个层面是证据法意义的无罪推定原则。不少学者都提出无罪推定原则事涉证明责任的分配，因而许多学说都将"控方承担证明责任""疑罪从无"等证据法规则视为无罪推定原则的基本内容。从历史角度来看，无罪推定原则的证据法意义最接近它的本初意义，而多数学者也认同这一观点。从学者的相关论述以及1996年《刑事诉讼法》第

---

① 参见杨凯：《论新刑事诉讼法中的无罪推定原则》，《湘潭大学学报（哲学社会科学版）》1998年第3期，第98~99页。
② 参见陈光中主编：《刑事一审程序与人权保障》，中国政法大学出版社2006年版，第26页。
③ 参见王长水：《无罪推定原则在我国刑事诉讼中的体现》，《郑州大学学报（哲学社会科学版）》1999年第4期，第85~87页。
④ 参见吕中亚：《新刑诉法建构起适合国情的"无罪推定"原则》，《法学》1996年第6期，第17页。
⑤ See James Bradley Thayer, The Presumption of Innocence In Criminal Cases, The Yale Law Journal, Vol. 6, No. 4 (Mar., 1897), p. 194.

162 条第 3 项等有关规定可以看出，无论学术界还是实务界对于将证明责任归属控方已经达成共识。只不过在极少数情形下，基于刑事政策等因素的考量，有时立法者会通过证明责任倒置机制对无罪推定原则进行一定修正。如在巨额财产来源不明罪中，会将巨额财产之合法来源这一要件事实的证明责任转嫁给被追诉人。① 第三个层面是作为正当程序的无罪推定原则。无罪推定原则本身有着分权制衡、保障被追诉人诉讼权利的意味，这些都可以视为对被追诉人的一种含有正当程序因素的程序保障机制，用以确保被追诉人在未经证明有罪之前，可以享有正当诉讼权利。② 综合各学说观点，无罪推定原则还可以包含法定程序、沉默权、强制措施以及对质权等诸多内容。但是，对于这一层面的无罪推定内容理解与扩展应当审慎。无罪推定作为一种总领刑事诉讼法运行的基本原则，应当逐步发挥它的正当程序因素，但是不宜过度扩大化而将过多配套措施纳入其中，使之承载过多的内容，有时这反而会阻碍权力运行以及证据法意义的无罪推定原则的实践。总体而言，对于无罪推定内容的理解可以是多向度的，至于学者们从中又发挥出多少内容，都是可以理解的。只要不偏离基本的方向，也都有可取之处。③

第四节　将无罪推定原则贯彻到底

进入 21 世纪以来，我国对国际事务产生着日益重要的影响。这一方面为我国确立无罪推定原则创造了社会物质基础，另一方面也在一定程度上对我国确立无罪推定原则形成了国际环境和压力。④ 虽然在 1996 年修法时取消了免予起诉权，使第 12 条一直与法院定罪权问题紧紧缠绕在一起，导致各方对于我国立法上是否确立了无罪推定原则始终无法达成共识，但是，与 20 世纪，尤其是 1996 年修改《刑事诉讼法》时相比，国内思想、社会条件和国际环境都已发生巨大变化。近年来人民法院享有定罪权已无可争议，历史背景的演变验证了无罪推定原则正在逐步夯实的事实。特别是一系列冤假错案所引发的反思与纠偏，为无罪推定的现实正当性创设了适宜的场域环境。⑤ 2005 年 10 月 26 日，最高人民法院在

---

① 参见许文：《无罪推定原则的确立与巨额财产来源不明罪的立法完善》，《当代法学》1996 年第 5 期，第 47 页。
② 参见易延友：《论无罪推定的涵义与刑事诉讼法的完善》，《政法论坛》2012 年第 1 期，第 12 页。
③ 参见易延友：《论无罪推定的涵义与刑事诉讼法的完善》，《政法论坛》2012 年第 1 期，第 14 页。
④ 参见顾永忠：《〈刑事诉讼法修正案（草案）〉中无罪推定原则的名实辨析》，《法学》2011 年第 12 期，第 38 页。
⑤ 参见李奋飞：《不得强迫自证其罪的中国化建构》，《人民论坛》2016 年第 S2 期，第 98 页。

《人民法院第二个五年改革纲要（2004—2008）》中提出"进一步落实保障人权和无罪推定原则"，这是中华人民共和国成立五十多年来，官方权威机构第一次宣示无罪推定原则。① 以党的十八届四中全会提出"以审判为中心"的诉讼制度改革为契机，2016年最高人民法院、最高人民检察院、公安部、国家安全部、司法部《关于推进以审判为中心的刑事诉讼制度改革的意见》再次重申了"未经人民法院依法判决，对任何人都不得确定有罪"的理念。随着时代发展，其中规制定罪权的因素已经日渐淡化，取而代之的是无罪推定原则开始真正确立下来。②

与官方晚近几年才正式承认无罪推定原则不同，早在21世纪初便有学者在面对各种冤假错案时大声疾呼，为了贯彻无罪推定原则，体现法律的人文关怀，我们还需做得更多。③ 尤其是在2003年，全国人大常委会将刑事诉讼法的再修改纳入立法规划。为了配合这次修改，学术界再次兴起了对无罪推定原则的研究高潮。④ 此时，学术界开始重点关注无罪推定的基础理论及其相关配套制度，希望能满足新形势下对无罪推定的新需求，最终使无罪推定原则得以真正贯彻。这一阶段，学者们以多维视角对无罪推定原则各个方面展开了深入研究。如有学者将无罪推定视为一种权利，提出为践行该原则，应当在侦查阶段增设沉默权以避免刑讯逼供，在审判阶段确定法院的排他定罪权和疑罪从无原则。⑤ 有学者则关注到无罪推定与舆论审判的关系，提出虽然应当杜绝舆论审判对无罪推定原则的侵蚀，但是适当的舆论自由也有助于无罪推定的实现。⑥ 也有学者认为无罪推定原则已经从"非罪犯"的消极性权利拓展到"无罪的人"的主体权利，它应当被理解为一种关于正义的规范性命题，而非一种关于真理的事实性命题。⑦ 还有学者指出在刑事实体法体系中确立无罪推定原则，有助于建立一套科学的犯罪构成理论。⑧ 亦有学者关注到分案处理情形下，前案"预断"对后案的影响可能会违

---

① 参见张成敏：《论不可理喻——近代以来无罪推定怪现象之考察》，载张士宝主编：《法学家茶座》（第13辑），山东人民出版社2007年版，第42页。
② 参见李奋飞：《不得强迫自证其罪的中国化建构》，《人民论坛》2016年第S2期，第98页。
③ 参见施木：《无罪推定——我们做得远不够》，《人民日报》2001年10月9日，第10版。
④ 参见卞建林主编：《共和国六十年法学论争实录》（诉讼法卷），厦门大学出版社2009年版，第103页。
⑤ 参见施鹏鹏：《论无罪推定的本质》，《安徽大学法律评论》2005年第2期，第198～199页。
⑥ 参见胡亚球、张熠：《无罪推定的规则及其正当性论述——以新闻舆论报道的规范化为视角》，《社会科学家》2008年第12期，第75～77页。其他参见王景龙：《无罪推定与媒体报道》，《西安财经学院学报》2017年第4期，第116～122页；奚丹霓：《论无罪推定》，人民法院出版社2015年版，第148～205页；等等。
⑦ 参见李栗燕：《无罪推定内涵的法哲学思考》，《学海》2007年第6期，第141～143页。
⑧ 参见姚东：《在刑事诉讼的视角下完善犯罪构成理论——兼论我国和德日刑法犯罪构成理论之本质》，《中国刑事法杂志》2012年第1期，第25～26页。

反无罪推定原则。[①] 此外，还有学者从观念的角度出发，提出无罪推定对于理念的重塑作用，通过无罪推定原则可以倒逼刑事诉讼制度的完善与观念的革新。[②] 总体而言，在这一时期，无罪推定研究"百花齐放"，呈现出深入化、多元化等特征。

由于我国官方长期以来未正式认可无罪推定原则，因而无罪推定原则含混不清，被追诉人始终处于不确定状态。因此，这一期间的研究多集中于无罪推定原则的理念深入以及配套制度建构方面。学者们提出应从无罪推定的法典化、增设沉默权、完善刑事证据规则等方面全面落实无罪推定原则。同时，一些学者也关注到无罪推定与违法所得没收程序、认罪认罚从宽制度协调的问题。总体而言，学术界最终希望无罪推定原则可以真正落地。

一、无罪推定原则的法典化

世界上许多国家和地区都对无罪推定原则进行了立法规范。有的国家通过宪法规范进行规制，如日本、法国、俄罗斯、南非等国。有的国家和地区则通过刑事诉讼法典予以规范。也有一些国家通过宪法与刑事诉讼法进行双重规范，如法国和俄罗斯。除此以外，还有一些国家通过判例将之确定为一种刚性原则，如美国。[③]

我国在1996年修改《刑事诉讼法》时，虽然在第12条注入了无罪推定的因素，但是由于语焉不详，因而各界对于是否确立了无罪推定原则一直未有共识。有学者指出，无罪推定作为一项重要刑事司法原则，起源于古罗马，确立于近代，现已成为国际通行规则，我国刑事诉讼法的有关规定也应当进行完善。[④] 有学者进一步提出我国应当彻底摒弃1996年《刑事诉讼法》第12条所采用的否定式表达方式，使无罪推定原则内涵清晰化，明确其作为刑事诉讼法基本原则的地位。事实上，无罪推定的立法化，不仅可以大幅度提升对无罪推定的认可程度，

---

① 参见高一飞、韩利：《分案审理下前案裁判对后案裁判的预断影响及其防范——以欧洲人权法院凯瑞蒙诉德国案为例》，《中国刑事法杂志》2016年第1期，第32~47页。
② 参见莫洪宪、罗钢：《无罪推定生成模式对刑讯逼供之反制》，《人民检察》2015年第6期，第30页。
③ 参见林喜芬：《中国确立了何种无罪推定原则？——基于2012年刑诉法修订的解读》，《江苏行政学院学报》2014年第1期，第132~133页。
④ 参见陈光中、张佳华、肖沛权：《论无罪推定原则及其在中国的适用》，《法学杂志》2013年第10期，第1页。

对于改善我国的国家形象也大有裨益。① 而且，通过无罪推定原则的确立，还可控制法官自由裁量权的滥用。具体而言，在未来修法过程中可以将"未经人民法院依法判决，对任何人都不得确定有罪"修改为"任何人在人民法院依法判决确定有罪之前，应当被视为无罪"，使之成为真正的无罪推定原则。② 亦有学者提出待未来时机成熟，还应当在《宪法》中明确无罪推定原则，使这一保障人权的理念获得宪法效力，确保无罪推定原则遍及刑事诉讼的各个环节。③ 当然，将无罪推定原则入宪还需克服有罪推定的传统思想，这必定是一个漫长的思想观念转变过程。④

1996年《刑事诉讼法》第12条首次吸收了无罪推定因素，其后2012年、2018年修法也继续保持这一规定。尽管我国在保障人权方面较之以前有了巨大进步，但是职权主义色彩仍然突出，控辩双方权力与权利依然不平衡，各种派生规则以及配套制度的发展仍不完善。笔者认为，虽然现在各方对于"未经人民法院依法判决，对任何人都不得确定有罪"等同于无罪推定并无异议，对其基本内容也大致达成了共识，但是，为使无罪推定原则真正发挥统领刑事司法的作用，还是应当对其采用通行的表述方式，避免出现模糊状态。⑤ 现今，刑事诉讼法的历次修订不断将控方承担证明责任、排除合理怀疑的证明标准以及反对强迫自证其罪等规则纳入其中，为无罪推定的全面确立打下了实践基础，而党的十八届三中全会提出的"完善人权司法保障制度"、党的十八届四中全会提出的"以审判为中心的诉讼制度改革"也为其入法提供了制度基础。在未来刑事诉讼法的修改中，应当将该条表述为：任何受到刑事追诉的人在未经法院依法判决证实有罪之前，应被视为无罪。⑥ 除此以外，在未来恰当时机亦应将无罪推定原则上升为宪

---

① 参见刘再辉：《无罪推定的司法属性与确立途径》，《重庆师范大学学报（哲学社会科学版）》2008年第5期，第111页。
② 参见赵新彬：《无罪推定原则在我国的本土化建构——以我国刑事诉讼法的再修改为视角》，《学术交流》2013年第9期，第49页。
③ 参见谢勇、唐启迪：《论刑事被告人宪法权利的保障——从无罪推定角度所做分析》，《法学杂志》2012年第7期，第99～102页；丁明：《论无罪推定原则在刑事诉讼中存在的问题与完善》，《广西民族大学学报（哲学社会科学版）》2008年第5期，第119页；林劲松：《作为宪法原则的无罪推定》，《甘肃社会科学》2004年第5期，第142～146页；张帅：《浅议无罪推定原则的理性基础——以"五机关"〈关于办理死刑案件审查判断证据若干问题的规定〉中的新规为视角》，《法律适用》2011年第5期，第51页。
④ 参见王海雄：《中国古代人身权利保障的新思考——兼论古代无罪推定与罪行法定在现阶段的深化》，《中南民族大学学报（人文社会科学版）》2004年第S1期，第147页。
⑤ 参见卞建林、许慧君：《为修改后刑诉法的有效实施建言献策——2013年刑事诉讼法学研究综述》，《人民检察》2014年第2期，第75页。
⑥ 参见闵春雷、鲍文强：《我国无罪判决模式之反思——以〈刑事诉讼法〉第195条第3项为重点的分析》，《法学》2018年第5期，第163～164页。

法规范。

二、沉默权

(一) 无罪推定是否包含沉默权

对于无罪推定原则是否包括沉默权，学术界形成了"肯定说"与"否定说"两种观点。

持"肯定说"的学者认为，沉默权是无罪推定原则的重要组成内容。第一，从历史的角度看，如实陈述义务一开始就与有罪推定缠绕在一起。中世纪教会法院的纠问式刑事诉讼中，如果被告人保持沉默，将面临消极评价的危险。而正是沉默权的存在形成了对抗式诉讼与纠问式诉讼的分野。[1] 第二，从司法实践来看，如实供述与有罪推定有着异乎寻常的联系，侦查人员将被追诉人的如实供述义务异化为刑讯逼供的现象屡见不鲜。[2] 第三，从内涵来看，沉默权与无罪推定的基本精神密切联系。一方面，沉默权与无罪推定原则的人权保障精神密不可分；另一方面，沉默权与被追诉人的诉讼地位密不可分，在此意义上它与无罪推定原则强调被追诉人诉讼主体地位的理念相契合。第四，从其他关联规则来看，沉默权与其他无罪推定原则的内容紧密联系。虽然沉默权的起源比无罪推定更早，但是从被追诉人不承担证明责任，可以推导出被追诉人享有沉默权。[3] 第五，从功能角度来看，无罪推定原则要求在整个刑事诉讼过程中，被追诉人应该被推定为法律上无罪的人。被追诉人只有辩护权利，而没有证实自己清白的义务。显然，只有确立沉默权才会使被追诉人面对追诉机关时享有真正的意志自由。[4] 第六，将沉默权作为无罪推定原则的内容是一项国际通行标准。沉默权制度虽然最早出现于英国，但是由于该项制度充分体现了保障人权的精神，所以逐渐为其他国家所仿效，如美国、日本、法国、德国、新加坡、希腊、韩国、意大利等国均有相关规定。[5] 我国目前若确立沉默权制度，有利于创造与国际接轨的条件。[6] 总之，这些学者认为无罪推定应当包含沉默权。甚至有学者直接指出，

---

[1] 参见易延友：《沉默权与无罪推定原则之关系》，《中央政法管理干部学院学报》2000年第2期，第33页。

[2] 参见林林：《论如实供述与无罪推定》，《学术交流》2006年第2期，第59页。

[3] 参见陈光中主编：《〈公民权利和政治权利国际公约〉与我国刑事诉讼》，商务印书馆2005年版，第26页。

[4] 参见陈卫东、陈瑞华、任丽春：《理性审视沉默权》，《北京日报》2000年10月30日。

[5] 参见卢勤忠：《试探无罪推定在中国的确立和贯彻问题》，《法学》1998年第10期，第38~39页。

[6] 参见何燕萍：《中国目前应该确立沉默权制度——〈中国尚不具备确立沉默权的社会条件〉质疑》，《法学》2001年第7期，第42页。

所谓不享有沉默权，无罪推定就无从说起。①

"否定说"认为，无罪推定与沉默权并无直接联系，不应将两者混为一谈。有学者认为，按照无罪推定原则，虽然被告人不承担证明自己无罪的责任，但是，被告人的陈述、申辩、辩解，对于弄清事实真相以及争取自身权益有着极为重要的作用。应当认为被告人提出合理疑点并提出充分证据予以支持，是法律赋予被告人的一项诉讼权利。如果控方不能提供有力的证据来排除这一合理的疑点，人民法院就会作出有利于被告人的结论。我国1996年《刑事诉讼法》没有规定被追诉人的沉默权，正是我国从实际出发引用无罪推定原则精神的体现。②另有学者认为，沉默权与无罪推定作为两种不同制度，历史已经将两者进行了切割。它们有各自的思想基础，无罪推定不是沉默权的必要条件，而沉默权也独立于无罪推定。在遭遇反民主的纠问式审判时，没有无罪推定，也并不阻止人们主张沉默权的脚步。③

总的来说，笔者认为将沉默权视为无罪推定的内容并不适宜。诚如前文提及，对于无罪推定内容的理解可以是多方面的。但是需要注意，不宜将过多功能置于无罪推定原则之内，因为有时它会不堪重负。从我国无罪推定的研究历程来看，沉默权成立与否在一定程度上使各方对无罪推定充满疑虑，这反而阻碍了无罪推定原则的进一步发展。此外，无罪推定原则和沉默权虽然同为对被追诉人的保障机制，但两者并非表面上看起来那么紧密。沉默权自有其独立的来源，并非无罪推定原则的必然逻辑结论。被追诉人不负证明自己无罪的责任，意在指明被告人可以放弃辩护权，而非被告人享有沉默权。沉默权的主旨在于允许被告人对那些于自己不利的事实避而不谈，重在强调免除被告人对自己犯罪事实的作证义务。辩护权的放弃与沉默权的行使不可混为一谈。沉默是沉默权行使的外观，但保持沉默并不必然在行使沉默权。④ 当然，笔者并非全然否定两者之间的联系，只是表明两者可以相对独立存在，共同发展。

（二）是否应当确立沉默权

在1996年《刑事诉讼法》修改之际，便有不少学者对是否应当增设沉默权提出了自己的看法。如有学者认为：任何一个法律都是在全面权衡利弊的基础

---

① 参见陈卫东主编：《刑事诉讼法学研究》，中国人民大学出版社2008年版，第85页。
② 参见胡石友：《刑诉法中的"无罪推定"原则》，《法学杂志》1997年第4期，第11页。
③ 参见朱小庆：《试论沉默权与无罪推定的关系》，《山西财经大学学报》2006年第S2期，第228页。
④ 参见卞建林、[加]杨诚主编：《刑事正当程序研究：法理与案例》，中国检察出版社2006年版，第29~30页。

上，结合本国与犯罪作斗争的实际需要来决定是否赋予被追诉人沉默权。实际上，1996年《刑事诉讼法》可以通过第12、43、93、95条等条文来克服沉默权的缺陷问题。[1] 当然，也有学者提出反对意见，认为确立沉默权是避免公民受到不公正对待，以及使被追诉人的人格尊严和主体地位得到尊重的应有之义。[2]

1996年《刑事诉讼法》、2012年《刑事诉讼法》乃至2018年《刑事诉讼法》都存在被追诉人应当如实回答的规定。如2018年《刑事诉讼法》第120条明确规定，"犯罪嫌疑人对侦查人员的提问，应当如实回答。但是对与本案无关的问题，有拒绝回答的权利。侦查人员在讯问犯罪嫌疑人的时候，应当告知犯罪嫌疑人享有的诉讼权利，如实供述自己罪行可以从宽处理和认罪认罚的法律规定。"从权利保障以及全面落实无罪推定的角度来看，还是应当取消"如实回答"的规定，而只保留"侦查人员在讯问犯罪嫌疑人的时候，应当告知犯罪嫌疑人如实供述自己罪行可以从宽处理"的规定，以此确保认罪认罚从宽制度发挥实效。[3]

三、刑事证据规则

（一）非法证据排除规则

在1996年《刑事诉讼法》修改之际，有学者指出：应当跟随民事诉讼法的脚步，在刑事诉讼法中建立非法证据排除规则，因为《刑事诉讼法》中规定检察官、侦查人员在取证过程中一定要按照正当程序进行，然而对通过非正当程序所获得的对被告人不利的证据，只要是事实，法庭就有可能予以采纳。[4]《禁止酷刑和其他残忍、不人道或有辱人格的待遇或处罚公约》第15条规定，"每一缔约国应确保在任何诉讼程序中不得援引任何确属酷刑逼供作出的陈述为证据，但这类陈述可引作对被控施用酷刑逼供者起诉的证据。"有学者指出为履行我国缔结或参加的国际条约的义务，以及贯彻无罪推定原则，我国应当结合国情，从速建立自己的非法证据排除规则。[5] 有学者进一步提出针对1996年《刑事诉讼法》的不足，可以通过三方面予以改进：其一，对于非法言词证据应当绝对排除，而对于非法实物证据可以采用裁量排除的方式。其二，对于非法证据进行细化与区

---

[1] 参见方仲炳：《刑法与沉默权》，《人民检察》1998年第1期，第27页。
[2] 参见何燕萍：《中国目前应该确立沉默权制度——〈中国尚不具备确立沉默权的社会条件〉质疑》，《法学》2001年第7期，第44页。
[3] 参见顾永忠：《〈刑事诉讼法修正案（草案）〉中无罪推定原则的名实辨析》，《法学》2011年第12期，第35页。
[4] 参见李建勇：《中美无罪推定论之比较研究》，《政治与法律》2000年第5期，第32页。
[5] 参见杨凯：《论新刑事诉讼法中的无罪推定原则》，《湘潭大学学报（哲学社会科学版）》1998年第3期，第101页。

分。其三，在非法证据排除程序中给予被追诉人一定的证明责任。① 从 2012 年《刑事诉讼法》的修改成果来看，这些规定已经基本得到落实。笔者认为，未来除了继续着力于落实修法成果，还应当在以下方面进行完善：首先，建立我国的"毒树之果"理论，对非法衍生证据予以排除。② 其次，进一步贯彻《关于推进以审判为中心的刑事诉讼制度改革的意见》之规定，"探索建立重大案件侦查终结前对讯问合法性进行核查制度"，为侦查阶段非法证据排除提供程序支点。③ 最后，还应当建立对非法取证行为的惩戒制度，即在非法证据排除制度建构中，不仅应当关注于证据本身的效力，还应当建立完善的侵害人处罚机制。

（二）疑罪从无规则

虽然疑罪从无是无罪推定原则的主要内容之一，但是对该原则的忽略导致实践中疑罪从挂的情形时有发生，使被追诉人长期处于待决状态，给其带来了远大于被定罪的痛苦。④ 我国 2012 年《刑事诉讼法》第 195 条第 3 项、2018 年《刑事诉讼法》第 200 条第 3 项都规定了"证据不足，不能认定被告人有罪的，应当作出证据不足、指控的犯罪不能成立的无罪判决"。为进一步落实疑罪从无，有学者提出，应当杜绝存疑无罪判决。事实上，在无法确认被告人有罪的情形下，不管是由于什么原因，均应作出一个统一的无罪判决，而不应根据裁判理由的不同在无罪判决的类型上制造差异。这种将无罪判决划分不同类型的做法在理论上有悖于无罪推定原则的要求，而且难免挂一漏万，导致法律适用的偏差。⑤ 除此以外，有实务界人士提出还可通过思想上牢固树立疑罪从无观念，强化控、辩、审三方的相互制约，用疑罪从无倒逼专门机关提升办案能力，从而进一步践行无罪推定的理念。

（三）证明标准

证明标准是确保在事实认定领域无罪推定原则得到切实遵守的重要保障。根

---

① 参见卞建林主编：《共和国六十年法学论争实录》（诉讼法卷），厦门大学出版社 2009 年版，第 122~123 页。

② 参见陈卫东主编：《反思与重构：刑事证据的中国问题研究》，中国人民大学出版社 2015 年版，第 359~360 页。其他参见仲丽娜：《试论无罪推定原则在我国法律中的确立及完善》，《学术交流》2006 年第 10 期，第 63 页。

③ 参见李奋飞：《不得强迫自证其罪的中国化建构》，《人民论坛》2016 年第 S2 期，第 99 页。

④ 参见张帅：《浅议无罪推定原则的理性基础——以"五机关"〈关于办理死刑案件审查判断证据若干问题的规定〉中的新规为视角》，《法律适用》2011 年第 5 期，第 50 页。其他参见马雅玲：《论无罪推定原则在我国刑事诉讼实践中的适用》，《理论导刊》2010 年第 7 期，第 71 页。

⑤ 参见闵春雷、鲍文强：《我国无罪判决模式之反思——以〈刑事诉讼法〉第 195 条第 3 项为重点的分析》，《法学》2018 年第 5 期，第 158 页。其他参见周蔚、任志中：《无罪推定视野下刑事证据规则的构建》，《法律适用》2010 年第 2、3 期，第 138 页。

据无罪推定原则，控方应当承担推翻被告人"无罪"的证明责任。为达成此目的，控方证明被告人构成犯罪必须达到最高的证明标准。在英美证据法中，这一证明标准被界定为"排除合理怀疑"，而在大陆法国家的证据法中，这一证明标准则被描述为"内心确信"。在我国，1996年《刑事诉讼法》对定罪证明标准的表述则是"事实清楚，证据确实、充分"。有学者指出：这种标准含义模糊，主观性强，不利于操作，因此，为使证明标准更加明确且更具操作性，应当采取排除合理怀疑的标准。① 亦即，公诉方只有将被告人构成犯罪这一点证明到最高的程度，使法官、陪审员形成内心确信，才能推翻无罪的推定，并将无罪的推定转化为有罪的判定。相反，假如控方提不出任何证据，或者所提出的证据没有达到最高的证明程度，使裁判者对被告人是否构成犯罪存在合理的疑问，那么，就意味着无罪推定未被推翻，原来的推定无罪转化为确定无罪。② 值得称赞的是，2012年修法时采纳了这一观点，正式将排除合理怀疑标准引入了法典之中。

四、侦查措施

无罪推定要求，尽管为了惩治犯罪，国家有权使用公权力进行追诉，但是被追诉者在法律上仍为无罪之人。因此，这些追诉行为必须受到严格限制。③

考虑到羁押与无罪推定的紧张关系，多数学者意图调和两者的矛盾，并为之提供协调路径。有学者指出无罪推定使被告人免受审前刑罚，但被告人的自由应服从于公共安全的考虑，无罪推定与羁押等强制处分的适用是在社会公共利益与个人利益之间进行权衡，因此羁押是无罪推定的法定例外。由于无罪推定只是假设性的审判前提，其与刑事诉讼法上的强制处分制度的对立，属于"原则之间的冲突"，而非"规则间的冲突"。虽然羁押不违反无罪推定原则，但是它本身的适用也有无罪推定的部分意味，如它仅适用于被逮捕的重罪被告人，且必须符合正当程序要求。④

对于如何改进侦查程序，有学者指出，应进一步牢固树立并贯彻无罪推定理念和原则，在适用强制措施时，必须明确被追诉人在等待审判时原则上应当是自由的，只有干扰诉讼、不出庭或重新犯罪的，才能被剥夺人身自由。羁押只能是非常规措施，羁押的理由只能是有现实可能性逃避审判、重新犯罪、妨害证据等

---

① 参见丁明：《论无罪推定原则在刑事诉讼中存在的问题与完善》，《广西民族大学学报（哲学社会科学版）》2008年第5期，第119页。
② 参见陈瑞华：《刑事证据法学》，北京大学出版社2012年版，第40页。
③ 参见奚丹霓：《论无罪推定》，人民法院出版社2015年版，第78页。
④ 参见孙倩：《无罪推定的外国法溯源与演进》，《环球法律评论》2014年第4期，第59~60页。

妨害诉讼顺利进行等情形，同时必须适时进行羁押必要性审查，及时将无须羁押的被追诉人予以释放。① 除此以外，面对长久以来超期羁押问题，有学者指出羁押的滥用源于逮捕功能被异化。未来改进的重要着力点在于贯彻无罪推定原则，矫正异化了的逮捕功能，落实"国家尊重和保障人权"的宪法条款。②

此外，有学者提出：亦可设置律师在场权，保障被追诉人的合法权益。同时，讯问过程全程同步录音录像机制的延续及扩展，将进一步成为保障犯罪嫌疑人供述自愿性的技术手段，以此避免讯问行为在隐秘条件下完成。③

笔者认为历次刑事诉讼法修改都加强了对侦查行为的监督，增设了许多规范与限制，但是在各种侦查手段日新月异的情形下，这些规定仍不免失之模糊，造成侦查权被滥用。为进一步贯彻无罪推定原则，未来应当着手建立司法审查机制，完善令状制度，同时与非法证据排除规则相结合，将各种强制性侦查措施纳入第三方监督之下。此外，亦应对舆论进行引导，营造无罪推定原则适用的舆论氛围，确保侦查机关正确执法。④

五、审判程序

有学者指出，一事不再理原则的缺失使无罪推定长期无法落到实处。例如，我国《刑事诉讼法》中针对存疑不起诉是否可以再起诉没有明确规定，这使存疑不起诉缺乏稳定性。⑤ 再如，对于疑案的无罪判决，我国允许在发现新事实、新证据时可以重新起诉、重新审理。该规定虽存在形式合理性，但是若无规则限制往往只会使被告人长期陷入不确定状态，严重侵害被告人权益。⑥ 此外，对于二审撤销原判发回重审的案件，1996年《刑事诉讼法》也未作次数限制，导致被告人长时间陷入不确定状态。⑦ 为此，有学者指出，为维护法院生效判决的既判

---

① 参见陈卫东、刘计划：《英国保释制度及其对我国的借鉴意义》，《人民检察》2003年第3期，第57～62页。

② 参见刘计划：《逮捕功能的异化及其矫正——逮捕数量与逮捕率的理性解读》，《政治与法律》2006年第3期，第149页。

③ 参见赵新彬：《无罪推定原则在我国的本土化建构——以我国刑事诉讼法的再修改为视角》，《学术交流》2013年第9期，第50页。

④ 参见樊崇义、刘涛：《无罪推定原则渗透下侦查程序之架构》，《社会科学研究》2003年第2期，第83～85页。

⑤ 参见丁明：《论无罪推定原则在刑事诉讼中存在的问题与完善》，《广西民族大学学报（哲学社会科学版）》2008年第5期，第120页。

⑥ 参见江涌：《我国无罪推定原则的矛盾反思》，《甘肃政法学院学报》2004年第1期，第50页。

⑦ 参见丁明：《论无罪推定原则在刑事诉讼中存在的问题与完善》，《广西民族大学学报（哲学社会科学版）》2008年第5期，第120页。

力和稳定性，在立法上应当禁止追诉机关基于同一事实和理由再次提起公诉，以追诉权的有限、适度行使来保障公民合法权益。①

可喜的是，2012 年《刑事诉讼法》对于发回重审次数的问题进行了规制，限制了因"事实不清或者证据不足"发回重审案件的发回次数。未来还应当进一步确立一事不再理原则，防止对公民的法律地位随意进行变更，充分保障个人在社会生活中的自主性，使被追诉人免受随时可能被剥夺自由的惊扰。同时，司法机关的公信力也得到进一步提升。此外，一事不再理原则还可通过使控方丧失重复起诉进行弥补的机会，从而倒逼控方进一步提高办案质量。②

六、特殊程序

（一）违法所得没收程序中的无罪推定原则

2012 年《刑事诉讼法》修改引入了违法所得没收程序，允许在未对被追诉人定罪的情况下对涉案财产进行先行处理。有学者认为，考虑到违法所得没收程序干预对象的特殊性，有时可以对正当程序作出一定的限缩以满足刑事司法系统对效率价值的追求，因而违法所得没收程序在一定程度上抛弃了对无罪推定原则的信守。③ 但是，也有学者提出，违法所得没收程序实际并未违反无罪推定原则。由于"物"上没收关系与犯罪人刑事责任分属两个不同概念范畴，它们之间并无必然联系，所以将人身权和自由权进行分割并无不当。违法所得没收程序的出现源于诉讼障碍的出现，它所确认的只是犯罪行为关涉的"物"，且本身启动具有被动性，因而并未真正否定无罪推定原则。而且，违法所得没收程序的适用还需符合相应证据条件，由此也体现了对人权的尊重和保障。④

（二）认罪认罚从宽制度中的无罪推定

很早便有学者指出，无罪推定为被告人从事诉讼防御活动提供了法律保障。但是，在自愿认罪的案件中被告人已经转化为一种特殊的"控方证人"，他们通常放弃了与控方的诉讼对抗，并如实供述自己的犯罪事实。此时，无罪推定所赖以发挥作用的前提条件已不复存在。因此，无罪推定在此类案件中会受到一定限制。如在处理某些程序性问题（如申请回避、变更管辖等）时，法院可能不会再

---

① 参见卞建林主编：《共和国六十年法学论争实录》（诉讼法卷），厦门大学出版社 2009 年版，第 122 页。
② 参见闵春雷、鲍文强：《我国无罪判决模式之反思——以〈刑事诉讼法〉第 195 条第 3 项为重点的分析》，《法学》2018 年第 5 期，第 163 页。
③ 参见陈卫东：《构建中国特色刑事特别程序》，《中国法学》2011 年第 6 期，第 38 页。
④ 参见奚玮、张敬博：《违法所得没收程序的正当性之辨》，《西南民族大学学报（人文社会科学版）》2014 年第 4 期，第 88 页。

遵循无罪推定原则。[1] 有学者更进一步指出：无罪推定作为一项权利，被追诉人在一些场合是可以放弃的。确立无罪推定放弃机制将有利于我国刑事司法改革，有利于司法公正和效率，也有利于进一步保障人权。[2] 2014 年，全国人大常委会授权最高人民法院、最高人民检察院在 18 个地市开展了为期两年的刑事案件速裁程序试点工作。有学者认为，在刑事速裁程序中通过缩短诉讼期限的方式，避免审前对被追诉人的不当监禁，降低羁押性强制措施的适用率，这些都是贯彻无罪推定原则的重要体现。[3]

2016 年 7 月 22 日，中央全面深化改革领导小组出台了《关于认罪认罚从宽制度改革试点方案》，认罪认罚从宽制度正式进入我国刑事司法领域。有学者指出，考虑到认罪认罚从宽制度的正当性源于被告人认罪的自愿性，当被告人自愿选择认罪认罚从宽制度时就意味着其已自愿放弃无罪推定及普通程序中的一些权利。因此，在某些程序中可能不会满足无罪推定原则，如定罪证明标准可能无须达到排除合理怀疑。[4] 当然，也有学者认为，无罪推定原则建立在古典报应哲学的基础上，强调公正的内在品质；而认罪认罚从宽制度建立在功利主义哲学基础上，强调效率的外在品相，两者不在同一范畴内，可以相互协作，共同完成对犯罪的追究。[5]

目前有一种典型观点认为，无罪推定原则在认罪认罚从宽制度中仍然会发挥作用，应继续维持现有的"事实清楚，证据确实、充分，排除合理怀疑"这一证明标准。尤其是，认罪认罚从宽制度只允许控辩双方就量刑进行协商和交易，即便法院对被告人可能判处较轻的刑罚，但是为了避免出现冤假错案，在定罪问题上也不应降低证明标准。而量刑问题则有所不同，量刑证明标准的降低既不会破坏无罪推定，也不会造成冤假错案，反而会促使案件得到快速处理。[6]

（三）缺席审判与无罪推定原则

2018 年《刑事诉讼法》引入了缺席审判制度。由于缺乏传统审判中的对席审判因素，因而学术界对缺席审判是否有违无罪推定原则一直存有疑虑。有学者

---

[1] 参见陈瑞华：《刑事证据法学》，北京大学出版社 2012 年版，第 42～43 页。
[2] 参见杨宇冠、董超：《论权利放弃：以无罪推定权利为视角》，《杭州师范大学学报（社会科学版）》2008 年第 5 期，第 53 页。
[3] 参见刘泊宁：《论刑事诉讼阶段之跨越式发展——刑事速裁程序构建的另一种思考》，《法学》2017 年第 9 期，第 171 页。
[4] 参见祁建建：《无罪推定、排除合理怀疑与自愿性——对认罪认罚案件和普通程序庭审定罪正当性来源的思考》，《人民检察》2018 年第 2 期，第 61～64 页。
[5] 参见李卫红：《认罪认罚处理机制研究》，《山东警察学院学报》2017 年第 2 期，第 6 页。
[6] 参见陈瑞华：《认罪认罚从宽制度的若干争议问题》，《中国法学》2017 年第 1 期，第 41 页。

指出，从国际通行规则来看，2016年欧盟发布了《关于强化无罪推定的某些方面和强化刑事程序中参加审判权利的指针》（以下简称《指针》），其中规定"被调查人和被告人参加诉讼的权利不是绝对的，当满足一定条件时，被调查人和被告人应当有可能放弃参加诉讼，只要这种明示或者默示的放弃是以并非模棱两可的方式表达的"。由此可见，《指针》允许欧盟各成员国通过立法建立缺席审判制度，只不过该制度需符合联合国《公民权利和政治权利国际公约》以及《维护人权和基本自由权欧洲公约》的规定，并且要确保"被调查人或被告人适时地知晓相关诉讼的存在以及不出庭的后果"[1]。由此看来，建立缺席审判程序并无理念障碍。此外，为在缺席审判中贯彻无罪推定原则，有学者提出还应当保障缺席被告人的答辩和陈述权利、获得辩护权利、与证人对质权利等。[2]

七、刑事推定与无罪推定

近年来，不少学者关注到刑事推定与无罪推定原则之间的联系与区别，就两者关系形成了四种较具代表性的观点。

第一，"例外说"。持该观点的学者主张，刑事推定虽有时不利于被告人，但不能以此为理由否定刑事推定，它本身应当是无罪推定原则和有利被告原则的例外情形。实际上，基于价值平衡和价值选择的一般原理，有原则就应当有例外，而刑事推定正是限制无罪推定原则的例外情形。[3] 换言之，刑事推定是对无罪推定统摄下的证明责任进行了部分转移，两者是原则与例外的关系。[4] 有学者更是明确指出，从证明对象、证明责任、证明标准等几个角度来看，无罪推定并非一项绝对性的原则和权利，它在特定情况下（如公共政策、公平原则等需要时）也会受到一定限缩，刑事推定便是这种修正的集中体现。[5]

第二，"区别说"。持该观点的学者指出，刑事推定在降低控方证明要求的同时又将存疑风险转移到被告人身上，背离了排除合理怀疑的证明标准，直接危及无罪推定原则所保护的价值与利益。[6] 可以说，刑事推定改变了无罪推定原则的核心内容。

---

[1] 黄风：《对外逃人员缺席审判需注意的法律问题》，《法治研究》2018年第4期，第59页。
[2] 参见杨宇冠、高童非：《中国特色刑事缺席审判制度的构建——以比较法为视角》，《法律适用》2018年第23期，第13页。
[3] 参见汪建成、何诗扬：《刑事推定若干基本理论之研讨》，《法学》2008年第6期，第29~30页。
[4] 参见赵均锋、王志祥、刘婷：《论我国对腐败犯罪刑事推定的应然态度》，《河南社会科学》2018年第1期，第83~84页。
[5] 参见张旭、张曙：《也论刑事推定》，《法学评论》2009年第1期，第19~20页。
[6] 参见劳东燕：《认真对待刑事推定》，《法学研究》2007年第2期，第21页。

第三,"基本一致说"。持该观点的学者认为,刑事推定与无罪推定整体契合,但在特定条件下存在一定潜在冲突。一方面,刑事推定与无罪推定分属不同范畴,一般不构成直接冲突。尤其是刑事推定一般只涉及部分犯罪构成要件的认定,至于无罪推定则关注于整体意义上的证明责任承担,而这对被告人的影响较为轻微。另一方面,刑事推定与无罪推定在价值上存在一定冲突,有时会减低控方的证明难度。①

第四,"一致说"。持该说的学者认为,刑事推定完全契合作为证明责任分配准则的无罪推定原则,二者不是原则与例外的关系,更不存在矛盾。② 有学者进一步指出,所谓事实推定实际上就是一种推论,其并未降低证明标准、转移证明责任,因而与无罪推定并无抵牾。③ 此外,有学者甚至提出,在刑事诉讼中正确地运用推定方法,在一定程度上也有助于缓解某些证明上的困难,降低诉讼成本。④

从司法实践来看,笔者认为"一致说"的理解较为适当。所谓刑事推定在本质上是一种间接证明的方法,其与推论同质,是指根据已知事实的成立,运用日常生活的经验法则和逻辑法则推出与已知事实相关的另一事实成立的证明方法。它由法官根据某些事实与推论事实之间相互联系的盖然性进行判断,其中更多的包含了自由心证的内容,它涉及的是主观证明责任的转移,而并不影响与无罪推定相关的客观证明责任。有关司法解释的规定也体现了这种观点。如最高人民法院在2008年发布的《全国部分法院审理毒品犯罪案件工作座谈会纪要》中规定了"明知"认定的十种情况,而这种"明知"并非绝对,同时需要法官进行个案判断裁量,被告人亦可以进行反驳,这些都揭示了刑事推定的推论本质。

总之,我国理论界理解与接纳无罪推定原则经历了一个漫长而曲折的过程。作为一项"刑事诉讼中不可放弃的原则",无罪推定原则涉及的问题广泛而重大,学术界关于无罪推定的相关研究直接推动了社会诉讼价值观念的转变,传统的有罪推定观念逐渐被淘汰。虽然该原则在我国立法中的认可历程颇为艰难,但相关研究无疑促进了立法的民主化、科学化。

---

① 参见赵俊甫:《论刑事推定的合宪性审查》,《证据科学》2009年第6期,第707~708页。
② 参见张云鹏:《刑事推定与无罪推定之契合》,《法学》2013年第11期,第106页。
③ 参见姚磊:《犯罪论体系推定机能与刑事主观事实证明》,《政治与法律》2016年第7期,第23页。
④ 参见毛淑玲、刘金鹏:《刑事法中的推定与无罪推定》,《法学杂志》2009年第12期,第73页。

第三编

刑事诉讼制度理论的争鸣与发展

第九章

辩护制度及其理论发展

刑事诉讼法素有"小宪法"之称，主要原因在于刑事诉讼法是一国法律体系中最为重要的人权保障规范。众所周知，刑事诉讼中的国家行为往往对公民的宪法基本权利造成严重干预，刑事诉讼目的之达成很可能以侵犯基本权利为代价。① 作为专门保护被追诉人合法权益的制度设计，辩护权的有效行使是被追诉人在刑事诉讼程序中最重要的人权保障机制。因此，辩护制度常被视为衡量一国人权保障水平的"试金石"。

回望过去，以1979年《刑事诉讼法》的实施为标志，辩护制度正式迈入了"有法可依"的轨道，被告人的辩护权初步得到实现。1996年《刑事诉讼法》将律师介入诉讼的时间提前至侦查阶段，扩大了律师辩护的空间，前移了保障人权的节点。2012年《刑事诉讼法》将"尊重和保障人权"的基本理念写入总则，细化了会见权、阅卷权的相关规定，为辩护权的有效行使提供了重要保障。2018年《刑事诉讼法》首次确立了值班律师制度，实现了缺席审判案件中的辩护律师全覆盖，人权保障水平显著提升。由此观之，随着《刑事诉讼法》的"一立三改"，辩护制度也经历着从无到有、从阶段到全程、从粗放到精细的不断完善之过程。

随着程序正义与人权保障观念的深入人心，律师有效行使辩护权的"阻力"呈减弱之势，但依然面临不少难题。对此，学术界和实务界结合域外国家和地区的经验，立足于中国国情，提出了诸多有益的改革设想。与此同时，学术界对辩护制度的相关理论研究也逐步深入，并取得了丰硕的成果。应当说，刑事辩护制

---

① 参见陈卫东：《刑事诉讼法治四十年：回顾与展望》，《政法论坛》2019年第6期，第18页。

度的发展与完善是一项系统工程,既涉及立法的修改与进步,又涉及司法实践中对法律的正确理解和执行,还涉及人们对刑事辩护制度认识的进一步升华。①

第一节 辩护制度的历史沿革

一、复苏重建

在新中国成立之初,国民党的"六法全书"和旧法统被正式废除。与此同时,党和政府着手建立社会主义新法制和人民司法制度,辩护制度便是其中的重要部分。这一阶段的标志性成果是 1954 年《宪法》、1954 年《人民法院组织法》与 1954 年《人民检察院组织法》。然而,从 1957 年下半年开始,由于极左思潮的冲击,有关辩护制度的法制建设和理论研究遇到了严重挫折。值得一提的是,从 1957 年至 1963 年,刑事诉讼法典草案四易草稿,均在总则部分专章规定了辩护制度,虽然条文数量不多,但大多规定了辩护的方式与辩护人的范围、指定辩护、辩护人的权利和责任等基本内容②,为 1979 年《刑事诉讼法》的制定奠定了坚实的基础。1963 年后期,"以阶级斗争为纲"的理念逐渐盛行,刑事诉讼法典的准备工作被迫中断,辩护制度乃至整个司法制度被彻底否定。③

随后,1978 年 3 月通过的《宪法》恢复了 1954 年《宪法》中关于辩护的相关规定,奠定了辩护制度的宪法基础。1978 年 12 月,党的十一届三中全会拉开了恢复与正式确立辩护制度的序幕。1979 年《刑事诉讼法》进一步将"被告人有权获得辩护"以基本原则的方式加以明确,同时通过专章的形式将辩护的种类、辩护人的范围、指定辩护的适用情形、辩护人的权利和责任等纳入法律规范的框架内,初步搭建了刑事辩护的制度体系,为律师开展辩护工作提供了法律保障。需要明确的是,该法仅允许辩护人在审判阶段参与辩护,这一点遭到了律师界与理论界的质疑和批判。总体而言,该法初步规定了辩护人的权利和义务,这

---

① 参见熊秋红:《刑事辩护制度之诉讼价值分析》,《法学研究》1997 年第 6 期,第 130 页。
② 分别是 1957 年 5 月 18 日出台的法典草案草稿(第 43~36 条)、1962 年 8 月 31 日出台的法典草案初稿(第 38~43 条)、1963 年 3 月 1 日出台的法典草案三稿(第 38~43 条)、1963 年 3 月 13 日出台的法典草案四稿(第 24~27 条)、1963 年 4 月 1 日出台的法典草案五稿(第 26~29 条)。参见吴宏耀、种松志主编:《中国刑事诉讼法典百年》(中册),中国政法大学出版社 2012 年版,第 462~463、512~513、566~567、636~637、666 页。
③ 参见陈光中:《刑事诉讼立法的回顾与展望》,《法学家》2009 年第 5 期,第 16 页。

是新中国成立以来刑事诉讼程序的重大进步,有助于保障被告人辩护权的实现。①

当然,刑事辩护制度的发展离不开律师制度的助力。1980年出台的首部专门规定律师制度的法律——《律师暂行条例》即对律师的任务和权利、资格、工作机构等问题作出规定,为我国律师制度的恢复提供了法律依据。值得注意的是,该法将律师定位为"国家法律工作者"。这一立法界定有双重考量:"一方面,是为了对抗积淀在人们头脑中的那些于律师制度发展极为不利的旧观念、旧思想,以确立律师工作的权威性。另一方面……当时社会主义法制观念薄弱,律师的法律地位得不到应有的尊重,甚至遭到拘留、逮捕,将律师界定为国家法律工作者,使其与公安司法工作人员一样处于同样的国家法律工作者地位,本身就是向社会昭示法律对律师的合法权益的特别保护,以保障律师正常开展业务活动。"②

历史地看,该界定具有进步意义,它提高了律师职业的法律地位、社会地位,推动了法律职业共同体的兴起。但是,依此规定,作为律师职业的重要组成部分,辩护律师成为一种"准国家工作人员",与法、检、公的国家工作人员一同站在被追诉者的对立面,显然有违控、辩、审分离的诉讼原理。这也成为被追诉人及其家属聘请辩护律师的一大顾虑。

另外,这一时期关于辩护制度的重点议题有如下几项:

其一,关于1979年《刑事诉讼法》中辩护制度的修改问题的讨论。学术界对辩护制度的修改意见集中于下述两点:一是建议提前律师介入诉讼的时间,至于在侦查阶段还是在审查起诉阶段介入诉讼,依然存在分歧。③ 二是建议加强和保障律师的辩护权利,如明确规定律师有代理申诉权等等。④

其二,对于律师应如何对待被告人隐瞒罪行的问题,学术界存在不同看法,主要有三种观点:第一种观点从律师的辩护职责出发,认为揭发犯罪是司法机关的职责,且与律师的辩护职责相违背。第二种观点从律师的职能定位出发,提出

---

① 参见拜荣静:《刑事诉讼法学研究的变迁与展望》,《政法论坛》2019年第5期,第28页。
② 顾永忠、宋英辉、熊秋红、王进喜、司莉:《论律师的职业属性》,《中国司法》2007年第4期,第53页,王进喜:"律师职业属性的内在逻辑"。
③ 参见崔敏:《关于刑事诉讼法修改与完善的研讨概述》,《现代法学》1995年第1期,第94页;柯葛壮:《关于修改刑事诉讼法的问题——1994年全国诉讼法学研讨会综述(刑诉法部分)》,《政治与法律》1995年第2期,第61页。
④ 参见柯葛壮:《刑事诉讼法的修改与完善——1991年全国诉讼法学会年会观点综述》,《法治论丛》1991年第5期,第51页;陈浩铨、黄道:《修改与完善刑事诉讼法的若干设想》,《法治论丛》1992年第1期,第8页。

律师是国家的法律工作者，在维护被告人合法权益的同时更应保护国家利益，因此律师应当向司法机关揭发其隐瞒的罪行。第三种观点兼顾了律师的辩护职责和职能定位，认为律师承担的职责显然不允许其揭发当事人隐瞒的罪行，但也不能违背事实和法律，所以律师应拒绝辩护。①

其三，学术界对于辩护律师是否享有独立的诉讼地位、辩护意见是否要受到被告人约束等问题也进行了颇多讨论。可以说，1979年至1996年是中国刑事辩护理论的开端，对今后辩护制度的完善及有效辩护理论的引入起到了铺垫作用。②

二、快速发展

1996年《刑事诉讼法》关于律师辩护问题的修改广受瞩目并得到充分肯定。首先，立法机关部分采纳了理论界的建议，将律师介入诉讼的时间提前至侦查阶段。其次，明确了辩护律师在侦查阶段的陪同会见权和在审查起诉阶段、审判阶段的单独会见权。最后，规定了辩护律师可以在审查起诉阶段查阅技术性鉴定材料和诉讼文书，在审判阶段查阅主要证据的复印件、证据目录和证人名单。由此观之，该法在侦查、审查起诉及审判活动中都为律师特别是辩护律师发挥作用提供了从小到大的空间。③

然而，立法并未在侦查阶段赋予律师以辩护人身份，导致律师在侦查阶段名不正、言不顺，而且律师在行使会见权、阅卷权、调查取证权等辩护权利时困难重重，权益得不到应有的保障。④此外，尽管律师可以在侦查阶段介入诉讼，但因《刑法》第306条规定了辩护人、诉讼代理人毁灭证据、伪造证据、妨害作证罪，一旦庭审中出现被告人翻供、证人改变证言的情况，检察机关便会据此断定律师触犯此罪，甚至会在庭审后直接抓捕律师，再加上侦查会见中的派员在场异化为侦查人员实质性、常态化的审批，导致会见权的行使因侦查人员不支持而寸步难行，通信权、调查取证权、阅卷权的行使也同样出现了不畅、被拒的情况。由此，辩护难的问题成为影响1996年《刑事诉讼法》修改效果的

---

① 参见陈卫东：《关于〈刑事诉讼法学〉绪论和程序论若干争议问题综述》，《学员之家（法律版）》1986年第1期，第35~36页。
② 参见拜荣静：《刑事诉讼法学研究的变迁与展望》，《政法论坛》2019年第5期，第29页。
③ 参见顾永忠：《2018年刑事诉讼法再修改对律师辩护的影响》，《中国法律评论》2019年第1期，第189页。
④ 参见卞建林、谢澍：《新中国刑事诉讼制度的诞生和发展——写于中华人民共和国成立70周年暨〈刑事诉讼法〉颁布40周年之际》，《暨南学报（哲学社会科学版）》2019年第10期，第9页。

重要因素。①

　　这一时期，学术界对于辩护律师具体权利的实现以及实践中出现的辩护难问题研究颇多，成果丰富。② 值得注意的是，这一时期对于刑事辩护制度的学术研究逐渐呈现国际化趋势。例如，有学者以国际标准对我国的辩护制度展开考察，梳理了我国在吸收和借鉴联合国刑事司法标准方面所作的努力，同时指出我国的辩护制度与国际标准之间仍存在一定的差距。③ 还有诸多学者对国外的刑事辩护制度进行了译介和评析，为充分认识和客观评价我国的辩护制度提供了新的视角。④

　　在此期间，《律师法》的制定和修改，使辩护律师的职能角色发生了两次重大转变。1996年《律师法》将律师界定为"为社会提供法律服务的执业人员"，突出了律师的"社会性"，律师由"工作者"变成了"服务者"，由姓"公"变成了姓"私"。而2008年施行的《律师法》则将律师定位为"为当事人提供法律服务的执业人员"，弱化了"社会性"，强化了"当事人性"⑤。这些变化恰恰反映了我国不同时期对律师性质的不同认识，也体现了不同时期对律师行业发挥作用的不同要求和期待。从计划经济到市场经济，再到改革开放的进一步深化，律师的国家责任、公共责任逐步弱化，维护委托人合法权益的责任则得到越来越明显

---

① 参见孙记：《论我国40年来刑事司法的价值追求》，《西北民族大学学报（哲学社会科学版）》2020年第2期，第3页。

② 参见王敏远：《我国刑事诉讼法修改述评》，《法学家》1996年第4期，第53页；顾永忠：《试论辩护律师的阅卷权》，载陈光中、江伟主编：《诉讼法论丛》（第1卷），法律出版社1998年版，第116~125页；陈少林：《论辩护律师的在场权》，《法学评论》2000年第5期，第67~72页；欧卫安：《关于辩护律师行使最后陈述权的思考》，《法学杂志》2001年第1期，第62页；宋英辉、李哲：《庭审前程序中辩护律师信息知悉权的保障——兼谈我国刑事证据信息交换制度的构建》，《浙江工商大学学报》2005年第4期，第3~9页；韩旭：《新〈律师法〉实施后的律师刑事取证问题》，《法学》2008年第8期，第53~62页。

③ 参见熊秋红：《从刑事司法国际标准的角度看我国刑事辩护制度》，《法学评论》1998年第2期，第64页。

④ 参见左卫民、刘全胜：《两大法系辩护运行机制的比较研究》，《中央政法管理干部学院学报》1997年第1期，第6~8页；宋英辉、杨光：《日本刑事诉讼的新发展》，载陈光中、江伟主编：《诉讼法论丛》（第1卷），法律出版社1998年版，第149~154页；陈海光、李明海、易延友：《俄罗斯刑事辩护机制变迁及其评析》，《河北法学》2001年第4期，第134~140页；陈卫东、刘计划、程雷：《法国刑事诉讼法改革的新进展——中国人民大学诉讼制度与司法改革研究中心赴欧洲考察报告之一》，《人民检察》2004年第10期，第69页；陈卫东、刘计划、程雷：《变革中创新的意大利刑事司法制度——中国人民大学诉讼制度与司法改革研究中心赴欧洲考察报告之三》，《人民检察》2004年第12期，第70页；赖早兴：《精神病辩护制度研究——基于美国精神病辩护制度的思考》，《中国法学》2008年第6期，第107~116页。

⑤ 黄振中：《论新中国律师的性质变化与转型期之定位》，《法学评论》2010年第4期，第52~58页。

的强化，律师的职能定位和职业伦理发生了同步变化。①

自 2007 年《律师法》正式生效以来，社会各界对这部法律的实施给予了高度的关注。一些执法部门对于《律师法》与《刑事诉讼法》发生冲突的部分条款，采取了推诿甚至公开拒绝执行的态度，使这部旨在推动律师制度改革的法律受到了规避和抵制。② 该部法律就辩护律师会见权、阅卷权和调查取证权所确立的诸项规则，在司法实践中并没有得到切实有效的贯彻。

随着改革开放的进一步深化，我国的社会、经济、文化都进入了快速发展的时期，面对新的犯罪形势、人权保障要求以及社会治理需要，尤其是 1999 年、2004 年"依法治国"与"国家尊重和保障人权"分别入宪之后，1996 年《刑事诉讼法》已显陈旧。此外，司法改革运动的渐次展开对刑事诉讼程序的民主性和人权保障功能提出了新的、更高的要求。在此背景下，立法机构将 1996 年《刑事诉讼法》的修改纳入立法规划，一些资深学者组织起草了多部"刑事诉讼法专家建议稿"，中华全国律师协会刑事业务委员会也组织了多次研讨活动，并主持起草了国内第一部律师版的"刑事诉讼法修改建议稿"。由此，1996 年《刑事诉讼法》的修改问题第一次打破了完全由立法部门主导的局面，呈现出学者、律师共同参与和影响立法进程的状态。③

三、深化变革

2012 年《刑事诉讼法》确立了"尊重和保障人权"的基本理念，同时对辩护制度作出了重大调整和完善。该法允许犯罪嫌疑人在侦查阶段委托辩护人，健全并细化了会见权、阅卷权的相关规定，明确了对律师涉嫌犯罪案件的立案管辖问题，缓解了实践中存在的辩护权利行使难和执业保障少等问题。同时，该法还扩大了法律援助的适用对象，向前延伸了法律援助的适用阶段，这对提高我国的人权保障水平具有显著意义。

2014 年，我国启动了 1979 年以来规模最大的司法体制改革。在这一改革进程中，辩护制度的改革和进步主要有两个方面：一是"刑事辩护全覆盖"制度的推进，有望使指定辩护的适用范围得到全方位的扩大；二是"法律援助值班律师"制度的推行，可以使部分嫌疑人、被告人获得值班律师的紧急法律帮助。此外，"以审判为中心"的诉讼制度改革的推进，提高了律师辩护的效果；认罪认

---

① 参见陈瑞华：《辩护律师职业定位的演变与反思》，《中国司法》2019 年第 11 期，第 18 页。
② 参见陈瑞华：《制度变革中的立法推动主义——以律师法实施问题为范例的分析》，《政法论坛》2010 年第 1 期，第 38 页。
③ 参见陈瑞华：《刑事程序失灵问题的初步研究》，《中国法学》2007 年第 6 期，第 141 页。

罚从宽制度改革的试点,丰富了律师辩护的理论形态,也对律师从事辩护工作提出了新的要求。① 但是,制约辩护权有效行使的因素依然存在,如辩护质量不高,侦查阶段律师是否享有调查取证权界定不明等,最为突出的问题则表现在刑事辩护率不高,特别是法律援助辩护的范围太窄。②

在这一阶段,学术界对辩护制度的研究主要有下述特点:其一,围绕法律文本中的辩护制度展开研究,对其进步与不足之处加以评析,并提出相关完善建议。③ 其二,在其他制度框架下或在宏观视野下就如何保障辩护权的有效行使展开探讨,呈现出综合性、体系化的特征。例如,有部分学者针对认罪认罚从宽制度中的律师辩护问题进行研究④,也有部分学者以审判中心主义为视角对辩护制度加以思考。⑤ 其三,有关"有效辩护"的理论研究在广度和深度上均有所拓展,成果丰硕。⑥ 其四,运用实证研究方法对辩护制度及相关问题展开观察和研究的文献呈现增长态势,凸显了刑事诉讼理论界的"中国问题"意识。⑦

---

① 参见陈瑞华:《刑事辩护制度四十年来的回顾与展望》,《政法论坛》2019 年第 6 期,第 4 页。
② 参见陈光中、步洋洋:《审判中心与相关诉讼制度改革初探》,《政法论坛》2015 年第 3 期,第 124 页。
③ 参见熊秋红:《刑事辩护的规范体系及其运行环境》,《政法论坛》2012 年第 5 期,第 49~57 页;顾永忠:《我国刑事辩护制度的重要发展、进步与实施——以新〈刑事诉讼法〉为背景的考察分析》,《法学杂志》2012 年第 6 期,第 56~65 页;卞建林、褚宁:《为刑事诉讼法的完善和实施建言献策——2012 年刑事诉讼法学研究综述》,《人民检察》2013 年第 2 期,第 25 页;潘申明、刘宏武:《论刑事辩护制度的革新——以新〈刑事诉讼法〉为基点》,《法学杂志》2013 年第 3 期,第 118~126 页;陈光中:《我国刑事辩护制度的改革》,《中国司法》2014 年第 1 期,第 24~27 页。
④ 参见陈卫东:《认罪认罚从宽制度研究》,《中国法学》2016 年第 2 期,第 58 页;贾志强:《论"认罪认罚案件"中的有效辩护——以诉讼合意为视角》,《政法论坛》2018 年第 2 期,第 171~184 页;杨波:《论认罪认罚案件中值班律师制度的功能定位》,《浙江工商大学学报》2018 年第 3 期,第 35~43 页。
⑤ 参见顾永忠:《以审判为中心背景下的刑事辩护突出问题研究》,《中国法学》2016 年第 2 期,第 65~85 页;陈卫东、亢晶晶:《我国律师辩护保障体系的完善——以审判中心主义为视角》,《中国人民大学学报》2016 年第 3 期,第 136~146 页;魏晓娜:《审判中心视角下的有效辩护问题》,《当代法学》2017 年第 3 期,第 101~110 页。
⑥ 参见熊秋红:《有效辩护、无效辩护的国际标准和本土化思考》,《中国刑事法杂志》2014 年第 6 期,第 129~135 页;陈瑞华:《有效辩护问题的再思考》,《当代法学》2017 年第 6 期,第 3~13 页;闵春雷:《认罪认罚案件中的有效辩护》,《当代法学》2017 年第 4 期,第 27~37 页。
⑦ 参见左卫民、马静华:《刑事法律援助改革试点之实证研究——基于 D 县试点的思考》,《法制与社会发展》2013 年第 1 期,第 52~65 页;韩旭:《新〈刑事诉讼法〉实施以来律师辩护难问题实证研究——以 S 省为例的分析》,《法学论坛》2015 年第 3 期,第 134~141 页;吴宏耀、张亮:《死刑复核程序中被告人的律师帮助权——基于 255 份死刑复核刑事裁定书的实证研究》,《法律适用》2017 年第 7 期,第 61~69 页;胡铭:《律师在认罪认罚从宽制度中的定位及其完善——以 Z 省 H 市为例的实证分析》,《中国刑事法杂志》2018 年第 5 期,第 115~126 页。

四、趋于成熟

2018年对于《刑事诉讼法》的修正主要从衔接国家监察体制改革、确立缺席审判制度、总结认罪认罚从宽制度和速裁程序试点经验等三方面展开。与前两次全面修改相比，本次修正呈现出部分性、有限性、应急性的特征。但是，本次修法依然对律师的辩护工作产生了诸多直接或间接的影响：一是确立了值班律师制度，壮大了为犯罪嫌疑人、被告人提供法律帮助的职业队伍；二是提高了辩护人与值班律师在认罪认罚从宽制度中的参与程度；三是实现了缺席审判案件中的辩护律师全覆盖，提升了我国的人权保障水平。由此观之，本次修法对刑事辩护产生的影响总体是积极的，但其中依然存在不少问题，例如，在监察委员会调查环节，辩护律师无法介入诉讼为当事人提供法律帮助，这势必对今后的刑事辩护工作提出了挑战。[1]

事实上，在四十多年间，最高人民法院、最高人民检察院、公安部先后出台了多部保障辩护权的相关司法解释和规范性文件，内容涉及"以审判为中心"的诉讼制度改革、认罪认罚从宽制度、审判阶段律师辩护全覆盖试点、值班律师制度、死刑复核阶段听取辩护律师意见、律师代理申诉、健全完善法庭规则以保障律师依法履职、扩大司法信息公开以切实保障律师知情权、设立跨部门联动机制以切实维护律师的合法权益等。可以说，这些规范性文件为刑事辩护制度的发展与完善发挥了重要作用，作出了历史性贡献。[2]

回顾我国刑事辩护制度四十多年来的发展，可以梳理出以下五条脉络：第一，在辩护律师的职业定位上，存在着从国家法律工作者向法律专业人员的转型，反映了律师职业伦理的变化。第二，在辩护律师的参与阶段上，出现了从法庭辩护向审判前辩护的转型，进而出现了刑事诉讼全流程辩护的趋势。第三，在辩护主体上，从过去重视被告人有权获得辩护，走向现在的强调辩护律师的专业辩护，而在法律援助的模式上出现了法律援助辩护律师与法律援助值班律师共存的二元样态。第四，从辩护的效果来看，从过去简单地重视"有人辩护"发展到对"有效辩护"理念的普遍认同。第五，从辩护的保障机制来看，从过去的注重辩护权的法律宣示走向对辩护权的司法保障。[3] 一言以蔽之，我国辩护制度的发

---

[1] 参见樊崇义：《2018年〈刑事诉讼法〉最新修改解读》，《中国法律评论》2018年第6期，第6~7、10页。

[2] 参见祁建建：《"刑事辩护制度四十年的发展、不足与展望"研讨会综述》，《中国司法》2019年第7期，第90页。

[3] 参见陈瑞华：《刑事辩护制度四十年来的回顾与展望》，《政法论坛》2019年第6期，第3页。

展历程总体表现为辩护权不断丰富、扩张和落实的特点。

第二节 辩护制度基本理论

一、辩护制度的理论基础

为何要在刑事诉讼中赋予被追诉人获得辩护的权利？又为何将辩护职能与控诉、审判职能并列确立为刑事诉讼三大职能？新中国成立70多年来辩护制度为何呈现出曲折中前进的轨迹？这些问题无一不涉及我国辩护制度的理论基础。

早期的权威观点认为，马克思列宁主义、毛泽东思想是构建我国刑事辩护制度的理论基础，马克思主义认识论、马克思主义哲学中的"对立统一规律"更具有决定意义，我国的辩护制度正是这一世界观、方法论在刑事诉讼中的具体运用和体现。[①]

后有学者在肯定前述观点的基础上，对刑事辩护制度的理论基础进行了丰富和扩展，具体包括：其一，无罪推定原则。该原则解决了被追诉人的诉讼地位问题，影响着证明责任的分配，强调了法院在决定被告人有无罪上的绝对权威，这些内容与辩护制度相辅相成。申言之，无罪推定原则既是被追诉人享有辩护权的前提，也是被追诉人实现辩护权的有力保障。其二，程序主体性理论。辩护权乃被追诉人享有程序主体地位的标志，辩护权能的强弱直接影响着被追诉人在刑事诉讼中的实际地位。其三，对立统一规律。在刑事诉讼中，控辩矛盾贯穿始终，矛盾双方相互对立、相互依存、相互制约。对立统一规律则充分认识到了控辩矛盾的本质和特征，并强调控辩双方应在尊重事实和法律的基础上统一起来，辩护制度的建立有利于审判者实现"兼听则明"[②]。该学者同时强调，刑事诉讼不仅仅是一种认识活动，而且是一种包含有价值评判和选择过程的司法活动，应在广阔的刑事诉讼法理学的原野中探寻刑事辩护制度的理论土壤。[③] 应当说，该学者对于辩护制度理论基础的观点得到了普遍认同，也推动了理论界对此问题的认识从一元化向多元化的发展。

[①] 参见陈光中主编：《刑事诉讼法学》，中国政法大学出版社1990年版，第136页。
[②] 熊秋红：《刑事辩护论》，法律出版社1998年版，第74～107页。
[③] 参见熊秋红：《刑事辩护论》，法律出版社1998年版，第107～114页。

值得注意的是，除对立统一规律外，无罪推定原则和程序主体性理论在我国的确立及发展并非"一帆风顺"，并由此引发了辩护制度的"起起伏伏"。新中国成立初期，无罪推定原则被视为资产阶级的产物而遭到官方否定，直至20世纪90年代中期，学术界对于确立无罪推定原则方取得较大共识。在此影响下，1996年《刑事诉讼法》之规定对于被追诉人辩护权利的保障水平大大提高；2005年10月26日，最高人民法院在《人民法院第二个五年改革纲要（2004—2008）》中提出"进一步贯彻落实保障人权和无罪推定原则"，无罪推定原则得到了官方认同，辩护制度也由此迎来了新的发展契机。另外，程序性主体理论乃诉讼主体理论的有机组成部分，后者在我国经历了由肯定到否定，再到肯定的发展历程。20世纪50年代前期，刑事诉讼法学者认为刑事诉讼包含三大职能：控诉、辩护和审判。同时，诉讼职能决定诉讼主体，因此，行使控诉职能的检察官与自诉人、行使辩护职能的被告人与行使审判职能的法官同为刑事诉讼主体。[①]至20世纪80年代中期，有学者提出，在资产阶级革命时期反对封建纠问主义诉讼的斗争中产生的诉讼主体论并不适合我国刑事诉讼，理由包括：（1）诉讼主体论否定了侦查机关在刑事诉讼中的重要地位和作用；（2）诉讼主体论将检察机关视为一方当事人，与被告人处于同等的诉讼地位，歪曲了检察机关作为国家专政机关参加刑事诉讼的本质；（3）诉讼主体论混淆了刑事诉讼中专政机关与可能成为专政对象的界限，混淆了追究犯罪机关与被追究刑事责任者的界限，混淆了国家专门机关与当事人的界限。[②]由此，被告人丧失了其诉讼主体地位。从20世纪90年代开始，部分学者的观念发生转变，被告人的诉讼主体地位得到再一次肯定。[③]到今天，诉讼主体论已经成为学界共识，正是在这种理念的影响下，被追诉人享有的法定诉讼权利逐渐增多，辩护效果也逐渐增强。

二、辩护权能的双重主体

我国现行《宪法》第130条规定，"被告人有权获得辩护"。这一方面赋予了被告人自行辩护的权利，另一方面为被告人获得律师提供的辩护奠定了宪法依据。由此观之，被告人与辩护人（辩护律师）乃辩护权能的双重主体。

（一）被追诉人

根据现行《刑事诉讼法》第33条（1979年《刑事诉讼法》第26条、1996

[①] 参见陈光中：《中国刑事诉讼法学四十年（上）》，《政法论坛》1989年第4期，第9页。
[②] 参见陈光中：《刑事诉讼中的民主与专政》，《中国法学》1985年第1期，第117页。
[③] 参见陈光中主编：《刑事诉讼法学》，中国政法大学出版社1990年版，第68页；陶髦主编：《刑事诉讼法学》，高等教育出版社1993年版，第39页。

年《刑事诉讼法》第32条、2012年《刑事诉讼法》第32条）的规定，犯罪嫌疑人、被告人乃享有并行使辩护权能的法定主体。遗憾的是，《刑事诉讼法》对于被追诉人辩护权能的具体内容以及如何行使辩护权语焉不详，导致被追诉人的应然权利难以转化为实然权利，自行辩护的实践情况不容乐观。有学者对审判阶段被告人自行辩护的状况展开实证研究，发现被告人自行辩护的频率较低、自行辩护的内容单一、自行辩护的能力羸弱、自行辩护的效果不彰。①

对此，有学者指出，应当在充分吸收现代辩护权核心规则的基础上，完善被追诉人辩护权能体系。可以考虑借鉴《俄罗斯联邦刑事诉讼法典》的做法，按照辩护主体和诉讼程序，分别对辩护权规则加以条理化和系统化。第一个层次：在诉讼主体部分，明确规定犯罪嫌疑人、被告人享有的辩护权规则。第二个层次：在诉讼程序部分，按照侦查阶段、审查起诉阶段、审判阶段、执行阶段并根据诉讼的具体进程安排被追诉人在各个诉讼阶段所享有的权利。另外，必须制定有效的辩护权救济规则，从而保障被追诉人辩护权"平稳落地"，强化自行辩护效果。② 需要指出的是，诸多学者对被追诉人如何具体行使辩护权进行了深入探索，形成了丰富的学术成果。囿于结构安排，笔者将在下文展开详细阐述。

（二）辩护人（辩护律师）

被追诉人在刑事诉讼活动中往往处于劣势地位，不可能充分有效地为自己辩护、维护自己的合法权益。而辩护人特别是辩护律师熟悉法律，掌握诉讼技能和技巧，享有完全的人身自由，由他们为犯罪嫌疑人、被告人进行辩护，克服了犯罪嫌疑人、被告人自行辩护的困难，是不可或缺的辩护主体。③ 而辩护人的诉讼地位问题既是一个重大的刑事诉讼法学理论问题，也是目前我国刑事司法制度走向科学化和民主化进程中亟待解决的实践问题。④

所谓辩护人的诉讼地位，是指辩护人在刑事诉讼法律关系中所处的位置⑤，应从下述两个层面对辩护人的诉讼地位展开考察：

第一个层面，辩护人是否属于诉讼主体。

---

① 参见邓慧筠：《刑事案件自行辩护实证研究——基于对277份判决书样本的观察》，载谢进杰主编：《中山大学法律评论》第14卷第4辑，中国民主法制出版社2017年版，第138～144页。
② 参见李本森：《关于刑事诉讼中辩护权性质的认识》，《人民司法》2007年第3期，第59页。
③ 参见顾永忠：《刑事辩护的现代法治涵义解读——兼谈我国刑事辩护制度的完善》，《中国法学》2009年第6期，第101页。
④ 参见陈瑞华：《辩护律师在刑事诉讼中的地位》，《中国律师》1996年第7期，第40页。
⑤ 参见熊秋红：《刑事辩护论》，法律出版社1998年版，第157页。

理论界对这一问题的认识存在较大分歧，主要有三种学说：第一，诉讼主体说。① 理由包括：（1）刑事诉讼主体是由刑事诉讼客体决定的，具有独立的诉讼地位，执行一定的诉讼职能的国家司法机关和个人，其范围包括国家司法机关、当事人和其他诉讼参与人。隶属于其他诉讼参与人范畴的辩护人理应属于诉讼主体。② （2）辩护人是犯罪嫌疑人、被告人合法权益的维护者，正是这一特殊身份决定了其诉讼主体的诉讼地位。③ 第二，非诉讼主体说。④ 有学者指出，"诉讼主体是诉讼职能的主要承担者，非诉讼主体则对诉讼主体所承担的诉讼职能起协助和加强作用"。作为刑事诉讼三大基本职能之一，辩护职能的主要承担者为被追诉人，辩护人主要对被追诉人刑事辩护职能发挥协助作用。⑤ 第三，准诉讼主体说。持此观点的学者认为，辩护人享有广泛的诉讼权利，且很多属于"独享性"权利，即被追诉人并不具有这些权利。在这种情况下，辩护人兼具非诉讼主体和诉讼主体的特点，为了与其他的非诉讼主体相区别，可以将辩护人称为"准诉讼主体"⑥。

可以看出，学界产生上述分歧的原因在于对"诉讼主体"的理解和界定不同。关于刑事诉讼主体，大致有以下几种观点⑦：

第一，地位作用说，即应当根据参加者在刑事诉讼中所处的地位和所起的作用来界定刑事诉讼主体，凡是具有独立的诉讼地位，并对诉讼的发生、发展和结局起决定性作用的参加者，均属于刑事诉讼主体。但是，辩护人的辩护活动显然无法启动刑事诉讼程序，也无法对诉讼结局产生决定性作用。因此，从地位作用说的角度出发，辩护人不属于诉讼主体。

第二，权利义务说，即应当根据刑事诉讼的参加者是否依法享有诉讼权利并承担诉讼义务来确定刑事诉讼主体。根据我国《刑事诉讼法》的相关规定，辩护人的确享有一系列诉讼权利，也承担相应的诉讼义务，但是其他诉讼参与人同样属于权利和义务的集合体，这一观点显然忽略了辩护人与其他诉讼参与人的

---

① 参见吴磊：《关于我国刑事诉讼中辩护人诉讼地位的研究》，《法学研究》1957年第4期，第45～46页；赵瑛：《关于刑事诉讼中辩护律师的诉讼地位问题》，《北京政法学院学报》1980年第3期，第60页；陈光中：《辩护人的诉讼地位与证据开示》，《中国律师》2002年第2期，第30页；李本森：《论辩护律师在刑事诉讼中的主体地位》，《时代法学》2010年第4期，第59～62页。
② 参见李登华、刘闻生：《刑事诉讼主体新论》，《法学评论》1994年第5期，第45页。
③ 参见樊崇义主编：《刑事诉讼法学研究综述与评价》，中国政法大学出版社1991年版，第85页。
④ 参见陈瑞华：《刑事审判原理论》（第2版），北京大学出版社2003年版，第188页。
⑤ 参见熊秋红：《刑事诉讼中的辩护人》，《中国律师》1997年第10期，第42页。
⑥ 宋英辉：《刑事诉讼原理》，法律出版社2003年版，第176页。
⑦ 关于"诉讼主体"概念界定的观点梳理，参见李贵方、李大华：《论辩护律师的主体地位》，载陈卫东主编：《司法公正与律师辩护》，中国检察出版社2002年版，第301页脚注。

区别。

第三，诉讼职能说，即刑事诉讼主体是刑事诉讼中基本职能的主要承担者。辩护虽然属于刑事诉讼基本职能，但其主要承担者为被追诉人而非辩护人。因此，从诉讼职能说来看，辩护人不属于诉讼主体。

第四，诉讼客体决定说，即认为刑事诉讼主体是由诉讼客体决定的、具有独立的诉讼地位、执行一定的诉讼职能的机关和个人。但是，学界对刑事诉讼客体的理解以及辩护人是否有独立的诉讼地位尚具争议，以此观点来认识辩护人是否属于诉讼主体有失妥当。

第五，综合条件说，即认为刑事诉讼主体是依法独立地参加刑事诉讼，能够独立地行使相应的诉讼职能，具有独立的诉讼地位，享有相应的诉讼权利，承担相应的诉讼义务，并对诉讼的发生、发展和结局起决定性作用的机关和个人。根据这一观点，辩护人显然不属于诉讼主体。

综上所述，将辩护人界定为非诉讼主体似乎更为妥当，但是这不意味着否定辩护人在刑事诉讼程序中的重要作用。学术界对此问题的争鸣和讨论正是为了明确辩护律师的重要诉讼地位，推动立法对辩护权能的完善，助益于司法正义的实现。

第二个层面，辩护人是否具有独立的诉讼地位。

辩护人在刑事诉讼中主要与裁判者、控诉方和被追诉人这三方主体发生交涉，因此要回答这一问题须从辩护人与三方主体的关系着手。传统理论认为，辩护人具有独立的诉讼地位，即坚持"独立辩护观"的立场：第一，辩护人独立于控诉方，不得实施与其辩护职能对立的追诉活动。第二，辩护人独立于裁判者，不得将对被追诉人刑事责任问题的判断作为行使辩护权能的准则。第三，辩护人独立于被追诉人，不得为追求对被追诉人有利的诉讼结局而不择手段，其辩护活动应以事实和法律为依据，而非被追诉人的意志。[①] 应当说，"独立辩护观"的前两层含义至今已成为学界共识，但其第三层含义在理论界和实务界引发了热烈讨论。

前文已述，作为新中国第一部关于律师制度的专门法律，1980 年《律师暂行条例》将律师定位为"国家的法律工作者"。在此定位下，律师的首要职责是维护国家利益和社会公共利益，委托人利益则被置于次要地位，此乃中国"独立辩护观"赖以形成的一个制度源头。[②] 近年来，论者们开始对"独立辩护观"的

[①] 参见陈瑞华：《刑事审判原理论》（第 2 版），北京大学出版社 2003 年版，第 246 页。

[②] 参见陈瑞华：《独立辩护人理论的反思与重构》，《政法论坛》2013 年第 6 期，第 16 页。

正当性和合理性提出质疑，理由包括：

其一，绝对的"独立辩护观"会对被追诉人的利益造成不利影响。一方面，绝对的"独立辩护观"会在被追诉人和辩护人之间形成分歧，导致辩护效果大打折扣或自相抵消，加剧控辩之间的力量差距。而且，在绝对的"独立辩护观"的影响下，辩护人怠于就法律适用和辩护策略等问题征求被追诉人的意见，由此导致被告人在法庭上因了解控方证据程度的加深而突然改变辩护立场，进而引发被告人拒绝辩护或辩护人罢庭现象的发生，使法庭审理无法正常进行，有损被告人得到快速审理的程序利益。另一方面，绝对的"独立辩护观"会强化被追诉人证据来源的诉讼角色，使其沦为诉讼程序的客体，破坏现代诉讼构造。[①]

其二，"只有辩护人特别是辩护律师才能最大限度地维护被追诉人利益"的论断过于绝对而失之妥当。首先，被追诉人利益的最佳判断者是被追诉人自己而非辩护律师，在"独立辩护观"的影响下，辩护律师很容易将被追诉人的法律利益等同于最佳利益。其次，被追诉人与辩护律师追求的诉讼利益并非完全一致。再次，被追诉人合法权益的价值位阶高于辩护律师的职业自主性，退一步讲，赋予被追诉人辩护意见的最终决定权，未必会损害辩护律师的职业自主性。最后，"独立辩护观"的最大受益者是辩护律师和法院，而非被告。[②]

其三，"独立辩护观"存在着难以克服的缺陷。从逻辑角度看，这一理论混淆了律师与法官的职业伦理，严重忽略了对被告人进行特殊保护的问题，扭曲了辩护律师与委托人之间的委托代理法律关系。从经验层面看，这一理论使律师不得不承担"国家法律工作者"的义务，不仅无法有效地提供法律服务，甚至有时会鼓励律师积极从事有损于委托人利益的行为。近年来，中国司法实践中所发生的律师与委托人之间的冲突，就与该理论存在一定的联系。[③]

在此基础上，"修正的独立辩护观"逐渐受到法学界的青睐。例如，有学者认为，在对被告利益的保护方式以及处理被告利益、律师利益和社会利益冲突的基本态度已经发生重大变化的大背景下，在律师过度商业化的今天，我国有必要实现从"独立辩护观"向最低限度的"被告中心主义辩护观"的转变。[④] 也有学者认为我国辩护冲突的解决虽然应当借鉴"律师独立辩护"模式之所长，但律师

[①] 参见陈虎：《独立辩护论的限度》，《政法论坛》2013年第4期，第43~45页。
[②] 参见吴纪奎：《从独立辩护观走向最低限度的被告中心主义辩护观——以辩护律师与被告人之间的辩护意见冲突为中心》，《法学家》2011年第6期，第111~114页。
[③] 参见陈瑞华：《独立辩护人理论的反思与重构》，《政法论坛》2013年第6期，第17~21页。
[④] 参见吴纪奎：《从独立辩护观走向最低限度的被告中心主义辩护观——以辩护律师与被告人之间的辩护意见冲突为中心》，《法学家》2011年第6期，第108页。

的辩护独立只能是一种"有限独立"或者"相对独立",而非"完全独立"或者"绝对独立",律师需要在当事人意志与独立辩护之间作出必要的协调和平衡。①

三、刑事辩护的理论形态

随着刑事司法改革的不断深化,也随着律师界对刑事辩护实践的广泛探索,我国的刑事辩护实践呈现出专业化和多元化的样态。有鉴于此,学术界与实务界对于刑事辩护理论分类的研究也与时俱进,从刑事辩护的经验中总结出一些新的理论。②

（一）五形态分类法

根据辩护的目标和方法,我国律师界将刑事辩护分为无罪辩护、量刑辩护、罪轻辩护、程序性辩护和证据辩护五类,本书将这种分类方法称为"五形态分类法"。其中,根据律师运用的辩护方法和手段,无罪辩护可以分为实体上的无罪辩护与证据上的无罪辩护两类:前者是指被告方根据犯罪构成或者法定的无罪抗辩事由,论证被告人不构成指控罪名的辩护活动;后者是指被告方综合全案证据情况论证公诉方没有达到法定证明标准的辩护活动。③ 有论者通过调研发现,无罪辩护率总体较低,且审判阶段的无罪辩护率总体高于起诉和侦查阶段的无罪辩护率,其中,经济犯罪、职务犯罪、毒品犯罪、暴力犯罪的无罪辩护率相对较高。在被追诉人认罪率较高、控诉质量日益提高的情况下,应认识到低无罪辩护率首先是一种客观现象。但在另一方面,较低的无罪辩护率同样反映出我国刑事辩护存在的突出问题。④

随着 2010 年《人民法院量刑指导意见（试行）》在我国的全面试行,量刑规范化改革也据此全面铺开。⑤ 改革过程中,量刑辩护逐渐引起理论界和实务界的重视,学者们对于量刑辩护的研究热度有增无减。有论者认为,量刑辩护是独立于无罪辩护之外的一种实体辩护形态,其诉讼目标在于最大限度地说服法院作出从轻、减轻或免除刑罚的裁决结果。辩护律师通常围绕三方面展开量刑辩护:一是调查量刑信息,向法庭提供有利于被告人的新量刑情节,从而对公诉方的量刑情节进行反驳,为说服法官选择宽大量刑奠定事实基础;二是评价单个量刑情节

---

① 参见韩旭:《被告人与律师之间的辩护冲突及其解决机制》,《法学研究》2010 年第 6 期,第 159 页。
② 参见陈瑞华:《论刑事辩护的理论分类》,《法学》2016 年第 7 期,第 58 页。
③ 参见陈瑞华:《论刑事辩护的理论分类》,《法学》2016 年第 7 期,第 59 页。
④ 参见成安:《无罪辩护实证研究——以无罪辩护率为考察对象》,《西南民族大学学报（人文社会科学版）》2012 年第 2 期,第 89 页。
⑤ 参见熊秋红:《中国量刑改革:理论、规范与经验》,《法学家》2011 年第 5 期,第 37 页。

的法律影响，论证每个量刑情节对于从轻、减轻或者免除刑事处罚的法律意义；三是阐述全案量刑情节对于量刑裁决的影响，特别是论证量刑情节与某一量刑结果之间的因果关系。① 也有学者从量刑辩护的内涵、功能、规范、实践等方面对此展开全面研究，并提出应以解释性量刑规范规定量刑辩护制度，以指导性意见细化量刑辩护制度，实现量刑公正的司法目标。②

还有学者专门对被告人不认罪案件中无罪辩护与量刑辩护之间的关系展开研究，其指出，在我国确立的相对独立的量刑程序中，法庭并不会就定罪问题作出专门的裁决，导致律师进行量刑辩护时无法完全不脱离无罪辩护，两者之间产生了矛盾和冲突。在此基础上，该学者提出了协调无罪辩护和量刑辩护的基本思路：第一，慎重选择无罪辩护，适当侧重量刑辩护。第二，无罪辩护和量刑辩护发生矛盾时，律师应尽协商告知义务，征得被告人的同意，忠实于被告人的利益。第三，量刑辩护应尽可能减少对无罪辩护的冲击，力求兼顾两者的辩护质量。第四，全面收集无罪证据和罪轻证据，适当促成有利于被告人量刑证据的生成，切实提高量刑辩护的质量。③

罪轻辩护是指论证被告人不构成某一较重的罪名而构成另一较轻罪名的辩护，体现了一种现实主义的辩护理念，是一种"两害相权取其轻"的辩护策略。事实上，罪轻辩护与无罪辩护、量刑辩护有着密切的联系。首先，这一辩护形态包含了对较重罪名进行无罪辩护的活动。其次，罪轻辩护需要律师论证被告人构成另一较轻罪名。最后，罪轻辩护的目标是说服法院将重罪改为轻罪，从而降低量刑的幅度或者适用较为宽大的量刑种类。司法实践中存在两种相似的罪轻辩护：一是将公诉方指控的犯罪数额予以降低的辩护活动，常发生在贪污、贿赂、盗窃、走私等案件中；二是将公诉方指控的多项罪名中的部分罪名加以推翻的辩护活动。但是，罪轻辩护容易让人产生律师成为"第二公诉人"的印象，因而律师应坚持两条职业底线以破除该质疑：第一，律师必须在推翻原重罪名的前提下，提出另一与原罪名有内在关联性的轻罪名；第二，律师进行罪轻辩护应履行告知、提醒、说服、协商、讨论等义务，征得被告人的同意。④

程序性辩护是我国学者近年来针对司法实践所出现的新情况并参酌域外相关理论与制度，对传统辩护概念进行拓展而提出来的一个新概念。传统观点对辩护的界定集中于针对实体问题进行的辩护，忽略了针对被追诉者的程序权利以及国家

---

① 参见陈瑞华：《论量刑辩护》，《中国刑事法杂志》2010年第8期，第8～9页。
② 参见姜涛：《量刑辩护制度研究》，《浙江社会科学》2009年第6期，第41～48页。
③ 参见牟绿叶：《论无罪辩护与量刑辩护的关系》，《当代法学》2012年第1期，第31、34～35页。
④ 参见陈瑞华：《论刑事辩护的理论分类》，《法学》2016年第7期，第60～61页。

机关的程序违法所进行的辩护,程序性辩护的研究即针对这方面展开。① 就程序性辩护的性质而言,有学者指出,程序性辩护既是一种"法律意义上的辩护",也是一种"反守为攻"的新型辩护形态,同时是辩护方行使诉权的一种重要方式。② 就程序性辩护的困境而言,有学者结合司法实践,归纳出程序性辩护的八大误区:(1)立法宗旨理解不到位,望文生义确定程序违法。(2)不当放大程序瑕疵,过度进行程序性辩护。(3)程序性辩护顾此失彼,缺乏连贯性和完整性。(4)辩护目标不清,不能准确界定证明对象。(5)忽视程序违法程度差异,辩护缺乏"硬道理"。(6)没有以"证"质"证",证据形式定位不当。(7)滥用程序性辩护,"质疑"不成反被"质疑"误。(8)有错就辩、小错大辩,程序公正观念绝对。③

应当说,2012年《刑事诉讼法》强化了程序性辩护的基本精神,从非法证据排除规则、羁押必要性审查制度、庭前会议制度和发回重审制度等方面补充和完善了一系列配套措施,从而初步搭建了我国程序性辩护制度的基本框架。遗憾的是,这一制度设计尚处于初创阶段,立法规定过于原则、模糊,操作性不强,再加上无罪推定原则缺失、程序裁判制度的独立性不强、程序性制裁方式单一、律师权利保障机制不到位等,导致实践中很多案件的程序性辩护意见被忽视、搁置的尴尬局面。④ 对此,有学者结合律师界对程序性辩护的探索,总结出了一些行之有效的经验,提出了程序性辩护的改革进路,具体包括:第一,强化程序性辩护的独立目标,发挥其独立价值。第二,加强对客观性非法取证行为的关注,扩大律师程序性辩护的空间。第三,尽力说服法官进行庭外调查取证活动,提高法官采纳程序性辩护意见的可能性。第四,改变对侦查人员的询问策略,防止侦查人员产生抵触心理。第五,进行对证据能力与证明力问题的"捆绑式"辩护,巧妙应对刑事法官"重证明力、轻证据能力"的惯性思维。第六,通过程序性辩护追求量刑从轻的裁判结果。该学者同时指出,尽管律师界对程序性辩护进行了积极探索,但其仍生存于制度夹缝中,难以摆脱制度困境。唯有进行全面的刑事司法改革,才能为程序性辩护提供基本的制度空间。⑤

证据辩护则是一种以证据的准入和运用作为辩护要点的新型辩护形态。从历

---

① 参见宋英辉主编:《刑事诉讼法学研究述评(1978—2008)》,北京师范大学出版社2009年版,第186页。
② 参见陈瑞华:《程序性辩护之初步研究》,《现代法学》2005年第2期,第46~50页。
③ 参见王俊民、吴云:《程序性辩护的误区及应对思路》,《法学》2006年第10期,第98~103页。
④ 参见詹建红:《我国程序性辩护制度之省思》,《法商研究》2014年第3期,第137~139页。
⑤ 参见陈瑞华:《程序性辩护的理论反思》,《法学家》2017年第1期,第118~122页。

史发展角度来看，刑事证据辩护的形成与证据规则的发展之间存在一种共生关系。我国当前的司法改革和刑事诉讼基本格局的变革，为刑事证据辩护的形成与发展提供了较为有利的外部制度环境。作为一种日渐独立的辩护形态，刑事证据辩护在辩护的内容、辩护的手段、辩护的对象和目标上都与传统的辩护形态存在重要的区别。我国当前刑事司法制度还存在诸多制约证据辩护展开的制度障碍，需要加以进一步改革和理顺。①

还有研究者指出，上述"五形态分类法"具有一些难以克服的缺憾和不足，这突出表现在下述五个方面：一是在那种定罪与量刑没有完全分离的审判程序中，律师的量刑辩护与无罪辩护经常会发生冲突，量刑辩护的空间会受到无罪辩护的挤压。二是在法院无罪判决率"持续低迷"的情况下，无罪辩护的空间十分狭小，很多法院对此都选择了一种"留有余地"的裁判方式，即无罪辩护发挥了量刑辩护的效果。三是在非法证据排除规则运行质效不佳的情况下，程序性辩护仅仅达到了说服裁判者从轻量刑的效果，其独立效果不彰。四是无罪辩护与证据辩护、证据辩护与程序性辩护之间都存在着一定的交叉空间，难以保持独立性。五是罪轻辩护是在法院变更起诉罪名制度的基础上形成的，带有对现行司法制度妥协的意味。在此基础上，该学者结合律师辩护的经验，提出了一些新的辩护形态分类理论，具体包括：（1）实体性辩护与程序性辩护；（2）无罪辩护、量刑辩护与程序性辩护；（3）消极辩护与积极辩护；（4）对抗性辩护与妥协性辩护。②

（二）委托辩护与指定辩护

在我国，律师辩护有两种形式：一种是犯罪嫌疑人、被告人及其近亲属自行委托律师辩护，即委托辩护；另一种是在特殊情况下由法律援助机构指派律师为其提供辩护，即指定辩护。指定辩护制度实际上是国家为没有能力委托辩护人的被指控人支付辩护所需费用的制度，并非选任为国家工作的辩护人的制度。作为辩护人，无论是指定的还是委托的，在性质上并无不同。③

我国立法将指定辩护区分为"任意性指定辩护"和"强制性指定辩护"两种形式：前者通常适用于公诉人出庭公诉而被告人因经济困难或者其他原因没有委托辩护人的案件；后者的适用范围则随立法变迁呈扩大之势。1979年《刑事诉讼法》第27条规定强制性指定辩护仅适用于被告人是聋、哑或者未成年人的案件，1996年《刑事诉讼法》第34条则将适用范围扩大至被告人是盲、聋、哑或

---

① 参见吴洪淇：《刑事证据辩护的理论反思》，《兰州大学学报（社会科学版）》2017年第1期，第26～28页。
② 参见陈瑞华：《论刑事辩护的理论分类》，《法学》2016年第7期，第64～70页。
③ 参见熊秋红：《刑事辩护论》，法律出版社1998年版，第160页。

者未成年人以及可能被判处死刑的案件，2012年《刑事诉讼法》第34条、第267条将适用范围进一步扩大到被告人是盲、聋、哑人，或者是尚未完全丧失辨认或控制自己行为能力的精神病人，或者是未成年人以及可能被判处无期徒刑、死刑的案件，同时将适用时间提前至包括侦查、审查批捕、审查起诉在内的审前阶段。2018年《刑事诉讼法》第293条则将被告人及其近亲属没有委托辩护人的缺席审判案件纳入强制性指定辩护的适用范围，这足以体现立法者对指定辩护的重视程度。

对于指定辩护的实际作用，官方数据表明，刑事法律援助律师所提供的辩护意见的90%都得到了司法机关的采纳。[①] 这似乎说明指定辩护制度在实践中平稳落地，显现成效。然而，学者们多认为立法变动之"热"并未带来指定辩护运行质效之佳。有学者对安徽省淮北市两级五所法律援助中心2001—2005年办理的指定辩护案件展开实证研究，结果发现指定律师的辩护质量堪忧。[②] 也有学者以西部某中心城市的郊县D县为调查区域，以委托辩护为参照，通过客观性指标（包括过程作用指标即会见情况、举证情况、质证情况、辩护意见状况和结果作用指标即辩护意见采纳率、定罪量刑情况）和主观性指标（在押人员、法官、检察官和律师对辩护作用的评价）对指定辩护在实践中发挥的作用展开实证研究，结果表明指定辩护实践存在"作用阶梯"现象。从定量角度分析，指定辩护律师在庭审中表现得明显不如委托辩护律师，后者相对积极；指定辩护律师在案件定性方面作用不大，较之委托辩护律师略有不如。而从司法人员的评价出发，指定辩护律师发挥的整体作用也不及委托辩护律师。[③]

（三）有效辩护与无效辩护

随着辩护制度的发展，有效辩护和无效辩护的概念逐渐进入我国学者的研究视野并成为刑事诉讼法学界的热点话题，许多学者在比较研究的基础上对这些概念进行了详细的介绍和评析，并对我国引入有效辩护理念或无效辩护制度的必要性、可行性等提出了自己的见解。

有效辩护分为广义上的有效辩护与狭义上的有效辩护：前者主要指辩护权及其保障机制，包括立法、司法、律师职业文化等多个层面；后者则专指美国法中

[①] 参见徐恺：《司法部：我国民事、刑事法律援助律师意见90%被采纳》，新华网：http://www.xinhuanet.com/politics/2015-07/02/c_1115799943.htm，最后访问日期：2019年11月20日。

[②] 参见孙洪坤：《刑事指定辩护制度的实证分析——对淮北市法律援助中心、中级人民法院的调研报告》，《中国刑事法杂志》2006年第5期，第104页。

[③] 参见马静华：《指定辩护律师作用之实证研究——以委托辩护为参照》，《现代法学》2010年第6期，第171~180页。

的特殊制度安排，主要关注律师辩护的质量。① 国内学者讨论的多为狭义上的有效辩护。② 美国联邦最高法院根据宪法修正案第 6 条的规定，在一系列判例中确立了"被告人享有获得有效辩护的宪法权利"的原则，并未对何谓"有效辩护"作出明确的解释。在此背景下，一些联邦法院和州法院在判例中逐渐提出了"无效辩护"的概念，并将此作为推翻原审判决的重要理由。1984 年，美国联邦最高法院在斯特里克兰诉华盛顿州案中，确立了无罪辩护的双重标准：其一，客观标准（又称行为标准），即律师的辩护行为存在错误，且低于合理性的客观标准。其二，结果标准，即被告人须证明若不是律师辩护存在缺陷，那么案件产生不同的诉讼结果将是合理可能的。③

关于有效辩护的具体内容或认定标准，有学者将其总结为下述四点：一是辩护律师合格称职，二是辩护律师进行了为辩护必需的防御准备，三是辩护律师与委托人进行了有效的沟通和交流，四是辩护律师进行了有理、有据、精准、及时的辩护活动。④ 另有学者专门对侦查阶段的有效辩护展开研究，并总结了侦查阶段有效辩护的四项评价指标：其一，辩护律师资质的可靠性，包括律师的道德素质和业务能力两个方面。其二，辩护行为的规范性。其三，律师辩护的诉讼效果，既包括实体层面也包括程序层面的。其四，律师的执业保障。该学者同时强调侦查阶段有效辩护的标准应当低于审判阶段的标准。⑤ 可以看出，研究者们对此问题虽持不同见解，但均未将辩护效果或诉讼结果作为有效辩护的唯一认定标准，而是着眼于辩护的整个过程。

还有学者对认罪认罚案件中的有效辩护展开研究，并认为律师应做好下述工作：（1）全面告知诉讼权利，详细讲解认罪认罚程序。（2）准确把握案件的事实及证据情况。（3）积极进行程序性辩护，及时终结诉讼程序。（4）认真进行量刑协商，为被告人争取最理想的法律后果。（5）积极协助被告人退赃、退赔，有被害人的案件争取与之达成和解。（6）审慎帮助被告人进行程序选择。⑥

对于我国是否应当建立无效辩护制度，学界主要存在两种观点。第一种观点主张应在我国确立无效辩护制度，理由在于：其一，随着我国刑事诉讼模式的转

---

① 参见熊秋红：《有效辩护、无效辩护的国际标准和本土化思考》，《中国刑事法杂志》2014 年第 6 期，第 129~131 页。
② 后文中的"有效辩护"通常指代"狭义上的有效辩护"。
③ 参见陈瑞华：《刑事诉讼中的有效辩护问题》，《苏州大学学报（哲学社会科学版）》2014 年第 5 期，第 95~96 页。
④ 参见陈瑞华：《有效辩护问题的再思考》，《当代法学》2017 年第 6 期，第 7 页。
⑤ 参见张中：《论侦查阶段的有效辩护》，《当代法学》2017 年第 6 期，第 31 页。
⑥ 参见闵春雷：《认罪认罚案件中的有效辩护》，《当代法学》2017 年第 4 期，第 34~35 页。

型，律师辩护对保护被追诉人权利的意义愈显重要。所以，在诉讼模式转变后，不仅应重视被追诉人获得律师辩护的权利，而且要强调律师辩护效果的有效性。其二，较之英美法系国家源远流长的律师职业传统，我国律师群体缺少高度的敬业精神和娴熟的辩护技巧。其三，现有的法律制度对被追诉人因律师辩护不力而造成的权利侵害缺乏有效的救济手段。[1] 其四，有效辩护的阻力太大（外因）与动力不足（内因）是我国刑事辩护制度发展的两大软肋，其根本出路在于建立对无效辩护的制裁体系，并实现由固定收费模式向计时收费模式的转变。[2]

第二种观点认为，在我国全面地引入无效辩护制度并不具有现实可能性，理由包括：其一，我国《刑事诉讼法》存在诸多问题，不具备引入无效辩护制度的立法基础。其二，我国司法上有法不依、违法不纠现象仍然存在，并且在相当长时间内难以根除。其三，美国无效辩护制度建立在普遍辩护的基础上，而我国在相当长时间内律师的人数及经济因素等造成刑事辩护率低的客观原因难以获得明显改善。[3] 其四，在我国，影响诉讼结果的因素既有法内因素，又有法外因素，难以判断不利于被告人的诉讼结果是由"律师不合理的辩护行为"这个单一因素或者主要因素所导致。其五，无效辩护制度将对律师辩护质量的监控权赋予法官，如果法官不能正当行使这一权力，可能会加剧司法实践中的辩审冲突。[4]

另有论者提出，我国目前在所有案件中借鉴无效辩护制度的时机尚不成熟，但将无效辩护制度率先应用于死刑案件中的委托辩护和指定辩护，不仅可行，而且紧急。这主要是由死刑案件本身的特殊性与国家的死刑刑事政策决定的，当然也是提高死刑案件委托辩护与指定辩护质量所要求的。[5]

值得注意的是，我国司法实践中已出现了将律师的无效辩护纳入程序性制裁范围的案例。2013年，北京市某中级人民法院以律师辩护工作存在缺陷和过错，可能影响公正审判为由，作出撤销原判、发回重审的裁定。应当说，该案开创了二审法院将无效辩护视为一审活动"违反诉讼程序、影响公正审判"的重要情

---

[1] 参见林劲松：《美国无效辩护制度及其借鉴意义》，《华东政法学院学报》2006年第4期，第86~87页。
[2] 参见吴纪奎：《对抗式刑事诉讼改革与有效辩护》，《中国刑事法杂志》2011年第5期，第64~66页。
[3] 参见顾永忠、李竺娉：《论刑事辩护的有效性及其实现条件——兼议"无效辩护"在我国的引入》，《西部法学评论》2008年第1期，第71~72页。
[4] 参见熊秋红：《有效辩护、无效辩护的国际标准和本土化思考》，《中国刑事法杂志》2014年第6期，第135页。
[5] 参见申飞飞：《美国无效辩护制度及其启示》，《环球法律评论》2011年第5期，第149页。

形，并将案件撤销原判、发回重审的先例。① 这一先例虽仅是个案，但也充分说明有效辩护的理念在我国已生根发芽，未来确立中国式的无效辩护制度并非"痴人说梦"。

(四) 其他理论形态

还有学者从辩护方与裁判者的关系入手，将不以说服裁判者接受其辩护意见为目的的辩护活动概括为"表演性辩护"形态，并将其进一步区分为"配合性表演"和"对抗性表演"两种模式。该学者指出：作为法庭辩护的一种异化，"表演性辩护"的根本原因在于中国刑事审判乃至司法制度的异化，因此，解决这一问题的关键是在遵循司法规律的基础上，继续改革和完善中国的刑事审判制度乃至司法制度。此外，还应针对辩护律师构建起特殊的保护机制和符合中国现实情况的质量控制标准与机制。②

另外，随着认罪认罚从宽制度的适用渐广，刑事案件开始被区分为认罪认罚案件与不认罪认罚案件两种类型，与之相对应的辩护样态可被概括为"对抗性辩护"和"交涉性辩护"。论者提出，"交涉性辩护"旨在通过与检察机关进行积极协商，说服其在被追诉人自愿认罪认罚后及时终结诉讼或者向法庭提出较为轻缓的量刑建议，从而让被告人获得更为有利的诉讼结果。③ 事实上，这种"交涉式辩护"的出现恰恰体现了我国刑事诉讼程序中"合作性司法模式"的兴起。

第三节　辩护权能的基本内容的发展

2012 年以前，会见难、阅卷难、取证难是刑事辩护实务中的"三难"问题。随着 2012 年《刑事诉讼法》的施行，辩护制度取得了突破性进步，"三难"问题有所缓解但尚未被"根治"。与此同时，新"三难"，即发问难、质证难、辩论难的问题逐渐凸显。事实上，旧"三难"和新"三难"问题的根源就在于，辩护人为履行其辩护职责所必须享有的一些权利未在我国得以确立或者虽在法律中确立

---

① 参见陈瑞华：《有效辩护问题的再思考》，《当代法学》2017 年第 6 期，第 4~5 页。
② 参见李奋飞：《论"表演性辩护"——中国律师法庭辩护功能的异化及其矫正》，《政法论坛》2015 年第 3 期，第 77 页。
③ 参见李奋飞：《论"交涉性辩护"——以认罪认罚从宽作为切入镜像》，《法学论坛》2019 年第 4 期，第 31 页。

但在司法实践中未得到保障。① 囿于篇幅，下文主要针对几项重要的辩护权能展开论述。

一、会见权

为了解决"会见难"的问题，历次修法都对会见权的相关规定进行了完善。1996年《刑事诉讼法》将律师会见在押当事人的时间提前至审查起诉阶段，这无疑是我国刑事诉讼制度的一项巨大进步。2012年《刑事诉讼法》进一步简化了会见程序，辩护律师持"三证"即可会见；保证了律师会见的及时性，看守所应及时安排会见，至迟不得超过48小时；扩大了律师会见交流的范围，自案件移送审查起诉之日起，可向在押当事人核实相关证据；将被监视居住的犯罪嫌疑人、被告人纳入了会见范围②；便利了律师与当事人的秘密交流，律师会见时不被监听。为了对接《监察法》等相关规范，2018年《刑事诉讼法》将"特别重大贿赂犯罪案件"排除在经许可会见的案件范围之外。

随着立法的进步与完善，辩护律师会见当事人的情况有所改善，看守所基本上都严格按照《刑事诉讼法》和相关司法解释以及看守所的相关规定安排律师会见。③ 但是，也应当承认，会见难的问题并未得到根本解决。例如，有论者经过实证研究发现，律师不能依法会见的情形依然存在；保障律师会见的相关设施（特别是在律师会见室方面）严重不足；律师群体中存在私自填写委托书进行会见的现象；会见权遭到滥用的情况时有发生。④

对此，有诸多学者就"会见难"的原因展开研究和分析。有论者提出，导致会见权实现障碍的成因主要包括：（1）我国会见权立法存在先天不足，仅确立了辩护人（辩护律师）的会见权，未明文规定被追诉人的会见权。（2）我国的犯罪形势依然严峻，追诉机关打击犯罪的任务艰巨。（3）侦查观念相对落后，追诉机关担心辩护人的会见会妨碍侦查。（4）我国律师执业监管乏力使律师滥用权利的情况时有发生，进而导致公、检、法机关对于律师会见被追诉人有很强的戒备心

---

① 参见宋英辉主编：《刑事诉讼法学研究述评（1978—2008）》，北京师范大学出版社2009年版，第173页。
② 参见陈卫东：《中国刑事诉讼权能的变革与发展》，中国人民大学出版社2018年版，第417页。
③ 参见陈卫东、程雷：《看守所实施新刑事诉讼法实证研究报告》，《政法论丛》2014年第4期，第3页。
④ 参见刘顺华：《看守所律师会见现状及调查分析——以湖南省长沙市某看守所律师会见为样本》，《人民检察》2016年第22期，第52~53页。

理。(5) 追诉机关部门利益与辩护律师职业利益存在冲突。① 也有观点认为, 侦查机关排斥律师会见权的动因在于侦查机关由供到证的侦查模式没有根本改观, 而会见恰恰能在客观上淡化、抵消侦查机关可能营造好的心理压力, 从而加大追诉难度。②

就破解上述会见困境而言, 学术界和实务界提出了诸多有益建议。有实务者指出, 应从以下几方面加以改进: (1) 改善看守所硬件设施, 增加会见场所。(2) 适当延长工作日会见时间, 并逐步开放周末、节假日律师会见。(3) 开通多种预约方式, 合理调配网上预约、电话预约及现场预约数量。(4) 简化律师会见手续, 提高接待会见效率。(5) 繁简分流, 设置快速会见通道。(6) 探索远程视频会见, 有效满足法援律师、值班律师的会见需求。(7) 探索有效的律师维权渠道。③ 部分学者则从检察环节入手, 提出应完善辩护律师的检察救济机制, 赋予辩护律师对控告申诉的检察处理结果不服向更高一级检察机关申请复议的权利。④

二、阅卷权

律师的辩护活动建立在对控方指控的事实与掌握的证据知悉的基础上, 基于这一原理, 英美法系国家实行证据开示制度, 大陆法系国家实行阅卷制度, 我国则赋予了辩护律师阅卷权。

1979年《刑事诉讼法》规定, 律师在法院开庭审判7日前才能接受被告人的委托履行辩护职责, 进而"查阅本案材料, 了解案情"。可见, 辩护律师显然没有充足的时间研究冗杂的案卷材料。

1996年《刑事诉讼法》进一步明确了阅卷的方式为"查阅、摘抄、复制", 并对阅卷范围实行"两分法": 在审查起诉阶段, 辩护律师仅可查阅"诉讼文书、技术性鉴定材料"; 在审判阶段则可查阅"本案所指控的犯罪事实的材料"。该法前移阅卷时间的规定有助于阅卷权的良性发展, 但限制审查起诉阶段阅卷范围的做法存在缺陷。根据1999年《人民检察院刑事诉讼规则》第319条的规定,"诉讼文书包括立案决定书、拘留证、批准逮捕决定书、逮捕决定书、逮捕证、搜查

---

① 参见封利强:《会见权及其保障机制研究——重返会见权原点的考察》,《中国刑事法杂志》2009年第1期, 第82~84页。
② 参见黄文旭、袁博、周嫣:《论刑事辩护律师会见权的实现》,《中国刑事法杂志》2013年第12期, 第76页。
③ 参见毛洪涛:《新"会见难"究竟难在哪?》,《中国律师》2018年第11期, 第58~59页。
④ 参见董坤、段炎里:《当前检察环节律师权利的保障现状与新现问题研究——以阅卷权、会见权和检察救济权切入》,《河北法学》2017年第6期, 第112页。

证、起诉意见书等为立案、采取强制措施和侦查措施以及提请审查起诉而制作的程序性文书",而"技术性鉴定材料包括法医鉴定、司法精神病鉴定、物证技术鉴定等由有鉴定资格的人员对人身、物品及其他有关证据材料进行鉴定所形成的记载鉴定情况和鉴定结论的文书"。可以发现,这些文书多为程序性方面的诉讼材料,较少涉及对定罪量刑有决定意义的证据材料,导致律师在审查起诉阶段很难进行有效的辩护活动。另外,辩护律师在审判阶段的阅卷范围是只包括检察机关移送给法院的材料,还是可以查阅全部的案卷材料?是到法院阅卷还是到检察院阅卷?法律对此无明确规定。①

2012年《刑事诉讼法》修改时将审查起诉阶段与审判阶段阅卷的范围统一为"本案的案卷材料",这一规定受到了理论界和实务界的肯定。最高人民法院和最高人民检察院随后颁行的司法解释,进一步明确了辩护律师可以通过扫描、拍照等电子方式复制案卷材料,为阅卷权的行使提供了便利。由此,律师在辩护实务中基本实现了无障碍阅卷。

近十几年来,以李庄案为"导火索",有关被追诉人是否享有阅卷权的问题引发了理论界和实务界的热议。赞成者主要从被追诉人的程序主体地位以及保障辩护权有效行使的角度论证被追诉人行使阅卷权的必要性和正当性。② 反对者则认为被追诉人行使阅卷权有阻碍发现真实、侵害他人(主要是证人、被害人)权益的风险。③ 而折中者提出,对于无律师帮助的被追诉人,应设置若干例外规定,限制其对某些特定证据材料的知悉,对于有律师帮助的被追诉人,应适当限制辩护律师披露证据材料的范围。④

2012年《刑事诉讼法》在对辩护律师的阅卷权、会见权作出新的程序保障的同时,首次授予辩护律师向在押犯罪嫌疑人、被告人"核实有关证据"的权利。遗憾的是,立法界人士并未说明律师可以向被告人核实哪些证据,以及通过什么方式来核实证据。司法界人士认为,立法并未赋予在押被追诉人"阅卷权",犯罪嫌疑人、被告人所获悉和查阅的仅仅是那些有可能存在争议的证据材料,而不能是律师从检察院、法院所复制的全部案卷材料。律师们对此观点提出异议,

---

① 参见陈卫东等:《辩护律师诉讼权利保障和证据开示问题调研报告》,载陈卫东主编:《"3R"视角下的律师法制建设》,中国检察出版社2004年版,第198页。
② 参见钱列阳、张志勇:《被告人的阅卷权不容忽视》,《中国律师》2009年第9期,第27~28页;杨波:《被追诉人阅卷权探究——以阅卷权权属为基点的展开》,《当代法学》2012年第1期,第27页。
③ 参见石献智:《律师能否将复制的案卷提供给犯罪嫌疑人》,《检察日报》2008年8月6日,第3版。
④ 参见韩旭:《刑事诉讼中被追诉人及其家属证据知悉权研究》,《现代法学》2009年第5期,第91~97页。

他们认为要保证律师核实证据这一规则的有效实施,就必须承认犯罪嫌疑人、被告人亲自行使核实有关证据的权利。而要核实有关证据,犯罪嫌疑人、被告人首先需要行使查阅控方证据的权利,即"阅卷权"[1]。

其实,被追诉人的阅卷权涉及两大理论问题,一是被追诉人双重诉讼角色的问题。作为享有辩护权的当事人,被追诉人当然可以查阅控方案卷材料,而且查阅得越全面,防御准备就做得越充分,被追诉人与辩护律师的沟通和协商也就越彻底,被追诉人也就有可能获得有效的辩护。但是,作为言词证据的提供者,被追诉人一旦庭前阅卷,就有出现翻供、串供或者作出虚假供述的可能性。从解决中国刑事辩护制度问题的角度来看,加强被告人的"辩护者"角色,适度减弱被告人的"言词证据提供者"角色,实为重新调整被追诉人双重诉讼角色的必由之路。因此,为了维护被追诉人的辩护者角色,确保被追诉人有效行使辩护权,未来的刑事诉讼立法应当确立被追诉人的庭前阅卷权。[2]

二是关涉刑事诉讼中不同主体的利益平衡问题。被追诉人的阅卷权涉及侦查人员对犯罪的侦查、检察官对犯罪的追究、辩护律师的调查取证与庭审准备、被追诉人的知悉权与辩护权、证人及其家属的安全、被害人利益的实现等一系列利益的协调与平衡。德、美两国有关被追诉人的阅卷权之争以及证据开示之争,其核心无非是被告人利益、第三人利益和公共利益的冲突与协调之争。由此观之,是否赋予被追诉人阅卷权、在多大范围内赋予被追诉人阅卷权以及何时赋予被追诉人阅卷权,事实上是各国对相关利益进行权衡的结果。而在被追诉人的程序主体地位得以大幅提升以及司法资源不足的我国,赋予被追诉人本人阅卷权不仅具有正当性而且也颇具必要性。然而,在我国,要有效地确保被追诉人阅卷利益的实现,同时最大限度地减少被追诉人本人阅卷可能带来的风险,还面临着一系列的制度性障碍。如果不能事先消除这些制度性障碍而仓促地赋予被追诉人阅卷权,不仅不能保障被追诉人阅卷利益的实现,反而会进一步减损被追诉人的利益。对此我们必须有清醒的认识。[3]

三、调查取证权

控辩平等是现代各国建构刑事诉讼具体制度和程序时孜孜以求的目标,而几乎所有的刑事诉讼活动都是围绕证据的收集和运用展开的。因此,控辩双方在收

---

[1] 陈瑞华:《论被告人的阅卷权》,《当代法学》2013年第3期,第127~128页。
[2] 参见陈瑞华:《刑事辩护的理念》,北京大学出版社2017年版,第309~313页。
[3] 参见吴纪奎:《被追诉人阅卷权研究》,《中国刑事法杂志》2010年第8期,第24~27页。

集证据能力上的平等是控辩平等的基础和核心。① 进一步讲，辩护律师调查取证权的有效行使，对于强化辩方力量、实现控辩平等具有重要的意义。1996年《刑事诉讼法》第37条首次确立了辩护律师的调查取证权，但无论是自行调查取证还是申请调查取证，效果均不理想，权利难以落到实处。2012年《刑事诉讼法》第41条、2018年《刑事诉讼法》第43条均"照搬"了这一规定，只字未改。最高人民法院在司法解释中作出了一些细化的规定，但是在准许理由、决定主体、权利行使的时间起点上仍存在漏洞，不利于该权利的行使。而在刑事辩护实践当中，律师调查取证仍然面临不少顽固的障碍，这显然不利于实现被追诉人和辩护律师的权利，造成了公正价值的减损。②

综合来看，造成辩护律师"调查取证难"的困境主要有以下三方面的原因：第一，立法规定不完善。应当承认，立法者注意到辩护律师作为公民个人在调查取证时可能存在的困难，因而规定法院和检察院有义务协助辩护律师调查取证，这对增强被追诉方的辩护和防御能力，实现控辩双方力量的对等具有重要意义，值得肯定。但是，这一规定仍然存在缺陷。例如，法律未规定申请强制取证的救济措施。当检察或审判人员拒绝被追诉方的申请时，被追诉方无法通过有效手段改变他们的决定，而强制取证权必须依赖国家专门机关的配合方可实现，没有公权力的配合，这一权利必然出现虚置的情况。第二，配套机制不健全。根据我国《刑事诉讼法》的规定，证人作证义务只针对国家专门机关，辩护律师自行调查取证时则要经过同意，向被害人一方调查取证时更要经过"双重同意"。实践中，与辩护方对立的被害人一方通常不会同意辩护方调查取证，即使同意，还需经过司法机关的许可，但司法机关往往会拒绝这一申请。另外，相关的执业保障缺失。辩护律师因调查取证被错误追究的现象并不鲜见，导致辩护律师不敢轻易行使调查取证权。第三，思想观念不匹配。由于传统文化的影响以及法律意识淡薄，我国民众一般都不愿配合辩护律师调查取证，害怕因此受到打击报复。③

关于辩护律师在侦查阶段有无调查取证权的论争，始于2007年《律师法》的通过。根据1996年《刑事诉讼法》的制度设计，犯罪嫌疑人委托辩护律师的

---

① 参见陈永生：《论辩护方以强制程序取证的权利》，《法商研究》2003年第1期，第86页。
② 参见甄贞、郑瑞平：《论辩护律师申请调查取证权的实现》，《河南社会科学》2013年第11期，第14页。
③ 本段内容，参见陈永生：《论辩护方以强制程序取证的权利》，《法商研究》2003年第1期，第90页；许兰亭：《辩护律师调查取证权的实现》，《人民检察》2008年第7期，第32～33页；汪海燕、付奇艺：《辩护律师诉讼权利保障的法治困境》，《人民司法》2014年第1期，第51页。

时间节点是自案件移送审查起诉之日起,因此辩护律师最早于审查起诉阶段才可行使调查取证权。2007年《律师法》前移了委托辩护的时间点,犯罪嫌疑人在侦查阶段被第一次讯问时即可委托辩护律师[①],由此产生了侦查阶段辩护律师有无调查取证权的问题。

有学者从法律解释学的角度出发,对这一问题展开研究。该学者认为,根据文理解释,无论是从语义、逻辑还是将前后条款作为一个整体的角度,对于法律有无规定侦查阶段辩护律师调查取证权的问题,仅能得出三种矛盾的解释,相关立法历史文件中对此问题也无明示。但如果将律师在侦查阶段是否有调查取证权问题纳入整个刑事诉讼法典体系视野考察,即从法律确定侦查阶段律师辩护人身份的立法意图、侦查程序的目的以及侦查阶段辩护律师调查取证权对其他制度是否具有支撑意义等方面考虑,就应将相关规定解释成侦查阶段律师享有此项权利。这种解释也符合"尊重和保障人权"的基本精神。[②]

还有学者在同意此观点的基础上进一步指出:从伦理解释的话语切入,法律在"实然"与"应然"间赋予了辩护律师侦查中的调查取证权。然而,侦查阶段引入辩护律师调查取证权意在规范修正侦查行为,遏制非法侦查以及保证侦查的客观全面,其对案件侦查带有"补遗""纠偏"的辅助性效果。因此,对辩护律师的调查取证权应予必要限制,在具体实践中要比照任意侦查,从明显有利于犯罪嫌疑人的事项入手。[③]

此外,还有学者提出,我国法律虽然确立了辩护律师调查取证的两种模式,但这两种模式均存在一定的局限性。自行调查属于不具有国家强制力的民间调查,在遭遇被调查者拒绝时经常面临难以获得救济的问题;申请调查在遭到法院或检察院拒绝时也会出现救济途径不畅通的问题。因此可以考虑在刑事诉讼中引入"委托调查"的模式,辩护律师可以申请法院颁发"证据调查令"或"证人出庭令"。当然,这一调查模式也存在一定局限。对此,有必要从限定其适用范围和建立相应的责任机制两个方面进行风险防范。[④]

四、在场权

辩护律师的在场权有广义与狭义之分。从广义上说,当国家追诉机关和国家

---

① 2012年《刑事诉讼法》吸收了2007年《律师法》的这一规定。
② 参见汪海燕、胡广平:《辩护律师侦查阶段有无调查取证权辨析——以法律解释学为视角》,《法学杂志》2013年第11期,第86~92页。
③ 参见董坤:《律师侦查阶段调查取证权新探》,《武汉大学学报(哲学社会科学版)》2016年第2期,第113页。
④ 参见陈瑞华:《辩护律师调查取证的三种模式》,《法商研究》2014年第1期,第73页。

审判机关在讯问犯罪嫌疑人、被告人时,辩护律师有权在场聆听并提供相应的法律帮助。从狭义上说,在场权特指在侦查阶段,自犯罪嫌疑人第一次接受侦查机关的讯问开始直到侦查终结,在侦查机关每次讯问犯罪嫌疑人时辩护律师均有权在场,犯罪嫌疑人也有权要求辩护律师在场。① 学术界讨论的多为后者,本文也以狭义上的在场权展开评述。

学术界普遍认为,在场权是律师行使辩护权的重要形式,确立这一权利具有下述必要性:第一,侦讯时律师在场,客观上增加了侦查的透明度,这对于发现实体真实具有重要意义。第二,侦讯时律师在场,一定程度上能够解决侦查讯问程序封闭化的弊端,达到监督侦查讯问过程、预防酷刑和证明侦查讯问行为合法性的要求,有利于维护程序正义。第三,侦讯时律师在场,可以在很大程度上消除嫌疑人接受讯问时的紧张感甚至恐惧感,并保障犯罪嫌疑人的辩护权和其他诉讼权利,有效防止刑讯逼供和其他违法审讯现象的发生,从而推动我国侦查讯问方式的变革。②

至于辩护律师在场权的适用范围,学术界论争不已。例如,有学者认为,若规定所有案件中的嫌疑人在接受讯问时都必须有律师在场,并不现实。法律应作出如下规定:犯罪嫌疑人在接受讯问时,已经聘请辩护律师的、属于《刑事诉讼法》规定的应当指定辩护的情形的、属于《刑事诉讼法》规定的可以指定辩护的情形且已为犯罪嫌疑人指定辩护律师的,应当通知其辩护律师到场。③ 还有学者提出:在审查起诉阶段检察人员讯问犯罪嫌疑人时,辩护律师有权在场,至于律师于侦讯时在场的"权利",以暂不确认为宜,但这并不意味着完全禁止律师在侦讯时在场。从我国的实际情况出发,可规定在以下三种情形下,侦查机关"应当允许"律师于侦讯时在场:(1)对未成年嫌疑人进行侦讯时;(2)嫌疑人在被采取强制措施时已经有律师,并且通知其律师到场不影响及时讯问的;(3)嫌疑人坚持要求有律师在场陪同,否则不愿意接受讯问的。另外,侦查机关认为有律师在场,有利于嫌疑人如实陈述的,经嫌疑人同意,也可以允许律师于侦讯时在

---

① 参见陈少林:《论辩护律师的在场权》,《法学评论》2000年第5期,第67页。
② 参见陈少林:《论辩护律师的在场权》,《法学评论》2000年第5期,第71~72页;林林:《侦查程序律师在场权辨析》,《法律适用》2004年第12期,第34~35页;刘计划:《法国、德国参与式侦查模式改革及其借鉴》,《法商研究》2006年第3期,第138页;田荔枝:《论我国侦查讯问阶段律师在场制度的构建》,《法学论坛》2009年第3期,第129页;屈新:《论辩护律师在场权的确立》,《中国刑事法杂志》2011年第1期,第47~49页。
③ 参见徐静村、潘金贵:《〈刑事诉讼法〉再修正中辩护制度改革的基本构想》,《中国司法》2006年第4期,第27页。

场。① 另有学者进行试验后指出，采用"一刀切"的方式，对侦查人员所有讯问犯罪嫌疑人的活动都安排律师在场参加并不是完全必要的，只需要对那些确有需要的犯罪嫌疑人提供在场律师。而且，在探索建立讯问犯罪嫌疑人律师在场制度的同时，还需要探讨建立与律师在场具有同样功效或互有长短的其他替代性措施或制度。②

还有论者指出：长期以来，德国几乎是西方法治国家中唯一不承认辩护律师在警察讯问中的在场权的国家。然而，德国于 2017 年通过修法，正式规定警察讯问过程中律师的在场权。在我国立法引入认罪认罚从宽制度，对犯罪嫌疑人认罪的自愿性提出更高要求的背景下，可考虑推进侦查讯问的自愿性保障措施，赋予辩护律师或者值班律师讯问时在场的权利。③

与学术界立场针锋相对的是，侦查实务部门的研究人员反对建立侦查讯问时的律师在场制度。他们认为，口供在我国刑事诉讼中仍然占有重要地位，侦查讯问时律师在场不利于犯罪嫌疑人如实供述犯罪事实，不利于实现控制犯罪与人权保障的平衡；确立律师在场制度不仅会影响侦查效率，而且还会引发公众对社会公平正义的质疑；至于律师在场的正面作用，可以通过实行侦查讯问全程录音录像制度、改革刑讯逼供案件的举证责任制度、完善非法证据排除规则等途径来实现。④

第四节　结　语

辩护制度是现代法治国家刑事诉讼中不可或缺的重要内容。新中国成立以来，特别是改革开放后，我国的辩护制度取得了举世瞩目的发展，相关研究也取得了长足进步。从理念转变看，学术界与实务界逐渐认识到辩护制度对发现真实、人权保障、公正司法的重要价值，对律师群体的整体看法也大为改观。⑤ 从

---

① 参见孙长永：《侦查阶段律师辩护制度立法的三大疑难问题管见》，《法学》2008 年第 7 期，第 32 页。
② 参见顾永忠：《关于建立侦查讯问中律师在场制度的尝试与思考》，《现代法学》2005 年第 5 期，第 70~71 页。
③ 参见魏晓娜：《结构视角下的认罪认罚从宽制度》，《法学家》2019 年第 2 期，第 122 页。
④ 参见朱孝清：《侦查讯问时律师在场之我见》，载陈光中、汪建成、张卫平主编：《诉讼法理论与实践：司法理念与三大诉讼法修改》，北京大学出版社 2006 年版，第 280~285 页。
⑤ 律师在我国古代被称为"讼师"，对该群体的评价多为负面，如宋代的讼师有"建讼之民""哗鬼讼师"等贬称，明代诉讼被官方记载称"皆系奸民滑吏"。参见陈光中：《中国古代司法制度》，北京大学出版社 2017 年版，第 288~293 页。

立法发展看，历经1979年、1996年、2012年及2018年的"一立三改"，辩护制度经历了从无到有、从阶段到全程、从粗放到精细的过程，辩护权的内容不断丰富、扩张、充实。从司法状况看，律师群体的素质越来越高，辩护质量有明显进步，法律援助制度得到深入推进。

但也应注意到，不论在立法层面还是在实践层面，辩护制度仍然存在不足，如法律及司法解释对于被追诉人辩护权的具体内容以及如何行使语焉不详，辩护人的诉讼地位有待确定，辩护权的保障机制有待完善等。当然，任何一项制度的发展都不是一帆风顺的，上述问题会逐渐随着辩护制度的完善而逐步解决。

第十章

刑事证据制度及其理论发展

证据是认定案件事实的依据,一切案件均围绕证据展开,作为诉讼制度中的核心内容之一,证据制度始终是刑事诉讼法学界最为关注的研究领域之一。经过七十多年的发展,我国刑事证据制度的研究已经呈现出较为繁荣的学术景象,甚至成为我国法学研究领域的一门"显学",取得了丰硕的研究成果。[①] 整体而言,我国刑事证据制度的研究以"人权保障"和"科技进步"为主线,实现了证据认定从"客观真实"向"主观真实"转变,证据概念从"事实说"向"材料说"转变,证据理论不断成熟,证据种类逐渐丰富,证据规则日益完善,证据运用更为科学,证据体系日益完备。[②] 然而,我们也应当清醒地认识到,刑事证据制度的改革、发展、完善既是一个较长的过程,又是一项系统工程,刑事证据制度的改革也应当融入司法体制改革中,以促进社会公平正义。本章旨在梳理我国刑事证据制度的发展脉络,重点关注刑事证据制度发展中的理论争点,并对我国刑事证据制度的发展进行展望。

第一节 刑事证据制度概述

一、刑事诉讼证据立法的发展

刑事诉讼程序围绕证据的收集、使用以及审查认定而展开,因此对刑事诉讼

[①] 参见王超:《中国刑事证据法学研究的回顾与转型升级》,《法学评论》2019年第3期,第77~94页;拜荣静:《刑事诉讼法学研究的变迁与展望》,《政法论坛》2019年第5期,第27~43页。
[②] 参见李学军:《"人权保障"及"科技进步"——我国刑事证据制度四十年发展史及其核心要素、助推器》,《法学杂志》2018年第10期,第41~55页;吴承栩:《大陆法系刑事证据制度变迁及启示》,《行政与法》2015年第2期,第123~128页。

证据制度进行研究和探索尤为重要。① 我国《刑事诉讼法》的历次修改重点内容之一也是证据制度。

作为中华人民共和国第一部刑事诉讼法，1979年《刑事诉讼法》第一次较为系统地规定了刑事诉讼的基本制度和程序，其专设了"证据"一章，形成了刑事证据制度的雏形。受"实事求是"思想的深刻影响，确立了"实事求是"的证据制度，这对纠正与破解"文化大革命"时期遗留下来的凭主观臆断判案的问题起到了一定作用，但1979年《刑事诉讼法》所确立的证据制度对"实事求是"的一元追求也造成了刑讯逼供的隐患，证据的概念、价值、规则等问题也未能在法律规范中得到很好的描述与设置，证据制度的局限性较为明显。

1996年《刑事诉讼法》修改时，增加了"视听资料"作为新的证据种类，明确了严禁非法收集证据，明确了控方的证明责任，增加了证人保护，这些规定大大丰富了我国刑事证据制度的内容，推动了我国刑事证据制度的发展。但是，1996年《刑事诉讼法》的修改并不意味着我国刑事证据制度的完备，体现现代法治精神的非法证据排除规则、特免权证据规则、自白任意性规则、传闻证据排除规则等未得到确立。② 随着杜培武案、佘祥林案、赵作海案等冤假错案的披露，完善刑事诉讼证据制度的要求日益迫切。2010年6月，最高人民法院、最高人民检察院、公安部、国家安全部、司法部联合发布了"两个证据规定"，确立了证据审查判断的一系列规则，一定程度上对1996年《刑事诉讼法》规定的证据制度进行了补充完善。

2012年《刑事诉讼法》修改时对证据制度的相关内容进行了细化。具体而言，对证据种类进行了完善，将物证、书证分开，改"鉴定结论"为"鉴定意见"，增加了电子数据、辨认笔录和侦查实验笔录作为证据种类；明确了刑事案件的证明责任；细化了"案件事实清楚、证据确实、充分"的证明标准；增加了"不得强迫任何人证实自己有罪"的规定；细化了非法证据排除的具体规则；丰富了证人、鉴定人以及侦查人员出庭作证的制度内容。相较于1996年《刑事诉讼法》，2012年《刑事诉讼法》对于证据制度的修改、补充与增加的内容较为丰富，但仍未明确证明标准应如何理解、排除合理怀疑定罪标准如何适用、出庭作证规定如何落实等问题。

---

① 参见龙宗智：《进步及其局限——由证据制度调整的观察》，《政法论坛》2012年第5期，第3~13页。

② 参见万毅、林喜芬、何永军：《刑事证据法的制度转型与研究转向——以非法证据排除规则为线索的分析》，《现代法学》2008年第4期，第128~142页。

2018年《刑事诉讼法》修改时结合监察体制改革的需要，重点对调整检察职能、构建缺席审判制度、规定认罪认罚从宽程序和速裁程序等内容进行了修改，对刑事证据制度的改革有限。2018年《宪法修正案》的通过和《监察法》的实施又带来监察证据在刑事诉讼中的使用问题，涉及监察程序与刑事诉讼程序的协调衔接问题。

关于刑事证据制度的立法模式，学界主要有以下观点：第一，制定统一的证据法，统一规定三大诉讼（民事诉讼、刑事诉讼、行政诉讼）中共有的证据制度和问题。第二，基于刑事诉讼程序与民事诉讼程序和行政诉讼程序的显著不同，制定单独的刑事证据法。第三，制定单行证据法，即针对司法实践中急需解决的问题，如证人出庭问题、传闻证据问题等分别作出规定。第四，结合《刑事诉讼法》的修改和完善，采用修正案的方式完善刑事证据制度。[1] 第五，在《刑事诉讼法》中专设"证据篇"或"证据章"，主要原因是单独的刑事证据立法形式，容易与刑事诉讼法造成过多的重复，甚至冲突。[2] 上述意见从不同角度讨论了我国刑事证据制度的立法模式。确实，相较于英美法系国家有一部统一的证据法典作为研究文本，大陆法系国家中作为独立法律学科的"证据法"的概念基本是不存在的，我国也是如此。21世纪之前，我国并没有较为成熟的证据规则，2010年"两个证据规定"出台，这些规则随后被吸收进《刑事诉讼法》的相关内容之中，构成了《刑事诉讼法》的有机组成部分，也形成了刑事证据制度的基本内容。而基于刑事证据规则的专业性、特殊性和复杂性，在我国制定单独的证据法以期囊括与其理念、原则、制度设计等有很大区别的民事证据制度和行政证据制度是不可行的，制定统一的"证据法"难度较大。由此，我国刑事证据制度应当在《刑事诉讼法》的制度框架下进行发展与完善。

2023年9月，第十四届全国人大常委会将《刑事诉讼法》的修改列入立法规划，学术界和实务界对此高度重视，积极建言献策，以应对刑事诉讼领域的新挑战和新要求。其中，关于证据制度的修改建议涉及证据理念、证据原则、证据种类、证据规则、证明标准、涉外证据等诸多内容。同时，数字时代对证据理论提出了诸多挑战，如何因应证据制度数字化变革的现实，提升办案质效，也成为学界讨论的主要话题。

---

[1] 参见石泉：《刑事证据立法及检警关系的研讨——2002年全国诉讼法学年会主要观点综述》，《政治与法律》2003年第1期，第159~160页。

[2] 参见李忠诚等：《中国法学会诉讼法学研究会2003年年会综述》，《中国法学》2004年第1期，第186~190页。

二、刑事证据制度的基础理论

刑事证据制度的基础理论决定了该制度存在的价值基础和发展方向。在 1996 年《刑事诉讼法》修改之前，我国关于刑事证据制度基础理论的研究大多处于对苏联模式的介绍、学习与引进阶段。辩证唯物主义认识论的指导思想、阶级性分析方法的引入、对客观真实的追求、广义刑事证明观的形成等均是在苏联刑事证据法学理论的影响下形成的，这种学习借鉴直接影响了我国刑事证据制度的基础理论，也在一定程度上制约了我国刑事诉讼法学的进一步发展。[1] 从内容上看，1996 年以前我国关于刑事证据制度的研究成果主要围绕刑事证据的概念与属性、证据分类、证据种类、证据的审查判断、无罪推定等几个问题展开，尚未形成完整的刑事证据法学理论体系。[2] 1996 年《刑事诉讼法》的修改吸收了西方国家刑事诉讼制度的合理因素，对传统刑事证据理论进行了反思，因此，关于刑事证据制度理论基础的研究出现重大变化，传统的以辩证唯物主义认识论为唯一基础的刑事证据法学理论受到了前所未有的挑战。随着刑事证据原则的独立化、刑事证据规则的系统化，我国刑事证据制度的基础理论形成了包含程序正义、法律价值及平衡选择等内容的多元化格局。

20 世纪 90 年代中期以后，我国刑事证据制度基础理论的研究重点仍然侧重于借鉴西方发达国家尤其是英美法系国家的刑事证据法学理论，甚至将西方国家的刑事证据制度与理论作为我国刑事证据立法与司法是否存在问题的一个重要评价标准。从研究内容来看，刑事证据制度的基本原则和证据规则的研究逐渐得到重视，刑事证明的研究也更加系统化。然而，理论界在热衷于比较大陆法系国家与英美法系国家刑事证据制度与理论的同时，忽略了对两大法系刑事证据理论的融会贯通，出现盲目借鉴国外经验来改革我国刑事证据制度的现象。与此同时，刑事证据制度的指导思想、理论基础，刑事证据的概念、属性和证据规则，以及刑事证明等问题仍存在广泛争议。[3] 随着建设中国特色社会主义法律体系要求的提出，如何构建中国特色刑事证据制度话语体系的问题也逐渐得到理论界的重视，关于刑事证据制度的基础理论的研究重点转向提升刑事证据理论研究的主体性、独立性和科学性，创建中国特色的刑事证据理论来解释中国刑事证据立法与

---

[1] 参见陈瑞华：《刑事诉讼的前沿问题》（第 2 版），中国人民大学出版社 2005 年版，第 28 页。
[2] 参见王超：《中国刑事证据法学理论体系的科学建构》，《法学评论》2013 年第 1 期，第 44～52 页。
[3] 参见周菁、王超：《刑事证据法学研究的回溯与反思——兼论研究方法的转型》，《中外法学》2004 年第 3 期，第 360～382 页。

司法存在的问题。①

(一) 刑事证据制度的理论体系

如前所述，虽不像英美法系国家制定了较为统一的证据法典，但我国"证据法"的概念是存在的，尽管三大诉讼法的证据理念、原则及制度设计存在较大差异，但证据制度在理论体系方面也存在一定的共同性，例如，均以辩证唯物主义认识论为证据理论基础，均分为证据论与证明论两大制度内容，均包含举证、质证、认证等相应阶段。刑事证据制度理论体系的研究也往往是在较为宏观的"证据法"的概念下进行的。

第一，学界关于刑事证据制度理论基础的学说主要包括"一元基础说"、"二元基础说"、"三元基础说"以及"多元基础说"。

"一元基础说"认为，辩证唯物主义理论是我国刑事证据制度的理论基础，不能把刑事证据制度整体建立在价值选择的基础上。② 具体而言，我国刑事证据制度的理论基础是辩证唯物主义认识论。案件事实、证据都是客观存在的事实，司法人员借助证据与案件事实之间的客观联系可以对案件事实进行认定，我国刑事证据制度要解决的核心问题是如何保证司法人员能够正确认识案件事实，亦即如何保证其主观符合客观。③

"二元基础说"认为，我国刑事证据制度有两个理论基础。该观点认识到辩证唯物主义认识论不应是刑事证据理论的唯一基础，证明活动作为一种特殊的受到程序法严格规制的活动，其所要解决的核心问题是发现事实真相所采取的手段和方式如何具备正当性、合理性、人道性和公正性，故而应从认识论走向价值论。④ 但关于具体是哪两个理论基础，学界又有不同看法。"辩证唯物主义认识论和程序正义的二元论"认为，诉讼认识论是刑事证据制度的理论基础，而诉讼认识论的两大理论基础是辩证唯物主义认识论和程序正义论，前者保障了诉讼认识具有真理性，后者则保障了诉讼认识具有正当性，二者共同构成了刑事证据制度的理论基础。⑤ "辩证唯物主义认识论和司法公正的二元论"认为，我国刑事证据制度的理论基础是辩证唯物主义认识论和司法公正论，二者相互补充，相互

---

① 参见王超：《中国刑事证据法学研究的回顾与转型升级》，《法学评论》2019年第3期，第72～89页；王超：《刑事证据法学研究的再次转型：从价值表达到精确解释》，《政法论坛》2014年第1期，第138～147页。
② 参见裴苍龄：《论证据学的理论基础》，《河北法学》2012年第12期，第55～65页。
③ 参见陈一云、王新清主编：《证据学》（第5版），中国人民大学出版社2013年版，第56～57页。
④ 参见陈瑞华：《从认识论走向价值论——证据法理论基础的反思与重构》，《法学》2001年第1期，第21～28页。
⑤ 参见樊崇义主编：《证据法学》（第5版），法律出版社2012年版，第72页。

协调。①"形式理性观和程序正义二元论"认为，我国刑事证据制度的两个理论基础为形式理性观念和程序正义理论。②"辩证唯物主义认识论和法律价值论二元论"将刑事证据制度的理论基础划分为认识论基础和价值论基础两个方面，辩证唯物主义认识论的基本主张是认识对象的可知论，在强调人的认识能力的绝对性的同时，也承认人的认识能力的相对性；同时，刑事证据制度的理论基础还应是程序正义理论，主要包括秩序、自由、效益等价值。③整体而言，"二元基础说"大都是在辩证唯物主义认识论的基础上结合诉讼程序的特点与价值，从不同角度展开的论述。其中，"辩证唯物主义认识论和法律价值论二元论"的观点较为全面地涵盖了程序正义、司法公正、形式理性等法律价值。

"三元基础说"认为，我国刑事证据制度有三个理论基础。有学者将认识论、价值论和方法论作为刑事证据制度的理论基础，认为：辩证唯物主义认识论是刑事证据制度的认识论基础；司法证明中法律价值和其他价值的平衡、法律价值内容的平衡是刑事证据制度的价值论基础；证据法的方法论包括哲学科学方法论、一般科学方法论和证据法专门方法论三个层次。④也有学者认为，刑事证据制度的理论基础主要包括诉讼认识的真理性、辩证唯物主义认识论和诉讼认识的正当性。⑤诉讼认识的真理性和诉讼认识的正当性均是以诉讼认识为基础的，是在认识论基础上衍生出来的。

"多元基础说"认为，我国刑事证据制度有三个以上的理论基础，辩证唯物主义认识论、形式理性、程序正义、一般法理学、证言心理学共同构成了刑事证据制度的理论基础。⑥

上述理论对于实现证据法尤其是刑事证据法的功能均具有不可忽视的作用。辩证唯物主义认识论有利于防止事实认定错误，程序正义理论有利于限制裁判者的自由裁量权和维护程序正义价值的实现，法律价值理论有利于避免诉讼拖延，实现诉讼经济原则。这些理论的提出也使我国关于刑事证据制度的理论基础由辩证唯物主义认识论的一元论，走向以形式理性观念和程序正义理论作为表现的价

---

① 参见陈光中：《刑事证据制度与认识论》，中国法学会诉讼法学研究会2000年年会论文。
② 参见陈瑞华、蒋炳仁：《走出认识论的误区——为证据立法重新确立理论基础》，中国法学会诉讼法学研究会2000年年会论文。
③ 参见万毅、林喜芬：《反思与重构：证据法学理论基础研究》，《四川师范大学学报（社会科学版）》2005年第6期，第97～104页。
④ 参见何家弘、刘品新：《证据法学》（第5版），法律出版社2013年版，第40～75页。
⑤ 参见叶青主编：《诉讼证据法学》（第2版），北京大学出版社2013年版，第38～44页。
⑥ 参见宋振武、张洪燕：《证据法理论基础问题之再反思》，《烟台大学学报（哲学社会科学版）》2013年第1期，第43～47页。

值论。①

第二，学界关于刑事证据理论体系的理解主要有修正传统刑事证据的理论体系与建构新的刑事证据理论体系两种观点。

主张修正传统刑事证据理论体系的观点强调对传统"证据论+证明论"体系进行修正，比如在内容上压缩"证据论"，增加"证明论"和证据规则的内容或者将证据法理论体系分为"史论、总论和分论"等②，或者将证据法理论体系分为"总论、诉讼证据和司法证明"三部分。③

主张建构新的刑事证据理论体系的观点认为，应以"一条逻辑主线（相关性）、两个证明端口（证明责任和标准）、三个法定阶段（举证、质证、认证）、四个价值支柱（准确、公正、和谐和效率）"建构新的刑事证据理论体系，并主张按照刑事证据法的本质确定刑事证据法学的研究范畴，剔除现有刑事证据法学理论体系中不纯粹的部分④，主张将"证明力与证明能力"作为与"证据种类""司法证明"的并列部分，共同构成刑事证据理论体系。⑤

上述关于刑事证据制度理论体系的研究各有特色，建立新的刑事证据制度理论体系的主张更是立足于刑事证据理论与实践的融合，将事实作为证据法的逻辑起点，重视诉讼证明原理的探究，改变了传统刑事证据制度内容陈旧、体系赢弱的局面。⑥ 然而，这些观点也有不足之处。比如，构建纯粹的刑事证据法学体系的主张虽然厘清了刑事证据法的研究范围，但未能从学科体系方面作进一步论证，这一主张还遇到了如何看待三大诉讼事实认定之共性的问题。再如，修正传统刑事证据制度理论的主张认识到传统的"证据论+证明论"的局限，但其修补式做法仍未走出传统证据法体系"证据论+证明论"的分裂格局。又如，建构新的刑事证据制度理论体系的观点注重从证据和证明两方面解读刑事证据制度理论体系，但忽略了三大诉讼的区别与特性。正如有学者提出的那样，证据的取得是以证明为目的的，证明是运用证据进行事实认定的动态过程，因此，我国刑事证据制度理论体系的构建必须对证据与证明的关系进行深入研究，既应关注证据理

---

① 参见左卫民、刘涛：《非法证据排除规则的确立与完善》，《法商研究》1999年第5期，第12~14页。
② 参见何家弘、刘品新：《证据法学》（第5版），法律出版社2013年版；陈一云、王新清主编：《证据学》（第5版），中国人民大学出版社2013年版。
③ 参见施鹏鹏：《证据法》，中国政法大学出版社2020年版，目录部分。
④ 参见张保生主编：《证据法学》，高等教育出版社2013年版，第98页；王超：《中国刑事证据法学理论体系的科学建构》，《法学评论》2013年第1期，第44~53页。
⑤ 参见陈瑞华：《刑事证据法》（第4版），北京大学出版社2021年版，目录部分。
⑥ 参见王日春、邱爱民：《论证据法学统编教材的创新和发展——评张保生教授主编之〈证据法学〉》，《重庆大学学报（社会科学版）》2009年第6期，第155~159页。

论研究的整体性、主体性、独立性和科学性，又应关注刑事证据理论的特殊性。①

(二) 刑事证据制度的基本原则

有学者曾对证据基本原则作出过较为系统的整理和归纳，认为证据裁判原则是证据规定的"帝王"条款，合法性原则体现了证据规则的社会属性，关联性原则是证据法则的逻辑基点，直接言词原则是事实发现的前提机制，质证原则是真相查明的动态装置。于是，刑事证据制度的各项原则各有侧重点，但又以证据能力和证明力为相互联系点。②那么，证据法的基本原则有哪些？分别作何表述？对于这个问题，学者们可谓见仁见智。有学者主张证据法的基本原则有证据裁判原则、自由心证原则、客观真实原则、利益衡量原则和经济分析原则。③也有学者主张证据法的基本原则主要有证据裁判原则、证据辩论主义、证据及时提出主义、直接言词主义和自由心证主义。④由于我国关于刑事证据规则的立法较晚，学者们对于刑事证据原则的研究大多是对英美法系国家证据理论的借鉴与学习，对于刑事证据法的基本原则有哪些问题也未达成一致意见。因此，本部分基于对刑事证据制度的基础理论的考量，对我国的刑事证据部分原则进行简单梳理。

第一，证据裁判原则。证据裁判原则强调的是认定案件争议事项的依据应当是证据。1996年《刑事诉讼法》规定："对一切案件的判处都要重证据，重调查研究，不轻信口供。"这一规定即是证据裁判原则的体现。2012年最高人民法院《关于适用〈中华人民共和国刑事诉讼法〉的解释》明确了"认定案件事实，必须以证据为根据"，正式确立了证据裁判原则。然而，上述规定对证据裁判原则的表述仍然较为笼统，进一步引发了如何理解证据裁判原则的问题。有学者认为，证据裁判原则的具体内容应当包含：对事实问题的裁判必须依靠证据，没有证据不得认定事实；裁判所依据的必须是具有证据资格的证据；裁判所依据的必须是经过法庭调查的证据。⑤也有学者在上述基础上进行了拓展，增加了"全案证据只有达到确实、充分的程度，才能认定被告人的犯罪事实"⑥。另外，证据裁判原则主要是针对犯罪事实的认定而言的，对于刑事案件中的量刑事实和程序

---

① 参见张保生、常林：《2013年中国证据法治发展的步伐》，《证据科学》2015年第3期，第261~282页。
② 参见陈卫东：《论刑事证据法的基本原则》，《中外法学》2004年第4期，第411~440页。
③ 参见江伟、吴宏耀、陈界融、高家伟、魏晓娜：《中国证据法草案及立法问题探讨》，《法制日报》2003年7月17日。
④ 参见毕玉谦：《中国证据立法的基本框架》，《人民法院报》2003年5月26日。
⑤ 参见陈卫东：《论刑事证据法的基本原则》，《中外法学》2004年第4期，第411~440页。
⑥ 参见陈瑞华：《刑事证据法》（第3版），北京大学出版社2018年版，第50页。

事实等事项是否必须适用证据裁判原则,《刑事诉讼法》的规定并不严格。因此,《刑事诉讼法》再修改时,应将证据裁判原则直接确立,在"证据"一章中增加"认定犯罪事实,必须以证据为依据"的相关表述,以促进程序公正。①

第二,合法性原则。证据合法性原则是指诉讼双方提交法庭的证据必须在证据的主体、形式以及收集提取证据的程序和手段等方面都符合法律的有关规定,不得侵犯个人、组织的合法权益。② 也即,证据合法性包括了证据主体合法、证据形式合法和证据程序合法,只有上述三个要素同时具备,该证据才是合法证据。否则,法院可以宣告这些证据违法、无效,进而排除适用。《刑事诉讼法》第52条规定:"审判人员、检察人员、侦查人员必须依照法定程序,收集能够证实犯罪嫌疑人、被告人有罪或者无罪、犯罪情节轻重的各种证据。严禁刑讯逼供和以威胁、引诱、欺骗以及其他非法方法收集证据,不得强迫任何人证实自己有罪。必须保证一切与案件有关或者了解案情的公民,有客观地充分地提供证据的条件,除特殊情况外,可以吸收他们协助调查。"对此,学界主流观点认为,该法条前半段是关于证据主体合法性的规定,也即,法律规定的证据主体只能限于审判人员、检察人员和侦查人员,只有上述司法人员才有权收集证据、审查和运用证据。③ 但也有观点从法解释学、法理基础和法实践的角度提出了批判,认为传统证据法学所主张的证据合法性理论并不科学,应当予以扬弃。④ 同时,该法条中段是关于非法证据排除的规定,如何在非法证据排除规则角度理解证据合法性原则,学界对此有不同观点。"狭义说"认为,具体到非法证据排除规则,其所指的"非法证据"仅限于非法定方法取得之证据,而不包括非法定主体取得的证据和非法定形式的证据⑤。"中间说"认为,综合《刑事诉讼法》第56条~第60条的规定,我国非法证据排除规则所排除的对象包括取证方法非法获得的证据和取证程序非法获得的证据。⑥ "广义说"认为,任何违反法律程序所规定的主体、手续、方法、强制措施、期限、救济等方面的侦查行为都是违法侦查行为,依违法侦查行为所取得的证据不具备证据的合法性要求。⑦ 证据的合法性是

---

① 参见陈光中、魏家淦:《完善刑事证据制度若干重要问题探讨》,《清华法学》2024年第4期,第45~55页。
② 参见陈卫东:《论刑事证据法的基本原则》,《中外法学》2004年第4期,第411~440页。
③ 参见樊崇义主编:《刑事诉讼法学》(第2版),法律出版社2009年版,第174页。
④ 参见万毅:《取证主体合法性理论批判》,《江苏行政学院学报》2010年第5期,第110~115页。
⑤ 参见万毅:《解读"非法证据"——兼评"两个〈证据规定〉"》,《清华法学》2011年第2期,第24~32页。
⑥ 参见刘方权:《双重视野下的证据合法性证明问题》,《中国刑事法杂志》2015年第4期,第65~78页。
⑦ 参见陈瑞华:《非法证据排除规则的理论解读》,《证据科学》2010年第5期,第552~568页。

证据客观性和关联性的保证，是证据具有法律的效力的重要条件，为保证办案结果符合实体公正、办案过程符合程序公正，对证据的合法性应作广义理解，不符合法律对于证据主体、形式、手段、方法的规定取得的证据，都应被视为不合法证据。

第三，直接言词原则。直接言词原则强调法官、陪审员必须亲自接触案件事实的所有材料并亲自听取案件当事人及其他诉讼参与人的陈述，允许当事人及其他诉讼参与人提出异议和进行辩论。[①] 直接言词原则作为一项规范审判程序的基本原则，也是刑事证据原则之一。该原则在刑事证据中的体现主要是对证据的资格提出了要求，未经双方当事人当庭举证、质证，未经法官、陪审员当庭接触、审查的证据，不得作为定案的根据。1996年《刑事诉讼法》对庭审方式进行了改革，一定程度上增强了控、辩双方的对抗性；2010年出台的"两个证据规定"提出了证人出庭作证的要求；2012年《刑事诉讼法》确立了证人、鉴定人出庭作证的制度。我国立法虽然吸收了直接言词原则的精神和内容，但实践中证人、鉴定人、侦查人员不出庭作证的情形常见，法院对这些言词证据的采纳率也非常之高，这使出庭作证制度形同虚设，严重影响了直接言词原则价值的实现。因此，《刑事诉讼法》再修改时，应完善证人出庭制度，对经人民法院通知，拒不出庭作证的，该证人证言不得作为定案的依据；对证人庭外询问笔录采信规则进行修改，未到庭的证人的证言笔录，在法庭上经质证并且查证属实后，才能作为定案的根据，以落实审判中心主义的要求。

第四，证据辩论原则。证据辩论原则强调当事人在诉讼中所提出的事实，必须经过辩论或者质证才可以作为法院判决的依据。[②] 而辩论或者质证的前提是证据开示，对于证据开示的主体与程度，学界有不同讨论。有学者主张证据开示主要是在控辩双方之间进行，法官没有必要参与，证据开示应当是双方互相开示，权力均等；也有学者主张证据开示应由非审理本案的法官主持，实行双向不对等原则，证据开示义务应当向控诉方倾斜。

上述刑事证据原则只是诸多证据原则中的一小部分，我国刑事证据原则的设置及统一构建还需要进一步完善。总体而言，我国关于刑事证据原则的研究经历了从关注刑事证据原则的理论到关注刑事证据原则的实践，从关注刑事证据原则的具体内容到关注刑事证据规则的建立与完善的过程。

---

① 参见徐进主编：《诉讼法学词典》，中国检察出版社1992年版，第278、333页。
② 参见张保生：《中国证据法学三十年（1978—2008）》，载教育部人文社会科学重点研究基地——法学基地（9+1）合作编写：《中国法学三十年（1978—2008）》，中国人民大学出版社2008年版，第363~420页；陈卫东：《论刑事证据法的基本原则》，《中外法学》2004年第4期，第411~440页。

(三) 刑事证据制度的价值目标

刑事证据制度作为刑事诉讼制度的组成部分，具有重要的价值。整体而言，刑事证据制度的价值观念经历了一个转变的过程，即从偏重惩罚犯罪转向惩罚犯罪和人权保障并重，从以侦查为中心的证据观转向以审判为中心的证据观，从片面追求客观真实的证明观转向法律真实、形式合法的证明观。[1] 那么，刑事证据制度的价值目标究竟是什么？对此，我国学界存在不同的学说。

"控制犯罪、人权保障与维护社会稳定和谐发展说"认为，控制犯罪、人权保障与维护社会稳定和谐发展是刑事证据制度的价值目标。其中，控制犯罪是刑事证据制度最为明显和直观的价值，刑事证据制度应当就追诉机关针对犯罪嫌疑人、被告人取证的行为设置各项明确有效的人权保障规则，还应当照顾刑事诉讼维护社会稳定和协调发展的社会价值。该观点主张的刑事证据制度的价值与刑事诉讼制度的价值是一致的。[2]

"司法公正与诉讼效率说"认为，刑事诉讼的结果关系到犯罪嫌疑人、被告人的人身自由，证据制度在很大程度上能决定刑事诉讼结果，所以，证据制度在设计中必须兼顾司法公正与诉讼效率。该观点是基于刑事诉讼人权保障的角度展开的，认为刑事证据制度是实现司法公正的重要途径，但同时又应朝着降低证据收集与运用的成本、提高证据的采纳率从而最终提高发现真实的可能性这一方向努力。[3]

"客体价值、主体价值和价值评判标准说"认为，刑事证据制度的价值是由客体价值、主体价值和价值评判标准组成的不可分割的整体。客体价值强调刑事证据法本身所具有的客观功能，也就是其规范作用。主体价值是国家在制定刑事证据法时所希望达到的目标，如惩罚犯罪、保障人权、司法公正、司法效率等。价值评判标准是以再现案件事实真相的准确性与正当性来衡量客体价值对于主体价值的满足关系。在上述价值存在冲突的情况下，应该以兼顾原则和权衡原则进行价值整合。[4]

"多元价值说"认为，现代刑事证据法具有多元价值，这些多元价值均是为准确认定案件事实服务的，证据裁判过程即是运用证据还原案件事实的过程。[5]

整体而言，随着司法实践和法律规范的变迁，刑事证据制度的价值目标也呈

---

[1] 参见刘炎：《刑事证据制度的观念更新和完善》，《人民司法》2005年第6期，第51~54页。
[2] 参见汪建成、孙远：《刑事证据立法方向的转变》，《法学研究》2003年第5期，第24~44页。
[3] 参见房保国、张丽宏：《论司法文明推进与刑事证据制度的完善》，《中国司法》2013年第12期，第25~28页。
[4] 参见喻名峰：《刑事证据法的价值结构》，《法学评论》2015年第4期，第45~54页。
[5] 参见杨波：《以事实认定的准确性为核心——我国刑事证据制度功能之反思与重塑》，《当代法学》2019年第6期，第132~145页。

现出一定的变化。上述关于刑事证据制度的价值目标的讨论也是遵循这一规律的。1979年《刑事诉讼法》制定后,追求事实真相或者惩罚犯罪成为刑事证据制度所强调的唯一价值目标。随着社会的发展,尤其是法律服务于市场化改革的需要,对抗式庭审模式对证据规则提出了越来越高的要求,刑事证据制度的价值目标不再单一追求事实真相,而是转向对司法证明公正性和诉讼行为权益侵害性的关注。随着"尊重和保障人权"写入2004年《宪法》,尤其是一系列冤错案件被纠正,尊重和保障人权被刑事证据制度视为价值目标之一,刑事证据制度的改革、刑事证据规则的完善均呈现价值目标的多元化。[①] 由此,价值目标的多元化及价值目标之间的冲突与平衡应是刑事证据制度价值目标继续研究与讨论的重点。

三、小结

从我国刑事证据立法及基础理论的发展来看,我国刑事证据制度经历了两次重要启蒙:第一次是传统刑事证据制度理论的启蒙,主要内容是确立了认识论的指导思想、引入了阶级性分析方法、全盘接受了客观真实观、形成了广义刑事证明观。第二次是现代刑事证据制度理论的启蒙,主要内容是拓展了刑事证据基础理论、刑事证据原则独立化、刑事证据规则的研究系统化、刑事证明理论的现代化。[②] 我国刑事证据制度的内容呈现出价值目标从注重职权便利的需要向重视权利保障的转变、从重视证据形式到重视证据规则的转变,证明要求从着眼于细化证明标准向重视实现证明要求的程序规则转变。[③]

整体而言,我国刑事证据制度在借鉴域外证据制度的同时,也越来越关注中国的司法实践,形成并完善中国特色的证据制度与证据理论。学界对于刑事证据制度的立法模式一直存有较大争议,这些讨论对完善刑事证据制度具有一定促进作用,刑事证据制度应当在《刑事诉讼法》的制度框架下进行发展。我国关于刑事证据制度的理论基础较为丰富,相关研究也由辩证唯物主义认识论的一元基础说转向涵盖事实真相、程序正义、司法公正等多元基础说。我们应从建设法治国家的高度来重新理解证据的基本定位,对证据法及相关配套制度做相应的调整,在此基础上建立有中国特色的刑事证据制度。[④] 另外,随着对抗制诉讼模式的改革,尤其是"以审判为中心"的刑事诉讼制度改革的深入,刑事证据原则、规则

[①] 参见万旭:《价值冲突与效率危机:我国刑事证据制度的转型》,载谢进杰主编:《中山大学法律评论》第14卷第1辑,中国民主法制出版社2017年版,第165~188页。
[②] 参见王超:《中国刑事证据法学研究的回顾与转型升级》,《法学评论》2019年第3期,第77~94页。
[③] 参见王敏远:《论我国刑事证据法的转变》,《法学家》2012年第3期,第99~109页。
[④] 参见吴洪淇:《证据的基本定位与法治化问题》,《浙江社会科学》2019年第8期,第55~63页。

也得到关注，尤其是从审判证据规则到侦查证据规则的发展，体现了理论界和学术界对刑事证据理论的理性认识的深化，同时仍需对犯罪行为发生后的证据收集、保管、移送、运用等问题进行思考，丰富刑事证据制度的基础理论，关注刑事证据制度的具体实践，推动证据法科学化和精细化发展。[①]

第二节　刑事诉讼真实理论的争鸣与发展

自 2000 年樊崇义教授的《客观真实管见——兼论刑事诉讼证明标准》一文发表后，学界对刑事诉讼证明标准问题展开了论战，内容涉及证明标准的语词之争、真实理论之争、证明标准的具体应用之争等问题。其中，真实理论之争中的客观真实与法律真实的讨论影响较大，双方彼此进行了批驳、回应，甚至调适、修正。[②] 长期以来客观真实说在我国传统诉讼法学和证据法学的证明标准理论中占据主导地位，但是随着学界对客观真实说的不断反思，有学者提出对案件事实的认定应当达到从法律角度确认真实的程度，该观点得到越来越多学者的支持，由此学界对"客观真实"与"法律真实"的讨论展开并一直持续。客观真实说与法律真实说的争议点主要在于"诉讼证明中案件事实的性质到底是以客观事实为基础还是以法律事实为基础"，但随着争论的深入，二者的争论不限于以上争议点，争论的内容也更为广泛。本章将在整理客观真实理论与法律真实理论各自内容的基础上，就法律真实理论对客观真实理论的批评与客观真实理论对法律真实理论的反驳进行梳理，对客观真实理论与法律真实理论的争鸣与发展进行较为全面地展示。

一、客观真实理论

(一) 客观真实理论的提出

1944 年 5 月 31 日，晋察冀边区行政委员会发布《关于改进司法制度的决定应注意事项的命令》，其指出"为转变司法作风，本会将发布《关于改进司法制度的决定》，以为今后改进司法工作之依据，《决定》的基本精神是：（一）打破旧的司法工作的一套，使我们的工作真正是为群众服务的，进行工作要深入群众去作切实的调查研究，实事求是，肃清主观主义的作风……"[③] "调查研究""实

[①] 参见冯俊伟：《刑事证据分布理论及其运用》，《法学研究》2019 年第 4 期，第 174～190 页。
[②] 参见宋英辉、汤维建主编：《证据法学研究述评》，中国人民公安大学出版社 2006 年版，第 359～376 页。
[③] 郑惠、张静如、梁志祥主编：《中国共产党通志》（中），中央文献出版社 2001 年版，第 2014 页。

事求是""肃清主观主义的作风"的表述成为客观真实理论的思想渊源。客观真实理论认为刑事诉讼要查明的是事实本身的真实。[①] 客观真实就是客观存在的案件事实在司法人员主观认识中的正确反映,是司法工作人员运用证据所认定的案件事实符合案件发生的客观情况。[②]

实际上,诉讼中的客观真实观由来已久。在神示证据制度时代,人们在观念上追求的就是客观真实,因为人们相信神灵知道案件真相是什么。[③] 中国古代的诉讼也非常强调案件事实真相的查明,神话中有明断曲直的神兽獬豸,历史人物包拯也因坚持并善于追求案件真相而被尊为"青天"。从渊源来说,现代的客观真实是对大陆法系内心确信的实体真实的继承和改造。在资产阶级革命时期,法、德等欧洲大陆国家在反对中世纪末期形式证据制度和形式真实论的斗争中,形成了"实体真实主义"。我国学者基于辩证唯物主义认识论在诉讼认识中的指导作用,将大陆法系内心确信基础上的"实体真实"发展成为"客观真实"[④]。

我国立法并没有明确规定"客观真实"的问题,传统的诉讼法学理论界普遍将"案件事实清楚,证据确实、充分"作为我国刑事诉讼的证明标准,也即"客观真实"。早在中华人民共和国成立初期,我国颁布的一系列法律规定中就确立了重证据不轻信口供、严禁刑讯逼供、证据必须确实充分等取证及司法证明活动的基本原则。1956年10月,最高人民法院颁布的《各级人民法院刑、民事案件审判程序总结》中提出:"在法庭调查事实阶段,必须把案情彻底查清,取得确凿的证据,以保证案件的正确处理。"[⑤] 1979年《刑事诉讼法》中建立的"案件事实清楚,证据确实、充分"的刑事证明标准,正是实事求是之工作作风的司法写照。[⑥] 自1979年《刑事诉讼法》对刑事证明标准作出明确之后,客观真实理论支持者主张继续坚持将"案件事实清楚,证据确实、充分"作为刑事诉讼的证明标准,只是研究重点逐渐转向对"案件事实清楚,证据确实、充分"的解释及运用。由此,"案件事实清楚,证据确实、充分"的证明标准,原则上适用于从侦查终结到审查起诉再到法庭审判的各个阶段,在实际的操作中应该遵照"程序

[①] 参见裴苍龄:《证据法学新论》,法律出版社1989年版,第183页。
[②] 参见张子培等:《刑事证据理论》,群众出版社1982年版,第94页。
[③] 参见陈光中、李玉华、陈学权:《诉讼真实与证明标准改革》,《政法论坛》2009年第2期,第5~23页。
[④] 关于客观真实之渊源的考证,参见陈光中主编:《证据法学》(第3版),法律出版社2015年版,第90~91页。
[⑤] 参见韩延龙主编:《中华人民共和国法制通史》(下),中共中央党校出版社1998年版,第56页。
[⑥] 参见李学军:《"人权保障"及"科技进步"——我国刑事证据制度四十年发展史及其核心要素、助推器》,《法学杂志》2018年第10期,第41~55页。

递进"原理。①

1. 坚持客观真实理论的必要性

客观真实理论的支持者们从多角度阐述了在诉讼中坚持客观真实理论的必要性：

第一，客观真实的证明标准是维护刑事司法制度之底线价值的最后堡垒。刑事司法制度的基本价值是对自由的保障与对社会秩序的维护②，刑事司法制度的底线价值是对无辜者的保护。客观真实理论从保护无辜的直觉意义出发，要求法官在作出有罪裁判时，其心证应当达到认识界限内的最高程度。虽然认识活动总是人的认识活动，因而难以摆脱主观性，但客观性是认识活动及其结果最为可贵的品格。真实只能是客观的真实，不存在所谓主观的真实。③

第二，坚持客观真实有助于刑事诉讼目的的实现。《刑事诉讼法》第1条明确了刑事诉讼的目的是惩罚犯罪，保护人民。刑事诉讼的证明根据必须是经法定程序收集到的证据，裁判根据应当是对是否构成犯罪和定罪量刑有意义的已查明的案件事实。客观真实的证明标准强调认识主体对案件事实本来面目的认识，这种客观标准可以制约认识主体在认识过程中的主观性，防止主观臆断，从而回归案件事实的本来面目。④ 但鉴于犯罪案件事实的复杂性与多样性，在刑事诉讼中试图完整重现犯罪过程的原貌是不可能的，由此，刑事诉讼证明的标准可以是多层次的，但客观真实原则这一指导性原则一定要坚持。⑤ 另外，客观真实理论是根据一定证据得出的唯一结论，这对裁判者而言无疑是依据明确的，不同的裁判者在能够形成客观证明的证据面前都会作出相同的判决。虽然只有少数案件的证明能够达到客观真实的程度，但不应当对客观真实理论完全否定，而应当通过程序保障来尽量减少发生冤假错案的可能性。⑥

第三，客观真实理论表现出的事实真相一元论追求与中国古代法律传统中对实质正义的极端关注和程序正义观念的缺失密切相关。中国古代司法极端重视实

---

① 参见崔敏：《关于证据立法的若干问题》，《公安大学学报》2002年第2期，第1～9页。
② 参见杨宇冠：《论刑事司法制度的基本价值目标：自由与秩序》，《广东社会科学》2012年第2期，第221～230页。
③ 参见魏晓娜：《"证据法的基础理论"笔谈：客观真实的价值与困境》，《法学研究》2004年第6期，第122～123页。
④ 参见张立平：《客观真实作为证明标准的主体应予坚持》，《湘潭大学社会科学学报》2002年第6期，第23～26页。
⑤ 参见宋朝武：《客观真实原则之再认识》，《社会科学战线》2003年第6期，第180～183页。
⑥ 参见古立峰、周洪波：《刑事证明标准基本问题简论》，《西南民族大学学报（人文社科版）》2007年第1期，第213～216页。

体上的真实与实质正义,事实真相的发现都是实质正义最为重要的体现,是司法官员的绝对义务。[①] 可见,客观真实理论受中国古代司法追求实体真实与实质正义的深刻影响,对事实真相表现出较强烈的追求。但是,中国法律传统缺乏支撑现代法治的形式主义要素和程序正义理念,客观真实理论表现出对事实真相一元论的追求,对程序正义等的关注不够。

2. 坚持客观真实理论的可能性

客观真实不仅是十分必要的,而且是完全可能的。这是因为:

第一,客观真实理论符合辩证唯物主义认识论原理,并且以辩证唯物主义认识论为其理论基础。客观上已经发生的案件事实,必然在外界留下这样或那样的物品、痕迹,或者为某些人所感知,为查明案件客观真实提供了事实根据。在诉讼领域,完全能够依赖这些物品、痕迹来查明案件的客观真实或案件的真实情况。

第二,充足有力的人员、组织保障和不断完善的法律规范使客观真实理论能够实现。我国有政治思想觉悟高、经验丰富、掌握一定科学技术的司法队伍作为组织保证,而且,诉讼法的制定、颁布和不断完善为查明案件的客观真实提供了法律依据。[②]

第三,客观真实理论具有可操作性。客观真实理论强调对案件事实的追求,这种追求过程通过一定具体操作是能够实现的。客观真实理论的具体要求可以细化为:据以定案的每一个证据均经过查证;据以查明案件的定案的证据与案件事实之间存在着客观联系;证据之间、证据与案件事实之间的矛盾得到合理排除;案件事实都有相应的证据予以证明,并且排除了其他可能性。[③]

正如学者们论述的那样,在诉讼中查明案件的客观真实不仅是必要的,而且是可能的,这有利于"案件事实清楚,证据确实、充分"的实现。客观真实理论包含了对刑事证明极端严格的要求,这一严格要求是与人权保障的精神相一致的。[④] 但需要注意的是,客观真实理论强调以事实为根据中的"事实"并不是案件的原原本本的事实(全部事实要素),而仅仅是其中的一部分事实要素,即犯

[①] 参见霍海红:《认真对待"客观真实"》,《清华法治论衡》2009 年 1 期,第 229~238 页。
[②] 参见陈一云主编:《证据学》,中国人民大学出版社 1991 年版,第 114~116 页。
[③] 参见陈光中、陈海光、魏晓娜:《刑事证据制度与认识论——兼与误区论、法律真实论、相对真实论商榷》,《中国法学》2001 年第 1 期,第 37~52 页。
[④] 参见王敏远:《"证据法的基础理论"笔谈:再论法律中的"真实"——对相关问题的补充说明》,《法学研究》2004 年第 6 期,第 106~108 页。

罪构成要素所需的事实要素。[1]

(二) 客观真实理论自身的困惑

21 世纪初，客观真实理论受到不少专家和学者质疑。究其原因，除了学术界受到西方形形色色的认识论、法律观的影响，客观真实理论自身确实存在不完美之处。[2] 不少学者指出，客观真实理论具有一些自身的缺陷：

第一，客观真实理论排除了高度盖然性，强调案件真相的绝对性。这种理论实际上忽视了哲学意义上的认识和司法实践中的证明差异，过分相信人的认识能力，没有看到司法证明的特殊要求，不免理想化，属于"认识论的乐观主义"。

第二，客观真实理论脱离了司法实践，缺乏操作性。客观真实只能是诉讼所追求的目标，而非可操作的标准。[3] 很多情况下，办案人员难以获得案件客观真实，只能无限接近客观真实。虽然客观真实理论支持者对"客观真实的要求"予以了细化，但"客观真实"的证明标准仍表现为一个较为笼统的、理想化的模式，这与刑事诉讼所要求的证明标准精细化存有一定差距。[4]

第三，客观真实理论对司法人员的具体指导性不强。在客观真实作为证明标准的情况下，法官在对证据作出综合判断时，并不存在一个可以触摸的、彻底还原的客观事实，这样，证明标准就丧失了其对法官裁判给予具体指导的基本功能。[5] 进而，法官在行使裁判权时，因缺乏具体细致的证明标准的指引，在裁判案件时更容易受到主观影响，也容易造成裁判标准的不统一。

第四，客观真实理论可能导致现代诉讼其他价值的让渡。认定的案件事实，是法律规范涵摄下的事实，是控辩审交涉的结果，是程序塑造的产物。[6] 对案件事实的追求不能"不择手段、不问是非、不计代价"，现代诉讼的价值是多元的，这些多元价值之间是相互补充，甚至是冲突的。对事实真相的追求也仅仅属于多元价值中的一个，而该价值的实现需要其他价值的配合，甚至让位。追求客观真

---

[1] 参见古立峰、周洪波：《刑事证明标准基本问题简论》，《西南民族大学学报（人文社科版）》2007 年第 1 期，第 213～216 页。

[2] 参见陈光中、李玉华、陈学权：《诉讼真实与证明标准改革》，《政法论坛》2009 年第 2 期，第 5～23 页。

[3] 参见黄胜、曹瑜：《重建我国刑事诉讼证明标准确有必要》，《法学杂志》2007 年第 6 期，第 79～81 页。

[4] 参见兰照：《刑事诉讼证明标准的旧瓶与新酒——由客观真实到法律真实的经济分析》，《前沿》2012 年第 19 期，第 75～79 页。

[5] 参见魏晓娜：《"证据法的基础理论"笔谈：客观真实的价值与困境》，《法学研究》2004 年第 6 期，第 122～123 页。

[6] 参见陈卫东：《"证据法的基础理论"笔谈：诉讼中的"真实"与证明标准》，《法学研究》2004 年第 6 期，第 116～117 页。

实的出发点是好的，但是极力追求客观真实，容易忽略其他诉讼价值；而且，在追求客观真实的活动中，如果缺乏必要的机制保障与制度约束，就会出现较大的随意性，进而导致"权"大于"法"的人治。① 为了追求发现案件的实质真实而牺牲其他重要的价值在诉讼中是不可取的。

整体而言，客观真实理论受中国古代司法追求实体真实与实质正义的深刻影响，受我国实事求是传统观念的影响，受大陆法系内心确信基础上的"实体真实"的影响，将查明诉讼中的案件事实作为一元追求。自1979年《刑事诉讼法》对刑事证明标准作出明确之后，客观真实理论支持者就主张继续坚持"案件事实清楚，证据确实、充分"的证明标准，并论证了在诉讼中坚持客观真实理论的必要性和可能性，指出客观真实的证明标准是维护刑事司法制度之底线价值的最后堡垒，有利于刑事诉讼惩罚犯罪、保护人民诉讼目的的实现。但是，随着诉讼理论的不断发展和认识的不断深入，客观真实理论支持者也逐渐承认客观真实理论自身所存在的缺陷，承认对事实真相的绝对追求是很难实现的，是一种较为理想化的证明标准，绝对坚持客观真实有让渡其他诉讼价值的可能。于是，客观真实理论的支持者在继续坚持并论证客观真实理论的内容和必要性的同时，也逐渐将研究重点转向对客观真实理论的修正。

二、法律真实理论

(一) 法律真实理论的提出

长期以来，在客观真实理论的指导下，法官除了对案件进行审判，还负责证据的收集和调查，与之相对应的诉讼模式是职权主义模式。随着诉讼理论研究的不断深入，职权主义模式的缺陷日益明显。20世纪90年代，我国学术界受西方程序价值的影响对诉讼价值进行了大讨论，逐渐形成了多元的诉讼价值观。1996年《刑事诉讼法》的修改吸收了当事人主义的合理因素，程序正义、保障人权得到了一定程度的体现和加强，人权、自由、秩序、程序等诉讼价值日益引起学界的重视与推崇。② 客观真实作为一种过于理想化的刑事证明标准在司法实践中暴露出越来越多的问题，在这种背景下，理论界对西方国家的刑事证明标准进行了深入研究，受西方国家诉讼证明的相对性原理和盖然性理论的影响，我国理论界提出了法律真实观。③ 有学者认为，根据"程序决定实体"的理论内容，实体问

---

① 参见阮国平：《客观真实、法律真实辨析——在社会主义法治理念视野下》，《行政法学研究》2007年第2期，第25~28页。
② 参见李玉华：《理性看待法律真实》，《江苏社会科学》2007年第6期，第106~115页。
③ 参见孙再思：《论"法律上的真实"》，《学术交流》1994年第4期，第76~80页。

题的是非对错是没有一个确定的标准的,所以案件处理结果的正当性只能诉诸程序,由程序对案件处理作出评价。最终的实体性裁判是经由程序产生的,其是否正当取决于是否严格遵循了正当的法定程序,除此之外不可能有其他判断标准,也即实体依赖程序。多年来在学界引起激烈讨论的所谓证明标准的"法律真实理论"便是循着这一思路得出的结论。① 此后,诸多学者认为诉讼中的证明标准要达到客观真实(主观认识与客观实际完全一致)是不可能的,因此主张以"法律真实"取代"客观真实"②。

1. 法律真实的概念

樊崇义教授最早在《客观真实管见——兼论刑事诉讼证明标准》一文中便提出了"法律真实"的概念。其认为,"法律真实"是指公、检、法机关在刑事诉讼证明的过程中,运用证据对案件事实的认定应当符合刑事实体法和程序法的规定,应当达到从法律的角度认为是真实的程度。③ 作为一个关于诉讼真实理论的"新"概念,学术界对于"法律真实"的概念有不同的理解,主要形成了两种学说:第一,"法定标准"说。该说认为,法律真实是指运用证据认定案件事实应当符合刑事实体法和程序法的规定,是法律意义上的真实,是在具体案件中达到法律标准的真实。④ 第二,"正当程序+法定标准"说。该说认为,法律真实是指在发现和认定案件事实的过程中,必须尊重并体现刑事诉讼程序价值的要求。对案件事实的认识达到法律要求的标准时,即可定罪量刑,否则应当宣布被追诉人无罪。该观点将法律要求的证明标准表述为排除合理怀疑。⑤ 上述两种学说从不同角度阐述了"法律真实"的概念,均承认并强调法律规范尤其是程序规范在认定案件事实方面的作用与价值,主张对案件事实的查明、认定必须满足法律规范的要求。

2. 法律真实理论提出的必要性

法律真实理论是学者们在对客观真实理论进行研究与反思的基础上提出的,学者们较为充分地论证了法律真实理论的必要性与科学性,他们认为:

第一,在诉讼活动中,纯粹的客观真实是达不到的,只能达到法律真实。作

---

① 参见汪建成、孙远:《刑事证据立法方向的转变》,《法学研究》2003年第5期,第24~44页。
② 卞建林、郭志媛:《论诉讼证明的相对性》,《中国法学》2001年第2期,第167~176页。
③ 参见樊崇义:《客观真实管见——兼论刑事诉讼证明标准》,《中国法学》2000年第1期,第114~120页。
④ 参见何家弘:《论司法证明的目的和标准——兼论司法证明的基本概念和范畴》,《法学研究》2001年第6期,第40~54页。
⑤ 参见樊崇义、锁正杰、吴宏耀:《刑事诉讼证据前沿问题研究》,载何家弘主编:《证据学论坛》,中国检察出版社2000年版,第135~228页。

为裁判依据的事实不是社会层面或经验层面上的客观事实,不是纯粹的案件事实,而是经过法律程序重塑的事实。刑事司法机关在诉讼证明的过程中,运用证据对案件事实的认定应当符合刑事实体法和程序法的需要,达到从法律角度认为是真实的程度。①

第二,法律真实理论兼顾了诉讼活动中的多元价值。利益争端的解决,诉讼目的的实现,有时完全可以与事实真相是否得到查明毫不相关,而直接体现出裁判者对法律的理解和法律价值的选择。② 法律真实理论兼顾了刑事实体法与刑事程序法的理论与内容,兼顾了诉讼活动中的程序正义、人权保障、司法公正等多元价值,所追求的案件真实是在程序法之下所认定的法律上的真实。

第三,法律真实理论能够弥补客观真实理论的缺陷。法律真实理论具有可操作性,能够作为每个个案的证明标准,而客观真实只能成为刑事案件证明的一个客观要求,是一个抽象的口号。诉讼证明追求法律真实与我国《刑事诉讼法》规定的宗旨相一致,为证据的调查和运用指明了方向,澄清了在运用证据过程中容易混淆的环节和概念,有利于诉讼证明活动高效准确地运行。③ 同时,法律真实理论是对客观真实理论的深入发展。客观真实理论在我国具有深厚的司法传统,法律真实以客观真实理论作为更深层次的价值根基,法律真实理论一定程度上认同客观真实理论的主张,只是在"客观真实"难以实现的情况下设置了一种理论架构,即设置了一种以"最大限度贴近客观事实"为要求的衡量尺度④,为诉讼制度设置一种较为明确、科学的证明标准。

第四,法律真实理论符合诉讼认识的客观规律。法律真实是程序本位价值观的客观要求。⑤ 由于诉讼效益和社会对及时公正的期许,裁判者无法对过去发生的事实进行全部检测辨别,只能依据法定程序确认的证据进行判断。法律真实是由法律规定的真实,它既能够为诉讼的争议双方所认知以便引导各自的诉讼行为,又能够为裁判者所掌握,法律真实理论符合人们对"真实"的理解,也符合诉讼认识和诉讼价值的要求。⑥

---

① 参见龙宗智:《我国刑事诉讼的证明标准》,《法学研究》1996年第6期,第119~127页。
② 参见陈瑞华:《刑事诉讼的前沿问题》,中国人民大学出版社2000年版,第197~201页。
③ 参见樊崇义:《客观真实管见——兼论刑事诉讼证明标准》,《中国法学》2000年第1期,第114~120页。
④ 参见钟新文、杨波:《在客观真实与法律真实之间——对刑事判决证明标准的再思考》,《吉林大学社会科学学报》2004年第6期,第121~124页。
⑤ 参见樊崇义、赵培显:《法律真实哲理思维》,《中国刑事法杂志》2017年第3期,第3~14页。
⑥ 参见樊崇义、毛立华:《"证据法的基础理论"笔谈:确立以客观真实为基础的法律真实观》,《法学研究》2004年第6期,第119~120页。

如上，学界反思了客观真实理论的缺陷，认为受制于客观条件的限制，那种绝对的、理想化、纯粹的客观事实是不存在的，客观真实观不符合人们普遍的认识规律。同时，学者们的论述还展现了法律真实相较于客观真实的优势，比如符合情理、具有相应法律依据作为支持、可操作性强、易于实现、兼顾了其他诉讼价值等，这些都有力地论证了法律真实理论提出的必要性。法律真实理论的提出也为我国刑事证明标准理论的研究注入了新的活力，更多学者开始对证明标准进行深入研究，探究我国刑事证明标准的科学立法与制度构建。

（二）法律真实理论对客观真实理论的批评

客观真实理论下的高标准、严要求的刑事证明标准，在刑事诉讼中对于防止冤枉无辜是具有积极意义的。但与此同时，客观真实理论自身的困惑与缺陷也遭到了学界和司法实务界的质疑、诘难。[1] 法律真实理论对客观真实理论的批评观点主要有：

第一，客观真实理论混淆了诉讼的目的和诉讼证明的具体要求。寻求客观真实，是刑事诉讼的目的，然而，由于诉讼认识特点和认识条件的限制，客观真实难以成为诉讼证明的操作标准。[2]

第二，客观真实理论具有局限性。一是客观真实理论作为一种宏观价值目标，在实践中是很难实现的。[3] 客观真实理论过于强调对案件客观真实的还原与确认，忽略了证明活动本身所具有的相对性。毕竟，案件的客观真实情况是无法还原的，法官在确定证据确实、充分的情况下认定的只能是诉讼真实，而非客观真实。[4] 二是客观真实理论忽略了主观因素的作用。客观真实理论过于强调对案件事实层面的关注，忽略了对法官内心确信程度的主观层面，没有从正面充分承认法官的主观确信在事实认定中的作用。[5] 三是客观真实理论强调案件事实的绝对性，忽略了其他价值层面。客观真实理论以案件真实作为一元价值追求，忽视了对诉讼效率的考量；客观真实理论缺乏对证据判断现实过程的关注，在追求实体正义的同时忽略了对程序正义的关注。[6] 四是客观真实理论本身存在自我矛盾

---

[1] 参见宋英辉、汤维建主编：《证据法学研究述评》，中国人民公安大学出版社2006年版，第73页。
[2] 参见龙宗智：《"确定无疑"——我国刑事诉讼的证明标准》，《法学》2001年第11期，第29～33页。
[3] 参见樊崇义：《客观真实管见——兼论刑事诉讼证明标准》，《中国法学》2000年第1期，第114～120页。
[4] 参见陈卫东、刘计划：《关于完善我国刑事证明标准体系的若干思考》，《法律科学（西北政法大学学报）》2001年第3期，第60～72页。
[5] 参见陈瑞华：《刑事证据法学》，北京大学出版社2012年版，第260页；霍海红：《认真对待"客观真实"》，《清华法治论衡》2009年1月，第229～238页。
[6] 参见陈彤：《论当代中国刑事证据的判断标准》，《新疆社会科学》2006年第5期，第90～94页。

性。客观真实理论主张审判人员对案件事实的认定必须达到主观符合客观的程度，却只描绘了证明标准的模糊目标，对于该证明标准的判断主体、具体操作未作出说明。① 客观真实理论忽略了认识论的辩证法，陷入了重实体、轻程序，神化或超人化的认识论，法官与证人的角色错位，混淆事实与证据这四个误区。②

第三，客观真实理论在实践中存在弊端。客观真实理论在实践中带来了藐视法治的严重后果，使司法权力脱离制约与控制，可能导致司法人员不惜一切手段追求"真实"；尤其是客观真实标准应用于无罪裁判时，可能导致法庭在证据不足的情形下，不愿、不敢裁判无罪，导致超期羁押的现象突出。③

如上所述，法律真实理论在否定客观真实理论的缺陷方面具有应予充分肯定的积极意义。正是这种否定，有助于学界得以从对客观真实理论的迷信中解脱出来，不再一味追求那种理想化的真实。④ 法律真实理论以尊重法律和正当程序为指导，更容易被司法工作人员所把握、运用，也容易被普通公民所接受，对于保障司法公正和司法公信力有重要作用。当然，还需要强调的是，法律真实论者并不否认客观真实的存在，法律真实是建立在客观真实基础之上的真实，法律真实也并没有放弃对案件事实真相的追求。

（三）法律真实理论的发展

随着法律真实理论的提出，学界越来越认识到客观真实理论的不足与缺陷，法律真实理论也获得了越来越多学者的肯定和支持。学界对法律真实理论进行了较为深入的研讨，法律真实理论的内涵与内容均得到了较大发展。具体来说：

第一，法律真实理论与客观真实理论二者并不矛盾。二者都是建立在辩证唯物主义认识论基础之上的，二者的最终目标是一致的。法律真实是不能完全脱离客观真实的，它是建立在客观真实基础之上的真实，是包含客观真实内容的真实。同时，法律真实虽包含客观真实的内容，反映了诉讼证明的实际状况和要

---

① 参见史立梅、汪海燕：《从理想的绝对走向现实的相对——走出刑事证明标准的事实乌托邦》，《法学》2001年11期，第36~40页。

② 参见黄少青、陆云良：《论"事实"在诉讼制度中的作用》，《广西大学学报（哲学社会科学版）》2003年第2期，第61~66页。

③ 参见孙国强、白林：《从"客观真实"到"法律真实"——论我国刑事审判证明标准的转换》，《广西大学学报（哲学社会科学版）》2011年第4期，第78~81页；刘田玉：《论"法律真实"的合理性及其意义》，《法学家》2003年第5期，第124~133页；樊崇义、吴宏耀：《刑事证明标准的背面：无罪判决》，《人民法院报》2002年3月4日。

④ 参见王敏远：《"证据法的基础理论"笔谈：再论法律中的"真实"——对相关问题的补充说明》，《法学研究》2004年第6期，第106~108页。

求，但是法律真实并不等于客观真实。① 而且，从表述来看，法律真实说更符合刑事诉讼的价值追求，客观真实理论下的"证据确实、充分"的标准，在实现的机制上只能以法律真实理论下的"排除合理怀疑"的形式才能实现。②

第二，法律真实理论具有重大制度意义。法律真实理论能为诉讼程序价值论提供认识论的基础和支撑，对于弘扬程序的独立价值和地位具有重要的指导意义，体现了国家定分止争的强制性。法律真实理论也与当事人主义诉讼模式相适应，当事人主义诉讼模式中的辩论主义和法官中立都体现了法律真实的内涵。③法律真实理论具有合理的可操作性和可接受性，不仅便于司法人员操作，而且使诉讼证明活动变得具体、明确。④

上述观点对法律真实的相关理论进行了发展与完善，充分论证了将法律真实作为我国刑事诉讼证明标准的理论依据，对法律真实和客观真实的关系进行了拓展，既尊重了法律真实与客观真实的一致可能性，论述了法律真实与客观真实的不矛盾性，又论述了法律真实的特有价值，丰富了法律真实理论的内容。

长期以来，"案件事实清楚，证据确实、充分"的证明标准指导着我国刑事诉讼实践。但是，随着诉讼理论研究的深入，尤其是多元诉讼价值观的提出和现代诉讼模式的构建，加之西方国家诉讼证明的相对性原理和盖然性理论的影响，学界提出了法律真实理论。法律真实理论是在客观真实理论的基础上提出的，是对客观真实理论缺陷的补充，对客观真实理论的内容进行了拓展与完善。基于客观真实理论长期以来的主导地位，法律真实理论支持者对客观真实理论进行了批评。随着研究的深入，学界对法律真实理论的关注不再单纯强调法律规范在认定案件事实方面的作用与价值，而是对法律真实理论的内容和意义进行了拓展，对客观真实理论与法律真实理论的关系进行了梳理，主要观点从最初的"误解中的对立"发展到"一致可能性"。既然法律真实理论认识到了其与客观真实理论的区别与一致性，客观真实理论也必然要予以回应，客观真实理论与法律真实理论的争论仍在持续。

三、客观真实理论对法律真实理论的反驳

法律真实理论提出后，坚持客观真实理论的学者也理性地承认，法律真实理

---

① 参见何家弘：《论司法证明的目的和标准——兼论司法证明的基本概念和范畴》，《法学研究》2001年第6期，第40~54页。
② 参见高一飞：《法律真实说与客观真实说：误解中的对立》，《法学》2001年第11期，第33~35页。
③ 参见刘田玉：《论"法律真实"的合理性及其意义》，《法学家》2003年第5期，第124~133页。
④ 参见张光玲：《刑事证据法的理念》，《中国刑事法杂志》2004年第2期，第62~72页。

论的提出和适用促使学界对传统理论进行反思，推动了我国诉讼理论的发展。但针对法律真实理论提出的一些批评和质疑，客观真实论者也进行了反驳。他们认为：

第一，客观真实理论并不是单纯地追求绝对真实，而是绝对真实与相对真实的辩证统一。法律真实理论认为客观真实理论要求对案件事实形成绝对确定的认识，违背了真理相对性的原理。但是，客观真实理论是绝对真实与相对真实的辩证统一，客观真实理论要求的是司法人员对案件事实在一定范围、一定程度上的认识，并不是如法律真实理论批判的"单纯地追求绝对真实"[1]。而且，如果只追求适用法律真实理论，对客观真实理论不予关注，可能导致为司法实践中的错案、冤案开放绿灯，开脱责任。[2] 所以，虽然客观真实理论存在一定的缺陷，对绝对真实的追求是难以实现的，但是，可以通过对客观真实理论进行修正来克服该缺陷，也即，只要对客观真实标准作必要的限制，只要法律构成要件所指称的证据事实与客观的案件事实相符合，就可以作出裁判。[3]

第二，"法律真实"本身就是一个伪概念，"客观真实"才是一个合理概念。客观真实理论的支持者认为，"法律真实"根本就不存在，因为在案件事实不明或者尚处于争议之中时，法律不可能规定何为真、何为假。而且，判断事实真伪的标准也不应是法律的规定，"法律"与"真实"这两个概念根本就不能搭配，法律没有判定证据是否真实的功能，法律只是判断证据是否充分的标准；而"客观"与"真实"是一种正确的搭配，客观真实表明检验对案件事实的认识是否正确的标准是看该认识与客观的实际情况是否相符合。[4]

第三，法律真实理论本身存在一定理解误区。从诉讼理论来看，证明标准应当是对证明所要达到的程度的描述，但法律真实理论将证明标准和证明任务混同。[5] 而且，法律真实理论自身也存在着不可克服的内在矛盾。法律真实理论更多地强调了法律的价值与作用，没有进一步指出证明标准的主观真实属性，法律真实逐步向客观真实进行妥协；而在证明活动中，客观事实又向法律事实进行转化，这就陷入了自相矛盾的境地。

---

[1] 阮方民、封利强：《论我国刑事证明标准的现实选择：混合标准》，《浙江大学学报（人文社会科学版）》2002年第5期，第138～146页。
[2] 参见陈光中：《关于刑事证据立法的若干问题》，《南京大学法律评论》2000年第1期，第81～87页。
[3] 参见张继成、杨宗辉：《对"法律真实"证明标准的质疑》，《法学研究》2002年第4期，第117～130页。
[4] 参见张继成、杨宗辉：《对"法律真实"证明标准的质疑》，《法学研究》2002年第4期，第117～130页。
[5] 参见王学棉：《法律真实：证明标准还是其他》，《求索》2003年第5期，第85～88页。

第四,法律真实理论不是现代证据制度追求的目标。客观真实理论支持者认为,尽管彻底查明案件客观事实较为困难,但其毕竟关系到裁判的实体公正,因此,最大限度地接近案件的客观真实一直是司法人员所追求的目标,法律真实只是在客观真实难以实现的情况下作出的退而求其次的无奈选择。而且,司法实践中冤错案件发生的原因之一即是认定案件事实违反了客观真实,这与现代证据制度追求的目标是相背离的。[①]

第五,客观真实理论与"任意司法、藐视法律和法治"等严重后果之间没有必然的因果关系。司法实践中出现的任意司法和司法腐败等现象,是法律制度不完善、公民法律意识欠缺、法律制度执行变异等多种因素的结果,不能将原因全部强加于客观真实标准。然而,如只强调法律真实,则容易导致司法人员在调查、收集证据时只注重满足于形式和程序上的要求,忽略了事实的真实性,也为法官开脱责任开了方便之门。[②] 由此,不能得出"任意司法、藐视法律和法治"等后果与客观真实、法律真实有必然因果关系的结论,也不能将任意司法、司法腐败等问题归结于客观真实理论。

客观真实理论在强调自身理论正当性的同时,也对法律真实理论的批评进行了反驳,在这种批评与反驳的过程中,客观真实理论虽然在部分问题上与法律真实理论达成了一定妥协,但这既不代表客观真实理论的落伍、过时,也不代表法律真实理论的胜利,仅仅是随着社会形态、犯罪控制模式的调整与刑事诉讼模式的转变,客观真实理论所作出的积极回应而已。[③] 客观真实理论有其深厚的理论基础,在传统理论中长期居于主流地位,随着法律真实理论的提出与发展,客观真实理论的支持者也不断反思客观真实理论的内容,积极回应着法律真实理论的质疑,在回应中也对客观真实理论进行了修正、完善。

四、客观真实理论与法律真实理论的比较

(一)法律真实理论与客观真实理论的相同之处

法律真实理论和客观真实理论之论辩最开始是作为一个证明标准的问题出现的,一段时间内,"客观真实"与"法律真实"俨然成了两种对立的刑事证明标准的代名词。但是,也有学者主张,客观真实理论与法律真实理论的论辩只是关于诉

[①] 参见张永泉:《客观真实价值观是证据制度的灵魂——对法律真实观的反思》,《法学评论》2012年第1期,第39~45页。
[②] 参见李玉华:《理性看待法律真实》,《江苏社会科学》2007年第6期,第218~224页。
[③] 参见琚明亮:《论刑事诉讼证明观的转向与回归——以诉讼合意为视角》,《西部法学评论》2019年第4期,第49~56页。

讼认识观的争论而并不是关于刑事证明标准的争论,两种真实理论的论辩并不涉及对证明标准的讨论,而且,客观真实理论与法律真实理论本身都不是刑事证明标准,也都没有对刑事证明标准本身展开充分的讨论。[1] 由此,随着争论的深入发展,这一问题已经由一个证明标准的问题变成了一个认识论的问题,进而成为一种系统化的证据理论之争。[2] 所以,客观真实理论与法律真实理论之争看似是一场有关客观性和合法性、绝对真实与相对真实之间针锋相对的争论,但是在观点对立的背后,尤其是随着各自的修正与完善,二者呈现出诸多共同之处。具体而言:

第一,法律真实理论与客观真实理论均将辩证唯物主义认识论作为其理论依据,二者都是受诉讼规律规制的,都强调运用证据裁判规则对过去案件事实进行求证,均遵循着人类共同的思维规律。[3]

第二,法律真实理论和客观真实理论均承认裁判错误的可能性。法律真实理论承认错案的可能性,认为绝对地避免错案是不可能的;客观真实理论强调办案人员对案件事实的认定要与实际情况相一致,但同样具有容错性。[4]

第三,法律真实理论和客观真实理论均认为发现案件的真相是诉讼的终极目标。只不过,法律真实理论认为客观真实只是理想的目标,强调了客观真实发现的困难;客观真实理论则认为这个目标乃现实目标。[5] 二者的最终归宿都是实现刑事诉讼的目的,即及时、有力地打击各种犯罪活动,有效地维护社会秩序,保障国家、集体利益和人民群众的生命财产安全。[6]

第四,客观真实理论与法律真实理论也面临着若干共同性的问题。客观真实理论与法律真实理论均未认识证明标准的核心内涵、未体现证明标准所强调的确定性和科学性;同时,客观真实理论与法律真实理论都属于对证明标准的应然表达,对司法实践关注不够,也难以有效回应司法实践中事实并非完全真实的现实

---

[1] 参见林劲松、朱珏:《标准之争,抑或观念之争?——对"客观真实论"与"法律真实论"之争的冷思考》,《甘肃政法学院学报》2003年第4期,第76~82页。
[2] 参见锁正杰、苏凌:《"法律真实"理论与"客观真实"理论比较研究》,《国家检察官学院学报》2003年第5期,第81~91页。
[3] 参见段书臣、刘澍:《"法律真实"与"客观真实"论争之检讨——兼论刑事诉讼证明标准体系》,《海南大学学报(人文社会科学版)》2003年第1期,第1~6页。
[4] 参见张建伟:《法律真实的暧昧性及其认识论取向》,《法学研究》2004年第6期,第120~122页。
[5] 参见张建伟:《法律真实的暧昧性及其认识论取向》,《法学研究》2004年第6期,第120~122页;刘荣军:《目的与方法、证明与裁判》,《法学研究》2004年第3期,第112~114页。
[6] 参见阮国平:《客观真实、法律真实辨析——在社会主义法治理念视野下》,《行政法学研究》2007年第2期,第25~28页。

挑战。①

如上所述，法律真实理论本身就是在反思客观真实理论的基础上提出的观点，法律真实理论与客观真实理论作为刑事诉讼真实观的两种理论，都遵循着人类认识规律和思维规律，都需遵循诉讼规律，都需直面司法实践的现实需要，共同服务于刑事诉讼的根本目的和最终归宿。

（二）法律真实理论与客观真实理论的不同之处

在法律真实理论与客观真实理论的争论过程中，学界既注意到法律真实理论和客观真实理论的共同点，也认识到了二者的不同之处，更加理性地对待这两种理论。具体来说，相关观点包括：

第一，法律真实理论与客观真实理论看问题的角度不同。客观真实理论是从认识对象的途径是客观的角度而言的，强调的是实体公正、客观公正，强调证据的重要性；法律真实理论是从认识的法律意义的法律评价的角度而言的，强调的是程序公正、法律公正，强调法律的重要性。②法律真实理论认为客观真实证明标准是一种理想的司法模式，其实用性、操作性差，客观上无法达到；客观真实理论认为客观真实证明标准的可操作性虽然相对较差，但并不足以导致诸如法律真实理论所言的严重后果，而且法律真实理论推崇的"排除合理怀疑"证明标准本身也存在争论。③

第二，法律真实理论与客观真实理论的基本主张不同。法律真实理论认为案件的原本事实是不能被发现或者难以被发现的，主张的"真实"是法律确认的事实，追求的是裁判认定的事实与诉讼证据所展示的事实的相符性、相合性，但是认为裁判认定事实的正确性是无从裁判的。客观真实理论主张的"真实"是案件的原本事实，认为这种案件的原本事实是能够被发现、查明的，客观真实理论追求的是裁判认定的事实与案件原本事实的相符性、一致性，并且裁判认定事实的正确性是能够得到客观验证的。④

第三，法律真实理论与客观真实理论在证据制度上不同。在证据特征上，法律真实理论强调合法性基础上的真实性，而客观真实理论强调证据的真实性。在

---

① 参见杨建军：《事实的真实与非真实：法学的表达与司法的实践》，《法律科学（西北政法大学学报）》2005年第6期，第17~25页。

② 参见李新枝：《评刑事证明中的客观真实论》，《青海社会科学》2002年第3期，第97~101页；孙再思：《论"法律上的真实"》，《学术交流》1994年第4期，第76~80页；庄建平：《从客观真实与法律真实视角谈司法改革》，《中共福建省委党校学报》2002年第5期，第58~60页。

③ 参见段书臣、刘澍：《"法律真实"与"客观真实"争论之检讨——兼论刑事诉讼证明标准体系》，《海南大学学报（人文社会科学版）》2003年第1期，第1~6页。

④ 参见张建伟：《法律真实的暧昧性及其认识论取向》，《法学研究》2004年第6期，第120~122页。

通过证据认定案件事实的过程中，法律真实理论强调尊重法律程序，承认经验规则和逻辑规则的作用，要求通过合理的自由心证认定案件事实，而客观真实对此并不重视。①

第四，法律真实理论与客观真实理论在证明制度上不同。一是二者对证明标准的性质认识不一致。法律真实理论认为案件事实是在法定程序中形成的，证据是否确实、充分需要办案人员的判断，是一种相对主观性的认识；客观真实理论认为案件事实的认定是一种相对客观性的认识，法律真实仅仅是诉讼证明逻辑中的一部分，法律真实必然要受到客观真实的终结性审查。二是二者对证明要求的认识不一致。法律真实理论认为其主张反映了刑事诉讼证明的现实要求，而客观真实理论反映了刑事诉讼证明的理想要求。三是二者对证明标准的表述不一致。法律真实理论认为客观真实的证明标准客观上无法达到，要求刑事诉讼证明要达到"排除合理怀疑"的标准；而客观真实理论认为法律真实观推崇的"排除合理怀疑"证明标准本身存在争论，要求刑事诉讼证明要达到"排除一切怀疑"的标准。②

法律真实理论与客观真实理论的种种不同，导致司法人员在不同理念的指引下进行的具体操作也不同。法律真实理论和客观真实理论的不同还体现在"社会公正与个案公正""程序公正和实体公正""司法中立与法院主动""长远利益和近期效果"等方面。③ 同时，也要认识到，过度强调法律真实理论和客观真实理论的区别和对立不仅妨碍我们比较客观地看待法律真实理论和客观真实理论各自的优势与不足，而且割裂了法律真实理论和客观真实理论本来可能具有的内在关联。④ 况且，诉讼认识是一种回溯性证明过程，在此过程中，我们的认识是以发现"客观真实"为目标的，但在具体判断中，发现"客观真实"无法实现或者很难实现时，不妨将途径转向"法律真实"，此时，承认客观真实理论与法律真实理论的共同之处，正面理解客观真实理论与法律真实理论的不同之处，就显得尤

---

① 参见锁正杰、苏凌：《"法律真实"理论与"客观真实"理论比较研究》，《国家检察官学院学报》2003年第5期，第81～91页。
② 参见封利强：《"客观真实"与"法律真实"的三重涵义——兼评"客观真实说"与"法律真实说"》，中国法学会诉讼法学研究会2006年年会论文；锁正杰、苏凌：《"法律真实"理论与"客观真实"理论比较研究》，《国家检察官学院学报》2003年第5期，第81～91页；段书臣、刘澍：《"法律真实"与"客观真实"论争之检讨——兼论刑事诉讼证明标准体系》，《海南大学学报（人文社会科学版）》2003年第1期，第1～6页。
③ 参见刘永超：《法律真实与客观真实的冲突与平衡》，《人民司法》2006年第11期，第66～68页。
④ 参见霍海红：《认真对待"客观真实"》，《清华法治论衡》2009年第1期，第229～238页。

为重要。① 由此,学界关于客观真实理论与法律真实理论的争论呈现缓和趋势。

五、客观真实理论与法律真实理论争鸣的缓和

历经了客观真实理论与法律真实理论的争鸣,客观真实理论支持者与法律真实理论支持者均看到了对方理论中的合理之处以及共同之处,两大理论之争呈现缓和甚至互相借鉴的趋势,两种真实理论在完善自己观点的同时也都作出了某些修正。

(一) 客观真实理论的修正

在客观真实理论与法律真实理论争论的过程中,客观真实理论的支持者逐渐认识到,客观真实虽然是刑事诉讼证明的应然要求,在大多数情况下也是能够实现的,但是,并不是对所有案件的所有事实都能够查明、鉴别,都能在实然结果上达到客观真实。由此,客观真实理论对其内容进行了修正与完善。

第一,客观真实理论逐步承认每个案件都会有或多或少的事实是无法真正查明的,刑事诉讼证明过程中会有很多不确定的因素,客观真实理论在坚持客观真实一元标准的基础上,认为可以区分不同层次的证明标准。②

第二,修正后的客观真实理论仍然是以客观真实为基础的,虽然承认了法律真实的价值与意义,但仍然坚持主张法律真实不能代替客观真实。修正后的客观真实理论在认识理论上强调了认识论与价值论的结合,在证明标准上强调了客观真实与法律真实的结合,并且二者是主导与辅助的关系。③

随着客观真实理论与法律真实理论讨论的深入,客观真实理论看到了自身理论的缺陷,在对法律真实理论的质疑作出积极回应的同时,既坚守了客观真实理论的基本内容,又对其自身的些许观点进行了修正,为平息客观真实理论与法律真实理论的争鸣提供了很好的视角。④

(二) 法律真实理论的调适

法律真实理论提出后,由于其具有较为丰富的理论和实践依据,得到了越来越多学者的肯定和支持。随着客观真实理论与法律真实理论讨论的不断深入,客观真实理论对法律真实理论的质疑进行了积极回应,这也促使法律真实理论不断

---

① 参见兰照:《刑事诉讼证明标准的旧瓶与新酒——由客观真实到法律真实的经济分析》,《前沿》2012年第19期,第75～79页。

② 参见黄胜、曹瑜:《重建我国刑事诉讼证明标准确有必要》,《法学杂志》2007年第6期,第79～81页;熊秋红:《对刑事证明标准的思考——以刑事证明中的可能性和确定性为视角》,《法商研究》2003年第1期,第79～85页。

③ 参见王天民:《实质真实论》,西南政法大学2010年博士学位论文。

④ 参见陈卫东、刘计划:《2003年刑事诉讼法学学术研究回顾》,《法学家》2004年第1期,第89～93页。

检视其理论自身，不断进行理论修正与调适。

法律真实理论的提出使刑事诉讼证明标准的研究从哲学范畴转向了法律范畴，从实事求是走向了证据规则。① 随着法律真实理论的调适，法律真实理论对客观真实理论的认识也逐渐科学化，逐渐承认客观真实的价值；法律真实理论并不否认对案件真相的追求，只是反对将客观真实直接作为刑事诉讼的证明标准。法律真实理论认为其与客观真实理论并不是矛盾对立的，而是辩证统一的，法律真实理论同样将客观真实作为诉讼的目的、诉讼的终极价值，只是主张案件事实并不等同于案件原本事实，注重的是查明案件事实必须受制于法律规制。② 但是，法律真实理论的上述调适仍然忽视了人的认识活动主观性的一面，还应当吸收其他观点的合理因素予以完善。③

(三) 客观真实理论与法律真实理论争鸣的缓和

如上所述，客观真实理论与法律真实理论在论辩过程中对各自传统理论进行修正、解释和补充之后，客观真实理论与法律真实理论已经出现相互靠拢和相互补充的发展趋势。相关观点主要有：

第一，客观真实理论与法律真实理论是目标与途径、源与流的关系。诉讼证明的终极性标准应是客观真实，但客观真实标准的实现须以诉讼认识主体对主观标准的运用为途径，并受主观标准运用条件的限制和程序制约；而主观标准的运用须以客观标准的实现为指向，依照诉讼程序最终接受客观标准的检验和监督。④ 客观真实是证明标准的应然状况、理想目标；法律真实是证明标准实然的表述状态。客观真实是源，是本质，是决定因素；法律真实是流，是现象，是被决定因素。⑤

第二，法律真实理论与客观真实理论并不矛盾。在论辩过程中，法律真实理论与客观真实理论均逐渐认识到二者的相同之处：均重视实体结果的公正，也重

---

① 参见宁杰：《三大诉讼法的修改与完善——中国法学会诉讼法研究会2005年年会综述》，《人民法院报》2005年10月31日。

② 参见黄胜、曹瑜：《重建我国刑事诉讼证明标准确有必要》，《法学杂志》2007年第6期，第79～81页；龙宗智、何家弘：《刑事诉讼证明标准纵横谈》，载何家弘主编：《证据学论坛》(第4卷)，中国检察出版社2002年版，第157页。

③ 参见樊崇义、兰跃军、潘少华：《刑事证据制度发展与适用》，中国人民公安大学出版社2020年版，第170页。

④ 参见张立平：《论诉讼证明标准之主客双重性》，《湘潭大学学报(哲学社会科学版)》2008年第2期，第55～59页。

⑤ 参见黄维智：《法律真实——证明标准的实然状态》，《人民检察》2002年第10期，第21～23页；邹学荣：《论客观真实与法律真实在审判实践中的地位和作用》，《西南师范大学学报(人文社会科学版)》2003年第1期，第53～56页。

视程序的法律保障，均承认案件有查不清的情况，两种观点是殊途同归的，只是程度不同、重心不同。两者的争论核心问题之一是哪种证明标准对防止疑案、减少疑案更有效。① 从系统论的观点来看，客观真实理论与法律真实理论也只是同一事实证明活动动态系统中不同层次的问题，只是客观真实理论侧重实现公正这一较高层次的目标，法律真实理论侧重实现效率这一较低层次的目标。②

第三，应当坚持客观真实与法律真实相结合。在辩证唯物主义认识论的指导下，发现真实、保障人权、程序正义、诉讼效率等诉讼多元价值要求应当坚持客观真实与法律真实相结合。③ 在司法实践中，案件事实的证明是极为复杂的过程，不同犯罪事实、不同程序事实等的证明标准存在区别，只适用一个统一的证明标准是难以满足司法实践需要的；而且，"证据确实、充分"的证明标准是否已经达到，最终还是要由司法人员作出判断，即真实应当是主客观相统一的认识。客观真实与法律真实无法相互替代，理性的做法应当是实现客观真实理论与法律真实理论相结合，形成有中国特色的诉讼真实观，并以此改革中国的诉讼证明标准。④ 党的十八届四中全会提出的"推进严格司法"所强调的司法机关查明、认定的事实要符合案件发生时的客观真相，绝不容许脱离案件的客观真相满足于所谓的法律真实，正是对客观真实理论与法律真实理论进行结合的表述，明确了以客观真实为核心、以法律真实为补充的诉讼真实观。⑤

第四，关于如何实现客观真实与法律真实的结合，学界提出了不同方案。"区别适用说"认为，在涉及剥夺一个人的生命或自由，作出有罪判决时，应当适用较高层次的客观真实的证明标准。在基于诉讼效率、刑事调解等的考虑时，可以适用较低层次的法律真实的证明标准。⑥ "先后适用说"认为，诉讼中应当首先适用较高层次的客观真实的证明标准，不同诉讼阶段对客观真实的要求也应

---

① 参见高一飞、成凤明：《程序正义观与刑事诉讼证明标准》，《求索》2002年第4期，第66~69页；高一飞：《法律真实说与客观真实说：误解中的对立》，《法学》2001年第11期，第33~35页；李忠诚：《简论刑事证据与证明标准》，《政治与法律》2007年第2期，第184~189页。

② 参见阮丹生、杨正彤：《从系统论的观点看诉讼活动中的客观真实与法律真实》，《法学杂志》2003年第3期，第44~46页。

③ 参见李玉华：《哲学上的真理和诉讼中的真实》，《西北大学学报（哲学社会科学版）》2007年第4期，第140~145页。

④ 参见何家弘：《论司法证明的目的和标准——兼论司法证明的基本概念和范畴》，《法学研究》2001年第6期，第40~54页；陈光中、李玉华、陈学权：《诉讼真实与证明标准改革》，《政法论坛》2009年第2期，第3~21页；魏晓娜：《"排除合理怀疑"是一个更低的标准吗？》，《中国刑事法杂志》2013年第9期，第57~63页。

⑤ 参见陈翠玉：《严格司法视阈下的客观真实与法律真实》，《人大法律评论》2015年第2期，第118~138页。

⑥ 参见李玉华：《理性看待法律真实》，《江苏社会科学》2007年第6期，第218~224页。

有所不同。① 整体而言，基于客观真实与法律真实两者的辩证统一关系，就需要平衡多元诉讼价值，缓解客观真实与法律真实之间的矛盾，坚持客观真实与法律真实的结合。②

六、小结

　　客观真实理论与法律真实理论之争鸣是诉讼法学界讨论较为热烈的学术争议之一，从学说主流地位来看，经历了由客观真实理论居主流学说地位转向由法律真实理论居主流学说地位再到坚持客观真实理论与法律真实理论的结合。客观真实理论最初时即居于主流学说地位，是被质疑、批判的对象，但客观真实理论在坚持其客观事实论和可知论的前提下，也进行了自我修正与调适，进而承认认识的相对性，在一定范围内承认法律真实理论的合理性。法律真实理论对客观真实理论的批评观点，也得到了客观真实理论的回应，修正后的客观真实理论能够弥补其自身的一些缺陷，并对法律真实理论进行了反击。客观真实理论和法律真实理论呈现相互靠拢、相互补充之势，客观真实理论与法律真实理论的论辩也日益缓和，二者不再是对立矛盾的观点，二者的对立也不过是非此非彼的误见之间的无谓对立。客观真实作为司法证明的目的，法律真实作为司法证明的标准；客观真实体现了哲学上的真理符合论，法律真实体现了真理实用论的观点。③ 客观真实与法律真实相结合的观点逐渐成为主流。④

　　客观真实理论与法律真实理论并重的观点可能也是一种理想状态，虽然形式上全面、周延、无可挑剔，但同样存在一种逻辑冲突，尤其是当客观真实标准与法律真实标准发生冲突时，如何进行选择就成为司法人员所面临的难题之一，或者会使当事者无所适从，或者又会导致以话语权为中心的主观随意性。⑤ 客观真实理论与法律真实理论的争鸣反映了我国刑事诉讼法学理论界与实务界对刑事诉讼目的和本质有了新的认识，打破了原来的刑事诉讼绝对工具论的神话，对

---

① 参见张立平：《论诉讼证明标准之主客双重性》，《湘潭大学学报（哲学社会科学版）》2008年第2期，第55～59页。

② 参见王贞会、王福恒：《客观真实与法律真实之价值考量——对我国刑事诉讼证明标准的再思考》，《河北师范大学学报（哲学社会科学版）》2007年第1期，第28～31页。

③ 参见何家弘、周慕涵：《刑事诉讼事实观与真实观的学理重述——兼评"程序共识论"》，《清华法学》2022年第6期，第23～41页。

④ 参见王超：《中国刑事证明理论体系的回顾与反思》，《政法论坛》2019年第3期，第31～44页；汪建成、王敏远：《刑事诉讼法学研究述评》，《法学研究》2001年第1期，第140～147页；宋振武：《非此非彼的"客观真实说"与"法律真实说"》，《烟台大学学报（哲学社会科学版）》2007年第1期，第39～45页。

⑤ 参见田文昌：《冤假错案的五大成因》，《中外法学》2015年第3期，第576～579页。

于摆脱刑事诉讼活动仅仅是国家政策实施工具的畸形认识起到了重要的作用，为正确认识刑事诉讼的目的和本质，为刑事证据法新型理念的树立开辟了道路。①

第三节 证据论

一、证据的概念

1996年《刑事诉讼法》及2012年《刑事诉讼法》均对证据概念进行了规定，但学界对证据的概念的讨论一直存在，主要有如下几种代表性观点②：

（一）事实说

"事实说"主张证据是指能够证明案件真实情况的一切事实。1996年《刑事诉讼法》规定，证据是"能够证明案件真实情况的一切事实"。陈光中教授主编的《刑事诉讼法》（2002年版）、樊崇义教授主编的《刑事诉讼法》（1996年版）、江伟教授主编的《证据法学》（1999年版）均对证据的概念作了如上表述。随着辩证唯物主义认识理论的深入，尤其是司法实践中一大批冤错案件被揭露、纠正，学界更多地从辩证唯物主义认识论的角度来界定证据概念、理解证据制度的重要性。"事实说"在我国证据法学的研究中影响最大，曾一度成为通说。③

但是，"事实说"存在一定的逻辑困境，其无法证明"证据就是事实"，无法区分"证据与定案根据"④，这会带来证据适用上的混乱，故而学者们对"事实说"的质疑较多。一些学者批评道："事实说"将证据等同于事实，过分追求事实真相，忽视了程序的价值，也陷入了机械唯物论的认识误区；"事实说"混淆了认识内容与认识对象的差别，容易造成证据可靠性和客观事实之间的距离；证据本身没有价值判断的含义，"事实说"改变了证据的性质，赋予了其一定

---

① 参见张能全：《消解冲突视野中的刑事证据规则新理念》，《上海大学学报（社会科学版）》2006年第5期，第110~115页。
② 参见谢安平、郭华等：《中国刑事诉讼制度的改革——基于以审判为中心诉讼制度改革的思考》，知识产权出版社2017年版，第107~109页。
③ 参见卞建林主编：《共和国六十年法学论争实录》（诉讼法卷），厦门大学出版社2009年版，第336页。
④ 参见陈瑞华：《刑事证据法》（第3版），北京大学出版社2018年版，第87页。

价值。①

(二) 关于证据概念的其他表述

如上,"事实说"存在着一定逻辑困境,学界出现了与"事实说"不同的众多学说:

"原因说"认为,证据是使法官对诉讼案件中待证事实的真伪或是否确信不疑的原因。② 该观点是从证据对案件事实的作用角度讨论的,但该观点将司法人员的主观认识与客观证据事实相混淆,仍然未能清晰界定证据的概念。③

"信息说"认为,证据是信息,是关于案情的信息,是能证明案件事实的信息。该观点区分了证据与事实,将信息作为"证据"和"事实"之间联系的中介,解决了证据的定义、法律地位和可采性难以准确界定的难题,也为证据种类越来越多提供了解释途径,也使证据学的研究由繁入简,便于把握。④

"统一说"认为,证据是证据内容和证据形式的统一,是事实材料与证明手段的统一,是事实内容与事实形式的统一。该观点面对"证据"与"事实"相互交错的问题,未对"证据"与"事实"进行区分,而是将其统一为一体,认为证据是以法律规定的形式表现出来的能够证明案件真实情况的一切事实。⑤ 原本"统一说"是在顾及证据概念既有学说的缺陷的基础上的一种折中观点,但是,对于"统一说"的具体内容,也即具体是指什么的统一,学界也有上述不同观点。

"根据说"认为,证据是证明案件事实的根据,也是法院认定案件事实作出裁判的根据。该观点回答了"证据"与"事实"的关系,与"统一说"具有一定相似性,将"证据"与"事实"进行了联系。也有学者从法律规范的角度对"证据"概念进行了解读,认为"证据"概念的三条条款是具有逻辑关系的,第1款

---

① 参见林劲松:《证据真实性的回归——兼论证据概念的解释方法》,《浙江大学学报(人文社会科学版)》2014年第4期,第98~106页;宋英辉、汤维建主编:《证据法学研究述评》,中国人民公安大学出版社2006年版,第149页;陈瑞华:《证据的概念与法定种类》,《法律适用》2012年第1期,第24~30页;何家弘:《让证据走下人造的神坛——试析证据概念的误区》,《法学研究》1999年第5期,第102~111页。

② 参见巫宇甦主编:《证据学》,群众出版社1983年版,第75页。

③ 参见卞建林主编:《共和国六十年法学论争实录》(诉讼法卷),厦门大学出版社2009年版,第342页。

④ 参见徐静村:《证据新论》,《重庆邮电学院学报(社会科学版)》2006年第1期,第1~4页;齐剑侯、童振华主编:《刑诉证据基本原理》,吉林人民出版社1982年版,第50页;熊志海、王莉:《证据概念的信息解读》,《重庆邮电学院学报(社会科学版)》2004年第2期,第50~53页。

⑤ 参见卞建林主编:《证据法学》,中国政法大学出版社2005年版,第58页;陈光中主编:《证据法学》,法律出版社2015年版,第142页。

证据"是可以用于证明案件事实的材料"是从内容方面对证据的解释，第 2 款关于证据种类的列举强调的是证据的法律形式，第 3 款中出现的"证据"是证据内容和形式的统一，只有查证属实的证据才能最终作为定案的根据。①

"材料说"认为，证据的内容是证据所反映的事实，证据的形式是事实赖以存在的载体，"材料说"将证据的内容和形式统一了起来。该观点解决了"事实说"所带来的证据的"客观性"、"真实性"与"审查判断"之间的难题，将"证据"与"定案根据"、"诉讼证据"与"一般证据"进行了区分，将"材料"与"证明案件事实"进行了结合。②

此外，也有学者从其他角度对证据的概念进行了界定："结果说"认为，证据是举证和证据调查之结果。③ "反映说"认为，证据不是事实本身，而是客观事实在人们意识中的反映。④ "阶段说"认为，诉讼阶段不同，证据的概念也不同，诉前阶段的证据包含不具有证据能力的证据和具有证据能力的证据，而只有具有证据能力的证据才能进入法庭的视野，接受法庭调查。⑤ "动态说"认为，证据自身具有过程性和动态性。⑥

自 1979 年《刑事诉讼法》制定以来，"事实说"长期占据了主流地位，由于"事实说"自身存在的逻辑矛盾性，学界陆续提出了上述诸多学说。"原因说"从证据对诉讼结果的服务角度进行了讨论，但是将司法人员的主观认识与客观证据事实相混淆。"信息说"和"统一说"将证据的内容从事实拓展到信息，但是仍然具有一定的模糊性，未能清晰界定证据的本质。"根据说"从当事人这一全新角度对证据概念进行了界定，但"根据"二字具有很大的包容性，这样界定证据的概念同样存在模糊性。关于证据概念的其他观点也从不同角度进行了创新解释，具有一定的合理性，但都未剖析证据概念的实质。

"材料说"克服了关于证据概念其他学说的弊端，尤其是区分了证据与定案

---

① 参见何家弘主编：《新编证据法学》，法律出版社 2000 年版，第 100 页；卞建林主编：《共和国六十年法学论争实录》（诉讼法卷），厦门大学出版社 2009 年版，第 344 页；张卫平主编：《民事诉讼法》，法律出版社 2014 年版，第 187 页；董坤：《证据、定案的根据：论刑事证据的概念》，《西南民族大学学报（人文社科版）》2015 年第 12 期，第 104~108 页。

② 参见陈光中主编：《中华人民共和国刑事证据法专家拟制稿（条文、释义与论证）》，中国法制出版社 2004 年版，第 133~134 页；汪建成：《刑事证据制度的重大变革及其展开》，《中国法学》2011 年第 6 期，第 51~60 页；陈瑞华：《证据的概念与法定种类》，《法律适用》2012 年第 1 期，第 24~30 页。

③ 参见裴苍龄：《证据法学新论》，法律出版社 1989 年版，第 30 页。

④ 参见吴家麟：《论证据的主观性和客观性》，《法学研究》1981 年第 6 期，第 11~16 页。

⑤ 参见吴宏耀：《证据概念的重塑》，载樊崇义主编：《诉讼法学研究》（第 6 卷），中国检察出版社 2003 年版，第 210 页。

⑥ 参见吴宏耀、魏晓娜：《诉讼证明原理》，法律出版社 2002 年版，第 115 页。

证据，获得了立法者的青睐，2012年《刑事诉讼法》采用了"材料说"的观点。对此，有学者表示赞同，认为"材料说"解决了"事实说"所带来的逻辑困境，不再对证据提出可证明案件"真实情况"的过高要求，回到了刑事诉讼运用证据的逻辑起点，是一种立法上的进步。[1] 但也有学者认为"材料说"本身存在一些问题：材料本身是一个较为宽泛的概念，如果证据是材料，那么证据材料又是什么？证据与证据材料又是什么关系？"材料说"忽略了证据所具有的"证据也是一种事实"的含义；"材料说"也不能准确表达言词证据的形式，有简单化并以偏概全之嫌。[2] 学界的理解分歧为认识与理解证据概念提供了空间。诚如学者所说，围绕证据概念的争论表面上看是在讨论同一个问题，但如果仔细分析就会发现实际上并非如此，其涉及"证据是什么"与"证据应该是什么"以及"证据是什么"与"什么是证据"的问题[3]。厘清证据概念有利于贯彻证据裁判原则，保证刑事诉讼法律规范条文表述的一致性与规范性，有利于更好实现证据制度的价值。

二、证据的属性

1981年，戴福康教授对刑事诉讼证据的阶级性进行了否定论述[4]。此后，学界关于证据的属性主要形成了"三性说"（客观性、关联性和合法性）和"两性说"（客观性和关联性），二者争论的焦点在于证据是否应当具有合法性。[5] 同时，随着证据理论的发展，又出现了"四属性说"（证据能力、证据力、证明能力、证明力）。

（一）证据是否具有客观性

传统证据学界的"三性说"和"两性说"均承认证据的客观属性。普遍认为，客观性是证据的属性之一，证据的客观性是从证据的概念来源得出的，证据的客观性既包括证据内容的客观性，也包括证据载体形式的客观性。同时，肯定证据客观性的观点也对证据的客观性与真实性进行了区别，强调了证据的客观性并非证据的真实性。但是，在证据理论的发展过程中，也有学者对证据的"客观性"提出了质疑，认为证据不具有客观性。其主要理由为：一方面，证据的"客

---

[1] 参见陈瑞华：《证据的概念与法定种类》，《法学杂志》2012年第1期，第24~30页。
[2] 参见龙宗智：《进步及其局限——由证据制度调整的观察》，《政法论坛》2012年第5期，第3~13页。
[3] 参见陈卫东、王兆峰：《诉讼证据定义新论》，《河南社会科学》2007年第2期，第47~52页。
[4] 参见戴福康：《证据本身是没有阶级性的》，《政法研究》1964年第3期，第28~29页。
[5] 参见崔敏主编：《刑事证据理论研究综述》，中国人民公安大学出版社1990年版，第8页。

观性"没有一个较为统一的检验标准,对证据材料的认识与运用不得不求助于主观性,对证据"客观性"的讨论与检验仍然离不开司法人员的主观意识。人们向法庭提供的有些证明材料虽然经过法定程序查证属"假",不能作为定案根据,但这属于证据的审查判断和采纳与否的问题,而不是证据资格问题。[①] 另一方面,坚持认为证据的"客观性"具有一定的逻辑困境,不仅对事实认定的指导作用有限,而且还会陷入无法回答真假证据哪一个有客观性的困境。[②] 故"客观性"不应被视为证据的属性之一。

上述关于证据客观性的讨论说明,传统的证据属性说承认证据具有"客观性",但"客观性"这一表述容易产生"主观事实"和"客观事实"的混淆,案件的客观事实只有经过办案人员的主观选择或者评价,才会成为"证据"。所以,学界对"客观性"说法的质疑不无道理。在否定证据"客观性"属性的基础上,一些学者提出证据具备"主体性""范围性""真实性"的观点。[③]

(二)证据是否具有合法性

传统证据学界的"三性说"和"两性说"的争论焦点在于证据是否具有合法性。"三性说"主张证据具有合法性。该观点认为,证据在法律上是否具有证明效力,不完全取决于证据能力,还要看它是否符合法律规定的"品格"和"规格",证据合法才有效。[④] 而且,证据的合法性是法律对诉讼活动进行监督与调节的表现,是诉讼活动法律性的要求之一。而证据的合法性主要由取证主体的合法性、证据表现形式的合法性、取证手段的合法性、法庭调查程序的合法性四个方面组成。[⑤]

"两性说"认为证据不具有合法性。基于"事实说"的表述,证据是一种客观事实,证据是先于证据的收集和认定而存在的。证据的形式是否合法,它的收集、审查判断和运用的程序是否合法,这些都不是证据事实内在的本性,而是人

[①] 参见王进喜主编:《刑事证据法的新发展》,法律出版社 2013 年版,第 1~4 页;张保生:《事实、证据与事实认定》,《中国社会科学》2017 年第 8 期,第 110~130 页。

[②] 参见张保生、常林:《2013 年中国证据法治发展的步伐》,《证据科学》2015 年第 3 期,第 261~282 页。

[③] 证据的主体属性指刑事证据是由控、辩、审三方收集的;证据的范围属性指刑事证据是存在于刑事诉讼中;证据的真实性主张将证据本身存在的客观性与案件事实客观性区别开来,也即,证据本身(存在)的真实,并不等于证据意义(内容)的真实。具体参见曹玲玲、高权:《论刑事证据的属性》,《大庆社会科学》2008 年第 3 期,第 125~127 页;张斌:《论我国刑事证据属性理论的重构——刑事证据"四性说"的提出与意义》,《四川大学学报(哲学社会科学版)》2015 年第 1 期,第 138~152 页。

[④] 参见苏灵雨:《刑事诉讼证据性质问题探讨》,《安徽大学学报》1981 年第 3 期,第 30~38 页;刘金友主编:《证据法学(新编)》,中国政法大学出版社 2003 年版,第 102 页。

[⑤] 陈瑞华:《关于证据法基本概念的一些思考》,《中国刑事法杂志》2013 年第 3 期,第 59~70 页。

们对它的法律评价,是证据事实的外部条件。① 此外,证据合法性的理论具有"松散"和"形式化"的特点,且某一事物的属性是其本身固有的区别于其他事物的特殊性,因此,证据仅具有客观性和关联性,合法性并不是证据与生俱来的属性。

上述关于证据合法性的讨论,本质上是关于证据是否具备转化为定案根据的资格的讨论,我国《刑事诉讼法》也对证据的合法性问题进行了明确规定,对于不符合证据合法性的证据予以排除或者限制。随着证据能力、证据可采性等观念的引入及传统证据理论存在的缺陷日益显现,学界对证据合法性的讨论日益深入,一些学者主张用"证据能力说"、"证据可采性说"和"证据资格说"等来取代证据的合法性②,对传统证据合法性理论进行革新,重新界定合法性。因此,证据合法性仍是证据属性研究的重点之一。

(三)证据具有关联性

与证据是否具有客观性和合法性存有较大争议不同,学界对于证据具有关联性形成了基本共识,只是在具体表述上存有细微差别。证据的关联性是证据事实必须与案件事实有客观联系,证据事实必须能够据以证明案件真实情况。③ 证据的关联性是证据所揭示的证据事实与待证事实之间的逻辑关系,关系到证据证明能力的大小、强弱。该属性是证据客观存在的,是证据在任何诉讼阶段都应当普遍具备的属性。④ 根据证据法原理,证据的关联性有两个具体要求:一是证据能够用于证明案件事实;二是若证据不具有关联性,不得作为认定案件事实的根据。尽管《刑事诉讼法》中已有体现证据关联性要求的相关条款,但是,我国刑事证据制度对证据关联性的强调不够,较少对证据关联性的内容作出规定或者解释,对证据关联性相关规则的设置也不够完备,这也使学界对证据关联性的理解有一定差异。因此,《刑事诉讼法》再修改时,通过调整"证据必须具有相关性并查证属实,才能作为定案的根据"的相关规定,以弥补关联性概念缺失带来的认识偏差。⑤

---

① 参见杜纲建:《关于刑事证据概念问题的商榷》,《北京政法学院学报》1981年第3期,第26~29页;希仁:《刑事诉讼证据概念的再探讨》,《宁夏大学学报(社会科学版)》1981年第3期,第29~32页。
② 参见万旭:《我国刑事证据合法性理论的批判性观点辨析——兼论刑事证据合法性理论革新的方向》,《东南法学》2017年第1期,第181~196页。
③ 参见刘金友主编:《证据法学(新编)》,中国政法大学出版社2003年版,第87~89页。
④ 参见俞亮:《证据相关性研究》,北京大学出版社2008年版,第6页;卞建林主编:《证据法学》(第2版),中国政法大学出版社2007年版,第60页。
⑤ 参见张保生:《〈刑事诉讼法〉再修改之证据制度完善》,《中国法学》2024年第4期,第5~24页。

(四) 关于证据属性的其他讨论

在证据属性"三性说"与"两性说"的讨论中,"三性说"成为主流。但随着研究的深入,传统"三性说"的弊端日益凸显,尤其是中国证据法语境中的瑕疵证据、情况说明等证据问题未能得到解释,学界对"三性说"进行了完善,证据具有"证据能力、证据力、证明能力、证明力"的"四属性说"由此产生。"四属性说"认为其将通过证据认定案件事实的任务分解为"证据"与"证明"两个层次,明确了"应当排除"和"可以认定"两种范围,更具有知识性和实用性、准确性和适用性、理论拓展性和承继性。① 但是,也有学者认为,学界不应过多关注于证据的属性,而应注重讨论证据转化为定案根据的问题。②

(五) 大陆法系国家的"证据能力"和"证明力"

随着学界对西方证据法学研究的深入,大陆法系学者关于"证据能力"和"证明力"的理论也引起我国学者的关注。

证据能力又称"证据的适格性"或者"证据资格"。关于证据能力的概念,学界均认同"资格说",只是在表述时略有不同。较为笼统的表述是:证据能力是证据出现在法庭上的资格,是某一种材料被允许作为证据加以调查并得以采纳的能力或者资格。③ 较为具体的表述是:证据能力是证据的载体形式,是证据方法能够被提出的资格。④ 上述关于证据能力的观点的核心争议在于,证据能力究竟是针对证据材料、证据还是证据方法而言。较为广义上的表述是从证据材料和证据的角度进行论述的,较为具体的表述是从证据方法的角度进行论述的。在对证据能力的概念进行讨论后,我国学界的研究重点转向了证据能力的要件及附属化问题。有学者主张从有关联性、未因取证手段违法而被排除、未因无法保障真实性而被排除等方面构建我国刑事证据能力要件。⑤ 也有学者认为我国的刑事证据能力理论还不够成熟,证据能力存在严重的附属化倾向,尤其是附属于司法人员对证据的理解与适用问题。⑥ 由此,在对证据能力的概念取得较为一致理解的基础上,研究重点应继续转向对证据能力要件等证据能力理论及证据能力的审查

---

① 参见张斌:《论我国刑事证据属性理论的重构——刑事证据"四性说"的提出与意义》,《四川大学学报(哲学社会科学版)》2015年第1期,第138~152页。
② 参见陈瑞华:《刑事证据法学》,北京大学出版社2012年版,第70~71页。
③ 参见陈瑞华:《刑事诉讼的前沿问题》(第2版),中国人民大学出版社2005年版,第377~379页;卞建林、刘玫:《证据法学案例教程》(第2版),知识产权出版社2012年版,第8~11页;王敏远主编:《刑事诉讼法学》(上),知识产权出版社2013年版,第272~273页。
④ 参见陈卫东:《论刑事证据法的基本原则》,《中外法学》2004年第4期,第411~440页。
⑤ 参见纵博:《我国刑事证据能力之理论归纳及思考》,《法学家》2015年第3期,第72~85页。
⑥ 参见汪贻飞:《论证据能力的附属化》,《当代法学》2014年第3期,第153~162页。

判断等证据能力实践的关注。

证明力是指证据对案件中待证事实的证明作用及证明价值的大小。学界对于证明力概念的争论不多,更多关注证明力大小的判断与限制。英美法系的证据理论奉行自由心证原则,证据证明力由裁判者根据自己的理性、经验和良心进行判断。我国的证据理论在吸收"法定证据制度"的基础上,对证据证明力的判断作出了一定限制,法官不能根据其内心确信进行自由判断,而是应当根据法律的明文规定判断证明力大小。[1] 由此,我国刑事证据相关规定不仅对单个证据的证明力大小作出了区分,还对不同种类证据的证明力确立了优先采信的标准,从而避免法官任意采信证据,防止错误裁判。

关于证据能力与证据证明力的关系,学界持有"证据能力优先说""证据证明力优先说""互为前提说"几种观点。"证据能力优先说"认为证据能力优先于证据证明力,也即,没有证据能力就没有证据证明力,对证据证明力的判断是建立在证据能力已经具备的前提下。[2] 因此,在理论上,只有当证据既没有违反法律规定的证据禁止规范,又经过严格证明程序后,才具备证据能力,其后才谈得上证明力问题。"证据证明力优先说"认为,证据证明力是证据能力的前提,没有证明力的证据就没有证据能力。裁判者首先考察的是证据的证明力,然后将证明力作为一个重要考量因素甚至是决定性考量因素,进而判定证据的证据能力。这种情况称为"证明力反制证据能力"[3]。"互为前提说"认为,证据证明力和证据能力互为前提,并不存在孰先孰后的问题,两者辩证地统一于证据之中。[4]

三、证据种类

现阶段我国的《刑事诉讼法》以列举的形式规定了八种刑事证据。当然,我国刑事证据种类的立法也经历了一个与时俱进的发展过程。1979年《刑事诉讼法》确立了六种证据种类,1996年《刑事诉讼法》增加了"视听资料",2010年7月实施的《关于办理死刑案件审查判断证据若干问题的规定》增加了"电子证据",2012年《刑事诉讼法》又将辨认笔录、侦查实验笔录增加为新的法定证据

---

[1] 参见[法]贝尔纳·布洛克:《法国刑事诉讼法》,罗洁珍译,中国政法大学出版社2009年版,第79页;孙彩虹:《刑事证据制度热点问题研究》,立信会计出版社2018年版,第6页。
[2] 参见江伟主编:《证据法学》,法律出版社1999年版,第289页;龙宗智、杨建广主编:《刑事诉讼法》(第2版),高等教育出版社2007年版,第129页。
[3] 参见樊崇义主编:《刑事诉讼法学》,中国政法大学出版社1996年版,第198页;纵博:《证明力反制证据能力论》,《中国刑事法杂志》2014年第4期,第65~74页。
[4] 参见孙世岗等:《刑事诉讼中非法证据及其证明力辨析》,《烟台大学学报(哲学社会科学版)》1998年第4期,第20~25页。

种类。

学界也从不同角度对刑事证据的种类进行了探讨。有学者认为,通过在法律规范中列举证据种类的方式永远难以穷尽所有可能的具体情况①,因此,我国应当采用例示性而非限定性的列举,可以将证据种类规定为"能够证明案件事实的一切信息资料,都可以作为证据。证据主要有以下几种……"从而为刑事司法实践进行概括性的指导。②也有学者对现行的刑事证据种类提出了质疑,认为勘验、检查笔录和鉴定意见并不具有独立性,它们更多的是对物证的调查、反映,所以,证据种类只应包含人证、书证和物证三种。③还有学者认为,证据的载体不外乎语言和物两种,所以,证据种类只能是人证和物证两类。④上述观点具有一定合理性,认识到了勘验、检查笔录和鉴定意见等与物证的相似性,对物证与人证进行了区别。然而,司法实践中很多刑事证据并不能被纳入人证、书证与物证的范畴,这也是刑事法律规范在修订时不断增加新种类的原因。我国《刑事诉讼法》关于证据的种类的规定是既定事实,因此,本部分将以法律规定为逻辑主线,对证据种类的相关研究进行梳理。

(一)物证与书证

物证和书证作为证据种类由来已久,关于二者的概念问题,学术界争议不大。通说认为,物证是指能够以其存在形式、外部特征、内在属性证明案件真实情况或其他案件事实的物品和痕迹。书证是指以文字、符号、图画等记载的内容和表达的思想来证明案件事实的书面文件和其他物品。物证与书证在实践中经常存在着交叉关系,1996年《刑事诉讼法》也将物证与书证作为一种证据种类进行规定。但是,由于物证与书证在具体证据要求、证据效力、证明方式等方面存在较大差别,也为了实现《刑事诉讼法》和《民事诉讼法》、《行政诉讼法》在证据形式规定上的统一,2012年《刑事诉讼法》将"物证"和"书证"分开规定,将其作为两种独立的证据种类。同时,为了有效地审查物证、书证的证明力,最高人民法院出台的司法解释也明确了物证、书证的审查判断规则和排除规则。

(二)犯罪嫌疑人、被告人的供述和辩解

口供长期以来居于"证据之王"的地位,犯罪嫌疑人、被告人的供述和辩解在刑事证据种类中的重要性不言自明。学界对它的关注与讨论一直存在,相关研

---

① 参见[德]卡尔·拉伦茨:《德国民法通论》(下),王晓晔等译,法律出版社2003年版,第34页。
② 参见陈卫东主编:《模范刑事诉讼法典》,中国人民大学出版社2005年版,第26页。
③ 参见裴苍龄:《论证据种类》,《法学研究》2003年第5期,第46~51页。
④ 参见张嘉军、张红战:《我国证据种类的反思与重构》,《甘肃政法学院学报》2005年第2期,第43~51页。

究主要集中在以下问题：

第一，对"口供"概念的理解。第一种观点主张口供包括犯罪嫌疑人、被告人的供述和辩解[1]，但同时认为口供不包括"攀供"。攀供的通说含义是犯罪嫌疑人、被告人承认自己犯罪以后，揭发同案犯或者举报他人有犯罪行为或者否认自己犯罪而举报他人犯罪的行为。第二种观点主张口供是犯罪嫌疑人、被告人就有关案件情况向办案人员所做的陈述，包括承认、供述、辩解和攀供。[2] 第三种观点主张口供仅包括犯罪嫌疑人、被告人的供述，不包括辩解和攀供。该观点认为，如果口供包括"供述"和"辩解"，当运用"口供补强规则"时，则意味着在一定条件下也需要对"辩解"予以补强，这是与现行法律相违背的。[3] 上述观点从不同角度阐述了口供与攀供、辩解的关系，而我国《刑事诉讼法》将犯罪嫌疑人、被告人的供述与辩解规定为证据种类，并没有包含"攀供"的内容，只包括犯罪嫌疑人、被告人的供述和所作的罪轻、从轻、减轻处罚的辩解。

第二，关于犯罪嫌疑人、被告人供述和辩解的地位。真实的犯罪嫌疑人、被告人的供述和辩解能够真实、全面反映案件全部事实，能够成为证据，对于刑事案件事实的发现具有重要作用。但是，司法实践中经常存在虚假的供述和辩解，倘若过分重视口供，则不利于对犯罪嫌疑人、被告人权利的保护，极易造成冤假错案，也不利于打击真正的犯罪，很大程度上损害了司法的公正及权威性。[4] 因此，《刑事诉讼法》对口供采用了慎重态度，规定"对一切案件的判处都要重证据，重调查研究，不轻信口供。只有被告人供述，没有其他证据的，不能认定被告人有罪和处以刑罚；没有被告人供述，证据确实、充分的，可以认定被告人有罪和处以刑罚"。2008年《全国部分法院审理毒品犯罪案件工作座谈会纪要》规定，在处理被告人翻供等毒品案件时，仅凭被告人的口供依法不能定案。"只有被告人的口供与同案其他被告人供述吻合，并且完全排除诱供、逼供、串供等情形，被告人的口供与同案被告人的供述才可以作为定案的证据。"

当然，犯罪嫌疑人、被告人翻供本属正常，最高人民法院《关于适用〈中华人民共和国刑事诉讼法〉的解释》中对翻供问题也进行了明确规定："被告人庭审中翻供，但不能合理说明翻供原因或者其辩解与全案证据矛盾，而其庭前供述

---

[1] 参见陈兴良主编：《刑事诉讼中的公诉人》，中国人民公安大学出版社1998年版，第145～146页。
[2] 参见樊崇义主编：《刑事诉讼法学》（第3版），法律出版社2013年版，第207～209页；何家弘、刘品新：《证据法学》，法律出版社2004年版，第177页。
[3] 参见纪敏主编：《证据全书》，中国民主法制出版社1999年版，第511～514页。
[4] 参见袁建民：《论侦查讯问制度的缺陷及其完善》，《中南财经政法大学研究生学报》2008年第6期，第156～160页。

与其他证据相互印证的,可以采信其庭前供述。""被告人庭前供述和辩解存在反复,但庭审中供认,且与其他证据相互印证的,可以采信其庭审供述;被告人庭前供述和辩解存在反复,庭审中不供认,且无其他证据与庭前供述印证的,不得采信其庭前供述。"而犯罪嫌疑人、被告人翻供的原因是错综复杂的,刑事诉讼中应当查证犯罪嫌疑人、被告人否认前供的理由和根据,结合具体情况决定采信或者不采信犯罪嫌疑人、被告人的供述与辩解。此外,还应当通过规定严密的审讯规则、保障犯罪嫌疑人和被告人的相关权利、完善笔录制作规则等,完善口供作为证据的具体措施。①

第三,关于同案被告人的口供能否作为独立证据使用。学界从不同角度展开了讨论,形成了"否定说"、"肯定说"和"折中说"三种观点。"否定说"认为,同案被告人的口供不能作为独立证据使用,因为:同案被告人兼具证人的身份,共犯之间是互为证人的关系,只要可以相互印证,就可以对被告人定罪和量刑;但是,同案被告人相互之间也存在不同程度的利害关系,若将同案被告人的口供视为独立证据,既无法防止刑讯逼供等非法取证现象,也难以避免侦查人员通过一份口供逼取其他口供以致"锻炼成狱"的情况。而且,同案被告人的口供属于《刑事诉讼法》规定的"犯罪嫌疑人、被告人供述和辩解",对于同案被告人的供述,只能依赖口供以外的其他证据来建立补强关系,这在一定程度上明显会影响该"证据"的证明力。②"肯定说"认为,同案被告人的口供能作为独立证据使用。理由在于:同案被告人和证人在刑事诉讼中具有完全不同的诉讼地位,是两种完全不同的诉讼主体,如果认为同案被告人可以兼作证人,可能会导致诉讼主体适用程序的混乱和证明责任的混乱③,故同案被告人的口供不能作为证人证言,只能作为独立的口供证据进行使用。"折中说"认为,一般情况下同案被告人的口供不能作为证据使用,否则容易导致违法取证和不正确地运用口供,但是,在确实无法取得其他证据的情况下,如果具备特定条件,可以在非常谨慎的前提下以共犯口供作为定案的依据。④

可见,关于犯罪嫌疑人、被告人供述和辩解的研究重点最初在于该证据的内涵,随着刑讯逼供导致冤错案件的发生及对犯罪嫌疑人、被告人权利保障的重

---

① 参见吴雯:《刑事被告人在庭审中翻供的原因及对策》,《现代法学》1999年第1期,第91~92页;马滔:《从翻供谈口供规则的完善》,《人民检察》2007年第21期,第38~41页。
② 参见陈瑞华:《论被告人的口供规则》,《法学杂志》2012年第6期,第54~73页;吴丹红:《论共犯口供的证明力》,《中国刑事法杂志》2001年第5期,第107~110页。
③ 参见陈卫东:《我国刑事证据理论研究中若干争议问题综述》,《法学家》1986年第3期,第44~48页;吴丹红:《论共犯口供的证明力》,《中国刑事法杂志》2001年第5期,第107~110页。
④ 参见陈光中主编:《刑事诉讼法学(新编)》,中国政法大学出版社1996年版,第177页。

视，研究的重点逐渐转向对讯问规则、证据规则的讨论。

（三）被害人陈述

被害人一般对犯罪的时间、地点、经过等较为清楚，其陈述对于查获犯罪分子、认定犯罪事实具有重要作用。被害人陈述作为证据种类之一，是犯罪行为的直接受害者就其所了解的案件情况向公安、司法机关工作人员所作的陈述。但是，被害人的特殊性使对被害人陈述往往不能轻信，被害人在刑事庭审中也很少到庭接受询问，被害人陈述原则上不能作为定罪的唯一根据，其证明力需要补强。[1] 对此，有学者提出，要么取消被害人刑事诉讼当事人的诉讼地位，确立被害人控方证人的地位，将被害人陈述归入人证；要么在维持被害人当事人的诉讼地位以及现有证据分类的前提下，对被害人的诉讼权利、义务进行细致梳理，尤其是对被害人与证人进行区分。[2]

由于未成年被害人具有特殊性，因而自2021年3月1日起施行的最高人民法院《关于适用〈中华人民共和国刑事诉讼法〉的解释》贯彻新修订的《未成年人保护法》《预防未成年人犯罪法》的理念精神和制度要求，对询问遭受性侵害或者暴力伤害的未成年被害人作出了具体程序要求。有观点主张应建立一套关于性侵儿童案件间接证据、辅助证据的认证规则，以专家证据、技术手段及侦查实验和现场勘查措施等证据运用规则，补强证据规则等弥补儿童证言的证明力；调整"印证证明模式"，以"整体主义证明模式"或者建立"被害人陈述可信性"的证据审查标准来提升儿童证言审查判断的准确性。[3]

（四）勘验、检查、辨认、侦查实验等笔录

1996年《刑事诉讼法》只规定了勘验、检查笔录，导致实践中普遍存在的辨认笔录、侦查实验笔录因不具备诉讼证据地位而得不到重视与应用。2012年《刑事诉讼法》对笔录类证据进行了补充，将勘验、检查、辨认、侦查实验等笔录作为证据种类之一，并适应司法实践增加了"等"规定，因此，侦查机关依法进行的其他侦查活动形成的类似笔录都可以作为证据。[4] 对于勘验、检查、辨

---

[1] 参见兰跃军：《被害人作证及其陈述的运用》，《法学论坛》2012年第2期，第114~122页；赵旭光：《刑事被害人陈述的证据学思考》，《证据科学》2011年第1期，第76~84页。

[2] 参见谢安平、郭华：《刑事证据的争鸣与探索》，法律出版社2013年版，第52页。

[3] 参见常锋：《儿童证言审查及权利保障制度亟须构建——儿童证言审查与儿童诉讼权利保障研讨会观点综述》，《人民检察》2019年第14期，第60~63页；谢澍：《未成年人证言审查之整体主义进路》，《青少年犯罪问题》2019年第3期，第45~50页；吴慧敏：《性侵儿童案中被害人陈述可信度判断研究》，《河北法学》2020年第4期，第186~200页；向燕：《性侵未成年人案件证明疑难问题研究——兼论我国刑事证明模式从印证到多元"求真"的制度转型》，《法学家》2019年第4期，第160~174页。

[4] 参见郎胜主编：《中华人民共和国刑事诉讼法释义》，法律出版社2012年版，第101页。

认、侦查实验等笔录证据，学界也有较为丰富的讨论。

第一，是否将勘验、检查笔录作为法定证据种类？有学者主张，勘验、检查笔录只是反映物证的资料，并不是证据本身①，勘验、检查笔录不能作为证据种类，其只是物证的表现形式之一。上述观点忽略了勘验、检查笔录与物证的区别，而笼统地将勘验、检查笔录视为物证的表现形式，未关注到勘验、检查笔录在记录主体、记载对象、笔录内容、证明作用等方面的特殊性。

第二，能否将辨认笔录作为证据？在2012年《刑事诉讼法》修改过程中，存在"肯定说"与"否定说"两种观点。"肯定说"认为，辨认笔录是辨认主体根据自身的认识、感知、鉴别能力，对于亲身经历的与案件事实相关的人、物、事等所作的确认性陈述或供述，是通过言语的形式进行的表述，与证言笔录具有类似性，具备证据的属性，能够作为证据。②"否定说"认为，辨认形式存在多样性，辨认结果的"合法性"存在质疑，辨认结论本身不是证据，只不过是查明案件事实的辅助手段而已。③ 2012年《刑事诉讼法》将辨认笔录作为法定证据种类，并针对"否定说"关于辨认笔录"合法性"的质疑，在相应的司法解释中规定了辨认笔录的审查判断方法。

第三，能否将侦查实验笔录作为证据？学界对此也存在不同观点："否定说"认为，侦查实验只是模仿案件的情况得出的结论，侦查实验的结果只能是参考作用，而不能作为证据采纳。④ "肯定说"认为，那种要求严格的、用来确定某一特定的事件能否发生以及如何发生的实验，能够对案件情况进行较为真实的模仿甚至还原，能够作为证据进行使用。⑤ "谨慎说"认为，2012年《刑事诉讼法》虽然将侦查实验笔录规定为法定证据种类之一，但由于侦查实验只是一种模拟实验、类似实验，而非证据，因此将侦查实验笔录作为证据进行使用时应当慎重。

当然，在司法实践中，由侦查人员以"笔录"形式制作的证据远不止于上述几种，经过仔细分析就会发现，如扣押清单、证据提取笔录等都可以归入"笔录证据"的范畴。勘验、检查、辨认、侦查实验等笔录证据是对相应侦查行为的完整记载，能够证明侦查行为的合法性，并且能够证明所获取实物证据的真实性和

---

① 参见裴苍龄：《论证据的种类》，《法学研究》2003年第5期，第46~51页。
② 参见宗淼、孙朝晖：《辨认笔录的证据归类》，《人民检察》2003年第7期，第58页；李安：《辨认程序与辨认结论正确性的审查》，《中国刑事法杂志》2004年第6期，第89~95页。
③ 参见杨雄：《刑事辨认证据规则初探》，《江西公安专科学校学报》2006年第1期，第60~64页。
④ 参见赵丹：《谈侦查实验结果在刑事诉讼中的证明力》，《中国检察官》2007年第4期，第35~36页。
⑤ 参见［美］迈克尔·格莱姆：《联邦证据法》（第4版），法律出版社1999年版，第86页。

同一性，故而，应当将上述"笔录证据"作为证据种类进行规定。

（五）视听资料、电子数据

1996年《刑事诉讼法》将视听资料规定为独立的证据种类。视听资料具有录音带、录像带、电影胶片、计算机数据等多元的表现形态，随着现代科学技术的发展，这些表现形态越来越丰富，在司法证明中发挥着越来越重要的作用。

随着信息技术的发展及互联网的普及，电子数据在司法实践中的应用较多，又因电子数据与物证、书证、视听资料等其他证据种类相比，具有独特性，在2012年《刑事诉讼法》修改过程中，学界对于是否将电子数据纳入法定证据种类的问题进行了讨论，形成了"混合证据说"和"独立证据说"两种主要观点。"混合证据说"主张将电子数据与其他较为传统的证据种类进行混合规定或者将电子数据纳入其他证据种类中。如有观点认为，电子数据与视听资料存在形式上的相似性，应将电子数据纳入视听资料这一证据种类，而视听资料包括录音资料、录像资料、电子计算机存储资料和运用专门技术设备得到的信息资料。[1] 也有观点认为，电子数据应属于书证，这样既避免了对法律体系的扰动，又使司法活动能沿用传统理论解决新的法律问题。[2] 还有观点将电子数据划归为电子物证、电子书证、电子视听资料、电子证人证言、电子当事人陈述、关于电子证据的鉴定结论以及电子勘验检查笔录等。[3] "独立证据说"认为，电子数据与书证、物证、证人证言、视听资料和鉴定意见具有明显的区别，电子数据具有采集、固定和使用的特殊性，电子数据的外延并不能完全被现有的证据形式所包括，电子数据也不能分解为各种证据形式，电子数据具有其独特的价值，应当具有独立的证据地位。[4]

正如有学者说的那样，电子数据具有与其他证据种类不同的独特价值，任何漠视电子数据问题的想法，都将不利于中国法制建设事业的发展。[5] 2012年《刑事诉讼法》最终将视听资料和电子数据列为独立的证据种类，但是对视听资料和

---

[1] 参见何家弘主编：《证据学论坛》（第3卷），中国检察出版社2001年版，第444页；樊崇义主编：《证据法学》（第4版），法律出版社2008年版，第216~217页；龙宗智：《证据法的理念、制度与方法》，法律出版社2008年版，第68~71页。
[2] 参见戴定丽：《再论电子证据的法律地位》，《河南图书馆学刊》2005年第2期，第6~8页。
[3] 参见刘品新：《论电子证据的定位——基于中国现行证据法律的思辨》，《法商研究》2002年第4期，第37~44页。
[4] 参见许康定：《电子证据基本问题分析》，《法学评论》2002年第3期，第94~99页；樊崇义、李思远：《论电子证据时代的到来》，《苏州大学学报（哲学社会科学版）》2016年第2期，第99~106页。
[5] 关于电子数据价值的讨论，详见张斌：《视听资料研究》，中国人民公安大学出版社2005年版，第25页；何家弘：《中国证据法学前瞻》，《检察日报》1999年9月2日；刘品新：《中国电子证据立法研究》，中国人民大学出版社2005年版，第67页。

电子数据的区别并未进行规定，仅仅是将视听资料中的以计算机技术为基础的新型电子数据分离出来作为电子数据，从而成为两种独立的证据种类。对此，有学者认为，有必要对现有刑事诉讼规则进行反思和变革，注重向案外第三人收集电子数据中的权利保障，以电子数据类型化为基础对不同侦查措施予以相应规制，注重对电子数据及其原始存储介质"一体化收集"模式的法律规制，注重电子数据取证主体多元化以实现合技术性与合法性的有效统一。①

"数字技术正以新理念、新业态、新模式全面融入人类经济、政治、文化、社会、生态文明建设各领域和全过程，给人类生产生活带来广泛而深刻的影响。"② 随着数字化时代的到来，刑事诉讼也迈向数字化与智能化，刑事证据制度如何积极应对数字时代的挑战，尤其是电子数据的一般规则、不同类型电子数据的运用和规制等亦成为学界讨论的热点。有观点认为数字证据包括电子数据和对数据进行数字技术分析后的数据报告，主张以"数字证据"取代"电子数据"作为独立的证据种类，并建立数字证据的实质审查模式。③ 也有观点认为，大数据证据与电子数据存在本质区别，应赋予大数据证据独立的证据种类地位。④ 还有观点认为，数字化时代背景下，电子数据已成为刑事证据制度的主要证据形式，为限制司法人员滥用智能科技获取证据，应遵循"权利保障完善优先于技术应用发展"的原则，明确电子数据的取证时间、范围、手段和相关法律后果，并建立完善的技术监督机制。⑤

（六）证人证言

学界关于证人证言的研究较为丰富，研究主题也从关注书面证人证言扩展到关注证人出庭作证、庭审外的证人保护和证人作证豁免权等问题。

自1996年《刑事诉讼法》修改以来，证人出庭作证问题一直是刑事证据的研究热点。有学者指出，我国证人作证制度呈现出证人向警察和检察官作证，却不向法庭作证；证人不出庭，书面证言在庭审中通行无忌；警察不出庭作证的三

---

① 参见谢登科：《论电子数据与刑事诉讼变革：以"快播案"为视角》，《东方法学》2018年第5期，第47~54页。

② 《习近平向2021年世界互联网大会乌镇峰会致贺信》，《人民日报》2021年9月27日。

③ 参见张中：《刑事证据制度现代化的中国标准与制度安排》，《国家检察官学院学报》2024年第5期，第3~21页。

④ 参见卫晨曙：《论刑事审判中大数据证据的审查》，《安徽大学学报（哲学社会科学版）》2022年第2期，第77~86页；周慕涵：《论大数据证据的法律地位》，《法律科学（西北政法大学学报）》2023年第4期，第104~114页。

⑤ 参见吕泽华、邓红林：《智能化时代刑事证据制度的变革与应对》，《贵州民族大学学报（哲学社会科学版）》2024年第3期，第177~192页。

大怪现状。① 也有不少学者从多角度揭示了证人拒绝作证的原因：法律中没有明确规定证人必须出庭作证、对证人的有关权利和义务规定失衡、证人拒绝作证制裁条款不具有完整性和可操作性、检察官和法官对证人出庭持消极态度等。② 学者们也从多角度对完善证人出庭制度进行了讨论，如主张制定专门的证人保护法、建立证人保护机构、设立有力的证人权利救助社会体系、明确证人不出庭时举证一方应承担不利法律后果等。③

关于证人作证豁免权问题，学界也进行了充分的讨论，讨论内容主要包括亲属作证特免权制度的理论基础、线人的身份保密和免于作证问题、不得自证其罪特免权、亲属特免权、职业特免权、污点证人豁免和公共利益特免权等。④ 此外，还有学者从心理学角度探讨误导信息和源检测对证言准确性、自信程度的影响。⑤

（七）鉴定意见

"鉴定意见"原称"鉴定结论"。鉴定意见只是鉴定人对案件相关事实的意见，并不是裁判结论。为了避免"结论"一词给人以确定、不容置疑的误解，避免人们将鉴定意见和科学结论简单画等号，2012 年《刑事诉讼法》吸收了全国人大常委会《关于司法鉴定管理问题的决定》和最高人民法院、最高人民检察院、公安部、国家安全部、司法部《关于办理死刑案件审查判断证据若干问题的规定》中的内容，将"鉴定结论"改为"鉴定意见"。在许多案件中，对专门性问题进行鉴定是诉讼中不可或缺的环节，这一修改体现了立法者和学界对鉴定意见的态度的转变，由对鉴定意见不容置疑的采纳接受到赋予法官对证据材料的选择及审查判断权，使我国的刑事证据制度更具科学性和合理性。⑥ 除了规范相关术语，立法也在其他方面完善了司法鉴定制度。例如，在鉴定意见的质证方面，2005 年，全国人大常委会在《关于司法鉴定管理问题的决定》中对鉴定人出庭

---

① 参见龙宗智：《中国作证制度之三大怪现状评析》，《中国律师》2001 年第 1 期，第 66～68 页。
② 参见乔金茹：《刑事诉讼中证人拒证的原因与对策》，《河北法学》2000 年第 4 期，第 153～155 页；郑好：《我国刑事证人出庭作证问题研究》，中国政法大学 2008 年博士学位论文。
③ 参见顾永忠：《关于证人出庭作证问题的思考》，中国法学会诉讼法学研究会 1999 年年会论文；武鼎之：《证人拒证，良策何在——完善中国证人权利保障制度》，《人民检察》1999 年第 3 期，第 6～10 页。
④ 崔敏：《关于证据立法的若干问题》，《公安大学学报》2002 年第 2 期，第 1～9 页；屈新、梁松：《建立我国污点证人豁免制度的实证分析——以贿赂案件为例》，《证据科学》2008 年第 6 期，第 699～712 页。
⑤ 参见姜丽娜、罗大华、应柳华：《误导信息和源检测影响证言准确性的实验研究》，《心理与行为研究》2008 年第 4 期，第 255～259 页；李安：《证言真实性的审查与判断——陈述有效性评估技术》，《证据科学》2008 年第 1 期，第 91～98 页。
⑥ 参见孙振：《质证"鉴定意见"破除对证据的盲从》，《检察日报》2013 年 3 月 29 日；陈瑞华：《鉴定意见的审查判断问题》，《中国司法鉴定》2011 年第 5 期，第 1～6 页。

作证提出了原则性的要求。2012年《刑事诉讼法》又对鉴定人出庭作证制度作出了较为全面的规定,给予控辩双方对鉴定意见进行有效质证的机会。又如,在鉴定程序的启动方面,1996年《刑事诉讼法》不允许被告人、辩护人自行委托鉴定人,也不允许被告方提交独立的鉴定意见,而2012年《刑事诉讼法》赋予了控辩双方自行委托专家辅助人的机会。

尽管如此,我国司法鉴定制度中仍然存在诸多问题。有学者关注了鉴定机构的规范问题,主张建立"司法行政部门统一管理,司法行政部门直属的鉴定机构、侦查机关所属的鉴定机构、社会鉴定机构三类并存的司法鉴定机构制度框架"[1]。也有学者主张,应当将侦查机关内设鉴定机构变成独立的国家司法鉴定机构,使其摆脱侦查机构的直接控制,改由司法行政机关实施行业化的管理。[2] 除此之外,司法鉴定权混乱、重新鉴定的鉴定效力不明、鉴定机构及申请程序不明确等问题仍然突出,因此,司法鉴定制度的完善将是学界持续讨论与研究的重点。[3] 例如,有学者关注到鉴定意见与专家辅助人意见的"双轨制"问题,二者法律地位上的不平等导致其证据效力不同,在司法实践中存在适用困境,主张推动专家辅助人和鉴定人的法庭角色向专家证人角色转变。[4] 再如,自2021年3月1日起施行的最高人民法院《关于适用〈中华人民共和国刑事诉讼法〉的解释》中扩张了专门性证据的种类,对专门性报告和事故调查在"鉴定意见的审查与认定"一节中作了专门规定,形成专门性证据适用的多元格局,但未提出具体的审查要求。有观点主张将"鉴定意见"修改为"鉴定意见及其他专门性意见",并区分鉴定意见和其他专门性证据的审查标准。[5] 也有观点主张应明确专门性报告的立法定位,将专门性报告纳入"专家意见",并将鉴定意见与专门性报告统称为"专家意见",消解专家类型日益多样引发的适用问题。[6]

刑事司法实践是丰富多样的,刑事证据的表现形式也是多种多样的,成文法

---

[1] 陈俊生、包建明、吴何坚:《论司法鉴定机构及其设置》,《中国司法鉴定》2010年第4期,第1~5页。

[2] 参见陈瑞华:《鉴定意见的审查判断问题》,《中国司法鉴定》2011年第5期,第1~6页。

[3] 参见卞建林、郭志媛:《健全统一、规范、公正的司法鉴定制度》,《中国司法鉴定》2015年第3期,第1~6页。

[4] 参见张保生:《〈刑事诉讼法〉再修改之证据制度完善》,《中国法学》2024年第4期,第5~24页;张保生、董帅:《中国刑事专家辅助人向专家证人的角色转变》,《法学研究》2020年第3期,第160~175页;吴洪淇:《刑事诉讼中的专家辅助人:制度变革与优化路径》,《中国刑事法杂志》2018年第5期,第73~87页。

[5] 参见刘静:《〈刑事诉讼法〉第四次修改背景下的证据制度完善研究》,《浙江工商大学学报》2024年第4期,第29~40页。

[6] 参见步洋洋:《论我国刑事证据种类的立法优化》,《法学杂志》2024年第2期,第46~59页。

不可能将其列举穷尽。随着科学技术和社会实践的发展，尤其是以人工智能技术为基础的智慧法院、智慧司法的建设，现行法定的证据种类似乎已经不能满足实践需要，一些新型的证据形式逐渐进入人们的视野。例如，关于"大数据分析报告"能否作为刑事证据使用，学界就存在"否定说""肯定说""折中说"三种观点。"否定说"认为，大数据分析报告只能预测一个人很有可能进行的行为，并不是精准的预测，违背刑事诉讼无罪推定原则。"肯定说"认为，大数据分析报告在科学原理上具有可靠性，可以用来认知事实，能够通过对数据分析得出有用信息，有资格成为诉讼证据。"折中说"认为，只要数据来源和分析方法符合规范，确立证据审查规范，就应当对大数据分析报告采取审慎、开放的态度；大数据分析报告能够形成初步证据链条后可以依传统证据收集方法寻求因果关系。持大数据分析报告证据"肯定说"的学者对大数据分析报告的具体证据类型也存在不同观点："电子数据说"认为，大数据分析报告对大量元数据深度加工获取的信息，符合科学算法和逻辑推理，应属于电子数据；"鉴定意见说"认为，大数据分析报告加入了电脑逻辑，可以纳入司法鉴定范畴；"独立证据类型说"认为，大数据分析报告有必要单列出来作为独立证据类型。①

社会的发展促使更多更具新颖性的证据出现，通过持续修订法律规范予以补充的方式必然有损法律的稳定性与权威性。因此，有学者认为应当反思在法律中明确限定证据法定形式的必要性，因为这种限制可能会扼杀证据制度的弹性和活力，也显示了法律规制的失灵。② 也有学者关注了我国刑事诉讼法定证据种类之外的未被列入法定形式的证据，诸如侦查机关的"情况说明""联名上书"等，认为虽然上述列举的证据并未被列入法定程序，但是这些证据与案件事实相关且对法官认定案件事实产生影响，符合我国《刑事诉讼法》对证据的定义，应通过对证据种类的修改进行补充。③ 同时，为应对各种层出不穷的新型证据，可以在八种证据种类之外增加兜底类型，以更好适应社会发展需要。④

总体而言，学界对证据种类的研究在内容上呈现出对证据形式规定方式的宏观关注和对各证据形式的微观讨论并重的局面，但是，各证据形式的内容与相关

---

① 参见童飞霜、向培权：《大数据分析报告作为刑事证据的可能与限度——以权利保护为中心的制度回应及规则探求》，载胡云腾主编：《司法体制综合配套改革与刑事审判问题研究——全国法院第 30 届学术讨论会获奖论文集》（下），人民法院出版社 2019 年版，第 837~848 页。
② 参见陈瑞华：《刑事证据法》（第 3 版），北京大学出版社 2018 年版，第 249 页。
③ 参见杜鸣晓：《试论未列入法定形式之刑事证据的存在必要性》，《时代法学》2016 年第 4 期，第 72~82 页。
④ 参见吴洪淇：《〈刑事诉讼法〉"证据率"的体系化重塑——以〈刑事诉讼法〉再修改为背景》，《当代法学》2024 年第 4 期，第 33~46 页。

证据规则的完善仍应是今后讨论的重点。

四、证据分类

证据分类是指按照不同的标准，从不同的角度对证据所作的理论分类。[①] 其目的是使司法人员掌握不同类别的证据的特点和规律，更好地服务于司法实践。但上述定义没有考察证据分类与证据种类的关系，容易引起证据分类与证据种类在概念及适用上的混乱。

作为一种学理上的划分方法，证据分类有着悠久的历史。我国学者一般认为，按照不同标准，证据可分为言词证据和实物证据、原始证据和传来证据、有罪证据和无罪证据、直接证据和间接证据等。不管哪一种证据分类，都采用了"二分法"，也即按照一定的标准，将证据划分为两大证据类型。对证据的分类是一个不断发展而又充满争议的理论问题，学界对不同分类方式的理解与认识存在不同。例如，关于"有罪证据和无罪证据"的划分，存在"有利于被告人的证据和不利于被告人的证据"与"控诉证据和辩护证据"等不同表述。有学者认为，"有罪证据和无罪证据"的划分方法过于简单，容易造成一些有利于被告人的证据被定为有罪证据，一些不利于被告人的证据被定为无罪证据；而"控诉证据和辩护证据"容易引起诉讼主体的诉讼职能的混乱，而"有利于被告人的证据和不利于被告人的证据"的表述能够弥补上述缺陷。又如，有学者对"直接证据和间接证据"的划分表示反对，认为以证据对案件事实的证明程度为标准将证据划分为直接证据与间接证据，不能反映二者的本质区别，应增加证明环节作为划分标准。[②] 上述对现行分类方式的理解与修正对证据分类理论的发展具有一定意义。

近年来，一些学者也提出了关于证据分类的新观点。有学者认为，我国现行证据分类不尽科学，缺少一定周延性，故而从证据内容的稳定性与可靠性角度、从定罪程序与量刑程序角度提出应当增加静态证据与动态证据、客观性证据与主观性证据、定罪证据与量刑证据作为新的证据分类。[③] 上述观点均以"二分法"

[①] 参见宋英辉、汤维建主编：《我国证据制度的理论与实践》，中国人民公安大学出版社 2006 年版，第 132 页。

[②] 参见汪建成：《对刑事证据分类理论的几点思考》，《中外法学》1992 年第 4 期，第 31～34 页。

[③] 参见李富成：《刑事证据分类新探——兼论静态证据与动态证据》，《中国刑事法杂志》2013 年第 3 期，第 86～96 页；樊崇义、李思远：《刑事证据新分类：客观性证据与主观性证据》，《南华大学学报（社会科学版）》2016 年第 1 期，第 84～88 页；樊崇义、杜邈：《定罪证据与量刑证据要区分》，《检察日报》2012 年 6 月 4 日；沈立国：《论客观性证据审查应用模式》，《行政与法》2014 年第 11 期，第 107～118 页。

作为分类标准,而"二分法"也成为一种思维定式或基本的方法论。也有学者认为"二分法"一定程度上违背了事实与逻辑,因此主张遵循两类事物必定具有中间形态的原理,采用"三分法"全面整体地划分证据类型。[1] 随着证据理论研究的深入,新的证据分类形式还将出现,各证据分类之间也可能会存在交叉与混合,证据理论的研究重点不应局限在尝试增加新的证据分类形式方面,还应对证据分类的概念、证据分类与证据种类的关系等相关理论进行探讨。

五、刑事证据规则

刑事证据规则作为刑事证据制度内容的一部分,其目的主要是维护司法正义,保障公民权利,保障证据的客观真实性,对证明力评价进行规范、指引,保障当事人质证、询问等程序性权利,合理设置证明负担等。[2] 我国刑事证据规则体系的构建与完善也是在这些规范目的的指引下进行的,刑事证据规则有利于优化立法及解决司法实践问题,有利于实现刑事诉讼目的与程序正义。

我国立法没有对证据规则的含义作出明确规定,学界从不同角度探讨了证据规则的概念。有学者认为证据规则与诉讼程序相关,主张证据规则是在收集证据、采用证据、核实证据、运用证据时必须遵守的一系列准则,是在诉讼中与证据有关的具有可操作性的程序性规则。[3] 也有学者将证据规则归纳为规范证据能力和证明力的规则,主张证据规则是以规范何种证据可以在法庭上出示(证据的可采性)、各种证据证明力大小(证据力)、证明责任的分配以及证明的要求等为主要内容的法律规范的总称。[4] 也有学者从证明活动角度进行理解,主张证据规则体系应由取证规则、举证规则、质证规则、认证规则等四方面的内容组成,其中每项规则又包括若干具体规则。[5] 还有学者从广义角度进行理解,认为证据规则是与证据相关的所有规则,主张证据规则是指确认证据的范围、调整和约束证明行为的法律规范的总称,是证据法的集中体现。[6] 2010 年出台的"两个证据规定"初步构建了刑事证据规则的框架或体系[7],《刑事诉讼法》也吸收了上述两个规定中关于证据规则的内容,形成了我国刑事证据规则体系。但是整体而

---

[1] 参见陈浩铨:《刑事证据一分为三论》,《政治与法律》2005 年第 3 期,第 122~128 页。
[2] 参见纵博:《论刑事证据规则的规范目的》,《法学论坛》2017 年第 1 期,第 53~60 页。
[3] 参见刘善春、郑旭、毕玉谦:《诉讼证据规则研究》,中国法制出版社 2000 年版,第 5 页。
[4] 参见陈卫东、谢佑平主编:《证据法学》,复旦大学出版社 2005 年版,第 70 页。
[5] 参见何家弘:《中国刑事证据规则体系之构想》,《法学家》2001 年第 6 期,第 32~37 页。
[6] 参见江伟主编:《证据法学》,法律出版社 1999 年版,第 173 页。
[7] 参见樊崇义:《"两个证据规定"标志我国刑事证据规则体系初步形成》,《检察日报》2010 年 11 月 22 日。

言，无论是立法、司法的实践，还是诉讼理论的完善，都亟须对证据规则予以进一步研究。

(一) 非法证据排除规则

关于是否确立非法证据排除规则，最初学界存有争议。绝大多数学者持赞成态度，认为确立非法证据排除规则有助于遏制侦查人员的违法行为，有利于减少和防止冤假错案的发生，进而维护司法公正，有助于促进刑事法律的规范化、程序化。[①] 但也有反对者认为，非法证据排除规则存在根本性的理论误区，理由如下：第一，对用非法方法收集的证据在庭外就予以排除以及在庭审中禁止出示和采用的规则不符合刑事诉讼结构的本质规律，用拒绝出示和采用非法证据的手段来防止非法取证实质上是用否定刑事司法制度的目的来换取警察合法取证，这显然是一种得不偿失、本末倒置的行为。第二，非法方法断送了整个证据合法收集的可能性，我们不能用惩罚无辜者的办法（拒绝证据的提出与采纳）作为对警察或其他收集证据人员的报复手段。[②] 第三，非法证据排除规则忽视了诉讼结构加工信息的特有功能，非法证据不应排除，其在庭审中是否被采纳应由法官来裁量决断。[③]

1996年《刑事诉讼法》照搬了1979年《刑事诉讼法》中关于"严禁刑讯逼供和以威胁、引诱、欺骗以及其他非法的方法收集证据"的规定，只是规定了证据取得禁止规则，对于证据排除问题未作出相应规定。随着法治的推进，尤其是杜培武案、赵作海案、佘祥林案等一系列冤错案件的披露与纠正，人权保障和程序正义的理念逐渐深入人心，刑事诉讼中的刑讯逼供问题亟须解决。在这种背景下，越来越多的人认同非法证据排除规则是维护公民宪法基本权利的救济性规则，是给宪法装上"牙齿"，是实现司法的正直和正义的需要。[④] 2010年印发的"两个证据规定"，初步构建了我国非法证据排除规则的框架。2012年《刑事诉讼法》对上述两个规定关于非法证据排除规则的内容进行了吸收，确立了中国模式的非法证据排除规则。随后，最高人民法院《关于适用〈中华人民共和国刑事诉讼法〉的解释》、《人民检察院刑事诉讼规则》、《公安机关办理刑事案件程序规

[①] 参见叶青、王超：《中国法学会诉讼法学研究会2001年年会综述》，《法学》2002年第1期，第76~80页；陈瑞华：《刑事证据法》（第3版），北京大学出版社2018年版，第185页。

[②] 参见叶青、王超：《中国法学会诉讼法学研究会2001年年会综述》，《法学》2002年第1期，第76~80页。

[③] 参见马贵翔、倪泽仁：《非法证据排除规则的理论误区与规则重构》，《国家检察官学院学报》2002年第1期，第74~77页。

[④] 参见杨宇冠：《非法证据排除规则》，中国人民公安大学出版社2002年版，第135页；陈瑞华：《问题与主义之间——刑事诉讼基本问题研究》，中国人民大学出版社2003年版，第54页。

定》、中共中央《关于全面推进依法治国若干重大问题的决定》、最高人民法院《关于全面推进以审判为中心的刑事诉讼制度改革的实施意见》、最高人民法院《人民法院办理刑事案件排除非法证据规程（试行）》和最高人民法院、最高人民检察院、公安部、国家安全部、司法部《关于办理刑事案件严格排除非法证据若干问题的规定》等相关规范进一步对非法证据排除规则进行了补充、完善，促进了非法证据排除规则的向前发展。

完整的非法证据排除规则应当包括两项基本内容：一是非法证据的界定，即什么是非法证据；二是非法证据的处分，即是否排除以及如何排除。①

1. 非法证据的界定

证据作为证明案件事实的材料本无合法与非法之别，因此，"非法证据"侧重的是收集或取得证据材料的手段、方法是非法的，而如何理解非法证据的问题，一直是学术界的研究热点。

第一，关于非法证据排除规则中的"非法"，学界存在"广义说"、"狭义说"和"折中说"三种观点。"广义说"认为，凡是包含违法因素的证据就是非法证据。而违法因素的范围也较为广泛，包括不符合宪法的要求、不符合实体法的要求、不符合程序法的要求等情形。②"狭义说"认为，"非法"是指违反《刑事诉讼法》关于"严禁刑讯逼供和以威胁、引诱、欺骗以及其他非法方法收集证据"的规定。因此，"非法证据"一般可以理解为违反《刑事诉讼法》的规定而取得的证据。取证没有侵犯被取证人的权利，仅仅是证据本身不符合法律形式的，不属于非法证据排除规则研究的对象。③"折中说"认为，非法证据是违反法律规定的权限、程序或采用其他法律所不允许的不正当方法收集的证据，具体分为以暴力、威胁、引诱、欺骗、违法羁押等非法方法取得的被告人供述、被害人陈述、证人证言等言词证据和以违反程序的方法取得的实物证据。可见，上述三种表述的主要区别是范围不同。最高人民法院、最高人民检察院、公安部、国家安全部、司法部《关于办理刑事案件排除非法证据若干问题的规定》和《刑事诉讼法》基本采取了"折中说"的观点，将"非法证据"划分为非法言词证据和非法实物证据，并对非法言词证据的内涵和外延进行了明确界定，但没有对非法实物证据进行规制。

---

① 参见何家弘：《适用非法证据排除规则需要司法判例》，《法学家》2013年第2期，第106～118页。

② 参见李学宽：《论刑事诉讼中的非法证据》，《政法论坛》1995年第2期，第51～54页；刘金友主编：《证据法学》，中国政法大学出版社2000年版，第125～126页；陈光中、徐静村主编：《刑事诉讼法学》，中国政法大学出版社2002年版，第131页。

③ 参见杨宇冠：《非法证据排除规则研究》，中国人民公安大学出版社2002年版，第5页。

第二，关于非法证据是否需要排除的问题，学界基本形成了通说，认为采用非法的方法收集的证据会导致证据的虚假性或不真实性，应当予以排除。但是，关于具有真实性的非法证据是否排除的问题学界持有不同观点："否定说"主张具有真实性的非法证据不予排除。这种观点受实质真实观的影响，认为只要对发现实质真实有益的材料就应加以采用，而不因收集证据方法的非法性而影响证据的可采性。[1]"肯定说"认为，具有真实性的非法证据应予排除。理由在于：具有"真实性"的证据并不一定是具有"合法性"的证据，"非法证据"具有广义性，包括取证主体不合法的、形式不合法的、取证程序不合法的和取证方法手段不合法的证据，仅仅是具有真实性，但仍然是非法的证据，仍应当予以排除。以非法手段取得的证据，如用刑讯逼供得到的口供，不能作为定案的根据。[2]

第三，关于非法证据的范围问题也存在不小的争议。一是关于"非法供述"，刑事证据制度作了"采用刑讯逼供等非法方法收集的犯罪嫌疑人、被告人供述"的弹性表述，引起了"等内等"和"等外等"的争议。最高人民法院《关于建立健全防范刑事冤假错案工作机制的意见》采用了"等内等"的解释，规定"采用刑讯逼供或者冻、饿、晒、烤、疲劳审讯等非法方法收集的被告人供述，应当排除"；最高人民法院、最高人民检察院、公安部、国家安全部、司法部《关于推进以审判为中心的刑事诉讼制度改革的意见》采用了"等外等"的解释，规定对采取刑讯逼供、暴力、威胁等非法方法收集的言词证据，应当依法予以排除[3]。相较于《刑事诉讼法》的规定，最高人民法院、最高人民检察院、公安部、国家安全部、司法部《关于办理刑事案件严格排除非法证据若干问题的规定》在所列举的"非法方法"中增加了"非法限制人身自由"。整体而言，现行法律规范中关于"非法方法"的规定采用了列举方式，未将其他非法方法列入，导致了实践中的分歧，"指供""诱供"等方法与侦讯策略难以区分；"恶劣""难以忍受的痛苦"等主观性太强，缺乏清晰的量化标准。因此，有学者主张对"非法供述"采用实质解释，凡是具备刑讯逼供或相当的行为（或手段）或者结果之一的，以侵犯基本权利的方式获得的供述，都必须予以排除。[4]

二是关于重复性供述是否排除，最高人民法院、最高人民检察院、公安部、

---

[1] 参见戴福康：《对刑事诉讼证据质和量的探讨》，《法学研究》1988年第4期，第52～57页。
[2] 参见巫宇甦主编：《证据学》，群众出版社1983年版，第70页。
[3] 参见樊崇义、兰跃军、潘少华：《刑事证据制度发展与适用》，中国人民公安大学出版社2020年版，第321页。
[4] 参见易延友：《非法证据排除规则的立法表述与意义空间》，《当代法学》2017年第1期，第38～55页；兰跃军：《论言词证据之禁止——以〈德国刑事诉讼法〉为中心的分析》，《现代法学》2009年第1期，第82～94页。

国家安全部、司法部《关于办理刑事案件严格排除非法证据若干问题的规定》第5条作了"原则+例外"的规定模式，以排除为原则，以不排除为例外。该规定的模糊性也使学界对此有不同意见。"排除说"认为，犯罪嫌疑人、被告人之所以后来即使合法讯问也会作出与刑讯逼供获取的供述相同的重复性供述，通常是由于之前受到刑讯逼供而产生恐惧心理所致，对于这种受到刑讯逼供影响而作出的重复性供述，应当排除。"不排除说"认为，犯罪嫌疑人在后来没有受到刑讯逼供的情况下作出的有罪供述并不是先前侦查人员靠刑讯逼供获得的供述的派生证据，不符合"毒树之果"的法理。"折中说"认为，对刑讯逼供后再次讯问获取的重复性供述是否应当排除，不应一概而论。如果重复性供述仍然受先前刑讯逼供的影响，则应当一并排除；如果重复性供述是在刑讯逼供的影响消除后自愿作出的，不应当一并排除。①

三是现有法律规范中关于"非法实物证据"的规定较为统一，均采用了概括性规定，补正后可以采用并实行裁量排除。② 大部分学者主张对非法言词证据与非法实物证据进行区分，只是区别对待的情形不同。有学者主张对非法言词证据绝对排除、对非法实物证据原则排除③；对非法言词证据绝对排除、对非法实物证据原则不排除④；对非法言词证据绝对排除、对非法实物证据裁量排除。⑤ 也有学者主张对非法证据原则上不予区分地排除，排除的范围应当限定在以侵犯相关人基本权利的手段获取的证据，只是可以根据案件的危害程度、司法官员的违法程度有所区别⑥；对违反宪法的证据，应当绝对排除，对一般的非法证据应建立自由裁量的排除规则。⑦

第四，关于排除的证据材料本身是否具有证据能力，学界具有不同观点。"肯定说"认为，非法证据排除规则排除的证据本身具有证据能力，但由于证

---

① 参见万春、高翼飞：《刑事案件非法证据排除规则的发展——〈关于办理刑事案件严格排除非法证据若干问题的规定〉新亮点》，《中国刑事法杂志》2017年第4期，第15~29页。
② 参见孙世岗等：《刑事诉讼中非法证据及其证明力辨析》，《烟台大学学报（哲学社会科学版）》1998年第4期，第20~25页。
③ 参见佘川、程辉、葛娟娟：《论刑事诉讼非法证据排除规则》，《法律科学（西北政法学院学报）》2001年第3期，第102~110页。
④ 参见陈卫东、刘昂：《我国建立非法证据排除规则的障碍透视与建议》，《法律适用》2006年第6期，第10~15页。
⑤ 参见谢佑平、万毅：《多元与普适：刑事司法国际准则视野内的非法证据排除规则》，《重庆社会科学》2001年第4期，第52~59页；徐静村：《论我国刑事诉讼法的再修正》，《现代法学》2003年第3期，第3~9页。
⑥ 参见徐鹤喃：《论非法取得的刑事证据材料的排除》，《政法论坛》1996年第3期，第26~28页；汪建成：《中国需要什么样的非法证据排除规则》，《环球法律评论》2006年第5期，第551~556页。
⑦ 参见陈瑞华：《刑诉中非法证据排除问题研究》，《法学》2003年第6期，第41~50页。

材料的收集、运用程序非法而导致其缺乏证明力,因而被排除在定案依据之外。[①]"否定说"认为,非法证据排除规则所要规范的不是证据的证明力问题,而是证据能力问题,因此该规则也不对一般意义上的证据适用问题加以限制。[②]

随着立法的完善,我国非法证据排除规则不断发展,学界对该规则的研究也日益丰富。然而,现行法律规范对"非法证据"仍然缺乏清晰的判断标准,容易带来分歧,诸如对犯罪嫌疑人适用威胁取证的法律后果如何、肉刑和变相肉刑的"度"如何把握、超期羁押方法取供的需不需要排除、重复性供述如何认定等问题仍需明确。因此,对"非法证据"的讨论仍是学界研究的重点之一。

2. 非法证据排除规则的实施

学界对非法证据排除规则的讨论并不限于"非法证据"的概念和范围,而是延伸到非法证据排除规则的中国实践与制度构建。

总体而言,我国非法证据排除规则的整体适用状况不容乐观。首先,非法证据排除规则的理论意义大于实践意义,在实践中成效甚微。非法证据排除规则与"重实体轻程序""重打击轻保护"等传统司法理念有一定冲突,操作性不够,"宣言书"的作用重于其实践作用,司法人员在适用时往往"小心翼翼",很少启动与使用。[③] 其次,法律规范上的冲突影响了非法证据排除规则的运用。《刑事诉讼法》要求对"刑讯逼供"等非法方法获取的口供应当排除,但最高人民法院、最高人民检察院司法解释将其中的"等"字实际上解释为"等于"刑讯逼供,限缩了排除证据的范围。最高人民法院《关于建立健全防范刑事冤假错案工作机制的意见》规定"除情况紧急必须现场讯问以外,在规定的办案场所外讯问取得的供述,未依法对讯问进行全程录音录像取得的供述,以及不能排除以非法方法取得的供述,应当排除",又扩大了排除范围。此外,实践中还存在着非法讯问方法与侦查谋略不易区分、"重复自白"取舍难、纪检监察部门与检察机关工作衔接难等问题。

那么,非法证据排除规则整体适用状况不容乐观的原因何在?有学者认为,适用非法证据排除规则的障碍包括:第一,规则本身不完善。非法证据排除程序启动难、法院排除"非法证据"仍有不少阻碍;检察监督在非法证据排除程序中

[①] 参见肖建国:《证据能力比较研究》,《中国刑事法杂志》2001年第6期,第81~93页。
[②] 参见陈瑞华:《非法证据排除规则的中国模式》,《中国法学》2010年第6期,第33~47页。
[③] 参见陈卫东、程雷、孙皓、陈岩:《"两个证据规定"实施情况调研报告——侧重于三项规定的研究》,《证据科学》2012年第1期,第76~87页;万毅、李勤、杨春洪、张艳秋:《"两个证据规定"运行情况实证调研——以S省G市地区法院为考察对象》,《证据科学》2012年第4期,第421~437页;龙宗智:《"以审判为中心"的改革及其限度》,《中外法学》2015年第4期,第846~860页。

存在缺位,限制了非法证据排除规则的适用;相关司法解释和规范性文件对"非法证据"缺乏统一认定标准,甚至存在矛盾性。① 第二,规则配套理念与制度缺乏。庭前法官和庭审法官的分离缺失与法官和陪审团的分权缺位、控辩不平等、法官职责的冲突、证明责任分配欠科学、正当程序观念的缺失等造成非法证据仍有被采纳的余地。②

3. 非法证据排除规则的完善

尽管我国立法对非法取证行为一直持禁止态度,但对非法证据排除制度作出明确规定的时间并不是很长。2010年最高人民法院、最高人民检察院、公安部、国家安全部、司法部《关于办理刑事案件排除非法证据若干问题的规定》明确了"非法证据"的内涵和外延,且为排除非法证据专门设置了一整套的程序机制。2012年《刑事诉讼法》关于非法证据排除制度的修改,将证据制度本身从逻辑推演规则上升为程序运作规则。③ 随后,2016年最高人民法院、最高人民检察院、公安部、国家安全部、司法部发布的《关于推进以审判为中心的刑事诉讼制度改革的意见》、2017年最高人民法院印发的《关于全面推进以审判为中心的刑事诉讼制度改革的实施意见》、2017年最高人民法院、最高人民检察院、公安部、国家安全部、司法部印发的《关于办理刑事案件严格排除非法证据若干问题的规定》等相关规范细化了非法证据的范围和认定标准,对非法证据排除规则作了系统性规定,在完善非法证据排除制度方面迈出了新的步伐。④。

在此过程中,我国学者为完善非法证据排除制度建言献策,针对具体问题提出了不少建设性的建议:一是关于非法证据排除规则的适用范围问题。有学者主张拓展非法证据排除规则的适用范围,改当前的封闭式规定模式为适度开放式规定模式,丰富非法证据的外延,将疲劳审讯、非法拘禁等纳入非法证据排除的范围,⑤并对视听资料、电子数据以及违反法定程序取得的证据予以关注⑥。关于物证、

---

① 参见陈卫东、赵恒:《刑事证据制度重点问题实施状况调研报告》,《证据科学》2014年第6期,第645~657页。
② 参见陆而启:《从纸上谈兵到水滴石穿——非法口供排除程序的构造反思》,《证据科学》2012年第2期,第60~76页;张建伟:《自白任意性规则的法律价值》,《法学研究》2012年第6期,第164~177页。
③ 参见黄永:《刑事证据制度:从逻辑规则向程序规则的演进——以非法证据排除制度为切入点的分析》,《证据科学》2012年第4期,第414~420页。
④ 参见熊秋红:《非法证据排除规则的体系性建构》,《人民法院报》2017年7月3日。
⑤ 参见易延友:《疲劳审讯的认定与界定——以817个实务案例为基础的展开》,《政法论坛》2019年第2期,第118~131页;董坤:《非法拘禁型供述排除规则研究》,《中国法学》2019年第5期,第213~230页。
⑥ 参见闵春雷:《非法证据排除规则适用范围探析》,《法律适用》2015年第3期,第7~11页;董坤:《中国化证据排除规则的范性梳理与反思》,《政法论坛》2018年第2期,第97~108页。

书证的排除，有观点认为允许对物证、书证收集的实质性瑕疵补证的规定，违反了最佳证据规则，也使得非法证据排除规则形同虚设，应修改物证、书证排除条件，对非法证据与瑕疵证据进行区分，消解实践中非法实物证据难以被排除的困境。① 二是关于非法证据排除规则中的证明责任问题。如前所述，证明责任分配的不科学是非法证据排除规则启动难、适用难的原因之一，因此，有学者主张证明证据合法与否的责任并非由控方单方承担，应适当分配证明责任。② 根据现行法律规范，证据收集合法性的证明责任由控诉方承担，当事人及其辩护人、诉讼代理人申请排除非法证据时，应当提供相关线索或者材料，这在学界已经形成了初步共识。对此，有学者认为，赋予被告人及其辩护人提出相关证据或者线索的义务，主要是为了避免被告人滥用诉讼资源，以至于造成诉讼的不合理拖延。③ 而这个"线索或者材料"通常是指一些比较具体的事实，比如，刑讯逼供的时间、地点、方式及涉嫌刑讯逼供的人员信息，血衣、伤痕、医疗证明等。但是由于侦查不公开、高羁押率、讯问在场权未确立等，要求辩方提供非法取证的证据材料确有现实困难，所以，"线索或者材料"的要求不能太高，只要法官对证据收集的合法性产生疑问，感觉存在着非法取证的可能性，就应该启动非法证据的调查程序。④

当前，我国的非法证据排除规则仍然需要完善，在完善非法证据排除规则的同时，还应对证据能力规则与证明力规则进行研究。⑤ 对非法证据排除规则的配套制度予以关注，诸如要建立违法程序的责任追究制度，改进制裁效果，以完善救济机制⑥；要进一步完善庭前会议制度，明确庭前会议的效力，重视庭审调查非法证据的程序；要进一步完善指导性案例制度，尤其是非法证据排除规则适用的相关判例⑦；要优化侦查职权配置，对强制性侦查行为实行司法审查和令状许可制度；要贯彻少捕慎诉慎押的刑事政策，完善强制措施的体系和适用等。⑧

---

① 参见易延友：《瑕疵证据的补正与合理解释》，《环球法律评论》2019年第3期，第19～38页；张中：《刑事证据制度现代化的中国标准与制度安排》，《国家检察官学院学报》2024年第5期，第3～21页。
② 参见陈永生：《非法证据排除规则的举证责任》，《现代法学》2001年第6期，第114～117页。
③ 参见陈瑞华：《非法证据排除规则的中国模式》，《中国法学》2010年第6期，第33～47页。
④ 参见陈光中：《对〈严格排除非法证据规定〉的几点个人理解》，《中国刑事法杂志》2017年第4期，第3～5页。
⑤ 参见拜荣静：《刑事诉讼法学研究的变迁与展望》，《政法论坛》2019年第5期，第27～43页。
⑥ 参见喻建立：《理论与实践并重的刑事诉讼法学》，《人民检察》2014年第22期，第34～37页。
⑦ 参见何家弘：《适用非法证据排除规则需要司法判例》，《法学家》2013年第2期，第106～118页。
⑧ 参见卞建林：《排除非法证据的制度反思》，《当代法学》2023年第3期，第17～29页。

（二）证据补强规则

证据补强规则是对证明力薄弱的证据使用其他证据加以印证，以增强其证明力，发挥证据价值的一种规则。补强证据规则体现了我国刑事诉讼程序重证据、重调查研究的特点。[1] 我国《民事诉讼法》相关法律规范对证据补强规则进行了确立，这也使该规则在指导民事审判实践、保障当事人权利等方面发挥了重要作用。相较而言，《刑事诉讼法》相关法律规范对证据补强规则的规定相对粗略。学界普遍认为，补强证据应当是具有证据能力的实质独立的证据，只是证明力方面存在不足，立法应将补强证据的条件进行细化，为司法实践提供操作规范。[2]

现行刑事法律规范对补强证据的范围未作过多规定，仅对口供补强规则进行了明确。为此，有学者主张扩展主证据范围，将被告人供述涉及的犯罪客观要件事实、未成年证人证言等纳入补强证据的范围。[3] 也有学者不主张扩展补强证据范围，认为扩大主证据范围可能不利于充分发挥补强证据规则的功能。[4] 也有学者提出折中观点，主张对证据区分强制补强和任意补强，即仅有被告人口供而不能定案的应当要求强制补强；在认定事实时为满足证据充分而进行的证据补强属于任意补强。[5]

一些学者也对证据补强规则证明标准问题进行了探讨。"独立证明犯罪事实说"要求补强证据能独立证明犯罪事实的存在；"供述一致说"要求补强证据达到与供述一致，并能保证有罪供述的真实性[6]；"区别说"主张区分轻微案件、一般案件和重罪案件，赋予口供不同的证明作用。[7] 另外，学界关于证据补强的方式也有"佐证说"和"印证说"之分。"佐证说"认为，补强的方式主要是靠外在证据来对需要被补强的证据的真实性进行佐证。"印证说"认为，通过证据

---

[1] 参见徐子栋：《审查逮捕证明标准与证据规则的运用》，《人民检察》2017年第23期，第73～74页。

[2] 参见樊崇义、兰跃军、潘少华：《刑事证据制度发展与适用》，中国人民公安大学出版社2020年版，第240页；党建军、杨立新：《死刑案件适用补强证据规则若干理论问题研究》，《政法论坛》2011年第5期，第136～142页。

[3] 参见党建军、杨立新：《死刑案件适用补强证据规则若干理论问题研究》，《政法论坛》2011年第5期，第136～142页。

[4] 参见樊崇义、兰跃军、潘少华：《刑事证据制度发展与适用》，中国人民公安大学出版社2020年版，第241页。

[5] 参见谭劲松：《我国口供补强规则研究》，《法律适用》2003年第5期，第15～21页。

[6] 龙宗智：《相对合理主义》，中国政法大学出版社1999年版，第459页；徐美君：《口供补强法则的基础与构成》，《中国法学》2003年第6期，第124～129页。

[7] 参见樊崇义、兰跃军、潘少华：《刑事证据制度发展与适用》，中国人民公安大学出版社2020年版，第242页；汪建成、孙远：《刑事诉讼中口供规则体系论纲》，《北京大学学报（哲学社会科学版）》2002年第2期，第73～81页。

与证明案件事实的其他证据之间的关系,来对案件事实加以确认。①

当前,关于补强证据的数量和质量要求、补强证据规则能否适用于被害人陈述、补强证据能不能是同案共同被告人的供述等问题仍存在争议。而我国刑事诉讼证据制度中补强证据规则的内容稍显单薄,理论和立法仍有不足,这些都应当是今后研究的重点内容。

(三)其他证据规则

自白任意性是犯罪嫌疑人、被告人的一项重要权利,要求其作出的供述是自愿且依据合法程序作出的,该原则有益于规范司法人员的取证行为,也体现了刑事司法程序公开的价值和程序正义的理念。② 1996 年《刑事诉讼法》只规定了"严禁刑讯逼供和以威胁、引诱、欺骗以及其他非法的方法收集证据",但并未排除这种证据的法律效力,随后暴露出来的一些冤错案件与之不无关系。2012 年《刑事诉讼法》在修改时吸收了保障人权精神,并在无罪推定原则基础上明确了"不得强迫任何人证实自己有罪"。然而,我国立法仍有不足。不得强迫自证其罪的规定,并不意味着沉默权的确立,对于"强迫"的含义,也不宜做过于宽泛的理解,在具体适用时须考虑刑事司法的现实需要。③ 自白任意性规则在两大法系国家发挥效力,除了本身的排除机制,还有赖于沉默权、律师在场权等配套制度的支持。这也是我国不得强迫任何人证实自己有罪原则与自白任意性规则的差异所在,我国在完整引入自白任意性规则时,可能面临限制侦查权、不得强迫自证其罪与如实回答的矛盾、自白任意性规则的保障机制难以落实、司法投入增加等问题。④ 自白任意性规则的理论与实践,与不得强迫任何人证实自己有罪原则关系密切。关于不得强迫任何人证实自己有罪原则的相关内容,在刑事诉讼基本原则部分已有论述,在此不再赘述。

传闻证据规则原属于域外证据制度中的规定,主要是指对于在庭审程序之外所作的用于证明案件相关事实的陈述、说明等应当予以排除。⑤ 传闻证据应予以

---

① 参见孙锐:《刑事证据排除规则之体系梳理——以证据能力与证明力的区分为进路》,《四川师范大学学报(社会科学版)》2016 年第 6 期,第 66~76 页。
② 参见徐子栋:《审查逮捕证明标准与证据规则的运用》,《人民检察》2017 年第 23 期,第 73~74 页。
③ 参见龙宗智:《司法改革与中国刑事证据制度的完善》,中国民主法制出版社 2016 年版,第 109~121 页。
④ 参见包献荣:《"漂移"的辨析:刑事证据规则的趋同发展与启示》,《学术论坛》2015 年第 12 期,第 58~62 页;武双云、范洪丽:《我国刑事证据制度的改革和发展》,《江苏警官学院学报》2013 年第 3 期,第 16~20 页。
⑤ 参见孙锐:《刑事证据排除规则之体系梳理——以证据能力与证明力的区分为进路》,《四川师范大学学报(社会科学版)》2016 年第 6 期,第 66~76 页。

排除的理由有三：其一，传闻证据违背了直接言词原则；其二，传闻证据的适用直接导致了质证权的架空，有损当事人的基本诉讼权利；其三，传闻证据自身的准确性、真实性较弱，需要其他证据进行辅助，易造成诉讼的拖延。传闻证据规则与《刑事诉讼法》中规定的直接言词原则具有共通的理念和目标追求，都以追求公正审判和发现真实为目标，但其强调的是传闻证据不得进入法庭，从证据资格方面要求直接感知案件情况的人应当出庭作证。① 我国尚未形成典型的对抗制审判模式，没有完善的交叉询问制度，关于传闻证据规则的相关配套制度和措施尚不具备，庭审环节对书面证言、案卷材料仍有很强的依赖性。因此，对抗制审判模式、以庭审为中心、交叉询问原则、证人出庭作证制度等仍是今后探讨的重点。②

意见证据规则是规范证人作证范围的证据规则。根据意见证据规则，证人作证时只能陈述自己亲身体验的过去的事实，而有关事实的意见、信念或据此进行的推论，一般不具有可采性。③ 意见证据规则的法理依据有两个：一是证人对案件事实提供意见性陈述侵犯了裁判者的裁判权；二是证人提供意见性陈述有影响公正认定事实的危险。④ 但在普通法上，公共舆论意见方面的证据可用以证明与血统或婚姻存续状况有关的事项、证明公共权利或一般权利的存在、证明好或者坏的品格等内容。⑤ 有学者主张将证人"根据一般生活经验可以判断的事实"规定为意见证据规则的例外。⑥ 我国《关于办理死刑案件审查判断证据若干问题的规定》吸收了这一观点，规定"证人的猜测性、评论性、推断性的证言，不能作为证据使用，但根据一般生活经验判断符合事实的除外"。虽然我国刑事诉讼证据制度确立了意见证据规则，但与域外国家较为丰富的立法和实务相比，我国立法中的相关内容略显单薄。因此，意见证据规则的完备，尤其是与其相关的证人出庭作证制度的完善仍将是研究的重点内容。

---

① 参见宋英辉、李哲：《直接、言词原则与传闻证据规则之比较》，《比较法研究》2003年第5期，第52～60页；樊崇义、李静：《传闻证据规则的基本问题及其在我国的适用》，《证据科学》2008年第3期，第257～270页。

② 参见张保生：《中国证据法学三十年（1978—2008）》，载教育部人文社会科学重点研究基地——法学基地（9+1）合作编写：《中国法学三十年（1978—2008）》，中国人民大学出版社2008年版，第363～420页。

③ See Peter Murphy, Murphy on Evidence (ninth edition), Oxford University Press, 2005, p.339. 转引自樊崇义、兰跃军、潘少华：《刑事证据制度发展与适用》，中国人民公安大学出版社2020年版，第241页。

④ 参见孙彩虹：《刑事证据制度热点问题研究》，立信会计出版社2018年版，第21～23页。

⑤ 参见宋英辉、吴宏耀：《意见规则——外国证据规则系列之四》，《人民检察》2001年第7期，第60～62页。

⑥ 参见陈光中：《中华人民共和国刑事证据法专家拟制稿》，中国法制出版社2004年版，第226～229页。

另外，一些观点也将关联性规则、质证规则纳入证据规则中。关联性规则有利于排除不相关的证据，对提高诉讼效率尤其是庭审效率具有一定价值。我国的刑事证据理论一直将关联性作为证据的属性之一，法律规范中的"与本案无关""与犯罪有关""与案件事实有关联"等内容也体现了关联性规则的要求。虽然质证权是每一个被追究刑事责任的人的基本权利之一，但我国《刑事诉讼法》中少有"质证"的内容，加之直接言词原则未落实，交叉询问制度未建立，刑事庭审虚化严重，质证不充分、质证权不平等、质证主持不中立等问题突出，我国证据质证规则并未完全确立。有学者指出，需要从立法上明确刑事质证主体的证据开示义务、刑事质证的主体范围、刑事质证的对象范围、拒绝质证的法律后果、刑事质证的内容等完善我国的证据质证规则。①

从规范层面来看，我国已经形成了一定的证据规则体系，既有法律明文规定的证据规则，也有那些虽然法律没有明文规定但通过其他法律规范体现出来的证据规则。然而，我国刑事证据规则仍面临可操作性不强、精密化程度不高和证据规则的实施效果不佳等困境与问题。因此，从优化立法以及解决司法实践问题、实现刑事诉讼目的与程序正义来看，我国证据规则立法具有必要性。② 关于我国刑事证据规则体系的建构，学界有几种代表性的观点：一是主张从静态角度和动态角度划分刑事证据规则。具体来说，静态角度包括规范证据能力的证据规则和规范证明力的证据规则；动态角度包括取证规则、举证规则、质证规则和认证规则。③ 这种观点主要是借鉴域外的刑事证据规则体系，但动态角度划分的有关取证规则、举证规则、质证规则和认证规则，是以法院为主导的证据规则体系，可能不太适应我国现有的侦查、审查起诉和审判三阶段的实践。二是主张以确保证据可靠性的证据能力为中心划分刑事证据规则。这种观点认为，刑事证据规则的基本框架是以确保证据可靠的证据能力为中心展开，分为证据运用基础规则、证据能力规则和证据程序规则三部分。④ 这种划分关注了言词证据和实物证据的证据规则问题，但缺乏证明力规则的单独规范，在划分标准上也存在一定模糊性。三是主张将我国刑事证据规则划分为规范证据能力的证据规则、规范证明力的证据规则和规范证据运用的证据规则三类。⑤ 构建我国刑事证据规则体系，既要关

---

① 参见陈卫东：《中国刑事证据法的新发展——评两个证据规定》，《法学家》2010年第5期，第15~29页。
② 参见樊崇义：《刑事证据规则立法建议报告》，《中外法学》2016年第2期，第285~315页。
③ 参见何家弘：《中国刑事证据规则体系之构想》，《法学家》2011年第6期，第32~37页。
④ 参见马贵翔：《刑事证据规则研究》，复旦大学出版社2009年版，第42~43页。
⑤ 参见樊崇义、兰跃军、潘少华：《刑事证据制度发展与适用》，中国人民公安大学出版社2020年版，第267~272页；陈卫东：《模范刑事诉讼法典》，中国人民大学出版社2011年版。

注已成文的证据规则,又要关注审查判断证据的程序中所体现的证据规则,还要在以审判为中心背景下进行研究。上述几种刑事证据规则体系的构建均有一定价值,既关注了我国司法实践又吸收了西方刑事证据规则体系的合理因素,这些观点在构建我国刑事证据规则体系时值得借鉴。

"坚持统筹推进国内法治和涉外法治"是习近平法治思想的重要内容。"要加快涉外法治工作战略布局,协调推进国内治理和国际治理,更好维护国家主权、安全、发展利益。要加快形成系统完备的涉外法律法规体系,提升涉外执法司法效能。"① 在犯罪全球化、国际化背景下,越来越多的刑事案件出现涉外因素。《刑事诉讼法》未规定境外证据的审查规则,最高人民法院《关于适用〈中华人民共和国刑事诉讼法〉的解释》第 77 条对境外证据的可采性作了原则性规定。学界对此有所关切。有观点认为,对境外证据的合法性采"绝对本国法"审查规则的规定,不能呼应国家主权的"相对化"演变,也不利于深化国际合作,应兼顾国家主权、国际法义务、打击犯罪和保障人权,重塑"绝对本国法"审查规则。② 也有观点认为,对境外证据的审查采"宽松的"可采性审查立场,但仍需关注针对境外刑事证据的特殊的证据排除规则,在坚持自由心证原则的基础上,设置相应的审查规则。③《刑事诉讼法》再修改时应转变百年传统的内向型立法视角,直面融入涉外法治的现实需求。

六、小结

证据论作为证据制度的重要内容,也是学界一直重点讨论的内容。我国学界关于证据论的研究范围较为广泛,涉及证据的概念、证据的属性、证据的形式、证据分类及证据规则等众多内容。概括而言,我国的刑事证据立法日趋完善、精细化。"事实说"的证据概念曾一度成为通说,随着辩证唯物主义认识论的深入及刑事诉讼理念的拓展,学界对证据概念的讨论日益丰富,逐渐回归到刑事诉讼运用证据的逻辑起点去界定证据概念并发展到探讨证据的本质是什么。证据属性的"三性说"也曾占据主流,但随着研究的深入,传统的证据属性理论受到挑战,更多学者对证据属性进行了拓展,并逐渐转向对证据转化、证据能力和证明

---

① 习近平:《坚定不移走中国特色社会主义法治道路 为全面建设社会主义现代化国家提供有力法治保障》,《求是》2021 年第 5 期,第 4~15 页。
② 参见吴国章:《刑事境外证据"绝对本国法"审查规则的反思与重塑》,《法学》2023 年第 10 期,第 125~142 页。
③ 参见冯俊伟、温夏蕾:《域外刑事证据的审查运用——基于我国立法的分析》,《人民检察》2024 年第 9 期,第 64~67 页。

力等问题的探讨。为契合社会发展和司法实践的需要,立法中的证据形式与证据分类日益丰富,学界的相关研究功不可没。刑事证据规则的相关理论、体系构建与司法实践也是学界研究的重点内容,非法证据排除规则、传闻证据规则、意见证据规则一直是研究热点,这也体现了我国刑事诉讼从注重发现真实、实体正义到注重人权保障、程序正义的转变,从单一的证据规则构建到证据规则体系构建的转变,从关注证据制度本身到关注相关配套制度的转变。未来刑事证据制度应进一步增加有利于人权保障方面的规定,诸如传闻证据规则、自白任意性规则、意见证据规则等,并对非法证据排除规则进行完善。刑事证据立法也应坚持从证明力的关注转向对证据能力的关注,从一元价值观转向多元价值观,从侦查中心主义转向审判中心主义,从形式上的对抗制转向实质上的对抗制,从中国走向世界。①

第四节　证明论

"有裁判必有证明",证明作为刑事诉讼的核心内容,是司法裁判的基础,集中反映了现代刑事诉讼的理念和本质。我国学界对刑事诉讼证明理论的研究实现了从绝对证明观到相对证明观的转变、从广义证明观到狭义证明观的转变、从实体证明观到程序证明观的发展。② 然而,目前理论界只是在形式上形成了以证明主体、证明对象、证明责任、证明标准、证明过程、证明方法等为主要内容的刑事证明理论体系,而在内容上尚未形成权威的、公认的、成熟的刑事证明理论体系,学者们在论述刑事证明理论体系的具体框架时仍然存在一定观点差异,不同的证据法学教材在研究内容方面也大相径庭。③ 本部分将对证明理论有关学术研究进行梳理。

一、证明

刑事证据制度中的"证明"与现代汉语中的"证明"的内涵是不同的。学者们对"证明"概念的界定持有不同观点:从证明的认识作用的角度来说,证明是

---

① 参见李和仁:《诉讼理论与刑事司法改革新探索——中国诉讼法学研究会2002年年会述要》,《人民检察》2003年第3期,第51~54页。
② 参见闵春雷、杨波、霍海红:《中国诉讼法学30年理论创新回顾》,《当代法学》2009年第1期,第13~20页。
③ 参见王超:《中国刑事证明理论体系的回顾与反思》,《政法论坛》2019年第3期,第31~44页。

刑事诉讼活动中的一部分，是司法人员运用依法收集的证据，确定刑事案件事实的活动。① 从证明过程的角度来说，证明是从收集、审查、判断证据到运用证据认定案情的全部过程。② 从证明的内容的角度来说，证明是包含证明主体、证据、证明对象、证明任务、证明责任，收集、审查判断证据的规则和程序等内容的诉讼活动。③ 从证明的法律属性来说，证明是国家公诉机关和诉讼当事人在法庭审理中依照法律规定的程序、标准和要求向审判机关提出证据，运用证据阐明系争事实、论证诉讼主张的活动。④ 上述观点从不同角度阐述了证明的概念，整体而言，证明是刑事诉讼活动中的重要环节，是围绕证据进行的诉讼活动。

此外，学者们也探讨了与"证明"相关的概念，其中，对证明和查明的讨论较为热烈，并存在"一致说"与"不同说"两种观点："一致说"认为，在诉讼中，查明案件事实的过程，就是一个证明的过程；查明案件事实就是通过证明活动来实现的。⑤"不同说"认为，查明是查明主体的一种职权行为，如其未能履行查明义务，可能会承担内部责任；查明是对未知事实或者主张的积极发现；典型的查明活动发生在侦查阶段。而证明是诉讼当事人的一种义务，如其未能履行证明义务，则要承担证明责任；证明是对已知事实或主张的验证行为；典型的证明活动发生在庭审环节。⑥ 学界也普遍接受了大陆法系证据法中由"证明"引申出来的严格证明和自由证明两个概念，严格证明必须以法律规定的证据方法、调查程序进行，适用严格的证据能力规则，需要达到内心确信无疑的程度；自由证明可不拘任何方式、调查程序，采用的证明方法较为自由，只需要达到高度可能性的程度即可。⑦ 学界对于刑事诉讼中检察机关指控的犯罪事实采用严格证明大多不持异议，但对于检察机关提出的不利于被告人的法定量刑情节是采用严格证明还是自由证明存在不同观点。当然，在司法实践中，严格证明与自由证明的划分并不是绝对的，法官通常针对案件的具体情况慎重采用不同的证明方法。

---

① 参见王汝嘉：《刑事诉讼证据概论》，黑龙江人民出版社1984年版，第107页。
② 参见王希仁：《刑事诉讼证明论》，《法学研究》1984年第3期，第32～38页。
③ 参见陈一云主编：《证据学》，中国人民大学出版社1991年版，第113页。
④ 参见卞建林主编：《证据法学》，中国政法大学出版社2000年版，第264页；樊崇义：《刑事证据法原理与适用》，中国人民公安大学出版社2003年版，第190页。
⑤ 参见陈一云主编：《证据学》，中国人民大学出版社1991年版，第113页。
⑥ 参见卞建林主编：《刑事证明理论》，中国人民公安大学出版社2004年版，第10页。
⑦ 参见宋英辉、汤维建主编：《证据法学研究述评》，中国人民公安大学出版社2006年版，第291页。

二、证明对象

关于刑事诉讼中证明对象的观点有"案件事实说""争议事实说""法律要件事实说"。具体而言：

"案件事实说"认为，刑事诉讼的证明对象应当是关于案件事实的认识。具体包括实体法事实、程序法事实和证据法事实。在不同的诉讼中，有不同的证明对象，不同的案件有不同的证明对象，同一案件的不同诉讼阶段的证明对象也有不同侧重。[1] 该观点较为笼统地概括了诉讼证明对象的内容，将所有的案件事实都纳入证明对象之中，并根据诉讼阶段和具体案件的不同进行了区分。在案件事实说之下，公、检、法三方均被视为证明主体，可这与现代诉讼理念尤其是我国正在进行的"以审判为中心"的司法体制改革的要求是不相符的；另外，"案件事实说"也有将证明对象与案件事实本末倒置之嫌，毕竟，案件事实才是证明的结果。

"争议事实说"认为，刑事诉讼证明对象是证明主体运用一定的证明方法所欲证明的系争要件事实，这些争议要件事实不仅包括实体性要件事实，还可以包括程序性要件事实及非诉讼中的要件事实。[2] 但是该观点面临着一个理论问题，即在刑事诉讼中，虽然控辩双方对案件的主要事实没有争议，但这些主要事实仍然需要运用证据予以证明，这些没有争议的事实仍然应当成为证明对象。

"法律要件事实说"认为，"案件事实说"的表述过于宽泛笼统，而"争议事实说"的表述又略显狭窄，因此，主张以"法律要件事实"作为刑事诉讼证明对象，"法律要件事实"既包括争议事实，也包括与诉讼主张相关的无争议的事实。[3] 这种观点跳脱于案件事实之外，不直接将客观的案件事实作为证明对象。但是，该观点无意中涵盖了当事人及法官对法律事实所作的法律评价。因此，有学者提出了"待证事实说"或"主张事实说"，认为证明对象是提出诉讼主张的一方所要证明的案件事实，而该案件事实可以支持该方所提出的诉讼主张的成立。该观点将证明对象视为一种尚待证明的假定事实，在经过完整的证明过程之后，转化为法院的"裁判事实"[4]。

---

[1] 参见刘金友主编：《证据法学（新编）》，中国政法大学出版社 2003 年版，第 190 页。
[2] 参见卞建林主编：《证据法学》，中国政法大学出版社 2000 年版，第 276 页。
[3] 参见熊秋红：《刑事证明对象再认识》，载王敏远主编：《公法》第 4 卷，法律出版社 2003 年版，第 12 页。
[4] 刘玫、胡逸恬：《论我国违法所得没收程序——基于实体和程序的双重考察》，《温州大学学报（社会科学版）》2017 年第 5 期，第 3~10 页。

学界对证明对象的分类也进行了相应探讨,有学者主张将证明对象分为犯罪事实、量刑事实和程序争议事实。① 其中,2010 年"两个证据规定"的颁行和 2012 年《刑事诉讼法》的修改,使非法证据排除规则在我国法律中得到确立,这是我国刑事法律首次明确将侦查行为的合法性纳入司法证明的对象,也是对程序性争议问题首次确立程序性裁判程序。该观点结合证明对象的具体内容作出了相应分类,而证明对象又与诉讼程序密切相关。同时,证明对象还可以划分为定罪程序中的事实与量刑程序中的犯罪事实、量刑事实和程序争议事实;按照审级程序划分为一审裁判程序、二审裁判程序中的犯罪事实、量刑事实和程序争议事实等。

关于证明对象的范围如何,学界也有较为热烈的讨论。其一,对于实体法事实属于证明对象的范围,学界对此不持异议。其二,对于程序法事实能否成为证明对象,学界有三种较为典型的观点。"否定说"认为,程序法事实不属于证明对象,实体法事实才是司法人员所需要集中处理的事项,况且,很多程序法事项不查自明,也不是每个案件都会涉及程序法事项,没有必要将程序法事实作为证明对象。② "肯定说"认为,程序法事实应当作为证明对象。实体法事实与程序法事实是两种具有明显区别的事实,程序法并不是附属于实体法的,程序法有其独立的价值,是使实体法得以正确、全面实施的保证。③ "双层次说"认为,从应然层面看,程序法事实应当是证明对象,但是基于我国目前程序法规则未设置相应的法律后果,绝大多数的程序法事实还不是证明对象。也即,在我国法律体系之中,程序法事实应当是但实际上还不是名副其实的证明对象。④ 整体而言,关于程序法事实是否是证明对象的争论在 20 世纪 90 年代后期得以消弭,学界主流观点普遍承认程序法事实属于证明对象的一部分。其三,相较于程序法事实的争论的平息,学界对于证据事实是不是证明对象一直持有争论。"否定说"认为,证据事实不是证明对象。证据事实是查明案件事实的手段,是已知事实;而证明对象是依赖于证据事实来认识的案件事实,是未知事实,不能将证明目的与证明手段相混淆。而且,在有些案件中,有些证据事实是无须查明的,而证明对象都应当加以证明,如果将证据事实作为证明对象,也会造成对案件事实的证明与证

---

① 参见陈瑞华:《刑事证据法》(第 3 版),北京大学出版社 2018 年版,第 416~418 页。
② 参见卞建林主编:《证据法学》,中国政法大学出版社 2002 年版,第 204 页;肖胜喜:《刑事诉讼证明论》,中国政法大学出版社 1994 年版,第 121 页。
③ 参见陈光中、周国均:《论刑事诉讼中的证明对象》,《政法论坛》1983 年第 3 期,第 60~66 页;陈一云主编:《证据学》(第 2 版),中国人民大学出版社 2000 年版,第 137 页。
④ 参见孙远:《证明对象、要件事实与犯罪构成》,《政治与法律》2011 年第 8 期,第 102~111 页。

据的审查判断相混淆。"肯定说"认为,证据事实是证明对象。对证据进行审查判断的过程,本身就是一个证明的过程;证明对象与证明手段是相对的,证据既是证明手段,又是证明对象。"部分肯定说"是在"肯定说"的基础上进行的拓展和细化,又分为三种具体观点:直接证据不是证明对象,间接证据是证明对象;物证不是证明对象,人证是证明对象;作为案件争点的证据事实是证明对象。[1] 在"否定说"成为通说的情况下,随着 2010 年"两个证据规定"的出台,尤其是证据能力问题日益得到学者的关注,"肯定说"又呈现出一定的复苏态势。

关于证明对象与诉讼主张的关系,"一致说"以英美法系为摹本,要求控辩双方必须提出诉讼主张且对此承担证明责任,认为证明对象就是诉讼主张,而非案件事实。[2] "不一致说"以允许法官变更指控罪名为理由,认为证明对象并不完全等同于诉讼主张,二者在诉讼过程中可能会发生偏离。[3] 虽然法官固然要受控方指控的事实范围的限制,但法官可以变更罪名,作为证明对象的犯罪构成要件事实亦发生变化。

三、证明责任

从刑事诉讼制度发展历程来看,证明责任在我国经历了"排斥—争鸣—统一—发展"的过程。在"实事求是"理念的指导下,1979 年《刑事诉讼法》被视为发现案件事实真相、正确适用刑法的保障,虽然明确了检察机关承担证明被告人有罪的证明责任,但司法权的行使与证明责任的概念与价值并不相符,也未建立一套完善而行之有效的证明理论体系。随着刑事诉讼职权主义模式向当事人主义模式的转变,证明责任的概念逐渐得到学界的接受与关注,学界对于证明责任的概念、证明责任的性质、证明责任的分配等进行了研究并形成了诸多观点。直到 20 世纪 90 年代末,随着 1996 年《刑事诉讼法》的修改,学界对证明责任的概念取得了较为统一的认识,更集中于从程序正义的角度关注证明责任的相关内容。2012 年《刑事诉讼法》的修改,明确使用了"举证责任"的用语,同时明确了证明责任的分配原则,学界对于被追诉人的证明责任、程序性事实的证明责

---

[1] 关于证据是否属于证明对象的观点,参见卞建林主编:《证据法学》,中国政法大学出版社 2002 年版,第 208～209 页;闵春雷、杨波、徐阳、刘铭、张云鹏:《刑事诉讼证明基本范畴研究》,法律出版社 2011 年版,第 87～89 页。

[2] 参见梁玉霞:《刑事诉讼主张及其证明理论》,法律出版社 2007 年版,序言第 1 页;鲁杰、曹福来:《论证明对象的范围是诉辩双方的诉讼主张》,《政治与法律》2009 年第 1 期,第 128～132 页。

[3] 参见纵博:《刑事证明对象理论的反思与重塑》,《中国刑事法杂志》2023 年第 5 期,第 89～106 页。

任、非法证据排除规则中的证明责任等问题的讨论一直持续。①

(一) 证明责任的概念

我国《刑事诉讼法》明确规定了刑事公诉案件和刑事自诉案件的证明责任。研究证明责任,首要问题就是厘清证明责任的概念,而这又涉及举证责任的概念问题。我国学者对"举证责任与证明责任"的关系有着不同的认识,形成了"同一说"、"包含说"及"不同说"三种观点。

"同一说"主张举证责任和证明责任是同一概念,主要指的是在诉讼活动中提出相应证据证明案件事实的责任承担与分配,尤其是在诉讼结束时,如果案件事实仍处于真伪不明状态,应当由谁来承担败诉或不利的诉讼后果。②

"包含说"又有举证责任包含证明责任和证明责任包含举证责任之分。其一,举证责任包含证明责任的观点认为,人们讲的举证责任实际上就包含有证明责任的含义,即不仅指举出证据的行为责任,而且包括说服责任和结果责任。③ 其二,证明责任包含举证责任的观点认为,证明责任包含公安、司法机关及其工作人员基于职务上的勤勉义务所产生的证明责任,审判阶段控辩双方所承担的支持自己的主张和说服裁判者的证明责任两层含义,而第二层含义涉及的是当事人提供证据证明其主张的责任,即为举证责任。④ 证明责任包含行为责任和结果责任两层含义,行为责任指的是举证责任,结果责任是核心责任,举证责任与结果责任相辅相成,构成了证明责任的完整内涵。⑤

"不同说"主张证明责任的概念不同于举证责任的概念。该观点认为,证明责任是公安、司法机关所承担的收集证据证明案件事实的法律责任;举证责任是控辩双方所承担的向法院提供证据证明自己诉讼主张的责任,如果应当承担责任的一方没有履行责任,就要遭受败诉的法律后果。⑥

我国《刑事诉讼法》采用了"举证责任"的表述,并规定了被告人有罪的举证责任由人民检察院承担,但是,这并不是要求检察院只提供证明被告人有罪的

---

① 参见王超:《中国刑事证明理论体系的回顾与反思》,《政法论坛》2019年第3期,第31~44页;张保生:《中国证据法学三十年(1978—2008)》,载教育部人文社会科学重点研究基地——法学基地(9+1)合作编写:《中国法学三十年(1978—2008)》,中国人民大学出版社2008年版,第399~407页。
② 参见江伟主编:《证据法学》,法律出版社1999年版,第77页;王圣扬:《刑事诉讼法学》,人民法院出版社2003年版,第117页。
③ 参见何家弘:《刑事诉讼中举证责任分配之我见》,《政治与法律》2002年第3期,第68~74页。
④ 参见陈一云主编:《证据学》(第2版),中国人民大学出版社2000年版,第165页;陈光中、陈学权:《中国语境下的刑事证明责任理论》,《法制与社会发展》2010年第2期,第50~57页。
⑤ 参见汪建成:《刑事证据制度的重大变革及其展开》,《中国法学》2011年第6期,第51~60页。
⑥ 参见程荣斌主编:《刑事诉讼法》,中国人民大学出版社1999年版,第202页。

证据，人民检察院要遵循客观公正原则，无论是犯罪嫌疑人、被告人有罪、罪重的证据，还是无罪、罪轻的证据，都应向人民法院提出；也规定了人民法院在刑事审判过程中承担了一部分补充、审查、核实证据的义务。[①]《刑事诉讼法》之所以使用"举证责任"的概念，主要是考虑到"不能否定法院客观全面审查证据的义务"，而我国《刑事诉讼法》举证责任的含义也具有中国特色，这并非无意为之，而是有意之举。立法机关主要考虑以下两点：一方面，使用"举证责任"的表述方式是与《民事诉讼法》和《行政诉讼法》的规定保持一致；另一方面，人民法院在刑事审判过程中承担了一部分补充审查核实证据的义务。根据2012年《刑事诉讼法》第191条的规定，合议庭在庭审过程中对证据有疑问的，可以宣布休庭并对证据进行调查核实，人民法院可以采取勘验、检查、查封、扣押、鉴定和查询、冻结等措施。而后一方面原因是主要原因，在修法过程中，立法机关反复多次强调之所以使用"举证责任"，主要是考虑到"不能否定法院客观全面审查证据的义务"[②]。由于立法没有区分"举证责任"和"证明责任"，故而可以将"举证责任"和"证明责任"画等号。但需要明确的是，人民检察院在公诉案件中承担证明责任，自诉人在自诉案件中承担证明责任，辩方不承担证明自己有罪的责任，也不承担证明自己无罪的责任，且有权提供犯罪嫌疑人、被告人罪轻、无罪的证据。

在厘清证明责任概念的同时，学者们也对证明责任的性质、分配进行了研究。

（二）证明责任的性质

学界关于证明责任的性质形成了多种观点。"权利说"认为证明责任是当事人的一种权利。"义务说"认为证明责任是诉讼中当事人负担的一种义务。[③]"责任说"认为证明责任是证明主体的一种法律责任。该责任既包括当事人应当提供证据证明其主张、司法机关应当收集证据证明其所认定的案件事实的责任，也包括在不能证明时，承担其主张或认定不能成立的风险的责任。[④]"负担说"认为证明责任既不属于一种权利也不是一种义务，而是当事人在诉讼中为使法院能够

---

① 参见郎胜主编：《中华人民共和国刑事诉讼法释义》，法律出版社2012年版，第110页。
② 参见陈卫东：《新〈刑事诉讼法〉中的举证责任》，《中国律师》2012年第8期，第17～18页；陈卫东、柴煜峰：《刑事证据制度修改的亮点与难点》，《证据科学》2012年第2期，第133～145页。
③ 张保生：《中国证据法学三十年（1978—2008）》，载教育部人文社会科学重点研究基地——法学基地（9+1）合作编写：《中国法学三十年（1978—2008）》，中国人民大学出版社2008年版，第363～420页。
④ 参见陈一云主编：《证据学》（第3版），中国人民大学出版社2007年版，第128页。

确认他所提出的诉讼主张,能够获得胜诉所不得不承担的一项负担。① "统一体说"认为证明责任由提供证据责任和说服责任构成,是主张责任、提供证据责任、说服责任和不利后果负担责任四种责任的统一体。上述几种观点均具有一定的合理性,但又有其局限性。证明责任主体对于证明责任是不能放弃的,但是权利主体对于权利是可以放弃的;义务具有强制性,但证明责任不具有强制性;"负担"本身并不是一个内涵明确的法律术语,"负担"的指向并不明确。故而,有学者主张将上述几种学说结合起来,"统一体说"是在前述几种观点无法全面揭示证明责任性质的基础上提出的,较为全面地阐述了证明责任的性质。②

学界关于证明责任的法律属性也有"实体法说"、"诉讼法说"和"双重属性说"三种观点:"实体法说"认为,实体法是证明责任分配的源泉和最终依据;"诉讼法说"主张证明责任存在于诉讼法上;"双重属性说"认为,证明责任兼具实体法属性和诉讼法属性,因为证明主体的确定和证明责任的履行都离不开相应的诉讼法规范。③ 随着人权保障与程序理念的深入发展,重实体、轻程序的观念得到纠正,整体而言,目前"双重属性说"是学界通说。

(三)证明责任的分配

证明责任的分配是决定案件中某一具体待证事实证明责任的承担主体问题,证明责任分配往往直接影响诉讼结果,在证明制度乃至诉讼制度中都具有重要地位。④ 基于无罪推定原则,指控被追诉人有罪的事实应当由指控方提出,我国《刑事诉讼法》也明确了证明责任的承担主体,但关于证明责任的一些问题仍值得讨论。

1. 法院是否承担证明责任

在"控辩式"诉讼模式下,法院作为居中裁判的主体,当然无须承担相应的证明责任。我国《刑事诉讼法》经历了多次修改后虽逐渐确立了"控辩式"模式,但仍然规定法院有客观公正地收集证据的义务,甚至赋予了法院庭外调查权。因此,学界针对法院是否承担证明责任展开了讨论。

"否定说"认为,人民法院对案件的裁判负有证明的责任,但不承担提出证

---

① 参见张保生:《中国证据法学三十年(1978—2008)》,载教育部人文社会科学重点研究基地——法学基地(9+1)合作编写:《中国法学三十年(1978—2008)》,中国人民大学出版社2008年版,第363~420页。
② 参见樊崇义、兰跃军、潘少华:《刑事证据制度发展与适用》,中国人民公安大学出版社2020年版,第134页。
③ 参见宋英辉、汤维建主编:《证据法学研究综述》,中国人民公安大学出版社2006年版,第318~319页;樊崇义、兰跃军、潘少华:《刑事证据制度发展与适用》,中国人民公安大学出版社2020年版,第135页。
④ 参见樊崇义、兰跃军、潘少华:《刑事证据制度发展与适用》,中国人民公安大学出版社2020年版,第138页。

据指控犯罪的证明责任。① 人民法院审理案件，收集、调取证据或者自行调查证据，审查判断和运用证据，是人民法院独立行使审判权的具体体现，不能认为是履行证明责任。② 但需要注意的是，法院不承担证明责任并不意味着它在诉讼证明的问题上无任何责任，在必要时法官仍然应当运用职权调查证据查明案情，法院在证据、事实方面承担着"查证"的责任。③ "肯定说"认为，在检察机关提供证据使案件处于真伪不明的状态时，人民法院负有收集并运用证据调查确认案件事实的责任，该责任具有法定性、补充性和实践合理性，因此，人民法院承担的是补充性的证明责任。④ "区分说"认为，人民法院在公诉案件中不承担证明责任，但在自诉案件中负有证明责任。在自诉案件中，审判人员可以通过庭外调查活动对证据进行核实。⑤ 上述关于法院是否承担证明责任的讨论，从"绝对说"逐渐转化为"相对说"。而且，需要强调的是，确定法官在诉讼证明中的作用，必须坚持法官在诉讼中的消极中立的裁判者立场，要努力保障被告人的合法权益，实现诉讼的正义和公平。

2. 被追诉人及其辩护人是否承担证明责任

我国《刑事诉讼法》中明确了不得强迫任何人自证其罪的原则，同时被追诉人还受无罪推定原则的保护，基于此，被告人不应当承担证明责任。但是，域外很多国家基于各种因素的考量，又规定了被追诉人不承担证明责任的例外情形，而我国《刑事诉讼法》并没有明确提及被追诉人及其辩护人证明责任的问题，学界对此也有热烈讨论。

"肯定说"认为，无罪推定原则要求控方承担证明被追诉人有罪的责任，被追诉人在特定情况下承担证明责任，这种责任主要是面向法庭的。⑥ 这些特殊情况主要包括：《刑法》中的巨额财产来源不明罪中的证明责任、持有型犯罪中的证明责任、被告人主张其未达到刑事责任年龄或者无刑事责任能力案件中的证明责任、被告人主张其存在正当化辩护事由的证明责任、被告人主张意外事件和不可抗力的证明责任、被告人主张其不在犯罪现场的证明责任、被告人主张其受到刑讯逼供的证明责任、被告人主张的程序性事实的证明责任。要求被追诉人负证明责任有利于调动被追诉人如实供述的积极性，有利于司法人员及时、准确地查明案情，而且，这

---

① 参见崔敏主编：《刑事诉讼法纲要》，中国人民公安大学出版社1994年版，第142页。
② 参见樊崇义主编：《刑事诉讼法学研究综述与评价》，中国政法大学出版社1991年版，第264页。
③ 参见龙宗智：《证明责任制度的改革完善》，《环球法律评论》2007年第3期，第37～43页。
④ 参见陈卫东：《新〈刑事诉讼法〉中的举证责任》，《中国律师》2012年第8期，第17～18页。
⑤ 参见陈光中、徐静村主编：《刑事诉讼法学》，中国政法大学出版社1999年版，第174～177页。
⑥ 参见龙宗智：《刑事证明责任制度若干问题新探》，《现代法学》2008年第4期，第107～114页。

种分配机制不仅契合"谁主张,谁举证"的证明责任分配原理和"由容易举证者举证"的证明政策,而且符合当前法治成熟国家的普遍做法。①

"否定说"认为,被追诉人及其辩护人无须承担证明责任。"肯定说"所讨论的被追诉人承担的证明责任实质上是被告人反驳控方为自己的行为进行辩护的权利,并不是法定的证明义务,被追诉人在任何情况下都不应当承担证明责任。②被追诉人承担证明责任违背了无罪推定原则,被追诉人承担证明责任与人权保障相冲突。如果法律规定被追诉人负有举证义务,则与"有罪推定论"划不清界限,公安、司法工作人员就会强制被追诉人履行这一"当然义务",而犯逼供的错误。③"否定说"的支持者对"肯定说"中所论述的被追诉人在特定情况下承担证明责任的观点进行了驳斥:第一,巨额财产来源不明罪中的证明责任仍然是由控诉机关承担,由检察机关收集到足够的证据证明某国家工作人员的财产或支出明显超过合法收入且差额巨大,该情形可以视为一种"推定"。被追诉人提供证据进行证明是一种辩护自卫行为,属于辩护权的体现。第二,在持有型犯罪中控诉方仍要证明被追诉人"持有"的事实,从而才能推定"明知",而被追诉人提供证据证明其是"不明知"的,这属于自我辩护、辩解或者反驳,不应视为承担证明责任。第三,被追诉人主张某些积极抗辩的事实的规定,并不是被告人证明责任的规定,是通过建立一套基于"照顾义务"之上的证据调查申请权,让存在积极抗辩事由的被告人切实获得无罪推定的保障,增强被告人的诉讼主体地位,而不是要求被告人承担积极抗辩事由的证明责任。如果被告人不能提供证据,其后果不过是他所提出的积极辩护主张不能成立,而不会直接导致被告人有罪的成立。不应对辩护人的告知义务附加不利的后果,这是被追诉人及其辩护人享有的积极抗辩手段,不是诉讼义务,而是诉讼权利。④

另外,针对非法证据排除规则中"辩方提供相关线索或者材料"的规定,学界持有不同观点:"权利说"认为,"辩方提供相关线索或者材料"不是证明责任的分担,更不是证明责任"倒置",应当是辩方的权利。⑤"初步责任说"认为,

---

① 参见朱云:《试论刑事被告应负举证责任》,《中国政法大学学报》1984年第2期,第22~27页;樊崇义、兰跃军、潘少华:《刑事证据制度发展与适用》,中国人民公安大学出版社2020年版,第155页。
② 参见陈卫东:《新〈刑事诉讼法〉中的举证责任》,《中国律师》2012年第8期,第17~18页。
③ 参见曾斯孔:《我国刑事诉讼中的"证明责任"》,《中国法学》1990年第3期,第93~99页;邓崇范:《试论刑事诉讼中的举证责任》,《吉林大学社会科学学报》1982年第1期,第72~77页。
④ 参见李昌盛:《积极抗辩事由的证明责任:误解与澄清》,《法学研究》2016年第2期,第171~190页;陈瑞华:《刑事诉讼中的司法证明规则》,《法学论坛》2003年第4期,第13~22页。
⑤ 参见樊崇义:《"两个证据规定"理解与适用中的几个问题》,《证据科学》2010年第5期,第520~525页;汪建成:《刑事证据制度的重大变革及其展开》,《中国法学》2011年第6期,第51~60页。

"辩方提供相关线索或者材料"的规定,是出于被追诉人是诉讼的一方当事人、防止被追诉人滥用诉讼权利、保障刑事诉讼活动的顺利进行等方面的考虑,要求被追诉人承担启动证据合法性调查程序的初步证明责任,而被追诉人供述的合法性等最终证明责任仍然由控诉方承担。①

3. 证明责任能否转移

证明责任转移是指诉讼主张的一方在将待证事实证明到一定程度之后,另一方需要承担证明该待证事实不存在或者另一新的案件事实存在的责任。② 关于刑事诉讼中证明责任能否转移的问题,学界存在不同观点:"否定说"认为,控方承担证明责任是绝对的,证明责任不转移给被告人。③ "肯定说"认为,证明责任可以在双方当事人之间进行转移,主要包括刑事证明责任倒置(主要是在某一犯罪行为构成要件中由被追诉人承担无罪的证明责任)和狭义的刑事证明责任转移(主要是出于当事人提出的主张、证据具有公平效力等因素的考虑)。④ 具体而言:一是被追诉人在提出关于责任能力、行为正当性、不可能实施犯罪行为等事实主张时,证明责任便转移到了被追诉人身上;在自诉案件中,被追诉人提出反驳自诉人指控的主张时,证明责任便转移到被追诉人身上;在正当防卫案件中,可以采用类似于刑讯逼供问题的举证责任倒置,由被告承担初始的证明责任。⑤ 二是在不同诉讼阶段,承担证明责任的主体是不同的。在公诉案件的立案和侦查阶段,侦查机关承担证明责任,控告方(报案人、控告人、举报人)有证明责任,犯罪嫌疑人如果自首,也对自首的事实负证明责任;在提起批捕时,公安机关承担证明责任;在审查起诉阶段,检察机关承担证明责任;在审判阶段,人民检察院承担证明责任。在自诉案件中,由自诉人承担证明责任。⑥ "肯定说"扩大了证明责任的含义,对证明责任的理解存有偏差。证明责任的转移必须以法律有明文规定为前提,如果法律没有明确规定,就不能随意转移。刑事诉讼中证明被告人有罪的责任始终由公诉方承担,这也是无罪推定原则的逻辑基础之一。

---

① 参见张军主编:《刑事证据规则理解与适用》,法律出版社2010年版,第318~319页;陈瑞华:《非法证据排除规则的中国模式》,《中国法学》2010年第6期,第35~49页;陈瑞华:《程序性裁判中的证据规则》,《法学家》2011年第3期,第130~140页。
② 参见陈瑞华:《刑事证据法》(第3版),北京大学出版社2018年版,第441页。
③ 参见叶自强:《英美证明责任分层理论与我国证明责任概念》,《环球法律评论》2001年第3期,第343~354页。
④ 参见卞建林、郭志媛、韩旭:《刑事证明责任的分配与转移》,载樊崇义主编:《诉讼法学研究》(第3卷),中国检察出版社2002年版,第110页。
⑤ 参见何家弘:《刑事诉讼中的举证责任分配之我见》,《政治与法律》2002年第3期,第68~74页;何家弘、梁颖:《论正当防卫案的证明责任》,《中国高校社会科学》2021年第2期,第76~85页。
⑥ 参见郑旭:《刑事诉讼法学研讨会纪要》,《政法论坛》1997年第3期,第123~127页。

一些学者也关注了推定与证明责任的问题。"推定引起证明责任的倒置"的观点认为，推定引起证明责任的倒置而非转移，对于基础事实的证明标准，应当是"确信无疑"，对于有效反驳的证明标准，应当是"优势证据"①。"推定导致证明责任的转移"的观点认为，推定导致证明责任的转移而非倒置，在刑事推定的情况下，控方要承担基础事实的证明责任，辩方若想推翻推定的事实，需对推翻推定事实的主张承担证明责任。② 在2008年11月召开的"刑事证明责任与推定"研讨会上，学界对于慎重对待推定与证明责任的关系的问题基本上达成了一致意见。③ 客观来说，我国《刑事诉讼法》中确立的推定，都是不确定的推定，也就是可以推翻的推定，要推翻该项推定，被告人就需要证明该推定事实是不真实或不成立的，推定就导致了证明责任从公诉方向被告方的转移；同时，在被告人提供证据证明推定事实不成立之后，证明责任再次转移给公诉方。进而，学界关于推定的研究视角逐渐转向特殊案件，有学者认为，持有型犯罪通过推定扩张刑事立法权，应结合持有型犯罪抽象危险犯的性质和推定的特点，合理线索持有型犯罪圈，以体现刑法的预防功能。④ 有学者认为，网络假冒注册商标犯罪通过推定方式以销售流程证据来认定真实销售情况，存在以"刷单"虚假交易数额认定犯罪数额的风险，应设置相应制约性规则，以实现惩罚犯罪与保障人权的平衡。⑤ 上述观点均体现了坚持刑事诉讼人权保障的基本立场下，对推定保持低限度容忍态度的选择适用。

4. 证据开示

我国刑事诉讼模式既不是当事人主义，也不是职权主义，是具有中国特色的诉讼模式，谈及证明责任的分配，必然涉及证据开示问题。我国刑事证据开示制度主要是通过辩护人的阅卷权来实现的，而辩护人的阅卷权经历了1979年《刑事诉讼法》中的缺位、1996年《刑事诉讼法》中的变革、2012年《刑事诉讼法》中的确立阶段，同时，庭前会议制度的确立与实践也共同构建了我国刑事证据开示制度。⑥

---

① 何家弘：《论推定规则适用中的证明责任和证明标准》，《中外法学》2008年第6期，第67～81页。
② 参见汪建成、何诗扬：《刑事推定若干基本理论之研讨》，《法学》2008年第6期，第28～33页。
③ 参见龙宗智主编：《刑事证明责任与推定》，中国检察出版社2009年版，第1页。
④ 参见曾凡伟、杨宗辉：《论持有型犯罪的刑事推定》，《中国刑警学院学报》2021年第5期，第54～63页。
⑤ 参见贺志军、莫凡浩：《涉"刷单"网络假冒注册商标犯罪数额之推定证明——以最高人民法院第87号指导性案例为切入点》，《中国刑警学院学报》2019年第3期，第39～45页。
⑥ 参见徐利英、王峰：《关于刑事证据开示制度的思考》，《中国刑事法杂志》2013年第9期，第89～94页。

学界关于证据开示制度必要性的讨论经历了"否定说"到"肯定说"的转变，而该制度也最终在刑事法律规范中得以确立。"否定说"不赞成设立庭前证据开示制度。其认为庭前证据开示制度将简单的问题复杂化，将导致庭前工作量的大幅增加，不利于诉讼效率的提高；庭前证据开示制度违背了《刑事诉讼法》规定的庭前程序性审查的要求，可能导致庭审法官"先入为主"并且弱化庭审对抗性。① "肯定说"认为，证据开示制度的建立具有必要性，证据开示制度是出于诉讼公正和诉讼效率的价值目标的考虑，是保障控辩平等、摆脱辩护制度面临的困境的需要，是促进检察官履行客观义务的需要，是正确适用法律的保障。②

　　关于证据开示的原则，学界存在"证据对等开示"和"证据不对等开示"的不同观点。"证据对等开示"观点认为，证据开示的目的和价值主要是为审前整理争点，使庭审能够形成公平对抗，从而有效地帮助事实认定者查明事实真相。因此，证据开示应当遵循证据对等开示和证据完全开示的原则，应当是双向的。③ "证据不对等开示"观点认为，证据开示的双向性理论和不平衡理论是证据开示制度的基本理论，而且双向开示并不等于对等开示。在证据开示中，检察机关负有全面开示证据的义务，辩护律师只负有限的开示证据的义务。④ 现阶段，我国审前程序仍然表现出较强的职权主义倾向，学界关于证据开示制度的研究重点及我国刑事法律规范的修改重点也应围绕强化辩方权利（尤其是辩护律师单向的完整的阅卷权）、制约控方权力、维系控辩平衡来进行。⑤ 当然，理想状态下，刑事证据开示制度应当遵循合法、对等、全面的精神，坚持依法开示、双向开示和全面开示的原则。但是，基于各方诉讼目的和诉讼策略的考量，要求控辩双方坦诚相见，或许还有很长的路要走。

　　随着我国刑事证据开示制度的确立，学界也应对此进行相应研究，如此才能充分发挥证据开示制度的价值。有学者探讨了证据开示的司法标准，认为证据开示的对象既包括当事人及其辩护人、诉讼代理人，也包括社会公众；证据开示的

---

① 参见安文录：《2001年全国诉讼法学年会综述（刑事诉讼法学部分）》，《政治与法律》2002年第3期，第109~111页。
② 参见程绍燕：《中国特色视域中的刑事证据开示》，《公民与法（法学版）》2015年第4期，第28~32页；张品泽：《关于我国刑事诉讼证据展示的法律思考》，中国法学会诉讼法学研究会1999年年会论文；夏有柱：《证据开示与司法实践》，中国法学会诉讼法学研究会1999年年会论文；胡锡庆、余于、张少林：《刑事诉讼证据展示制度探析》，中国法学会诉讼法学研究会1999年年会论文。
③ 参见张保生、常林：《2012年中国证据法治发展的步伐》，《证据科学》2014年第2期，第133~156页；夏有柱：《证据开示与司法实践》，中国法学会诉讼法学研究会1999年年会论文；李建：《刑事诉讼庭前证据开示制度的价值分析与构建路径》，《河北法学》2012年第8期，第174~179页。
④ 参见汪建成：《论我国刑事诉讼中的证据开示制度》，中国法学会诉讼法学研究会1999年年会论文。
⑤ 参见高洁：《辩方不应承担证据展示义务》，《江苏警官学院学报》2012年第2期，第25~30页。

范围应当是全面的，无论是对被告人不利的证据还是对被告人有利的证据都应当开示；证据开示应贯穿刑事诉讼的全过程；证据开示的途径应当是公开的，要公开举证、质证、认证的结果。[1] 也有学者设置了证据开示的具体程序，具体包括：单向证据开示——查阅案卷；审查起诉阶段的双向证据开示——证据交流；开庭审判前的双向证据开示——开示听证。上述关于证据开示制度内容的讨论为构建、丰富我国刑事证据开示制度提供了理论支撑，但证据开示制度的范围、程序、违反责任以及相关司法实践等仍应是今后理论研究的重点。

四、证明标准

作为刑事诉讼证据制度的重要内容，证明标准引导了证明活动的进行，也影响了案件的最终结果。我国《刑事诉讼法》明确规定了"案件事实清楚，证据确实、充分"的证明标准。[2] 但学者们对证明标准的理解有所不同。有学者认为，"法律真实"与"客观真实"都不可能为这种根本不存在的具有可操作性的证明标准提供正当性基础[3]；也有学者认为，建构那种抽象而具有可操作性的证明标准也是不可能的。[4] 那么，规定证明标准是否有意义？这就需要正视证明标准的价值，理顺证明标准的概念。

有观点将证明要求、证明标准、证明任务、证明责任等进行等同适用，认为证明标准是承担举证责任的诉讼主体在诉讼活动中运用证据证明案件事实需要达到的程度、标准或水平，是衡量司法证明结果的准则。[5] 证明要求、证明标准、证明程度、证明任务等都属于中国的传统叫法，其表达的含义是一致的，只是表述方式不同而已，这些概念可以等同适用。[6] 也有观点认为，证明标准不同于证明要求、证明任务、证明目的，这些概念各有其自身特点，不可以相互替代使

---

[1] 参见叶青、王超：《中国法学会诉讼法学研究会2001年年会综述》，《法学》2002年第1期，第76~80页。

[2] 参见龙宗智：《"确定无疑"——我国刑事诉讼的证明标准》，《法学》2001年第11期，第29~33页。

[3] 参见王敏远：《一个谬误、两句废话、三种学说——对案件事实及证据的哲学、历史学分析》，载王敏远主编：《公法》（第四卷），法律出版社2003年版，第123页。

[4] 参见张卫平：《证明标准建构的乌托邦》，《法学研究》2003年第4期，第60~69页。

[5] 参见陈一云主编：《证据学》，中国人民大学出版社1991年版，第114~115页；陈光中主编：《刑事诉讼法》（第2版），北京大学出版社、高等教育出版社2005年版，第184页；何家弘、刘品新主编：《证据法学》，法律出版社2004年版，第336页；谢安平、郭华：《刑事证据的争鸣与探索：新刑事诉讼法证据问题的展开》，法律出版社2013年版，第52页。

[6] 参见江伟主编：《证据法学》，法律出版社1999年版，第108页；刘金友主编：《证据法学（新编）》，中国政法大学出版社2003年版，第238页。

用。具体来说,证明标准具有明显的客观性和较强的操作性,是较为具体的裁判尺度,是衡量证据是否确实充分的参照物,是司法人员在作出批捕、起诉、判决等决定时考虑的具体问题,所要解决的问题是判定人们运用证据对案件事实的认识是否真实的标准是什么。而证明任务、证明要求、证明目的具有明显的主观性和较强的原则性,是抽象的诉讼理想,是司法主体通过诉讼所要达到的目标或价值取向,是在诉讼活动中贯穿始终的、以诉讼目的为其终极目标。[1] 因此,证明标准与证明任务、证明要求、证明目的等概念是不能混用的。

那么,证明标准与证据标准是什么关系呢?"联系说"认为,证明标准包含了证据标准,证据标准是适用证明标准的前置程序;证据标准决定了证明标准所能认定的基础事实范围。[2] "区别说"认为,证明标准的范围较为广泛,不仅包括证据标准的审查内容,还涉及对证据证明力强弱、要件事实融贯性证成与否以及案件整体性强度的判断;而证据标准只是对证据能力和要件证据进行审查。证明标准是由中立的司法裁判人员按照严格的法律程序和证据规则进行审查判断;证据标准是由各阶段的司法人员进行一种静态的、单向度的审查判断。[3]

整体而言,学界对"证明标准"概念的认识基本一致,主要差异在于对证明标准与其他相关概念的区别的理解,普遍认为证明标准是承担证明责任的人提供证据对案件事实加以证明所要达到的程度。[4] 而除了对证明标准的概念进行界定,也有一些学者通过证明标准的属性来对其进行理解。有学者指出,证明标准兼具主观性和客观性。虽然证明标准的实现是有客观基础的,是相对确定的[5],但证明标准只能是尽可能地接近客观事实,对于证明标准的理解和适用仍然需要司法裁判人员的理解与认识。[6] 也有学者认为,证明标准具有模糊性,这突出表现在

---

[1] 参见卞建林主编:《共和国六十年法学论争实录》(诉讼法卷),厦门大学出版社2009年版,第336页;徐静村:《我的"证明标准"观》,载陈光中、江伟主编:《诉讼法论丛》(第7卷),法律出版社2002年版,第12页;张继成、杨宗辉:《对"法律真实"证明标准的质疑》,《法学研究》2002年第4期,第115~128页;何家弘:《司法证明的目的是客观真实,司法证明的标准是法律真实》,载陈光中、江伟主编:《诉讼法论丛》(第7卷),法律出版社2002年版,第63~68页。
[2] 参见张中:《论刑事诉讼的证明标准》,《山东法学》1999年第6期,第40~43页。
[3] 参见熊晓彪:《刑事证据标准与证明标准之异同》,《法学研究》2019年第4期,第191~208页。
[4] 参见樊崇义主编:《证据法学》(第4版),法律出版社2008年版,第311页。
[5] 参见李玉华:《论证明标准的属性》,《甘肃政法学院学报》2010年第3期,第28~32页。
[6] 参见席建林:《论我国民事诉讼证明标准的重构》,载曹建明主编:《诉讼证据制度研究:全国法院第十三届学术讨论会获奖论文集》,人民法院出版社2001年版,第391~392页;林劲松、朱珏:《标准之争抑或观念之争?——对"客观真实论"与"法律真实论"之争的冷思考》,《甘肃政法学院学报》2003年第4期,第76~82页;王学棉:《证明标准研究——以民事诉讼为中心》,人民法院出版社2007年版,第42页。

证明标准的语言表述方面。① 证明标准还具有法定性和最低性,法定性源于司法实务中需要有一个统一的标准来指导司法裁判人员对案件事实予以认定,并审查与检验该认定是否正确。②

通过多年的研究,学者们对于证明标准基本概念的理解逐渐趋向一致,但在其他问题上还存在较大分歧。

(一)证明标准的理论分歧

"客观真实与法律真实"的讨论是学界在证明标准问题上的最典型的理论分歧,相关内容在前面章节已有介绍,此处不再赘述。而除"客观真实与法律真实"的争论之外,关于证明标准的理论分歧还包括"两个基本"的争议、刑事证明标准的差异性等。

1. "两个基本"的争议

"两个基本"理念是由彭真提出的,他指出:有的案件因为证据不很完全,就判不下去。其实,一个案件,只要有确实的基本的证据,基本的情节清楚,就可以判,一个案件几桩罪行,只要主要罪行证据确凿也可以判,要求把每个犯人犯罪的全部细节都搞清楚,每个证据都拿到手,这是极难做到的,一些细枝末节对判刑也没有用处。③ 随后,"两个基本"的论述也陆续被最高人民法院、最高人民检察院的相关规定采纳。随着认识理论和诉讼理论的深入,学界对"两个基本"的理解也产生了"肯定说"与"批评说"的争议。"肯定说"认为,现行刑事证明标准是单一标准,不加区分地适用于刑事诉讼中的任何阶段,容易引起司法实践中的困惑。而"两个基本"的论述将该标准明确化和具体化,相对缩小了刑事证明对象,贯彻了疑罪从无的原则,坚守了防止冤假错案的底线,实质上没有降低或者否定刑事证明标准。④ "批评说"认为,"两个基本"的论述具有随意性,与我国法定的刑事诉讼证明标准有较大反差,甚至起了消极的否定或修正作用,从而使刑事证明陷入"理论上的高标准,执行中的低标准"的悖论,这一产生于特定历史条件的论述不适应我国科学刑事诉讼制度的建立。⑤ 2014年10月,

---

① 参见李玉华:《论证明标准的属性》,《甘肃政法学院学报》2010年第3期,第28~32页。

② 参见李浩:《证明标准新探》,《中国法学》2002年第4期,第129~140页。

③ 参见彭真:《在五大城市治安座谈会上的讲话》,载《彭真文选》(1941—1990年),人民出版社1991年版,第409页。

④ 参见柴春元、徐建波:《"两个基本"与刑事证明标准——第三届检察理论年会热点综述》,《人民检察》2002年第3期,第21~23页;朱孝清:《对"坚守防止冤假错案底线"的几点认识》,《检察日报》2013年7月8日。

⑤ 参见熊秋红:《对刑事证明标准的思考——以刑事证明中的可能性和确定性为视角》,《法商研究》2003年第1期,第79~85页。

中共中央《关于全面推进依法治国若干重大问题的决定》明确提出"推进以审判为中心的诉讼制度改革"后,学界关于"两个基本"的引用和争议逐渐减少,逐渐转向对证明标准的具体理解与适用的研究。

2. 刑事证明标准的差异

我国《刑事诉讼法》规定了"案件事实清楚,证据确实、充分"的证明标准,该证明标准受"实事求是"理念的深刻影响,注重对案件事实真相的查明。很多学者认为我国的刑事诉讼证明标准较高,是"客观真实说"的体现。但是,由于受制于人的认识能力的有限性、诉讼期间的限制和诉讼效率的要求等,司法实践中有时很难或者没有必要达到这种最高的证明标准。于是,对于我国是否需要设置不同层次的具有差异的证明标准,学界展开了深入讨论。

支持"肯定说"的学者主张按照刑事诉讼的不同阶段采用不同的证明标准。该观点认为,我国的"统一证明标准"(或称"一元化的规定模式")违背了诉讼认识由浅入深、逐步提高的规律;混淆了侦、诉、审三机关的职能,忽略了不同诉讼阶段的主体、目的与任务的差异;强化了侦查的中心地位,压缩了辩护的空间,削弱了司法判决的权威性;强化了对客观真实的追求,弱化了其他价值目标的实现,往往成为拒绝纠正错误的借口。随着"审判中心主义"的不断推进,统一证明标准所赖以存在的三机关、三大诉讼阶段的关系已经得到彻底的调整和改变,统一证明标准的适用丧失了程序基础。[①] 因此,有学者提出,刑事审判过程是一个不断地去伪存真的过程,应当建构从静态到动态、从纵向到主线再到横向分支的多元化、包含证明目标又兼具主客观标准的多层次的证明标准。[②] 上述"肯定说"得到了学界和实务界的普遍支持,越来越多的人赞同对不同类型案件适用不同证明标准。

支持"否定说"的学者坚持现行统一证明标准模式,主张不同诉讼阶段应当适用相同的证明标准。该观点认为,统一证明标准并未违反认识规律,并未强化

[①] 参见韦留柱:《论我国诉讼证明标准体系的重构》,《河南社会科学》2007年第2期,第65~67页;杨波:《审判中心下统一证明标准之反思》,《吉林大学社会科学学报》2016年第4期,第134~143页;汪建成:《刑事证据制度的重大变革及其展开》,《中国法学》2011年第6期,第51~60页;段书臣、刘澍:《证明标准问题研究》,人民法院出版社2007年版,第1页;陈卫东、刘计划:《关于完善我国刑事证明标准体系的若干思考》,《法律科学(西北政法学院学报)》2001年第3期,第60~72页;黄维智:《法律真实——证明标准的实然状态》,《人民检察》2002年第10期,第21~23页。

[②] 参见谢澍:《论刑事证明标准之实质递进性——"以审判为中心"语境下的分析》,《法商研究》2017年第3期,第132~139页;张若平:《刑事证明标准理论体系初探》,《国家检察官学院学报》2002年第S1期,第61~65页。

侦查中心主义，也未必比降低审前证明标准更容易放纵犯罪。① 相应的，证明标准的统一性是诉讼实践所需，有利于破解司法实践中出现的各个诉讼阶段各自理解、把握证据标准而妨碍司法公正的难题；有利于防止侦查终结移送起诉和提起公诉的证明标准降低带来的增加司法成本的危险；有利于检察机关抵制外来干涉，防止错误追诉的危险。② 而且，中国的刑事诉讼构造与西方国家的刑事诉讼构造不完全相同，具有自身的文化底蕴和制度环境，加之我国与域外国家和地区的程序分流机制不同、侦办案件的现实压力不同，不能简单套用西方刑事诉讼的证据标准理论。我国当下应坚持统一的证明标准。③

2012 年和 2018 年《刑事诉讼法》的修改均维持了刑事诉讼"统一证明标准"的立法模式，但法律规范的修改并未终结学界对多层次刑事证明标准的讨论，很多学者转向从教义学、解释论等角度展开论述，并且关于刑事证明标准层次化（或者差异化）的讨论相当热烈，涉及刑事诉讼不同阶段、不同主体、不同刑事案件、不同刑事程序等极为丰富的内容，简要梳理如下：

首先，不同诉讼阶段的证明标准应当不同。第一，关于逮捕的证明标准。有学者认为，现阶段我国的逮捕证明标准是明显低于公诉和有罪判决证明标准的，而且具有模糊性、缺乏比例性。④ 有学者认为，可捕罪与一般犯罪应适用不同的证明标准，可捕罪逮捕证明标准为"合理相信"，即有充足证据使人合理相信犯罪嫌疑人涉嫌应捕罪；一般犯罪的逮捕证明标准为"犯罪暂时真实"，且有绝对优势证明可能判处有期徒刑以上刑罚并有逮捕必要。⑤ 第二，关于提起公诉的证明标准。针对我国现行立法将提起公诉的证明标准等同于有罪判决的证明标准的规定，学者们提出"提高说"、"降低说"和"坚持说"三种观点。"提高说"认为，我国应采取"检察机关认为根据现有证据足以证明被告人实施了犯罪"这种较高的证明标准。⑥ "降低说"认为，我国现行立法造成了公诉证明标准和起诉率呈现"双高"的异常现象，应当采用"检察机关根据证据进行判断认为有可能

---

① 参见谢小剑：《以审判为中心改革中的统一证明标准：学术争辩与理论反思》，《当代法学》2019 年第 5 期，第 118~126 页。
② 参见张元鹏：《刑事诉讼统一证明标准论纲——兼与刑事诉讼证明标准层次论者商榷》，《湖南师范大学社会科学学报》2011 年第 1 期，第 42~46 页。
③ 参见吉冠浩：《刑事证明标准的形式一元论之提倡——兼论审判中心主义的实现路径》，《证据科学》2015 年第 6 期，第 694~706 页；张元鹏：《刑事诉讼统一证明标准论纲——兼与刑事诉讼证明标准层次论者商榷》，《湖南师范大学社会科学学报》2011 年第 1 期，第 42~46 页。
④ 参见郭志远：《我国逮捕证明标准研究》，《中国刑事法杂志》2008 年第 5 期，第 73~80 页。
⑤ 参见胡之芳、郑国强：《论逮捕证明标准》，《湖南科技大学学报（社会科学版）》2012 年第 3 期，第 88~91 页。
⑥ 参见奚玮、孙康：《论提起公诉的证明标准》，《中国刑事法杂志》2008 年第 1 期，第 3~9 页。

定罪时即应提起公诉"或者"检察官认为有足够的证据证明被告人实施了犯罪"的较低标准。①"坚持说"认为,中国特有的诉讼构造与证据规则以及防止错诉、错判的现实需要,决定了中国应当坚持而不应降低现行法规定的公诉证明标准。② 此外,也有学者关注了其他诉讼阶段的证明标准,认为移送审查起诉阶段的证明标准应当低于审查起诉的证明标准,但又应当高于逮捕的证明标准,可以表述为"公安机关对侦查终结的案件,认为有理由相信犯罪行为是犯罪嫌疑人所为的,应当写出起诉意见书,连同案卷材料、证据一并移送同级人民检察院审查决定"③。

其次,不同性质案件的证明标准应当不同。第一,关于死刑案件的证明标准。有学者认为,鉴于死刑案件的特殊性,死刑案件的定罪与量刑应采"分而治之"的证明标准④;死刑案件应采用最高程度的证明标准,应坚持《刑事诉讼法》规定的"案件事实清楚,证据确实、充分"的标准和"结论唯一性"的解释。⑤ 但也有学者认为,适用更高的证明标准也未必一定能减少死刑误判率。⑥ 第二,关于刑事和解案件的证明标准。整体而言,学界对刑事和解案件应当采用较低程度的证明标准基本形成了共识,只是对具体证明标准的表述不同。有学者主张,刑事和解本来就是以被告人自愿认罪和悔罪作为前提条件的,被告人的自愿认罪与民事诉讼中的当事人自认无异,法院完全可以按照自认的规则来认定案件事实,而不必要求达到"证据确实、充分"的程度。⑦ 也有学者主张,刑事和解案件应确立盖然性或优势证据的证明标准。⑧ 第三,关于认罪认罚案件的证明标准。伴随认罪认罚从宽制度改革探索的日益深入,基于认罪认罚案件的特殊

---

① 参见张保生、常林:《2012年中国证据法治发展的步伐》,《证据科学》2014年第2期,第133~156页;杨宇冠、郭凯伟:《论提起公诉的证明标准》,《证据科学》2019年第1期,第5~17页。

② 参见孙长永:《提起公诉的证据标准及其司法审查比较研究》,《中国法学》2001年第4期,第119~139页。

③ 段书臣、刘澍:《"法律真实"与"客观真实"论争之检讨——兼论刑事诉讼证明标准体系》,《海南大学学报(人文社会科学版)》2003年第1期,第1~6页。

④ 参见陈卫东、李训虎:《分而治之:一种完善死刑案件证明标准的思路》,《人民检察》2007年第8期,第52~55页。

⑤ 参见王敏远:《死刑案件的证明"标准"及〈刑事诉讼法〉的修改》,《法学》2008年第7期,第47~54页;陈光中:《"结论唯一"之解读》,《证据科学》2010年第5期,第517~519页。

⑥ 参见蔡宏图、毛仲玉:《"排除合理怀疑"与我国刑事诉讼证明标准的完善》,《河北法学》2014年第9期,第117~122页。

⑦ 参见汪建成:《刑事证据制度的重大变革及其展开》,《中国法学》2011年第6期,第51~60页。

⑧ 参见樊崇义、兰跃军、潘少华:《刑事证据制度发展与适用》,中国人民公安大学出版社2020年版,第199页。

性，学界也出现了关于这类案件的证明标准是否应作出调适的争论。① 有学者认为，为体现认罪认罚从宽制度的价值，认罪认罚案件无须达到排除合理怀疑的程度，加之认罪认罚案件多适用简易程序和速裁程序，庭审环节被省略，也难以达到排除合理怀疑的高标准。② 有学者认为，认罪认罚案件中应区分不同情形适用不同证明标准，主张可能判处 3 年有期徒刑以下刑罚的，可以降低证明标准；可能判处 3 年有期徒刑以上刑罚的，可以降低证明标准；对定罪量刑的主要犯罪事实和情节不降低证明标准，对定罪量刑的次要事实和情节可以降低证明标准；对犯罪事实保持较高证明标准，对量刑事实可以降低证明标准等。③ 有学者认为，虽然认罪认罚从宽制度具有特殊性，但查明案件事实仍然是制度内容的要求之一，因此，认罪认罚案件不能降低证明标准，认罪认罚从宽制度简化的是处理案件的程序环节，并不是对查明案件事实的低要求。④ 第四，关于缺席审判程序的证明标准。最高人民法院《关于适用〈中华人民共和国刑事诉讼法〉的解释》第 604 条、第 606 条和第 607 条对缺席审判程序中的证明标准作了详尽规定，但缺席审判程序的特殊性亦引发了学界关于证明标准的讨论。"多元标准说"认为，缺席审判程序应适用多元化的证明标准。"一元标准说"认为，缺席审判程序是一项新的制度，涉及被告人诉讼权利的审慎把握，应坚持适用一元证明标准。第五，关于有罪判决的证明标准。学界存在"沿用说"、"引用说"、"折中说"和"综合说"几种不同观点。"沿用说"认为，我国现行的"案件事实清楚，证据确实、充分"的标准兼具了客观性和主观性的双重要求，是一个保证不错判无辜的符合认识规律和人权保障要求的证明标准，而且已成为司法界习惯用语，可以坚持沿用。⑤ "引用说"认为，英美法系"排除合理怀疑"的证明标准

---

① 参见陈瑞华：《"认罪认罚从宽"改革的理论反思——基于刑事速裁程序运行经验的考察》，《当代法学》2016 年第 4 期，第 3~13 页。

② 参见谢登科：《论刑事简易程序中的证明标准》，《当代法学》2015 年第 3 期，第 135~143 页；高通：《刑事速裁程序证明标准研究》，《法学论坛》2017 年第 2 期，第 104~111 页。

③ 参见秦宗文：《认罪案件证明标准层次化研究：基于证明标准结构理论的分析》，《当代法学》2019 年第 4 期，第 94~106 页；陈光中、马康：《认罪认罚从宽制度若干重要问题探讨》，《法学》2016 年第 8 期，第 3~11 页；陈瑞华：《认罪认罚从宽制度的若干争议问题》，《中国法学》2017 年第 1 期，第 35~52 页。

④ 参见蔡元培：《认罪认罚案件不能降低证明标准》，《检察日报》2016 年 6 月 13 日；孙长永：《认罪认罚案件的证明标准》，《法学研究》2018 年第 1 期，第 167~187 页；朱孝清：《认罪认罚从宽制度的几个问题》，《法治研究》2016 年第 5 期，第 35~44 页；陈卫东：《认罪认罚从宽制度研究》，《中国法学》2016 年第 2 期，第 48~64 页。

⑤ 参见徐静村：《我的"证明标准"观》，载陈光中、江伟主编：《诉讼法论丛》（第 7 卷），法律出版社 2002 年版，第 11~15 页；陈光中：《刑事诉讼法再修改若干问题之展望》，《法学》2008 年第 6 期，第 4~14 页。

实现了从客观性的证据要求转向裁判者心证的主观标准，具有一定的科学性，我国的有罪判决可以援引"排除合理怀疑"的证明标准。① "折中说"认为，英美法系的"排除合理怀疑"和大陆法系的"内心确信"已经较为成熟，并有融合的趋势，我国的有罪判决应当采用"排除合理怀疑，形成内心确信"的表述（或表述为"法官内心确信，排除合理怀疑"）。② "综合说"认为，我国的刑事证明标准应当是"确定无疑"，其中，"确定"即确实肯定，"无疑"是毋庸置疑、排除怀疑。③

再次，不同诉讼主体的证明标准应当不同。由于控辩双方诉讼地位的差异，控方应当承担最高、最严格的证明标准，且需要达到排除合理怀疑的程度；而辩方只要使裁判者对控方主张发生"合理怀疑"即可。④ 另外，基于公诉案件与自诉案件的主体差异性，有学者认为自诉案件的起诉证明标准不应与公诉案件等同，也不用证据"足够""充分"等词语来描述，可以将其表述为"有合理根据"⑤。

最后，实体法事实与程序法事实、定罪与量刑的证明标准应当不同。有学者主张，由于实体法事实与程序法事实、定罪与量刑关注的内容与体现的价值均不同，对实体法事实与程序法事实、定罪与量刑应当采用不同的证明标准。为体现诉讼证明标准的层次性和科学性，程序法事实的证明标准应当低于实体法事实的证明标准，量刑的证明标准应当比定罪的证明标准低。⑥ 关于量刑的证明标准，有学者认为，在量刑时应当根据罪行轻重及拟判处刑罚的轻重，适用不同的证明标准。具体而言，在拟判处被告人死刑时，适用"犯罪事实清楚，证据确实、充分，排除一切怀疑"的最高标准；在拟判处被告人无期徒刑和有期徒刑时，适用"排除合理怀疑"的标准；在拟判处被告人其他较低刑罚时，适用"内心确信"的标准。⑦ 也有学者认为，应当将"高度盖然性与排除合理怀疑相结合"作为可能被判处无期徒刑以下刑罚犯罪的证明标准，将"证据确实、充分"作为可能判处无期徒刑、死刑刑罚犯罪的证明标准，将"证据优势"作为简易程序审判案件

---

① 参见杨波：《审判中心下统一证明标准之反思》，《吉林大学社会科学学报》2016年第4期，第134～143页。
② 参见魏虹：《论我国刑事证明的最高标准之重构》，《法学论坛》2007年第3期，第97～103页。
③ 参见龙宗智：《确定无疑——我国刑事诉讼的证明标准》，《法学》2001年第11期，第29～33页。
④ 参见卞建林主编：《刑事证明理论》，中国人民公安大学出版社2004年版，第261～262页。
⑤ 黄教珍、刘冬京：《我国刑事证明标准之重构》，《求索》2005年第11期，第80～82页。
⑥ 参见卞建林主编：《刑事证明理论》，中国人民公安大学出版社2004年版，第262～263页；周颖佳：《浅论量刑事实的证明标准》，《人民法院报》2014年4月2日。
⑦ 参见陈光中：《构建层次性的刑事证明标准》，载陈光中、江伟主编：《诉讼法论坛》（第7卷），法律出版社2002年版，第2页。

的证明标准。① 还有学者认为，有必要根据量刑情节对量刑的影响，将量刑情节划分为罪轻情节、一般罪重情节和"升格"加重量刑情节，进而设置"优势证据"标准、"清晰且具有说服力"标准和"排除合理怀疑"标准。②

在我国，"案件事实清楚，证据确实、充分"不仅是侦查终结、提起公诉以及判决有罪的证明标准，也是各类案件在各诉讼阶段的定罪量刑情节统一适用的证明标准，还是认罪认罚从宽制度实施的重要前提。随着刑事诉讼制度科学化的建构与完善，司法实践也对证明标准提出了层次性的要求，我国刑事证明标准的改革方向逐渐走向多元，建立多元化的证明标准仍是今后学界研究及制度构建的重点。③

（二）证明标准的改进

如上，"案件事实清楚，证据确实、充分"的证明标准由来已久，但因其模糊且很难实现，学界对刑事证明标准的层次性或差异化进行了深入地讨论。同时，学界对具体采用何种证明标准也有丰富探讨。

自1979年《刑事诉讼法》施行以来，我国《刑事诉讼法》的历次修改都坚持将"案件事实清楚，证据确实、充分"作为刑事证明标准，并且该刑事证明标准已普遍被学界和实务界接受。诸多学者从不同角度对刑事证明标准进行了不同理解，但这一带有哲学认识论基础同时又兼顾客观性与主观性的刑事证明标准，给人以理想化代替操作性的错觉，该证明标准的模糊性和不可操作性的缺陷必然推进学界对其进行解释、改进及完善。

关于如何改进"案件事实清楚，证据确实、充分"的证明标准，有学者提出如下两种思路：一是仍然使用"案件事实清楚，证据确实、充分"的表述，但强调"事实"是诉讼真实。二是采用"排除合理怀疑"的表述。④ 也有学者针对"案件事实清楚，证据确实、充分"的证明标准的模糊性，将其具体化为：据以定案的每一证据都已经过查证，确实是客观存在的；能够收集、应该收集的证据均已依法收集；凡对定案有意义的事实和情节均有必要的、足够的证据予以证明；证据之间、证据与案件事实之间没有矛盾，即使曾有过矛盾也已得到合理解决或排除；综合全案证据，得出的结论是唯一的，排除了其他可能性。同时，针

---

① 参见金钟：《试论刑事诉讼证明之标准》，《南京社会科学》2003年第1期，第66～69页。
② 参见汪贻飞：《论量刑程序中的证明标准》，《中国刑事法杂志》2010年第4期，第53～61页。但是，樊崇义等学者认为，关于"升格"加重量刑情节应当达到"证据确实、充分"的程度。参见樊崇义、兰跃军、潘少华：《刑事证据制度发展与适用》，中国人民公安大学出版社2020年版，第189～190页。
③ 参见樊崇义、兰跃军、潘少华：《刑事证据制度发展与适用》，中国人民公安大学出版社2020年版，第187～189页。
④ 参见陈卫东、刘计划：《关于完善我国刑事证明标准体系的若干思考》，《法律科学（西北政法学院学报）》2001年第3期，第60～72页。

对上述证明标准依然存在着法官的主观判断，可以通过精英化的法官、严密的证据规则等其他诉讼制度的配合来遏制主观恣意。①

2012年修改的《刑事诉讼法》规定："证据确实、充分，应当符合以下条件：（一）定罪量刑的事实都有证据证明；（二）据以定案的证据均经法定程序查证属实；（三）综合全案证据，对所认定事实已排除合理怀疑。"上述修改是对"证据确实、充分"的解释与拓展，明确了"案件事实清楚，证据确实、充分"的三个具体条件。"定罪量刑的事实都有证据证明"这一条件是对证据裁判原则的强调和重申，是从证据量的角度进行的规定，只有与定罪量刑有关的全部证明对象都有证据证明才达到了证据充分的标准。"据以定案的证据均经法定程序查证属实"这一条件从证据能力和证明力两个角度对证据转化为定案根据的条件作出了法律界定，是从证据质的角度进行的规定，既强调了用以定案的证据必须是查证属实的结果，又强调了对各种证据查证属实的过程。"综合全案证据，对所认定事实已排除合理怀疑"这一条件可理解为对于事实的认定，已没有符合常理的、有根据的怀疑，综合全案，只能得出被告人为实施某犯罪行为的犯罪人，是证据的综合运用法则。②其中，第三个条件是对从英美证据法中引入的"排除合理怀疑"的证明标准的表述，是对2010年最高人民法院、最高人民检察院、公安部、国家安全部、司法部《关于办理死刑案件审查判断证据若干问题的规定》中有关"排除合理怀疑"表述的接纳，是与前两个条件明显不同的"主观式"的表述。这种表述赋予法官一定的裁量权，与前两个客观条件进行结合，达到了主客观相统一，符合证明标准可操作性的要求。③

而对"排除合理怀疑"的引入，学界有"否定说"、"支持说"和"谨慎说"几种观点。"否定说"认为，"排除合理怀疑"的证明标准是一个主观范畴，可能会引发司法人员理解的不一致，证明标准的客观性到主观性的转变可能还会引发执法标准的下降，扩大刑事打击面，也容易引起理论研究上的极大混乱。④而

---

① 参见陈卫东：《诉讼中的"真实"与证明标准》，《法学研究》2004年第6期，第106～127页。

② 参见郎胜主编：《中华人民共和国刑事诉讼法释义》（最新修订版），法律出版社2012年版，第115页；陈瑞华：《刑事证据法》（第3版），北京大学出版社2018年版，第466～477页；张军主编：《刑事证据规定理解与适用》，法律出版社2010年版，第254页；樊崇义、兰跃军、潘少华：《刑事证据制度发展与适用》，中国人民公安大学出版社2020年版，第181～185页。

③ 参见江必新主编：《〈最高人民法院关于适用中华人民共和国刑事诉讼法的解释〉理解与适用》，中国法制出版社2013年版，第46页；郎胜主编：《中华人民共和国刑事诉讼法修改与适用》，新华出版社2012年版，第123页。

④ 参见左卫民：《进步抑或倒退：刑事诉讼法修改草案述评》，《清华法学》2012年第1期，第96～107页；汪建成：《刑事证据制度的重大变革及其展开》，《中国法学》2011年第6期，第51～60页。

且,"排除合理怀疑"的证明标准也与我国刑事司法制度不相符,我国法官内心确信制度并未真正建立起来,直接言词原则在司法审判中也缺乏落实。① 况且,"排除合理怀疑"的证明标准在其发源地本来就存有争议,并不比我国现行的"案件事实清楚,证据确实、充分"的证明标准更具操作性、更具优越性。② "支持说"认为,"排除合理怀疑"重在排除"合理"的怀疑,强调排除怀疑的合理性或者有正当理由的怀疑,而非任意妄想的怀疑。③ "排除合理怀疑"与"证据确实、充分"在证明程度上具有一致性,证据确实、充分是排除合理怀疑的充分条件,排除合理怀疑是证据确实、充分的必要条件。④ 这种提法并不是修改了我国刑事诉讼的证明标准,而是从主观方面进一步解释了"证据确实、充分"的含义,是一个颇具现实性和操作性的、可供办案人员发挥司法能动性的判断标准。⑤ 此外,"排除合理怀疑"从社会建构论的立场出发,回到司法证明的认识活动本质,有助于我国刑事诉讼制度由"侦查中心"向"审判中心"转移。⑥ "谨慎说"认为,从域外引进的"排除合理怀疑"的内涵与我国司法制度存有差异性,"排除合理怀疑"证明标准的引入不单单是法律用语方面的变化,更关涉我国证明标准体系自身的构建与完善问题。⑦ 我国司法人员内心确信制度尚未建立,直接言词原则也未系统构建,虽然我国引入了"排除合理怀疑"的标准,但其客观性的不足及与我国证据制度的契合性仍需要研究,对"排除合理怀疑"证明标准的适用应当谨慎。"否定说"和"谨慎说"的观点更多是对"排除合理怀疑"这一刑事证明标准的主观性方面的关心与担忧。如今,"排除合理怀疑"的证明标准已得到广泛接受,通说认为,"排除合理怀疑"的规定只是对我国刑事诉讼证明标准的补充,并不是修改了我国刑事诉讼的证明标准,仍需结合"案件事实清楚,证据确实、充分"的证明标准进行适用。

除对"排除合理怀疑"进行讨论之外,不少学者还创新性地提出我国证明标准的改进策略。"实在且正当的主观真实说"主张刑事诉讼的证明标准是司法人

---

① 参见刘译矾:《徜徉于哲学与法学之间——"事实与证据:哲学与法学的对话"国际研讨会综述》,《证据科学》2016年第5期,第588~597页。
② 参见李玉华:《诉讼证明标准研究》,中国政法大学出版社2010年版,第122~123页。
③ 参见谢安平、郭华:《刑事证据的争鸣与探索》,法律出版社2013年版,第163~164页。
④ 参见龙宗智:《中国法语境中的"排除合理怀疑"》,《中外法学》2012年第6期,第1124~1144页。
⑤ 参见顾永忠:《从定罪的"证明标准"到定罪量刑的"证据标准"——新〈刑事诉讼法〉对定罪证明标准的丰富与发展》,《证据科学》2012年第2期,第146~154页;杨宇冠、郭旭:《"排除合理怀疑"证明标准在中国适用问题探讨》,《法律科学(西北政法大学学报)》2015年第1期,第158~165页。
⑥ 参见刘晓丹:《刑事证明标准的维度分析》,《中国刑事法杂志》2016年第3期,第70~91页。
⑦ 参见蔡宏图、毛仲玉:《"排除合理怀疑"与我国刑事诉讼证明标准的完善》,《河北法学》2014年第9期,第117~122页。

员通过对由正当途径而取得的客观证据的审查，而获得的最大可能接近案件真实情况的主观认识。该观点是在对传统"客观真实说"、"法律真实说"和"主观真实说"进行整合的基础上提出的兼顾理想性与现实性的创新标准。① "共识说"主张刑事诉讼证明标准应当由"真实"走向"程序内的共识"，这种"共识"是建构在各方主体在建构诉讼活动的正当程序中的。② "盖然性说"主张在不违反现行法律规定的前提下可以对证据体系中的部分瑕疵证据持适度容忍的态度。③ "经验性说"主张依赖裁判人员的经验和案件的具体情境对事实进行认定，该观点是在犯罪控制与人权保障之间寻求一种平衡。④

2012年《刑事诉讼法》引入"排除合理怀疑"以界定、解释、充实"证据确实、充分"的相关内容，虽然使刑事证明标准更具操作性和标准性，但这并不代表我国刑事证明标准改革的完成。在党的十八大之后新一轮刑事司法改革的推动下，特别是在以刑事速裁程序及认罪认罚从宽制度为代表的合意式刑事诉讼的冲击下，现行刑事诉讼证明标准遭受到了冲击甚至规避，且当前的证明标准已经形成刑事诉讼法规定的法定证明标准与地方刑事证明标准并存、高标准与低标准并行运用的阶段性、递进性、差异性局面。⑤ 学界关于刑事证明标准的研究从坚持"案件事实清楚，证据确实、充分"的一元化证明标准发展到"实在且正当的主观真实说""程序内共识说""盖然性说""经验说"等多元化、创新性的证明标准。而证明标准的调适关键在于宏观制度语境的转换、配套证明机制的构建，学界对证明标准的研究也从关注证明标准本身拓展到保障认定案件事实准确性的其他支撑制度、程序、规则等，以在错判无辜与错放罪犯之间、在维系司法的合法性与兼顾司法的效率性之间寻求平衡。⑥ 有学者主张从性质、功能、表述和尺度等方面对证明标准体系进行重塑，采用主客观相统一的表述方式，设置多元尺

---

① 参见李忠民：《刑事证明标准模式之学术争鸣及其评价》，《南昌大学学报（人文社会科学版）》2004年第6期，第78~82页。

② 参见杨波：《由"真实"到"程序内的共识"——刑事诉讼事实认定标准理论的新展开》，《法制与社会发展》2010年第4期，第50~60页。

③ 参见史立梅、汪海燕：《从理想的绝对走向现实的相对——走出刑事证明标准的事实乌托邦》，《法学》2001年第11期，第36~40页；杨炯：《相对合理化刑事证明标准体系初探》，《人民检察》2005年第7期，第37~40页。

④ 参见左卫民、周洪波：《证明标准与刑事政策》，《比较法研究》2006年第2期，第78~91页。

⑤ 参见李训虎：《刑事证明标准"中体西用"立法模式审思》，《政法论坛》2018年第3期，第127~141页。

⑥ 参见彭海青：《证明标准的局限及其克减》，《法学杂志》2010年第12期，第91~94页；龙宗智：《理论反对实践》，法律出版社2003年版，第39页；林喜芬：《证明理性化与刑事定罪标准之调整——基于防控司法错误的视角》，《法制与社会发展》2011年第1期，第63~73页。

度的证明标准，以实现法律正义。①

五、小结

从上述分析可知，我国关于证明论的研究成果颇丰，包括证明的概念、证明责任、证明标准等。然而，各国的刑事证明理论具有差异性，学者们更需要直面我国刑事证据立法与司法存在的真正问题或者独有问题。刑事证明制度今后的研究要注重强化刑事证明研究的主体品格，大力提升刑事证明理论研究的主体性；要调整刑事证明结构的研究重心，关注程序法事实的证明问题、关注定罪和量刑的区分问题；要契合以庭审为中心的司法制度改革，尤其是合意式诉讼模式的特点，创新证明责任的分配制度，相应调适证明标准。理论研究应结合法律规范及制度改革，进而不断推进中国证明制度的知识增长，构建具有中国特色的刑事证明制度话语体系。②

整体而言，在理论研究上，我国证据法学还未摆脱作为诉讼法学附庸的尴尬境地。证据理论的匮乏、滞后致使对证据制度理论认识的肤浅和司法操作中的漠视，现行刑事证据制度也缺少发展的必要契机和内在动力。③ 刑事证据制度的变革与发展从来不曾在一个立法真空当中进行，其法律体系的形成也完全不是一个立法主体进行顶层宏观设计的结果，刑事证据制度是在一个极度复杂的转型社会背景下由多个层次、多个部门的国家主体与民间力量之间反复博弈而来的一个混合产物。④ 当前，应在现有证据制度体系的基础上，遵循证据适用规律，关注刑事证据制度运行中的司法体制问题、诉讼程序问题、司法资源问题等。⑤ 因此，学界不仅需要关注刑事证据相关理论研究，还应关注我国的刑事证据制度实践。

---

① 参见熊晓彪：《证明标准多维解构与体系重塑》，《中国刑事法杂志》2023年第4期，第157~176页。
② 参见王超：《中国刑事证据法学研究的回顾与转型升级》，《法学评论》2019年第3期，第72~89页。
③ 参见吴宏耀：《我国证据立法势在必行》，《人民法院报》2002年12月11日。
④ 参见吴洪淇：《刑事证据制度变革的基本逻辑 以1996—2017年我国刑事证据规范为考察对象》，《中外法学》2018年第1期，第101~119页。
⑤ 参见张栋：《中国刑事证据制度体系的优化》，《中国社会科学》2015年第7期，第125~148页；褚福民：《如何完善刑事证据制度的运行机制？——"以审判为中心"的诉讼制度改革为视角的分析》，《苏州大学学报（哲学社会科学版）》2016年第2期，第71~79页。

第十一章

刑事强制措施制度及其理论发展

刑事强制措施是公、检、法为了保障刑事诉讼的顺利进行,依法对犯罪嫌疑人、被告人的人身自由进行限制或剥夺的各种强制性方法。刑事强制措施关系公民基本权利的限制或剥夺,故其一直是刑事诉讼法学界的关注热点。尤其是1996年《刑事诉讼法》颁布之后,学者们围绕着刑事强制措施的方方面面进行了诸多深入细致的研究,并出现了大量的研究成果。专著方面主要有《刑事强制措施制度研究》(李忠诚,中国人民公安大学出版社 1995 年版)、《逮捕论》(孙谦,法律出版社 2001 年版)、《中德强制措施国际研讨会论文集》(陈光中等主编,中国检察出版社 2003 年版)、《羁押制度与人权保障》(陈卫东主编,中国检察出版社 2005 年版)、《未决羁押制度的实证研究》(陈瑞华主编,北京大学出版社 2004 年版)、《刑事强制措施要论》(张建良,中国人民公安大学出版社 2005 年版)、《羁押法论》(隋光伟,吉林人民出版社 2006 年版)、《刑事强制措施研究》(孙连钟,知识产权出版社 2007 年版)、《取保候审适用中的问题与对策研究》(宋英辉主编,中国人民公安大学出版社 2007 年版)等等。[1] 此外,还有大量的学术论文及硕、博士论文讨论刑事强制措施问题。总体来看,研究成果涉及刑事强制措施的方方面面,研究方法日益多元化,研究也不断深入。由于刑事强制措施的研究浩若烟海,本章拟选取刑事强制措施体系、取保候审制度以及逮捕制度三个问题进行分析。其中,刑事强制措施体系属于刑事强制措施基础理论问题,逮捕是最严厉的刑事强制措施,而取保候审则是羁押替代制度的典型代表,这三个问题是学界对刑事强制措施开展的研究中最核心的几个问题。

---

[1] 参见宋英辉主编:《刑事诉讼法学研究述评(1978—2008)》,北京师范大学出版社 2009 年版,第193 页。

在此需要说明的是，虽然本章列明的实践中存在的一些问题已经解决、部分实证数据已经出现很大变化，但因为本书是想呈现学界对强制措施的研究过程，故而，本章仍把相关问题和实证数据呈现出来，以供读者了解学术研究的实践基础与发展脉络。

第一节 刑事强制措施体系及其理论发展

一国或一地区刑事强制措施的法定种类不止一种，应当是由多种强制措施组成的一个体系。刑事强制措施体系也反映了该国或地区刑事强制措施的性质，是刑事强制措施研究的基础理论问题。关于刑事强制措施的性质，域外主要存在"意思表示说"、"强制力说"和"权利干预说"三种观点，不同观点之下的强制措施体系也存在很大不同。我国刑事强制措施体系由1979年《刑事诉讼法》所确立，1996年和2012年《刑事诉讼法》虽略有调整，但并未改变刑事强制措施体系的基本结构。我国对刑事强制措施性质的界定不同于上述三种学说，而是采用"人身自由权干预说"，只将剥夺或限制人身自由的措施纳入刑事强制措施中来。以此为基础，我国刑事强制措施体系包括拘传、取保候审、监视居住、拘留和逮捕五种。然而，当今世界关于刑事强制措施性质的主流学说为"基本权利干预说"，各国的强制措施体系也是以此为基础建构的，这使我国的刑事强制措施体系与域外的刑事强制措施体系存在较大不同。加之司法实践中出现高羁押率及犯罪嫌疑人、被告人财产权被不当侵犯等现象，学者们开始反思既有刑事强制措施体系的正当性问题。20世纪80年代末期以来，不少学者对我国既有的强制措施体系进行批判，并希望以"基本权利干预说"为基础重构我国的刑事强制措施体系，这些讨论极大地推动了我国刑事强制措施基础理论的发展与完善。虽然学者们的观点尚未被立法机关所采纳，但也使国家开始关注剥夺或限制犯罪嫌疑人、被告人财产权、隐私权等权利的正当性问题。故而，刑事强制措施体系的研究意义重大，本节也将对改革开放后我国关于刑事强制措施体系的研究进行回溯。

一、刑事强制措施体系研究的梳理

1979年《刑事诉讼法》确立拘传、取保候审、监视居住、拘留和逮捕五种强制措施制度以后，学界主要围绕如何适用这五种强制措施进行研究，并未涉及刑事强制措施体系完善的问题。但随着司法实践中滥用刑事强制措施现象的日益严重以及国外刑事强制措施体系的引入，20世纪80年代末期以后，学界逐渐开始关注我国刑事强制措施体系的完善问题。总体来说，我国刑事诉讼法学者对刑事强制措施体系的研究可分为两个阶段：第一阶段是从 20 世纪 80 年代末期至 1996 年《刑事诉讼法》颁布之前，学界主要围绕收容审查制度存废、财产保的引入以及监视居住的存废等问题进行讨论；第二阶段是从 1996 年之后至今，学界对刑事强制措施体系的研究扩展至刑事强制措施的界定标准以及科学定位等方面。

（一）1996 年之前的有关研究

在 20 世纪 80 年代末 90 年代初，随着国外人权保障理念和诉讼基础理论的引入以及对国内刑事司法实践的反思，学界开始关注刑事强制措施体系。由于当时尚未完全摆脱法学研究注释主义的束缚，学界对刑事强制措施的研究仍然是围绕既有法条展开的，并未关注刑事强制措施体系的正当性与科学性问题。总体来看，当时对刑事强制措施体系的主要关注点有三个，分别是收容审查制度应否被纳入刑事强制措施体系中、取保候审中应否引入财产保制度和应否取消监视居住制度。

第一，收容审查制度应否被纳入刑事强制措施中？收容审查制度并非《刑事诉讼法》规定的一项刑事强制措施，而是公安机关用来暂时剥夺流窜犯罪分子和流窜作案嫌疑分子的一种强制性行政审查手段。但在当时的司法实践中，收容审查被广泛适用。公安机关羁押的人员中，绝大多数并没有被正式拘留或逮捕，而是先被以收容审查方式限制人身自由，在大体上查清其问题之后，再根据具体情况转为逮捕或做其他处理。[1] 而且，由于不受《刑事诉讼法》的约束，收容审查在司法实践中存在被滥用的情形，如收容审查范围大大超过规范性文件的规定、时间过长久拖不决、程序过于随意、管理混乱等。而且，据崔敏教授统计，过去多年全国每年收容审查的人数占到全部羁押未决人犯的半数左右，有的地方甚至达到百分之七八十，但最后在查清问题后转为逮捕或送劳动教养、少年管教的，占到全部收审人数的百分之四十左右。[2] 收容审查的滥用引发学界的关注，如何严禁以收容审查代替侦查、代替刑事惩罚也成为当时学界研究的一个热点话题。[3]

---

[1] 当然，收容审查的功能也存在变化。收容审查最初是一种控制流动人口的手段，1975 年之后主要被用来对付流窜犯。1980 年，收容审查与劳动教养制度合并，1985 年之后成为强制性行政审查手段。参见崔敏：《中国刑事诉讼法的新发展：刑事诉讼法修改研讨的全面回顾》，中国人民公安大学出版社 1996 年版，第 86~89 页。

[2] 参见崔敏：《中国刑事诉讼法的新发展：刑事诉讼法修改研讨的全面回顾》，中国人民公安大学出版社 1996 年版，第 90 页。

[3] 参见陈光中：《中国刑事诉讼法学四十年（下）》，《政法论坛》1989 年第 5 期，第 8 页。

在如何对待收容审查的态度上，当时学界主要存在"保留完善说"和"废除说"两种观点。第一，"保留完善说"。该种观点认为，收容审查是维护社会治安、打击违法犯罪分子必不可少的手段，当前仍应当坚持保留收容审查制度。而且，收容审查可用来解决立法与司法实践的矛盾，弥补了因拘留时限短、逮捕条件高而形成的真空地带，改变了对那些短时间内无法查清主要犯罪事实和获取足够的证据、人身危险性较大又不能实行逮捕的现行犯或重大嫌疑分子的失控状态。[①]当然，该观点也承认收容审查在司法实践中存在的问题，认为这些问题可通过整顿、纠正等方式来解决，并可在刑事强制措施中规定收容审查制度。[②]第二，"废除说"。该种观点认为将收容审查升格为刑事强制措施的观点，无论在理论上还是在实践中都存在较大的缺陷，因此，应当废除收容审查制度。如陈卫东教授分析了将收容审查纳入刑事强制措施的五大弊端，即不符合刑事强制措施的性质、实际上会取代刑事拘留、容易在较长时限内使无罪公民的人身权利和经济权利遭受侵犯、不能得到广大群众的支持以及无法解决收容审查中的问题。[③]"废除说"进而认为，为维护社会治安以及解决收容审查废除后带来的问题，废除收容审查后可通过延长拘留期限和降低逮捕条件来做过渡。[④]随着学术研究的深入，"废除说"逐渐被大多数学者所认可，国家立法机关最终也采纳了"废除说"的观点，并修改了拘留和逮捕条件以适应废除收容审查后可能带来的问题。

第二，取保候审中应否增加财产保的形式？1979年《刑事诉讼法》规定了取保候审，但并未规定取保候审的形式。依据当时学界通说和相关法律法规的规定，1979年《刑事诉讼法》确立的取保候审仅有保证人保证这一种形式，并不包括提供保证金这种形式。[⑤]这与当时其他社会主义国家刑事诉讼法典中关于取保候审的规定是一致的。[⑥]然而，过分单一的取保候审形式也限制了取保候审的适用。[⑦]而且，由于立法规定的粗疏，取保候审中保证人的权利、义务以及罚则

[①] 参见宋强：《建立我国科学的刑事强制措施体系》，《贵州民族学院学报（社会科学版）》1994年第3期，第29页。

[②] 参见李黎明：《试论完善我国刑事强制措施》，《法律科学（西北政法学院学报）》1991年第5期，第81页。

[③] 参见陈卫东、张弢：《论刑事强制措施的立法完善》，《中国人民大学学报》1996年第2期，第50页。

[④] 参见崔敏：《收容审查的历史、现状与思路》，《中国人民公安大学学报（社会科学版）》1993年第1期，第67~68页。

[⑤] 参见王舜华等主编：《中华人民共和国刑事诉讼法释义》，群众出版社1980年版，第42页；张子培等主编：《刑事诉讼法教程》，群众出版社1982年版，第124页。

[⑥] 参见叶青、徐新美：《取保候审可采用物保》，《法学》1989年第1期，第21页。

[⑦] 参见华人：《浅论取保候审》，《法学评论》1986年第2期，第32页。

等都不甚明确。在此基础上，有学者认为应当取消取保候审制度。如高一飞教授认为，取保候审在理论上不符合强制措施的特征，在实践中无法实施，因而它的存在也没有什么实际意义，故应取消。① 但学界主流观点仍然认为应保留取保候审制度，而且随着国外保释制度被介绍到中国学界，一些学者开始思考应否在取保候审中增设财产保形式的问题。

概括来说，其主要有"否定说"、"赞成说"和"取代说"三种观点：（1）"否定说"认为，我国不宜采用财产保的形式。理由包括：第一，实行财产保的方法，不符合我国的法律规定；第二，如果允许以财产担保，就等于给了有钱人不受羁押的特权；第三，根据我国现在的情况来看，被告人一般很少能支付这笔费用。（2）"赞成说"认为，我国应规定财产保的形式。因为人保是令某些公民以自己的人格和信誉担保被告人不被监禁，允许其留在社会上工作或劳动，并保证随传随到、候审不误。由于这种担保只靠人格、信誉作担保，与担保人的经济利益不相关，因而造成保人担而不保，使取保候审措施失去应有的法律效力。（3）"取代说"认为，应以财产保候审取代取保候审。理由包括：第一，现行取保候审对被取保的被告人约束力不强，被告人在取保候审期间经常发生逃跑、串供、伪造证据、毁灭证据等妨碍刑事诉讼顺利进行的情况；第二，现行取保候审对保证人没有足够的法律约束力。② 1996年修改《刑事诉讼法》时吸收"赞成说"的观点，将财产保证也纳入取保候审中来。而随着社会的发展，保证金保证很快便取代保证人保证成为取保候审的主要方式，在实务工作中，多数公安、司法机关只有在保证金保证无法实现的情况下，才有可能适用保证人保证。

第三，监视居住应否被取消？1979年《刑事诉讼法》确立了监视居住制度，但由于法律规定不完善，该制度在实践中出现较多问题，如：立法对监视居住的对象与范围未做明确规定，使监视居住在实践中被滥用的现象突出；对监视居住的地点未做规定，导致实践中监视居住成为"变相羁押"；监视居住期限不明，实践中异化成"无期徒刑"；等等。③ 而且，由于实践中公安派出所任务重、人手少，难以监视，而受委托的单位不愿意或不对被告人进行监视等原因，监视居住在实践中的适用也非常少。④ 所以，学界有观点提出应取消监视居住制度，认为虽然这一强制措施自刑事诉讼法实施以来，在刑事诉讼中起过一定的作用，但随着司法实践和社会的发展，这一强制措施的作用越来越难以发挥，其弊端逐渐

---

① 参见高一飞：《建议取消取保候审制度》，《法学》1992年第1期，第28页。
② 参见陈卫东、张弢：《论刑事强制措施的立法完善》，《中国人民大学学报》1996年第2期，第39页。
③ 参见崔敏：《中国刑事诉讼法的新发展》，中国人民公安大学出版社1996年版，第104～105页。
④ 参见周国均：《关于刑事强制措施的修改与完善》，《政法论坛》1995年第6期，第37页。

暴露出来。① 然而，还有许多学者认为应保留并完善监视居住制度。如周国均教授认为，监视居住不仅可以适用于确实找不到保证人担保的被告人，还可以适用于能找到保证人但不愿担保的被告人，但同时立法应补充采用监视居住的条件、被监视人应当承担的义务、监视人的条件和义务，采用监视居住的程序等规定。② 总体来看，当时主流观点仍然是保留并完善监视居住。这一观点也为立法者所接受，并在1996年《刑事诉讼法》中体现出来。当时的立法理由主要包括如下三个：其一，监视居住中出现的部分问题可通过完善法律、提高执法水平解决；其二，司法实践中存在适用取保候审、监视居住的需要；其三，保留监视居住有利于保护当事人的合法权益；其四，监视居住可以降低羁押率，并减轻羁押场所的负担；其五，有利于缩小打击面，教育和挽救大多数。③

(二) 1996年之后的有关研究

1996年《刑事诉讼法》修改之后，学界对刑事强制措施体系的研究逐渐摆脱法条主义的束缚，视野也越来越开阔，不少学者逐渐开始从刑事强制措施的目的、性质等角度来分析其体系问题，对刑事强制措施体系的研究也日趋深入。

第一，关于刑事强制措施性质的争论。1996年《刑事诉讼法》并未改变1979年《刑事诉讼法》确立的强制措施体系，将强制措施限定在限制或剥夺人身权利的范畴。学界主流观点认为，强制措施是指公、检、法机关为了保证刑事诉讼的顺利进行，依法对犯罪嫌疑人、被告人所采取的在一定期限内限制或剥夺其人身自由的法定强制方法。④ 但随着对刑事强制措施研究的深入，学界越来越认识到将刑事强制措施限定于人身权利的观点不仅存在重大理论瑕疵，也与国外强制措施体系存在很大差别。如万毅教授认为，我国当前的强制措施概念存在着重大的理论瑕疵，以此概念为基础构建的强制措施制度和侦查程序立法更是存在着逻辑性和实用性两方面的根本缺陷。⑤ 孙长永教授在考察完部分国家的强制措施体系后指出，虽然各国法律规定的强制措施种类、条件和程序等方面存在较大差异，但大都将强制措施界定为参与刑事诉讼的国家机关为了收集保全犯罪证据、迫使犯罪嫌疑人或被告人到案受审以及保障将来有罪判决所处刑罚的执行而依照法定程序采取的限制个人基本人权的强制方法。⑥ 所以，刑事强制措施体系

---

① 参见郑鲁宁：《论我国刑事强制措施的修改与完善》，《法学》1993年第9期，第34页。
② 参见周国均：《关于刑事强制措施的修改与完善》，《政法论坛》1995年第6期，第38页。
③ 参见郎胜主编：《关于修改刑事诉讼法的决定释义》，中国法制出版社1996年版，第75～76页。
④ 参见陈光中、徐静村主编：《刑事诉讼法学》（第5版），中国政法大学出版社2015年版，第213页；《刑事诉讼法学》编写组：《刑事诉讼法》，高等教育出版社2017年版，第201页。
⑤ 万毅：《论强制措施概念之修正》，《清华法学》2012年第3期，第46页。
⑥ 参见孙长永：《比较法视野中的刑事强制措施》，《法学研究》2005年第1期，第112页。

的建构应以宪法基本权利作为概念基础，并以此为立法构建强制措施种类、程序体系的起点，这也是现代社会秩序与政治秩序建构的基本模式。① 应该说，随着人权保障意识的增强，"基本权利干预论"逐渐被主流学界认可。即使是一些坚持保留当前刑事强制措施体系的学者也认为，立法应当参照强制措施的规范理念，对财产权和隐私权的强制处分予以严格控制，保证其能够依法、谦抑进行。②

第二，关于刑事强制措施具体种类的争论。随着基本权利干预理论逐渐得到重视，学者们也对如何建构刑事强制措施体系提出诸多观点。其一，应否建构对人、对物和对隐私权的多元刑事强制措施体系？早在 1996 年《刑事诉讼法》修改之前，学界即有观点提出应建构对人、对物、对隐私权的强制措施体系。如陈光中先生认为，强制措施的适用对象除了人身，还应包括物和隐私权，即将搜查、扣押、监听等限制公民基本权利的措施从侦查行为中分离出来，均定位为强制措施。③ 这一观点并未为立法所接受，但随着基本权利干预理论的引入以及人权保障理念的发展，这一观点在学界和实务界均得到诸多的认同与支持。④ 在此基础上，学者们进而提出可从强制措施侵犯权利的性质、宪法权利是否受到侵犯或强制措施的目的等不同角度来划分刑事强制措施的种类。如龙宗智教授认为，刑事强制措施可分为限制或剥夺人身自由的强制措施、限制财产权的强制措施、侵犯身体健康的强制措施和侵犯通讯权或隐私权的强制措施四种。⑤ 万毅教授认为，刑事强制措施可分为人身保全措施、证据保全措施和暂时性处分措施。⑥ 但李忠诚博士对上述论断进行批判，认为将刑事强制措施的适用对象要从人扩充到物的观点值得商榷，而且刑事强制措施的体系应当保持相对稳定性，并符合一国的历史文化传统和政治经济条件。⑦ 其二，应否将强制措施适用对象扩展至单位犯罪的犯罪嫌疑人、被告人？我国刑事强制措施的适用对象被严格限定为作为自

---

① 参见孙连钟：《论刑事强制措施的概念——以权利为逻辑起点的分析》，《政法论丛》2005 年第 2 期，第 75 页。
② 参见卞建林：《我国刑事强制措施的功能回归与制度完善》，《中国法学》2011 年第 6 期，第 24 页。
③ 参见刘玫、宋桂兰：《论刑事诉讼强制措施之立法再修改——以刑事诉讼法修正案（草案）为蓝本》，《甘肃政法学院学报》2011 年第 6 期，第 17 页。
④ 参见陈光中：《刑事诉讼法实施问题研究》，中国法制出版社 2000 年版，第 79 页；樊崇义：《刑事诉讼法实施问题与对策研究》，中国人民公安大学出版社 2001 年版，第 135 页；阮志勇：《我国刑事强制措施概念之再推敲》，《湖北社会科学》2008 年第 11 期，第 147 页。
⑤ 参见龙宗智主编：《徘徊于传统与现代之间——中国刑事诉讼法再修改研究》，法律出版社 2005 年版，第 153～155 页。
⑥ 参见万毅：《论我国刑事强制措施体系的技术改良》，《中国刑事法杂志》2006 年第 5 期，第 70 页。
⑦ 参见李忠诚：《刑事强制措施体系的选择与完善》，《人民检察》2009 年第 21 期，第 10 页。

然人的犯罪嫌疑人及被告人，但有学者认为强制措施也应适用于单位犯罪中的单位犯罪嫌疑人和被告人。如宋英辉教授认为，在对人的强制措施之中，除了限制或剥夺自然人的人身自由的强制措施，还应该包括对单位犯罪嫌疑人、被告人适用的强制措施，我国应探索限制经营、停止经营等符合我国目前实际情况的对单位犯罪嫌疑人、被告人的强制措施。[①] 张栋教授认为我国应建立保全性扣押制度，并应当将扣押措施纳入强制措施的规范体系中。[②] 此外，随着警察行政强制措施与刑事强制措施的混同适用，还有学者认为应将路检盘查纳入刑事强制措施体系中来。[③]

第三，关于如何完善我国现行人身自由强制措施体系的争论。虽然我国立法上对不同强制措施的适用进行了区分，但实践中刑事强制措施的适用出现普遍的功能异化问题。[④] 此外，强制措施还出现了"实体化"倾向，在理念上表现为重视刑事强制措施的教育、惩罚等功能，在实践中则表现为预防性羁押的广泛适用。[⑤] 而刑事强制措施功能的异化以及"实体化倾向"，在很大程度上是源自强制措施体系的不完善。郭烁教授就认为，拘传、取保候审、监视居住、拘留和逮捕五种刑事强制措施在内部关系和结构上呈现出"弱层次性"特征，羁押性措施与"非羁押措施"的界限在中国刑事强制措施立法中并不明显。[⑥] 因此，一些学者提出改进建议。如徐静村教授认为，我国应废除拘留、监视居住和扭送，把强制措施界定为拘传、逮捕、取保候审和羁押候审四种。[⑦] 陈卫东教授认为，可将取保候审制度改革为保释制度，并把监视居住制度作为保释的一项附加义务，将现有的扭送、拘传、拘留和逮捕整合为拘传、拘捕与羁押。[⑧] 孙长永教授认为，我国的强制措施体系可区分为"强制到案措施"和"强制候审措施"，前者包括盘查、拘传、拘留和逮捕，而后者包括羁押、取保候审和监视居住。[⑨] 王贞会博

[①] 参见宋英辉：《完善刑事强制措施的理念与总体构想》，《人民检察》2007年第14期，第6页。
[②] 参见张栋：《刑事诉讼法中对物的强制措施之构建》，《政治与法律》2012年第1期，第32页。
[③] 参见邓子滨：《刑事诉讼原理》，北京大学出版社2019年版，第345页。
[④] 参见陈瑞华：《刑事强制措施改革的新动向与新思考》，《人民检察》2008年第24期，第8页；刘计划：《逮捕审查制度的中国模式及其改革》，《法学研究》2012年第2期，第120页。
[⑤] 参见杨雄：《刑事强制措施实体化倾向之反思——以预防性羁押为范例》，《政法论坛》2008年第4期，第147页。
[⑥] 参见郭烁：《新刑诉法背景下的强制措施体系》，《政法论坛》2014年第3期，第66页。
[⑦] 参见张步文：《刑事强制措施改革的立法的构想》，载徐静村主编：《21世纪中国刑事程序改革研究》，法律出版社2003年版，第255页；徐静村、潘金贵：《我国刑事强制措施制度改革的基本构想》，《甘肃社会科学》2006年第2期，第148页。
[⑧] 参见陈卫东：《模范刑事诉讼法典》，中国人民大学出版社2005年版，第163～209页。
[⑨] 参见孙长永：《比较法视野中的刑事强制措施》，《法学研究》2005年第1期，第120页。

士后则认为，依对人身自由的干预程度，可以将刑事强制措施分为羁押与羁押的替代措施。①

二、刑事强制措施体系研究的评价

自 20 世纪 80 年代末期学界开始关注刑事强制措施体系以来，相关研究日益深入，从最初关注人身自由强制措施的完善转换到关注刑事强制措施所应涵盖的范围，也开始从刑事强制措施的本质特征方面重新思考一些被排除在强制措施体系之外的措施，对强制措施的界定标准也更趋合理、科学。② 学界的研究在一定程度上促进了立法的发展。总体来看，学界对刑事强制措施体系四十多年的研究呈现出如下三方面的特征：

第一，学界研究逐渐摆脱法条主义的窠臼，越来越从刑事强制措施的本源上去探讨刑事强制措施体系的完善。20 世纪 80 年代末期以及 90 年代初期对刑事强制措施体系的研究，多是以 1979 年《刑事诉讼法》确立的五种刑事强制措施为研究基础的，更关注如何对既有强制措施体系的调整与完善，如关于收容审查的存废、应否增加财产保以及监视居住的存废等。当然，当时修改《刑事诉讼法》的任务紧迫，学界只能重点关注既有刑事强制措施体系在司法实践中存在的重大问题，没有充分的时间从学理上去反思刑事强制措施体系的理论瑕疵。随着 1996 年《刑事诉讼法》修改的完成，刑事诉讼法学界逐渐开始从刑事强制措施的目的、性质以及功能等角度来思考刑事强制措施体系的优化问题。在此基础上，基本权利干预理论被引入国内并逐渐得到刑事诉讼法学界的认可。依据基本权利干预理论的观点，只有将被处分人的基本权利是否受到侵犯作为界定强制措施的标准，才能使强制措施与宪法权利联系在一起，从而揭示强制措施的本质。正如德国学者克劳思·罗克辛指出的那样，刑事诉讼法上的强制措施均为对基本权利之侵犯。③ 应当说近些年来关于刑事强制措施体系的研究，无论是"三分法"还是"四分法"，甚至是关于人身自由强制措施体系的研究，大都是以基本权利干预理论为理论根基的。基本权利干预理论的引入打开了刑事诉讼法学界对刑事强制措施体系研究的思路，使我们不再囿于既有法条的束缚，可以从更本源

---

① 参见王贞会：《刑事强制措施的基本范畴——兼评新〈刑事诉讼法〉相关规定》，《政法论坛》2012 年第 3 期，第 62 页。

② 参见宋英辉主编：《刑事诉讼法学研究述评（1978—2008）》，北京师范大学出版社 2009 年版，第 196 页。

③ 参见王贞会：《刑事强制措施的基本范畴——兼评新〈刑事诉讼法〉相关规定》，《政法论坛》2012 年第 3 期，第 63 页。

意义上去探讨如何完善刑事强制措施体系的问题。

第二，如何解决羁押率过高并强化人权保障是刑事强制措施体系研究的核心命题。学界对刑事强制措施体系的持续关注有着特殊的实践背景，即刑事司法实践中的羁押率居高不下。依据我国《刑事诉讼法》的规定，刑事强制措施体系包括由轻到重的五种措施，不同强制措施适用于不同的情境。但司法实践中的情形是拘留、逮捕成为常态，非羁押性的强制措施反而成为例外。羁押率过高不仅与国际人权公约中羁押例外原则相抵触，在实践中也带来"先定后审""羁押影响定罪量刑"等问题。事实上，这一问题早在1996年《刑事诉讼法》修改之前就为学界所关注。1996年《刑事诉讼法》保留监视居住的一个重要目的就是缓解羁押率过高的问题，之后最高人民法院、最高人民检察院也发布多个司法解释希望能够有效降低审前羁押率，但客观来说效果并不是特别好。如刘计划教授持续跟踪审前羁押率的变化问题，他的研究发现，2009年之前公诉案件被告人几乎都被逮捕以羁押待审，适用逮捕成为检察机关提起公诉时的常态[①]；2013年至2016年间，批准逮捕人数及捕诉率保持微降趋势，但变化并不明显；2017年，批准逮捕人数同比上升近3成，捕诉率触底反弹升至64.2%，打破了十余年来保持的批准逮捕人数与捕诉率同步下降的趋势。[②] 造成审前羁押率过高的原因是多方面的，刑事强制措施体系不完善的确也是其中一个重要原因。陈光中先生认为，为了适应社会转型时期的客观需要，解决司法实践中存在的问题，缩小与联合国刑事司法准则的差距，我国应当对包括逮捕、监视居住等在内的强制措施制度进行改革。[③] 李哲博士认为，我国短期限制人身自由的各项措施存在定位混乱、功能重叠、适用无序等诸多问题。[④] 2020年以来，我国司法实践中的逮捕情况出现新的变化，逮捕率有了较大程度的下降。在新的逮捕形势下，如何稳定逮捕率的下降趋势并实现逮捕的精确化适用，也成为刑事强制措施体系研究的重要内容。因此，如何通过完善刑事强制措施体系来解决羁押率过高的问题，是刑事诉讼法学者研究刑事强制措施体系的持续动力。

第三，学界越来越关注剥夺或限制基本权利措施的程序控制问题。虽然学界

[①] 参见刘计划：《逮捕审查制度的中国模式及其改革》，《法学研究》2012年第2期，第128页。
[②] 参见刘计划：《我国逮捕制度改革检讨》，《中国法学》2019年第5期，第140页。
[③] 参见陈光中、张小玲：《中国刑事强制措施制度的改革与完善》，《政法论坛》2003年第5期，第126页。
[④] 参见李哲：《短期限制人身自由刑事强制措施体系之比较与完善》，《国家检察官学院学报》2015年第5期，第111页。

就刑事强制措施属于干预基本权利措施的性质达成基本共识,但学者们对如何完善刑事强制措施体系持有不同看法。一种观点认为应按照干预基本权利的重要程度或种类来设置强制措施体系,并将对物、对隐私权的措施均纳入刑事强制措施体系中来;另一种观点则认为无须对当前刑事强制措施体系做大规模调整,但应对查封、扣押、监听等强制侦查行为采用与强制措施同等的程序控制。虽然上述两种观点存在部分差异,但其核心都是要强化对刑事强制措施的程序控制,防范刑事强制措施被滥用。郭烁教授认为,将针对物以及公民隐私权的强制性手段正式纳入刑事强制措施的视野的目的在于,"使得诸如令状主义等司法审查程序的介入成为水到渠成"①。卞建林教授在认同当前刑事强制措施体系的基础上提出,"对财产权的强制处分以及对隐私权的强制处分,考虑到其强制干预基本人权的内在属性,无论是否类属于强制措施,都应当在立法上参照强制措施的规范理念予以严格控制进而保证其能够依法、谦抑进行"②。但从应然意义上讲,保留并维持既有强制措施体系的观点无疑是一种临时性方案,而且如果未来可对所有剥夺或限制基本权利的措施均采用同等程序控制标准的话,这自然也意味着刑事强制措施体系实现了扩充。所以,"从长远来看,应当对我国强制措施的内涵予以重新界定,进一步丰富和完善刑事强制措施的类型,尽可能涵盖刑事诉讼中可能涉及基本权利的所有强制性方法"③。

三、刑事强制措施体系研究的展望

20世纪90年代初期至21世纪初期是刑事强制措施体系研究的黄金时期,学界围绕这一问题产生出大量的研究成果。但近些年这一研究主题大幅降温,学术研究日益集中到具体刑事强制措施如何完善等问题,很少有人再去关注刑事强制措施体系的整体完善。这种转变有学术研究日益深入的原因,也与学术期刊的引领等有关,因为小而精的选题日益获得学者和编辑们的青睐。当然,这并不意味着刑事强制措施体系的研究走到尽头,仍有许多问题尚需得到澄清,这些都需要在未来研究中予以高度重视。

第一,基本权利干预理论下刑事强制措施概念的界定问题。如前所述,刑事强制措施的体系来源于刑事强制措施的概念,不同的概念界定之下会有不同的强

---

① 郭烁:《论中国刑事强制措施体系的理想模式》,《苏州大学学报(哲学社会科学版)》2015年第5期,第106页。
② 卞建林:《我国刑事强制措施的功能回归与制度完善》,《中国法学》2011年第6期,第24页。
③ 王贞会:《刑事强制措施的基本范畴——兼评新〈刑事诉讼法〉相关规定》,《政法论坛》2012年第3期,第64页。

制措施体系。如"实施手段说"认为刑事强制措施必须以有形的物理力为形式,故电子监控等不应纳入刑事强制措施体系中;但"侵犯法益说"则认为凡是侵犯被追诉人法益的措施均属于刑事强制措施,电子监控当然应当纳入刑事强制措施体系中。[1] 在当前基本权利干预理论被普遍接受的背景下,我们也许应重新界定刑事强制措施的概念。理由在于:当前关于刑事强制措施的通说概念是以人身自由权为基础的,且采用的是"强制力说"观点,以国家是否采用有形的强制力为标准来判断是否属于刑事强制措施。具体而言,拘传、监视居住、拘留和逮捕本身即依赖于国家强制力的行使,取保候审本质上也是国家强制力的行使方式,"取保候审实际上是在国家本位主义下控制犯罪的措施之一,体现为司法机关的一种权力"[2]。但如果依据基本权利干预理论的判断标准,刑事诉讼中几乎所有具有基本权利干预性质的强制性手段都应被纳入强制处分的概念和体系中予以规范,如拘传、逮捕、羁押、身体检查、鉴定留置以及搜查、扣押、监听等。[3] 所以,如何合理界定刑事强制措施的概念对于未来研究刑事强制措施体系具有基础性的意义。

第二,剥夺或限制人身自由强制措施体系的完善。我国强制措施体系是以人身自由的剥夺或限制为标准建构的,虽然与国外剥夺和限制人身自由的刑事强制措施体系并不完全相同,但总体来说是完整的、在逻辑上也是自洽的。如我国强制措施与国外涉及人身权利的强制措施,都可分为作为抓捕手段的强制措施、审前羁押以及羁押替代措施三类。[4] 从这个意义上讲,无论是将我国刑事强制措施改造为羁押与羁押替代措施的观点,还是将强制措施区分为刑事到案措施、羁押措施和羁押替代措施的观点,抑或将取保候审改造为保释制度的观点,其在强制措施体系的设计上都未超越我国现有法律的规定。所以,在人身自由强制措施体系的完善方面,我国实无必要完全抛弃既有刑事强制措施体系而另立新的体系。但这并不意味着我国剥夺或限制人身自由类的刑事强制措施体系就是完美无瑕的,一些问题仍值得关注。例如,基于违法犯罪二元体系,我国法律将刑事强制措施与警察行政强制措施区分开来,如留置盘问、路检盘查等属于警察行政强制措施但不属于刑事强制措施。然而,由于适用的方便性与随意性,警察行政强制

---

[1] 参见赖玉中:《刑事强制措施体系研究》,中国政法大学出版社2012年版,第14页。
[2] 汪建成、杨雄:《从英美保释制度看我国取保候审制度存在的问题及出路——兼论完善我国取保候审制度的出路》,载陈卫东主编:《保释制度与取保候审》,中国检察出版社2003年版,第325页。
[3] 参见万毅:《论强制措施概念之修正》,《清华法学》2012年第3期,第50页。
[4] 参见易延友:《刑事强制措施体系及其完善》,《法学研究》2012年第3期,第146页。

措施在实践中通常被用来作为刑事强制措施的先行措施或替代措施[1]，这也使通过司法审查来制约刑事强制措施的目的落空。所以，如何整合既有的刑事强制措施与警察行政强制措施体系是我们未来需进一步研究的话题。

第三，搜查、扣押、查封等对物强制（或侦查）措施以及限制隐私权强制（或侦查）措施的完善。无论未来我国是否将搜查、扣押等对物侦查措施和监听、监控等限制隐私权的特殊侦查措施纳入刑事强制措施体系中，对这些强制侦查措施采用更严格的程序规制已然成为当前学界共识。所以，如何强化对这些强制侦查措施的程序规制也是我们在未来研究中需要进一步厘清的话题，如司法审查原则、比例原则在强制侦查措施中的适用问题。此外，随着科技对刑事司法领域介入程度的加深，限制当事人隐私权类强制侦查措施的适用也越来越普遍，政府部门获取信息的主要方式正在经历"由强制到监控"的转型，政府监控特别是秘密监控由于其强大的信息收集功能逐步成为刑事司法与执法过程中侦查取证的主要工具[2]，这也对基本权利干预理论提出了新的挑战。而大数据侦查模式的出现也使权利干预类型进一步无形化，传统权利干预形态逐渐为大数据侦查所替代，监控社会的加速形成会引发人们对言论自由、思想自由的忧虑，算法歧视会带来平等权保护的迫切需要。[3] 所以，刑事强制措施体系如何因应大数据侦查以及科技的发展，也是我们未来研究刑事强制措施体系的重要内容。

第二节　取保候审制度及其理论发展

取保候审是一种刑事强制措施，是公安机关、人民检察院和人民法院责令犯罪嫌疑人、被告人提供保证人或缴纳保证金，以保证其不逃避或妨碍侦查、起诉和审判并随传随到的一种强制方法。取保候审制度由 1954 年《逮捕拘留条例》所确立，并经 1979 年、1996 年和 2012 年三部《刑事诉讼法》不断修改，其法律体系不断完善。在此过程中，学界给了取保候审制度以高度关注。1979 年《刑事诉讼法》颁布之后，学者们围绕取保候审制度如何适用做了大量的解释性工作；面对司法实践中取保候审制度出现的诸多问题，学者们也各抒己见，从最初关注取保候审

---

[1] 参见左卫民：《规避与替代——搜查运行机制的实证考察》，《中国法学》2007 年第 3 期，第 114 页；马静华：《侦查到案制度：从现实到理想——一个实证角度的研究》，《现代法学》2007 年第 2 期，第 122 页。

[2] 参见程雷：《刑事司法中的公民个人信息保护》，《中国人民大学学报》2019 年第 1 期，第 104 页。

[3] 参见程雷：《大数据侦查的法律控制》，《中国社会科学》2018 年第 11 期，第 179 页。

的种类到之后关注取保候审的性质、功能、程序等；2000年之后，又从保释制度的角度对我国取保候审制度的完善进行探讨。应当说，改革开放以来学者们对取保候审制度的持续关注极大地推动了该制度以及学术研究的发展。

一、取保候审制度的法律渊源梳理

新中国成立后迅速建立起人民司法制度，但由于法律体系建设的相对滞后，司法实践中的乱捕滥押现象非常严重。[①] 随着国家建设的快速发展，我国的法律体系也不断完善，其中就包括对公民人身自由权的保障。1954年《宪法》明确规定，非经法定程序，公民的人身自由不受侵犯。在此基础上，1954年《逮捕拘留条例》正式创设了取保候审制度，这也是取保候审制度的最初法律渊源。该条例第2条第2款规定，"应当逮捕的人犯，如果是有严重疾病的人，或者是正在怀孕、哺乳自己婴儿的妇女，可以改用取保候审或者监视居住的办法"，第11条规定，"罪行较轻的，可以取保候审"。但由于《逮捕拘留条例》对取保候审的规定非常原则，各地在适用取保候审时的做法也存在差异。为统一法律适用，最高人民法院组织人员到全国十四个大城市就刑事案件审理程序进行总结，并形成了《关于北京、天津、上海等十四个大城市高、中级人民法院刑事案件审理程序的初步总结》，最终于1956年正式发布《各级人民法院刑事案件审判程序总结》。其中就有关于取保候审制度的部分规定，如"对已经在押的被告人，如果认为不需要继续羁押的，可以采用取保候审（人保和提供财产保证可以同时使用或者分别使用）或者监视居住的措施"。

1979年《刑事诉讼法》确认了取保候审制度，并进一步扩展了取保候审的适用情形，但1979年《刑事诉讼法》对取保候审的规定非常原则，对取保候审的期限、程序等并未作出详细规定。所以，最高人民法院、最高人民检察院以及一些地方司法机关也相继颁布关于取保候审的司法性文件，如1988年最高人民法院《关于刑事案件取保候审的被告人在法院审理期间潜逃应宣告中止审理的批复》、1989年最高人民法院《关于取保候审的被告人逃匿如何追究保证人责任问题的批复》、1995年上海市人民检察院《关于取保候审办案期限的若干规定（试行）》等。此外，最高人民法院、最高人民检察院也在相关司法解释中对取保候审制度进行规范，如1983年《人民检察院直接受理自行侦查刑事案件的办案程序（暂行规定）》、1986年《人民检察院直接受理侦查的刑事案件办案程序（试

[①] 参见武延平、刘根菊主编：《刑事诉讼法学参考资料汇编》（中册），北京大学出版社2005年版，第706页。

行)》、1991年《人民检察院侦查贪污贿赂犯罪案件工作细则（试行）》、1994年最高人民法院发布的《关于审理刑事案件程序的具体规定》等。

随着司法实践的不断积累，取保候审制度的法律体系也日臻丰富。1996年《刑事诉讼法》吸收上述实践成果并在立法中完善取保候审制度。一方面，条文数量大幅增加，1996年《刑事诉讼法》第六章"强制措施"共27个条文，其中规定取保候审制度的就有11个条文；另一方面，条文的内容也日益完善，规定了取保候审的条件、适用对象、程序、被取保候审人的义务以及取保候审的变更与解除等。之后的最高人民法院、最高人民检察院、公安部、国家安全部、司法部、全国人大常委会法制工作委员会《关于刑事诉讼法实施中若干问题的规定》、最高人民法院《关于执行〈中华人民共和国刑事诉讼法〉若干问题的解释》、最高人民检察院《人民检察院刑事诉讼规则》以及公安部《公安机关办理刑事案件程序规定》等均以专节的形式来规定取保候审制度。1998年最高人民法院《关于取保候审期间国家不承担赔偿责任问题的批复》，最高人民法院、最高人民检察院、公安部、国家安全部1999年《关于取保候审若干问题的规定》以及2003年最高人民法院、最高人民检察院、公安部《关于严格执行刑事诉讼法，切实纠防超期羁押的通知》等规范性文件也对取保候审制度进行了规范。2022年，最高人民法院、最高人民检察院、公安部、国家安全部联合发布修改后的《关于取保候审若干问题的规定》。总体来看，1996年《刑事诉讼法》颁布之后，最高人民法院、最高人民检察院以及公安部等出台的大量司法规范性文件使取保候审制度的法律体系日臻完善。

与学界将取保候审制度定位为羁押替代方式的性质不同，取保候审在司法实践中的适用率并不高，羁押仍然是适用刑事强制措施的常态。为进一步促进取保候审制度的适用，2012年《刑事诉讼法》对取保候审制度再次作出修改，完善取保候审的条件并增加规定了取保候审中的禁止令制度、保证金数额的考量因素、保证金的返还机制等。此外，在宽严相济刑事司法政策的影响下，最高人民法院、最高人民检察院也不断强调取保候审在轻罪案件中的适用问题。如2013年最高人民法院、最高人民检察院、公安部《关于办理醉酒驾驶机动车刑事案件适用法律若干问题的意见》第7条第2款规定："对醉酒驾驶机动车的犯罪嫌疑人、被告人，根据案件情况，可以拘留或者取保候审。对符合取保候审条件，但犯罪嫌疑人、被告人不能提出保证人，也不交纳保证金的，可以监视居住。对违反取保候审、监视居住规定的犯罪嫌疑人、被告人，情节严重的，可以予以逮捕。"2015年《刑事案件速裁程序试点工作座谈会纪要（二）》第4条规定："犯罪嫌疑人、被告人自愿认罪并同意适用速裁程序的，在保障诉讼顺利进行且符合条件的情况下，优先适用取保候审。"2019年《关于适用认罪认罚从宽制度的指导意见》第21条规定："已经逮捕的犯罪嫌疑人、被告人认罪认罚的，人民法院、人民检察院应当及时审查羁押的必要性，经审查认为没有继续羁押必要的，应当变更为取保候审或者监视居住。"

二、取保候审制度研究的学术梳理

1979年《刑事诉讼法》规定取保候审制度之后，学界围绕取保候审制度进行了大量的研究。总体来看，可将学界对取保候审制度的研究划分为三个阶段。第一个阶段是1979年至20世纪80年代末90年代初。此时的学术研究主要是注释性研究，关注取保候审在司法实践中如何适用的问题。[1] 第二个阶段为20世纪90年代初至1996年《刑事诉讼法》颁布。该阶段的学术研究逐渐摆脱注释法学的约束，而且由于面临《刑事诉讼法》修改的压力，这一时期的学术研究越来越关注取保候审制度在司法实践中出现的诸多问题。当时学界对取保候审制度的关注点主要有二：一是取保候审制度应否增加财产保，二是取保候审制度的具体程序建构，如取保候审的期限、保证人的法律责任、取保候审的条件等。[2] 第三个阶段为1996年《刑事诉讼法》修改之后至今，学界对取保候审制度的研究日趋深入，对取保候审的适用范围、适用方式、保证方式、保证人的资格和责任、保证金的数额与形式等问题进行了较深入的研讨。2000年之后随着与境外学术交流的增多，学界关注到境外的保释制度，并探讨其对完善我国取保候审制度的启示意义，逐渐就应对取保候审制度进行权利化改造达成共识。此外，这一时期的研究方法也日趋多元化，实证研究方法受到青睐。由于学界对取保候审制度的研究主要出现在1996年之后，且本章先前部分已对1996年之前的取保候审制度进行过分析，故本部分重点分析1996年之后学界对取保候审制度的研究。

（一）取保候审制度的性质与功能

作为一种刑事强制措施，主流教科书一般认为取保候审的功能与刑事强制措施的功能一致，即保障刑事诉讼的顺利进行。如李忠诚博士认为，保障诉讼顺利

---

[1] 参见华人：《浅论取保候审》，《法学评论》1986年第2期，第32页；李锡田、石成昆：《浅论取保候审中保人的法律责任》，《法学杂志》1989年第5期，第42页。

[2] 参见周国均：《关于刑事强制措施的修改与完善》，《政法论坛》1995年第6期，第42页；王洪宇：《取保候审若干问题研究》，《中国法学》1995年第1期，第84页；郑鲁宁：《论我国刑事强制措施的修改与完善》，《法学》1993年第9期，第34页；陈卫东、张弢：《论刑事强制措施的立法完善》，《中国人民大学学报》1996年第2期，第49页；李黎明：《试论完善我国刑事强制措施》，《法律科学（西北政法学院学报）》1991年第5期，第82页。

进行是强制措施最基本、最原始的功能,通过强制措施的使用,可以防止嫌疑人、被告人逃避诉讼,防止其妨碍迅速查明案情,以及保障刑罚执行的顺利进行。[1] 还有学者从《刑事诉讼法》法条角度出发分析取保候审的功能,认为取保候审具有保障诉讼顺利进行、预防犯罪和证据收集三项功能。[2] 但随着研究的深入,不少学者对这一观点提出质疑,认为取保候审功能在司法实践中出现了异化。如有实证研究表明,取保候审的功能在实践中被异化为一种"案件消化机制",保证效果并非决定公安机关选择保证方式的关键因素。[3] 还有实证研究发现,取保候审成为办案机关创收、办案人员寻租的一个手段,其保障诉讼顺利进行的功能没有得到很好的发挥。[4]

在此基础上,学者们认为取保候审应具有羁押替代、权利保障等功能。其一,取保候审应具有羁押替代功能。这种观点认为,取保候审是一种羁押替代措施,其承担着代替拘留、逮捕等羁押性强制措施使用的功能。[5] 其二,取保候审应具有权利保障功能。这种观点认为,我国应当借鉴保释制度改革取保候审,使取保候审成为嫌疑人、被告人享有的一项权利,从而发挥权利保障的功能。[6] 其三,取保候审应具有多元功能。这种观点认为,取保候审的功能应当是多元的,不仅承担着保障刑事诉讼顺利进行的功能,还承担着替代羁押以及权利保障等功能。如有学者认为1996年《刑事诉讼法》第51条规定的取保候审是与逮捕并列的一项强制措施,而第52条规定的取保候审则是逮捕的一种替代性措施。[7]

基于对取保候审功能的不同认识,学者们对取保候审的性质也有不同观点,概括来说,主要包括如下几种:第一,"权力占主导地位说"。该说认为取保候审具有权力和权利双重属性,但权力这一属性占主导地位。第二,"权力说"。该说认为取保候审是国家权力的体现,是立法者为了保障诉讼活动顺利进行而设置的

---

[1] 参见李忠诚:《刑事强制措施功能研究》,《法制与社会发展》2002年第5期,第115页。
[2] 参见褚福民:《取保候审的实体化》,《政法论坛》2008年第2期,第125页。
[3] 参见刘方权:《取保候审保证方式实证研究》,《山东警察学院学报》2007年第6期,第104页。
[4] 参见李昌林:《侦查阶段的取保候审与监视居住》,载陈兴良主编:《刑事法评论》(第25卷),北京大学出版社2009年版,第177页。
[5] 参见陈瑞华:《未决羁押制度的实证研究》,北京大学出版社2004年版,第4页;孙长永:《比较法视野中的刑事强制措施》,《法学研究》2005年第1期,第115页;易延友:《刑事强制措施体系及其完善》,《法学研究》2012年第3期,第158页。
[6] 参见熊秋红:《借鉴保释制度与减少审前羁押》;徐美君:《英国保释制度对我国取保候审制度改革的借鉴》;徐静村、潘金贵:《论英国保释制度及其借鉴意义》。以上文章均载陈卫东主编:《保释制度与取保候审》,中国检察出版社2003年版。
[7] 参见樊崇义、史立梅:《论我国取保候审制度的改革》,载陈卫东主编:《保释制度与取保候审》,中国检察出版社2003年版。

以限制犯罪嫌疑人、被告人人身自由为手段,要求犯罪嫌疑人在一定期日出现在侦查、检察、司法人员面前的一种强制措施。第三,"权利说"。该说从无罪推定原则出发,认为取保候审是犯罪嫌疑人、被告人享有的一项权利,只要没有法律明确规定其就应当被取保候审。第四,"权利义务说"。该说认为取保候审是公民的权利和公安机关的义务。①

(二) 取保候审制度与保释制度的比较研究

保释制度是英美法系国家的一项制度,是"在被逮捕的人提供担保或者接受特定的条件的情况下,将其释放的制度"②。随着20世纪80年代末期学界对外交流的增多,国内学者也逐渐将保释制度介绍到国内来。③ 但学界对保释制度的真正深入研究则始于2000年后,此时,一些学术研讨会陆续召开,如2002年3月华东政法学院与英国英中协会在上海联合召开"中英少年司法保释研讨会",2002年10月中国人民大学诉讼制度与司法改革研究中心应邀赴英国考察保释制度,2003年3月中国人民大学诉讼制度与司法改革研究中心与英中协会在北京召开"保释制度国际研讨会",2003年12月华东政法学院与英国瑞慈人权合作中心在上海召开"中英少年司法保释研讨会"等。这些学术研讨会的召开极大增强了学者们对保释制度的兴趣,使保释制度成为研究的热点,而借鉴保释制度来改造取保候审制度逐渐成为学界共识。概括来说,学界对保释制度的研究主要包括如下几个话题:

第一,保释制度与取保候审制度的异同。学者们首先对英国、美国、加拿大以及大陆法系国家的保释制度进行了研究,并在此基础上比较分析了保释制度与取保候审制度的异同。④ 首先,保释制度与取保候审制度存在不同。有学者认为,保释制度与取保候审制度在价值取向、理论根据、诉讼目的、准予的前提、

---

① 参见宋英辉主编:《刑事诉讼法学研究述评(1978—2008)》,北京师范大学出版社2009年版,第199~200页。

② 转引自元轶:《取保候审制度与保释制度的比较法考察及其改良》,《比较法研究》2008年第2期,第110页。

③ 参见任振铎:《洛克希德案与西方的保释制度》,《法学评论》1984年第2期;李国友:《保释制度的比较研究及完善我国取保候审制度》,《法律科学(西北政法学院学报)》1992年第5期;李剑非:《美国保释制度简介》,《中外法学》1993年第4期。

④ 参见陈卫东、刘计划:《英国保释制度及其对我国的借鉴意义》,《人民检察》2003年第3期;宋英辉、何挺:《我国取保候审制度之完善——以加拿大的保释制度为借鉴》,《法学评论》2007年第5期;黄利:《保释与取保候审制度比较研究——兼论保释制度对我国取保候审制度改革的借鉴》,中国政法大学2006年博士学位论文。

不准予的主体、不准予的救济措施、期限设置等方面都存在诸多不同。① 还有学者从价值取向、法律性质、适用范围、启动程序、决定机关以及决定形成的程序、使用方式、是否有有效的救济程序、是否有最长适用期限等方面进行阐述。② 其次，保释制度与取保候审制度存在相同之处。尽管保释制度与取保候审制度存在诸多不同，但学者们也认为这两个制度存在一些相似之处。如周伟教授认为，二者都不对被检控者实施羁押而予以释放，无论被检控者是否被羁押法定机关都可以准予，都要求提供必要的保证，都要求提供财产作为保证，都要求被检控者必须听候审讯或者审判。宋英辉教授认为，二者都具有程序性和暂时性，在很大程度上影响公民的人身自由权利。③

第二，我国应否引进保释制度及保释制度的借鉴意义。首先，学者们在研究保释制度的基础上，对我国应否全面引进保释制度进行探讨，形成了"全面移植论"和"完善取保候审制度论"两种观点。"全面移植论"认为我国应全面引进保释制度，因为这是"人的自然权利"和"无罪推定原则"的必然要求，而且也有利于诉讼经济并解决羁押率过高的问题。"完善取保候审制度论"则认为我国不宜全面引进保释制度，当前仍应完善取保候审制度，因为我国与英美的文化背景和历史发展方面不同，将其移植到中国来会产生相当大的负面作用，而且我国取保候审制度也具有很强的人权保障功能，完全可以通过改造该制度来解决羁押率过高等问题。④ 其次，保释制度对我国取保候审制度的借鉴意义。无论是持"全面移植论"的学者还是"完善取保候审制度论"的学者，均认同保释制度对我国具有很强的借鉴意义。陈卫东教授认为，我国借鉴英国保释制度应从以下几方面进行，如变革诉讼理念、实行司法令状主义、改造取保候审为保释制度等。⑤ 熊秋红教授认为，保释制度对我国的借鉴意义主要是在减少审前羁押方面，可借鉴英国和日本的权利保障和裁量保释相结合的模式。⑥ 宋英辉教授认

---

① 参见周伟：《解读保释：兼论取保候审的改革和完善》，载陈卫东主编：《保释制度与取保候审》，中国检察出版社2003年版。

② 参见宋英辉：《取保候审适用中的问题与对策研究》，中国人民公安大学出版社2007年版，第26～28页。

③ 参见宋英辉主编：《刑事诉讼法学研究述评（1978—2008）》，北京师范大学出版社2009年版，第197页。

④ 参见晏向华：《保释制度的借鉴意义及我国取保候审制度的改革——保释制度国际研讨会述要》，《人民检察》2003年第5期，第27页。

⑤ 参见陈卫东、刘计划：《英国保释制度及其对我国的借鉴意义》，《人民检察》2003年第3期，第61～62页。

⑥ 参见熊秋红：《借鉴保释制度与减少审前羁押》，载陈卫东主编：《保释制度与取保候审》，中国检察出版社2003年版。

为，我国可借鉴加拿大保释制度，对我国取保候审的性质与程序构造、取保候审的方式、取保候审中的证据、取保候审的救济以及未成年人取保候审的特殊规定等方面进行完善。①

(三) 取保候审制度存在的问题及完善

随着对取保候审制度研究的不断深入，学界也开始使用实证研究方法，发掘取保候审制度在司法实践中的诸多问题，并在此基础上借鉴保释制度以及国外先进法治经验，对我国取保候审制度提出诸多完善建议。

第一，取保候审制度的适用情况。为扩大取保候审制度的适用，1996年《刑事诉讼法》增加了保证金的保证方式并完善了具体适用程序，但学者们仍通过实证研究后发现如下几个问题：其一，取保候审在司法实践中的适用率并不高，羁押率过高的状况并未发生根本变化。如江苏省张家港市2005年到2007年间，外地籍和本地籍犯罪嫌疑人的诉前羁押率分别为90.5%和56.2%②；北京海淀区在2004年至2006年间的统计资料显示，自侦案件的取保候审率为39.5%，未成年人犯罪案件取保候审率为28%，普通刑事案件的取保候审率为29.6%。③ 其二，在取保候审各理由中，证据不足和情节轻微、社会危害不大是两个主要理由，其他理由（包括不批捕、患病、怀孕、哺乳、未成年人）则占比较小。④ 其三，取保候审监管流于形式，被取保候审人脱保现象突出。如2004～2006年间，北京市海淀区检察院公诉一处受理的案件中，脱保的犯罪嫌疑人人数占该处当年取保候审人数的8.1%、11.6%和8.6%。⑤ 还有实证研究发现，取保候审中保证金无法适应实践的发展⑥，取保候审的适用对象范围过大⑦，流动人口取保候审的比例远低于同期非流动人口取保候审的比例⑧，取

---

① 参见宋英辉、何挺：《我国取保候审制度之完善——以加拿大的保释制度为借鉴》，《法学评论》2007年第5期，第107页。
② 参见董启海等：《张家港市检察院取保候审实证研究评析》，《国家检察官学院学报》2008年第3期，第26页。
③ 参见刘中发、戚进松、曾静音：《取保候审制度运行现状调查》，《国家检察官学院学报》2008年第2期，第107页。
④ 参见左卫民：《侦查中的取保候审：基于实证的功能分析》，《中外法学》2007年第3期，第342页。
⑤ 参见刘中发、戚进松、曾静音：《取保候审制度运行现状调查》，《国家检察官学院学报》2008年第2期，第110页。
⑥ 参见宋英辉、李哲：《我国取保候审适用现状与改革对策研究——以取保候审方式及附加义务为视角》，《人民检察》2007年第12期，第22页。
⑦ 参见唐启迪：《我国刑事诉讼取保候审制度的缺陷与对策》，《湘潭大学学报（哲学社会科学版）》2011年第6期，第65～66页。
⑧ 参见林静、饶明党：《流动人口取保候审问题研究》，《国家检察官学院学报》2014年第2期，第134页。

保候审程序具有封闭性等。①

第二，取保候审制度存在的问题。学者们综合运用价值分析、比较研究以及实证研究等多种研究方法，对我国取保候审制度存在的问题进行了系统阐释。其一，关于取保候审的适用条件。有观点认为，取保候审的适用情形不明确、缺乏可操作性，容易导致权力滥用。② 也有观点认为，取保候审的适用对象限制过多，适用对象范围狭窄。③ 其二，关于取保候审的适用程序。有观点认为取保候审的程序存在三方面的缺陷，一是决定过程中缺乏司法审查机制，二是申请取保候审方无法参与取保候审决定作出的过程，三是没有为申请方设置有效的法律救济程序。④ 还有观点认为，取保候审程序具有封闭性和行政性特征，律师在取保候审程序中的参与程度十分有限。⑤ 其三，关于取保候审的保证方式。1996 年《刑事诉讼法》确立保证金保证和保证人保证两种保证方式，但实证研究发现保证金保证成为主要的保证方式。如宋英辉教授调研后发现，2004 年 Y 市取保候审的 389 人中，采用保证金保证的占 85％，使用保证人保证的只占 15％。⑥ 而且，保证金保证在实践中存在诸多问题，如收取保证金的数额存在很大的随意性、有的办案机关甚至为数额与犯罪嫌疑人"讨价还价"、变更强制措施后或者案件审理完毕后不退还保证金等。⑦ 此外还有观点认为我国取保候审制度存在其他不足，如被取保候审人的义务较为单一、取保候审的期限模糊不清、取保候审制度缺乏救济机制等。⑧

第三，取保候审制度的完善路径。随着人权保障和正当程序理念的引入以及对保释制度研究的深入，学者们对取保候审制度提出诸多完善意见，这些意见总

---

① 参见褚福民：《试验与现实之间——"取保候审制度的改革与辩护律师作用的扩大"项目报告》，载陈兴良主编：《刑事法评论》（第 24 卷），北京大学出版社 2009 年版，第 96～97 页。
② 参见宋英辉：《取保候审适用中的问题与对策研究》，中国人民公安大学出版社 2007 年版，第 79～83 页。
③ 参见宋英辉主编：《刑事诉讼法学研究述评（1978—2008）》，北京师范大学出版社 2009 年版，第 200 页。
④ 参见陈卫东、刘计划：《英国保释制度及其对我国的借鉴意义》，《人民检察》2003 年第 3 期，第 60～61 页。
⑤ 参见唐磊：《论我国取保候审制度的完善》，《社会科学研究》2005 年第 1 期，第 90 页。
⑥ 参见宋英辉：《关于取保候审适用具体问题的调研分析》，《法学》2008 年第 6 期，第 35 页。
⑦ 参见宋英辉、王贞会：《对取保候审功能传统界定的反思》，《国家检察官学院学报》2007 年第 4 期，第 112 页。
⑧ 参见宋英辉：《取保候审适用中的问题与对策研究》，中国人民公安大学出版社 2007 年版，第 204～207 页；徐美君：《构建程序化的取保候审制度——兼论英国保释制度对我国的借鉴意义》，《法制与社会发展》2003 年第 5 期，第 142 页；李夏、陈斌：《论取保候审制度功能的重构——以被追诉者权利保护的视角》，《西南政法大学学报》2007 年第 1 期，第 104 页。

体上可区分为宏观和微观两个层面。其一，从宏观层面上，我国取保候审制度改革的基本思路应当是实现权利化改造。如卞建林教授认为，实现取保候审制度的权利化改造，即除法律规定的特殊情形以外，被追诉人都有权向公安、司法机关申请适用取保候审等羁押替代措施而不被羁押或解除羁押。[1] 褚福民博士则认为，完善我国取保候审制度的关键在于重新界定刑事诉讼法与刑法的关系，去除程序工具主义的影响。[2] 在此基础上，学界进一步提出完善我国取保候审制度的诸多原则。如宋英辉教授认为，应贯彻无罪推定原则、人权保障理念、有效辩护原则等，对取保候审进行权利化改造。[3] 李袁婕博士认为，取保候审制度的原则除应包括无罪推定原则、比例原则外，还应包括保护特定人员原则、社会支持原则、诚信原则和律师参与原则等具体原则。[4] 其二，从微观层面上，我国取保候审制度应实现程序的正当化。(1) 在取保候审的适用条件上，多数学者主张原则与例外相结合的模式，在规定取保候审的适用情形的同时规定禁止适用取保候审的情形。[5] 而且，要进一步明确"社会危险性"条件，如将其区分为逃避诉讼、干扰诉讼和重新犯罪三种[6]，或利用风险评估理论和统计学方法构建"社会危险性"的量化评估机制等。[7] (2) 在取保候审的决定程序上，学者们观点不一。有观点认为应由检察机关统一行使[8]，也有观点认为应依据司法审查原则交由法官统一行使[9]，还有观点认为可维持当前的主体决定机制。[10] 还有学者建议，要建立取保候审前的风险评估机制，这可以有效消除"办关系案""司法腐败"等非议的影响。[11] (3) 大多数学者认同应增加被取保候审人在取保候审期间的义务。

---

[1] 参见卞建林：《我国刑事强制措施的功能回归与制度完善》，《中国法学》2011年第6期，第30页。

[2] 参见褚福民：《取保候审的实体化》，《政法论坛》2008年第2期，第131页。

[3] 参见宋英辉、王贞会：《对取保候审功能传统界定的反思》，《国家检察官学院学报》2007年第4期，第114页。

[4] 参见李袁婕：《取保候审制度研究》，中国政法大学2007年博士学位论文，第49～57页。

[5] 参见宋英辉主编：《刑事诉讼法学研究述评（1978—2008）》，北京师范大学出版社2009年版，第200页。

[6] 参见宋英辉：《取保候审适用中的问题与对策研究》，中国人民公安大学出版社2007年版，第96～99页。

[7] 参见郭烁：《论取保候审"社会危险性"条件的司法认定》，《学习与探索》2017年第9期，第63页。

[8] 参见左卫民等著：《中国刑事诉讼运行机制实证研究》，法律出版社2007年版，第146页。

[9] 参见谢佑平：《论我国强制措施的完善》，载陈卫东主编：《羁押制度与人权保障》，中国检察出版社2005年版，第231～233页。

[10] 参见龙宗智：《徘徊于传统与现实之间——中国刑事诉讼法再修改研究》，法律出版社2005年版，第171页。

[11] 参见何挺、王贞会：《取保候审：亟待完善制度摆脱适用困局——"取保候审适用中的问题与对策"研讨会综述》，《人民检察》2007年第14期，第22页。

如增加规定公、检、法机关可以责令被取保候审人、被监视居住人不得进入特定场所，不得从事特定活动，将旅行证件、驾驶证件交执行机关保管等。①（4）关于取保候审的保证方式。有学者认为可建立多元化的保证方式，如增加财产保证方式、具结保证方式等。② 有学者认为保证金保证与保证人保证可以同时适用，并应增加保证人应承担的法律责任等。③ 还有学者认为，随着现代通信、网络、数据库等技术的发展，对于被保人易脱保以及取保候审期间监督难的问题，实务中可以运用信息化技术解决。④（5）关于取保候审的期限。《刑事诉讼法》规定的取保候审不超过 12 个月，学界对此期限的计算有两种观点。一种是"期限共用"，认为公、检、法三机关对犯罪嫌疑人、被告人取保候审的，累计时间不超过 12 个月；另一种是"期限共享"，认为这个期限是公、检、法每一机关都有权决定取保候审的期限，而非三机关累计的期限。⑤（6）学者们基本认同应增加取保候审的救济机制。如有学者认为，应允许犯罪嫌疑人、被告人认为公安机关、检察院作出的取保候审决定或附带条件不合法或不必要时，可以申请法院予以撤销或变更，法院在听证后作出决定。⑥ 还有学者认为应赋予犯罪嫌疑人、被告人的亲友或辩护人提出申请取保候审的权利，应赋予当事人申请救济的权利并应由中立的裁判机关来审查决定的合法性，建立救济程序的配套机制。⑦

三、取保候审制度研究的评价

随着时间的推移，学界对取保候审制度的研究也日趋深入和具体。其一，研究内容上日趋深入，早期研究主要关注财产保应否入法问题，而近些年来的研究不仅关注取保候审制度的功能和性质问题，也关注取保候审制度的具体程序设计。其二，研究视野越来越宽，早期研究主要是对法条的注释，后来的研究则具有更强的国际视野，英国、美国等英美法系国家的保释制度以及德国、法国等大

---

① 参见易延友：《刑事强制措施体系及其完善》，《法学研究》2012 年第 3 期，第 161 页；李昌林：《侦查阶段的取保候审与监视居住》，载陈兴良主编：《刑事法评论》（第 25 卷），北京大学出版社 2009 年版，第 176 页。
② 参见宋英辉：《取保候审适用中的问题与对策研究》，中国人民公安大学出版社 2007 年版，第 186~191 页。
③ 参见柯葛壮：《完善我国取保候审制度的几点思考》，《法学》2003 年第 6 期，第 59 页。
④ 参见郭烁：《取保候审适用的影响性因素实证研究》，《政法论坛》2017 年第 5 期，第 165 页。
⑤ 参见甄贞主编：《刑事诉讼法学研究综述》，法律出版社 2002 年版，第 113~114 页。
⑥ 参见龙宗智：《徘徊于传统与现代之间——中国刑事诉讼法再修改研究》，法律出版社 2005 年版，第 171 页。
⑦ 参见宋英辉：《取保候审适用中的问题与对策研究》，中国人民公安大学出版社 2007 年版，第 167~175、186~191 页。

陆法系国家的非羁押性强制措施制度被介绍到国内。其三，研究方法日益多元，价值分析、比较研究、实证研究等多种研究方法被综合使用。经过多年的研究，取保候审制度在司法实践中存在的问题已经充分暴露，学者们对该制度的完善思路也达成基本共识。这些研究切实指导着我国取保候审制度的立法与司法实践，有些观点也被立法吸收。如1996年《刑事诉讼法》将当时学界达成共识的保证金保证纳入取保候审制度中，2012年《刑事诉讼法》也增加了论证较为充分的禁止令制度。

总体来看，这些年的研究主要呈现出如下两方面的特征：

第一，扩大取保候审制度的适用并对其进行权利化改造已成为学界共识。羁押率过高这一现象在我国司法实践中普遍存在，但这不仅违背国际人权公约中的"羁押例外规则"，也严重侵犯了犯罪嫌疑人、被告人的合法权益。由于取保候审制度无须剥夺犯罪嫌疑人、被告人人身自由，因此，作为羁押替代措施的取保候审引起学者们的高度关注。但实证研究发现取保候审在司法实践中的适用率并不高，故而学者们开始探讨取保候审适用率不高的原因以及该制度存在的诸多问题，如取保候审制度的保证方式单一、决定程序封闭、缺乏救济程序等。通过这些研究，学者们发现取保候审的功能在立法和司法实践中都出现一定程度的异化，其权利保障和羁押替代等程序功能被虚置，而其预防犯罪和证据收集功能被不断强化。[①] 为恢复取保候审的程序功能并扩大取保候审制度的适用，学者们提出要实现取保候审制度的权利化改造，将取保候审制度改造为保障犯罪嫌疑人、被告人合法权益的一项制度，这种改革路径已然成为学界以及实务界的共识。

第二，相关研究逐渐反思过度依赖比较研究的方法，强调学术研究的问题意识，越来越关注取保候审制度在实践中的问题。1996年之前学界对取保候审制度的研究并未完全脱离法条注释主义的束缚，但随着2000年后部分学者对英国和美国等国家保释制度的研究，保释制度与取保候审制度成为刑事强制措施研究中的"显学"。不少学术研讨会均以保释制度与取保候审制度为研究话题，有些学者在部分地区做了保释制度改革的试点，期刊中也有大量相关文章发表，很多学者也将保释制度作为我国取保候审制度改革的模板。这一影响时至今日仍然存在，如取保候审的权利化改造实际上就源自保释制度。客观来说，学界对保释制度的研究极大促进了我国取保候审制度的研究，但这种过度依赖比较研究的方法，在一定程度上也使我们无法形成中国的问题意识，忽视取保候审制度在中国司法实践中所面临的真正问题。故而有学者提出，全面引进保释制度既不能转变

---

① 参见褚福民：《取保候审的实体化》，《政法论坛》2008年第2期，第131页。

取保候审依附于案件实体结局的现实，同样无法扭转取保候审适用率低的局面，面对刑事诉讼法和刑法的深层次问题更是束手无策。① 基于对研究方法过分单一的反思，学者们越来越注重取保候审制度的实证研究，努力找出取保候审制度的中国问题。如陈卫东教授、宋英辉教授、左卫民教授等分别带领自己的团队就取保候审制度进行实证研究，发现了我国取保候审制度在司法实践中存在的诸多问题并形成一系列研究成果，这为研究的进一步深入奠定了坚实的实证基础。

四、取保候审制度研究的展望

2009年后学界对取保候审制度的研究逐渐减少，2012年《刑事诉讼法》对取保候审制度的修改也未能引起足够的关注。学界对取保候审制度关注的弱化可能与两方面原因有关。一是先前对取保候审制度的研究已经非常深入，各界在取保候审制度的原则、功能以及程序设计等不少方面已形成较多共识，在研究方法没有突破的情形下，取保候审制度研究中很难出现新意。二是可能与研究方法单一有关。此前的研究大量使用比较研究、价值分析等方法，总体来看，实证研究方法特别是定量研究方法的使用仍然不足，导致学者们对司法实践中存在的问题认识不够，限制了取保候审制度研究的进一步深入。在未来对取保候审制度的研究中，如下几个问题仍然需要进一步关注：

第一，强化中国问题意识，努力探索适应我国司法实践的完善路径。如上所述，学界对保释制度的研究虽然极大地开阔了眼界，但完全借鉴保释制度来改革中国取保候审制度的做法并不现实。所以，在未来研究中我们必须正视取保候审制度在司法实践中存在的问题，并在此基础上去探索取保候审制度的完善路径。

第二，关注重罪案件以及流动人口等特殊群体的取保候审问题。随着近年来对高羁押率和低取保候审率的关注，取保候审在司法实践中的适用率是有所提升的。如2012年《刑事诉讼法》实施以来，取保候审的适用率已接近40%②，这与前些年不足20%的取保候审率相比已有很大提升。然而，在重罪案件以及流动人口案件中，取保候审的适用率则仍处于较低的水平。对于重罪案件而言，依据《刑事诉讼法》第79条第2款的规定，当犯罪嫌疑人、被告人"可能判处十年有期徒刑以上刑罚"时绝对不能适用取保候审。而对于流动人口而言，2012年《刑事诉讼法》实施以来，北京市海淀区对流动人口的取保候审适用率为

---

① 参见褚福民：《取保候审的实体化》，《政法论坛》2008年第2期，第132页。
② 参见郭烁：《取保候审适用的影响性因素实证研究》，《政法论坛》2017年第5期，第161页。

16.5%，虽然较 2010 年的 6.3% 已有较大提升，但仍处于较低水平。① 因此，如何提升重罪案件以及流动人口等特殊群体中的取保候审适用率，是未来研究取保候审制度的重点。

第三，取保候审条件的量化研究。我国取保候审制度尚未完全实现权利化改造，取保候审决定程序中仍然体现出非常强的权力运作特征，因此，通过细化取保候审条件可能更有利于扩大取保候审的适用。在取保候审的条件中，"不致发生社会危险性"的理解与认定问题，是把握取保候审制度的关键所在，也是影响取保候审适用率的重要因素。实务部门对"社会危险性"条件的判断是一个系统性的综合考量过程，由于相关研究的匮乏，我们对实务部门如何判断社会危险性条件以及社会危险性条件如何影响取保候审的适用等问题知之甚少。如果我们能进一步发现"社会危险性"条件的判断机制，相关研究就会更有针对性，也可为我们进一步完善取保候审制度奠定坚实的基础。所以，对取保候审的条件进行量化研究也是未来研究的一个重要内容。

第三节　逮捕制度及其理论发展

逮捕是对犯罪嫌疑人、被告人人身自由的较长期的剥夺，是剥夺人身自由的强制措施体系中最严厉的一种。1954 年《宪法》以基本法的形式确立逮捕制度的宪法渊源，第 89 条规定："中华人民共和国公民的人身自由不受侵犯。任何公民，非经人民法院决定或者人民检察院批准，不受逮捕。"1954 年《宪法》由此也确立了新中国逮捕制度的三大基本原则，即人民代表大会的代表非经代表机关许可不受逮捕、公民非经法定程序不受逮捕、人民法院以及人民检察院依法享有逮捕的决定与批准权。② 1954 年 12 月，第一届全国人大常委会第三次会议通过《逮捕拘留条例》，比较全面地建立了新中国逮捕制度的基本框架。但自 1958 年起，包括检察制度、逮捕制度在内的诸多司法制度都遭到严重破坏，1975 年《宪法》改变了检察院批准逮捕体制。1979 年第五届全国人大常委会第六次会议通过《逮捕拘留条例》，在恢复 1954 年《逮捕拘留条例》的基础上进一步强化逮捕的犯罪控制功能。四个多月后，第五届全国人大第二次会议通过 1979 年《刑

---

① 参见林静、饶明党：《流动人口取保候审问题研究》，《国家检察官学院学报》2014 年第 2 期，第 135 页。
② 参见杨依：《逮捕制度的中国进路：基于制度史的理论考察》，《政法论坛》2019 年第 1 期，第 138 页。

事诉讼法》，在总结先前经验教训的基础上对逮捕制度做了规范。但随着"严打"的开展，"从重、从快"成为刑事司法实践的指导思想，司法实践中的逮捕数量大幅增加，逮捕功能也逐渐出现异化。随着人权保障理念的引入，1996年《刑事诉讼法》废除收容审查制度并重新界定逮捕制度的条件、程序等，增强了逮捕制度的科学性与可操作性。虽然整体来看1996年《刑事诉讼法》就逮捕制度的规定较1979年《刑事诉讼法》已有很大进步，但逮捕制度在司法实践中也出现了非常严重的问题，如羁押率过高、羁押期限过长以及超期羁押等。为解决这些问题，最高人民法院、最高人民检察院和公安部发布了多份司法解释、批复等规范性文件来规范逮捕制度的适用，如1996年最高人民检察院《关于审查逮捕和公诉工作贯彻刑诉法若干问题的意见》、2001年最高人民检察院、公安部《关于依法适用逮捕措施有关问题的规定》、2010年《人民检察院审查逮捕质量标准》等。在此基础上，2012年《刑事诉讼法》对逮捕制度做了进一步完善，如细化社会危险性条件，建立羁押必要性审查制度，强化对犯罪嫌疑人、被告人的权利保障等。逮捕制度的快速发展，一方面为学界的研究提供了充分的素材，另一方面也与学界对逮捕制度研究的不断深入密不可分。考虑到学界对逮捕制度的研究视角不同且有大量的研究成果，本部分将在概括梳理相关研究之后进行专题介绍。

一、逮捕制度研究概述

1979年《刑事诉讼法》颁布以后，学界并未对逮捕制度予以特别关注，当时的研究主要是相关法条的解释性研究。[①] 但在1990之后，学界在关注收容审查制度的同时也将逮捕制度纳入研究视野，研究主题包括逮捕的条件、拘留逮捕与收容审查的关系等。[②] 伴随着1996年《刑事诉讼法》对逮捕制度的修改，学者们对逮捕制度的关注逐渐增多。[③] 此后，逮捕制度逐渐成为刑事诉讼法学研究

---

① 参见侯洵直：《全面贯彻少捕政策 正确掌握捕人条件》，《法学杂志》1982年第2期；杨青山、张佳良、张企林：《我们对逮捕条件的理解》，《法学杂志》1982年第3期；吴慰：《能说"逮捕"是"从严"吗？》，《法学》1982年第8期；乐瑞祥：《对逮捕人犯法定条件的再认识》，《法学》1985年第5期。

② 参见张旭：《论收审的出路与逮捕的改革》，《中外法学》1993年第4期；郑鲁宁：《论我国刑事强制措施的修改与完善》，《法学》1993年第9期；周国均：《关于刑事强制措施的修改与完善》，《政法论坛》1995年第6期；陈卫东、张弢：《论刑事强制措施的立法完善》，《中国人民大学学报》1996年第2期；李忠诚：《强制措施制度的改革及其意义》，《中外法学》1996年第3期。

③ 参见朱孝清：《关于逮捕制度的几个问题》，《法学研究》1998年第2期；孙谦：《关于完善我国逮捕制度的几点思考》，《中国法学》2000年第4期；孙谦：《论逮捕的证明要求》，《人民检察》2000年第5期；陈卫东、刘计划：《谁有权力逮捕你——试论我国逮捕制度的改革（上）》，《中国律师》2000年第9期。

中的"显学"并持续至今。

第一，学界和实务界以逮捕或羁押制度为选题出版和发表了一系列研究成果。首先，学术著作方面的成果如《保释制度与取保候审》（陈卫东，中国检察出版社2003年版）、《未决羁押制度的实证研究》（陈瑞华，北京大学出版社2004年版）、《当代羁押制度研究报告》（隋光伟，长春出版社2005年版）、《羁押制度创新、热点问题研究与法律适用》（薛伟宏，人民法院出版社2007年版）、《欧盟国家审前羁押与保释制度》（郎胜，法律出版社2006年版）、《未决羁押制度的研究》（江涌，中国人民公安大学出版社2011年版）、《审前羁押与保释》（房国宾，法律出版社2011年版）、《羁押替代性措施改革与完善》（王贞会，中国人民公安大学出版社2012年版）、《我国审前羁押制度问题研究》（蓝向东，人民法院出版社2015年版）、《我国未决羁押制度研究》（袁红，中国政法大学出版社2018年版）、《审前羁押制度演变的比较研究》（柏恩敬等，法律出版社2018年版）、《羁押必要性审查制度的理论与实践》（陈卫东等，中国法制出版社2019年版）等。其次，除学术专著外，学界研究逮捕或羁押制度而发表的论文更是数不胜数。2020年1月30日，笔者在中国知网上分别检索标题中包含有"逮捕"和"羁押"的文章，共检索到标题中包含"逮捕"词汇的中文文章有2 153篇，标题中包含"羁押"词汇的中文文章有2 242篇，其中引用数超过50个（包括本数）的高引用频次文章有39篇。最高的一篇文章被引用次数达到427次，为陈瑞华教授于2001年发表在《政法论坛》的《审前羁押的法律控制——比较法角度的分析》一文；2012年《刑事诉讼法》颁布之后被引用次数最高的一篇文章为刘计划教授发表于2012年《法学研究》的《逮捕审查制度的中国模式及其改革》一文，被引次数为171次。相关文章数量的浩繁以及高被引用频次文章的存在，也意味着逮捕或羁押制度研究一直是当前学术研究的热点话题。

第二，学界和实务界近些年来也多次召开以逮捕或羁押制度为主题的学术会议，对学术研究发挥了很强的引领作用。如2004年7月，中国人民大学诉讼制度与司法改革研究中心、国家检察官学院、吉林大学法学院和吉林省人民检察院在长春联合举办"羁押制度与人权保障"理论研讨会，就"被羁押人权利及宪法地位""国际司法准则与我国羁押制度现状""公、检、法机关保障被羁押人权益的权力与责任""中国刑事羁押制度的重构"等议题进行研讨。2009年10月，西南政法大学诉讼法与司法改革研究中心与《人民检察》杂志社、重庆市沙坪坝区人民检察院共同举办"逮捕的证据与程序问题研讨会"，围绕逮捕证据和必要性证明标准、审查逮捕程序和逮捕制度完善等问题进行讨论。2012年11月，中国人民大学法学院与国家检察官学院联合举办第八届国家高级检察官论坛，论坛主题为"强制措施制度的修改与执行"。2014年6月,北京师范大学召开"中美取保候审与羁押必要性研讨会"。2016年11月,中国人民大学诉讼制度与司法改革研究中心与安徽省芜湖市人民检察院联合举办"羁押必要性审查制度发展与完善暨芜湖试点总结研讨会"。2018年6月,中国人民大学刑事法律科学研究中心与中国政法大学国家法律援助研究院联合主办"'捕诉分离'V.'捕诉合一'"学术研讨会。2019年10月,中国人民大学诉讼制度与司法改革研究中心与深圳市人民检察院、广东外语外贸大学智慧司法与司法改革研究中心在深圳共同主办"侦捕诉一体化"办案模式研讨会等。

第三,随着逮捕制度越来越受到学界的重视,以逮捕或羁押制度为选题的博士论文也逐渐增多。以笔者可查阅到的范围来看,中国政法大学李忠诚博士于1994年完成的《刑事强制措施制度研究》是最早对逮捕制度开展研究的博士论文,而吉林大学孙谦博士于2000年完成的博士学位论文《逮捕论》则是最早专门研究逮捕制度的博士论文。2000年之后的不少博士论文也以逮捕制度为研究选题,但选题的题目也日益精细、研究方法也日益多元。如2004年中国人民大学张锦全博士的《中国内地与香港羁押制度比较研究》、2006年西南政法大学袁劲秋博士的《我国审前羁押制度的改革研究》、2008年四川大学郭松博士的《话语、实践与制度变迁:中国当代审查逮捕制度实证研究》、2009年复旦大学江涌博士的《未决羁押制度研究》、2010年吉林大学于平博士的《羁押审查程序要素论》、2011年中国政法大学郭烁博士的《刑事强制措施的体系及其适用研究:以非羁押性强制措施为重点》、2013年吉林大学张剑峰博士的《逮捕制度新论》、2015年武汉大学王莉博士的《羁押必要性审查制度研究》、2018年吉林大学张琳博士的《羁押必要性审查制度研究》等。此外,还有一些博士论文虽然未以逮捕制度为专门的研究对象,但也在研究中涉及逮捕制度。

二、逮捕制度适用情况的实证研究

随着实证研究方法的引入,学界对逮捕制度的适用情况给予高度关注。这些实证研究大大提升了相关研究的问题意识,也有力地推动了逮捕制度的改革与完善。概括来说,学者们对逮捕制度适用情况的实证研究,主要集中在审前羁押率和羁押期限的问题上。

(一)关于审前羁押率的实证研究

在1996年《刑事诉讼法》颁布之前,学界即已关注到审前羁押率过高的问题,1996年《刑事诉讼法》保留取保候审的一个重要原因就是要降低过高的审前羁押率。然而,学界真正对逮捕率进行实证研究主要是在1996年《刑事诉讼法》颁布之后，一批专家学者开始关注《刑事诉讼法》的具体实施问题。① 总体而言，学界对审前羁押率的计算主要引用两种数据：一种是最高人民法院、最高人民检察院等公开发布的全国性数据，另一种是通过对部分地区进行调研获取的地区性数据。在判断逮捕率的指标选择上，学者们也主要使用两个指标：一个是捕诉率（被逮捕人数/提起公诉人数），另一个是逮捕率（被逮捕人数/犯罪嫌疑人或被告人总数）。概括来说，通过对逮捕率的实证研究，学者们发现如下几方面的问题：

第一，羁押率过高在我国司法实践中普遍存在，且虽然审前羁押率仍居高不下，但总体上呈现下降趋势。首先，2009年前的审前羁押率总体较高。如有学者通过对2000年之前全国检察机关捕诉率分析后发现，90%左右的犯罪嫌疑人、被告人都被采取逮捕措施。② 有学者通过对1990—2009年的全国检察院逮捕数据进行测算，发现我国刑事诉讼的平均逮捕率为93.76%。③ 其次，2009年后审前羁押率稳步下降。过高的羁押率引起社会各界的广泛关注，降低羁押率成为各界共识。在社会各界努力下，羁押率总体呈下降趋势。如有学者对官方资料研究后发现，2003年至2011年全国的逮捕率从93%下降至75%④。而其他学者也通过实证研究得出相同的结论。⑤ 2012年《刑事诉讼法》修改后，学者们继续关注审前羁押率的变化。总体来看，2012年后审前羁押率呈下降趋势，但这一下降趋势在2013年后则逐渐保持稳定，并在2017年出现大幅改变。有学者经研究后发现，2013年至2016年间全国批准逮捕人数和捕诉率均保持微降趋势，但变化并不明显；2017年批准逮捕人数同比上升近3成，捕诉率触底反弹升至64.2%，打破了十余年来保持的批准逮捕人数与捕诉率同步下降的趋势。⑥ 2020年之后，我国的逮捕情况出现新的变化，捕诉率有了较大幅度的下降。如2020年的捕诉率为49.0%，2021年的捕诉率为49.6%，2022年的捕诉率为34.3%，2023年

---

① 如陈光中教授的《刑事诉讼法实施问题研究》（中国法制出版社2000年版）、陈卫东教授的《刑事诉讼法实施问题调研报告》（中国方正出版社2003年版）、左卫民教授的《中国刑事诉讼运行机制实证研究（二）：以审前程序为重心》（法律出版社2009年版）等。
② 参见陈永生：《我国未决羁押的问题及其成因与对策》，《中国刑事法杂志》2003年第4期，第67页；孙长永：《探索正当程序——比较刑事诉讼法专论》，中国法制出版社2005年版，第163～166页；唐亮：《中国审前羁押的实证分析》，《法学》2001年第7期，第30页。
③ 参见刘计划：《审查逮捕制度的中国模式及其改革》，《法学研究》2012年第2期，第127页。
④ 参见陈永生：《逮捕的中国问题与制度应对——以2012年刑事诉讼法对逮捕制度的修改为中心》，《政法论坛》2013年第4期，第18页。
⑤ 参见熊谋林：《从证据收集看审前羁押——基于A市的实证研究》，《华东政法大学学报》2016年第2期，第144页；马静华：《逮捕率变化的影响因素研究——以新〈刑事诉讼法〉的实施为背景》，《现代法学》2015年第3期，第126页。
⑥ 参见刘计划：《我国逮捕制度改革检讨》，《中国法学》2019年第5期，第140页。

的捕诉率为43.0%，2024年1月至6月的捕诉率是48.2%。①

第二，非必要逮捕在我国司法实践中仍然存在。羁押率高本身并不能直接说明逮捕滥用问题，为此，一些学者又进一步提炼出非必要逮捕的指标，通过分析撤回提请批准逮捕率、逮捕后判刑率、逮捕后轻刑率等数据来说明逮捕是否被滥用。其一，通过分析撤回提请批准逮捕率和逮捕后判刑率发现，绝大多数犯罪嫌疑人、被告人被逮捕后均被作出有罪判决。如有学者对2007年至2009年蚌埠市公安机关撤回提请逮捕意见情况调研后发现，该期间共提请批准逮捕5 899人，撤回提请逮捕意见186人，撤回提请批准逮捕人数占提请批准逮捕人数的3.2%，同期检察机关作出不（予）批准逮捕决定132人。② 也有学者调研后发现，犯罪嫌疑人捕后被判有罪的超过98%，没有起诉、撤回起诉以及无罪判决三者之和不足2%。③ 其二，通过逮捕后轻刑率发现，一半左右的被逮捕犯罪嫌疑人、被告人被判处3年有期徒刑以下刑罚。如有研究对2003～2005年间济南市检察院相关数据调研后发现，被判处3年有期徒刑以上刑罚的被告人占所有被逮捕犯罪嫌疑人、被告人的比例平均为49.2%，被判处拘役以下刑罚的平均占9.2%，被判处缓刑的平均占40.1%。④ 也有学者对江西某县数据调研后发现，捕后判处缓刑及有期徒刑以下刑罚的占捕后总判决人数的30%以上。⑤ 还有学者对2006年至2009年7月某省检察机关数据调研后发现，共批准和决定逮捕188 644人，捕后判轻刑人数为36 221人，占逮捕案件总数的19.2%。⑥

（二）关于超期羁押和羁押期限的实证研究

为防止"一押到底"并保障犯罪嫌疑人、被告人的合法权益，《刑事诉讼法》规定了逮捕后羁押犯罪嫌疑人、被告人的期限。但学者们通过实证研究发现，羁押期限制度在实践中并未被很好地贯彻执行，这突出表现为超期羁押和羁押期限

---

① 数据来源于最高人民检察院发布的《2020年全国检察机关主要办案数据》《2021年全国检察机关主要办案数据》《2022年全国检察机关主要办案数据》《2023年全国检察机关主要办案数据》《2024年1月至6月全国检察机关主要办案数据》。

② 参见王永法、曹大波：《撤回提请批准逮捕情况的实证分析》，《中国刑事法杂志》2011年第2期，第75页。

③ 参见郭松：《审查逮捕制度运作方式的实证分析——侧重于功能实现的角度》，《中南民族大学学报（人文社会科学版）》2010年第3期，第89页。

④ 参见济南市槐荫区人民检察院课题组：《我国逮捕标准的实证分析》，《政法论坛》2008年第5期，第87～88页。

⑤ 参见王维志、詹新红：《逮捕强制措施普遍化的实证分析》，《中国检察官》2006年第9期，第22页。

⑥ 参见李勇、张金萍：《逮捕措施运行状况调查分析——以捕后轻判案件为考察对象》，《人民检察》2010年第21期，第33页。

过长两个问题。

第一，关于超期羁押的研究。2000年全国人大常委会组织《刑事诉讼法》执法检查，超期羁押被认为是《刑事诉讼法》实施过程中的三大难题。[1] 自此，超期羁押获得学界和实务界的广泛关注。有学者分析最高人民检察院工作报告后发现，2000年以前我国超期羁押率为10%左右，1998年、1999年和2000年全国检察机关对超期羁押分别提出纠正意见70 992、74 051和64 254人次，分别占批准逮捕的全部案件的12%、11%和7.8%。[2] 从2000年开始，国家强力清理超期羁押，并逐渐建构起防范超期羁押的程序机制，如上海市人民检察院第一分院监所检察处的超期羁押自动预警系统、重庆市渝北区人民检察院的"一证通"制度以及吉林省辽源市人民检察院的"三书"制度等。[3] 在此基础上，超期羁押问题至少从表面上看逐渐被解决。有研究发现，超期羁押率从2001年开始快速下降，至2004年下降至0.6%，之后维持在0.01%至0.06%之间。[4] 但也有学者认为，虽然超期羁押在表面上极少存在，但公安、司法机关在法定羁押期限到期后通过营造继续羁押理由或规避法律规定的情境进行的"隐性超期羁押"仍然非常严重。[5]

第二，关于羁押期限的研究。随着超期羁押问题的逐渐解决，学者们逐渐关注羁押期限的问题。有学者对《刑事诉讼法》相关规定研究后发现，一般情况下犯罪嫌疑人若犯一般重罪，审前羁押期间可长达6.5个月，若犯特殊重罪其审前羁押期间可长达8~8.5个月；如果考虑程序回流或回转情况，一般重罪下的审前羁押期间长达11.5个月，特殊重罪下的审前羁押期间长达13.5个月。[6] 但上述期限仅是理论上的推演，随着办案正规化的要求，公安、司法机关的期限意识不断增强。有学者对2004年某省三个区县公安机关侦查案件调研后发现，平均

---

[1] 参见侯宗宾：《全国人大常委会执法检查组关于检查〈中华人民共和国刑事诉讼法〉实施情况的报告——2000年12月27日在第九届全国人民代表大会常务委员会第十九次会议上》，http://www.npc.gov.cn/wxzl/gongbao/2001-03/09/content_5132037.htm，最后访问日期：2020年1月30日。

[2] 参见陈永生：《我国未决羁押的问题及其成因与对策》，《中国刑事法杂志》2003年第4期，第67页。

[3] 参见樊崇义、张品泽：《上海、重庆、吉林等地人民检察院纠防超期羁押工作机制评析》，《国家检察官学院学报》2006年第4期，第20页；王渊：《"一证通"：对超期羁押说"不"——重庆市检察机关纠防超期羁押长效机制建设实践探索》，《人民检察》2010年第8期，第68页。

[4] 参见陈永生：《逮捕的中国问题与制度应对——以2012年刑事诉讼法对逮捕制度的修改为中心》，《政法论坛》2013年第4期，第19页。

[5] 参见雷小政：《谈隐性超期羁押问题及其解决》，《国家检察官学院学报》2006年第4期，第29页。

[6] 参见林喜芬：《解读中国刑事审前羁押实践——一个比较法实证的分析》，《武汉大学学报（哲学社会科学版）》2017年第6期，第86~87页。

审前羁押期间为 40.1 天,并未达到理论上的最长期限。① 也有学者对 1997～2004 年四个检察院的审查批捕期间调研后发现,四个检察院审查逮捕的平均期限都有下降的趋势。②

三、逮捕制度基础理论研究

学者们关于逮捕制度的基础理论的研究主要包括逮捕与羁押的关系、逮捕功能与目的以及逮捕原则等方面的内容。

第一,关于逮捕与羁押关系的研究。我国《刑事诉讼法》仅将逮捕规定为一种刑事强制措施,羁押并非立法明文规定的刑事强制措施种类。但随着国内外学术交流的增多,一些学者关注到国外将刑事强制措施区分为逮捕与羁押两种,因此对逮捕与羁押间的关系进行了研究。关于逮捕与羁押的关系主要有三种观点,即"拘留逮捕后状态说""刑事强制措施说""逮捕说"。"拘留逮捕后状态说"认为,羁押是拘留逮捕后产生的结果,是指犯罪嫌疑人、被告人被逮捕和拘留后,由有关司法人员将其解送到看守所等法定关押场所,使其处于丧失人身自由的状态。③ "刑事强制措施说"认为,羁押包括拘留和逮捕两种刑事强制措施。④ "逮捕说"认为,羁押是源于刑事诉讼中逮捕处分的未决羁押,它使犯罪嫌疑人、被告人的人身自由处于一种被依法暂时剥夺的状态。⑤ 总体来看,"拘留逮捕后状态说"逐渐获得越来越多学者的认可,在此基础上学者们进一步提出羁押与逮捕分离的制度改革。

第二,关于逮捕制度功能的研究。逮捕制度的功能是逮捕制度研究的基础,学者们认为逮捕制度可能承担的功能包括:其一,保障刑事诉讼活动的顺利进行,保证国家对刑事犯罪进行追诉的顺利实现⑥;其二,预防犯罪和惩罚犯罪分

---

① 参见左卫民、马静华:《侦查羁押制度:问题与出路——从查证保障功能角度分析》,《清华法学》2007 年第 2 期,第 77 页。
② 参见郭松:《审查逮捕制度运作效率研究——基于审查逮捕期限的实证分析》,《中国刑事法杂志》2009 年第 2 期,第 110 页。
③ 参见孙谦:《论逮捕》,载江伟、陈光中主编:《诉讼法论丛》(第 5 卷),法律出版社 2000 年版,第 88 页;陈瑞华:《未决羁押制度的实证研究》,北京大学出版社 2004 年版,第 4 页;卞建林:《论我国审前羁押制度的完善》,《法学家》2012 年第 3 期,第 81 页。
④ 参见陈卫东:《保释制度与取保候审》,中国检察出版社 2003 年版,第 582 页;江涌:《未决羁押制度研究》,复旦大学 2009 年博士学位论文,第 6 页。
⑤ 参见杨立新、刘根菊:《法治视野下的羁押制度》,《政法论坛》2004 年第 4 期,第 42 页。
⑥ 参见陈卫东、刘计划:《谁有权力逮捕你——试论我国逮捕制度的改革(上)》,《中国律师》2000 年第 9 期,第 62 页。

子①；其三，收集证据、查清犯罪事实②；其四，防止犯罪嫌疑人犯新罪、保卫社会安全。③ 但有学者指出，逮捕功能在司法实践中出现了异化，即逮捕成为打击犯罪、维护社会稳定的工具，被视为惩罚和追究责任的一种方式，承担了预支刑罚的功能，承载着震慑犯罪的功能，成为侦查手段和侦查的附庸，出现"以捕代侦"的局面。④ 还有学者认为，我国刑事强制措施体系未能形成清晰的强制到案和候审羁押的功能位阶区分，导致逮捕长期在理论研究和法意理解上兼具强制到案和候审羁押的双重功能，进而引发逮捕在打击犯罪和人权保障的价值取向中"摇摆不定"的实践困境。⑤

第三，关于逮捕原则的研究。有学者认为，逮捕的原则包括合法性原则、公正原则、谦抑原则、即时原则、示证和告知权利原则等。⑥ 有学者认为，逮捕的原则包括法制原则、比例原则、司法审查原则、诉权原则以及一次性原则、令状原则、防止双重风险原则等。⑦ 有学者认为，现代审前羁押制度应遵循司法授权原则、司法审查原则、司法救济原则和比例原则。⑧ 还有学者认为逮捕的原则包括法律保留原则、比例原则、基本权干预与基本权抗辩平衡原则。⑨ 还有学者认为逮捕的原则包括羁押法定原则、比例原则和羁押最后原则。⑩ 综上，虽然学界对逮捕原则的观点并不完全一致，但都认为至少应包括法定原则、司法审查原则、比例原则等几项原则。

四、逮捕的条件研究

逮捕条件通常被概括为证据条件、罪责条件和社会危险性条件三个方面。1979年《刑事诉讼法》规定了严格的逮捕条件，要求"主要犯罪事实已经查清"且

---

① 参见叶青、周登谅：《关于羁押性强制措施适用的公开听证程序研究》，《法制与社会发展》2002年第4期，第83页。
② 参见陈卫东、隋光伟：《现代羁押制度的特征：目的、功能及实施要件》，《中国司法》2004年第9期，第59页。
③ 参见陈瑞华：《审前羁押的法律控制——比较法角度的分析》，《政法论坛》2001年第4期，第104页。
④ 参见刘计划：《逮捕功能的异化及其矫正——逮捕数量与逮捕率的理性解读》，《政治与法律》2006年第3期，第152页。
⑤ 参见杨依：《我国逮捕的"结构性"错位及其矫正——从制度分离到功能程序分离》，《法学》2019年第5期，第159、161页。
⑥ 参见孙谦：《论逮捕的原则》，《法学家》2000年第5期，第56页。
⑦ 参见隋光伟：《羁押属性及适用原则》，《当代法学》2004年第3期，第110页。
⑧ 参见卞建林：《论我国审前羁押制度的完善》，《法学家》2012年第3期，第85～86页。
⑨ 参见李训虎：《逮捕制度再改革的法律义学解读》，《法学研究》2018年第3期，第158～159页。
⑩ 参见张剑峰：《逮捕制度新论》，吉林大学2013年博士学位论文，第21页。

"有逮捕必要"的才可被逮捕。① 设置严格的逮捕条件的本意可能在于对滥捕乱押现象的约束，但这在司法实践中带来诸多问题。由于逮捕条件严格而拘留期限较短，侦查机关为获取足够的证据便借助于收容审查制度②，由此造成收容审查制度的盛行。这也是20世纪90年代初期收容审查存废争论的关键所在。1996年《刑事诉讼法》废除收容审查制度，但同时降低了逮捕的证据条件，将"主要犯罪事实已经查清"修改为"有证据证明有犯罪事实"。2012年《刑事诉讼法》删除"有逮捕必要"并细化了社会危险性条件，将其细化为"可能实施新的犯罪的；有危害国家安全、公共安全或者社会秩序的现实危险的；可能毁灭、伪造证据，干扰证人作证或者串供的；可能对被害人、举报人、控告人实施打击报复的；企图自杀或者逃跑的"五种情形。学者们对逮捕条件也予以充分关注，并对逮捕条件的完善提出了诸多意见。

第一，关于证据条件的研究。逮捕的证据条件为"有证据证明有犯罪事实"，全国人大常委会将其解释为同时具备如下情形："有证据证明发生了犯罪事实、有证据证明犯罪事实是犯罪嫌疑人实施的、证明犯罪嫌疑人实施犯罪行为的证据已经查证属实。"学者们通常认为"有证据证明"的证明标准要低于"犯罪事实清楚，证据确实、充分"的定罪标准，但该条款的规定十分模糊，导致出现了不同的理解。有的观点认为逮捕的证明标准是"充分"，也有观点认为逮捕的证明标准是"证据确实、充足"，还有观点认为逮捕的证明标准是"犯罪事实基本清楚，证据基本确实、充分和犯罪事实基本上为犯罪嫌疑人所为"③。对于逮捕证明标准该如何完善，学者们提出了"维持说""降低说""提高说"等不同观点。"维持说"认为全国人大常委会法工委对逮捕证明标准的解释是可行的，未来应及时吸收到法律规定中。④ "降低说"认为，当前逮捕的证明标准仍然是比较高的，这使刑事拘留很难与逮捕衔接，反过来促使拘留期限的延长和超期羁押的出现。⑤ 有实务界人士认为，对逮捕适用较高的证明标准不利于防控被追诉人的社会危险性，故主张采取优势证据标准。⑥ "提高说"则认为，逮捕证明标准过低

---

① 1979年《刑事诉讼法》第40条第1款规定："对主要犯罪事实已经查清，可能判处徒刑以上刑罚的人犯，采取取保候审、监视居住等方法，尚不足以防止发生社会危险性，而有逮捕必要的，应即依法逮捕。"
② 参见杨连峰、魏华明：《关于将"收容审查"纳入刑事强制措施初探》，《法学评论》1989年第5期，第30页。
③ 郭志远：《我国逮捕证明标准研究》，《中国刑事法杂志》2008年第9期，第76页。
④ 参见陈卫东：《刑事审前程序与人权保障》，中国法制出版社2008年版，第233页。
⑤ 参见孙洪波、富强：《论刑事强制措施的完善与人权保障》，载陈卫东主编：《羁押制度与人权保障》，中国检察出版社2005年版，第314页。
⑥ 参见刘慧玲：《逮捕社会危险性的证明》，《人民检察》2013年第3期，第63页。

是导致实践中羁押率居高不下、超期羁押屡禁不绝的重要原因。在提高至何种证明程度上，学者们也提出不同观点。有观点认为，未来立法应将逮捕证明标准提高至接近侦查终结的证明标准①；也有观点认为，侦查、起诉阶段要向审判阶段看齐，适用统一的法定证明标准②；还有观点认为，可采用介于优势证据标准与排除合理怀疑标准之间的高度盖然标准。③此外，亦有观点认为对逮捕制度应设置分阶段的证明标准，"有证逮捕"的证明标准为充足证据证明有犯罪事实，"无证逮捕"的证明标准为紧迫的犯罪嫌疑。④

第二，关于罪责条件的研究。依据《刑事诉讼法》的规定，逮捕只适用于"可能判处有期徒刑以上刑罚"的案件，此即逮捕的罪责条件。学界的相关研究主要涉及两个问题：其一，应否将罪责要件作为逮捕的条件。有观点认为不应将罪责要件作为逮捕的一项条件，只要有逃亡之虞即应考虑羁押⑤，但也有观点认为应保留罪责要件，这有利于保障犯罪嫌疑人、被告人的合法权益。⑥其二，如何设定科学的罪责要件。有观点认为，逮捕应从严掌握，可将逮捕的罪责要件设定为可能判处3年有期徒刑以上刑罚的案件。⑦还有观点主张依据犯罪种类不同而设定不同的罪责要件，如将羁押区分为可以由司法者通过自由裁量权决定的酌定羁押和不可由司法者自由裁夺的法定羁押，可能判处死刑的案件应当予以羁押，对于某些特定种类的犯罪可以予以羁押并规定较为严格的替代羁押的条件。⑧

第三，关于社会危险性条件的研究。1979年和1996年《刑事诉讼法》虽然规定了逮捕须具备必要性条件，但语焉不详。这也使司法实践中办案人员片面强调证据和刑罚要件，而极少考虑甚至根本不考虑逮捕必要性条件，由此产生了大量的非必要性羁押。⑨所以，学界对逮捕必要性条件予以充分关注，从理论上详

---

① 参见闵春雷、刘铭：《羁押的理性控制——羁押实质条件之完善》，《吉林大学社会科学学报》2005年第5期，第123页。
② 参见蔡长春：《统一思想，把握方向，凝聚共识，积极稳妥推进以审判为中心的诉讼制度改革》，《法制日报》2016年7月30日，第1版。
③ 参见李训虎：《逮捕制度再改革的法释义学解读》，《法学研究》2018年第3期，第163页。
④ 参见郭志远：《我国逮捕证明标准研究》，《中国刑事法杂志》2008年第9期，第80页。
⑤ 参见易延友主编：《刑事诉讼法》（第2版），法律出版社2004年版，第191页。
⑥ 参见李忠诚：《刑事强制措施制度研究》，中国人民公安大学出版社1995年版，第250～252页。
⑦ 参见陈光中：《中华人民共和国刑事诉讼法再修改专家建议稿与论证》，中国法制出版社2006年版，第379页。
⑧ 参见闵春雷、刘铭：《羁押的理性控制——羁押实质条件之完善》，《吉林大学社会科学学报》2005年第5期，第125页。
⑨ 参见杨依：《以社会危险性审查为核心的逮捕条件重构——基于经验事实的理论反思》，《比较法研究》2018年第3期，第131页。

细阐述社会危险性条件的内容[1],还有些学者试图通过量化的方式来实现社会危险性条件的确定化。[2] 在学界的推动下,2012年《刑事诉讼法》将"社会危险性"条件细化为五种情形。学者们在肯定立法成果的同时,也对"社会危险性"条件的规定提出诸多意见。有观点认为,社会危险性要件是逮捕的关键要件,直接体现强制措施使用中的比例性原则的贯彻程度,但其在实践中被虚置的情况可能比预想的还要严重。[3] 有观点认为,我国《刑事诉讼法》有关逮捕必要性条件的规定,内在地包含着社会危险性条件和逮捕之不可替代性条件的双层逻辑结构,对逮捕社会危险性条件的审查判断,需运用证明和综合评估两种方法。[4] 有观点认为,我国没有凸显出社会危险性适用"因人而异""因案而异"的特征,未来社会危险性的细化还需针对不同类型的犯罪制定专门的规定,对于严重犯罪和较轻犯罪应适用不同的社会危险性审查标准。[5] 有观点认为,应将以往的违法事实作为社会危险性条件重要的评估参考,并且要关注对犯罪嫌疑人主观恶性的评价且不应当忽略具体的犯罪情节。[6] 还有观点认为,社会危险性评估机制应以"社会危险性"为评价基准,先考察各因素"社会危险性"等级大小,再根据一定的规则进行综合评估,根据评估值的大小确定犯罪嫌疑人是否有逮捕必要。[7] 在此基础上,一些学者开始运用社会科学研究方法研究逮捕社会危险性的量化评估问题。[8]

第四,关于三个条件关系的研究。经过这些年对逮捕条件的研究,学者们基本上认同逮捕的三个条件并非并列关系的观点,应当建构三者之间的层次结构。但在三者之间的具体关系上,学者们则存在不同认识。如有观点认为,逮捕三要

---

[1] 参见宋英辉主编:《刑事诉讼法学研究述评(1978—2008)》,北京师范大学出版社2009年版,第214页。

[2] 参见卢志坚:《泰州高港:细化社会危险性证明标准防止"构罪即捕"》,《检察日报》2015年8月4日,第1版;张吉喜:《统计学方法在评估"逮捕必要性"中的运用》,《广东社会科学》2014年第6期,第221页。

[3] 参见董林涛:《逮捕社会危险性要件的现实定位与证明机制》,《法学杂志》2018年第11期,第118页。

[4] 参见史立梅:《逮捕必要性条件的法释义学分析》,《法学杂志》2019年第3期,第67页。

[5] 参见孙谦:《司法改革背景下逮捕的若干问题研究》,《中国法学》2017年第3期,第33页。

[6] 参见薛海蓉、詹静:《逮捕"社会危险性条件"适用的实践探索——基于江苏省南京市建邺区人民检察院试点经验的思考》,《人民检察》2014年第3期,第66页。

[7] 参见杨秀莉、关振海:《逮捕条件中社会危险性评估模式之构建》,《中国刑事法杂志》2014年第1期,第68页。

[8] 参见张吉喜:《逮捕社会危险性条件中犯罪嫌疑人逃跑风险研究》,载《中国法学》2023年第4期,第281页;高通:《轻罪案件中的逮捕社会危险性条件研究——以故意伤害罪为例》,载《政法论坛》2021年第2期,第73页。

件的逻辑关系是：证据要件、罪责要件为基础条件，社会危险性要件为核心要件。① 也有观点认为，我国逮捕的三要件之间并非简单、无序的罗列关系，而应从实现逮捕的程序性保障功能出发，生成以社会危险性审查为核心、以证据要件和刑罚要件审查为重要前提的内在逻辑思路。② 还有观点认为，"有证据证明有犯罪事实"是适用强制措施的基础性条件，可将罪责条件视为原则上排除可能判处徒刑以下刑罚的人适用逮捕的否定性条件，将社会危险性条件视为适用逮捕的核心要件。③

第五，关于附条件逮捕的研究。2013年最高人民检察院发布《关于人民检察院审查逮捕工作中适用"附条件逮捕"的意见（试行）》，规定在部分案件中可对原本不符合逮捕条件的犯罪嫌疑人予以先行批准逮捕，此被称为"附条件逮捕"制度。实务界和学术界对该制度的理解存在很大分歧。其一，对"附条件逮捕"的内涵理解尚不统一。如有的观点认为，"附条件逮捕"是指对于证据有所欠缺但已基本构成犯罪、认为经过进一步侦查能够取得定罪所必需的证据、确有逮捕必要的重大案件的犯罪嫌疑人批准逮捕，如侦查后仍未能取得定罪所必需的充足证据，则及时撤销批准逮捕决定的一项强制措施适用制度。也有观点认为，"附条件逮捕"是指对于涉嫌严重刑事犯罪的犯罪嫌疑人，如果检察院认为其犯罪事实虽暂未达到批准逮捕标准，但具备补充、完善证据的条件和可能，且侦查机关已有补充侦查的具体计划和方案的，可以先行作出批准逮捕决定。④ 其二，对"附条件逮捕"制度的合法性存在争论：（1）肯定说，认为"附条件逮捕"制度具有合法性基础。如有观点认为，"附条件逮捕"对于平衡惩治犯罪与保障人权之间的矛盾、确保逮捕质量等具有多方面的意义。⑤ 还有实证研究表明，"附条件逮捕"的适用起到了保障诉讼顺利进行与给侦查必要时间的作用。⑥（2）否定说，认为"附条件逮捕"制度违反《刑事诉讼法》第60条之规定，违背程序法定和刑事司法解释的原则，背离刑事诉讼的价值目标，不符合司法改革的

---

① 参见董林涛：《逮捕社会危险性要件的现实定位与证明机制》，《法学杂志》2018年第11期，第121页。
② 参见杨依：《以社会危险性审查为核心的逮捕条件重构——基于经验事实的理论反思》，《比较法研究》2018年第3期，第142页。
③ 参见孙茂利、黄河：《逮捕社会危险性有关问题研究——兼对〈最高人民检察院、公安部关于逮捕社会危险性条件若干问题的规定（试行）〉的解读》，《人民检察》2016年第6期，第30页。
④ 参见汪建成：《附条件逮捕改革述评》，《烟台大学学报（哲学社会科学版）》2009年第4期，第17页。
⑤ 参见朱孝清：《论附条件逮捕》，《中国刑事法杂志》2010年第9期，第6~7页。
⑥ 参见孙雪丽、彭慧：《附条件逮捕案件适用调查报告——以某分院近五年适用附条件逮捕案件为样本》，《中国检察官》2014年第13期，第54页。

基本原则，且该制度难以避免逮捕适用的扩大化和超期羁押现象。① 正是由于"附条件逮捕"制度存在的巨大争论，最高人民检察院于 2017 年发布《关于在审查逮捕工作中不再适用"附条件逮捕"的通知》，正式废止了"附条件逮捕"制度。

第六，关于预防性羁押以及重罪羁押的研究。2012 年《刑事诉讼法》第 79 条第 1 款和第 2 款分别规定了预防性羁押和重罪羁押制度。伴随着对逮捕功能问题的讨论，重罪羁押以及预防性羁押的合法性问题也引起一些学者的关注。其一，对预防性羁押合法性的研究。自预防性羁押产生以来，国外对预防性羁押正当性的争论就一直存在，双方就预防性羁押是否违背无罪推定原则、是否构成对公民基本权利的侵犯、是否违反正当程序、是否有悖强制措施的本质属性、是否具备对社会危险性的科学统计依据以及是否不利于被追诉者的再社会化等方面展开争论。② 反对观点认为，预防性羁押是刑事强制措施实体化的典型体现，突破了刑事强制措施程序性的底线。总体来看，这种对预防性羁押的批判与否定态度获得较多数学者的支持。当然，也有学者对此持截然相反的态度，认为"法治的真谛并非仅仅是人权保护的加强，我们在为被告人人权保障努力奋斗的同时，也不能忘却公共安全的维护"③。其二，对重罪羁押合法性的研究。我国于 2012 年修改《刑事诉讼法》时规定了重罪羁押制度，此前，该制度主要存在于德国等的刑事诉讼法典中。在域外，重罪羁押制度面临重大的理论争议，这些争议主要围绕着无罪推定原则、比例原则而展开。④ 同样，该制度在我国也面临诸多合法性质疑。有观点认为，重罪羁押完全缺乏正当理由支撑，而且与法治国家理念下的人权保障原则直接对立。⑤ 也有观点认为，可以保留重罪羁押制度，但对于涉嫌重罪的被追诉人决定是否羁押时，也应坚持羁押保障程序顺利进行这一目的，坚持与其他类型的案件适用同样的羁押理由。⑥

五、逮捕的程序研究

《刑事诉讼法》规定了逮捕的程序，但该程序总体上属于一种行政化的内部审批程序，并不符合现代羁押制度的要求。所以，学者们对逮捕程序如何完善也

---

① 参见张兆松：《附条件逮捕制度批判》，《现代法学》2009 年第 5 期，第 157 页。
② 参见罗海敏：《预防性羁押的争议与适用》，《国家检察官学院学报》2012 年第 4 期，第 92 页。
③ 罗海敏：《预防性羁押的争议与适用》，《国家检察官学院学报》2012 年第 4 期，第 99 页。
④ 参见白冰：《论重罪羁押之改革完善》，《中国刑事法杂志》2013 年第 6 期，第 80 页。
⑤ 参见董林涛：《我国逮捕制度之目的回归与制度重构》，《政法论坛》2015 年第 5 期，第 172 页。
⑥ 参见白冰：《论重罪羁押之改革完善》，《中国刑事法杂志》2013 年第 6 期，第 85 页。

予以高度关注,围绕批捕权的归属、逮捕审查程序的诉讼化改造、捕诉一体化等问题展开了激烈讨论。

(一)关于批捕权归属的争论

依据《宪法》第37条"任何公民,非经人民检察院批准或者决定或者人民法院决定,并由公安机关执行,不受逮捕"的规定,我国确立了检察院批准或决定逮捕和法院决定逮捕两种逮捕决定机制,即检察院对公安机关立案侦查案件和自行侦查案件中的犯罪嫌疑人行使批准逮捕权(下文简称"批捕权"),法院有权对处于审判阶段的被告人决定逮捕。但检察院行使批捕权的规定,与国际社会中的司法审查机制存在很大不同,学者们围绕该问题展开了激烈争论。1998年中国人民大学法学院博士生郝银钟在《法学》1998年第6期和《中国人民大学学报》1998年第6期分别发表《论批捕权的优化配置》和《论批捕权与司法公正》,对检察院行使批捕权的机制提出诸多质疑,并提出要建构法院行使批捕权的机制。这两篇文章引发检察机关的强烈质疑,如武汉市人民检察院刘国媛发表了《也谈批捕权的优化配置——与郝银钟同志商榷》,对郝银钟博士的观点提出质疑。之后,郝银钟博士发表《批捕权的法理与法理化的批捕权——再谈批捕权的优化配置及检察体制改革兼答刘国媛同志》一文,对刘国媛一文作出回应。紧接着,最高人民检察院检察理论研究所张智辉发表《也谈批捕权的法理——"批捕权的法理与法理化的批捕权"一文质疑》。恰恰此时,学界也在对检察机关法律监督权的属性展开争论,批捕权又是检察机关法律监督权的重要内容。两种因素叠加,使各界就批捕权归属问题展开了一场大论战。经过多年的争论,有关批捕权归属逐渐尘埃落定,实现逮捕与羁押相分离并建构羁押决定的司法审查机制的观点逐渐获得学界的普遍认可,实务界在一定程度上也接受了上述观点并促成了中国逮捕程序的改革。下文将详细阐述学界和实务界对批捕权归属的不同观点。

第一,"法院行使批捕权说"。该说认为当前我国检察机关行使批捕权的机制存在诸多弊端,批捕权应交由法院行使。如郝银钟博士认为,审判机关享有签发逮捕令状的权力,是由审判机关在刑事诉讼中的法律地位决定的,更有利于实现程序正义和诉讼目的,与法院诉讼职能相适应,有利于保障实体法的公正实现;而由检察机关行使批捕权则带来"以捕代侦"普遍存在、"该捕不捕、不该捕乱捕"现象严重、互相扯皮案件数量增多、司法资源的浪费等弊端。[1] 陈卫东教授认为,检察院行使批捕权的权力配置模式是非常危险的,检察机关作为控方完全

---

[1] 参见郝银钟:《论批捕权的优化配置》,《法学》1998年第6期,第47页。

有可能为了控诉的需要"以权谋私",作出剥夺被指控方人身自由的逮捕决定。[①] 刘计划教授认为,"侦查中由人民检察院批准、决定逮捕"模式所依赖的检察监督理论具有天然的局限性,实务上造成了逮捕被滥用的后果;法院行使逮捕审查权具有宪法根据和理论基础,而且法院审查程序比检察机关审查程序更符合程序正义,也有利于人权保障原则的实现。[②]

第二,"检察院行使批捕权说"。该说认为我国检察机关行使批捕权的机制是合理的。如刘国媛认为,批捕权是法律监督权的重要组成部分,由检察机关行使批捕权与我国的刑事诉讼体制和诉讼目的相符合,且我国检察机关行使批捕权已经形成了完善的监督体制和有效的救济程序。[③] 张智辉研究员认为,批捕权与控辩平等原则之间没有任何必然的联系,在中国由法院行使批捕权并不利于保护人权。[④] 王守安认为,我国对检察机关逮捕权的设置与国外由法院行使逮捕权在机理上是一致的,在逮捕权的设置上简单照搬国外的做法是不科学的。[⑤] 还有观点直接指出法院行使批捕权论者在认识方面的错误,如国际人权文件并未将批捕权的行使主体限定为法院,令状签发程序并非诉讼程序,其对签发主体的要求较低等。[⑥] 当然,支持检察院行使批捕权的论者并不否认检察院行使批捕权带来的问题,认为这可通过完善检察机关的审查批捕程序以及强化检察机关的中立性等方案来实现。[⑦]

第三,"折中说"。该观点认为,公安机关侦查案件需要逮捕犯罪嫌疑人的仍可由检察机关批准,但对于检察机关自侦案件中犯罪嫌疑人的批准决定权则应交由法院行使。[⑧] 还有观点认为,检察院行使批捕权只是权宜之计,待条件成熟之后可交由法院来行使批捕权。[⑨]

此外,学界还对检察机关自侦案件逮捕决定权的问题进行探讨。依据1996

[①] 参见陈卫东:《我国检察权的反思与重构——以公诉权为核心的分析》,《法学研究》2002年第2期,第17页。

[②] 参见刘计划:《逮捕审查制度的中国模式及其改革》,《法学研究》2012年第2期,第130页。

[③] 参见刘国媛:《也谈批捕权的优化配置——与郝银钟同志商榷》,《法学》1999年第6期,第28页。

[④] 参见张智辉:《也谈批捕权的法理——"批捕权的法理与法理化的批捕权"一文质疑》,《法学》2000年第5期,第37页。

[⑤] 参见王守安:《批准逮捕权应交给法院吗?》,《人民检察》2000年第8期,第53~54页。

[⑥] 参见高峰:《对检察机关批捕权废除论的质疑——兼论检察机关行使批捕权的正当性》,《中国刑事法杂志》2006年第5期,第87页。

[⑦] 参见李训虎:《逮捕制度再改革的法释义学解读》,《法学研究》2018年第3期,第164页;高峰:《对检察机关批捕权废除论的质疑——兼论检察机关行使批捕权的正当性》,《中国刑事法杂志》2006年第5期,第87页;谢小剑:《论我国批捕权的归属》,《甘肃政法学院学报》2010年第3期,第86页。

[⑧] 参见谢佑平:《论我国刑事诉讼中的强制措施》,《政法学刊》1996年第1期,第47页。

[⑨] 参见孙连钟:《刑事强制措施研究》,知识产权出版社2007年版,第179页。

年《刑事诉讼法》的规定，检察院自侦案件中犯罪嫌疑人的逮捕由检察院自己决定，由此形成了"自侦自捕"的格局，这引发了学界对自侦案件中"谁来监督监督者"的质疑。当时对检察机关自侦案件中批捕权的归属存在两种观点，一种是交由法院行使，另一种是交由上一级检察机关行使。最终，交由上一级检察机关行使自侦案件逮捕决定权的观点获得立法者与实务部门的青睐。"上提一级"改革方案仅涉及职务犯罪案件逮捕决定权在检察机关上下级的配置问题，与其他改革内容相比，涉及范围小、改革成本相对较低、效果突出……也不违背当前的刑事司法体制。① 2009年最高人民检察院发布《关于省级以下人民检察院立案侦查的案件由上一级人民检察院审查决定逮捕的规定（试行）》，在全国范围内部署自侦案件逮捕决定权上提一级改革。这项改革在一定程度上有利于实现权力制约，但在实践中也出现了许多问题，如不服不捕决定的案件缺少异议沟通机制、人民监督员部分监督机制面临调整以及律师介入逮捕的程序亟待完善等。② 也有研究发现，实践中出现了立案下沉、上下级院之间配合甚于监督、分歧难以弥合等问题，而影响"上提一级"改革效果的关键因素包括上下级检察机关之间的科层制关系、上下级检察机关在程序运转中的风险考量、上下级检察院的工作量。③ 因此有学者提出，为强化检察机关的内部监督关系，应转变传统的办案模式、实现上下级检察机关资源共享、加强同级审查力度、完善律师介入审查逮捕程序、规范自侦案件附条件逮捕制度、规范介入侦查引导取证机制等。④

（二）关于逮捕审查程序诉讼化改造的研究

学者们对逮捕审查程序的行政化与封闭化提出批评，并提出要实现逮捕审查程序的诉讼化改造，甚至希望实现逮捕审查程序的"准一审诉讼程序化"⑤。这一观点也部分得到立法者与实务部门的认可。2004年最高人民检察院发布《关于在办理审查逮捕案件中加强讯问犯罪嫌疑人工作的意见》，推进审查批捕阶段讯问犯罪嫌疑人制度的实施；2012年《刑事诉讼法》增加审查批捕时检察人员

---

① 参见刘慧玲：《职务犯罪案件审查逮捕程序的改革》，《国家检察官学院学报》2010年第1期，第154页。
② 参见上海市宝山区人民检察院课题组：《职务犯罪决定逮捕权上移的现实应对》，《法学》2009年第7期，第152页。
③ 参见葛琳：《职务犯罪案件审查逮捕权"上提一级"改革研究——以某省改革实践为分析样本》，《政法论坛》2013年第6期，第117页。
④ 参见周光权、刘祥林、王黎、邢永杰：《职务犯罪案件批捕权上提一级试行改革报告》，《人民检察》2011年第11期，第60页。
⑤ 郭晶：《逮捕制度改革的两条道路及其反思——以逮捕功能异化现象为立论基点》，《时代法学》2014年第4期，第73页。

讯问嫌疑人和听取辩护律师意见的强制性要求；2016年最高人民检察院发布《"十三五"时期检察工作发展规划纲要》，提出"围绕审查逮捕向司法审查转型，探索建立诉讼式审查机制"。概括来说，学者们关于如何实现逮捕审查程序的诉讼化改造的研究主要包括如下几方面内容：

第一，强化检察机关的中立性。质疑检察机关行使批捕权的一项重要理由就是检察机关的非中立性问题，检察机关与侦查机关同为控方，很难通过行使批捕权实现对侦查机关的制约。为回应这一质疑，不少学者提出要强化检察机关的中立性问题。如有观点认为，从检察机关内部设置来看，审查批捕部门与审查起诉部门分立，保证了审查逮捕程序的独立性，也在检察机关内部形成了对批捕权的有效制约。近年来进行的逮捕诉讼化转型改革，推行的司法责任制改革，也是为了使一线办案检察官成为有职有权、相对独立的办案主体，赋予审查逮捕主体以独立、完整的裁决权，目的就是凸显司法审查的特点，从而更好地发挥审查逮捕应有的功能。[①] 也有观点认为，我国逮捕制度改革的重点应当关注中立性的程序保障，如建立侦捕分离、捕诉分离以及主办检察官制度等。[②] 还有观点从维持三方诉讼构造的角度分析，认为检察机关的追捕在一定程度上破坏了审查逮捕程序的诉讼构造，使三方组合成了检察机关和犯罪嫌疑人的两方组合。要维系审查逮捕程序的诉讼构造，就应当取消鼓励追捕的考核指标，或者把侦查监督与审查逮捕分离，由专门的人员从事侦查监督工作，审查逮捕部门则专门办理审查逮捕案件，把包括追捕在内的侦查监督职能从审查逮捕部门剥离出来。[③]

第二，打破逮捕审查程序行政化的内部审批机制，建构公开听证式的逮捕审查程序。行政化与封闭性的逮捕审查程序被学者们所批判，认为这种审批机制不仅造成效率低下，而且使错捕的责任归属难以划定，而书面的审批机制也违反程序正义的要求，导致犯罪嫌疑人作为辩护方没有陈述意见和参与作出决定的机会。[④] 在此基础上，学者们提出要建构公开听证式的审查逮捕程序。如叶青教授认为，我国批捕过程缺乏应有的、必要的公开性和透明度，应建构批捕公开质证程序、羁押期限告知制度等。[⑤] 顾永忠教授认为，要把审查批捕或决定逮捕的程

[①] 参见孙谦：《司法改革背景下逮捕的若干问题研究》，《中国法学》2017年第3期，第42页。
[②] 参见谢小剑：《论我国批捕权的归属》，《甘肃政法学院学报》2010年第3期，第90页。
[③] 参见李昌林：《审查逮捕程序改革的进路——以提高批捕案件质量为核心》，《现代法学》2011年第1期，第120页。
[④] 参见刘计划：《拘留逮捕制度改革与完善刍议》，《人民检察》2007年第14期，第14页。
[⑤] 参见叶青、张少林：《法国预审制度的评析和启示——兼论强化我国逮捕程序的公开、公正性》，《华东政法学院学报》2000年第4期，第43页。

序从内部审查程序改革为公开、透明的听证程序,申请逮捕方应出面陈述提请逮捕的理由和根据,犯罪嫌疑人、被告人及其律师有权表达自己的意见,对提请逮捕的理由和根据表示反对、展开辩论。① 但也有观点认为公开听证式的审查逮捕程序并不具有可行性,因为司法资源非常有限、我国法定逮捕条件不适合听证式审查,短时间内作出决定的制度惯例、听证式审查的某些特质可能不利于我国审查逮捕制度侦查监督职能的充分实现,以及我国并不具备听证式审查逮捕的实质性条件。② 2012 年《刑事诉讼法》吸收学者们关于逮捕审查程序公开性的观点,初步建构起听证式的逮捕审查程序。学者们在肯定制度进步的同时,也对该制度的进一步完善提出意见。如张泽涛教授认为,未来应允许监所检察官、侦查人员、犯罪嫌疑人及其法定代理人、辩护律师、被害人及其诉讼代理人等参与到审查逮捕程序中来,并借鉴法院的审判程序来建构审查逮捕程序。③ 李训虎教授认为,未来的审查逮捕诉讼化改革应将审查逮捕程序中"可以"讯问犯罪嫌疑人、询问证人、听取辩护律师意见的规定扩大解释为"应当"讯问犯罪嫌疑人、询问证人、听取辩护律师意见,并将前期试点工作中审查批捕人员主持,侦查人员和犯罪嫌疑人、辩护律师就是否应当逮捕进行公开辩论的做法常规化。④ 刘计划教授则认为未来仍应坚持审查逮捕程序的司法化,并建立审理与裁判机制,而不是采取行政化的审查程序。⑤

(三)关于"捕诉合一"的争论

批捕与公诉是检察机关的两项核心职权,在二者关系上存在着"捕诉分离"与"捕诉合一"两种机制。我国在 1999 年之前采用"捕诉合一"机制,1999 年最高人民检察院刑事检察厅被分为审查批捕厅与审查起诉厅后,我国则改采"捕诉分离"机制。⑥ 2015 年后虽然有些地方又试点"捕诉合一"机制,但进一步强化"捕诉分离"仍然是学界以及司法界的共识。⑦ 但自从 2018 年最高人民检察院主导的"捕诉合一"改革方案提出后,"捕诉合一"模式就引起了学界和实务界的广泛关注。2019 年 1 月最高人民检察院内设机构改革,标志着"捕诉合一"

---

① 参见顾永忠:《关于未决羁押的几个理论与实践问题——兼谈我国逮捕制度的改革思路》,《河南社会科学》2009 年第 6 期,第 37 页。
② 参见郭松:《质疑"听证式审查逮捕论"——兼论审查逮捕方式的改革》,《中国刑事法杂志》2008 年第 5 期,第 67 页。
③ 参见张泽涛:《构建中国式的听证审查逮捕程序》,《政法论坛》2018 年第 1 期,第 26 页。
④ 参见李训虎:《逮捕制度再改革的法释义学解读》,《法学研究》2018 年第 3 期,第 165 页。
⑤ 参见刘计划:《我国逮捕制度改革检讨》,《中国法学》2019 年第 5 期,第 150 页。
⑥ 参见刘生荣:《推进捕诉合一,深化检察改革》,《人民检察》2018 年第 21 期,第 18 页。
⑦ 参见孙谦:《司法改革背景下逮捕的若干问题研究》,《中国法学》2017 年第 3 期,第 44 页。

正式在全国范围内推开。学界以及实务界围绕"捕诉合一"机制的正当性、"捕诉合一"机制的完善等问题展开了研究。

第一,"捕诉合一"机制改革的正当性问题。围绕"捕诉合一"机制是否具有正当性,学界和实务界存在赞成与否定两种观点。"赞成说"认为"捕诉合一"具有诸多优势,如捕诉一体能够提高诉讼效率,强化检察官对侦查过程的全程监督并在证据收集和程序推进等方面有效引导侦查行为,有利于律师辩护和保障人权,也有利于提高检察官的专业能力并促进检察官队伍建设。"否定说"则认为,"捕诉合一"存在诸多弊端,如侵蚀了审查逮捕检察官的中立性,影响检察机关的宪法定位,削弱检察机关的内部制约并降低案件办理质量,大大压缩嫌疑人及其辩护人的辩护空间从而导致审判前的辩护流于形式,削弱检察机关对侦查活动的监督力度。① 概括来说,两种观点争论的焦点集中于如下三个方面,一是"捕诉一体"与刑事诉讼基本原理的关系,二是"捕诉一体"对逮捕和起诉质量的影响以及对刑事辩护的影响,三是"捕诉一体"对检察权的影响。不同观点背后也反映出对捕诉关系的观念、"捕诉一体"的结构功能以及不同捕诉关系所产生的实践效应等理念的不同。②

第二,"捕诉合一"机制改革可能面临的问题及完善措施。随着"捕诉合一"机制改革在全国范围内的推开,学界对捕诉一体化改革的关注也逐渐转移到发掘该机制存在的问题及如何完善上。如有研究发现,"捕诉合一"在实践中显示其优越性的同时,也暴露出一定的问题或者风险点,包括职务犯罪案件的捕诉一体机制建立困难、不利于对诉讼活动实现有效监督、对检察官的内部监督难度增加。③ 也有学者认为"捕诉合一"在实践中面临时间管理难题、证明标准层次性问题、专业化难题、业绩考核难题以及司法化误区等。④ 对于"捕诉合一"带来的问题,学者们提出通过强化内部监督机制、实现逮捕的诉讼化改造等方式来解决。如有观点认为,审查批捕和审查起诉之间的内部监督削弱,也可能通过实现逮捕的诉讼化改造来弥补。⑤ 有观点主张建立上级指导下的职务犯罪侦查案件"捕诉一体"机制,制定相关的司法解释进而使诉讼监督案件化办理,建立并完善分级分类授权、检察官联席会议、案件管理部门监督以及完善检察官考核等内

---

① 参见邓思清:《捕诉一体的实践与发展》,《环球法律评论》2019年第5期,第40~41页。
② 参见王敏远:《透视"捕诉一体"》,《环球法律评论》2019年第5期,第31页。
③ 参见邓思清:《捕诉一体的实践与发展》,《环球法律评论》2019年第5期,第45页。
④ 参见张建伟:《"捕诉合一"的改革是一项危险的抉择?——检察机关"捕诉合一"之利弊分析》,《中国刑事法杂志》2018年第4期,第23页。
⑤ 参见郭烁:《捕诉调整:"世易时移"的检察机制再选择》,《东方法学》2018年第4期,第136页;步洋洋:《除魅与重构:"捕诉合一"的辩证思考》,《东方法学》2018年第6期,第137页。

部监督管理制度。① 还有观点认为，完善内部监督机制可通过构建检察官办案组内监督机制、创新特殊情况下的更换检察官制度等方式来实现。②

六、羁押必要性审查制度研究

为解决羁押率长期居高不下、羁押后变更强制措施难等问题，最高人民检察院发布多个司法解释来严格规范逮捕条件，实务部门也积极探索严格限制逮捕措施、扩大非羁押性强制措施的做法，有些地区开展了羁押必要性审查的试点改革并取得良好的效果。③ 在此基础上，2012年《刑事诉讼法》增设了羁押必要性审查制度，希望能解决司法实践中的"一押到底""一捕到底"现象。该制度实施之后，学界围绕该制度的性质、实施效果、存在问题以及制度完善等方面进行了大量研究。

第一，关于羁押必要性审查制度的性质与审查主体的研究。关于羁押必要性审查制度的性质存在"法律监督权属性说""法律监督权与诉讼权双重属性说""司法权属性说"等不同观点。"法律监督权属性说"认为，羁押必要性审查是检察院强化诉讼监督的一项措施，故其性质上属于法律监督权；"法律监督权与诉讼权双重属性说"则认为，羁押必要性审查既包含依监督职权展开的审查，也包括依诉讼职权开展的审查④；还有观点认为，羁押必要性审查要回归司法权的属性。⑤ 对羁押必要性审查的性质认识的不同，也影响到对审查主体的不同设定。关于羁押必要性审查审查主体的问题，主要存在四种观点：第一种观点认为羁押必要性审查实质上是批捕职能的延伸和继续，应由侦查监督部门履行；第二种观点认为公诉部门应当承担起羁押必要性审查义务；第三种观点认为，羁押必要性审查覆盖全诉讼阶段，由监所部门作为审查主体更为可行；第四种观点认为可以由相关部门联合进行羁押必要性审查，侦查终结前的羁押必要性审查，可由侦查监督部门会同监所检察部门承担。⑥ 但总体来看，由诉讼监督部门统一实施羁押必要性审查的模式获得更多学者的认同。⑦ 我国立法对羁押必要性审查的审查主

---

① 参见邓思清：《捕诉一体的实践与发展》，《环球法律评论》2019年第5期，第48页。
② 参见闵丰锦：《左右手何以制约：捕诉一体模式下检察权内部监督机制研究》，《新疆社会科学》2019年第3期，第103页。
③ 参见赵阳：《检察机关必要性审查有望平抑高羁押率》，《法制日报》2011年9月1日。
④ 参见徐鹤喃：《中国的羁押必要性审查——法制生成意义上的考量》，《比较法研究》2012年第6期，第89页。
⑤ 参见陈卫东：《羁押必要性审查制度试点研究报告》，《法学研究》2018年第2期，第192页。
⑥ 参见张兆松：《论羁押必要性审查的十大问题》，《中国刑事法杂志》2012年第9期，第86页。
⑦ 参见林喜芬：《分段审查抑或归口审查：羁押必要性审查的改革逻辑》，《法学研究》2015年第5期，第157页；洪浩、王莉：《论羁押必要性审查的主体——评〈人民检察院刑事诉讼规则（试行）〉第六百一十七条》，《河南财经政法大学学报》2015年第2期，第93页；张兆松：《论羁押必要性审查的十大问题》，《中国刑事法杂志》2012年第9期，第86页。

体的规定，也经历了一个由分阶段审查到统一审查的变化。2012年《人民检察院刑事诉讼规则（试行）》确立了分阶段式的审查主体方案，侦查阶段由侦查监督部门负责，审判阶段由公诉部门负责，监所检察部门在工作中发现无羁押必要的也可提出意见。2016年《人民检察院办理羁押必要性审查案件规定（试行）》则确立了统一审查主体模式，规定羁押必要性审查案件由办案机关对应的同级人民检察院刑事执行检察部门统一办理。2019年检察院内设机构改革后，《人民检察院刑事诉讼规则》确立捕诉部门审查机制，规定负责捕诉的部门依法对侦查和审判阶段的羁押必要性进行审查。

第二，关于羁押必要性审查制度实施效果的研究。羁押必要性审查旨在解决"一押到底"的问题，但司法实践中该制度能否实现此目的？学者们通过实证研究主要发现如下几个问题：其一，羁押必要性审查在实践中的适用率并不高。如有研究对北京市S区检察院2013年1~6月的数据研究后发现，该期间开展捕后羁押必要性审查4件5人，分别占审查逮捕案件的3.8%和4.2%，经审查后变更强制措施的0件0人[①]；2013年1月至2014年9月，某省会城市下辖12个检察院只对512人进行羁押必要性审查，约占逮捕总人数的1.5%。[②] 其二，羁押必要性审查的效果非常有限。如有学者对江西省两个基层检察院调研后发现，2012~2015年间这两个检察院在侦查阶段和审查起诉阶段取保候审的比例加起来一般不超过5%[③]；还有研究表明，2013年全国检察机关经过羁押必要性审查建议释放或变更强制措施的犯罪嫌疑人占全部批捕人数的2.7%。[④] 其三，羁押必要性审查对保障犯罪嫌疑人、被告人合法权益存在影响。羁押必要性审查制度在实践中运行效果不好，也使人们怀疑到底是因为制度本身存在问题还是因为制度在实践中出现走样。为解释这一问题，有学者在部分地区开展羁押必要性审查制度试点工作。试点结果显示，羁押必要性审查人数占批捕人数的比例在试点期间稳步提升，审查案件数较之前增长57.4%，羁押必要性审查的制度影响力在逐步显现。[⑤] 这也说明羁押必要性审查制度本身在保障犯罪嫌疑人、被告人合法权益方面并不存在问题。

第三，关于羁押必要性审查制度存在问题的研究。在实证研究以及理论推演

[①] 参见关振海：《捕后羁押必要性审查的基层实践》，《国家检察官学院学报》2013年第6期，第15页。

[②] 参见胡波：《羁押必要性审查制度实施情况实证研究——以某省会市十二个基层检察院为对象的考察和分析》，《法学评论》2015年第3期，第187页。

[③] 参见谢小剑：《羁押必要性审查制度实效研究》，《法学家》2016年第2期，第138页。

[④] 转引自毕惜茜、刘鹏：《羁押必要性审查的理论与实践——兼议我国未决羁押制度》，《中国人民公安大学学报（社会科学版）》2014年第5期，第48页。

[⑤] 参见陈卫东：《羁押必要性审查制度试点研究报告》，《法学研究》2018年第2期，第178页。

基础上，学者们也指出羁押必要性审查制度在执法理念、羁押必要性审查的主体、审查程序等多方面的问题。如有研究认为，羁押必要性审查制度的问题有三：一是羁押必要性审查工作人员的"羁押既能控制疑犯又能惩罚疑犯"理念很难扭转，他们很难将检察机关担负的追诉犯罪的职能与审查羁押必要性的职能彻底分开；二是在"错捕的风险责任小于不捕，错押好过不押"的潜意识驱使下，很多人在程序的启动上具有消极性，在审查中自然倾向于不变更；三是程序的运行缺乏司法化规制，主体中立性缺乏、犯罪嫌疑人和被告人不知晓权利而无法充分参与、实质化审查缺失等问题都是因程序缺乏司法化规制而造成的。① 还有研究认为羁押必要性审查实践效果不佳的原因主要有司法管理不科学、缺乏对取保候审的有效监督措施、缺乏明确的羁押事实标准以及羁押必要性的证明标准、羁押必要性审查诉讼结构失衡以及检察院可能会受来自公安机关和法院等部门的影响等。②

第四，关于羁押必要性审查制度的完善。针对羁押必要性审查制度存在的问题，学界提出了诸多完善意见。其一，应进一步扩展羁押必要性审查的案件范围。有观点认为，虽然刑事诉讼法、刑事诉讼规则并没有限定羁押必要性审查的案件类型和范围，但实践中均将羁押必要性审查严格限定在过失犯罪、捕后和解案件等少数人身危险性、社会危险性低的案件上，这不利于羁押必要性审查制度的开展，故应扩展羁押必要性审查的案件范围。③ 其二，明确羁押必要性审查的审查标准与证明责任等。羁押必要性审查的内容与逮捕的适用条件相同，包括证据要件、刑罚要件和社会危险性要件。但实践中对审查标准的把握则有些模糊，需要进一步明确。有观点认为，捕后羁押必要性的审查标准，仍然要遵循逮捕的法定要件和适合性要求。④ 在证明责任上，有学者认为应当由公安机关、检察机关与法院来承担羁押必要性的证明责任。⑤ 其三，确立相对公开的羁押必要性审查程序。为确保羁押必要性审查的有效开展并保障当事人的合法权益，学者们建议要建立相对公开的羁押必要性审查程序。在具体路径上，学者们则存在不同的观点。有些学者主张应建立以书面审查为主、调查讯（询）问或听取意见为

---

① 参见张琳：《羁押必要性审查程序的诉讼化构建——以某省检察系统为实证样本的考察和分析》，《学术交流》2018年第7期，第85页。
② 参见谢小剑：《羁押必要性审查制度实效研究》，《法学家》2016年第2期，第141页。
③ 参见关振海：《捕后羁押必要性审查的基层实践》，《国家检察官学院学报》2013年第6期，第18页。
④ 参见姚莉、邵劲：《论捕后羁押必要性审查——以新〈刑事诉讼法〉第93条为出发点》，《法律科学（西北政法大学学报）》2013年第5期，第155页。
⑤ 参见张兆松：《论羁押必要性审查的十大问题》，《中国刑事法杂志》2012年第9期，第89页。

辅的审查模式①；也有些学者主张建立公开的听证程序，充分保障辩护律师的权利②；还有学者主张应依据诉讼模式来建构审查模式，据以决定羁押的证据应当事先为辩方所知悉，并接受辩方的质询。③ 其四，强化羁押必要性审查意见的法律效力。现行羁押必要性审查的结论并不具有强制执行力，这使羁押必要性审查的效果大打折扣。故有学者提出，人民检察院发现不需要继续羁押的，应当有权直接决定释放或变更，而不是建议释放或变更。④

逮捕是一种剥夺公民人身权利的严厉强制措施，逮捕制度的正当化对于刑事诉讼程序乃至刑事司法制度的发展都至关重要。学者们通过长期关注刑事司法实践，发现司法实践中公、检、法的结构属于一种"流水作业式的结构"⑤。这一结构导致"侦查中心主义"的出现：侦查程序在整个刑事诉讼中居于中心地位，侦查机关收集的证据以及所认定的案件事实，既是公诉机关提起公诉的依据，也是法院作出裁判的根据。⑥ "侦查中心主义"是造成羁押率过高的关键原因。在此基础上，有学者提出"逮捕中心主义"的概念，"逮捕中心主义"表现为对逮捕措施的高度依赖、逮捕证据标准的高要求以及逮捕对三机关的重大影响。⑦ 所以，如何克服"侦查中心主义""逮捕中心主义"并实现"审判中心主义"以及逮捕程序的正当化，就成为学者们研究逮捕制度的基本理论预设。当然，学者们在具体路径方面存在诸多不同认识，有些学者主张完全依据司法审查理论来完善中国的逮捕制度，也有学者认为应以中国国情为基础。但无论何种观点，实现逮捕程序的正当化已成为学者们的共识。逮捕制度的正当化，需要在指导观念上回归逮捕的本质定位，全面强化逮捕的程序控制机制；在诉讼关系上纠正逮捕对公诉和审判活动的不当影响，树立审判职能终局性与权威性地位。⑧ 基于此种共识，相信未来对逮捕制度的研究仍然将沿着如何实现逮捕制度的正当化来进行。

---

① 参见叶青：《羁押必要性审查工作模式探索》，《人民检察》2014年第16期，第28页。
② 参见谢小剑：《羁押必要性审查制度实效研究》，《法学家》2016年第2期，第145页。
③ 参见陈卫东：《羁押必要性审查制度试点研究报告》，《法学研究》2018年第2期，第194页。
④ 参见姚莉、邵劭：《论捕后羁押必要性审查——以新〈刑事诉讼法〉第93条为出发点》，《法律科学（西北政法大学学报）》2013年第5期，第156页。
⑤ 陈瑞华：《刑事诉讼的前沿问题》，中国人民大学出版社2000年版，第231页。
⑥ 参见陈瑞华：《论侦查中心主义》，《政法论坛》2017年第2期，第3页。
⑦ 参见王彪：《刑事诉讼中的"逮捕中心主义"现象评析》，《中国刑事法杂志》2014年第2期，第72页。
⑧ 参见杨依：《逮捕制度的中国进路：基于制度史的理论考察》，《政法论坛》2019年第1期，第140页。

第四编

刑事诉讼程序理论的争鸣与发展

第十二章

侦查程序及其理论发展

侦查是国家专门机关同犯罪作斗争的强有力手段,侦查程序在刑事诉讼中具有十分重要的地位。改革开放四十多年来,我国的刑事侦查制度经历了转折与重建、发展与突破、完善与创新、深化与变革的历程,侦查的质量和效率均取得了长足的发展与进步。同时,与刑事侦查相关的学术研究呈现出百家争鸣、百花齐放的景象。可以说,理论界的相关探索和研究促进了刑事侦查立法的发展和完善,学者们倡导的先进理念也逐渐得到了实务人士的认同,由此带动了侦查实务的规范化运行。反向来看,立法与实务的发展与进步又推动了理论界对侦查制度研究的丰富和深化。

第一节 侦查立法与实践的历史回顾

一、转折与重建

1978年12月,党的十一届三中全会顺利召开,并作出了把工作重点转移到社会主义现代化建设上来的战略决策,社会主义法制建设也随之走进新的发展时期。1979年7月,我国第一部《刑事诉讼法》诞生,实现了刑事诉讼从"无法可依"到"有法可依"的重大转变。

该部法律涉及"侦查"的规定主要有以下四个方面:第一,明确了侦查的定义,即指"公安机关、人民检察院在办理案件过程中,依照法律进行的专门调查工作和有关的强制性措施"。第二,划分了侦查权限,即贪污罪、侵犯公民民主权利罪、渎职罪以及检察院认为需要自己直接受理的其他案件,由检察院负责立案侦查；其他公诉案件由公安机关负责侦查。第三，规定了被告人的"如实回答义务"，即被告人对于侦查人员的讯问，应当如实回答。但是对于与本案无关的问题，有权拒绝回答。第四，该法在第二编第二章专节规定了讯问被告人，询问证人，勘验、检查，搜查，扣押物证、书证，鉴定，通缉等几种法定侦查行为及侦查终结的程序性规则。

可以说，该法初步搭建了刑事侦查的制度框架，为侦查行为的实施提供了较为明确的法律依据，有助于防范侦查权力的滥用。为有效贯彻1979年《刑事诉讼法》的相关内容，尽快开展侦查工作，1979年12月15日，公安部联合最高人民法院、最高人民检察院发布了《关于执行刑事诉讼法规定的案件管辖范围的通知》，用于规范和指导全国公安机关开展刑事侦查工作。[1]

改革开放后，我国经济发展驶入了"高速公路"，人、财、物流动频繁，与此同时，社会治安压力也急剧增大，犯罪形势复杂严峻。1983年，为了及时、有力地打击犯罪，公安部专设刑事案件侦察局（1989年改称刑事侦察局、1998年改称刑事侦查局），独立的刑事侦查系统开始确立。[2] 同年，"严厉打击严重刑事犯罪的斗争"在我国各地迅猛展开，而1984年召开的全国侦查工作会议更是有力推动了历时三年的"严打"斗争。为了满足"严打"斗争中"快捕快拆、提高效率"的需要，全国多地检察机关开展了提前介入公安机关刑事侦查的工作。[3] 在这样的态势下，全国刑侦部门连续破获了辽宁"二王"盗枪杀人抢劫案、香港"东星"号客轮被劫案等多起重特大案件，确保了社会治安持续稳定。[4] 总之，在党的领导和《刑事诉讼法》及相关文件的规范下，刑事侦查工作在这一时期逐步恢复，有序展开，并取得了显著成效。

二、发展与突破

从篇章体例来看，1996年《刑事诉讼法》于第二编"侦查"章新增了"一般规定"与"人民检察院对直接受理的案件的侦查"两节。从具体内容来看，该次修法与侦查相关的规定主要有以下三个方面：

一是增加了侦查主体，即该法规定国家安全机关对危害国家安全的刑事案件

---

[1] 参见井晓龙：《中国刑事侦查四十年》，《法学杂志》2019年第7期，第109页。
[2] 参见刘静：《利剑出鞘，锻造打击犯罪主力军——新中国成立70年来刑侦工作成就回眸》，《人民公安报》2019年9月14日。
[3] 参见武延平、张凤阁：《试论检察机关的提前介入》，《政法论坛》1991年第2期，第54页。
[4] 参见刘静：《利剑出鞘，锻造打击犯罪主力军——新中国成立70年来刑侦工作成就回眸》，《人民公安报》2019年9月14日。

行使侦查权,军队保卫部门对军队内部发生的刑事案件行使侦查权,监狱对罪犯在监狱内犯罪的案件行使侦查权。

二是调整了检察院自侦案件的范围,即由检察院对于贪污贿赂犯罪,国家工作人员的渎职犯罪,国家机关工作人员利用职权实施的非法拘禁、刑讯逼供、报复陷害、非法搜查等侵犯公民人身权利或民主权利的犯罪行使侦查权。而且,对于国家机关工作人员利用职权实施的其他重大犯罪案件,需要由检察院直接受理的时候,经省级以上检察院决定,可以由检察院立案侦查。同时,该法第132条授予了检察机关对自侦案件决定适用拘留的权力,强化了检察机关的侦查权,有利于破解职务犯罪案件办理中出现的"立案困境""取证困境""定罪困境"[①]。

三是赋予了犯罪嫌疑人在第一次讯问后或者采取强制措施之日起聘请律师帮助的权利,提高了侦查阶段的人权保障水平。但是,律师在这一阶段并不具有辩护人的身份,也不享有相应的辩护权利。

客观来看,本次修法对于侦查制度着墨不多。另外,为有效贯彻1996年《刑事诉讼法》的有关规定,公安部在综合调研以及总结各地刑事侦查实践问题的基础上,于1998年发布了《公安机关办理刑事案件程序规定》,规定了侦查人员的回避原则,细化了侦查阶段适用的强制措施,明确了办案协作制度,统一了刑事案件的处置规则,为全国公安机关开展刑事侦查工作提供了程序性标准和规范性指导。[②]

1997年,以全国刑事侦查工作会议召开为标志,刑事侦查工作进入了全面发展的新阶段。会议提出了"建立打击犯罪整体作战格局"的刑侦改革总体思路,要求建立覆盖社会面的责任区刑警队,改革侦查、预审分设的工作体制,实行侦审一体化。从长远来看,这些改革举措有利于提高刑侦人员的工作责任心、业务素质和执法水平,有利于减少侦审工作中的矛盾,缩短办案时间,提高公安机关侦查破案、打击犯罪的能力,提高办案效率和办案质量。[③]

之后十年间,历经1999年"网上追逃"、2000年"网上打拐"、2001年"打黑除恶"、2002年打击"两抢"、2004年"侦破命案专项行动"、2005年打击"两抢一盗"、2009年"打拐专项行动"等专项斗争的锤炼,公安刑侦部门建立了网上追逃机制、AB级通缉令制度、DNA查询比对机制、以"一长双责"为核

[①] 雷建昌:《职务犯罪侦查模式比较研究》,《社会科学研究》2004年第2期,第90页。
[②] 参见井晓龙:《中国刑事侦查四十年》,《法学杂志》2019年第7期,第111页。
[③] 参见钟兴周:《侦审合一对批捕工作的影响及对策》,《中国刑事法杂志》1998年第6期,第58页。

心的侦破命案工作机制、"异地用警、挂牌督办"工作机制等一系列工作机制和办案质量检查考核、办案公开等一系列执法工作制度，刑侦工作开始从粗放型向专业型转变，侦查破案科技含量大幅提升。① 与此同时，诱惑侦查、秘密侦查等逐渐成为侦查实践中的重要侦查手段。

另外，在1996年《刑事诉讼法》实施期间，面对检警关系不畅导致的退回补侦普遍化、公诉效率低下的现实，检察机关提前介入侦查的实践逐渐演进为"检察引导侦查"机制。2000年9月，在全国检察机关第一次侦查监督工作会议上，最高人民检察院提出了"依法引导侦查取证"的工作思路。2002年5月，最高人民检察院在全国刑事检察工作会议上提出了"坚持、巩固和完善适时介入侦查、引导侦查取证、强化侦查监督"等改革措施。② 这些改革举措无疑对侦查机关开展工作造成了实质性影响。

三、完善与创新

从体例结构来看，2012年《刑事诉讼法》于第二编"侦查"章新增"技术侦查措施"作为第八节，并将第六节"扣押物证、书证"修改为"查封、扣押物证、书证"。从具体内容来看，本次修法与侦查相关的重要规定主要有以下三个方面：

第一，明确了律师在侦查阶段的辩护人地位，回应了学术界关于律师在侦查阶段的诉讼地位是一般诉讼参与人还是辩护人的争论，还原了辩护律师在刑事诉讼全过程中所享有的独立的诉讼参与人地位，具有显著的进步意义。同时，该法修改了律师介入诉讼的时间，删去了原来规定的"第一次讯问后"的"后"字。这样的一字之差对于侦查实践造成的影响非常大，因为犯罪嫌疑人在初次讯问中的认罪率非常高。③

第二，完善了侦查讯问制度。该法增加规定：犯罪嫌疑人被拘留后应当在24小时内送看守所羁押；侦查人员讯问犯罪嫌疑人，应当在看守所内进行；侦查人员在讯问犯罪嫌疑人的时候，可以对讯问过程进行录音或者录像；对于可能判处无期徒刑、死刑的案件或者其他重大犯罪案件，应当对讯问过程进行录音或者录像，录音或者录像应当全程进行，保持完整性。这些规定对于有效遏制刑讯

---

① 参见刘静：《利剑出鞘，锻造打击犯罪主力军——新中国成立70年来刑侦工作成就回眸》，《人民公安报》2019年9月14日。
② 参见刘计划：《检警一体化模式再解读》，《法学研究》2013年第6期，第160页。
③ 参见熊秋红：《刑事辩护的规范体系及其运行环境》，《政法论坛》2012年第5期，第51~52页。

逼供，保障讯问程序的正当性，制约侦查权力无疑具有重要的意义。①

第三，规定了技术侦查措施的适用范围、执行程序、保密义务等，将其纳入了规范化、法治化轨道。事实上，跟踪、监听监视、卧底侦查、控制下交付等技术侦查措施，早已在侦查实践中被采用，但长期以来并无法律明确规制，因而存在被滥用的风险。②

2014年10月，党的十八届四中全会通过了中共中央《关于全面推进依法治国若干重大问题的决定》，提出了"推进以审判为中心的诉讼制度改革"，新一轮司法体制改革由此展开。在我国司法实践中，一旦侦查机关作出犯罪嫌疑人有罪的认定，绝大多数都会被检察机关提起公诉；一旦检察机关提起公诉，绝大多数都会被法院判决有罪。二者联动的结果是，侦查结论在某种程度上影响甚至决定着判决的结果。③ 因此，"以审判为中心"的前提和基础是侦查程序，"以审判为中心"的诉讼制度改革必然延伸至诉讼程序的开端，即侦查程序。④ 随着"以审判中心化"的诉讼制度改革的推进，我国的侦查制度改革取得了很大的进步。例如，公安部及不少地方公安机关相继颁布了关于讯问同步录音录像的细化规定；讯问录音录像的案件范围基本实现了刑事案件全覆盖；录制和保管日趋规范。同时，公安机关加大了对侦查人员适用非法证据排除规则的培训力度，侦查人员普遍认识到非法证据排除不再是口号；公安法制部门通过审核实现了对于在案证据特别是口供的严格把关，刑讯逼供的存在空间被进一步压缩。⑤

同年12月，全国刑事侦查工作视频会议在京召开。会议要求，以"更快地破大案、更多地破小案、更准地办好案、更好地控发案"为目标，全面实行"科学指挥、合成作战、科技支撑、情报导侦"的打击犯罪新机制，坚决打击各类违法犯罪活动，全力维护社会公共安全。⑥ 可以说，本次会议的召开象征着我国的刑事侦查工作逐渐迈上了信息化、科技化与创新化的新道路，这对于侦破隐蔽型、智能型等新型犯罪具有重要意义。

2015年10月，党的十八届五中全会明确提出了实施国家大数据战略，这一技术趋势成为中国社会发展的重要驱动力。社会发展形态的变迁直接影响了作为社会控制机制重要组成部分的犯罪侦查与预防工作的展开方式，由此，大数据技

---

① 参见陈光中、曾新华：《中国刑事诉讼法立法四十年》，《法学》2018年第7期，第34页。
② 参见陈卫东：《刑事诉讼法治四十年：回顾与展望》，《政法论坛》2019年第6期，第22页。
③ 参见魏晓娜：《以审判为中心的刑事诉讼制度改革》，《法学研究》2015年第4期，第91～92页。
④ 参见陈卫东：《"以审判为中心"与审前程序改革》，《法学》2016年第12期，第121页。
⑤ 参见李玉华：《侦查制度改革实证研究》，《中国刑事法杂志》2018年第6期，第59页。
⑥ 参见张洋：《全国刑事侦查工作视频会议召开 郭声琨出席并讲话》，《人民日报》2014年12月24日。

术在中外警务界的侦查活动中得到愈发广泛的应用。以数据挖掘为例，大数据侦查在实践中呈现出目标驱动型、比对驱动型、事件驱动型三种行为状态，这些技术为侦查机关履行传统侦查职能提供了高效、简便的智能辅助支持。值得注意的是，大数据侦查对程序权利的干预深度与广度超过了技术侦查措施，却处于无法可依的状态。①

当然，提高侦查效率并不是侦查机关追求的唯一目标，提高办案质量与保障犯罪嫌疑人基本权利更被侦查机关视为刑事执法的生命线。2015 年印发的《关于进一步改革和加强刑事侦查工作的意见》要求全面贯彻"坚持严格公正司法"，贯彻证据裁判原则，进一步落实了刑侦部门执法过错责任终身追究制。与此同时，公安刑侦部门也从刑事执法制度建设、刑事执法监督等方面发力，连续 15 年组织全国命案卷宗评比活动，大力推广旁听庭审制度等，公安机关的司法公信力得以大大提升。②

四、深化与变革

2016 年 12 月 25 日，第十二届全国人民代表大会常务委员会第二十五次会议通过了《关于在北京市、山西省、浙江省开展国家监察体制改革试点工作的决定》，授权在北京市、山西省、浙江省及所辖县、市、市辖区设立监察委员会，对本地区所有行使公权力的公职人员依法实施监察，并负责侦办职务犯罪案件。在试点取得显著成效的基础上，2018 年 3 月，第十三届全国人大第一次会议通过了《中华人民共和国监察法》，职务犯罪侦查权正式由检察机关转隶至监察委员会。自此我国的侦查体制，尤其是职务犯罪侦查体制发生了重大转变。

为了吸收司法改革的部分成果，对接监察体制改革，2018 年 10 月 26 日，第十三届全国人大常委会第六次会议发布《全国人民代表大会常务委员会关于修改〈中华人民共和国刑事诉讼法〉的决定》并于公布之日起实施。其中，与侦查直接相关的内容是新法与《监察法》的衔接，即修改了"侦查"的定义，保留了检察院的部分自侦权与机动侦查权，划分了监察机关与检察机关在国家公职人员职务犯罪上的管辖范围。其中，人民检察院负责侦查司法工作人员非法拘禁，非法搜查，刑讯逼供，暴力取证，虐待被监管人，滥用职权，玩忽职守，徇私枉法，

---

① 参见程雷：《大数据侦查的法律控制》，《中国社会科学》2018 年第 11 期，第 157～158、164 页。
② 参见刘静：《利剑出鞘，锻造打击犯罪主力军——新中国成立 70 年来刑侦工作成就回眸》，《人民公安报》2019 年 9 月 14 日。

民事、行政枉法裁判，执行判决、裁定失职，执行判决、裁定滥用职权，私放在押人员，失职致使在押人员脱逃，徇私舞弊减刑、假释、暂予监外执行等14种损害司法公正的犯罪行为。

事实上，2018年《刑事诉讼法》新增或修改的其他内容也对侦查权力的行使产生了不小的影响。无论是适用认罪认罚从宽制度与速裁程序的案件，还是适用缺席审判程序的案件，检察机关提起公诉与法院认定有罪的证明标准均是"犯罪事实清楚，证据确实、充分"。换言之，这些程序的适用并未带来证明标准的下降，而侦查阶段是收集证据的关键阶段。因此，从某种角度而言，这些程序的适用对侦查机关的能力、侦查工作的质量提出了更高的要求。

根据中央的指示精神，全国公安机关自2017年以来主要开展了四类打击违法犯罪专项行动：一是扫黑除恶专项行动，二是打击电信网络诈骗犯罪专项行动，三是打击传统"盗抢骗"犯罪专项行动，四是打击整治涉枪涉爆违法犯罪活动。[①] 以打击电信网络诈骗犯罪专项活动为例，2021年以来，国家反诈中心累计下发指令6.6亿条，公安机关累计见面劝阻1 844万人次，会同相关部门拦截诈骗电话69.9亿次、短信68.4亿条，处置涉案域名网址1 800万个，紧急拦截涉案资金1.1万亿元，电信网络诈骗犯罪上升势头得到有效遏制。特别是2023年7月以来，打击缅北涉我犯罪专项工作取得重大战果，4.9万余名电诈犯罪嫌疑人被移交我方，缅北果敢"四大家族"犯罪集团遭到毁灭性打击，有效守护了人民群众的"钱袋子"[②]。总而言之，这些打击行动主要针对社会中常发生、危害大、影响广的犯罪行为而展开，对于维护社会治安稳定，增强人民群众的获得感、幸福感、安全感具有重大意义，公安机关的侦查能力和水平也在这些专项行动中得以显著提升。

第二节 侦查的基础理论

一、侦查的概念界定

（一）"侦查"与"侦察"

1979年《刑事诉讼法》颁布前，使用"侦察"者有之，使用"侦查"者亦

[①] 参见井晓龙：《中国刑事侦查四十年》，《法学杂志》2019年第7期，第115页。
[②] 彭景晖：《打好反电诈持久战 守护群众"钱袋子"》，《光明日报》2024年7月20日。

有之，但公安机关的刑侦业务活动中多用"侦察"①。但是，1979年通过的《刑事诉讼法》《人民检察院组织法》《逮捕拘留条例》中均使用了"侦查"一词。由此，学术界展开了对于"侦查"与"侦察"是否属于同一概念的探讨与争论，并形成了两种代表性意见。

一种观点主张，两个术语的内涵并不同。在此观点下，又可细分为两种见解：第一种见解认为，这是包含着两种不同性质的不同工作方法，其中，侦查是公开进行的，侦察是秘密进行的，两者之间并无交叉内容。② 第二种见解认为，侦察是指为了收集证据、查明案情，公安机关、国家安全机关和检察院自侦部门的侦查人员，依据相关法律法规，在办理反革命案件和间谍案件以及普通刑事案件中所采用的特殊调查工作，即秘密侦查。因此，侦察属于侦查的方法之一，侦察包含于侦查。③ 另一种观点则认为，从法律意义和实践意义上讲，两者并无区别，未来的刑事诉讼法典应保留和使用侦查一词，放弃侦察一词。④

另外，以2012年《刑事诉讼法》与《反间谍法》、《反恐怖主义法》、《国家情报法》的相继施行为标志，我国现行法律规定中出现了技术侦查和技术侦察两个法律概念。从字词含义与法律政策规定的内容来看，《反间谍法》、《反恐怖主义法》、《国家情报法》和中央政策文件规定的技术侦察措施，是指国家安全机关、公安机关为了侦查危害国家安全行为或者其他严重犯罪活动的需要，根据国家有关规定，采取的一种特殊侦察措施，包括电子侦听、电话监听、电子监控、秘密拍照、录像、秘密获取某些物证和进行邮件检查等秘密的专门技术手段。相比而言，《刑事诉讼法》并没有明确技术侦查措施的内涵。两个概念的并行，给侦查实务带来了法律适用程序出现空白、法律政策规定难以衔接、侦查实务可能规避法律、情报搜集领域内正当程序缺位等问题。因此，有学者基于程序改革的正当化视角提出，将技术侦查和技术侦察统一为一个法律概念，分别建立犯罪侦查和情报搜集的适用程序，是修订和完善现行法律规定的可行思路。⑤

（二）"侦查"与"初查"

初查是指在立案之前对案件线索进行初步的筛选和过滤，以判断是否达到立案条件，并为正式侦查作准备的调查活动。它已成为刑事办案中不可或缺的前置

---

① 郝宏奎：《对侦查和侦察的不同见解及处理意见》，《法学杂志》1986年第2期，第26页。
② 参见林正吾：《对"侦察"与"侦查"含义的探讨》，《北京政法学院学报》1980年第2期，第40页。
③ 参见周国均：《关于侦查与侦察之研究》，《政法论坛》1993年第5期，第55页。
④ 参见郝宏奎：《对侦查和侦察的不同见解及处理意见》，《法学杂志》1986年第2期，第26页。
⑤ 参见解芳、程雷：《技术侦查与技术侦察之辨析——基于程序改革的正当化视角》，《四川大学学报（哲学社会科学版）》2018年第2期，第186～192页。

程序。初查属于任意侦查的范畴，因此，"法无规定得行使，法有规定更得行使"。而且，立案仅是强制侦查的启动要件，并非任意侦查的启动要件，因此初查可以先于立案而进行。在初查中，可以采取询问、同意搜查、同意扣押和调取证据材料等各种任意侦查措施，但不得采用强制性干预当事人重要权益的侦查手段，也不得在初查中采用行政调查手段。基于初查程序的合法性和正当性，初查中所获的证据，不论是实物证据，还是言词证据，均自始即具有证据能力，无须经过转化。①

（三）"侦查"与"调查"

前文已述，1979年《刑事诉讼法》对"侦查"的含义进行了界定，即"是指公安机关、人民检察院在办理案件过程中，依照法律进行的专门调查工作和有关的强制性措施"。这一概念的界定方式在1996年、2012年的两次修法过程中均保持不变。根据这一规定，"侦查"可以分为专门调查工作和有关强制性措施两类活动。其中，"专门调查工作"是指侦查机关为收集证据、查明案件事实而采取的各种调查工作，如讯问犯罪嫌疑人、询问证人、勘验、检查、鉴定等活动；"强制性措施"是指侦查机关为收集证据、查明犯罪事实和查获犯罪人而采取的限制、剥夺人身自由或者对人身、财物进行强制的措施。为了衔接《监察法》，2018年《刑事诉讼法》修正案将"侦查"的定义修改为"'侦查'是指公安机关、人民检察院对于刑事案件，依照法律进行的收集证据、查明案情的工作和有关的强制性措施"。变动内容有二：首先，明确侦查的对象是"刑事案件"，并用其替代了"办案"二字，进一步强调侦查的案件是刑事案件；其次，用"收集证据、查明案情"的表述代替"专门调查工作"②。

事实上，"调查"一词作为法律术语使用并非《监察法》所首创，在《监察法》通过之前，我国多个部门法当中就多次使用过"调查"一词，特别是在刑事诉讼法与行政法中。其中，行政法立法领域在使用"调查"一词时刻意将其与"侦查"一词相区别，"调查"本身既包括强制性手段，也包括非强制性手段。因此，从整个法律体系的协调角度来看，"调查"一词在各个部门法中的表述本身就存在矛盾与差异，新制定的《监察法》对"调查"一词的使用只不过是进一步加剧了其在法律体系中用语不一致的既成状态。从《刑事诉讼法》对"调查"一词的使用习惯看，《监察法》中的"调查"显然明显突破了既有的语义范围；如果从行政法的既有用语习惯来看，《监察法》中的"调查"用语从形式上看并无

---

① 参见万毅、陈大鹏：《初查若干法律问题研究》，《中国刑事法杂志》2008年第7期，第65页。
② 程雷：《"侦查"定义的修改与监察调查权》，《国家检察官学院学报》2018年第5期，第126页。

突破，但从实质内容上，其强制性程度远非行政法中的"调查"与行政强制措施所能比拟。因此，问题的实质在于"调查"一词的"名"与"实"两个角度，何者更应成为法律概念界定的基准。①

还有学者指出，由于监察调查的对象包括职务违法和职务犯罪，因此不能把监察调查完全等同于刑事侦查；同时由于例如搜查、扣押、查封、冻结、留置、技术侦查等调查措施所具有的强制性质，可能对公民个人合法权益造成很大限制或者侵害，也不能因为称其为调查便掩盖其侦查的实质。出于反腐败的需要，通过《监察法》设立新型国家监察机关并赋予其相应的调查权限是可以的，也是必要的。但应当区分对职务违法行为的调查和对职务犯罪行为的调查，区分不限制公民基本权利的调查措施和限制公民基本权利的调查措施。必须明确，针对职务犯罪进行的监察调查，其性质相当于对普通犯罪进行的刑事侦查。②

二、侦查权的性质之争

关于侦查权的性质，无论在立法上还是学术界的讨论中，都曾较为一致地将其定位为司法权。但在1996年《刑事诉讼法》修改之后，这一问题引发了学界的争鸣。③概括起来，主要有"行政权说"、"司法权说"与"复合权说"三种代表性意见。

（一）行政权说

赞成侦查权属于行政权的研究者认为：

第一，从权力的本质特性来看，司法权是一种判断权，即对纠纷的事实以及法律的适用进行审查判断的权力；而行政权的本质在于"执行"，即将国家法律规定的职能目标在社会生活中加以实现。侦查权在本质上与行政权一样，在于"执行"，即通过收集确实、充分的证据，尽可能将所有的犯罪分子都交付审判，从而实现宪法和法律维护社会安宁与秩序的职能目标。④

第二，从权力的价值取向来看，司法权侧重于公正，行政权侧重于效率。侦查活动的迅速推进对于确保准确查清案件事实具有极其重要的意义。因此，最大限度提高打击犯罪的效率是侦查机关办理刑事案件所不懈追求的目标。⑤

---

① 参见程雷：《"侦查"定义的修改与监察调查权》，《国家检察官学院学报》2018年第5期，第127～128页。
② 参见卞建林：《监察机关办案程序初探》，《法律科学（西北政法大学学报）》2017年第6期，第52页。
③ 参见杨宗辉：《论我国侦查权的性质——驳"行政权本质说"》，《法学》2005年第9期，第15页。
④ 参见陈永生：《论侦查权的性质与特征》，《法制与社会发展》2003年第2期，第137页。
⑤ 参见陈卫东：《中国刑事诉讼权能的变革与发展》，中国人民大学出版社2018年版，第303页。

第三,从权力的社会功能来看,侦查通过实现国家刑罚权的方式来打击犯罪,重在维护社会公益。而司法权重在保护个人权利,即当国家权力与公民权利发生冲突时,由司法机关对国家机关的行为进行审查和控制,从而保护公民免受行政压迫。[1]

第四,从侦查权的行使目的来看,侦查的本意即为"调查",旨在实现对事实真相的查明,这与司法权以裁判纠纷为目的迥然不同。[2]

第五,从侦查权的启动方式来看,侦查权体现的是主动性,贯彻的是行政权积极干预、主动追究的行事原则,与司法权的被动性、不告不理恰恰相反。[3]

第六,从侦查权的处置结果来看,侦查权具有行政权的非终局性特征。在侦查中,侦查人员进行的搜查、扣押、逮捕、拘留等侦查行为,仅仅是一种处理性决定,而不具有终局性。对于已作出的处理决定,不仅作出决定的侦查机关及其上级机关有权进行复查和改变,而且经过利害关系人的申请,法院也有权对其进行最终的审理和裁判。[4]

(二) 司法权说

主张侦查权是一种司法权的论者则主张:

第一,从侦查主体的性质来看,我国《刑法》第94条明确规定负有侦查职责的工作人员属于司法工作人员。既然侦查权主体属于司法工作人员的范畴,那么,侦查权就是一种司法权。

第二,从侦查活动的属性来看,侦查活动是司法活动的重要组成部分。具体而言,"司法"的本义为狭义上的法的适用,刑事诉讼过程即为法的适用过程,而侦查活动是刑事诉讼程序的重要环节。因此,侦查职能是司法职能的组成部分,侦查权隶属于司法权。[5]

第三,从侦查权的运行过程来看,调查与判断互为基础。一方面,侦查意为调查,而调查活动的每一步都是基于侦查主体对案件事实的主观判断而实施的。另一方面,调查也是判断的基础,尤其在侦查工作的后期阶段,侦查人员对于案件事实的整体性判断正是依赖前期的调查工作所形成的。概言之,调查本身就是一个判断的过程。[6]

---

[1] 参见陈永生:《论侦查权的性质与特征》,《法制与社会发展》2003年第2期,第139页。
[2] 参见但伟、姜涛:《论侦查权的性质》,《国家检察官学院学报》2003年第5期,第126页。
[3] 参见谢佑平、万毅:《刑事侦查制度原理》,中国人民公安大学出版社2003年版,第160页。
[4] 参见倪铁:《程序法治框架下的侦查权运作机制论衡》,法律出版社2017年版,第31页。
[5] 参见宫万路、杜水源:《论侦查权的概念》,《江西公安专科学校学报》2001年第1期,第55页。
[6] 参见杨宗辉:《论我国侦查权的性质——驳"行政权本质说"》,《法学》2005年第9期,第17页。

第四，从侦查权的运行特点来看，侦查主体行使侦查权必须遵守严格的法定程序，特别是在实施强制性的侦查行为时，一旦对公民的人身权利构成威胁，还要通过司法救济程序来维护权利人的合法权益。由此观之，侦查权是一种追求程序正义的司法权。①

第五，从侦查权的价值取向来看，作为刑事诉讼程序的重要组成部分，侦查程序兼具外在价值和内在价值。其中，内在价值包括秩序、正义与效益。效益价值是在前两者基础上进一步提出的价值目标，这也意味着，侦查权对效益价值的追求不能脱离和超越秩序与正义价值。②

(三) 复合权说

还有一种代表性观点认为，侦查权是一种兼具行政性和司法性的复合性权力。就其行政性而言，侦查权具有职权性和裁量性，侦查人员在侦查过程中具有程序自治性和办案相对独立性，侦查机关有权在法律规定的限度内依职权主动进行侦查，并享有广泛的自由裁量权。就其司法性而言，在侦查权行使的过程中，检警机关必须尽可能地做到客观公正，并且接受法律的严格约束，在实施逮捕等某些强制性侦查行为时还应当受到诉讼内或诉讼外的事后审查。③

理论界对于侦查权性质的探索和争鸣，充分说明了侦查权性质的复杂性，这也为我们认识和研究侦查权提供了多种视角和维度。例如，有学者基于侦查权性质的复杂性和特殊性提出，在刑事法治中，侦查活动应当改变单纯行政程序的性质，引入司法裁判机制，使侦查活动兼具行政性与司法性。其中，行政性是为了保证侦查活动的效率，使犯罪得以及时证明，犯罪分子受到及时惩治；司法性则是为了保证侦查活动的合法性，避免在侦查活动中造成对犯罪嫌疑人的合法权益的损害。④

第三节 侦查程序的构造

一般认为，刑事诉讼构造是指控诉、辩护和裁判三方在刑事诉讼中的各自地

---

① 参见倪铁：《程序法治框架下的侦查权运作机制论衡》，法律出版社2017年版，第27页。
② 参见杨宗辉：《论我国侦查权的性质——驳"行政权本质说"》，《法学》2005年第9期，第20~21页。
③ 参见徐静村主编：《刑事诉讼法学》（上），法律出版社1997年版，第183页；孙长永：《侦查程序与人权——比较法考察》，中国方正出版社2000年版，第4~9页。
④ 参见陈兴良：《限权与分权：刑事法治视野中的警察权》，《法律科学（西北政法学院学报）》2002年第1期，第61页。

位和相互关系。学术界普遍认为,侦查构造是刑事诉讼构造中的一个重要组成部分。研究侦查构造的意义在于:第一,通过研究侦查程序的构造,可以了解各国侦查构造的基本支撑点,有助于把握不同国家侦查程序乃至刑事诉讼程序的精神实质和价值取向。第二,可以清晰地勾画出各国在刑事诉讼程序中,如何认识和处理侦查权与人权的关系。第三,通过研究侦查构造,可以从一个侧面客观地评价和认识我国《刑事诉讼法》的相关规定。①

一、侦查程序中的侦检关系

作为控诉的二元主体,侦查机关和检察机关的相互关系事关国家追诉权能否正确行使,事关国家刑罚权能否公正实现。因此,如何正确处理侦检关系,特别是侦查程序中的侦检关系是刑事诉讼构造理论的重要课题之一。需要指明,囿于公安机关负责侦查大多数刑事案件的立法安排和司法实践,部分学者对侦检关系的探讨是从检警关系入手的。

前文已述,在1983—1987年开展的"严打"斗争中,全国多地检察机关开展了提前介入公安机关刑事侦查的实践。1988年,为了巩固检察机关提前介入的成效,推进提前介入工作规范化发展,最高人民检察院与公安部联合出台了《关于加强检察、公安机关相互联系的通知》,明确了提前介入的范围与方式。②

在此背景下,检察机关提前介入侦查活动的相关问题进入了学术研究的视野,既有支持的呼号,也有否定的声音。有学者认为,提前介入是必要而且可行的③,既符合法律的原则性规定,也有利于案件的及时办理,是1982年整顿社会治安中总结出来的一条有益经验,应在法律中明确规定。④ 也有学者对这种做法的合法性和正当性提出了质疑。⑤ 事实上,提前介入本质上属于公安机关和检察机关的关系问题,因此,对于提前介入的争论也引起了我国学术界对于侦检关系的深入思考和热烈讨论。

1996年《刑事诉讼法》第8条确立了"检察监督原则"。这一规定赋予了检察机关对侦查活动进行法律监督的权力,从而丰富了侦检关系的基本内容。另

---

① 参见周欣:《我国侦查结构初探》,《法学家》2001年第6期,第38页。
② 参见朱全宝:《论检察机关的提前介入:法理、限度与程序》,《法学杂志》2019年第9期,第58页。
③ 参见林智忠、陈建全:《检察机关"提前介入"初探》,《中外法学》1991年第1期,第13~14页。
④ 参见李志华:《人民检察院的"提前介入"应在法律中明确规定》,《法学评论》1988年第3期,第74页。
⑤ 参见韦立仁:《关于"提前介入"》,《法学杂志》1989年第2期,第44页。

外，该法将检察院的起诉方式从全案移送改为移送主要证据复印件，这实际上加重了检察机关的举证责任，也对侦查质量提出了更高的要求。

在该法实施期间，现行侦检关系的问题及其未来走向逐渐成为理论界热议的重大命题。有学者认为，在"分工负责，互相配合，互相制约"原则指导下的侦检关系，引发了实践中的诸多问题：其一，严重浪费了司法资源，诉讼效率低下。其二，侦查程序呈现出严重失控的状态。其三，公、检两机关的机构设置及发展趋势越来越与其所承担的诉讼职能相背离。对此，有学者提出了"检警一体化"的改革设想，强调要确立检察机关对侦查活动、取证行为的领导、指挥与监督权。① 也有学者基于我国司法环境的现实基础提出，当前确立"检警一体化"或者"侦检一体化"模式的条件尚不成熟，因此可以考虑从其他途径强化检察机关对侦查活动的引导和制约。② 还有实务工作者进一步指出，"检警一体化"的工作机制会动摇检察机关作为法律监督机关的宪法地位，严重影响其法律监督实效及其公信力，而且还会破坏检察机关行使审查逮捕权的正当性。③

2012年《刑事诉讼法》在起诉方式上发生了回转性变化，但总体上仍保留了控辩式的庭审方式，同时新增非法证据排除规则，对侦查行为的合法性审查已然成为不可回避的课题，而这种压力最终必然转嫁给检察官。此外，公安机关在搜查、扣押程序中自我授权，脱离检察机关的控制，同样会成为辩护方质疑程序合法性的对象。④

在此态势下，如何改革和完善侦检关系引发了研究者的新一轮关注。如有论者提出，我国检警关系改革的关键在于通过组织法上的人事管理和诉讼法上的审查事项确立检察引导侦查的机制，从而走向职能上的一体化。职能一体化的检警关系具有如下特点：其一，检察机关拥有的侦查引导权包括一般指示权和个案指挥权。其二，为方便检察引导侦查，检察机关需对侦查进行"两端控制"。其三，赋予检察机关对违法侦查人员的惩戒建议权。该论者同时强调，实行"检察引导侦查"的同时应避免产生内部压制，宜通过权力的合理分配，保证检察机关与侦

---

① 参见陈卫东、郝银钟：《侦、检一体化模式研究——兼论我国刑事司法体制改革的必要性》，《法学研究》1999年第1期，第61～63页；陈卫东：《侦检一体化与刑事审前程序的重构》，《国家检察官学报》2002年第1期，第90、99页。
② 参见龙宗智：《评"检警一体化"兼论我国的检警关系》，《法学研究》2000年第2期，第54～62页；马静华、王洪芳：《警、检一体化：超越现实的制度设计》，《政法学刊》2002年第4期，第87～90页；樊崇义、张中：《论刑事司法体制改革与诉讼结构之调整》，《环球法律评论》2006年第5期，第521页；周欣：《警检关系之改造》，《国家检察官学院学报》2007年第3期，第111～115页。
③ 参见万春：《侦查监督制度改革若干问题》，《国家检察官学院学报》2005年第4期，第155页。
④ 参见刘计划：《检警一体化模式再解读》，《法学研究》2013年第6期，第155～156页。

查机关的适度分离。① 也有学者指出，针对侦检关系在司法实践中出现的扭曲形态，我国应该以"检察提前介入、公诉引导侦查"模式来调整我国的侦检关系。这一模式符合"以审判为中心"的诉讼制度的要求，在我国现行刑事司法体制下，有利于实现侦诉合力。② 还有学者认为，与"检警一体化"或者"侦检一体化"相比，在我国既有的警检分立基础上构建"检察引导侦查"机制不失为更加合理的选择。为此，我国应当以高位阶法律的形式为其提供法律依据，并在厘清其性质定位的基础上，明确其适用的案件范围、引导侦查的主体、时间和具体方式。③

自 2014 年新一轮司法改革启动以来，以检察官员额制、司法责任制改革为关键，以国家监察体制改革为契机，我国检察机关推出了一系列具有全局意义的综合性配套改革措施，检察权运行机制因之发生了诸多深刻变化，本书第十二章论及的"捕诉合一"办案模式改革即属其中的重要一项。"捕诉合一"本质上属于检察机关内设机构改革，但因其涉及国家权力的配置问题，故也对侦检关系的运行机制造成了实质性影响。

有学者提出，"捕诉一体"办案模式的推行，为推进侦诉关系的良性互动提供了契机，因为从强化指控的角度来看，这一模式确实有利于提高侦诉效率，统一证据的引导标准。近年来，有地方检察机关在"捕诉一体"的基础上更进一步，即全程介入公安派出所主要侦查活动，不仅在程序上延伸至立案前，还在侦查过程中实现同步和动态监督。这种被称为"侦捕诉一体化"的办案模式是检察系统在推行捕诉一体化既定制度框架之下，由检察机关内部的职能调整或者内设机构调整，扩大到外部的警检办案模式的调整，从而对以往乃至现在不少地方检警之间相对隔离的状态予以改革，在融合检警关系的同时也适应了"以审判为中心"的诉讼制度改革对于变革审前检警关系的要求，有助于审前阶段融合侦诉关系，强化证据收集、证据固定、事实认定和法律适用的效果，为检察机关出庭指控奠定坚实的基础。④

总而言之，《刑事诉讼法》规定的"分工负责，互相配合，互相制约"原则和"检察监督"原则共同构成了侦检关系的基本内容。在前一原则的指导下，实践中的侦、检两家往往是各司其事，各管一段，呈现出接力式、分离式的侦检关

---

① 参见詹建红、张威：《我国侦查权的程序性控制》，《法学研究》2015 年第 3 期，第 152~153 页。
② 参见兰跃军：《审判中心视野下的新型侦诉审辩关系》，《刑事法评论》2017 年第 2 辑，第 604 页。
③ 参见张小玲：《审判中心背景下审前诉侦关系之重塑》，《政法论坛》2016 年第 3 期，第 131 页。
④ 参见陈卫东：《论检察机关的犯罪指控体系——以侦查指引制度为视角的分析》，《政治与法律》2020 年第 1 期，第 5 页。

系。就侦查监督而言，因为检察机关对公安机关的控制能力具有某种先天性不足，从而导致对公安机关的违法行为缺乏强有力的手段进行约束。此外，检察机关的监督具有明显的滞后性和被动性，从而难以有效地预防和及时纠正违法侦查行为，也不利于保障犯罪嫌疑人及其他公民的权益免受非法侵犯。[1] 这样的侦检关系模式在控辩式庭审改革的背景下愈益暴露出弊端，不仅难以满足检察机关有效指控、惩罚犯罪的需要，也无法适应侦查监督、保障人权的要求。[2] 无论是实践中自发的检察引导侦查的改革，还是部分学者提出的"检警一体化"构想，其核心均在于强化检察机关在侦查程序中的指挥权和引导权。

二、侦查程序中的侦审关系

一般来说，可从侦查中的司法控制、侦查对审判的影响力两个维度来审视侦审关系。其中，司法对侦查的控制作用主要是通过两种渠道完成的：一是令状原则（又称司法审查原则），这是一种直接的控制方式；二是非法证据排除规则，这是一种间接的控制方式。[3] 在我国，强制性侦查措施以及逮捕的适用并未严格遵守令状原则的要求，非法证据排除规则的运行质效也不尽如人意。

就侦查对审判的影响力而言，有学者指出，我国形成了"以侦查为中心"的刑事诉讼格局，将仅仅带有公诉预备性质的侦查程序视为刑事诉讼的中心，而审查起诉乃至审判都变成对侦查结论的形式审查和确认过程。法院在对案件作出裁判时，会考虑侦查机关已经进行一段时间的未决羁押、已经处置了嫌疑人的涉案财物等情况，并对侦查机关制作的案卷笔录进行"接力比赛"式的审查和加工，最终接受侦查机关所认定的结论。在很多情况下，即便侦查机关得出的结论并没有得到足够的证据支持，甚至案件存在明显的矛盾或者疑点，法院也会对此加以迁就，而作出所谓"留有余地"的裁决。[4]

2014年，党的十八届四中全会通过的中共中央《关于全面推进依法治国若干重大问题的决定》，将"推进以审判为中心的诉讼制度改革"列为司法改革的重要目标，强调要保证庭审在查明事实、认定证据、保护诉权、公正裁判方面发挥决定性作用。有学者认为，侦查程序乃"以审判为中心"的前提和基础。换言

---

[1] 参见樊崇义、张中：《论刑事司法体制改革与诉讼结构之调整》，《环球法律评论》2006年第5期，第519~520页。
[2] 参见刘计划：《检警一体化模式再解读》，《法学研究》2013年第6期，第147页。
[3] 参见魏晓娜、范培根：《我国刑事诉讼纵向构造的宏观思考和改革建议》，《国家检察官学院学报》2002年第2期，第71页。
[4] 参见陈瑞华：《论侦查中心主义》，《政法论坛》2017年第2期，第4页。

之,"以审判为中心"的诉讼制度改革必然延伸至诉讼程序的开端之时。因此,为了推进"以审判中心"的诉讼制度改革,对侦查程序应从下述两个维度进行完善:一是侦查模式的变革,即根除"侦查中心主义"的积弊,转变传统的"由供到证"的侦查模式;二是侦查工作的规范化,当务之急是建立取证指引制度,实现侦查工作切实服务于审判需要。[①]

也有学者认为,就侦审关系层面而言,"审判中心主义"改革的实质就是一个逐步强化审判权对侦查权之审查功能的过程,至于此种审查究竟要等到审判阶段开启之后展开,还是在审前阶段展开,均属形式问题。近年来欧洲大陆的一个明显发展趋势便是,将此种实质审查从最初的审判阶段渐次向侦查阶段转移,从而开拓出一种与传统意义上的"审判中心主义"不同的形式。这就需要我们探索"审判中心主义"之实质得到实现的多种形式,重塑侦查模式便是一个亟待关注的命题。重塑侦查模式的基本原理是,改变以往由侦查机关全面主导侦查阶段的做法,转而由包括法院和辩方在内的各诉讼主体共同参与侦查。总的趋势是,侦查机关一家独大的封闭式侦查阶段将被改变,侦查机关的权力将受到实质性规制,而法官听审的因素将在侦查阶段发挥越来越重要的作用。[②]

三、侦查程序中的侦辩关系

1979年《刑事诉讼法》将律师为被追诉人提供法律帮助的阶段限定在法庭审判阶段。1996年《刑事诉讼法》允许犯罪嫌疑人在侦查阶段聘请律师提供法律帮助,但律师在这一阶段并不具有辩护人的身份,也不享有相应的辩护权利。2012年《刑事诉讼法》将辩护律师参与刑事诉讼的时间正式提前到侦查阶段,并有权行使一系列的辩护权利。该法同时规定,在侦查终结之前,辩护律师提出要求的,侦查机关应当听取辩护律师的意见,并将辩护律师的书面辩护意见载入案卷中。2018年《刑事诉讼法》对于普通案件中辩护律师的参与阶段没有作出调整,基本维持了2012年《刑事诉讼法》所确立的制度框架。[③] 可以说,40多年来,辩护律师的参与空间不断向侦查阶段延伸,犯罪嫌疑人在侦查阶段可以获得的法律帮助不断增加,这样的变化有助于缓和侦辩双方力量不平等的状况。

2013年6月30日,《人民检察》杂志社与中国人民大学诉讼制度与司法改革研究中心、检察日报社理论部、方圆律政杂志共同举办了"新刑诉法下的侦辩关

---

① 参见陈卫东:《"以审判为中心"与审前程序改革》,《法学》2016年第12期,第121、123~124页。
② 参见孙远:《侦审关系侧面之审判中心主义的形式与实质》,《当代法学》2016年第4期,第27、36页。
③ 参见陈瑞华:《刑事辩护制度四十年来的回顾与展望》,《政法论坛》2019年第6期,第8页。

系"研讨会。来自全国人大常委会法工委、高等院校、司法机关和律师界的专家学者，对侦查阶段的辩护制度与侦辩关系进行了深入探讨。其中，陈卫东教授认为，侦辩关系应当包含对抗关系、平衡关系、制约关系等三重关系。时任最高人民检察院侦查监督厅审查逮捕二处处长刘福谦认为，侦辩关系在现实中不仅体现为一种对抗关系，甚至有时候是一对"敌对关系"，侦查机关对律师在侦查阶段的介入报以很强的戒备心。时任最高人民法院审判监督庭审判长罗智勇认为，新型侦辩关系应当至少具有以下三方面内容：一是侦辩双方应当依法履行职责，并在依法行使权力（利）的过程中不对法律赋予对方的权力（利）构成障碍；二是侦辩双方应当学会换位思考，相互尊重、相互理解、相互制约；三是侦辩双方均应当立足于个案公平正义的实现，从而最终实现法治建设的总体目标。[①]

就如何构建新型侦辩关系而言，有学者在探讨辩护理论基础和职能本质的基础上提出，侦查阶段律师辩护权的配置应以人权保障为立足点和落脚点，构建侦查权与辩护权的动态平衡机制。[②] 也有学者认为，合理的侦辩关系应当是对抗合作模式，其中，平等、自由与信任是基础，对话协商是双方沟通的机制。在此模式下，我国侦查制度改革的路径应当是加强对侦查权的制约与侦查裁量权的规范，在保障犯罪嫌疑人权利的同时，不能忽视被害人权益的保护，确立"污点证人"作证豁免制度，并将证据展示制度提前到侦查阶段。[③] 还有学者提出，应该借力于"以审判为中心"的诉讼制度改革，构建既对抗又合作的新型侦辩关系。这种新型关系的核心是证据，关键在庭审；重心是对抗，关键在制约；同时应建构一个系统、全面、科学的刑事证据规则体系，进一步完善刑事证据规则，尤其是侦查取证规则和庭审质证规则，完善证人、鉴定人、侦查人员出庭作证制度等，实现庭审实质化，从而为侦辩的对抗与协作提供一个规范舞台。[④]

第四节　侦查行为

为查明案件事实和收集证据，侦查机关必须采取相应的侦查行为。换言之，

[①] 参见杨赞：《侦查阶段的辩护制度与侦辩关系》，《人民检察》2013年第15期，第51页。
[②] 参见周永胜：《论刑事侦查阶段侦查权与辩护权的动态平衡》，《法学杂志》2012年第5期，第162页。
[③] 参见张中：《对抗与合作：构建新型侦辩关系模式》，《苏州大学学报（哲学社会科学版）》2018年第4期，第61页。
[④] 参见兰跃军：《审判中心视野下的新型侦诉审辩关系》，《刑事法评论》2017年第2辑，第610～611页。

侦查行为是动态的侦查权,是侦查权的实践运行状态。侦查行为是侦查机关实现侦查目的的必要手段,鉴于侦查对象即犯罪行为的暴力性,为达侦查目的,侦查行为的实施往往伴随着强制力;加上犯罪行为总是隐藏在日常生活中间,侦查机关必须深入到社会生活之中才能发掘犯罪,这使侦查机关的侦查行为渗透到市民社会,而与普通公民的日常生活紧密相连。然而,"无孔不入"的侦查行为很容易对普通公民的正当权益造成侵害。因此,侦查行为,特别是强制性侦查行为尤其需要接受法治程序的制约。①

一、侦查行为的理论分类

分类是探寻事物本质的一种方法和路径,对于侦查行为亦如此。对侦查行为进行理论分类,有助于深入研究其内在发展规律,以应对不断变化的犯罪行为。具体而言,侦查行为有以下具体分类标准和内容:第一,根据侦查行为是否违背了受处分人的意志,可以将其分为任意侦查行为和强制侦查行为。第二,以侦查行为是否符合法律规定为标准,可以将其分为合法侦查行为与违法侦查行为。第三,以侦查行为是否可以由控辩双方实施进行划分,可分为单方侦查行为和双方侦查行为。第四,从侦查行为是否公开来看,可将其分为公开侦查行为和秘密侦查行为。第五,从侦查的技术装备程度来看,可以分为技术侦查行为和非技术侦查行为。第六,根据侦查行为是否需要特定的形式或者生效要件进行分类,侦查行为可以分为要式侦查行为和非要式侦查行为。②

在上述分类中,理论界探讨较多的是任意侦查行为与强制侦查行为。这种分类标准源于日本,但是,这一理论在日本争议颇多,各种学说均存在难以克服的缺陷,这反映出该理论自身所蕴含的内在矛盾。由此推之,这一理论在向我国移植和发展的过程中,不可避免地会出现理论上的混乱与实现效果上的风险。因此,有学者主张在摒弃这对概念的同时,吸收该理论的合理内核——程序性合法原则与比例原则,并将其作为构建审前程序的基础性原则。③

二、侦查行为的法定种类

根据现行《刑事诉讼法》的规定,侦查行为包括讯问犯罪嫌疑人,询问证

---

① 参见万毅:《论侦查行为法治原则——兼谈我国侦查程序改革》,《四川师范大学学报(社会科学版)》2003 年第 5 期,第 33 页。
② 参见宋远升:《论侦查行为的分类》,《犯罪研究》2009 年第 3 期,第 2~7 页。
③ 参见陈卫东、程雷:《任意侦查与强制侦查理论之介评——以同意取证行为为核心的分析》,载何家弘主编:《证据学论坛》(第 7 卷),中国检察出版社 2004 年版,第 17 页。

人，勘验、检查，搜查，查封、扣押物证、书证，鉴定，技术侦查措施，通缉等八大类。其中，学术界讨论较多、争议较大的侦查行为主要有讯问犯罪嫌疑人，搜查与查封、扣押，技术侦查措施等几大类。

（一）讯问犯罪嫌疑人

自古以来，讯问都是破获刑事案件、查明犯罪事实的主要利器，在犯罪侦查中占据着极为重要的地位。新中国成立后，特别是改革开放以来，随着社会对人权保障重视程度的不断提高，讯问过程中存在的侵害犯罪嫌疑人权利的现象也日益成为讨论的焦点。当下实践中，侦查机关因过分注重口供证据的获取、使用非法侦讯手段，从而侵犯犯罪嫌疑人权利的案件屡见不鲜，公众对完善侦查讯问制度的呼声越来越高[1]，侦查讯问的相关问题也逐渐成为学术界的研究重点。

综观理论界关于侦查讯问的研究成果，主要聚焦于以下两个问题：

第一，关于供述（口供）自愿性。

一般认为，"自愿性"是"非强迫性"的另一种称谓，即只要禁止了法定的非法取证行为，侦查人员所获取的犯罪嫌疑人、被告人供述也就排除了强迫取证的可能，因而应被视为具有自愿性的供述。[2] 综合来看，学术界认为可从多方面、多角度来保障犯罪嫌疑人、被告人供述的自愿性，实现保障人权与司法公正：

其一，防止刑讯逼供以及其他非法取证情况的发生。有学者认为，刑讯逼供等非法取证行为屡禁不止的根本原因在于侦查权的滥用未能得到有效的控制。有鉴于此，应循着以权利制约权力、以权力制衡权力、以程序规范权力及以结果规制过程的思路，对侦查权进行良性、有效的控制。[3] 也有学者提出，非法供述的排除归根结底落在了对具体讯问方法合法性的甄别上。因此，要从根源上遏制刑讯逼供以及其他非法取证行为，仅仅通过非法证据排除规则的设立是远远不够的，更深层次的改革应当指向刑事侦查的讯问模式。[4]

其二，实行沉默权制度。沉默权制度对侦查权的制约主要表现在侦查讯问过程中的四个环节：权利告知规则对侦查讯问的制约，预防侵权规则对侦查讯问的制约，律师帮助规则对侦查讯问的制约，侵权救济规则对侦查讯问的制约。因

---

[1] 参见彭俊磊：《论侦查讯问中的犯罪嫌疑人权利保障——基于审判中心诉讼制度改革的再思考》，《法学论坛》2018年第4期，第152页。

[2] 参见陈瑞华：《论被告人口供规则》，《法学杂志》2012年第6期，第48页。

[3] 参见闵春雷：《遏制刑讯逼供的程序构想——以侦查权的控制为视角》，《河南省政法管理干部学院学报》2004年第2期，第55页。

[4] 参见郭志媛：《非法证据排除范围界定的困境与出路——兼谈侦查讯问方法的改革》，《证据科学》2015年第6期，第652页。

此，赋予犯罪嫌疑人沉默权，实际上是对警察讯问权的限制，从而缩小双方之间的不平等，使双方尽可能公平进行对抗，防止非法讯问行为的发生。①

其三，建立讯问时律师在场制度。从 2002 年 7 月到 2003 年 4 月，中国政法大学诉讼法学研究中心在北京市海淀区公安分局的大力支持和配合下，开展了"第一次讯问犯罪嫌疑人律师在场试验项目"。试验表明，犯罪嫌疑人对此一般表示欢迎，他们在侦查中形成的口供比较稳定，此后没有翻供现象；而另一组没有律师参加讯问的犯罪嫌疑人，侦查终结后有的人进行翻供，并把原因归咎于侦查人员的不当讯问。同时，大多数侦查人员对试验表示理解和支持，并认为对侦查活动没有负面影响，反而有积极意义。试验还表明，建立讯问犯罪嫌疑人律师在场制度，并不需要"一刀切"，而且我国目前及今后相当长一段时期也难以做到"一刀切"②。还有学者从律师在场权的内容、适用范围、行使程序、保障措施等方面对如何在我国构建侦查讯问程序律师在场制度进行了具体设想。③

第二，关于讯问时同步录音录像的问题。

与书面记录相比，讯问时录音录像技术具有同步性、完整性、再现性。因此，对讯问实施全程录音录像，无疑对保障侦查讯问程序的正当性具有积极意义：其一，录音录像固定了讯问内容，为法庭对证据的质证和采信提供了依据。其二，录音录像充分再现了犯罪嫌疑人供述当时的语调甚至神态，从而给法官提供了正确理解口供真实意思的条件，弥补了书面记录对讯问内容静止记录的不足，提高了讯问内容的真实性。其三，讯问时进行录音录像有助于提高讯问效率。传统的书面记录依靠的是人工记录，记录人员记录速度的快慢将严重影响讯问的进程。其四，讯问时同步录音录像对侦查人员采取非法手段获取口供产生很大的威慑作用，从而最大限度地限制了警察采取非法的手段获取口供，有利于规范侦讯行为。其五，讯问的录音录像不仅对保障犯罪嫌疑人的权利有利，而且对侦查人员也能起到保护作用，防止侦查人员受到犯罪嫌疑人的错误投诉和指控。④还有学者以英国、美国等为例，对侦查讯问时同步录音录像制度展开了比较法考察，并概括出三个共同特点：其一，并不是对所有案件都要求录音录像，例外情况下，可以不录音录像。其二，录音录像可以分离，对大多数案件，允许

---

① 参见李金秀：《沉默权制度与侦查讯问之关系辨析》，《中国刑事法杂志》2006 年第 3 期，第 84～86 页。
② 顾永忠：《关于建立侦查讯问中律师在场制度的尝试与思考》，《现代法学》2005 年第 5 期，第 66 页。
③ 参见田荔枝：《论我国侦查讯问阶段律师在场制度的构建》，《法学论坛》2009 年第 3 期，第 129 页。
④ 参见徐美君：《侦查讯问录音录像制度研究》，《中国刑事法杂志》2003 年第 6 期，第 81～83 页。

只录音不录像。只有在特殊情况下，才要求既录音又录像。其三，未按规定进行录音录像的，所获得的犯罪嫌疑人供述不得作为指控其本人的证据使用。这些规定，对于建立及完善我国侦查讯问录音录像制度，无疑具有重要的借鉴意义。[1]

正是基于这一制度的重要价值以及学术界的研究和探索，讯问录音录像逐渐引发了实务界的关注。应当说，这一制度的实践缘起于我国地方检察机关的一些自发性试点，后逐步自下而上在全国检察系统推广。2005年，最高人民检察院制定了《人民检察院讯问职务犯罪嫌疑人实行全程同步录音录像的规定（试行）》，要求检察机关在办理职务犯罪案件时，每次讯问犯罪嫌疑人都应当对讯问全过程实施不间断的录音、录像。随后，在专家学者对该制度的持续推动下，讯问录音录像制度的适用逐步推广至其他种类的刑事案件。2007年，最高人民法院、最高人民检察院、公安部、司法部联合发布了《关于进一步严格依法办案确保办理死刑案件质量的意见》，其中第11项规定，讯问犯罪嫌疑人，在文字记录的同时，可以根据需要进行录音录像。[2]

经过法律界多年的共同努力，讯问录音录像制度已经有了一定的发展，取得了显著的成效，积累了许多有益的经验，也发现了许多问题。有鉴于此，基于保护侦查讯问人员、被讯问人、证明证据合法性和打击犯罪，防止冤假错案发生以及确保讯问笔录真实性等一系列的迫切需要，讯问录音录像制度最终在2012年《刑事诉讼法》中正式确立，成为我国侦查讯问活动中，特别是重大犯罪案件讯问活动中应当遵循的一项法律制度，这对于规范侦查讯问行为、提升办案水平、遏制刑讯逼供大有裨益。[3]

当讯问录音录像制度尚处于探索阶段时，学术界和实务界关注的重点主要是在中国确立这一制度的必要性和可行性，而在该制度于立法上得到正式确立后，其在证据制度中如何定位及其运用规则引起了学术界的重视。如侦查讯问全程录音录像具有何种证据属性，与其他的录音录像相比有何特殊之处，违反全程录音录像规定所得供述是否具有证据能力，这些都是值得研究的新问题。[4] 对此，有观点认为，全程同步录音录像既是侦查机关固定证据的方式，也具有证据属性，其应归属于哪种证据类型是由其所拟证明的事项所决定的，它既可能是被告人供

---

[1] 参见段明学：《侦查讯问录音录像制度探析》，《国家检察官学院学报》2007年第1期，第110~112页。

[2] 参见董坤：《侦查讯问录音录像制度的功能定位及发展路径》，《法学研究》2015年第6期，第156~157页。

[3] 参见杨宇冠：《侦查讯问录音录像制度研究》，《中国刑事法杂志》2013年第9期，第65~68页。

[4] 参见何艳芳等：《论全程录音录像制度的科学构建》，《法律科学（西北政法大学学报）》2012年第2期，第143页。

述或辩解、证人证言，也可能是视听资料。① 还有学者对录音录像可否作为证据向法庭出示，被告人及其辩护人可否向法庭请求出示录音录像，法庭是否可以要求公诉方出示录音录像，录音录像如何在法庭上出示与质证，以及如何保障录音录像制度得以落实等问题作出了回答。②

另外，还有学者对讯问录音录像制度的中国实践进行了细致调研和全面分析。有学者认为该制度存在下述实务困境：一是同步录音录像证据不移送，双方难以进行有效质证。二是侦查讯问人员存在选择性同步录音录像的问题。三是录音录像的中止程序以及移送法院程序不明确。四是拒绝录音录像的后果不明确。五是录音录像的保存、持续时间等存在较多问题。针对这些问题，该学者认为可从明确录音录像证据的诉讼地位、完善录音录像适用的案件范围、解决录音录像的质证问题、明确违反录音录像规定的后果等方面破解上述困境。③ 还有学者提出，要保证该制度在我国实践中良性运作，还需进行以下改革：第一，强化对侦查权的控制，杜绝侦查人员在讯问程序外对犯罪嫌疑人采用强制手段。第二，建立严格的证据规则，确保裁判者客观公正地审查录音录像材料的证据能力和证明力。第三，完善程序规则，强化辩护方对录音录像的程序参与权。④

总而言之，在侦查人员讯问犯罪嫌疑人时，全程进行同步录音录像对于规范侦查行为、保障人权等具有重要价值。2012年《刑事诉讼法》增设这一制度，有利于完善司法制度，促进司法公正。当然，该制度在实践中暴露出较多问题，未来需要进一步完善和改进，以发挥该制度的应有功能。

（二）搜查与查封、扣押

作为我国的法定侦查行为之一，搜查是指侦查人员依照法定程序对犯罪嫌疑人以及其他可能隐藏罪犯或证据的人身、物品、住处和其他有关地方进行搜索、检查。⑤ 作为侦查机关同犯罪行为进行斗争的重要手段，搜查对于侦查机关及时收集证据，查获犯罪嫌疑人，防止其逃跑、毁灭、转移证据，揭露、证实犯罪，保证诉讼顺利进行，从而有力打击犯罪具有十分重要的意义。但是，作为一种强制性的侦查手段，搜查与公民的基本权利密切相关，它的实施充斥着国家权力与公民权利的冲突与平衡。有鉴于此，要完善侦查程序，实现惩罚犯罪与保障人权

---

① 参见潘申明、魏修臣：《侦查讯问全程同步录音录像的证据属性及其规范》，《华东政法大学学报》2010年第6期，第83~85页。
② 参见赵培显：《侦查讯问录音录像的证据效力与适用》，《人民检察》2014年第5期，第62页。
③ 参见王永杰：《新刑法中侦查讯问同步录音录像的程序规制：困境与出路》，《华东师范大学学报（哲学社会科学版）》2014年第1期，第54~55、58~60页。
④ 参见陈永生：《论侦查讯问录音录像制度的保障机制》，《当代法学》2009年第4期，第77~80页。
⑤ 参见崔敏主编：《刑事诉讼法教程》，中国人民公安大学出版社2002年版，第460页。

两大价值目标的统一,有关搜查程序问题的讨论就是不可回避的。①

梳理相关著作和文献可以发现,学术界对于域外国家和地区,尤其是美国的搜查、扣押制度研究颇多。例如,有学者对美国有证搜查、扣押和无证搜查、扣押进行了介绍和分析。在有证搜查和扣押的情况下,如果治安法官认为搜查和扣押之物与犯罪有关,或某物可能在某处找到,就存在进行搜查和扣押的理由。无证搜查和扣押主要发生在当警察要取得搜查或扣押证是不现实的,从而只能进行无证搜查时的情况。② 还有学者专门对美国警察无证裸身搜查进行了译介:裸身搜查(strip search)通常是指执法者对人的裸体体表进行的搜查,包括对全部或部分裸露的皮肤、毛发及身体附属物的查验。美国对于裸身搜查的范畴、方式、地点与理据的法律控制,对我国完善相关法律制度具有一定的借鉴意义。③ 此外,还有学者对于美国法中搜查、扣押笔录证据能力的规定展开了研究,并指出我国应当依据传闻法则与非法证据排除规则,构建完善的搜查、扣押笔录的证据能力规则。④

相较而言,我国的搜查、扣押程序存在一些缺陷,主要包括:第一,搜查、扣押的范围缺乏明确规定。第二,搜查、扣押中对执法人员的限制很少。第三,搜查、扣押的程序设计相对粗疏。第四,财产权受侵犯后的救济途径缺失。随着我国司法改革的不断深化和人权保障实践的持续推进,对于搜查和扣押的限制将会更加严格,非法证据排除规则在这些方面所起的作用也将逐渐显露出来。在此基础上,有学者提出,应该从搜查、扣押的审查主体、证明、非法搜查与扣押取得证据的排除方式等方面构建我国搜查的批准制度和证据排除规则。⑤

还有学者以实证研究方法对我国的搜查实践展开考察。例如,有课题组从三区县法院各抽取80份案卷进行了定量与定性分析,全面展示了搜查在我国侦查实践中的运行状况,并发现了其中存在的问题。有研究者指出,在我国的侦查实践中,法定的有证与无证搜查运用有限。公安机关更多通过到案检查、场所检查等实质性搜查行为与证据提取方式来规避和替代搜查。针对这些问

---

① 参见崔敏、郭玺:《论搜查程序》,《中国刑事法杂志》2004年第5期,第3页。
② 参见程味秋、杨宇冠:《美国刑事诉讼中逮捕和搜查》,《中国刑事法杂志》2001年第5期,第122页。
③ 参见吴玲、张德森:《美国警察无证裸身搜查的法律控制及其对中国的启示》,《比较法研究》2015年第3期,第123、126~131页。
④ 参见宋维彬:《搜查、扣押笔录的证据能力研究——以美国法为借镜》,《中国刑事法杂志》2017年第6期,第98页。
⑤ 参见王秋玲:《刑事搜查扣押中的被追诉人财产权保障与非法证据排除》,《法学杂志》2019年第4期,第93~98页。

题，其提出，从犯罪控制与保障人权平衡的角度看，对搜查制度的改革应调整无证搜查的适用条件，建立针对无证搜查的事后审查机制，并完善有证搜查制度。①

此外，随着2012年《刑事诉讼法》将电子数据增列为证据的法定种类，电子数据的搜查与扣押问题正式进入学术研究的视野。电子数据具有存储内容的海量性、形态的易变性、变动的可察觉性以及内容的难以直接感知性等特征，这些特征对电子数据的搜查、扣押提出了更加严格的要求。② 但是，立法并未明确电子数据可以作为搜查扣押的对象，实践中多以勘验、检查、鉴定等方式来收集电子数据。从权利侵害的角度来看，于存储介质内收集电子数据的行为直接影响公民的隐私权和财产权，成立实质意义上的搜查。因此，有必要从对象、范围、程序、违法搜查扣押的救济等方面构建我国电子数据搜查扣押程序，规范这类侦查行为，保障公民的合法权益。③ 另有学者以美国"赖利案"为研究对象，对搜查手机的条件、理论基础、法理依据等方面展开了深入讨论。④

（三）技术侦查措施

在此前社会矛盾凸显、刑事案件高发与执法环境日趋规范、严格的社会背景之下，传统的侦查手段在应对犯罪时愈加显得捉襟见肘。为突破"道高一尺，魔高一丈"的侦查窘境，2012年《刑事诉讼法》从基本法层面授予了侦查机关更为高效的技术侦查权。可以说，技术侦查在提升侦查效率、助推刑事侦查从重主观证据向重客观证据模式转变的同时，具有滥用公权侵犯公民隐私、危及社会互信等潜在风险。美国"棱镜计划"等事件的曝光，更是引发了公众对技术侦查侵犯人权的普遍担忧。⑤ 在此态势下，技术侦查的相关问题进一步成为学术界热议的重点课题。

关于技术侦查的概念界定，理论界存在不同的看法，争论焦点在于应否将秘密性作为技术侦查的重要特征。赞成将秘密性作为技术侦查重要特征的观点又分为两种：一种观点认为秘密侦查的外延大于技术侦查，技术侦查只能是秘密侦查的一种表现形式而已。另一种观点认为技术侦查就是秘密侦查，两者可以等同使用。反对将秘密性作为技术侦查重要特征的观点认为，技术侦查既有秘密进行

---

① 参见左卫民：《规避与替代——搜查运行机制的实证考察》，《中国法学》2007年第3期，第115～120、123～125页。
② 参见陈永生：《电子数据搜查、扣押的法律规制》，《现代法学》2014年第5期，第111页。
③ 参见骆绪刚：《电子数据搜查扣押程序的立法构建》，《政治与法律》2015年第6期，第153页。
④ 参见陈永生：《刑事诉讼中搜查手机的法律规制——以美国赖利案为例的研究》，《现代法学》2018年第6期，第135页。
⑤ 参加王东：《技术侦查的法律规制》，《中国法学》2014年第5期，第273页。

的，也有公开进行的，将技术侦查解释为秘密的专门技术手段，有悖于其通常的含义。在此基础上，学术界对于技术侦查与秘密侦查的关系问题形成了两种有代表性的观点：一种观点认为技术侦查和秘密侦查相互独立，互不隶属。另一种观点认为技术侦查和秘密侦查是交叉关系，两者最大的区别在于实施方式上。从立法条文的基本结构上看，2012年《刑事诉讼法》认可了技术侦查所具有的秘密性，即认为技术侦查在外延上包括学者通常所理解的秘密侦查。①

也有学者指出，法律规定的"技术侦查措施"系广义的技术侦查，即包括狭义的技术侦查、乔装侦查和控制下交付。其中，狭义的技术侦查是指在办理刑事案件中，侦查机关依法运用特定的科学技术以秘密的方式收集证据、查明案情的主动性侦查措施。根据监控对象的不同，可分为记录监控、行踪监控、通讯监控和场所监控。② 就狭义的技术侦查而言，刑事诉讼理论界主要聚焦于以下问题：

第一，关于技术侦查相关规定过于原则性与模糊性的问题。对于这种模糊授权的做法，有学者认为，基于我国现阶段的实际状况，这些模糊性语言有其存在的必然性和现实基础。然而过多的模糊性语言使法律的可操作性、稳定性和统一性大打折扣，也为侦查机关滥用权力打开方便之门。因此，我国有必要从立法、法律解释和程序设计三重维度，对这些模糊性语言进行限定。③ 还有学者以2012年修订的《人民检察院刑事诉讼规则（试行）》第263条为研究对象，发现司法解释仍然采用了模糊授权的做法，对于技术侦查适用范围和对象，何为"经过严格的批准手续"，什么是执行中的"有关机关"等问题需要深入思考。结合国际上技术侦查的走向与我国的司法现状，应进一步明确并限缩技术侦查的适用对象，授权检察机关技术侦查执行权，改革技术侦查的审批程序，完善技术侦查的法律监督。④

第二，关于技术侦查证据使用的相关问题。在2012年《刑事诉讼法》修改以前，技术侦查手段已在实践中广泛运用，但其所获材料不得直接作为证据使用，这一做法既不利于打击犯罪也不利于保障人权。2012年《刑事诉讼法》第152条部分地解决了这一问题，值得肯定。⑤ 有学者通过对中国裁判文书网在

---

① 参见詹建红：《理论共识与规则细化：技术侦查措施的司法适用》，《法商研究》2013年第3期，第40~41页。
② 参见王东：《技术侦查的法律规制》，《中国法学》2014年第5期，第274页。
③ 参见李胥等：《刑事诉讼法关于技术侦查措施规定中的模糊性语言及其限定研究》，《中国刑事法杂志》2017年第1期，第113页。
④ 参见胡铭：《技术侦查：模糊授权抑或严格规制——以〈人民检察院刑事诉讼规则〉第263条为中心》，《清华法学》2013年第6期，第36页。
⑤ 参见程雷：《论技侦手段所获材料的证据使用》，《证据科学》2012年第5期，第557页。

2013—2016年的73例样本案件的分析,揭示了技术侦查证据使用条款所面临的法律适用难题。该学者指出,要解决这些难题,实现平衡技术侦查权效能与公民权利保障的目标,需完善一系列基本的技术侦查证据使用制度,具体包括:技术侦查材料用作证据的,必须事先告知辩方并经辩方质证方可作为定案根据;技术侦查证据的形式应当是原始的实物证据,使用传来证据的,应当适用实物证据的鉴真规则;法官可以对技术侦查证据进行庭外核实,但仍应保障辩方的质证权。同时,为保护侦查秘密、国家秘密与公民的人身安全,应允许在证据使用过程中设置若干变通措施;对证据来源予以保密;设立特定律师代理制度,由特定律师而非被告人本人对证据进行质证。①

第三,关于技术侦查的比较研究。例如,有学者对域外技术侦查措施的实体限制与程序控制进行了述评,并得出如下结论:只有通过立法明确界定其概念和种类,并从实体和程序两个方面严格限制其适用,才能为控制犯罪而授权,为保障人权而控权,以授权实现真正有效的控权,从而使刑事侦查活动在犯罪控制与人权保障之间实现动态平衡。② 还有学者发现,欧洲人权法院的判决对英、法、德、荷、意五国的技术侦查制度产生了重要影响,比例原则和必要性原则成为五国适用技术侦查的基本准则。但是,五国对于技术侦查的决定程序远未达成共识,司法审查、准司法审查和行政审查三种模式是各国在本国刑事司法特点的基础上所作出的选择。另外,技术侦查在这些国家的适用范围经历了从立法限制到有限度扩张的变化,从传统的秘密监控领域扩展到新兴领域,并为应对有组织犯罪、恐怖主义等极端犯罪而表现出扩张的趋势。③ 应当说,相关的比较研究可以为我国技术侦查的进一步法治化提供借鉴。

对于法律明文规定乔装侦查措施的必要性和合理性,理论界存在一定的争议。一种观点认为,乔装侦查措施并不会对公民的基本人权构成任何实质性的干预或限制,理应属于任意侦查措施的范畴。依据"强制侦查法定原则",只有强制侦查措施,才需要立法的明文授权,而任意侦查措施,即使法无明文规定,侦查机关仍得行使。另一种观点认为,法律明文规定乔装侦查措施非常具有必要性,理由在于:其一,乔装侦查措施具有欺骗和引诱的因素,在形式上已经构成违法侦查。立法上就其作出明文授权,可以阻却该措施的违法性、豁免相关侦查人员的责任并赋予相关证据以证据能力。其二,乔装侦查措施属于一种"组合

---

① 参见程雷:《技术侦查证据使用问题研究》,《法学研究》2018年第5期,第153页。
② 参见兰跃军:《比较法视野中的技术侦查措施》,《中国刑事法杂志》2013年第1期,第74页。
③ 参见胡铭:《英法德荷意技术侦查的程序性控制》,《环球法律评论》2013年第4期,第7页。

拳",除了需要有关人员隐匿其真实身份以便于采取常规的侦查取证活动,它本身还可能涉及违法甚至犯罪手段的动用。①

另外,由于控制下交付的高度专业性,理论界与实务界的不少人士对控制下交付的认识依然模糊不清,其突出表现之一是混淆控制下交付与诱惑侦查的界限。理论上的众说纷纭与混淆不清必定会给侦查实践带来诸多困扰,由此带来的严重后果是不能忽视的。通过比较研究可以发现,诱惑侦查和控制下交付在行为方式、定义、适用对象、合法性及其判断标准、适用空间范围等方面存在明显的差异,二者应该属于完全不同的两种侦查行为。②还有论者对控制下交付的法律性质展开了分析,其认为,控制下交付是否为强制侦查行为不能一概而论,而是要根据控制下交付的类型进行判断。替代品控制下交付中对可疑物品或财物进行的秘密扣押属于强制侦查行为,应设置较为严格的程序,而其他控制下交付都属于任意侦查行为。人货同行的控制下交付会对犯罪嫌疑人的隐私权构成侵害,但侵害的程度远低于监听的。③

总体而言,学界对于侦查行为的关注推动了侦查行为朝着法治化的方向发展,但随着公民财产权、隐私权观念的日益增强,各种侦查行为的"非法化""侵权化"等问题将日益突出。此外,科技的进步在刑事诉讼中必有反映,侦查实践中不断涌现出的各种新的侦查手段(如大数据侦查等)无疑隐藏着侵犯公民权利的风险,对此,理论界应予以更多回应。

三、对侦查行为的法律控制

我国的侦查权相对强大:一方面,我国的刑事侦查没有强制侦查与任意侦查之分,公安机关办理刑事案件进行侦查时都是无条件的,没有任何商量余地,所有的侦查都是强制的;另一方面,侦查行为往往由实施侦查的公安机关自行决定,大多数强制措施及强制性侦查措施都是自己决定,自己执行,没有国际上通行的司法审查制度。④具体而言,从立法和侦查实务来看,我国的强制侦查手段主要存在以下问题:其一,一些经常使用的强制侦查手段在法律上缺乏明确的、适当的规定,几乎完全由侦查机关自由裁量,不符合强制侦查法定原则。其二,

---

① 参见万毅:《解读"技术侦查"与"乔装侦查"——以〈刑事诉讼法修正案〉为中心的规范分析》,《现代法学》2012年第6期,第187~188页。
② 参见邓立军:《控制下交付与诱惑侦查的边界及其勘定》,《法学评论》2016年第6期,第173页。
③ 参见刘梅湘、仲慧:《论控制下交付的法律性质》,《中国人民公安大学学报(社会科学版)》2014年第3期,第103~106页。
④ 参见陈卫东:《中国刑事诉讼权能的变革与发展》,中国人民大学出版社2018年版,前言第7页。

现行法关于强制侦查的规定以及实践中对强制侦查手段的使用过度强调侦查办案的需要，未能充分体现比例原则的精神。其三，对强制侦查缺乏独立的司法授权程序，侦查程序成为强大的侦查机关单方面追究犯罪嫌疑人的过程。其四，对违法侦查缺乏必要的司法救济程序，违法侦查的结果几乎可以不受限制地进入庭审程序，并且构成有罪判决和量刑的根据。① 因此，基于防范侦查权滥用、推进公正司法的目的，如何对侦查权进行法律规制乃现代法治国家共同面临的重大命题，也是我国刑事诉讼法学界长久探讨的话题之一。

在我国语境下如何最大程度实现对侦查行为的有效规制，概括起来有三方面：一是强化制约，即依据法定的公、检、法三机关互相制约的原则，纠正过往只讲配合不讲制约的做法，发挥检、法对侦查的制衡作用；二是发挥检察机关对侦查的专门法律监督作用，不但对侦查机关的侦查活动是否合法进行监督，更应强调对犯罪嫌疑人的合法权利侵犯的监督；三是倡导建立司法对侦查的控制，建立司法审查机制。② 简言之，即通过强化侦查监督职能和确立司法控制机制，来规范侦查行为的实施，实现惩罚犯罪与保障人权的双重目的。

（一）侦查监督

就我国而言，侦查监督是防范侦查权滥用、保护公民基本权利的重要制度安排。早在新中国成立初期，理论界就开启了对侦查监督问题的宏观探索，至1979年《刑事诉讼法》颁布后，对于这一问题的研究逐渐延伸至微观层面。这一时期，理论界研究的重点体现在对侦查监督内涵的理解、对侦查监督范围的拓展等方面。③ 就侦查监督的内涵而言，当时主要存在以下几种理解：第一种观点认为，侦查监督就是侦查活动监督。第二种观点认为，侦查监督只限于对侦查活动的监督，不包括审查批准逮捕和审查起诉。第三种观点认为，侦查监督是对整个刑事侦查工作的监督。1985年，在最高人民检察院于山东烟台召开的侦查、审判监督工作座谈会上，与会代表对侦查监督的概念进行了专门的探讨，比较一致的意见是肯定上述第三种观点。④ 另外，当时的理论界对于侦查监督是否应当从立案开始，也存在一定的分歧，主要有两种不同的观点：一种是"肯定说"，认为立案是侦查活动的最初阶段，一经立案，侦查机关就取得了对刑事案件的侦查权。由于人民检察院的侦查监督是对整个侦查活动的监督，因此，立案应当成为侦查监督的一个内

---

① 参见孙长永：《强行侦查的法律控制与司法审查》，《现代法学》2005年第5期，第73~74页。
② 参见陈卫东：《中国刑事诉讼权能的变革与发展》，中国人民大学出版社2018年版，前言第8页。
③ 参见杨正万：《中国侦查监督研究四十年》，《贵州民族大学学报（哲学社会科学版）》2019年第3期，第80页。
④ 参见徐益初：《侦查监督理论与实践若干问题探析》，《政法论坛》1995年第6期，第21页。

容;另一种是"否定说",认为侦查监督应当从审查批捕或审查起诉时开始。[1]目前,理论界对于侦查监督的内涵及范围达成了较为一致的看法,即认为侦查监督有狭义与广义之分。狭义的侦查监督即"侦查活动监督",具体是指人民检察院依法对侦查机关的侦查活动是否合法进行的法律监督;广义的侦查监督包括立案监督和侦查活动监督。[2]

在我国刑事司法实践中,侦查监督难已是共识和常态。立法虽然赋予检察机关立案监督权和违法侦查行为监督权等职权,但在面对公安机关"有案不立"(应当立案而不立案)、"违法立案"(不应当立案而予以立案)、"违法撤案"(不应当撤案而撤销案件)以及"撤而不结"(虽然撤销案件但迟迟不结案)等违法行为时,检察机关的侦查监督往往难以实现。[3]

相关实证研究也表明,侦查监督的具体职能在运行效果方面差异较大,总体制度设计并未完全达到预期目标,立案监督虽有作用但较为有限,侦查程序监督效果趋于减弱。[4]有学者总结概括了侦查监督面临的三大困境:第一,监督规范不足。立法仅仅规定了讯问、搜查、扣押、通缉等较为粗疏的程序,而在实践中常用的监听、邮检、强制采样、测谎等强制性侦查措施的适用缺乏相应规定,形成事实上的无法可依。第二,监督机制缺位。法律并未设置对强制性侦查措施进行监督的程序,直接导致了对强制性侦查措施监督机制的缺失。第三,监督渠道不畅。这主要是指检察机关无法及时获得侦查活动的违法信息。[5]

针对侦查监督难的困境,学者们纷纷建言献策,从多角度、多方面提出了完善侦查监督机制的良策。例如,有学者认为应从下述几方面对侦查监督制度进行改革:第一,拓宽检察机关对刑事立案、侦查活动的知情渠道,增强其发现违法的能力。第二,增加检察机关开展监督的手段,提高侦查监督的实效。第三,完善监督程序,为开展侦查监督提供程序保障。第四,完善监督范围,使侦查监督体系更加严密。[6]还有学者从权威重建与职能简化两大维度,对如何完善侦查监督制度的相关法律规范进行了专门性研究:第一,确立一个观念,即检察机关是中国审前程序特别是侦查程序控制的相对最好的司法机关。第二,强化一个核

---

[1] 参见蔡杰:《关于侦查监督的几个问题》,《法学评论》1997年第6期,第88页。
[2] 参见刘计划:《侦查监督制度的中国模式及其改革》,《中国法学》2014年第1期,第248页。
[3] 参见万毅:《论检察监督模式之转型》,《法学论坛》2010年第1期,第24页。
[4] 参见左卫民、赵开年:《侦查监督制度的考察与反思——一种基于实证的研究》,《现代法学》2006年第6期,第148~149页。
[5] 参见李建明:《强制性侦查措施的法律规制与法律监督》,《法学研究》2011年第4期,第159~160页。
[6] 参见万春:《侦查监督制度改革若干问题》,《国家检察官学院学报》2005年第4期,第156~159页。

心，即侦查监督制度必须以权威重建为核心。第三，建立一个模式，即从职能冲突到职能简化，排除侦查监督的引导侦查职能，按照控权模式改造侦查监督制度。第四，确立侦查权与侦查监督权属于双重主体的设置。第五，赋予侦查监督机关刑事案件登记备案权、重大侦查措施批准权以及违法侦查措施撤销权。①

值得注意的是，有一种代表性意见认为，我国检察机关被塑造成了超越控方的监督机关，是司法制度建构和刑事程序设计中的一大误区。任何对检察官超出犯罪追诉者角色的定位都是违反诉讼原理和司法理性的，据此进行制度安排和程序设定都是不切实际的。长期以来，理论界缺乏对检察监督模式的必要反思，没有充分认识到检察监督理论的局限性，检察监督只能是侦查监督体系中的一个环节，而非监督制度的全部。改革开放以来，我国司法体制和律师制度已然发生了重大变化，为适应依法治国和保障人权宪法原则的新要求，侦查监督制度应当根据现代诉讼理论和法治理论，构建侦查监督制度的多元主体模式，发挥法院和律师对侦查的监督制约作用。②

（二）司法控制

从联合国文件的有关规定和域外国家、地区的立法规定来看，对侦查机关实施的强制性处分，主要通过以下几种途径进行审查：一是通过实行令状主义进行事前审查；二是对紧急情况下侦查机关作出的强制性处分进行事后审查，以确认这种处分是否具有合法性；三是运用非法证据排除规则，对侦查机关收集的非法证据材料加以排除，从而达到对强制性处分进行审查的目的。③ 由此观之，对侦查机关实施的强制性侦查措施进行司法控制是一项世界性的探索和经验。

对侦查权进行司法控制的理论基础在于：第一，从刑事诉讼目的来看，这是实现惩罚犯罪与保障人权的需要。由法院对侦查行为的实施进行必要的约束，既能保证侦查机关追究犯罪的有效性、积极性、主动性和准确性，又能使犯罪嫌疑人在遭受非法侦查行为侵害时能够获得及时有效的救济，实现双重目的的有机统一。④ 第二，这是重新配置追诉权力和司法权力、增强司法权威的现实需要。强制侦查措施的批准权，从法律性质来看，应属于司法裁判权的范围，不属于侦查、起诉机关的固有权限，因而它不能由承担追诉职责的公安、检察机关自行决

---

① 参见左卫民、赵开年：《侦查监督制度的考察与反思——一种基于实证的研究》，《现代法学》2006年第6期，第153~155页。
② 参见刘计划：《侦查监督制度的中国模式及其改革》，《中国法学》2014年第1期，第264~265页。
③ 参见刘根菊、杨立新：《对侦查机关实施强制性处分的司法审查》，《中国刑事法杂志》2002年第4期，第60页。
④ 参见蒋石平：《浅论对侦查行为的司法审查制度》，《现代法学》2004年第2期，第85页。

定针对相对人行使，而应当由独立的司法机关以符合程序正义要求的方式行使。第三，这是贯彻司法最终裁决原则，有效地防止侦查机关非法行使或者滥用侦查权力的需要。建立对强制侦查的司法控制机制，既能为侦查机关依法、合理地行使侦查权提供指导，还能增强侦查机关依法行使职权的正当性，防止诉讼程序以外的力量非法干涉侦查机关依法办案。第四，从国际形势来看，建立强制侦查的司法控制机制是适应我国加入 WTO 和国际人权公约以后的国际形势，健全基本人权的司法保障机制，建设法治国家的需要。①

有鉴于此，有学者指出，由法院对侦查权进行制衡的司法控制机制，反映了侦查权良性运作的基本规律，应该成为我国侦查程序改革的发展方向。就宏观设计而言，构建侦查权的司法控制机制时可从下述方面展开：一是对现行刑事司法体制予以调整，确立审判权的中心地位。二是实行检、警一体化，并由检察院领导、指挥公安机关进行侦查工作。三是改革现行法官的选任制度，实行法官的社会精英化。四是应当在刑事诉讼法立法中完善非法证据排除规则，以使裁判权能够在法庭审判阶段继续对侦查权的合法性进行事后控制。五是实行拘留、逮捕与羁押相分离。六是应当赋予侦查阶段的犯罪嫌疑人及其辩护人更多的诉讼权利。②还有学者提出，我国未来构建的裁判权制约侦查权的制度应该包含如下内容：第一，所有的强制性侦查措施，原则上都应当事先得到法官的批准。第二，明确强制性侦查措施的批准和执行程序。第三，紧急情况无须批准。第四，人民法院对强行侦查措施的事后审查。公安机关、检察院未经法院批准采取强制性侦查措施的，被采取强制性侦查措施的犯罪嫌疑人及其律师有权申请法院对其进行审查。法院也可依职权进行审查。法院经审查认为采取强制性侦查措施无合理根据或者不合法的，应当裁定排除因该强制性侦查措施取得的证据。③

可以看到，刑事诉讼法学研究者对于建立侦查权的司法控制机制已有诸多论述，但同时也有许多人提出了反对意见，具体包括：第一，我国实行"议行合一"，西方国家则实行"三权分立"制度，主张建立侦查权的司法控制机制的观点，忽视了中国的具体情况，未考虑我国国体、政体与外国的区别。第二，检察机关是我国《宪法》规定的国家法律监督机关，而由法院对侦查权加以司法审查则损害检察机关的法律监督地位。第三，由法院对侦查权加以审查，面临着法院人手不足、审前预断等难以解决的问题。④

---

① 参见孙长永：《强行侦查的法律控制与司法审查》，《现代法学》2005 年第 5 期，第 76～77 页。
② 参见陈卫东、李奋飞：《论侦查权的司法控制》，《政法论坛》2000 年第 6 期，第 119～120 页。
③ 参见李昌林：《强制侦查权之司法制约的比较考察》，《河北法学》2003 年第 1 期，第 57～58 页。
④ 参见徐美君：《侦查权的司法审查制度研究》，《法学论坛》2008 年第 5 期，第 99～101 页。

当然，也有学者对前述观点一一进行了驳斥。关于西方的制度、原则是否符合国情的问题，有学者指出：对强制侦查进行司法控制源于西方司法改革，而且与"国家权力有限论"及"公民权利保障"思想有渊源关系。当前我国采取的侦、诉、审职能分离，辩护权被确认的司法制度构架，也是近现代借鉴、引进国外制度的结果。但是在这种借鉴过程中，我们又加入了一些与引进制度的内在逻辑不相符合的因素，造成一种不伦不类甚至颇显尴尬的状态。为了满足尊重制度逻辑与适应现实国情的双重要求，我们应尽快建立强制侦查的司法审查制度，以防止公权滥用，保障公民权益；同时，应从中国目前的实际情况出发，采取一种比较缓和的、相对合理的、逐步推进的制度设置方式。[1]

就检察机关是法律监督机关的宪法地位而言，有学者提出：侦查权的司法审查机制应当是检察监督侦查的有益补充，并不会损害检察机关的法律监督地位。检察监督侦查是检察机关作为国家法律监督机关对侦查机关在刑事诉讼中的侦查权力进行监督，而法官对侦查权的监督则是基于司法的特性以及诉讼的要求。两者之间的监督来源与监督内容均不同，并不存在冲突。[2]

至于对法院本身的质疑而言，有学者认为，人手不足本质上属于技术层面的问题，而且，不只是法院，检察院与公安机关同样面临人手不足、经费紧张的问题。由法官对侦查权加以监督，确实会存在法官预断，进而在审判中影响法官居中裁断的风险。一种解决的办法是由不同的法官负责监督和审判。[3]

质言之，基于侦查权的强制属性与侦查行为易侵犯公民权利的特点，对其进行法律控制非常必要。在我国，不论是侦查监督，还是司法控制，在规范侦查权运行方面均发挥了较大的作用，但都存在一定的局限性。未来仍需理论界与实务界共同研究、探索规范侦查行为的可行路径，以求实现侦破案件与人权保障之平衡。

第五节　职务犯罪案件的侦查

与普通犯罪相比，职务犯罪的特殊性表现在：其一，犯罪主体是国家公职人员；其二，犯罪行为与职务具有密切的联系。职务犯罪这两方面的特殊性决定了

---

[1] 参见龙宗智：《强制侦查司法审查制度的完善》，《中国法学》2011年第6期，第50页。
[2] 参见徐美君：《侦查权的司法审查制度研究》，《法学论坛》2008年第5期，第100～101页。
[3] 参见徐美君：《侦查权的司法审查制度研究》，《法学论坛》2008年第5期，第100～101页。

职务犯罪侦查也有别于普通犯罪侦查，具有以下几方面的特点：一是案件一般不会自行暴露；二是侦查进路一般是"由人查事"；三是物证少，言词证据、书证地位突出；四是犯罪嫌疑人反侦查能力强；五是外界干扰大，证据收集和固定难。①

一、我国职务犯罪侦查权归属的历史演变

由检察机关对公职人员职务犯罪进行侦查的制度，初步形成于新民主主义革命时期。新中国成立之后，检察机关行使职务犯罪侦查权的制度得到了进一步确立和发展。1962年，最高人民法院、最高人民检察院、公安部联合发布了《关于公、检、法三机关受理普通刑事案件的职责范围的试行规定》，对于三机关各自的管辖范围做了划分。其中，检察机关负责对国家机关工作人员、基层干部和企业的职工中贪污、侵吞公共财产、侵犯人身权利的犯罪案件进行受理。②

1979年《刑事诉讼法》的颁行，标志着检察院行使职务犯罪侦查权的制度正式入法。该法同时明确了检察院自侦权的适用范围，即对于"贪污罪、侵犯公民民主权利罪、渎职罪以及人民检察院认为需要自己直接受理的其他案件，由人民检察院立案侦查和决定是否提起公诉"。

1996年《刑事诉讼法》调整了检察院自侦案件的范围，该法第18条第2款规定："贪污贿赂犯罪，国家工作人员的渎职犯罪，国家机关工作人员利用职权实施的非法拘禁、刑讯逼供、报复陷害、非法搜查的侵犯公民人身权利的犯罪以及侵犯公民民主权利的犯罪，由人民检察院立案侦查。对于国家机关工作人员利用职权实施的其他重大的犯罪案件，需要由人民检察院直接受理的时候，经省级以上人民检察院决定，可以由人民检察院立案侦查。"同时，该法第132条授予了检察机关对自侦案件决定适用拘留的权力，强化了检察机关的侦查权，有利于破解职务犯罪案件办理中出现的"立案困境"、"取证困境"和"定罪困境"③。

2012年《刑事诉讼法》未对检察院自侦案件的范围作出修改，但从多方面强化了检察机关的侦查权力。例如，根据该法的规定，在特别重大贿赂犯罪案件中，辩护律师在侦查期间会见在押的犯罪嫌疑人需经过检察机关的许可。此外，该法还扩充了检察机关在侦办职务犯罪案件中可适用的侦查措施。例如，根据该法的规定，对于重大的贪污贿赂犯罪案件以及利用职权实施的严重侵犯公民人身

---

① 参见朱孝清：《职务犯罪侦查措施研究》，《中国法学》2006年第1期，第128～130页。
② 参见熊秋红：《监察体制改革中职务犯罪侦查权比较研究》，《环球法律评论》2017年第2期，第54页。
③ 雷建昌：《职务犯罪侦查模式比较研究》，《社会科学研究》2004年第2期，第90页。

权利的重大犯罪案件,可以采取技术侦查措施。因此,本次修法后,检察机关侦办职务犯罪案件的能力得到了显著提升。

与此同时,为了更好地行使职务犯罪的侦查权,检察机关也对内设机构不断进行调整和改革。如最高人民检察院原设经济检察厅、法纪检察厅,1989年将经济检察厅更名为贪污贿赂检察厅,1995年成立了反贪污贿赂总局,2000年将法纪检察厅更名为渎职侵权检察厅,2005年更名为反渎职侵权局,2000年成立了职务犯罪预防厅。①

党的十八大以来,以习近平同志为核心的党中央坚持反腐败无禁区、全覆盖、零容忍,坚定不移地推进反腐败工作。在深入推进反腐败工作的同时,党中央也在积极推进国家监察体制改革。2016年1月12日,习近平总书记在第十八届中央纪律检查委员会第六次全体会议上的讲话中指出:"要坚持党对党风廉政建设和反腐败工作的统一领导,扩大监察范围,整合监察力量,健全国家监察组织架构,形成全面覆盖国家机关及其公务员的国家监察体系"②。同年12月25日,第十二届全国人民代表大会常务委员会第二十五次会议通过了《关于在北京市、山西省、浙江省开展国家监察体制改革试点工作的决定》,授权在北京市、山西省、浙江省及所辖县、市、市辖区设立监察委员会,对本地区所有行使公权力的公职人员依法实施监察,并负责侦办职务犯罪案件。

在试点取得显著成效的基础上,2018年3月,第十三届全国人大第一次会议通过了《监察法》。自此,职务犯罪侦查权正式由检察机关转隶至监察机关。为了适应《监察法》的实施,2018年10月第十三届全国人大常委会第六次会议通过《关于修改〈中华人民共和国刑事诉讼法〉的决定》,基本协调了两法关于职务犯罪侦查的内容。

根据两法的规定,监察机关负责对涉嫌贪污贿赂、滥用职权、玩忽职守、权力寻租、利益输送、徇私舞弊以及浪费国家资财等职务犯罪行为进行调查;而检察机关在对诉讼活动实行法律监督中发现的司法人员利用职权实施的非法拘禁、刑讯逼供、非法搜查等侵犯公民权利、损害司法公正的犯罪,可以立案侦查。对于公安机关管辖的国家机关工作人员利用职权实施的重大犯罪案件,需要由人民检察院直接受理的时候,经省级以上人民检察院决定,可以由人民检察院立案侦查。

---

① 参见孙谦主编:《人民检察八十年》,中国检察出版社2011年版,第114、116、117、118页。转引自熊秋红:《监察体制改革中职务犯罪侦查权比较研究》,《环球法律评论》2017年第2期,第55页。

② 参见中共中央文献研究室编:《习近平总书记重要讲话文章选编》,中央文献出版社、党建读物出版社2016年版,第376页。

二、关于职务犯罪侦查权归属的学术论争

监察体制改革前,检察机关是我国职务犯罪侦查权的"当仁不让"的唯一主体。然而,理论界对于检察机关是否应当行使职务犯罪侦查权的争论从未停止。

认为检察机关行使职务犯罪侦查权具有正当性的学者提出:其一,从检察机关宪法地位的角度,检察机关通过行使职务犯罪侦查权,可以实现对国家工作人员遵守法律情况的刚性监督,从而保障宪法赋予检察机关的法律监督权能够得到实质性的体现和支撑。[①] 其二,从历史发展的角度,检察机关行使职务犯罪侦查权源自古代御史监察制度的传统。其三,在比较法的视野下,由检察机关行使职务犯罪侦查权是多数国家的制度和实践。其四,从权力运行的角度,检察机关的独立地位与一体化体制是实施职务犯罪侦查的保障。其五,从司法实践的角度,检察机关行使职务犯罪侦查权具有悠久传统和丰富经验。[②] 其六,从职能行使的角度,检察机关必然成为独立的法律监督机关,而检察机关的法律监督权和职务犯罪侦查权具有质的同一性。其七,从现实合理性的角度,检察机关的司法弹劾权和组织独立符合行使职务犯罪侦查权的基本要求,更有利于惩治和预防犯罪,而且检察机关行使这一权力接受着多种监督和制约。[③]

认为检察机关不宜行使职务犯罪侦查权的学者主张:其一,职务犯罪侦查权的性质属于行政权,由作为法律监督机关的检察机关行使侦查权,与权力性质、职责要求皆不符合,应将这一权力配置给行政机关(如公安机关)。[④] 其二,检察机关既负责侦查,又负责法律监督,这种自己监督自己的制度设计不符合我国刑事诉讼中分工负责、互相制约的原则。[⑤] 其三,随着法律的变动,检察机关享有的侦查权逐渐膨胀,这势必强化其追诉者立场,继而可能产生权力滥用现象,"谁来监督监督者"成为一个现实的问题。对此,检察机关试图通过加强内部监督制约和完善人民监督员制度来回应学术界的质疑。[⑥] 但依然有学者指出,检察机关建立的这些自我约束机制,并不足以有效防止侦查权的违法行使。与此同时,

---

① 参见陈卫东:《论法治理念下的检察机关职务犯罪侦查权》,《人民检察》2005 年第 13 期,第 18 页。
② 参见卞建林:《职务犯罪侦查权的配置与规制》,《河南社会科学》2011 年第 4 期,第 2~3 页。
③ 参见田凯:《论检察机关行使职务犯罪侦查权的正当性》,《中国刑事法杂志》2010 年第 8 期,第 80~83 页。
④ 参见谭世贵:《中国司法改革研究》,法律出版社 2000 年版,第 114~118 页。
⑤ 参见蔡定剑:《司法改革中检察职能的转变》,《政治与法律》1999 年第 1 期,第 26~27 页。
⑥ 参见熊秋红:《监察体制改革中职务犯罪侦查权比较研究》,《环球法律评论》2017 年第 2 期,第 54 页。

检察机关侦查权受到的外部监督制约也因种种原因而功能弱化。①

此外,还有学者进一步提出要成立专门的职务犯罪侦查机构,其主要理由包括:其一,从权力运行的实践来看,我国纪检、监察部门与检察机关职权划分不明,检察机关行使职务犯罪侦查权缺乏权威性。② 其二,从职务犯罪的特性来看,贪污贿赂等犯罪往往具有很强的隐蔽性与反侦查能力等特性,由此决定了必须有专门的机构来进行侦查。其三,从组建专门侦查机构的优势来看,建立专门的侦查机关有利于理顺我国的职务犯罪侦查体系,整合现有侦查资源,集中力量打击职务犯罪。其四,从对接国际公约的角度,《联合国反腐败公约》第36条要求各缔约国确保设有一个或者多个机构或者安排了人员专职负责打击腐败。因此,建立专门的职务犯罪侦查机构既是国际公约的要求,也是加强国际合作的需要。③

在此基础上,有学者提出了组建职务犯罪专门侦查机构的具体设想,即由党的纪检组织、政府的监察部门、国家预防腐败局、审计机关的部分部门和检察机关的反贪局组成专门的职务犯罪侦查机构。④ 还有学者主张借鉴香港的廉政公署制度,将高级干部职务犯罪的侦查、起诉职能从检察机关的职能中独立出来,设立专门的职务犯罪的侦控机构,直接隶属于中央,同时,赋予该机构较大的权限,即不仅可以采取强制措施,而且还直接行使起诉权。⑤ 可以说,监察机关的成立及履职使前述主张在一定程度上得到实现。

有学者理性地指出,对于我国学术界存在的职务犯罪侦查权归属之争,比较法研究提供的重要启示是:职务犯罪侦查权与其他侦查权一样,在本质上是一种行政权,它的行使主体具有可选择性,主要由警察或者检察官或者反贪专门机构人员行使,行使侦查权的这些机构有别于行使司法权(审判权)的法院。在不同的国家和地区,存在着不同的选择模式,很难说孰优孰劣。我国将检察机关行使职务犯罪侦查权的正当性归结为检察机关的法律监督权,这在比较法上难以获得充分的支持,因为比较法研究表明:职务犯罪侦查权与其主体是否具有法律监督

---

① 参见李建明:《检察机关侦查权的自我约束与外部制约》,《法学研究》2009年第2期,第121页。
② 参见苏彩霞、胡陆生、蒋建宇:《〈联合国反腐败公约〉与我国刑事法的协调完善》,吉林大学出版社2008年版,第173页。
③ 参见刘计划、高通:《组建职务犯罪专门侦查机构的设想》,《法学论坛》2008年第4期,第51~52页。
④ 参见刘计划、高通:《组建职务犯罪专门侦查机构的设想》,《法学论坛》2008年第4期,第51~52页。
⑤ 参见陈光中、张小玲:《中国刑事强制措施制度的改革与完善》,《政法论坛》2003年第5期,第131~132页。

权并无必然联系。而在传统的刑事司法体制之外另设专门机构行使职务犯罪侦查权，是为了加强执法的独立性和有效性，而且对公众而言，专门机构的设立有着极为重大的象征意义。①

三、关于检察机关职务犯罪侦查的学术讨论

梳理相关研究可以发现，监察体制改革前，理论界主要围绕以下问题对检察机关行使职务犯罪侦查权展开了全面而深入的探讨：

第一，关于检察机关职务犯罪侦查权的法律属性。对此，理论界主要存在三种意见，分别为"法律监督权说""行政权说""司法权说"。"法律监督权说"认为，检察机关的侦查权属于法律监督权。其主要理由在于，人民检察院的法律监督机关性质，决定了侦查权的法律监督权属性。② "行政权说"认为，检察机关的侦查权属于行政权。持这种观点的学者主要是从侦查权的角度对检察侦查权的属性进行论证。这些学者认为，侦查权属于行政权，而检察侦查权从属于侦查权，是侦查权的组成部分，侦查权的性质决定了检察侦查权的性质。"司法权说"认为，侦查权具有司法权属性。主要理由在于，检察权属于司法权。③

第二，关于职务犯罪侦查中强制措施的适用问题。强制措施是实现侦查目的的重要途径和桥梁。进言之，职务犯罪侦查措施具有程序保障、案件侦破、人权保障、遏制犯罪、惩戒教育等主要功能，其主要特征体现在适用主体的法定性、适用对象的特定性、限制权利的单一性、适用措施的强制性、适用效力的暂时性等方面。④ 有实务人士指出，我国1996年《刑事诉讼法》规定的五种强制措施在检察机关侦查职务犯罪案件中存在适用条件缺乏统一标准、强制措施的决定权和执行权相脱节、强制措施的期限存在一定的漏洞等问题。⑤ 有鉴于此，有学者指出，对于五种法定措施本身的立法完善，应当侧重于对司法实践中的突出问题提出制度性解决方案；对于相关措施和制度的改革完善，侧重于协调法

---

① 参见熊秋红：《监察体制改革中职务犯罪侦查权比较研究》，《环球法律评论》2017年第2期，第56～57页。
② 参见叶青、秦新承：《论检察侦查权的法律监督属性》，《法学》2005年第11期，第35页。
③ 参见上海市人民检察院研究室：《检察侦查权属性理论研究综述》，《法学》2005年第11期，第23、25页。
④ 参见王建明：《论职务犯罪侦查强制措施及其立法完善》，《法律科学（西北政法大学学报）》2008年第3期，第156页。
⑤ 参见高雪梅、王峰：《职务犯罪案件中强制措施存在的问题及完善》，《法学杂志》2009年第10期，第94～95页。

定强制措施与相关制度的关系。① 应当说，2012年修法对于理论界和实务界提出的相关问题基本进行了回应和完善。此次修法规定了指定居所监视居住、技术侦查措施，有条件地延长了传唤、拘传时限，给职务犯罪侦查工作带来了有利条件。②

第四，关于职务犯罪侦查措施的相关问题。我国1979年和1996年《刑事诉讼法》规定的侦查措施，总体上是根据普通犯罪的特点来设置的，基本未考虑职务犯罪的特点，难以适应揭露和证实职务犯罪的需要，导致侦查工作常常陷入困境。③ 有学者强调，对职务犯罪使用技术侦查，既是适应职务犯罪特点的需要，也是在控制犯罪与保障人权冲突中取得平衡的最佳选择。④ 为了提高职务犯罪的侦查能力，满足职务犯罪侦查的特殊需要，我国2012年《刑事诉讼法》规定，根据侦查犯罪的需要，对检察机关负责侦查的重大的贪污、贿赂犯罪案件以及利用职权实施的严重侵犯公民人身权利的重大犯罪案件，可以采用技术侦查措施，从而为职务犯罪侦查提供更加有力的手段。然而，由于《刑事诉讼法》只授予检察机关技术侦查决定权而无执行权，同时技术侦查只能在立案后进行，而职务犯罪案件，特别是贿赂犯罪案件普遍存在立案难的情况，因而实践中检察院几乎无法行使技术侦查权。⑤

第五，关于职务犯罪侦查与法律监督的关系。有学者认为，这两者的关系主要表现为：其一，职务犯罪侦查是检察机关法律监督的重要组成部分。其二，职务犯罪侦查是实现检察机关职务犯罪监督的重要形式。其三，检察机关行使职务犯罪侦查权是法律监督的必然要求。⑥ 还有学者认为：职务犯罪侦查权为法律监督权的重要内容之一，检察机关应当对国家机关工作人员行使国家权力进行监督，促使其严格执法。但是如果要达到权力制约权力的效果，就必须要保证检察机关对职务犯罪进行侦查的独立性。只有检察机关保持独立，不受不当的干涉，才能达到权力制约的目的，这是检察机关作为法律监督机关的地位以及行使职务

---

① 参见宋英辉：《职务犯罪侦查中强制措施的立法完善》，《中国法学》2007年第5期，第21页。
② 参见朱孝清：《刑诉法的实施和新挑战的应对——以职务犯罪侦查为视角》，《中国刑事法杂志》2012年第2期，第3页。
③ 参见朱孝清：《职务犯罪侦查措施研究》，《中国法学》2006年第1期，第128页。
④ 参见朱孝清：《试论技术侦查在职务犯罪侦查中的适用》，《国家检察官学院学报》2004年第1期，第112~113页。
⑤ 参见谢小剑：《贿赂犯罪案件的查办需求与程序供给——兼论监察调查程序的改革思路》，《政法论坛》2019年第5期，第128页。
⑥ 参见叶青：《职务犯罪侦查与法律监督的关系》，《政治与法律》2007年第3期，第110~111页。

犯罪侦查权的必然要求。①

四、关于监察机关职务犯罪调查的学术探讨

如上所述，监察体制改革后，行政监察部门、腐败预防部门以及职务犯罪预防部门等相应转隶至监察机关，监察机关即拥有"行纪检一体化"之调查权，从而取代了分散的纪委调查权、行政调查权以及职务犯罪调查权。② 质言之，我国职务犯罪侦查权的相关配置发生了重大变化。总体来看，理论界对于这一变化大多进行了正面评价。有学者指出，改革后监察机关主导的新职务犯罪侦查体制呈现了非常鲜明的特点：其一，一改以往"多头反腐"的局面，提高了职务犯罪侦查主体的地位，确保反腐朝纵深方向发展。其二，保留并拓展了原有的侦查手段及强制措施。其三，将党纪调查手段上升为法律明确规定的监察调查措施。其四，确立了更为立体式的腐败治理模式。③ 还有学者认为，监察体制改革通过建立特殊的职务犯罪调查程序，一定程度上满足了贿赂犯罪查办的需要。④

就监察机关行使的职务犯罪调查权而言，理论界主要从以下几方面展开研究和讨论。

第一，关于监察机关调查权与检察院职务犯罪侦查权的关系问题。对此，理论界主要存在三种观点：第一种观点认为，监察机关享有的调查权与检察院享有的侦查权有所差异，不能完全取代检察院的侦查权。相对而言，调查权更为常态化，更强调过程预防和源头控制，侦查权则更为特殊化，更侧重于后期追责。⑤第二种观点认为，当监察机关的调查范围覆盖刑事案件的时候，这种调查权就与职务犯罪侦查权有着相同的实质，只是不冠以"侦查"之名，规避了《刑事诉讼法》的约束。⑥ 第三种观点认为，监察调查权的本质系收集证据、查明事实，这与侦查并无明显区别。但从整体看《监察法》对调查权的制度安排，监察调查权

---

① 参见马云雪等：《职务犯罪侦查权独立性研究——以法律监督为视角》，《法学杂志》2013年第6期，第108页。
② 参见刘艳红：《监察委员会调查权运作的双重困境及其法治路径》，《法学论坛》2017年第6期，第6页。
③ 参见施鹏鹏：《国家监察委员会的侦查权及其限制》，《中国法律评论》2017年第2期，第47~48页。
④ 参见谢小剑：《贿赂犯罪案件的查办需求与程序供给——兼论监察调查程序的改革思路》，《政法论坛》2019年第5期，第131页。
⑤ 参见马怀德：《〈国家监察法〉的立法思路与立法重点》，《环球法律评论》2017年第2期，第16页。
⑥ 参见张建伟：《法律正当程序视野下的新监察制度》，《环球法律评论》2017年第2期，第65页。

具有不同于侦查权和原行政调查权的特征。从这个角度来看，监察调查权是一种重新打造的新型权力。①

第二，关于职务犯罪监察调查程序的若干问题。职务犯罪监察的调查程序事实上发挥了原职务犯罪侦查功能，在程序设计上应注重保障被调查人获得法律帮助的权利。职务犯罪监察调查程序终结后，面临着与检察机关审查起诉程序衔接的问题，应构建相应的刑事立案程序与强制措施转化程序予以解决。在审查起诉阶段，应明确检察机关对职务犯罪案件公诉权的独立性，正确认识补充调查的内涵，还应厘清监察证据向刑事诉讼证据的移送及效力问题。② 此外，在职务犯罪监察调查程序中，必然涉及采用调查措施的问题。《监察法》规定，监察机关可以采取谈话、讯问、询问、查询、冻结、调取、查封、扣押、搜查、勘验检查、鉴定、留置等措施。

第三，关于职务犯罪调查程序与刑事诉讼程序的衔接问题。对此，有学者从案件管辖、立案程序、调查措施、人身强制措施、证据适用、人权保障措施、案件移送及制度性保障条件等方面进行了全局性思考和把握，有助于促进监察机关与司法机关的协调衔接。③ 还有学者认为，《刑事诉讼法》第170条规定了监察与司法的部分衔接程序。其中，立案程序的缺失导致强制措施的启动缺乏正当性，不利于当事人的权利保障和诉讼程序运转的自洽。未来须明确受案具有开启刑事诉讼程序的功能。在留置与强制措施的衔接上，立法采用了"留置+先行拘留+强制措施"的模式，其中先行拘留具有过渡性，逮捕、取保候审或监视居住才是对接留置的最终措施。但立法上对于留置转先行拘留后最终可否不采取任何强制措施缺乏周延规定。依据案件系属理论，对于审查起诉阶段退回补充调查的情形，系属关系并未消灭，案件仍系属于检察院，处于审查起诉阶段，对犯罪嫌疑人应当沿用之前的强制措施，并继续保障辩护人的相关诉讼权利。④

第四，对监察委员会调查权的监督制约机制。前文已述，对于国家监察体制改革中发生的职权配置变化，理论界的正面评价显著多于负面评价。但是，监察委员会调查权的整合和扩张也引发了理论界一定的担忧，有些是检察机关行使职务犯罪侦查权的过程中尚未彻底解决的旧问题，有些是改革后可能出现的新问

---

① 参见程雷：《"侦查"定义的修改与监察调查权》，《国家检察官学院学报》2018年第5期，第128页。
② 参见陈卫东：《职务犯罪监察调查程序若干问题研究》，《政治与法律》2018年第1期，第19页。
③ 参见龙宗智：《监察与司法协调衔接的法规范分析》，《政治与法律》2018年第1期，第4~17页。
④ 参见董坤：《法规范视野下监察与司法程序衔接机制——以〈刑事诉讼法〉第170条切入》，《国家检察官学院学报》2019年第6期，第140~141页。

题。因此，如何有效监督与制约监察机关的调查权成为理论界热议的话题。对此，有学者提出，检察机关应通过审查起诉来制约监察机关职务犯罪调查，具体内容是审查犯罪事实是否存在，证据是否充分确凿，是否存在非法证据，犯罪性质和罪名是否准确。① 还有学者从宏观的角度出发，认为应从确立中立的司法审查机制，确立侦查手段的比例原则，确立流畅的侦、诉、审程序体制的衔接等方面着手构建对于职务犯罪调查权的制约机制。②

五、关于检察机关新自侦权的理论争鸣

监察体制改革中，特别是《监察法》出台后，理论界对于是否保留检察机关部分自侦权，以及保留哪些自侦权存在不少分歧。随后颁行的 2018 年修改的《刑事诉讼法》依然为检察机关保留了部分侦查权，前述争议随之"终结"。由此，如何理解好、行使好这部分新自侦权，成为学术界和实务界热议的重大命题。

就检察机关新自侦权的法律属性而言，有学者认为，随着国家监察体制改革的深入推进，检察机关的职务犯罪侦查权被整体转隶，虽未动摇检察机关的宪法定位，但对法律监督的目标定位产生了重要影响。检察机关的新自侦权，自然也应围绕检察机关的宪法定位来展开。除作为法律监督特别是诉讼监督的重要保障手段之外，检察机关的新自侦权还可以成为监察机制的补充手段和诉讼侵权的防控手段，在依法查处司法工作人员利用职权实施的侵犯公民权利、损害司法公正犯罪的同时，维护诉讼参与人的合法权利。③

从检察机关运行新自侦权的情况来看，存在着侦查对象范围窄、案件数量少、基层检察院启动成本高等现实问题。对此，有学者认为，可从重构直接立案侦查权，明确机动侦查权的行使范围，重构补充侦查权，积极促进检察机关内部改革，适应改革新形势等方面来完善检察机关行使新自侦权的机制，为开创检察工作新局面提供有力支撑。④

---

① 参见朱福惠：《论检察机关对监察机关职务犯罪调查的制约》，《法学评论》2018 年第 3 期，第 18～19 页。
② 参见施鹏鹏：《国家监察委员会的侦查权及其限制》，《中国法律评论》2017 年第 2 期，第 49～50 页。
③ 参见李奋飞：《检察机关的"新"自侦权研究》，《中国刑事法杂志》2019 年第 1 期，第 14 页。
④ 参见董邦俊、吕文心：《监察体制改革背景下检察机关侦查权研究》，《中国人民公安大学学报（社会科学版）》2019 年第 4 期，第 129～131 页。

第六节　结　语

侦查是国家专门机关同犯罪作斗争的强有力手段，侦查质量直接影响到刑事诉讼程序目的的最终实现。改革开放四十多年来，我国侦查制度日臻完善，侦查工作迈上了法治化、规范化、信息化的道路，实现了有力打击刑事犯罪、深入推进人权保障、有效维护社会安定以及协助开展追逃追赃的功能。[①] 与侦查相关的学术研究也随着制度的完善、实践的发展而不断充实和丰富。以职务犯罪侦查为例，在监察体制改革与2018年《刑事诉讼法》修改前，学界关注的焦点是检察机关是否应当以及如何行使职务犯罪侦查权的问题；在监察体制改革后，学术动态发生变化，主要围绕检察机关职务犯罪调查、检察机关新自侦权等问题展开了探索与争鸣，形成了一系列丰硕的成果。

回顾我国侦查制度及理论发展的过程，可以得出以下三点经验启示：

第一，侦查工作必须坚持党的领导。党对侦查工作的领导，是通过顶层设计和政策指引实现的。自党的十一届三中全会提出恢复法制建设以来，历次党的代表大会都在宏观层面上对侦查制度的发展提供了路径和方向。例如，2014年10月，党的十八届四中全会通过了中共中央《关于全面推进依法治国若干重大问题的决定》，其中，"推进以审判为中心的诉讼制度改革"必然延伸至诉讼程序的开端，对侦查程序的规范化提出更严格的要求。又如，监察体制改革改变了职务犯罪侦查权的归属，因此，坚持党的领导是侦查制度不断完善、侦查质效不断提升的根本保障。

第二，侦查制度应当在法治化的轨道上运行。不论是侦查的立法工作还是执法实践，都应当坚持中国特色社会主义法治道路，既要立足当前，运用法治思维和方式解决侦查制度当前阶段面临的问题；又要着眼长远，通过法治的力量促进侦查制度更加成熟定型，为维护社会治安稳定，增强人民群众的获得感、幸福感、安全感提供有力保障。

第三，侦查制度应当与时俱进。2015年10月，党的十八届五中全会明确提出了实施国家大数据战略，大数据、人工智能等新兴技术成为中国社会发展的重要驱动力。如何有效侦查利用新兴技术的新形态犯罪、如何规范利用新兴技术的侦查行为，这些都是时代发展与技术进步赋予侦查制度的新课题。

---

① 参见井晓龙：《中国刑事侦查四十年》，《法学杂志》2019年第7期，第117页。

第十三章

审查起诉程序及其理论发展

起诉制度作为联结侦查和审判的重要制度,一直是刑事诉讼法学研究中的"显课题"。1979年制定的《人民检察院组织法》和《刑事诉讼法》明确了我国的公诉权全部由人民检察院集中行使,明确了国家公诉权的内涵和公诉活动的程序,初步构建了比较系统的公诉制度。此后,刑事诉讼法学研究开始密切关注起诉制度的司法实践和域外经验,理论和实务界都怀着为改革进言的热诚,提出了一系列意见和建议,在持续不断的争鸣中,关于起诉制度的理论研究日渐繁荣,最终形成了起诉制度的理论体系。

伴随着《刑事诉讼法》的数次修正,改革开放以来关于起诉制度的讨论主要集中在四大问题上:一是免予起诉制度的存废,二是公诉案卷移送方式的变革,三是公诉变更制度的完善,四是不起诉制度的发展。

第一节 免予起诉制度的存与废

免予起诉制度是检察机关在20世纪50年代创立的。[①] 中华人民共和国成立后,为了镇压反革命分子、进一步分化瓦解敌人,各级检察机关协同有关部门,广泛深入宣传"坦白从宽,抗拒从严,立功赎罪,立大功授奖"的"肃反"政策,号召反革命分子投案自首,并对应当追究刑事责任,但能真诚坦白或有立功表现,可以免予刑罚的自首者,作出免予起诉决定。在1956年第一届全国人大

[①] 关于免予起诉制度产生过程的考察,参见樊崇义:《我国不起诉制度的产生和发展》,《政法论坛》2000年第3期,第127~128页。

常委会第三十四次会议通过的《关于处理在押日本侵略中国战争中战争犯罪分子的决定》中,免予起诉又被用于对次要的或悔罪表现较好的日本战争犯罪分子的从宽处理。这种制度在历史上产生过良好的政治效果、社会效果和国际影响,因此,1979 年制定的《刑事诉讼法》第 101 条规定:"依照刑法规定不需要判处刑罚或者免除刑罚的,人民检察院可以免予起诉"。

经过一段时间实践,免予起诉制度在执行中存在的问题逐渐显现,如实务部门对免予起诉和不起诉的界限划分不清、使用范围不当,检察机关滥用免予起诉、对已经免予起诉的案件重复起诉等。但在改革开放初期,认识到这些实践难题的研究者也只是努力阐释免予起诉的适用条件,厘清免予起诉与不起诉等处分方式的界限,呼吁实务部门准确掌握相关规定、严格依法办事。①

到了 20 世纪 80 年代末期,法学理论研究更加深入,免予起诉制度的理论弊端也逐渐暴露出来,人们逐渐认识到免予起诉制度可能已经不能适应司法实践,理论界和实务界对免予起诉制度的利弊、存废等问题展开了激烈的争论。此后,社会主义市场经济体制的确立对刑事诉讼制度的民主化、科学化、法治化提出了更高要求,"刑诉法的修改和完善成为刻不容缓的大事"②,再一次将关于免予起诉存废的争论推向高潮。这场争论范围广、影响大,不少报刊开设专栏进行讨论,其中不乏正面交锋③,有学者"再论废除免予起诉制度"后依然觉得不够,直至撰写八篇文章主张废除这一制度。④ 而免予起诉的利弊、存废问题也成为 1988—1996 年全国诉讼法学术讨论会中的重点。⑤

---

① 参见刚烈:《谈谈免予起诉》,《现代法学》1982 年第 3 期,第 54~56 页;应后俊:《免予起诉初探》,《法学研究》1981 年第 4 期,第 13~15 页;傅宽芝:《论免予起诉》,《法学研究》1984 年第 4 期,第 45~49 页;吴磊:《要正确适用免予起诉制度》,《法学》1984 年第 3 期,第 22~24 页。
② 程荣斌、甄贞:《1994 年刑事诉讼法学研究的回顾与展望》,《法学家》1995 年第 1 期,第 63 页。
③ 1993 年 11 月 7 日,《法制日报》发表崔敏先生的《免予起诉弊多利少,建议人大立法废除》,指出免诉制度存在诸多弊端。1993 年 12 月 19 日,该报刊发董春江先生的《免予起诉制度不容否定》一文,表达了相反观点。其后,《法制日报》又刊发崔敏先生《再论免予起诉制度应予废除——答"不容否定"论》,以及董春江先生的《再论免予起诉制度不容否定——答"应予废除"论》。1994 年 2 月 3 日,《人民法院报》发表署名邱臻的《免予起诉制度理应废除》一文,主张废除免予起诉制度。相关论文收录于崔敏:《呼唤法制文明——为健全诉讼法制呐喊》,警官教育出版社 1999 年版,第 376~387 页。
④ 参见崔敏:《中国刑事诉讼法的新发展——刑事诉讼法修改研讨的全面回顾》,中国人民公安大学出版社 1996 年版,第 122 页。
⑤ 参见吉同文:《1988 年全国诉讼法学术讨论会观点综述》,《政法论坛》1988 年第 6 期,第 75~76 页;参见汪纲翔:《坚持四项基本原则,繁荣诉讼法学——1989 年"全国诉讼法学术讨论会"纪要》,《政治与法律》1990 年第 1 期,第 60 页;众擎:《全国诉讼法学术研讨会综述》,《中国法学》1991 年第 1 期,第 118 页;柯葛壮:《刑事诉讼法的修改与完善——1991 年全国诉讼法学会年会观点综述》,《法治论丛》1991 年第 5 期,第 52 页;魏彤:《关于修改刑事诉讼法问题的情况反映——中国法学会诉讼法学研究会 1995 年年会综述之一》,《政法论坛》1996 年第 1 期,第 90 页。

在关于免予起诉制度的研究中,大多数人使用了共同的思维路径,即首先对审判权与免予起诉的关系问题进行讨论,然后对免予起诉的利弊进行权衡,最后得出免予起诉存废的主张。无疑,这三个问题也是相关研究中的主要内容。

一、免予起诉与审判权的关系

免予起诉与审判权的关系问题是较早被提出的问题,也是免予起诉存废之争中的焦点问题。1991年全国诉讼法学年会就免予起诉是否具有定罪效力的问题进行讨论。① 在1992年全国诉讼法学术讨论会中,全国人大常委会法工委刑法室的有关干部在刑诉组讨论时也提道:"规定免予起诉制度是否同刑诉法关于'审判由人民法院负责'的规定有矛盾,值得认真加以研究。"②

关于该问题的认识主要有两种观点:一种观点认为免予起诉分割了审判权,另一种观点认为免予起诉不分割审判权。这两种观点都认可免予起诉具有实体处分的性质,但在"免予起诉是否分割审判权"的问题上存在分歧。

认为免予起诉分割了审判权的论者一般都主张废除免予起诉制度。他们认为,免予起诉免除了被告人被审判而受刑事处罚的可能,与法院的判决、裁定具有相同的法律效果与法律效力,其适用对象、适用条件、法律后果诸方面与法院的免刑判决是完全一致的。③ 然而,这种认定被告有罪的实体处分权力只能由审判机关统一行使④,因此,免予起诉权在实际上分割了法院的独立审判权。此外,检察院作出免予起诉决定后不将被告人交付审判,具有终止刑事诉讼的程序法意义,这使得人民法院很少作出免除刑罚的决定,实质上是检察机关将自己置于审判地位,剥夺了人民法院的司法裁判权,也削弱了检察机关的法律监督职能。⑤

"免予起诉分割审判权"的观点提出后,很多人从多个方面对它进行了反驳。他们认为,免予起诉虽然是实体决定,但是并不分割审判权,主要理由包括:

第一,对案件进行实体处理的权力并非法院专属,检察机关也能在诉讼中认

---

① 参见柯葛壮:《刑事诉讼法的修改与完善——1991年全国诉讼法学会年会观点综述》,《法治论丛》1991年第5期,第52页。

② 孙第永、李佑标等:《1992年全国诉讼法学术讨论会内容综述》,《政法论坛》1993年第1期,第82页。

③ 参见洪道德:《改"免予起诉"为"暂缓起诉"——兼论检察机关不应有刑事实体处分权》,《法学研究》1989年第2期,第80~81页;胡小古:《建议取消检察机关免予起诉制度》,《政法学刊》1988年第3期,第23页。

④ 参见汪纲翔:《论改革免予起诉制度》,《法学》1987年第9期,第21页。

⑤ 参见陈志毅:《试论检察机关行使免诉权的弊端》,《求是学刊》1992年第1期,第56页。

定被告是否有罪。其一,从1979年《刑事诉讼法》第4条可以看出,我国刑诉法摈弃了"无罪推定"原则,代之以"以事实为根据,以法律为准绳"的实事求是的诉讼原则。"被告人有罪就是有罪,无罪就是无罪,并不是只有通过人民法院的判决才能确定。"因此,免予起诉符合我国的法律精神。① 其二,认定被告有罪不等于审判,不能把刑事诉讼中有关机关对被告人的行为是否构成犯罪依法所做的决定,都看作审判行为。② 事实上,在侦查和审查程序中都可能包含认定被告是否构成犯罪的内容,一些属于已经构成犯罪但依法不追究刑事责任的案件,侦查和检察机关有权作出撤案或不起诉决定。③

第二,免予起诉是起诉便宜主义的表现,检察机关在决定起诉问题上理应具有一部分自由裁量权。从域外来看,世界上很多国家和地区都是以采取起诉法定主义为原则,兼采起诉便宜主义,它们的刑诉法中都设有专门的类似免予起诉的制度,如联邦德国的微罪不起诉制度、日本的起诉犹豫制度、苏俄的终止诉讼制度。④ 我国也实行了以起诉法定主义为原则,兼采起诉便宜主义的起诉制度,起诉裁量权成为控诉权不可分割的组成部分,不宜再用绝对起诉法定主义的标准来衡量起诉便宜下的控、审分离。⑤

第三,免予起诉和免予刑事处分的实质要件相同,"如果在法院审判的前一诉讼阶段已经明确了案件的性质,为什么检察机关就不能使用免予起诉这种处分决定呢?这时再将案件交付审判机关作免予刑事处分决定实际上并没有意义,是诉讼程序的繁琐主义,这种以形式上的权力划分代替实质上的相互配合是错误的。"⑥

第四,免予起诉中认定被告有罪与法院经审判程序认定被告有罪,在实体上有类似之处,但性质不同。认定被告人行为构成犯罪是免予起诉的条件,而不是直接目的,其直接目的是阻止将被告交付审判,终止诉讼,不具有科处刑罚的效果;而法院经审判认定被告有罪,是为了实现刑罚权。⑦ 而且检察机关"认定"

---

① 参见杨志宏:《正确看待免予起诉制度——兼与"否定说"商榷》,《中南政法学院学报》1989年第3期,第86页。
② 参见张振高:《免予起诉没有侵犯审判权》,《现代法学》1994年第4期,第16~17页。
③ 参见徐益初:《免予起诉制度存废之我见》,《法学研究》1989年第3期,第76页。
④ 参见徐益初:《免予起诉制度存废之我见》,《法学研究》1989年第3期,第75页。
⑤ 参见宋英辉、吴杰:《免予起诉制度新探》,《法学研究》1992年第1期,第24~25页;朱亚滨:《免予起诉的存废与完善》,《现代法学》1993年第2期,第33~35页。
⑥ 孙孝福、王洪祥:《免予起诉制度应当坚持和完善》,《中南政法学院学报》1988年第4期,第35页。
⑦ 参见徐益初:《免予起诉制度存废之我见》,《法学研究》1989年第3期,第76页。

被告有罪是一种主观判断活动，不等于免予起诉决定具有定罪效力，这是两码事。①

第五，免予起诉权基于公诉权而产生，是公诉权的一个部分，不是审判权。②"免予起诉是检察机关的决定权之一，是检察机关行使检察权的一个方面，怎么能说在这一问题上是检察机关'越俎代庖'侵犯了人民法院的审判权呢？"③

此外，也有学者认为，"指出法律规定审判权应由法院一家独享，例外仅在于检察院的免予起诉，并不意味着这种例外没有存在的根据，指出免予起诉权确实与审判权有重合，因而与起诉权应和审判权分离的世界性潮流不合，并不能由此简单说明免予起诉制度没有合理的内容。因为例外往往自有其特殊的价值，潮流却常常有不可赶的理由。"④

二、免予起诉的利弊

（一）免予起诉之"弊"

免予起诉曾经在司法实践中存在的诸多弊端是引发相关质疑的导火线，无论是主张废除免予起诉的一方，还是主张坚持和完善免予起诉的一派，大都承认这些弊端曾经客观存在：

第一，实践中存在检察机关滥用免诉权的现象。⑤ 具体表现在：其一，对应当起诉的案件作了免予起诉处理。有的被告人因为态度好、退赃好、单位意见、家庭困难等不适当的理由而被免予起诉；有的案件是检察机关为了召开宽严大会，为凑典型而免诉；还有的检察机关为了从罚没款中提取办案费，故意不将赃款赃物随案移送法院，从而将案件作免诉处理。其二，有的案件不构成犯罪，但被告已被羁押，检察机关为了掩盖自身工作的失误，把免予起诉当作"下台阶的梯子"。其三，有的案件认定犯罪证据不足、否定犯罪理由又不充分，检察机关便以免予起诉了结。其四，有的检察机关将与公安、法院有争议的案件搞折中，

---

① 参见柯葛壮：《免予起诉问题新论》，《法学》1992年第6期，第21~22页。
② 参见王然冀、张之又：《论免予起诉》，《现代法学》1990年第5期，第16~19页。
③ 杨志宏：《正确看待免予起诉制度——兼与"否定说"商榷》，《中南政法学院学报》1989年第3期，第86页。
④ 王敏远：《免予起诉若干问题研究》，《中国法学》1992年第2期，第77~78页。
⑤ 参见龙宗智：《免予起诉制度应当进一步完善》，《法学》1987年第5期，第28页；朱凤杰、张卫东、魏东芬：《谈谈免予起诉工作存在的问题和改革意见》，《河北法学》1988年第5期，第27页；胡小古：《建议取消检察机关免予起诉制度》，《政法学刊》1988年第3期，第23页；汪建成：《免予起诉的几个问题》，《法律学习与研究》1989年第3期，第32~33页；白淑卿：《关于完善免予起诉制度的思考》，《现代法学》1990年第2期，第45页。

过分迁就公安机关或者法院的意见，用免予起诉照顾自己和别人的"面子"。

第二，免予起诉的决定过程缺乏透明性，违背公开原则，被告人的辩护权得不到保障。① 免予起诉虽是有罪决定，却"不公开审理"，采取"内部研究"的方式，这种方式限制了被告人的很多权利。尤其是在辩护权的保障方面，被告没有权利也没有机会了解案件材料，无法获得律师的法律帮助，基本无法在免予起诉决定前针对有罪指控作有效辩解。

第三，缺乏有效的监督和救济措施。实践中，被告人对免诉决定不服的只能向作出决定的检察院申诉，公安机关也只能向作出决定的机关复议，作用不大；对生效的免诉决定，申诉人范围过窄且有时间限制，很难做到"有错必纠"；上级检察院对下级检察院的免诉决定没有法定的主动的审查监督权。② 检察院自行侦查的经济、法纪案件，对免予起诉不服的，法律也没有规定救济程序。③

第四，免予起诉中的附带民事诉讼得不到妥善处理。免予起诉会导致刑事责任的免除，但并不意味着可以免除被告的民事责任，这就导致免予起诉中的附带民事诉讼处理混乱的情况。④ 作了免诉处理后，如果检察机关责令被告人赔偿经济损失，被告人拒不执行，或者对整个免诉决定都不服的，检察机关也缺乏有效措施。⑤

第五，可能造成法院、检察院之间的矛盾。检察院的决定与法院的认定不一定相同，免予起诉可能造成被告人之间有完全不同的处理。如在共同犯罪案件中，法院可能认为检察院免予起诉不当，又将已作免予起诉的人作为同案被告人进行审理，并作出有罪或无罪判决。⑥

第六，可能造成法律适用的不公平。免诉决定书一经送达就发生法律效力，

---

① 参见龙宗智：《免予起诉制度应当进一步完善》，《法学》1987年第5期，第28页；汪纲翔：《论改革免予起诉制度》，《法学》1987年第9期，第21页；朱凤杰、张卫东、魏东芬：《谈谈免予起诉工作存在的问题和改革意见》，《河北法学》1988年第5期，第27页；李华如：《坚持并完善免予起诉制度》，《法学》1990年第4期，第18页。

② 参见王新如：《免予起诉制度要充实监督程序》，《政治与法律》1987年第4期，第44页。

③ 参见谢玉光：《免予起诉之我见》，《法学杂志》1987年第6期，第34页。

④ 实践中有的由检察机关调解，调解不成的做强制处理，也有的干脆将物质损害赔偿部分移送法院民庭按照民诉程序处理。但是在诉讼过程中，当事人既不能委托代理人，也不能上诉和申诉，辩论和举证也受到制约，基本是一审定局，也没有专门机关制约。参见汪纲翔：《论改革免予起诉制度》，《法学》1987年第9期，第21页。

⑤ 参见李华如：《坚持并完善免予起诉制度》，《法学》1990年第4期，第18页。

⑥ 参见洪道德：《改"免予起诉"为"暂缓起诉"——兼论检察机关不应有刑事实体处分权》，《法学研究》1989年第2期，第81页；谢玉光：《免予起诉之我见》，《法学杂志》1987年第6期，第33页。

导致犯同样罪行的被告,一个被免予起诉,一个被判决免除刑罚,前者被立即释放,后者则因判决未立即生效继续被羁押,还可能因检察院抗诉被二次审判,显然是不公平的。①

(二) 免予起诉之"利"

在看到免予起诉弊端的同时,很多人也认识到免予起诉的合理因素和特殊作用:

第一,符合惩办与教育相结合的刑事政策精神,有利于对犯罪人的教育改造,化消极因素为积极因素。② 实践表明,被免诉的犯罪分子绝大多数都能痛改前非、重新做人。③

第二,符合诉讼经济原则。免予起诉能及早地使被告从监禁中解脱出来,避免不必要的长时间羁押,还可以迅速结案,避免人力、财力的浪费,使人民检察院、人民法院能集中力量,准确、及时地打击犯罪分子。④

第三,具有政策威力大、政策兑现及时的特点,是检察机关打击经济犯罪、共同犯罪的重要法律武器。事实证明,免予起诉有利于分化、瓦解犯罪分子,尤其是在共同犯罪案件中,免予起诉对孤立、打击主犯和为首分子的效果很显著,也能促使大批犯罪分子投案自首,取得显著社会效果。⑤

三、免予起诉的存废

在分析了免予起诉的利弊之后,应当以何种态度来对待这项制度呢?对此,我国学术界存在"否定说""肯定说""折中说"三种观点。"否定说"主张废除免予起诉制度;"肯定说"认为,免予起诉制度的存在具有合理性,应当保留;"折中说"则主张保留免予起诉的合理部分,去除不合理部分。

(一) 否定说

在认定免予起诉制度分割了审判权,认为免予起诉弊大于利之后,很多人提出应当废除免予起诉制度,理由在于:

---

① 参见王新如:《免予起诉制度要充实监督程序》,《政治与法律》1987年第4期,第44页。
② 参见孙孝福、王洪祥:《免予起诉制度应当坚持和完善》,《中南政法学院学报》1988年第4期,第37页;徐益初:《免予起诉制度存废之我见》,《法学研究》1989年第3期,第75页;李华如:《坚持并完善免予起诉制度》,《法学》1990年第4期,第17页。
③ 参见李联兵:《论我国的免予起诉制度及其完善》,《河北法学》1992年第4期,第31页。
④ 参见周其华:《免予起诉制度利大于弊》,《中央检察官管理学院学报》1994年第1期,第56~58页;孙孝福、王洪祥:《免予起诉制度应当坚持和完善》,《中南政法学院学报》1988年第4期,第37页;李华如:《坚持并完善免予起诉制度》,《法学》1990年第4期,第17页。
⑤ 参见李华如:《坚持并完善免予起诉制度》,《法学》1990年第4期,第17页。

第一，免予起诉分割了审判权，这种制度设计是不合理的。这不仅违背了无罪推定原则，而且与我国《宪法》关于人民法院是行使审判权的唯一机关的精神相抵触。① 此外，当今世界各主要国家的刑事诉讼立法都严格实行控审分离，采取免诉制度几乎等于人民检察院既享有法律监督职权又兼行"审判"职权，违背了控审分离的历史趋势。②

第二，免予起诉执行中诸多弊端存在的根本原因不在办案人员，而在于免诉制度本身。该制度涉及罪与刑的决断问题，造成司法权分散与混乱，在实践中有弊无利，没有继续存在的必要。③

第三，免予起诉制度在特定的历史条件下产生，但是其在产生之时缺乏理论上的论证和研究，也是我国社会主义计划经济制度下的产物，已经不符合当前社会经济发展的需要。1979年《刑事诉讼法》制定时，立法机关和法学界对免予起诉制度的认识仍停留在20世纪50年代的水平上。④ 用计划经济制度中的法律来处理市场经济中产生的矛盾，在实践中是不相适应的，更是行不通的。"实行社会主义市场经济的法律制度，免予起诉制度必须取消。"⑤

对于理论和实务界提出的诸多完善免予起诉的方案，"否定说"也进行了分析，并认为免予起诉制度的弊端"不可能通过完善的途径加以解决，因为这些矛盾是与我国宪法和现行的刑事法律相违背的"⑥。如对决定免予起诉也要搞一套诉讼程序的意见，"否定说"认为，"这样一来，检察机关的一个职能部门，岂不变成了一个特殊的专门法庭，这在实际工作中做不到，也没有这样重复另搞一套的必要"⑦。

(二) 肯定说

"否定说"的出现引起一些实务界、理论界人士的关注，不少人开始从各个角度对免予起诉存在的合理性进行论证。

第一，免予起诉制度并不分割审判权。对案件进行实体处理的权力并非法院

---

① 参见高洪宾：《从无罪推定看免予起诉的存废》，《政治与法律》1996年第2期，第38~40页；洪道德：《改"免予起诉"为"暂缓起诉"——兼论检察机关不应有刑事实体处分权》，《法学研究》1989年第2期，第80~81页；谭昌华、王小平：《免诉制度存废论》，《现代法学》1990年第4期，第29页。
② 参见汪纲翔：《论改革免予起诉制度》，《法学》1987年第9期，第21页。
③ 参见汪纲翔：《论改革免予起诉制度》，《法学》1987年第9期，第21页；胡小古：《建议取消检察机关免予起诉制度》，《政法学刊》1988年第3期，第23页。
④ 参见谭昌华、王小平：《免诉制度存废论》，《现代法学》1990年第4期，第29页。
⑤ 胡宗银：《关于废除免予起诉制度之我见》，《政法论坛》1994年第6期，第77页。
⑥ 陈志毅：《试论检察机关行使免诉权的弊端》，《求是学刊》1992年第1期，第58页。
⑦ 康立群：《免予起诉利弊存废面面观》，《河北法学》1992年第3期，第28页。

专属，所谓免诉制度分割、侵犯了审判权这一说法，实际上是以假定犯罪案件一律交付审判为前提的。应当指出，假定毕竟是假定，并非我国的现行法律所规定。既然假定的前提不存在，那么就不可能从中得出合乎实际的正确结论。只有以我国现行法律规定为前提所得出的结论，才是合乎实际、毋庸置疑的。①

第二，免予起诉权存在弊端的主要原因不在制度本身。如免予起诉权被滥用的原因在于某些办案人员法律知识缺乏，业务素质低，不能正确认定案件性质，同时在办案中面子观念重，搞无原则地迁就。② 又如，免予起诉附带民事诉讼没有得到妥善解决的原因，主要在于对人民检察院是否有权解决附带民事诉讼问题认识不一致，也不能归咎于免予起诉制度本身。③ 再如，同案被告人之间法律适用的不统一是诉审分立制度固有矛盾的反映，检察院对有的同案被告不起诉而法院认为该被告有罪、应处以刑罚的可能性在世界各国都存在，但这是无可非议的，检察院有权决定对被告是否起诉，法院无权干涉。④

第三，免予起诉确实是我国一定历史条件的产物，但绝不是只能在特定历史条件下使用，它符合当前同犯罪作斗争的形势需要。⑤ 而且免诉制度是我国在司法实践中的一项创造，是为了适应同犯罪分子作斗争的需要应运而生的，是具有中国特色的社会主义检察制度的一个组成部分。⑥

第四，免予起诉的存在具有客观性和必要性。免予起诉是诉讼中起诉和不起诉之间的空档太宽决定的⑦，任何国家的审查起诉程序都必然出现起诉、免予起诉、不起诉几种结果，不以人的意志为转移。⑧ 也有人认为，免诉制度不仅是简单的诉讼技术问题，而是有深刻的政治内涵、哲学基础的。⑨

但是，免予起诉的弊端是确确实实存在的。对此，不少"肯定说"论者认为，免予起诉的弊端不是不能克服的，因为这些弊端的存在而轻言废除是"因噎

---

① 陈财旺：《对免予起诉的宏观研究和哲学思考》，《中外法学》1995年第1期，第27页。
② 参见孙孝福、王洪祥：《免予起诉制度应当坚持与完善》，《中南政法学院学报》1988年第4期，第37页；李华如：《坚持并完善免予起诉制度》，《法学》1990年第4期，第18页。
③ 参见杨志宏：《正确看待免予起诉制度——兼与"否定说"商榷》，《中南政法学院学报》1989年第3期，第86页。
④ 参见杨志宏：《正确看待免予起诉制度——兼与"否定说"商榷》，《中南政法学院学报》1989年第3期，第87页。
⑤ 参见徐益初：《免予起诉制度存废之我见》，《法学研究》1989年第3期，第75页。
⑥ 参见李联兵：《论我国的免予起诉制度及其完善》，《河北法学》1992年第4期，第30页。
⑦ 参见陈财旺：《对免予起诉的宏观研究和哲学思考》，《中外法学》1995年第1期，第25页。
⑧ 参见丁慕英、陆德山：《论免予起诉制度——与崔敏同志商榷》，《中央检察官管理学院学报》1994年第1期，第52页。
⑨ 参见陈财旺：《对免予起诉的宏观研究和哲学思考》，《中外法学》1995年第1期，第24～27页。

废食",只要建立完善的制约机制和监督机制,免予起诉制度就能得到正确实施。因此,研究者们提出了以下措施:

第一,增强办案人员的民主与法制观念,增强其工作的事业心、责任感,重视业务素质,将办案质量作为检察考核的重要标准,严格依法办案。①

第二,保障被告人的各项权利,尤其是保障被告人的辩护权。应允许辩护律师在审查起诉阶段介入,侦查终结后检察机关认为应当免诉的案件,应将证据材料及初步的免诉意见提供给被告及其辩护律师,同时赋予被告及其辩护人辩解的权利,要求补充收集证据或重新鉴定、勘验的权利,申请回避的权利。②

第三,增加免诉决定程序的公开性。设立公开调查的阶段,即在审查起诉部门的主持、各方参与的情况下对案件的事实和证据进行调查和辩论,公开调查后,审查起诉部门再以合议制的形式提出免诉、起诉或不起诉处理意见,报检察委员会批准。③此外,还应健全免予起诉决定的公开宣布制度。④

第四,完善免诉制度的救济程序。例如,应借鉴上诉制度,赋予被告人、被害人或公安机关向上级检察院申诉、复议的权利;规定免予起诉决定宣布后应立即释放在押被告,但在上级机关作出复查、复核决定前,免诉决定不具有其他法律效力,不能据此认定被告有罪;对生效的免予起诉决定,申诉主体范围和申诉时间应不受任何限制。⑤也有学者提出,鉴于被告人不服免诉的申诉收效甚微,可考虑赋予被告人对免诉处理不服时申请法院审判的权利;免诉作为终止诉讼的特殊方式,只有辩护方对免诉决定无异议时,诉讼方可终止。⑥

---

① 参见朱凤杰、张卫东、魏东芬:《谈谈免予起诉工作存在的问题和改革意见》,《河北法学》1988年第5期,第27页;谢玉光:《免予起诉之我见》,《法学杂志》1987年第6期,第34页;孙孝福、王洪祥:《免予起诉制度应当坚持和完善》,《中南政法学院学报》1988年第4期,第38页;杨志宏:《正确看待免予起诉制度——兼与"否定说"商榷》,《中南政法学院学报》1989年第3期,第88页。

② 参见龙宗智:《免予起诉制度应当进一步完善》,《法学》1987年第5期,第29页;孙孝福、王洪祥:《免予起诉制度应当坚持和完善》,《中南政法学院学报》1988年第4期,第38页;徐益初:《免予起诉制度存废之我见》,《法学研究》1989年第3期,第78页;李华如:《坚持并完善免予起诉制度》,《法学》1990年第4期,第18页。

③ 参见朱凤杰、张卫东、魏东芬:《谈谈免予起诉工作存在的问题和改革意见》,《河北法学》1988年第5期,第29页。

④ 参见张国:《适用免予起诉应注意的两个问题》,《法学杂志》1990年第5期,第22页。

⑤ 参见龙宗智:《免予起诉制度应当进一步完善》,《法学》1987年第5期,第29页;孙孝福、王洪祥:《免予起诉制度应当坚持和完善》,《中南政法学院学报》1988年第4期,第38页;朱凤杰、张卫东、魏东芬:《谈谈免予起诉工作存在的问题和改革意见》,《河北法学》1988年第5期,第27页;徐益初:《免予起诉制度存废之我见》,《法学研究》1989年第3期,第78页;白淑卿:《关于完善免予起诉制度的思考》,《现代法学》1990年第2期,第48页;李华如:《坚持并完善免予起诉制度》,《法学》1990年第4期,第18页。

⑥ 参见宋英辉、吴杰:《免予起诉制度新探》,《法学研究》1992年第1期,第26页。

第五，完善免诉制度的监督程序。例如，下级检察院作出免予起诉决定应及时报上一级检察院备案审查，上级检察院发现下级检察院已生效的决定有错误的，应指令下级检察院复查或自行复查，确有错误的应予纠正；明确免诉决定的执行机关，加强对免诉被告人的定期回访和帮教，促进被免予起诉人员认罪服法、防止重新犯罪。[1]

第六，建立对检察机关自行侦查案件适用免予起诉的制约机制。有人认为，对检察院自侦案件中的免予起诉决定不服的，应有权向上一级人民检察院申诉。[2] 有人认为，检察机关内部应实行侦、捕、诉分开。[3] 还有人认为，应建立自侦案件免予起诉的部门审查制度，即自侦部门侦查终结后提出免予起诉意见，移交刑检部门审查，作出是否免予起诉决定，报请检察长批准。[4]

如何解决被害人在审查起诉阶段提起附带民事诉讼的问题呢？对此，学者们有不同的看法。有学者认为，我国法律已经赋予了检察机关解决免予起诉案件中附带民事诉讼的权力，1979年《刑法》第31条和第32条适用于检察机关，而且提起附带民事诉讼的目的就是与刑事部分一起解决有关附带的民事诉讼，免诉案件中，诉讼程序就此终结，附带民事诉讼自然也应由检察机关予以解决。[5] 如果被告人不服或者拒不执行民事赔偿的，检察机关应撤销原免诉决定，将案件起诉交付人民法院判决。[6] 有学者认为，应明确规定检察机关对免予起诉案件的附带民事部分有处分权。只要被害人同意，检察院可以按照民事诉讼原则先行调解，调解不成的可作出由被告赔偿经济损失的决定，检察院对民事部分也应有强制执行的权力。被害人不同意调解的，可在检察院作出免诉决定后，由被害人向法院直接另行提起民事诉讼。[7] 还有学者认为，这种情况下不应作出免予起诉决定，而应提起公诉，将全案一并起诉到人民法院，由人民法院通过审判程序解决。如此才能完全查清被告人的犯罪行为与被害人所遭受的物质损失之间的因果关系，

---

[1] 参见杨志宏：《正确看待免予起诉制度——兼与"否定说"商榷》，《中南政法学院学报》1989年第3期，第87页；王新如：《免予起诉制度要充实监督程序》，《政治与法律》1987年第4期，第44～45页；潘忠仁：《论人民检察院的免予起诉制度》，《当代法学》1990年第1期，第66页。

[2] 参见谢玉光：《免予起诉之我见》，《法学杂志》1987年第6期，第34页；孙孝福、王洪祥：《免予起诉制度应当坚持和完善》，《中南政法学院学报》1988年第4期，第38页。

[3] 参见朱凤杰、张卫东、魏东芬：《谈谈免予起诉工作存在的问题和改革意见》，《河北法学》1988年第5期，第28页。

[4] 参见潘忠仁：《论人民检察院的免予起诉制度》，《当代法学》1990年第1期，第66页。

[5] 参见杨志宏：《正确看待免予起诉制度——兼与"否定说"商榷》，《中南政法学院学报》1989年第3期，第87页。

[6] 参见李华如：《坚持并完善免予起诉制度》，《法学》1990年第4期，第18页。

[7] 参见徐益初：《免予起诉制度存废之我见》，《法学研究》1989年第3期，第88页。

准确认定被害人物质损失的实际数额,提高法院审判工作的效率,减少重复劳动。①

如何解决免予起诉过宽,即大量案件应当起诉而被作免予起诉处理的问题呢?有学者指出,应改变贪污、受贿、偷税抗税、假冒商标等案件的侦查管辖权,仍由检察院立案侦查枉法裁判、体罚虐待等五种案件,且检察机关自侦案件的免予起诉、撤案都要经过上一级检察院批准后才能作出决定。②

还有学者认为,免予起诉制度存在的问题是,立法没有根据免予起诉这种处分形式的特点而将被告人认罪悔罪作为适用条件,这导致实践中免予起诉适用范围的扩张。以被告人认罪悔罪为免予起诉的适用条件,不仅能解决法院和检察院分工的问题,还能强化辩护权、审判权对免诉权的制约作用。③

(三)折中说

在"肯定说"和"否定说"激烈的交锋中,也有研究者认为,既要看到免予起诉制度的缺陷,也要看到其合理的部分,因此主张保留免予起诉的合理部分,去除不合理部分。

有学者提出,免予起诉制度中对案件作出最终实体性评断的内容既缺少理论根据,也与宪法原则相违背,不应继续保留;但免予起诉制度中有关终止诉讼程序、结束诉讼活动的内容,应予保留。因此,建议在汲取免予起诉制度合理因素的基础上,把免予起诉制度改为"暂缓起诉"制度。④ 然而,这种缓予起诉的方案受到不少批评。有观点认为,暂缓起诉是该罚不罚,长期处于不确定状态,并不利于对犯罪人的教育、改造,而且规定考验期"与由法院判处有期徒刑缓刑还有什么区别?这倒有点超越检察机关职权之嫌,未必适宜"⑤。还有人认为,缓予起诉有很多弊端,有悖于以事实为根据、以法律为准绳原则,混淆了罪与非罪的界限,有失公平。⑥

也有折中观点认为,对检察机关的免诉权不加区分地一概排斥或一律肯定都失之偏颇。人民检察院对公安机关侦查终结的案件行使免诉权体现了"惩办与宽

---

① 参见汪建成:《免予起诉的几个问题》,《法律学习与研究》1989年第3期,第33页;谢玉光:《免予起诉之我见》,《法学杂志》1987年第6期,第34页。
② 参见白淑卿:《关于完善免予起诉制度的思考》,《现代法学》1990年第2期,第47~48页。
③ 参见王存厚:《试论免予起诉的适用条件——对修订〈刑法诉讼法〉的建议》,《中外法学》1996年第1期,第37~39页。
④ 参见洪道德:《改"免予起诉"为"暂缓起诉"——兼论检察机关不应有刑事实体处分权》,《法学研究》1989年第2期,第82~83页。
⑤ 徐益初:《免予起诉制度存废之我见》,《法学研究》1989年第3期,第77~78页。
⑥ 参见白振国:《也谈免予起诉》,《法律学习与研究》1991年第2期,第50页。

大"相结合的刑事政策,取得了很好的实践效果,应当保留。但自侦案件的免予起诉是检察机关"一家独揽",缺乏必要的监督制约,滥用免予起诉权的现象普遍存在,必须废除。[1]

四、小结

"尽管法学界和其他司法机关的教授、专家、学者及其研究人员极力主张废除免诉制度的呼声比较强烈,但检察机关从上到下,对于保留和完善免诉制度的态度非常坚决。因此,要废除免诉制度是非常难的。"[2] 在各方争论不休的情况下,全国人大常委会法工委1995年10月印发的《中华人民共和国刑事诉讼法(修改草案)〈征求意见稿〉》保留了免诉制度,但增加了两条制约措施:其一,免予起诉须经检察委员会讨论决定;其二,对检察院的免予起诉决定,公安机关不同意,提出书面意见,或被告不服,提出申诉的,检察院应当撤销免诉决定,依法提起公诉。[3] 1995年全国诉讼法学研讨会就修改草案进行了讨论,有意见提出,草案中的制约措施并未能解决自侦案件中该诉而免诉的制约问题,也有人认为公安机关不同意就不能免诉的规定不合理。[4]

最终,1996年修正的《刑事诉讼法》取其利而去其弊,取消了免予起诉,改为扩大不起诉范围,新设相对不起诉制度,适用于原免予起诉的对象。这样,在取消免予起诉的同时,又保留了免予起诉的合理因素。[5] 此外,1996年《刑事诉讼法》还在总则中增加第12条,明确规定:"未经人民法院依法判决,对任何人都不得确定有罪"。这一规定回答了免予起诉存废之争中关于"免予起诉权是否分割审判权"的问题,否定了"公、检、法都有定罪权"的说法,重申了人民法院统一独立行使审判权和公、检、法机关分工制约的宪法原则。

在关于免予起诉存废的争论中,各方不囿于既成法条、现状和部门实力,对反对观点进行认真反击,这种争论的本身就表明,我国刑诉法学研究逐渐走向成熟。[6] 免予起诉存废之争也直接推动了理论界对相关问题的思考和研究。一些关联问题,如无罪推定、起诉便宜主义、控审分离等得到更加充分的讨论,为此后

---

[1] 参见俞继进:《具体分析检察机关的免诉权》,《法学》1990年第4期,第19页。
[2] 胡宗银:《关于废除免予起诉制度之我见》,《政法论坛》1994年第6期,第82页。
[3] 参见程荣斌、甄贞:《1995年刑事诉讼法学研究的回顾和展望》,《法学家》1996年第1期,第61页。
[4] 参见魏彤:《关于修改刑事诉讼法问题的情况反映——中国法学会诉讼法学研究会1995年年会综述之一》,《政法论坛》1996年第1期,第90页。
[5] 参见卞建林:《起诉制度的重大变革》,《中外法学》1996年第3期,第40页。
[6] 参见徐友军:《免予起诉利弊论争评析》,《法律学习与研究》1992年第1期,第45页。

我国起诉制度的完善积累了宝贵的研究经验。

第二节　公诉案卷移送方式的变革

人民检察院向人民法院起诉时是否全案移送证据和材料，是起诉制度设计的一项重要内容，关系到祛除预断和增进程序公正的价值。我国公诉案卷的移送方式也随着《刑事诉讼法》的修改经历了数次变迁：1979年确立了全案移送制度，1996年确立了部分证据材料移送制度，2012年又改回了全案移送制度。

一、1979年的全案移送制度

1979年《刑事诉讼法》配合"审问式"的庭审结构，规定了全案移送的制度，即检察机关在起诉时将全部案卷材料、证据移送法院，法官可以在开庭前接触到这些材料和证据。这种制度也被称为"卷宗移送主义"，虽然充分体现了公、检、法三机关"互相配合"的原则，但也使得刑事诉讼体现出强职权主义的色彩。

随着改革开放的不断深入，法律界开始广泛关注域外司法制度。受到英美国家当事人主义诉讼模式的强势影响，不少学者对我国刑事司法长期以来的强职权主义诉讼构造持批判态度，认为案卷材料全案移送以及审前的实质性审查易使法官形成先入为主的偏见，进而导致后续庭审流于形式。因此，英美法系国家"起诉状一本主义"的公诉提起方式开始成为学界的研究热点，有学者对日本的"起诉状一本主义"制度进行介绍，提出应废除全案移送的制度，借鉴"起诉状一本主义"改革我国的公诉制度，以期实现庭审中心主义，革除庭前预断。[①] 这种观点在较长的一段时间内鲜有争议，产生了巨大影响，相关的刑事诉讼法学教科书也基本持这种主张。

在这种理论研究背景之下，1996年修正的《刑事诉讼法》废除了全案移送制度，但顾虑到法官的判断事实和驾驭法庭的能力，立法者并未选择"起诉状一本主义"，而是采取了折中的办法，即检察机关在提起公诉时应向法院移送案件主要证据的复印件或照片，这种部分证据材料移送制度也被称为"复印件主义"

[①] 参见陈岚：《日本起诉状一本主义评介》，《中央检察官管理学院学报》1993年第Z1期，第89～91页；孙长永：《日本起诉状一本主义研究》，《中国法学》1994年第1期，第103～108页；谭存灵：《借鉴日本起诉状一本主义改革我国公诉运行机制》，《现代法学》1994年第3期，第22页；左卫民：《公诉运行机制的缺陷及其完善》，《中外法学》1993年第1期，第30～34页。

或"部分卷宗移送主义"①。

二、1996年的部分证据材料移送制度

"复印件主义"施行后,一定程度上强化了法官的程序意识,也在一定程度上发挥了降低法官预断的作用,但总体来说,这一改变并未对促进庭审实质化起到实质性帮助,反而造成了一系列的问题。因此,更多的人开始对这种南橘北枳的方法进行反思。

理论和实务界普遍认为,"复印件主义"在我国的实践中存在诸多问题②:首先,《刑事诉讼法》及相应的司法解释并未对"主要证据"的范围作出严格的、协调统一的限定,检察机关移送的材料常常与法院的要求和理解大相径庭,检法冲突不断。第二,辩护律师的阅卷权明显被缩小,先悉权更无法得到保障,而检察机关时常保留一些关键证据,在法庭审理过程中搞证据突袭,明显削弱了辩方的防御能力,造成控辩的不平等,诉讼陷入"竞技性司法理论"圈套。第三,"复印件主义"仍然要求控方向法官出示所收集的涉及定罪量刑的所谓"主要证据"的复印件或照片,不足以从根本上彻底防止法官在审前形成预断。第四,实践中很多案件的主要证据基本等同于全部案卷,复印案卷对于检察机关来说是很大的花销,而且复印的纸张在开庭后往往被当成废纸处理,造成无谓浪费。第五,实践中,"复印件主义"削弱了法官的庭审驾驭能力,庭前阅卷在实质上变为庭后阅卷,导致庭审走过场,案卷移送徒具形式。

对于"复印件主义"在实践中的弊端,学者们认为应对其进行改革,但在改革的路径选择方面,学者们具有不同观点。一种观点认为应继续推进"起诉状一本主义"改革,但应辅之以相关制度的改进;另一种观点认为,应实行"案卷移送主义"。

(一)"起诉状一本主义"论

主张"起诉状一本主义"的观点在很长的一段时期内占据上风,很多人认

---

① 陈光中主编:《〈中华人民共和国刑事诉讼法〉修改条文释义与点评》,人民法院出版社2012年版,第251页。
② 参见陈卫东、郝银钟:《我国公诉方式的结构性缺陷及其矫正》,《法学研究》2000年第4期,第102页;王艳:《对复印件主义公诉方式的反思》,《国家检察官学院学报》2002年第4期,第61~63页;邓思清:《对我国案件移送方式的检讨》,《法学杂志》2002年第4期,第16~18页;李学军、刘建华:《预断排除法则若干问题浅析》,《法学家》2003年第6期,第92~93页;仇晓敏:《刑事公诉方式:复印件移送主义、起诉状一本主义抑或全案移送主义》,《中国地质大学学报(社会科学版)》2007年第3期,第74页;邱志强、孙喻:《我国施行卷宗移送主义的可行性分析》,《中国检察官》2008年第7期,第61~62页。

为，如果不从"复印件主义"走向"起诉状一本主义"的公诉模式，我国对抗制的改革就不会取得实质的突破。① 为此，学者们主要从"起诉状一本主义"本身的价值以及"复印件主义"改革失败原因的角度来进行论证：

第一，"起诉状一本主义"具有特殊的诉讼价值。有学者认为，"起诉状一本主义"能真正使承担控诉职能的检察官发挥证据调查的主导作用，也能有效地保障法官的中立、消极等程序正义要求，增强被告方的辩护效果。② 还有学者认为，"起诉状一本主义"与我国抗辩式庭审方式改革的精神相呼应，确立了侦审中断的起诉方式，阻碍了侦查与审判之间的继承关系，强化了审判的中心地位，使诉讼结构更趋于公正和理性。③

第二，实践中起诉方式的问题并非1996年修法理念的错误，更非"起诉状一本主义"本身的缺陷，而是立法没有规定相应配套措施。从我国刑事诉讼现状和世界刑事诉讼发展趋势来看，"起诉状一本主义"有利于贯彻我国修法理念的一致性，但以往的法学研究及立法只注意对诉讼文化表面现象的吸收，缺乏对诉讼机制的深层次、本质性因素的考察，也常常忽略相应的保障机制构建，致使新建立起来的诉讼制度既不能彻底解决"老问题"，又会因制度缺失而惹出"新麻烦"，难免顾此失彼。④

基于上述原因，学者们提出应确立"起诉状一本主义"，并辅之以相应的配套改革。

有学者认为，造成改革弊端的主要原因是我们在法律移植当事人主义庭审结构时忽略了引进其配套机制——诉因制度。因此，应确立诉因制度，明确规范起诉书的制作方式，废除"复印件主义"，实行"起诉状一本主义"，从根本上克服法官审前预断，限定公诉人的控诉范围。⑤ 有学者认为，必须在建立"起诉状一本主义"的同时建立严格的证据展示制度（也有学者称之为证据开示制度）。⑥ 有学者认为，"起诉状一本主义"、诉因制度、证据展示制度与抗辩制庭审形式无

---

① 参见李奋飞：《从"复印件主义"走向"起诉状一本主义"——对我国刑事公诉方式改革的一种思考》，《国家检察官学院学报》2003年第2期，第57～61页。
② 参见李奋飞：《从"复印件主义"走向"起诉状一本主义"——对我国刑事公诉方式改革的一种思考》，《国家检察官学院学报》2003年第2期，第62～80页。
③ 参见王艳：《对复印件主义公诉方式的反思》，《国家检察官学院学报》2002年第6期，第64页。
④ 参见陈卫东、韩红兴：《慎防起诉状一本主义下的陷阱——以日本法为例的考察》，《河北法学》2007年第9期，第25页；陈卫东、郝银钟：《我国公诉方式的结构性缺陷及其矫正》，《法学研究》2000年第4期，第110～115页。
⑤ 参见张泽涛：《诉因与公诉方式改革》，《中外法学》2007年第2期，第173～185页。
⑥ 参见王艳：《对复印件主义公诉方式的反思》，《国家检察官学院学报》2002年第6期，第64～66页；李学军、刘建华：《预断排除法则若干问题浅析》，《法学家》2003年第6期，第95页。

论是在制度形态上还是在价值理念上都是相辅相成的,并构成一个有机的统一体,彼此不可或缺。因此,我国应废除"复印件主义"而改采"起诉状一本主义",重新规范检察机关起诉书的格式及内部结构,并确立诉因制度,建立证据展示制度。① 还有学者主张建立庭前预审制度,实现预断排除及案件的分流审理,限制法官的庭外调查权,严格限制案卷的适用范围,提高法官、检察官的素质,明确二者的职能。② 此外,也有学者指出,修法应贯彻系统的理念,慎防"起诉状一本主义"下公诉审查功能的缺失和庭前准备程序的简单化。③

(二)"全案移送主义"论

在"起诉状一本主义"的主张占据主流之时,也有观点认为我国应采取案卷材料"全案移送主义"。这种观点在学术界并不是很有力,这与1996年刑事诉讼法修改前后对当时的"案卷移送主义"的猛烈批评有关,人们在这场运动的影响下无法正视"案卷移送主义"积极的一面。④ 而且有观点认为,"再次修法我们不能走回头路",恢复全案移送制度是观念和制度的倒退。

主张全案移送制度的主要理由在于,案件移送方式与一国的诉讼制度、法律传统、对事实裁判者信任与否的心态等紧密联系,"起诉状一本主义"在我国具有一系列的不适应性,全案移送制度更符合我国的实际需要。

首先,"起诉状一本主义"在我国适用具有不合理性。⑤ 其一,"起诉状一本主义"并不能完全消除法官预断。其二,"起诉状一本主义"会导致庭审效率不高,而为了贯彻集中审理原则,势必要求法官在庭审时预先了解某些案件信息,掌握争议焦点,这种两难的境地使我国没有实行"起诉状一本主义"的必要。其三,"起诉状一本主义"无法防止检察院滥用公诉权。其四,我国司法实践中存在证人不出庭、律师辩护率低的问题,诉讼环境并不适合"起诉状一本主义"。其五,日本、意大利的"起诉状一本主义"的改革与当地社会文化背景尚且有诸多不契合之处,更何况在职权主义诉讼文化根深蒂固、当事人主义诉讼文化刚刚

---

① 参见陈卫东、郝银钟:《我国公诉方式的结构性缺陷及其矫正》,《法学研究》2000年第4期,第110~115页。
② 参见李学军、刘建华:《预断排除法则若干问题浅析》,《法学家》2003年第6期,第86~95页。
③ 参见陈卫东、韩红兴:《慎防起诉状一本主义下的陷阱——以日本法为例的考察》,《河北法学》2007年第9期,第26~30页。
④ 参见仇晓敏:《论我国刑事公诉案件移送方式的弊端与选择》,《中国刑事法杂志》2006年第5期,第98页。
⑤ 参见仇晓敏:《论我国刑事公诉案件移送方式的弊端与选择》,《中国刑事法杂志》2006年第5期,第93~99页;仇晓敏:《刑事公诉方式:复印件移送主义、起诉状一本主义抑或全案移送主义》,《中国地质大学学报(社会科学版)》2007年第3期,第75~76页。

萌芽的中国。

其次,"案卷移送主义"在我国具有合理性。① 其一,"案卷移送主义"所导致的预断并不必然导致审判不公,预断在某种程度上是不可避免的,应把注意力放在如何抵消或者"稀释"预断机制上。其二,我国不实行陪审团制,案件事实的裁判者依然是法官,公众和司法对法官的信任度高。其三,"案卷移送主义"可以弥补"起诉状一本主义"的诸多缺陷,有利于提高诉讼效率,保障审理的集中性,保障辩护人的阅卷权,缓解司法资源短缺与案件攀升的压力,有利于对公诉权的滥用进行有效监督。其四,"案卷移送主义"稍作改造就可以避免预断产生,可以将全案移送的方式改造为案卷与答辩状并送的方式。其五,我国刑事诉讼的模式传统上属于职权主义,应重新回到职权主义的诉讼模式。

在"起诉状一本主义"和恢复全案移送的两种观点之外,也有人提出,我国应实行"一元公诉方式"和"二元公诉方式"并存的公诉方式。"一元公诉方式"无须经过严格的庭前审查程序,适用于被告人认罪和证据确实、充分的案件,采取全案移送的做法。"二元公诉方式"适用于重罪案件和被告人不认罪的案件,应以预审程序来衔接初步公诉和正式公诉,在初步公诉中采取"全案移送主义",在正式公诉中采取"起诉状一本主义"②。

2012年《刑事诉讼法》的修改过程中,立法机关听取了人民法院和人民检察院的修改意见,考虑到司法实践难以很好地落实"起诉状一本主义",恢复了原有的全卷移送制度。

三、2012年的全案移送制度

2012年《刑事诉讼法》的修改在事实上宣告了"复印件主义"在我国实践的失败,也背离了"起诉状一本主义"的学术主张。修法后,很多研究者对这种立法反复的现象进行评价,并在分析立法沿革、实践效果的基础上进行反思。

(一)对全案移送制度"回归"的评价

在"起诉状一本主义"论占据上风的情况下,全案移送制度的"回归"可谓出乎意料,各界对修法的评价不一。

---

① 参见仇晓敏:《论我国刑事公诉案件移送方式的弊端与选择》,《中国刑事法杂志》2006年第5期,第93~99页;仇晓敏:《刑事公诉方式:复印件移送主义、起诉状一本主义抑或全案移送主义》,《中国地质大学学报(社会科学版)》2007年第3期,第77~79页;胡云腾:《及时修改、完善刑事诉讼法,促进公正、高效、权威司法制度建设》,《法学家》2007年第4期,第10页;邱志强、孙喻:《我国施行卷宗移送主义的可行性分析》,《中国检察官》2008年第7期,第61~62页。

② 参见陈岚、高畅:《试论我国公诉方式的重构》,《法学评论》2010年第4期,第46~51页。

有学者对此表示了担忧，认为全案移送制度可能使"先定后审"的现象"死灰复燃"，也"可能从根本上摧毁'抗辩式'庭审方式的制度基础，使得这项历经曲折而确立的改革成果毁于一旦"①。也有学者认为，全案移送可能意味着我国重新回归审问式的庭审模式，而在审问式和抗辩式之间徘徊游移，必将对我国刑事诉讼整体功能的发挥产生消极的影响，使我们的庭审改革迷失方向。而且辩方证据先悉权实现的方式可以有多种途径，没有必要为此目的先全案移送，再因为满足检察机关出示证据的需要退回案卷，这不仅会增加诉讼成本、降低诉讼效率，还会使法官产生预断，影响审判公正。②

也有很多人对修法进行了积极或中立的评价：有学者认为，这一修改体现了立法者对1996年庭审制度改革失败后的某种反思，不能简单地视为历史的倒退。③有学者认为"全案移送制度的恢复符合我国目前的司法国情，契合我国刑事诉讼模式，也充分保障了辩方的诉讼权利，缓解了辩护律师阅卷难的问题，结合庭前会议归纳控辩双方的争议焦点，也有利于更好地实现庭审的实质化"④。有学者认为，"卷宗移送主义"、"起诉状一本主义"和"复印件主义"不是递进关系，而是处于平等的并列地位，三者之间并无好坏优劣之分，只存在哪个方式更契合某个国家、某个历史时期的现实需求的区别。⑤也有实务工作者认为，"恢复卷宗移送制度，不是简单的回归原规定，更不是观念上的倒退，而是否定之否定的发展过程，是认识和实践深化的结果"⑥。

(二) 我国全案移送的原因

可以说，在学术界力推当事人主义的改革并确立"复印件主义"后，司法机关用鲜活的实践来规避了既定的理论和规则，这种现象值得反思。学者们也深入分析了我国司法实践的状况，剖析了全案移送制度在我国重新确立的原因：

第一，宏观的权力架构对公诉方式具有重要影响。我国具有"政法传统"，

---

① 陈瑞华：《评〈刑事诉讼法修正案（草案）〉对审判程序的改革方案》，《法学》2011年第11期，第57页。
② 参见韩红兴：《论我国新刑事诉讼法下的公诉方式变革》，《中国刑事法杂志》2013年第4期，第75~79页。
③ 参见叶青、王晓华：《〈刑事诉讼法修正案（草案）〉述评》，《上海大学学报（社会科学版）》2012年第1期，第55页；胡莲芳：《卷宗移送主义：对理想的妥协还是对现实的尊重——2012年刑事诉讼法确立卷宗移送的正当性》，《西北大学学报（哲学社会科学版）》2013年第3期，第85页。
④ 叶青、魏化鹏、徐明敏：《聚焦新刑事诉讼法 关注刑事诉讼法实施——中国刑事诉讼法学研究会2012年年会学术综述》，《上海政法学院学报（法治论丛）》2013年第1期，第144页。
⑤ 参见胡莲芳：《卷宗移送主义：对理想的妥协还是对现实的尊重——2012年刑事诉讼法确立卷宗移送的正当性》，《西北大学学报（哲学社会科学版）》2013年第3期，第35页。
⑥ 胡云腾、喻海松：《刑事一审普通程序修改解读》，《法律适用》2012年第9期，第2页。

公、检、法三机关实质上是一种协同作业的关系,"起诉状一本主义"增强控辩对抗的实质性、维护法官中立裁判者地位,明显不符合我国刑事司法的政法定位。此外,法院内部管理行政化,案卷材料是上级决策部门进行总体质量控制的信息源,也是上层的司法官员审核下级官员唯一可靠的信息来源。①

第二,刑事诉讼内部结构也对公诉方式具有显著制约作用。在政法传统之下,我国刑事诉讼形成了"国家主义"的诉讼结构,公、检、法三机关协同运作,法官对事实真相负有澄清义务,法院内部奉行科层式的检查监督,这些都增加了法庭对公诉案卷的依赖。在具体表现方面,我国不具备美国式的完备的预审程序,不具备日本式的精密的司法系统,民众无法实现对检察官的完全信赖,法官也不是完全消极的裁判者,证人不出庭现象普遍,刑事案件分流程序不发达,法官更重视结果而不重视程序,因此,试图通过人为方式切断这种对案卷的依赖显然不是一件容易的事。②

第三,从逻辑上来说,庭前阅卷≠法官预断≠不公正审判。庭前阅卷与法官预断并无必然的关系,"全案移送主义"并不等于庭前预断,"起诉状一本主义"也不意味着一定会排除庭前预断,而且有法官预断的职权主义也不一定会带来不公正审判。③

也有学者对意大利1988年确立的"双重卷宗"制度进行研究。其认为,意大利和我国公诉方式改革失败的经验表明,在"起诉状一本主义"与"卷宗移送主义"之间可能不存在两全其美的中间道路。中国刑事诉讼当下的许多弊端既与卷宗制度无关,甚至也与职权主义诉讼模式无关,而与中国刑事司法独特的功能设置以及与之配套的刑事职权体系有关。法官"未决先定"的核心原因与卷宗关系不大,而取决于中国独特的刑事司法权配置,倘若未找准病因并对症下药,则许多改革举措必然瞎折腾,消耗原本便紧缺的制度资源。④

(三)制度完善

基于全案移送制度可能带来的法官预断,学者们也为2012年《刑事诉讼法》

---

① 参见张青:《政法传统、制度逻辑与公诉方式之变革》,《华东政法大学学报》2015年第4期,第111~113页。
② 参见张青:《政法传统、制度逻辑与公诉方式之变革》,《华东政法大学学报》2015年第4期,第111~113页;胡莲芳:《卷宗移送主义:对理想的妥协还是对现实的尊重——2012年刑事诉讼法确立卷宗移送的正当性》,《西北大学学报(哲学社会科学版)》2013年第3期,第85~88页。
③ 参见蔡杰、刘晶:《刑事卷宗移送制度的轮回性改革之反思》,《法学评论》2014年第1期,第158~162页;胡莲芳:《卷宗移送主义:对理想的妥协还是对现实的尊重——2012年刑事诉讼法确立卷宗移送的正当性》,《西北大学学报(哲学社会科学版)》2013年第3期,第88页。
④ 参见施鹏鹏:《意大利"双重卷宗"制度及其检讨》,《清华法学》2019年第4期,第97~111页。

确立的公诉方式开出了"药方"。

不少学者肯定了我国确立全案移送制度的客观性，因此建议在全案移送制度的基础上，对一些具体的制度设计进行改良：第一，完善庭前审查程序。有学者通过比较法学的考察认为，庭前预断的科学排除与庭前制度密不可分，因此，解决我国的庭前预断问题必须从完善庭前程序入手，设置独立的公诉审查程序。可以在现有体制下，将法院内部设置的刑事立案庭改为预审法庭，同时，预审法官与正式庭审法官的职能应当分别设置，预审法官主持庭前会议，不参加正式的庭审程序。① 第二，建立卷宗偏见过滤机制，包括确立合理的合议庭成员构成及其比例，限制法庭阅卷范围，以刚性程序对法庭评议、表决规则以及判决书说理方式予以规制。② 第三，进一步顺诉审关系，实现审判中心主义。逐步改善刑事诉讼的运行条件，如改变我国长期以来庭审程序奉行案卷中心主义、言词辩论不发达、庭审法官的预审职能与庭审职能不分的状况，以及过于偏重惩罚犯罪的刑事司法理念等。③

也有学者认为应实行"起诉状一本主义"。尤其是在"以审判为中心"提出后，加强庭审的实质性和决定性不可能避开审前的案卷依赖现象和法官预断，"若不能下决心实行起诉状一本主义，只怕'以庭审为中心'难以取得实际效果，变得叶公好龙，难以成事"④。

四、小结

从上述关于立法和研究的流变可以看出，域外的理论和制度跨出了学术研究的范畴，进入到我国本土刑事司法实践中，产生了深远的影响。然而，这种影响并非永远都是好的，盲目进行法律移植只会造成水土不服，导致立法的反复、社会资源的浪费。正如有学者提到的那样，刑事诉讼法学研究的发展既要有世界眼光，更要关注中国问题。⑤

此外，关于案卷移送制度的研究也表现出某种程度上的急功近利。1996 年

---

① 参见蔡杰、刘晶：《刑事卷宗移送制度的轮回性改革之反思》，《法学评论》2014 年第 1 期，第 158~162 页；霍艳丽、余德厚：《论以审判为中心完善刑事案卷移送方式》，《法律适用》2016 年第 12 期，第 110~112 页。
② 参见张青：《政法传统、制度逻辑与公诉方式之变革》，《华东政法大学学报》2015 年第 4 期，第 117~118 页。
③ 参见蔡杰、刘晶：《刑事卷宗移送制度的轮回性改革之反思》，《法学评论》2014 年第 1 期，第 158~162 页。
④ 张建伟：《审判中心主义的实质内涵与实现途径》，《中外法学》2015 年第 4 期，第 872 页。
⑤ 参见陈卫东：《从刑诉法修改看刑诉法学研究方法的转型》，《法学研究》2012 年第 5 期，第 14 页。

《刑事诉讼法》修改之时，关于公诉方式的问题仍然缺乏系统、深入的前瞻性研究，很多研究都是针对实践中的问题，结合域外实践，提出"应急性"策略。然而，"如若理论研究仅仅追随实践问题而缺乏基本的前瞻性，则极易造成理论上的'短视'，所提出之建议亦多为'头痛医头、脚痛医脚'式的治标之方"[①]。

立法的反复也为刑事诉讼法学理论敲响了警钟，从另一方面促使更多研究者关注制度背后的法律传统、权力配置、社会基础，用更加全局性、前瞻性的眼光审视制度设计，避免过分尊崇域外的价值和理念导致的"一叶障目，不见泰山"。

第三节　公诉变更制度的完善

我国《刑事诉讼法》并无公诉变更的明确规定，研究者对公诉变更一词的使用可分为狭义、较广义和最广义三种。狭义的公诉变更是指人民检察院提起公诉后，发现起诉书指控的被告人、犯罪事实或者罪名、适用法律有误而予以改变的活动。[②] 较广义的公诉变更是对变更内容的广义理解，将公诉变更作为检察机关撤回公诉、追加/补充公诉和狭义公诉变更（也有学者称之为公诉改变、公诉更正）的统称。[③] 最广义的公诉变更将变更主体扩大到法院，把公诉变更的范畴延伸到法院对起诉指控内容的变更。[④] 本章涉及起诉制度的发展，主要讨论检察机关的职权问题，故不对法院的公诉变更作更多介绍，文中所称"公诉变更"也指较广义的公诉变更。

多年以来，我国的公诉变更制度体现出不成熟、不完善的特征，很多问题长期存在，因此，绝大多数相关研究遵循"问题—解决方案"的研究路径。

一、公诉变更的立法变迁

尽管公诉变更制度在我国司法实践中展现出强大的生命力，但在相关研究

---

① 张青：《政法传统、制度逻辑与公诉方式之变革》，《华东政法大学学报》2015年第4期，第110页。

② 参见《刑事诉讼法学》编写组：《刑事诉讼法学》（第4版），高等教育出版社2022年版，第277页。

③ 参见张小玲：《论公诉变更权》，《中国刑事法杂志》1999年第2期，第88页；龙宗智：《论公诉变更》，《现代法学》2004年第6期，第31页；谢佑平、万毅：《刑事公诉变更制度论纲》，《国家检察官学院学报》2002年第1期，第54页；龙宗智：《论新刑事诉讼法实施后的公诉变更问题》，《当代法学》2014年第5期，第17页。

④ 参见王敏远：《刑事审判中的变更控诉问题》，《法学评论》1986年第1期，第66页；周长军：《刑事诉讼中变更公诉的限度》，《法学研究》2017年第2期，第170页。

中，研究者们毫无例外地指出了立法存在的疏漏。①

我国 1979 年《刑事诉讼法》确立了公诉变更制度，规定人民法院"对于不需要判刑的，可以要求人民检察院撤回起诉"②。同时，该法关于补充侦查制度的规定，也涉及变更控诉的问题。由于撤回起诉的规定有超越审判权、违反基本诉讼原则之嫌，1996 年修正的《刑事诉讼法》为了更好地贯彻控审分离原则，废除了撤回公诉的规定，至 2012 年和 2018 年修正时仍未恢复。因而到目前为止，"现行法只能从补充侦查的有关规定中，推导出由于补充侦查新发现的事实和证据可能导致起诉的变更，从而曲折确认公诉变更权"③。

为了适应实践的需要，最高人民检察院在其发布的司法解释中确立并力图完善公诉变更制度。1998 年通过的最高人民检察院《人民检察院刑事诉讼规则》（以下简称"1998 年《规则》"）第 351 条规定检察机关可以在人民法院宣告判决前要求变更起诉、追加起诉、撤回起诉；第 352 条规定了检察机关对法院建议补充侦查、补充或变更起诉的处理；第 353 条规定了变更、追加、撤回起诉的程序、方式、辩护权保障以及撤诉后的处理等内容。此后，司法解释成为公诉变更制度的法律依据，但由于立法的缺位和司法解释粗疏，实践操作中撤回起诉的问题变得尤其明显。为了进一步规范司法实践，2007 年最高人民检察院公诉厅制定下发了《关于公诉案件撤回起诉若干问题的指导意见》（以下简称"2007 年《指导意见》"）。2012 年《刑事诉讼法》修正后，《人民检察院刑事诉讼规则（试行）》（以下简称"2012 年《规则》"）吸收了 2007 年《指导意见》的多数内容，对公诉变更尤其是撤回起诉的规定做了较大修改。2018 年《刑事诉讼法》再次修正，2019 年的《人民检察院刑事诉讼规则》保留了 2012 年《规则》的大部分内容，仅对漏人、漏罪的处理进行了微调。

最高人民法院的司法解释也肯定了公诉变更制度。1998 年和 2012 年发布的《关于执行〈中华人民共和国刑事诉讼法〉若干问题的解释》均规定，人民法院应当审查检察院撤回起诉的理由，并作出是否准许的裁定；法院在审判中发现新事实可能影响定罪的，可建议检察院补充或变更起诉。

很多人认为，以司法解释的形式规定刑事公诉变更制度是自我授权，是司法权对立法权的僭越。一方面，司法解释创设公诉变更违背程序法定原则，公诉变

---

① 参见龙宗智：《论公诉变更》，《现代法学》2004 年第 6 期，第 31~32 页；龙宗智：《论新刑事诉讼法实施后的公诉变更问题》，《当代法学》2014 年第 5 期，第 17 页；赵宝安：《人民检察院具有变更起诉权》，《检察理论研究》1997 年第 1 期，第 69~70 页。
② 本书将撤回起诉和撤回公诉做同义使用。
③ 龙宗智：《论新刑事诉讼法实施后的公诉变更问题》，《当代法学》2014 年第 5 期，第 17 页。

更涉及公诉权与审判权的职权配置,深刻影响当事人的诉讼权利和其他合法权益,不能由司法解释创设。① 另一方面,司法解释的本质是"有中生有"而非"无中生有",在立法没有规定的情况下,司法解释关于公诉变更的规定超越了其权限。② 因此,在《刑事诉讼法》中确立公诉变更制度成为多数研究者的共识。

二、公诉变更的价值

由于缺乏立法基础,检察机关行使公诉变更权的正当性问题备受关注。不少研究者对此进行了论证,主要观点包括③:第一,公诉变更符合诉讼效率原则。及时变更公诉能防止或减少无效审理,及时撤诉能终止毫无意义的审判程序。第二,公诉变更体现公诉权的客观性。适时、适当地实施公诉变更,是履行检察官客观义务的基本要求和重要体现,可以对滥诉、漏诉、错诉的错误进行矫正。第三,公诉变更体现了现代公诉权的裁量性和主动性。公诉变更权是公诉权不可分割的组成部分,它赋予了检察院在发现起诉指控有错漏的情况下,斟酌是否对指控予以变更的权力,检察机关也可在发现指控有错漏的情况下主动补正。第四,根据不告不理和诉审分离原则,法院的庭审对象受到公诉机关诉讼请求范围的拘束,这决定了法庭发现公诉机关诉讼请求确有不妥或确有错误之时,不得自行主动地变更审判对象,而只能由公诉机关变更或撤销诉讼。

"在动态的刑事诉讼过程中,公诉变更为实现公诉职能所必须。"④ 经过实践的检验,检察机关行使公诉变更权的正当性也受到广泛认同。然而,相较于狭义的公诉变更和追加起诉而言,我国关于撤回起诉的实践存在更多问题。2007年《指导意见》就毫不避讳地指出,全国检察机关公诉部门在行使撤回起诉权时存在很多问题。一些研究者也认为,撤回公诉实际上已被严重扭曲,成为检察机关避免错案追究的托词或护身符,成为规避无罪判决的常规手段,成为检察人员缓

---

① 参见谢佑平、万毅:《刑事公诉变更制度论纲》,《国家检察官学院学报》2002年第1期,第57页;顾永忠、刘莹:《论撤回公诉的司法误区与立法重构》,《法律科学(西北政法学院学报)》2007年第2期,第154页。

② 参见顾永忠、刘莹:《论撤回公诉的司法误区与立法重构》,《法律科学(西北政法学院学报)》2007年第2期,第154页。

③ 参见龙宗智:《论公诉变更》,《现代法学》2004年第6期,第32页;龙宗智:《论新刑事诉讼法实施后的公诉变更问题》,《当代法学》2014年第5期,第17页;余经林:《论撤回公诉》,《法学评论》2007年第1期,第64页;谢佑平、万毅:《刑事公诉变更制度论纲》,《国家检察官学院学报》2002年第1期,第55页;王贞会:《检察机关撤回公诉制度》,《国家检察官学院学报》2010年第4期,第133~134页;娄超:《我国公诉案件程序变更之正当性研究》,《政法论丛》2016年第5期,第126~127页。

④ 龙宗智:《论新刑事诉讼法实施后的公诉变更问题》,《当代法学》2014年第5期,第17~18页。

解审查起诉期限紧张的便利措施,撤诉后,检察机关也并不依法作出不起诉的处理决定。[①] 因而无论在律师界还是理论界,检察机关的撤诉权都处于"人人喊打"的境地。[②] 因此,理论研究中关于撤回起诉制度也存在着否定与肯定两种截然不同的观点。

否定观点认为,应坚持立法的规定,在司法解释中废除撤回起诉制度。有学者提出,撤回起诉是检察机关主动撤回对被告人的判罚请求,自己做无罪处理的一种诉讼行为,它与追加起诉、变更起诉不仅诉讼目的相悖,而且诉讼方向相反,因此,撤回起诉并不是公诉的一种权能,而是一种滥用的诉权。[③] 也有学者认为,撤回起诉是基于规避错误而设置的程序倒流,以牺牲犯罪嫌疑人、被告人的权益为代价,浪费了宝贵的司法资源,具有明显的"非法性",也没有正当性基础。因此,"在有不起诉制度和补充侦查制度的前提下,这种撤回案件做法完全没有存在的必要,立法应予以禁止"[④]。

肯定观点认为,检察机关的撤回起诉权具有正当性,应进一步在立法中予以确立。其理由包括:第一,撤回起诉是司法公正的要求。实践中不可避免地会因为司法人员的认识偏差而发生起诉不当的情况,赋予公诉机关撤回公诉权是在刑事诉讼中增设了一种错误矫正机制。[⑤] 第二,及时撤回起诉有利于被告人合法权益的实现。被提起公诉实际上已经意味着国家对被告人行为的公开责难和否定性评价,会给被告人带来诸多不利影响,撤回起诉则能使案件早日终结,使被告更早地脱离刑事诉讼程序。[⑥] 第三,撤回起诉是诉讼效率原则的要求。如果不允许检察机关在发现错误后及时撤回起诉并做无罪处理,而是一概等待由法院经正式的、复杂的审判程序(通常还包括汇报程序)后作出无罪判决,势必造成司法资

[①] 参见龙宗智:《论公诉变更》,《现代法学》2004年第6期,第31~32页;顾永忠、刘莹:《论撤回公诉的司法误区与立法重构》,《法律科学(西北政法学院学报)》2007年第2期,第155页;龙宗智:《论新刑事诉讼法实施后的公诉变更问题》,《当代法学》2014年第5期,第20页;张小玲:《论我国撤回公诉的功能定位》,《中国刑事法杂志》2015年第1期,第110页;周长军:《撤回公诉的理论阐释与制度重构——基于实证调研的展开》,《法学》2016年第3期,第154页。

[②] 参见周长军:《公诉权滥用论》,《法学家》2011年第3期,第25页。

[③] 参见王友明、杨新京:《公诉案件撤回起诉质疑》,《国家检察官学院学报》2003年3期,第51页。

[④] 汪海燕:《论刑事程序倒流》,《法学研究》2008年第5期,第138页。

[⑤] 参见顾永忠、刘莹:《论撤回公诉的司法误区与立法重构》,《法律科学(西北政法学院学报)》2007年第2期,第157页。

[⑥] 参见龙宗智:《论公诉变更》,《现代法学》2004年第6期,第32页;余经林:《论撤回公诉》,《法学评论》2007年第1期,第64页。

源的浪费和司法效率的低下,不利于资源配置。① 第四,撤回起诉以处分原则及其引申出的变更原则为基础。处分原则源于当事人主义诉讼模式,当事人对于诉讼中的程序进程和实体处理均有较大的参与空间并发挥影响力甚至具有自主性、决定性。②

值得注意的是,持肯定观点的研究者之间也存在分歧。虽然前述理由并未引起太大争议,但一些支持撤回起诉的理由受到其他肯定论者的质疑:

第一,起诉便宜主义是否是撤回公诉制度的法理依据?有学者认为,撤回公诉制度建立在检察机关享有自由裁量权的基础之上,是将起诉便宜主义的理论延伸适用到法庭审理过程中的结果。③ 这种以起诉便宜主义为撤回起诉法理依据的观点获得大多数人的认可,但也有观点对此表示反对:

有相反观点认为,我国最高人民法院、最高人民检察院司法解释规定的可以撤回公诉的案件属于根本不应起诉的案件,而不符合起诉条件的案件,既不是起诉法定主义主张应当起诉的案件,也不属于起诉便宜主义认为可以裁量起诉的案件,因此,撤回起诉与起诉法定主义和起诉便宜主义都无内在的必然联系。④ 对此,也有学者反驳到,起诉法定主义既要求对符合条件的案件提起公诉,也要求对不符合条件的案件不起诉,不应起诉的案件显然属于起诉法定主义要求不得起诉的案件。而且从其他国家相关立法与实践来看,在实行起诉裁量主义的英美国家,往往允许撤回公诉,而在实行起诉法定主义的大陆法系国家,原则上则不允许撤回公诉。⑤

还有相反观点认为,在撤回起诉的案件中,"诉"已然成就,撤诉的问题不是检察机关单方面根据起诉裁量主义所能决定的,法院对于进入审理程序的案件通常享有审查和最终裁决的权力,撤诉要受到法官的监督和制约,因此,以起诉便宜主义来论证撤回起诉的正当性是不成立的。⑥ 对于这种反对观点,有学者认

---

① 参见邢永杰、侯晓焱:《撤回公诉问题评析》,《国家检察官学院学报》2013年第2期,第120~121页;顾永忠、刘莹:《论撤回公诉的司法误区与立法重构》,《法律科学(西北政法学院学报)》2007年第2期,第157页。
② 参见张建伟:《论公诉之撤回及其效力》,《国家检察官学院学报》2012年第4期,第100~103页。
③ 参见余经林:《论撤回公诉》,《法学评论》2007年第1期,第64页;王贞会:《检察机关撤回公诉制度》,《国家检察官学院学报》2010年第4期,第134页。
④ 参见顾永忠、刘莹:《论撤回公诉的司法误区与立法重构》,《法律科学(西北政法学院学报)》2007年第2期,第157页。
⑤ 参见张小玲:《论我国撤回公诉的功能定位》,《中国刑事法杂志》2015年第1期,第107页。
⑥ 参见邢永杰、侯晓焱:《撤回公诉问题评析》,《国家检察官学院学报》2013年第2期,第120页;刘少军:《也论撤回公诉制度》,《甘肃政法学院学报》2013年第2期,第57~58页。

为，检察机关行使撤回起诉权应当接受法院审查与检察机关应否享有撤回起诉权是两回事。检察机关根据起诉法定主义或是起诉便宜主义作出的不起诉决定同样也要接受监督和制约，我们不能因此就否认检察机关享有不起诉的权力，并进而否定起诉法定主义与起诉便宜主义是不起诉的理论基础。①

第二，撤回起诉权是不是公诉权的当然权能？有观点认为，刑事诉讼法既然明确赋予了检察机关裁量起诉的权力，那么，公诉之提起或放弃，则完全操于检察机关之手，据此，撤回起诉是检察机关公诉权（公诉变更权）内涵之当然权能②，撤诉权是公诉权不可分割的一部分。③ 对此，有反对观点认为，其他国家的公诉变更权不一定包含撤诉权。在德国，审判程序开始后就不能撤回公诉，因此，没有经过任何论证就将撤回起诉权视为公诉变更权的一种，不仅缺乏应有的说服力，也不符合各国立法的现状。④

第三，检察机关的撤诉权是不是国际通例？有学者认为，撤回起诉已为许多国家的刑事诉讼法典所确认，是一种国际通例。当今世界多数国家在规定检察官可以权衡利弊而为不起诉处分的同时，还规定了起诉后检察官仍可以权衡具体情形而为撤回公诉，以使刑事追诉的目的性和合理性保持连贯和一致。⑤ 然而，也有观点认为撤回起诉并非世界各国的通例，其存在与否，与一国所采取的刑事诉讼结构类型紧密相关。采取起诉便宜主义原则的国家尊重当事人的程序处分权，因而赋予检察机关较大的撤回起诉权；在采取起诉法定主义原则和法官职权主义原则的国家，检察机关提起公诉后原则上是不能撤回起诉的。⑥

三、公诉变更的限制

在我国，公诉变更制度滥用的问题非常明显。学界普遍认为，实践中问题的出现不仅肇源于立法规范的缺失、司法解释的不完善、执法本身的不严格，也受我国刑事诉讼中独特的检法关系、绩效考核等体制、机制因素的影响，还有我国

---

① 参见张小玲：《论我国撤回公诉的功能定位》，《中国刑事法杂志》2015年第1期，第106页。
② 参见万毅：《公诉策略之运用及其底限》，《中国刑事法杂志》2010年第11期，第90~92页；邓中文：《公诉案件撤诉的若干问题探讨》，《中央检察官管理学院学报》1998年第3期，第31~32页；邢永杰、侯晓焱：《撤回公诉问题评析》，《国家检察官学院学报》2013年第2期，第120页。
③ 参见贺润明：《公诉案件撤回起诉的合理性与立法完善》，《人民检察》2004年第9期，第68页。
④ 参见刘少军：《也论撤回公诉制度》，《甘肃政法学院学报》2013年第2期，第57页。
⑤ 参见邓中文：《公诉案件撤诉的若干问题探讨》，《中央检察官管理学院学报》1998年第3期，第31~32页；魏虹：《论我国检察机关公诉裁量权的多元化》，《法律科学（西北政法大学学报）》2010年第6期，第66页。
⑥ 参见周长军：《公诉权滥用论》，《法学家》2011年第3期，第32页。

公诉变更的指导理念问题。① 因此，不少学者对域外公诉变更的限制进行比较法的考察，分析了我国立法和实践中的问题，从法院制约、时间限制、实体条件限制几个方面讨论了对公诉变更的限制。

（一）法院制约

从我国司法解释来看，法院对于撤回起诉的制约与狭义变更起诉和追加起诉的制约有所不同。

1. 法院对狭义公诉变更、公诉追加的制约

1998年《规则》规定，检察机关发现法定情形时，可以向法院"要求变更起诉"，2012年《规则》删去了"要求"二字。因此有学者认为，根据1998年《规则》，法院至少在规范层面控制着检察机关的变更公诉，但此后"变更公诉的主导权出现了由法院到检察机关的转移"②。

关于法院对狭义公诉变更、公诉追加的制约，我国学术界主要有两种观点。一种观点认为，变更控诉权是公诉权的一部分，检察机关有权决定各种变更控诉。③ 但由于公诉变更权在实践中被滥用，更多人持另一种观点认为，法院应当有权对公诉变更进行审查。理由在于：其一，这是由我国刑事诉讼规定的公安司法机关分工负责、互相配合、互相制约的原则及法院在审判阶段的地位决定的。在审判阶段，法官对整个诉讼过程发挥权威性的影响和作用，因此，法院有权对检察机关变更公诉的活动进行监督和制约。④ 其二，法院对检察机关行使变更公诉权进行制约可以有效防止检察机关"滥施变更"，防止不适当、不合法变更的出现。⑤ 其三，法官对公诉变更进行审查是建立"以审判为中心"的诉讼制度的必然要求，对于平衡控辩双方的关系、保障当事人的诉讼权利等都具有重要价值。⑥

那么，法院如何对公诉变更进行审查呢？学者们提出了具体的制度构想。有观点认为，法院对于不合法、不合理的变更，可以认定检察机关滥用公诉变更

---

① 关于公诉变更问题之原因的研究，参见龙宗智：《论新刑事诉讼法实施后的公诉变更问题》，《当代法学》2014年第5期，第16～19页；周长军：《公诉权滥用论》，《法学家》2011年第3期，第23～35页；万云松：《论撤回起诉的实践难题与理论破解》，《中国刑事法杂志》2014年第5期，第77～78页；万毅：《公诉策略之运用及其底限》，《中国刑事法杂志》2010年第11期，第90～92页；周长军：《刑事诉讼中变更公诉的限度》，《法学研究》2017年第2期，第180～181页。

② 周长军：《刑事诉讼中变更公诉的限度》，《法学研究》2017年第2期，第187页。

③ 参见王敏远：《刑事审判中的变更控诉问题》，《法学评论》1986年第1期，第66页。

④ 参见张小玲：《论公诉变更权》，《中国刑事法杂志》1999年第2期，第89页。

⑤ 参见龙宗智：《论公诉变更》，《现代法学》2004年第6期，第34页；张小玲：《论公诉变更权》，《中国刑事法杂志》1999年第2期，第89页。

⑥ 参见娄超：《我国公诉案件程序变更之正当性研究》，《政法论丛》2016年第5期，第131页。

权,有权予以取消变更。① 有观点认为,检察机关变更公诉必须经法院审查同意,对于违法或者不当的变更公诉请求要予以拒绝,但对于检察机关开庭前提出的、对被告人权益不会产生实质性影响的变更公诉请求,进行形式审查即可。② 也有观点认为,法院可以按照审判公正和效率的要求,审查并决定是否准予公诉变更。审查内容应包括变更控诉的程序、方式,是否涉及管辖权的改变,是否不利于诉讼经济,是否有悖于变更控诉的同一性要求,对不适当、不合法的公诉变更,法院应当有权予以制止和纠正。③ 还有观点认为,法院应当依照刑事诉讼客体原理来审查变更申请,对于未超出同一案件范围的,应当准许变更;若变更起诉之后成为新的诉讼客体,则可以按照具体情况来判断:变更公诉不损害被告人防御权,或被告人同意变更公诉的,审判机关可以决定准许变更公诉;变更公诉损害被告人防御权且被告人不同意进行公诉变更,则审判机关有权不准许变更公诉,而由公诉机关另行追诉。④

2. 法院对撤回起诉的审查

在撤回起诉的决定权方面,最高人民检察院和最高人民法院的司法解释存在冲突。最高人民法院于1998年发布的《关于执行〈中华人民共和国刑事诉讼法〉若干问题的解释》和2012年发布的《关于适用〈中华人民共和国刑事诉讼法〉的解释》均规定,人民法院应当审查检察院撤回起诉的理由,并作出是否准许的裁定。然而,根据最高人民检察院1998年《规则》,检察机关可以"决定"是否撤回起诉,所用文书也是"决定书",并未承认撤回起诉需经法院准许。最高人民检察院发布的2007年《指导意见》第9条规定:"对于人民法院认为人民检察院决定撤回起诉的理由不充分,不同意撤回起诉并决定继续审理的,人民检察院应当继续参与刑事诉讼,建议人民法院依法裁判。"这一规定肯定了法院的司法审查权。然而,此后的2012年《规则》虽吸纳了2007年《指导意见》的部分内容,却未对第9条的规定予以采纳。

然而,这种司法解释的冲突和模糊性为实践带来不良后果。首要的问题在于,如果法院不同意检察机关撤回起诉,程序如何推进?根据最高人民检察院的司法解释,如果法院不允许撤回起诉,检察机关也可以不出庭或中止出庭支持公

---

① 参见杨虹:《比较法视野中的公诉变更制度之完善》,《国家检察官学院学报》2003年第5期,第54页。
② 参见周长军:《刑事诉讼中变更公诉的限度》,《法学研究》2017年第2期,第188页。
③ 参见龙宗智:《论公诉变更》,《现代法学》2004年第6期,第34页。
④ 参见娄超:《我国公诉案件程序变更之正当性研究》,《政法论丛》2016年第5期,第131页。

诉，此种情况下，法院将无法推进审判程序。① 更重要的问题在于，由于检察机关的撤诉权表现强势，而法院的司法审查又缺乏明确标准和具体依据，实践中法院对撤回起诉的审查呈现出形式化、任意化的特征，几乎所有的撤诉请求都获得了准许。②

那么，法院是否应对检察机关的撤回起诉进行审查呢？主流观点认为，实践中，撤回起诉成为处理无罪案件的常规手段，为保证诉讼的效率和公正，应允许对检察机关的撤回起诉进行司法审查。③ 为此，研究者们提出了具体的制度设计方案。

在法院审查撤诉的时间点方面，有学者提出，一审辩论终结后，审理程序已经完成，法院具备判决条件，应当审查撤诉理由并决定是否同意。④ 有观点认为，在庭审结束后、判决宣告之前，法庭调查、被告人最后陈述已经结束，有时合议庭已经对案件进行了评议，能否撤诉应由法院决定。⑤ 有观点认为，在开庭审理后，撤回起诉需经法院审查同意，特定情况下法院还应该直接判决。这是因为，检察机关起诉后诉讼已经系属特定法院和关涉特定被告，撤回起诉就不再是单方行为，法院审查是确保公诉决定严肃性的要求，是审判权与公诉权制衡的需要，同时也是对当事人权利的程序保障。⑥ 还有观点认为，法院对于检察机关的撤回起诉都应进行审查，即使尚未开庭，案件也进入审判阶段，应尊重审判权。对于开庭前提出的撤诉请求，法院一般只进行程序性审查，对于在开庭后至合议庭评议前的撤诉请求，法院不仅要进行程序性审查，还要进行实体性审查。⑦

在法院审查撤诉的形式方面，有观点认为，法院的审查一般应公开进行，赋予被告人和被害人对撤回起诉提出异议的权利。⑧ 有学者提出法院可通过听证会的方式审查，认为法庭可在收到撤诉申请后举行一个由公诉机关、被害人和被告人参加的听证会，各方陈述理由、发表意见，最后由法庭作出是否准许撤诉及撤

---

① 参见龙宗智：《论新刑事诉讼法实施后的公诉变更问题》，《当代法学》2014年第5期，第18页。
② 参见万云松：《论撤回起诉的实践难题与理论破解》，《中国刑事法杂志》2014年第5期，第78～79页；龙宗智：《论新刑事诉讼法实施后的公诉变更问题》，《当代法学》2014年第5期，第19页；杨明：《公诉案件撤诉问题实证研究》，《北方法学》2018年第1期，第130页。
③ 参见龙宗智：《论公诉变更》，《现代法学》2004年第6期，第36页。
④ 参见龙宗智：《论新刑事诉讼法实施后的公诉变更问题》，《当代法学》2014年第5期，第23页。
⑤ 参见邓中文：《公诉案件撤诉的若干问题探讨》，《中央检察官管理学院学报》1998年第3期，第34页。
⑥ 参见邢永杰、侯晓焱：《撤回公诉问题评析》，《国家检察官学院学报》2013年第2期，第121页。
⑦ 参见魏虹：《赋权与规制：我国检察机关撤回起诉制度之构建》，《法律科学（西北政法大学学报）》2011年第6期，第170页。
⑧ 参见顾静薇：《论撤回起诉的规范化》，《中国刑事法杂志》2010年第11期，第79页。

诉类型判断的裁定。① 还有观点认为，应以开庭审理的方式审查撤诉，申请方应陈述和提供撤诉申请的理由及根据，被告人有权参与庭审并就申请方提供的证据发表意见，也有权选择同意是否撤诉，被告人同意撤诉的，法庭的撤诉审理可以适当简化。②

在法院审查撤诉的标准方面，有实务工作者建议最高人民法院、最高人民检察院联合出台关于撤回起诉制度的司法解释，统一规定撤回起诉的事由，既可为法院审查提供明确的标准，加强对撤诉权的司法制约，又能为被告人上诉、被害人申诉提供法定的理由支撑。③ 也有学者认为，不建议最高人民法院再通过司法解释列举应当准许或者不准许的具体情形，而是仅作原则性要求，即撤诉审查应遵循尊重被告人的意志原则和强制保护无辜者原则。④ 还有学者认为，法院审查时应当听取被告人及其辩护人的意见，如被告方坚持要求法院作出判决而且理由正当，法院应当不准许撤诉并依法作出判决。⑤

也有观点提出，应增加法院的指令撤诉程序，即对于已进入审判程序，但法院无法行使审判权（如被告人下落不明的案件）或法院审判可能侵犯被告人权益的案件（如撤诉后无新事实、新证据重新起诉的案件），法院可建议检察机关撤诉，检察院不接受建议时，法院应有权指令检察院撤诉。对法院指令撤诉的裁定，检察院可以抗诉，被告人可以上诉。⑥

(二) 时间限制

在最高人民检察院的司法解释中，变更、追加、撤回起诉的时间点一直为法院"宣告判决前"，未曾发生变动。但在实践中，检察机关任意扩大变更时限的问题严重，不少检察机关在人民法院一审宣告判决后的二审甚至是刑事审判监督程序中，也对案件进行变更。⑦ 因此，公诉变更的时限问题也是有关研究的重点。

公诉变更的时限可分为审级限制和具体的时间点限制两个方面。

在审级限制方面，有观点认为，应明确将公诉变更的诉讼阶段限制为一

---

① 参见余经林：《论撤回公诉》，《法学评论》2007 年第 1 期，第 66~67 页。
② 参见杨明：《公诉案件撤诉问题实证研究》，《北方法学》2018 年第 1 期，第 134~135 页。
③ 参见万云松：《论撤回起诉的实践难题与理论破解》，《中国刑事法杂志》2014 年第 5 期，第 82 页。
④ 参见杨明：《公诉案件撤诉问题实证研究》，《北方法学》2018 年第 1 期，第 135~136 页。
⑤ 参见龙宗智：《论新刑事诉讼法实施后的公诉变更问题》，《当代法学》2014 年第 5 期，第 23 页。
⑥ 参见杨明：《公诉案件撤诉问题实证研究》，《北方法学》2018 年第 1 期，第 137 页。
⑦ 参见万毅：《公诉策略之运用及其底限》，《中国刑事法杂志》2010 年第 11 期，第 90~92 页。

审。① 主要理由在于：其一，在二审发回重审、审判监督等程序中进行公诉变更损害了程序安定性，而且基于正当程序理念，西方国家大都将不利于被告人的变更公诉限制在一审判决前。其二，重审程序不等于一审程序，二者具有诸多不同。其三，在重审程序和审判监督程序中进行公诉变更违背了诉审分离原则。如果在一审、二审两级法院均已经走完庭审程序、评议程序，对案件作出了整体上的评价后允许变更，则之前的判决、裁定就失去了基础，有公诉权否定、干涉审判权行使之嫌。其四，相对于一审案件，以撤诉规避无罪判决的现象在重审案件中体现得更为明显。

在具体时间点方面，理论界争议较大、观点纷呈，各方面主张的时间点包括宣告判决前、合议庭合议前、庭审结束前、辩论结束前、审判程序开始前等等。

最高人民检察院的司法解释规定，检察院可在"人民法院宣告判决前"行使公诉变更权，对此，有不少人表示赞同。② 主要理由在于：其一，法院毕竟尚未就案件的实体问题进行裁判，检察机关行使公诉变更权尚未侵害到法院的审判权。第二，实践中如果被告人在休庭之后判决宣告之前死亡，检察机关撤诉就成了唯一既合乎程序又合乎实体的结案方法。第三，公诉变更并非出庭的检察官个人所能决定，需经本院检察长或检察委员会决定，期限自然较长，而案件开庭要实行集中、连续审理，故以开庭审理过程中的某个环节终结前为截止时间不符合实际。第四，我国刑事诉讼司法权运行机制具有"双重性"，除了主持庭审裁判案件的合议庭，还有隐形的权力作用机制，如院长、庭长、审判委员会等。庭审结束后，"隐形审判机制"可能才开始发生作用，因此，公诉变更权不宜限于庭审结束前。

然而，允许检察机关在"宣告判决前"行使公诉变更权的观点和做法遭到很多人反对。有学者提出，这意味着在审判领域不仅有公诉权和审判权两种权力并存，而且公诉权在判决宣告前优于审判权。③ 也有观点认为，这实质上是违背了"以庭审为中心"的改革要求。④ 基于对"宣告判决前"的批评，不少人提出了新的观点。

---

① 参见周长军：《刑事诉讼中变更公诉的限度》，《法学研究》2017年第2期，第186~187页；万云松：《论撤回起诉的实践难题与理论破解》，《中国刑事法杂志》2014年第5期，第80页。
② 参见邓中文：《公诉案件撤诉的若干问题探讨》，《中央检察官管理学院学报》1998年第3期，第33页；万云松：《论撤回起诉的实践难题与理论破解》，《中国刑事法杂志》2014年第5期，第80页；龙宗智：《论新刑事诉讼法实施后的公诉变更问题》，《当代法学》2014年第5期，第21页。
③ 参见顾永忠、刘莹：《论撤回公诉的司法误区与立法重构》，《法律科学（西北政法学院学报）》2007年第2期，第154页。
④ 参见娄超：《我国公诉案件程序变更之正当性研究》，《政法论丛》2016年第5期，第129页。

有学者认为，变更起诉的时间点应为"作出判决前"[①]。理由在于："作出判决前"的时间限定是国外的通行做法。"作出判决"与"宣告判决"是两个不同的时间段，在法庭经过评议作出判决后，尽管可能并未立即宣告，但该案的审理实际上已告结束，如果变更起诉，无疑将使此前进行的程序归于无效，导致诉讼资源的无谓浪费。而且一经变更，法庭可能被迫重新开庭审理，造成程序的重复运作，导致诉讼资源的进一步耗费。实际上，1998年《规则》的试行稿曾将公诉变更的时间限定于人民法院第一审判决作出之前，但在1998年《规则》正式施行后，其却将时间改为判决宣告之前，这一修改是值得商榷的。

有观点认为，检察机关应在"合议庭合议前"行使公诉变更权。[②]理由在于："合议庭合议"阶段属于法官依据法庭调查以及自由心证作出最终判决的阶段，是法官充分发挥审判权能的阶段。如果法律允许检察机关在此阶段提出变更请求，显然不符合程序设置之初的立法意图，而且经过法庭调查和辩论，检察机关对于案件是否符合撤诉的条件也应该很清楚。

有观点认为，检察机关应在"庭审结束前"行使公诉变更权。[③]理由主要有三：第一，在法庭审结后，控辩双方的证据、事实都已经过法庭调查和法庭辩论，若检察机关仍享有公诉变更权，可能会以变更的方式逃避败诉后果，这不利于公诉质量的提高，也容易损害被告人的权益。第二，一审庭审已经对案件进行了全面审查，检察机关提出变更公诉势必要求审理重新进行，这显然不符合诉讼经济的要求。第三，我国《刑事诉讼法》规定，在法庭审判过程中，检察人员发现提起公诉的案件需要补充侦查，可建议延期审理。因此，检察机关在法庭审理过程中仍可能补充侦查，为公诉变更做好准备。

有观点认为，检察机关应在"法庭辩论结束前"行使公诉变更权。[④]理由主要有：第一，经过法庭调查和辩论，公诉机关应该很清楚是否符合公诉变更的条件，没有必要等到判决宣告前才作出是否变更的决定。第二，从撤诉的角度来说，无故延迟撤诉会延长被告人被羁押的时间，也会让被撤诉的案件经历毫无意

---

① 谢佑平、万毅：《刑事公诉变更制度论纲》，《国家检察官学院学报》2002年第1期，第57页。
② 参见顾静薇：《论撤回起诉的规范化》，《中国刑事法杂志》2010年第11期，第78页。
③ 参见张小玲：《论公诉变更权》，《中国刑事法杂志》1999年第2期，第89页；杨虹：《比较法视野中的公诉变更制度之完善》，《国家检察官学院学报》2003年第5期，第54页；宋英辉、何挺：《检察机关刑事诉讼职权之比较》，《国家检察官学院学报》2004年第3期，第12页；陈学权：《我国公诉变更制约机制的完善》，《山西省政法管理干部学院学报》2005年第1期，第11页。
④ 参见余经林：《论撤回公诉》，《法学评论》2007年第1期，第66页；周长军：《公诉权滥用论》，《法学家》2011年第3期，第33页；娄超：《我国公诉案件程序变更之正当性研究》，《政法论丛》2016年第5期，第129页。

义的法庭评议，导致司法资源的浪费。第三，在法庭辩论结束前变更，既可以促使司法机关审慎地确定变更内容，及时将变更后的内容引入诉讼系属当中，又可以确保下一步的法庭调查和辩论程序围绕变更后的内容来展开，保障被告人就变更后的内容充分行使其辩护权，避免折损诉讼资源和诉讼效率。

也有观点认为，撤回起诉可延续"宣告判决前"的时间限制，但更正和追加起诉可以考虑更严格的限制，如要求只能于一审庭审结束之前提出。如此可以敦促检察机关及时行使公诉变更权，同时避免已经进行的庭审归于无效，浪费司法资源，增加当事人和其他诉讼参与人讼累。而从实践操作角度看，这种限制也不会有大的问题。① 还有观点认为，审判程序开始后就不得撤回公诉。理由在于：在法院开庭审理以后检察机关提出撤诉，势必造成案件的反复、程序的回转，会拖延结案时间，损害被告人的合法权益，造成司法资源不必要的支出和诉讼效率的降低。因此，检察机关通过庭审发现已起诉的案件不应或不必起诉的，可以建议法院对案件依法作出无罪或免于刑事处罚的裁判。②

从上述观点中可以看出，关于公诉变更权时间限制的主张虽五花八门，但研究者们的主要理由集中在诉讼经济、被告人权益保障、检察机关作出决定的可能性等方面。

(三) 实体条件限制

我国刑事诉讼法学界关于公诉变更的实体限制可分为两大部分：一是狭义公诉变更、公诉追加/补充的范围，二是撤回起诉的事由。实践中，突破公诉变更实体限制的情况时有发生，"该变不变"的情形也经常出现，因此，有学者在研究中提出，应借鉴域外经验，明确公诉变更的实体限制规则。

1. 狭义公诉变更、公诉追加/补充的范围

从规范层面来说，狭义公诉变更、公诉追加/补充的实体限制经历了数次变迁。1998 年《规则》规定，狭义变更起诉适用于被告人身份、犯罪事实发生变化的情况，追加起诉则适用于漏人、漏罪的情形。2012 年《规则》一方面扩大了狭义变更起诉的范围，即罪名、适用法律与起诉书不一致时，也可适用狭义变更起诉；另一方面增加了"补充起诉"的方式，即补充起诉对应漏人的情况，追加起诉对应漏罪的情形。2019 年《规则》又改变了追加、补充起诉的条件，规定检察机关发现漏人、漏罪的，应要求公安机关补充起诉或补充侦查，对于犯罪

---

① 参见龙宗智：《论新刑事诉讼法实施后的公诉变更问题》，《当代法学》2014 年第 5 期，第 21 页。
② 参见顾永忠、刘莹：《论撤回公诉的司法误区与立法重构》，《法律科学（西北政法学院学报）》2007 年第 2 期，第 155 页。

事实清楚，证据确实、充分的，也可以直接提起诉讼。

在理论研究方面，狭义公诉变更、公诉追加/补充的实体限制问题并未引起太多关注。有早期观点认为，检察机关有权决定各种变更控诉，但也要受到一定限制。如果变更后，主要犯罪事实、被告人、对主要犯罪事实的法律评断发生重大变化，应撤回原起诉书，提出新的起诉书；如果只增加指控某些犯罪事实或罪名，则应就增加的指控提出补充起诉书。[①] 其后，相关研究更加注重理论性，多运用比较研究的方法，在总结域外经验或模式的基础上，提出我国有关制度的构建方向。

有学者提出，各国对变更控诉的限制可分为两种：一种是日本法中，对起诉内容进行变更和追加必须受到起诉对象即公诉事实同一性的限制，即公诉指控的人和事在诉讼进行中应当保持基本的、构成要件上的一致性。另一种是设定比较宽松的变更原则，即法律不设定"同一性"限制，而是赋予检察机关变更公诉内容的较为广泛的权利，但变更内容不能妨害诉讼正常进行及诉讼效率。我国不实行日本的诉因制度，因此不宜采用公诉事实同一性原则调整公诉变更，而应允许检察机关有较为宽泛的公诉变更权，仅以妨碍诉讼的正常进行与诉讼效率作为审查原则。[②] 也有相反观点认为，公诉案件程序变更的范围应限定在变更前、后的案件仍为"同一案件"的范围内，即若进行了公诉的变更，变更后的诉讼客体与先前相比，仍应基本确定为同一个诉讼客体。对于超出案件同一性范围的变更，可以由公诉机关提出申请，由审判机关在保障被告人辩护权的基础上进行审查决定。[③]

有学者认为，西方国家变更公诉的实体界限可以概括为三种代表性模式：美国的"罪行同一且禁止不利影响"模式、德国的"公诉事实同一性"模式和日本的"诉因构造基础上的公诉事实同一性"模式。我国实践中对变更公诉的实体控制，可称之为"被告人可能的犯罪事实"模式，在这种模式下，被告人的所有犯罪事实都可能被纳入"案件事实"，不利于被告人的权利保障，因此，建议我国借鉴日本模式，确立诉因构造基础上的变更公诉制度。具体来说，检察机关提起公诉后，可以在不妨碍公诉事实同一性的范围内，请求法院允许变更起诉书中记载的诉因、罪名或者适用法条，法院原则上应当准许。近期可以在不对现行诉讼结构进行大幅改造的前提下，建构公诉事实同一性的实体控制模式，将变更公诉

[①] 参见王敏远：《刑事审判中的变更控诉问题》，《法学评论》1986年第1期，第66页。
[②] 参见龙宗智：《论公诉变更》，《现代法学》2004年第6期，第35页。
[③] 参见娄超：《我国公诉案件程序变更之正当性研究》，《政法论丛》2016年第5期，第130~131页。

的对象限缩为"公诉事实"和法律适用,要求检法机关只能在公诉事实同一性的范围内变更犯罪事实、罪名或者适用法条。①

还有学者将域外公诉变更实体限制分为两种模式:一是当事人主义诉讼模式的英美法系实行的"诉因限制型",二是职权主义诉讼模式的大陆法系实行的"公诉事实限制型"。我国刑事司法的犯罪构成、罪数、公诉事实的理论及实践与"公诉事实限制型"较为贴合,应参考"公诉事实限制型"模式以明确我国的公诉变更实体规则。具体来说,要确立"公诉事实单一"禁止变更规则和"公诉事实同一"禁止变更规则。②

2. 撤回起诉的事由

1998年《规则》规定在三种情形下可以撤回起诉:不存在犯罪事实、犯罪事实并非被告人所为、不应当追究被告人刑事责任。1998年最高人民法院《关于执行〈中华人民共和国刑事诉讼法〉若干问题的解释》则规定,"人民检察院要求撤回起诉的,人民法院应当审查人民检察院撤回起诉的理由,并作出是否准许的裁定"。但该解释并未明确应审查的"撤回起诉"的理由是什么,在司法实践中演变成"有撤必准"③。为了规范随意撤诉的问题,2007年《指导意见》明确规定了可以撤诉的八种情形和不得撤诉的六种情形,将证据不足或证据发生变化,不符合起诉条件;被告人未达刑事责任年龄,不负刑事责任;法律、司法解释变化导致不应追究被告人刑事责任三种情况纳入撤回起诉的事由。2012年《规则》吸收了2007年《指导意见》的大部分内容,仅将不负刑事责任的精神病人造成危害结果的情形排除出撤回起诉的事由。

对于撤回起诉的事由,理论界和实务界争议最大的问题在于:检察机关是否可以事实不清、证据不足为由撤回起诉?

支持观点认为:对于主要事实不清、证据不足的案件,检察院本来就不该起诉,提起公诉后,经过补侦仍然不能达到起诉所需条件的,当然就该撤回起诉。从国外的立法例来看,"犯罪嫌疑不足"被认为是欠缺处罚的可能性,业经起诉的,应撤回起诉。④ 也有观点认为,对事实不清、证据不足的案件撤诉后,检察机关可及时作存疑不起诉,有助于尽快结束诉讼程序,保障人权。⑤

---

① 参见周长军:《刑事诉讼中变更公诉的限度》,《法学研究》2017年第2期,第181~186页。
② 参见刘仁琦:《公诉变更实体限制论》,《当代法学》2018年第6期,第95~97页。
③ 顾永忠、刘莹:《论撤回公诉的司法误区与立法重构》,《法律科学(西北政法学院学报)》2007年第2期,第135页。
④ 参见谢佑平、万毅:《刑事公诉变更制度论纲》,《国家检察官学院学报》2002年第1期,第57页。
⑤ 参见张兆松:《完善刑事公诉撤诉权监督制约机制的构建》,《时代法学》2009年第2期,第34页。

反对观点认为，检察官很可能以事实不清、证据不足为由，通过撤诉来规避无罪判决，因此，在证据不足、不能认定被告有罪的情况下应当由法院作出无罪判决，检察机关不能以此为由撤诉。[1] 尽管可能会导致事后即便发现有罪的新证据也无法重启审判，从而放纵犯罪，但其能督促侦查机关精密侦查和检察官慎重起诉，提高追诉的效益，因而积极意义更大。[2] 也有研究者通过实证研究发现，实践中撤诉原因最多的是证据不足的案件，而允许证据不足案件撤诉，不仅使被告人不能获得无罪判决，还会使审判不具有纠正起诉错误的权威，更可能放纵犯罪，其实质是将"疑罪从无"原则退化为中国刑事法历史上的"疑罪从挂"[3]。

针对司法实践突破司法解释的范围扩大适用撤回起诉的情形，不少学者提出应增加使用撤回起诉的情形。有观点认为，应增加犯罪情节轻微，依照刑法规定不需要判处刑罚或者免除刑罚的情形，以及管辖错误的情形。[4] 有学者建议增加被告人下落不明的情形、改变管辖的情形、告诉才处理犯罪被公诉的情形、"两可案件"被害方要求自诉的情形。[5] 还有学者建议将"被告人是精神病人"与"被告人未达到刑事责任年龄的"两种情形并列为一种撤回事由，文字表述上可简单规定为"被告人无刑事责任能力的"[6]。

也有学者提出应对撤回公诉的理由进行系统性地重构。有观点认为，撤回公诉的理由应限定为本不应当起诉的案件和本无必要起诉的案件。前者包括不存在犯罪事实，犯罪事实并非被告人所为，不应当追究被告人刑事责任，以及证据不足、不符合起诉条件等四种情形；后者则是指犯罪情节轻微，依照刑法规定不需要判处刑罚或者免除刑罚的情形。[7] 有观点认为，可参照不起诉制度来规定撤回起诉的适用情形，检察机关可以基于法定不起诉和酌定不起诉的事由而撤回公诉。[8] 有学者提出，可将撤回起诉的事由分为程序性事由和实体性事由。程序性事由只关乎影响诉讼进行的程序性因素，如提起公诉案件的管辖错误或者被告人下落不明等。实体性事由是指妨碍认定被告人行为的违法性、有责性，使法院认

---

[1] 参见王贞会：《检察机关撤回公诉制度》，《国家检察官学院学报》2010年第4期，第138页。
[2] 参见周长军：《公诉权滥用论》，《法学家》2011年第3期，第33页。
[3] 杨明：《公诉案件撤诉问题实证研究》，《北方法学》2018年第1期，第129～134页。
[4] 参见顾静薇：《论撤回起诉的规范化》，《中国刑事法杂志》2010年第11期，第76页。
[5] 参见杨明：《公诉案件撤诉问题实证研究》，《北方法学》2018年第1期，第129页。
[6] 万云松：《论撤回起诉的实践难题与理论破解》，《中国刑事法杂志》2014年第5期，第77页。
[7] 参见顾永忠、刘莹：《论撤回公诉的司法误区与立法重构》，《法律科学（西北政法学院学报）》2007年第2期，第159页。
[8] 参见王贞会：《检察机关撤回公诉制度》，《国家检察官学院学报》2010年第4期，第138页。

为不能作出有罪判决的因素，包括没有犯罪事实发生、犯罪事实不是被告所为、不应追究刑事责任等。① 有观点认为，应将撤回起诉的适用范围与提出时间相结合进行规定，并将其分为两个层次：第一，在法院开庭审理之前，人民检察院都可以撤回起诉；第二，在法院开庭审理后至一审合议庭评议之前，原则上禁止因"证据不足"而撤回起诉，除非被告人同意。② 还有学者提出，立法应当按照撤回公诉是检察机关行使裁量权方式的定位对撤诉事由进行调整：对于犯罪情节轻微，依照刑法规定不需要判处刑罚或者免除刑罚的，检察机关可以撤回公诉；对于被告人没有犯罪事实、不应追究刑事责任或者证据不足的，检察机关不得撤回公诉。③

四、撤回起诉的效力

撤回起诉制度在我国立法和司法解释中几经更迭，在司法实践中具有旺盛的生命力，但其在适用中存在很多问题，而撤回起诉的效力直接关系到该制度在实践中的运作，因此受到很多学者的关注。关于撤诉效力的研究中，主要问题有二：一是撤诉后是否还应作出不起诉决定，二是撤诉后是否可以重新起诉。

第一，撤诉后是否还应作出不起诉决定？

2007年《指导意见》第11条规定："对于撤回起诉的案件，人民检察院应当在撤回起诉后七日内作出不起诉决定，或者书面说明理由将案卷退回侦查机关（部门）处理，并提出重新侦查或者撤销案件的建议。"2012年《规则》也明确规定，撤回起诉后必须做不起诉决定。但理论界和实务界对这种规定存在争议。

支持观点认为，检察机关撤回公诉后应该对被告人作出不起诉的决定。④ 理由在于：其一，撤回公诉的案件属于本不应当起诉或不必起诉的情形，而且不起诉决定具有终止诉讼的法律效力，一旦作出，被告人在押的，就应当立即释放。其二，这样处理撤诉案件，就将撤诉制度与不起诉制度有机地结合起来，公安机关、被害人以及被告人不服不起诉决定的，依法有权提出复议、复核、申诉，既

---

① 参见邢永杰、侯晓焱：《撤回公诉问题评析》，《国家检察官学院学报》2013年第2期，第114~121页。

② 参见魏虹：《赋权与规制：我国检察机关撤回起诉制度之构建》，《法律科学（西北政法大学学报）》2011年第6期，第169页。

③ 参见张小玲：《论我国撤回公诉的功能定位》，《中国刑事法杂志》2015年第1期，第98~108页。

④ 参见顾永忠、刘莹：《论撤回公诉的司法误区与立法重构》，《法律科学（西北政法学院学报）》2007年第2期，第160页；邓中文：《公诉案件撤诉的若干问题探讨》，《中央检察官管理学院学报》1998年第3期，第33~34页；王贞会：《检察机关撤回公诉制度》，《国家检察官学院学报》2010年第4期，第138页；顾静薇：《论撤回起诉的规范化》，《中国刑事法杂志》2010年第11期，第75页。

有利于保证不起诉案件的质量，又对检察机关作出撤诉和不起诉决定形成有效的制约，还保障了公安机关的诉讼职权以及当事人的诉讼权利。其三，公诉案件撤回起诉制度的依据是司法解释，撤回起诉权仅是检察机关一项专有的诉讼程序请求权，不能决定公诉的失效、诉讼阶段的变更和终止（中止）诉讼程序。因此，撤回起诉决定可以被视为一种内部终结性的处理决定，但因为其无法源性，准许撤回起诉的裁定或按撤诉处理的决定不应当具有对外效力，最终确定诉讼结果的应当是不起诉决定书、撤案决定书或再行起诉后的法院判决书。

反对观点认为，撤回起诉与不起诉决定具有完全相同的诉讼效力，无须另行作出不起诉决定。[1] 理由在于：其一，撤回起诉后再做不起诉决定，意味着将两个完全相同的诉讼效力叠加在一起，属于没有必要的重复，而且浪费司法资源，侵犯当事人的权利。其二，我国近代的刑事诉讼法规定，撤回起诉后不必再作不起诉决定。这一规定构成了当代刑事司法可供吸收的"本土资源"。其三，撤回起诉的真实含义是撤销公诉，意味着审查起诉阶段已经结束，案件无法回流到已经关闭的审查起诉阶段，不具备再作出不起诉选择的机会。其四，如果准许撤回起诉的裁定生效即产生不起诉的效力，被告人就可以对该裁定上诉，有利于增强法院的责任意识和危机意识，促使法院慎重对待当事人的意见，从制度上保证法院裁判者的角色定位，增强法院在撤回起诉程序中的制约作用。

也有学者在论证时提出，撤诉虽然结束了正在进行的诉讼，但公诉案件的实体问题并未因撤诉而解决，应明确规定撤回起诉决定等同于不起诉处分，具有实体确定效力。[2] 但这种说法也引起争议，有观点认为，这种观点存在对不起诉效力的误解，因为不起诉同样是一种程序处理，无论哪一种不起诉都没有定罪的实体效力。[3]

第二，撤诉后是否可以重新起诉？

针对被诟病最多的检察机关反复"撤回起诉—再行起诉"的现象，不少学者也进行了讨论。

有观点认为，撤回起诉不产生与判决一样的既判力，只具有程序意义，与案件的实体处理没有直接关系，因此，若发现新的事实或者新的证据，或者符合允

---

[1] 参见王贞会：《检察机关撤回公诉制度》，《国家检察官学院学报》2010年第4期，第138页；张建伟：《论公诉之撤回及其效力》，《国家检察官学院学报》2012年第4期，第104～105页；万云松：《论撤回起诉的实践难题与理论破解》，《中国刑事法杂志》2014年第5期，第81页；龙宗智：《论公诉变更》，《现代法学》2004年第6期，第36页。

[2] 参见龙宗智：《论新刑事诉讼法实施后的公诉变更问题》，《当代法学》2014年第5期，第22页。

[3] 参见张建伟：《论公诉之撤回及其效力》，《国家检察官学院学报》2012年第4期，第104页。

许起诉或者重新起诉的其他情形的，仍可起诉。① 我国相关司法解释吸收了这种观点，1998 年《规则》规定"撤回起诉后，没有新的事实或者新的证据不得再行起诉"，此后的《人民检察院刑事诉讼规则》将这一规定延续了下来。有学者认为，这一规定本身隐含着这样一层意思：撤回起诉等于诉讼程序终结，非具备法定条件不能再行起诉，反过来，具备法定条件，仍然保有起诉权，可以再行起诉。② 而对于这种对同一案件撤诉后重新起诉的做法，有观点认为其违背了"一事不再理"原则，也不利于保护被追诉人的个人权利，不利于提高诉讼效率，不利于诉讼程序的安定，不利于侦控水平的提高。这种片面强调对"实体真实"的追求是不明智之举，因此应尽早摒弃对存疑撤诉案件允许重新起诉的做法。③

为了解决撤回起诉的随意再诉问题，有观点认为，刑事诉讼法应当赋予撤回起诉决定以实质确定力，规定检察机关撤回起诉后，只有当再次发现犯罪事实的重要证据时，才允许再诉，但属于公诉事实的同一性范围内的，不得再诉，以防止再诉过度或者再诉不足的极端现象。④ 有观点认为，应提高重新起诉的条件，将"新的事实或者新的证据"改为"新的重要事实或新的重要证据"⑤。也有观点认为，为了遏制随意的重复追诉，撤诉后发现的新事实和新证据不能是不起诉决定作出后刻意寻找的，只能是由于他案或者其他"偶然"因素发现的。而且根据"一事不再理"原则，新证据支持的再起诉只能限于重罪，再起诉应由最高人民检察院批准。⑥

还有观点认为，应限制撤回起诉的次数，在法理上承认并确立"公诉权的耗尽理论"，即"法律上赋予公诉人的公诉权不是无限的，也不是不能耗尽的，当有公诉障碍的情况下，就同一事实、同一被告人只能有最多一次的撤诉权和由此引起的第二次起诉与否的决定选择权"⑦。可借鉴《刑事诉讼法》关于退回补充侦查的次数限制，将撤回起诉的次数一般限制为一次，因管辖等程序适用不当导

---

① 参见王贞会：《检察机关撤回公诉制度》，《国家检察官学院学报》2010 年第 4 期，第 134 页，张建伟：《论公诉之撤回及其效力》，《国家检察官学院学报》2012 年第 4 期，第 104 页。
② 参见张建伟：《论公诉之撤回及其效力》，《国家检察官学院学报》2012 年第 4 期，第 106~107 页。
③ 参见余经林：《论撤回公诉》，《法学评论》2007 年第 1 期，第 66~69 页。
④ 参见周长军：《公诉权滥用论》，《法学家》2011 年第 3 期，第 33 页。
⑤ 张兆松：《重构我国刑事公诉撤回制度的思考》，《宁波大学学报（人文科学版）》2007 年第 6 期，第 105 页。
⑥ 参见杨明：《公诉案件撤诉问题实证研究》，《北方法学》2018 年第 1 期，第 138 页。
⑦ 赵琳琳：《论公诉权的能量——以撤回起诉和再行起诉为研究对象》，《河北公安警察职业学院学报》2007 年第 3 期，第 50 页。

致撤回起诉的，撤回起诉的次数可以限制为二次。[1]

也有学者提出，实践中再诉过度的现象主要不是规范层面的问题，而在于法院没有严格依照规定审查检察机关重新起诉时声称的"新的事实或者新的证据"是否属实，不能或不敢拒绝检察机关违规提起的新诉。因此，理性的解决办法应当是通过司法责任制和"以审判为中心"的诉讼制度改革，实现审判的独立性，培育法官矫正检察机关不当起诉的实力和勇气。[2]

五、公诉变更中的当事人权益保障

公诉变更制度不仅可能影响被告人辩护权的行使，延长诉讼和羁押期限，还可能招致被害人的不满。然而，我国相关司法解释并未给予诉讼当事人应有的关注，公诉变更在实践中成为检察机关单方面的诉讼决定，被告人及其辩护人无法有效抗辩，被害人也无法表达自己的意见，当事人被彻底边缘化。因此，不少研究者呼吁加强对当事人权益的保障。

总体而言，被告人的知情权、辩护权、异议权、上诉权等权益受到关注，具体来说：

其一，应保障被告人的知情权。有学者认为，审判机关应及时将变更公诉的内容和理由告知被告人。[3] 也有观点认为，公诉和审判机关均需承担及时通知的义务，变更公诉后应及时通知辩护方并为其提供准备时间和其他辩护条件。[4]

其二，应为被告人的辩护提供准备时间。有学者认为，根据相关司法解释，公诉人有权在公诉变更后建议延期审理，被告人却无申请延期审理的权利，这显然是有悖于法理的，应当赋予被告人申请延期审理的权利。[5] 而且，审判机关决定准许变更起诉的，应当给被告人以一定的准备时间，并就变更后的案件内容再次开庭审理。若司法机关未遵守该项要求，则应认定为程序上的严重违法，被告人可据此提起上诉，要求上诉法院对该案件发回重审。[6]

---

[1] 参见顾静薇：《论撤回起诉的规范化》，《中国刑事法杂志》2010年第11期，第78页。
[2] 参见周长军：《撤回公诉的理论阐释与制度重构——基于实证调研的展开》，《法学》2016年第3期，第160页。
[3] 参见娄超：《我国公诉案件程序变更之正当性研究》，《政法论丛》2016年第5期，第131页；张小玲：《论公诉变更权》，《中国刑事法杂志》1999年第2期，第89页。
[4] 参见龙宗智：《论公诉变更》，《现代法学》2004年第6期，第35页。
[5] 参见谢佑平、万毅：《刑事公诉变更制度论纲》，《国家检察官学院学报》2002年第1期，第58页；龙宗智：《论新刑事诉讼法实施后的公诉变更问题》，《当代法学》2014年第5期，第19页；杨虹：《比较法视野中的公诉变更制度之完善》，《国家检察官学院学报》2003年第5期，第54页。
[6] 参见娄超：《我国公诉案件程序变更之正当性研究》，《政法论丛》2016年第5期，第131页。

其三，被告人在变更起诉的决定过程中有异议权。有观点认为，被告人有权发表对变更起诉的意见，且该意见应成为审判机关审查决定是否准许变更起诉的重要参考。① 也有观点认为，法官应将被告人的同意作为允许检察机关撤诉的必要条件之一②，未经被告人同意，检察机关不得对"事实不清，证据不足或事实、证据发生变化的"案件撤回起诉。③ 还有观点认为，检察机关在庭审后、判决前作出变更公诉决定的，被告方如有异议，法院应当重新开庭，组织控辩双方就变更部分进行质证和辩论。④

其四，被告人享有上诉权。有观点认为，我国《刑事诉讼法》规定的上诉对象为"人民法院第一审的判决、裁定"，并没有将准许公诉机关撤回起诉的裁定排除在外，因此，对人民法院准许公诉机关撤回起诉的裁定，被告人应当享有上诉权。⑤ 即使上诉改判的可能性很小，也不能以此为由否定这项权利。⑥ 具体来说，如果法院应当否决撤诉而没有否决，或者没有充分保障被告方知情权，对被告人的诉讼防御利益造成了实质性不利影响，被告人享有据此提起上诉的权利。⑦ 但也有观点认为，对于法院作出的是否准予撤诉的裁定，检察机关、被害人和被告人必须服从，不可上诉。⑧

其五，被告人有权申请国家赔偿。有观点认为，被告有权针对撤回起诉提出国家赔偿的申请。⑨ 在具体的操作层面，可以要求法院在宣布准许撤回起诉裁定时，告知符合条件的被告人有申请国家赔偿的权利。⑩ 也有观点认为，申请国家赔偿的权利限于检察机关假借撤回公诉之名变相羁押的被告人。⑪

关于被害人权益的研究主要集中在撤回起诉中被害人的权益保护方面。很多研究者认为，我国的司法解释将被害人排除在撤诉的审查决定程序之外，不符合正当程序的要求，不利于保护被害人的合法权利，不符合当今强化被害人权利保

---

① 参见娄超：《我国公诉案件程序变更之正当性研究》，《政法论丛》2016年第5期，第131页。
② 参见周长军：《公诉权滥用论》，《法学家》2011年第3期，第33页。
③ 参见魏虹：《赋权与规制：我国检察机关撤回起诉制度之构建》，《法律科学（西北政法大学学报）》2011年第6期，第169页。
④ 参见周长军：《刑事诉讼中变更公诉的限度》，《法学研究》2017年第2期，第189页。
⑤ 参见王友明、杨新京：《公诉案件撤回起诉质疑》，《国家检察官学院学报》2003年3期，第32页；顾静薇：《论撤回起诉的规范化》，《中国刑事法杂志》2010年第11期，第78页。
⑥ 参见万云松：《论撤回起诉的实践难题与理论破解》，《中国刑事法杂志》2014年第5期，第82页。
⑦ 参见周长军：《刑事诉讼中变更公诉的限度》，《法学研究》2017年第2期，第189页。
⑧ 参见余经林：《论撤回公诉》，《法学评论》2007年第1期，第67页。
⑨ 参见顾静薇：《论撤回起诉的规范化》，《中国刑事法杂志》2010年第11期，第78页。
⑩ 参见万云松：《论撤回起诉的实践难题与理论破解》，《中国刑事法杂志》2014年第5期，第82页。
⑪ 参见王贞会：《检察机关撤回公诉制度》，《国家检察官学院学报》2010年第4期，第138页。

障的世界潮流，因此，应对被害人的权益进行关注，具体来说：

其一，应保障被害人在撤回起诉中的知情权和异议权。有观点认为，检察机关应在撤回公诉时告知被害人撤回公诉的理由，审判机关应听取并考虑被害人的意见，并赋予其参与裁判全过程的权利。① 也有观点认为，人民检察院作出撤回起诉决定后，在向人民法院提出时，人民法院应当将撤回起诉书的副本送达被害人，并在裁决前听取被害人及其代理人的意见。② 还有观点认为，对检察机关因撤回起诉而作出的不起诉决定，应告知被害人及其法定代理人。③

其二，应保障被害人在撤回起诉后的获得救济权。有观点认为，被害人对撤回公诉的决定享有提请复议的权利，不服复议决定的被害人还可向上一级检察机关申诉（或申请复核）。④ 鉴于撤回起诉均经过上一级人民检察院的审批，其申诉作用不大，故被害人对其复查决定不服的，还可以向上一级的上一级人民检察院申诉。法院裁定准许撤回起诉的，被害人可以不经申诉，直接向人民法院起诉。⑤ 有观点认为，对法院作出的准予撤回起诉的裁定，被害人可以提出申诉，未来也可以考虑赋予被害人对于这一裁定提出上诉的权利。⑥ 还有观点认为，对检察机关因撤回起诉而作出的不起诉决定，被害人及其法定代理人有异议的，可在7日内向检察机关申诉。⑦

六、小结

我国关于公诉变更的法律依据缺失、司法解释粗糙，这使这项制度在实践中出现诸多问题具有一定的必然性。因此，相关研究较为深入地挖掘了公诉变更制度在规范层面和实践层面存在的问题，从多方面剖析了原因，总结了相关域外经验，提出了许多可行方案，为制度的完善提供了参考。遗憾的是，尽管相关研究以修法为最终目标，尽管变更起诉制度入法的呼声高涨，但是《刑事诉讼法》的数次修正仍然采取"听之任之"的态度，究其原因，恐怕与相关研究不充分有一定关系。

---

① 参见余经林：《论撤回公诉》，《法学评论》2007年第1期，第66页。
② 参见张建伟：《论公诉之撤回及其效力》，《国家检察官学院学报》2012年第4期，第108页。
③ 参见魏虹：《赋权与规制：我国检察机关撤回起诉制度之构建》，《法律科学（西北政法大学学报）》2011年第6期，第171页。
④ 参见王贞会：《检察机关撤回公诉制度》，《国家检察官学院学报》2010年第4期，第138页；顾静薇：《论撤回起诉的规范化》，《中国刑事法杂志》2010年第11期，第78页。
⑤ 参见万云松：《论撤回起诉的实践难题与理论破解》，《中国刑事法杂志》2014年第5期，第82页。
⑥ 参见张建伟：《论公诉之撤回及其效力》，《国家检察官学院学报》2012年第4期，第108页。
⑦ 参见魏虹：《赋权与规制：我国检察机关撤回起诉制度之构建》，《法律科学（西北政法大学学报）》2011年第6期，第171页。

从上述关于公诉变更研究的梳理中可以看出，有关制度设想可谓观点纷呈、百家争鸣，但各观点之间共识性不足。例如，在公诉变更时间限制的问题上，就有宣告判决前、合议庭合议前、庭审结束前、辩论结束前、审判程序开始前等至少五种观点。可以设想的是，无论立法选择何种方式，都会遭到大量质疑。

此外，大量关于公诉变更的研究着眼于制度设计层面，很多对策的提出缺乏理论的指导，缺乏对社会生活的整体性考察。正如有学者提到的那样："法学研究者在提出解决问题的方案时不能过于自信。"[①] 因此，虽然不少学者已经指出公诉变更的诸多问题，分析了其原因，提出了制度改进方案，但还应进一步加强对相关基本理论的研究。须知，公诉变更不仅影响一审程序中检察机关与法院的关系，而且与被追诉人的人权保障密切相关，同时还涉及诉讼程序中公正与效率之间的平衡问题。

第四节　不起诉制度的发展

1996年《刑事诉讼法》废除免予起诉制度后，我国检察机关的不起诉裁量权呈现逐步扩张的特征，立法中不起诉的种类逐渐增多。

通说认为，1996年《刑事诉讼法》规定的不起诉裁量权只存在于相对不起诉中。而进入21世纪后，单一的相对不起诉已经远远不能满足现代刑事司法的需要，附条件不起诉、刑事和解制度备受各国司法实践的青睐，不起诉裁量权的扩张已经变成世界趋势。[②] 2006年，中共中央《关于构建社会主义和谐社会若干重大问题的决定》提出实施宽严相济的刑事司法政策。很多学者认为，实行"宽严相济"刑事政策也就意味着刑事法律必须赋予司法机关相应的自由裁量权，在起诉程序中，就是赋予检察机关起诉裁量权。[③] 而此时，我国也面临着犯罪数量增加、司法资源不足的状况，司法系统担负着沉重的压力，迫切需要程序分流，很多实务工作者对如何解决不起诉适用率低的问题进行思考，理论研究也倾向于主张扩张检察机关的起诉裁量权。[④]

[①] 陈瑞华：《论法学研究方法》，法律出版社2017年版，第125~126页。
[②] 参见周长军：《检察起诉裁量权的国际发展趋势与中国改革》，《东方法学》2009年第3期，第3~6页。
[③] 参见汪建成、姜远亮：《宽严相济刑事政策与刑事起诉制度》，《东方法学》2008年第6期，第5页。
[④] 参见詹建红、李纪亮：《困境与出路：我国刑事程序分流的制度化》，《当代法学》2011年第6期，第71~79页；赵鹏：《酌定不起诉之现状考察及完善思考》，《法学》2011年第9期，第151~160页；成懿萍：《刑事不起诉率偏低之实证分析——以某地2003—2010年刑事不起诉案件为分析对象》，《中国刑事法杂志》2011年第8期，第73~81页。

2012 年《刑事诉讼法》的修正，增加了未成年人犯罪案件的附条件不起诉和"和解不起诉"的规定，进一步扩大了检察机关不起诉裁量权的范围。但在实践中，不起诉制度并未很好地发挥程序分流的作用，检察院对于不起诉的适用仍然呈现较为保守的状态。2016 年 11 月，最高人民法院、最高人民检察院、公安部、国家安全部、司法部根据全国人大常委会的授权发布了《关于在部分地区开展刑事案件认罪认罚从宽制度试点工作的办法》。不少人提出，2012 年确立的法定不起诉、酌定不起诉、存疑不起诉以及附条件不起诉四种不起诉并不足以支撑起认罪认罚从宽所需要的资源调控强度。① 如果不起诉裁量权无法得到扩展，则认罪认罚从宽的分流设计很可能成为"镜花水月"。2018 年修正的《刑事诉讼法》在总结实践经验的基础上增加了认罪认罚案件中检察机关的特别不起诉权。由此，检察机关不起诉权力的适用在实质上超出了轻罪范围，扩展到重罪案件，一定程度上扩大了起诉便宜主义的适用领域。②

在不起诉裁量权扩张、不起诉种类增多的背景下，学术界围绕不起诉制度的研究逐渐繁荣，形成了十分丰富的研究成果。

一、不起诉制度的价值

可以说，理论界和实务界对不起诉制度价值的认可，是不起诉裁量权得以在我国逐渐扩张的主要原因。主流观点认为，不起诉制度在我国的确立和发展具有重要的理论和实践意义，具体来说：

首先，不起诉制度是实现案件分流的重要程序机制，符合诉讼经济原则，符合实践需要。在案件积压严重，看守所、监狱人满为患，司法机关难负其累的情况下，不起诉可以使不该进入审判程序的案件适时终止，缩短诉讼时间，节省大量人力、财力、物力，使法院得以集中精力去处理更为重要的案件，达到诉讼经济的目的。③ 因此，不起诉制度的演变，与其说是理论的倡导，毋宁说是实践的需要④。在我国的不起诉实践中，一些检察机关用行政命令式的绩效考核人为控制不起诉数量，这虽然能在表面上降低不起诉率，但事实上，一些本该由不起诉分流的案件被以"潜规则"的方式"分流"了出去，这也充分说明了不起诉制度

---

① 参见李奋飞：《论检察机关的审前主导权》，《法学评论》2018 年第 6 期，第 54 页。
② 参见周长军：《认罪认罚从宽制度推行中的选择性不起诉》，《政法论丛》2019 年第 5 期，第 81 页。
③ 参见陈卫东、李洪江：《论不起诉制度》，《中国法学》1997 年第 1 期，第 91~92 页；陈卫东：《检察机关适用不起诉权的问题与对策研究》，《中国刑事法杂志》2019 年第 4 期，第 41~42 页；童建明：《论不起诉权的合理适用》，《中国刑事法杂志》2019 年第 4 期，第 27 页。
④ 参见姜伟：《我国不起诉制度的特色》，《检察理论研究》1996 年第 5 期，第 39~40 页。

的实践意义。①

第二，不起诉制度符合世界各国非犯罪化、轻刑化、刑罚个别化的共同趋势。世界各国在公诉问题上的基本立场分为起诉法定主义与起诉便宜主义两种。大陆法系国家在19世纪以前均采取起诉法定原则，而后逐渐改采起诉法定主义与起诉便宜主义相结合的做法，英美法系国家则采取起诉便宜主义原则。起诉便宜主义强调教育改造，更加重视一般预防，在采取罪刑相适应的原则时，采取刑罚个别化原则，体现着非犯罪化与轻刑化、刑罚个别化、公共利益的考虑和诉讼效率的要求。② 在这种国际环境下，有学者提出，我国也应当把起诉法定主义和起诉便宜主义有机地结合起来，才能对不起诉制度进行正确的定位和定性，那种把"不起诉"看作可有可无，甚至当成负担，严格控制，把不起诉与提起公诉对立起来，不愿适用的做法是没有根据的，也是不合理的。③

第三，不起诉制度是我国宽严相济刑事政策的重要制度环节。检察机关通过依法行使不起诉权，不仅可以分化、瓦解犯罪分子，也可以激励那些可罚可不罚的犯罪嫌疑人尽早认错悔悟，并通过赔礼道歉、赔偿损失、刑事和解等，取得被害人谅解，减少社会对抗，减轻甚至消除危害后果。④

第四，不起诉制度有利于保护当事人的合法权益。⑤ 对于被追诉人而言，不起诉适时终止了刑事诉讼，使犯罪嫌疑人尽早从被追究的状态解脱出来，避免遭受长期羁押可能带来的身体和心理损耗。对被害人而言，正确的不起诉不损害其合法权益，因为被害人合法权益的保护是以追究名副其实的犯罪嫌疑人的刑事责任为前提，在不起诉决定作出后，法律也允许被害人进行救济。

第五，不起诉决定具有监督引导侦查权、制约人民法院审判权的诉讼效果。一方面，检察机关通过审查起诉程序，对侦查机关侦查终结、监察机关调查终结

---

① 这种"潜规则"的分流行为有多种表现形式。例如，为了抵消自侦案件的不起诉率，某些检察机关乐于把治安管理处罚案件以刑事不起诉处理；再如，为了避免不起诉，一些检察机关将审查起诉的案件退回侦查机关自行处理。参见杨娟、刘澍：《论我国刑事不起诉"三分法"的失败及重构——以淮北市起诉裁量实践为实证分析对象》，《政治与法律》2012年第1期，第40页；郭烁：《酌定不起诉制度的再考察》，《中国法学》2018年第3期，第244～245页。
② 参见陈光中：《论我国酌定不起诉制度》，《中国刑事法杂志》2001年第1期，第77～79页；宋英辉、吴宏耀：《不起诉裁量权研究》，《政法论坛》2000年第5期，第116～121页；陈岚：《论检察官的自由裁量权——兼析起诉便宜原则的确立及其适用》，《中国法学》2000年第1期，第123～124页；陈卫东、李洪江：《论不起诉制度》，《中国法学》1997年第1期，第91～92页。
③ 参见樊崇义、李岚：《"刑事起诉与不起诉"制度研究观点综述》，《法学杂志》2006年第3期，第120页。
④ 参见童建明：《论不起诉权的合理适用》，《中国刑事法杂志》2019年第4期，第26页。
⑤ 参见陈卫东、李洪江：《论不起诉制度》，《中国法学》1997年第1期，第91～92页；陈卫东：《检察机关适用不起诉权的问题与对策研究》，《中国刑事法杂志》2019年第4期，第41页。

移送审查起诉的案件进行审查与"把关",通过不起诉来监督引导侦查、调查依法进行;另一方面,检察机关的审查起诉程序也掌控了审判程序的入口,对于那些不符合起诉条件的案件,检察机关通过作出不起诉决定进行过滤和筛查,限制了法院审判的范围,对法院的审判权构成了制约。①

第六,不起诉是检察官履行客观义务的重要制度体现。赋予检察官不起诉权可以时刻警醒他们肩负"法律的守护人""公益的担当者"的职责,使其摆脱片面追诉犯罪的控方立场,恪守客观公正义务,注意和兼顾对犯罪嫌疑人有利、不利的所有事实和证据,对无罪和不需要判处刑罚的犯罪嫌疑人及时作出不起诉决定,避免不当追究。②

此外,也有学者从历史角度对不起诉制度的产生和演变进行了梳理,认为我国历史上在严刑的前提下"因时而赦"的思想、宽严相济思想、严格的控告受理制度,是我国不起诉制度产生与发展的基石;而新中国成立前后区别对待、分化瓦解的刑事政策,是我国不起诉制度产生和发展的理论基础。③

二、不起诉决定的效力

1996年《刑事诉讼法》废除免予起诉制度、新增相对不起诉制度后,理论界面临的首要问题就是如何解释它,其中,关于不起诉具有何种效力的问题引起了广泛关注。关于不起诉的效力,有"实体性处分说"与"程序性处分说"两种观点。

"实体性处分说"认为,不能仅把酌定不起诉看作程序性决定,它同时具有实体处理的意义。主要理由在于:其一,酌定不起诉是以犯罪嫌疑人的行为已构成犯罪为前提。其二,不起诉决定不仅是依据程序法作出的,也是依据实体法作出的。其三,刑事案件的实体裁决权并非法院独占,而是可以分割的,刑事裁决权中的积极裁决权由法院独占,但审前阶段的有罪否定权可以被检察机关享有。④ 因此,起诉裁量权是对犯罪嫌疑人是否起诉作出决断的权力,它所作出的决定不限于只具有程序性的效力,在检察权的范围内,同样具有实体的效力。⑤

"程序性处分说"认为,公诉机关在刑诉中的职能是控诉职能,无权对案件

---

① 参见陈卫东:《检察机关适用不起诉权的问题与对策研究》,《中国刑事法杂志》2019年第4期,第40页。
② 参见童建明:《论不起诉权的合理适用》,《中国刑事法杂志》2019年第4期,第24~25页。
③ 参见樊崇义:《我国不起诉制度的产生和发展》,《政法论坛》2000年第3期,第124~129页。
④ 参见徐益初:《不起诉刍议》,《人民检察》1996年第12期,第4~6页;龙宗智、左为民:《法理与操作——刑事起诉制度评述》,《现代法学》1997年第4期,第18页。
⑤ 参见徐益初:《不起诉刍议》,《人民检察》1996年第12期,第4~6页。

进行实体处分，即不能处分当事人的人身和财产。主要理由在于：其一，符合法定起诉条件与"构成犯罪"之间不能盲目画等号。基于无罪推定原则，公诉机关在罪与非罪的问题上是没有权力也没有职责去表明态度的，因此，应摈弃"检察机关认定有罪就必然有罪"的社会成见，引导社会观念走向正常状态，更有必要旗帜鲜明地否认酌定不起诉决定具有实体认定效力。① 其二，虽然不起诉决定也依据实体法作出，但这与不起诉决定是否具有实体性并无关联，判断一个处分决定是实体性还是程序性的关键在于处分的法律效果，而不是依据何种法律。②

结合取消免予起诉制度的修法背景来看，"程序性处分说"明显获得了更为广泛的认同。根据"程序性处分说"，"案件的起诉权仍然存在，并未消灭"③。因此，这种程序性也可能有弊端，检察机关可能受到"有错必究"的影响，频繁在不起诉决定后重新追诉。对此，一些研究者对检察机关在作出起诉决定后重复起诉的问题进行了讨论，提出了自己的看法。有学者认为，司法实践中一般援引"一事不再理"原则解决这个问题，但不再理的"一事"是指事实和证据的同一，不是指案件的同一。当同一案件的证据发生变化，不适用"一事不再理"的原则，因此，在不起诉决定错误或发现新证据时，可再起诉。④ 也有观点认为，不起诉以后能否再行起诉，应根据案件具体情况分别予以处理。犯罪已过追诉时效期间，或者经特赦令免除刑罚的，或者犯罪嫌疑人、被告人死亡的，由于这些情形缺乏实质诉讼条件，公诉权已经不存在，不起诉决定具有实质的确定力，不得再行提起公诉。⑤ 还有学者指出，应当赋予不起诉处分一定的确定力，规定检察机关再行起诉的条件和程序，使重新追诉受到一定的程序性制约，防范检察机关恣意重新起诉、不断骚扰和打压被告人的现象。⑥ 还有学者提出，从避免被追诉人因为同一行为再次受到刑事追究的角度出发，有必要在制度上明确，对于发生

---

① 参见陈卫东、李洪江：《论不起诉制度》，《中国法学》1997年第1期，第89~90页；宋英辉、吴宏耀：《不起诉裁量权研究》，《政法论坛》2000年第5期，第123~124页；姜涛：《不起诉效力辨析——从无罪推定原则出发的阐释》，《中国刑事法杂志》2003年第4期，第79页。
② 参见姜涛：《不起诉效力辨析——从无罪推定原则出发的阐释》，《中国刑事法杂志》2003年第4期，第79页。
③ 陈卫东、李洪江：《论不起诉制度》，《中国法学》1997年第1期，第90页。
④ 参见姜伟：《我国不起诉制度的特色》，《检察理论研究》1996年第5期，第41~42页。
⑤ 参见陈国庆：《论适用不起诉的几个问题》，《中国刑事法杂志》1998年第4期，第63页。
⑥ 参见钟得志、田心则：《不起诉决定确定力之比较》，《国家检察官学院学报》2005年第6期，第82~83页；陈岚：《论检察官的自由裁量权——兼析起诉便宜原则的确立及其适用》，《中国法学》2000年第1期，第129页；周长军：《认罪认罚从宽制度推行中的选择性不起诉》，《政法论丛》2019年第5期，第89页。

法律效力的不起诉决定，除非发现新的证据，不得对同一犯罪行为再行起诉。[1]

三、不起诉的分类

1996年后，学术界的通说以《刑事诉讼法》的规定为依据，将我国刑事不起诉分为三类（"三分法"）：法定不起诉、酌定不起诉（相对不起诉）和证据不足不起诉（存疑不起诉）。该理论认为，起诉裁量权仅存在于酌定不起诉这一类型中。[2] 也有少数学者从理论上将1996年《刑事诉讼法》确立的不起诉制度分为法定不起诉和酌定不起诉两类。在这种"二分法"中，有观点认为证据不足不起诉应归于酌定不起诉中，具有起诉裁量权[3]；也有观点认为，证据不足不起诉应归于法定不起诉中，没有起诉裁量权。[4]

2012年《刑事诉讼法》的修改增设了未成年人案件的附条件不起诉制度，把不起诉的范围扩大到了刑事和解的范畴，这意味着不起诉"三分法"理论得以留用。按照这种分类思路，2018年《刑事诉讼法》修改后，我国的不起诉应包括法定不起诉、酌定不起诉、证据不足不起诉、附条件不起诉、认罪认罚案件的特殊不起诉五种。

随着实践的深入，很多学者对《刑事诉讼法》关于不起诉的分类提出了质疑。有学者认为，刑事不起诉的"三分法"之下，法定不起诉与酌定不起诉容易混淆，无法约束起诉裁量权的蔓延，导致实践中的混乱，因此应依据谨慎的扩张主义理论，将不起诉制度划分为法定不起诉和裁量不起诉两种类型。[5] 还有学者指出，应当淡化不起诉的分类，法定不起诉与酌定不起诉这种概念的强行界分属于大陆法系法律思维的经典表现之一，而非实用主义的；附条件不起诉制度与原有酌定不起诉制度之间"关系混沌"，原因就在于它们就是起诉裁量的结果，强行分类本身就不甚科学，因此，现有不起诉方式之间想象中的泾渭分明，的确有种故步自封的意味，应该逐步淡化。[6]

受到立法的影响，我国关于不起诉制度的大多数理论研究仍然遵循《刑事诉

---

[1] 参见陈卫东：《检察机关适用不起诉权的问题与对策研究》，《中国刑事法杂志》2019年第4期，第45页。
[2] 参见龙宗智：《检察官自由裁量权论纲》，《人民检察》2005年第15期，第16~19页。
[3] 参见周国均：《对证据不足不起诉的探讨》，《政法论坛》1997年第2期，第31页。
[4] 参见樊崇义、叶肖华：《论我国不起诉制度的构建》，《山东警察学院学报》2006年第1期，第10~19页。
[5] 参见杨娟、刘澍：《论我国刑事不起诉"三分法"的失败及重构——以淮北市起诉裁量实践为实证分析对象》，《政治与法律》2012年第1期，第37~43页。
[6] 参见郭烁：《酌定不起诉制度的再考察》，《中国法学》2018年第3期，第246页。

讼法》的分类，因此，本文也按照立法分类对相关研究进行介绍。

（一）法定不起诉

关于法定不起诉的讨论主要集中在法定不起诉的立法完善方面。

1996年《刑事诉讼法》修正之后就有学者指出，立法对法定不起诉事由的规定仍有疏漏，未考虑犯罪嫌疑人是清白无辜者，即犯罪嫌疑人没有犯罪事实的情况（如根本未发生犯罪事实，或者嫌疑人实施的行为属于正当防卫、紧急避险等等）。在这种情况下，无论根据我国1996年《刑事诉讼法》第15条的哪项规定作出不起诉决定，都会给无辜者留下"行为不端"的阴影，而实践中检察机关发现上述情况后，只能退回侦查机关处理。① 因此，建议增加一种不起诉类型，即无罪不起诉。②

2012年《刑事诉讼法》在法定不起诉适用条件中增设了犯罪嫌疑人没有犯罪事实的情形，填补了检察院在审查起诉中发现犯罪嫌疑人没有犯罪行为则案件应当作何处理的空白。然而，法定不起诉的适用条件仍然存在遗漏。例如，检察院发现法院没有管辖权的，不能做不起诉决定，但法院对该案在实体上无裁判权、程序上无管辖权；再如，检察院发现案件曾经生效判决确定的，再行起诉、重复追究势必违反"一罪不二罚"的刑罚原则。检察院在发现案件具有这些情形时，还是只能将案件程序回流，要求侦查机关作撤案处理。③

（二）证据不足不起诉

证据不足不起诉是无罪推定原则在《刑事诉讼法》中的具体体现，也被称为"存疑不起诉"，相关讨论主要集中在以下几个方面：

第一，证据不足不起诉的法律属性问题。

具言之，证据不足不起诉是否属于检察机关自由裁量的范围？

1996年《刑事诉讼法》规定，对于补充侦查的案件，人民检察院仍然认为证据不足，不符合起诉条件的，可以作出不起诉的决定。如何理解此处的"可以"呢？对此，主要有两种观点。一种观点认为证据不足是"可以不起诉"，因而检察机关也"可以起诉"，检察机关在起诉与否的问题上享有裁量权。④ 另一种观点认为，根据无罪推定原则，案件证据不足且不符合起诉条件的，检察机关应当

---

① 参见姜伟：《我国不起诉制度的特色》，《检察理论研究》1996年第5期，第37~38页；陈卫东、李洪江：《论不起诉制度》，《中国法学》1997年第1期，第95~96页。
② 参见闵春雷、李大名、李英民：《论不起诉适用中的几个问题》，《法制与社会发展》1998年第3期，第60~61页；万毅：《刑事不起诉制度改革若干问题研究》，《政法论坛》2004年第6期，第101页。
③ 参见陈光中主编：《〈中华人民共和国刑事诉讼法〉修改条文释义与点评》，人民法院出版社2012年版，第254页；万毅：《刑事不起诉制度改革若干问题研究》，《政法论坛》2004年第6期，第101~102页。
④ 参见周国均：《对证据不足不起诉的探讨》，《政法论坛》1997年第2期，第37~38页。

作出不起诉决定，检察机关不是可以选择起诉与不起诉，而是可以选择不起诉与再次补充侦查，因此，法律条文关于证据不足"可以不起诉"的表述不意味着检察机关享有起诉裁量权。[①]

法律属性的模糊使检察机关为防止权力的滥用而对证据不足不起诉进行了严格的控制，一些检察官为了避免麻烦，将本应不起诉的案件强行起诉，用撤回起诉、建议公安机关撤案等方式来避免作出证据不足不起诉决定，使合法的不起诉权未能得到充分行使。2012年《刑事诉讼法》将"可以"改为了"应当"，明确了证据不足不起诉是起诉法定主义和无罪推定原则的要求，解决了证据不足不起诉的法律属性问题。

第二，证据不足不起诉的国家赔偿问题。

1994年《国家赔偿法》第15条规定，对于错误拘留或逮捕的刑事赔偿要满足"没有犯罪事实"的条件，那么，因证据不足而被不起诉的人，在羁押期间受到的损害是否应获得国家赔偿？理论界和实务界对这个问题的分歧较大，主要有两种观点：

第一种观点认为，对证据不足不起诉的案件，国家不承担刑事赔偿责任。[②] 理由在于：其一，证据不足不起诉并不否定前面的各项诉讼行为，即不起诉决定不否定逮捕的诉讼行为，二者都是对案件的一种阶段性评价。其二，证据不足不起诉决定并不是宣告犯罪嫌疑人无罪，如果事后发现了新证据、符合起诉条件，检察机关还可以再起诉。其三，证据不足不起诉不符合《国家赔偿法》规定的"违法行使职权"的条件。其四，"罪疑从无"是历史的进步，但不意味着必然要对被疑人进行赔偿。其五，如果对证据不足不起诉的案件进行赔偿，将会产生很大副作用，例如，会导致检察机关不敢作出证据不足不起诉决定，用其他方式来规避法律的适用，更加不利于当事人的权利保障。

第二种观点认为，应当以赔偿为原则，"疑赔从赔"[③]。主要依据包括：其

[①] 参见宋英辉、吴宏耀：《不起诉裁量权研究》，《政法论坛》2000年第5期，第12页；马志忠：《存疑不起诉的法理分析与制度完善》，《法学论坛》2006年第6期，第69页。

[②] 参见崔敏：《因证据不足而不起诉的案件是否要赔偿》，《上海市政法管理干部学院学报》2001年第2期，第66～68页；徐美君：《对存疑不起诉者不应予以刑事赔偿》，《上海市政法管理干部学院学报》2001年第1期，第70页；孙文新：《检察机关不应对被批准逮捕的存疑不起诉的犯罪嫌疑人承担赔偿责任》，《检察实践》2000年第5期，第50页。

[③] 周国均、王树全：《证据不足不起诉的刑事赔偿问题研究》，《政法论坛》2002年第5期，第100～114页；周国钧：《关于证据不足不起诉的国家赔偿问题》，《上海市政法管理干部学院学报》2001年第1期，第61页；苏彩霞：《从对国家赔偿法的理解看存疑不起诉的赔偿》，《上海市政法管理干部学院学报》2001年第1期，第66页；上海市人民检察院第一分院刑事赔偿实务课题组：《"存疑不起诉"案件的刑事赔偿问题探讨》，《上海市政法管理干部学院学报》2001年第2期，第61页。

一，《国家赔偿法》赔偿条件中的"没有犯罪事实"应包括事实上没有犯罪事实和法律上没有犯罪事实，证据不足就是在法律上没有犯罪事实，这样理解才能保障无辜者获得救济，保障公民权利。其二，证据不足不起诉的被不起诉人在客观上可能有罪也可能无罪，对被不起诉人予以国家赔偿是贯彻"无罪推定"原则和注重"保障人权"现代诉讼文明的要求。其三，被不起诉人被羁押后在经济上没有收入，在精神上承受压力，只有给予一定经济补偿，才能消除其逆反心理，维护其合法权益，有利于社会治安的稳定。其四，能促进检察机关及其办案人员吸取教训、改进工作，提高案件质量，遏制"以捕代侦"的恶习。

以赔偿为原则的观点得到了更大范围的认同，2012年《国家赔偿法》也修改了相关内容，于第17条明确规定，"对公民采取逮捕措施后，决定撤销案件、不起诉或者判决宣告无罪终止追究刑事责任的"，受害人有取得赔偿的权利。然而，随着时间的推移，对证据不足不起诉案件进行国家赔偿的弊端逐渐显现。有实证研究表明，受考核和国家赔偿的限制，实践中对证据不足不起诉的适用非常谨慎，采取了逮捕措施的一般不作证据不足不起诉，检察机关通常会建议侦查机关撤回案件，继续补充侦查[①]，这就严重影响了制度作用的发挥。

在"以审判为中心"的诉讼制度改革后，有学者指出，检察机关应当采取积极的态度对待证据不足的案件。一方面，要严格审查证据，对于证据不足包括重大瑕疵的案件，坚持不提起公诉，即使是有重大社会影响的案件，无论遇到什么样的压力，都应当要求侦查机关提供足以证明犯罪的确实、充分的证据，而不是带着侥幸去起诉；另一方面，检察机关应当变被动为主动，对于证据不足的案件，应当有条件地介入侦查，督促侦查机关进一步做好取证工作。[②]

（三）酌定不起诉

酌定不起诉也称相对不起诉、微罪不起诉，是起诉便宜主义的集中体现，我国酌定不起诉由免予起诉脱胎而来。1996年《刑事诉讼法》在免予起诉的基础上增加了"犯罪情节轻微"的条件，并在第142条第2款规定："对于犯罪情节轻微，依照刑法规定不需要判处刑罚或者免除刑罚的，人民检察院可以作出不起诉决定。"主流观点认为，酌定不起诉集中体现了检察机关的起诉裁量权。随着时间的推移，实践中酌定不起诉适用率偏低的问题引发广泛关注，而很多人认为，要发挥酌定不起诉制度在公诉程序分流中的作用，就必须明晰和相对扩张其

[①] 参见成懿萍：《刑事不起诉率偏低之实证分析——以某地2003—2010年刑事不起诉案件为分析对象》，《中国刑事法杂志》2011年第8期，第78页。

[②] 参见张智辉：《认罪认罚与案件分流》，《法学杂志》2017年第6期，第24页。

适用范围。

1. 适用范围的扩张

为了限制酌定不起诉的适用范围，1996年《刑事诉讼法》在规定相对不起诉的条件时用"犯罪情节轻微"限定"不需要判处刑罚或者免除刑罚"，表明"犯罪情节轻微"是不需要判处刑罚和免除刑罚两种情形都必须具备的要件。一般认为，对于犯罪情节较重或严重的案件，即使依照刑法可以免除刑罚，也不适用相对不起诉。① 很多人认为，酌定不起诉的适用范围过窄，限制了其制度功能的发挥，而随着世界各国刑事政策普遍出现非犯罪化、轻刑化以及刑罚个别化的共同趋势，不少人主张适当放宽酌定不起诉的范围。

有观点认为，应当删去"犯罪情节轻微"的前提，只要符合"不需要判处刑罚"或"可免除刑罚"两项条件之一者，都可以适用酌定不起诉，即将"依照刑法不需要判处刑罚或者免除刑罚"作为酌定不起诉的概括条件。② 也有观点认为，可对"犯罪情节轻微"作较宽解释，无论何种罪名，只要属于"犯罪情节轻微"，就可以适用酌定不起诉；还可以通过修改法律放宽酌定不起诉的范围，如对于70周岁以上的老年犯罪嫌疑人，18周岁以下的未成年犯罪嫌疑人，以及盲、聋、哑等残疾人中犯罪情节较轻的，人民检察院均可作不起诉处理。③ 还有观点认为，对可能判处3年以下有期徒刑、缓刑、管制、拘役或单处罚金的案件，犯罪后嫌疑人主动赔偿被害人或积极采取补救措施、有悔罪表现，同时又有减轻或免除处罚的情节，即可以认定为犯罪情节轻微，不需要考虑判处刑罚或免除处罚程度。④ 还有学者认为，法律关于酌定不起诉条件的规定应由轻到重，适当扩大范围，体现酌定不起诉适用案件的层次性。建议规定："具有以下情形之一，综合案件情况，没有起诉价值或者没有起诉必要的，可以不起诉：（1）依照《刑法》规定不需要判处刑罚或者免除刑罚的；（2）涉嫌犯罪的情节较轻，可能判处缓刑、管制或者独立适用附加刑的；（3）所犯罪行可能判处3年以下有期徒

---

① 参见姚莉：《我国刑事起诉制度若干问题研究》，载陈光中、江伟主编：《诉讼法论丛》（第3卷），法律出版社1999年版，第118页；陈国庆：《论适用不起诉的几个问题》，《中国刑事法杂志》1998年第4期，第58页。

② 参见汪建成：《论起诉法定主义与起诉便宜主义的调和》，《中国人民大学学报》2000年第2期，第90～95页；张少波：《公诉环节程序分流机制的反思与完善——以2009—2012年D检察院不起诉制度运行状况为分析视角》，《中国刑事法杂志》2013年第8期，第102～103页；汪建成、姜涛亮：《宽严相济刑事政策与刑事起诉制度》，《东方法学》2008年第6期，第8页。

③ 参见陈光中：《论我国酌定不起诉制度》，《中国刑事法杂志》2001年第1期，第79～80页。

④ 参见成懿萍：《刑事不起诉率偏低之实证分析——以某地2003—2010年刑事不起诉案件为分析对象》，《中国刑事法杂志》2011年第8期，第81页。

刑、拘役，但犯罪后悔过，主动赔偿被害人或者积极采取补救措施，被害人谅解的。"[1]

上述建议并未被立法吸收，但理论界和实务界关于运用刑事和解扩大酌定不起诉范围的建议得到了2012年《刑事诉讼法》的确认。

进入21世纪后，刑事和解制度在中国逐渐兴起，引发广泛关注。[2] 实践中，有的检察机关积极响应构建"和谐社会"的号召，对被害人与犯罪嫌疑人达成和解、被害人主动要求不追究加害人刑事责任的案件作了不起诉决定。[3] 这种"和解不起诉"的现象也引起讨论。有学者认为，应认可实践中刑事和解对不起诉决定的影响，适当扩大酌定不起诉的范围。[4] 研究者们也对确立"和解不起诉"的必要性进行了充分论证，主要包括：其一，起诉便宜主义本质上包容了刑事和解的内涵，加害人是否与被害人和解以及和解协议是否履行是判断某一起诉是否符合公共利益以及提起公诉的重要根据。[5] 其二，和解不起诉制度是构建社会主义和谐社会与贯彻宽严相济的刑事司法政策的需要，能有效化解社会矛盾，促进和谐社会建设。[6] 其三，和解不起诉有利于被害人主体地位的回归，最大限度保障了被害人获得物质赔偿的权利，能有效抚慰被害人的创伤和痛苦。[7] 其四，1996年《刑事诉讼法》规定的酌定不起诉在运行中并不能实现节约司法资源、通过非刑罚方式使犯罪人顺利回归的立法初衷，不仅决定结果不能得到犯罪人的理解和尊重，决定程序也不具备被嫌疑人接受的条件，被不起诉人及其辩护人没有充分参与程序的权利，救济程序明显不公。[8]

---

[1] 宋英辉：《酌定不起诉适用中面临的问题与对策——基于未成年人案件的实证研究》，《现代法学》2007年第1期，第166页。

[2] 参见陈瑞华：《刑事诉讼的私力合作模式——刑事和解在中国的兴起》，《中国法学》2006年第5期，第15～30页；宋英辉等：《我国刑事和解实证分析》，《中国法学》2008年第5期，第123～135页。

[3] 例如，《北京市朝阳区人民检察院轻伤害案件处理程序实施细则（试行）》就将"被害人同意协商且不再要求追究犯罪嫌疑人的刑事责任"作为适用酌定不起诉的一个条件。

[4] 参见陈光中、葛琳：《刑事和解初探》，《中国法学》2006年第5期，第12页。

[5] 参见孙应征、赵慧：《论刑事和解在我国相对不起诉制度中的构建》，《法学评论》2007年第2期，第134页。

[6] 参见黄峰、桂兴卫：《刑事和解机制的探索与实践——以某基层检察院的和解不起诉为切入点》，《中国刑事法杂志》2008年第4期，第88页；张书铭：《论和解不起诉及其制度构建》，《中国刑事法杂志》2009年第2期，第57～62页。

[7] 参见黄峰、桂兴卫：《刑事和解机制的探索与实践——以某基层检察院的和解不起诉为切入点》，《中国刑事法杂志》2008年第4期，第88页；张书铭：《论和解不起诉及其制度构建》，《中国刑事法杂志》2009年第2期，第57～62页。

[8] 参见汪海燕：《我国酌定不起诉制度的困境与出路——论赋予犯罪嫌疑人选择审判权的必要性》，《政治与法律》2004年第4期，第129页。

在各地进行试点的基础上，2010年最高人民法院发布的《关于贯彻宽严相济刑事政策的若干意见》第23条规定："被告人案发后对被害人积极进行赔偿，并认罪、悔罪的，依法可以作为酌定量刑情节予以考虑。"2011年最高人民检察院发布的《关于办理当事人达成和解的轻微刑事案件的若干意见》规定，检察机关对当事人达成和解的案件，对于公安机关立案侦查并移送审查起诉的《刑事诉讼法》第170条第2项规定的轻微刑事案件，符合本意见规定的适用范围和条件的，一般可以决定不起诉。对于其他轻微刑事案件，符合本意见规定的适用范围和条件的，作为犯罪情节轻微，不需要判处刑罚或者免除刑罚的重要因素予以考虑，一般可以决定不起诉。最终，2012年《刑事诉讼法》新增了"当事人和解的公诉案件诉讼程序"，根据该法第279条，对犯罪嫌疑人犯罪情节轻微、不需要判处刑罚的案件，达成和解协议的，人民检察院可以作出不起诉决定。这表明，我国立法中酌定不起诉的范围得到了扩张，检察机关的不起诉裁量权得到了扩大。

2. 适用标准的明确

我国立法中酌定不起诉适用标准模糊的问题被各界诟病已久。很多人在研究中提出，1996年《刑事诉讼法》规定的"犯罪情节轻微"与"不需要判处刑罚或者免除刑罚"的条件虽指明了一定的方向，却不能提供一个相对确定的客观标准。首先，何为"犯罪情节轻微"的标准不明确，主观性强，容易导致同一类型案件的不同处理。其次，"不需要判处刑罚或免除刑罚"的标准也不明确，《刑法》总则的相关规定也并非可操作性强的标准或指引。这种模糊性很容易使被害人对检察机关的决定的公正性产生怀疑，因此，有学者建议应确立为公众所知的具有指向性的标准，明确酌定不起诉的裁量因素，给社会一个合理预期。[1] 也有学者指出，应加强不起诉的案例指导工作，以指导性案例的形式明确不起诉的适用条件。[2]

还有一种观点认为，我国应综合考虑各方面的因素，制定出体现公诉裁量规律、符合实践需要的公诉裁量的公共利益标准。有学者认为，检察官行使公诉裁

---

[1] 参见宋英辉、吴宏耀：《不起诉裁量权研究》，《政法论坛》2000年第5期，第122页；成懿萍：《刑事不起诉率偏低之实证分析——以某地2003—2010年刑事不起诉案件为分析对象》，《中国刑事法杂志》2011年第8期，第87页；赵鹏：《酌定不起诉之现状考察及完善思考》，《法学》2011年第9期，第158~159页。

[2] 参见陈卫东：《检察机关适用不起诉权的问题与对策研究》，《中国刑事法杂志》2019年第4期，第44页。

量权时必须综合考虑和平衡国家利益、社会利益和个人利益。① 也有学者认为，检察机关应考虑的公共利益因素包括犯罪行为对公共安全和公共秩序的危害程度，案件的性质，特定社区或社会团体的利益，国家利益，被害人和犯罪嫌疑人利益。在衡量这些利益的过程中，应遵循社会利益和国家利益优先原则、不排斥诉讼当事人个人利益尤其是嫌疑人利益原则、诉讼经济和诉讼效益原则。② 还有学者提出：轻微犯罪中，公共利益优于追诉犯罪；危害国家安全犯罪中，国家利益优于追诉犯罪；在特定案件中，如果一犯罪人的证言对于追究其他重大犯罪有必不可少的重要价值的，那么对其他重大犯罪的追诉优于对该犯罪的追诉，应当建立污点证人制度。③

在细化不起诉裁量标准的呼声下，2007年，最高人民检察院对《人民检察院办理起诉案件质量标准（试行）》《人民检察院办理不起诉案件质量标准（试行）》进行修改，其中规定，符合相对不起诉的条件，同时具有"未成年犯罪嫌疑人、老年犯罪嫌疑人，主观恶性较小、社会危害不大"等五种情形之一的，检察院依法决定不起诉。然而，不起诉标准模糊的问题仍然没有得到解决。

（四）附条件不起诉制度的建立

附条件不起诉又被称为缓予起诉、暂缓起诉、缓起诉，在2012年《刑事诉讼法》修正时被纳入未成年人刑事案件诉讼程序之中。然而，在我国构建该制度的设想和实践由来已久。

在20世纪80年代末期，就有学者从理论上对缓予起诉的概念、必要性、适用对象、范围、程序等内容进行了初步探讨。④ 20世纪90年代初期，我国有的地方检察机关已经对一些刑事案件作出了暂缓起诉决定。⑤ 在免予起诉制度的存废与否的争论之中，也有学者提出用暂缓起诉代替免予起诉。进入到21世纪，各地检察机关纷纷响应构建和谐社会的号召进行暂缓起诉的试点，引起系统性的关注。随着时间的推移，我国刑事案件数量呈现急剧增长的态势，案多人少的问题更加突出，而1996年确立的不起诉制度适用率低，并未发挥应有作用，这使建立附条件不起诉制度的需求更加迫切。越来越多的学者开始主张设立附条件不

---

① 参见陈学权：《论公诉裁量权中的公共利益标准》，《国家检察官学院学报》2004年第3期，第90~92页。
② 参见李玉萍：《论公诉裁量中的公共利益衡量》，《政法论丛》2005年第1期，第94~96页。
③ 参见万毅：《刑事不起诉制度改革若干问题研究》，《政法论坛》2004年第6期，第102~103页。
④ 参见邢建ույ：《完善我国公诉制度的探讨——"论缓予起诉"》，《政法论坛》1988年第3期，第27~31页；刘根菊：《试论增补"缓予起诉"制度》，《政法论坛》1988年第5期，第30~34页。
⑤ 据实践部门人士考察，1992年就有实务部门开展暂缓起诉实践。参见李巧芬、刘中发：《暂缓起诉的实践与探索》，《人民检察》2006年第7期，第18~20页。

起诉制度,并对适用条件、法律后果、适用程序、监督制约等内容提出设想,一些实务部门也积极对实践情况、效果、问题等进行总结。随着对暂缓起诉制度讨论的逐渐深入,有学者认为,将该制度称作"附条件不起诉"更能准确表达其内涵。其理由在于:其一,这种制度设立的宗旨在于不起诉,而且实践中大多数案件都做了不起诉处理;其二,从性质上看,它是不起诉的一种;其三,将它称为"附条件不起诉"既有利于鼓励被不起诉人认真履行义务,又便于安抚被害人及亲属。① 这种观点受到广泛的认同,此后很多研究也使用了"附条件不起诉"的表述。

最终,2012年《刑事诉讼法》采纳了理论界的普遍建议,吸收了各地检察机关的实践经验,在未成年人刑事案件诉讼程序中增设了附条件不起诉制度。我国刑事诉讼法学界关于附条件不起诉的研究总体上可分为入法前和入法后两个阶段。入法前的研究围绕着必要性、立法的制度设计等内容展开,入法后的研究主要关注制度的完善问题。

1. 入法前的研究

第一,一些学者对附条件不起诉进行了定性。

有学者认为,暂缓起诉不同于不起诉,具有暂时中止诉讼程序的形式效力,是介于起诉和不起诉之间的缓冲,也不同于免予起诉,吸收了免予起诉的合理内核,是对免予起诉的进化。② 也有学者认为,暂缓起诉可以看作不起诉的配套措施。司法实践中,有的犯罪情节较轻,虽符合起诉条件,但提起公诉并不利于犯罪人的改造,因此,许多国家在"消极公诉权"的概念和体系下发展出了暂缓起诉制度作为不起诉制度的配套。③ 还有观点认为,暂缓起诉是起诉便宜主义的下位概念,是公诉机关的一种起诉裁量权,法律效力在于不将案件交付法院审判而终止刑事诉讼,而在规定期限内履行附加条件后,公诉机关的暂缓起诉决定具有确定的不起诉效力。④

第二,在发展和完善刑事诉讼制度的讨论中,理论界和实务界关于附条件不起诉制度意见纷呈,褒贬不一。

一方面,有观点肯定了在我国建立附条件不起诉制度具有的理论意义和实践

---

① 参见陈光中、张建伟:《附条件不起诉:检察裁量权的新发展》,《人民检察》2006年第7期,第5~9页。
② 参见孔庆余:《羁束与裁量:暂缓起诉在我国之建构》,《法律适用》2004年第7期,第53页。
③ 参见万毅:《刑事不起诉制度改革若干问题研究》,《政法论坛》2004年第6期,第103页。
④ 参见黄维智:《暂缓起诉制度探析》,《政治与法律》2005年第2期,第116~117页。

意义，主要内容包括①：其一，附条件不起诉制度有利于实现审前程序案件分流的目的，符合诉讼经济、效益原则，是缓解我国羁押场所人满为患的司法现状的需要。其二，我国的起诉与不起诉之间缺少缓冲区，确立附条件不起诉制度有利于发展和完善我国的公诉制度。其三，附条件不起诉有利于实现刑罚特别预防的目的，在事实上把起诉与否的"决定权"交给了犯罪嫌疑人，有利于促进嫌疑人的积极改造。其四，确立附条件不起诉制度是对域外立法经验和司法经验的有益借鉴，该制度在域外的刑事诉讼实践中发挥着重要作用，域外的具体制度设计也能为我国所参考。其五，附条件不起诉体现了党和国家"惩办与宽大相结合"的刑事政策，与我国"无讼"的诉讼法律文化相符合，其所体现的诉讼效率理念也已经为国人所接受，一些地方检察机关的实践也为我国增设附条件不起诉提供了可资借鉴的经验。其六，通过对犯罪嫌疑人附加赔偿被害人损失、向被害人赔礼道歉等义务，有利于平衡被害人的失衡心态，也有利于修复被犯罪行为破坏的社会关系。

另一方面，也有观点对附条件不起诉制度的引入表示了担忧，认为附条件不起诉制度存在弊端，在我国的确立也存在障碍②：其一，附条件不起诉在性质上属于"实体性处分"，违背了"控审分离"原则的要求，用之不当可能侵蚀"法官保留原则"，剥夺人民法院对部分轻刑案件的审判权。其二，被缓予起诉人在考验期内再犯新罪会导致重新起诉，而且检察官会在作出决定前花大量时间广泛收集证据、详细斟酌特殊预防的需要，这不符合诉讼经济原则。其三，暂缓起诉违背有罪必罚原则，违背法律面前人人平等，有损于被害者或其他社会利益；同时，暂缓起诉最终导致刑罚消灭，直接降低了犯罪与刑罚之间因果关系的必要性程度，间接促进犯罪发生。其四，附条件不起诉制度于法无据，公诉机关起诉裁量权过大，容易导致权钱交易、诱发司法腐败，且由于缺乏统一、透明、公开的程序，也容易给外界造成"暗箱操作"的印象。其五，我国没有实现检察官独立、检察系统的自治化和检察官的精英化，而且我国缺乏支撑暂缓起诉制度所必

---

① 参见丁慕英、王汉东：《关于建立缓予起诉制度的构想》，《中国法学》1992年第1期，第75~76页；孔庆余：《羁束与裁量：暂缓起诉在我国之建构》，《法律适用》2004年第7期，第53页；万毅：《刑事不起诉制度改革若干问题研究》，《政法论坛》2004年第6期，第105页；黄维智：《暂缓起诉制度探析》，《政治与法律》2005年第2期，第117页；兰耀军：《论附条件不起诉》，《法律科学（西北政法学院学报）》2006年第5期，第124~125页；冯军：《完善我国刑事起诉制度的构想》，《当代法学》2003年第6期，第72页；汪建成、姜远亮：《宽严相济刑事政策与刑事起诉制度》，《东方法学》2008年第6期，第10页。

② 参见李新强：《缓予起诉制度评析——兼与丁慕英等同志商榷》，《中国法学》1992年第4期，第103页；刘磊：《慎行缓起诉制度》，《法学研究》2006年第4期，第84页；黄维智：《暂缓起诉制度探析》，《政治与法律》2005年第2期，第117~118页；孔庆余：《羁束与裁量：暂缓起诉在我国之建构》，《法律适用》2004年第7期，第53~54页。

需的社区司法和被害人保护政策。

第三,关于附条件不起诉制度的设计。

理论界和实务界人士也从技术层面讨论了附条件不起诉的制度设计问题,但分歧很大,在诸多问题上存在不同的看法。例如,在附条件不起诉的适用主体方面,有观点认为,附条件不起诉的适用范围应限制在未成年人案件[①];也有观点认为,附条件不起诉的适用主体不宜限定过严,只要犯罪情节较轻、主观恶性不大,有良好帮教条件,无论未成年人还是成年人,均可适用。[②] 在附条件不起诉适用的案件范围方面,有观点认为,依法应判处 3 年以上有期徒刑的犯罪,原则上不允许暂缓起诉[③];也有观点认为,凡是可能判处 1 年以上 7 年以下有期徒刑的案件,都可以由检察官综合裁量后决定[④];有观点认为,附条件不起诉应适用于可能判处 2 年以下有期徒刑、拘役、管制、单处附加刑、其他可适用缓刑以及可免除刑罚并具有自首、认罪等情形的案件[⑤];还有观点认为,立法应当区分"可以适用"、"应当适用"和"不得适用"三种情形,对附条件不起诉适用的案件范围作出规定。[⑥] 此外,研究者们也深入探讨了暂缓不起诉应考虑的裁量因素、决定程序、救济途径、监督考察等等。[⑦]

在上述研究的基础上,学者们也提出了确立附条件不起诉制度的立法设计方案。有实务工作者将这些方案分为三类[⑧]:一是重整式设计方案,即明确"酌定不起诉"是附条件不起诉和无条件不起诉的上位概念,在立法中明确和扩大酌定不起诉的范围,在新范围的基础上划分无条件的酌定不起诉和附条件的酌定不起诉。[⑨]

---

① 参见刘磊:《慎行缓起诉制度》,《法学研究》2006 年第 4 期,第 84 页。
② 参见北京市海淀区人民检察院公诉课题组:《附条件不起诉制度实证研究》,《国家检察官学院学报》2009 年第 6 期,第 78～79 页。
③ 参见孔庆余:《羁束与裁量:暂缓起诉在我国之建构》,《法律适用》2004 年第 7 期,第 54 页。
④ 参见詹建红、李纪亮:《困境与出路:我国刑事程序分流的制度化》,《当代法学》2011 年第 6 期,第 77 页。
⑤ 参见顾永忠:《刑事案件繁简分流的新视角——论附条件不起诉和被告人认罪案件程序的立法建构》,《中外法学》2007 年第 6 期,第 716～717 页。
⑥ 参见兰耀军:《论附条件不起诉》,《法律科学(西北政法学院学报)》2006 年第 5 期,第 126～129 页。
⑦ 参见黄维智:《暂缓起诉制度探析》,《政治与法律》2005 年第 2 期,第 118～119 页;孔庆余:《羁束与裁量:暂缓起诉在我国之建构》,《法律适用》2004 年第 7 期,第 54 页。
⑧ 参见葛琳:《附条件不起诉之三种立法路径评析——兼评刑诉法修正案草案中附条件不起诉之立法模式》,《国家检察官学院学报》2011 年第 6 期,第 97～102 页。
⑨ 参见陈卫东主编:《模范刑事诉讼法典》,中国人民大学出版社 2005 年版,第 439 页;葛琳:《附条件不起诉之三种立法路径评析——兼评刑诉法修正案草案中附条件不起诉之立法模式》,《国家检察官学院学报》2011 年第 6 期,第 97～102 页。

二是阶梯式设计方案,即保留原先酌定不起诉的案件适用范围,以此作为无条件不起诉的适用范围。在此案件适用范围的可判处刑罚档次上加重一个档次,作为附条件不起诉的适用范围,构成"绝对不起诉—酌定不起诉—附条件不起诉—起诉"的阶梯式起诉裁量机制。① 三是交叉式设计方案,即保留原先酌定不起诉的案件适用范围,另行设立附条件不起诉的案件适用范围,并适用于特殊主体。

2. 入法后的研究

2012年《刑事诉讼法》修正时增设了"未成年人刑事案件诉讼程序"一章,规定了附条件不起诉制度。而在修法时,各界对于立法上是确立针对所有被追诉人的附条件不起诉制度,还是确立仅针对部分被追诉人的附条件不起诉制度存在争议,这种争议的核心还是担心检察机关不起诉权的扩张会导致不起诉权的滥用,侵蚀法院的审判权。最终,立法确立的仅是未成年人刑事案件中的附条件不起诉制度。② 随着实践的深入,一些研究者发现附条件不起诉制度的适用状况并不理想,实践中有关部门对法律条文理解不一、各地适用不平衡、适用数量远低于预期、配套机制缺乏,因此,不少人对立法中的制度设计进行了研究和反思。

第一,呼吁扩大附条件不起诉的适用范围。

多数人认为,附条件不起诉的范围过窄是导致该制度适用率低的重要原因,在案多人少的矛盾日益突出,认罪认罚从宽试点全面推进的背景下,很多人呼吁继续扩大附条件不起诉的适用范围。其一是扩大附条件不起诉的适用主体。有观点认为,附条件不起诉应扩大适用于未成年人,在校学生,老人,盲、聋、哑人,严重疾病患者以及怀孕、哺乳期的妇女所涉嫌的法定刑为3年以下有期徒刑的轻微犯罪案件。③ 有学者认为,附条件不起诉应适用于认罪认罚的成年人案件。④ 也有学者提出,由于成年人与未成年人案件附条件不起诉在诸多方面都存在差异,因此,应当秉承"二元化"的立法思路,对我国成年人案件附条件不起

---

① 参见陈光中主编:《中华人民共和国刑事诉讼法再修改专家建议稿与论证》,中国法制出版社2006年版,第509页;陈光中:《关于附条件不起诉问题的思考》,《人民检察》2007年第24期,第7~8页;徐静村等:《中国刑事诉讼法(第二修正案)学者拟制稿及立法理由》,法律出版社2005年版,第190页。

② 参见陈卫东:《检察机关适用不起诉权的问题与对策研究》,《中国刑事法杂志》2019年第4期,第35~45页。

③ 参见邓思清:《建立我国的附条件不起诉制度》,《国家检察官学院学报》2012年第1期,第100~106页。

④ 参见熊秋红:《认罪认罚从宽的理论审视与制度完善》,《法学》2016年第10期,第109页;陈卫东:《检察机关适用不起诉权的问题与对策研究》,《中国刑事法杂志》2019年第4期,第44~45页;魏晓娜:《完善认罪认罚从宽制度:中国语境下的关键词展开》,《法学研究》2016年第4期,第91页。

535

诉制度进行设计。① 其二是扩大罪名范围。有实务部门论者认为，除危害国家安全罪、危害国防利益罪等涉及国家安全、国家利益的罪名外，均可适用附条件不起诉。② 也有学者指出，划定附条件不起诉适用的罪名范围应当更多地考虑未成年人相对欠缺的主观认识能力，而且未成年人涉嫌危害国家安全罪、危害国防利益等罪的情况极为罕见，他们作为这些犯罪的共犯时一律不得适用附条件不起诉似乎也过于绝对，因此更为理想的方法可能是取消罪名的限制，交由检察官依照具体案情及未成年人的具体情况裁量决定。③ 其三是扩大刑罚条件。不少理论界和实务界人士认为，应当把附条件不起诉的案件范围放宽到可能判处 3 年以下有期徒刑的案件，不仅可以使大部分轻微案件都有机会被附条件不起诉，还能对接《刑法》有关缓刑适用条件的规定，更好地体现少年司法分流转处的基本精神。④ 也有学者认为，现阶段应使办案人员深刻认识未成年人量刑的特殊性，全面理解和掌握可能影响未成年人量刑的各种酌定因素，充分利用"可能判处一年有期徒刑以下刑罚"所架构的制度空间。⑤

第二，对附条件不起诉与酌定不起诉的选择适用问题进行讨论。

在实践中，如果所犯罪行可能判处 1 年以下有期徒刑，犯罪嫌疑人又有认罪悔罪表现，并且还是未成年人，完全可以做相对不起诉处理，无须做附条件不起诉处理。⑥ 那么，当一个案件同时符合酌定不起诉和附条件不起诉的条件时，如何在二者中进行选择呢？一般认为，酌定不起诉和附条件不起诉的严厉程度呈"绝对不起诉—酌定不起诉—附条件不起诉—起诉"的阶梯式衔接，应优先适用酌定不起诉，附条件不起诉处分次之。⑦ 最高人民检察院于 2012 年 10 月下发的《关于进一步加强未成年人刑事检察工作的决定》第 21 条也明确规定："对于既

---

① 参见何挺：《附条件不起诉扩大适用于成年人案件的新思考》，《中国刑事法杂志》2019 年第 4 期，第 52～59 页；李倩：《德国附条件不起诉制度研究》，《比较法研究》2019 年第 2 期，第 185 页。
② 参见北京市海淀区人民检察院课题组：《附条件不起诉实证研究报告》，《国家检察官学院学报》2017 年第 3 期，第 30～32 页。
③ 参见何挺：《附条件不起诉制度实施状况研究》，《法学研究》2019 年第 6 期，第 168 页；何挺：《附条件不起诉适用对象的争议问题：基于观察发现的理论反思》，《当代法学》2019 年第 1 期，第 153 页。
④ 参见张智辉：《认罪认罚与案件分流》，《法学杂志》2017 年第 6 期，第 23 页；黄维智：《附条件不起诉工作的实践及反思》，《检察日报》2013 年 8 月 14 日，第 11 版；孙谦：《关于建立中国少年司法制度的思考》，《国家检察官学院学报》2017 年第 4 期，第 16 页；兰跃军：《附条件不起诉再议》，《甘肃政法学院学报》2015 年第 6 期，第 80 页。
⑤ 参见何挺：《附条件不起诉适用对象的争议问题：基于观察发现的理论反思》，《当代法学》2019 年第 1 期，第 154 页。
⑥ 参见张智辉：《认罪认罚与案件分流》，《法学杂志》2017 年第 6 期，第 22～23 页。
⑦ 参见刘学敏：《检察机关附条件不起诉裁量权运用之探讨》，《中国法学》2014 年第 6 期，第 205～219 页；李辞：《论附条件不起诉与酌定不起诉的关系》，《法学论坛》2014 年第 4 期，第 120 页。

可相对不起诉也可附条件不起诉的，优先适用相对不起诉。"这一点在最高人民检察院于 2017 年 3 月发布的《未成年人刑事检察工作指引（试行）》中再次被明确。但这种"相对不起诉优先适用"的观点也受到质疑，有学者指出，以可能判处的刑罚为区分标准的阶梯论并不能给检察官提供一个清晰、适当的区分标准。应当摒弃优先适用相对不起诉的观点，采用"是否具有通过附条件不起诉进行监督考察的必要性"作为相对不起诉与附条件不起诉选择适用的标准。从长远来看，还应打破现行《刑事诉讼法》有关相对不起诉与附条件不起诉适用罪名与刑罚标准的人为区隔，将两种不起诉视为对所有案件均可选择适用的两种审前转处措施，并由检察官基于对是否具有监督考察必要性的裁量来选择适用。[1]

第三，对附条件不起诉的决定问题进行讨论。

为了更好地规制检察机关附条件不起诉的裁量权，2012 年《刑事诉讼法》规定，检察机关在作出附条件不起诉决定前，应听取公安机关、被害人的意见，但实践中附条件不起诉的裁量权并未得到很好的行使。有学者认为《刑事诉讼法》规定的裁量标准过于模糊，有必要明文列举或作除外规定。[2] 有实务部门开展了附条件不起诉听证的实践，认为应完善并规范附条件不起诉不公开听证制度，完善会前准备、科学选择参与人员、合理规定发言顺序、听证会后及时向参会人员反馈意见的采纳情况和案件处理决定并说明理由。[3] 还有学者认为，应当强化风险评估以扩大附条件不起诉的适用，从观念层面明确附条件不起诉可以适用于具有一定风险但可以通过监督考察和附带条件控制并降低其风险的未成年人，还应当探索更科学的风险评估方法，例如引入心理学方法并将未成年人的心理状态作为风险评估的重要内容，将风险评估建立在诉讼过程中较长时间观察、了解未成年人的基础上，对处于监督考察期内的未成年人进行定期和阶段性的风险评估等。[4]

第四，对附条件不起诉的监督考察问题进行反思。

实证研究发现，附条件不起诉的监督考察也存在各方主体未形成合力、观护

---

[1] 参见何挺：《附条件不起诉适用对象的争议问题：基于观察发现的理论反思》，《当代法学》2019 年第 1 期，第 160 页。
[2] 参见刘学敏：《检察机关附条件不起诉裁量权运用之探讨》，《中国法学》2014 年第 6 期，第 205~219 页。
[3] 参见北京市海淀区人民检察院课题组：《附条件不起诉实证研究报告》，《国家检察官学院学报》2017 年第 3 期，第 30~32 页。
[4] 参见何挺：《附条件不起诉制度实施状况研究》，《法学研究》2019 年第 6 期，第 168 页；北京市海淀区人民检察院课题组：《附条件不起诉实证研究报告》，《国家检察官学院学报》2017 年第 3 期，第 30~32 页。

基地社会支持力量不足、对于轻微违规情况处理不力等问题。① 因此，研究者们也对附条件不起诉的监督考察予以关注。在监督考察的主体方面，我国《刑事诉讼法》规定附条件不起诉的监督考察机关为人民检察院。有观点认为，检察官应当在监督考察中成为沟通各方主体的核心，应当与未成年人建立直接、定期的联络机制，并在掌握全面信息和听取各方意见的基础上，通过组织监督考评会议等方式，对监督考察的推进、变更、终结和惩戒等事项作出决定。② 对此，也有人持相反意见，认为由检察机关负责监督考察的规定加重了其负担，实践中，检察院为规避监督考察不到位的风险更愿意直接起诉，因此，由社区矫正机关进行监督考察更为合适。③ 在相关配套措施方面，也有研究者给出了相关建议，例如开拓社会资源，完善社会观护体系，发掘更多类型的社会机构和单位成为监督考察的支持机构，增加监督考察具体方式的多样性，细化管理制度，明确观护基地权利义务规定等。④

（五）认罪认罚从宽案件中的特别不起诉

2014年党的十八届四中全会提出了"完善刑事诉讼中认罪认罚从宽制度"的改革方向，并先后授权在18个省市开展试点。一般认为，我国的认罪认罚从宽制度的推行明显与美国法上的"辩诉交易"不同，但本质上都属于认罪协商制度。虽然长期以来，我国刑事诉讼理论对国外的辩诉交易制度基本持否定态度⑤，但也有人认识到被告人认罪案件具有的特殊性。进入21世纪后，有学者开始主张建立有罪答辩制度，即"特定案件的犯罪嫌疑人或被告人在作有罪答辩后可以获得较低的指控或较轻的量刑，甚至是不起诉或免除刑罚"⑥。也有学者认为，应扩大检察官关于未成年人案件的自由裁量权，建立未成年人案件不起诉交易制度，即借鉴国外辩诉交易的做法，当未成年犯罪人认罪态度良好并能满足

---

① 参见北京市海淀区人民检察院课题组：《附条件不起诉实证研究报告》，《国家检察官学院学报》2017年第3期，第21～30页；何挺：《附条件不起诉制度实施状况研究》，《法学研究》2019年第6期，第169页。
② 参见何挺、李珞珈：《附条件不起诉监督考察的主体：基于参与观察的研究》，《国家检察官学院学报》2017年第3期，第48页；何挺：《附条件不起诉制度实施状况研究》，《法学研究》2019年第6期，第169页；北京市海淀区人民检察院课题组：《附条件不起诉实证研究报告》，《国家检察官学院学报》2017年第3期，第30～32页。
③ 参见张智辉：《认罪认罚与案件分流》，《法学杂志》2017年第6期，第23页。
④ 参见何挺：《附条件不起诉制度实施状况研究》，《法学研究》2019年第6期，第170～171页；北京市海淀区人民检察院课题组：《附条件不起诉实证研究报告》，《国家检察官学院学报》2017年第3期，第30～32页。
⑤ 参见王以真等：《外国刑事诉讼法学》（第2版），北京大学出版社1994年版，第262页。
⑥ 冯军：《完善我国刑事起诉制度的构想》，《当代法学》2003年第6期，第73页。

一定条件时，检察官经过考察可作出不起诉决定。①

随着社会经济的快速发展，司法系统案多人少的矛盾更加突出，而且在"以审判为中心"的诉讼制度改革中，要保证庭审的实质化进行，就必须进行案件分流。在不起诉制度的运行效果不佳的情况下，认罪认罚从宽制度的实践无疑刺激了检察机关在审前调控司法资源的能力。2018年《刑事诉讼法》在总结以往试点经验的基础上，将认罪认罚从宽制度纳入法律，其中第182条规定了认罪认罚案件中检察机关的特别不起诉权："犯罪嫌疑人自愿如实供述涉嫌犯罪的事实，有重大立功或者案件涉及国家重大利益的，经最高人民检察院核准，公安机关可以撤销案件，人民检察院可以作出不起诉决定，也可以对涉嫌数罪中的一项或者多项不起诉"。可以看出，此条文中规定的不起诉裁量权实际上突破了轻罪的限制，也涉及对犯罪行为的选择不起诉问题，检察机关特别不起诉权的裁量性更强，具有更大的自主性。

首先，不起诉裁量权突破了轻罪的限制。2018年《刑事诉讼法》根据试点经验确立了认罪认罚从宽案件的特殊不起诉，突破了酌定不起诉的案件裁量范围，即对于罪行较重的犯罪嫌疑人，由于其立功产生的价值或案件涉及的国家利益明显高于追诉犯罪人罪行所产生的利益，因此可对其进行特殊不起诉。有学者认为，这种权力的扩张是根据利益权衡原理，是基于国家利益考量而考虑放弃追诉犯罪的起诉便宜制度，与域外污点证人制度中的审前不诉、罪行豁免殊途同归。②

其次，检察机关对行为的选择起诉权得以确立。1996年《刑事诉讼法》修改后就有学者提出，选择起诉是检察机关自由裁量权的表现形式，包括对犯罪人的选择起诉和对犯罪行为的选择起诉，对行为的选择起诉与我国刑法中的数罪并罚原则和罪刑相适应原则相抵牾。③ 因此，我国检察机关的不起诉裁量权以人为单位，而非以行为为单位。④ 2018年《刑事诉讼法》规定，检察机关"可以对涉嫌数罪中的一项或者多项不起诉"，这意味着我国刑事不起诉的对象从人扩展到行为。

对于这种对行为选择不起诉的做法，学者们普遍认为相关规定已经突破了量刑协商的范围，增加了罪数协商的内容，但人们对此评价不一。有学者认为，选

---

① 参见叶青、周登谅：《未成年人案件不起诉交易制度的构想》，《法学》2003年第7期，第43页。
② 参见董坤：《认罪认罚从宽中的特殊不起诉》，《法学研究》2019年第6期，第179～180页。
③ 参见陈岚：《论检察官的自由裁量权——兼析起诉便宜原则的确立及其适用》，《中国法学》2000年第1期，第126～127页。
④ 参见宋英辉、吴宏耀：《不起诉裁量权研究》，《政法论坛》2000年第5期，第122～123页。

择起诉契合了认罪认罚制度所蕴含的"效率优先,公正为本"的价值。[1] 有学者认为,选择起诉的规定折射出协商性司法中的"罪数协商"和刑事诉讼客体理论在我国立法和司法层面的新发展,未来可以从宏观上推进协商性司法的多元形态,从微观上进一步拓宽量刑协商的幅度,必要时可引入罪名协商制度。[2] 还有学者认为,罪数协商是推行认罪认罚从宽制度的必然结果,而随着检察机关的权重在整个刑事司法系统陡增,为规范权力的正当行使,也应同步跟进相应的监督或制约机制。[3] 也有学者对选择不起诉制度的确立表示担忧,认为选择不起诉的滥用会违背法律面前一律平等的原则,阻碍刑罚预防目的的实现,损害被害人的合法权益,加剧司法腐败现象,消解法律的公众认同。因此,应采取措施进行规制,如完善值班律师制度、构建污点证人作证豁免制度等等。[4]

值得注意的是,认罪认罚从宽制度的学术思潮并未因立法而消退。有学者提出,2018 年《刑事诉讼法》为特别不起诉制度设置了严格的条件和程序机制,因此特别不起诉制度在司法实践中的适用率不会太高,而在认罪认罚案件中适用酌定不起诉制度的可能性更高,也更有意义。[5] 因此,应进一步发挥检察机关的审前主导责任,继续探索认罪认罚从宽案件中适用酌定不起诉的条件和程序机制,放宽酌定不起诉的适用条件,通过酌定不起诉的方式提高审前分流比例,从刑事检察裁量权扩张的角度,争取在简单轻微刑事案件处理过程中获得更加广泛的非罪化裁量权力。[6]

四、不起诉裁量权的制约

随着不起诉裁量权的逐渐扩张,不起诉裁量权制约问题也成为我国刑事诉讼法学研究的重点。不少学者提出,扩张起诉裁量权具有风险,应当谨慎:首先,检察起诉裁量权的扩张可能导致公平正义、罪刑法定、控审分离的基本法律理念无法维持和体现,削弱刑罚的预测可能性,损害司法权威,裁量结果可能因人而

---

[1] 参见裴仕彬:《认罪认罚程序中选择起诉的效力与规范适用》,《河南财经政法大学学报》2018 年第 6 期,第 124 页。
[2] 参见董坤:《认罪认罚从宽中的特殊不起诉》,《法学研究》2019 年第 6 期,第 182~188 页。
[3] 参见魏晓娜:《结构视角下的认罪认罚从宽制度》,《法学家》2019 年第 2 期,第 116 页。
[4] 参见周长军:《认罪认罚从宽制度推行中的选择性不起诉》,《政法论丛》2019 年第 5 期,第 86~89 页。
[5] 参见陈卫东:《检察机关适用不起诉权的问题与对策研究》,《中国刑事法杂志》2019 年第 4 期,第 44 页。
[6] 参见赵恒:《论检察机关的刑事诉讼主导地位》,《政治与法律》2020 年第 1 期,第 36 页;张智辉:《认罪认罚与案件分流》,《法学杂志》2017 年第 6 期,第 13~21 页。

异，被社会公众批评为出卖正义。① 其次，在我国"有罪必罚"的文化场域中，人们不可能对重大犯罪行为作出过多的容忍姿态，对不起诉裁量范围做过于宽大的制度设计无法获得本土资源的支持。② 最后，不起诉裁量权的扩大与我国的改革相悖。强化侦查监督的改革使检察机关的责任增大，检察机关可能利用不起诉权力"合法"减负，影响侦查能力的施展；不起诉的大量适用也会使很多案件不能进入庭审程序，冲击了旨在保障人权的庭审改革。③

为此，不少学者对域外不起诉裁量权的控制问题进行了深入考察。④ 总体而言，世界各国对不起诉裁量权的制约措施包括三类：一是法院或法官对检察官的裁量决定进行司法审查，包括英美国家的预审机制、德国的法院审查机制、法国的上诉法院审查机制、德国的强制起诉制度、英美国家的被追诉人自诉程序、日本的准起诉程序等。二是特定组织对检察官的自由裁量权予以审查，包括英国的皇家检察监督机构、美国的大陪审团、日本的检察审查会等。三是检察机关内部的控制，包括上级检察官（或检察院）通过申请或其他途径对下级的裁量决定进行监督纠正，当事人可向检察机关申请再议等。也有学者从制度的层面研究了各国防止不起诉裁量权滥用的方法，认为各国制度设计可分为三类：一是检察机关只有起诉与不起诉的选择权，没有实体处分权，甚至没有消极评价权，这也决定了这种不起诉制度中不会出现被不起诉人对不起诉决定不服的问题，如英国和美国；二是赋予犯罪嫌疑人选择审判权制约检察机关自由裁量权，如日本和俄罗斯；三是酌定不起诉处分必须经过被告人和法院同意，如德国。⑤

受到免予起诉存废之争的影响，我国的不起诉裁量权在1996年《刑事诉讼法》修改时受到严格限制，检察机关在行使裁量权时形成了"不敢越雷池半步"的心态，在修法后的一段时间内，理论界和实务界对不起诉制度的适用非常谨慎。如有学者提出，应继续强化不起诉的内部制约，严格审查程序，绝对不起诉由检察

---

① 参见周长军：《检察起诉裁量权的国际发展趋势与中国改革》，《东方法学》2009年第3期，第13~17页；魏小伟：《扩大不起诉的反思》，《暨南学报（哲学社会科学版）》2015年第11期，第77页。

② 参见杨娟、刘澍：《论我国刑事不起诉"三分法"的失败及重构——以淮北市起诉裁量实践为实证分析对象》，《政治与法律》2012年第1期，第43页。

③ 参见魏小伟：《扩大不起诉的反思》，《暨南学报（哲学社会科学版）》2015年第11期，第77页。

④ 参见万毅：《刑事不起诉制度改革若干问题研究》，《政法论坛》2004年第6期，第106~108页；刘磊：《不起诉裁量权审查机制的本土化构建》，《东方法学》2010年第3期，第58~63页；邓思清：《完善我国检察官自由裁量权制约机制之构想》，《法商研究》2003年第5期，第86~90页；陈岚：《论检察官的自由裁量权——兼析起诉便宜原则的确立及其适用》，《中国法学》2000年第1期，第128页；周长军：《认罪认罚从宽制度推行中的选择性不起诉》，《政法论丛》2019年第5期，第86~87页。

⑤ 参见汪海燕：《我国酌定不起诉制度的困境与出路——论赋予犯罪嫌疑人选择审判权的必要性》，《政治与法律》2004年第4期，第129~131页。

长决定,而酌定不起诉和存疑不起诉应经检察委员会讨论决定。① 最高人民检察院的实务工作者也提出,为了避免实践中出现公安机关要求复议、被害人又提出申诉或向法院自诉的问题,"人民检察院要依法处理不起诉案件,严格控制不起诉","可以不起诉的,在实际工作中要慎用、少用","因证据不足可以不起诉的,更要从严掌握,控制在个别案件"②。因此,检察机关内部担心该权力被滥用,对不起诉的适用采取了若干由上至下的进行统制的方法,个别省级检察机关甚至规定了不起诉率的上限,将不起诉加以数字化控制。③

随着实践的深入,不起诉制度出现了适用率不高的问题,严重影响了该制度作用的发挥,理论界和实务界开始对这种严格限制不起诉适用的控制措施进行反思,人们普遍认为,检察机关内部的审批程序、考核制度严重影响了不起诉的适用率。与此同时,也有很多人主张借鉴域外经验,改革公诉转自诉等不合理的方式,引入社会监督力量,合理规制不起诉裁量权。

(一) 不起诉的内部限制

不起诉的内部限制主要有两个方面:一是检察系统内的审批程序,二是关于不起诉率的考核。实践中,一般刑事案件的酌定不起诉决定须经承办检察官上报、部门负责人同意、主管检察长再上报、检察委员会决定、上级检察机关批准的环节;自侦案件的酌定不起诉决定也需经本级检察委员会讨论同意后报上一级检察院备案。在这种复杂烦琐的程序下,检察机关只能从严掌握酌定不起诉决定,许多检察官为了减少不必要的解释、汇报,宁肯把案件直接起诉到法院,而不愿意对其作出不起诉处理。而且酌定不起诉的决定程序是纯粹行政性的程序,审查人员并未亲历案件审查,往往受承办人意见及其制作的书面材料影响,烦琐的程序只是强化了酌定不起诉在形式上的合理性,为被不起诉人的申诉埋下障碍。④ 此外,为了限制不起诉裁量权,最高人民检察院于1998年开始要求控制不起诉率,一些地方检察院将不起诉率作为一项重要的考核指标,要求不可滥用和随意

---

① 参见闵春雷、李大名、李英民:《论不起诉适用中的几个问题》,《法制与社会发展》1998年第3期,第61~62页。
② 陈国庆:《论适用不起诉的几个问题》,《中国刑事法杂志》1998年第4期,第61页。
③ 参见樊崇义主编:《刑事诉讼法实施问题与对策研究》,中国人民公安大学出版社2001年版,第392页。
④ 参见汪海燕:《我国酌定不起诉制度的困境与出路——论赋予犯罪嫌疑人选择审判权的必要性》,《政治与法律》2004年第4期,第127~128页;张智辉:《认罪认罚与案件分流》,《法学杂志》2017年第6期,第14~15页;陈卫东:《检察机关适用不起诉权的问题与对策研究》,《中国刑事法杂志》2019年第4期,第37~40页。

适用不起诉制度。① 这种考核方式无疑严重影响了不起诉制度功能的发挥，不符合实践的需要。

随着人少案多的矛盾日渐突出，越来越多的人发现，为了遏制自由裁量权而人为限定不起诉的适用是因噎废食。因此，理论界和实务界关于简化不起诉决定内部审批程序、反对限制不起诉适用率的呼声高涨。

在不起诉适用率的考核方面，多数人认为这种方式实际上违背了诉讼的基本规律，适用不起诉不应有比例或者数量的限制。② 为了贯彻党的十六届六中全会提出的实施宽严相济的刑事司法政策，最高人民检察院于2007年出台了《关于在检察工作中贯彻宽严相济刑事司法政策的若干意见》，强调对未成年人等情况，可诉可不诉的不诉。同年，最高人民检察院又发布了修订的《人民检察院办理不起诉案件质量标准（试行）》，鼓励对五种犯罪嫌疑人适用不起诉，取消对普通刑事案件不起诉率的考核指标，但自侦案件的不起诉率仍被严格控制。时任最高人民检察院检察长的贾春旺也指出"不能人为控制不批捕率、不起诉率"③。有实证研究表明，在这种鼓励性的政策发布后，我国的不起诉率开始有所上升，但检察机关仍然在每年一次定期的案件质量评查中将不起诉作为重点，这使多数检察官在面对案件可诉或不诉的情况时，仍然会选择起诉，避免"被专项检查的麻烦"④。为此，有学者提出了具体的调整方案：第一，不能人为地给不起诉设置一定的指标，更不能传达出不起诉即办案无效的观念；第二，在案件评查中，不能只重点审查不起诉案件，应当将起诉案件和不起诉案件一并重视、同等审查；第三，要改变将捕后不诉作为一种负面评价指标的做法；第四，科学设定承担错误不起诉责任的条件和情形，不能无限制地扩大不起诉方面的办案责任，要尊重办案人员自身的判断，适当设置错误不起诉的办案责任。⑤

在不起诉的内部审批方面，不少人提出，上级检察机关与本级检察机关对检

---

① 最高人民检察院对普通刑事案件、破坏社会主义市场经济秩序案件、自侦案件设置的不起诉预警比例为2%、6%和12%。参见闫俊瑛、刘丽：《论轻罪的刑事司法政策与诉讼机制》，《法学杂志》2007年第5期，第92～95页。

② 参见向泽选：《检察业务考评机制探析》，《国家检察官学院学报》2010年第4期，第68～69页；张智辉：《认罪认罚与案件分流》，《法学杂志》2017年第6期，第15页；张少波：《公诉环节程序分流机制的反思与完善——以2009—2012年D检察院不起诉制度运行状况为分析视角》，《中国刑事法杂志》2013年第8期，第93～103页。

③ 贾春旺：《不能人为控制不批捕率不起诉率》，《人民检察》2007年第16期，第1页。

④ 成懿萍：《刑事不起诉率偏低之实证分析——以某地2003—2010年刑事不起诉案件为分析对象》，《中国刑事法杂志》2011年第8期，第77～78页。

⑤ 参见陈卫东：《检察机关适用不起诉权的问题与对策研究》，《中国刑事法杂志》2019年第4期，第43页。

察人员的制约应当以事后监督为主，而不应采用"层层报批"的叠床架屋式的事前审查，一般案件的不起诉决定应由办案人员直接作出，对于一些较为重大或者有争议的案件，则应由检察委员会讨论决定。① 在实行检察官办案责任制以后，还有观点提出，应当彻底取消不起诉内部审批制度，办案的检察官有权根据案件的具体情况决定是否不起诉。② 此外，还有学者建议将不起诉工作交由专门办案人员负责，当审查起诉的办案人员发现案件可能需要不起诉时，便将案件交由专门负责不起诉案件的办案人员处理。这样不仅避免了提起公诉的办案人员因为各种顾虑而不适用不起诉的问题，也可以专门针对不起诉案件设置不同的程序机制以加强对不起诉权的合理规制。③

出于对不起诉决定内部审批程序的反思，有不少学者提出应当赋予嫌疑人选择审判权，设计一种相对公开的不起诉决定程序，推行不起诉听证。不起诉听证程序是检察机关为了顺应检务公开的要求而试行的一项改革措施。最高人民检察院于2001年下发了《人民检察院办理不起诉案件公开审查规则（试行）》，规定：对于"存在较大争议并且在当地有较大社会影响的，经人民检察院审查后准备作不起诉的案件"，根据侦查机关要求或当事双方申请，经检察长决定，可以进行公开审查。

学界和实务部门在充分肯定该制度的基础上，围绕不起诉听证的问题进行了充分探讨。

第一，不起诉听证具有积极意义。④ 其一，体现了程序参与原则，有利于吸收被害人的不满，促进犯罪嫌疑人和被害人相互理解、达成共识，为双方提供事前的救济，是发扬民主的过程，体现了犯罪嫌疑人作为诉讼主体的内在要求。其二，有利于落实检务公开，完善对检察机关的监督机制，防止司法腐败和司法不公，避免把对无罪的人适用酌定不起诉当作一个下台阶的做法，降低社会公众对于检

---

① 参见陈光中：《论我国酌定不起诉制度》，《中国刑事法杂志》2001年第1期，第80页；汪建成、姜远亮：《宽严相济刑事政策与刑事不起诉制度》，《东方法学》2008年第6期，第6~8页；童建明：《论不起诉权的合理适用》，《中国刑事法杂志》2019年第4期，第33页。

② 参见张智辉：《认罪认罚与案件分流》，《法学杂志》2017年第6期，第15页；郭烁：《酌定不起诉制度的再考察》，《中国法学》2018年第3期，第247页。

③ 参见陈卫东：《检察机关适用不起诉权的问题与对策研究》，《中国刑事法杂志》2019年第4期，第44页。

④ 参见陈光中：《论我国酌定不起诉制度》，《中国刑事法杂志》2001年第1期，第80~81页；邓晓霞：《不起诉听证制度探究》，《政治与法律》2004年第5期，第126~128页；汪海燕：《我国酌定不起诉制度的困境与出路——论赋予犯罪嫌疑人选择审判权的必要性》，《政治与法律》2004年第4期，第131~133页；蒋为群：《试论不起诉听证程序》，《西部法学评论》2008年第5期，第74~75页；郭烁：《酌定不起诉制度的再考察》，《中国法学》2018年第3期，第247页。

察院决策的质疑。其三，有助于增强检察机关决策的民主性和科学性，提高不起诉的效率和质量，减轻传统的实体正义观与通过程序权力终结诉讼之间的张力。

第二，不起诉听证的范围问题受到广泛关注。对所有案件实行不起诉听证是不必要也是不现实的，实践中大多数检察院将不起诉听证限定为相对不起诉案件。① 有学者认为，从提高诉讼效率、节约司法成本的角度来说，在相对不起诉案件中，侦查机关、犯罪嫌疑人、被害人均无异议的，也没必要再进行听证。② 也有人认为，不起诉听证的范围应当分为两类，一是检察机关自侦案件的酌定不起诉案件，二是社会影响大的不起诉案件。③ 还有人认为，不起诉听证的案件范围应当是侦查机关、当事人有异议并提出听证申请的相对不起诉案件，以及社会影响大、由检察院批准或检察委员会决定举行听证的相对不起诉案件。④

第三，关于不起诉听证的启动问题。有学者认为，不能由任何一方单独决定启动不起诉听证，如果完全由检察机关启动，不仅不符合"司法权"的被动性、消极性特征，也难以保持中立性和公正性；如果完全由侦查机关、犯罪嫌疑人、被害人来启动，则可能导致不起诉听证启动权的滥用。因此，不起诉听证启动的程序应是检察机关在拟作出不起诉决定之前告知侦查机关、犯罪嫌疑人、被害人可申请举行听证，检察机关根据申请在一定期限内决定是否启动听证程序。⑤ 也有观点认为，虽然不起诉听证启动被动性是其基本原则，但对于在当地有重大社会影响的案件，即使无异议，检察机关也可主动举行不起诉听证。⑥

第四，关于参加不起诉听证的人员及其权利问题。一般认为，不起诉听证应贯彻公开原则，除检察人员参与外，还应有侦查人员、犯罪嫌疑人、被害人及旁听人员等参与，还可邀请人大代表、法学专家、律师、政协委员等社会人士担任评议员。此外，应明确赋予被追诉方、被害人申请召开不起诉听证的权利，一旦召开，检察院有义务保障其程序参与权，有义务告知其申请法律援助的权利。⑦对于案件承办人在不起诉听证中的角色，学者们有不同观点：有学者认为，根据

---

① 参见张同盟主编：《检察改革与实践》，中国检察出版社2002年版，第95页。
② 参见邓晓霞：《不起诉听证制度探究》，《政治与法律》2004年第5期，第128～129页。
③ 参见彭东、张寒玉：《检察机关不起诉工作实务》，中国检察出版社2005年版，第228～229页。
④ 参见程绍燕、刘根菊：《不起诉听证制度研究》，《北京政法职业学院学报》2012年第1期，第45页。
⑤ 参见邓晓霞：《不起诉听证制度探究》，《政治与法律》2004年第5期，第129页。
⑥ 参见黄维智：《不起诉制度听证程序研究》，《社会科学研究》2004年第1期，第77页。
⑦ 参见郭烁：《酌定不起诉制度的再考察》，《中国法学》2018年第3期，第247页。

"自己不能成为自己案件的法官",案件承办人不具有表决权[①];也有观点认为,案件承办人对案件情况最了解,是利益无涉者,也应享有表决权。[②]

(二) 不起诉的外部监督

检察机关的内部监督始终难以摆脱"谁来监督监督者"的质疑,尤其是在检察机关的自侦案件中,检察官的自由裁量权更加难以控制。[③] 此外,内部监督的方式缺乏透明性,并不能消解公众对检察机关不起诉决定的质疑。因此,不少学者提出应借鉴检察审查会等域外经验,引入社会公共力量对不起诉进行监督。

有学者提出可以借鉴英国皇家检察监督机构 (CPSI) 和日本检察审查会的做法,成立检察监督委员会负责审查检察机关的各项决定。该委员会成员从社会团体、学校、企事业单位等机构中选出,必须具有广泛的代表性并精通刑事法律且在当地具有较高的威望。[④] 有学者认为,由非专业人士审查裁量不起诉并不合适,可考虑在社会上招募有长期执业经验的法律人士,由非体制内的法律人士成立专业化的检察审查会,对于检察审查会的决定,检察官有权维持原不起诉决定。[⑤] 还有学者认为,日本的检察审查会制度实际上体现的是一种立法权对公诉权加以制约的思路,我们完全可以利用人大个案监督的机制,将其改造为类似于检察审查会的公诉裁量制约机制,对检察院的起诉问题进行监督。[⑥]

为了化解对检察机关监督权的正当性质疑,提高办案质量,最高人民检察院从 2003 年开始试点人民监督员制度,根据《关于人民检察院直接受理侦查案件实行人民监督员制度的规定(试行)》,人民监督员可对检察机关自侦案件的不起诉撤案等处理进行监督。[⑦] 在人民监督员制度的发展过程中,不少学者主张扩大

[①] 参见邓晓霞:《不起诉听证制度探究》,《政治与法律》2004 年第 5 期,第 130 页;蒋为群:《试论不起诉听证程序》,《西部法学评论》2008 年第 5 期,第 76~77 页;黄维智:《不起诉制度听证程序研究》,《社会科学研究》2004 年第 1 期,第 77 页。

[②] 参见程绍燕、刘根菊:《不起诉听证制度研究》,《北京政法职业学院学报》2012 年第 1 期,第 47 页。

[③] 参见闵春雷、李大名、李英民:《论不起诉适用中的几个问题》,《法制与社会发展》1998 年第 3 期,第 61~62 页;陈岚:《论检察官的自由裁量权——兼析起诉便宜原则的确立及其适用》,《中国法学》2000 年第 1 期,第 129 页。

[④] 参见邓思清:《完善我国检察官自由裁量权制约机制之构想》,《法商研究》2003 年第 5 期,第 92~93 页。

[⑤] 参见刘磊:《不起诉裁量权审查机制的本土化构建》,《东方法学》2010 年第 3 期,第 66 页。

[⑥] 参见万毅:《刑事不起诉制度改革若干问题研究》,《政法论坛》2004 年第 6 期,第 108 页。

[⑦] 人民监督员制度试点工作的启动以 2003 年 8 月 29 日最高人民检察院在北京召开的人民监督员制度试点工作会议为标志。参见陈卫东:《公民参与司法:理论、实践及改革——以刑事司法为中心的考察》,《法学研究》2015 年第 2 期,第 18 页。

人民监督员的监督范围，将公安机关侦查的不起诉案件也纳入人民监督员的监督中。① 监察制度改革后，检察机关的自侦部门转隶到监察机关，人民监督员制度的监督对象和前提在实际上已经不复存在，人民监督员制度何去何从的问题引发思考。对此，有学者提出，新时期人民监督员的监督范围不应仅限于某种案件类型或是某一办案阶段，检察机关的"监督、审查、追诉"三方面的职权都应纳入人民监督员的监督范围之中。② 也有学者指出，人民监督员应当回归监督起诉裁量权的有限功能，将职务犯罪的起诉活动作为监督重点。③

五、不起诉的救济

（一）被害人的自我救济

根据1996年修正的《刑事诉讼法》，被害人不服不起诉决定，可向上一级检察机关申诉，也可向人民法院起诉。显然，这样的修改意在更好地保护被害人的利益，是为了解决实践中有案不立、有罪不究的问题，同时也是对国家公诉机关正确行使权力、严格执法的一种制约。然而，该规定出台后立即引起质疑，理论界和实务界人士均认为，这样的制度存在理论和操作上的问题。

从理论上来说：其一，刑事诉讼发展的历史是从私人追诉发展到国家追诉，公诉范围逐渐扩大，自诉范围逐渐缩小，以自诉制约公诉不符合历史发展趋势。④ 其二，自诉权可能被被害人滥用，使法院徒增诉累，造成司法资源浪费，不符合诉讼经济原则，有悖于确立相对不起诉制度时减少诉累、提高诉讼效率的初衷。⑤ 其三，被害人自诉的设置削弱了公诉，强化了自诉，是对检察机关公诉权的不信任，损害了检察机关的诉讼权威。⑥ 因为在适用不起诉决定的案件里，人民检察院不再拥有最终决定权或者说丧失了最终决定权。⑦ 其四，被害人自诉

---

① 参见罗永红：《日本检察审查会的启示——兼论我国人民监督员制度的完善》，《河南社会科学》2007年第4期，第84页；高一飞：《人民监督员制度改革研究》，《南京师大学报（社会科学版）》2009年第4期，第43页；陈卫东：《人民监督员制度的困境与出路》，《政法论坛》2012年第4期，第131～132页。

② 参见陈卫东、胡晴晴、崔永存：《新时代人民监督员制度的发展与完善》，《法学》2019年第3期，第14页。

③ 参见高一飞、尹治湘：《日本检察审查会制度改革及其对我国的借鉴意义》，《中国应用法学》2018年第4期，第170页。

④ 参见陈卫东、李洪江：《论不起诉制度》，《中国法学》1997年第1期，第97页；邓思清：《完善我国检察官自由裁量权制约机制之构想》，《法商研究》2003年第5期，第91页。

⑤ 参见姜小川：《相对不起诉制度初探》，《法学杂志》1997年第3期，第12页；陈岚：《论检察官的自由裁量权——兼析起诉便宜原则的确立及其适用》，《中国法学》2000年第1期，第129页；邓思清：《完善我国检察官自由裁量权制约机制之构想》，《法商研究》2003年第5期，第91页。

⑥ 参见冯军：《完善我国刑事起诉制度的构想》，《当代法学》2003年第6期，第70页。

⑦ 参见陈光中主编：《刑事诉讼法实施问题研究》，中国法制出版社2000年版，第178页。

要求法院以职权进行适当调查，这种法院积极介入的做法背离刑事审判改革的初衷，违背审判机关中立化的改革方向。① 其五，公诉转自诉后应适用自诉程序，但又规定不适用调解，如何体现自诉案件的当事人处分原则？②

从操作来说，公诉转自诉的规定也存在很多问题。首先，被害人难以完成取证、质证、证明等诉讼活动，使法律赋予被害人的自诉权不具有"可兑现性"。刑事案件中的证据收集需要特殊的侦查手段和设备，必要时还需对犯罪嫌疑人采取强制措施，而自诉人要承担证明被告有罪的责任，仅靠个人力量难以实现。而且案件材料都在检察机关手中，被害人可否掌握这些材料、需要怎样的程序，刑诉法未作规定。③ 其次，法院很少受理被害人的自诉案件。对于被害人提起的自诉，是否受理完全由人民法院决定，被害人的起诉并不必然具有启动审判程序的效力。④ 而且在检察机关的绩效考核制下，如果法院受理大量的公诉转自诉案件，不仅影响原不起诉决定的检察官绩效考核，还可能会引起法、检关系的紧张甚至冲突。因此，对于公诉转自诉的案件，法院通常不受理或说服自诉人撤诉或主动与检察机关协商由检察机关重新起诉。⑤

也有学者指出，我国立法存在以下缺陷：其一，没有注意到对不起诉决定的审查和对错误不起诉决定的纠正是两个独立的、性质各异的诉讼活动，应当分别适用不同程序。例如，日本的准起诉程序和检察审查会，其任务都只是发现错误，对错误的纠正是依照普通审判程序处理。其二，没有注意到救济程序应当具有纠正错误和维护正确的双重功能。在我国，正确的酌定不起诉决定是以检察机关确认存在犯罪事实为前提条件的，因此法院受理被害人的自诉后很容易获得有罪判决，从而推翻检察机关的决定。但如果酌定不起诉决定事实依据不充分或不成立，人民法院却只能驳回起诉或判决无罪，错误的酌定不起诉在事实上得到维持。其三，没有注意到被不起诉人利益与被害人利益之间的均衡，无论检察机关的不起诉决定正确与否，被不起诉人都有义务随着被害人的意志再遭诉累。⑥

正如有学者提出的那样，"法律赋予被害人的'公诉转自诉'权利在实践中基本上沦为了'镜中花，水中月'，基本不具现实可行性"⑦。对此，研究者们也

---

① 参见冯军：《完善我国刑事起诉制度的构想》，《当代法学》2003 年第 6 期，第 70 页。
② 参见卞建林：《起诉制度的重大变革》，《中外法学》1996 年第 3 期，第 40 页。
③ 参见陈卫东、李洪江：《论不起诉制度》，《中国法学》1997 年第 1 期，第 97 页。
④ 参见陈卫东主编：《刑事诉讼法实施问题对策研究》，中国方正出版社 2002 年版，第 309 页。
⑤ 参见刘磊：《不起诉裁量审查机制的本土化构建》，《东方法学》2010 年第 3 期，第 65 页。
⑥ 参见宋英辉、吴宏耀：《不起诉裁量权研究》，《政法论坛》2000 年第 5 期，第 125 页。
⑦ 周长军：《认罪认罚从宽制度推行中的选择性不起诉》，《政法论丛》2019 年第 5 期，第 87～88 页。

第十三章 审查起诉程序及其理论发展

从多个方面提出了建议:

一种方案是保留被害人自诉的制度,但是应进行适当改革。具体来说:立法应赋予被害人知悉权,允许被害人及其聘请的律师查阅有关证据资料,符合法律援助条件的还应指定法律援助律师;增加程序的公开性,被害人也可通过听证等程序来了解案件的证据情况;对于由被害人提供的在侦查过程中已交给司法机关的证据,应规定证据返还制度;将检察机关移送有关材料的时间由法院受理案件后变通为被害人提出自诉请求后;等等。① 当然,上述方案也受到了一些质疑。如有观点认为,不能过多要求公安机关、人民检察院提供证据材料,检察院也只需向法院提供作出不起诉决定所依赖的书类证据材料,而非全案证据。理由在于:依据刑事诉讼法规定,不起诉决定作出后,应及时解除扣押、冻结并返还相关财物,而且案件已经转为自诉程序,这就要求被害人必须有证据证明,应严格按照自诉案件的程序和举证要求进行受理和审判。②

另一种方案是借鉴域外的强制起诉制度或准起诉制度,采取公诉方式救济被害人的权利。有学者提出,可设想在被害人不服不起诉决定的情况下,允许被害人申请,并提出一定的证据,法院审查后裁定检察机关强行起诉,仍保留公诉的方式。③ 也有学者认为,我国暴力犯罪受害人相对更需要国家刑事政策上的保护,所以为制衡"证据不足不起诉",严重的暴力犯罪案件的受害人可以通过强制起诉程序进行救济,适用范围限于"可能判处十年以上有期徒刑、无期徒刑、死刑"的人身犯罪案件。④ 还有学者指出,德国的强制起诉程序与日本的准起诉都采用了公诉程序,都贯彻了司法审查的理念,因此,我国也应取消公诉转自诉案件,坚持公诉的原则,在公诉程序中引入司法审查机制。二者的不同在于,强制起诉由检察院执行、提起公诉;而准起诉是由法院指定律师担当公诉律师。考虑到我国检、法关系及避免检察官懈怠追诉的问题,我国可借鉴准起诉制度,被害人有权向法院申请裁定起诉,法院应指定法律援助律师担当公诉律师,公诉律师在案件的起诉和审理期间执行检察官的职务,需要调查取证的,应委托检察机关进行,检察机关不得拒绝。⑤ 对于这种借鉴德、日强制起诉制度和准起诉的观

---

① 参见陈卫东、李洪江:《论不起诉制度》,《中国法学》1997年第1期,第97页;闵春雷、李大名、李英民:《论不起诉适用中的几个问题》,《法制与社会发展》1998年第3期,第62~63页;宋英辉、吴宏耀:《不起诉裁量权研究》,《政法论坛》2000年第5期,第124~128页。
② 参见陈国庆:《论适用不起诉的几个问题》,《中国刑事法杂志》1998年第4期,第62页。
③ 参见陈卫东、李洪江:《论不起诉制度》,《中国法学》1997年第1期,第97页。
④ 参见刘磊:《不起诉裁量权审查机制的本土化构建》,《东方法学》2010年第3期,第65~66页。
⑤ 参见万毅:《刑事不起诉制度改革若干问题研究》,《政法论坛》2004年第6期,第108~109页;周长军:《认罪认罚从宽制度推行中的选择性不起诉》,《政法论丛》2019年第5期,第87~88页。

点，也有人表示反对。有学者指出，德国的强制起诉制度不符合"法官中立""不告不理"，检察官违背自己的意志提出公诉也难以达到追究犯罪、保护被害人权利的目的；日本的准起诉制度将公诉权交由律师来行使，违背了公诉权的职权原则，而且律师缺乏独立性，可能出现法官将其意见强加于律师或者律师为了获得案源而迎合法官的现象，导致庭审流于形式。因此，可将公诉转自诉改革为法院审查机制，被害人对检察机关的不起诉决定不服时，有权申请法院予以审查，法院认为应当起诉的，应建议检察机关提起公诉；如果建议不被检察机关所接受，可以要求其上级检察机关督促执行。[①]

（二）被不起诉人的申诉

1996年《刑事诉讼法》颁布后，就有学者指出被不起诉人的权利保障问题是被立法者遗忘的角落，因为案件无论大小巨细，犯罪嫌疑人接受法庭之公正审判与迅速审判是其一项权利甚至是宪法性权利，犯罪嫌疑人也可能对不起诉决定不满，在犯罪嫌疑人欲作无罪辩护的情况下，不能贸然作出不起诉决定。[②]

有观点认为，法律规定被害人可向法院起诉，但被酌定不起诉的人只能向原作出决定的检察院申诉，没有复核申请权和直接起诉权，而因证据不足被不起诉的嫌疑人没有申诉权。因此，建议赋予被不起诉人对证据不足不起诉决定的申诉权，赋予被不起诉人对申诉处理决定不服时的复核申请权。[③] 也有观点认为，被不起诉人向原作出决定的检察机关申诉，因此，无论是受理申诉控告的部门还是对申诉有决定权的检察委员会，都可能受到"先入为主"的影响，从维护本机关权威性甚至部门利益的角度考虑，不起诉决定被改变的可能性甚微。[④]

还有观点认为，根据2019年《规则》，被不起诉人的申诉只有两种结果，一是维持原不起诉决定，二是提起公诉，没有一种检察院自己纠错的程序。因此建议被不起诉人不服不起诉决定而提出申诉的，检察院应设置一个自我纠错的程序，由上一级检察院纠正错误。[⑤]

六、小结

不起诉制度一直是《刑事诉讼法》修改中最受关注的内容之一，也是我国检

[①] 参见邓思清：《完善我国检察官自由裁量权制约机制之构想》，《法商研究》2003年第5期，第92页。
[②] 参见汪建成、姜远亮：《宽严相济刑事政策与刑事起诉制度》，《东方法学》2008年第6期，第6页。
[③] 参见冯军：《完善我国刑事起诉制度的构想》，《当代法学》2003年第6期，第71页。
[④] 参见汪海燕：《我国酌定不起诉制度的困境与出路——论赋予犯罪嫌疑人选择审判权的必要性》，《政治与法律》2004年第4期，第128页。
[⑤] 参见陈光中：《论我国酌定不起诉制度》，《中国刑事法杂志》2001年第1期，第81页。

察改革的重点，而在改革和修法的过程中，刑事诉讼法学研究担负着重要的历史使命。从立足于制定法的解读式研究，到借鉴域外的制度设计，再到发现、总结法律实施中的问题及经验，刑事诉讼法学研究为不起诉制度的完善提供了理论先导和改革方案。

总体而言，我国对不起诉的研究较多地使用了比较研究的方法。来自理论界和实务界的研究者站在世界法治发展的前沿，深入分析域外国家和地区的立法、司法实践，为我国不起诉制度的完善提供支撑，代表性著作有陈光中先生等著述的《中德不起诉制度比较研究》（中国检察出版社2002年版）等。可以说，域外学说和制度的引进在不起诉制度的建立、初步发展过程中发挥了重要作用，在后期也实现了本土化的吸收，对我国不起诉制度的发展产生了深远的影响。

关于不起诉制度的研究也注重中国经验的总结，推动中国特色不起诉制度的形成。不少研究者结合本土法治资源，关注实践中的制度创新并进行相关理论研究，推动了一些制度的入法，如和解不起诉和附条件不起诉的入法就体现了学术、实务、立法的成功互动。[①] 这种研究方法将实践中的问题作为研究的入口，避免了理论研究不能指导实践的尴尬局面，也使研究成果更具有解释力。

值得注意的是，关于不起诉的研究也呈现出鲜明的立法驱动色彩，有大量研究由刑事诉讼法的修改而引起，也有大量研究以立法的修改为目的。很多研究密切关注不起诉制度的实践样态，产生了一大批有价值的实证调研报告，发现问题、总结经验，提出了具有针对性的完善建议，为政策的制定提供了依据。然而，这种"对策法学"的研究模式也使相关研究呈现表面"繁荣"的现象，研究者们着眼于制度构建，着眼于细节上的修补，各自基于不同的理论体系和价值取向展开制度设想，非常容易形成各说各话的局面。

[①] 参见拜荣静：《刑事诉讼法学研究的变迁与展望》，《政法论坛》2019年第5期，第34页。

第十四章

刑事审判程序及其理论发展

司法公正的每一次实现均需要刑事审判的检验，刑事诉讼活动基本都是围绕审判进行的，刑事审判制度是刑事诉讼制度中最为核心的内容，刑事诉讼制度的发展中必然包含着刑事审判制度的发展。[①] 我国刑事审判制度的发展过程中蕴含着众多关于审判制度的理论争点，在学术层面上呈现出百家争鸣的局面。随着国家与社会经济、政治与技术等因素的发展，尤其是司法改革的不断推进，刑事审判程序中还可能出现新问题、新改革，因此有必要对我国审判制度的发展史进行梳理，回顾审判制度的理论争点，领略学术碰撞的精彩，契合我国刑事审判制度改革的需要，直面刑事审判制度发展中的新问题。

第一节 刑事审判制度的历史沿革

我国的刑事审判制度经历了七十多年风霜雨雪的洗礼，以 1979 年《刑事诉讼法》的实施为标志，刑事审判制度被正式纳入法治轨道，刑事审判的具体程序得到构建。1996 年《刑事诉讼法》的修改对刑事审判理念和刑事审判方式均有所涉及，实现了从"纠问式"庭审模式到"对抗式"庭审模式的转变。2012 年《刑事诉讼法》的修改，完善了"对抗式"庭审模式，刑事审判制度设计更呈现出科学性和公平性。2014 年，党的十八届四中全会通过的中共中央《关于全面推进依法治国若干重大问题的决定》，提出了"推进以审判为中心的诉讼制度改

[①] 参见陈卫东：《中国刑事审判制度的发展与完善》，《中国律师》2000 年第 2 期，第 13～15 页。

革"。2018年《刑事诉讼法》增设了认罪认罚从宽原则,创制了刑事缺席审判程序。由此,我国刑事审判制度经历了从粗疏到精细、从职权到民主、从规范到深入的发展。具体而言,我国刑事审判程序的发展可划分为以下四个阶段:

第一阶段为法制化与强职权阶段(1979—1996年)。在新中国成立之初,面对百废待兴的局面,国家当时的立法重心在于巩固与稳定人民民主专政的政权。刑事审判制度并未得到系统规制,而是被置于较为统一的司法场域内进行设计,1954年《宪法》和《人民法院组织法》《人民检察院组织法》均对刑事审判的内容进行了粗疏规定。在1957年的《刑事诉讼法(草稿)》中,立法者尝试对刑事审判制度作出专编规定,但受"反右"斗争的影响,该草案最终无疾而终。在之后的十年中,社会主义法制遭到严重破坏,刑事审判制度也被彻底抛弃。随着1978年党的十一届三中全会的召开,健全刑事法律制度被纳入立法议程。1979年《刑事诉讼法》较为系统地规定了刑事审判的基本原则和相关制度,确立了刑事审判制度中的"审判独立""三机关分工负责,互相配合,互相制约""两审终审""审判公开""人民陪审"等刑事诉讼基本原则,并通过专编的模式系统规定了刑事审判程序的具体环节,至此,刑事审判制度的框架初步建立。[①] 在这一时期,刑事审判制度的研究重点最初在于对审判机关职权与职能的关注与强化,对刑事审判安全与秩序价值的追求。但随着刑事审判制度实践中暴露出来的"泛行政化"与对被追诉人权利保障不足等问题,学界将关注视角转向刑事审判制度的完善。相关研究主题包括:刑事审判制度模式上存在浓厚的苏联审判模式色彩;审判组织存在的问题,尤其是合议庭与审判委员会的关系问题、人民法院独立行使审判权的保障问题;审判中的"先定后审""控审不分"问题;对被追诉人的辩护权、质证权等权利的保障问题。

第二阶段为对抗式因素的吸纳阶段(1997—2012年)。1979年《刑事诉讼法》暴露出来的强职权主义问题明显不适应社会主义市场经济的需要,《刑事诉讼法》的修改存在现实的必要性,学界对于刑事审判制度完善的具体设计上的争鸣也较为激烈。1996年《刑事诉讼法》在修改时维持了1979年《刑事诉讼法》审判制度的基本内容,但对审判制度中的一些重要问题进行了修改,具体而言:明确了无罪推定原则;废除了免予起诉制度;明确了法官的审判权,明确了合议庭的判决权,理顺了合议庭和审判委员会的关系;将"全案移送制度"改为"复印件移送制度";扩大了被追诉人的辩护权,增强了庭审的对抗性,庭审结构更

[①] 参见汪海燕:《中国刑事审判制度发展七十年》,《政法论坛》2019年第6期,第31~43页。

加科学；增设了简易程序，庭审类型多元化初现。[1] 在这一时期，刑事审判制度的研究重点在于对1996年《刑事诉讼法》实施情况的分析与制度发展完善的讨论，例如：关于庭审虚化问题，主要围绕案卷移送方式并未改变庭审虚化，法官职权主义色彩依旧，证人出庭作证顽疾仍未解决等展开；关于控辩失衡问题，主要围绕被追诉人辩护权未充实，非法证据排除规则缺位，交叉询问制度缺失等展开。

第三阶段为人权保障与科学化阶段（2012—2014年）。1996年后，随着社会发展呈现的新状态、新局面，一些刑事诉讼相关的规范性文件相继签署、修改或出台[2]，2012年《刑事诉讼法》以"人权保障"理念为指引，对1996年《刑事诉讼法》中的很多内容进行了修改，修改幅度之大前所未有，具体来说：对控辩式庭审模式进行了重大改革，扩展了被追诉人尤其是辩护律师的权利；确立了非法证据排除规则，完善了证人出庭作证的保障制度，逐步适应控辩式庭审方式改革对证据制度的要求；建立了庭前会议制度；庭前审查程序再改革，根除了法官的预断；建立了较为完备的证据展示制度，完善了庭前准备程序；完善了证人、鉴定人以及侦查人员出庭作证制度，建立了交叉询问规则。这一时期，刑事审判制度的研究重点最初在于对2012年《刑事诉讼法》修改亮点的关注，但随着实践中的一些制度和规则被异化或虚化，学界将视角转向对立法层面问题与实践层面问题的双重关注。例如，关注庭前会议的功能、庭前会议的主持、庭前会议的效力；探讨证人不出庭作证的顽疾仍旧没有解决的原因；完善非法证据排除规则等。

第四阶段为"以审判为中心"与认罪认罚从宽阶段（2014年至今）。2014年，党的十八届四中全会通过了中共中央《关于全面推进依法治国若干重大问题的决定》，提出"推进以审判为中心的诉讼制度改革"。2016年，最高人民法院、最高人民检察院、公安部、国家安全部、司法部发布了《关于推进以审判为中心的刑事诉讼制度改革的意见》，最高人民法院基于深化庭审实质化改革的需要，制定了《人民法院办理刑事案件庭前会议规程（试行）》《人民法院办理刑事案件排除非法证据规程（试行）》《人民法院办理刑事案件第一审普通程序法庭调查规程（试行）》，旨在发挥庭审在诉讼中的决定性作用。同时，刑事案件速裁程序和刑事案件认罪认罚从宽试点工作陆续展开。党的十八大以来，以习近平同志为核心的党中央协调推进"四个全面"战略布局，在深化国家监察体制改革、反腐败

---

[1] 参见汪海燕：《中国刑事审判制度发展七十年》，《政法论坛》2019年第6期，第31～43页。
[2] 参见汪海燕：《中国刑事审判制度发展七十年》，《政法论坛》2019年第6期，第31～43页。

国际追逃追赃以及深化司法体制改革方面,进行了一系列重大决策部署,取得了重大成果。由此,相关制度安排与改革成果要求对《刑事诉讼法》进行修改。2018年《刑事诉讼法》修改时引入了协商式审判模式,将认罪认罚从宽确立为一项重要原则;增设了刑事缺席审判程序。① 这一时期,刑事审判制度的研究重点在于"以审判为中心"的改革及构建中国化的刑事诉讼理论与制度,不少学者对认罪认罚从宽制度的理论争议和实践问题、《刑事诉讼法》与《监察法》的衔接问题、刑事缺席审判制度、死刑复核程序的完善问题和司法责任制改革问题等进行了深入讨论。2023年9月,全国人大常委会将《刑事诉讼法》列入第十四届人大任期内的立法规划,这意味着《刑事诉讼法》的第四次修改即将启动。学界围绕此次《刑事诉讼法》修改的目标任务、修改内容等展开了热烈讨论,涉及刑事审判制度部分的主题主要集中于推进以审判为中心与庭审实质化的改革、优化认罪认罚从宽制度等方面,旨在解决证人不出庭、二审不开庭、涉案财物处置中的权力滥用、认罪认罚从宽制度适用困境等问题。②

回顾我国刑事审判制度的发展,刑事审判模式实现了由"强职权主义"模式向"控辩对抗"模式与"控辩协商合作"模式转变,审判制度构建由直接介绍和借鉴域外制度向构建中国化、本土化制度转变,审判原则由"有罪推定"向"无罪推定"转变,审判制度内容由框架搭建向内容充实转变。但刑事审判制度中仍存在一些不足与难题,"以审判为中心"的刑事审判制度还需进一步推进。

第二节　刑事审判制度的理论基础

探讨刑事审判制度,必然最先涉及刑事审判制度理论基础的研究。相关文献显示,学界对刑事审判制度理论基础的研究较为广泛、内容丰富,由于篇幅所限,现仅择其要点进行论述。

一、法院依法独立行使审判权

我国对人民法院依法独立行使审判权的追求经历了较为曲折的过程。清末变法运动改变了司法权与行政权合一的历史。1954年《宪法》第78条规定,"人

---

① 参见汪海燕:《中国刑事审判制度发展七十年》,《政法论坛》2019年第6期,第31~43页。
② 参见陈光中、陈琼雯:《〈刑事诉讼法〉修改的回顾与展望》,《法学杂志》2024年第2期,第14~26页;陈卫东:《〈刑事诉讼法〉第四次修改前瞻》,《政法论坛》2024年第1期,第45~56页。

民法院独立进行审判，只服从法律"，第一次明确了人民法院独立行使审判权，审判权独立行使的概念或制度才在中国确立，并逐渐在党中央的主要领导人和党内重要文献中得到接受。1986年6月，邓小平同志在中共中央政治局常委会上指出："属于法律范围的问题，要用法制来解决，由党直接管不合适"①。"党领导下的人民法院依法独立行使审判权"是我国法学界对"人民法院依法独立行使审判权"概念的独特的、传统的表达方式之一，即在政治上、党的方针政策上，人民法院、人民检察院必须接受党的领导，但是，对于具体的审判业务、检察业务，人民法院、人民检察院应当独立负责，党委可以不必事事过问。② 到了20世纪90年代中期，"人民法院依法独立行使审判权"逐渐得到了普遍的关注和肯定，越来越多的人意识到，人民法院依法独立行使审判权是实现司法公正的首要保障，是树立司法权威的必要条件，是法官职业化的题中之义。③ 党的十八大以来，国家重点从体制和机制两个层面保障司法机关依法独立行使职权，推动省以下地方法院、检察院人财物统一管理；设立巡回法庭以及跨行政区划的人民法院和人民检察院；建立防止干预司法活动的公正机制。司法机关依法独立行使职权逐渐成为描述中国司法制度特性的一个综合表述，成为塑造和规范中国今后司法制度的一个基本标准，成为我国刑事诉讼程序的理论基础。④ 整体而言，人民法院依法独立行使审判权要求人民法院的审判工作要置于党的绝对领导之下，以党的领导作为人民法院独立行使审判权的坚强后盾；要求优化审判资源配置，明确审判组织权限，让审理者裁判、由裁判者负责，确保法官依法独立公正履行审判职责。

需要注意的是，学界对于人民法院依法独立行使审判权早已达成共识，只是在如何实现人民法院依法独立行使审判权的问题上持有不同的意见。主要观点有：第一，为实现人民法院依法独立行使审判权，国家与社会应设置相应条件提供体制保障、经济保障、资质保障和身份保障。具体来说，应对人民法院的审判活动进行监督以保障人民法院依法独立行使审判权；改革法院内部体制，保障人民法院依法独立行使审判权；改革法律监督机关的监督力度与监督水平，力求使监督机关超脱和廉洁；严格区分司法机关内部行政管理权限与审判权限，监督和

---

① 《邓小平文选》第三卷，人民出版社1993年版，第163页。
② 参见卞建林主编：《共和国六十年法学论争实录》（诉讼法卷），厦门大学出版社2009年版，第40页。
③ 参见陈光中：《比较法视野下的中国特色司法独立原则》，《比较法研究》2013年第2期，第1~12页。
④ 参见张志铭：《当代中国的司法独立问题》，《人民法院报》2002年6月7日。

防止行政权与审判权的结合，提高审判权的地位。① 第二，理性对待西方国家的"司法独立"。西方国家所谓的"司法独立"与中国国情并不相符。在我国，对西方国家的"司法独立"应该保持清醒的头脑，尤其是要坚决摒弃作为一种政治原则的"司法独立"理念。中国存在与西方不同的制度因素，在中国人民法院依法独立行使审判权问题的落脚点在于如何处理党的领导和法院依法独立行使审判权的关系。由此，应当正确处理人民法院依法独立行使审判权和党的领导的关系问题，在思想上要树立统一认识，即确保司法机关依法办案是实现党领导司法的最好方式，要重新定位政法委的功能，强化检法两院党组的领导作用，建立检法两家内部独立办案机制。② 第三，完善司法责任制。司法责任制被称为司法体制改革的"牛鼻子"，保障司法机关依法独立行使职权和加强专业化司法机关办案人员队伍建设都是完善司法责任制的重要前提。最高人民法院于2018年12月发布了《关于进一步全面落实司法责任制的实施意见》，该意见在法院权力运行机制上，改革了独任制与合议庭运行机制，改革了裁判文书签署机制；明确限定了审判委员会讨论案件的范围，规范了审判管理和监督制度。在检察院权力运行机制上，健全了司法办案组织及运行机制、健全了检察委员会运行机制，明确了司法责任主体需要承担的司法职责及追责主体。③ 但也有学者认为，强化院长、庭长审判监督管理等内部监督力度，更为院长、庭长干预个案提供了便利。④ 应当说，人民法院依法独立行使审判权是实现庭审实质化的重要保障因素，各司法机关独立行使职权，突出庭审的重要性和权威性，是"庭审中心主义"的必然要求。通过各项制度完善，保障人民法院依法独立行使审判权，成为彰显法治的有效方式，各方仍需努力。

二、审判公开

作为刑事诉讼的基本原则之一，审判公开原则在1979年就得到了《刑事诉讼法》的确认，后续的历次修法也都规定了该原则。审判公开包含了司法人权保障和民主监督的双重理念，一直是我国司法改革的重要内容。1999年3月，最高人民法院发布了《关于严格执行公开审判制度的若干规定》，《人民法院五年改

---

① 参见宋世杰：《刑事审判独立于审判监督的理性思考》，中国法学会诉讼学研究会1999年年会论文。
② 参见陈卫东：《司法独立的本质是依法办案》，《环球法律评论》2013年第2期，第21~22页。
③ 参见陈光中、曾新华：《中国刑事诉讼法立法四十年》，《法学》2018年第7期，第24~42页。
④ 参见徐昕、黄艳好：《中国司法改革年度报告（2018）》，《上海大学学报（社会科学版）》2019年第2期，第7~25页。

革纲要》更提出了全面落实公开审判制度的要求。2007年6月,最高人民法院又发布了《关于加强人民法院审判公开工作的若干意见》,2013年11月,党的十八届三中全会通过的中共中央《关于全面深化改革若干重大问题的决定》提出要推进审判公开、检务公开。2014年10月,党的十八届四中全会通过的中共中央《关于全面推进依法治国若干重大问题的决定》提出要构建开放、动态、透明、便民的阳光司法机制,推进审判公开、检务公开,依法及时公开司法依据、程序、流程、结果和生效法律文书,杜绝暗箱操作。各级人民法院也采取多种方式和渠道主动公开司法信息,不断增加司法工作的透明度。

学界对审判公开原则的重要性已形成较为统一的认识,也对该原则的实践情况予以了关注。整体而言,审判公开在实践中存在公开范围不明确、不充分,公开的方式单一、渠道不畅,公开的救济、监督和保障机制不健全,公开的集约化程度较低,公开缺乏考评机制等问题。[①] 而裁判文书乃至司法运行过程中全部审判卷宗的公开是司法公开的核心要旨,只有卷宗向社会的全面公开,让阳光照进司法的全过程,才能真正保证司法公平和公正。[②] 但是,对于裁判文书的公开,学者持有不同观点。"全部公开说"认为,选择性公开就像被精挑细选过的苹果一样,大的、红的公之于众,那些质量不过关的丑苹果却被藏了起来[③],故而裁判文书应当全部公开。"部分公开说"认为,裁判文书全部上网的成本过高且效益不确定,基于典型案例的指导价值,裁判文书应当部分上网。[④] 2023年11月,最高人民法院办公厅发布《关于建设全国法院裁判文书库的通知》,决定启用"全国法院裁判文书库"且仅供内网查询,由此引发公众对裁判文书网是否继续公开的疑虑。坚持裁判文书上网公开是学界的主流观点,但因裁判文书公开涉及多种利益,所以,如何公开,如何保护个人信息,如何保障国家安全,尤其是选择性公开的人民法院案例库和裁判文书网之间如何配合、衔接,仍需进一步研究。审判公开正是在质疑声中逐步得到完善,法院在公告、旁听等传统途径之外,还积极进行了信息化建设,大力发展多种形式的审判公开,增强司法透明度,促进司法民主化,预防和减少司法腐败现象,保障公众的知情权。

[①] 参见李荣珍:《中国司法信息公开:实践、问题与对策》,《兰州学刊》2018年第1期,第117~129页。
[②] 参见于志刚:《全面公开审判卷宗的建议与制度设计》,《中共中央党校学报》2016年第4期,第5~13页。
[③] 参见洪丹:《司法文书全公开让精密司法可期》,《南方日报》2014年1月16日。
[④] 参见苏力:《谨慎,但不是拒绝——对判决书全部上网的一个显然保守的分析》,《法律适用》2010年第1期,第50~52页;胡夏冰:《理性地看待判决书上网》,《法制日报》2006年1月5日。

三、刑事诉讼模式

1979 年《刑事诉讼法》规定的刑事审判模式为"超职权主义"模式，庭前审查为实体性审查，法庭证据调查由法官包揽；1996 年《刑事诉讼法》规定的刑事审判模式为"控辩"模式，庭前审查以程序性审查为主，法庭审理以控辩双方举证、质证、辩论为主；2012 年《刑事诉讼法》修正后，控辩式庭审模式改革取得了重大进展；2018 年《刑事诉讼法》则采用了"控辩对抗＋合作"的庭审模式。

对于我国刑事诉讼应采取何种模式，学界提出了诸多观点。"当事人主义诉讼模式论"认为，我国理想的诉讼模式应当是控辩双方平等而裁判方居于客观立场的"等腰三角形"结构，强调人权保障可以弥补现有诉讼模式的重大缺陷。[①]"现代型诉讼模式论"认为，我国刑事诉讼模式应当是由职权主义诉讼模式到本土主义现代型诉讼模式，即基于中国传统的法律文化与欧洲的职权主义的亲近性，我国诉讼模式应迈向职权主义；而我国未来的刑事诉讼模式应构建一种"属于中国自己的、非鹿非马的、自成一体的、made in China"的特色模式。[②]"折中主义诉讼模式论"（混合主义诉讼模式）认为，我国目前的庭审方式是一种具有中国特色的混合式庭审方法，它是中国传统和固有的制度因素、现代职权主义以及当事人主义三大要素的糅合，而当事人主义与职权主义利弊参半，我国应当构建一种兼容二者优点的诉讼模式。[③]"构建主义模式论"认为，我国未来的诉讼模式应遵循社会主义、共同主义、现实主义、系统主义的构建主义，我国的刑事诉讼模式应当是多元的、对接的诉讼程序。[④]"合作式诉讼模式论"认为，对抗式诉讼奠定了现代刑事诉讼的基本框架和规则体系，但忽略了其中的合作要素，故而，应当引入新型的合作理念和合作精神，寻找程序主体间的共识而非歧异，在协同共治中实现刑事纠纷的正当解决。[⑤] 由此，我国刑事诉讼模式首先应

[①] 参见袁海勇：《线形结构基础上之双三角结构：对我国刑事诉讼结构之再认识》，《西南政法大学学报》2002 年第 4 期，第 116~119 页。

[②] 参见左卫民、万毅：《我国刑事诉讼制度改革若干基本理论问题研究》，《中国法学》2003 年第 4 期，第 136~147 页；左卫民：《中国刑事诉讼模式的本土构建》，《法学研究》2009 年第 2 期，第 107~120 页。

[③] 参见龙宗智：《论我国刑事庭审方式》，《中国法学》1998 年第 4 期，第 88~98 页；陈瑞华：《义务本位主义的刑事诉讼模式——论"坦白从宽、抗拒从严"政策的程序效应》，《清华法学》2008 年第 1 期，第 30~48 页。

[④] 参见陆诗忠：《论我国刑事诉讼模式的再构建：多元、对接的诉讼程序》，《甘肃政法学院学报》2012 年第 3 期，第 42~49 页。

[⑤] 参见谭世贵：《论刑事诉讼模式及其中国转型》，《法制与社会发展》2016 年第 3 期，第 109~119 页。

当借鉴"当事人主义诉讼模式"的核心优点,积极推进"庭审中心主义",构建控辩平等对抗的诉讼模式,同时,结合我国刑事审判程序中的普通程序、简易程序、速裁程序和认罪认罚从宽程序的改革与完善,形成多元、对接的诉讼程序,还应契合中国传统、适应中国实际,形成有中国特色的刑事诉讼模式。

四、小结

刑事审判制度是刑事诉讼制度的中心,对于控辩双方而言皆如此。刑事审判制度的相关理论也是刑事诉讼制度的理论基础,影响了控、辩、审三方在刑事诉讼中的关系,关系到刑事诉讼惩罚犯罪与保障人权目的的实现。刑事审判制度的理论内容极为丰富,既包括法院功能由专政工具转为中立司法机构,也包括被追诉人的公正审判权,又包括控、辩、审三方在审判程序中的地位以及相互之间的法律关系,还包括指导刑事审判活动的规范与准则。我国学界较为深入地挖掘了刑事审判制度理论层面与实践层面的问题,但学界对于刑事审判制度的一些理论尚未形成较为统一的认识,对于实践层面问题的关注尚不够全面,制度改进完善方案还需要相关理论的研究支撑及配套制度的辅助。

第三节 刑事审判基本制度的发展

审判权包括两个基本的构成要素即审理权和裁判权,审理是裁判的前提和基础,裁判是审理的目的和结果,二者构成辩证统一的整体。[①] 就我国刑事审判基本制度而言,我国存在严重的审判权被虚置的情形,突出地表现为审判权被割裂(主要是合议庭与审判委员会"审者不判、判者不审"的关系)和审判权的彻底虚置(主要是人民陪审员的"陪而不审、合而不议")。以下将选取与审判权密切相关的审判委员会制度和人民陪审员制度进行分析,对这两个制度中的理论争鸣进行梳理。

一、审判委员会制度

(一)审判委员会制度的存废之争

作为具有中国特色的司法制度的主要内容之一,审判委员会制度由来已久,并且在中国司法制度史上发挥了重要作用。我国的审判委员会制度可以追溯到

---

① 参见徐静村主编:《刑事诉讼法学》(修订版)(上),法律出版社 1999 年版,第 279 页。

1932年，当时颁布的《裁判部的暂行组织及裁判条例》中规定的"裁判委员会"可谓是审判委员会的雏形，随后陕甘宁边区单独设立了审判委员会作为第三审机构。直到1954年，《人民法院组织法》确认了审判委员会制度，具体明确了审判委员会的职权范围。1979年的《人民法院组织法》明确了审判委员会的任务是"总结审判经验，讨论重大的或者疑难的案件和其他有关审判工作的问题"。2010年最高人民法院《关于改革和完善人民法院审判委员会制度的实施意见》中规定："审判委员会是人民法院的最高审判组织，在总结审判经验，审理疑难、复杂、重大案件中具有重要的作用"。但是，在司法实践中，审判委员会对重大、疑难案件的"讨论决定"一定程度上代行了"决定"之实，导致其"审判"职能迷失，审判委员会在现实中所起的作用与其设立之初衷分道扬镳。[1] 党的十八届三中全会通过的中共中央《关于全面深化改革若干重大问题的决定》提出要完善主审法官和合议庭办案责任制，让审理者裁判、由裁判者负责。

  审判委员会虽然在保障政治安全、遏制法官滥用权力、保障人权等方面发挥了至关重要的作用，但其具有非亲历性和不可追责性等缺陷。[2] 随着法治的发展和司法改革的深化，审判委员会制度在司法实践中暴露出众多问题。一是审判权被审判委员会所割裂。"审者不判、判者不审"的现象严重，审判权归属于审判委员会，而非审理案件的法官。[3] 二是审判委员会讨论决定案件制度与我国刑事诉讼基本原则相违背。审判委员会讨论案件采用的是会议、不公开、少数参与等方式，这与审判公开、直接言词、审判同一、控辩双方平等对抗的诉讼原则相悖，与当事人主义审判模式不符，同回避制度相矛盾，审判委员会讨论决定案件，造成"审""判"分离。[4] 三是审判委员会制度剥夺了当事人的合法权益。所有与案件结局有直接利害关系的人，尤其是控辩双方，都无法对审判委员会决定的产生施加积极、有效的影响，而不得不消极地等待审判委员会处理，被动地承受审判委员会的决定，其诉讼"主体"地位显然遭到剥夺，刑事审判程序缺少了当事人的充分参与，弱化了审判的司法理性。[5] 四是审判委员会制度影响了裁

---

[1] 参见李喜莲：《论审判委员会审判职能的"回归"》，《宁夏大学学报（人文社会科学版）》2007年第3期，第72~75页。
[2] 参见徐向华等：《审判委员会制度改革路径实证研究》，《中国法学》2018年第2期，第28~55页。
[3] 参见陈瑞华：《正义的误区——评法院审判委员会制度》，《北大法律评论》1998年第2期，第70~101页。
[4] 参见程新生：《审判委员会制度研究》，《政治与法律》2000年第1期，第27~30页。
[5] 参见陈瑞华：《正义的误区——评法院审判委员会制度》，《北大法律评论》1998年第2期，第70~101页。

判结果的公正性。一方面，审判委员会不仅不具有抵御行政干预的功能，相反便利了行政干预①；另一方面，审判委员会在讨论决定案件时还面临着一定的政治约束，其考量的因素经常是当事人、媒体、上访、社会稳定等问题，法律规则只是他们考量的要素之一，甚至不是主要的要素。②

如学者们所述，审判委员会制度的确存在重大缺陷，学界关于审判委员会制度的研究继而投向了"渐进式改革"还是"废除"。持废除论者认为，对于一个存在严重缺陷的法律制度，不能采取保守的改革方式，而应当有"伤其十指不如断其一指"的勇气，必要时采取"一刀切"的嬗变式改革，取消审判委员会的审判主体资格，废除审判委员会制度，将完整的审判权归还给法定的审判主体。③审判委员会讨论决定案件是"行政化"的重要体现，不利于贯彻程序正义所要求的公开性、公正性、透明性原则，未来应该大力改革乃至取消审判委员会的判案权。④ 也有学者认为，对审判委员会制度的改革应在保留审判委员会制度的前提下逐渐实现，先逐步缩小审判委员会讨论案件的范围，再最终取消审判委员会讨论决定案件的制度。⑤

持改革论者认为，审判委员会制度是走进了"正义的误区"，故主张对审判委员会制度进行逐步改革。⑥ 其主要理由为：一是审判委员会制度存在一定的合理性。基于防止腐败的需要，审判委员会的存在可以减轻个别法官所承受的压力，有助于提高个别法官或合议庭在适用法律上的准确性。但是，在现阶段，应尽量克服审判委员会运作过程中的专业化不足、审判委员会审查案件数量过多等缺陷。⑦ 二是审判委员会制度改革的关键问题不在于"行政化"，而是法院裁判与

---

① 参见左卫民：《审判委员会运行状况的实证研究》，《法学研究》2016年第3期，第159～173页；吴英姿：《审判委员会讨论的群体决策及其规制》，《南京大学法律评论》2006年第1期，第189～205页；张洪涛：《审判委员会法律组织学解读——兼与苏力教授商榷》，《法学评论》2014年第5期，第46～52页。

② 参见李雨峰：《司法过程的政治约束——我国基层人民法院审判委员会运行研究》，《法学家》2015年第1期，第1～18页。

③ 参见徐静村、潘金贵：《我国刑事审判制度改革前瞻》，《中国刑事法杂志》2003年第5期，第3～12页。

④ 参见肖建国、肖建光：《审判委员会制度考——兼论取消审判委员会制度的现实基础》，《北京科技大学学报（社会科学版）》2002年第3期，第60～66页；徐向华等：《审判委员会制度改革路径实证研究》，《中国法学》2018年第2期，第28～55页；陈光中、龙宗智：《关于深化司法改革若干问题的思考》，《中国法学》2013年第4期，第11～12页。

⑤ 参见程新生：《审判委员会制度研究》，《政治与法律》2000年第1期，第27～30页。

⑥ 参见陈瑞华：《正义的误区——评法院审判委员会制度》，《北大法律评论》1998年第2期，第70～101页。

⑦ 参见朱苏力：《基层法院审判委员会制度的考察及思考》，《北大法律评论》1999年第2期，第9～53页。

定案程序中的"多主体、层级化、复合式"所导致的秩序紊乱,未来改革中需要明确审判委员会的权限,适应审判权下放的趋势。[①] 三是审判委员会委员应直接参与案件的审理,可以把审判委员会改组为合议庭性质的机构。[②] 学者们关于审判委员会制度存废的争论立足于司法实践,具有重大意义,而新一轮司法改革提出的"让审理者裁判,由裁判者负责",更要求重新检视审判委员会的功能定位,更突显了审判委员会制度完善的必要。

(二)审判委员会制度的完善

针对审判委员会制度存在的规范上不一致和实践中表现不佳的问题,学者们从不同角度提出了完善审判委员会制度的建议。

第一,在审判委员会与合议庭之间进行职能分工。通过"改革审判委员会人员构成—试错审判委员会审判职能的取消—彻底取消审判委员会的审判职能"三步走的策略,确保合议庭与审判委员会各就各位,推动司法责任制落到实处。[③] 该观点主张,以分割审判权为思路,区分事实认定和法律适用,明确案件事实由合议庭通过法庭审判加以认定,审判委员会仅决定案件的法律适用问题;案件决定由审判委员会讨论后,所有将要参加审判委员会会议的委员都必须参与法庭审判的全过程[④],还可以通过改变发言顺序、完善院长实体责任等方式强化审判委员会的集体评议功能。[⑤]

第二,对审判委员会制度进行类型化的改革。以"审级"与"法院层级结构"作为类型化的标准,区分审判经验的总结机制和重大、疑难、复杂案件的讨论机制,改革审判委员会委员的遴选机制,让法院的审判委员会成为司法经验丰富法官的聚集地。[⑥]

第三,完善检察长列席人民法院审判委员会会议制度。检察长列席人民法院

---

① 参见顾培东:《人民法院内部审判运行机制的构建》,《法学研究》2011年第4期,第5~7页;顾培东:《再论人民法院审判权运行机制的构建》,《中国法学》2014年第5期,第297~301页。
② 参见姚莉:《法制现代化进程中的审判组织重构》,《法学研究》2004年第5期,第71~85页;张卫彬:《审判委员会改革的模式设计、基本路径及对策》,《现代法学》2015年第5期,第27~31页;方乐:《审委会改革的现实基础、动力机制和程序建构——从"四五纲要"切入》,《法学》2016年第3期,第135~149页。
③ 参见徐向华等:《审判委员会制度改革路径实证研究》,《中国法学》2018年第2期,第28~55页。
④ 参见陈瑞华:《正义的误区——评法院审判委员会制度》,《北大法律评论》1998年第2期,第70~101页。
⑤ 参见李利:《审判委员会改革:以司法独立与司法问责为视角》,《湖北社会科学》2016年第9期,第144~150页。
⑥ 参见方乐:《审判委员会制度改革的类型化方案》,《法学》2018年第4期,第97~116页。

审判委员会会议制度经历了一个从无到有、从有权到可以、从明确到强调的变化过程。检察长列席人民法院审判委员会会议制度的价值包括强化对审判活动的法律监督，提高诉讼效率，降低诉讼成本，体现沟通交往理性，发挥审判委员会功能，提高效益等。① 但是，检察长列席人民法院审判委员会会议制度存在着思想理念上不够重视，配套的制度机制不够健全的问题，立法粗疏、列席人员受限、列席范围狭窄、列席职责不明、列席职责不细等导致该制度在实践操作中缺乏必要的规范指引。对此，应完善相应的配套制度，增强实践中的可操作性，为该制度的实施创造良好的环境，使其发挥应有的作用。②

学界对于审判委员会制度完善的研究契合了新一轮司法体制改革的要求，更好地应对了审判公开和审判权依法独立行使的挑战和要求。

二、人民陪审员制度

我国人民陪审制度的发展历程经历了"勃兴—重创—重建—复兴"几个阶段。早在1954年《宪法》第75条中即明确规定了人民陪审员制度；1975年《宪法》取消了人民陪审员制度的相关规定；随着1978年党的十一届三中全会的召开，国家的司法制度开始恢复和重建，这一时期的1978年《宪法》第41条中又重新规定了人民陪审员制度（群众代表陪审的制度），1979年《刑事诉讼法》中也规定了人民陪审员制度。2004年8月28日，第十届全国人大常委会第十一次会议通过了《关于完善人民陪审员制度的决定》，但其仅有20个条文，内容比较简略，可操作性不强。2018年4月27日，第十三届全国人大常委会第二次会议通过了《人民陪审员法》，2018年《刑事诉讼法》在修改时也对人民陪审员制度的内容作了相应修改。2019年4月，最高人民法院发布了《关于适用〈中华人民共和国人民陪审员法〉若干问题的解释》。上述法律规范的出台，标志着我国人民陪审员制度的发展步入了一个新阶段。可见，我国的人民陪审员制度经历了从无到有，再到不断完善的过程。学界对人民陪审员制度的研究包含了制度存废之争、制度内容讨论与改革完善等内容。

(一) 人民陪审员制度的存废之争

人民陪审员制度是司法公正与司法民主的有力保障，是对法官滥用权力的一

---

① 参见黄文艾：《检察机关派员列席审委会制度的反思与重构》，《河北法学》2008年第3期，第181～184页；高松林：《检察长列席审判委员会制度的价值分析与完善路径》，《中国检察官》2018年第12期，第66～70页。

② 参见高松林：《检察长列席审判委员会制度的价值分析与完善路径》，《中国检察官》2018年第12期，第66～70页。

种必要抗衡与制约。人民陪审员制度作为一项审判制度，对推进司法民主与司法公正、有效地防止独任制法官恣意与任性发挥了巨大作用①，不仅有利于排除外部干扰，实现法院依法独立审判，还有利于实现迅速的集中审理，促进法庭审判程序的完善。我国人民陪审员制度由来已久，是我国司法民主思想的重要体现，实现了审判权的社会分享，在体现司法民主、维护司法公正方面具有重要作用。②但人民陪审员制度在实践中存在着"陪而不审、合而不议"的弊端，故而，学界关于人民陪审员制度存在存废之争。

主张废除人民陪审员制度的观点认为，人民陪审员制度存在的制度基础已不再存在，实践中也存在种种弊端，应当予以废除。具体而言：一方面，人民陪审员形式上参与了案件的审理和裁判，实际上对案件的审理和裁判没有发表任何意见或者不能发表恰当的意见；即使是法官也普遍认为，他们在审理案件时就法律问题无法与人民陪审员交流，绝大多数人民陪审员不能对案件发表比较中肯的法律意见。③另一方面，除了国际陪审制度呈现出普遍的衰微趋势外，从人民陪审员制度的实际运行来看，我国的人民陪审员制度也存在着缺乏历史基础、宪法规定不明确、丧失了现实基础、已经被异化等致命缺陷。这些致命缺陷使人民陪审员制度丧失了存在的制度基础。

主张改革人民陪审员制度的观点认为，人民陪审员制度是人民参与行使主权的重要方式，也是反对司法专权、保障公民自由的重要机制。正如时任最高人民法院院长周强指出的，"通过改革不断完善人民陪审员制度，有利于扩大司法领域的人民民主，切实保障人民群众对审判工作的知情权、参与权、表达权、监督权，更好地体现人民当家作主"④。具体来说：一方面，人民陪审员制度仍具有一定制度价值。人民陪审员制度具有司法公正、司法民主、司法公开、司法廉洁及普法教育等六个方面的价值。⑤人民陪审员制度以"大众参与"的方式落实了"主权在民"的政治理念，司法民主使普通民众管理国家和社会公共事务的应然权利成为实然权利。人民陪审员制度还促成了一系列诉讼规则的确立，构建了合理的庭审结构和正当程序。比如，陪审员隔离制度、审理不间断原则、言辞原

---

① 参见杨安军：《修改完善我国人民陪审制度的几个问题》，载徐静村主编：《21世纪中国刑事程序改革研究——〈中华人民共和国刑事诉讼法〉第二修正案（学者建议稿）》，法律出版社2003年版，第515～525页。
② 参见姚秀兰：《香港陪审团制度及其对我国内地的启示》，《河北法学》2000年第2期，第49～51页。
③ 参见陈卫东主编：《刑事诉讼法实施问题调研报告》，中国方正出版社2001年版，第136页。
④ 齐奇主编：《人民陪审员民事庭审读本》，人民法院出版社2015年版，序第3页。
⑤ 参见何家弘：《陪审制度纵横论》，《法学家》1999年第3期，第40～50页。

则、对席审判原则等均与陪审制度密切相关。① 同时，人民陪审员制度司法功能的发挥还有助于其政治功能的实现。另一方面，人民陪审员制度的不足之处并非其制度本身没有存在的必要性或者合理性，而在于该制度不够健全和完善。② 随着我国司法改革的不断推进，人民法院先后在三个"五年改革纲要"中把"完善人民陪审员制度"作为司法体制和工作机制改革的重要任务，党的十八届四中全会通过的中共中央《关于全面推进依法治国若干重大问题的决定》中也提出了完善人民陪审员制度的若干具体要求。由此，人民陪审员制度的改革论逐渐得到学界和实务界的一致认同，更多的研究转向重新审视人民陪审员制度的价值、思考人民陪审员制度的改革方向和内容。

（二）法律审还是事实审

如前所述，人民陪审员制度对防止司法专断、提升司法公信、促进司法公正具有现实意义。但是，人民陪审员制度在实践中存在参审"泛化"的问题，尤其是基层人民法院审理案件的过程中，人民陪审员参与审判成为常态；但与此同时，人民陪审员参审又存在"陪而不审、合而不议"的窘境。为了更好发挥人民陪审员制度的价值，最高人民法院《关于适用〈中华人民共和国人民陪审员法〉若干问题的解释》中规定："七人合议庭开庭前，应当制作事实认定问题清单，根据案件具体情况，区分事实认定问题与法律适用问题……事实认定问题和法律适用问题难以区分的，视为事实认定问题。"这是从法律规范的角度对学界关于"人民陪审员参与法律审还是事实审"争议的回复或者确认，但是学界关于这个问题仍存在争议。

主张人民陪审员参与事实审的观点认为，应当区分事实审和法律审，人民陪审员只参与事实审，不参与法律审。理由在于：一方面，人民陪审员参与法律审有一定难度。对于事实问题，有时凭借陪审团的"大众理性"也许更能准确地判明案情；而对法律问题，尤其是现代社会错综复杂的法律知识体系，人民陪审员往往难以掌握。③ 在对抗式的诉讼机制下，控辩双方必须向法庭提供各种证据材料，证明各自的诉讼请求。人民陪审员参审的唯一职责便是判断"谁更有理"，以便对被告人的罪行形成自由心证。如此，人民陪审员在做一道只有两个选项的

---

① 参见何进平：《司法潜规则：人民陪审员制度司法功能的运行障碍》，《法学》2013年第9期，第124~133页。

② 参见徐静村、潘金贵：《我国刑事审判制度改革前瞻》，《中国刑事法杂志》2003年第5期，第3~12页。

③ 参见龙宗智：《刑事庭审制度研究》，中国政法大学出版社2001年版，第403页。

"选择题",而非一道"论述题",人民陪审员参与审判的难度就大大降低了。①另一方面,让人民陪审员只参与事实认定问题,有利于充分发挥人民陪审员在审判中集民智、防独断的积极作用,减少其因法律素养不足在量刑过程中带来的消极因素。②

主张人民陪审员既参与法律审又参与事实审的观点认为,不应区分法律审与事实审。2015年4月28日,最高人民法院、司法部正式启动人民陪审员制度改革试点工作,试点工作一年后,时任最高人民法院院长周强指出,"缺乏区分事实审和法律审的有效机制"是"试点工作面临的问题和困难"之一③,但是,一方面,我国在法律规范层面上未对事实问题和法律问题作具体区分,而明确界分事实问题与法律问题本身就是一个理论难题,事实问题具有法律性,法律问题具有事实性,事实和法律之间很难找到一个清晰的区分标准。④ 另一方面,从最高人民法院的"务实"态度立场看,也并不十分计较事实问题与法律问题的精确区分,也没有意向据此严格限定人民陪审员的职权范围。⑤ 因此,区分法律审与事实审,实行事实与法律的认定分工,不是解决人民陪审员"陪而不审、合而不议"的关键路径。此外,学界对如何在实践中区分事实审与法律审的问题也难以形成一致意见。故而,《人民陪审员法》采用了粗疏规定,赋予了法官自由裁量权,由法官归纳案件事实、制作事实认定问题清单。

(三)人民陪审员参审问题

现行法律规范对人民陪审员制度适用范围的规定较为原则,实践中出现了多种运行样态,出现了基层法院适用的普遍性、扩大化和中级人民法院适用的少有性、选择性,这些不同样态与对人民陪审员制度的适用范围、参审方式和表决方式等的理解相关,与法律规范的不细致、不明确有关。学界对人民陪审员参审相关问题的讨论也较为丰富。

第一,关于人民陪审员参审的案件范围是扩大还是缩小的讨论。有学者认

---

① 参见施鹏鹏:《陪审制与参审制的共性与差异》,《学海》2007年第5期,第158~162页。
② 参见汪建成、刘泊宁:《论我国人民陪审制度改革的方向——基于人民陪审制度功能的思考》,《东岳论丛》2015年第8期,第117~122页。
③ 参见周强:《最高人民法院关于人民陪审员制度改革试点情况的中期报告——2016年6月30日在第十二届全国人民代表大会常务委员会第二十一次会议上》,《中华人民共和国全国人民代表大会常务委员会公报》2016年第4期,第726~731页。
④ 参见陈学权:《刑事陪审中法律问题与事实问题的区分》,《中国法学》2017年第1期,第53~70页。
⑤ 参见贾志强:《人民陪审员参审职权改革的中国模式及反思》,《当代法学》2018年第2期,第146~155页;魏晓娜:《人民陪审员制度改革:框架内外的思考》,《内蒙古社会科学》2020年第3期,第119~126页。

为：从现行《人民陪审员法》的规定来看，人民陪审员参审的案件范围得到了扩充[1]，但人民陪审员参审案件存在"泛化"现象，"小案常用，大案慎用"成为常态。人民陪审员参审的相当比例的案件属于事实较为清楚、争议不大的常规性、简单案件，而那些对于人民群众普遍关注、具有重大社会影响，特别是如征地拆迁、环境保护、食品药品安全、公共利益等政策性、专业性、技术性较强的案件很少采用人民陪审员参审。[2] 另外，《人民陪审员法》将适用陪审的案件分为法定陪审和酌定陪审两种情形，赋予了法院很大的自由裁量权，甚至一些基层法院陷入了注重陪审案件"数量""陪审率"的误区。[3] 所以，人民陪审员参与审判的案件范围不是越广越好，而应根据人民陪审员参审的目标与价值科学界定人民陪审员参审的案件范围，既尊重被告人的申请选择适用人民陪审员制度的权利，又保证法院的自由裁量权力，既保障司法民主的实现，又追求司法公正和司法公信力。

第二，关于七人陪审合议制的反思。现行《人民陪审员法》规定了"三名法官＋四名人民陪审员"的七人陪审合议制，人民陪审员在参审时形成了三人陪审合议制与七人陪审合议制并存的局面，并从事实认定、法律适用等方面进行了参审制度的区分。对该陪审制度的创新，学界也有一定讨论，形成了两种较为典型的观点。反对观点认为，人民陪审员具有两种大小不一的审判权力，这在逻辑上是自相矛盾的，不仅造成人民陪审员制度及相关理论自身的自洽性危机，而且也要求程序机制的二元化。如此混乱的制度设计是否会令诉讼机制变得复杂化、冲突化？能否经得起实践的考验？这些问题都值得反思。[4] 支持观点认为，《人民陪审员法》对七人合议庭职权的划分是一种特别的设计，虽然实务中很难精确区分事实问题与法律问题，但从最高人民法院《关于适用〈中华人民共和国人民陪审员法〉若干问题的解释》中可以看出，法院并不十分计较事实问题与法律问题的精确区分，也没有意向据此严格限定人民陪审员的职权范围，这无疑是非常务实的态度。[5]

第三，关于人民陪审员阅卷权的讨论。主张赋予人民陪审员阅卷权的观点认为，影响人民陪审员陪审实质效果的因素之一是人民陪审员不享有阅卷权，故而

---

[1] 参见陈卫东：《人民陪审员法的价值评析与实施展望》，《人民司法》2018年第22期，第9~11页。
[2] 参见杨艺红：《人民陪审员参审职权改革：实证分析与路径选择》，《时代法学》2019年第5期，第75~83页。
[3] 参见刘计划：《陪审制改革中的几个问题》，《法律适用》2018年第15期，第88~96页。
[4] 参见左卫民：《七人陪审合议制的反思与建言》，《法学杂志》2019年第4期，第108~114页。
[5] 参见魏晓娜：《人民陪审员制度改革：框架内外的思考》，《内蒙古社会科学》2020年第3期，第119~126页。

应当赋予人民陪审员庭前阅卷权。该观点考虑到我国当前的司法实践，目前一些法官判案仍主要依靠案卷笔录，通过庭前会议整理证据和争点也未常态化，法官自身的最终裁判权尚未得到制度性保障，更何况人民陪审员。[①] 不主张赋予人民陪审员阅卷权的观点认为，人民陪审员庭前没有阅卷之必要。其理由在于：未受专业训练的人民陪审员很难从数量庞大的卷宗中抽丝剥茧、归纳案情；人民陪审员易受到不具证明能力的证据的影响；通过庭前阅卷，人民陪审员存在审前形成预断与偏见的风险；人民陪审员阅卷与"以审判为中心"的诉讼制度改革的趋势背道而驰。[②]

第四，关于陪审实质效果的讨论。学者们普遍认为人民陪审员参审的效果不够理想。部分法官对人民陪审员制度改革的认识不清楚，认为很多与人民陪审员联系、沟通的环节会导致自身工作量增加；认为人民陪审员缺乏法律素养和司法能力，对其参与庭审的实效性存在怀疑。[③] 从实践来看，基层人民法院以人民陪审员参与审理为原则，中级人民法院很少邀请人民陪审员审理案件，陪审员参与合议庭后，导致"形合实独"。而且，由于审判实践中强调陪审率，众多简单案件不需要人民陪审员参与审判而引入人民陪审员参与审判，而有的案件则需要人民陪审员参与审判却有可能没有邀请人民陪审员。[④]

(四) 人民陪审员制度的完善

我国的人民陪审员制度独具特色，具有人民陪审员相对固定化，陪审的任意性、全面性、不确定性等特点。[⑤] 正是由于人民陪审员制度在实践中存在一定缺陷，长期以来，学界普遍认为我国人民陪审员制度应从明确适用范围、明确陪审员资格、明确陪审员的产生程序、明确陪审员的权利和义务、加强对陪审员的培训和管理等方面进行完善。[⑥] 持"改革论"的学者对人民陪审员制度的完善进行了深入思考，提出了诸多完善建议：

第一，主张建构多元陪审制度。具体又包括：建立专家型参审制度，从淡化

---

① 参见贾志强：《人民陪审员参审职权改革的中国模式及反思》，《当代法学》2018年第2期，第146～155页。
② 参见徐昕、黄艳好：《中国司法改革年度报告（2018年）》，《上海大学学报（社会科学版）》2019年第2期，第7～25页；魏晓娜：《人民陪审员制度改革：框架内外的思考》，《内蒙古社会科学》2020年第3期，第119～126页。
③ 参见杨艺红：《人民陪审员参审职权改革：实证分析与路径选择》，《时代法学》2019年第5期，第75～83页。
④ 参见卞建林、孙卫华：《通向司法民主：人民陪审员法的功能定位及其优化路径》，《浙江工商大学学报》2019年第4期，第43～53页。
⑤ 参见王敏远：《中国陪审制度及其完善》，《法学研究》1999年第4期，第23～46页。
⑥ 参见熊秋红：《司法公正与公民的参与》，《法学研究》1999年第4期，第47～64页。

其民主制象征意义和强化其实用性价值意义两方面考虑改造陪审制度[①];实行参审制与陪审团并存的陪审形式,以参审为主、以陪审团为辅,将陪审团制、参审制以及职业法官审判制并存,让实践来作出正确选择[②];建立人民陪审员制、专家陪审制以及咨询陪审制的多元陪审制度。[③]

第二,人民陪审员制度的具体完善。人民陪审员制度的内容涉及人民陪审员的选任、人民陪审员的权利义务、人民陪审员制度适用范围、人民陪审员参审案件程序等诸多内容,《人民陪审员法》从人民陪审员选任资格大众化、选任程序随机化、改革"驻庭陪审"、探索"大合议庭"模式等方面进行了完善。但是,人民陪审员制度仍存在需要完善之处,学界从诸多角度提出了完善建议,具体而言:一是科学界定人民陪审员制度的适用范围。有学者认为,可以将人民陪审员的适用范围限定于可能判处 10 年以上有期徒刑、无期徒刑以及死刑的刑事案件;民事案件、行政案件因难以准确厘清事实问题与法律问题且案情更为复杂,故不建议适用人民陪审员裁判。也有学者认为,可以增加"被告人不认罪且申请适用陪审"的权利式陪审模式。二是扩大人民陪审员遴选范围,转向"全民参与"。人民陪审员无须具备较高的教育程度,陪审员精英化可能带来负面效应。三是确立随机遴选、"一案一选"机制,由"常任陪审"向"临时陪审"转变。四是人民陪审员依靠普通人的常识和"公共理性"来对案件的事实进行裁判,应摒弃中国现行的、有客观主义和理想主义倾向的"印证证明"模式,转而适用自由心证制度。[④]

我国的人民陪审员制度具有悠久的历史,符合我国人民当家作主的优良传统,符合群众路线的切实要求,但人民陪审员制度的适用和发展也出现了诸多问题。相关研究一定程度上推动了人民陪审员制度的改革与完善,《人民陪审员法》及其司法解释的出台也预示着具有中国特色的人民陪审员制度的完善取得了欣喜的成就,必将在建设公正、高效、权威的社会主义司法制度中发挥重要的

---

① 参见徐静村:《21 世纪中国刑事程序改革展望》,载樊崇义主编:《诉讼法学研究》(第 2 卷),中国检察出版社 2002 年版,第 21~22 页。
② 参见龙宗智:《中国陪审制:出路何在》,《南方周末》2001 年 2 月 9 日。
③ 参见赵泽君:《咨询陪审制:人民陪审员制度改革的可能路径》,《国家检察官学院学报》2018 年第 2 期,第 154~170 页。
④ 参见施鹏鹏:《人民陪审员制度的改革历程及后续发展》,《中国应用法学》2018 年第 4 期,第 16~31 页;刘计划:《陪审制改革中的几个问题》,《法律适用》2018 年第 15 期,第 88~96 页;汪建成、刘泊宁:《论我国人民陪审制度改革的方向——基于人民陪审制度功能的思考》,《东岳论丛》2015 年第 8 期,第 117~122 页。

作用。[1]

三、小结

刑事审判权的运作需要关注审判基本制度的运行，审判委员会制度与人民陪审员制度作为具有中国特色的审判基本制度，具有悠久的历史和独特的价值，但是这两种制度在发展与适用的过程中曾表现出对审判权的割裂或虚置。学界对审判委员会制度的关注由来已久，审判委员会所体现的司法民主、保障人权的价值在刑事司法实践中发挥着重要作用，但是，随着审判委员会制度众多问题的暴露，学者们对此产生了较为激烈的存废讨论，在这一讨论过程中，"改革论"的呼声较高。整体而言，现阶段审判委员会制度的存在仍有必要，其提升司法公信力、保障司法公正、防止司法腐败、总结审判经验等价值仍有发挥的余地。但从长远来看，审判委员会制度与现代司法理念相背离，废除或取消审判委员会制度将是发展趋势。学界对人民陪审员制度的研究重点最初在于该制度的存废问题，而后更多认识到人民陪审员制度在中国的深厚基础及其独有的制度价值，对该制度的改革逐渐成为研究的重点。现行《人民陪审员法》的出台一定程度上标志着人民陪审员制度改革的成就，但同时，学界还应在制度框架之外关注人民陪审员制度是否契合于整个诉讼环境以及契合的程度。[2] 陪审文化的培育、人民陪审员与法官及审判委员会的关系、人民陪审员参审的有效性等问题仍需进一步研究。

第四节 刑事审判程序的发展

如前所述，我国刑事审判制度经历了从粗疏到精细、从职权到民主、从规范到深入的发展，刑事审判程序也不断适应社会需要、适应刑事诉讼法的发展趋势、适应人权保障的需要，相应地进行了重大变革。在经历《刑事诉讼法》的三次修改后，刑事审判程序种类不断增加、内容更加具体、程序更加规范、设计更加科学、理念更加文明。在刑事审判程序的不断完善、修正过程中，学界的研究与讨论从未停歇，这些理论丰富了刑事审判程序的制度内容，推动了刑事审判程序的变革与完善。

---

[1] 参见牛建华：《回顾与展望：人民陪审员制度实践探索之观察思考》，《法律适用》2013年第2期，第99～102页。

[2] 参见魏晓娜：《人民陪审员制度改革：框架内外的思考》，《内蒙古社会科学》2020年第3期，第119～126页。

一、刑事一审程序

（一）刑事一审普通程序

庭前程序作为刑事审判程序的准备程序，一定程度上影响着刑事审判程序的进程与效率，但长期以来，我国理论界和实务界对于庭前程序的实践和立法关注不足。虽然 1996 年《刑事诉讼法》对庭前准备环节作了细小改动，但整体而言，庭前程序无论在立法上的程序规定还是实践中的具体操作，曾呈现"虚无化"的状态，由此带来了诉讼程序烦冗、重复、拖延等问题。学界对庭前程序的关注更多地集中在庭前审查程序的具体内容。庭前审查程序作为庭审程序顺利进行的保障程序，其发挥着防止不当起诉、提高诉讼效率的作用。如前所述，伴随着我国《刑事诉讼法》的修改，我国庭前审查程序也经历了几次变革，即从 1979 年《刑事诉讼法》规定的"全卷移送""实体性审查""实质处分"的庭前审查程序到 1996 年《刑事诉讼法》规定的"复印件主义""形式审查""不再处分"的庭前审查程序，再到 2012 年《刑事诉讼法》规定的"全部案卷移送""形式审查""庭前会议"的庭前审查程序，程序设计日益科学，既防止了法官的庭前预断，又保障了辩方的阅卷权，还提高了诉讼效率。学界对于 2012 年《刑事诉讼法》对庭前审查程序的修改多持"进步与退步"并存的评价，其研究的核心点在于对全部案卷移送方式的恢复与新确立的庭前会议程序能否在庭前审查程序中很好契合。由此，庭前审查程序的核心内容是案卷移送方式和庭前会议程序，因案卷移送方式在"审查起诉程序及其理论发展"一章中已有论述，以下将着眼于对庭前会议程序的观点梳理。

1. 庭前会议程序

面对庭前程序在立法上的空白和实践中的虚无，有学者组织研究团队与地方法院合作，在探索证据开示制度的过程中，创设了"刑事庭前会议制度"，这一制度探索取得了良好效果。越来越多的人认为，庭前会议制度的设置是回应司法实践的需要，也是尊重刑事诉讼活动基本规律的需要。[1] 2012 年《刑事诉讼法》对庭前会议制度进行了明确，初步搭建了我国庭前会议制度的框架；2013 年 1 月最高人民法院出台的《关于适用〈中华人民共和国刑事诉讼法〉的解释》对庭前会议制度的相关内容进行了更为详尽的规定；2017 年 11 月最高人民法院印发的《人民法院办理刑事案件庭前会议规程（试行）》又相对详细地规范了庭前会

---

[1] 参见陈卫东、杜磊：《庭前会议制度的规范建构与制度适用——兼评〈刑事诉讼法〉第 182 条第 2 款之规定》，《浙江社会科学》2012 年第 11 期，第 31~34 页。

议的适用。自 2021 年 3 月 1 日起施行的最高人民法院《关于适用〈中华人民共和国刑事诉讼法〉的解释》对可以召开庭前会议的情形、庭前会议的功能、庭前会议的主持和参与主体、庭前会议的召开方式、庭前会议事项的处理等内容作出了具体规定;自 2024 年 9 月 3 日起施行的《办理刑事案件庭前会议规程》提高了效力等级,并与最高人民法院《关于适用〈中华人民共和国刑事诉讼法〉的解释》的规定相衔接。从立法精神来看,庭前会议程序是一个准备性程序,解决的是与审判相关的一些程序性问题,上述法律规范有利于实现庭审实质化,有助于推进"以审判为中心"的刑事诉讼制度改革。学界关注了庭前会议的理论与实践,从多方面进行了较为丰富的探讨。

(1) 关于庭前会议功能的讨论。学界对于庭前会议的功能有"两功能说"、"四功能说"和"六功能说"等不同观点。"两功能说"认为,庭前会议在刑事审判程序中具有两种功能,具体包括:解决各种程序性申请和异议;负责组织控辩双方展示证据、明确争点,实现庭审集中、持续审理。① "四功能说"认为,庭前会议具有资讯、强化庭审中心地位、程序分流和防止法官庭前预断四大功能②;或者认为,庭前会议的功能包括证据的保全、展示、检验和排除功能,整理和明确讼争要点的功能,案件的提起处理与分流功能,其他预备功能。③ "六功能说"认为,庭前会议有六项直接功能,即证据开示、非法证据排除、争点整理、沟通说服、程序分流、调解和解功能。④ 此外,也有学者提出庭前会议还具有一定的公诉审查功能,即庭前会议应定位于庭前准备程序,应当在庭前会议中为公诉审查留一定空间,而庭前会议也不可能全然抛弃司法审查的属性,放任不当审判的发生。⑤ 无论哪种功能说,均从不同角度承认了庭前会议制度所蕴含的丰富的价值理念,都是对庭前会议制度功能的准确把握,都是为了保证庭审公正、高效地进行。虽然现行法律规范对庭前会议解决程序性争议之功能定位进行了明确,但遗憾的是,学界对庭前会议的功能定位尚未形成较为统一的认识,而司法实践中,庭前会议现有功能的发挥也有限。

(2) 关于庭前会议主持法官的讨论。庭前会议的主体既包括参加者又包括主

---

① 参见戴长林:《庭前会议程序若干疑难问题》,《人民司法》2013 年第 21 期,第 4~10 页。
② 参见陈卫东、杜磊:《庭前会议制度的规范建构与制度适用——兼评〈刑事诉讼法〉第 182 条第 2 款之规定》,《浙江社会科学》2012 年第 11 期,第 31~34 页。
③ 参见宋英辉、陈永生:《刑事案件庭前审查及准备程序研究》,《政法论坛》2002 年第 2 期,第 66~76 页。
④ 参见莫湘宜:《庭前会议:从法理到实证的考察》,《法学研究》2014 年第 3 期,第 45~61 页。
⑤ 参见闵春雷、贾志强:《刑事庭前会议制度探析》,《中国刑事法杂志》2013 年第 3 期,第 69~77 页。

持者。就庭前会议的参加者而言，最高人民法院《关于适用〈中华人民共和国刑事诉讼法〉的解释》对《刑事诉讼法》中规定的庭前会议参加主体予以了扩大，明确了被告人"可以参加"。自 2024 年 9 月 3 日起施行的《办理刑事案件庭前会议规程》中则允许法院根据案情确定参会的辩护人和被告人，突破了最高人民法院《关于适用〈中华人民共和国刑事诉讼法〉的解释》中关于庭前会议参与主体的规定。就庭前会议的主持者而言，虽然现行《刑事诉讼法》规定了"庭前会议由审判人员召集和主持"，但对于审判人员的具体指向并不明确，在实践中也呈现出多种样态。故而，学界对于庭前会议的主持法官存在一定讨论，形成了不同观点。"庭前会议法官与庭审法官分设说"认为，由专门法官负责庭前准备、主持庭前会议有助于发挥庭前会议功能，使其能够更为专注、客观、公正地处理庭前会议所涉事项；也可以避免有罪预断对庭审公正性的影响；在我国司法实务中也存在着委托合议庭以外的其他审判人员主持庭前会议的需求。"庭前会议法官与庭审法官同一说"认为，由庭审法官主持庭前会议进行庭审前的准备工作是基于诉讼资源有限性的现实考虑，也会让其对案件材料与信息有一个全面的认知，把握庭审重点，有的放矢地引导庭审高效、高质展开。

比较而言，"庭前会议法官与庭审法官同一说"的观点可能更符合我国刑事司法的现实状况，能够提高庭审效率。《人民法院办理刑事案件庭前会议规程》第 4 条中也明确规定，庭前会议由审判长或者承办案件的审判员主持，合议庭其他审判员也可以主持庭前会议。但同时，还应当研究如何通过技术上的调整，采用在合议庭内部就庭前准备予以适当分工来控制法官因庭前接触案卷材料形成有罪预断。

（3）关于庭前会议内容的讨论。庭前会议制度的设立目的在于平衡审判公正与诉讼效率的关系，庭前会议的内容或者处理对象的范围决定了庭前会议在整个审判程序中发挥作用的大小。① 庭前会议是准备性程序，旨在解决与审判相关的程序性问题，确保庭审集中、持续审理。关于庭前会议的内容，"程序性问题说"认为，为避免庭前会议功能过于膨胀而架空或替代庭审功能，防止造成先定后审乃至庭审虚化，庭前会议应集中解决程序性问题，不解决实体问题。② "程序问题与实体问题双重说"认为，庭前会议系庭前准备程序的关键和核心，而且程序性问题与实体性问题往往交缠不清，如果人为地缩小庭前会

---

① 参见陈卫东、杜磊：《庭前会议制度的规范建构与制度适用——兼评〈刑事诉讼法〉第 182 条第 2 款之规定》，《浙江社会科学》2012 年第 11 期，第 31～34 页。
② 参见刘静坤、杨波：《庭前会议制度的具体构建》，《人民法院报》2012 年 12 月 26 日；莫湘宜：《庭前会议：从法理到实证的考察》，《法学研究》2014 年第 3 期，第 45～61 页。

议所能解决事项的范围，势必会限制其功能的发挥。① 自 2024 年 9 月 3 日起施行的《办理刑事案件庭前会议规程》第 3 条规定了可能导致庭审中断的程序性事项，主要包括管辖、回避、出庭证人名单、非法证据排除等情形，赋予了庭前会议程序使用的较为广泛的空间。对此学界仍需对庭前会议所解决事项的范围作出相应理解，遵循庭前会议制度的功能定位，以此为前提做好庭前会议与庭审程序的界限划分。

第一，非法证据排除问题能否在庭前会议解决？

庭前会议中，主持人可以就"是否申请排除非法证据"向控辩双方了解情况，听取意见。对此，学界并无异议，毕竟"申请排除非法证据"属于可能导致庭审中断的程序性事项。但是，对于非法证据排除问题能否在庭前会议中解决，学界对此形成了三种有代表性的观点。"非法证据庭审排除说"认为，"申请排除非法证据"属于程序性事项，可以在庭前会议中听取意见，但并非要在庭前解决非法证据的排除问题，而只是为庭审中的非法证据调查作预先准备，毕竟，非法证据排除只能在庭审程序中进行。另外，非法证据的排除可能需要调取犯罪嫌疑人入所体检证明、讯问时的录音录像资料，甚至需要侦查人员出庭作证，将此交由庭前会议不但不现实还同其提高诉讼效率的价值定位不相符。② "非法证据庭前会议排除说"认为，基于"程序问题应当优先于实体问题解决"的观念，非法证据排除规则主要规范的是证据资格问题，证据资格问题虽然关涉案件事实等实体问题，但从庭前会议的功能角度出发，作为证据的法庭准入资格问题应当尽量在开庭前处理，这不仅符合一般的逻辑，还能避免不具备证据准入资格的证据进入法庭污染裁判者的认知，防止因非法证据排除调查及裁判造成的庭审中断，节约诉讼资源。③ "非法证据庭前会议有限排除说"认为，庭前会议应只解决部分非法证据排除的问题，对那些控辩双方有明显争议或者没有达成合意的非法证据排除问题，就需要在庭审中处理。有限排除观点的产生是囿于"了解情况、听取意见"的庭前会议立法定位，认为庭前会议不具备如同庭审一样科学、完备的调

---

① 参见戴长林：《庭前会议程序若干疑难问题》，《人民司法》2013 年第 21 期，第 4~10 页。
② 参见戴长林：《庭前会议程序若干疑难问题》，《人民司法》2013 年第 21 期，第 4~10 页；顾永忠：《我国司法体制下非法证据排除规则的本土化研究》，《政治与法律》2013 年第 2 期，第 97~106 页。
③ 参见闵春雷、贾志强：《刑事庭前会议制度探析》，《中国刑事法杂志》2013 年第 3 期，第 69~77 页；陈瑞华：《刑事诉讼法修改对检察工作的影响》，《国家检察官学院学报》2012 年第 4 期，第 148~160 页；陈子楠、杨宇冠：《非法证据在庭前会议中的排除方式研究》，《南京社会科学》2015 年第 3 期，第 108~111 页。

查机制来确保非法证据排除问题被公正、有效地解决。[①]

排除非法证据脱胎于庭前证据展示制度，在控辩双方"合意排除法则"中初露端倪，自 2024 年 9 月 3 日起施行的《办理刑事案件庭前会议规程》第 11 条明确了庭前会议中，主持人可以就"是否申请排除非法证据"事项向控辩双方了解情况，听取意见，采用了"非法证据庭前排除说"。同时，该规程第 15 条第 3 款又规定："控辩双方在庭前会议中对证据收集的合法性未达成一致意见，人民法院对证据收集的合法性有疑问的，应当在庭审中进行调查；对证据收集的合法性没有疑问，且没有新的线索或者材料表明可能存在非法取证的，可以决定不再进行调查并说明理由。"这意味着采用了"非法证据庭前会议有限排除说"予以完善保障。如前所述，将非法证据排除问题规定在庭前会议中有一定价值，但期待将该问题置于庭前会议中解决又存在一定困难，故而，学界对于非法证据排除问题能否在庭前会议解决的讨论应转向具体的制度设计。

第二，庭前会议中非法证据排除的效力如何？

现行《刑事诉讼法》对庭前会议处理事项的法律效力并未明确，司法实践中关于庭前会议的效力存在着多种样态。关于庭前会议中非法证据排除的效力，学界也持有不同观点。"肯定说"认为，应当赋予庭前会议解决证据合法性问题的独立效力，即法官需对程序争议作出决定，且该决定对后续程序具有约束力。[②]"否定说"认为，庭前会议排除非法证据的具体程序设计仍然过于简单，与取证合法性审查密切相关的证据展示制度也有待完善，控辩双方互相沟通的基础存在诸多问题，庭前会议中排除非法证据程序的救济制度也并未建立，因此，现阶段赋予庭前会议关于非法证据排除事项独立性、封闭性的决定效力尚不成熟。[③]

上述争点是学界从理论上对庭前会议中非法证据排除的效力的探讨。同时，有学者还通过实证研究得出"庭前会议排除非法证据严重乏力"的结论。该学者认为，鉴于非法证据的复杂性，或许在庭前会议中不能达成一致意见或者不能进行彻底解决，而且，庭前会议排除非法证据比例较小，即使排除了非法证据，仍

[①] 参见陈卫东、杜磊：《庭前会议制度的规范建构与制度适用——兼评〈刑事诉讼法〉第 182 条第 2 款之规定》，《浙江社会科学》2012 年第 11 期，第 31～34 页；陈光中、郭志媛：《非法证据排除规则实施若干问题研究——以实证调查为视角》，《法学杂志》2014 年第 9 期，第 1～16 页。

[②] 参见吉冠浩：《论庭前会议功能失范之成因——从庭前会议决定的效力切入》，《当代法学》2016 年第 1 期，第 149～160 页。

[③] 参见纪福和：《庭前会议中非法证据排除的若干问题省思——以"三项规程"为视角》，《社会科学动态》2018 年第 11 期，第 27～34 页。

然无法彻底剪断非法证据对法官的影响。① 因此，面对庭前会议排除非法证据效力不足的司法现状，加之相关规范的缺失，学界关于庭前会议中非法证据排除的效力存在不同意见。其折中做法可以是：对于庭前会议中达成一致意见的事项，应明确庭前会议中非法证据排除的效力，由法庭向控辩双方核实后当庭予以确认；对于控辩双方未达成一致意见的事项，法庭可以将其归纳为控辩双方争议焦点之一，听取控辩双方意见，由法庭依法作出处理，充分体现并发挥庭前会议制度的价值与功能。

第三，庭前会议的实践样态与完善。

其一，庭前会议的实践样态。如前所述，学界对庭前会议的功能与价值期待较高，而现行法律规范对庭前会议制度的规定较为粗疏。随着实践的展开，制度设计与实践操作的不一致甚至紧张关系日益凸显，众多学者对庭前会议的实践样态进行了实证研究，普遍认为庭前会议的实践效果与制度预期存在一定偏差②，具体而言：一是司法实践中庭前会议适用比例偏低。学者们对此进行了分析，认为影响庭前会议适用的因素包括：庭前会议制度规定的粗疏使实务部门往往根据自身的认知和解读来限缩或扩大庭前会议的制度功能；由于庭前会议的程序性规定不明确，不同地区庭前会议的实施细则存在较大差异；庭前会议的处理结果是否对控辩双方在庭审中的诉讼活动具有法律约束力并不明确，也影响了控、辩、审三方在司法实践中适用庭前会议的积极性。③ 二是庭前会议的实践背离了制度预定目标。庭前会议的初衷在于使庭审能够集中于有争议的问题，从而节约庭审时间，提高诉讼效率。但实践中，法官和检察官均反映庭前会议的效果并不理想，没有达到预期的目标。首先，那些本来应该在庭前会议上解决的回避、证人出庭名单等问题并未在庭前会议中得到解决，这些问题仍旧会带到法庭上，这与传统的解决方式并无二致。④ 其次，立法没有对庭前会议和庭审之间的关系进行

---

① 参见马明亮、张彭皓：《探讨"审判之前的审判"模式——以庭前会议中的非法证据排除为切入点》，《甘肃政法学院学报》2018年第4期，第59~73页。

② 参见杨宇冠：《非法证据排除与庭前会议实践调研》，《国家检察官学院学报》2014年第3期，第54~66页；左卫民：《未完成的变革 刑事庭前会议实证研究》，《中外法学》2015年第2期，第469~483页；卞建林、陈子楠：《庭前会议制度在司法实践中的问题及对策》，《法律适用》2015年第10期，第47~52页；秦宗文、鲍书华：《刑事庭前会议运行实证研究》，《法律科学（西北政法大学学报）》2018年第2期，第152~162页；张全涛、李振杰：《应然与实然：庭前会议"二元化"现象之纠正》，《大连理工大学学报（社会科学版）》2019年第3期，第92~98页；吴小军：《庭前会议的功能定位与实践反思——以B市40个刑事案件为样本》，《法学杂志》2020年第4期，第132~140页。

③ 参见卞建林、谢澍：《刑事检察制度改革实证研究》，《中国刑事法杂志》2018年第6期，第3~20页。

④ 参见汪海燕：《中国刑事审判制度发展七十年》，《政法论坛》2019年第6期，第31~43页。

明确的一体化设置，辩护律师对如何协调二者的关系似乎也没有较好的解决之道，庭审大多是消耗在重复质证上面，辩护律师的工作重心仍放在了法庭审判阶段。① 最后，庭前会议实践有僭越立法定位之嫌，呈现出了明显的"实体化"倾向，控辩双方在庭前会议的意见交换难免会与案件事实、证据等实体内容相联系，而且，庭前会议的主持者与庭审程序的审理者一致，也容易形成法官预断。②

上述观点从不同角度分析了庭前会议制度的实践样态，整体而言，庭前会议的制度实践与其功能定位、价值体现出现了一定程度的偏离甚至紧张关系。

其二，庭前会议制度的完善。如上，我国现行法律规范对庭前会议制度的规定较为笼统，庭前会议制度设计存在一定弊端，庭前会议制度的可操作性不强。众多学者关注了庭前会议制度的理论与实践，针对庭前会议制度的发展完善，提出了诸多意见，以期回归立法预期。一是夯实庭前会议相关理念。在程序法定原则之下进行制度设计，庭前会议应服务于庭审实质化、保障被告人权利；应处理好庭前会议与庭审的关系，既尊重庭审的中心地位，又释放庭前会议制度的功能。③ 二是细化庭前会议相关程序。细化庭前会议程序设置，增强可操作性，逐渐向解决实质性问题发展，统一立法层面规范庭前会议制度的各项步骤。④ 具体而言：首先，扩大庭前会议的程序功能。增加认罪认罚程序、结合简易程序和刑事速裁程序的方式进一步明确庭前会议的制度定位，从启动权、参与人、地点、适用程序等方面细化庭前会议的程序设置，从形式和实质两个方面明确庭前会议的法律效力。其次，建立充分体现庭前会议特点、符合实践要求的专门议事规则，主要包括程序主体的平等协商性规则、法官充当好主持人角色积极引导规则、以整理案卷争议焦点为重点的整理性规则。再次，改进庭前会议启动程序。不再规定必须召开庭前会议的情形，对于涉证据问题慎重作出驳回申请决议，改进处理程序；强化裁判文书的针对性说理，改进决议方式。⑤ 最后，防止法官的

---

① 参见陈卫东、赵恒：《刑事证据制度重点问题实施状况调研报告》，《证据科学》2014年第6期，第645~657页。

② 参见汪海燕：《中国刑事审判制度发展七十年》，《政法论坛》2019年第6期，第31~43页。

③ 参见余晓龙、刘利红：《审判中心视域下庭前会议制度的实践样态与完善进路》，《山东法官培训学院学报》2019年第4期，第48~57页；拜荣静：《刑事诉讼法学研究的变迁与展望》，《政法论坛》2019年第5期，第27~43页。

④ 参见陈卫东、赵恒：《刑事证据制度重点问题实施状况调研报告》，《证据科学》2014年第6期，第645~657页。

⑤ 参见余晓龙、刘利红：《审判中心视域下庭前会议制度的实践样态与完善进路》，《山东法官培训学院学报》2019年第4期，第48~57页。

预断风险。将庭前会议的主持法官与庭审法官相分离,防止承办法官在庭前会议了解到的情况影响审判的中立性。

学者们针对庭前会议制度存在的内容粗疏、语焉不详、内容缺失等问题进行的讨论是准确且必要的。实际上,学界关于庭前会议程序理论与实践的讨论极为丰富,以上只是择其要点进行了梳理。未来的庭前会议制度应当从审判中心的现实语境出发,着力解决庭前会议制度所凸显的现实问题,促进制度从技术至规范、从雏形至微观、从单摆至联动、从底层至顶层,进而实现公正、效率、和谐等多元社会价值的动态平衡。[1]

2. 庭审调查程序

庭审调查程序是法院查明案件事实、作出合理合法裁判的关键。我国庭审调查程序经历了由"审问制"到"对抗制庭审方式"的变革,司法改革将"对抗制庭审方式"作为庭审调查程序改革的主要方向,目的在于吸收当事人主义诉讼模式的合理因素,增强庭审的对抗性,提高控辩双方参与庭审的积极性,更好地帮助法庭查明案件真实情况。但《刑事诉讼法》几次修改,"对抗制庭审方式"的改革并不彻底,在制度设计上还存在相关诉讼理念不匹配、相关配套制度不健全等问题,庭审调查程序仍需完善。

首先,直接言词原则。

直接言词原则是调整刑事诉讼法庭审理模式的原则,其要求法官对于庭审中的所有阶段都必须亲力亲为,庭审中应当贯穿着各诉讼主体的言词对抗。[2] 直接言词原则包括直接原则和言词原则两项原则,其基本含义是:法官必须在法庭上亲自听取被告人、证人及其他诉讼参与人的陈述,案件事实和证据必须以口头形式向法庭提出,调查须以控辩双方口头辩论、质证的方式进行。[3] 从其含义上看,直接原则侧重的是审理法官与判决法官的一致,言词原则侧重的是所有诉讼参与人在庭审中用言词形式进行。直接言词原则使庭审不依赖侦查和审查起诉阶段形成的案卷材料,使审判阶段成为刑事诉讼中认定案件事实的中心。具体而言,直接言词原则要求各诉讼参与人均在场与法官直接接触,法官在法庭上直接查阅控辩双方提交和出示的证据材料,法官直接听取控辩双方的意见,通过询问证人、鉴定人,对相应证据进行审查确认,改变了侦查中心的模式,体现了审判

---

[1] 参见步洋洋:《审判中心语境下的刑事庭前会议制度新探》,《河北法学》2018年第7期,第53~61页。

[2] 参见刘玫:《论直接言词原则与我国刑事诉讼——兼论审判中心主义的实现路径》,《法学杂志》2017年第4期,第106~115页。

[3] 参见樊崇义主编:《刑事诉讼法学》(第2版),中国政法大学出版社2002年版,第257页。

中心的要求。此外，直接言词原则要求控辩双方亲自到庭出席审判，证人、鉴定人要以言词陈述的方式出庭作证，这有利于法官对证据的真实性、可靠性进行审查，有利于法官客观全面地认识案件事实。① 我国司法实践中曾存在的"先定后审"的现象与我国刑事诉讼程序模式存在较大联系，而直接言词原则是充分实现庭审对抗、辩论的重要途径，对于消除"审者不判，判者不审"的畸形模式有重要价值。

学界对直接言词原则的贯彻实施关注较多，进行了充分讨论。第一，关于证人、鉴定人、侦查人员不出庭作证的研究。长期以来，证人、鉴定人、侦查人员不出庭作证，已经成为制约司法公正的重要因素之一，证人、鉴定人、侦查人员不出庭作证的原因是多方面的，既有制度设置方面的原因，也有法律适用的原因。② 学者们归纳了制约证人出庭作证的难题所在，即人们对证人出庭对于对抗式刑事诉讼的重要作用认识不到位、司法资源难以满足证人出庭作证的需要、不愿意当面作证的传统心理还有市场、需要证人出庭作证的案件和证人过多、刑事诉讼的管辖制度不利于证人出庭、证人出庭的保障制度付诸阙如等。③ 随着"以审判为中心"的诉讼制度改革的不断推进与深化，证人出庭率得到显著提升，但重要证人普遍出庭惯例尚未形成，部分证人出庭价值有限，尤其表现为控方证人出庭率比较高。如何正确把握证人出庭标准、提高出庭证人的作证价值是控、辩、审三方亟须解决的问题。④ 由此，还应从强化证人、鉴定人、侦查人员的出庭作证的义务，完善口供补强规则，否定公诉方提交的书面材料的证据能力，明确被告人对质权等方面探索彻底贯彻直接言词原则。第二，我国并未建立完整意义上的交叉询问制度。交叉询问是英美法系对抗制庭审模式中由双方当事人主导的法庭调查程序的总称。交叉询问作为一种较为科学的法庭调查程序，通过对证人充分的质证盘诘，对查明案件实体真实有着积极意义。我国现行刑事庭审询问证人并非准确意义的交叉询问，有学者将其称为轮替询问，即控辩方与法官轮替

---

① 参见林睦翔：《直接言词原则的诉讼价值》，《法学杂志》2005年第6期，第27～28页。
② 参见杜磊：《审判中心视野下证人出庭作证必要性问题研究》，《中国刑事法杂志》2020年第2期，第107～124页。
③ 参见胡云腾：《证人出庭作证难及其解决思路》，《环球法律评论》2006年第5期，第557～561页。
④ 参见左卫民：《地方法院庭审实质化改革实证研究》，《中国社会科学》2018年第6期，第110～133页；叶扬：《新刑诉法实施后的证人出庭作证问题研究》，《社会科学家》2014年第9期，第111～115页；何莉：《新刑诉法视角下证人出庭制度失灵问题的解决建议》，《河北法学》2013年第6期，第186～191页；胡星昊：《从职权启动到诉权驱动——论证人出庭模式之转变》，《政法论坛》2015年第4期，第75～85页；樊崇义、李思远：《以审判为中心诉讼制度下鉴定人出庭制度研究》，《中国司法鉴定》2015年第4期，第1～7页。

询问证人的人证调查方式。① 第三,我国未赋予被追诉人对质权。承载着"传闻证据"的案卷笔录成为法院认定案件事实的基础,这是我国贯彻直接言词原则的最大制度障碍,也是我国实现"以审判为中心"的诉讼制度改革的基本困难。② 对质权的核心在于被告人与不利证人之间的关系,即被告人享有让证人当庭作证的权利。在中国语境下,明确赋予被告人对质权有利于从反面检验证人证言的可靠性,防止冤假错案的发生,也体现了审判公正的要求。③ 因此,应当明确赋予并保障被告人的质证权,使事实证据调查在法庭,定罪量刑辩论在法庭,裁判结果形成于法庭。

适逢《刑事诉讼法》第四次修改的启动,学界普遍主张直接确立直接言词原则,进一步明确证人应当出庭的情形,扩大证人应当出庭的案件类型范围,依法适用强制证人出庭令和训诫、拘留措施,否定证人未出庭作证时书面证言、鉴定意见的证据能力,限制侦查笔录在法庭发挥的作用。④

其次,普通程序简易审。

随着社会的快速发展,司法机关面临的办案压力越来越大,一些轻微案件的当事人饱受诉讼负担,在此背景下,学界开始讨论采用程序分流减轻诉讼压力。关于普通程序简易审程序的设置,学界存有不同意见。"支持说"认为,我国可以实行普通程序简易审方式。具体而言:实行普通程序简易审既具有现实的急迫性又具有理论的合理性,有利于实现案件繁简分流、缓解司法机关办案力量不足的压力、降低诉讼成本、提高诉讼效率。这种审理方式与科学合理配置司法资源的现实要求相适应,与刑事诉讼的发展趋势和司法改革的目标相一致。

"反对说"认为,我国不应当实行普通程序简易审。理由主要包括:第一,普通程序简易审能否实现司法公正、能否真正提高办案效率、能否保护当事人的合法权利确实存有疑虑。⑤ 第二,不应机械地借鉴引入西方普通程序简易审制度。对西方制度的考察应客观、全面,不能简单引证美国的辩诉交易来论证普通

---

① 参见龙宗智:《刑事庭审人证调查规则的完善》,《当代法学》2018年第1期,第3~10页。
② 参见陈瑞华:《什么是真正的直接和言词原则》,《证据科学》2016年第3期,第266~269页。
③ 参见魏晓娜:《以审判为中心的刑事诉讼制度改革》,《法学研究》2015年第4期,第86~104页。
④ 参见陈卫东:《直接言词原则:以审判为中心的逻辑展开与实现路径》,《法学论坛》2022年第6期,第76~89页;于同志:《深化以审判为中心的刑事诉讼制度改革》,《中国应用法学》2023年第3期,第135~148页;陈光中:《〈刑事诉讼法〉再修改的若干重要问题探讨》,《政法论坛》2024年第1期,第35~44页。
⑤ 参见崔敏、胡铭:《试论司法公正与诉讼效率——兼评"普通程序简易化"》,中国法学会诉讼法学研究会2001年年会论文。

程序简易化，要考虑其他各项诉讼制度的配套。① 而中国的刑事诉讼简易审采行了最简易化的速裁程序，在适用要件上作了诉讼传统上的综合，既要求主体合意，又要求罪行达到最轻微的程度，烙上了"非驴非马"的印记。② 第三，普通程序简易审具有一定制度缺陷，应谨慎实行。一方面，在司法改革过程中，我国刑事审判"走过场""走形式"的问题尚没有得到根本解决。③ 另一方面，刑事普通程序简易审的适用范围甚广，保障被追诉人自愿的机制并不健全，容易导致被告人权利的弱化，不利于保障人权。④

自 2003 年 3 月 14 日起实施的最高人民法院、最高人民检察院和司法部《关于适用普通程序审理"被告人认罪案件"的若干意见（试行）》中设置了普通程序简易审程序，对被告人自愿认罪并同意适用该意见进行审理的，对具体审理方式可以作相应简化。这一规定开创了协商性司法的程序适用，有助于提高司法效率。该意见后于 2013 年被废止，相应地，普通程序简化审也不再存在。但随着认罪认罚从宽制度试点工作的开展，认罪认罚案件普通程序简化审又重新被纳入法律规范。⑤ 有观点认为，认罪认罚从宽制度中的程序从简包括审判阶段可适用速裁程序、简易程序及普通程序简化审理等不同层次的简化程序。⑥ 也有观点认为，普通程序简化审与简易程序、普通程序存在竞合关系，在普通程序简化审和简易程序竞合时，优先适用简易程序；在普通程序简化审和普通程序竞合时，优先适用普通程序简化审。⑦ 实践中，上海、新疆等地方检察机关也制定相关文件明确对认罪认罚案件适用普通程序简化审。然而，因缺乏对普通程序简化审的法律规制，普通程序如何简化、简化到何种程度、与简易程序的关系等问题值得

---

① 参见安文录：《2001 年全国诉讼法学年会综述（刑事诉讼法学部分）》，《政治与法律》2002 年第 1 期，第 109～111 页。

② 参见林喜芬、王延延：《论刑事速裁程序的模型定位与配套制度之改革》，《上海交通大学学报（哲学社会科学版）》2019 年第 3 期，第 6～17 页。

③ 参见张建伟：《认识相对主义与诉讼的竞技化》，《法学研究》2004 年第 4 期，第 35～48 页。

④ 参见李忠诚等：《中国法学会诉讼法学研究会 2003 年年会综述》，《中国法学》2004 年第 1 期，第 186～190 页。

⑤ 例如，2016 年，最高人民法院、最高人民检察院、公安部、国家安全部、司法部印发的《关于推进以审判为中心的刑事诉讼制度改革的意见》中提到对于犯罪嫌疑人、被告人自愿认罪认罚的，可以适用普通程序简化审理；2017 年，最高人民法院印发的《关于全面推进以审判为中心的刑事诉讼制度改革的实施意见》中也提到可以适用普通程序简化审理被告人认罪案件；2019 年，最高人民法院、最高人民检察院、公安部、国家安全部、司法部印发的《关于适用认罪认罚从宽制度的指导意见》中再次提到适用普通程序审理认罪认罚案件，可以适当简化法庭调查、辩论程序。

⑥ 参见闵春雷：《认罪认罚从宽制度中的程序简化》，《苏州大学学报（哲学社会科学版）》2017 年第 2 期，第 48～56 页。

⑦ 参见李勇：《认罪认罚从宽制度适用中的程序竞合》，《检察日报》2020 年 8 月 28 日。

研究。

再次，庭审实质化。

为推动刑事诉讼模式由职权主义向控辩式的彻底转变，针对实践中存在的庭审"走过场"现象，学界对"庭审实质化"的对立面"庭审形式化"或者"庭审虚化"的讨论一直不断。这些庭审非实质化的问题在实践中也呈现多种样态。

第一，法院庭审指挥不规范。一方面，控审不分问题严重。庭审中，法官对被告人的过度讯问，由法官宣读未出庭的证人证言，公正、中立的法官一定程度上代行了指控被告人有罪的控诉职能，无疑将影响审判的公正性。[1] 同时，"诉审对象同一"原则坚持不够，审判权擅自超越诉权的请求作出裁判的现象频发。[2] 另一方面，在庭审调查程序中，法官或合议庭对诉讼参与人的严苛凸显了"官本位"的心理，对控辩双方没有等同看待，对公诉人训斥被告人、辩护人的行为不能及时制止，没有有效引导控辩双方进入庭审争议焦点或主题。[3]

第二，举证、质证及认证形式化。法庭证据调查是刑事审判程序的重要组成部分，是认定案件事实的关键环节，证据调查具体与否既表征着庭审在认定事实方面的实质化程度，也反映着庭审对抗的激烈程度。学界普遍认为，我国庭审中存在证据调查程序形式化现象，主要表现在：一是"证据突袭"现象频发。控辩双方在开庭审判之前对彼此的证据信息未进行充分、平等的沟通，庭审中的"证据突袭""伏击审判"现象存在。[4] 二是法官很少当庭对证据进行认证，法官不当庭表态或者害怕表态认证结论不妥当而拒绝认证事实成为常态。三是法庭证据调查的书面化。

第三，法官阅卷权和庭外调查权的行使使庭审流于形式。在"全案移送案卷"回归的状态下，法官裁判的作出并不完全建立在诉权行使的基础上。而法官的庭外调查权可能造成诉权与审判权关系的失衡，法官的单方面调查取证并未通知检察人员、辩护人到场，实际上是对诉权表达的限制和剥夺。[5] 庭外调查的启

---

[1] 参见陈卫东：《中国刑事审判制度的发展与完善》，《中国律师》2000年第2期，第13～15页。
[2] 参见樊学勇、陶杨：《刑事诉权理论视野下的刑事审判制度改革》，《当代法学》2005年第4期，第79～84页。
[3] 参见王亚明：《刑事一审庭审规范化的实证分析及理性思考》，《时代法学》2017年第1期，第18～34页。
[4] 参见徐静村、潘金贵：《我国刑事审判制度改革前瞻》，《中国刑事法杂志》2003年第5期，第3～12页。
[5] 参见樊学勇、陶杨：《刑事诉权理论视野下的刑事审判制度改革》，《当代法学》2005年第4期，第79～84页。

动和适用较为随意，证据材料书面化严重。[1]

第四，庭审中控辩"平等对抗"未形成。一方面，公、检、法三机关在长期的业务合作中形成了较为默契的配合，庭审很难形成控辩"平等对抗"的合理结构；极为严苛的司法责任追究制度进一步加强了公、检、法三机关的合作关系，"捕得准、诉得出、判得下"的业务标准促使追责压力逆推，法院很难顶受源自侦、检机关的定罪压力。[2] 另一方面，辩护律师有效辩护难的问题仍未彻底解决。在推进"以审判为中心"的诉讼制度改革中，律师提出的无罪辩护意见有所上升，取证违法的辩护意见、法定从宽、酌定从宽等辩护内容更加多样，律师的辩护行为更加积极。但是，从辩护效果上看，大部分案件的裁判结果依然着重于采纳从轻处罚的辩护意见。整体而言，庭审辩护实质性效果差异性并不是特别显著。[3]

《人民法院办理刑事案件第一审普通程序法庭调查规程（试行）》将证据裁判、居中裁判、集中审理、诉权保障和程序公正确立为法庭调查的基本原则，完善各类证据的举证、质证、认证规则，以确保诉讼证据出示在法庭、案件事实查明在法庭、诉辩意见发表在法庭、裁判结果形成在法庭。但庭审实质化仍旧任重而道远。[4] 上述所列庭审形式化的样态可能是多种原因造成的，诸如纵向的诉讼结构、卷宗的依赖甚至中心主义、庭前会议制度适用的偏离、重定罪轻量刑等诉讼制度的影响，当然也不乏案外因素、法官个人素质、法官考核体系等方面的影响。因此，学界研究的重点应当转向对上述因素的改革或者消除，塑造庭审实质化的实现路径，这也是"以审判为中心"的诉讼制度改革的基本要求。适逢《刑事诉讼法》第四次修改的启动，完善审判程序也是学界讨论的热点。学者们普遍主张，应全面落实"以审判为中心"，并将其作为《刑事诉讼法》第四次修改的目标，规范法院的诉讼指挥权，修改证人出庭规则，完善庭审的流程设置，加强对辩护权的保障，增设程序性制裁规则，增强法律文书说理性。[5]

---

[1] 参见李琨：《法庭证据调查研究》，吉林大学2019年博士学位论文。
[2] 参见左卫民：《地方法院庭审实质化改革实证研究》，《中国社会科学》2018年第6期，第110~133页；汪海燕：《论刑事庭审实质化》，《中国社会科学》2015年第2期，第103~205页。
[3] 参见左卫民：《地方法院庭审实质化改革实证研究》，《中国社会科学》2018年第6期，第110~133页。
[4] 参见汪海燕：《刑事审判制度改革实证研究》，《中国刑事法杂志》2018年第6期，第21~40页。
[5] 参见陈卫东：《三重维度下刑事诉讼法修改重点问题研究》，《中国刑事法杂志》2024年第4期，第20~38页；陈光中、陈琼雯：《〈刑事诉讼法〉修改的回顾与展望》，《法学杂志》2024年第2期，第14~26页；喻海松：《法典化时代刑事诉讼法再修改的基本向度》，《法学论坛》2024年第2期，第39~52页；聂友伦：《刑事诉讼法的解法典化与再法典化》，《中外法学》2024年第5期，第1~21页。

最后，量刑程序。

长期以来，我国一直实行的是"定罪与量刑程序一体化"模式，对被告人的量刑与定罪在庭审中一并处理。这种一体化的处理模式，容易使法官形成预断而影响其对量刑的判断，量刑的科学性与公正性也难以保障。2005年最高人民法院发布的《人民法院第二个五年改革纲要》提出，制定量刑指导意见，健全和完善相对独立量刑程序，由此，量刑程序改革正式拉开序幕。随后，2010年最高人民法院制定的《人民法院量刑指导意见（试行）》，最高人民法院与最高人民检察院、公安部、国家安全部、司法部联合发布的《关于规范量刑程序若干问题的意见（试行）》等法律规范对相对独立的量刑程序进行了初步设置。① 但是，相对独立的量刑程序的设置并未从根本上改变量刑程序依附于定罪程序、定罪程序与量刑程序一体化的量刑程序模式。② 该量刑程序在实践运作中仍存在一定困境：第一，法庭审理的重心始终在于被告人是否构成犯罪，量刑程序依附于定罪程序，法庭并不单独就量刑问题举证、质证和辩论。第二，无罪辩护意见与量刑辩护意见的采纳存有差异。《人民法院办理刑事案件第一审普通程序法庭调查规程（试行）》第43条、第44条单独规定了法庭应审查的量刑情节，明确了量刑调查不影响无罪辩护。实践中，无罪辩护意见被采纳的比较少，而辩方提出的被告人具有自首、立功、坦白、积极赔偿、认罪态度好等法定或酌定减轻、从轻的量刑情节的辩护意见得到采纳的比率较高。③ 第三，庭审形式化导致量刑形式化。证人出庭作证率低、交叉询问制度未建立、庭后移送案卷普遍存在和法官的庭外调查权大量行使，庭审走过场现象明显，一定程度上致使量刑形式化现象明显，这与在庭审活动中定罪量刑并重的庭审实质化要求是不相符的。④

完整的庭审实质化应包括定罪审理实质化和量刑审理实质化。针对量刑程序存在的诸多问题，有学者提出，在法庭调查、法庭辩论等阶段，应当保障量刑活动的相对独立性；改变那种数量化的量刑制度改革思路，使量刑信息的全面性、准确性在对抗化的法庭审理中得到检验；防止量刑程序改革可能带来诉讼效率下降的问题。⑤ 当然，量刑审理的实质化需要以完善证据开示制度、交叉询问制度

---

① 参见熊亚文：《相对独立量刑程序的现实困境与展望——以量刑对象理论为视角》，《西北民族大学学报（哲学社会科学版）》2014年第6期，第171～177页。
② 参见王明明：《量刑程序模式的中国选择》，《中国人民公安大学学报（社会科学版）》2013年第1期，第32～36页。
③ 参见徐静村、潘金贵：《我国刑事审判制度改革前瞻》，《中国刑事法杂志》2003年第5期，第3～12页。
④ 参见汪海燕：《论刑事庭审实质化》，《中国社会科学》2015年第2期，第103～122页。
⑤ 参见陈瑞华：《量刑程序改革的困境与出路》，《当代法学》2010年第1期，第30～38页。

等配套制度为保障。

2014年中共中央《关于全面推进依法治国若干重大问题的决定》指出：要"推进以审判为中心的诉讼制度改革，确保侦查、审查起诉的案件事实证据经得起法律的检验。""审判中心主义"意味着整个诉讼制度和活动应当围绕审判进行构建和展开，从而修正了原"流水线式"的诉讼结构。在"审判中心主义"下，审判阶段对案件的调查具有实质化的特征，庭审应成为重心，侦查是为审判进行准备的活动，起诉是开启审判的活动，执行是落实审判结果的活动，审判中控诉、辩护、审判三方结构成为诉讼的中心结构。① 未来，更应在"以审判为中心"的要求下，理顺刑事诉讼结构与运行方式，使庭审在审判程序中发挥决定性作用，真正做到控辩双方举证在法庭、质证在法庭、辩论说理在法庭，进而使案件的公正裁判形成于法庭。②

（二）刑事简易程序

长期以来，公正与效率一直是现代刑事诉讼所追求的两大价值目标。简易程序是当代司法公正内涵不断扩张、刑事案件逐年上升、司法资源相对短缺之间相互矛盾的产物，是司法公正和效率相互妥协的结果。③ 我国1979年《刑事诉讼法》中并没有简易程序的相关规定，1983年全国人大常委会的《关于迅速审判严重危害社会治安的犯罪分子的程序的决定》被视为简易程序的开端。1996年《刑事诉讼法》修改时增设了简易程序。随着社会的发展，1996年《刑事诉讼法》中关于简易程序的一些规定已不能适应社会发展，司法体制改革的日益深入也对简易程序的修改完善提出了迫切要求，2012年《刑事诉讼法》对简易程序作出了较大幅度的修改，体现出明显的立法进步性。2018年《刑事诉讼法》增设了刑事速裁程序和认罪认罚从宽程序，使我国刑事诉讼审判程序呈现出从偏重欧陆法系的精简模式（以罪行轻微为前提）到倾向英美法系的精简模式（以主体合意为要件）的演变趋势。④ 由此，刑事简易程序、刑事速裁程序等共同构成了广泛意义上的刑事简易程序。因刑事速裁程序在后文中会进行详细论述，本部分仅对狭义的刑事简易程序的研究进行梳理。

---

① 参见龙宗智：《论建立以一审庭审为中心的事实认定机制》，《中国法学》2010年第2期，第143~157页。
② 参见陈光中、李章仙：《论庭审模式与查明案件事实真相》，《法学杂志》2017年第6期，第1~10页。
③ 参见赵宁、虞浔、卜磊：《刑事简易程序扩大适用问题研究》，《华东政法大学学报》2011年第3期，第84~88页。
④ 参见林喜芬、王延延：《论刑事速裁程序的模型定位与配套制度之改革》，《上海交通大学学报（哲学社会科学版）》2019年第3期，第6~17页。

第一，关于扩大适用简易程序的范围。1996年《刑事诉讼法》规定适用简易程序的范围较小，仅为3年以下有期徒刑、拘役、管制或单处罚金的公诉案件和部分自诉案件。实践中不少案件虽然对被告人的最终处刑较高，但是案情简单、证据充分、控辩双方争议甚小或者无争议，也适用了简易程序。同时，学界对1996年《刑事诉讼法》中的"三年以下""有证据证明的轻微刑事案件"的理解也不一致，导致实践中适用混乱。学界普遍认为应当扩大适用简易程序的范围，从刑罚角度主张将简易程序的适用范围由"三年"改为"五年"或者"七年"，甚至扩大到"依法可能判处十年以下有期徒刑、拘役、管制、单处罚金的公诉案件"[①]。从程序角度主张对于可能判处3年以下有期徒刑且被告人认罪的案件，经控辩双方同意，可进行书面审理，省略庭审程序；对于罪行轻微且犯罪嫌疑人认罪的案件，警察、检察官可作出非司法化处理。[②] 从案件适用角度主张"将普通程序简易审看作是扩大简易程序的一个过渡，简易程序的适用范围可以涵盖一审法院几乎所有管辖案件。"[③] 2012年《刑事诉讼法》扩大了简易程序的适用范围，并通过列举方式明确了不适用简易程序的情形。但也有学者通过实证研究发现，实践中适用简易程序所判处的超过3年有期徒刑刑罚的案件有限，这与立法中简易程序适用范围的扩大存在明显的割裂。[④] 学界多主张继续扩大刑事简易程序的适用范围。适逢《刑事诉讼法》第四次修改的启动，关于优化繁简分流的审判程序机制，有学者主张适当扩大法官在简易程序中独任审的比例，将简易程序的适用范围拓宽至可能判处5年以下有期徒刑的案件。[⑤] 也有学者认为，因速裁程序与简易程序的适用范围相互交叉且有所重合，故需要以精细化规则构建刑事案件繁简程序。[⑥]

第二，关于公诉人出庭制度。1996年《刑事诉讼法》规定："适用简易程序

[①] 陈光中：《中华人民共和国刑事诉讼法再修改专家建议稿与论证》，中国法制出版社2006年版，第586页；徐静村：《中国刑事诉讼法（第二修正案）——学者拟制稿及立法理由》，法律出版社2005年版，第379页；徐静村、潘金贵：《我国刑事审判制度改革前瞻》，《中国刑事法杂志》2003年第5期，第3~12页。

[②] 参见左卫民：《在法治进程中构建简易刑事程序》，《法学》2008年第7期，第53~55页。

[③] 赵宁、虞浔、卜磊：《刑事简易程序扩大适用问题研究》，《华东政法大学学报》2011年第3期，第84~88页。

[④] 参见龚善要、王禄生：《内外定位冲突下刑事简易程序的实践困境及其再改革——基于判决书的大数据挖掘》，《山东大学学报（哲学社会科学版）》2020年第3期，第22~32页。

[⑤] 参见谢进杰：《刑事诉讼的中国式现代化：道路与图景》，《法制与社会发展》2024年第5期，第52~73页。

[⑥] 参见汤火箭、郝廷婷、陶妍宇：《认罪认罚案件审判程序分流效果实证研究——以C市基层法院3 076件认罪认罚案件为分析样本》，《山东大学学报（哲学社会科学版）》2021年第3期，第56~63页。

审理公诉案件，人民检察院可以不派员出席法庭"。基于控辩平等原则的要求，学界普遍主张，不论何种程序，公诉人不出庭都会导致诉讼结构的不完整，会影响到诉讼结果的公正。故而，2012年《刑事诉讼法》修改时，明确了"适用简易程序审理公诉案件，人民检察院应当派员出席法庭"，完善了控、辩、审三方的诉讼结构。

第三，关于刑事简易程序与刑事速裁程序。在2012年《刑事诉讼法》对简易程序改革的成效尚未充分释放时，速裁程序的试点工作又于2014年在全国展开。作为对简易程序的再次分流程序①，速裁程序比简易程序更加简易，也更具有制度优势。但是，简易程序中的"被告人承认自己的罪行"的条件与认罪认罚从宽制度改革中的"认罪"与"认罚"并重的条件明显不适应，形成了一定冲突。②

随着认罪认罚从宽制度的实施、刑事速裁程序的创制，学界对刑事简易程序的研究重点应当有所转向，在关注现有刑事简易程序的审判组织、审判程序、量刑程序等的同时，更应厘清简易程序与速裁程序的关系，并设置相应的衔接程序，消除简易程序与速裁程序的冲突，更好地发挥各种类别的诉讼程序的价值。

(三) 刑事速裁程序

劳动教养制度被废除之后，犯罪门槛被大大降低，醉驾、盗窃、寻衅滋事等类型的案件数量激增，案多人少的矛盾凸显，现有的刑事普通程序和简易程序远远不能满足实践的需求。认罪认罚从宽制度与刑事速裁程序的试点经验为刑事犯罪政策的制定与修正提供了依据。党的十八届四中全会审议通过的中共中央《关于全面推进依法治国若干重大问题的决定》提出"完善刑事诉讼中认罪认罚从宽制度"；2015年2月4日，最高人民法院发布的《人民法院第四个五年改革纲要（2014—2018）》提出"完善刑事诉讼中认罪认罚从宽制度"；经过4年的试点工作，2018年《刑事诉讼法》中规定了认罪认罚从宽制度。我国刑事司法变得更加文明、理性和宽容。③

1. 关于刑事速裁程序的讨论

经过两年的试点，刑事速裁程序的案件繁简分流、协调刑事诉讼程序多元价

---

① 参见陈卫东、胡晴晴：《刑事速裁程序改革中的三重关系》，《法律适用》2016年第10期，第22～28页。

② 参见龚善要、王禄生：《内外定位冲突下刑事简易程序的实践困境及其再改革——基于判决书的大数据挖掘》，《山东大学学报（哲学社会科学版）》2020年第3期，第22～32页。

③ 参见陈卫东：《〈刑事诉讼法〉最新修改的相关问题》，《上海政法学院学报（法治论丛）》2019年第4期，第17～27页。

值等功能凸显，学界也对刑事速裁程序的理论与实践予以了关注，相关研究主题包括：

第一，关于刑事速裁程序的理论基础。效率价值、程序公正价值及实体公正价值构成了刑事速裁程序的多元价值体系。为了实现刑事速裁程序的三种价值，尽量避免价值之间的冲突，应当树立效率价值优先原则以及保障最低限度公正价值原则，以保障该程序在新的立法体系中更为顺畅地运行。①

第二，关于速裁程序与"以审判为中心"诉讼制度改革是否冲突。学界对此形成了不同观点："冲突说"认为，刑事速裁程序重点简化的便是庭审程序，如果运用不当，就可能导致庭审程序的虚化；而审判中心改革强调的是庭审的重要性，审判中心改革的实质是庭审的实质化。因此，刑事速裁程序与审判中心改革存在一定冲突。"不冲突说"认为，速裁程序与审判中心改革并不冲突，审判结果仍然形成于法庭，审判中心改革是与侦查中心相对应的。② 而且，审判中心主义的本质是"谁说了算"的问题，与庭审简化与否没有本质上的关系。③

第三，关于能否确立省略审判环节的简易化程序。学界形成了不同观点："支持说"认为，在以速裁程序为载体的认罪认罚从宽制度的改革试点中，可以根据案件情况省略一定的审判环节。例如，对于非现行犯，不必要求被告人必须出庭，可以适当推进法院审核工作的书面化。④ "否定说"认为，速裁程序不能再对审判环节进行省略。我国现行的刑事速裁程序已十分精简，若直接省略开庭审理活动，将不利于法官准确判断被告人认罪的真实性和自愿性，并可能滋生错案。⑤ "折中说"认为，我国现行刑事速裁程序牵涉的被告实体权利较为重要，若贸然推行不开庭的审理方式似乎易生弊端；我国现行的刑事简易程序在精细化程度上尚有提升空间，在兼顾效率与公正的基础上，可以考虑稳步推动省略审判环节的改革。⑥

第四，关于刑事速裁程序是否能适度限制被追诉人的程序性权利。学界普遍

---

① 参见孔令勇：《刑事速裁程序价值的理论阐释与冲突衡平》，《烟台大学学报（哲学社会科学版）》2019年第4期，第27~44页。

② 参见陈卫东、胡晴晴：《刑事速裁程序改革中的三重关系》，《法律适用》2016年第10期，第22~28页。

③ 参见陈瑞华：《"认罪认罚从宽"改革的理论反思：基于刑事速裁程序运行经验的考察》，《当代法学》2016年第4期，第3~13页。

④ 参见魏晓娜：《完善认罪认罚从宽制度：中国语境下的关键词展开》，《法学研究》2016年第4期，第79~98页。

⑤ 参见孙谦：《全面依法治国背景下的刑事公诉》，《法学研究》2017年第3期，第5~25页。

⑥ 参见林喜芬、王延征：《论刑事速裁程序的模型定位与配套制度之改革》，《上海交通大学学报（哲学社会科学版）》2019年第3期，第6~17页。

主张刑事速裁程序的核心价值为诉讼效率，被追诉人上诉必然会影响该程序的效率价值①，同时也普遍认识到对被追诉人权利保障的重要性。刑事速裁程序虽简化了庭审的诸多环节，但被追诉人的基本权利不能克减，尤其是被告人的辩护权、对证据以及案件信息的知悉权等，应保证被告人在明知基础上真诚、自愿地认罪认罚、选择速裁程序、同意量刑建议。② 可以说，学界普遍认识到，在寻求适合我国国情的刑事简易程序的多元化立法过程中，在提高效率的同时加强简易程序的人权保障以及相关制度完善，显得尤为重要。③ 故而，"限制上诉原则"被视为更为理性的观点，而限制上诉的理由和例外等问题还需要学界进行深入研究。

第五，关于刑事速裁程序的制度内容。一是关于刑事速裁程序的适用范围。2016年最高人民法院、最高人民检察院、公安部、国家安全部、司法部制定的《关于在部分地区开展刑事案件认罪认罚从宽制度试点工作的办法》将速裁程序的适用范围规定为可能判处3年有期徒刑以下刑罚的案件，2018年《刑事诉讼法》在修改时沿用了这一规定。但也有学者认为，刑事速裁程序包括速裁程序书面审和速裁程序开庭审两个层级，适用速裁程序书面审的案件范围应限制在可能判处6个月以下刑期的拘役案件或财产刑案件。④ 二是关于刑事速裁程序的证明标准。学界形成了不同观点："降低说"认为，刑事速裁程序在实践中的证明标准已经低于法定证明标准，速裁程序的证明标准可以适当放宽，可以采用"案件事实清楚，可以排除合理怀疑"的证明标准⑤，或者可以采用"基本事实清楚，基本证据充分"的证明标准。⑥ "维持说"认为，刑事证明标准是刑事诉讼的"底线正义"标准，如果降低案件证明标准，可能带来刑事案件审理上的证据适用的混乱，会有侵犯被追诉人合法权益的风险，会有造成冤错案件的可能，刑事

---

① 参见陈卫东：《认罪认罚从宽制度研究》，《中国法学》2016年第2期，第48～64页。
② 参见杨雄：《效率与公正维度下的刑事速裁程序》，《湖北社会科学》2016年第9期，第160～164页。
③ 参见高飞：《刑事简易程序改革与完善研究》，《中国刑事法杂志》2008年第2期，第90～98页。
④ 参见林喜芬、王延延：《论刑事速裁程序的模型定位与配套制度之改革》，《上海交通大学学报（哲学社会科学版）》2019年第3期，第6～17页。
⑤ 参见高通：《刑事速裁程序证明标准研究》，《法学论坛》2017年第2期，第104～111页；龙宗智：《试点成功的关键在于形成差异性程序体系》，《人民法院报》2015年9月9日。
⑥ 参见冉demás、何东青：《积极探索　科学论证　推动刑事案件速裁程序试点健康深入开展——试点中期评估论证会专家意见摘编》，《人民法院报》2015年9月9日。

速裁程序应当维持现行刑事诉讼的法定证明标准。① 学界对刑事速裁程序的证明标准问题的讨论并未随着 2018 年《刑事诉讼法》的修改而结束。三是关于刑事速裁程序的审理方式。学界基于不同角度形成了不同观点:"书面审理说"认为,基于刑事速裁程序的程序简化性及其价值理念的考虑,可以采用书面审理。② "开庭审理说"认为,书面审理方式违背了直接言词原则,也与"以审判为中心"改革相违背,速裁程序只是在庭审程序上有所简化,仍然应当采用开庭审理方式。③

自刑事速裁程序试点以来,学界的讨论较为热烈,相关研究成果也推动了立法的修改与完善,但刑事速裁程序的研究相较于同时期的认罪认罚从宽制度而言明显不够深入、全面。总体而言,大多数研究集中于速裁程序中的个别问题,缺乏全局性、系统性的研究成果,一些问题仍存在争议。2018 年《刑事诉讼法》修改后,学界应将研究重点更多地放置于速裁程序的实施效果、完善机制、配套措施等,为速裁程序的制度完善及价值发现提供智力支持。同时,速裁程序与认罪认罚从宽制度、和解制度之间的关系探讨也是不容回避的研究主题。④

2. 关于认罪认罚从宽制度的讨论

认罪认罚从宽制度是我国对"协商型司法"的积极探索,是明显不同于之前"对抗制"模式的新的诉讼模式的创建,随着认罪认罚从宽制度试点的结束,2018 年《刑事诉讼法》修改的重点内容之一即为认罪认罚从宽制度。认罪认罚从宽制度对控辩关系、控审关系产生了深刻影响,随着认罪认罚从宽制度实践的深入,相关法律规范也不断完善,学界对它的研究也较为丰富。

第一,对认罪认罚从宽制度的评价。

学界普遍肯定了认罪认罚从宽制度在我国的确立,认为该项制度在准确及时惩罚犯罪、强化人权司法保障、推动刑事案件繁简分流、节约司法资源、化解社会矛盾等方面具有重要价值。

但也有学者对认罪认罚从宽制度存在一定担忧。该学者认为,2018 年《刑

---

① 参见李本森:《刑事速裁程序试点研究报告:基于 18 个试点城市的调查问卷分析》,《法学家》2018 年第 1 期,第 165~178 页;汪建成:《以效率为价值导向的刑事速裁程序论纲》,《政法论坛》2016 年第 1 期,第 121~126 页。

② 参见冉容、何东青:《积极探索 科学论证 推动刑事案件速裁程序试点健康深入开展——试点中期评估论证会专家意见摘编》,《人民法院报》2015 年 9 月 9 日;汪建成:《以效率为价值导向的刑事速裁程序论纲》,《政法论坛》2016 年第 1 期,第 121~126 页。

③ 参见樊崇义:《刑事速裁程序:从"经验"到"理性"的转型》,《法律适用》2016 年第 4 期,第 10~17 页。

④ 参见李建东:《刑事速裁程序研究述评》,《辽宁警察学院学报》2019 年第 4 期,第 80~89 页。

事诉讼法》规定的认罪认罚从宽的实体性规则与程序性规则在逻辑上未能完全协调一致。认罪认罚从宽制度能够带来的显性效果是程序上的从简和诉讼期限上的从快,而非实体处理上的从宽,如何从宽理应在实体法中规定,现在却阴差阳错地规定为程序法原则,并以从快的程序机制为基本内涵。这种在程序法中规定实体法原则并以程序法的具体内容来运行的做法,违背了程序与实体内容应正确界定并分别规定在程序法与实体法中的法律原理,在一定程度上破坏了我国法律体系中程序法与实体法相对分离的总体格局。[①] 也有学者指出了认罪认罚从宽制度存在概念不清晰,值班律师的权利不明确,被告人是否享有反悔权、上诉权等规定不明,配套制度存在缺失等问题,对司法实践中可能出现控辩失衡、任意扩展解释、被追诉人权利保障体系未健全、协商化程序不规范等问题心存担忧。[②]

第二,对认罪认罚从宽制度的性质分析。

认罪认罚从宽为一项新的制度,学界对认罪认罚从宽制度的性质也存在不同认识。有观点将认罪认罚从宽视为公安、司法机关的权力,有观点认为认罪认罚是被追诉人程序性权利与实体性权利的统一,应作为被追诉人的重要权利加以明确和保障[③];还有学者从政策、原则及制度三个维度对认罪认罚从宽制度进行了解读,认为认罪认罚从宽制度是充分体现刑事政策精神的制度样本,是一种集实体规范与程序规范于一体的综合性法律制度。[④] 虽然学界对认罪认罚从宽制度的性质未达成共识,但各种观点是具有共通性的。整体而言,学界对认罪认罚从宽制度的性质认识从权力主导的程序加速机制转向权力供给制度[⑤],从刑事政策转向刑事制度。[⑥]

第三,对认罪认罚从宽制度的内涵理解。

现行刑事法律规范对认罪认罚从宽制度的相关概念作出了规定,但该规定仍

[①] 参见左卫民:《如何打造具有法理合理性的刑事诉讼法——审思2018年刑事诉讼法修正案》,《比较法研究》2019年第3期,第53~60页。

[②] 参见陈卫东:《认罪认罚从宽制度的理论问题再探讨》,《环球法律评论》2020年第2期,第23~36页。

[③] 参见闵春雷:《回归权利:认罪认罚从宽制度的适用困境及理论反思》,《法学杂志》2019年第12期,第1~11页。

[④] 参见陈卫东:《认罪认罚从宽制度研究》,《中国法学》2016年第2期,第48~64页;陈卫东:《认罪认罚从宽制度的理论问题再探讨》,《环球法律评论》2020年第2期,第23~36页。

[⑤] 参见秦宗文:《认罪认罚从宽制度的效率实质及其实现机制》,《华东政法大学学报》2017年第4期,第30~41页;左卫民:《认罪认罚何以从宽:误区与正解——反思效率优先的改革主张》,《法学研究》2017年第3期,第162~177页;张泽涛:《认罪认罚从宽制度立法目的的波动化及其定位回归》,《法学杂志》2019年第10期,第1~13页。

[⑥] 参见卢建平:《刑事政策视野中的认罪认罚从宽》,《中外法学》2017年第4期,第1000~1023页。

较为模糊,学界在理解相关概念时存有差异。

其一,对"认罪"的理解。对于认罪认罚从宽制度中的"认罪",有观点认为"认罪"指的是认犯罪事实、承认构成犯罪、承认指控罪名。[1] 也有观点认为"认罪"应当包括承认犯罪构成,但不包含承认指控的罪名。[2] 还有学者分析了认罪态度以及与定罪、量刑之间的关系,认为认罪是指被追诉人出于忏悔或者认错的心态对自己已经犯下的犯罪行为进行的某种明示或默示的表示行为。认罪与否不应当影响定罪,认罪态度只是量刑的参考因素。[3] 另外,关于与"认罪"相关的认罪答辩撤回权或者反悔权,多数论者都将被追诉人撤回认罪答辩作为自愿认罪的保障机制,认为应当赋予被追诉人反悔权。[4] 也有学者认为,赋予被追诉人反悔权容易导致被追诉人轻率作出认罪认罚,容易给被追诉人造成认罪认罚的"意思障碍","鼓励"被追诉人更轻率地认罪认罚。[5] 最高人民法院、最高人民检察院、公安部、国家安全部、司法部联合印发的《关于适用认罪认罚从宽制度的指导意见》对"认罪"的概念进行了明确,对"认罪"的把握进行了指导,对被追诉人认罪答辩的反悔权予以了确认。

其二,对"认罚"的理解。一是认罪认罚从宽与自首、坦白、立功的关系。认罪认罚从宽与自首、坦白、立功作为两种不同的制度规定,学界普遍认为认罪认罚从宽不能与自首、坦白、立功并列评价,但是对不能并列评价的原因分析有所差异:有观点认为,认罪认罚从宽是一项集合性制度,认罪认罚本身就包含了自首、坦白和立功的相关内容,因此不能进行并列评价[6];也有观点认为,如果将认罪认罚从宽与自首、坦白和立功进行并列评价会引起量刑情节重复评价的问题,会带来适用上的困境。[7] 但是,也有观点认为,现有法律规范对自首、坦

---

[1] 参见胡云腾主编:《认罪认罚从宽制度的理解与适用》,人民法院出版社2018年版,第78页。
[2] 参见周新:《认罪认罚从宽制度立法化的重点问题研究》,《中国法学》2018年第6期,第173~194页。
[3] 参见杨宇冠、孙鹤源:《认罪认罚改革背景下"认罪态度"与定罪量刑的内涵解读与技术分析》,《求索》2020年第2期,第180~186页。
[4] 参见陈卫东:《认罪认罚从宽制度研究》,《中国法学》2016年第2期,第48~64页;孟亚旭:《认罪认罚从宽不会出现"同案不同判"》,《北京青年报》2016年9月4日;闵春雷:《认罪认罚案件中的有效辩护》,《当代法学》2017年第4期,第27~37页。
[5] 参见张全印:《刑事诉讼中被告人认罪认罚撤回权的立法探究》,《理论导刊》2017年第11期,第93~97页。
[6] 参见顾永忠:《关于"完善认罪认罚从宽制度"的几个理论问题》,《当代法学》2016年第6期,第129~137页。
[7] 参见何明田、芝春燕:《刑事一体化下的认罪认罚从宽制度难题解决》,《中国检察官》2017年第22期,第11~14页;周光权:《论刑法与认罪认罚从宽制度的衔接》,《清华法学》2019年第3期,第29~42页。

白、当庭认罪等认罪量刑情节和赔偿被害人损失、退缴赃款、达成刑事和解等认罚量刑情节均有明确的从宽标准，足以据此确定认罪认罚的从宽幅度，无须将认罪认罚作为单独量刑情节。① 二是对作为独立从宽量刑情节的"认罚"的理解。最高人民法院、最高人民检察院、公安部、国家安全部、司法部联合印发的《关于适用认罪认罚从宽制度的指导意见》第 7 条已经对"认罚"的考察重点进行了明确规定，但实践中各地区对认罪认罚从宽制度的执行并不完全统一，对"保证金""补缴税款""先行赔偿"等的态度也不同。②

其三，认罪认罚具结书的法律属性与效力之争。刑事法律规范并未对认罪认罚具结书的性质与法律效力作出明确规定，导致司法机关与被追诉人的认识不一致，带来实践中的无序。"保证书性质说"认为，认罪认罚具结书具有保证书的性质，是对具结人在自愿的情况下作出认罪认罚意思表示的保证，该保证只对具结人一方具有约束力。对于作为保证书的具结书的效力，有观点认为，具结人不得随意变更或撤回具结书③；也有观点认为，具结人可以单方面撤回具结书。④"多重性质说"认为，认罪认罚具结书是具结人作出有罪供述的证据，其对控、辩、审三方均有法律效力。从认罪认罚具结书的内容看，具结书是控辩双方协商与合意的结果，是契约的性质，对控辩双方都有约束力，被追诉方不得随意反悔，追诉方也不得随意变更起诉意见。从认罪认罚具结书与法院裁判权的关系来看，认罪认罚具结书具有裁判参考的属性，对法院裁判权具有一定约束力。⑤

其四，关于认罪认罚自愿性的判断标准。认罪认罚自愿性的审查是认罪认罚从宽制度的核心内容，认罪认罚的自愿性关乎认罪认罚从宽制度的正当性，也关乎被追诉人合法权益的保障。现行法律规范对认罪认罚自愿性审查的内容作出了列举式规定，但对认罪认罚自愿性的判断标准未予以明确，学界对此有不同理解。"非法言词证据排除标准说"认为，认罪认罚自愿性的判断标准等同于非法言词证据的排除标准。⑥"非法证据排除标准说"认为认罪认罚自愿性的判断标

---

① 参见杨立新：《认罪认罚从宽制度理解与适用》，《国家检察官学院学报》2019 年第 1 期，第 53～65 页。
② 参见王志祥、融昊：《认罪认罚从宽制度的体系性反思与建构》，《法学杂志》2020 年第 5 期，第 111～120 页。
③ 参见王爱立：《中华人民共和国刑事诉讼法修改条文解读》，中国法制出版社 2018 年版，第 102 页。
④ 参见胡云腾主编：《认罪认罚从宽制度的理解与适用》，人民法院出版社 2018 年版，第 97 页。
⑤ 参见马明亮：《认罪认罚从宽制度中的协议破裂与程序反转研究》，《法学家》2020 年第 2 期，第 118～132 页。
⑥ 参见孔冠颖：《认罪认罚自愿性判断标准及其保障》，《国家检察官学院学报》2017 年第 1 期，第 20～30 页。

准应等同于非法证据排除标准。①"区分标准说"主张将认罪自愿性和认罚自愿性的标准进行区分,将认罪自愿性分为实质认罪自愿性和形式认罪自愿性。该观点认为,实质认罪自愿性的标准比非法言词证据排除规则所确立的"痛苦标准"严格,是自白任意性标准;而形式认罪自愿性的判断标准是"没有异议"标准。认罚自愿性的判断标准是程序推定标准,只要依法进行了权利告知、律师提供了有效法律援助以及律师参与协商等,就推定被追诉人是自愿的。②"痛苦标准说"认为,上述观点虽然从不同角度对认罪认罚自愿性的判断标准进行了理解,但都具有一定的局限性。"非法言词证据排除标准说"没有区分认罪认罚自愿性中的各要素,"非法证据排除标准说"没有明确认罪认罚案件的特殊性,认罪自愿性和认罚自愿性的"区分标准说"人为地割裂了认罪认罚中的各种要素,故而提出参照非法言词证据排除规则所确立的"痛苦标准"来界定认罪认罚自愿性的判断标准。③

其五,量刑建议的精准与幅度之争。在认罪认罚从宽制度下,量刑建议是控辩双方协商的产物,是认罪认罚从宽案件处理的核心。由于法律规定不明确,量刑建议应当是幅度还是精准,已然成为理论与实践的争议点之一。"精准说"认为,量刑建议的刑罚没有幅度,刑种、刑期及执行方式等都应当是具体的,这有助于保证认罪认罚从宽制度适用的稳定性,彰显了认罪认罚从宽制度中的协商合意。④"幅度说"认为,量刑建议应当是在一定的幅度范围之内,幅度刑量刑建议为新情况、新事实预留了空间,有助于实现量刑裁判的公正公允。精准为主、幅度为辅的"折中说"认为,认罪认罚从宽制度中的量刑建议一般应当以精准刑为主,以幅度刑为辅。从学界讨论来看,精准为主、幅度为辅的"折中说"逐渐占据了主流观点,精准刑量刑建议成为主要的量刑建议模式,幅度刑量刑建议作为补充,以应对认罪认罚案件的复杂性和多样性。

其六,量刑建议的适用效力。检察机关与法院对量刑建议的效力持有较大认识分歧。检察机关将认罪认罚从宽制度视为一种以检察官主导责任为基础的诉讼制度设计,主张量刑建议的精准化、确定化,认为量刑建议对法官有一定的约束力。就法官而言,其主张定罪量刑权是审判权的核心内容,应由法官专属,而量刑建议是检察机关求刑权的范畴,认罪认罚从宽制度改变的只是公诉权的减让,

---

① 参见潘金贵、唐昕驰:《被追诉人非自愿认罪认罚的认定与救济》,《人民司法》2019年第25期,第76~80页。
② 参见闫召华、李艳飞:《论认罪认罚的自愿性及其保障》,《净月学刊》2018年第2期,第14~23页。
③ 参见杜磊:《论认罪认罚自愿性判断标准》,《政治与法律》2020年第6期,第148~160页。
④ 参见陈国庆:《量刑建议的若干问题》,《中国刑事法杂志》2019年第5期,第3~18页。

并未改变公、检、法三机关的关系，检察机关不能主导审判，主张检察机关的量刑建议不能约束审判权。[①] 学界对《刑事诉讼法》第 201 条规定的"人民法院依法作出判决时，一般应当采纳人民检察院指控的罪名和量刑建议"的理解存有较大争议，主要体现在对"一般应当"的理解与适用。有观点认为，"一般应当"体现了对控辩双方协商合意的尊重，并不意味着法院要"照单全收"，法院仍应当依据裁判权对它进行严格审查，如果存在明显不当的情形，应当作出依法处理。[②] 也有观点认为，"一般应当"指的是人民法院对量刑建议应当采纳，实际上将法官自由裁量权部分让渡给检察机关，这有利于提升诉讼效率。[③] 其实，从立法技术来看，"一般应当"的立法模式较为妥当地调和了认罪认罚从宽制度下检察机关量刑建议的刚性和法院量刑裁判弱化之间的矛盾，既尊重了控辩双方的协商合意，又尊重了法院的终局裁判权。

与检察机关量刑建议"一般应当"采纳的原则性规定密切相关的是《刑事诉讼法》同样赋予了法官可以改变量刑建议的情形。对此，学界存在不同看法：赞同观点认为，检察机关要有容忍被追诉人反悔、正确对待法院依法裁判的心态，不宜动用抗诉权。[④] 反对意见认为，上述观点忽视了检察机关系法律监督机关的职能属性，检察机关的量刑建议权不是域外所谓的"求刑权"，检察机关行使抗诉权是有充分的条件和理由的，是基于保障罪责刑相适应的需要，是应对实践中出现的被追诉人为达到"留所服刑""试探性求宽"等目的滥用"上诉不加刑"原则的措施。[⑤]

第四，对认罪认罚从宽案件证明标准的探讨。

学界对认罪认罚从宽案件的证明标准存在不同理解，具体而言："适当降低说"认为，在认罪认罚从宽案件中，控辩双方在定罪问题上的分歧已不复存在，作为普通案件要求达到基本事实清楚、基本证据确实充分的证明标准即可，对次要事实和情节不要求达到这种程度，而且提出，降低证明标准可以通过辅之以相

[①] 参见秦宗文：《"检察机关刑事诉讼主导责任论"辨析》，《法治现代化研究》2020 年第 3 期，第 108~122 页。
[②] 参见胡云腾：《正确把握认罪认罚从宽 保证严格公正高效司法》，《人民法院报》2019 年 10 月 24 日。
[③] 参见陈国庆：《量刑建议的若干问题》，《中国刑事法杂志》2019 年第 5 期，第 3~18 页。
[④] 参见胡云腾：《正确把握认罪认罚从宽 保证严格公正高效司法》，《人民法院报》2019 年 10 月 24 日。
[⑤] 参见贾宇：《认罪认罚从宽制度与检察官在刑事诉讼中的主导地位》，《法学评论》2020 年第 3 期，第 1~11 页；董坤：《认罪认罚从宽案件中留所上诉问题研究》，《内蒙古社会科学（汉文版）》2019 年第 3 期，第 116~121 页。

应配套制度得以实现,并不会产生滋生或助长冤假错案的风险。①"维持说"认为,认罪认罚从宽制度仅减轻控方审查起诉、准备公诉、参加庭审举证质证等负担,但并非要降低证明标准或淡化庭审程序,反而更强调对认罪基础事实及认罪真实性、自愿性的审查判断。② 上述分歧源于证明标准的精准化不足及认罪认罚从宽案件的特殊性,不同的认识也影响着认罪认罚从宽制度的实践,对此应回归对证明标准的研究,并关注具有本土特色的认罪认罚从宽制度的构建。

第五,对认罪认罚从宽制度上诉权的探讨。

《刑事诉讼法》第 227 条规定了上诉权,但基于认罪认罚从宽制度的特殊性,学界对认罪认罚从宽案件中被追诉人的上诉权持有不同观点。"不限制上诉权说"认为,不应限制认罪认罚从宽案件中被追诉人的上诉权。③ "不限制上诉权但应限制上诉条件"的观点认为,认罪认罚从宽案件中的被追诉人享有上诉权,但是基于认罪认罚从宽案件的特殊性,应严格限制上诉的条件,明确上诉例外的情形。例如,对违背被追诉人意愿认罪的才可以上诉;一审法院判决有误,或者判决之后才发现不适用认罪认罚从宽制度的,被追诉人才能上诉。④ "区分限制上诉权说"认为,适用不同程序的认罪认罚案件的上诉权是不同的,适用速裁程序的认罪认罚从宽案件不应赋予上诉权;而适用普通程序的认罪认罚案件应当赋予上诉权。⑤ 确实,保留被追诉人的上诉权是对被追诉人权利的保障,但是也存在滥用上诉权和浪费司法资源的风险;剥夺被追诉人的上诉权,又使得被追诉人的权利得不到保障。⑥ 由此,学界讨论的重点应当转向如何平衡此关系,在肯定认罪认罚从宽案件被追诉人的上诉权的同时,思考如何设置被追诉人上诉权的具体条件与程序。

对于被追诉人上诉反悔的应对,"区分说"主张区分情形进行讨论:如果被追诉人是有正当理由的上诉反悔,则被追诉人当然享有上诉的权利;如果被追诉人单纯对于量刑不满提出上诉反悔,对认罪情况认可,则应以谦抑态度加以对

---

① 参见陈光中、马康:《认罪认罚从宽制度若干重要问题探讨》,《法学》2016 年第 8 期,第 3~11 页;朱孝清:《认罪认罚从宽制度的几个问题》,《法治研究》2016 年第 5 期,第 35~44 页;李勇:《证明标准的差异化问题研究——从认罪认罚从宽制度说起》,《法治现代化研究》2017 年第 3 期,第 46~60 页。
② 参见陈卫东:《认罪认罚从宽制度研究》,《中国法学》2016 年第 2 期,第 48~64 页;谢登科:《论刑事简易程序中的证明标准》,《当代法学》2015 年第 3 期,第 135~143 页。
③ 参见陈瑞华:《认罪认罚从宽制度的若干争议问题》,《中国法学》2017 年第 1 期,第 35~52 页。
④ 参见最高人民法院刑一庭课题组:《关于刑事案件速裁程序试点若干问题的思考》,《法律适用》2016 年第 4 期,第 18~22 页;山东省高级人民法院刑三庭课题组:《关于完善刑事诉讼中认罪认罚从宽制度的调研报告》,《山东审判》2016 年第 3 期,第 100~104 页。
⑤ 参见陈卫东:《认罪认罚从宽制度研究》,《中国法学》2016 年第 2 期,第 48~64 页。
⑥ 参见赵菁:《认罪认罚案件上诉问题研究》,《法学论坛》2020 年第 1 期,第 152~160 页。

待，而不是以抗诉方式予以惩戒；如果是被追诉人既不认罪又不认罚的上诉反悔，检察机关可以对此提出抗诉。① 另外，对于被追诉人反悔后的有罪供述的效力问题，学界形成了不同观点："非全部排除说"认为被追诉人反悔前所作的供述并不是违法所得，并非全部排除。"全部排除说"认为被追诉人反悔意味着其供述违背了自白任意性原则，应当一律排除。"区分说"主张以一审判决生效时间为界限进行区分，认为一审判决前被追诉人反悔的，其有罪供述应当一律排除；而一审判决后被追诉人上诉反悔的，其有罪供述已经过庭审的调查，不能单纯以被追诉人的上诉反悔对其有罪供述进行排除。②

第六，认罪认罚从宽制度对我国刑事诉讼结构的影响。

学界普遍认为认罪认罚从宽制度的设立使刑事诉讼由"权利型诉讼"转至"协商型诉讼"，刑事诉讼的工作重心由庭审环节转至庭前环节，法院庭审的重心由法庭证据和事实调查转至对认罪认罚自愿性和合法性的调查，控辩双方的工作重点分别由控诉和定性辩护转至提出量刑建议和量刑辩护，控辩关系由对抗转至协商。③ 具体来说：

其一，检察机关在认罪认罚从宽制度中的定位与职能转变。"检察机关主导责任说"认为，检察机关在认罪认罚从宽制度中承担着国家追诉的执行者、案件流转的过滤者、诉讼程序的分流者、合法权益的保障者和诉讼活动的监督者等多重角色。传统刑事诉讼中，检察机关公诉职能的行使往往通过庭审中与辩方对抗进行，在认罪认罚从宽制度中，检察机关职能的行使往往通过审查认罪认罚适用条件、提出合理量刑建议、签署认罪认罚具结书、慎用抗诉权等方式进行。认罪认罚从宽制度的确立，建立或加强了检察机关在刑事诉讼中的主导地位。④ 也有观点认为，在认罪认罚从宽制度下，庭审实质化尚未根本实现；如果检察是"主导"，那么审判就不可能是"中心"，检察机关的主导责任定位偏离了"以审判为中心"的刑事诉讼改革方向。检察机关主导责任重点在于确保认罪者认罪罪名之

---

① 参见姚舟：《权利处分视野下认罪认罚案件反悔应对机制》，《检察日报》2020年7月30日。
② 参见姚舟：《权利处分视野下认罪认罚案件反悔应对机制》，《检察日报》2020年7月30日。
③ 参见陈卫东：《认罪认罚从宽制度的理论问题再探讨》，《环球法律评论》2020年第2期，第23~36页；樊崇义、常铮：《从对抗到协商——认罪认罚从宽制度下控辩关系的转型及功能发挥》，《研究生法学》2020年第2期，第1~11页。
④ 参见贾宇：《认罪认罚从宽制度与检察官在刑事诉讼中的主导地位》，《法学评论》2020年第3期，第1~11页；樊崇义、常铮：《从对抗到协商——认罪认罚从宽制度下控辩关系的转型及功能发挥》，《研究生法学》2020年第2期，第1~11页。

准确、确保认罪认罚的自愿性、确保认罪与从宽系控辩双方平等协商之结果。[1]

其二，律师在认罪认罚从宽制度中的定位与职能转变。无论是传统刑事诉讼还是认罪认罚从宽制度，律师辩护人的身份定位始终是不变的，其维护当事人合法权益的基本职能也是不变的。但是在认罪认罚从宽制度中，律师行使职能的方式发生了变化，由传统刑事诉讼中的法庭辩论转向与检察机关的量刑协商，由传统刑事诉讼中的与公诉对抗转向与公诉协商，其工作重点由对定罪量刑的辩护转向对量刑的协商辩护。[2]

其三，证据开示制度的初步构建。认罪认罚从宽制度的协商性，要求证据在控辩双方之间平等开示，最高人民法院、最高人民检察院、公安部、国家安全部、司法部印发的《关于适用认罪认罚从宽制度的指导意见》中确立了证据开示的原则，但对证据开示制度的规定较为粗疏。学者们探讨了认罪认罚从宽制度中证据开示的原则、主体、地点、范围、方式等，为构建较为完备的证据开示制度提供了思路。由此，随着认罪认罚从宽制度的适用，基于"以审判为中心"的刑事诉讼制度改革的全面推进，证据开示原则的落实与构建应当成为学界关注的重点内容之一。

随着认罪认罚从宽制度的确立与构建，我国对认罪认罚案件的处理逐步接近法治化，基本形成了程序优越、实体跟进的权力驱动型认罪案件处理格局。但是，当前认罪认罚从宽制度在维护被追诉人诉讼权利方面存在着告知流于形式、律师参与"门面化"、不当限制上诉权等问题[3]；在认罪认罚法律规制方面存在着认罪认罚情节定位模糊、从宽量刑标准规则缺失、认罪认罚情节适用混乱、不认罪认罚的负向激励缺位等问题。[4] 学界关于认罪认罚从宽制度的性质、内涵理解、制度适用等方面的研究呈现较为繁荣局面，观点不乏分歧与争议，对于认罪认罚从宽制度的相关理论与制度设计尚未形成较为一致的观点。整体而言，从程序效率与权利保障两方面双管齐下对认罪认罚从宽制度进行法治化构建，调配诉讼资源努力实现控辩平衡，切实推进"以审判为中心"的诉讼制度改革已被学界

---

[1] 参见顾永忠：《检察机关的主导责任与认罪认罚案件的质量保障》，《人民检察》2019年第18期，第20~24页。
[2] 参见樊崇义、常铮：《从对抗到协商——认罪认罚从宽制度下控辩关系的转型及功能发挥》，《研究生法学》2020年第2期，第1~11页。
[3] 参见周新：《认罪认罚被追诉人权利保障问题实证研究》，《法商研究》2020年第1期，第30~43页。
[4] 参见彭玉伟：《认罪认罚从宽法律规制之检视与优化》，《中国人民公安大学学报（社会科学版）》2019年第6期，第84~93页。

普遍接受。① 适逢《刑事诉讼法》第四次修改的启动，完善认罪认罚从宽制度成为讨论热点。关于量刑建议，有观点认为，应尊重量刑建议本质上是求刑权的取效行为本质，取消人民法院"一般应当采纳人民检察院指控的罪名和量刑建议"的规定；量刑建议的提出应当以幅度刑为原则，以确定刑为例外，同时限定确定刑量刑建议的适用范围；取消认罪认罚具结书制度，而允许控辩双方均可以向法院提出量刑建议。② 也有观点认为，量刑建议是人民检察院与犯罪嫌疑人协商一致的法律后果，一般情况下，人民法院应当采纳人民检察院提出的量刑建议。③ 关于值班律师制度，学界普遍认为，认罪认罚案件中，应以法律援助方式弥补值班律师难以实质性参与案件办理的弊端。④ 上述讨论正视了认罪认罚从宽制度应用中暴露出的问题，痛击认罪认罚案件的"形式化"审查倾向，将促进认罪认罚从宽制度系统性完善作为《刑事诉讼法》修改的重点内容之一。

二、刑事二审程序

我国实行两审终审的审级制度，上诉审程序既有救济性，又有终局性。刑事二审程序在纠正错误判决、统一法律适用、保障当事人合法权益方面发挥着重要作用。整体而言，我国刑事二审程序经历了由立法空白到不断细化的发展历程，但受侦查案卷主义等因素的影响，刑事二审程序存在虚置问题。学界围绕上诉不加刑原则、全面审查原则、二审审理方式、两审终审制审级制度等主题展开广泛讨论，以强化和凸显刑事二审程序的功能价值。

第一，对上诉不加刑原则存在较大争议的讨论。学界对"仅有被告人上诉的案件，不得直接改判加重被告人刑罚，也不得通过发回重审加重被告人刑罚"的规定不持异议，对上诉不加刑原则的争议焦点主要是：二审法院能否通过审判监督程序纠正上诉案件中的一审判决刑罚畸轻的错误。也就是说，对于仅有被告人上诉的案件，二审法院认为一审判决量刑畸轻且需要加刑的，能否在第二审判

---

① 参见贺小军：《改革开放以来我国被追诉人认罪案件处理之图景》，《中国刑事法杂志》2020 年第 2 期，第 81～106 页；龙宗智：《完善认罪认罚从宽制度的关键是控辩平衡》，《环球法律评论》2020 年第 2 期，第 5～22 页。
② 参见陈卫东：《三重维度下刑事诉讼法修改重点问题研究》，《中国刑事法杂志》2024 年第 4 期，第 20～38 页；谢进杰：《刑事诉讼的中国式现代化：道路与图景》，《法制与社会发展》2024 年第 5 期，第 52～73 页。
③ 参见于同志：《深化以审判为中心的刑事诉讼制度改革》，《中国应用法学》2023 年第 3 期，第 135～148 页。
④ 参见陈光中、陈琼雯：《〈刑事诉讼法〉修改的回顾与展望》，《法学杂志》2024 年第 2 期，第 14～26 页；贾志强：《回归法律规范：刑事值班律师制度适用问题再反思》，《法学研究》2022 年第 1 期，第 120～134 页。

决、裁定生效后，按照审判监督程序改判加刑。学界对此认识不一，且相当一部分学者持否定意见。① 他们认为，二审人民法院认为一审判决事实清楚、证据充分，但判处的刑罚畸轻，或者应当适用附加刑而没有适用附加刑的案件，允许等到一审判决生效后按审判监督程序再审加刑的做法是错误的，未能把上诉不加刑的原则贯彻到底，其背后仍然存在着严重的重实体轻程序的观念。② 另外，二审法院有权"撤销原判、发回重审"的规定，容易导致二审法院将矛盾再次下放，推卸审判责任，不能真正发挥二审的纠错功能，甚至成为二审法院变相加刑的一种手段。③ 2012 年《刑事诉讼法》修改时，在保留 1979 年《刑事诉讼法》确立的上诉不加刑原则的同时，还增加了发回原审人民法院重新审判的案件一般亦不得加重被告人刑罚的规定。但有学者指出，上诉不加刑的表述容易造成对"不加刑"的含义仅从量刑幅度上予以理解，而忽视对罪名的理解，实践中也存在适用不统一、不一致，甚至相互矛盾和变相加刑的异化现象。④ 2019 年余某某交通肇事案引发了学界对上诉不加刑原则的再次关注，学界围绕"检察机关提出有利于被告人的抗诉理由时，二审作出加重原判刑罚的判决是否违反上诉不加刑原则"展开了讨论。有观点认为，因《刑事诉讼法》未规定检察机关为被告人利益提起抗诉，即使抗诉客观上有利于被告人，也不受上诉不加刑原则的限制。⑤ 也有观点认为，在检察官的抗诉理由有利于被追诉人时仍加重处罚不符合"不利于被告人的预期外裁判禁止理论"，应受上诉不加刑原则的约束。⑥ 鉴于检察机关是国家法律监督机关的职责定位，承担着保护国家利益和社会公共利益的职能，《刑事诉讼法》再修改时应允许检察机关提出有利于被告人的抗诉。⑦

第二，对全面审查原则的讨论。全面审查原则要求二审法院对案件进行事实和法律方面的全面审查，不受上诉和抗诉范围的限制，是我国传统"有错必纠"

---

① 参见项谷：《贯彻上诉不加刑原则的实践反思与立法完善》，《华东政法学院学报》2004 年第 5 期，第 102~109 页。
② 参见陈光中主编：《刑事诉讼法实施问题研究》，中国法制出版社 2000 年版，第 264 页。
③ 参见徐静村、潘金贵：《我国刑事审判制度改革前瞻》，《中国刑事法杂志》2003 年第 5 期，第 3~12 页。
④ 参见刘泉：《"上诉不加刑"原则的异化与回归》，《法学论坛》2013 年第 2 期，第 113~121 页。
⑤ 参见刘计划：《抗诉的效力与上诉不加刑原则的适用——基于余金平交通肇事案二审改判的分析》，《法学》2021 年第 6 期，第 174~191 页。
⑥ 参见郭烁：《为被告人利益抗诉与上诉不加刑原则之适用——以上诉理由之限制为中心》，《法学研究》2022 年第 5 期，第 157~172 页；施鹏鹏：《论检察机关"仅为被告人利益之抗诉"及其效力——兼与刘计划教授商榷》，《中国刑事法杂志》2023 年第 3 期，第 106~123 页。
⑦ 参见陈卫东：《三重维度下刑事诉讼法修改重点问题研究》，《中国刑事法杂志》2024 年第 4 期，第 20~38 页。

理念的体现。针对全面审查原则，学界形成了"修正说"、"废除说"与"支持说"三种观点。"修正说"认为，全面审查原则背离了司法权运作的基本规律，有违程序的安定性和诉讼的经济性。虽然全面审查原则具有其自身的自然生成逻辑，司法能动主义使其成为必要，真实发现主义也为其提供了可能，但是，随着社会的转型和发展，该原则的支持因素受到了严重削弱，应当对其进行必要改革，二审法院应当受上诉和抗诉范围的限制，实行"有限审查原则"，针对上诉或者抗诉的不同情况，分别进行不同审查。因死刑案件的特殊性，对死刑案件应持最慎重的态度，应当作为全面审查原则的例外，不宜仅根据上诉或抗诉请求以书面审查形式在庭前确定审判对象。① "废除说"认为，全面审查原则违背了现代司法制度中审判中立的基本原则，不符合刑事诉讼中控审分离的基本原理，可能导致违背二审目的的判决，不符合诉讼经济的原则，也不属于世界各国的普遍做法，应当予以废除。② "支持说"认为，我国两审终审制决定了全面审查原则的存在，两审终审制与全面审查原则相互依附、互相配合，全面审查原则有利于发挥二审的功能，有利于保障被告人的利益，不能因其违背司法审判被动性和中立性原则或者因其不符合诉讼效率原则而被废除。③

尽管废除或者否定的声音较多，2012 年《刑事诉讼法》在修改时，出于对公正理念的追求、对被告人权益的保障等的考虑，仍然保留了全面审查原则。然而，学界对于全面审查原则的存废的讨论并未结束。伴随着 2012 年《刑事诉讼法》对二审审判方式的调整，学界的研究重点转向了与全面审查原则相配套的辩护制度、诉讼模式等的探讨，更多地转向对全面审查原则的改革。例如，有学者认为，全面审查原则在司法实践中出现执行异化，呈现刑事案件二审"无界化"现象，应加强两级法院的双向制约，以不侵犯初审法官的自由裁量权为改判底线，并进一步强化检察监督，实现对二审改判"无界化"的制约。④

第三，关于二审程序审理方式的讨论。1996 年《刑事诉讼法》规定上诉案

---

① 参见陈卫东、李奋飞：《刑事二审"全面审查原则"的理性反思》，《中国人民大学学报》2001 年第 2 期，第 78~83 页；秦宗文：《刑事二审全面审查原则新探》，《现代法学》2007 年第 3 期，第 176~185 页；张杰、赵晓慧：《刑事二审全面审查原则的反思与完善——写在刑事诉讼法修改之际》，《湖北科技学院学报》2012 年第 11 期，第 24~25 页。
② 参见张智辉、武小凤：《二审全面审查制度应当废除》，《现代法学》2006 年第 3 期，第 168~173 页。
③ 参见陈光中、曾新华：《刑事诉讼法再修改视野下的二审程序改革》，《中国法学》2011 年第 5 期，第 5~18 页；曾献文：《刑事二审改革：在真相和权威间前进》，《检察日报》2008 年 7 月 23 日。
④ 参见何德辉：《刑事二审改判"无界化"的公正性省思》，《学术界》2014 年第 11 期，第 164~172 页。

件以开庭审理为原则、以不开庭审理为例外,对于抗诉案件,应当开庭审理。司法实践中,抗诉案件开庭审理得以落实,但上诉案件则演变为"不开庭为原则,开庭为例外"。学界对于二审程序审理方式主要有两种观点:"全部开庭审理说"认为,二审应当坚持"审判公开"原则,取消"调查讯问式"的审理方式,一律公开审判。① "部分开庭审理说"认为,二审开庭审理应当列举相应的开庭审理情形,在赋予法官自由裁量权的同时,还应当尊重被告人的意愿;通过优化二审资源配置、提升二审法官司法能力、加大对不开庭案件的监督和制约等措施助推二审庭审实质化。② 2012 年《刑事诉讼法》通过列举的方式,将开庭审理的情形与不开庭审理的情形并列作出规定,做到了原则性与灵活性相结合。针对法院对二审审理方式享有较大的裁量权,仍需要设置一定的规则对二审法院审理方式的裁量权予以监督与控制,确保二审程序开庭审理原则的贯彻。③ 例如,有观点认为,综合二审审理方式的各种因素,应构建庭审实质化开庭、程序简化开庭、远程视频开庭、辅助性辩论模式等多样、层次清晰的审理方式,通过明确不开庭审理的范围、强化上诉人的权利保障、构建监督机制等加强对二审不开庭审理的监督。④ 同时,针对二审开庭率低的问题⑤,2023 年,最高人民法院、最高人民检察院、公安部、司法部印发《关于开展促进提高刑事案件二审开庭率专项工作的通知》,以专项工作的形式确保提升二审开庭率,并取得了显著成效。适逢《刑事诉讼法》第四次修改的启动,为持续推动"以审判为中心"的司法体制改革,针对不开庭审理会放大二审程序虚置的负面效果,严重违反司法救济、有效辩护、直接言词等原则,严重制约庭审实质化,致使被告人最后陈述权被克减等问题,学界围绕二审开庭审理方式展开了讨论,普遍认为《刑事诉讼法》再修改

---

① 参见陈光中主编:《刑事诉讼法实施问题研究》,中国法制出版社 2000 年版,第 244 页。
② 参见陈光中、曾新华:《刑事诉讼法再修改视野下的二审程序改革》,《中国法学》2011 年第 5 期,第 5~18 页;陈璋剑等:《刑事二审上诉案件开庭审理方式调查分析——以重庆市某中级法院二审上诉案件为样本》,《人民检察》2016 年第 16 期,第 60~62 页;李婷:《司法改革背景下刑事二审庭审实质化问题思考——以刑事二审审判权的运行实践为出发点》,《法律适用》2016 年第 7 期,第 101~106 页。
③ 参见刘玫、耿振善:《审判方式视角下刑事二审程序的制度功能——兼评〈刑事诉讼法〉第 223 条》,《上海大学学报(社会科学版)》2013 年第 3 期,第 131~140 页。
④ 参见郭天武、卢诗谣:《我国刑事二审审理方式的异化与回归》,《华南师范大学学报(社会科学版)》2020 年第 2 期,第 114~129 页。
⑤ 有学者对比了 2012 年前后刑事二审开庭率,2012 年以前的刑事二审率为 10%~20%,2013 年的刑事二审开庭率曾超过 40%,2014 年至 2016 年的刑事二审开庭率维持在 30%~40%,2017 年以后则降到 20%以下。参见孙长永主编:《中国刑事诉讼法制四十年:回顾、反思与展望》,中国政法大学出版社 2021 年版,第 701 页。

时，应确立二审全面开庭原则，规定二审必须开庭、一律开庭。① 也有观点认为，应重塑刑事二审开庭范围的相关规则，由列举应当开庭的案件范围转变为列举可以不开庭的案件范围，进一步明确"以开庭为原则，以不开庭为例外"②。

第四，对两审终审制审级制度的讨论。学界主要有"坚持说"、"否定说"和"折中说"几种观点："坚持说"认为，两审终审是一种相对合理、科学的制度，应当予以坚持，并通过重新设计相关配套制度加以完善。③ "否定说"认为，两审终审制的设置可以节省司法资源，提高办案效率，但不利于惩罚犯罪与保障人权的刑事诉讼目的的实现，不利于司法公正和法制的统一，已经丧失了正当性，主张从"公正优先，兼顾效率"的原则出发构建符合世界审级制度发展趋势的三审终审制的审级制度。④ "折中说"认为，刑事审级制度的改革应是循序渐进的过程，一方面，可以将司法判例制度作为两审终审制的补充，要坚持并完善两审终审制；另一方面，要构建特殊情形下的三审终审制。⑤

当然，学界对刑事二审程序的关注不限于上述内容，不少学者对刑事二审程序的审理范围、发回重审制度、和解制度等也有关注与研究。刑事二审程序兼具对当事人的救济功能和对一审法院的监督功能，相关研究有利于发挥该程序在权利救济和保障公正方面的价值，有利于推动刑事二审程序的科学化、法治化和民主化。

三、死刑复核程序

废除死刑、限制死刑适用是当今国际人权运动的一大主题，我国一贯的死刑政策是：一不废除，二要慎重，限制死刑的适用，坚持少杀、慎杀的方针。⑥ 死

---

① 参见喻海松：《法典化时代刑事诉讼法再修改的基本向度》，《法学论坛》2024年第2期，第39～52页；陈卫东：《三重维度下刑事诉讼法修改重点问题研究》，《中国刑事法杂志》2024年第4期，第20～38页；韩旭：《刑事诉讼中被告人最后陈述权的保障》，《环球法律评论》2024年第3期，第176～191页；聂友伦：《刑事诉讼法的解法典化与再法典化》，《中外法学》2024年第5期，第1141～1162页。

② 参见谢澍：《刑事案件二审开庭难的理论反思》，《地方立法研究》2024年第3期，第114～126页。

③ 参见李忠诚等：《中国法学会诉讼法学研究会2003年年会综述》，《中国法学》2004年第1期，第186～190页。

④ 参见陈卫东、李训虎：《公正、效率与审级制度改革——从刑事程序法的视角分析》，《政法论坛》2003年第5期，第133～145页。

⑤ 参见陈瑞华：《对两审终审制的反思——从刑事诉讼角度的分析》，《法学》1999年第12期，第19～26页；杨清、田韶华：《我国刑事审级制度的反思与重构》，《河北法学》2006年第2期，第34～38页；邵颖：《论我国刑事审级制度的运行隐忧及化解对策——以域外制度比较为出发点》，《中州大学学报》2015年第3期，第28～32页。

⑥ 参见卞建林主编：《共和国六十年法学论争实录》（诉讼法卷），厦门大学出版社2009年版，第189页。

刑复核程序体现了对人权的尊重与保障，体现了对死刑的慎重态度。我国刑事诉讼制度及相关理论对死刑复核程序予以了关注，并主要围绕死刑核准权与死刑复核程序的改革展开。

第一，关于死刑核准权问题。

我国的死刑核准权经历了漫长的下放与回收过程。死刑核准权的下放，曾与"严打"斗争相伴随。尤其是在1979—2003年，我国死刑案件实际上长期实行的是"双重核准制"，即死刑案件核准权由最高人民法院直接行使和高级人民法院根据授权行使。① 直到2006年10月31日，全国人大常委会通过了《关于修改〈中华人民共和国人民法院组织法〉的决定》，规定从2007年1月1日起，所有死刑案件的核准权收归最高人民法院统一行使。在此过程中，不少学者就死刑核准权的归属进行了研究。

其一，对"双重核准制"的批判。学界普遍认为，在特定时期内将死刑的核准权适当下放一部分，不仅是必要的，而且是可行的。然而，在"双重核准制"之下，高级人民法院可能以二审判决代替死刑复核决定，各地高级人民法院对死刑判决的标准也很难平衡统一，"死刑复核程序"流于形式，死刑案件缺少了真正意义上的监督；不利于实现定罪量刑的综合平衡，容易酿成冤错案，不利于有效地控制和减少死刑的适用。《人民法院组织法》与《刑法》《刑事诉讼法》关于死刑核准权规定的矛盾冲突，也造成法律的效力和层级错位，影响了法律的权威性。②

其二，死刑核准权的上收。2000年后，随着杜培武案、滕兴善案等死刑冤假错案的曝光，死刑复核问题又被推上了舆论的风口。学界和实务界反思后普遍认为死刑冤错案件的发生与死刑复核权的下放不无关系。③ 同时，"严打"整治长效机制已经建立并逐步完善，死刑核准权下放已开始与"严打"机制脱离关系。宽严相济刑事政策的提出与慎用死刑政策的坚持等因素都推动着死刑核准权的上收。2005年5月9日，肖扬向十届全国人大三次会议作工作报告时提出，围绕"深化刑事审判方式改革"任务，人民法院将进一步完善刑事审判二审、死刑复核程序。陈卫东教授也反复强调，死刑核准权牵扯到中央和地方的司法权分配，如果没有中央的强力支持，恐难一步到位。最高人民法院也从思想、法律、

---

① 参见卞建林主编：《共和国六十年法学论争实录》（诉讼法卷），厦门大学出版社2009年版，第198、206、210页。

② 参见崔敏：《论死刑复核的履行》，《中国人民公安大学学报（社会科学版）》1996年第1期，第46~51页；崔丽：《正义之路：死刑核准权收归最高人民法院》，《中国青年报》2006年12月29日。

③ 参见赵蕾：《最高法院统掌生杀大权，中国司法开启少杀时代》，《南方周末》2007年1月5日。

制度规范三方面为上收死刑案件核准权、提高死刑案件质量作了相应准备，2007年1月1日起，由最高人民法院统一行使死刑核准权。①

死刑核准权的上收有重大意义。一是最高人民法院统一行使死刑案件核准权后，死刑的二审程序和核准程序将彻底分开，死刑适用更加慎重，标准更加统一，程序更加公正，充分体现了我国依法治国、构建和谐社会、尊重和保障人权的理念。② 二是死刑核准权的收回也会带动相应的司法体制改革。死刑核准权的上收将带动一审、二审刑事程序乃至侦查程序的一连串变革，中国整个刑事司法程序也将因之改变。③ 具体而言：一方面，死刑案件的特殊的证明标准、庭审方式等，将带动其他重大疑难案件的开庭审理，促进证人出庭，使侦查人员从严重依赖口供破案逐渐转变为依靠科学手段获取证据。④ 另一方面，死刑复核权的收回，意味着死刑案件的审判将可能趋向于三审终审制，死刑复核程序在将来有可能成为一个独立的审级。⑤

当然，也有学者曾对死刑核准权的上收存在一些担忧。该学者认为：长期以来，中国公众习惯于同态复仇、杀人偿命，往往会因为法院"慎杀少杀"而责难"办案不公"。1979年以来，最高人民法院还没全部行使过死刑核准权，没有可供借鉴的经验，加上社会矛盾迭出、人们的承受力脆弱，在短时间内可能难以转变观念。⑥ 而且死刑核准权上收也存在一定障碍，需要复核的案件太多，仅凭最高人民法院现有的人员，无法完成如此繁重的任务，且司法资源配置不足，物质资源欠缺⑦，死刑核准权上收的时机不够成熟。

第二，关于死刑复核程序的性质。

学界主要有"审判程序说"、"行政审批说"和"特殊程序说"三种观点。⑧ 具体而言："审判程序说"认为，死刑复核程序既处理程序问题又处理实体问题，

---

① 参见卞建林主编：《共和国六十年法学论争实录》（诉讼法卷），厦门大学出版社2009年版，第217～224页。

② 参见《焦点访谈》：《高法收回死刑核准权》，央视网：http://news.cntv.cn/program/jiaodianfangtan/20100401/104464.shtml，最后访问日期：2020年3月12日。

③ 参见田雨、邹声文、张宗堂：《聚焦死刑核准权之变》，《检察风云》2007年第1期，第14～15页。

④ 参见《最高法将收回死刑核准权，邻里纠纷命案慎用死刑》，央视网：http://news.CCTV.com/law/20061229/100938.shtml，最后访问日期：2020年3月12日。

⑤ 参见周道鸾：《试论死刑复核程序的完善》，《人民司法》2004年第8期，第43～46页。

⑥ 参见赵蕾：《最高法院统掌生杀大权，中国司法开启少杀时代》，《南方周末》2007年1月5日。

⑦ 参见崔敏：《求真集——我的治学之路》，中国人民公安大学出版社2006年版，第235页。

⑧ 参见李奋飞：《最高人民法院死刑复核程序新探》，《国家检察官学院学报》2014年第5期，第24～32页。

从程序的正当性出发，死刑复核程序应具有亲历性、对审性、参与性等司法程序的基本特性，主张对死刑复核程序进行诉讼化改造，将死刑复核程序进一步修改为死刑案件三审终审制，使其具有最低的程序保障。"行政审批说"认为，死刑复核程序是一种行政审批程序，重在"核"而不在"审"。死刑复核程序在启动方式上具有自动性，在审理方式上采用书面审查，因此，死刑复核程序的性质更侧重于行政化的审批程序。"特殊程序说"认为，死刑复核程序是对死刑判决和裁定进行审查核准的程序，是刑事诉讼的特殊制度，是弥补一审、二审差错的特别救济程序。①

上述几种观点从不同角度对死刑复核程序的性质进行了理解，"行政审批说"过于保守，对于死刑复核程序的认识不够全面；"审判程序说"和"特殊程序说"契合了死刑复核程序的司法性和特殊性，具有合理性。其实，死刑复核程序是对死刑复核权的一种程序性的规定，死刑复核权的行使主体是最高人民法院，所适用的对象是应当由人民法院裁判的案件，裁判结果具有终局性，其本质上属于司法权，只是在某些程序上具有一定的行政化色彩。故而，死刑复核程序本质上也应属于审判程序，属于司法权运作的一种方式，只是行使方式上具有一定的行政化色彩。②

第三，关于死刑复核程序的改革。

如上，随着死刑核准权收归最高人民法院统一行使，死刑复核程序启动的主动性所体现的行政性特征与审判权的消极性、被动性相悖，也与死刑复核程序具备的对被告人的权利救济功能相悖。同时，死刑复核程序在具体实施过程中存在着核准原则不明，核准范围不清，行政化的核准方式，控、辩、审三方定位模糊，复核期限不明确等问题。对此，学者们基于不同的目标设计，提出了相应的改革方向。

其一，主张进行死刑复核行政程序和二审程序的衔接。该观点认为，可以将死刑复核程序完全定性为一种行政程序，作为最高人民法院内部的一种监督程序，如若核准死刑，则以行政决定批示核准，而不再以判决和裁定的方式作出决定；如若不核准死刑，则与其他审判程序进行良好衔接，依据案件具体情况，或进行二审程序，或发回重审。③ 虽然将死刑复核程序进行行政和二审程序衔接的

---

① 参见谢安平、郭华：《中国刑事诉讼制度的改革》，知识产权出版社2017年版，第277～278页；肖扬：《历史的回声——纪念最高人民法院收回死刑核准权十周年》，《中国法律评论》2017年第1期，第1～8页。
② 参见胡常龙：《死刑案件程序问题研究》，中国人民公安大学出版社2003年版，第253页。
③ 参见孙长永、王彪：《论刑事庭审实质化的理念、制度和技术》，《现代法学》2017年第2期，第123～145页。

改革措施可以解决现行死刑复核程序中出现的通过内部行政程序作出裁判的矛盾性问题，但将死刑复核程序定性为行政程序和司法程序的混合程序，仍存在定性不明的问题。

其二，主张废除死刑复核程序，建立死刑案件三审终审制。此即由职权监督型向权利救济型转变，通过设立救济型程序，为被告人增加获得救济的机会，从而加强人权保障。① 有观点主张，在取消死刑复核程序的同时，规定死刑案件实行三审终审制，作为我国两审终审制诉讼原则的例外。② 也有观点主张将死刑复核程序改造成三审程序，对死刑以外的案件实行两审终审制，对死刑案件则实行三审终审制。③

相关程序设置主要有两种方案，第一种方案设计如下：（1）将死刑案件的第二审上诉设置为自动性的上诉，第三审上诉设置为权利性的上诉。（2）死刑案件二审和三审均对事实问题和法律问题进行审查。（3）死刑案件的第二审实行开庭审理，三审可不开庭审理。④ 第二种方案设计如下：（1）中级人民法院一审判处死刑的案件，强制上诉至高级人民法院，上诉权不得放弃。高级人民法院依照第二审程序进行开庭审理。（2）高级人民法院二审判处死刑的案件实行权利性上诉，被告人及其法定代理人可以上诉至最高人民法院，检察机关可以抗诉至最高人民法院。（3）对死刑案件合议庭的组成方式进行改革。中级人民法院在审判死刑案件时，增加合议庭组成人员的人数；高级人民法院和最高人民法院审判上诉、抗诉的死刑案件，可保留《刑事诉讼法》的现有规定。（4）确立合议庭一致（或绝对多数）同意才能对被告人判处死刑的原则。⑤

但同时，也有学者对三审终审制的改革提出了质疑。他们认为：三审终审制改革是具有理想主义的一种主张，没有考虑死刑复核程序的特殊性，超越了我国

---

① 参见陈卫东、刘计划：《死刑案件实行三审终审制改造的构想》，《现代法学》2004年第4期，第64～68页；卞建林、韩阳：《死刑的正当程序与死刑的控制》，载赵秉志、邱兴隆主编：《死刑正当程序之探讨》，中国人民公安大学出版社2004版，第43～46页；卞建林：《统一行使死刑案件核准权：十年回顾与展望》，《甘肃政法学院学报》2017年第3期，第1～9页。

② 参见汪建成：《〈刑事诉讼法〉的核心观念及认同》，《中国社会科学》2014年第2期，第130～147页。

③ 参见卞建林主编：《共和国六十年法学论争实录》（诉讼法卷），厦门大学出版社2009年版，第231页。

④ 参见谢安平、郭华：《中国刑事诉讼制度的改革》，知识产权出版社2017年版，第288～292页。

⑤ 参见陈卫东、刘计划：《死刑案件实行三审终审制改造的构想》，《现代法学》2004年第4期，第64～68页。

的司法现实。① 三审终审制的改革并不能彻底解决死刑复核程序中出现的问题，最高人民法院主要是通过阅卷和讯问的方式进行死刑复核，并不具备更高明的查明事实的能力。② 无论是死刑复核程序还是其他庭审程序都应当以一审为中心③，因此，在死刑复核程序现有框架下进行自我完善和优化的做法更具有现实性和可行性。④

第四，关于死刑复核程序的完善。

总体而言，学界关于死刑复核程序的完善有两种完全不同的方向。"诉讼化改造"的观点认为，在司法体制改革中，应当以回归司法属性、强化诉讼特征为切入点，在现行法律框架之内兼顾公平与效率，对死刑复核的启动程序、复核方式等进行必要的诉讼化改造，以保障死刑的统一、正确适用。⑤ "行政化审批"的观点认为，死刑复核的本质是"核"不是"审"，"核准"的性质更接近于"批准"，因而不能按照独立审级的模式来把握复核程序，而应当按照审批的思路设计复核程序。⑥ 死刑复核程序实质上是司法权运作的一种方式，死刑复核程序本质上是一种审判程序，针对死刑复核程序行政化色彩的缺陷，应当坚持诉讼化改造的思路，对死刑复核程序予以完善。在完善死刑复核程序具体的制度设计上，学者们也提出了自己的建议：

其一，关于死刑复核的范围。学者们普遍赞同应同时兼顾法律问题和事实问题，同意采用"全面审查"的原则。死刑案件的事实和法律问题本身就难以分开，且目前我国一审、二审的程序尚不规范，庭审应有的功能没有充分发挥，不能简单地相信一审、二审法院所认定的事实。⑦

其二，关于检察机关在死刑复核程序中的角色定位。基于检察机关参与刑事诉讼活动时身份的多重性，学界对检察机关在死刑复核程序中的角色定位持有不同观点。控诉者身份观点认为，基于死刑复核程序是刑事审判程序的一种，检察

---

① 参见肖扬：《历史的回声——纪念最高人民法院收回死刑核准权十周年》，《中国法律评论》2017年第1期，第1~8页。
② 参见吴宏耀、罗海敏主编：《死刑的程序控制——中国死刑制度改革的必由之路》，中国政法大学出版社2014年版，第27页。
③ 参见魏晓娜：《死刑程序为谁而设？》，《比较法研究》2014年第4期，第88~105页。
④ 参见陈光中、唐露露：《我国死刑复核程序之完善刍议》，《法学杂志》2020年第2期，第1~10页。
⑤ 参见万春：《死刑复核法律监督制度研究》，《中国法学》2008年第3期，第3~26页。
⑥ 参见胡云腾：《论死刑适用—兼论死刑复核程序的完善》，《人民司法》2004年第2期，第51~57页。
⑦ 参见陈卫东：《关于完善死刑复核程序的几点意见》，《环球法律评论》2006年第5期，第546~550页；魏晓娜：《以审判为中心的刑事诉讼制度改革》，《法学研究》2015年第4期，第99~104页。

机关是以控诉者的身份参与死刑复核程序。[1] 法律监督者身份观点认为，检察机关的控诉职能经过二审程序已经完成，死刑复核程序作为一种特殊的诉讼程序，检察机关是以诉讼监督者的身份参与的，目的是防止死刑复核权的滥用以保证死刑的正确适用。[2] 在《刑事诉讼法》再修改时，应结合相关司法解释的规定，明确检察机关对死刑复核案件的法律监督权。

其三，死刑复核程序的诉讼化方向改革。一是改革死刑复核程序的启动方式。现行法律规范规定的死刑复核程序的启动是法院内部自行提起，而不是检察机关或者被告人启动，具有浓厚的行政化色彩，因此，死刑复核程序的启动应以被告人的上诉与检察机关的抗诉为主要形式。二是死刑复核程序的去行政化。在死刑复核程序中应允许辩护律师参与其中，切实保障被告人获得律师辩护的权利，使死刑复核程序成为死刑案件真正有效的最终救济程序而不流于形式，真正发挥其拦截死刑冤假错案的作用。三是创建死刑复核的听审程序。听审程序由死刑复核庭的合议庭主持，检察人员、被告人及其辩护人、被害人及其诉讼代理人有权参加。通过听审，可以增强当事人的程序参与性，有利于增强死刑复核程序的透明度，提高被告人、被害人对复核结果的信任度。[3] 具有中国特色的死刑复核程序，在保障死刑案件审判质量方面发挥着重要功能，学界关于死刑复核诉讼化程度不足的讨论一直持续。适逢《刑事诉讼法》第四次修改的启动，学界普遍主张对死刑复核程序进行诉讼化改革，推进死刑复核法律援助辩护全覆盖，提升死刑复核案件中控辩对抗的程度。[4]

我国死刑复核程序经历了从无到有、从核准权下放到收回、从行政化传统到诉讼化改造的复杂发展过程。长期以来，死刑复核程序一直以对生命的尊重和权利的保障为构建基础，但我国死刑复核程序还存在程序封闭、辩护不力、缺乏监督等缺陷，其应然价值的实现与实然制度设计还有很大差距。为最大化发挥公正司法、防错纠错、保障人权的功能，死刑复核程序应逐步完善，未来应继续对它进行诉讼化改革，使死刑复核程序的制度初衷回归，发挥其应有价值。

---

[1] 参见陈辐宽、邓思清：《死刑复核法律监督的方向与路径》，《法学》2014年第7期，第152~160页。

[2] 参见张智辉：《死刑复核程序改革与检察机关的介入权》，《法律科学（西北政法大学学报）》2006年第4期，第96~101页。

[3] 参见陈光中：《刑事诉讼法再修改若干问题之展望》，《法学》2008年第6期，第4~14页；陈光中、唐露露：《我国死刑复核程序之完善刍议》，《法学杂志》2020年第2期，第1~10页；卞建林主编：《共和国六十年法学论争实录》（诉讼法卷），厦门大学出版社2009年版，第230~224页。

[4] 参见陈光中：《〈刑事诉讼法〉再修改的若干重要问题探讨》，《政法论坛》2024年第1期，第35~44页；陈光中、陈琼雯：《〈刑事诉讼法〉修改的回顾与展望》，《法学杂志》2024年第2期，第14~26页。

四、审判监督程序

我国的审判监督程序又被称为"非常救济程序",在保障司法公正,维护当事人合法权益方面发挥了重要作用。学界对我国审判监督程序的理论、立法和实践予以了关注,展开了丰富讨论。

第一,关于审判监督程序理论基础的讨论。学界普遍认为,认识论、权力制约论、司法公正、保障人权和既判力理念等共同构成了审判监督程序的理论基础。① 刑事审判监督程序的存在是符合诉讼规律的,刑事审判监督程序作为补救程序,其具有实现公平正义、维护法律统一实施、保障人权等价值。但是,刑事审判监督程序不是一项存在于审级制度之内的普通复审制度,这一程序"在绝大多数情况下,应当备而不用"②。对于审判监督程序的制度功能,学界持有不同观点:"单一功能说"认为,刑事审判监督程序的功能在于纠错,具体又划分为纠正认定事实上的错误、纠正适用法律上的错误、纠正诉讼程序错误等。"多元功能说"认为,刑事审判监督程序的功能在于纠错与调整:一方面,针对原程序没有依法实施,发生了重大错误时,进行修复;另一方面,原程序依法实施,但后来发现原裁判结果与实际情况相左,原程序在其外在功能(实现实体公正)的层面上未能有效发挥应有作用,并且触犯了重大利益或价值时,刑事审判监督程序用来调整这种立法意图之外的失衡状态。③

第二,关于审判监督程序的存废之争,学界主要有"废除说"和"改造说"两种观点:"废除说"认为,刑事审判监督程序运行不透明、不平等、效率低,应当予以废除。④ "改造说"认为,刑事审判监督程序的价值定位为纠错与调整:一方面,通过纠错遏制侵权行为,使受害方得到救济;另一方面,对国家追诉行为进行限制,避免将原审被告人无限制地投入到不安定状态之中,并调整某些立法意图之外的失衡状态。⑤

---

① 参见邓思清:《论我国刑事审判监督制度的缺陷与完善》,《国家检察官学院学报》2004 年第 1 期,第 67~76 页;陈光中、郑未媚:《论我国刑事审判监督程序之改革》,《中国法学》2005 年第 2 期,第 168~178 页。
② 参见陈卫东主编:《模范刑事诉讼法典》,中国人民大学出版社 2005 年版,第 32 页。
③ 参见初殿清:《"补正"与"矫正":刑事再审制度功能再探——兼论我国〈刑事诉讼法〉的修改》,《上海大学学报(社会科学版)》2014 年第 1 期,第 54~66 页。
④ 参见李忠诚等:《中国法学会诉讼法学研究会 2003 年年会综述》,《中国法学》2004 年第 1 期,第 186~190 页。
⑤ 参见徐玲俐、黄学昌:《基于实证考察的刑事再审制度之重构——以 G 省 D 市 2009 年至 2013 年刑事再审案件为样本》,《中国刑事法杂志》2014 年第 4 期,第 75~82 页。

第三，关于法院主动提起审判监督程序是否具有正当性和合理性的讨论。"肯定说"认为，在特定情况下保留法院主动提起审判监督程序的权力是必要的。从我国的实际情况出发，可以将再审分为为被告人利益而发动的再审和为加重被告人责任而发动的再审。对于为加重被告人责任而欲进行的再审，绝对不允许法院单方面主动提起，而必须由人民检察院或者被害人方才能提起。对于为被告人利益而发动的再审，可以由法院主动提起。① "否定说"认为，司法权本身具有"被动性"，法院只能是审查决定是否再审的主体，而不能是主动提起不利被告再审的主体。法院主动提起审判监督程序的任意性和随机性，违背了控辩分离、不告不理的诉讼原则，也违背了禁止双重危险的原则，进而为滥用职权、枉法裁判提供了契机，主张取消法院自行启动再审权而只是授予法院的再审审查权。②

第四，关于是否保留检察机关提起审判监督程序的抗诉权的讨论。现行法律规定的提起审判监督程序的主体是人民法院和人民检察院，对于检察机关提起审判监督程序的抗诉权，学界主要有"废除说"和"保留说"两种观点。

"废除说"认为，检察机关的抗诉具有直接启动审判监督程序的效果，而无须人民法院审查的做法违背了控辩平等的刑事诉讼基本原则，单方面赋予了人民检察院直接启动再审的权力。与当事人只能够申诉相比，《刑事诉讼法》给予了检察机关特殊优待，造成了控辩双方在启动再审上的严重不平衡。而且，只要人民检察院对人民法院的生效裁判不满意，就可以抗诉启动再审，实质上是剥夺了人民法院的司法终局效力，使人民法院的裁判不再具有纠纷最终解决的效果。如果人民检察院始终对人民法院的生效裁判不满意，那么纠纷将长久得不到有效解决，影响了司法的安定性和裁判的权威性。鉴于人民检察院抗诉启动审判监督程序的特权带来的种种不便，主张取消其特权，实现检察机关的审判监督程序启动上的当事人化，按照控辩平等的司法原理将申诉权与抗诉权置于同等地位，并强化当事人的申诉权。③

---

① 参见陈卫东、石献智：《法院主动提起审判监督程序之研讨》，《中国刑事法杂志》2001年第2期，第62~68页；陈光中主编：《刑事再审程序与人权保障》，北京大学出版社2005年版，第193页。
② 参见李玉华：《从念斌案看禁止双重危险原则在我国的确立》，《法学杂志》2016年第1期，第73~79页；石旭斋、朱超：《利益衡量原则下我国刑事审判监督程序之检讨》，《烟台大学学报（哲学社会科学版）》2014年第5期，第28~35页；卞建林、桂梦美：《启动刑事审判监督程序的困境与出路》，《法学》2016年第4期，第42~49页。
③ 参见陈卫东、杜磊：《再审程序的理解与适用——兼评〈刑事诉讼法〉关于再审程序的修改》，《法学杂志》2012年第5期，第9~18页；卞建林、桂梦美：《启动刑事审判监督程序的困境与出路》，《法学》2016年第4期，第42~49页；万毅：《论刑事审判监督程序的现代转型》，《上海交通大学学报（哲学社会科学版）》2005年第6期，第24~30页。

"保留说"认为,根据我国宪法的有关规定,检察机关是我国的法律监督机关,对生效裁判提出抗诉是履行法律监督权的体现[1],检察机关作为法律监督机关,有权力对符合再审条件的案件进行抗诉。而且,现代诉讼结构也要求检察机关与申诉当事人具有平等的诉讼地位,双方均可以启动审判监督程序,由居中裁判的法院进行再审审查,故应保留检察机关提起审判监督程序的抗诉权。

第五,关于完善审判监督程序的讨论。审判监督程序在制度设计上存在一些缺陷,在实践运行中也曾不同程度地造成司法公正与司法权威遭受质疑。因此学者们纷纷提出要对其进行改造,并对完善审判监督程序的指导理念达成了共识,即审判监督程序实质上应当是一种权利救济程序,在改革和完善我国审判监督制度时,既要考虑及时纠正错误的判决和裁定以实事求是地打击犯罪、保护人民,也要考虑维护判决的权威性和法所调整的社会秩序的相对稳定性;既要考虑保障被害人和广大人民群众的权益,也要考虑保障犯罪嫌疑人、被告人的诉讼权利;既要考虑司法公正,也要考虑司法效益。[2]

其一,针对申诉审查的行政化、封闭性,构建中国式的刑事申诉听证制度。具体而言:在申诉听证中,由各方通过辩论、交叉询问等方式充分陈述己方意见,"背靠背"听证方式应当慎行;听证会的启动及主持一般由法院负责,但不排除特殊情形下"独立第三方"的参与;听证人员的选任应当有充分的代表性,拓宽公民参与听证的渠道;还应当健全与之相关的配套制度,如立案登记制度、民意表达制度、专家咨询制度、律师代理与法律援助制度等。[3]

其二,异地审查、异地审理、提级审理逐步走向制度化。无论是法院决定再审,还是上级检察院启动抗诉,基本上属于自错自纠,由此,可以考虑对于审判监督程序实施异地审查、异地审理、提级审理等,并逐步制度化、常态化。[4]诸如,提高再审程序审理法院的级别,限制再审次数。基层人民法院、中级人民法院的终审裁判由上一级人民法院再审,高级人民法院的终审裁判应由最高人民法院或者最高人民法院指令的其他高级人民法院再审,最高人民法院的终审裁判由最高人民法院再审。[5]另外,为防止重复追诉对被告人合法权益的侵犯,应当对

---

[1] 参见陈光中、郑未媚:《论我国刑事审判监督程序之改革》,《中国法学》2005年第2期,第168~178页。
[2] 参见张述元:《论刑事审判监督程序的理论基础》,《政法论坛》2004年第1期,第137~141页。
[3] 参见陈卫东、赵恒:《刑事申诉听证制度研究》,《法学杂志》2016年第1期,第54~65页。
[4] 参见李蒙:《冤案平反:再审缘何步履维艰》,《民主与法制周刊》2019年第34期,第29~31页;徐静村、潘金贵:《我国刑事审判制度改革前瞻》,《中国刑事法杂志》2003年第5期,第3~12页。
[5] 陈光中:《刑事诉讼法再修改若干问题之展望》,《法学》2008年第6期,第4~14页;刘计划、李大伟:《评最高人民法院关于刑事审判监督程序的两个司法解释——兼论我国刑事审判监督程序的改革与完善》,《法商研究》2004年第3期,第138~144页。

被害人及其法定代理人、近亲属的申诉和检察机关的再审抗诉的期间及次数作出合理限制。①

其三，将审判监督程序设置为独立的审判程序。现行的审判监督程序没有体现出再审案件的复杂性和特殊性，以致又回到普通程序的老路，甚至进入一、二审程序的循环之中。②审判监督程序作为独立于普通程序的特别程序，不应依赖再审案件在普通程序中的终审审级，而应依据再审的特殊性设置独立的审判程序。③有学者主张对再审案件实行一审终局，适用专门的审判程序，采用开庭方式，提高再审程序的公正性，杜绝再次回到普通程序的怪圈。④

其四，对审判监督程序的适用进行区分。为发挥审判监督程序的纠错功能，保障被告人的合法权益，就需要合理规制审判监督程序的启动事由。主张区分有利于被告人的再审和不利于被告人的再审的观点认为，基于充分保障人权和维护司法公正的考量，对启动有利于被告人的再审情形可以适当放宽，原则上只要有明确、具体、可信的理由，再审申请都可以接受。但是，对启动不利于被告人的再审情形应当加以严格限制，只有在极其特殊的情形下且由法律作出明确规定，才可以启动再审程序。⑤主张区分对事实错误的再审和对法律错误的再审的观点认为，对于事实认定错误的再审，其目的在于为个案提供救济途径，以实现个案处理的实体公正。通常只能提起有利于被告人的再审，除非不纠正事实错误将会造成司法的严重不公且法律作出明确规定，才可以提起不利于被告人的再审。对于法律适用错误的再审，其目的主要是统一法律解释和适用，并不在于纠正个案错误，因而除非再审作出的裁判有利于被告人，否则其再审效力不及于原审个案的被告人。⑥

审判监督程序作为刑事诉讼中的非常救济程序，具有一定的特殊性，具有实

---

① 参见陈瑞华：《刑事诉讼中的重复追诉问题》，《政法论坛》2002年第5期，第115～132页；石旭斋、朱超：《利益衡量原则下我国刑事审判监督程序之检讨》，《烟台大学学报（哲学社会科学版）》2014年第5期，第28～35页。
② 参见顾永忠：《关于刑事冤案再审程序的几个问题——以刑事冤案应当专设再审程序为研究重点》，《法学杂志》2016年第1期，第60～66页。
③ 参见陈卫东：《刑事审判监督程序研究》，法律出版社2001年版，第232页。
④ 参见顾永忠：《特殊程序应当特别安排——关于完善审判监督程序的几个问题》，《中国刑事法杂志》2011年第2期，第54～59页。
⑤ 参见卞建林、王贞会：《检察机关基于法律错误提起再审抗诉之探讨——以马乐案为例》，《河南社会科学》2016年第10期，第26～33页；程相鹏：《刑事审判监督程序启动事由完善研究》，《中国检察官》2018年第19期，第57～60页；卞建林、桂梦美：《启动刑事审判监督程序的困境与出路》，《法学》2016年第4期，第42～49页；陈卫东、石献智：《法院主动提起审判监督程序之研讨》，《中国刑事法杂志》2001年第2期，第62～68页。
⑥ 参见卞建林、王贞会：《检察机关基于法律错误提起再审抗诉之探讨——以马乐案为例》，《河南社会科学》2016年第10期，第26～33页。

现公平正义、维护法律统一实施、保障人权、救济无辜的价值，但是审判监督程序制度上的缺陷与不足影响了其价值发挥。学界对审判监督程序启动主体、启动事由、制度设计的研究与讨论，有利于限制审判监督程序的随意启动，更好地实现司法正义。今后的研究重点应当继续坚持现代刑事诉讼的理念与价值，在做好顶层设计的同时关注审判监督程序的实践运行，梳理出刑事审判监督程序与司法改革要求相冲突之处，对审判监督程序进行完善。

五、刑事特别程序

1979年《刑事诉讼法》和1996年《刑事诉讼法》均未规定刑事特别程序，2012年《刑事诉讼法》中增设了四种特别程序，这是中国刑事司法程序回应社会治理的结果，是面对犯罪控制工作日益复杂、多元的挑战所作出的必要调整[1]，也是我国刑事诉讼法律制度渐趋科学、完备的体现，适应了我国刑事司法发展的基本趋势。[2] 2018年《刑事诉讼法》又增加了缺席审判程序。至此，我国刑事特别程序扩展到五种类型共计31个条文，上述调整与完善，折射出了我国刑事司法程序的精细化治理思维。众多学者对五种类型的刑事特别程序进行了专门论述。

关于如何理解特别程序的性质、如何理解特别程序与普通程序的关系问题，学界主要有以下观点：

主张刑事特别程序应当包含简易程序的观点认为，刑事特别程序是一种不同于普通程序的简易程序。[3] 该观点主要是受域外法系立法情况的影响，但混淆了简易程序与特别程序、普通程序的概念，毕竟简易程序与特别程序的交集有限，而且域外法系中规定的简易程序并不能包含我国所有的特别程序，在我国缺乏本土化理论支撑和制度构建。

主张特别程序是与普通程序相对应的程序的观点认为，在诉讼理论上，刑事诉讼程序本就有普通程序和特别程序之分。普通程序是适用于一般案件的诉讼程序，特别程序是适用于特殊类型案件或特定被告人的诉讼程序。[4] 该观点更明

---

[1] 参见陈卫东：《构建中国特色刑事特别程序》，《中国法学》2011年第6期，第32～42页。

[2] 参见宋英辉、茹艳红：《刑事诉讼特别程序立法释评》，《苏州大学学报（哲学社会科学版）》2012年第2期，第11～18页。

[3] 参见国家森等：《中国控辩协商制度研究——刑事诉讼特别程序之探讨》，《法学论坛》2004年第6期，第99～111页；何之慧：《我国刑事特别程序之取舍——从诉讼效率的角度》，《国家检察官学院学报》2003年第3期，第90～94页；张慧、杨瑞：《刑事特别程序探析》，《兰州学刊》2004年第3期，第158～160页。

[4] 参见陈卫东、张弢：《刑事特别程序的实践与探讨》，人民法院出版社1992年版，第1页。

确、直观地对特别程序的性质进行了界定。但是，这种观点在界定特别程序性质时一定程度上依附于普通程序，并且将附带民事诉讼、死刑复核等程序也纳入特别程序的范畴，彰显不出特别程序的"特别"之处，对特别程序的界定不够周延。①

主张特别程序是普通诉讼程序的例外和补充程序的观点认为，从立法来看，我国对特别程序的相关规定是将其作为诉讼程序看待的，是按照诉讼程序的要求进行的制度设计。② 该观点对特别程序的特殊性进行了概括，但是并未对特别程序与普通程序的关系进行论述。

主张特别程序是基于每一种特别程序的个性化追求而创设的程序的观点认为，特别程序是基于每一种特别程序的个性化追求而创设的。未成年人诉讼程序、刑事和解程序对被追诉人权利呈现出明显的赋权型特征，缺席审判程序、审前财产没收程序、强制医疗程序则朝着权利克减的方向发展。该观点是从被追诉人权利角度审视、解读特别程序的。③ 这种观点是一种较新的视角，运用了"权利流动保护说"进行了特别程序的理论构建，对特别程序的理论基础进行了论述。但是，这种观点同样没有关照特别程序与普通程序的关系。

上述各种观点从不同角度阐述了对特别程序的性质、特别程序与普通程序的关系的理解，但或多或少存在一定局限性。于是，又有学者对特别程序与普通程序之间的关系进行了阐述，认为普通程序是特别程序的前提和基础，特别程序仍不能脱离普通程序的一般性规定和基本诉讼规律；特别程序可以回转至普通程序，由此，特别程序和普通刑事程序的关系是一种互相补充、互相转换、彼此关联的动态发展关系。④ 该观点较为全面地理解了特别程序与普通程序之间的区别。

（一）未成年人刑事案件诉讼程序

我国未成年人刑事诉讼程序经历了初步形成、快速发展和稳步前进的发展阶段。1996年《刑事诉讼法》对未成年人刑事诉讼程序的规定极为有限，对未成年人刑事诉讼程序的规定也较为粗疏，但是，《刑事诉讼法》与《未成年人保护法》《预防未成年人犯罪法》共同对未成年人刑事诉讼程序的相关内容作出了明

---

① 参见张泽涛、崔凯：《刑事特别程序亟需厘清三个基本问题》，《江苏行政学院学报》2013年第6期，第109～116页。
② 参见张泽涛、崔凯：《刑事特别程序亟需厘清三个基本问题》，《江苏行政学院学报》2013年第6期，第109～116页。
③ 参见李树民：《论刑事特别程序创设的一般法理》，《政法论坛》2019年第6期，第130～141页。
④ 参见翟慧格：《特别程序与普通刑事程序的动态关系表现》，《人民检察》2013年第11期，第77～78页。

确规定，标志着未成年人刑事诉讼程序在我国的初步形成。① 由于未成年人群体的特殊性，未成年人刑事案件诉讼程序必然呈现出与成年人刑事案件诉讼程序的不同之处。出于儿童利益最大化和有利于其未来发展的考虑，2012年《刑事诉讼法》新增了未成年人刑事案件诉讼程序，较为细致地规定了相关原则、程序和制度。与2012年《刑事诉讼法》相配套的司法解释或者部门规定也对未成年人刑事诉讼程序进行了细化，未成年人刑事诉讼程序进入稳步前进发展时期。学界对关于未成年人刑事案件诉讼程序的理论与实践关注较多，以下主要就未成年人社会调查制度和未成年人犯罪记录封存制度的相关内容进行梳理。

第一，关于未成年人社会调查制度的讨论。学界对于未成年人社会调查报告是不是证据的问题形成了诸多观点：（1）"肯定说"认为，社会调查报告是证据，但对于其属于何种证据，学者们又有不同看法。"证人证言说"认为，社会调查报告是未成年人一贯表现、家庭环境、社会环境等内容的书面材料或是一种笔录化的证人证言。② "鉴定意见说"认为，社会调查报告是由具备专业知识的调查人员根据其自身经验对未成年人相关情况进行的全面调查，是一种特殊的"专家证据"③。"量刑证据说"认为，社会调查报告具有证据所要求的关联性、客观性以及合法性的三个特征，社会调查报告应当属于证据，是用以证明案件酌定量刑事实的材料，应当肯定其量刑证据的属性。④（2）"否定说"认为，社会调查报告并不属于我国法定证据种类中的任何一种，它的内容不涉及案件事实问题，与案件本身没有必然联系，只能作为量刑参考。⑤（3）"折中说"认为，社会调查报告是一种涉及未成年人品格特征并用以辅助量刑的证据，属于英美法上的"品格证据"⑥。上述观点从不同角度阐述了对社会调查报告法律性质的理解，但各

---

① 参见宋英辉、茹艳红：《刑事诉讼特别程序立法释评》，《苏州大学学报（哲学社会科学版）》2012年第2期，第11~18页。
② 参见王蔚：《未成年人刑事案件中社会调查报告的证据属性》，《青少年犯罪问题》2010年第1期，第49~51页；王志坤：《未成年人刑事案件社会调查制度研究》，《法学杂志》2014年第10期，第100~110页。
③ 陈立毅：《我国未成年人刑事案件社会调查制度研究》，《中国刑事法杂志》2012年第6期，第75~84页；罗芳芳、常林：《〈未成年人社会调查报告〉的证据法分析》，《法学杂志》2011年第5期，第114~116页。
④ 参见刘计划、孔祥承：《未成年人社会调查报告法律性质之辨——兼谈建构量刑证据规则的可能路径》，《法学杂志》2018年第4期，第101~115页。
⑤ 参见李兰英、程莹：《新刑诉法关于未成年人刑事案件社会调查规定之评析》，《青少年犯罪问题》2012年第6期，第10~15页。
⑥ 景孝杰、张静：《未成年人社会调查报告的定位与审查》，《华东政法大学学报》2011年第5期，第102~105页。

自又有一定的欠缺。社会调查报告与证人证言存有一定的区别，其内容多为"案件"以外的涉及未成年人人格评价的信息，是在事后了解"案件"情况的人所作出的调查，且社会调查主体存在可替换性。这些与证人证言所要求的"了解案件事实情况"、不可替换性等特征不符。① 社会调查报告与"专家证据"也不同，社会调查报告的重点内容在于"成长经历、犯罪原因、监护教育"等。"专家证据"的重点内容在于对某一具体事项提供科学的、技术的或者其他专门性的意见。"量刑证据说"虽然肯定了社会调查报告对证明案件酌定量刑事实的价值，但仍未明确界定社会调查报告的具体法律性质。

随着2012年《刑事诉讼法》的实施，学界也关注了未成年人社会调查制度的实践运行，普遍认为，未成年人社会调查制度的实施状况并不乐观，该制度设计并不能够完全解决开展未成年人社会调查工作中出现的各种问题。具体而言，未成年人社会调查制度运行实践中仍面临着制度适用率不高，调查主体缺乏中立性、专业性和权威性，调查方式主观性较强，调查制度适用不平等，社会调查报告法律地位不明确，调查报告存在弄虚作假的情况等问题。②

第二，关于未成年人犯罪记录封存制度的讨论。学界普遍认为，犯罪记录封存制度考虑了未成年人的特殊性，对未成年人的"去标签化""再社会化"等有重要作用，为最大限度保护未成年人利益和社会的安定有序作出了重大贡献。学者们以"双向保护理念"为视角，从信息保护、从业禁止、封存范围、封存效力、设置合理考验期等方面设想了制度完善的合理路径。③ 关于犯罪记录封存的效力，有观点认为，封存的前科不应作为法律评价的对象，如果允许援引已封存的犯罪记录，可能造成相关信息的泄露，不符合犯罪记录封存制度的初衷。也有观点主张，不应采用"一刀切"的态度对待犯罪记录封存，在一些例外的情形下，若被封存的犯罪记录系案件主要事实的定案证据，应当允许作为证据使用。④

---

① 参见刘计划、孔祥承：《未成年人社会调查报告法律性质之辨——兼谈建构量刑证据规则的可能路径》，《法学杂志》2018年第4期，第101~115页。
② 参见四川省高级人民法院课题组：《未成年人刑事案件审理中社会调查制度的实际运用与分析》，《法律适用》2014年第6期，第117~121页。
③ 参见宋英辉、杨雯清：《未成年人犯罪记录封存制度的检视与完善》，《法律适用》2017年第19期，第34~39页；宋英辉、杨雯清：《我国未成年人犯罪记录封存制度研究》，《国家检察官学院学报》2019年第4期，第20~40页；郑小敏：《浅论检察环节的未成年人犯罪记录封存》，《中国检察官》2013年第17期，第3~5页。
④ 参见张丽霞、李青、李梦竹：《未成年人刑事案件诉讼程序专章实施评估研讨会综述》，《青少年犯罪问题》2019年第2期，第112~120页。

整体而言，我国未成年人刑事诉讼程序的改革与发展遵循了历史发展规律，以顶层设计的优先保护为核心，构建了正当程序以保障未成年人实体性权利。①《刑事诉讼法》采用专章规定未成年人刑事诉讼程序是巨大的进步，学界的关注也促进了该程序的发展与完善，未来研究重点之一应当是进一步实现未成年人司法程序专门化，继续推动对未成年人正当权益的保护。例如，完善未成年人法律援助制度，尤其是未成年被害人的法律援助；继续细化合适成年人讯问时的在场制度，加强对合适成年人的权利保障，增强合适成年人在场制度的效果②；明确社会调查报告的法律性质，解决刑事诉讼中的社会调查与社区矫正中的社会调查的重复问题；做好社会调查制度、社区矫正制度与犯罪记录封存制度的衔接，细化犯罪记录封存的内容，明确犯罪记录封存的效力，建立犯罪记录封存的救济程序。此外，还应完善附条件不起诉制度、严格限制适用逮捕措施等未成年人刑事诉讼程序的配套制度。适逢《刑事诉讼法》第四次修改的启动，关于未成年人刑事诉讼程序的完善，亦是学界讨论的内容之一。有学者从社会治理的角度主张完善专业化与社会化相结合的保护体系，将司法保护与家庭、学校、社会、网络、政府保护等相结合，对涉罪未成年人提供综合保护。③ 也有学者从兼顾安全维护与权益保障的角度主张调整未成年人犯罪记录封存制度，允许在一定条件下对轻罪予以前科消灭。④ 还有学者立足数字化时代背景主张通过搭建数据平台、建立数据库和数据模型推动数据赋能未成年人犯罪治理取得实效，实现未成年人犯罪治理能力现代化的新转型。⑤

（二）当事人和解的公诉案件诉讼程序

当事人和解程序是传统刑事司法从报应主义向恢复正义的现代转型之辙，是私有诉权、公有诉权以及诉讼职权结合的产物。⑥ 学界对该制度的相关讨论主要包括：

---

① 参见自正法：《互联网时代未成年人刑事特别程序的模式及其改革面向》，《法制与社会发展》2018年第3期，第72~92页。

② 参见何挺：《合适成年人讯问时在场：形式化背后的"无用论"反思》，《环球法律评论》2019年第6期，第121~133页；董建明、宋英辉主编：《涉罪未成年人参与刑事诉讼研究》，中国检察出版社2022年版，第166页。

③ 参见熊秋红：《刑事诉讼法治发展的回顾与展望》，《中国法治》2023年第12期，第27~31页。

④ 参见喻海松：《法典化时代刑事诉讼法再修改的基本向度》，《法学论坛》2024年第2期，第39~52页。

⑤ 参见龙敏：《未成年人犯罪治理与大数据应用》，《青少年犯罪研究》2023年第4期，第136~146页；刘和海：《从典型案例看数字化时代未成年人犯罪治理的逻辑与路径》，《预防青少年犯罪研究》2024年第3期，第15~22页。

⑥ 参见卞建林、许慧君：《为修改后刑诉法的有效实施建言献策——2013年刑事诉讼法学研究综述》，《人民检察》2014年第2期，第73~77页。

第一,关于当事人和解制度概念的理解。有学者主张,当事人和解制度是加害人及其亲属与被害人在刑事诉讼过程中,通过认罪、赔偿和道歉等方式获得被害人谅解后,相关机关选择从轻处罚或不再对加害人处罚的一种办案方式。[①] 也有学者认为,当事人和解是在刑事案件的民事部分和解之后,被害人对加害人的刑事处罚有一个宽容的态度,有关机关通过审查,对加害人作出比较宽缓的处理。[②] 上述两种代表性的概念理解虽有一定的差异,但也存在一定的共通性,均明确了当事人和解的双方主体,指出了当事人和解制度的核心价值在于追求对加害人的宽大处理和恢复受损害的社会关系。

第二,对当事人和解制度的价值的讨论。对于当事人和解制度的确立,大多数学者表示支持。[③] 当事人和解是对宽严相济刑事政策的贯彻执行,能够较为彻底地化解矛盾,修复被犯罪破坏的社会关系,有利于社会和谐,能够取得较好的社会效果与法律效果,实现了多方共赢。[④] 但也有观点与主流意见大相径庭,认为当事人和解程序的设置是一次注定要失败的立法改革,其导致的后果与立法本意完全南辕北辙,其实质是在现行法有关逮捕、酌定不起诉和量刑之相关规定基础上的重复建设,丝毫不具有制度创新的品质;它在实践层面造成明显的作茧自缚效应,在理论层面亦造成诸多不利影响,实际效果与立法目的南辕北辙。[⑤]

第三,关于当事人和解程序适用的讨论。一些学者也对当事人和解程序的适用问题进行研究。整体而言,当事人和解程序的适用范围、适用条件、适用后果、适用阶段等需进一步细化和完善;谅解赔偿金额差距悬殊、赔礼道歉不受重视等也使当事人和解程序运行困难。[⑥] 具体而言,当事人和解制度的适用条件较为粗疏,对"民间纠纷"应作何理解?"三年(或七年)有期徒刑"是宣告刑还是法定刑?此外,当事人自愿、合法的界定及审查标准模糊,和解协议书的效力未予以明确,和解的赔偿数额标准差异较大,加害人履行义务方式较为单一,多

[①] 参见陈光中、葛林:《刑事和解初探》,《中国法学》2006年第5期,第5~16页。
[②] 参见马静华:《刑事和解制度论纲》,《政治与法律》2003年第4期,第114~123页。
[③] 参见姜淑华、任建华:《本土化刑事和解模式的建构》,《山东社会科学》2013年第11期,第184~188页;陈京春:《新刑事诉讼法下刑事和解制度的完善》,《江西社会科学》2014年第9期,第147~151页。
[④] 参见全国人大常委会法制工作委员会刑法室编:《关于修改中华人民共和国刑事诉讼法的决定条文说明、立法理由及相关规定》,北京大学出版社2012年版,第340页。
[⑤] 参见孙远:《当事人和解的公诉案件诉讼程序之立法论批判》,《政治与法律》2016年第6期,第128~137页。
[⑥] 参见卞建林、许慧君:《为修改后刑诉法的有效实施建言献策——2013年刑事诉讼法学研究综述》,《人民检察》2014年第2期,第73~77页。

被害人、多被告人等复杂案件如何适用当事人和解程序也不甚明确。①

当事人和解程序凸显了"以人为本"的思想，体现了刑事法律的宽容性，平衡了刑事诉讼中各当事人的关系，提高了诉讼效率，学界对于当事人和解程序的规范与实践的关注，有利于发挥其独特价值。总体来说，学界对当事人和解程序的价值已形成了初步共识，对当事人和解制度的实践关注逐渐成为研究重点，对该制度进行完善的研究及其与认罪认罚从宽制度的衔接与辨异问题值得进一步关注。例如，有学者认为刑事和解制度与认罪认罚从宽制度的衔接适用在减少审前羁押、促进刑罚宽缓等方面有显著作用，但也存在衔接促进力度不够、被害人预期赔偿数额与和解赔偿达成数额间偏离系数大等问题，主张通过设置附条件量刑建议、优化速裁办案模式、确立"刑拘直诉"模式等提升认罪认罚与刑事和解衔接适用效果。②

（三）缺席审判程序

为了打击贪污贿赂犯罪、恐怖活动犯罪等严重犯罪活动，及时追缴犯罪活动违法所得及其他涉案财物，2005年10月，第十届全国人民代表大会常务委员会批准了《联合国反腐败公约》，2012年《刑事诉讼法》修改时创制了"犯罪嫌疑人、被告人逃匿、死亡案件违法所得的没收程序"。但是，该制度在实践中发挥的作用并不理想，而且没收程序本身存在着结构性的矛盾，即适用刑事诉讼特别程序是无法对被告人定罪的，而外国司法机关往往需要有罪判决才能协助执行没收程序。③ 为了有效惩治腐败犯罪以及解决被告人因严重疾病、死亡等原因无法到庭接受审判等问题，也为了消除2012年《刑事诉讼法》中的"犯罪嫌疑人、被告人逃匿、死亡案件违法所得的没收程序"的程序弊端，2018年《刑事诉讼法》增设了缺席审判程序。自此，我国审判制度从单一的"对席"审判模式发展到"对席—缺席"并行审判模式。④ 缺席审判程序在加强腐败治理体系建设、深化诉讼制度改革等方面具有现实意义，但因其作为一项全新程序，该程序的

---

① 参见卢祖新、贾科、欧明艳：《刑事和解审判程序之现实处境与完善进路——基于新〈刑事诉讼法〉实施后运行状况的实证考察》，《法律适用》2017年第11期，第76～83页；豆思雨、高山：《刑事和解制度的司法检视与完善进路》，《甘肃政法学院学报》2016年第1期，第136～141页。

② 参见王桂芳：《认罪认罚与公诉案件刑事和解衔接适用效果检视与提升路径——基于2 136份故意伤害罪一审判决书的实证分析》，《中国刑事法杂志》2022年第6期，第83～106页；郝世坤：《刑事和解与刑事速裁程序之衔接——以提高司法效率及刑罚轻缓化为核心》，《政法学刊》2021年第5期，第80～87页。

③ 参见陈卫东：《刑事诉讼法修改若干问题研究》，《内蒙古社会科学》2020年第3期，第109～118页。

④ 参见汪海燕：《中国刑事审判制度发展七十年》，《政法论坛》2019年第6期，第31～43页。

适用基础与正当性证成、程序设计与内容、与违法所得没收程序之间的关系等问题尚未厘清，学界围绕上述问题展开了广泛讨论，涉及主题主要包括如下内容。

第一，对缺席审判程序法理合理性的讨论。

缺席审判程序作为一项新设立的程序，学界对该程序的法理合理性的评价形成了不同观点：

"肯定说"认为，缺席审判程序的确立使刑事诉讼程序体系更加科学完备，体现出公正、及时的诉讼理念，消除了反腐败国际追逃追赃工作的障碍；在一定条件下平衡了程序正义与实体正义和诉讼效率价值的矛盾和冲突。[①]

"否定说"认为，缺席审判程序的立法意图与既有的刑事诉讼法理相悖。具体而言，在诉讼法理上，公正的审判程序模式应当是等腰三角结构，或至少是三角结构，被告人的参与是公正审判不可或缺的一环，而缺席审判程序的设置缺乏被告人的参与，明显违背了公正审判的理念与要求。同时，我国刑事诉讼中设置了诉讼中止和诉讼终止制度来应对被告人的缺席情况。同一部法律既要求在场审判并规定了相应的中止审理程序，又同时设置了不在场审判，其间当然存在法理冲突且难以通过立法加以消除。而且，《刑事诉讼法》中的"缺席审判程序"规定的几种缺席审判程序缺乏相对一致的运用场景与法理逻辑，但是将其全部笼统地置于"缺席审判程序"的内容之下，具有不科学性。[②] 此外，缺席审判程序剥夺了被追诉者接受审判的基本诉讼权利，也极有可能成为遣返引渡的障碍，是一个"天然有缺陷的制度"[③]。

"谨慎说"认为，缺席审判是例外的、特殊的审判形态，应当严格其适用条件，严格控制其适用范围。实践中，出于打击犯罪的热忱或者提高工作业绩的驱动，司法机关适用缺席审判程序时故意采取不利于被告人权利保护的送达方式或者故意迟延送达使被告人没有机会出庭等现象客观存在。因此，应当谨慎适用缺席审判程序并对其进行完善，确立一定的违背程序适用的法律后果，对违反缺席

[①] 参见甄贞、杨静：《缺席审判程序解读、适用预期及完善建议》，《法学杂志》2019年第4期，第115～122页；武晓艺：《理论缺失与制度隐患：刑事缺席审判制度的法治化重构——兼论我国〈刑事诉讼法修正案〉的完善》，《海南大学学报（人文社会科学版）》2019年第3期，第141～148页。

[②] 参见左卫民：《如何打造具有法理合理性的刑事诉讼法——审思2018年刑事诉讼法修正案》，《比较法研究》2019年第3期，第53～60页。

[③] 武晓艺：《理论缺失与制度隐患：刑事缺席审判制度的法治化重构——兼论我国〈刑事诉讼法修正案〉的完善》，《海南大学学报（人文社会科学版）》2019年第3期，第141～148页。

审判程序的行为给予相应的制裁。①

一项新程序的确立,往往都会成为争议的焦点,不能仅仅因为存在程序上的缺陷而被轻易否定。整体而言,"肯定说"成为主流观点。最终,2018年《刑事诉讼法》修改时明确确立了该项程序。

第二,对缺席审判程序具体内容的讨论。

其一,缺席审判程序的适用范围。我国现行缺席审判程序的适用范围包括特定犯罪中犯罪嫌疑人、被告人潜逃境外的案件,被告人患有严重疾病中止审理的案件及被告人死亡的案件。学界普遍主张扩大缺席审判程序的适用范围:有观点认为,危害国家安全犯罪与恐怖活动犯罪的社会危害性不亚于贪污贿赂犯罪的,故而应当将犯罪嫌疑人、被告人潜逃境外案件的犯罪类型扩大至危害国家安全犯罪和恐怖活动犯罪。② 也有观点认为,2018年《刑事诉讼法》中并未区分"下落不明"和"潜逃"的含义,将被告人不在案全部视为"潜逃",这也无形中将缺席审判程序的适用范围扩大到了不主观故意逃避刑事追诉的"下落不明"的被告人身上。③ 还有学者主张以自愿性、目的性和必要性为基准,将缺席审判程序的适用范围调整为被告人经依法传唤而不到庭的、被告人扰乱法庭秩序的、被告人潜逃的、被告人非自愿放弃出庭的、被告人死亡但有足够证据证明其无罪的五种情形。④

其二,缺席审判程序的证明标准。我国《刑事诉讼法》中规定缺席审判程序与刑事普通程序采用了一致的证明标准,即"案件事实清楚,证据确实、充分"。有学者主张降低缺席审判程序的证明标准,其理由为缺席审判程序主要依赖物证、书证,且受贿罪等类型的犯罪往往严重依赖被告人的口供,在仅有物证、书证和证人证言的情况下很难达到刑事普通程序的证明标准。因此,其主张缺席审判程序中应当区分"对人"与"对物"之证明标准,以及"实体事实"与"程序事实"之证明标准,而不应当采用刑事普通程序的一般证明标准。⑤

---

① 参见周长军:《外逃人员缺席审判适用条件的法教义学分析》,《法学杂志》2019年第8期,第1~10页。
② 参见郭天武、汤澈:《缺席审判程序与违法所得没收程序的竞合》,《法治论坛》2019年第1期,第136~149页。
③ 参见施鹏鹏:《缺席审判程序的进步与局限——以境外追逃追赃为视角》,《法学杂志》2019年第6期,第16~24页。
④ 参见步洋洋:《论我国刑事缺席审判制度的类型化》,《政法论坛》2020年第4期,第182~191页。
⑤ 参见谢澍:《刑事缺席审判之类型化分析与体系化建构——以〈刑事诉讼法〉再修改为语境》,《法学》2019年第12期,第99~114页;施鹏鹏:《缺席审判程序的进步与局限——以境外追逃追赃为视角》,《法学杂志》2019年第6期,第16~24页。

第三，对缺席审判程序与违法所得没收程序关系的讨论。

2012年《刑事诉讼法》规定了违法所得没收程序，2018年《刑事诉讼法》又增设了缺席审判程序，于是，我国《刑事诉讼法》中呈现了两种相似程序并存的局面。缺席审判程序与违法所得没收程序均以打击贪污腐败等犯罪行为为目的，并且这两种程序均涉及对违法所得及其他涉案财产作出追缴没收的处理，但这两种程序的适用案件范围、证明标准、权利保障等存在一定差异。

关于缺席审判程序与违法所得没收程序的关系，学界形成了多种观点。"替代说"认为，违法所得没收程序设置的根本目的在于弥补原《刑事诉讼法》下缺席审判程序之缺失，功能上属于缺席审判程序的一种替代性制度设计，在缺席审判程序设置之后，立法上即无必要再保留因贪污贿赂犯罪、恐怖活动犯罪等重大犯罪案件被告人潜逃而就其违法所得或其他涉案财产所提起的独立没收程序。①

"缺席审判程序优先说"认为，在缺席审判程序与违法所得没收程序这两种程序皆能适用的前提下，缺席审判程序应优先于违法所得没收程序；违法所得没收程序能够补充缺席审判程序的不足，在适用缺席审判程序中一并对涉案财物作出处置。②

"违法所得没收程序优先说"认为，应当从保护国家和人民财产的角度出发，优先适用违法所得没收程序，然后再通过缺席审判程序对被告人定罪。

"两种程序合并说"认为，鉴于缺席审判程序与违法所得没收程序这两种程序的相似性和缺席审判程序对违法所得没收程序的补强和完善，应当将这两种程序作合并处理，将违法所得没收程序并入缺席审判程序中，对被告人"潜逃"的案件，启动缺席审判程序对被告人定罪量刑，追缴、没收涉案财物；对被告人"死亡"的案件，应当通过单独的特别程序处理。③

"区别适用说"认为，缺席审判程序的覆盖事项较为全面，其规范解释具有优先性，裁判效力更具权威性，故而，缺席审判程序的效力位阶高于违法所得没收程序的。而又因违法所得没收程序的裁判稳定性较强、可执行性较强，故而违法所得没收程序的适用位阶高于缺席审判程序。④ 也有观点主张，缺席审判程序

---

① 参见万毅：《刑事缺席审判制度立法技术三题——以〈中华人民共和国刑事诉讼法（修正草案）〉为中心》，《中国刑事法杂志》2018年第3期，第27~37页。

② 参见郭天武、汤澈：《缺席审判程序与违法所得没收程序的竞合》，《法治论坛》2019年第1期，第136~149页。

③ 参见施鹏鹏：《缺席审判程序的进步与局限——以境外追逃追赃为视角》，《法学杂志》2019年第6期，第16~24页。

④ 参见吕晓刚：《刑事缺席审判与判决前财产没收程序适用关系研究》，《湘潭大学学报（哲学社会科学版）》2019年第4期，第105~108页。

与违法所得没收程序存在诸多差异,二者不是简单的替代与被替代的关系,应根据被告人潜逃是否有证据证明其在境外,是否确定其在境外经常居住地或有效联系方式,是否重大贪污贿赂犯罪等多种要素的不同组合情况,确定应适用缺席审判程序还是违法所得没收程序。[1]

"各自独立说"认为,缺席审判程序与违法所得没收程序是性质不同的两种独立程序。违法所得没收程序并非刑事缺席审判程序的前置程序,刑事缺席审判程序的确立也并不意味着违法所得没收程序失去了存在价值,只是现行的制度设计使追逃追赃更多地适用违法所得没收程序而非刑事缺席审判制度。应根据案件的具体情况,认真从法律上和效果上分析采用相关程序的利弊得失,寻求境外追逃追赃的最佳结果。[2]

缺席审判程序作为2018年《刑事诉讼法》新增加的程序,对解决部分贪污腐败案件和部分冤假错案中被告人缺席的顽疾具有一定价值。在制度设计之初,缺席审判程序即具有诉讼构造上的天然缺陷,学界的研究热点为该程序的法理性。随着该项程序的确立,因其法律规范尚不明晰,学界将研究重点转向缺席审判程序的实践及其与其他刑事诉讼程序的衔接。例如,有学者通过案例样本检视,回答了刑事缺席审判程序中如何认定"被告人无法出庭",审判机关恢复审理应采取何种形式,应由被告本人参与的庭审程序如何展开,如何保障和救济缺席审判被告人的权利等问题。[3] 还有学者关注到职务犯罪案件缺席审判程序与监察调查程序的衔接,注重缺席审判程序与引渡手段及劝返手段的协调适用。[4]

(四)犯罪嫌疑人、被告人逃匿、死亡案件违法所得的没收程序

对于犯罪嫌疑人、被告人逃匿、死亡的,其违法所得如何处理,1996年《刑事诉讼法》并未作出明确规定,相关司法解释也仅仅是作出中止程序或者对已冻结的存款、汇款作出处理,这并不能满足打击腐败、恐怖活动等重大犯罪及履行国际条约义务等司法实践的需要。犯罪嫌疑人、被告人逃匿、死亡案件违法

---

[1] 参见刘梅湘:《刑事缺席审判程序与违法所得没收程序辨析》,《人民司法》2019年第28期,第9~13页。

[2] 参见周明:《违法所得没收程序与刑事缺席审判程序的关系及衔接》,《社科纵横》2019年第11期,第98~103页;黄风:《刑事缺席审判与特别没收程序关系辨析》,《法律适用》2018年第23期,第2~12页。

[3] 参见聂友伦:《刑事缺席审判的构建基础与实践展开》,《内蒙古社会科学》2020年第3期,第127~133页;杨宇冠:《刑事缺席审判被告人权利保障问题研究》,《当代法学》2020年第6期,第129~140页;曹璨:《我国刑事缺席审判程序救济机制的审视与完善》,《中州学刊》2022年第5期,第51~56页。

[4] 参见董坤:《职务犯罪案件缺席审判在监察与司法中的衔接》,《江海学刊》2022年第1期,第178~187页;刘静:《论刑事缺席审判程序体系化建构的三重维度》,《学海》2023年第2期,第173~182页。

所得的没收程序是2012年《刑事诉讼法》修改时新增的程序,该程序与其他传统诉讼程序存在显著区别,是一种面向涉案财物的程序,旨在解决司法实践中犯罪嫌疑人、被告人因逃匿、死亡而无法对其追究刑事责任的难题,有利于弥补现有法律空白,有效实现与其他国家的对接,是对当前打击贪污贿赂犯罪、保护国家利益及受害人权益现实需求的及时回应。①

第一,关于违法所得没收程序的性质的讨论。

学界主要有以下几种观点:"民事诉讼程序说"认为,违法所得没收程序解决的是私人之间的利益纠纷甚至经常是金钱性质的纷争,与民事诉讼程序的标的具有同质性,本质上应当属于民事诉讼程序。②"带有保安处分属性的刑事诉讼程序说"认为,违法所得没收程序解决的是如何在判决宣告前没收特定案件中特定犯罪嫌疑人、被告人的违法所得和涉案财产,是"判决前的财产没收",其涉及与犯罪有关的财产处置问题,本质上属于刑事诉讼程序,是带有保安处分属性的刑事诉讼程序。③"行政强制措施说"认为,没收的目的是采集罪证和作为一种行政强制措施,故而违法所得没收程序是一种行政强制措施。④ 此外,还有主张违法所得没收程序实际上是一种"对犯罪分子违法所得的一切财物予以追缴或责令退赔程序"⑤,是特殊情形下的"未定罪的没收程序说"⑥,是专门针对赃款赃物等与犯罪有关的财物的"独立财产没收制度程序说"等。⑦

学界关于违法所得没收程序的性质的讨论具有一定的合理性,但是,将违法所得没收程序视为行政强制措施的观点或者民事没收程序的观点并未有效识别刑事诉讼程序与行政性的程序性制裁、民事程序的差异。将违法所得没收程序视为

---

① 参见施鹏鹏、尚晶:《违法所得特别没收程序的构造与完善》,《人民检察》2014年第7期,第16~21页。

② 参见万毅:《独立没收程序的证据法难题及其破解》,《法学》2012年第4期,第76~87页;何正华:《没收潜逃、死亡涉案人员违法所得几个程序问题探讨》,《中国检察官》2012年第3期,第23~26页。

③ 参见陈卫东:《论新〈刑事诉讼法〉中的判决前财产没收程序》,《法学论坛》2012年第3期,第5~13页;陈雷:《论我国违法所得特别没收程序》,《法治研究》2012年第5期,第31~39页;张建升、杨书文、杨宇冠、黄风、熊秋红、金园园:《违法所得没收程序的司法适用与制度完善》,《人民检察》2014年第9期,第41~48页;陈宏、张红梁:《违法所得没收程序相关问题研究》,《西南政法大学学报》2014年第6期,第118~123页。

④ 参见狄新立:《"追缴""没收"和"没收财产"是三个不同概念》,《河北法学》1984年第4期,第40~41页。

⑤ 参见阮齐林:《论财产刑的正当理由及其立法完善》,《中国法学》1997年第1期,第74~79页;黄风:《论对犯罪收益的民事没收》,《法学家》2009年第4期,第89~97页。

⑥ 参见何帆:《刑事没收研究——国际法与比较法的视角》,法律出版社2007年版,第208页。

⑦ 参见宋英辉、何挺:《区际追赃合作中的独立财产没收》,《人民检察》2011年第5期,第10~15页。

刑事程序的观点是一种更为谨慎、合理的态度,但是还应进一步揭示违法所得没收程序相较于其他刑事程序的特殊性。

第二,关于违法所得没收程序的适用范围的讨论。

学界研究主要集中在两个核心问题上:一是对于判决前犯罪嫌疑人、被告人死亡的,没收程序的案件范围是否仍限于贪污贿赂犯罪、恐怖活动犯罪等重大犯罪案件;二是对"等重大犯罪案件"中的"等"字应作何理解。①

"从严解释说"认为,犯罪嫌疑人、被告人逃匿、死亡案件违法所得的没收程序中将犯罪嫌疑人、被告人死亡情况的适用范围不作任何限制甚为不妥,立法将两种在制度目的、制度原理与立法技术等方面不同的没收制度一并纳入特别程序之中,这种设计在制度结构上存在不合理性。由于现阶段适用违法所得没收程序的经验不足,应仅限于贪污贿赂犯罪、恐怖活动犯罪,不宜扩大适用到其他的重大犯罪案件。②

"适中解释说"认为,考虑到我国司法实践中大量案件因犯罪嫌疑人、被告人逃匿、死亡而在较长时间内无法审理,应将违法所得没收程序的适用范围限于贪污贿赂犯罪、恐怖活动犯罪等重大犯罪案件,犯罪嫌疑人、被告人逃匿且在通缉1年后不能到案的情况和犯罪嫌疑人、被告人死亡的情况。③

"扩大解释说"认为,从我国刑事政策和国际形势角度考虑,结合国内外打击犯罪的趋势,违法所得没收程序的适用应包括严重危害公共安全犯罪、毒品犯罪、贪污贿赂犯罪、有组织犯罪及严重损害公众生命健康的《刑法》分则第六章规定的犯罪。④

第三,对于违法所得没收程序中证明对象的讨论。

我国刑事法律规范对违法所得没收程序中的证明对象并未作出具体规定,学界对此主要有以下几种观点:

"实体法事实说"认为,从程序设置来看,犯罪嫌疑人、被告人的犯罪事实

---

① 参见黎宏伟:《新〈刑事诉讼法〉中的没收违法所得程序释评》,《理论界》2014年第10期,第74~77页。
② 参见郎胜主编:《〈中华人民共和国刑事诉讼法〉修改与适用》,新华出版社2012年版,第486页;卞建林、许慧君:《为修改后刑诉法的有效实施建言献策——2013年刑事诉讼法学研究综述》,《人民检察》2014年第2期,第73~77页。
③ 参见简乐伟:《违法所得没收程序适用中的问题与应对》,《暨南学报(哲学社会科学版)》2015年第1期,第33~42页。
④ 参见汪建成:《论特定案件违法所得没收程序的建立和完善》,《国家检察官学院学报》2012年第1期,第95~99页;简乐伟:《违法所得没收程序适用中的问题与应对》,《暨南学报(哲学社会科学版)》2015年第1期,第33~42页。

与涉案财物属于可没收的财物，应当属于需要证明的实体法事实。①

"事实＋联系说"认为，违法所得没收程序的证明对象包括犯罪嫌疑人、被告人确有犯罪事实且已经死亡或逃匿，在通缉 1 年后仍不能到案和申请没收的财物与犯罪行为之间存在实质联系。②

"区分说"主张，根据没收性质的不同来分别确定证明对象。具体而言，对于惩罚性的没收，需要证明犯罪嫌疑人、被告人的行为符合犯罪的各个构成要件，拟没收财物属于该犯罪行为的犯罪工具。对于非惩罚性的没收，需要证明犯罪嫌疑人、被告人存在因为犯罪被追诉的程序事实，拟没收财物属于该行为的收益或违禁品。③

此外，还有观点主张，行为构成犯罪是财产系违法所得或其他涉案财产的前提，属于违法所得没收程序的证明对象。④ 与拟没收财物有关的关联行为在客观上具有刑事违法性，也应当是违法所得没收程序的证明对象。⑤ 整体而言，违法所得没收程序的证明对象主要涉及与案件相关的实体法的事实，违法所得没收程序的证明对象既包括特定的犯罪事实，又包括拟没收财物的性质。

第四，关于违法所得没收程序的证明责任的讨论。

"谁主张，谁举证说"认为，虽然刑事诉讼程序的举证方主要是控诉机关，但违法所得没收程序中的举证责任应当采用民事程序的做法，提出违法所得没收程序异议的利害关系人或者相关权利人应当就自己提出的主张承担证明责任。⑥ "区分说"认为，违法所得没收程序的证明责任的分配不仅应区分检察机关与利害关系人等其他主体的证明责任，还应以证明对象为基础划分证明责任。⑦

第五，关于违法所得没收程序的证明标准的讨论。

---

① 参见吴光升、南漪：《违法所得没收程序证明问题研究》，《中国刑事法杂志》2018 年第 2 期，第 70～90 页。
② 参见万毅：《独立没收程序的证据法难题及其破解》，《法学》2012 年第 4 期，第 76～87 页。
③ 参见孙煜华：《涉案财产没收程序如何才能经受宪法拷问》，《法学》2012 年第 6 期，第 114～123 页。
④ 参见邵劭：《特别没收程序的理论和适用问题探析》，《法商研究》2014 年第 4 期，第 136～144 页。
⑤ 参见吴光升、南漪：《违法所得没收程序证明问题研究》，《中国刑事法杂志》2018 年第 2 期，第 70～90 页。
⑥ 参见吴光升：《我国违法所得没收程序的若干检讨——基于 2012 年刑事诉讼法相关规定的分析》，《浙江工商大学学报》2012 年第 3 期，第 17～23 页；陈宏、张红梁：《违法所得没收程序相关问题研究》，《西南政法大学学报》2014 年第 6 期，第 118～123 页；黄风：《我国特别刑事程序模式程序若干问题探讨》，《人民检察》2013 年第 13 期，第 8～13 页。
⑦ 参见孙明泽：《违法所得没收程序证明问题研究》，《重庆工商大学学报（社会科学版）》2018 年第 2 期，第 77～82 页；黄风：《我国特别刑事程序模式程序若干问题探讨》，《人民检察》2013 年第 13 期，第 8～13 页。

学界持有两种较为有代表性的观点，分别为"一元标准说"和"多元标准说"。"一元标准说"的观点又分为"一致标准说"、"优势证据标准说"和"较高盖然性标准说"三种。具体而言，"一致标准说"主张违法所得没收程序的证明标准应当与普通刑事诉讼程序一样，达到"案件事实清楚，证据确实、充分，并且排除合理怀疑"的程度。[1]"优势证据标准说"主张违法所得没收程序的证明标准应当低于普通刑事诉讼程序的证明标准，只需要达到优势证据的证明标准即可。[2]"较高盖然性标准说"主张违法所得没收程序应采用低于排除合理怀疑标准但要高于优势证据标准的较高盖然性作为证明标准。[3]

而"多元标准说"又分为"二元标准说"和"多层次证明标准说"。"二元标准说"根据分类标准不同，又有不同的表述。具体而言：（1）以"人"和"物"为分类标准，主张犯罪嫌疑人、被告人的罪责定性适用"排除合理怀疑"的证明标准和犯罪嫌疑人、被告人涉案财产归属的确定适用"优势证明标准"的二元标准。[4]（2）以"主体"为标准，主张检察机关对犯罪嫌疑人、被告人构成犯罪的证明应适用案件事实清楚，证据确实、充分的标准；检察机关对财物系犯罪违法所得及其他涉案财物的证明，以及利害关系人的抗辩应适用民事诉讼的优势证据标准的二元标准。[5] 同时，"多层次证明标准说"主张违法所得没收程序的证明标准应当根据程序适用主体的不同、阶段的不同而采用不同的证明标准。[6]

上述"一致标准说"的观点，未注意违法所得没收程序与普通刑事诉讼程序的区别；"优势证据标准说"的观点，是对民事没收程序的直接引入，未注意刑事没收程序与民事没收程序的区别；"多层次证明标准说"的观点具有一定的合理性。从法律规范来看，违法所得没收程序的证明标准也经历了一定的变化，由2012年最高人民法院《关于适用〈中华人民共和国刑事诉讼法〉的解释》中的"案件事实清楚，证据确实、充分"的证明标准转变为2017年最高人民法院、最

---

[1] 参见陈卫东：《构建中国特色刑事特别程序》，《中国法学》2011年第6期，第34~44页；周加海、黄应生：《违法所得没收程序适用探讨》，《法律适用》2012年第9期，第12~15页。

[2] 参见王永杰、吴丽梅：《论我国未审没收财产程序的不足与完善》，《东方法学》2012年第3期，第107~113页；邓晓霞：《未定罪没收程序的法律性质及证明标准》，《政治与法律》2014年第6期，第143~151页。

[3] 时延安：《违法所得没收条款的刑事法解释》，《法学》2015年第11期，第122~130页。

[4] 参见施鹏鹏、尚晶：《违法所得特别没收程序的构造与完善》，《人民检察》2014年第7期，第16~21页。

[5] 参见朱孝清：《违法所得没收程序的几个问题》，《人民检察》2014年第5期，第10~20页。

[6] 参见毛兴勒：《构建证明标准的背景与思路：以违法所得没收程序为中心》，《法学论坛》2013年第2期，第87~94页；项谷、姜伟：《检察机关参与违法所得没收程序探讨》，《上海政法学院学报（法治论丛）》2013年第5期，第114~122页。

高人民检察院《关于适用犯罪嫌疑人、被告人逃匿、死亡案件违法所得没收程序若干问题的规定》中的立案阶段为有证据证明有犯罪事实和审判阶段为优势证据标准。

我国《刑事诉讼法》中规定的违法所得没收程序虽然在制度设计上仍有改进空间，但其是符合打击腐败犯罪、恐怖活动犯罪的现实需要的。学界已经对违法所得没收程序的制度设计和程序细则进行了较为充分的讨论，在今后的研究中还应注重该程序在实践中的运行状态，同时，兼顾其与对缺席审判程序等相关程序的衔接。

（五）依法不负刑事责任的精神病人的强制医疗程序

精神病人是特殊群体，刑事法律规范对其的规制首见于1979年《刑法》，2012年修改的《刑事诉讼法》，增设了强制医疗特别程序，设置了强制医疗程序的基本框架，实现了强制医疗的司法化、程序化与规范化。[①] 强制医疗程序是一种社会防卫程序，用于解决精神病人刑事责任能力、强制医疗的适用与解除等问题。该程序直面司法实践中的难题，将原来由公安机关一家决定、执行的行政化程序纳入司法化轨道，在一定程度上回应和解决了"被精神病"的问题。[②] 该制度设计既遵循了国际通行做法，又符合中国基本国情，有助于实现公正、安全、人道和效率多元价值的平衡。[③]

第一，关于强制医疗程序的性质的讨论。

学界对强制医疗程序的性质已经形成了初步共识，普遍认为强制医疗程序是兼具实体与程序于一体的具有保安处分性质的社会防卫措施。[④] 但是，也有学者对强制医疗程序的公正性产生了质疑，认为强制医疗程序缺少实体法根基，缺乏法律帮助权、合适成年人在场权、被害人庭审参与权等相应的权利保障，强制医疗案件的级别管辖统一限制于基层法院而且强制医疗程序第一审不开庭审理是常态等，这些问题影响了强制医疗程序的公正性。[⑤]

第二，关于强制医疗程序适用对象的讨论。

现行《刑事诉讼法》中将强制医疗程序的适用对象规定为"精神病人"。对

[①] 参见杨有鹏：《我国强制医疗立法问题之探讨》，《中国检察官》2016年第15期，第55~57页。
[②] 参见刘仁文、刘哲：《强制医疗特别程序的问题与对策》，《河南财经政法大学学报》2014年第5期，第68~74页。
[③] 参见陈卫东、柴煜峰：《精神障碍患者强制医疗的性质界定及程序解构》，《安徽大学学报（哲学社会科学版）》2013年第1期，第124~136页。
[④] 参见苗有水：《保安处分与中国刑法发展》，中国方正出版社2001年版，第77页。
[⑤] 参见张品泽：《对精神病人强制医疗程序研究》，《中国刑事法杂志》2015年第4期，第96~115页；刘仁文、刘哲：《强制医疗特别程序的问题与对策》，《河南财经政法大学学报》2014年第5期，第68~74页。

此规定，主张扩大适用对象的观点提出，触犯刑律的限制行为能力人与犯罪时精神正常但在刑事司法程序中丧失诉讼能力的精神病人也应纳入刑事强制医疗对象的范围。① 也有学者主张用"精神障碍者"的概念取代"精神病人"的概念，将触犯刑律、不具有治愈可能性的人格障碍者纳入刑事强制医疗的范围。② 不主张扩大适用对象的观点认为，不宜用"精神障碍者"取代"精神病人"，刑事强制医疗的对象范围不宜扩大以免面临人权保障方面的非难。③

第三，关于完善强制医疗程序的讨论。

如前所述，有观点对强制医疗程序的公正性产生了质疑，其质疑的理由之一即是强制医疗程序中存在管辖单一、权利保障不足等问题。基于此，学界对强制医疗程序的完善问题进行了较为全面的讨论。

其一，关于庭审设置的讨论。主张采取分段式庭审方式的观点提出，将行为人是否患有精神病而不负刑事责任这个实体问题交由法院通过庭审解决，然后再解决不负刑事责任的精神病人是否强制医疗的问题。④ 主张采取二元化的庭审方式的观点提出，将强制医疗庭审程序划分为两段：在查明被申请人是否实施了危害社会的行为以及是否具有刑事责任能力方面，可以按照普通刑事案件的庭审程序进行；而在查明被申请人是否有继续危害社会的可能以及是否需要强制医疗方面，可以更多的采用听证的模式。⑤

其二，关于强制医疗程序的讨论。一方面，明确强制医疗程序适用标准。学界存在"一致说"与"区分说"两种观点："一致说"主张改造强制医疗的适用标准为统一标准，以此来取代《刑事诉讼法》与《精神卫生法》模糊的双重标准；"区分说"主张区分刑事强制医疗与民事强制医疗、行政强制医疗的标准。另一方面，细化强制医疗程序。学界对此进行了充分探讨：有观点提出，应探索

---

① 参见白思敏：《论刑事强制医疗程序的构建》，《江西警察学院学报》2012年第6期，第16～20页；秦宗文：《刑事强制医疗程序研究》，《华东政法大学学报》2012年第5期，第120～131页；李娜玲：《刑事强制医疗程序适用对象之研究》，《法学杂志》2012年第10期，第89～94页。

② 参见张兵：《程序·法治·人权：试论我国的强制医疗制度及其完善》，《江西公安专科学校学报》2010年第4期，第43～48页；李娜玲：《刑事强制医疗程序之解构分析》，《法学杂志》2009年第3期，第37～39页。

③ 参见奚玮、宁金强：《刑事强制医疗的对象界定与程序完善》，《浙江工商大学学报》2013年第5期，第42～48页。

④ 参见王君炜：《强制医疗程序中的证明问题研究》，《华侨大学学报（哲学社会科学版）》2018年第2期，第102～111页。

⑤ 参见徐世亮：《依法不负刑事责任的精神病人强制医疗程序若干问题研究》，《法律适用》2016年第12期，第70～75页。

强制医疗程序的集中管辖模式，实现司法资源优化配置。① 也有观点提出，应明确临时约束措施的场所、方式、方法等，解决临时拘束措施的实施困境；庭审中应听取被害方意见、法定代理人要到场、规范提起附带民事诉讼、统一相应的文书格式等，规范强制医疗审理程序。② 还有观点提出，应改革现有的以申请复议和定期诊断评估解除为内容的二元化救济机制，以上诉代替复议，赋予当事人相应的救济权，推动上诉和解除审理的实质化，增设鉴定留置制度，坚持监管与治疗有机结合，完善强制医疗程序的救济机制。③

其三，对于强制医疗程序证明标准的讨论。学界持有"较低标准说""多元标准说"等观点。"较低标准说"认为，由于精神病相关证明问题的模糊性，"案件事实清楚，证据确实、充分"的证明标准不适用于强制医疗程序，而应当采用相较于该标准证明程度略低、相较于民事程序中"优势证据"标准略高的中间标准。④

"多元标准说"认为，由于强制医疗程序的适用对象的特殊性、程序本身的特殊性等，在强制医疗程序中应当采用多元的证明标准。同时，"多元标准说"又有两种不同表述。一是"区别对待说"。该观点认为，强制医疗程序的证明标准根据证明对象的不同存在区别：特定的暴力行为事实与行为人的刑事责任能力，适用"排除合理怀疑"的证明标准；行为人患有精神病适用"优势证据"标准；对于人身危险性的证明应达到"清楚和有说服力"的标准；在解除强制医疗的案件中，对符合解除条件的初步证明只需达到"优势证据"标准；检察机关对被强制医疗的人仍具有人身危险性的证明则应达到"清楚和有说服力"的证明标准。⑤ 二是"多维度说"。该观点认为，对被告人实施危害社会的行为以及是否系依法不负刑事责任的精神病人，应当采用与普通刑事案件同一的证明标准，即事实清楚，证据确实、充分；对"有继续危害社会的可能"的判断可采"优势"证据标准，即行为人继续危害社会的可能大于不会再实施危害社会行为的可能即

---

① 参见陈艳飞：《论强制医疗案件的集中管辖——基于A市审判实践的观察和思考》，《时代法学》2020年第1期，第84~92页。

② 参见周峰、祝二军、李加玺：《强制医疗程序适用情况调研报告》，《人民司法》2016年第7期，第66~70页。

③ 参见王君炜：《我国强制医疗诉讼救济机制之检讨》，《法学》2016年第12期，第126~133页；李娜玲：《刑事强制医疗程序中保护性制度的法理探讨》，《江汉大学学报（社会科学版）》2017年第3期，第37~43页。

④ 参见王迎龙：《美国刑事强制医疗程序研究——兼论我国刑事强制医疗程序的完善》，《中国政法大学学报》2015年第6期，第104~112页。

⑤ 参见王君炜：《强制医疗程序中的证明问题研究》，《华侨大学学报（哲学社会科学版）》2018年第2期，第102~111页。

可，并主张多维度把握"继续危害社会的可能"①。

2012年《刑事诉讼法》结束了长期以来"强制医疗"混乱无序的状态，通过规定强制医疗程序的基本框架，将其纳入司法化轨道，这对维护社会安定，保障精神病患者依法得到应有的救治和照顾起到了积极作用。② 由于现行法律规范对强制医疗程序的程序设置不够具体明确，实践中也呈现出庭审虚化、适用模糊等现象，学界对强制医疗程序相关理论与实践的关注有助于保证强制医疗程序的有序适用，使其发挥应有的价值。未来的研究应在关注强制医疗程序的理论与实践的同时，进一步研究和讨论强制医疗与刑罚的衔接问题、强制医疗程序与司法精神病鉴定程序的衔接问题，以促进刑法社会控制功能的实现。③

六、小结

在经历了七十多年风霜雨雪的洗礼后，我国刑事审判的目的已由惩罚犯罪向惩罚犯罪与保障人权并重转型；审判结构已由强职权主义模式向"对抗—合作"模式转型；审判程序已由单薄向丰富转型。④ 我国刑事审判程序的研究与发展呈现如下特点：

第一，以现代法治理念为指导。我国的刑事审判制度目前尚处于强制型向自治型的过渡阶段，尚未完全实现主体自治。⑤ 建立和谐、民主、公正的社会主义审判制度要求刑事程序立法和刑事程序研究均以现代法治理念为指导，坚持刑事实体法和刑事程序法的平衡、惩罚犯罪与保障人权的平衡、诉讼公正与诉讼效率的平衡；直面我国刑事审判制度改革与发展中的新问题、新难题，紧跟时代发展与社会热点，用不断丰富和完善的刑事程序理论解答、回应新问题、新难题。

第二，以"审判中心主义"为重点。学界对刑事审判程序中存在的程序设置不健全、程序构建不科学等法律规范层面的问题，对刑事司法实践中存在的权力配置失衡、法庭调查不规范等违背司法规律的问题，均予以了关注与讨论，并且

---

① 参见徐世亮：《依法不负刑事责任的精神病人强制医疗程序若干问题研究》，《法律适用》2016年第12期，第70～75页。
② 参见黄维智、王沿琰：《刑事强制医疗程序适用法律要件探析》，《社会科学》2016年第2期，第96～103页。
③ 参见何群、姚毅奇：《精神病人强制医疗之实践考察》，《厦门大学法律评论》2016年第2期，第186～203页。
④ 参见李林：《依法治国与推进国家治理现代化》，《法学研究》2014年第5期，第3～17页。
⑤ 参见宋世杰：《论刑事审判制度形成与发展的轨迹及其规律》，载陈光中、汪建成、张卫平主编：《诉讼法理论与实践：司法理念与三大诉讼法修改》（2006年卷），北京大学出版社2006年版，第479～484页。

这些研究是全面的、持续的、有效的。《刑事诉讼法》的历次修改都是在诉讼规律、司法规律和法治规律的指导下进行的，体现了加强人权保障的趋势，符合"以审判为中心"的诉讼制度改革的要求。今后学界对于刑事审判程序的研究，应继续强调"以审判为中心"的改革，继续巩固现有改革成果，对制度创新的框架进行理论构建与内容填充。①

第三，关注顶层设计与实践运行并重。学界对于刑事审判程序的关注较为全面，研究内容基本涵盖了各种刑事审判程序，既涉及审判程序的整体设计，又关注其实践运行，同时针对我国刑事诉讼模式的特殊性，关注我国刑事审判程序的特点。遗憾的是，学界对于刑事审判程序的某些认识与观点未形成共识，理论研究指导、服务于司法实践的力度不够。

此外，在对刑事审判程序本身研究的同时，学界还应注重刑事诉讼制度的融合发展，包括刑事诉讼与民事诉讼、行政诉讼和检察程序等不同性质的程序制度之间的融合，也包括刑事诉讼程序与刑事实体法之间的融合，还要注意新型诉讼程序与传统诉讼程序的比较以及对国外审判程序中的先进因素的吸收。②

---

① 参见陈光中、曾新华：《中国刑事诉讼法立法四十年》，《法学》2018年第7期，第24～42页；魏晓娜：《以审判为中心的刑事诉讼制度改革》，《法学研究》2015年第4期，第86～104页；李琨：《法庭证据调查研究》，吉林大学2019年博士学位论文。

② 参见王胤、郭志远：《新中国70年刑事程序法治理论创新与发展》，《理论视野》2019年第9期，第17～23页。

第十五章

刑事执行程序及其理论发展

刑事执行作为刑事诉讼的最后一环，关涉刑事诉讼目的与价值的实现。刑事执行承担了对犯罪者的人生进行重塑的艰巨任务，在惩罚犯罪、预防犯罪方面具有不可替代的作用，应当得到学界的重视。[1] 但长期以来，学界对刑事执行的关注与讨论明显不足，随着刑法学理论中惩罚主义与报应刑理论的逐渐衰落，以及目的刑、教育刑理论的发展，刑事执行理论逐步摆脱其依附和从属的地位，逐渐进入学界视野。[2]

第一节 刑事执行理论概述

一、刑事执行与刑事执行权

学界对刑事执行的概念未形成共识。"广义说"认为，刑事执行是指国家刑事执行机关将已经发生法律效力的适用于刑事违法犯罪人的刑事制裁付诸实施的全部刑事法律活动。[3] "中间说"认为，刑事执行是指人民法院判决的各种主刑和附加刑的执行。[4] "狭义说"认为，刑事执行仅指监狱对自由刑和死缓的执行。[5] "广义说"将刑罚处罚与行政处罚相混淆，有造成刑罚扩张之嫌；"狭义

---

[1] 参见徐静村：《〈刑事执行法〉立法刍议》，《昆明理工大学学报（社会科学版）》2010年第1期，第13~18页。
[2] 参见邵磊：《刑事执行法律问题初探》，《河北法学》2005年第2期，第146~149页。
[3] 参见邵名正：《我国刑事执行法的立法构想》，《中国监狱学刊》1999年第6期。
[4] 参见邱兴隆等：《刑罚学》，群众出版社1988年版，第335页。
[5] 参见张明楷：《刑法学》（第2版），法律出版社2003年版，第471页。

说"缩小了刑罚执行的范围;"中间说"被学者普遍采用,但也有学者认为该观点混淆了犯罪、刑事责任与刑罚的关系,进而主张刑事执行既包括主刑和附加刑的执行,也包括监禁刑与非监禁刑的执行,还包括刑法规定的其他非刑罚方法的执行。①

关于刑事执行权的性质,学界讨论较为激烈。"行政权说"认为,刑事执行权具有主动性、单方制裁性的特征,作出司法判决是司法行为,执行司法判决是行政行为,刑事执行权明显有别于罪刑法定原则下的刑事司法权,其性质应是行政权。②"司法权说"认为,刑事执行权是国家司法职能的一部分,是一种刑事司法权,刑事执行的性质是国家的刑事司法活动。③"双重权说"认为,刑事执行是司法与行政兼具的具有双重性质的执法活动,刑事执行权是与审判权并列的司法权和行政权的下位权力。④"综合说"认为,刑事执行行为包括单纯的执行行为和执行救济行为,而实施单纯执行行为的权力属于行政权,实施执行救济行为的权力属于司法权。⑤"行政权说"的问题在于刑事执行行为有一部分由法院实施。"司法权说"的问题在于混淆了司法权、裁判权、审判权这三个概念,不具有司法权的独立性、终局性和被动性特征。"双重权说"的本义是强调行政权为主体、司法权为依附,最终又回到行政权的定位。故而,从实然角度来看,"综合说"具有一定合理性。⑥

我国现行《刑事诉讼法》对刑事执行权配置的规定过于原则和简单,规定的行使刑事执行权的主体较多。大部分学者对此持否定态度,认为这种规定方式缺乏可操作性,不符合分工负责原则。⑦少数学者持肯定态度,认为我国法律规定的分散的、多轨的刑事执行主体配置符合中国的实际情况,有利于提高刑事执行效率。⑧对于刑事执行权主体,学界有"统一说"、"调整说"和"维持说"之分。"统一说"主张在专门、统一的刑事执行立法的基础上将现行刑事执行司

---

① 参见柳忠卫:《论刑事执行权的性质》,《刑法论丛》2007年第2期,第261~278页。
② 参见俞静尧:《刑事执行权机制研究》,群众出版社2005年版,第79页。
③ 参见王顺安:《刑事执行法学》,群众出版社2001年版,第5~7页;江伟、赵秀举:《论执行行为的性质与机构》,《人大法律评论》2000年卷,中国人民大学出版社2000年版。
④ 参见俞静尧:《刑事执行权机制研究》,群众出版社2005年版,第79页。
⑤ 参见最高人民法院执行办公室:《论执行局设置的理论基础》,《人民司法》2001年第2期,第25~27页。
⑥ 参见柳忠卫:《论刑事执行权的性质》,《刑法论丛》2007年第2期,第261~278页。
⑦ 参见谭世贵、郭林林:《我国刑事执行权配置:现状、问题与优化》,《浙江工商大学学报》2014年第1期,第65~73页。
⑧ 参见周红梅:《刑罚执行论》,辽宁人民出版社1994年版,第23页。

活动集中由统一的机关行使。有观点主张由司法部主管和领导全国的刑事执行工作①；也有观点主张由检察机关统一领导刑事执行工作②；还有观点主张成立刑事执行部来统一领导各种刑罚与非刑罚处罚的执行工作。③"调整说"主张根据法律的实施和执行情况，对现行刑事执行主体的职权职责重新配置。有观点主张将审判机关所负责的死刑与财产刑的执行权交由检察机关行使，将公安机关担负的行刑职能交由司法行政机关行使；也有观点主张在司法行政机关内部设立社区矫正局，负责原来由公安机关担负的非监禁刑的执行活动。④"维持说"认为刑事执行立法的统一调整与中国现行的刑事司法组织体系并不矛盾，应保持现有的刑事执行体制。相较而言，建立专门、统一的刑事执行司法体制得到了学界的普遍赞同，学界的研究重点继而转向行刑一体化思想下的刑罚执行权的设置。

二、刑事执行法律关系

刑事执行法律关系包括刑事执行法律关系的主体、客体和内容三要素，刑事执行法律关系的内容包括刑事法律所确定的主刑、附加刑的执行及其变更执行。对此，学界已有共识。关于刑事执行法律关系的主体，有学者认为，国家刑事执行机关是行刑主体，犯人为受刑主体；也有学者认为，凡是依法直接参与解决与处理监狱行刑的国家机构或组织都应列入监狱行刑主体的范围。⑤关于刑事执行法律关系的客体，有学者认为，在刑事执行法律关系中，只有主体双方的行为才能成为客体，不存在以物或精神财富为客体和对象的权利义务关系⑥；也有学者认为，在监狱法律关系中，监狱行刑的客体是指监狱行刑主体对监狱服刑罪犯的惩罚和改造。⑦关于刑事执行法律关系的性质，"综合说"认为，刑事执行法律关系是以刑事法律关系为主兼具行政法律关系性质，"单一说"认为，刑事执行法律关系只是刑事法律关系的范畴。⑧

---

① 参见冯卫国：《论刑事执行权的合理配置》，《法学论坛》2010年第1期，第16~22页。
② 参见万毅：《刑事执行制度之检讨与改造》，《甘肃政法学院学报》2005年第6期，第20~26页。
③ 参见国林：《论合理配置刑事执行权》，《政法论坛》2001年第3期，第46~51页。
④ 参见力康泰、韩玉胜、袁登明：《2000年刑事执行法学研究的回顾与展望》，《法学家》2001年第1期，第91~94页。
⑤ 参见张全仁、解玉敏：《监狱行刑的主体和客体》，《复印报刊资料：刑事法学》1998年第2期，第92~97页。
⑥ 参见张邵彦：《刑事执行新探》，《现代法学》1998年第3期，第19~25页。
⑦ 参见张全仁、解玉敏：《监狱行刑的主体和客体》，《复印报刊资料：刑事法学》1998年第2期，第92~97页。
⑧ 参见张邵彦：《刑事执行新探》，《现代法学》1998年第3期，第19~25页。

三、刑事执行检察监督

监管场所具有封闭性，随着"躲猫猫死""喝开水死"等事件的发生，刑事执行检察维护司法公正的价值得到重视。通过学习、借鉴域外国家的刑罚执行监督制度，学界对构建中国特色的刑事执行检察制度进行了研究。

关于刑事执行检察权的性质，学界存有争议。"监督权说"认为，刑事执行监督权不属于诉讼监督权的范畴，应当属于执行监督权的一部分。[1] "独立检察权说"认为，刑事执行检察属性的复合性、职能的多样性以及实践中的多元性决定了刑事执行检察权与诉讼监督权的并列性；从刑事执行检察权的监督内容、权力行使手段、权力运行机制等方面来看，刑事执行检察权是独立的第四种检察权。[2] "复合性法律监督权说"认为，刑事执行检察权兼具刑事性与行政性、诉讼性与非诉讼性，是一种复合性的法律监督。[3]

自检察院恢复重建以来，刑事执行检察工作一直沿用"监所检察"的名称。有观点认为，该用语仅指明了监管场所，没有穷尽刑罚执行检察工作的外延，不能直接表达法律监督的内涵，也影响刑罚执行监督职能的发挥。由此，应当将"监所检察"更名为"刑事执行检察"[4]。同时，学界也普遍认识到现有监所检察的法律规定不明确、监督缺乏实效性、派驻监所检察模式本身存在先天不足等问题。对此，有学者提出，将监所检察改为刑事执行检察是人民检察院法律监督职责调整变化的现实需要，是法定职责与机构名称对称统一的需要，是加强刑事执行检察工作的客观需要。[5] 2014年12月30日，最高人民检察院下发通知，决定将监所检察厅更名为刑事执行检察厅。由此，刑事执行的组织模式、行为方式与职能体系等均发生了巨大变化。

随着监察体制改革以及《人民检察院组织法》《刑事诉讼法》的修改，刑事执行检察理论也在不断更新。在法律监督理念更新的语境下，有学者主张转变工作理念，明确刑事执行监督与刑事执行的职责权限，增强监督刚性；也有学者主

---

[1] 参见袁其国、尚爱国：《试论刑事执行检察理论体系之构建》，《河南社会科学》2015年第7期，第124~131页。

[2] 参见仇振生：《刑事执行检察权的基本内涵》，《中国检察官》2016年第9期，第60~62页；王伦轩：《"两法"修改中的几个问题——以刑事执行检察工作为视角》，胡卫列、董桂文、韩大元：《人民检察院组织法与检察官法修改——第十二届国家高级检察官论坛论文集》，中国检察出版社2016年版，第124~131页。

[3] 参见周伟：《刑事执行检察的若干问题》，《人民检察》2013年第24期，第31~35页。

[4] 祁云顺、张春：《"监所检察"宜更名为"刑事执行检察"》，《检察日报》2013年1月4日。

[5] 参见张贵才：《监所检察应改为刑事执行检察》，《中国检察官》2013年第10期，第6~7页。

张创新检察机关适度有限介入财产刑执行程序。为契合巡回检察改革，有学者主张建立科学合理的巡回检察工作流程与考核机制，提升检察监督实效①；也有学者将监狱检察概括为传统的"派驻检察"模式、"巡回检察"模式和"派驻+巡回"模式②；在全面推开监狱巡回检察的要求下，最高人民检察院也陆续开展了刑罚变更执行专项巡回检察，并严查违法减刑、假释、暂予监外执行背后的职务犯罪。③

四、刑事执行程序立法

20世纪80年代，储槐植教授最早提出了刑事一体化的概念，他认为刑事一体化的内涵是刑法和刑法运行内外协调，刑事一体化的思想包含概念层面的刑事一体化以及方法层面的刑事一体化。④ 继而，学界普遍主张进行专门、统一的刑事执行立法。⑤ 关于刑事执行立法的名称，学界存在"劳动改造法"、"监狱法"和"刑事执行法"等多种观点。1994年《监狱法》的制定结束了学界关于刑事执行立法名称的争论。随着社区矫正制度的试点和入法，学界关于刑事执行立法的研究更为丰富，更多学者主张将"劳动改造法学"改为"监狱法学"或"监狱学"。该观点也促进了刑罚执行法学学科的创建和发展。⑥

关于刑事执行的立法模式，学界普遍主张制定统一的"刑事执行法"，主要理由在于：多元化刑事执行主体需要规范，分散的刑事执行法律规范需要统一，刑事执行涉及的复杂社会关系需要调整，现行《监狱法》的局限性需要弥补⑦；而制定统一的"刑事执行法"是解决行刑规范化的要求与行刑多元化实际状况的矛盾、行刑科学化的要求与行刑立法滞后的矛盾的需要。⑧ 然而，一些学者也提出

---

① 参见常锋：《新时代刑事执行检察如何深化与创新——新时代中国刑事执行检察创新发展与规范完善研讨会观点综述》，《人民检察》2019年第3期，第70～73页。
② 参见李奋飞、王怡然：《监狱检察的三种模式》，《国家检察官学院学报》2019年第3期，第100～115页。
③ 参见刘福谦：《紧抓重点推进刑事执行检察创新发展》，《检察日报》2019年11月4日。
④ 参见储槐植：《建立刑事一体化思想》，《中外法学》1989年第1期，第3～8页；储槐植：《再说刑事一体化》，《法学》2004年第3期，第74～80页。
⑤ 参见袁登明、黎长志：《刑事执行立法理论研讨会综述》，《法学家》1998年第6期，第124～125页。
⑥ 参见力康泰、韩玉胜：《1994年刑事执行法学研究的回顾与展望》，《法学家》1995年第1期，第76～78页。
⑦ 参见王林平：《〈监狱法〉的完善与刑事执行法的制定》，《中国司法》2014年第9期，第59～63页。
⑧ 参见力康泰、韩玉胜、袁登明：《论刑事执行司法体系的健全和完善》，《中国监狱》1998年创刊号。

异议，认为我国制定一部统一完整的刑事执行法典的条件尚不成熟，立法要立足于刑事司法机制的整体架构，目前应采取单行法律法规的立法形式，成熟时再科学地谈论其后期运行。① 此外，还有学者提出建立以《监狱法》为中心包含监狱法配套法规、与监狱法相关的独立法律和其他独立的行刑法律为内容的三层次的多元立法模式。②

第二节　刑事执行程序理论及其发展

一、执行程序

在所有的执行程序中，死刑执行程序受到较多关注。有学者指出：由法院担任死刑案件的执行主体违背了司法的中立性，也不符合权力制约理论；死刑缓期执行没有严格的执行根据，验明正身程序缺乏程序文书；死刑执行程序还存在死刑罪犯的权利保障不足，执行监督制度形同虚设等问题。因此，死刑执行主体由羁押死刑罪犯的机关承担更为适宜，今后还应完善死刑案件执行审查程序，将辩护律师的权利延伸至执行程序，保障死刑罪犯的申诉权和会见权，死刑复核案件实行开庭审并引入听证制度，细化监督程序，加大监督力度。③ 学者还普遍主张将死刑的执行主体与宣判主体相分离，将死刑执行权从法院的职权中剥离出来。④

缓刑、管制刑的执行问题也不容忽视。有学者针对我国缓刑制度缺乏弹性的现状，建议扩大缓刑适用的具体范围，主张借鉴美国的"休克"缓刑制度，建立包括管教缓刑在内的多元化缓刑形式。⑤ 也有学者指出，我国的管制刑在实践中常常形同虚设，对于违反管制执行规定的，未明确相应处罚措施与依据，管制与

---

① 参见力康泰、韩玉胜、袁登明：《2000年刑事执行法学研究的回顾与展望》，《法学家》2001年第1期，第91～94页；王利荣：《也谈完善刑事执行法制的基本思路》，《北京市政法管理干部学院学报》2001年第1期，第18～26页。
② 参见余净：《一元与多元：对我国行刑规范设置模式的再思考》，《中国监狱学刊》2004年第3期，第39～43页。
③ 参见郝双梅：《论我国死刑执行程序的法律完善》，《天津法学》2012年第4期，第61～67页；梁雅丽：《刑罚执行程序的盲点——建议将辩护律师权利延伸至刑罚执行程序中》，《中国律师》2012年第6期，第74页。
④ 参见刘仁文：《死刑执行权应从法院剥离出来》，《南方周末》2007年7月12日；冯卫国：《论刑事执行权的合理配置》，《法学论坛》2010年第1期，第16～22页。
⑤ 参见李本森：《我国刑罚执行体制改革的路径探索》，《中国司法》2016年第12期，第55～59页。

拘役的刑罚配置存在错位等问题;主张用社区矫正替代管制刑。①

随着市场经济的发展,财产刑的执行问题也逐渐显现。关于财产刑执行的性质,"刑罚权实现说"认为,财产刑执行属于国家对犯罪人刑罚权的实现,但该观点难以解释"财产刑执行需要参照适用民事执行的规定";"公法债权说"认为,财产刑可以被视为被告人对国家所负的债务,国家对被告人享有公法上的债权②;也有学者认为上述两种观点并不矛盾,只是从不同角度、不同学科立场对财产刑执行问题作出的不同理论阐释。③ 现行《刑事诉讼法》对财产刑的执行规定得不够具体,"罚金刑空判"现象较为严重。对此,有学者主张剥离法院所承担的刑事执行职能,建议将由法院承担的罚金、没收财产等刑种的执行任务移交给人民检察院执行,甚至主张将检察机关作为刑罚执行机关,化解执行权分散行使带来的权力弱化问题。④ 但大多数学者对此持有异议,认为人民检察院承担着公诉、法律监督和对特定案件的侦查权等多重职能,由其执行财产刑也不符合分工制衡原则,故而主张将财产刑转交由司法行政系统内设的专门机构执行。⑤

二、监狱行刑

我国监狱体制的改革大致经历了三个阶段:一是1983年到2003年的由"严打"到"教育"的功能改革,二是2003年到2013年的由监狱、企业和社会三重身份并列到全额保障、监企分离、收支分开、规范运行的结构改革,三是2013年至今的重视教育改造和劳动改造相结合的制度改革。

关于监狱任务,学界的通说认为,监狱具有监管罪犯、改造罪犯和经济任务。但是,对于监狱的经济任务,有学者认为要求监狱既要实现社会效益又要实现经济效益,是非常困难的。《监狱法》中明确规定了"国家保障监狱改造罪犯所需经费",由此,学界关于监狱经济任务的争议才得到解决。但是,关于监狱运行体制是采用双轨制还是单轨制的问题,学界仍存在争议。"双轨运行说"主张监狱与监狱企业分立,各自独立运作;"单轨运行说"认为双轨运行是理想化的设想,并会产生经济目标管理的问题,不可避免地要回到生产劳动影响改造效

---

① 参见李本森:《我国刑罚执行体制改革的路径探索》,《中国司法》2016年第12期,第55~59页。
② 参见乔宇:《论财产刑执行的法律问题——以财产刑制度性执行难为中心》,《法律适用》2015年第10期,第98~107页。
③ 参见林金文、赖正直:《刑事裁判涉财产部分执行问题分析》,《人民司法》2017年第7期,第48~53页。
④ 参见储槐植、汪永乐:《论刑事执行主体的合理配置》,《犯罪与改造研究》2000年第10期,第7~10页;万毅:《刑事执行制度之检讨与改造》,《甘肃政法学院学报》2005年第6期,第20~26页。
⑤ 参见冯卫国:《论刑事执行权的合理配置》,《法学论坛》2010年第1期,第16~22页。

果的老路,因此主张单轨运行。①

　　学界还对监狱的价值进行了讨论,有学者认为,监狱的价值包括外在价值、内在价值和经济效益价值②;有学者认为,监狱虽然具有自身的工具价值,但该工具价值应服务于预防、惩罚和改造犯罪的目标③;也有学者认为,监狱惩罚犯罪的价值基础是公正,改造罪犯的价值基础是功利,行刑的价值基础是公正与功利相结合并且功利优先。④ 整体而言,学界对监狱的工具性价值已达成了共识,大致包含人权、民主、自由、公正、法治等,并以预防、惩罚和改造罪犯为目标。

　　在社会主义法治不断进步的背景下,依法治监无疑是依法治国的重要组成部分。有学者认为依法治监包含资源因素与实践机制两个方面;也有学者认为依法治监不应局限于刑事法律,还应包括行政、民事等法律规范;还有学者分析了实践中依法治监的困难,主张从立法体系、司法体系上科学地确定监狱、监狱行刑和行刑法的地位是解决问题的关键所在。⑤

三、社区矫正

　　随着监狱弊病的凸显,尤其是行刑社会化理论在国际社会中的发展,非监禁刑理论进入学界视野,社区矫正即属于非监禁刑的下位概念。学界对社区矫正的态度经历了由批评到支持的过程。批评者认为,社区矫正强调对罪恶者的宽容,是对受害方的凌辱,侵蚀了正常的社会秩序,损害了民众对法律的信仰,忽视了对正义的追求。⑥ 逐渐地,社区矫正的价值得到了学界的关注,有学者主张社区矫正的价值表现为彰显刑罚的人道性、符合刑罚的功利性、追求行刑经济性。⑦

　　关于社区矫正的性质,学界存在诸多争议,形成了"单一性质的刑罚执行说""社区刑罚说""社区刑罚执行说""社会处遇说""社区制裁说""监督救助

---

① 参见力康泰、韩玉胜:《1995年刑事执行法学研究的回顾与展望》,《法学家》1996年第1期,第76～79页。
② 参见苏仲庆:《试论我国监狱的法律价值》,《犯罪与改造研究》1998年第5期,第146～149页。
③ 参见张邵彦:《价值理性与工具理性——21世纪中国监狱的观念定位》,《中国刑事法杂志》1998年第5期,第12～19页。
④ 参见王平:《我国现行监狱工作方针的价值基础》,《中国刑事法杂志》1998年第2期,第64～68页。
⑤ 参见张邵彦:《监狱法实施的现状、问题与对策》,《中国刑事法杂志》1999年第4期,第76～82页;力康泰、韩玉胜、袁登明:《1999年刑事执行法学研究的回顾与展望》,《法学家》2000年第1期,第96～99页。
⑥ 参见刘慧明:《催生与谨慎:社区矫正路径探寻》,《西部法学评论》2009年第6期,第50～55页。
⑦ 参见刘慧明:《催生与谨慎:社区矫正路径探寻》,《西部法学评论》2009年第6期,第50～55页。

说"等观点，《社区矫正法》将社区矫正定性为刑事执行方式，但这并未终结学界对社区矫正的性质之争。①

关于社区矫正的对象，一方面，学界与官方文件对社区矫正对象的称呼有"罪犯""社区服刑人员""社区矫正人员"等多种称呼。另一方面，学界对管制犯、假释犯、暂予监外执行犯属于社区服刑人员的观点基本不持异议，但对缓刑犯是否属于社区服刑人员存有争议。然而，最高人民法院、最高人民检察院在《关于缓刑犯在考验期满后五年内再犯应当判处有期徒刑以上刑罚之罪应否认定为累犯问题的批复》中明确了缓刑考验期不属于"刑罚执行"范畴，彻底否定了缓刑犯的"社区服刑人员"性质。②

由于社区矫正的人性化管理和高性价比，众多学者提出扩大社区矫正的适用范围。有学者提出，对不满16周岁不予刑事处罚的未成年人，可以有针对性地实施社区矫正；更多学者提出，将审前羁押及刑事诉讼过程中的转处措施，如未成年人附条件不起诉即缓起诉纳入社区矫正；还有学者提出，对因家庭暴力等不良行为受过刑事处罚、民事处罚、行政处罚，需要进行社区矫正的人，也应当适用《社区矫正法》。③

四、执行的变更

学界普遍认为我国的假释率较低，这与习惯将假释视为国家对服刑罪犯的一种恩惠相关，也与现行法律规范中对假释适用情形规定得模糊相关。因此，有学者主张加深对假释制度的认识，修改假释条件的规定，增设假释的预后保障措施。④

减刑的性质关乎国家与罪犯之间的关系，我国学术界对此也有"奖励说""恩惠说""权利说"等不同观点。"奖励说"认为减刑本质上是一种刑罚奖励⑤；"恩惠说"认为减刑是国家利用刑罚权对服刑中表现良好的罪犯减轻刑罚的恩

---

① 参见连春亮：《〈社区矫正法〉出台的意义与特点》，《犯罪与改造研究》2020年第4期，第19~24页。
② 参见连春亮：《〈社区矫正法〉出台的意义与特点》，《犯罪与改造研究》2020年第4期，第19~24页。
③ 参见《十三届全国人大常委会第十四次会议审议社区矫正法草案二次审议稿的意见》，王爱立、姜爱东：《〈中华人民共和国社区矫正法〉释义》，中国民主法制出版社2020年版，第343页。
④ 参见徐静村：《〈刑事执行法〉立法刍议》，《昆明理工大学学报（社会科学版）》2010年第1期，第13~18页。
⑤ 参见黄永维：《中国减刑、假释制度的改革与发展》，法律出版社2012年版，第22页；许福生：《刑事学讲义》，国兴印刷厂2001年版，第147页。

赐[1];"权利说"认为减刑是罪犯请求国家扶助、挽救的权利。[2] 除此之外,关于减刑权的权力属性也有不同观点。"司法权说"认为,减刑是一种司法行为,减刑权属于司法权。[3] "行政权说"从监狱和法院对罪犯改造情况的程度、刑事诉讼四个阶段各部门之间的关系等角度分析,认为监狱是减刑的专门执行机关,减刑权应为行政权。[4] "刑事执行权说"认为,减刑同时具备行政权和司法权的双重属性,属于复合的、相对独立的、完整的强制执行权。[5] 学界普遍同意减刑制度对于促进罪犯改造的积极意义,但也有学者指出减刑存在适用面偏宽,适用比例偏大的现象;甚至有学者对减刑制度提出了质疑,认为减刑制度与一般预防论相对立,与报应刑相排斥,而减刑制度与假释制度的并列规定实属重复和浪费,提出废除减刑,完善假释的设想。[6] 关于减刑的撤销,"否定说"认为减刑裁定一经作出即产生法律效力,人民法院不能撤销[7];"肯定说"认为参照域外相关规定,针对在减刑裁定作出前表现良好、减刑裁定生效后出现不服从监管等情形的,应当撤销减刑。[8]

实践中,减刑、假释制度存在一系列问题,包括法院审理减刑、假释案件缺乏切实可行的程序规定,法院未设专门法庭办理减刑、假释案件,审查流于形式,存在"行政化"倾向,存在庭审"虚置"和"未审先定"的问题,减刑程序中当事人权利保障缺失,无法保证程序的正当化和公正性,不能保证实现减刑、假释的预期效果。[9] 对此,有学者主张实施减刑、假释听证制度,赋予罪犯提请减刑、假释的权利,扩大减刑、假释程序中参与人的范围,设定针对减刑、假释的证明标准。[10] 也有学者主张对减刑、假释程序进行诉讼化处理,以保证其实体

---

[1] 参见徐静村主编:《减刑、假释制度改革研究》,中国检察出版社2011年版,第17页。
[2] 参见柳忠卫:《假释制度比较研究》,山东大学出版社2005年版,第17页。
[3] 参见谢望原:《欧陆刑罚制度与刑罚价值原理》,中国检察出版社2004年版,第110页;李忠诚:《减刑、假释提请权的归属问题研究》,《法治论丛》2005年第6期,第89~93页。
[4] 参见徐静村主编:《减刑、假释制度改革研究》,中国检察出版社2011年版,第19页。
[5] 参见俞静尧:《刑事执行权机制研究》,群众出版社2005年版,第79页。
[6] 参见杜菊:《关于减刑制度的理性思考》,《中国监狱学刊》2002年第6期,第28~30页;侯国云:《论废除减刑 完善假释》,《犯罪与改造研究》2005年第1期,第35~39页。
[7] 参见董瑞兴:《减刑裁定一经送达即生效,弊端不少》,《检察日报》2009年12月18日。
[8] 参见何鹏、杨世光:《中外罪犯改造比较研究》,社会科学文献出版社1993年版,第199页;曾志滨:《刑事执行撤销制度若干问题研究——以强化减刑、缓刑、假释、暂予监外执行监督为视角》,《中国司法》2015年第1期,第91~95页。
[9] 参见徐静村:《〈刑事执行法〉立法刍议》,《昆明理工大学学报(社会科学版)》2010年第1期,第13~18页;万毅:《刑事执行制度之检讨与改造》,《甘肃政法学院学报》2005年第6期,第20~26页。
[10] 参见程绍燕:《我国减刑、假释听证制度研究》,《政法论坛》2016年第4期,第138~151页。

和程序的正当性。[①] 假释决定权的归属问题也引起了学界的讨论。有学者主张应当由刑罚执行机关行使[②]；也有学者主张应当由监狱管理部门行使[③]；还有学者主张维持现行法律的规定，认为假释应属刑事审判裁定的范围。[④]

此外，刑事诉讼中关于被害人权利的规定仅涉及刑事执行程序之前的阶段，并未涉及执行阶段。这与一味强调检察官和被害人控诉利益的同一性、执行程序的行政化定位以及国家机关对执行权力的垄断性等相关，有学者设计了被害人参与死刑立即执行、减刑假释、暂予监外执行等刑事执行程序。还有学者主张建立审判中立与审监分离、监督双方平等、积极对抗的"三角结构"的行刑变更诉讼程序。[⑤] 针对刑事执行程序，有学者提出以构建行刑与改造二元化的自由刑罪犯处遇制度，激活赦免制度，完善罪犯刑后救治制度等方式改善罪犯处遇。[⑥] 针对目前羁押场所归属公安机关，存在侦押不分的弊端，学界普遍主张改革看守所管理体制，将羁押部门从公安机关分离，实现看守所的中立、超然。[⑦] 针对暂予监外执行将监外执行的期间计入刑罚执行期间，存在诱发"执行腐败"危险的情况，也有学者主张废除暂予监外执行制度，代之以自由刑暂停执行制度。[⑧]

五、小结

在传统的刑事诉讼理论中，执行本质上并不具有"诉讼"的特征，在司法实务中也存在重审判程序轻执行程序的倾向。[⑨] 整体而言，我国刑事执行制度经历了从惩罚报应到预防矫正、从犯罪为中心到犯罪人为中心、从重客观改造到重主

---

① 参见朱立恒：《刑事执行程序与"宽严相济"的向背及调整》，《当代法学》2011年第2期，第84~89页。

② 参见尉迟玉庆：《假释适用面面观》，《中国监狱学刊》2002年第3期，第24~28页；马进保：《减刑假释权归属问题研究》，《中国刑事法杂志》2005年第1期，第68~72页。

③ 参见柳波：《中国假释制度的适用现状、原因探究及其完善》，《犯罪与改造研究》2002年第4期，第58~62页。

④ 参见夏宗素：《狱政法律问题研究》，法律出版社1997年版，第185页。

⑤ 参见唐长国：《论行刑中的诉法结构》，《犯罪与改造研究》2004年第10期，第38~42页。

⑥ 参见耿光明、武月冬：《罪犯成因视野中的罪犯处遇政策定位》，《中国人民公安大学学报》2004年第2期，第92~99页。

⑦ 参见陈卫东：《羁押场所巡视制度研究报告》，《法学研究》2009年第6期，第3~36页；陈瑞华：《看守所制度的改革问题（上）》，《中国律师》2017年第5期，第77~79页。

⑧ 参见万毅：《刑事执行制度之检讨与改造》，《甘肃政法学院学报》2005年第6期，第20~26页。

⑨ 参见李奋飞、王怡然：《改革背景下刑事执行检察发展的逻辑》，《人民检察》2019年第23期，第59~61页。

观改造、从减刑假释失衡到减刑假释平衡、从审理行政化到诉讼化的转型。① 我国刑事执行法学完成了从劳动改造法学到监狱法学，再到刑事执行法学的发展。学界关于刑事执行法学的研究，从最初着眼于刑事执行法学基础理论的研究，伴随着《监狱法》的实施，逐渐转向监狱立法的理论研究、监狱立法的完善、刑事执行立法的研究。刑事执行工作实现了从经验型向科学型的转变，形成了较为科学完整的刑事执行理论体系。同时，刑事执行法学的综合性、多边性也促使学界对刑事执行法学的研究持续关注其与相关其他学科的交叉内容。对其他国家相关研究成果的借鉴、吸收也是学界的关注热点。刑事执行理论研究应当以健全与实现国家治理体系和治理能力现代化相适应的中国特色社会主义司法行政刑事执行制度为重点，推动新时代司法行政刑事执行和预防犯罪制度更加科学、更加成熟、更加定型、更加完善。②

---

① 参见姜树政、李召亮：《略谈刑罚执行制度转型的维度》，《人民法院报》2012年9月12日。
② 参见赵大程：《以党的十九届四中全会精神为指导 切实做好新时代司法行政刑事执行和预防犯罪理论研究工作》，《犯罪与改造研究》2020年第1期，第2~6页。

图书在版编目（CIP）数据

中国刑事诉讼法学术史 / 刘计划等著. -- 北京：中国人民大学出版社，2025.3. -- (中国法学学术史丛书). -- ISBN 978-7-300-33626-8
Ⅰ.D925.202
中国国家版本馆 CIP 数据核字第 2025F8V351 号

中国法学学术史丛书
中国刑事诉讼法学术史
刘计划　高　通　孔祥承　王晓维　郭丰璐　王　汀　著
Zhongguo Xingshi Susongfa Xueshu Shi

出版发行	中国人民大学出版社		
社　　址	北京中关村大街 31 号	邮政编码	100080
电　　话	010-62511242（总编室）	010-62511770（质管部）	
	010-82501766（邮购部）	010-62514148（门市部）	
	010-62515195（发行公司）	010-62515275（盗版举报）	
网　　址	http://www.crup.com.cn		
经　　销	新华书店		
印　　刷	涿州市星河印刷有限公司		
开　　本	720 mm×1000 mm　1/16	版　次	2025 年 3 月第 1 版
印　　张	41.25 插页 3	印　次	2025 年 3 月第 1 次印刷
字　　数	750 000	定　价	238.00 元

版权所有　　侵权必究　　印装差错　　负责调换

普通高等学校
应用型教材
· 新闻传播学 ·

詹新惠 / 著

网络与新媒体概论

INTRODUCTION TO
INTERNET AND NEW MEDIA